SIGM. FREUD

GESAMMELTE WERKE

NACHTRAGSBAND

TEXTE AUS DEN JAHREN
1885 BIS 1938

HERAUSGEGEBEN
VON ANGELA RICHARDS†
UNTER MITWIRKUNG
VON ILSE GRUBRICH-SIMITIS

FISCHER TASCHENBUCH VERLAG

Veröffentlicht im Fischer Taschenbuch Verlag GmbH
Frankfurt am Main 1999, November 1999

Für sämtliche Freud-Texte sowie für die Breuer-Beiträge:
© 1987 S. Fischer Verlag GmbH, Frankfurt am Main
Für das der *Standard Edition of the Complete Psychological
Works of Sigmund Freud* entnommene editorische Material:
© 1987 The Institute of Psycho-Analysis, London
Für die Einleitung zum Nachtragsband und für
das editorische Material zu Teil VIII:
© 1987 Ilse Grubrich-Simitis, Königstein
Für zusätzliches editorisches Material:
© 1987 The Estate of Angela Richards, Eynsham, und
Ilse Grubrich-Simitis, Königstein
Alle Rechte vorbehalten
Druck und Bindung: Clausen & Bosse, Leck
Printed in Germany
ISBN 3-596-50300-0 (Kassette)

Inhalt

Einleitung. Von Ilse Grubrich-Simitis 15

I. Teil
Die Studienreise nach Paris
und der Einfluß Charcots
(1885–1888)

›Bericht über meine mit Universitäts-Jubiläums-Reisestipendium
unternommene Studienreise nach Paris und Berlin Oktober
1885–Ende März 1886‹ (1956 [1886]) 31
Anhang: Habilitationsgesuch, Curriculum vitae, ›Lehrplan‹,
Reisestipendiumsgesuch (1960 [1885]) 45

›Vorwort des Übersetzers‹ von J. M. Charcot, *Leçons sur les maladies
du système nerveux, faites à la Salpêtrière* (1886) 50

›Beobachtung einer hochgradigen Hemianästhesie bei einem hysterischen Manne‹ (1886) 54

Inhalt

Zwei Kurzreferate

Referat über Averbeck, *Die akute Neurasthenie* (1887) 65

Referat über Weir Mitchell, *Die Behandlung gewisser Formen von
Neurasthenie und Hysterie* (1887) 67

›Hysterie‹ (in Villarets *Handwörterbuch*) (1888) 69
Anhang: ›Hysteroepilepsie‹ (1888) 91

II. Teil
Schriften über Hypnotismus und Suggestion
(1887–1896)

Editorische Einleitung 95

Zwei Kurzreferate über Hypnotismus

Referat über Berkhan, ›Versuche, die Taubstummheit zu bessern und
die Erfolge dieser Versuche‹ (1887) 103

Referat über Obersteiner, *Der Hypnotismus* (1888) 105

›Vorrede des Übersetzers‹ zu H. Bernheim, *Die Suggestion und ihre
Heilwirkung* (1888–89) 107
›Vorwort zur zweiten deutschen Auflage‹ (1896) 121

Rezension von Auguste Forel, *Der Hypnotismus* (1889) 123

›Hypnose‹ (in Bums *Therapeutischem Lexikon*) (1891) 140

Vorwort und Anmerkungen zur Übersetzung von J. M. Charcot, *Leçons du mardi à la Salpêtrière*

›Vorwort des Übersetzers‹ (1892–94) 153

Auszüge aus Freuds Anmerkungen zu seiner Übersetzung von Charcots *Leçons du mardi* (1892–94) 158

Bericht über einen Vortrag ›Über Hypnose und Suggestion‹ (1892) . . 165

III. Teil
Aus der Zusammenarbeit mit Josef Breuer
(1891–1899)

Vortrag: ›Über den psychischen Mechanismus hysterischer Phänomene‹ (1893) 181

Die Beiträge Josef Breuers zu den *Studien über Hysterie*:
›Frl. Anna O . . .‹ und ›Theoretisches‹

Editorische Einleitung 196

›Vorwort‹ [zur ersten Auflage] (J. Breuer und S. Freud) (1895) 217

›Vorwort zur zweiten Auflage‹ (J. Breuer und S. Freud) (1908) 219

›Beobachtung I. Frl. Anna O . . .‹ (J. Breuer) (1895) 221

›Theoretisches‹ (J. Breuer) (1895) 244

Vier Dokumente über den Fall »Nina R.«

Anamnese »Nina R.« (S. Freud) (1978 [1891]) 313

Krankengeschichte »Nina R.« (S. Freud) (1978 [1893]) 316

Bericht über »Nina R.« (J. Breuer) (1978 [1893]) 320

Brief an Robert Binswanger (S. Freud) (1978 [1894]) 321

Zwei zeitgenössische Berichte über den dreiteiligen Vortrag
›Über Hysterie‹ (1895) 322
Originalbericht der *Wiener klinischen Rundschau* 328
Originalbericht der *Wiener medizinischen Presse* 342

Autoreferat des Vortrags ›Mechanismus der Zwangsvorstellungen
und Phobien‹ (1895) 352
Anhang: Auszüge aus der Diskussion 357

Besprechung von P. J. Möbius, *Die Migräne* (1895) 360

Autobiographische Notiz (1901 [1899]) 370

IV. Teil
Entwurf einer Psychologie
(1895)

Editorische Einleitung 375
Entwurf einer Psychologie (1950 [1895]) 387
Anhang A: Auszug aus Freuds Brief an Wilhelm Fließ
vom 1. Januar 1896 478
Anhang B: Die Natur von Q 480

V. Teil
Acht Rezensionen
(1895–1911)

Besprechung von A. Hegar, *Der Geschlechtstrieb; Eine sozial-medizinische Studie* (1895) 489

Beiträge zur *Neuen Freien Presse*

Besprechung von Georg Biedenkapp, *Im Kampfe gegen Hirnbazillen* (1903) 491

Besprechung von John Bigelow, *The Mystery of Sleep* (1904) 493

Besprechung von Alfred Baumgarten, *Neurasthenie. Wesen, Heilung, Vorbeugung* (1904) 494

Besprechung von R. Wichmann, *Lebensregeln für Neurastheniker* (1905) 495

Besprechung von Leopold Löwenfeld, *Die psychischen Zwangserscheinungen* (1904) 496

Besprechung von Dr. Wilh. Neutra, *Briefe an nervöse Frauen* (1910) 500

Besprechung von G. Greve, ›Sobre psicologia y psicoterapia de ciertos estados angustiosos‹ (1911) 501

VI. Teil
Originalnotizen zu einem Fall von Zwangsneurose (»Rattenmann«) (1907–08)

Editorische Einleitung 505
Originalnotizen zu einem Fall von Zwangsneurose (»Rattenmann«)
   (1955 [1907–08]) 509

VII. Teil
Über Träume und Traumdeutung (1911–1920)

›Träume im Folklore‹ (S. Freud und D. E. Oppenheim) (1958 [1911])   573
   Anhang: Brief an D. E. Oppenheim (1958 [1909]) 601

›Nachträge zur Traumdeutung‹ (1911) 604

›Nachfrage des Herausgebers über Kindheitsträume‹ (1912) 612

›Kindheitsträume mit spezieller Bedeutung‹ (1913) 613

›Erfahrungen und Beispiele aus der analytischen Praxis‹ (1913) 614

›Darstellung der »großen Leistung« im Traum‹ (1914) 620

›Ergänzungen zur Traumlehre‹ (1920) 622

VIII. Teil
Übersicht der Übertragungsneurosen (1915)

Editorische Einleitung 627
›XII Übersicht der Übertragungsneurosen‹ (Entwurf der zwölften
   metapsychologischen Abhandlung von 1915) (1985 [1915]) 634

IX. Teil
Literatur und Biographik
(1905–1938)

›Psychopathische Personen auf der Bühne‹ (1942 [1905–06]) 655

Antwort auf eine Rundfrage *Vom Lesen und von guten Büchern* (1906) 662

Brief an Lytton Strachey (1967 [1928]) 665

Auszug eines Briefs an Theodor Reik (1930 [1929]) 668

Zwei Briefe über Spinoza

Brief an Siegfried Hessing (1933 [1932]) 670

Brief an Juliette Boutonier (1955 [1930]) 671

Drei Briefe an Georg Hermann (1987 [1936]) 673

Brief an Thomas Mann (1941 [1936]) 679

›Einleitung‹ zu S. Freud und W. C. Bullitt, *Thomas Woodrow Wilson* (1966 [1930]) 683

X. Teil
Erweiterte Aufgabenbereiche der Psychoanalyse
(1907–1931)

›Anzeige‹ (der *Schriften zur angewandten Seelenkunde*) (1907) 695
    Zweite Fassung der Anzeige (1908) 696

Brief an Frederik van Eeden (1915 [1914]) 697

Soll die Psychoanalyse an den Universitäten gelehrt werden? (1919 [1918]) 699

Gutachten über die elektrische Behandlung der Kriegsneurotiker (1955 [1920]) 704

Inhalt

›Preiszuteilungen‹ (1921) 711

›Preisausschreibung‹ (1922) 712

›Mitteilung des Herausgebers‹ (der *Internationalen Zeitschrift für Psychoanalyse*) (1924) 713

Dr. Reik und die Kurpfuschereifrage (1926) 715

Brief an Professor Tandler (1931) 718

XI. Teil
Darstellungen psychoanalytischer Grundbegriffe
(1911 und 1922)

Über Grundprinzipien und Absichten der Psychoanalyse
(1913 [1911]) 723

›Etwas vom Unbewußten‹ (1922) 730

XII. Teil
Zwei Nachrufe
(1904 und 1936)

Nachruf auf ›Professor S. Hammerschlag‹ (1904) 733

›Zum Ableben Professor Brauns‹ (1936) 735

XIII. Teil
Vorworte, einleitende Briefe, Ergänzungen, Anmerkungen
(1909–1938)

Vorworte zu Freuds eigenen Werken

›Vorwort zur zweiten Auflage‹ (der *Drei Abhandlungen zur Sexualtheorie*) (1910 [1909]) 739

Einleitungspassagen zu ›Über einige Übereinstimmungen im Seelenleben der Wilden und der Neurotiker‹ (1912) 740

Vorwort zur dritten (revidierten) Auflage der englischen Ausgabe der
Traumdeutung (1932 [1931]) 746

Vorwort zur tschechischen Ausgabe der *Vorlesungen zur Einführung
in die Psychoanalyse* (1936 [1935]) 748

›Vorwort‹ zum *Abriß der Psychoanalyse* (1940 [1938]) 749

Vorworte und einleitende Briefe zu Schriften anderer Autoren

Auszug eines Briefs an Claparède (1921) 750

Geleitwort zu R. de Saussure, *La méthode psychanalytique* (1922) . . 752

Brief an Fritz Wittels (mit Einlage) (1924 [1923]) 754

Auszug eines Briefs an Georg Fuchs (1931) 759

Vorwort zu Richard Sterba, *Handwörterbuch der Psychoanalyse*
(1936 [1932]) 761

Ergänzungen

Ergänzungen zur *Selbstdarstellung* (1935) 762

Anmerkungen

Anmerkung zu Wilhelm Stekel, ›Zur Psychologie des Exhibitionismus‹ (1911) 765

Anmerkung zu James J. Putnam, ›Über Ätiologie und Behandlung
der Psychoneurosen‹ (1911) 766

Anmerkung zu Ernest Jones, ›Psycho-Analyse Roosevelts‹ (1912) . . 767

Anmerkung zu Ernest Jones, ›Professor Janet über Psychoanalyse‹
(1916/17) 768

›E. T. A. Hoffmann über die Bewußtseinsfunktion‹ (1919) 769

Anmerkung über Ewald Hering (1926) 770

XIV. Teil
Gedanken im Exil
(1938)

Brief an Israel Cohen (1954 [1938]) 775

Ein Wort zum Antisemitismus (1938) 777

Brief an die Herausgeberin von *Time and Tide* (1938) 782

Sendungen an Yisrael Doryon

Einführung zu Yisrael Doryon, *Lynkeus' New State* (1940 [1938]) . . 784

Auszüge aus zwei Briefen an Yisrael Doryon (1945–46 [1938]) 786

Anhang

Liste der Abkürzungen 790

Bibliographie 791

Namenregister 831

Sachregister 847

Einleitung

Von Ilse Grubrich-Simitis

Vermutlich hätte sie es ungehörig gefunden, die Aufmerksamkeit des Lesers, ehe er mit dem Studium des Nachtragsbandes zu Sigmund Freuds *Gesammelten Werken* beginnt, auf die Arbeit, gar die Person der Herausgeberin zu lenken. Denn für sie hieß Edieren Arbeiten im Hintergrund: präzise und auf Vollständigkeit bedacht, doch unaufdringlich und leise. Als Max Frisch kürzlich vor jungen Ärzten über den Tod sprach, meinte er, das Todesbild der Technologen sei das trostloseste: »es entzieht sich dem erlebten Wissen, daß unsere Existenz als Person nicht additiv ist, sondern eine Gestalt, die in sich selber aufgeht, definiert wie eine Kurve als der geometrische Ort aller Punkte, die einer Gleichung entsprechen; eine Geist-Figur, sie kann durch Unfall oder Krankheit oder Krieg vorzeitig zerbrochen werden, aber sie läßt sich nicht beliebig verlängern« (1985). Leben und Arbeit von Angela M. O. Richards (1928–1982) sind durch Krankheit vorzeitig zerbrochen worden. Auch wer versucht, anders als die Technologen, die Lebensimmanenz des Todes nicht zu verleugnen, wird diese Vorzeitigkeit schwer hinnehmen können. Sie verstärkt das Bedürfnis, zu Beginn des Buches, dessen Edition sie nicht mehr beenden konnte und von dessen Funktion und Aufbau sogleich nüchtern die Rede sein soll, einige Erinnerungen an Angela Richards festzuhalten.

Als der S. Fischer Verlag, selbst aus der Emigration zurückgekehrt, 1960 die Rechte an Sigmund Freuds Werk von dessen Londoner Exilverlag Imago Publishing Company übernahm, bestand eine paradoxe Situation: die in London unter Kriegsbedingungen begonnenen, zwischen 1940 und 1952, also nach Freuds Tod erschienenen siebzehnbändigen *Gesammelten*

15

Werke waren, was Textbestand und editorischen Apparat betraf, der Anfang der sechziger Jahre noch nicht abgeschlossenen englischen *Standard Edition of the Complete Psychological Works of Sigmund Freud* unterlegen. Deren Herausgeber, James Strachey, hatte, unterstützt vom Londoner Institute of Psycho-Analysis, in jahrelanger Arbeit eine Freud-Editionskultur begründet, für die es hierzulande keine Entsprechung gab. Vielmehr mußten die Psychoanalytiker in der Bundesrepublik vordringlich darauf bedacht sein, die vom Hitler-Regime zerschlagene Tradition der Psychoanalyse wiederzubeleben und hinsichtlich Ausbildung und Wissensstand die Verbindung zu den neuen, insbesondere angloamerikanischen Zentren analytischer Forschung aufzunehmen.

So lag es für den S. Fischer Verlag nahe, einer Anregung Alexander Mitscherlichs folgend, wegen der Vervollständigung der *Gesammelten Werke* Hilfe bei James Strachey zu suchen. Als ich seinerzeit Ernst Freud (Freuds jüngstem Sohn, der sich von London aus energisch um die Publikation des Werks kümmerte) die Absicht erläuterte, James Strachey wegen der Herausgeberschaft für den Nachtragsband zu konsultieren, meinte er zutreffend: Strachey, ganz auf den Abschluß seines magnum opus konzentriert, werde wohl seine engste Mitarbeiterin, Angela Richards, empfehlen; sie sei hochqualifiziert und verfüge zudem über etwas sehr Seltenes, nämlich »intellektuelle Grazie«; aber, so setzte er bedauernd und warnend hinzu, sie habe leider »kein Zeit-Gewissen«.

Intellektuelle Grazie kennzeichnete schon die erste Begegnung. Sie fand vor mehr als zwanzig Jahren, 1964, bei James Strachey in Marlow statt. Nach Lord's Wood, in das entlegene alte Landhaus seiner Schwiegermutter, der Malerin Mary Sargant-Florence, hatte sich Strachey mit seiner Frau Alix schon Mitte der fünfziger Jahre zurückgezogen, um sich, entlastet von den Mühen des analytischen Praxisalltags, fortan ausschließlich der schon begonnenen Arbeit an Übersetzung und Kommentierung der Werke Freuds für die *Standard Edition* zu widmen.[1] Daß er daneben noch den umfangreichen Nachlaß seines Bruders, des Historikers und Schriftstellers Lytton Strachey[2], verwaltete und Michael Holroyd bei der Vorbe-

---

[1] Nachtrag 1986: Nach Abschluß dieser Einleitung erschien der Briefwechsel zwischen James und Alix Strachey (Meisel und Kendrick, Hg., 1985), der, neben vielen farbigen persönlichen und zeitgeschichtlichen Einzelheiten, u. a. auch über ihre Übersetzungsarbeit Auskunft gibt, welche, von Freud erwünscht, bis in die frühen zwanziger Jahre zurückreicht.

[2] Vgl. unten, S. 665 ff.

reitung der Lytton Strachey-Biographie unterstützte, hatte er beiläufig erwähnt, als er mich, ehe Angela Richards aus Eynsham eintraf, durch seine Arbeitsräume und das Studio führte, welches Lytton Stracheys Bibliothek und Papiere damals beherbergte. Es war ein strahlender Herbstnachmittag, der die Färbung der umgebenden Buchenwälder zum Glühen brachte, so daß ihr Widerschein noch das Zimmer zu erwärmen schien, in dem wir dann zu dritt saßen, um, wie ich annahm, unverzüglich über den geplanten Nachtragsband zu sprechen. Aus dem flüchtig-andeutenden Redewechsel der beiden wurde mir bald deutlich, daß sie einander eine Zeitlang nicht gesehen hatten und daß es, durch belustigte Blicke mich um Verständnis bittend, zuerst darum ging, mit Vergnügen und detektivischem Finderstolz zumindest die aufregendsten unter den Ergebnissen auszutauschen, die ihre getrennten Recherchen inzwischen zutage gefördert hatten; sie bezogen sich auf Band I der *Standard Edition,* an dem beide zu dieser Zeit arbeiteten. Danach lenkte Strachey unser Augenmerk auf ein gegen ein Buchregal gelehntes Bild; ich kann mich nicht entsinnen, ob er es gerade erworben oder sich ausgeliehen hatte. Jedenfalls handelte es sich um eine zeitgenössische, meiner Erinnerung nach künstlerisch eher bescheidene Darstellung der um einen Redaktionstisch versammelten Enzyklopädisten. Schmunzelnd erzählte Strachey, daß er sich am Vormittag den Luxus gegönnt habe zu erraten, wer unter den Abgebildeten wer sei, da ein Schlüssel zum Bild fehle. Indem er uns verschiedene Bücher mit Vergleichsportraits zeigte, berichtete er amüsiert von seinen Mutmaßungen, unser Urteil erfragend. Dieser leichte Auftakt hatte nichts Einschüchterndes oder Bildungsprotziges. Er war Ausdruck jener beide Gesprächspartner charakterisierenden Lebenskultur, die Privates und Professionelles spielerisch miteinander zu verknüpfen gestattete. Denn unvermittelt kam Strachey danach auf den Anlaß meines Besuchs zu sprechen. Ich hatte Angela Richards brieflich angeboten, die Edition des Nachtragsbandes zu besorgen, und Strachey fragte sie nun, ob sie bei ihren Überlegungen bedacht habe, daß er ihr für die nächsten Jahre die Arbeit am letzten, Register und Bibliographien enthaltenden Band XXIV der *Standard Edition* anvertrauen wolle. Augenzwinkernd versuchte sie, die damit verknüpfte Mühsal von sich zu weisen: nein, *dafür* sei sie nicht zwanghaft genug; der Nachtragsband aber interessiere sie durchaus. Und unversehens befanden wir uns in konzisen Verhandlungen über die Details von Inhaltsplan, Editionsprinzipien, Terminvorstellungen, Lizenzvereinbarungen usw.

Rückblickend erscheint mir diese Eingangsszene wie eine Illustration dessen, was der englische Psychoanalytiker D. W. Winnicott, zehn Jahre lang Stracheys Lehranalysand, das selbstverständliche Sichbewegen in der »area of cultural experience« nannte. Winnicott hatte dieses Konzept nicht zufällig in einer kurzen Ansprache anläßlich einer Feier der British Psychoanalytical Society zum Abschluß der *Standard Edition* 1966 angedeutet, wenig später weiter ausgearbeitet (1967) und in seinem Nachruf auf James Strachey (1969) noch einmal ausdrücklich mit diesem in Verbindung gebracht. Was Winnicott dabei besonders interessierte, war die Frage, *wo* der Bereich kultureller Erfahrung, des schöpferischen Umgangs mit Kulturdingen, anzusiedeln sei, den er sich als einen dritten vorstellte – neben dem Bereich der inneren Realität einerseits und dem der faktischen Außenwirklichkeit andererseits. Versuchsweise lokalisierte er den dritten Bereich in dem potentiellen Raum (»potential space«) zwischen Individuum und Umwelt, der am Beginn des Lebens Baby und Mutter entwicklungsfördernd gleichermaßen miteinander verbindet und voneinander trennt; entwicklungsfördernd, d. h. nicht-traumatisierend, sofern es Liebe und Verläßlichkeit der Mutter ermöglichen, dem in dieser Phase extrem abhängigen und verletzlichen Kind die umgebende Welt überhaupt als vertrauenswürdig erscheinen zu lassen. Es ist dieses Zwischenreich, dieser gleichsam außen-innere Raum, der, sofern er sich öffnet, Spielen, kreatives Arbeiten allererst ermöglicht und dem Winnicott auch das Gebrauchen der »Übergangsobjekte« zuordnete. Er betonte die Variabilität alles dessen, was sich, vermittelt durch Objektbeziehungen, im dritten Bereich der kulturellen Erfahrung, wesentlich auf der Symbolebene, konstituiert, und unterschied diese unendliche Vielfalt von der relativen Stereotypie der triebgesteuerten, orgiastisch rhythmisierten Erscheinungen des biologisch fundierten ersten Bereichs.

Bei James Strachey trug die konkrete Ausgestaltung der »area of cultural experience«, woraus er schöpfte und wozu er durch seine Lebensarbeit beigetragen hat, unverwechselbar englische Züge. Seine Herkunft aus einer gebildeten, mit dem Indian Civil Service verbundenen Londoner Familie hat u. a. Quentin Bell, Virginia Woolfs Biograph (1973, S. 102), beschrieben. Strachey war in seiner Jugend mit dem Dichter Rupert Brooke, während des Ersten Weltkriegs Symbolfigur einer ganzen Generation, befreundet gewesen und gehörte mit seinem Bruder Lytton Strachey und seinen Schwestern zur berühmten »Bloomsbury group« um die Schwestern Virginia Woolf und Vanessa Bell. Die *Standard Edition* erschien denn auch bei Hogarth Press, in dem von Virginia und Leonard Woolf gegründeten und zur Zeit des Erscheinens der ersten Bände noch immer von Leonard Woolf geleiteten Verlag.

Angela Richards begann ihre Zusammenarbeit mit Strachey im Jahre 1954; erst drei Bände der *Standard Edition* lagen damals veröffentlicht vor. Sie hatte ihr neusprachliches Studium (Französisch und Deutsch, 1948 bis 1951) am St. Hugh's College der Universität Oxford mit dem Bachelor of Arts abgeschlossen, sich während ihrer Universitätsjahre aber auch intensiv mit Musik und Theater befaßt – »areas of cultural experience«, denen auch James Stracheys künstlerische Vorlieben galten. Doch gab es noch weiter zurückreichende gemeinsame kulturelle Wurzeln. Angela Richards entstammte einer Hugenotten-Familie. Ihr Großvater, Sidney Olivier, zählte mit Sidney Webb und Bernard Shaw zu den Gründern der Fabian Society, jener die Entwicklung des sozialistischen Denkens in Großbritannien prägenden Intellektuellen-Vereinigung. Er war eine Zeitlang Gouverneur der damaligen britischen Kronkolonie Jamaika, dann Minister in der Labour-Regierung von 1929 gewesen und wurde als Lord Olivier of Ramsden geadelt. Seine jüngste Tochter Noel, Angela Richards' Mutter, war Kinderärztin, später mit Arthur Richards, gleichfalls Arzt, verheiratet. Wie James Strachey verband sie in ihrer Jugend eine Freundschaft mit Rupert Brooke, aber auch mit den jüngeren Mitgliedern der Bloomsbury-Gruppe, Virginia Woolf und Vanessa Bell sowie, eben, James Strachey.

Im ersten Band der *Standard Edition*, der 1966 als letzter Textband erschien, schrieb Strachey in der Einleitung über die gemeinsame Arbeit mit Angela Richards: »In recent years she has, indeed, been my principal assistant and has taken charge of much of the editorial side of my work.« Nach dem Tode Stracheys stellte sie Band XXIV, den Abschlußband der *Standard Edition* mit Registern und Bibliographien, zusammen, jenen Band, 1974 veröffentlicht, den Strachey in dem beschriebenen Gespräch erwähnt hatte. Gleichzeitig arbeitete sie an den elf Bänden der deutschen *Studienausgabe*, die zwischen 1969 und 1975 erschienen. Mit dieser umfangreichen Auswahledition verfolgte der S. Fischer Verlag das Ziel, Freuds Hauptwerke in thematischer Gliederung und erstmals versehen mit einem ausführlichen, auf Stracheys Kommentaren zur *Standard Edition* fußenden editorischen Apparat dem deutschsprachigen Leser, insbesondere den Studenten zugänglich zu machen. James Strachey hatte sich als Mitherausgeber der *Studienausgabe*, zusammen mit Alexander Mitscherlich, noch an der Festlegung des Inhaltsplans und der editorischen Prinzipien beteiligt. Als er 1967 starb, lag jedoch der Hauptteil der herausgeberischen Detailarbeit noch vor uns. Nach Abschluß der *Studienausgabe* konzentrierte sich Angela Richards auf die Edition einer fünfzehnbändigen englischen Taschenbuchausgabe, der sogenannten *Pelican Freud Library*. Als sie am 16. Oktober 1982 starb, lagen zehn der fünfzehn Bände abgeschlossen vor.

Der mit editorischer Arbeit nicht Vertraute wird sich kaum ein zutreffendes Bild von der Arbeitslast der erwähnten Publikationsprojekte machen können. Die unzähligen Briefe, die Angela Richards seit jener ersten Begegnung in Marlow in den Jahren der Vorbereitung der *Studienausgabe* und des Nachtragsbandes zu den *Gesammelten Werken* schrieb, sind gekennzeichnet von Sachlichkeit, Präzision, unbeirrbarem Qualitätssinn. Jedes Detail wurde für wert befunden, betrachtet und diskutiert zu werden, in der Hoffnung und Erwartung, die jeweils beste, für Werk und Leser förderlichste Lösung zu finden: die typographische Gliederung eines kompliziert aufgebauten Inhaltsverzeichnisses, der genaue Wortlaut lebender Kolumnentitel, die Einzüge von Unterbegriffen bei Sachregistern usw. Ihre besondere Aufmerksamkeit galt stets dem enggeknüpften Netz von Querverweisen, das es dem Leser erleichtern sollte, Parallelstellen zu ein und demselben Thema aufzufinden, die historische Entwicklung von Freuds Denken zu rekonstruieren, Genese und Wandlung der psychoanalytischen Grundbegriffe zu verstehen. Es ist ein leichtes, wie gegenwärtig üblich, Übersetzung und Kommentierung der *Standard Edition* zu kritisieren oder in ein paar Sätzen die definitive historisch-kritische deutsche Freud-Gesamtausgabe zu fordern – verglichen mit der Mühsal und Disziplin, die es kostet, über Jahre und Jahrzehnte, wie James Strachey und Angela Richards, Herausgeberkultur, Herausgebertugenden zu erwerben und aufrechtzuerhalten.

Trotz der rigorosen Sachlichkeit ihrer Briefe äußert sich auch in ihnen die »intellektuelle Grazie«, von der Ernst Freud gesprochen hatte. So wenn sie beim Auftauchen eines bislang unbekannten Freud-Texts, am 18. März 1975, meinte: »We will have to invent a Köchel number for it«, auf die von ihr laufend ergänzte Freud-Gesamtbibliographie gleichsam als Freuds Köchel-Verzeichnis anspielend. Oder in einem wehmütigen Brief vom 7. Mai 1973, in welchem sie, sich für Augenblicke von den Editionsproblemen lösend, vom Sterben, vom nicht-vorzeitigen Tod der damals einundachtzigjährigen Alix Strachey erzählte: »She ate terribly little: if one was there, one had a job to persuade a few extra mouthfuls into her, but once one's back was turned I suspect she scarcely ate at all. And there was another thing: I have had the impression the last two or three times I have visited her, before this last illness, that she was really not interested in living much longer. This was rather strange, because she had plenty of interest in people (the ones she liked, and some she *dis*liked!), was right up-to-date in world affairs on which she had strong opinions, as well as the latest books on subjects she cared about. What she seemed to have lost interest in was *herself* – I think she considered she had lived her life and played her part. And there is another thing, which I expect has struck you – she died within a day or two of the anniversary of James's death; I am sure that had an influence though as far as I can discover she mentioned it to no-one these last days. I shall miss her terribly – I had known her as long as I can remember. She was a school-friend of my mother's, and indeed a life-long friend, and through her stories, particularly about those shared early years, she used to provide me with one of those precious living links – which become more precious as they become fewer and each one in turn falls away.«

Was Ernst Freud mit der Warnung gemeint hatte, Angela Richards habe »kein Zeit-Gewissen«, begann ich nicht lange nach unserer ersten Begegnung zu begreifen. Heute erscheint mir der Ausdruck »Gewissen« nicht zutreffend, weil er einen strukturellen Mangel unterstellt. Es war aber vielmehr so, als hätte sie ein anderes, gleichsam vorindustrielles Zeitgefühl. Termine für bestimmte Arbeitsabläufe zu setzen und auf deren Einhaltung zu bestehen stieß bei ihr auf staunendes Unverständnis. Sie beobachtete derlei mit distanziertem Interesse, als handele es sich um Verhaltenseigenheiten eines wunderlichen, sinnvollen Rhythmen entfremdeten, eigentlich bedauernswerten, jedenfalls reichlich unzivilisierten Menschenschlags. Die in ihren Augen einzig legitime Einteilung der Zeit ergab sich aus dem Gang der Arbeit selbst und aus den Erfordernissen wie Annehmlichkeiten ihres persönlichen Lebens mit ihrer Familie, ihrem Ehemann, dem Arzt Anthony D. Harris, und den Töchtern Tamsin und Pippa, ihren Freundschaften und dem zweckfreien Sichbewegen in der »area of cultural experience«, zumal Musik. Mit sanfter, unmerklicher Entschiedenheit wußte sie es im Laufe der Jahre zu verhindern, daß meine Besuche im Old Brew House in Eynsham ausschließlich Arbeitscharakter annehmen konnten: man aß, man trank, man spielte mit den Kindern, man plauderte – und man arbeitete. Zurückgekehrt, erschien es mir meist erstaunlich, wieviel wir *trotzdem* tatsächlich gearbeitet hatten. In dieser durch nichts störbaren Gemächlichkeit ihres Lebens Gelassenheit, ja Weisheit entdecken, heißt nicht, die Irritation und den Ärger leugnen, welche dieses vorindustrielle

Zeitgefühl in der Verlagsrealität immer wieder auslösen mußte. Was versöhnlich stimmte, war die Beharrlichkeit, mit der Angela Richards gleichwohl über lange Zeiträume an Publikationsprojekten festhalten konnte, für die sie die Verantwortung übernommen hatte. Ein Beispiel dafür ist der Nachtragsband, an dem sie fast bis zu ihrem Tode gearbeitet hat.

*

Als wir uns Anfang der sechziger Jahre an die Vervollständigung der *Gesammelten Werke* Sigmund Freuds machten, war, außer der Fertigstellung des achtzehnten Bandes, des Gesamtregisters, zunächst daran gedacht worden, in dem nichtnumerierten Nachtragsband alle diejenigen im weitesten Sinne psychologisch-psychoanalytischen Schriften und sonstigen Äußerungen Freuds zu sammeln, die aus verschiedenen Gründen in den siebzehn Textbänden der *Gesammelten Werke* fehlen, in der *Standard Edition* aber enthalten sind. Zu diesen fehlenden Stücken zählten wir, weil integraler Bestandteil der *Studien über Hysterie* (1895 d), freilich auch die von Josef Breuer verfaßten Beiträge zu diesem Buch, nämlich die Krankengeschichte der »Anna O.« sowie den Abschnitt ›Theoretisches‹; sie hatten bereits in Freuds erster Werkausgabe, den *Gesammelten Schriften*, gefehlt. Ferner waren die von Freud nicht für den Druck vorgesehenen Originalnotizen zur Krankengeschichte des »Rattenmannes« (1955 a [1907–08]) dem deutschsprachigen Leser zugänglich zu machen. Die einzelnen größeren und kleineren Stücke des Bandes sollten in chronologischer Reihenfolge abgedruckt und, im Unterschied zu den anderen Textbänden der *Gesammelten Werke,* mit ausführlichen, auf dem Apparat der *Standard Edition* fußenden Herausgeber-Kommentaren versehen werden.

Die durch die Vorbereitung der *Studienausgabe* erzwungene Stillegung der Arbeit am Nachtragsband erwies sich dann nicht nur als nachteilig. Unterdessen tauchten nämlich zahlreiche weitere Freud-Texte auf, die auch in der *Standard Edition* fehlen, nun aber in den Nachtragsband aufgenommen werden konnten. Ferner begannen in der Zwischenzeit die Vorbereitungen für die Veröffentlichung der vollständigen Ausgabe von Freuds Briefen an Wilhelm Fließ. Es wurde vereinbart, daß der für die Geschichte der Psychoanalyse bedeutsame ›Entwurf einer Psychologie‹ (1895) in Zukunft nicht mehr, wie bisher, im Kontext der Fließ-Dokumente, sondern als Teil des Werks im Nachtragsband präsentiert werden sollte. Diese Entscheidung bot die Gelegenheit, nun eine durch Vergleich mit der Handschrift grundlegend neubearbeitete Fassung vorzulegen. Wir nahmen diese den Umfang des Nachtragsbandes erheblich erweiternden Veränderungen zum Anlaß, den Aufbau des Buches erneut zu diskutieren. Als Ergebnis dieser Überlegungen wurde zwar als Grundordnung die Chronologie[1] beibehalten, jedoch eine zusätzliche Gliederung in Teile – von gewiß unterschiedlichem Umfang und Gewicht – eingeführt, welche es dem Leser erleichtern soll, sich in dem Band zurechtzufinden. Und zwar erscheinen Texte zu Teilen gebündelt, die inhaltlich zusammengehören (wie die Elemente der Teile I, II, III, VII, IX, X, XI, XIV) oder formale Ähnlichkeiten zeigen (wie diejenigen der Teile V, XII, XIII), wobei für die Reihenfolge der Einzelstücke innerhalb der Teile wiederum die Chronologie gilt. Schließlich werden, drittens, bestimmte wichtige Einzeltexte als separate Teile präsentiert (Teil IV, VI, VIII). Hinsichtlich der beiden zuerst genannten Gliederungsprinzipien hat die inhaltliche Zusammengehörigkeit gegenüber der formalen Ähnlichkeit Priorität. So wird beispielsweise Freuds Rezension von Auguste Forels Buch *Der Hypnotismus* im II. Teil präsentiert, der die ›Schriften über Hypnotismus und Suggestion‹ sammelt, nicht zusammen mit den Buchbesprechungen im V. Teil. Auf diese Weise wird es dem Leser ermöglicht, Freuds Gedanken über Hypnotismus und Suggestion, soweit im vorliegenden Band enthalten, im Kontext kennenzulernen oder sich im III. Teil zusammenhängend über Früchte seiner Kooperation mit Josef Breuer zu informieren. Es stellte sich in dieser zweiten Arbeitsphase also heraus, daß der Nachtragsband zumal im Hinblick auf die frühen Konzeptualisierungen Freuds und die Anfänge der Psychoanalyse neue Verständniszugänge eröffnen kann, wobei nun auch einige zeitgenössische Berichte über Freuds damalige Aktivitäten als wissenschaftsgeschichtlich relevante Dokumente abgedruckt werden. In einem Brief an die Verlagsleitung vom 19. Dezember 1980 konnte die Herausgeberin mit einer gewissen Genugtuung feststellen: »In the past year I have completely altered my view about the importance of this volume. [...] it has been possible to trace the connections between Freud's ideas and writings at different periods and present the work as a coherent and integrated whole. [...] It will be a source book which students of Freud will need to use for many years to come.«

---

[1] Wobei das Entstehungsjahr des betreffenden Werks zählt, nicht das Publikationsdatum, sofern beide Daten differieren.

Nicht lange danach verlangsamten sich infolge der Krankheit die Vorbereitungen und blieben dann unvollendet liegen. Neben zahllosen Einzelproblemen waren noch Hauptstücke der Arbeit zu bewältigen. Außer der Einleitung zum Band fehlten insbesondere die ›Originalnotizen‹ zur Krankengeschichte des »Rattenmannes« (Teil VI), editorischer Apparat wie definitive Textvorlage. Das Besorgen einer Kopie der Handschrift erwies sich als unerwartet zeitraubend; doch konnte dann mittels Vergleichs zwischen dieser Kopie und dem in der zweisprachigen französischen Ausgabe von 1974 zuerst veröffentlichten deutschen Wortlaut eine definitive, wesentlich korrigierte Satzvorlage hergestellt werden. Auch die Arbeit an einer verbindlichen, gleichfalls anhand einer Kopie der Handschrift überprüften Satzvorlage des ›Entwurfs einer Psychologie‹ (Teil IV) war beim Tode Angela Richards' noch nicht abgeschlossen. Ferner fehlte gänzlich die umfangreiche Gesamtbibliographie, für die sich im Nachlaß keinerlei Unterlagen fanden. Das bedeutete, daß Titel und bibliographische Details rekonstruiert werden mußten, denn im Text werden in der Regel nur Autorennamen und Erscheinungsjahr genannt. Endlich konnte als neuer Teil (Teil VIII) die Edition des erst nach dem Tode der Herausgeberin entdeckten Entwurfs der zwölften metapsychologischen Abhandlung von 1915 aufgenommen werden. Zum Schluß wurde noch eine letzte gründliche Revision der Inhaltsgliederung durchgeführt.

Wo nicht anders vermerkt, wie beispielsweise im Fall der ›Originalnotizen zu einem Fall von Zwangsneurose‹ (Teil VI), sind Orthographie und Interpunktion der Freud-Texte, sei es gegenüber der Erstveröffentlichung, sei es im Vergleich zur Handschrift, stillschweigend behutsam modernen Gepflogenheiten angeglichen worden. Detaillierte Quellenangaben finden sich jeweils zu Beginn der betreffenden Arbeit in der ›Editorischen Einleitung‹ bzw. ›Editorischen Vorbemerkung‹ oder auch, bei kurzen Stücken, in einer editorischen Anmerkung. Dem Titel der Arbeiten wurde in runden Klammern das Datum der Erstveröffentlichung hinzugefügt, in eckigen das Entstehungsjahr, sofern dieses von jenem abweicht. Editorische Verweise auf Freuds Schriften nennen durchgehend Band- und Seitenzahl des Abdrucks sowohl in den *Gesammelten Werken* als auch in der *Studienausgabe,* den beiden derzeit am leichtesten zugänglichen Editionen. Auch Freuds eigene Bezugnahmen auf seine Werke wurden auf die genannten Ausgaben umgestellt, da er meist entlegene frühe Editionen anführt. Diese Anpassung geschah wiederum stillschweigend. Das gilt ebenso für die Korrektur der Schreibweise mancher Namen. Um schwerfällige Wiederholungen zu vermeiden, wurden die ausführlichen bibliographischen Angaben, die Freud im Text oder in den Fußnoten macht, in die Bibliographie am Schluß des Bandes verwiesen. Auf diese Weise lassen sich in Text und Anmerkungen (auch im gesamten editorischen Apparat) die bibliographischen Details im allgemeinen auf Autorenname und Erscheinungsjahr beschränken. Im Zusammenhang mit Seitenangaben wird einheitlich die Abkürzung »S.« verwendet, auch dort, wo Freud »p.« benutzt hat. Sonst ist jede Änderung, die über die aufgezählten Regeln hinaus am Quellentext vorgenommen wurde, kenntlich gemacht.

Soweit die im Nachtragsband abgedruckten Freud-Texte in der *Standard Edition* enthalten sind, fußt das ihnen zugeordnete editorische Material weitgehend auf dem der Strachey-Ausgabe.[1] Doch wurde es gründlich überarbeitet, wo nötig korrigiert und im Hinblick auf die neuere Forschung und die besonderen Belange des Nachtragsbandes ergänzt. Für alle anderen Stücke wurden die editorischen Kommentare neu verfaßt.

Die Kommentare bestehen aus ›Editorischen Einleitungen‹ zu den größeren Texten, aber gelegentlich auch als Vorspann zu einem ganzen Teil (Teil II), ferner ›Editorischen Vorbemerkungen‹ sowie editorischen Anmerkungen. Bis auf die ›Editorischen Einleitungen‹, die ›Editorischen Vorbemerkungen‹ sowie Anhänge, auf den ersten Blick als Herausgeber-Zusätze erkennbar, sind alle editorischen Hinzufügungen durch eckige Klammern markiert. Was Zuschnitt und Inhalt des editorischen Apparats betrifft, so seien Auszüge aus den ›Erläuterungen zur Edition‹ zitiert, welche Angela Richards einst für den ersten Band der *Studienausgabe* verfaßte; die dort beschriebenen Prinzipien hat sie nämlich auch auf den Nachtragsband angewandt:

»Die ›Editorischen Vorbemerkungen‹ zu den Einzelwerken wollen, neben bibliographischen Details, über Entstehungszeit und -umstände unterrichten, kurz die in der betreffenden Schrift behandelten Hauptthemen bezeichnen und diese mit verwandten Erörterungen in anderen Arbeiten Freuds in Verbindung setzen.

Die […] Anmerkungen zeigen in erster Linie einige der wichtigeren Änderungen auf, die Freud in verschiedenen Ausgaben seiner Schriften im Text oder in Fußnoten vorgenommen hat. […] Auch wird auf eine Anzahl vermutlicher Druckfehler in den Quellentexten hingewiesen.

---

[1] Dies geschieht mit freundlicher Genehmigung des Copyrightinhabers, des Institute of Psycho-Analysis, London.

In den Anmerkungen wurde ferner der Versuch gemacht – und das ist eigentlich ihr Hauptzweck –, die zentralen psychoanalytischen Begriffe und Theorien zu skizzieren und insbesondere auf Änderungen und Entwicklungen im Denken Freuds aufmerksam zu machen sowie anzugeben, wo der Leser das jeweils behandelte Thema in einem anderen Werk Freuds zusätzlich studieren, es in neuem Lichte dargestellt finden kann. [...] Ferner findet der Leser eine große Anzahl von Querverweisen *innerhalb* der einzelnen Schriften; [...] sie werden hoffentlich [...] helfen, den Gedankengang leichter nachzuvollziehen und Anspielungen rascher auf die Spur zu kommen.

Soweit überhaupt ermittelbar, wurden die Quellen der von Freud nicht oder nur teilweise näher bezeichneten Zitate aus Werken literarischer oder wissenschaftlicher Autoren angegeben[1] bzw. Freuds eigene Nachweise ergänzt oder, wenn erforderlich, korrigiert. (Dies gilt auch für Hinweise auf seine eigenen Werke, die Freud meist nicht detailliert belegte.) Desgleichen sind Anspielungen auf geschichtliche Ereignisse und Persönlichkeiten, auf Gestalten der Mythologie und Literatur erklärt, falls anzunehmen ist, daß sie heute nicht mehr ohne weiteres erinnert oder verstanden werden. An einigen wenigen Stellen wurden auch geographische und wissenschaftliche Erläuterungen hinzugefügt.« (S. 30f.)

Alle editorischen Texte, die Angela Richards in englischer Sprache ablieferte, habe ich ins Deutsche übersetzt.[2] Englische und französische Zitate sind in der Regel unübersetzt geblieben; für Zitate aus weniger gebräuchlichen Fremdsprachen wurden deutsche Übersetzungen beigefügt. Was an editorischen Kommentaren nach Angela Richards' Tod hinzukam, zumal der editorische Apparat zum VIII. Teil, aber auch kürzere Erläuterungen wie die zu den ›Ergänzungen zur *Selbstdarstellung*‹ (in Teil XIII), wurde natürlich sogleich in deutsch verfaßt.[3]

Schon in der ersten Vorbereitungsphase des Nachtragsbandes haben, außer James Strachey, besonders Anna Freud (London) und K. R. Eissler

---

[1] Wo immer möglich, wurden die Zitate für den Nachtragsband überprüft und, falls erforderlich, stillschweigend korrigiert.

[2] Ausgenommen die editorischen Fußnoten zu Josef Breuers Beiträgen zu den *Studien über Hysterie* (in Teil III), deren Übertragung dankenswerterweise Hermann Schultz (Frankfurt) besorgte.

[3] Nur wenige dieser Kommentare habe ich, um den Leser nicht zu verwirren, mit »I. G.-S.« gezeichnet. Es sind in der Regel solche, die ersichtlich aus der Zeit nach Angela Richards' Tod stammen.

(New York), der Begründer und langjährige Sekretär des Sigmund Freud Archivs, durch Rat und Tat das Entstehen des Buches gefördert. K. R. Eissler hat uns bis zum Schluß zahllose Hilfen gewährt, die im einzelnen nicht aufgeführt werden können. Auch James H. Hutson und Ronald S. Wilkinson von der Manuscript Division der Library of Congress (Washington), die das Sigmund Freud Archiv beherbergt, sind dankend zu erwähnen. In Eynsham hat, besonders in den Jahren der Krankheit von Angela Richards, Anthony D. Harris für die Fortsetzung der Arbeit gesorgt, die Korrespondenz mit mir aufrechterhalten, sich selbst aktiv an Recherchen beteiligt und die Zusammenarbeit mit Albert Dickson (London) koordiniert, der Angela Richards schon seit Jahren bei ihren verschiedenen Editionsprojekten assistierte und sich auch für den Nachtragsband vielfältige dankenswerte Verdienste erworben hat. Gerhard Fichtner (Tübingen) und Michael Schröter (Berlin) verdanken wir einige wertvolle Hinweise. Daß das Buch allen mitunter unüberwindlich erscheinenden Hindernissen zum Trotz schließlich doch erscheinen konnte, ist aber vor allem der unermüdlichen, sorgfältigen Arbeit von Ingeborg Meyer-Palmedo vom S. Fischer Verlag (Frankfurt) zu danken. Ihre Hilfen sind wiederum zu vielfältig, als daß sie hier einzeln aufgezählt werden könnten. Sie reichen vom Kollationieren der Originalnotizen zur Krankengeschichte des »Rattenmannes« und des ›Entwurfs einer Psychologie‹ über Bibliotheksrecherchen für die von ihr besorgte mühselige Rekonstruktion der Bibliographie, die kritische Lektüre der gesamten Satzvorlage bis zu Fahnen- und Umbruchkorrektur sowie zur Zusammenstellung des Sachregisters.

Zum Schluß noch ein Wort zur weiteren Erschließung des Freud-Œuvres: Das Erscheinen des Nachtragsbandes darf uns nicht die Tatsache aus den Augen verlieren lassen, daß er lediglich so etwas wie eine solide Zwischenstation darstellt – auf dem Wege zu einer definitiven historisch-kritischen deutschen Freud-Gesamtausgabe, die auch die voranalytischen Werke und die Briefe zu umfassen hätte. Diese Edition ist und bleibt ein Desiderat. Zwar liegt mit dem Nachtragsband und den siebzehn numerierten Textbänden der *Gesammelten Werke* das Korpus des Freudschen psychologisch-psychoanalytischen Œuvres, was den heute bekannten Textbestand anlangt, in der Originalsprache vollständig vor. Doch ermangelt den siebzehn zwischen 1940 und 1952 veröffentlichten Bänden, wie beschrieben, ein zulänglicher kritischer Apparat. In der *Studienausgabe* wiederum wird dem Leser ein solcher Apparat nur für eine, wenngleich umfangreiche Werkauswahl zur Verfügung gestellt. Inzwischen hat sich gezeigt, daß die Vorbereitungen für eine historisch-kritische Freud-Gesamtausgabe nicht unverzüglich begonnen werden können, nämlich nicht ehe die noch unveröffentlichten Korrespondenzen Freuds erschlossen sind. Diese Dokumente enthalten eine Fülle für den editorischen Apparat einer definitiven Gesamtausgabe unverzichtbarer, bisher unbekannter Kommentare Freuds zum eigenen Schaffensprozeß und zum Werk. Es wird deshalb in den nächsten Jahren darum gehen, zuerst diese Briefe herauszubringen, darunter die gewichtigen Korrespondenzen mit Sándor Ferenczi und Ernest Jones, aber auch die Jugendbriefe an Eduard Silberstein, die frühe Hinweise auf die ideengeschichtlichen Wurzeln des Freudschen Denkens enthalten. Daneben wird bereits seit längerem an einer vierbändigen Edition der thematisch weitverzweigten und heute zumeist nur in entlegenen Fachzeitschriften zugänglichen voranalytischen Schriften Freuds gearbeitet, also der Erschließung eines Werkbereichs, dem sich das wissenschaftsgeschichtliche Interesse in letzter Zeit verstärkt zugewendet hat.

Februar 1985

I. Teil

Die Studienreise nach Paris und der Einfluß Charcots
(1885–1888)

Bericht

über meine mit Universitäts-Jubiläums-Reisestipendium
unternommene Studienreise nach Paris und Berlin

October 1885 — Ende März 1886.

Dr. Sigm. Freud
Dozent f. Naturgeschichte
a.d. Universität Wien.

Bericht
über meine mit Universitäts-Jubiläums-Reisestipendium
unternommene Studienreise nach Paris und Berlin
Oktober 1885–Ende März 1886

Dr. Sigm. Freud
Dozent für Neuropathologie an der Universität Wien

(1956 [1886])

Editorische Vorbemerkung

(1886 Datum der Niederschrift.)
1960 In J. und R. Gicklhorn, *Sigmund Freuds akademische Laufbahn im Lichte der Dokumente*, Wien und Innsbruck, Urban & Schwarzenberg, S. 82–89.
1966 *Almanach. Das achtzigste Jahr*, Frankfurt am Main, S. Fischer, S. 131–43. (Vorbemerkung und Anmerkungen aus der *Standard Edition*.)
1971 In Sigmund Freud, »*Selbstdarstellung*«; *Schriften zur Geschichte der Psychoanalyse*, herausgegeben und eingeleitet von I. Grubrich-Simitis, Frankfurt am Main, Fischer Taschenbuch Verlag, S. 129–38.

Englische Übersetzung (Erstveröffentlichung):
1956 ›Report on my Studies in Paris and Berlin‹, *International Journal of Psycho-Analysis*, Bd. 37, Nr. 1, S. 2–7. (Englische Übersetzung von James Strachey.)
1966 *Standard Edition*, Bd. 1, S. 1–15. (Korrigierter Nachdruck von 1956, mit zusätzlichem editorischen Material.)

Anhang

Habilitationsgesuch, Curriculum vitae und Lehrplan

(1885 Datum der Niederschrift.)
1960 In J. und R. Gicklhorn, ibid., S. 64–66. (Das ›Curriculum vitae‹ und der ›Lehrplan‹ finden sich dort, als Abb. 2 und 3 zwischen S. 144 und S. 145, auch faksimiliert.)
1971 ›Curriculum vitae‹ wurde nachgedruckt in Freud, *»Selbstdarstellung‹; Schriften zur Geschichte der Psychoanalyse*, ibid., S. 125 f.

Reisestipendiumsgesuch

(1885 Datum der Niederschrift.)
1960 In J. und R. Gicklhorn, ibid., S. 77. (Ein Faksimile der ersten Seite des Dokuments findet sich dort als Abb. 6, zwischen S. 144 und S. 145.)

Der vorliegende Bericht, ein geeigneter Auftakt für den *Nachtragsband* zu den *Gesammelten Werken* Sigmund Freuds, enthält die Schilderung eines historischen Ereignisses: nämlich wie sich Freuds wissenschaftliche Interessen von der Neurologie zur Psychologie wandten – verfaßt vom Protagonisten selbst zu einer Zeit, da sich diese Umorientierung vollzog.

Freuds Studienreise nach Paris und Berlin wurde mittels eines Stipendiums von sechshundert Gulden, für einen sechsmonatigen Aufenthalt, finanziert, welches das Professorenkollegium der medizinischen Fakultät in Wien ihm gewährt hatte. Das Kollegium erwartete von Freud einen formellen Bericht über seine Studien. Kurz nach seiner Rückkehr nach Wien hat Freud diesen Bericht in ungefähr zehn Tagen niedergeschrieben. Er beendete ihn am 22. April 1886. (Für weitere Einzelheiten und den gesamten Hintergrund vgl. Jones, 1960, S. 98–101 und 272 f.). Der Bericht wurde auf Anregung Siegfried Bernfelds von Josef Gicklhorn in den Archiven der Wiener Universität ausgegraben. Die im Anhang abgedruckten Dokumente haben die gleiche Herkunft. Die Erstveröffentlichung des Berichts erfolgte zunächst auf englisch, siebzig Jahre nach der Entstehung. Das Original, das in den Archiven der Wiener Universität verblieben ist, besteht aus zwölf handgeschriebenen Blättern. – Als Textvorlage diente uns eine Photokopie der Handschrift, die uns freundlicherweise Frau Eva Laible zur Verfügung stellte.

Es ist allgemein bekannt, welch außerordentliche Bedeutung Freud selber seinen Studien bei Charcot beigemessen hat. Dieser Bericht markiert seine Erfahrungen an der Salpêtrière ganz klar als einen Wendepunkt. Als er in Paris ankam, hatte ihn die Anatomie des Nervensystems »vorzugsweise beschäftigt«; als er es verließ, schwirrte ihm der Kopf von den Problemen der Hysterie und des Hypnotismus. Er hatte der Neurologie den Rücken gekehrt und sich der Psychopathologie zugewandt. Man könnte für die Wende sogar ein genaues Datum angeben – nämlich Anfang Dezember 1885, als er seine anatomische Arbeit im pathologischen Laboratorium in der Salpêtrière aufgab; doch war die Unzulänglichkeit des Laboratoriums, die Freud selbst als Grund nennt, natürlich bloß ein Anlaß für die folgenschwere Richtungsänderung seiner Interessen. Andere, tiefere Gründe waren ausschlaggebend, darunter gewiß der mächtige persönliche Einfluß, den Charcot offensichtlich auf Freud ausgeübt hat. Darauf hat Freud selbst immer wieder hingewiesen, mit besonderer Eindringlichkeit in seinem Nachruf auf Charcot (1893*f*), mit der stärksten Gefühlsbetonung allerdings wohl in seinem Vorwort zur Übersetzung der *Leçons du mardi* (1892–94), s. S. 153–57, unten. Tatsächlich taucht vieles von dem, was Freud im vorliegenden Bericht über Charcot ausführt, in den späteren Beschreibungen wieder auf.

Eine weniger offizielle, höchst anschauliche Schilderung des Pariser Aufenthalts findet sich in Freuds Briefen an seine Verlobte, Martha Bernays, von denen viele in einer Briefauswahl-Ausgabe (Freud, 1960*a*) enthalten sind. Ein Zitat aus einem Brief vom 24. November 1885, in welchem Wesentliches von Freuds damaligen Gefühlen und Gedanken bezüglich Charcots auf denkwürdige Weise ausgedrückt ist, mag genügen: »[...] ich glaube, ich verwandle mich sehr. Ich will Dir das einzeln aufzählen, was auf mich einwirkt. Charcot, der einer der größten Ärzte, ein genial nüchterner Mensch ist, reißt meine Ansichten und Absichten einfach um. Nach manchen Vorlesungen gehe ich fort wie aus Notre-Dame, mit neuen Empfindungen zum Vollkommenen. Aber er greift mich an; wenn ich von ihm weggehe, habe ich gar keine Lust mehr, meine eigenen dummen Sachen zu machen; ich bin jetzt drei Tage faul gewesen, ohne mir darum Vorwürfe zu machen. Mein Gehirn ist gesättigt wie nach einem Theaterabend. Ob die Saat einmal Früchte bringen wird, weiß ich nicht; aber daß kein anderer Mensch je ähnlich auf mich gewirkt hat, weiß ich gewiß.«

Hochlöbliches Professoren-Kollegium
der medizinischen Fakultät in Wien

In meinem Gesuche um Verleihung des Universitäts-Jubiläums-Reise-stipendiums für das Jahr 1885/6 habe ich die Absicht ausgesprochen, mich nach Paris in das Hospiz der Salpêtrière zu begeben, um daselbst meine neuropathologischen Studien fortzusetzen. Für diese Wahl hatten mehrere Momente zusammengewirkt: Zunächst die Gewißheit, an der Salpêtrière ein großes Material von Kranken gesammelt zu finden, welches in Wien nur zerstreut und daher schwer zugänglich ist; sodann der große Name Charcots[1], welcher in jenem Krankenhause nun seit siebzehn Jahren arbei-tet und lehrt; endlich aber mußte ich mir sagen, daß ich nicht erwarten durfte, an einer deutschen Hochschule wesentlich Neues zu lernen, nach-dem ich in Wien die mittelbare und unmittelbare Unterweisung der Herren Prof. Th. Meynert und H. Nothnagel[2] genossen hatte. Die fran-zösische Schule der Neuropathologie schien mir dagegen sowohl in ihrer Arbeitsweise Fremdes und Eigentümliches zu bieten als auch neue Gebiete der Neuropathologie in Angriff genommen zu haben, auf welche sich in Deutschland und Österreich die wissenschaftliche Arbeit nicht in ähn-licher Weise erstreckt hat. Infolge des wenig lebhaften persönlichen Ver-

---

[1] [Jean-Martin Charcot (1825–1893).]
[2] [Theodor Meynert (1833–1892), Professor der Psychiatrie in Wien, berühmter Ge-hirnanatom; Hermann Nothnagel (1841–1905), Professor der Inneren Medizin.]

kehrs zwischen französischen und deutschen Ärzten hatten die teils höchst merkwürdigen (Hypnotismus), teils praktisch wichtigen (Hysterie) Funde der französischen Schule mehr Anzweiflung als Anerkennung und Glauben in unseren Landen gefunden und mußten sich die französischen Forscher, Charcot voran, oft den Vorwurf der Kritiklosigkeit oder mindestens der Hinneigung zum Studium des Seltsamen und zu dessen effektvoller Verarbeitung gefallen lassen. Nachdem mich das löbliche Professoren-Kollegium durch die Verleihung des Reisestipendiums ausgezeichnet hatte, ergriff ich daher bereitwillig die gebotene Gelegenheit, ein auf eigene Erfahrung gegründetes Urteil über die erwähnten Reihen von Tatsachen zu gewinnen, und freute mich, dabei gleichzeitig der Anregung meines verehrten Lehrers, des Herrn Prof. von Brücke[1], entsprechen zu können.

Während eines Ferienaufenthaltes in Hamburg machte das freundliche Entgegenkommen des Herrn Dr. Eisenlohr[2], des bekannten Vertreters der Neuropathologie in dieser Stadt, es mir möglich, eine größere Reihe von Nervenkranken im großen Krankenhause und im Heinespitale[3] zu untersuchen, und verschaffte mir auch Zugang in die Irrenanstalt Klein-Friedrichsberg. Die Studienreise, über welche ich hier berichte, nahm aber ihren Anfang erst mit meinem Eintreffen in Paris in der ersten Hälfte des Monats Oktober, zum Beginne des Schuljahres.

Die Salpêtrière, welche ich zunächst aufsuchte, ist ein ausgedehntes Bauwerk, das durch seine einstöckigen, im Viereck stehenden Häuser wie durch seine Höfe und Gartenanlagen lebhaft an das Wiener Allgemeine Krankenhaus erinnert. Es hat seine Bestimmungen, auf deren erste der Name hindeutet (wie bei unserer ›Gewehrfabrik‹), im Laufe der Zeiten mehrmals gewechselt[4] und ist endlich [1813] zu einem Versorgungshaus für alte Frauen (vieilesse femmes), das über fünftausend Personen beherbergt, geworden. Es lag in der Natur der Verhältnisse, daß die chronischen

---

[1] [Ernst Wilhelm von Brücke (1819–1892) war Professor der Physiologie und Direktor des Physiologischen Instituts, Wien, wo Freud von 1876 bis 1882 gearbeitet hatte.]
[2] [Freud verbrachte im Herbst 1885 sechs Wochen in Wandsbek (bei Hamburg), der Heimat seiner Verlobten, Martha Bernays. – Dr. C. Eisenlohr (1847–1896) war Direktor des Allgemeinen Krankenhauses, Hamburg. In seinem Aphasien-Buch (1891 b, S. 10) bezeichnet ihn Freud als »einen der besonnensten deutschen Neurologen«.]
[3] [Das jüdische Krankenhaus.]
[4] [»Salpêtrière« bedeutet Fabrik oder Warenlager für Salpeter. Sie wurde während der Regierungszeit Louis' XIII. als Zeughaus errichtet. Das Gebäude, in dem Brückes Physiologisches Institut in Wien untergebracht war, beherbergte ursprünglich ebenfalls eine Gewehrfabrik.]

Nervenkrankheiten eine besonders reichliche Vertretung unter diesem Krankenmateriale finden mußten, und frühere Primarärzte[1] des Versorgungshauses, z. B. Briquet[2], hatten auch die wissenschaftliche Verwertung der Kranken in Angriff genommen, doch stand einer systematisch fortgeführten Arbeit die Gepflogenheit der französischen Primarärzte im Wege, das Spital, an dem sie wirken, und damit die Spezialität, welche sie studieren, häufig zu wechseln, bis sie in ihrer Karriere in das große klinische Spital Hôtel-Dieu gelangt sind. J. M. Charcot aber, welcher im Jahre 1856 Interne (Sekundararzt) an der Salpêtrière war, erkannte die Notwendigkeit, die chronischen Nervenkrankheiten zum Gegenstand eines unausgesetzten und ausschließlichen Studiums zu machen, und nahm sich vor, als Primararzt in die Salpêtrière zurückzukehren und dieselbe nicht mehr zu verlassen. Diesen Vorsatz durchgeführt zu haben, erklärt der bescheidene Mann nun für sein einziges Verdienst. Durch die günstigen Bedingungen seines Materials auf die chronischen Nervenkrankheiten und deren pathologisch-anatomische Begründung hingewiesen, hielt er durch etwa zwölf Jahre klinische Vorlesungen als freier Arbeiter, ohne Lehrauftrag[3], bis im Jahre 1881 endlich ein Lehrstuhl für Neuropathologie in der Salpêtrière errichtet und ihm übertragen wurde.

Mit dieser Institution waren eingreifende Veränderungen in den Arbeitsbedingungen Charcots und seiner unterdessen zahlreich gewordenen Schüler verbunden. Als notwendige Ergänzung zu dem stationären Materiale des Versorgungshauses wurde eine klinische Abteilung in der Salpêtrière geschaffen, auf welcher auch nervenkranke Männer Aufnahme finden und die sich aus einer einmal wöchentlich abgehaltenen Poliklinik (Consultation externe) rekrutiert. Außerdem wurde dem Professor der Neuropathologie ein Laboratorium für anatomische und physiologische Arbeiten, ein pathologisches Museum, ein Atelier für Photographie und Gipsabgüsse, ein ophthalmologisches Zimmer, ein elektrisches und hydrotherapeutisches Institut in den Räumlichkeiten des großen Spitales zur Verfügung gestellt und ihm damit die Möglichkeit gegeben, sich der dau-

---

[1] [»Médecins des hôpitaux« ist die entsprechende französische Bezeichnung für diese Position.]

[2] [Paul Briquet (1796–1881), Verfasser einer umfangreichen Abhandlung über Hysterie (1859); Charcots Auffassung der Hysterie war wesentlich von Briquet inspiriert. (Vgl. Ellenberger, 1973, S. 209f.)]

[3] [Während dieser Zeit war er Professor der Pathologischen Anatomie am Collège de France, arbeitete aber ohne Honorar an der Salpêtrière.]

ernden Mitarbeiterschaft einiger seiner Schüler, denen die Leitung dieser Anstalten übertragen ist, zu versichern.[1] Der Mann, welcher über all diese Hilfsmittel und Hilfskräfte gebietet, ist gegenwärtig sechzig Jahre alt, von einer Lebhaftigkeit, Heiterkeit und Formvollendung der Rede, die wir gewöhnlich dem Nationalcharakter der Franzosen zuzuschreiben pflegen, und von einer Geduld und Arbeitsfreudigkeit, wie wir sie in der Regel für die eigene Nation in Anspruch nehmen.

Von dieser Persönlichkeit angezogen, habe ich mich bald darauf beschränkt, das *eine* Spital zu besuchen und dem Unterricht des *einen* Mannes zu folgen. Gelegentliche Versuche, andere Vorlesungen zu hören, gab ich auf, nachdem ich mich überzeugt hatte, daß man sich zumeist mit wohlgefügten rhetorischen Leistungen zufriedengeben müßte. Nur die gerichtlichen Sektionen und Vorträge von Prof. Brouardel[2] in der Morgue pflegte ich selten zu versäumen.

In der Salpêtrière selbst gestaltete sich meine Arbeit anders, als ich mir ursprünglich vorgesetzt hatte. Ich war in der Absicht gekommen, eine einzelne Frage zum Gegenstande einer eingehenden Untersuchung zu machen, und hatte mir, da mich in Wien vorzugsweise anatomische Probleme beschäftigt hatten, das Studium der sekundären Atrophien und Degenerationen nach infantilen Gehirnaffektionen erwählt. Man stellte mir ein äußerst wertvolles pathologisches Material zur Verfügung; ich fand aber, daß die Verhältnisse der Ausnützung desselben sehr ungünstig waren. Das Laboratorium war in keiner Weise darauf eingerichtet, einen fremden Arbeiter aufzunehmen, und was etwa an Raum und Hilfsmitteln vorhanden war, wurde durch den Mangel einer jeglichen Organisation unzugänglich. Ich sah mich also genötigt, die anatomische Arbeit aufzugeben[3], und begnügte mich mit einem auf das Verhalten der Hinterstrangskerne im verlängerten Mark bezüglichen Funde. Doch fand sich später Gelegenheit,

---

[1] [Die Geschichte dieser Veränderungen und der Neugestaltung an der Salpêtrière wurde von Charcot selbst im ersten der Vorträge, die Freud übersetzt hat (Freud, 1886*e*), beschrieben. (Für weitere Einzelheiten s. S. 52 f., unten.) Freuds Schilderung im vorliegenden Bericht stützt sich großenteils auf die Beschreibung Charcots.]
[2] [P. C. H. Brouardel (1837–1906), berühmt als medizinischer Rechtsgelehrter. Freud erwähnte ihn mit großer Wärme in seinem Geleitwort (1913*k*) zu J. G. Bourke, *Der Unrat in Sitte, Brauch, Glauben und Gewohnheitrecht der Völker* (1891), und zitiert dort ein auffallendes Wort von Brouardel: »Les genoux sales sont le signe d'une fille honnête.«]
[3] [Anfang Dezember 1885. Vgl. dazu Jones (1960, S. 252).]

derartige Untersuchungen in Gemeinschaft mit Herrn Dr. von Darkschewitsch aus Moskau aufzunehmen, und unser Verkehr führte zu einer Publikation im *Neurologischen Zentralblatt*, Nr. 6, 1886 [Band 5, S. 121],
welche den Titel trägt: ›Über die Beziehung des Strickkörpers zum Hinterstrang und Hinterstrangskern nebst Bemerkungen über zwei Felder der
Oblongata‹[1].

Im Gegensatz zur Unzulänglichkeit des Laboratoriums bot die Klinik in
der Salpêtrière eine solche Fülle von Neuem und Interessantem, daß es alle
meine Kräfte in Anspruch nahm, die günstige Gelegenheit als Lernender
auszunützen. Die Einteilung der Woche war die folgende: Montag fand die
öffentliche Vorlesung Charcots statt, welche durch ihre Formvollendung
entzückte, während ihr Inhalt aus den Arbeiten der vorhergehenden
Woche bekannt war. Diese Vorlesungen waren nicht so sehr Elementarun-
terricht in der Neuropathologie als vielmehr Mitteilungen der neuesten
Forschungen des Professors und wirkten vor allem durch ihre beständige
Beziehung auf den vorgestellten Kranken. Dienstag hielt Charcot die
Consultation externe ab, bei welcher ihm aus einer großen Menge von
ambulatorischen Patienten die typischen oder die rätselhaften Fälle von
den Assistenten zur Untersuchung vorgeführt wurden. Wirkte es da
manchmal entmutigend, wenn der Meister einen Teil dieser Fälle nach
seinem eigenen Ausdruck »in das Chaos der noch unenthüllten Nosographie« zurücksinken ließ, so boten ihm andere Fälle Gelegenheit, die
lehrreichsten Bemerkungen über die verschiedenartigsten Themata der
Neuropathologie an sie zu knüpfen.[2] Mittwoch war zum Teile den oph-
thalmologischen Untersuchungen gewidmet, welche Dr. Parinaud[3] in
Charcots Gegenwart vornahm; und an den übrigen Tagen machte Charcot
die Visite auf den klinischen Zimmern oder setzte die Untersuchungen,
mit denen er eben beschäftigt war, an Kranken im Konferenzzimmer fort.

Ich hatte so Gelegenheit, eine große Reihe von Kranken zu sehen, selbst
zu untersuchen und Charcots Urteil über dieselben zu hören. Von höhe-

---

[1] [Freud (1886b). Die Arbeit ist datiert: Paris, 23. Januar 1886. Für den Inhalt und einige
Bemerkungen über L. O. von Darkschewitsch (1858–1925) s. Jones, 1960, S. 225f. und
S. 245f., und Freuds eigene Zusammenfassung der Arbeit (in Freud, 1897b; G. W.,
Bd. 1, S. 470).]
[2] [Diese Besprechungen bildeten das Material für Charcots berühmte Bände *Leçons du
mardi à la Salpêtrière*; ein Band (der für das Jahr 1887–88 ist später von Freud (1892–94)
unter dem Titel *Poliklinische Vorträge, I* übersetzt worden. S. unten, S. 151 ff.]
[3] [Henri Parinaud (1844–1905), ein bekannter Augenarzt.]

rem Werte aber als dieser positive Gewinn an Erfahrung scheint mir die Anregung zu sein, welche ich während der fünf in Paris verbrachten Monate aus dem beständigen wissenschaftlichen und persönlichen Verkehr mit Prof. Charcot geschöpft habe. Was den ersteren betrifft, so war ich kaum vor anderen Fremden bevorzugt. Die Klinik war eben jedem Arzte, der sich vorgestellt hatte, zugänglich, und die Arbeit des Professors ging öffentlich vor sich, inmitten aller jungen bei ihm dienenden und der fremden Ärzte. Er schien gleichsam mit uns zu arbeiten, laut zu überlegen und auf Einwürfe von seiten der Schüler zu warten. Wer sich getraute, mochte sein Wort in die Diskussion einwerfen, und keine Bemerkung blieb von dem Meister unberücksichtigt. Die Ungezwungenheit der Verkehrsformen und die den Fremden als fremdartig anmutende höfliche Gleichstellung aller Personen machte es auch den Schüchternen leicht, den lebhaftesten Anteil an den Untersuchungen, die Charcot anstellte, zu nehmen. Man sah ihn so zuerst unschlüssig vor neuen, schwer zu deutenden Erscheinungen stehen, konnte die Wege verfolgen, auf denen er zu deren Verständnis durchzudringen suchte, die Art, wie er Schwierigkeiten konstatierte und überwand, studieren und merkte mit Überraschung, daß er nie müde wurde, das nämliche Phänomen anzuschauen, bis ihm durch die so oft wiederholte, vorurteilslose Arbeit seiner Sinne die richtige Auffassung gewonnen war.[1] Nimmt man dazu die volle Aufrichtigkeit, mit der sich der Professor während dieser Arbeitsstunden gab, so wird man verstehen, daß der Schreiber dieses Berichts, wie alle anderen Fremden im gleichen Falle, die Klinik der Salpêtrière als rückhaltloser Bewunderer Charcots verließ.

Charcot pflegte zu sagen, die Anatomie habe im großen und ganzen ihr Werk vollendet und die Lehre von den organischen Erkrankungen des Nervensystems sei sozusagen fertig; es komme nun die Reihe an die Neurosen. Man darf diesen Ausspruch wohl nur als Ausdruck der Wandlung gelten lassen, die in seiner eigenen Tätigkeit eingetreten ist. Seine Arbeit gilt seit Jahren fast ausschließlich den Neurosen und vorzugsweise der Hysterie, die er seit Eröffnung der Ambulanz und der Klinik auch bei Männern zu studieren Gelegenheit findet.

---

[1] [Vgl. Charcots eigenen Ausspruch, oft von Freud zitiert, z.B. im Nachruf auf Charcot (1893*f*; *G. W.*, Bd. 1, S. 22), in einer leicht geänderten Fassung in der ›Geschichte der psychoanalytischen Bewegung‹ (1914*d*; *G. W.*, Bd. 10, S. 60) sowie in einer kurzen Mitteilung an die Zeitschrift *Le Disque Vert* (1924*a*; *G. W.*, Bd. 13, S. 446).]

Ich werde mir gestatten, die Leistungen Charcots für die Klinik der Hysterie mit einigen Worten darzulegen. Hysterie ist derzeit kaum ein Name von einigermaßen umgrenzter Bedeutung; der Krankheitszustand, für welchen dieser Name gebraucht wird, ist wissenschaftlich nur durch negative Merkmale gekennzeichnet, wenig und ungern studiert und mit dem Odium einiger sehr allgemein verbreiteter Vorurteile behaftet. Solche sind die angebliche Abhängigkeit der hysterischen Erkrankung von Genitalreizungen, die Meinung, daß für die Hysterie eine bestimmte Symptomatologie nicht anzugeben sei, weil eben jede beliebige Kombination von Symptomen bei ihr vorkommen könne, und endlich die übergroße Bedeutung, welche man der Simulation in dem Krankheitsbilde der Hysterie eingeräumt hat. Eine Hysterische war in unseren Jahrzehnten fast ebenso sicher, als Simulantin behandelt zu werden, wie sie in früheren Jahrhunderten als Hexe oder als Besessene beurteilt und verurteilt wurde.[1] In anderer Hinsicht war eher ein Rückschritt in der Kenntnis der Hysterie eingetreten. Das Mittelalter kannte genau die ›Stigmata‹[2], die somatischen Kennzeichen der Hysterie, welche es in seiner Weise deutete und verwertete. Auf den Berliner Polikliniken sah ich aber, daß diese somatischen Kennzeichen der Hysterie so gut wie unbekannt waren und daß mit der Diagnose ›Hysterie‹ überhaupt die Neigung, sich weiter mit den Kranken zu beschäftigen, unterdrückt schien.

Charcot ist bei dem Studium der Hysterie von den ausgebildetsten Fällen, die er als vollkommene Typen der Erkrankung auffaßte, ausgegangen[3] und hat zunächst die Beziehung der Neurose zum Genitalsystem auf ihr richtiges Maß zurückgeführt, indem er die männliche und insbesondere die traumatische Hysterie in bisher nicht geahntem Umfange kennen lehrte. An solchen typischen Fällen fand er dann eine Reihe von somatischen

---

[1] [Zum Vergleich Hysterika/Hexe s. auch Freud (1985c [1887–1904]), Brief 118 mit Anm. 3 und 4, auch Brief 119.]

[2] [Diese wurden von Charcot (1887, S. 255) als die »permanenten Symptome der Hysterie« definiert, später von Freud in den *Studien über Hysterie* (1895d) als nicht-psychogen beschrieben (*G. W.*, Bd. 1, S. 264; *Studienausgabe*, Ergänzungsband, S. 59). In seinem Beitrag zum selben Buch hat auch Breuer sie erörtert: s. unten, S. 301 und S. 303f. (s. auch Freud, 1893a; *G. W.*, Bd. 1, S. 95). In einem frühen Brief an Josef Breuer vom 29. Juni 1892 bezeichnete Freud die »*Entstehung der hysterischen Stigmata*« als: »Recht dunkel« (1941a [1892]; *G. W.*, Bd. 17, S. 6).]

[3] [Charcots Verwendung des »Typus« (le type) als Ausgangspunkt für die Feststellung eines Krankheitsbildes wird von Freud im Vorwort zu seiner Übersetzung von Charcots *Leçons du mardi* (1892–94) ziemlich ausführlich erklärt. S. unten, S. 154f.]

Kennzeichen (Charakter des Anfalls, Anästhesie, Störungen des Sehsinnes, hysterogene Punkte u. a.) auf, welche nun gestatten, die Diagnose auf Hysterie auf Grund positiver Merkmale mit Sicherheit zu stellen. Durch das wissenschaftliche Studium des Hypnotismus – ein Gebiet der Neuropathologie, das einerseits dem Unglauben, andererseits dem Betruge abgerungen werden mußte – gelangte er selbst zu einer Art von Theorie der hysterischen Symptomatologie, welche er den Mut hatte, als eine zumeist reelle anzuerkennen, ohne die Vorsicht, welche die Unaufrichtigkeit der Kranken erfordert, dabei zu vernachlässigen. Eine rasch sich mehrende Erfahrung an dem vorzüglichsten Materiale erlaubte ihm bald, auch die Abweichungen vom typischen Bilde in Betracht zu ziehen, und als ich die Klinik verlassen mußte, war er eben beschäftigt, nach den hysterischen Lähmungen und Arthralgien die hysterischen Atrophien zu studieren, von deren Existenz er sich erst in den letzten Tagen meines Aufenthaltes überzeugen konnte.

Die ungeheure praktische Wichtigkeit der zumeist verkannten männlichen und besonders der nach Traumen entstandenen Hysterie erläuterte er an einem Kranken, welcher durch beinahe drei Monate den Mittelpunkt aller Arbeiten Charcots bildete. So wurde durch seine Bemühungen die Hysterie aus dem Chaos der Neurosen herausgehoben, gegen andere Zustände ähnlicher Erscheinung abgegrenzt und mit einer Symptomatologie ausgestattet, welche, obwohl mannigfaltig genug, doch das Walten von Gesetz und Ordnung nicht mehr verkennen läßt. Über die Gesichtspunkte, welche sich bei seinen Untersuchungen ergaben, hatte ich mündlich und schriftlich einen lebhaften Gedankenaustausch mit Herrn Prof. Charcot gepflogen, aus dem eine zur Aufnahme in die *Archives de neurologie* bestimmte Arbeit hervorging, welche als ›Vergleichung der hysterischen mit der organischen Symptomatologie‹ bezeichnet ist.[1]

Ich muß hier anführen, daß die Auffassung der durch Trauma entstandenen Neurosen (railway-spine)[2] als Hysterie lebhaften Widerspruch bei

---

[1] [Der Aufsatz ist erst sieben Jahre später, unter dem veränderten Titel ›Quelques considérations pour une étude comparative des paralysies motrices organiques et hystériques‹ (1893 c) veröffentlicht worden. Er ist auf französisch in den *Archives de neurologie*, Juli 1893, kurz vor dem Tode Charcots, erschienen. Für einen ins einzelne gehenden Bericht über die Umstände vgl. Jones, 1960, S. 276–78. Viele Punkte dieses französischen Aufsatzes erscheinen wieder in dem Artikel über ›Hysterie‹ (1888 b), s. unten, S. 72 ff.]

[2] [Der Terminus (wie auch »railway-brain«) wurde von Sir John Erichsen (1818–1896) eingeführt. Vgl. auch unten, S. 83.]

deutschen Autoren, besonders bei den Herren Thomsen und Oppenheim, Assistenten an der Charité[1] in Berlin, gefunden hat. Ich lernte später beide Herren in Berlin kennen und wollte die Gelegenheit benützen, mich über die Berechtigung dieses Widerspruchs zu orientieren. Leider waren die betreffenden Kranken nicht mehr in der Charité. Ich gewann nur den Eindruck, daß die Frage noch nicht spruchreif sei, daß aber Charcot recht tue, zunächst die typischen und einfacheren Fälle zu berücksichtigen, während die deutschen Gegner mit dem Studium der verschwommenen und komplizierten Formen begonnen hatten. Die Behauptung, daß so schwere Formen von Hysterie, wie sie Charcot zu seinen Arbeiten gedient hatten, in Deutschland nicht vorkommen, wurde in Paris in Abrede gestellt und mit Berufung auf die historischen Berichte von derartigen Epidemien die Identität der Hysterie zu allen Zeiten und an allen Orten vertreten.

Ich versäumte auch nicht, mir eigene Erfahrungen über die so wunderbaren und wenig geglaubten Phänomene des Hypnotismus, besonders des von Charcot beschriebenen »grand hypnotisme« zu erwerben. Zu meinem Erstaunen fand ich, daß es sich hiebei um grob sinnfällige, in keiner Weise anzuzweifelnde Dinge handelt, die allerdings wunderbar genug sind, um nicht ohne eigene sinnliche Wahrnehmung geglaubt zu werden. Ich konnte dagegen nicht finden, daß Charcot dem Seltsamen eine besondere Vorliebe entgegenbrachte oder es zugunsten mystischer Tendenzen zu verwerten suchte. Vielmehr war ihm der Hypnotismus ein Erscheinungsgebiet, auf das er die naturwissenschaftliche Beschreibung anwandte, genauso wie vor Jahren die multiple Herdsklerose oder die progressive Muskelatrophie. Er schien mir überhaupt nicht [zu] denen zu gehören, welche sich eher über das Seltene als über das Gewöhnliche wundern, und nach seiner ganzen Geistesrichtung muß ich vermuten, daß es ihm zwar keine Ruhe läßt, bis er ein Phänomen, das ihn beschäftigt, richtig beschrieben und eingeordnet hat, daß er aber dann sehr wohl eine Nacht schlafen kann, ohne die physiologische Erklärung der betreffenden Erscheinung gegeben zu haben.

Ich habe in diesem Berichte den Bemerkungen über Hysterie und Hypnotismus einen größeren Raum gewährt, weil ich hiemit das durchweg Neue und den Gegenstand von Charcots eigener Arbeit zu behandeln hat-

---

[1] [Die große, der Universität angegliederte Ausbildungsklinik in Berlin. Robert Thomsen (1858–1914) und Hermann Oppenheim (1858–1919) waren Assistenten von Carl F. O. Westphal (1833–1890), Professor der Nerven- und Geisteskrankheiten. Oppenheim, später Professor der Neurologie in Berlin, wurde einer der heftigsten Gegner der Psychoanalyse.]

te. Wenn ich auf die organischen Erkrankungen des Nervensystems weniger Worte verwende, so möchte ich doch nicht den Eindruck erwecken, daß ich von denselben nichts oder nur wenig zu Gesichte bekommen. Ich führe als besonders interessant aus dem reichen Materiale merkwürdiger Fälle nur an: die von Dr. Marie[1] kürzlich beschriebenen Formen der hereditären Muskelatrophie, die, obwohl nicht mehr zu den Erkrankungen des Nervensystems gezählt, doch noch von den Neuropathologen geführt werden, Fälle von Menièrescher Krankheit, multipler Sklerose, von Tabes mit allen ihren Komplikationen, besonders mit der von Charcot beschriebenen Gelenkserkrankung, von partieller Epilepsie und anderen Formen, welche den Bestand einer Nervenklinik und Poliklinik bilden. Von den funktionellen Erkrankungen (außer Hysterie) wurden Chorea und die verschiedenen Arten von ›Tic‹ (z. B. Maladie de Gilles de la Tourette) zur Zeit meiner Anwesenheit besonders berücksichtigt.

Als ich hörte, daß Charcot die Herausgabe einer neuen Sammlung seiner Vorlesungen beabsichtige, erbot ich mich zu einer deutschen Übersetzung derselben, und diesem Unternehmen hatte ich einerseits einen näheren persönlichen Verkehr mit Prof. Charcot, andererseits die Möglichkeit zu danken, meinen Aufenthalt in Paris über die Zeit hinaus zu verlängern, für welche das mir verliehene Reisestipendium reichte. Diese Übersetzung wird im Monat Mai dieses Jahres bei Toeplitz und Deuticke in Wien erscheinen.[2]

Ich habe endlich noch zu erwähnen, daß Herr Professor Ranvier[3] am Collège de France die Güte hatte, mir seine schönen Präparate über Nervenzellen und Neuroglia zu zeigen.

Mein Aufenthalt in Berlin, der vom 1. März bis Ende März dauerte, fiel in die Zeit der dortigen Semesterferien. Doch hatte ich reichlich Gelegenheit, an den Polikliniken der Herren Prof. Mendel, Eulenburg und des Dr. A. Baginsky nervenkranke Kinder zu untersuchen, und fand überall die

---

[1] [Pierre Marie (1853–1940) war Herausgeber der *Revue neurologique* (Paris), für die Freud später einige Beiträge auf französisch schrieb. Er war der Nachfolger Charcots an der Salpêtrière.]
[2] [Die Veröffentlichung des Buches ist offenbar um einige Monate verzögert worden; Freuds Vorwort ist auf den 18. Juli 1886 (1886*f*) datiert. Für weitere Informationen s. unten, S. 50 f., wo Freuds ›Vorwort des Übersetzers‹ abgedruckt ist. – Statt »erscheinen« steht in der Handschrift »erschienen«.]
[3] [Louis-Antoine Ranvier (1835–1922), der hervorragende Histologe.]

entgegenkommendste Aufnahme.[1] Wiederholte Besuche bei Prof. Munk und im landwirtschaftlichen Laboratorium des Prof. Zuntz[2], wo ich Herrn Dr. Loeb aus Straßburg traf[3], ließen mich ein eigenes Urteil über die zwischen Goltz und Munk streitige Frage der Lokalisation des Sehsinnes an der Gehirnoberfläche gewinnen.[4] Herr Dr. B. Baginsky[5] im Munkschen Laboratorium war so freundlich, mir seine Präparate über den Verlauf des Hörnerven zu demonstrieren und mein Urteil über dieselben zu verlangen.

Ich halte es für meine Pflicht, dem Professorenkollegium der medizinischen Fakultät in Wien für die Bevorzugung bei der Verleihung des Reisestipendiums aufs wärmste zu danken. Die Herren, unter denen sich alle meine verehrten Lehrer befinden, haben mir dadurch die Möglichkeit zur Erwerbung von wichtigen Kenntnissen gegeben, die ich als Dozent[6] für Nervenkrankheiten wie in meiner ärztlichen Tätigkeit zu verwerten hoffe.

Wien, zu Ostern 1886.

---

[1] [Emanuel Mendel, Professor der Psychiatrie, war Herausgeber des *Neurologischen Zentralblatts*, in dem Freud viele Beiträge publizierte und für das er Zusammenfassungen der in Wien erscheinenden neurologischen Literatur schrieb. Albert Eulenburg (1840 bis 1917) war Professor der Neurologie und Elektrotherapie. Adolf Baginsky (1843–1918) hatte das wichtige *Lehrbuch der Kinderkrankheiten* (1883) verfaßt und war überdies Herausgeber des *Archivs für Kinderheilkunde,* in dem Freud gleichfalls zusammenfassende Ankündigungen neurologischer Neuerscheinungen veröffentlichte.]

[2] [Nathan Zuntz (1847–1920), von 1880 an Professor für Physiologie an der neuerrichteten Landwirtschaftlichen Hochschule in Berlin. – Zu Munk s. die nachfolgenden Anmerkungen 4 und 5.]

[3] [Freud meint hier zweifellos Jacques Loeb (1859–1924), den berühmten Biologen, der 1885 in Straßburg promovierte.]

[4] [Friedrich Goltz (1834–1902) und Hermann Munk (1839–1912) führten darüber eine lange und erbitterte Kontroverse. Freuds Interesse an der Frage der Lokalisation der Funktion manifestierte sich wenig später in seinem Buch *Zur Auffassung der Aphasien* (1891 *b*).]

[5] [Benno Baginsky (1848–1919) war unter Professor Hermann Munk Assistent am physiologischen Laboratorium der Berliner Anstalt für Tierarzneikunde.]

[6] [Freud erwarb die Privatdozentur für Neuropathologie im Frühjahr 1885, ungefähr zur selben Zeit, da ihm das Reisestipendium gewährt wurde. (Vgl. dazu Jones, 1960, S. 93 ff.) – Im Anhang (S. 46 ff., unten) finden sich ein Curriculum vitae und zwei weitere Dokumente, die Freud zur Beförderung seines Gesuchs auf Privatdozentur vorgelegt hatte, sowie seine Bewerbung um das Reisestipendium.]

Anhang:

Habilitationsgesuch, Curriculum vitae, Lehrplan,
Reisestipendiumsgesuch[1]
(1960 [1885])

Habilitationsgesuch

Löbliches Professoren-Kollegium der Wiener medizinischen Fakultät

Ich erlaube mir, um die Verleihung der Privatdozentur für Nervenpathologie an der Wiener medizinischen Fakultät anzusuchen auf Grund folgender Beilagen:
1. Curriculum vitae.
2. Lehrplan.
3. Publikationen.[2]
   a) Über den Ursprung der hintern Wurzelfasern im Rückenmark von
   Ammocoetes. [1877a]

---

[1] [Die ersten drei unter den im folgenden abgedruckten vier Dokumenten gehören inhaltlich zwar nicht zum Thema des vorliegenden I. Teils; jedoch stammen sie aus dem
gleichen Zeitraum. Freuds Habilitationsgesuch mit Anlagen wurde nur wenige Monate
vor seinem Reisestipendiumsgesuch für den Pariser Studienaufenthalt eingereicht, wirft
also ein Licht auf Verfassung und Pläne des Mannes unmittelbar vor der einschneidenden
Pariser Erfahrung. Das mag den Abdruck der Dokumente im vorliegenden Kontext
rechtfertigen. – Die Dokumente wurden von Freud zur Beförderung seines Gesuchs auf
eine Privatdozentur für Neuropathologie vorgelegt. Die drei ersten sind auf den 21. Januar 1885 datiert. Die Bewerbung hatte Erfolg, und Freud wurde am 11. September 1885
darüber unterrichtet, daß seine Ernennung bestätigt worden sei. Die bibliographischen
Daten zu diesen Dokumenten finden sich in den bibliographischen Eintragungen zu
Beginn der ›Editorischen Vorbemerkung‹, oben, S. 32. – Als Textvorlagen dienten jeweils Photokopien der Handschrift, die wir wiederum Frau Eva Laible verdanken.]
[2] [Zwölf Jahre später wurde Freud zur Ernennung zum Professor extraordinarius (vgl.
seinen Brief an Fließ vom 8. Februar 1897, in Freud, 1985c [1887–1904]) vorgeschlagen.
Dafür mußte er nicht Sonderdrucke, vielmehr bibliographische Zusammenfassungen
seiner inzwischen zahlreichen und bedeutenden Veröffentlichungen vorlegen. Diese
achtunddreißig Eintragungen umfassenden *Inhaltsangaben der wissenschaftlichen Arbeiten des Privatdocenten Dr. Sigm. Freud, 1877–1897* (1897b) wurden in G. W., Bd. 1,
S. 463–88, abgedruckt. Die Zusammenstellung enthält natürlich auch Eintragungen über
alle Arbeiten, die Freud für die beiden vorliegenden Bewerbungen aufgeführt hatte. Die

b) Über Rückenmark und Spinalganglien bei Petromyzon. [1878 a]
   (Beide aus dem physiologischen Institute.)
c) Über die als Hoden bezeichneten Lappenorgane des Aals. [1877 b]
   (Aus dem zoolog. vergl. anat. Institute.)
d) Über den Bau der Nervenfasern und Nervenzellen beim Flußkrebs.
   [1882 a]
e) Notiz über eine Methode zur anatomischen Präparation des Nervensystems. [1879 a]
f) Eine neue Methode zum Studium des Faserverlaufs im Centralnervensystem. [1884 d]
g) Über Coca. [1884 e]
h) Ein Fall von Hirnblutung mit indirekten basalen Herdsymptomen
   bei Skorbut. [1884 a]
i) Über die Struktur der Elemente des Nervensystems. [1884 f]

Wien, 21. Januar 1885

Ergebenst
Dr. Sigm. Freud

Beilage A [Curriculum vitae]
Beilage B [Lehrplan]
Beilage C a–i [Sonderdrucke der Publikationen]

Curriculum vitae

Ich bin am 6. Mai 1856 zu Freiberg in Mähren geboren. Als ich drei Jahre
alt war, übersiedelten meine Eltern nach Leipzig und dann nach Wien, in
welcher Stadt sie bleibenden Aufenthalt bis heute genommen haben. – Den
ersten Unterricht empfing ich im väterlichen Hause, besuchte sodann eine
Privatvolksschule und trat im Herbst 1865 in das Leopoldstädter Real-
und Obergymnasium ein. Die Maturitätsprüfung legte ich im Juli 1873 ab;
im darauffolgenden Herbst inskribierte ich mich als ordentlicher Hörer an

---

im Habilitationsgesuch erwähnten finden sich in den *Inhaltsangaben* unter den Nummern II, III, I, V, IV, VII, IX, VIII und VI zusammengefaßt. Die beiden zusätzlichen
Arbeiten, die Freud kurz danach fertigstellte und die er deshalb in seinem Reisestipendiumsgesuch (S. 49) aufführen konnte, erscheinen in den *Inhaltsangaben* als Nummern
X und XII.]

der Wiener medizinischen Fakultät, von welcher ich am 31. März 1881 zum Doktor der gesamten Heilkunde promoviert wurde.

In den ersten Jahren meiner Universitätszeit hörte ich vorwiegend physikalische und naturhistorische Kollegien, arbeitete auch ein Jahr lang im Laboratorium des Herrn Prof. C. Claus und wurde zweimal zur Ferialzeit in die Triester Zoologische Station geschickt. Im dritten Universitätsjahre wurde ich Zögling des physiologischen Instituts, woselbst ich mich unter der Leitung des Herrn Prof. v. Brücke und der Herren Assistenten Prof. Sigm. Exner[1] und E. v. Fleischl[2] mit histologischen Arbeiten, insbesondere mit der Histologie des Nervensystems, beschäftigt habe. Ein Semester lang hatte ich Gelegenheit, im Laboratorium für experimentelle Pathologie des Herrn Prof. Stricker Tierversuche zu üben.

Nach erlangtem Doktorgrad versah ich durch drei Semester die Stelle eines Demonstrators am physiologischen Institute und genoß gleichzeitig den Unterricht des Herrn Prof. E. Ludwig in chemischen, besonders gasanalytischen Arbeiten.

Im Juli 1882 trat ich ins Allgemeine Krankenhaus ein und diente zunächst ein halbes Jahr als Aspirant an der medizinischen Klinik des Herrn Prof. H. Nothnagel. Am 1. Mai 1883 wurde ich zum Sekundararzt an der psychiatrischen Klinik des Herrn Prof. Th. Meynert ernannt, woselbst ich fünf Monate verblieb. Nach kürzerer Dienstzeit an einer Abteilung für Syphilis wurde ich auf die Vierte medizinische Abteilung des Hauses versetzt, auf welcher seit jeher den Nervenkrankheiten besondere Aufmerksamkeit geschenkt worden ist. An der Vierten medizinischen Abteilung hatte ich durch sechs Wochen die Ehre, den Primarius Herrn Dr. Scholz als Abteilungsleiter zu vertreten und durch fünf Monate supplierend als Sekundararzt I. Klasse zu wirken.

Ich diene gegenwärtig an derselben Abteilung als Sekundarius II. Klasse, beschäftige mich mit der Beobachtung der daselbst behandelten Nervenkranken und mit Arbeiten über Hirnanatomie im Laboratorium des Herrn Prof. Th. Meynert.

Wien, 21. Januar 1885   Dr. Sigm. Freud

---

[1] [Sigmund Exner (1846–1926), Brückes Nachfolger als Professor der Physiologie.]
[2] [Ernst von Fleischl-Marxow (1846–1891), Physiker und Physiologe, mit Freud befreundet.]

Lehrplan

Wenn das löbliche Professoren-Kollegium mir die Dozentur für Nerven-krankheiten verleiht, gedenke ich auf zwei Wegen den Unterricht in die-sem Zweige der menschlichen Pathologie zu fördern:

Erstens durch Abhaltung von Vorlesungen und Kursen über die Anato-mie und Physiologie des Nervensystems, soweit Kenntnisse dieser Art die unerläßliche Vorbedingung für das Verständnis der neuropathologischen Tatsachen darstellen;

zweitens durch Abhaltung von Kursen und Vorlesungen, in welchen Nervenkranke demonstriert, die hierbei erforderlichen Untersuchungs-methoden gelehrt und der gegenwärtige Stand unseres Wissens über die Pathologie des Nervensystems mitgeteilt werden soll.

Für letzteren Zweck hat mir Herr Primarius Dr. F. Scholz das Material der Vierten medizinischen Abteilung im Allgemeinen Krankenhause, an welcher ich als Sekundararzt diene, gütigst zur Verfügung gestellt.

Wien, 21. Januar 1885   Dr. Sigm. Freud

Reisestipendiumsgesuch[1]
(1960 [1885])

Löbliches Professoren-Kollegium der Wiener medizinischen Fakultät

Ich bewerbe mich hiemit um das Universitäts-Jubiläums-Reisestipendium für das Schuljahr 1885/6 und hoffe den Bedingungen des Konkurses durch folgende Angaben und Beilagen zu genügen.

---

[1] [Das Stipendiumsgesuch ist nicht datiert, muß von Freud aber vor dem Schlußtermin des 30. April 1885 (wie in der am 8. Dezember 1884 vom Rektor der Wiener Universität herausgegebenen Ankündigung festgelegt) eingereicht worden sein. Es waren eine Liste seiner Veröffentlichungen sowie möglicherweise eine Reihe von Sonderdrucken beige-fügt, ähnlich wie im Falle des Habilitationsgesuchs, jedoch um zwei Arbeiten erweitert: ›Beitrag zur Kenntnis der Cocawirkung‹ (1885*a*) und ›Ein Fall von Muskelatrophie mit ausgebreiteten Sensibilitätsstörungen (Syringomyelie)‹ (1885*c*). Bibliographische De-tails zum Reisestipendiumsgesuch finden sich in den bibliographischen Eintragungen der ›Editorischen Vorbemerkung‹, S. 32, oben.]

Ich habe meine Universitätsstudien an der Wiener Hochschule absolviert und bin, wie aus meinem beigelegten Diplome hervorgeht, 1881 zum Doktor der gesamten Heilkunde promoviert worden. Kandidat für das akademische Lehramt bin ich insoferne, als ich im vorigen Wintersemester zur Ablegung des Kolloquiums behufs Erlangung der Dozentur für Nervenpathologie zugelassen worden bin und gegenwärtig die Einladung zu diesem Kolloquium erwarte.

Die wissenschaftlichen Publikationen, auf Grund deren ich die Dozentur angestrebt habe, lege ich, um zwei neue vermehrt, diesem Gesuche bei. Ich bin von der Anatomie des Nervensystems ausgegangen und habe in den letzten Jahren die Beschäftigung mit der Pathologie der Nervenkrankheiten begonnen. Gegenwärtig bin ich bemüht, eine größere Arbeit über den Faserverlauf in der Medulla oblongata zu beendigen. Wenn das löbliche Professoren-Kollegium mir das Reisestipendium zuspricht, gedenke ich drei bis vier Monate bei Prof. Charcot in Paris an dem reichen Materiale der Salpêtrière Klinik der Nervenkrankheiten zu studieren, wozu mir an den Abteilungen des Allgemeinen Krankenhauses eine ähnlich günstige Gelegenheit nicht gegeben ist.

Ich darf mein Gesuch durch die beiden Bemerkungen unterstützen, daß ich alle meine Arbeiten als Volontär ausgeführt habe, ohne durch eine Stellung als Assistent und die damit verbundene nahe Beziehung zu einem klinischen Lehrer gefördert zu sein, und daß ich nicht die Mittel besitze, auf eigene Kosten zu meiner Ausbildung zu reisen.

In Hochachtung ergebenst

Dr. Sigm. Freud
Sekundararzt im Allgemeinen Krankenhause

Vorwort des Übersetzers
von J. M. Charcot,
Leçons sur les maladies du système nerveux,
faites à la Salpêtrière
(1886)

Editorische Vorbemerkung

1886 In J. M. Charcot, *Neue Vorlesungen über die Krankheiten des Nerven-systems insbesondere über Hysterie,* Leipzig und Wien, Toeplitz & Deuticke, S. III f.

Dies ist unseres Wissens der erste deutschsprachige Nachdruck dieses Vorworts seit der Erstveröffentlichung im Jahre 1886. Freuds Übersetzung von zwei dieser Vorlesungen (XXIII und XXIV) erschien als Vorabdruck des Buches in der *Wiener medizinischen Wochenschrift,* Bd. 36, Nr. 20, S. 711–15, und Nr. 21, S. 756–59 (15. und 22. Mai 1886), unter dem Titel ›Über einen Fall von hysterischer Coxalgie aus traumatischer Ursache bei einem Manne‹ (Freud, 1886e). Das Buch selbst kann nicht früher als Juli 1886 (Datum von Freuds Vorwort) veröffentlicht worden sein; jedenfalls erschien die Übersetzung vor dem französischen Original (Paris 1887), wie Freud in seinem Vorwort feststellt. – Als Textvorlage diente eine Photokopie des Erstdrucks.

Eine genauere Schilderung der Umstände, wie Freud zu diesem Auftrag kam, ist in seiner *Selbstdarstellung* (1925d [1924]) zu finden (*G. W.,* Bd. 14, S. 37): »Eines Ta-ges hörte ich Charcot sein Bedauern darüber äußern, daß der deutsche Übersetzer seiner Vorlesungen seit dem Kriege nichts von sich habe hören lassen. Es wäre ihm lieb, wenn jemand die deutsche Übersetzung seiner ›Neuen Vorlesungen‹ überneh-men würde. Ich bot mich schriftlich dazu an; ich weiß noch, daß der Brief die Wendung enthielt, ich sei bloß mit der Aphasie motrice, aber nicht mit der Aphasie sensorielle du français behaftet. Charcot akzeptierte mich, zog mich in seinen Privatverkehr, und von da an hatte ich meinen vollen Anteil an allem, was auf der Klinik vorging.« In einem den nämlichen Sachverhalt beschreibenden Brief an seine Braut vom 12. Dezember 1885 aus Paris (abgedruckt in Freud, 1960*a*) fügte er hinzu, es »bringt ja auch einige hundert Gulden ein«; tatsächlich konnte Freud, wie oben in seinem ›Bericht‹ erwähnt (S. 43), mit diesen zusätzlichen Mitteln seinen Aufenthalt in Paris verlängern.

Das Halbdutzend Fußnoten, das Freud hinzufügte, betrifft, wie er selbst in seinem Vorwort erklärt, lediglich einige spätere Entwicklungen in einigen der im Text aufgeführten Krankengeschichten sowie, in einem Falle, eine Meinungsänderung Charcots aus jüngster Zeit über einen geringfügigen diagnostischen Punkt. Drei der Vorlesungen (XI, XII und XIII) behandeln das Thema der Aphasie. Eine kurze Bemerkung Freuds zeigt, daß er bereits damals an dem Thema besonders interessiert war, über welches er fünf Jahre später seine Monographie schreiben sollte. In jenem Buch gibt er denn auch eine kurze Beschreibung von Charcots Auffassungen (1891*b*, S. 100–02) und verweist wiederum auf die vorliegende Arbeit.

Jones (1960, S. 250) berichtet, als Anerkennung für die Übersetzung habe Charcot Freud eine in Leder gebundene Ausgabe seiner gesammelten Werke mit der Widmung geschenkt: »A Monsieur le Docteur Freud, excellents souvenirs de la Salpêtrière. Charcot.«

Vorwort des Übersetzers

Ein Unternehmen wie das vorliegende, welches bezweckt, den Lehren eines klinischen Meisters Eingang in weitere ärztliche Kreise zu verschaffen, wird wohl keiner Rechtfertigung bedürfen. Ich gedenke daher nur wenige Worte über die Entstehung dieser Übersetzung sowie über den Inhalt der darin wiedergegebenen Vorlesungen zu sagen.

Als ich im Winter 1885 zu fast halbjährigem Aufenthalte nach der Salpêtrière kam, fand ich, daß der – mit sechzig Jahren in voller Jugendfrische arbeitende – Prof. Charcot sich von dem Studium der in organischen Veränderungen begründeten Nervenkrankheiten abgewendet habe, um sich ausschließlich der Erforschung der Neurosen – und zwar besonders der Hysterie – zu widmen. Diese Wandlung hatte an die in der Eröffnungsvorlesung dieses Buches geschilderten Veränderungen angeknüpft, welche im Jahre 1882 in den Arbeits- und Lehrbedingungen Charcots eingetreten waren.[1]

Nachdem ich das anfängliche Befremden über die Ergebnisse der neueren Untersuchungen Charcots überwunden und die hohe Bedeutung derselben würdigen gelernt hatte, bat ich Herrn Prof. Charcot um die Erlaubnis, die Vorlesungen, in welchen diese neuen Lehren enthalten sind, ins Deutsche zu übertragen. Ich habe ihm an dieser Stelle nicht nur für die Bereitwilligkeit zu danken, mit welcher er mir diese Erlaubnis erteilte,

---

[1] [Wie im ›Bericht über meine Studienreise‹ (oben, S. 36) erklärt, war in der Salpêtrière ein Lehrstuhl für Neuropathologie eingerichtet und Charcot übertragen worden. Ausstattung und Arbeitsbedingungen für die Erforschung der Neurosen waren damals erheblich verbessert worden.]

sondern auch für seine weitere Unterstützung, durch die es möglich wurde, die deutsche Ausgabe sogar mehrere Monate *vor* der französischen der Öffentlichkeit zu übergeben. Eine kleine Anzahl von Anmerkungen – zumeist Nachträge zu der Geschichte der im Texte behandelten Kranken – habe ich im Auftrage des Verfassers hinzugefügt.

Den Kern des Buches bilden die meisterhaften und grundlegenden Vorlesungen über Hysterie, von denen man mit dem Verfasser die Herbeiführung einer neuen Epoche in der Würdigung der wenig gekannten und dafür arg verleumdeten Neurose erwarten darf. Ich habe daher im Einverständnisse mit Prof. Charcot den Titel des im Französischen als *Leçons sur les maladies du système nerveux. Tome troisième* bezeichneten Buches verändert und die Hysterie unter den darin behandelten Gegenständen hervorgehoben.

Wen diese Vorlesungen zu weiterem Eingehen auf die Forschungen der französischen Schule über Hysterie anregen, den darf ich auf das 1885 in zweiter Auflage erschienene, in mehr als einer Hinsicht bemerkenswerte Buch von P. Richer, *Études cliniques sur la grande hystérie*, verweisen.

Wien, 18. Juli 1886.

Beobachtung einer hochgradigen Hemianästhesie bei einem hysterischen Manne
(1886)

Editorische Vorbemerkung

1886 *Wiener medizinische Wochenschrift*, Bd. 36, Nr. 49 (4. Dez.), Sp. 1633–38.

Im folgenden wird der deutsche Originalwortlaut dieser Arbeit unseres Wissens erstmals nachgedruckt. Offenbar sollte sie die erste einer Reihe von Veröffentlichungen sein, denn im Erstdruck erscheint über dem Titel die Überschrift ›Beiträge zur Kasuistik der Hysterie. Von Dr. Sigm. Freud, Dozenten für Nervenkrankheiten in Wien. I‹, und am Ende des Artikels steht der Vermerk: »Schluß folgt.« Die Reihe wurde dann aber nicht fortgesetzt. – Als Textvorlage diente eine Photokopie des Erstdrucks.

Am 15. Oktober 1886, etwa sechs Monate nach seiner Rückkehr aus Paris, hielt Freud vor der Wiener »k. k. Gesellschaft der Ärzte« einen Vortrag mit dem Titel ›Über männliche Hysterie‹. Der Text dieser Arbeit ist nicht überliefert, obzwar ausführliche Berichte darüber in den Wiener medizinischen Zeitschriften erschienen: z. B. in der *Wiener medizinischen Wochenschrift*, Bd. 36, Nr. 43, Sp. 1445f., inklusive einer Zusammenfassung der anschließenden Diskussion in den Spalten 1446f. (23. Oktober 1886)[1]; ein anderer, angeblich von Arthur Schnitzler stammender Bericht kam in der *Wiener medizinischen Presse*, Bd. 27, S. 1407–09, heraus. Auch Jones (1960, S. 273) gibt eine kurze Zusammenfassung, ebenso Andersson

---

[1] Kurzfassungen oder Zusammenfassungen des Freudschen Vortrags und der Diskussion wurden ferner in den *Wiener Medizinischen Blättern*, Bd. 9, 1886, Nr. 42, Sp. 1292 bis 1294, und in der *Münchener medizinischen Wochenschrift*, Bd. 33, 1886, Nr. 43, S. 768, abgedruckt.

(1962, S. 34f.); Jones erwähnt gleichfalls die Diskussion. Freud selbst berichtet von dem Ereignis in seiner *Selbstdarstellung* (1925 d; *G. W.*, Bd. 14, S. 39). Ein weiterer Augenzeugenbericht, ebenfalls lange nach dem Vorfall niedergeschrieben, findet sich in den posthum veröffentlichten *Lebenserinnerungen* von Julius Wagner-Jauregg (1950, S. 71 f.), der bei der Veranstaltung zugegen war.

Freud stellt fest, er habe »eine üble Aufnahme« gefunden, und fährt fort: »Meynert forderte mich auf, Fälle, wie die von mir geschilderten, doch in Wien aufzusuchen und der Gesellschaft vorzustellen.« Bei der Suche stieß er auf gewisse Schwierigkeiten, die ihm die Primarärzte der Abteilungen des Allgemeinen Krankenhauses bereiteten. Mit Unterstützung eines jungen Laryngologen fand er endlich anderwärts einen geeigneten Fall und präsentierte ihn am 26. November 1886 vor der Gesellschaft der Ärzte. Der Fall wurde von Freud und seinem Freund Dr. Königstein[1], dem Augenchirurgen, vorgestellt; Königstein hatte eine Untersuchung der Augensymptome des Patienten vorgenommen. Seine Darstellung wurde eine Woche nach derjenigen Freuds in der *Wochenschrift* abgedruckt, in der Ausgabe vom 11. Dezember (Sp. 1674–76). Freud berichtet uns, die nachfolgende Arbeit habe eine bessere Aufnahme gefunden als ihre Vorgängerin, jedoch kein größeres Interesse zu wecken vermocht. »Der Eindruck, daß die großen Autoritäten meine Neuigkeiten abgelehnt hätten, blieb unerschüttert; [...]« (1925 d; *G. W.*, Bd. 14, S. 39).

Es ist klar, daß Freud von der Aufnahme dieses seines ersten Vortrags vor der angesehensten Wiener Ärztevereinigung angesichts dessen, was er sich an erfolgbringenden Nachwirkungen davon versprochen hatte, bitter enttäuscht war. Klar ist aber auch, daß Freuds Zuhörer, an ihren eigenen Maßstäben gemessen, nicht ungewöhnlich kritisch waren; sie haben ihm auch nicht ausgerechnet einen Mangel an Neuheit und Einfallsreichtum bei seiner Darstellung der männlichen Hysterie vorgeworfen. Jones (1960, S. 276) meint, in der entsprechenden Passage der *Selbstdarstellung* klinge noch »Freuds vierzig Jahre alter Ärger nach« und habe ihn dazu verleitet, eine etwas zweideutige Darstellung zu geben. (Vgl. auch die frühere Untersuchung des Ereignisses durch S. Bernfeld und S. Cassirer Bernfeld, 1952.) Die ganze Frage ist in jüngerer Zeit Gegenstand verschiedener Forschungen und Erörterungen gewesen; die meisten bestätigen Jones' Einschätzung.[2]

---

[1] Leopold Königstein (1850–1924), Professor der Augenheilkunde in Wien. Freud schrieb seine Studie ›Die psychogene Sehstörung in psychoanalytischer Auffassung‹ (1910i) als Beitrag zu einer Festschrift für Königstein.

[2] Besonders interessant sind die Beiträge von: Eissler (1966, s. insbesondere S. 34f., und 1971, S. 351–54), der nicht ganz mit Jones übereinstimmt; Sablik (1968), der Dokumente zitiert, die beweisen, daß Freud seine Verbindung zur Gesellschaft der Ärzte aufrechterhielt; Ellenberger (1973, S. 595–603), von dem die ausführlichste Erörterung mit besonders wertvollen Einzelheiten über den einschlägigen medizingeschichtlichen Hintergrund stammt, und Sulloway (1982, Kapitel 2), welcher eine Zusammenfassung von Ellenbergers Darstellung gibt, allerdings mit Verweisen auf in jüngerer Zeit veröffentlichte Funde.

In seiner Vorlesung vom 15. Oktober ›Über männliche Hysterie‹ bewegt sich Freud zumeist auf dem gleichen Boden wie im ersten Teil des Paris-Berichts (1956 *a* [1886], S. 34 ff., oben); dabei kommt er ähnlich begeistert und anerkennend auf Charcots Arbeit zu sprechen, geht jedoch sehr viel ausführlicher auf die Reihe der Symptome ein, die nach Charcots Ansicht die Hysterie charakterisiert. Auch illustriert er seinen Vortrag mit dem Fallbericht über einen von Charcots Patienten. In der im folgenden abgedruckten Arbeit[1] vom 26. November ist Freud, entsprechend Charcots Einstellung zu diesem Zustandsbild, wiederum vorwiegend mit den physischen Phänomenen der Hysterie beschäftigt. Es gibt nur wenige Hinweise auf ein Interesse an psychologischen Faktoren.

---

[1] In der Originalveröffentlichung in der *Wiener medizinischen Wochenschrift* findet sich zum Titel folgende Anmerkung: »Vorgetragen in der k.k. Gesellschaft der Ärzte in Wien am 26. November 1886.«

Meine Herren! Als ich am 15. Oktober d. J. die Ehre hatte, Ihre Aufmerksamkeit für einen kurzen Bericht über Charcots neuere Arbeiten auf dem Gebiete der männlichen Hysterie in Anspruch zu nehmen, erging an mich von seiten meines verehrten Lehrers, des Herrn Hofrates Prof. Meynert, die Aufforderung, ich möge doch solche Fälle der Gesellschaft vorstellen, an denen die somatischen Kennzeichen der Hysterie, die »hysterischen Stigmata«, durch welche Charcot diese Neurose charakterisiert, in scharfer Ausprägung zu beobachten sind. Ich komme heute dieser Aufforderung nach – allerdings in ungenügender Weise, soweit eben das mir zufließende Material an Kranken es gestattet –, indem ich Ihnen einen hysterischen Mann zeige, welcher das Symptom der Hemianästhesie in nahezu höchstgradiger Ausbildung darbietet. Ich will nur, ehe ich die Demonstration beginne, bemerken, daß ich keineswegs glaube, Ihnen hiemit einen seltenen und absonderlichen Fall zu zeigen. Ich halte ihn vielmehr für einen sehr gemeinen und häufig vorkommenden, wenn er auch oft genug übersehen werden mag.

Ich verdanke den Kranken der Freundlichkeit des Herrn Kollegen v. Beregszászy, welcher ihn zur Bekräftigung seiner Diagnose in meine Ordination geschickt hat. Es ist der neunundzwanzigjährige Ziseleur August P., den Sie hier sehen; ein intelligenter Mann, der sich in der Hoffnung auf baldige Wiederherstellung bereitwillig meinen Untersuchungen dargeboten hat.

Gestatten Sie mir zunächst, Ihnen seine Familien- und Lebensgeschichte mitzuteilen. Der Vater des Kranken verstarb, achtundvierzig Jahre alt, an Morbus Brightii; er war Kellermeister, schwerer Potator und jähzornigen Charakters. Die Mutter ist im Alter von sechsundvierzig Jahren an Tuberkulose gestorben, sie soll in früheren Jahren viel an Kopfschmerzen gelitten haben; von Krampfanfällen u. dgl. weiß der Kranke nichts zu berichten. Von diesem Elternpaare stammen sechs Söhne, von denen der erste einen unordentlichen Lebenswandel geführt hat und an einer luetischen Gehirnerkrankung zugrunde gegangen ist. Der zweite Sohn hat für uns ein besonderes Interesse; er spielt eine Rolle in der Ätiologie der Erkrankung bei seinem Bruder und scheint auch selbst ein Hysteriker zu sein. Er hat nämlich unserem Kranken erzählt, daß er an Krampfanfällen gelitten hat; und ein eigentümlicher Zufall ließ mich heute einem Berliner Kollegen begegnen, der diesen Bruder in Berlin während einer Erkrankung behandelt und die auch im dortigen Spitale bestätigte Diagnose einer Hysterie bei ihm gestellt hatte. Der dritte Sohn ist Militärflüchtling und seither verschollen, der vierte und fünfte sind im zarten Alter gestorben, und der letzte ist unser Kranker selbst.

Unser Kranker hat sich während seiner Kindheit normal entwickelt, niemals an Fraisen gelitten und die gewöhnlichen Kinderkrankheiten überstanden. In seinem achten Lebensjahre hatte er das Unglück, auf der Straße überfahren zu werden, erlitt eine Ruptur des rechten Trommelfells mit bleibender Störung des Gehörs am rechten Ohre und verfiel in eine Krankheit von mehrmonatlicher Dauer, während welcher er häufig an Anfällen litt, deren Natur heute nicht mehr zu eruieren ist. Diese Anfälle hielten durch etwa zwei Jahre an. Seit diesem Unfalle datiert eine leichte geistige Hemmung, die der Kranke an seinem Fortschritt in der Schule bemerkt haben will, und eine Neigung zu Schwindelgefühlen, sooft er aus irgendeinem Grunde unwohl war. Er absolvierte später die Normalschule, trat nach dem Tode seiner Eltern als Lehrling bei einem Ziseleur ein, und es spricht sehr zugunsten seines Charakters, daß er als Geselle zehn Jahre lang bei demselben Meister verblieben ist. Er schildert sich selbst als einen Menschen, dessen Gedanken einzig und allein auf Vervollkommnung in seinem Kunsthandwerke gerichtet waren, der zu diesem Zwecke viel las und zeichnete und allem Verkehre wie allen Vergnügungen entsagte. Er mußte viel über sich und seinen Ehrgeiz nachdenken, geriet dabei häufig in einen Zustand von aufgeregter Ideenflucht, bei welchem ihm um seine geistige Gesundheit bange wurde; sein Schlaf war häufig unruhig, seine Verdauung durch seine sitzende Lebensweise verlangsamt. An Herzklopfen leidet er seit neun Jahren, sonst aber war er gesund und in seiner Arbeit niemals gestört.

Seine gegenwärtige Erkrankung datiert seit etwa drei Jahren. Er geriet damals mit seinem lüderlichen Bruder, welcher ihm die Rückzahlung einer geliehenen Summe verweigerte, in Streit; der Bruder drohte ihn zu erstechen und ging mit dem Messer auf ihn los. Darüber geriet der Kranke in eine namenlose Angst, er verspürte ein Sausen im Kopfe, als ob ihm dieser zerspringen wolle, eilte nach Hause, ohne sich besinnen zu können, wie er dahin gekommen sei, und fiel vor seiner Türschwelle bewußtlos zu Boden. Es wurde später berichtet, daß er durch zwei Stunden die heftigsten Zukkungen gehabt und dabei von der Szene mit seinem Bruder gesprochen habe. Als er erwachte, fühlte er sich sehr matt; er litt in den nächsten sechs Wochen an heftigem linksseitigem Kopfschmerze und Kopfdrucke, das Gefühl in seiner linken Körperhälfte kam ihm verändert vor, und seine Augen ermüdeten bei der Arbeit, die er bald wieder aufnahm. So blieb sein Zustand mit einigen Schwankungen durch drei Jahre, bis vor sieben Wochen eine neue Aufregung eine Verschlimmerung herbeiführte. Der Kranke wurde von einer Frauensperson des Diebstahls beschuldigt, bekam heftiges Herzklopfen, war durch etwa vierzehn Tage so deprimiert, daß er an Selbstmord dachte, und gleichzeitig stellte sich ein stärkerer Tremor an den linksseitigen Extremitäten ein; die linke Körperhälfte verspürte er so, als ob sie von einem Schlage gestreift worden wäre; seine Augen wurden sehr schwach und ließen ihn häufig alles grau sehen; der Schlaf wurde von schreckhaften Erscheinungen und von Träumen, in denen er von einer großen Höhe herabzufallen glaubte, gestört; Schmerzen traten am Halse links, in der linken Weiche, am Kreuze und an anderen Orten auf; der Magen war ihm häufig »wie gebläht«, und er sah sich genötigt, seine Arbeit einzustellen. Eine neuerliche Verschlimmerung all dieser Symptome datiert seit einer Woche. Der Kranke unterliegt überdies heftigen Schmerzen im linken Knie und in der linken Sohle, wenn er längere Zeit geht, verspürt eine eigentümliche Empfindung im Halse, als ob ihm die Zunge gefesselt wäre, hat häufig Singen in den Ohren u. dgl. mehr. Sein Gedächtnis ist für die Erlebnisse während seiner Krankheit herabgesetzt, für frühere Ereignisse gut. Die Krampfanfälle haben sich in den drei Jahren sechs- bis neunmal wiederholt; doch waren die meisten derselben sehr leicht, nur *ein* nächtlicher Anfall im letzten August war mit stärkerem »Schütteln« verbunden.

Betrachten Sie nun den etwas bleichen, mittelkräftig entwickelten Kran-

ken. Die Untersuchung der inneren Organe weist, von dumpfen Herztö-
nen abgesehen, nichts Krankhaftes nach. Drücke ich auf die Austrittsstelle
des Nervus supra-, infraorbitalis und mentalis linkerseits, so wendet der
Kranke den Kopf unter dem Ausdrucke heftiger Schmerzen. Es besteht
also, wie man meinen sollte, eine neuralgische Veränderung am linken Trigeminus. Auch das Schädelgewölbe ist in seiner linken Hälfte sehr empfindlich gegen Perkussion. Die Haut der linken Kopfhälfte verhält sich
aber ganz anders, als man erwarten sollte: sie ist völlig unempfindlich gegen Reize jeder Art; ich kann stechen, kneipen, das Ohrläppchen zwischen meinen Fingern wälzen, ohne daß der Kranke auch nur die Berührung verspürt. Es besteht hier also eine höchstgradige Anästhesie; dieselbe
betrifft aber nicht bloß die Haut, sondern auch die Schleimhäute, wie ich
Ihnen an den Lippen und an der Zunge des Kranken zeige. Führe ich ein
Papierröllchen in den linken äußeren Gehörgang und dann durchs linke
Nasenloch ein, so wird dies keinerlei Reaktion hervorrufen. Ich wiederhole den Versuch auf der rechten Seite und konstatiere daselbst die normale
Empfindlichkeit des Kranken. Der Anästhesie entsprechend, sind auch die
sensibeln Reflexe aufgehoben oder herabgesetzt. So kann ich mit dem eingeführten Finger alle Schlundgebilde linkerseits berühren, ohne daß Würgen erfolgt. Die Schlundreflexe sind aber auch rechts herabgesetzt; erst
wenn ich die Epiglottis rechterseits erreicht habe, tritt eine Reaktion ein.
Die Berührung der linken Conjunctiva palpebrarum und bulbi erzeugt fast
keinen Lidschluß, der Kornealreflex ist dagegen vorhanden, aber sehr erheblich abgeschwächt. Die Konjunktival- und Kornealreflexe sind übrigens auch am rechten Auge herabgesetzt, nur in geringerem Grade, und
ich kann schon aus diesem Verhalten der Reflexe den Schluß ziehen, daß
die Störungen des Sehens nicht auf das eine – linke – Auge beschränkt sein
dürften. In der Tat bot der Kranke, als ich ihn zum ersten Male untersuchte, auf beiden Augen die eigentümliche Polyopia monocularis der Hysterischen und Störungen des Farbensinnes. Mit dem rechten Auge erkannte er
alle Farben bis auf Violett, das er für Grau erklärte, mit dem linken bloß ein
lichtes Rot und Gelb, während er alle anderen Farben, wenn licht, für
grau, wenn dunkel, für schwarz hielt. Herr Dr. Königstein hatte dann die
Freundlichkeit, die Augen des Kranken einer eingehenden Untersuchung
zu unterziehen, und wird nachher über seine Befunde selbst berichten.
[S. oben, S. 55.] Um von den anderen Sinnesorganen zu sprechen, so ist
der Geruch wie der Geschmack auf der linken Seite gänzlich verlorengegangen. Nur das Gehör ist von der zerebralen Hemianästhesie verschont

geblieben. Das rechte Ohr ist, wie Sie sich erinnern, in seiner Leistungsfähigkeit seit dem Unfalle, der den Kranken im Alter von acht Jahren betraf, schwer beeinträchtigt; das Ohr der linken Seite ist das bessere; die daselbst vorhandene Herabsetzung des Gehörs wird nach der freundlichen Mitteilung von Prof. Gruber[1] durch eine am Trommelfelle ersichtliche materielle Erkrankung genügend erklärt.

Übergehen wir nun zur Untersuchung des Rumpfes und der Extremitäten, so finden wir auch hier, zunächst am linken Arme, eine absolute Anästhesie. Ich kann, wie Sie sehen, eine spitze Nadel durch eine Hautfalte stoßen, ohne daß der Kranke dagegen reagiert. Auch die tiefen Teile, Muskeln, Bänder, Gelenke, müssen ebenso hochgradig unempfindlich sein, denn ich kann das Handgelenk verdrehen, die Bänder zerren, ohne daß ich irgendwelche Empfindung bei dem Kranken hervorrufe. Dieser Anästhesie der tiefen Teile entspricht es, daß der Kranke bei verbundenen Augen auch keine Ahnung von der Lage seines linken Armes im Raume oder von einer Bewegung, die ich mit diesem Gliede vornehme, hat. Ich verbinde ihm die Augen und frage dann, was ich mit seiner linken Hand getan habe. Er weiß es nicht. Ich fordere ihn auf, mit seiner rechten Hand nach seinem linken Daumen, Ellbogen, Schulter zu greifen. Er tappt in der Luft herum, nimmt etwa meine dargebotene Hand für die seinige und gesteht dann, nicht zu wissen, wessen Hand er gepackt habe.

Es muß besonders interessant sein nachzusehen, ob der Kranke die Teile seiner linken Gesichtshälfte zu finden vermag. Man sollte meinen, dies würde ihm keine Schwierigkeiten machen, da doch die linke Gesichtshälfte mit der intakten rechten sozusagen fest verkittet ist. Aber der Versuch zeigt das Gegenteil. Der Kranke greift nach seinem linken Auge, Ohrläppchen u. dgl. fehl; ja er scheint sich mit dem Getaste der rechten Hand in den anästhetischen Gesichtspartien schlechter zurechtzufinden, als wenn er einen ihm fremden Körperteil berühren würde. Die Schuld liegt nicht an einer Störung in der rechten Hand, die er zum Tasten benützt, denn Sie sehen, wie er sicher und rasch zugreift, wenn ich ihn zur Berührung von Punkten seiner rechten Gesichtshälfte auffordere.

Dieselbe Anästhesie besteht am Rumpfe und am linken Beine. Wir konstatieren dort, daß die Unempfindlichkeit sich mit der Medianlinie begrenzt oder eine Spur über dieselbe hinausgreift.

---

[1] [Josef Gruber (1827–1900), Professor der Ohrenheilkunde in Wien und Leiter der Universitätsohrenklinik. Er zählt zu den Mitbegründern der modernen Otologie.]

Von besonderem Interesse erscheint mir die Analyse der Bewegungsstörungen, welche der Kranke an seinen anästhetischen Gliedmaßen zeigt. Ich glaube, diese Bewegungsstörungen sind einzig und allein auf die Anästhesie zurückzuführen. Eine Lähmung, etwa des linken Armes, besteht gewiß nicht. Ein gelähmter Arm fällt entweder schlaff herab oder wird durch Kontrakturen in gezwungenen Stellungen festgehalten. Anders hier. Wenn ich dem Kranken die Augen verbinde, verbleibt der linke Arm in der Stellung, die er zuvor eingenommen. Die Störungen der Beweglichkeit sind wechselnde und hängen von mehreren Verhältnissen ab. Zunächst werden die Herren, welche beobachtet haben, wie sich der Kranke mit beiden Händen auskleidete, wie er mit den Fingern der linken Hand sein linkes Nasenloch verschloß, nicht den Eindruck einer schweren Bewegungsstörung bekommen haben. Bei näherem Zusehen wird man finden, daß der linke Arm und besonders die Finger etwas langsamer und ungeschickter, wie steif, und unter leichtem Zittern bewegt werden; es wird aber jede, auch die komplizierteste Bewegung ausgeführt, und so ist es immer, wenn die Aufmerksamkeit des Kranken vom Bewegungsorgane abgelenkt ist und sich nur auf das Ziel der Bewegung richtet.[1] Ganz anders, wenn ich ihm auftrage, einzelne Bewegungen ohne weiteres Ziel mit seinem linken Arm auszuführen, so z. B. den Arm im Ellbogengelenke zu beugen, während er die Bewegung mit seinen Augen verfolgt. Dann zeigt sich der linke Arm sehr viel gehemmter als vorhin, die Bewegung erfolgt sehr langsam, unvollständig, in einzelnen Absätzen, als ob ein großer Widerstand zu überwinden wäre, und unter lebhaftem Tremor. Die Fingerbewegungen sind unter diesen Verhältnissen außerordentlich schwach. Eine dritte und stärkste Art der Bewegungsstörung zeigt sich endlich, wenn er einzelne Bewegungen bei geschlossenen Augen ausführen soll. Es erfolgt dann zwar noch etwas mit dem absolut anästhetischen Gliede, Sie sehen ja, daß die motorische Innervation unabhängig von allen sensiblen Nachrichten ist, welche normalerweise von einem zu bewegenden Gliede einlaufen, aber diese Bewegung ist minimal, gar nicht auf einen einzelnen Abschnitt gerichtet, in ihrem Sinne vom Kranken nicht bestimmbar. Nehmen Sie diese letzte Art der Bewegungsstörung aber nicht für eine notwendige Folge der Anästhesie; gerade hierin zeigen sich weitgehende *individu-*

---

[1] [Freud hat immer wieder, in verschiedenen Zusammenhängen, betont, daß viele Funktionen präziser ablaufen, wenn die bewußte Aufmerksamkeit von ihnen abgelenkt wird. (Vgl. eine Anmerkung zum Anhang B zu Freuds ›Entwurf einer Psychologie‹ von 1895, unten, S. 483, Anm. 1.)]

elle Verschiedenheiten. Wir haben in der Salpêtrière anästhetische Kranke beobachtet, welche sich bei geschlossenen Augen eine viel weiter gehende Herrschaft über das dem Bewußtsein verlorene Glied bewahrt hatten.[1] Derselbe Einfluß der abgelenkten Aufmerksamkeit und des Hinsehens gilt für das linke Bein. Der Kranke ist heute wohl eine Stunde lang im raschen Schritt neben mir über die Straße gegangen, ohne beim Gehen auf seine Füße zu sehen, und ich konnte nur bemerken, daß er das linke Bein etwas nach auswärts und schleudernd aufsetzte und mit dem Fuße häufig am Boden schleifte.[2] *Heiße* ich ihn aber gehen, so muß er jede Bewegung des anästhetischen Beines mit den Augen verfolgen, dieselbe fällt langsam und unsicher aus und ermüdet ihn sehr rasch. Völlig unsicher geht er endlich mit geschlossenen Augen, er schiebt sich dann mit beiden Füßen am Boden haftend vorwärts, wie unsereiner im Dunkeln, wenn er das Terrain nicht kennt. Er hat es auch sehr schwer, sich auf dem linken Bein stehend zu erhalten; schließt er in dieser Stellung die Augen, so fällt er sofort um.

Ich will noch das Verhalten der Reflexe beschreiben. Dieselben sind im allgemeinen lebhafter als normal, übrigens wenig miteinander übereinstimmend. Die Triceps- und Flexorenreflexe sind an der rechten, nicht anästhetischen Extremität entschieden lebhafter, der Patellarreflex scheint links mehr gesteigert, die Achillessehnenreflexe sind beiderseits gleich. Man kann auch ein ganz leichtes Fußphänomen erzeugen, welches rechts deutlicher ausfällt. Die Cremasterenreflexe fehlen, dagegen sind die Bauchreflexe lebhaft, der linksseitige enorm gesteigert, so daß das leiseste Streichen über eine Stelle der Bauchhaut eine maximale Kontraktion des linken Rectus abdominis hervorruft.

---

[1] Vgl. Charcot, Über zwei Fälle von hysterischer Monoplegie des Armes etc. Anhang. (S. *Neue Vorlesungen*, übersetzt vom Autor. Wien, Toeplitz und Deuticke, 1886.) [Der Hinweis bezieht sich auf einen Fall, der in Vorlesung XXII von Charcots Buch (1887) beschrieben wird; s. insbesondere S. 295 der deutschen Übersetzung (Freud, 1886*f*).

[2] [Diese Eigentümlichkeit wird in einer Fußnote in Freuds französischer Arbeit ›Étude comparative des paralysies motrices organiques et hystériques‹ (1893*c*; *G. W.*, Bd. 1, S. 43, Anm.) besprochen. Er führt dort aus: »[...] ce caractère important de la paralysie hystérique de la jambe que M. Charcot a relevé d'après Todd, à savoir que l'hystérique traine la jambe comme une masse morte au lieu d'exécuter la circumduction avec la hanche que fait l'hémiplégique ordinaire [...]«. Vgl. Charcot, 1888, deutsche Übersetzung: Freud (1892–94), S. 251 f., wo er Todd (1856, S. 21) zitiert. Wie Freud in seiner späteren Zusammenfassung dieser französischen Arbeit (Freud, 1897*b*; *G. W.*, Bd. 1, S. 480) sagt: »Die hysterische Lähmung benimmt sich [...], als ob es eine Gehirnanatomie nicht gäbe. Die Hysterie weiß nichts von der Anatomie des Gehirns.«]

Wie es dem Bilde einer hysterischen Hemianästhesie entspricht, zeigt unser Kranker auch spontan und auf Druck schmerzhafte Stellen auf der sonst unempfindlichen Körperseite, sogenannte »hysterogene Zonen«[1], wenn deren Beziehung zur Hervorrufung der Anfälle auch in diesem Falle nicht ausgeprägt ist. So ist der Nervus trigeminus, dessen Endäste, wie ich Ihnen vorhin zeigte, druckempfindlich sind, Sitz einer solchen hysterogenen Zone; ferner eine schmale Stelle in der mittleren linken Halsgrube, ein breiterer Streifen an der linken Thoraxwand (woselbst auch die Haut noch empfindlich ist), die Lendenwirbelsäule und der mittlere Teil des Kreuzbeins (über ersterer ebenfalls Hautempfindlichkeit), endlich ist der linke Samenstrang sehr schmerzempfindlich, und diese Zone setzt sich längs des Verlaufes des Samenstranges in die Bauchhöhle fort bis zu der Stelle, welche bei Frauen so häufig der Sitz der »Ovarie« ist.

Ich muß noch zwei Bemerkungen hinzufügen, welche Abweichungen unseres Falles vom typischen Bilde der hysterischen Hemianästhesie betreffen. Die erste geht dahin, daß auch die rechte Körperseite des Kranken nicht von Anästhesien verschont ist, welche aber nicht hochgradig sind und bloß die Haut zu betreffen scheinen. So findet sich eine Zone von herabgesetzter Schmerzempfindlichkeit (und Temperaturgefühl) über der rechten Schulterwölbung, eine andere geht bandförmig um das periphere Ende des Unterarms; das rechte Bein ist hypästhetisch an der Außenseite des Ober- und an der Rückseite des Unterschenkels.

Eine zweite Bemerkung bezieht sich darauf, daß die Hemianästhesie bei unserem Kranken sehr deutlich den Charakter der Labilität zeigt. So habe ich bei einer Prüfung der elektrischen Empfindlichkeit gegen meine Absicht ein Stück der Haut am linken Ellbogen empfindlich gemacht, so zeigte[n] sich bei wiederholten Prüfungen die Ausdehnung der schmerzhaften Zonen am Rumpfe und die Störungen des Gesichtssinnes in ihrer Intensität schwankend. Auf diese Labilität der Empfindungsstörung gründe ich die Hoffnung, dem Kranken in kurzer Zeit die normale Empfindlichkeit wiederzugeben.

---

[1] [Vgl. Freuds Beschreibung dieser Zonen im Artikel über ›Hysterie‹ (1888*b*), unten, S. 74 f.]

Zwei Kurzreferate[1]

(1887)

Referat über Averbeck, *Die akute Neurasthenie,*
Berlin 1886[2]

Wie wenig die sogenannte klinische Ausbildung, welche in unseren Spitälern erworben wird, den Bedürfnissen des praktischen Arztes genügt, ergibt sich vielleicht am schlagendsten an dem Beispiele der »Neurasthenie«,
jenes krankhaften Zustandes des Nervensystems, den man getrost als die
allerhäufigste Erkrankung in unserer Gesellschaft bezeichnen darf, der bei
Kranken besserer Stände die meisten anderen Krankheitsbilder kompliziert und folgenschwerer macht und der vielen wissenschaftlich gebildeten
Ärzten noch gar nicht bekannt ist oder von ihnen für einen eben nur modernen Namen mit willkürlich zusammengefügtem Inhalte angesehen
wird. Die Neurasthenie – nicht ein Krankheitsbild im Sinne der allzu ausschließlich auf die pathologische Anatomie aufgebauten Lehrbücher, son-

---

[1] [In der Zeit nach seiner Rückkehr aus Paris schrieb Freud in Wien ziemlich regelmäßig
Referate und Zusammenfassungen für medizinische Zeitschriften. (S. oben, S. 44, Anm.
1.) Unseres Wissens sind die beiden vorliegenden Referate bisher in deutsch nicht nachgedruckt worden. – Als Textvorlage diente jeweils eine Photokopie des Erstdrucks.]
[2] [*Wiener medizinische Wochenschrift*, Bd. 37 (1887), Nr. 5, Sp. 138. (29. Januar 1887). –
›Literarische Anzeigen. *Die akute Neurasthenie.* Ein ärztliches Kulturbild von Dr. med.
Averbeck. (Sonderdruck aus »Deutsche Medizinal-Zeitung«.)‹ Der vollständige Titel
von Averbecks ursprünglich 1886 veröffentlichter Arbeit lautet: ›Die akute Neurasthenie, die plötzliche Erschöpfung der nervösen Energie. Ein ärztliches Kulturbild‹. –
J. Heinrich Averbeck (1844–1889), Spezialist in physikalischen Heilmethoden, praktizierte in Bremen und Baden-Baden. In der Überschrift der *Deutschen Medizinal-Zeitung* wird er als »dirigierender Arzt und Besitzer von Heilanstalt und Bad Laubbach
a. Rh.« ausgewiesen. Er schrieb eine Reihe von Essays über sozialmedizinische und
politische Fragen.]

dern eher als eine Reaktionsform des Nervensystems zu bezeichnen – verdiente die allgemeinste Aufmerksamkeit der wissenschaftlich tätigen Ärzte in nicht geringerem Maße, wie sie dieselbe bei den als Therapeuten tätigen Ärzten, Leitern von Heilanstalten etc. gefunden hat. Darum ist die vorliegende kleine Schrift mit ihren treffenden, obwohl absichtlich extrem gehaltenen Schilderungen, ihren vielfache soziale Verhältnisse berührenden Vorschlägen und Bemerkungen einer Empfehlung an weitere Kreise würdig. Dieselbe wird, wie der Autor selbst vermutet, nicht immer die Zustimmung, wenn auch an allen Stellen das Interesse der Kollegen erregen. Die Bemerkungen über die allgemeine Wehrpflicht als Heilmittel gegen die Schädigungen des Kulturlebens, der Vorschlag, dem arbeitenden Mittelstande durch *staatliche* Fürsorge eine periodische Erholung in gesunden Zeiten zu ermöglichen, lassen mannigfache Einwendungen zu; man wird aber zugeben müssen, daß in der kleinen Schrift hochwichtige Themata der ärztlichen Sorge in geistreicher Weise behandelt sind.

Dr. Sigm. Freud.

Referat über Weir Mitchell,
Die Behandlung gewisser Formen von Neurasthenie und Hysterie,
Berlin 1887[1]

Das Heilverfahren des durchaus originellen Nervenarztes Weir Mitchell[2] in Philadelphia, welches durch die Vereinigung von Bettruhe, Isolierung, Überfütterung, Massage und Elektrizität in streng planmäßiger Weise schwere und veraltete Zustände von nervöser Erschöpfung überwindet, ist in Deutschland zuerst durch Burkart[3] empfohlen worden und hat im letzten Jahre in einem Vortrage Leydens[4] volle Anerkennung gefunden.

---

[1] [*Wiener medizinische Wochenschrift*, Bd. 37 (1887), Nr. 5, Sp. 138. (29. Januar 1887.) – ›*Die Behandlung gewisser Formen von Neurasthenie und Hysterie.* Von S. Weir Mitchell. Übersetzung von Dr. G. Klemperer. Berlin 1887. Aug. Hirschwald.‹ In seiner amerikanischen Originalausgabe (1877) trägt das Buch den Titel: *Fat and Blood and How to Make Them*; in einigen seiner vielen Auflagen erscheint ein Untertitel ähnlichen Wortlauts wie der Titel der deutschen Übersetzung: ›The Treatment of Certain Forms of Neurasthenia and Hysteria‹. – Es sei angemerkt, daß Freud sich ungefähr zu jener Zeit selbst des Weir Mitchellschen Heilverfahrens bediente und, in Verbindung mit der (wie er sie nennt»Breuerschen«) kathartischen Behandlungsmethode, von unerwarteten Erfolgen berichtete. Vgl. das Ende von Abschnitt I des technischen Beitrags von Freud zu den *Studien über Hysterie* (1895 d; *G. W.*, Bd. 1, S. 266; *Studienausgabe*, Ergänzungsband, S. 61). S. auch unten, S. 88.]
[2] [Silas Weir Mitchell (1829–1914), Arzt und Neurologe. Bekannt wurde er vor allem durch die ›Weir Mitchell Rest Cure‹, ferner durch zahlreiche originelle neurologische und neurophysiologische Beiträge. Auch als Dichter und Romancier hatte er einen Namen.]
[3] [Rudolph Burkart (geb. 1846), Oberarzt am Johannes-Hospital in Bonn.]
[4] [Ernst Viktor von Leyden (1832–1910), Professor an der Medizinischen Fakultät der Universität Berlin und Spezialist für Ernährungstherapie. Er schrieb ein Vorwort zur deutschen Ausgabe von Weir Mitchells Buch.]

Leyden ist es auch, der die Übersetzung der oben genannten kleinen Schrift veranlaßt hat. Dieselbe enthält die wertvollsten Ratschläge zur Auswahl der für die betreffende Behandlung geeigneten Fälle, anregende Bemerkungen über die Wirkung der einzelnen Heilpotenzen, welche die Mitchellsche Kur zusammensetzen, und wird wohl jedem Arzte eine Erweiterung seiner Kenntnisse bringen. Die spezifisch englische Satz- und Gedankenfügung ist in der Übersetzung vielleicht allzu treu festgehalten: die Termini »Hysterie« und »hysterisch« sind meist im vulgären, nicht im wissenschaftlichen Sinne des viel mißbrauchten Wortes angewendet.

Dr. Sigm. Freud.

Hysterie
(1888)

Editorische Vorbemerkung

1888 In *Handwörterbuch der gesamten Medizin,* herausgegeben von Dr. A. Villaret, Stuttgart, Verlag Ferdinand Enke, Bd. 1, S. 886–92.

1953 In *Psyche* (Stuttgart), Bd. 7, Nr. 9, S. 486–500.

In seinen Briefen an Wilhelm Fließ (1985 c [1887–1904]) bezieht sich Freud auf seine Beiträge zu Villarets *Handwörterbuch,* und zwar in Brief 1 (24. November 1887) implizit, in den Briefen 4 und 5 (28. Mai und 29. August 1888) explizit. Die in zwei Bänden (1888 und 1891) publizierten Artikel des *Handwörterbuchs* sind nicht signiert, über ihre Urheberschaft besteht also keine Gewißheit. In jedem der Bände findet sich ein Autorenverzeichnis, in dem Freuds Name jeweils enthalten ist. Freud selbst spezifiziert in den genannten Briefen nur einen Artikel – den über Gehirnanatomie – und klagt dabei, dieser sei »sehr zusammengestrichen worden«; in der *Selbstdarstellung* (1925 d [1924]; *G. W.,* Bd. 14, S. 41 f.) spricht er von einem »Auftrag der Mitarbeiterschaft an einem Handwörterbuch der Medizin«, ferner erwähnt er einen Artikel über Aphasie. Ernst Kris, der für die Kommentare verantwortliche Herausgeber der früheren Auswahledition der Fließ-Briefe (Freud, 1950 a [1887–1902]), empfiehlt (Anm. 2 zu S. 55), den Artikel über ›Kinderlähmung‹ sowie den im folgenden abgedruckten über ›Hysterie‹ Freud zuzuschreiben, vielleicht auch den über ›Lähmung‹.[1]

---

[1] Daß ein weiterer, sehr viel kürzerer Artikel über Hysteroepilepsie von Freud verfaßt wurde, ist weniger wahrscheinlich, obgleich eine der Fußnoten sehr wohl von ihm stammen könnte. Wir haben diesen Artikel unten, als Anhang, abgedruckt (S. 91 f.).

Der Nachdruck des Hysterie-Artikels in der Zeitschrift *Psyche* wird von einer kurzen Arbeit Paul Vogels (1953) eingeführt, in welcher er eine ausgezeichnete und überzeugende Zusammenfassung derjenigen Argumente gibt, die dafür sprechen, daß der Artikel wirklich von Freud stammt. 1974 hat Paul Vogel drei weitere kurze Texte über Gehirnanatomie veröffentlicht: Untertitel q), r) und t) des Artikels ›Corpus‹, ebenfalls im *Handwörterbuch* von Villaret, und wiederum plädiert er in einem begleitenden Text überzeugend dafür, daß sie Freud zuzuschreiben seien. In derselben Arbeit argumentiert Vogel *gegen* die Vermutung, daß ›Kinderlähmung‹ Freud zum Autor habe, und zwar weil dieser Artikel ausschließlich spinale Lähmungen, also Poliomyelitis, behandele, wovon Freud, dessen erklärtes Interesse zum damaligen Zeitpunkt den Folgen von Gehirnläsionen galt, sehr wenig verstanden habe. Dagegen folgert Vogel, daß der Artikel ›Lähmung‹ durchaus von Freud sein könne.

Was den vorliegenden Artikel betrifft, so kann niemand, der ihn im Zusammenhang mit den aus dem gleichen Zeitraum stammenden Schriften Freuds liest, an dessen Urheberschaft ernstlich Zweifel hegen. Ein einziger Zweifel könnte sich allenfalls an eine offenbare Fehldarstellung von Charcots Auffassungen auf S. 73 knüpfen. Von der Tatsache abgesehen, daß eine ganze Reihe der im Artikel geäußerten Auffassungen sich in anderen, unter seinem Namen erschienenen Werken Freuds wiederfindet, erscheint besonders ein Punkt beweiskräftig. Gemeint ist ein Abschnitt gegen Ende des Artikels, in dem die kathartische Behandlungsmethode explizit beschrieben und Breuer zugeschrieben wird. Zu diesem Zeitpunkt (1888) aber war über Breuers Methode weder von ihm selbst noch von jemandem anderen etwas publiziert worden. Ihre Erstveröffentlichung geschah in Breuers und Freuds ›Vorläufiger Mitteilung‹ mehr als vier Jahre später (1893*a*) sowie in der praktisch gleichzeitigen Vorlesung zum selben Thema (1893*b*), die im vorliegenden Band abgedruckt ist (unten, S. 183 ff.). Wie Freud uns mitteilt (1925*d*; *G. W.*, Bd. 14, S. 44), war er schon seit langem von Breuer ins Vertrauen gezogen worden und über dessen Methode bereits unterrichtet, ehe er 1885 seine Studienreise nach Paris unternahm. Deshalb kann Freuds Urheberschaft am Hysterie-Artikel als gesichert gelten.

Der Hinweis auf die kathartische Methode mag überdies dazu dienen, eine noch immer kursierende Legende zu zerstören, nämlich daß die kathartische Methode von Pierre Janet stamme, dessen ähnliche Vorstellungen enthaltendes Buch 1889 veröffentlicht wurde und ihm deshalb behandlungstechnische Priorität zu sichern scheint. Der vorliegende, aus dem Jahre 1888 stammende Verweis auf die kathartische Methode, der seltsamerweise gewöhnlich übersehen wird, widerlegt endgültig diesen Anspruch. Die Rolle Janets wird ausführlicher im Zusammenhang mit Breuers Beiträgen zu den *Studien über Hysterie* (1895) erörtert, die im vorliegenden Band enthalten sind (unten, S. 200f., Anm. 4, und S. 202). In der ganzen Diskussion fällt gewiß auch Anderssons Auffassung (1962) ins Gewicht; sie wird in einer Anmerkung, unten, S. 90, zumindest kurz erwähnt.

In der Darstellung der Hysterie zeigt der Artikel Freud insgesamt noch eng an die Lehren Charcots gebunden, obgleich, abgesehen von dem Verweis auf Breuer, zwei oder drei Abschnitte, zumal gegen Ende des Artikels, klare Anzeichen einer unabhängigen Einstellung enthalten. – Als Textvorlage diente eine Photokopie des Erstdrucks.

Hysterie, die (ὑστέρα, Gebärmutter); (frz. *hystérie* f; engl. *hysterics* [sic]; it. *isteria* f, *isterismo* m).

I. *Geschichte:* Der Name Hysterie stammt aus den ältesten Zeiten der Medizin und ist ein Niederschlag des erst in unserer Zeit überwundenen Vorurteils, welches die Neurose mit Erkrankungen des weiblichen Geschlechtsapparates verknüpft. Im Mittelalter hat die Neurose eine bedeutsame kulturhistorische Rolle gespielt, ist infolge psychischer Kontagion epidemisch aufgetreten und liegt dem Tatsächlichen aus der Geschichte der Besessenheit und des Hexenwesens zugrunde. Dokumente aus jener Zeit bezeugen, daß ihre Symptomatologie bis auf den heutigen Tag keine Veränderung erfahren hat. Eine Würdigung und ein besseres Verständnis der Krankheit beginnt erst mit den Arbeiten Charcots und der von ihm inspirierten Schule der Salpêtrière. Bis dahin war die Hysterie die bête noire der Medizin; die armen Hysterischen, die in früheren Jahrhunderten als Besessene verbrannt oder exorziert worden waren, verfielen im letzten, aufgeklärten Zeitalter bloß dem Fluche der Lächerlichkeit; ihre Zustände wurden als Simulation und Übertreibungen einer klinischen Beobachtung unwert erachtet.

Die Hysterie ist eine Neurose im strengsten Sinne des Wortes, d. h. es sind nicht nur keine wahrnehmbaren Veränderungen des Nervensystems bei dieser Krankheit gefunden worden, sondern es steht auch nicht zu erwarten, daß irgendeine Verfeinerung der anatomischen Techniken eine solche nachweisen würde. Die Hysterie beruht ganz und gar auf physiologischen Modifikationen des Nervensystems, und ihr Wesen wäre durch eine Formel auszudrücken, welche den Erregbarkeitsverhältnissen der verschiedenen Teile des Nervensystems Rechnung trägt. Eine solche physio-pathologische Formel ist aber noch nicht aufgefunden worden; man muß sich einstweilen damit bescheiden, die Neurose rein nosographisch durch das Ensemble der in ihr vorkommenden Symptome zu definieren, etwa wie die Basedowsche Krankheit durch die Symptomgruppe: Exophthalmus, Struma, Tremor, Akzeleration des Pulses und psychische Veränderung charakterisiert ist, ohne Rücksicht auf den näheren Zusammenhang dieser Phänomene.

II. Definition: Deutsche wie englische Autoren pflegen noch heute die Bezeichnungen *»Hysterie«* und *»hysterisch«* willkürlich zu vergeben und *»Hysterie«* mit allgemeiner Nervosität, Neurasthenie, vielen psychotischen Zuständen und vielen aus dem Chaos der Nervenerkrankungen noch nicht hervorgehobenen Neurosen zusammenzuwerfen. Dagegen hält Charcot daran fest, daß *»Hysterie«* ein scharf umgrenztes und gut gesondertes Krankheitsbild ist, welches sich am klarsten in den extremen Fällen der sogenannten *»grande hystérie«* (oder Hystero-Epilepsie)[1] erkennen läßt. Hysterie ist ferner, was sich von leichteren und rudimentären Formen an den Typus der grande hystérie, in allmählicher Abschattung bis zum Normalen, anreiht; von Neurasthenie ist Hysterie grundsätzlich verschieden, ja streng genommen ihr entgegengesetzt.

III. Symptomatologie: Die äußerst reiche, aber darum keineswegs gesetzlose Symptomatologie der *»großen Hysterie«* setzt sich aus einer Reihe von Symptomen zusammen, zu denen gehören:

1. *Krampfanfälle.* Denselben geht eine eigentümliche Aura voraus: Druck im Epigastrium, Zusammenschnüren im Halse, Pochen in den Schläfen, Sausen in den Ohren, oder Teile dieses Empfindungskomplexes. Diese sogenannten Auraempfindungen treten bei Hysterischen auch selbständig auf oder stellen für sich allein einen Anfall vor. Bekannt ist insbesondere der *Globus hystericus,* das auf Schlundkrämpfe zu beziehende Gefühl, als ob eine Kugel vom Epigastrium her gegen den Hals aufstiege. Der eigentliche Anfall zeigt, wenn vollständig, drei Phasen.[2] Die erste, »epi-

---

[1] [S. jedoch die Anm. 2 zum Artikel über ›Hysteroepilepsie‹, unten, S. 91.]
[2] [Charcot spricht gewöhnlich von *vier* Phasen des großen hysterischen Anfalls. S. beispielsweise Freud, ›Zur Theorie des hysterischen Anfalls‹ (1940*d* [1892]; *G. W.,* Bd. 1, S. 9) und die ›Vorläufige Mitteilung‹ (1893*a*). Charcot ist jedoch nicht immer so bestimmt, und die vierte Phase (»le délire terminal«) scheint manchmal fortzufallen. Vgl. seine verschiedenen Schilderungen in den Arbeiten, die Freud übersetzte (Freud, 1886*f*, S. 212: »vier scharf gesonderte Perioden«, und Freud, 1892–94, S. 135).]

leptoide« Phase gleicht einem gemeinen epileptischen Anfall, gelegentlich einem Anfall einseitiger Epilepsie; die zweite Phase, [die] der *»grands mouvements«*, zeigt Bewegungen von großem Umfang wie die sogenannten Grußbewegungen, die Bogenstellungen (arc de cercle), Kontorsionen u. dgl. Die dabei entwickelte Kraft ist oft ganz ungeheuer; zur Unterscheidung dieser Bewegungen von einem epileptischen Anfall dient die Bemerkung, daß die hysterischen Bewegungen stets mit einer Eleganz und Koordination ausgeführt werden, welche im grellen Gegensatz zur plumpen Brutalität epileptischer Zuckungen steht. Auch werden bei den heftigsten hysterischen Krämpfen schwerere Verletzungen meist vermieden. Die dritte, *halluzinatorische* Phase des hysterischen Anfalls, die [der] *»attitudes passionelles«*, zeichnet sich durch Stellungen und Gebärden aus, welche leidenschaftlich bewegten Szenen angehören, die der Kranke halluziniert und häufig mit den entsprechenden Worten begleitet. Während des ganzen Anfalls kann das Bewußtsein erhalten oder verloren sein, letzteres ist häufiger. Anfälle der beschriebenen Art setzen sich oft zu Reihen zusammen, so daß die ganze Attacke mehrere Stunden bis Tage anhalten kann. Die Temperaturerhöhung ist dabei im Gegensatz zu dem Verhalten bei Epilepsie eine unbeträchtliche. Jede Phase des Anfalls oder jedes einzelne Stück einer Phase kann sich isolieren und für sich in rudimentären Fällen den Anfall vertreten. Solche abgekürzte Anfälle werden natürlich ungemein häufiger als die vollständigen angetroffen. Besonders interessant sind die hysterischen Anfälle, welche anstatt der drei Phasen ein apoplektiform auftretendes Koma zeigen, die sogenannten »attaques de sommeil«. Dieses Koma kann dem natürlichen Schlafe gleichen oder aber mit solcher Herabsetzung der Respiration und Zirkulation einhergehen, daß es für Tod gehalten wird. Verbürgtermaßen können sich Zustände dieser Art durch Wochen und Monate verlängern; in diesem fortgesetzten Schlaf nimmt die Körperernährung langsam ab, eine Lebensgefahr ist nicht damit verbunden. – Das so charakteristische Symptom der Anfälle fehlt bei etwa einem Drittel der Hysterischen.

2. *Hysterogene Zonen.* In inniger Beziehung zu den Anfällen stehen die sogenannten hysterogenen Zonen, überempfindliche Stellen des Körpers, deren leichte Reizung einen Anfall auslöst, dessen Aura häufig mit einer Empfindung von dieser Stelle aus einsetzt. Diese Stellen können in der Haut, in den tiefen Teilen, Knochen, den Schleimhäuten, selbst an Sinnesorganen ihren Sitz haben, sie finden sich häufiger am Rumpf als an den Extremitäten und zeigen gewisse Prädilektionsorte, z. B. eine den Ovarien

entsprechende Stelle der Bauchwand bei Frauen (und selbst bei Männern)[1], den Scheitel, die Region unter der Brust, bei Männern Hoden und Samenstrang. Häufig löst Druck auf diese Stellen nicht den Krampf, sondern die Auraempfindungen aus. Von vielen dieser hysterogenen Zonen läßt sich auch ein hemmender Einfluß auf den Krampfanfall ausüben; ein starker Druck auf die Stelle der Ovarie erweckt z. B. viele Kranke mitten aus dem hysterischen Anfall oder aus dem hysterischen Schlaf. Bei solchen Kranken kann man einen drohenden Anfall verhüten, wenn man einen bruchbandähnlichen Gürtel tragen läßt, dessen Pelotte die Stelle der Ovarie eindrückt. Die hysterogenen Zonen sind bald zahlreich, bald spärlich, ein- oder doppelseitig.

3. *Störungen der Sensibilität.* Diese sind die häufigsten und für die Diagnose wichtigsten Anzeichen der Neurose, welche auch in intervallären Zeiten bestehen bleiben und um so mehr Bedeutung haben, als in der Symptomatologie der organischen Gehirnkrankheiten Sensibilitätsstörungen eine verhältnismäßig geringe Rolle spielen. Sie bestehen in *Anästhesie* oder *Hyperästhesie*, zeigen die größte Freiheit der Ausbreitung und Intensitätsgrade, welche bei keiner anderen Krankheit erreicht werden. Von Anästhesie können betroffen werden: Haut, Schleimhäute, Knochen, Muskeln und Nerven, Sinnesorgane und Eingeweide, doch ist die Anästhesie der Haut die häufigste. Bei der *hysterischen Anästhesie der Haut* können sich alle verschiedenen Arten der Hautempfindung dissoziieren und ganz unabhängig voneinander gebärden. Die Anästhesie kann total sein oder nur das Schmerzgefühl betreffen (Analgesie, am häufigsten) oder nur die Temperatur-, Druck- oder elektrische Empfindung oder das Muskelgefühl. Nur eine Möglichkeit findet sich bei der Hysterie nicht vor: die alleinige Beeinträchtigung des Tastgefühls bei Erhaltung der übrigen Qualitäten. Dagegen kommt es vor, daß bloße Tastempfindungen schmerzlichen Eindruck machen (*Alphalgesie*). Die hysterische Anästhesie ist häufig so hochgradig, daß die stärkste Faradisation von Nervenstämmen keine sensible Reaktion erzeugt. Der Ausbreitung nach kann die Anästhesie eine totale sein, in seltenen Fällen die ganze Hautoberfläche und die Mehrzahl der Sinnesorgane befallen, häufiger ist sie aber eine *Hemianästhesie*, ähnlich der durch Verletzung der inneren Kapsel erzeugten; sie unterscheidet sich aber von der Hemianästhesie durch organische Erkrankung dadurch, daß sie gewöhnlich irgendwo die Mittellinie überschreitet, z. B. Zunge,

---

[1] [Vgl. den Fall, den Freud oben, S. 64, vorstellt.]

Kehlkopf, das Genitale als Ganzes einbezieht, und daß die Augen nicht in der Form der Hemianopsie, sondern als Amblyopie oder als Amaurose eines Auges ergriffen werden. Auch hat die hysterische Hemianästhesie eine größere Freiheit der Ausbreitungsform; es kommt vor, daß ein Sinnesorgan oder ein Organ der anästhetischen Seite sich der Anästhesie völlig entzieht, und es kann jede sensible Stelle im Bilde der Hemianästhesie durch die symmetrische Stelle der anderen Seite vertreten werden (spontaner Transfert, s. unten [S. 80]). Endlich kann die hysterische Anästhesie in zerstreuten Herden auftreten, ein- oder doppelseitig oder bloß partienweise, monoplegisch an Extremitäten oder fleckweise über erkrankten inneren Organen (Kehlkopf, Magen etc.).

In allen diesen Beziehungen kann sie durch Hyperästhesie vertreten sein. – Bei der hysterischen Anästhesie sind die sensiblen Reflexe in der Regel herabgesetzt, so der Konjunktival-, Nies-, Schlundreflex. Die lebenswichtigen Korneal- und Glottisreflexe bleiben aber erhalten. Die vasomotorischen Reflexe und die Pupillendilatation durch Reizung der Haut sind auch bei höchstgradiger Anästhesie derselben nicht gestört. Die hysterische Anästhesie ist überhaupt ein Symptom, das vom Arzt gesucht werden muß, da es selbst bei großer Ausbreitung und Intensität der Wahrnehmung des Kranken meist völlig entgeht. Zum Unterschied von organischen Anästhesien ist hervorzuheben, daß die hysterische Sensibilitätsstörung die Kranken in der Regel in keiner motorischen Tätigkeit behindert. Die hysterisch-anästhetischen Hautstellen pflegen häufig ischämisch zu sein, auf Stiche nicht zu bluten, doch ist dies nur eine Komplikation und nicht eine notwendige Bedingung der Anästhesie. Man kann künstlich die beiden Phänomene voneinander trennen. Zwischen Anästhesie und hysterogenen Zonen besteht oft die Beziehung der Gleichseitigkeit, als ob die ganze Sensibilität einer größeren Partie des Körpers in die eine Zone zusammengedrängt wäre. – Die Störungen der Sensibilität sind jene Symptome, auf welche man die Diagnose Hysterie auch in den rudimentärsten Formen begründen kann. Im Mittelalter galt die Auffindung anästhetischer und nicht blutender Stellen (Stigmata Diaboli) als Überführung der Hexerei.

4. *Störungen der Sinnestätigkeit.* Dieselben können alle Sinnesorgane betreffen, gleichzeitig mit oder unabhängig von Sensibilitätsveränderungen der Haut vorkommen. Die hysterische Sehstörung besteht in einseitiger Amaurose oder Amblyopie oder doppelseitiger Amblyopie, niemals in Hemianopsie. Die Symptome derselben sind: normaler Spiegelbefund,

Aufhebung des Konjunktivalreflexes (Abschwächung des Kornealreflexes), konzentrische Einengung des Gesichtsfeldes, Abnahme des Lichtsinns und Achromatopsie. Bei letzterer geht die Violettempfindung zuerst verloren, die Rot- oder Blauempfindung bleibt am längsten bestehen. Die Erscheinungen fügen sich keiner Theorie der Farbenblindheit, die einzelnen Farbenempfindungen benehmen sich unabhängig voneinander. Häufig sind Störungen der Akkommodationstätigkeit und falsche Schlüsse aus derselben. Gegenstände werden beim Nähern und Entfernen vom Auge in verschiedener Größe und doppelt oder mehrfach gesehen (monokuläre Diplopie mit Makropsie und Mikropsie). – Die hysterische Taubheit ist selten doppelseitig, meist mehr oder minder vollständig mit Anästhesie der Ohrmuschel, des äußeren Gehörganges und selbst des Trommelfelles verbunden. Auch bei der hysterischen Geschmacks- und Geruchsstörung ist in der Regel eine Anästhesie der zum Sinnesorgan gehörigen Haut- und Schleimhautpartien aufzufinden. Parästhesien und Hyperästhesien der niedrigen Sinnesorgane sind bei Hysterischen häufig; mitunter findet sich eine außerordentliche Verfeinerung der Sinnestätigkeit, vorwiegend des Geruchs und Gehörs.

5. *Lähmungen.* Hysterische Lähmungen sind seltener als Anästhesien und fast immer von Anästhesie des gelähmten Körperteiles begleitet, während bei organischen Erkrankungen die Motilitätsstörungen überwiegen und von Anästhesie unabhängig auftreten. Die hysterischen Lähmungen verraten keinerlei Rücksicht auf den anatomischen Aufbau des Nervensystems, welcher sich bekanntlich auf das unzweideutigste in der Ausbreitung organischer Lähmungen ausprägt.[1] Es gibt vor allem keine hysterischen Lähmungen, welche den peripherischen, Facialis-, Radialis-, Serratuslähmungen gleichzustellen wären, d. h. Muskelgruppen oder Muskeln und Haut in der Zusammenfassung beteiligen, wie sie durch gemeinsame anatomische Innervation hergestellt wird. Die hysterischen Lähmungen sind nur den kortikalen vergleichbar, unterscheiden sich aber durch eine Reihe von Merkmalen von diesen. Es gibt nämlich eine hysterische Hemiplegie, bei welcher aber bloß Arm und Bein derselben Seite beteiligt sind; eine hysterische Gesichtslähmung gibt es nicht; höchstens findet sich ne-

---

[1] [Dieser Abschnitt enthält eine Erörterung des Hauptthemas von Freuds französischer Arbeit über den Vergleich zwischen organischen und hysterischen Lähmungen (1893 c), die wahrscheinlich zum größten Teil im selben Jahr wie der vorliegende Artikel, 1888, geschrieben wurde, wenn Freud sie auch erst fünf Jahre später veröffentlicht hat. Viele Ansichten sind in den beiden Arbeiten in fast denselben Worten ausgedrückt.]

ben der Lähmung der Extremitäten ein Krampf der Gesichtsmuskeln und der Zunge, welcher bald auf der Seite der Lähmung, bald auf der entgegengesetzten sitzt und sich unter anderem durch eine exzessive Zungenabweichung äußert. Ein anderer unterscheidender Charakter der hysterischen Halbseitenlähmung liegt darin, daß das gelähmte Bein nicht mit einer Kreisschwenkung in der Hüfte bewegt, sondern wie ein totes Anhängsel nachgeschleift wird.[1] Die hysterische Hemiplegie ist allemale mit einer meist stärker ausgebildeten Hemianästhesie verbunden. Es werden ferner in der Hysterie gelähmt gefunden: ein Arm oder ein Bein für sich oder beide Beine (Paraplegie). Im letzteren Falle kann neben der Anästhesie der Beine Darm- und Blasenlähmung vorhanden sein und dadurch das Krankheitsbild einer spinalen Paraplegie sehr ähnlich werden. Die Lähmung kann sich auch anstatt auf eine ganze Extremität auf Abschnitte derselben erstrecken: Hand, Schulter, Ellbogen usw. Hierbei findet keine Bevorzugung des Endgliedes statt, während es ein Charakter der organischen Lähmung ist, daß sie sich jedesmal am Endglied der Extremitäten deutlicher ausprägt als an den Rumpfgliedern. Bei partieller Lähmung einer Extremität pflegt die Anästhesie ähnliche Grenzen wie die Lähmung einzuhalten und sich mit Kreislinien, welche senkrecht auf der Längsachse des Gliedes stehen, zu begrenzen. Bei hysterischer Beinlähmung bleibt das dem Sakrum entsprechende Dreieck der Haut zwischen den Glutealmuskeln von Anästhesie verschont. Bei all diesen Lähmungen bleiben die Erscheinungen der absteigenden Degeneration trotz noch so langer Dauer aus, die Muskelschlaffheit erreicht häufig einen hohen Grad, das Verhalten der Reflexe ist inkonstant, dagegen können die gelähmten Extremitäten atrophieren, und zwar unterliegen sie einer Atrophie, welche sich sehr rasch entwickelt, bald zum Stillstand kommt und von keiner Veränderung der elektrischen Erregbarkeit begleitet ist. Den Extremitätenlähmungen anzuschließen ist die hysterische Aphasie, richtiger Stummheit, welche in der Unfähigkeit besteht, irgendeinen artikulierten Laut von sich zu geben oder Sprechbewegungen mit tonloser Stimme zu machen. Sie ist immer von *Aphonie* begleitet, die auch für sich vorkommt; die Schreibfähigkeit ist bei ihr erhalten und selbst gesteigert. Die übrigen motorischen Lähmungen der Hysterie lassen sich nicht mehr auf Körperabschnitte, sondern nur

---

[1] [Vgl. eine Erweiterung dieses Punktes in einer Anmerkung zur oben zitierten französischen Arbeit (1893c; *G. W.*, Bd. 1, S. 43, Anm.); das Wesentliche dieser Erörterung wird in einer editorischen Anmerkung zum Fall von männlicher Hysterie (1886d), oben, S. 63, Anm. 2, zitiert.]

auf Funktionen beziehen, z. B. die Astasie und Abasie (Unfähigkeit zu gehen und zu stehen); letztere findet sich bei erhaltener Sensibilität der Beine, bei erhaltener grober Kraft derselben und bei Fortdauer der Möglichkeit, alle Bewegungen in horizontaler Lage auszuführen, eine Trennung der Funktionen derselben Muskeln, welche bei organischen Läsionen nicht beobachtet wird.[1] Alle hysterischen Lähmungen zeichnen sich dadurch aus, daß sie höchstgradig und dabei scharf auf einen bestimmten Körperteil beschränkt sein können, während organische Lähmungen sich in der Regel bei steigender Intensität auch über ein größeres Gebiet ausdehnen.[2]

6. *Kontrakturen.* Bei schwereren Formen von Hysterie besteht eine allgemeine Neigung der Muskulatur, auf leichte Reize hin in Kontraktur zu geraten (diathèse de contracture). Schon die Anlegung einer Esmarchschen Binde kann hierzu genügen. Solche Kontrakturen treten auch bei minder schweren Fällen häufig und an den verschiedenartigsten Muskeln auf. An den Extremitäten zeichnen sie sich durch ihre exzessive Höhe aus und können in allen Stellungen erfolgen, welche nicht durch Reizung einzelner Nervenstämme zu erklären sind. Sie sind ungemein hartnäckig, lassen nicht wie organische Kontrakturen im Schlafe nach und sind auch ihrer Intensität nach nicht durch Erregung, Temperatur usw. veränderlich. Sie weichen nur in tiefster Narkose, um sich nach dem Erwachen zur vollen Höhe wiederherzustellen. An den übrigen Organen, Sinnesorganen und Eingeweiden, sind Muskelkontrakturen sehr häufig und bilden in einer Reihe von Fällen auch den Mechanismus von Funktionsaufhebungen bei Lähmungen. Auch die Neigung zu klonischen Krämpfen ist bei Hysterie sehr gesteigert.

7. *Allgemeine Charaktere.* Die hysterische Symptomatologie hat eine Reihe von allgemeinen Charakteren, deren Kenntnis sowohl für die Diagnose als [auch] für die Auffassung der Neurose bedeutungsvoll ist. Die hysterischen Erscheinungen haben vorzugsweise den Charakter des Exzessiven: ein hysterischer Schmerz wird von den Kranken als im höchsten Grade schmerzhaft geschildert, eine Anästhesie und eine Lähmung kann leicht absolut werden, eine hysterische Kontraktur leistet das Äußerste an Verkürzung, dessen ein Muskel fähig ist. Dabei kann jedes einzelne Sym-

---

[1] [Genau dieser Punkt wird auch in der französischen Arbeit betont (1893c; *G. W.*, Bd. 1, S. 44).]
[2] [Vgl. diesbezüglich wiederum die französische Arbeit (1893c; *G. W.*, Bd. 1, S. 44–46).]

ptom sozusagen isoliert auftreten: Anästhesien und Lähmungen sind nicht von den Allgemeinerscheinungen begleitet, welche bei organischen Läsionen die Gehirnerkrankung bezeugen und durch ihre Bedeutung in der Regel die Herdsymptome in den Schatten stellen. Neben der absolut unempfindlichen Hautstelle findet sich eine von absolut normaler Empfindlichkeit, bei total gelähmtem Arm ein durchaus intaktes Bein derselben Körperseite. *Das Zusammentreffen von höchster Entwickelung bei schärfster Begrenzung der Störung ist insbesondere für Hysterie charakteristisch*; ferner sind die hysterischen Symptome in einer Weise beweglich, welche jede Vermutung einer materiellen Läsion von vornherein abweist. Diese Beweglichkeit der Symptome erfolgt entweder spontan, etwa nach Krampfanfällen, welche häufig die Verteilung von Lähmungen und Anästhesien ändern oder diese aufheben, oder auf künstliche Beeinflussung durch sogenannte ästhesiogene Mittel wie Elektrizität, Anlegung von Metallen, Anwendung von Hautreizen, Magneten usw. Letztere Beeinflussung erscheint um so bemerkenswerter, als ein hysterisches Nervensystem in der Regel große Resistenz gegen chemische Beeinflussung durch interne Medikation äußert und gegen Narkotika wie Morphin und Chloralhydrat in geradezu perverser Weise reagiert. – Unter den Mitteln, welche imstande sind, hysterische Symptome wegzuschaffen, sind besonders hervorzuheben der Einfluß der Erregung und die hypnotische Suggestion, letztere darum, weil sie direkt auf den Mechanismus einer hysterischen Störung hinweist und nicht im Verdachte stehen kann, andere als psychische Wirkungen auszuüben. Bei der Verschiebung hysterischer Symptome treten einige auffällige Verhältnisse hervor. Durch »*ästhesiogene*« Einwirkungen kann man eine Anästhesie, Lähmung, Kontraktur, einen Tremor u. dgl. auf die symmetrische Stelle der anderen Körperhälfte übertragen (Transfert), wobei die ursprünglich erkrankte Stelle normal wird. Es erweist sich so in der Hysterie die symmetrische Beziehung, welche übrigens auch im physiologischen Zustande andeutungsweise eine Rolle spielt, wie denn überhaupt die Neurose nichts Neues schafft, sondern nur physiologische Relationen entwickelt und übertreibt.[1] Ein fernerer, höchst wichtiger Charakter hysterischer Affektionen ist, daß dieselben in keiner Weise ein Abbild der anatomischen Verhältnisse des Nervensystems bieten. Man kann sagen, die Hysterie ist ebenso unwissend in der Lehre vom Bau des

---

[1] [Weiteres über »Transfert« ist in der ›Vorrede des Übersetzers‹ (Freud, 1888–89) zu Bernheims *Suggestion,* unten, S. 113 f., zu finden.]

Nervensystems wie wir selbst, ehe wir's gelernt haben.[1] Symptome organischer Affektionen spiegeln bekanntlich die Anatomie des Zentralorgans wider und sind die verläßlichste Quelle für unsere Kenntnis des letzteren. Man muß daher den Gedanken abweisen, daß der Hysterie eine mögliche organische Störung zugrunde liegt, und darf sich auch nicht auf vasomotorische Einflüsse (Gefäßkrämpfe) als Ursache hysterischer Störungen berufen. Ein Gefäßkrampf ist eine seinem Wesen nach organische Veränderung, dessen Wirkung durch anatomische Verhältnisse bestimmt wird, und unterscheidet sich von einer Embolie z. B. nur dadurch, daß er keine *permanente* Veränderung setzt.

Neben den physischen Symptomen der Hysterie sind eine Reihe von psychischen Störungen zu beachten, in denen man gewiß dereinst die für Hysterie charakteristischen Veränderungen finden wird, deren Analyse aber bis jetzt kaum in Angriff genommen wurde. Es sind dies Veränderungen im Ablauf und in der Assoziation von Vorstellungen, Hemmungen der Willenstätigkeit, Hebung und Unterdrückung von Gefühlen etc., im allgemeinen zusammenzufassen als *Abänderungen der normalen Austeilung der stabilen Erregungsgrößen über das Nervensystem.* Eine Psychose im Sinne der Psychiater gehört nicht zur Hysterie, sie kann sich aber auf Grund des hysterischen Status entwickeln und ist dann als Komplikation aufzufassen. Was man populär als hysterisches Temperament zu bezeichnen pflegt – die Unstetigkeit des Willens, der Wechsel der Stimmung, die Steigerung der Erregbarkeit bei Nachlaß aller altruistischen Empfindungen –, kann bei Hysterie vorkommen, ist aber nicht unbedingt zur Diagnose derselben erforderlich. Es gibt schwere Hysterien, denen eine derartige psychische Veränderung gänzlich abgeht; viele der hierhergehörigen Kranken zählen zu den liebenswürdigsten, willensstärksten und klarsten Personen, welche die Äußerungen der Krankheit deutlich als etwas ihrem Wesen Fremdes empfinden. Die psychischen Symptome haben ihre Bedeutung für das Gesamtbild der Hysterie, sind aber nicht konstanter als jedes einzelne der physischen Symptome, der Stigmata. Die psychischen Veränderungen dagegen, welche man als Grundlage des hysterischen Status postulieren muß, spielen ganz im Gebiete der unbewußten[2], automati-

---

[1] [Dies ist eine fast wörtliche Wiederholung des berühmten Satzes aus der französischen Arbeit (1893 c; G. W., Bd. 1, S. 50 f.): »[...] l'hystérie se comporte dans ses paralysies et autres manifestations comme si l'anatomie n'existait pas, ou comme si elle n'en avait nulle connaissance.«]

[2] [Zum Ausdruck »unbewußt« vgl. die editorische Anm. 1, unten, S. 85.]

schen Gehirntätigkeit. Es läßt sich vielleicht noch hervorheben, daß bei der Hysterie der Einfluß psychischer Vorgänge auf die physischen Vorgänge im Organismus (wie bei allen Neurosen) gesteigert ist und daß der hysterisch Kranke mit einem Überschuß von Erregung im Nervensystem arbeitet, der bald hemmend, bald reizend sich äußert und sich mit großer Freiheit im Nervensystem verschiebt.[1]

Die Hysterie ist zu betrachten als ein Status, eine nervöse Diathese, welche zeitweise Ausbrüche produziert. Die Ätiologie des *Status hystericus* ist durchaus in der Heredität zu suchen: die Hysterischen sind immer erheblich zu Störungen der Nerventätigkeit veranlagt und zeigen Epileptische, psychisch Kranke, Tabiker usw. in ihrer Verwandtschaft. Auch direkt hereditäre Übertragung der Hysterie wird beobachtet und liegt z. B. dem Auftreten der Hysterie bei Knaben (von der Mutter her) zugrunde. Gegen das Moment der Heredität treten alle anderen zurück und spielen die Rolle von Gelegenheitsursachen, deren Bedeutung in der Praxis in der Regel überschätzt wird.[2] Die akzidentellen Ursachen der Hysterie sind aber insofern wichtig, als sie das Auftreten hysterischer Ausbrüche, akuter Hysterien auslösen. Als Momente, die geeignet sind, die Entwickelung einer hysterischen Disposition zu befördern, sind zu nennen: verweichlichende Erziehung (Hysterie bei einzigen Kindern), frühzeitiges Erwecken der geistigen Tätigkeit bei Kindern, häufige und heftige Erregungen. Alle diese Einflüsse sind ebenso geeignet, Neurosen anderer Art, z. B. Neurasthenie, zu zeitigen, so daß der entscheidende Einfluß der hereditären Disposition hierbei auffällig wird. Als Momente, welche Ausbrüche akuter hysterischer Erkrankung erzeugen, sind anzuführen: Traumen, Intoxikationen (Blei, Alkohol), Kummer, Gemütsbewegungen, erschöpfende Krankheiten und in Kürze alles, was eine kräftige Wirkung im schädigenden Sinne

---

[1] [Die in diesem Abschnitt geäußerten Vorstellungen über die Wichtigkeit der »Austeilung« der Erregung im Nervensystem kommen in Freuds Schriften dieses Zeitraums häufig vor. (S. beispielsweise die letzten Absätze seiner Vorrede zu Bernheim, unten, S. 118 f.) Der letzte Satz über den Überschuß von Erregung, der hemmend oder reizend sich äußert, scheint bereits das »Konstanzprinzip« anzukündigen.]

[2] [Diese Sätze sind eine getreue Wiedergabe von Charcots Ansichten, mit der Betonung der Heredität, der Lehre der »famille nevropathique« und der Verweisung aller anderen Momente in die Rolle von »agents provocateurs«. Nur wenige Jahre später zeigt sich Freud als Gegner dieser Ansichten – z. B. in seinen Fußnoten zu Charcots *Leçons du mardi* (Freud, 1892–94), unten, S. 164, in seinem Nachruf auf Charcot (1893 f; G. W., Bd. 1, S. 34 f.) und schließlich in seinem französischen Aufsatz ›L'hérédité et l'étiologie des névroses‹ (1896 a; G. W., Bd. 1, S. 407 ff.).]

auszuüben vermag. Andere Male entwickeln sich hysterische Zustände oft auf geringfügige oder dunkle Anlässe hin. Was den vielfach behaupteten vorwiegenden Einfluß von Abnormitäten der Geschlechtssphäre auf die Entstehung der Hysterie betrifft, so muß gesagt werden, daß dessen Bedeutung in der Regel überschätzt wird. Zunächst findet man Hysterie bei geschlechtsunreifen Mädchen und Knaben, wie denn überhaupt die Neurose mit all ihren Kennzeichen auch dem männlichen Geschlecht zukommt, nur ungleich seltener (1:20). Ferner ist Hysterie bei Frauen mit völligem Mangel der Genitalien beobachtet worden, und jeder Arzt wird eine Reihe von Fällen hysterischer Erkrankung bei Frauen gesehen haben, deren Genitale keinerlei anatomische Veränderung bot, sowie umgekehrt die größte Anzahl von genitalkranken Frauen nicht an Hysterie leidet. Zuzugeben ist aber, daß *funktionelle* auf das Geschlechtsleben bezügliche Verhältnisse in der Ätiologie der Hysterie (wie *aller* anderen Neurosen) eine große Rolle spielen, und dies wegen der hohen psychischen Bedeutung dieser Funktion, insbesondere beim weiblichen Geschlecht. – Das Trauma ist eine häufige Gelegenheitsursache hysterischer Erkrankungen in doppelter Richtung; erstens indem durch ein starkes körperliches Trauma, das mit Schreck und momentaner Bewußtseinslähmung einhergeht, eine bisher unbemerkte hysterische Disposition geweckt wird; zweitens indem der vom Trauma betroffene Körperteil Sitz einer lokalen Hysterie wird. So entwickelt sich z. B. bei Hysterischen, nach einem Falle mit leichter Quetschung einer Hand, eine Kontraktur dieser Hand oder, unter analogen Bedingungen, eine schmerzhafte Koxalgie usw. Die Kenntnis dieser hartnäckigen Affektionen hat die größte Bedeutung für den Chirurgen, dessen Eingriff unter solchen Verhältnissen nur schaden kann. Die Differentialdiagnose dieser Zustände, insbesondere der Gelenkleiden, ist nicht immer leicht. Die Zustände, die durch schwere allgemeine Traumen (Eisenbahnunfälle u. dgl.) geweckt werden (als *railway-spine* und *railway-brain* bekannt)[1], werden von Charcot als Hysterie aufgefaßt, wozu amerikanische Autoren, deren Autorität in dieser Frage nicht zu bestreiten ist, zustimmen. Dieselben haben oft den düstersten und schwersten Anschein, sind mit Depressionen und melancholischer Verstimmung verbunden und zeigen in einer Reihe von Fällen wenigstens Kombination von hysterischen mit neurasthenischen und organischen Symptomen. Charcot hat auch nachgewiesen, daß die saturnine Enzephalopathie der Hysterie ange-

---

[1] [Zu diesen englischen Termini vgl. oben, S. 41, Anm. 2.]

hört sowie daß die bei Alkoholikern häufigen Anästhesien keine besondere Erkrankung, sondern Symptome von Hysterie sind. Er sträubt sich aber dagegen, ebensoviele Unterarten von Hysterie aufzustellen (traumatische, alkoholische, saturnine etc.); die Hysterie sei stets die nämliche, nur durch verschiedene Gelegenheitsursachen geweckt. Auch bei rezenter Syphilis ist Ausbruch hysterischer Symptome beobachtet worden.

IV. *Verlauf der Hysterie:* Die Hysterie stellt mehr eine Konstitutionsanomalie als eine begrenzte Erkrankung dar. Ihre ersten Anzeichen zeigen sich wahrscheinlich zumeist in früher Jugend. In der Tat sind selbst störende hysterische Erkrankungen bei Kindern von sechs bis zehn Jahren keine Seltenheit. Die Periode vor und nach der Pubertät bei Knaben und Mädchen bringt bei intensiv hysterisch Veranlagten gewöhnlich einen ersten Ausbruch der Neurose. In der kindlichen Hysterie sind dieselben Symptome nachzuweisen wie in der Neurose Erwachsener. Nur sind die Stigmata in der Regel spärlicher, die psychische Veränderung, Krämpfe, Anfälle, Kontrakturen im Vordergrunde. Hysterische Kinder sind in der Regel häufig frühreif und hoch beanlagt; in einer Reihe von Fällen ist die Hysterie freilich bloß ein Symptom einer tiefgehenden Degeneration des Nervensystems, die sich in bleibender moralischer Perversion äußert. Wie bekannt, ist das jugendliche Alter von fünfzehn Jahren an die Periode, in welcher sich bei Frauen die hysterische Neurose vorzugsweise lebhaft äußert. Dies kann geschehen, indem leichtere Störungen sich ohne Aufhören aneinanderreihen (*chronische* Hysterie) oder indem ein oder mehrere schwere Ausbrüche erfolgen (*akute* Hysterie), die durch jahrelange freie Zeiten getrennt werden. Die ersten Jahre einer glücklichen Ehe pflegen in der Regel die Krankheit zu unterbrechen; mit dem Erkalten der ehelichen Beziehungen und der Erschöpfung durch wiederholte Geburten tritt die Neurose wieder hervor. Nach vierzig Jahren pflegt dieselbe bei Frauen keine neuen Erscheinungen mehr zu produzieren; alte Symptome können aber fortbestehen und kräftige Anlässe selbst im hohen Alter den Krankheitszustand verstärken. Männer scheinen im unreifen Alter der Hysterie durch Trauma und Intoxikation besonders zugänglich zu sein. Die *Hysterie der Männer* hat den Anschein einer schweren Erkrankung; die Symptome, die sie macht, sind in der Regel hartnäckig; die Krankheit hat, wegen der größeren Bedeutung einer Berufsstörung beim Manne, eine größere praktische Wichtigkeit. – Der Ablauf einzelner hysterischer Symptome (wie Kontrakturen und Lähmungen etc.) hat etwas sehr Charakteristisches. Es gibt Fälle, in denen die einzelnen Symptome sehr rasch spontan verschwinden und anderen ebenso flüchtigen Platz machen, in anderen Fällen herrscht eine große Starrheit aller Erscheinungen vor. Kontrakturen und Lähmungen bestehen oft jahrelang, um dann unvermutet plötzlich zu weichen; es gibt im allgemeinen für die Heilbarkeit hysterischer Störungen keine Grenze, und es ist charakteristisch, daß nach jahrelanger Unterbrechung die gestörte Funktion alsbald in vollem Umfange restituiert ist. Die Entwickelung hysterischer Störungen bedarf indes häufig einer Art von Inkubations- oder besser Latenzzeit, während welcher der Anlaß im Unbewußten[1] fortwirkt. So entsteht eine hysterische Lähmung fast niemals unmittelbar nach einem Trauma; die vom Eisenbahnunfall Betroffenen sind z. B. alle imstande, sich nach dem Trauma zu regen, begeben sich anscheinend unversehrt nach Hause und entwickeln erst nach Tagen und Wochen die Erscheinungen, die zur Annahme einer »Rückenmarkserschütterung« geführt haben. Auch die plötzlich einsetzende Heilung erfordert zu ihrer Ausbildung gewöhnlich eine Zeit von mehreren Tagen. Für alle Fälle ist festzuhalten, daß die Hysterie niemals, selbst in ihren bedrohlichsten Erscheinungen, eine ernste Lebensgefahr bedingt. Auch die volle Klarheit des Geistes und die Befähigung selbst zu außergewöhnlichen Leistungen bleibt bei der langwierigsten Hysterie erhalten.[2]

Die Hysterie kann sich mit vielen anderen neurotischen und organischen Nervenkrankheiten kombinieren, welche Fälle dann der Analyse[3]

---

[1] [Dies ist unseres Wissens die erste publizierte Stelle, an der Freud den Ausdruck des Unbewußten in einer Weise benutzt, die den späteren psychoanalytischen Gebrauch ahnen läßt. Vgl. auch unten, S. 89. Natürlich haben auch schon früher andere Autoren vom »Unbewußten« gesprochen, insbesondere manche Philosophen (z. B. Hartmann, 1869). Bei Freud taucht das Adjektiv »unbewußt«, welches er bereits oben, S. 81, verwendet, einige Jahre später in einer unveröffentlichten Skizze wieder auf, die er Ende November 1892 gemeinsam mit Breuer schrieb (Freud, 1940 *d* [1892]; *G. W.*, Bd. 17, S. 11; das Manuskript ist in Freuds Handschrift verfaßt). In einer französischen Arbeit (1893 *c*) gebraucht Freud den Ausdruck »le subconscient«. In den *Studien* (S. 63, Anm. 1; *G. W.*, Bd. 1, S. 129, Anm. 2) spricht er vom »Unbewußten«. Er benutzt in diesem Buch (z. B. *Studien*, S. 57, Anm.; *G. W.*, Bd. 1, S. 122, Anm.) aber auch den von Breuer noch viel häufiger (z. B. unten, S. 281) verwendeten Terminus »unterbewußt«, gegen den er dann später die bekannten Einwände erhoben hat. Vgl. beispielsweise *Die Traumdeutung* (1900 *a*; *G. W.*, Bd. 2/3, S. 620; *Studienausgabe*, Bd. 2, S. 583) und ›Das Unbewußte‹ (1915 *e*; *G. W.*, Bd. 10, S. 269; *Studienausgabe*, Bd. 3, S. 129).]

[2] [Freud hat dies mehrmals behauptet, trotz der entgegengesetzten Meinung Janets (z. B. Janet, 1894, S. 300). S. die Bemerkung Freuds über seine Patientinnen Frau Cäcilie M. und Frau Emmy von N. in den *Studien* (1895 *d*; *G. W.*, Bd. 1, S. 160–62).]

[3] [Gemeint ist hier natürlich nicht die *Psycho*analyse.]

große Schwierigkeiten bereiten. Am häufigsten ist die Kombination der Hysterie mit Neurasthenie entweder derart, daß Personen, deren hysterische Disposition nahezu erschöpft ist, neurasthenisch werden oder daß infolge aufreibender Einwirkungen beide Neurosen gleichzeitig geweckt werden. Leider hat die Mehrzahl der Ärzte noch nicht gelernt, die beiden Neurosen voneinander zu scheiden. Die erwähnte Kombination findet sich am häufigsten bei hysterischen Männern. Das männliche Nervensystem hat eine ebenso überwiegende Disposition zur Neurasthenie wie das weibliche zur Hysterie. Übrigens wird auch die Häufigkeit der weiblichen Hysterie überschätzt, die Mehrzahl der von den Ärzten als hysterisch gefürchteten Frauen ist strenggenommen bloß neurasthenisch. Ferner kann sich »*lokale Hysterie*« zu Lokalerkrankungen einzelner Organe gesellen; ein wirklich fungöses Gelenk kann Sitz einer hysterischen Arthralgie werden, ein katarrhalisch affizierter Magen kann Anlaß zu hysterischem Erbrechen, Globus hystericus und Anästhesie oder Hyperästhesie der Haut des Epigastrium geben. In diesen Fällen wird die organische Erkrankung zur Gelegenheitsursache der Neurose. Fieberhafte Erkrankungen pflegen die Ausbildung der hysterischen Neurose zu stören, eine hysterische Hemianästhesie geht im Fieber zurück.

V. *Die Therapie der Neurose* ist kaum in kurzem abzuhandeln. Bei keiner anderen Krankheit kann der Arzt so wundertätig eingreifen oder so ohnmächtig dastehen. Man muß für den Standpunkt der Therapie drei Aufgaben voneinander sondern: die Behandlung der hysterischen Disposition, hysterischer Ausbrüche (*akuter Hysterie*) und einzelner hysterischer Symptome (*lokaler Hysterie*). In der Behandlung der hysterischen Disposition bleibt dem Arzt ein gewisser Spielraum; die Disposition ist nicht aufzuheben, aber man kann prophylaktisch dafür sorgen, daß körperliche Übungen und Gesundheitspflege nicht neben der geistigen Ausbildung in den Hintergrund treten, von Überleistungen des Nervensystems abraten, die Anämie oder Chlorose behandeln, welche die Neigung zu Neurosen ganz besonders zu unterstützen scheint; endlich die Bedeutung leichter hysterischer Symptome herabdrücken. Man muß sich als Arzt davor hüten, durch zu deutliche Kundgebung seines Interesses für leichte hysterische Symptome dieselben großzuziehen. Ernste, wenn auch anstrengende geistige Arbeit macht selten hysterisch, dagegen muß man der Erziehung in den besseren Ständen der Gesellschaft, welche auf Verfeinerung der Empfindung und der Empfindlichkeit hinarbeitet, allerdings diesen Vorwurf machen. Insofern war die Methode älterer ärztlicher

Generationen, hysterische Äußerungen bei jugendlichen Personen als Unart und Willensschwäche zu behandeln und mit Drohungen zu strafen, keine schlechte, wenn sie auch kaum richtigen Anschauungen entsprang. Bei Kindern läßt sich in der Behandlung von Neurosen mehr durch autoritative Abweisung leisten als durch irgendeine andere Methode. Man wird freilich keine Erfolge haben, wenn man diese Behandlung auf die Hysterie Erwachsener und auf schwere Fälle überträgt. In der Behandlung akuter Hysterien, bei denen die Neurose fortwährend neue Erscheinungen produziert, ist die Aufgabe des Arztes eine schwierige; es ist leicht möglich, Fehler zu begehen, und Erfolge sind selten. Erste Bedingung eines erfolgreichen Eingreifens ist in der Regel die Entfernung aus den gewohnten Verhältnissen und die Isolierung aus dem Kreise, in dem der Ausbruch entstanden ist. Diese Maßregeln sind nicht nur an und für sich heilsam, sondern ermöglichen auch eine genaue ärztliche Überwachung und jene intensive Beschäftigung des Arztes mit dem Kranken, ohne welche er niemals einen Erfolg in der Behandlung Hysterischer aufweisen wird. In der Regel ist der oder die Hysterische nicht der einzig nervöse Kranke im Familienkreise; das Erschrecken und die zärtliche Teilnahme der Eltern oder Verwandten steigert nur die Erregung oder bei psychischer Verwandlung des Kranken dessen Neigung, intensivere Symptome zu produzieren. Ein Anfall z. B., der mehrmals hintereinander zu einer bestimmten Stunde gekommen ist, wird von der Mutter regelmäßig zur selben Zeit erwartet, sie fragt das Kind besorgt, ob es sich schon unwohl fühle, und sichert so das Zustandekommen der gefürchteten Erscheinung. Nur in den seltensten Fällen gelingt es, die Angehörigen zu bewegen, daß sie den hysterischen Anfällen des Kindes mit voller Ruhe und scheinbarer Gleichgültigkeit entgegensehen; meist muß die Familie gegen den Aufenthalt in einer ärztlichen Anstalt vertauscht werden, wobei die Angehörigen größeren Widerstand zu leisten pflegen als die Kranken selbst. Unter dem Eindruck der veränderten Wahrnehmungen in der Heilanstalt, der liebevollen und heiteren Sicherheit des Arztes, dessen Überzeugung von der Gefahrlosigkeit und raschen Heilbarkeit der Neurose sich bald auf den Kranken überträgt, bei der Fernhaltung aller Erregungen des Gemüts, welche zum Ausbruche der Hysterie beitragen, und bei der Anwendung aller kräftigenden Heilmittel (*Massage,* allgemeine *Elektrisation, Hydrotherapie*) sieht man die schwersten akuten Hysterien, die eine völlige physische und moralische Zerrüttung der Kranken herbeigeführt haben, in wenigen Monaten der Gesundheit Platz machen. Als Behandlungsmethode der Hysterie in Anstalten hat sich in den letzten Jahren die sogenannte *Mastkur* nach Weir Mitchell (auch *Playfairsche Kur* genannt) einen hohen Ruf erworben, und zwar verdienterweise; sie beruht auf der Vereinigung der Isolierung in absoluter Ruhe mit einer systematischen Anwendung von Massage und allgemeiner Faradisation[1]; eine geschulte Wärterin ist hierbei so wenig zu entbehren wie die ständige Beeinflussung von seiten des Arztes. Als glückliche Vereinigung des traitement moral mit einer Aufbesserung des ganzen Ernährungszustandes hat diese Kur für die Hysterie einen ungemeinen Wert; sie ist aber nicht als etwas systematisch in sich Abgeschlossenes zu betrachten; vielmehr bleibt die Isolierung und Beeinflussung durch den Arzt die Hauptwirkung, und unter den Hilfswirkungen sind neben Massage und Elektrizität auch die anderen therapeutischen Methoden nicht zu vernachlässigen. Man tut am besten, nach einer vier bis acht Wochen langen Bettruhe, *Hydrotherapie* und *Gymnastik* anzuwenden und zu ausgiebiger Bewegung anzuleiten. Bei anderen Neurosen, z. B. Neurasthenie, ist der Erfolg der Kur ein weit unsichererer, er beruht bloß auf dem Wert der Überernährung, soweit diese bei einem neurasthenischen Verdauungstrakt gelingt, und der Ruhe; bei Hysterie ist der Erfolg häufig ein zauberhafter und bleibender.

Die Behandlung einzelner hysterischer Symptome bietet keine Aussicht auf Erfolg, solange eine akute Hysterie besteht; die weggeschafften Symptome rezidivieren oder werden durch neue ersetzt; Arzt und Kranke ermüden endlich. Dagegen liegt es anders, wenn die hysterischen Symptome Reste einer abgelaufenen akuten Hysterie darstellen oder in einer chronischen Hysterie auf besondere Veranlassung hin als Lokalisationen der Neurose auftreten. Zunächst ist hier von interner Medikation abzuraten und vor narkotischen Mitteln zu warnen. Die Darreichung narkotischer Mittel in einer akuten Hysterie ist weiter nichts als ein schwerer Kunstfehler. Bei lokaler und restierender Hysterie wird man interne Medikamente nicht immer umgehen können; deren Wirkung ist aber unverläßlich, erfolgt das eine Mal mit zauberhafter Promptheit, das andere Mal überhaupt nicht und scheint nur von der Autosuggestion des Kranken oder von sei-

---

[1] [Vgl. Freuds Referat über das Buch von Weir Mitchell (oben, S. 67). Freud hat später eine Verbindung der Mastkur von Weir Mitchell mit der kathartischen Behandlung empfohlen. Vgl. *Studien über Hysterie* (1895 d; *G. W.*, Bd. 1, S. 266; *Studienausgabe*, Ergänzungsband, S. 61). – William Smoult Playfair (1835–1903), von 1872 bis 1897 Professor für Geburtshilfe am King's College, London. Er führte die Weir Mitchellsche Methode in England ein, wo sie alsbald weite Verbreitung fand.]

nem Glauben an die Wirkung abzuhängen. Man hat sonst die Wahl, ob man eine direkte oder indirekte Behandlung des hysterischen Leidens einschlagen will. Letztere besteht darin, das lokale Leiden zu vernachlässigen und eine heilsame Allgemeinbeeinflussung des Nervensystems anzustreben, wobei man sich des Aufenthaltes in freier Luft, der Hydrotherapie, der Elektrizität (am besten der Franklinisation), der Verbesserung des Blutes durch Arsen- und Eisenmedikation bedient. Bei der indirekten Behandlung hat man noch die Beseitigung der Reizquelle zu berücksichtigen, falls eine solche physischer Natur existiert. So z. B. können hysterische Magenkrämpfe einen leichten Magenkatarrh zur Grundlage haben, eine gerötete Stelle im Kehlkopf, eine Schwellung der Nasenmuscheln kann eine unaufhörliche Tussis hysterica erzeugen. Ob Veränderungen an den Genitalien wirklich so häufig die Reizquelle für hysterische Symptome abgeben, ist wirklich zweifelhaft. Die betreffenden Fälle müßten mit größerer Kritik geprüft werden. Die direkte Behandlung besteht in der Wegschaffung der psychischen Reizquelle für die hysterischen Symptome und ist verständlich, wenn man die Ursachen der Hysterie im unbewußten Vorstellungsleben[1] sucht. Sie besteht darin, dem Kranken in der *Hypnose* eine *Suggestion* einzugeben, in welcher die Behebung des betreffenden Leidens enthalten ist. So heilt man z. B. eine Tussis nervosa hysterica, wenn man dem hypnotisierten Kranken auf den Kehlkopf drückt und ihm versichert, daß nun der Hustenreiz behoben ist; eine hysterische Lähmung des Armes, indem man ihn in der Hypnose zwingt, Stück für Stück des gelähmten Gliedes zu bewegen. Noch wirksamer ist es, wenn man nach einer Methode, welche Josef Breuer in Wien zuerst geübt hat, den Kranken in der Hypnose auf die psychische Vorgeschichte des Leidens zurückführt, ihn zum Bekennen nötigt, bei welchem psychischen Anlaß die entsprechende Störung entstanden ist. Diese Methode der Behandlung ist jung, liefert aber Heilerfolge, die sonst nicht zu erreichen sind. Sie ist die der Hysterie adäquateste, weil sie genau den Mechanismus des Entstehens und Vergehens solcher hysterischer Störungen nachahmt. Viele hysterische Symptome, die jeder Behandlung widerstanden haben, schwinden nämlich spontan unter dem Einfluß eines genügenden psychischen Motivs, z. B. eine Lähmung der rechten Hand, wenn der Kranke in einem Streit den Impuls fühlt, seinem Gegner eine Ohrfeige zu geben, oder einer moralischen Erregung, eines Schrecks, einer Erwartung, z. B. in einem

---

[1] [Zum Begriff »unbewußt« vgl. oben, S. 85, Anm. 1.]

Wallfahrtsort, oder endlich bei einer Umwälzung der Erregungen im Nervensystem nach einem krampfhaften Anfall. Die direkte psychische Behandlung hysterischer Symptome wird dereinst die bestgeachtete sein, wenn das Verständnis der Suggestion in ärztlichen Kreisen tiefer eingedrungen ist (Bernheim–Nancy). – Es läßt sich derzeit nicht mit Bestimmtheit entscheiden, inwieweit der psychische Einfluß bei gewissen anderen scheinbar physischen Einwirkungen ins Spiel kommt. So lassen sich z. B. Kontrakturen heilen, wenn es gelingt, dieselben durch einen Magneten zum Transfert zu bringen. Bei wiederholtem Transfert schwächt sich die Kontraktur ab und schwindet endlich.[1]

VI. *Resümee:* Zusammenfassend kann man sagen, die Hysterie ist eine Anomalie des Nervensystems, welche auf einer andersartigen Austeilung der Erregungen, wahrscheinlich mit Bildung eines Reizüberschusses[,] im Seelenorgan[2] beruht. Ihre Symptomatologie zeigt, daß dieser Reizüberschuß durch bewußte und unbewußte Vorstellungen verteilt wird. Alles was die Verteilung der Erregungen im Nervensystem ändert, kann hysterische Störungen heilen; solche Einwirkungen sind teils physischer, teils direkt psychischer Natur.

---

[1] [Es sei angemerkt, daß Andersson (1962, S. 89 ff.) meint, die hier gegebene Schilderung von Breuers therapeutischer Methode beziehe sich nur auf eine besonders wirksame Verwendung der Suggestion, sie schließe nicht ein, was später als die zentrale Entdeckung der Abreaktion bekannt wurde. S. die ›Editorische Vorbemerkung‹, oben, S. 70.]

[2] [In einem solchen Ausdruck, der wie ein vager Vorläufer des Begriffs des »psychischen Apparats« anmutet, scheint sich schon die für die Psychoanalyse charakteristische Stellung zwischen den Natur- und den Geisteswissenschaften anzudeuten – bzw. Freuds Anstrengung, Konzepte aufzugreifen oder zu prägen, die geeignet erscheinen, den traditionellen Leib-Seele-Gegensatz zu überwinden. I. G.-S.]

Anhang:

Hysteroepilepsie[1]
(1888)

Hysteroepilepsie, die (frz. *hystéroépilepsie* f; engl. *hystero-epilepsy*;
it. *isteroepilessia* f).
Bei der Hysteroepilepsie beobachtet man Anfälle von Allgemeinkrämpfen wie bei der Epilepsie.[2] Als Vorboten treten auf: das Gefühl von Erstikkung, Schlingbeschwerden, Kopf- und Magenschmerz, Schwindel und gewisse eigentümliche ziehende Empfindungen in den Extremitäten. Mit einem lauten Aufschrei stürzen die Kranken hin und werden von den Krämpfen befallen, Schaum tritt vor den Mund, die Gesichtszüge sind verzerrt. Die Krämpfe sind anfangs tonischer, später klonischer Natur. Gewöhnlich kommt aber der Anfall nicht so plötzlich zustande wie bei Epilepsie. Kurze Zeit suchen die Kranken gegen die Krämpfe anzukämpfen und sich vor schweren Verletzungen beim Hinstürzen zu bewahren, gefahrvollen Situationen auszuweichen. Der Epileptiker fällt selbst ins Feuer, bei dem Hysterischen kommt dies nicht vor. Während der erstere im Beginn des Anfalls blaß, später zyanotisch ist, behält das Gesicht des

---

[1] [Wie oben, S. 69, Anm. 1, erwähnt, erschien auch dieser Artikel unsigniert in Villarets *Handwörterbuch* (1888, S. 892).]
[2] Als Hysteroepilepsie hat Charcot früher jene schweren Fälle von Hysterie bezeichnet, in deren Anfällen eine *epileptoide Phase* vorkommt. Er hat seither jenen zu unendlichen Mißverständnissen führenden Namen aufgegeben und bezeichnet die betreffenden Fälle als »grande hystérie« (s. S. 886 [= oben, S. 73]). Man muß demnach auf den Terminus Hysteroepilepsie keinen besonderen Wert legen, besonders aber sich vor der Auffassung hüten, als sei darunter eine besondere Krankheit verstanden, welche die Charaktere der Hysterie und der Epilepsie vereinigt. Es gibt Personen, welche hysterisch *und* epileptisch sind, dann bestehen aber die beiden Zustände nebeneinander, die eine Krankheit als Komplikation der anderen, ohne sich gegenseitig zu modifizieren, und die Anfälle dieser Kranken sind jedesmal *entweder* hysterische *oder* epileptische. [Freud wiederholte die Hauptpunkte dieser Fußnote in einer Anmerkung, die er seiner Übersetzung von Charcots *Leçon du mardi* (Freud, 1892–94) hinzufügte. S. unten, S. 163 f. Den Unterschied zwischen hysterischen und epileptischen Anfällen erörterte Freud auch in seinem späteren Aufsatz über den hysterischen Anfall (1909 a; *G. W.*, Bd. 7, S. 239 f.; *Studienausgabe*, Bd. 6, S. 203); er behandelt das Thema aber noch weit ausführlicher in seiner Dostojewski-Arbeit (1928 b; *G. W.*, Bd. 14, S. 402 ff.; *Studienausgabe*, Bd. 10, S. 273 ff.).]

Hysterischen mehr oder weniger die normale Farbe. Verletzungen der Zunge durch das Gebiß sind bei der Hysteroepilepsie selten. Im hysteroepileptischen Anfalle kommt häufig vollkommener Opisthotonus vor, bei Epileptischen gewöhnlich nicht. Während desselben schwindet auch nur in den schwersten Fällen das Bewußtsein vollständig. Nach dem Anfalle erholen sich Hysterische zumeist sofort; es bleibt nicht der Hang zum Schlaf und der Hinfälligkeit zurück wie bei Epileptikern. Dagegen sind Visionen von Ratten, Mäusen, Schlangen nachher nicht außergewöhnlich, ebenso Gehörshalluzinationen. Außer diesen Anfällen finden sich alle Symptome der Hysterie bei diesen Kranken vor.

II. Teil

Schriften über Hypnotismus und Suggestion
(1887–1896)

Editorische Einleitung

Nachdem Freud 1886 aus Paris nach Wien zurückgekehrt war, widmete er einen großen Teil seiner Aufmerksamkeit einige Jahre lang der Erforschung des Hypnotismus und der Suggestion. Zwar taucht das Thema natürlich an vielen Stellen auf (beispielsweise in den *Studien über Hysterie*, 1895 *d*, oder im Nachruf auf Charcot, 1893 *f*), doch schienen Schriften aus jener Periode, die es *direkt* behandeln, entweder nicht vorhanden oder nicht auffindbar zu sein, ausgenommen die Vorrede zur Übersetzung von Bernheims *De la suggestion* (1888–89) (vgl. unten, S. 109 ff.) sowie die Arbeit ›Ein Fall von hypnotischer Heilung‹ (1892–93). Recherchen im Zusammenhang mit Band 1 der *Standard Edition* setzen uns nun in den Stand, zwischen diese beiden Texte drei ziemlich lange Arbeiten einzufügen. Zunächst gruben wir die Rezension über Forels Buch über Hypnotismus aus (1889 *a*, S. 123 ff., unten), die nicht wiederabgedruckt worden war, ehe sie in englischer Übersetzung in Band 1 der *Standard Edition* herauskam; die Veröffentlichung im vorliegenden Band ist unseres Wissens der erste Nachdruck des deutschen Originalwortlauts. Die beiden anderen Arbeiten sind auf verschiedene Weise Neulinge, beide kamen erst 1963 ans Licht. Dabei ist die erste eigentlich längst bekannt; es ist der Aufsatz mit dem Titel ›Psychische Behandlung (Seelenbehandlung)‹ (1890 *a*). In den *Gesammelten Schriften* fehlte er, doch war er im fünften Band der *Gesammelten Werke* abgedruckt und dem Jahr 1905 zugeordnet worden, also dem gleichen Zeitraum wie die *Drei Abhandlungen* (1905 *d*) und die Krankengeschichte der »Dora« (1905 *e* [1904]). Er wurde dort als Beitrag zu *Die Gesundheit*, einem zweibändigen medizinischen Handbuch populären Charakters, aufgeführt. Der Aufsatz konzentriert sich auf den Hypnotismus und enthält keinerlei Hinweise auf Freuds Entdeckungen, abgesehen vielleicht von einer einzigen obskuren Anspielung auf die kathartische Behandlungsmethode. Es erschien immer rätselhaft, warum Freud 1905 plötzlich die Uhren um fünfzehn Jahre zurückgedreht haben sollte. Die Erklärung fand schließlich Professor Saul Rosenzweig, Washington University, St. Louis. Seine Nachforschungen ergaben, daß das Datum 1905, bis dahin stets diesem Beitrag zugeordnet, sich in Wirklichkeit auf die *dritte* Auflage von *Die Gesundheit* bezieht, ein Umstand, den anzuzeigen die Herausgeber des Handbuchs unterlassen hatten. Die *Erstauflage* war 1890 veröffentlicht worden und enthielt bereits Freuds Artikel in genau der uns vorliegenden Fassung. (Die zweite Auflage erschien 1900.) ›Psychische Behandlung (Seelenbehandlung)‹ gehört also korrekterweise zu Freuds anderen Arbeiten jener Epoche und trägt nun die bibliographische Kennzeichnung 1890*a*, welche die frühere, irrtümliche Datierung (1905*b*) ersetzt. Der Fehler wurde 1966 in der *Standard Edition*, Bd. 7, und danach im Ergänzungsband der *Studienausgabe* richtiggestellt. – Die andere Neuheit aber war, als sie uns damals zu Gesicht kam, eine wirkliche Neuentdeckung. Es handelt sich um einen Artikel über Hypnose, den Freud zu einem medizinischen Handbuch beigesteuert hatte, nämlich dem von A. Bum herausgegebenen, erstmals 1891 veröffentlichten *Therapeutischen Lexikon*. (Es erlebte 1893 eine zweite und 1900 eine dritte Auflage.) Es gab keinerlei Hinweise auf die Existenz dieses Artikels, ehe er von Dr. Paul F. Cranefield, Sekretär und Herausgeber des *Bulletin of the New York Academy of Medicine*, entdeckt wurde, der 1963 Dr. K. R. Eissler, den Sekretär des Sigmund Freud Archivs, über seinen Fund unterrichtete.

Neben diesen Werken aus Freuds Feder nehmen wir in den II. Teil des vorliegenden Bandes eine aus dem gleichen Zeitraum stammende längere und detaillierte Zusammenfassung einer zweiteiligen Vorlesung mit dem Titel ›Über Hypnose und Suggestion‹ (1892*b*) auf, die Freud am 27. April und 4. Mai 1892 vor dem Wiener medizinischen Klub gehalten hat. Diese Zusammenfassung, seit ihrer Erstveröffentlichung hier erstmals nachgedruckt, findet sich auf S. 165 ff., unten.

Freuds klinische Erfahrung mit dem Hypnotismus läßt sich in einiger Ausführlichkeit nachzeichnen. In seiner *Selbstdarstellung* (1925*d* [1924]; *G. W.*, Bd. 14, S. 40) berichtet er, daß er schon als Student einer öffentlichen Vorstellung des Magnetiseurs Hansen[1] beigewohnt und sich bereits damals von der Echtheit der hypnoti-

---

[1] Carl Hansen (1833–1897), ein dänischer Mesmer-Anhänger, dessen populäre Vorstellungen – die er nicht nur in Dänemark, sondern auch in vielen anderen europäischen Ländern gab – viel dazu beitrugen, das Interesse an der Hypnose wiederzubeleben. (Übrigens berichtet Bernheim in seinem Buch über *Suggestion*, 1886, selbst eine Veranstaltung Hansens in Nancy besucht zu haben.) Mißbilligung von seiten offizieller Ärztekreise führte 1880 in Stockholm und Wien zum polizeilichen Verbot öffentlicher Auftritte. Indessen veranstaltete Hansen weiterhin mit unvermindertem Erfolg private Seancen. – Sosehr Freud von der Echtheit der hypnotischen Phänomene überzeugt war, maß er den Theorien Mesmers (vgl. unten, S. 133, Anm. 1) sowie der Behauptung physischer

schen Phänomene überzeugt habe. In seinen frühen zwanziger Jahren erhielt er überdies Kenntnis davon, daß sein zukünftiger Mitarbeiter Josef Breuer (ein Mann, der fast fünfzehn Jahre älter war als er) den Hypnotismus gelegentlich zu therapeutischen Zwecken einsetzte. Viele der berühmten medizinischen Größen in Wien reagierten damals freilich noch alarmiert oder skeptisch auf dieses Thema (s. beispielsweise die Bemerkungen von Freuds altem Lehrer Meynert, die in der Forel-Rezension, 1889*a*, S. 126ff., unten, zitiert werden). Erst als Freud, dreißigjährig, in Charcots Pariser Klinik eintraf, fand er die hypnotische Suggestion als anerkannte klinische Maßnahme im täglichen Gebrauch. Der tiefe Eindruck, den dies in ihm hinterließ, kommt in dem Bericht zum Ausdruck, den Freud nach seiner Rückkehr aus Paris im Jahre 1886 (1956*a*, S. 42, oben) verfaßte, wie auch in vielen späteren Verlautbarungen.[1] Nach seiner Niederlassung als Nervenarzt in Wien bediente er sich für die Behandlung von Neurosen zunächst verschiedener Maßnahmen wie Elektrotherapie, Hydrotherapie und Ruhekuren, kam aber schließlich auf den Hypnotismus zurück. Er habe sich »in den letzten Wochen auf die Hypnose geworfen«, schreibt er am 28. Dezember 1887 an Fließ, »und allerlei kleine, aber merkwürdige Erfolge erzielt«. In demselben Brief berichtet er davon, daß er sich vertraglich verpflichtet habe, Bernheims Buch über die Suggestion zu übersetzen. Doch war diese Eile nicht die Folge besonderer Begeisterung, denn in einem anderen Brief an Fließ vom 29. August 1888, dem ein Exemplar des Buches mit Freuds Vorrede (ihrerseits auf »August 1888« datiert) beigefügt war, heißt es: »Ich habe die Arbeit sehr ungern unternommen, nur um bei einer Sache, welche in den nächsten Jahren gewiß die Praxis der Nervenärzte tief beeinflussen wird, eine Hand im Spiele zu behalten.« (Freud, 1985*c* [1887–1904].) Hypnotische *Suggestion* war ohne Zweifel das, was ihn eigentlich beschäftigte; doch berichtet er wiederum in der *Selbstdarstellung* (G. W., Bd. 14, S. 43), daß er »von Anfang an außer der hypnotischen Suggestion eine andere Verwendung der Hypnose übte«. Damit meint Freud natürlich Breuers Methode, die Hypnose zu nutzen, um die Genese der Symptome zu klären.[2] Es ist zweifelhaft, wann genau Freud dieses neue Verfahren anzuwenden begann: mit Sicherheit benutzte er es jedoch im Fall der Frau Emmy von N., deren Behandlung er im Mai 1889 anfing (s. S. 98, Anm. 2). Danach befaßte er sich mehr und mehr mit Breuers kathartischem Verfahren.

Kräfte des Magneten, die zur Erklärung dieser Phänomene angeführt wurden, nicht allzuviel Gewicht bei. S. seine diesbezüglichen Bemerkungen in der Forel-Rezension (1889*a*), S. 133, unten. Daß er seine skeptische Einstellung hinsichtlich dieses speziellen Punkts beibehielt, zeigt sich noch in der rund fünfzehn Jahre später veröffentlichten Arbeit ›Notiz über »Magnetische Menschen«‹ (1904*d*) (unten zitiert, S. 133, Anm. 2).

[1] Kurz nach seiner Rückkehr nach Wien im April 1886 hielt er zwei Vorträge über Hypnotismus, am 11. Mai vor dem Wiener Physiologischen Klub und am 27. Mai vor der Psychiatrischen Gesellschaft (vgl. Jones, 1960, S. 272f.).

[2] Dies ist bereits im Villaret-Artikel von 1888 (S. 89, oben) beschrieben; vgl. jedoch Anm. 1 auf S. 90 über die Auffassung Anderssons.

In der Zwischenzeit beschäftigte sich Freud weiter mit der hypnotischen Suggestion. Die zweite Hälfte der Bernheim-Übersetzung erschien Anfang 1889. Zu diesem Zeitpunkt war Freud bereits mit Auguste Forel, dem bekannten Schweizer Psychiater, in Verbindung getreten, dessen Buch über den Hypnotismus er in zwei Fortsetzungen, im Juli und November 1889, rezensierte (S. 125 ff., unten); zwischen dem Erscheinen der beiden Teile der Besprechung stattete Freud Bernheim und Liébeault in Nancy einen mehrwöchigen Besuch ab; Forel hatte ihn dort eingeführt.[1] Als Beweggrund für diese Reise gibt uns Freud den Wunsch an, seine Hypnose-Technik zu vervollkommnen. (*Selbstdarstellung*, 1925 d [1924]; G. W., Bd. 14, S. 41.) Tatsächlich hielt er sich nicht für einen Meister in der Kunst des Hypnotisierens; vielleicht war er im Hinblick auf die Grenzen des Verfahrens auch nur ehrlicher als die meisten anderen.[2] Schon 1891, als er seinen unten abgedruckten Beitrag zu Bums therapeutischem Lexikon veröffentlichte, hatte er die Schwierigkeiten klar erkannt und fing an, sich unbehaglich zu fühlen (S. 149). Dieses Unbehagen kommt wenig später in einer Anmerkung zu seiner Übersetzung (1892–94) von Charcots *Leçons du mardi* (S. 162, unten) zum Ausdruck, noch offener in einem Absatz in der Fallgeschichte von Miß Lucy R. in den *Studien über Hysterie* (1895 d; G. W., Bd. 1, S. 166 f.). Viele Jahre später faßte Freud in den fünf Vorlesungen *Über Psychoanalyse* (1910 a; G. W., Bd. 8, S. 19) seine Position folgendermaßen zusammen: »Nun war mir die Hypnose [...] bald unliebsam geworden; als ich [...] die Erfahrung machte, daß es mir trotz aller Bemühungen nicht gelingen wollte,

---

[1] Freud hat über diesen Besuch mehrfach berichtet, z. B. in seiner *Selbstdarstellung* (1925 d [1924]), in den *Vorlesungen zur Einführung in die Psychoanalyse* (1916–17 [1915–17]; G. W., Bd. 11, S. 100 f.; *Studienausgabe*, Bd. 1, S. 118 f.) und in seiner unvollendeten Arbeit ›Some Elementary Lessons in Psycho-Analysis‹ (1940 b [1938]; G. W., Bd. 17, S. 145 f.).

[2] Seine Zweifel an der Wirksamkeit der Suggestion müssen früh eingesetzt haben. In seiner *Selbstdarstellung* (1925 d [1924]; G. W., Bd. 14, S. 41) berichtet er, er habe eine Patientin, die er nicht in tiefe Hypnose zu versetzen vermochte, dazu bewogen, ihn nach Nancy zu begleiten. Aber auch Bernheim war kein Erfolg beschieden, und er gestand Freud, daß er seine großen Erfolge nur mit seinen Spitalspatienten, nicht in seiner Privatpraxis erziele. (Dies wird in der Vorlesung ›Über Hypnose und Suggestion‹, 1892 b, S. 173, unten, erwähnt.) Die Identität dieser Patientin ist nicht bekannt; es sind wenig überzeugende Vermutungen darüber angestellt worden, daß es sich um Frau Emmy von N. gehandelt habe. Wie dem auch sei, Freud selbst jedenfalls hat (in einem etwa zwanzig Jahre später geschriebenen Brief) sein Gewahrwerden der Unwirksamkeit hypnotischer Behandlung mit seiner Erfahrung mit Frau Emmy von N. in Verbindung gebracht: »Gerade an diesem Fall und am Ausgang desselben habe ich erkannt, daß die Behandlung mittels der Hypnose ein sinnloses und zweckloses Vorgehen ist, und den Antrieb empfangen, die verständigere psychoanalytische Therapie zu erschaffen.« (Freuds Brief an eine der Töchter Frau Emmy von N.s vom 13. Juli 1918; auszugsweise veröffentlicht in Andersson (1979 [1965], S. 15). (Vgl. auch Anm. 2 auf S. 100.)

mehr als einen Bruchteil meiner Kranken in den hypnotischen Zustand zu versetzen, beschloß ich, die Hypnose aufzugeben [...].« Aber dafür war der Zeitpunkt
noch nicht gekommen. Vielmehr bediente sich Freud auch weiterhin der Hypnose,
und zwar nicht nur als Bestandteil der kathartischen Methode, sondern auch zur
direkten Suggestion. Ende 1892 veröffentlichte er einen detaillierten Bericht über
einen mit dieser Technik besonders erfolgreich behandelten Fall (1892–93). Überr-
dies übersetzte er im selben Jahr ein zweites Buch von Bernheim (1892*a*), diesmal
freilich ohne ein Vorwort hinzuzufügen. Auch hielt er im April und Mai 1892 vor
dem Wiener medizinischen Klub Vorträge über ›Hypnose und Suggestion‹ (s. die
unten, S. 165 ff., abgedruckte Zusammenfassung).

Alsbald entwickelte Freud jedoch eine Anordnung, mittels welcher er die Wirkungen der Suggestion erzielen konnte, ohne den Patienten hypnotisieren zu müssen. Zunächst beabsichtigte er, den hypnotischen Schlaf durch einen von ihm als
»Konzentration« bezeichneten Zustand zu ersetzen (*Studien über Hysterie*, 1895*d*;
G. W., Bd. 1, S. 166). Dann entwickelte er die »Druck«-Technik (ibid., S. 167–69,
S. 208, S. 217 f. und S. 270 ff.): indem er dem Patienten die Hand auf die Stirn legte,
gelang es ihm, diesem die erforderlichen Informationen zu entlocken.[1] Es ist nicht
klar, ob er diese Methode im Fall von Miß Lucy R. oder bei Fräulein Elisabeth von
R. erstmals anwandte; beider Behandlung begann Ende 1892. Diese Methode war
natürlich nur bei kathartischer, nicht bei suggestiver Behandlung brauchbar.

Genaue Daten, wann Freud jeweils diese verschiedenen Verfahren wieder aufgab, lassen sich nicht ermitteln. In der Ende 1904 gehaltenen Vorlesung ›Über Psychotherapie‹ (1905*a* [1904]) erklärte er (*G. W.*, Bd. 5, S. 17; *Studienausgabe*, Ergänzungsband, S. 112): »Nun habe ich seit etwa acht Jahren keine Hypnose mehr zu
Zwecken der Therapie ausgeübt (vereinzelte Versuche ausgenommen)« – seit 1896
also. Diese Angabe Freuds bezieht möglicherweise auch das Ende der sogenannten
»Druck«-Technik ein, denn in dem Bericht über seine Behandlungsmethoden, den
Freud am Anfang der *Traumdeutung* gibt (1900*a*; *G. W.*, Bd. 2/3, S. 105; *Studienausgabe*, Bd. 2, S. 121), erwähnt er einen solchen Berührungskontakt mit dem Patienten nicht, obgleich er dort noch empfiehlt, der Patient möge während der Behandlung die Augen geschlossen halten. In einem Beitrag zu Löwenfelds Buch über
Zwangserscheinungen, in dem Freud seine Technik beschreibt, führt er ausdrücklich aus: »Auch den Verschluß der Augen fordert er [Freud] von ihnen nicht und
vermeidet jede Berührung sowie jede andere Prozedur, die an Hypnose mahnen
könnte.« (1904*a* [1903]; *G. W.*, Bd. 5, S. 5; *Studienausgabe*, Ergänzungsband,
S. 102.) In Wirklichkeit hat Freud – »aus mehrfachen Gründen« (›Zur Einleitung
der Behandlung‹, 1913*c*; *G. W.*, Bd. 8, S. 467; *Studienausgabe*, Ergänzungsband,
S. 193) – eine Spur von Hypnose bis zum Schluß beibehalten – das gewisse »Zere-

---

[1] Eine weitere Erwähnung dieser Technik, verstanden als Alternative zur Hypnose, findet sich in den Vorlesungen ›Über Hysterie‹ (1895*g*; s. S. 339 und S. 349 f., unten), die
Freud im Herbst 1895 gehalten hat.

moniell der Situation, in welcher die Kur ausgeführt wird [...]. Diese Veranstaltung
hat einen historischen Sinn, sie ist der Rest der hypnotischen Behandlung, aus welcher sich die Psychoanalyse entwickelt hat«. (Ibid.) Die Periode, in der Freud von
der Hypnose effektiv Gebrauch gemacht hat, dauerte also äußerstenfalls von 1886
bis 1896.[1]

Freuds Interesse an der *Theorie* von Hypnotismus und Suggestion hielt natürlich
länger an. Damals bestand ein Meinungsstreit – der sich grob mit »Charcot versus
Bernheim« umreißen ließe – zwischen der an der Salpêtrière vertretenen Auffassung, Suggestion sei nur eine milde Form von Hypnose, und der Ansicht der Schule
von Nancy, Hypnose sei lediglich ein Produkt von Suggestion. In Freuds Einstellung zu dieser Kontroverse lassen sich Anzeichen von Schwankungen ausmachen.
In dem bereits zitierten Brief an Fließ vom 29. August 1888, den er unmittelbar
nach Beendigung seiner Vorrede zu Bernheims Buch abschickte, schreibt er: »Ich
teile Bernheims Ansichten, die mir einseitig scheinen, nicht und habe in der Vorrede
den Standpunkt Charcots in Schutz zu nehmen versucht.«[2] Wie Freud dies bewerk-
stelligt hat, kann der Vorrede selbst entnommen werden (S. 112ff., unten). All dies
fand natürlich *vor* seinem Besuch in Nancy statt, der ihn offensichtlich stark beeindruckt hat, denn im Nachruf auf Charcot (1893*f*) äußerte er sich bereits kritisch
über dessen Auffassung von den hypnotischen Phänomenen: »Allein der rein psychologische Gegenstand vertrug die ausschließlich nosographische Behandlung
nicht, die er bei der Schule der Salpêtrière fand. Die Beschränkung des Studiums der
Hypnose auf die Hysterischen, die Unterscheidung von großem und kleinem Hypnotismus, die Aufstellung dreier Stadien der ›großen Hypnose‹ und deren Kennzeichnung durch somatische Phänomene, dies alles unterlag in der Schätzung der
Zeitgenossen, als Liébeaults Schüler Bernheim es unternahm, die Lehre vom Hyp-

---

[1] 1896 war das Jahr, in dem die zweite Auflage von Freuds erster Bernheim-Übersetz-
zung veröffentlicht wurde. Wie weiter unten (S. 121) ersichtlich, nahm Freud in dem
Band (besonders in seinen klinischen Abschnitten) drastische Kürzungen vor und unterdrückte überdies die ausführliche Einleitung, die er für die Erstausgabe verfaßt hatte. In
diesen Maßnahmen mag sich sein wachsendes Mißbehagen an der Behandlungsmethode
als solcher ausdrücken.
[2] Es ist nicht ganz leicht, hiermit eine andere Äußerung Freuds in den *Studien über
Hysterie* (1895*d*; *G. W.*, Bd. 1, S. 157) in Einklang zu bringen: »Als ich den somnambulen Zustand der Frau von N... studierte, stiegen mir zum ersten Male gewichtige Zweifel an der Richtigkeit des Satzes Bernheims, *tout est dans la suggestion* [...] auf.« Inzwischen scheint gesichert, daß die Analyse von Frau von N. ein Jahr nach diesem Brief an
Fließ, nämlich im Mai 1889, begann. (Was wir heute über die Identität der »Frau von N.«
und ihre Lebensumstände wissen, geht großenteils auf die teils publizierten, teils in persönlichen Mitteilungen berichteten Forschungen Anderssons, 1979 [1965], zurück. Vgl.
auch Ellenberger, 1977.)

notismus auf einer umfassenderen psychologischen Grundlage aufzubauen und die Suggestion zum Kernpunkt der Hypnose zu machen.« (*G. W.*, Bd. 1, S. 34.) In verschiedenen späteren Arbeiten betonte Freud indessen die Vagheit des Begriffs »Suggestion« und den Umstand, daß Bernheim selbst nicht in der Lage gewesen war, den Mechanismus des Prozesses zu erklären; beispielsweise bereits in der Forel-Rezension (1889 *a*; S. 138, unten) und wieder in der Falldarstellung des »Kleinen Hans« (1909 *b*; *G. W.*, Bd. 7, S. 337; *Studienausgabe*, Bd. 8, S. 90) sowie in den *Vorlesungen zur Einführung in die Psychoanalyse* (1916–17 [1915–17]; *G. W.*, Bd. 11, S. 464; *Studienausgabe*, Bd. 1, S. 429). Er kam auch in *Massenpsychologie und Ich-Analyse* (1921 *c*), einem Werk, in dem Suggestion und Hypnose an mehreren Stellen erörtert werden, nochmals darauf zurück. In einer Anmerkung distanziert er sich hier definitiv von seiner früheren Neigung, Bernheims Ansichten zu unterstützen: »Es erscheint mir der Hervorhebung wert, daß wir durch die Erörterungen dieses Abschnittes veranlaßt werden, von der Bernheimschen Auffassung der Hypnose auf die naive ältere derselben zurückzugreifen. Nach Bernheim sind alle hypnotischen Phänomene von dem weiter nicht aufzuklärenden Moment der Suggestion abzuleiten. Wir schließen, daß die Suggestion eine Teilerscheinung des hypnotischen Zustandes ist, der in einer unbewußt erhaltenen Disposition aus der Urgeschichte der menschlichen Familie seine gute Begründung hat.« (*G. W.*, Bd. 13, S. 96 f. und S. 143, Anm.; *Studienausgabe*, Bd. 9, S. 84 f. und S. 119, Anm.) Ein Ausgleich in Freuds Ansichten bezüglich jener Kontroverse scheint in einer Formulierung enthalten, die sich in einem viel späteren Brief Freuds an A. A. Roback vom 20. Februar 1930 findet: »[…] in der Frage der Hypnose, *habe* ich gegen Charcot Partei genommen, wenn auch nicht ganz mit Bernheim […].« (Freud, 1960 *a* [1873–1939], S. 391; 3. Auflage, 1980, S. 412.)

Obgleich Freud den Hypnotismus als Behandlungsverfahren früh aufgab, hat er sich zeitlebens nie gescheut, ein Gefühl der Dankbarkeit ihm gegenüber zu äußern. »[…] wir Psychoanalytiker«, meinte er ganz am Ende der letzten der *Vorlesungen zur Einführung in die Psychoanalyse* (1916–17 [1915–17]; *G. W.*, Bd. 11, S. 482; *Studienausgabe*, Bd. 1, S. 444), »dürfen uns für seine rechtmäßigen Erben ausgeben und vergessen nicht, wie viel Aufmunterung und theoretische Aufklärung wir ihm verdanken.« Und in ›Erinnern, Wiederholen und Durcharbeiten‹ (1914 *g*; *G. W.*, Bd. 10, S. 127; *Studienausgabe*, Ergänzungsband, S. 208) findet sich eine noch ausdrücklichere Erklärung: »Man muß der alten hypnotischen Technik dankbar dafür bleiben, daß sie uns einzelne psychische Vorgänge der Analyse in Isolierung und Schematisierung vorgeführt hat. Nur dadurch konnten wir den Mut gewinnen, komplizierte Situationen in der analytischen Kur selbst zu schaffen und durchsichtig zu erhalten.«

Nachtrag: Professor Gerhard Fichtner, Direktor des Instituts für Geschichte der Medizin, Tübingen, hat 1985 zwei kurze, bisher unbeachtet gebliebene frühe Freud-Rezensionen über Veröffentlichungen zum Thema Hypnotismus entdeckt. Ihm ist zu verdanken, daß die beiden Texte nun Teil II des Buches einleiten. Der Leser kann auf diese Weise Verbindungslinien zu den anderen in Teil II gesammelten Schriften ziehen, aber auch, zumal vom letzten Satz des Obersteiner-Referats aus, zu Freuds späteren psychoanalytischen Arbeiten über Telepathie (1941 d [1921], 1922 a, 1933 a [1932], 30. Vorlesung). (I. G.-S.)

Zwei Kurzreferate über Hypnotismus[1]
(1887 und 1888)

Referat über Berkhan,
›Versuche, die Taubstummheit zu bessern und die Erfolge dieser Versuche‹[2]
(1887)

Diese Mitteilung wird nicht verfehlen Aufsehen zu erregen und die Schriften des originellen Forschers Braid[3], des Vaters des Hypnotismus, den Ärzten von neuem zu empfehlen. Auf Grund der Angaben Braids, daß er mehreren von Geburt taubstummen Personen durch Versetzen in die Hypnose einen wenigstens teilweisen Gebrauch des Gehörs wiedergeben konnte, hat sich Berkhan mit Taubstummenärzten zur Wiederholung sol-

---

[1] [Vgl. den Nachtrag zur ›Editorischen Einleitung‹ auf der vorherigen Seite 102. – Als Textvorlage diente jeweils eine Photokopie des Erstdrucks.]

[2] [*Zentralblatt für Kinderheilkunde*, Bd. 1, Nr. 2, S. 36 f. (19. März 1887). – Berkhan publizierte seine Mitteilung im selben Jahr in der *Berliner klinischen Wochenschrift*, Bd. 24, Nr. 6, S. 96 f. – Oswald Berkhan (1834–1917) war seit 1861 praktischer Arzt in Braunschweig und einige Jahre auch an der dortigen städtischen Irrenanstalt tätig. 1881 gründete er die erste Hilfsschule für Schwachsinnige nach psychiatrischen Grundsätzen; 1883 richtete er die ersten Sprachheilkurse für stotternde und stammelnde Kinder an den Braunschweiger Volksschulen ein.

Wir verdanken den Hinweis auf diese bisher unbeachtet gebliebene Rezension Professor Gerhard Fichtner, der sie 1985 wiederentdeckte und so den Nachdruck ermöglichte. Er machte uns auch darauf aufmerksam, daß das *Zentralblatt für Kinderheilkunde* erst 1887 gegründet worden war (Nr. 1 am 5. März), aber schon nach einem Jahr sein Erscheinen einstellte; Freud war als Rezensent zuständig für »Krankheiten des Nervensystems«. Später kam es zu einer Neugründung des *Zentralblatts für Kinderheilkunde*. (I. G.-S.)]

[3] [James Braid (1795–1860), Arzt in Manchester, war 1841 von den Demonstrationen des französischen Magnetiseurs Lafontaine zu entsprechenden eigenen Versuchen angeregt worden und bemühte sich um hirnphysiologische Erklärungen (1843). Er führte den Ausdruck Hypnotismus ein.]

cher Versuche in Verbindung gesetzt. Mehrere Knaben, deren vollständige Taubheit vor dem Versuche sichergestellt worden war, wurden durch Anstarrenlassen einer glänzenden Glaskugel hypnotisiert. Die Hypnose gelang nach fünf bis neun Minuten. Während derselben wurden den Knaben die verschiedenen Selbstlaute ins Ohr geschrien, vor ihnen geläutet, gepfiffen u. dgl. Nach Verlauf von acht Tagen wurde die Hypnose wiederholt, im ganzen vier- bis sechsmal mit den einzelnen vorgenommen. Nach der Hypnose wurde die Hörfähigkeit der Knaben wieder geprüft und festgestellt, daß einzelne derselben einige Selbstlaute, den Schlag einer Turmuhr, das Pfeifen eines Eisenbahnzuges u. dgl. zu hören vermochten. Der Gewinn war ein dauernder, in einem Falle eineinhalb Jahre nach Anstellung der Versuche zu konstatieren. *Die riesige Steigerung der Erregbarkeit von Sinneszentren durch die Hypnose*, welche in der Salpêtrière bei Charcot[1] nachgewiesen wurde, *macht diese Erfolge verständlich.* Bei einigen taubstummen Knaben hat Berkhan, wie er offen berichtet, keinen Erfolg erzielt.

Freud (Wien).

---

[1] [Vgl. oben, S. 34, Anm. 1, sowie Teil I des vorliegenden Bandes.]

Referat über Obersteiner,
*Der Hypnotismus mit besonderer Berücksichtigung
seiner klinischen und forensischen Bedeutung,*
Wien 1887[1]

(1888)

Die achtzig Seiten starke Schrift stellt sich die Aufgabe, in möglichster
Kürze den Standpunkt zu charakterisieren, auf welchen die Lehre vom
Hypnotismus durch die Untersuchungen der letzten Jahre gebracht worden ist, und daraus für den Arzt die Notwendigkeit abzuleiten, sich mit
diesem Gegenstande näher vertraut zu machen. Auf Grund reichster Lite-
raturkenntnis und eigener Erfahrung behandelt Obersteiner die Methode
zur Herbeiführung der Hypnose, die Erscheinungen während der Hypnose auf dem Gebiet der Motilität, der Sensibilität, in der vegetativen
Sphäre und die physischen Phänomene sowie die Tatsachen und Probleme,
die sich an die sogenannte »Suggestion« knüpfen, ferner die therapeutische
Verwendung der Hypnose, welche zu einer ansehnlichen Rolle in der Therapie der Neurosen berufen scheint, und die forensische Bedeutung der
hypnotischen Zustände. Besonders hervorzuheben ist der wissenschaft-

---

[1] [*Zentralblatt für Physiologie*, Bd. 1 (1887/88), Nr. 23, S. 632 f. (4. Februar 1888), unter
der Rubrik ›Physiologische Psychologie‹. – Obersteiners Schrift erschien 1887 in der
Reihe *Klinische Zeit- und Streitfragen*, 1. Band, 2. Heft (S. 49–80), im Verlag Braumül-
ler, Wien. – Heinrich Obersteiner (1847–1922), wie Freud aus der Brücke-Schule her-
vorgegangen, war als Hirnforscher, aber auch als praktizierender Psychiater und Neurologe bekannt und leitete später das seinerzeit weithin berühmte Wiener Neurologische
Institut. Schon seit 1883 befaßte er sich mit dem Hypnotismus (vgl. E. Lesky, 1965,
S. 388). Der »wissenschaftlich korrekte Standpunkt«, den Freud in seinem Referat hervorhebt, kennzeichnete 1893 auch die Stellungnahme Obersteiners zu Breuers und
Freuds therapeutischen Anwendungen (Obersteiner, 1893, S. 44). – Wir verdanken den
Hinweis auf diese bislang unbeachtet gebliebene Rezension gleichfalls Gerhard Ficht-
ner. (I. G.-S.)]

lich korrekte Standpunkt des Autors, der sorgfältig vermeidet, als unmöglich oder als lügenhaft zurückzuweisen, was über den Kreis seiner eigenen Erfahrungen hinausgeht, und jedesmal die Frage nach der Wahrheit einer behaupteten, noch als wunderbar erscheinenden Tatsache von der Frage nach ihrer Erklärbarkeit durch unsere gegenwärtigen physiologischen Anschauungen trennt. In betreff der Beeinflussung des Nervensystems durch den Magneten vertritt Obersteiner den Standpunkt, daß ein »magnetischer Sinn« dem Menschen zuzusprechen sei, dessen Empfindungen in der Norm unter dem Schwellenwerte bleiben, unter krankhaften Verhältnissen (Hypnose, Hysterie) denselben aber übersteigen. Eine, wie dem Referenten scheint, unzutreffende Bemerkung macht Obersteiner über die berühmten Versuche von Babinski[1] bei Charcot[2], in welchen eine Suggestion von einer hypnotisierten Person auf eine andere durch Vermittelung eines Magneten übertragen wird. Wenn man annehmen müsse, daß ein Magnet unter Umständen auf einen Menschen einwirkt, so dürfe es nicht als absonderlich erscheinen, wenn dieser Mensch wieder einen zweiten beeinflußt, so wie ein magnetisiertes weiches Eisenstück die Eigenschaft erhält, ein zweites anzuziehen. Diese Analogie verringert nämlich nicht die Wunderbarkeit der Tatsache, daß ein Nervensystem durch andere Mittel als durch die uns bekannten sinnlichen Wahrnehmungen ein anderes Nervensystem beeinflussen kann. Man muß vielmehr zugeben, daß eine Bestätigung dieser Versuche unserer Weltanschauung etwas Neues, bisher nicht Anerkanntes hinzufügen und gleichsam die Grenzen der Persönlichkeit hinausrücken würde.

Sigm. Freud (Wien).

---

[1] [Joseph-François Félix Babinski (1857–1932), einst ein Lieblingsschüler Charcots und wohl sein designierter Nachfolger, wurde später zum Anführer einer massiven Kritik an dessen Hysterie-Auffassungen (vgl. H. L. Ellenberger, 1973, S. 159f., S. 1048 und S. 1060).]

[2] [Vgl. oben, S. 34, Anm. 1, sowie Teil I des vorliegenden Buches.]

Vorrede des Übersetzers
zu H. Bernheim, *Die Suggestion und ihre Heilwirkung*, 1888
(1888–89)

Editorische Vorbemerkung

1888 In H. Bernheim, *Die Suggestion und ihre Heilwirkung*, Autorisierte deutsche Ausgabe von Dr. Sigm. Freud, Leipzig und Wien, Franz Deuticke, S. III–XII.
Zweite Auflage der deutschen Ausgabe 1896 mit neuem Vorwort, welches unten, S. 121 f., abgedruckt ist.

1981 In *Psyche*, Bd. 35, Nr. 5, S. 462–73 (als Vorabdruck des vorliegenden Nachtragsbandes, anläßlich des 125. Geburtstages von Sigmund Freud).

Der französische Titel des Bernheimschen Buches lautet *De la suggestion et de ses applications à la thérapeutique* (Paris 1886; 2. Auflage 1887); Freud übersetzte die zweite, wesentlich erweiterte Auflage. In Bernheims eigener Vorrede zur zweiten Auflage der französischen Ausgabe, die in der deutschen Übersetzung (S. XIII ff.) enthalten ist, sagt der Autor (im Wortlaut von Freuds Übersetzung): »Diese Auflage ist kein unveränderter Abdruck der ersten; sie enthält vielmehr eine neue Klassifikation der Abstufungen der Hypnose, in welcher, wie mir scheint, ein neuer Gedanke enthalten ist und die nach meinem Urteil fast einem Beweis für die psychische Natur der betreffenden Phänomene gleichkommt. [Absatz] Sie enthält ferner eine ausführlichere Erörterung einer Erscheinung von höchster Tragweite für Gesellschaftskunde und Rechtspflege, nämlich der rückwirkenden Halluzinationen, auf welche ich zuerst aufmerksam gemacht habe, während Herr Liégeois sie gleichzeitig mit mir beobachtet hat. Ferner bringt sie eine große Anzahl von suggestiven Heilwirkungen.«

Als Vorabdruck erschien am 30. Juni 1888 ein Auszug aus Freuds Vorrede in der

Wiener medizinischen Wochenschrift, Bd. 38, Nr. 26, Sp. 898–900, und zwar unter dem Titel ›Hypnose durch Suggestion‹; die ganze Vorrede bis auf die beiden ersten Absätze wurde am 20. und 27. September 1888 unter dem Titel ›Hypnotismus und Suggestion‹ in den *Wiener medizinischen Blättern,* Bd. 11, Nr. 38, S. 1189–93, und Nr. 39, S. 1226–28, abgedruckt. Obgleich das Titelblatt des Buches das Datum »1888« trägt, erschien in diesem Jahr nur die »Erste Hälfte« der Veröffentlichung, die »Zweite Hälfte« erst 1889, wie aus einem ›Nachwort des Übersetzers‹ hervorgeht, das auf der nicht numerierten letzten Seite (415) steht. Es lautet: »Das Erscheinen dieses zweiten Teiles hat sich infolge persönlicher Verhältnisse des Übersetzers um einige Monate nach dem versprochenen Termin verzögert. Wahrscheinlich wäre ich auch jetzt noch nicht zu Ende gekommen, hätte nicht mein verehrter Freund, Dr. Otto von Springer, die große Güte gehabt, mir die Übertragung aller Krankengeschichten des zweiten Teiles [das Buch enthält im zweiten Teil 105 »Beobachtungen«] abzunehmen, wofür ihm mein bester Dank gebührt. Wien, im Januar 1889.« (Freud, 1889 d.)

Freud hat nur sehr wenige und kurze Anmerkungen des Übersetzers zum Text des Buches hinzugefügt; sie enthalten meist Hinweise auf deutsche Ausgaben der von Bernheim erwähnten Literatur. Eine Anmerkung von Belang wird unten, S. 119 f., in der Fußnote, zitiert.

In der *Selbstdarstellung* (1925 d [1924]) herrscht bezüglich des Datums der Veröffentlichung dieses Werks einige Verwirrung. Nach der Beschreibung seines Besuchs bei Bernheim in Nancy, der im Sommer 1889 stattfand, endet Freud: »Ich hatte viele anregende Unterhaltungen mit ihm und übernahm es, seine beiden Werke über die Suggestion und ihre Heilwirkungen ins Deutsche zu übersetzen.« (*G. W.,* Bd. 14, S. 41.) In Wirklichkeit war das Buch, wie wir gesehen haben, bereits vor dem Besuch erschienen. Das zweite von Freud zu übersetzende Bernheim-Buch – *Hypnotism, suggestion, psychothérapie: études nouvelles* – wurde dagegen erst zwei Jahre später (Paris 1891) publiziert. Freuds Übersetzung erschien im Jahr darauf unter dem Titel *Neue Studien über Hypnotismus, Suggestion und Psychotherapie* (1892 a). Dieser Band enthält weder eine Vorrede noch Anmerkungen des Übersetzers.

1896 erschien eine zweite Auflage des Buches *Die Suggestion und ihre Heilwirkung.* Sie war unter Leitung Dr. Max Kahanes, eines frühen Anhängers von Freud, jedoch gründlich überarbeitet worden (Kahane besorgte auch den zweiten Band der Übersetzung von Charcots *Leçons du mardi;* s. unten, S. 152, Anm. 2). In dieser zweiten Auflage wurde die im folgenden abgedruckte Vorrede fortgelassen und durch ein kurzes Vorwort ersetzt, welches wir unten (S. 121 f.) wiedergeben.

Als Textvorlagen dienten Photokopien des Erstdruckes der 1. bzw. 2. Auflage.

Vorrede des Übersetzers

Die Leser dieses bereits von Prof. Forel in Zürich warm empfohlenen Buches werden hoffentlich an ihm alle jene Eigenschaften finden, welche den Übersetzer veranlaßt haben, es ins Deutsche zu übertragen. Sie werden finden, daß das Werk des Herrn Bernheim in Nancy eine vortreffliche Einführung in das Studium des Hypnotismus, welches der Arzt nicht mehr abseits lassen darf, darstellt, daß es in vielen Beziehungen anregend, in manchen geradezu aufklärend wirkt und daß es wohl geeignet ist, den Glauben zu zerstören, als sei das Problem der Hypnose immer noch, wie Meynert behauptet, von einer »Gloriole der Abgeschmacktheit« umgeben.[1]

Die Leistung Bernheims (und seiner im gleichen Sinne arbeitenden Nancyer Kollegen) besteht gerade darin, die Erscheinungen des Hypnotismus ihrer Seltsamkeit zu entkleiden, indem sie an wohlbekannte Phänomene des normalen psychologischen Lebens und des Schlafes geknüpft werden. In dem Nachweis der Beziehungen, welche die hypnotischen Erscheinungen mit gewöhnlichen Vorgängen des Wachens und des Schlafes verbinden, in der Aufdeckung der für beiderlei Erscheinungsreihen giltigen psychologischen Gesetze scheint mir der Hauptwert dieses Buches gelegen zu sein. Das Problem der Hypnose wird dabei durchaus auf das Gebiet der Psychologie hinübergespielt, und die »Suggestion« wird als Kernpunkt und Schlüssel des Hypnotismus hingestellt, ihrer Bedeutung in den letzten Kapiteln überdies auch auf anderen Gebieten als dem der Hypnose nach-

---

[1] [Vgl. Meynert (1888a, Sp. 718).]

gespürt. Der im zweiten Teil dieses Buches enthaltene Nachweis, daß die
Anwendung der hypnotischen Suggestion dem Arzt eine mächtige therapeutische Methode schenkt, welche sogar für die Bekämpfung gewisser
nervöser Störungen die passendste, dem Mechanismus dieser Störungen
adäquateste zu sein scheint, verleiht dem Buch eine ganz ungewöhnliche
praktische Bedeutung, und die Betonung des Umstandes, daß die Hypnose wie die hypnotische Suggestion bei der Mehrzahl der Gesunden, nicht
bloß bei hysterischen und schweren Neuropathen, zur Anwendung kommen kann, ist geeignet, das Interesse für diese therapeutische Methode
über den engen Kreis der Neuropathologen hinaus unter den Ärzten zu
verbreiten.

Die Sache des Hypnotismus hat bei den leitenden Männern der deutschen medizinischen Wissenschaft (wenn man von wenigen Namen wie
Krafft-Ebing, Forel u. a. absieht) eine recht ungünstige Aufnahme gefunden. Aber man darf dennoch den Wunsch aussprechen, daß die deutschen
Ärzte sich dem Problem und dem therapeutischen Verfahren zuwenden
mögen, eingedenk des Satzes, daß in naturwissenschaftlichen Dingen stets
nur die Erfahrung und nie die Autorität ohne Erfahrung die endgiltige
Entscheidung über Annahme und Verwerfung herbeiführt. Die Einwände, welche wir bisher in Deutschland gegen das Studium und die Verwertung der Hypnose gehört haben, verdienen in der Tat nur durch den
Namen ihrer Urheber Beachtung, und Prof. Forel hat leichte Mühe gehabt, in einem kleinen Aufsatze [1889a][1] eine ganze Schar derselben
zurückzuweisen.

Ein Standpunkt, wie er noch vor etwa zehn Jahren in Deutschland der
herrschende war, welcher die Realität der hypnotischen Phänomene be-
zweifelte und die betreffenden Angaben durch das Zusammenwirken von
Leichtgläubigkeit – auf der Seite der Beobachter – und Simulation – von
seiten der Versuchspersonen – erklären wollte, ist heutzutage unmöglich
geworden, dank den Arbeiten von Heidenhain[2] und Charcot, um nur die
größten Namen unter den Männern zu nennen, welche ihre Glaubwürdigkeit für die Realität des Hypnotismus eingesetzt haben. Das merken auch
die heftigsten Gegner der Hypnose, und darum pflegen sie in ihren Publikationen, welche noch deutlich die Neigung verraten, die Hypnose zu

---

[1] [Dieser Aufsatz erschien später, erweitert, in Buchform (Forel, 1889b). Vgl. Freuds
Rezension darüber, unten, S. 125.]
[2] [Rudolf Peter Heinrich Heidenhain (1834–1897) war von 1859 an Professor der Physiologie und Histologie an der Universität Breslau.]

leugnen, auch Versuche zu deren Erklärung aufzunehmen, durch welche sie ja die Existenz der betreffenden Phänomene anerkennen.

Ein anderer der Hypnose feindlicher Standpunkt verwirft dieselbe als gefährlich für die geistige Gesundheit der Versuchsperson und belegt sie mit dem Namen einer »experimentell erzeugten Psychose«[1]. Nun wäre ja mit dem Nachweis, daß die Hypnose in einzelnen Fällen schädliche Wirkungen erzielt, deren Brauchbarkeit im großen und ganzen so wenig erledigt, wie etwa die vereinzelten Todesfälle in der Chloroformnarkose die Anwendung des Chloroforms zur Erzielung der chirurgischen Anästhesie verbieten. Es ist aber ganz bemerkenswert, daß dieser Vergleich sich nicht weiterführen läßt. Die größte Anzahl von Unglücksfällen in der Chloroformnarkose erleben jene Chirurgen, welche die größte Anzahl von Operationen ausführen, während die meisten Berichte über schädliche Wirkungen der Hypnose von solchen Beobachtern ausgehen, welche sehr wenig mit der Hypnose gearbeitet haben, und alle Forscher, die über eine große Reihe von hypnotischen Versuchen verfügen, in ihrem Urteil über die Harmlosigkeit der Prozedur einig sind. Es wird sich also wahrscheinlich darum handeln, auf eine schonende Weise, mit genügender Sicherheit und bei richtiger Auswahl der Fälle zu hypnotisieren, wenn man eine schädliche Wirkung der Hypnose vermeiden will. Man muß auch sagen, daß wenig damit getan ist, wenn man die Suggestionen »Zwangsvorstellungen« und die Hypnose eine »experimentelle Psychose« heißt. Es ist ja wahrscheinlich, daß die Zwangsvorstellungen mehr Licht durch den Vergleich mit den Suggestionen empfangen werden als umgekehrt; und wen der Schimpf »Psychose« scheu macht, der möge sich fragen, ob unser natürlicher Schlaf minderen Anspruch auf diese Bezeichnung hat, falls es überhaupt lohnt, technische Namen außerhalb ihrer eigentlichen Sphäre zu vergeben. Nein, von dieser Seite droht der Sache des Hypnotismus keine Gefahr, und daß die Hypnose ein ungefährlicher Zustand und ihre Einleitung ein des Arztes »würdiger« Eingriff ist, wird feststehen, sobald eine größere Reihe von Ärzten Beobachtungen von der Art mitteilen kann, wie sie im zweiten Teil des Bernheimschen Buches zu finden sind.

In diesem Buche wird noch eine andere Frage erörtert, welche gegenwärtig die Anhänger des Hypnotismus in zwei gegnerische Lager teilt. Die einen,

---

[1] [Vgl. Meynert, der in seinem Vortrag ›Über hypnotische Erscheinungen‹ (1888*b*, S. 452) angibt, daß Rieger die Hypnose »experimentell erzeugten Wahnsinn« nennt.]

als deren Wortführer hier Herr Bernheim erscheint, behaupten für alle Erscheinungen des Hypnotismus den gleichen Ursprung, nämlich die Herkunft von einer Suggestion, einer bewußten Vorstellung, welche dem Gehirne des Hypnotisierten durch äußere Beeinflussung eingegeben und von ihm wie eine spontan entstandene aufgenommen worden ist. Alle hypnotischen Phänomene wären demnach psychische Erscheinungen, Effekte von Suggestionen. Die anderen dagegen halten daran fest, daß dem Mechanismus wenigstens mancher hypnotischer Erscheinungen physiologische Veränderungen, d. h. Verschiebungen der Erregbarkeit im Nervensystem ohne Beteiligung der mit Bewußtsein arbeitenden Partien, zugrunde liegen, und sprechen daher von den physischen oder physiologischen Phänomenen der Hypnose.

Gegenstand des Streites ist hauptsächlich der »grand hypnotisme«, die Erscheinungen, welche Charcot an hypnotisierten Hysterischen beschrieben hat (vgl. S. 81 ff. [des Bernheimschen Buchs]). Abweichend von dem Verhalten normaler Hypnotisierter, sollen hysterische Personen drei Stadien der Hypnose[1] zeigen, von denen jedes durch besondere physische Kennzeichen sehr merkwürdiger Art (wie die kolossale neuro-muskuläre Übererregbarkeit, die somnambule Kontraktur etc.) ausgezeichnet ist. Man begreift leicht, welche Bedeutung die oben angedeutete Verschiedenheit der Auffassung für dieses Gebiet von Tatsachen hat. Sind die Anhänger der Suggestionstheorie im Rechte, so werden all diese Beobachtungen der Salpêtrière wertlos, ja verwandeln sich in Beobachtungsfehler. Die Hypnose der Hysterischen hat dann keine eigenen Charaktere; es steht aber jedem Arzt frei, seine Hypnotisierten zu einer ihm beliebigen Symptomatologie zu veranlassen; wir erfahren aus dem Studium des grand hypnotisme nicht, welche Erregbarkeitsveränderungen im Nervensystem der Hysterischen auf gewisse Eingriffe hin einander ablösen, sondern nur, welche Absichten Charcot seinen Versuchspersonen in ihm selbst unbewußter Weise suggeriert hat, und das ist für unser Verständnis der Hypnose wie der Hysterie absolut gleichgiltig.

Es ist leicht einzusehen, wie diese Auffassung weitergreifen und ein bequemes Verständnis der hysterischen Symptomatologie überhaupt versprechen kann. Hat die Suggestion des Arztes die Phänomene der hysterischen Hypnose gefälscht, so ist es auch leicht möglich, daß sie sich in die

---

[1] [Eine Beschreibung dieser drei Stadien der großen Hypnose gibt Charcot im XXII. Vortrag des Bandes, den Freud kurz zuvor übersetzt hatte. (Freud, 1886 f, S. 275 ff.)]

Beobachtung der übrigen hysterischen Symptomatologie eingemengt hat, daß sie für die hysterischen Anfälle, Lähmungen, Kontrakturen usw. Gesetze aufgestellt hat, welche nur durch die Suggestion mit der Neurose zusammenhängen und daher ihre Giltigkeit verlieren, sobald ein anderer Arzt an einem anderen Orte hysterische Kranke beobachtet. Diese Folgerung ist in aller Strenge zu ziehen und in der Tat bereits gezogen worden. Hückel (1888) spricht die Überzeugung aus, daß der erste »Transfert« (Übertragung der Empfindlichkeit auf die entsprechenden Teile der Gegenseite) einer Hysterischen bei einer historischen Gelegenheit suggeriert worden sei und daß die Ärzte seither fortfahren, dieses angeblich physiologische Symptom stets von neuem durch Suggestion zu erzeugen.

Ich bin überzeugt, daß diese Auffassung der noch heute in Deutschland herrschenden Neigung, die Gesetzmäßigkeit der hysterischen Erscheinungen zu verkennen, sehr willkommen sein wird. Wir hätten so ein eklatantes Beispiel erlebt, wie die Vernachlässigung des psychischen Momentes der Suggestion einen großen Beobachter verleitete, aus der zu allem bildsamen Willkür einer Neurose künstlich und fälschlich einen Typus geschaffen zu haben.

Indessen fällt es nicht schwer, die Objektivität der hysterischen Symptomatologie Stück für Stück zu erweisen. Die Kritik Bernheims mag gegenüber Untersuchungen wie die von Binet und Féré[1] voll berechtigt sein, und sie wird jedenfalls ihre Bedeutung darin äußern, daß man bei jeder künftigen Untersuchung über Hysterie und Hypnotismus die Ausschließung des suggestiven Elements bewußter ins Auge faßt. Aber die Hauptpunkte der hysterischen Symptomatologie sind vor dem Verdacht, der Suggestion des Arztes zu entstammen, gesichert; Berichte aus vergangenen Zeiten und aus fernen Ländern, die Charcot und seine Schüler gesammelt haben, lassen keinen Zweifel darüber, daß die Eigentümlichkeiten der hysterischen Anfälle, hysterogenen Zonen, Anästhesien, Lähmungen und Kontrakturen sich überall und jederzeit so gezeigt haben wie in der Salpêtrière zur Zeit, da Charcot seine unvergänglichen Untersuchungen über die große Neurose pflegte. Gerade der Transfert, der sich zum Erweis des suggestiven Ursprungs der hysterischen Symptome besonders zu eignen scheint, ist unzweifelhaft ein genuiner Vorgang. Er kommt an unbeeinflußten Fällen von Hysterie zur Beobachtung, indem man häufig Gelegenheit hat, Kranke zu sehen, deren sonst typische Hemianästhesie um ein

---

[1] [S. Binet und Féré (1884 und 1885) sowie das wichtige Buch von 1887.]

Organ oder eine Extremität verkürzt ist, welcher Körperteil auf der unempfindlichen Seite empfindlich geblieben, dagegen auf der anderen Seite
anästhetisch geworden ist. Der Transfert ist auch eine physiologisch verständliche Erscheinung, er ist, wie Untersuchungen in Deutschland und
Frankreich gezeigt haben, bloß eine Übertreibung einer normalerweise
vorhandenen Beziehung zwischen symmetrischen Teilen, er läßt sich also
in rudimentärer Andeutung an Gesunden hervorrufen. Mannigfache andere hysterische Symptome der Sensibilität haben gleichfalls ihre Wurzel
in normalen physiologischen Beziehungen, wie die schönen Untersuchungen von Urbantschitsch[1] ergeben haben. Es ist hier nicht der Ort, die
Rechtfertigung der hysterischen Symptomatologie ins einzelne durchzuführen; man darf aber den Satz annehmen, daß dieselbe im wesentlichen
realer, objektiver Natur und nicht durch die Suggestion der Beobachter
gefälscht ist. Dem psychischen Mechanismus der hysterischen Manifestationen ist hiermit nicht widersprochen, nur ist es nicht der Mechanismus
der Suggestion von seiten des Arztes.

Mit dem Nachweis objektiver, physiologischer Phänomene in der Hysterie ist auch die Möglichkeit, daß der hysterische »große« Hypnotismus
Erscheinungen zeigen mag, welche nicht auf die Suggestion des Untersu-
chers zurückgehen, gerettet. Ob solche wirklich vorkommen, muß eine
von diesem Gesichtspunkt geleitete Nachuntersuchung zeigen. Die Schule
der Salpêtrière hat also zu beweisen, daß die drei Stadien der hysterischen
Hypnose auch an einer neu eintretenden Versuchsperson bei dem vorsich-
tigsten Benehmen der Untersucher unverkennbar zu demonstrieren sind,
und sie wird diesen Beweis wohl nicht lange schuldig bleiben. Denn schon
jetzt bietet die Beschreibung des grand hypnotisme Symptome, welche
einer Auffassung als psychische entschiedenst widerstreben. Ich meine die
neuro-muskuläre Erregbarkeitssteigerung des lethargischen Stadiums.
Wer gesehen hat, wie in der Lethargie ein sanfter Druck auf einen Muskel,
sei es selbst ein Gesichtsmuskel oder einer der drei im Leben niemals kon-
trahierten äußeren Muskel des Ohres, das vom Druck betroffene Muskel-
bündel in tonische Zusammenziehung versetzt oder wie ein Druck auf
einen oberflächlich liegenden Nerven die Endverteilung dieses Nerven
enthüllt, wird nur annehmen können, daß dieser Erfolg von physiologischen Gründen oder von einer zielbewußten Abrichtung herzuleiten ist,

---

[1] [Viktor von Urbantschitsch (1847–1921), Professor für Ohrenheilkunde an der Universität Wien.]

und wird die unabsichtliche Suggestion als Ursache mit Beruhigung ausschließen. Denn die Suggestion kann nichts anderes ergeben, als was den Inhalt des Bewußtseins ausmacht oder in dasselbe eingetragen worden ist. Unser Bewußtsein weiß aber nur von dem Enderfolg einer Bewegung, nichts von der Wirkung und Anordnung der einzelnen Muskeln und nichts von der anatomischen Verteilung der Nerven in denselben. Ich werde in einer demnächst erscheinenden Arbeit ausführen[1], daß die Charakteristik der hysterischen Lähmungen mit diesem Verhältnisse zusammenhängt und daß dies der Grund ist, weshalb die Hysterie keine Lähmung einzelner Muskeln, keine peripherische Lähmung und keine Gesichtslähmung zentralen Charakters kennt. Herr Bernheim hätte es nicht versäumen sollen, das Phänomen der hyperexcitabilité neuro-musculaire auf dem Wege der Suggestion hervorzurufen, und es ist eine große Lücke seines Argumentes gegen die drei Stadien, daß er dies nicht getan hat.

Es gibt also physiologische Phänomene wenigstens im hysterischen großen Hypnotismus. Aber im kleinen normalen Hypnotismus, der, wie Bernheim mit Recht hervorhebt, für das Verständnis des Problems die größere Bedeutung besitzt, sollen alle Erscheinungen auf dem Wege der Suggestion, auf psychischem Wege zustande kommen, sogar der hypnotische Schlaf ist selbst ein Erfolg der Suggestion. Der Schlaf tritt vermöge der normalen Suggerierbarkeit der Menschen ein, weil Bernheim die Erwartung des Schlafes erweckt. Aber andere Male scheint der Mechanismus des hypnotischen Schlafes doch ein anderer zu sein. Jedem, der viel hypnotisiert hat, wird es geschehen sein, daß er auf Personen gestoßen ist, die auf Einreden nur schwer in Schlaf zu versenken sind, dagegen leicht, wenn man sie einige Zeit fixieren[2] läßt. Ja, wer hat es nicht erlebt, daß ihm Kranke in hypnotischen Schlaf verfallen sind, die er nicht zu hypnotisieren gedachte und die gewiß keine Vorstellung von der Hypnose mitbrachten. Eine Kranke wird zum Zwecke einer Augen- oder Kehlkopfuntersuchung hingesetzt, die Erwartung des Schlafes besteht weder beim Arzte noch bei der Kranken; aber sowie der Lichtreflex auf ihre Augen fällt, schläft sie ein und ist vielleicht zum ersten Male in ihrem Leben hypnotisiert. Hier war doch jedes bewußte psychische Zwischenglied auszuschließen. Das glei-

---

[1] [Diese Arbeit wurde in Wirklichkeit erst fünf Jahre später veröffentlicht: ›Quelques considérations pour une étude comparative des paralysies motrices organiques et hystériques‹ (1893 c).]
[2] [Dieser Terminus (hier natürlich nicht im psychoanalytischen Sinne gebraucht) bedeutet: »etwas fest anstarren«, in der hypnotischen Praxis häufig verwendet.]

che Verhalten zeigt unser natürlicher Schlaf, den Bernheim so glücklich zum Vergleich mit der Hypnose heranzieht. Zumeist erzeugen wir uns den Schlaf durch Suggestion, durch psychische Vorbereitung und Erwartung desselben, aber mitunter überfällt er uns ohne unser Dazutun infolge des physiologischen Zustandes der Ermüdung. Auch wenn man Kinder durch Einwiegen, Tiere durch Fesselung hypnotisiert, kann von einer psychischen Verursachung nicht eigentlich die Rede sein. Wir sind also auf dem Standpunkte angelangt, den Preyer und Binswanger [1887] in der Eulenburgschen *Real-Enzyklopädie* vertreten. Es gibt psychische und physiologische Phänomene im Hypnotismus, die Hypnose kann selbst auf die eine oder auf die andere Art herbeigeführt werden. Ja, in der Beschreibung Bernheims selbst von seinen Hypnosen ist ein von der Suggestion unabhängiges objektives Moment unverkennbar. Wenn dies nicht der Fall wäre, so müßte, wie Jendrássik (1886) konsequenterweise fordert, die Hypnose für jede Individualität des Experimentators ein anderes Gesicht tragen; es wäre nicht zu verstehen, daß die Steigerung der Suggerierbarkeit eine gesetzmäßige Folge erkennen läßt, daß die Muskulatur immer nur zur Katalepsie beeinflußt wird und ähnliches mehr.

Man muß aber Bernheim recht geben, daß die Zerteilung der hypnotischen Erscheinungen in physiologische und psychische einen durchaus unbefriedigenden Eindruck macht; es wird ein Bindeglied zwischen beiden Reihen dringend erfordert. Die Hypnose ist, auf die eine wie auf die andere Weise erzeugt, stets die nämliche und zeigt die nämlichen Erscheinungen; die hysterische Symptomatologie[1] deutet in vielen Stücken auf einen psychischen Mechanismus, welcher aber nicht der der Suggestion sein soll; endlich steht die Sache der Suggestion um so vieles besser als die der physiologischen Beziehungen, da die Wirkungsweise der ersteren unzweifelhaft und vergleichsweise durchsichtig ist, während sich die gegenseitigen Beeinflussungen der nervösen Erregbarkeit, auf welche die

---

[1] Die Beziehungen der Hysterie zum Hypnotismus sind gewiß recht intime, gehen aber nicht so weit, daß man einen gemeinen hysterischen Anfall als einen hypnotischen Zustand von mehreren Stadien vorstellen dürfte, wie Meynert (1888*a* und *b*) in der k. k. Gesellschaft der Ärzte Wiens getan hat. In demselben Vortrag scheint überhaupt eine Vermengung unserer Kenntnisse von diesen beiden Zuständen stattzuhaben, denn es ist von *vier* Stadien der Hypnose nach Charcot die Rede, während Charcot solcher Stadien nur *drei* kennt und das vierte Stadium, das sogenannte *somniante*, sich außer bei Meynert sonst nirgends erwähnt findet. Dagegen schreibt Charcot allerdings dem hysterischen Anfall *vier* Stadien zu. [Vgl. aber oben, S. 73, Anm. 2.]

physiologischen Phänomene zurückgehen müssen, unserer sonstigen Kenntnis entziehen. Die gesuchte Vermittlung zwischen den psychischen und physiologischen Phänomenen der Hypnose hoffe ich in den nachfolgenden Bemerkungen andeuten zu können:

Ich glaube, daß der schwankende und vieldeutige Gebrauch des Wortes »Suggestion« eine Schärfe der Gegensätze vorspiegelt, welche in Wirklichkeit nicht besteht. Es lohnt sich der Mühe zu untersuchen, was man eigentlich eine »Suggestion« nennen darf. Es ist gewiß eine Art der psychischen Beeinflussung darunter verstanden, und ich möchte sagen, die Suggestion kennzeichnet sich vor anderen Arten der psychischen Beeinflussung, dem Befehl, der Mitteilung oder Belehrung und anderem dadurch, daß bei ihr in einem zweiten Gehirn eine Vorstellung erweckt wird, welche nicht auf ihre Herkunft geprüft, sondern so angenommen wird, als ob sie in diesem Gehirne spontan entstanden wäre. Klassische Beispiele von solchen Suggestionen sind es, wenn der Arzt einem Hypnotisierten sagt: »Ihr Arm muß so bleiben, wie ich ihn hinstelle«, und nun das Phänomen der Katalepsie eintritt, oder wenn er den mehrmals herabfallenden Arm jedesmal wieder aufrichtet und den Patienten so erraten läßt, daß er ihn aufgerichtet wünscht. Aber andere Male spricht man von Suggestionen, wenn der Mechanismus des Herganges offenbar ein anderer ist. Bei vielen Hypnotisierten tritt die Katalepsie z. B. ohne jede Einschärfung auf; der erhobene Arm wird ohneweiters erhoben gehalten, oder der Hypnotisierte bewahrt, wenn kein Eingriff erfolgt, unverändert die Stellung, in welcher er eingeschlafen ist. Bernheim nennt auch diesen Erfolg eine Suggestion, die Stellung suggeriert sich selbst ihre Erhaltung; aber in diesem Falle ist der Anteil der äußeren Anregung offenbar ein geringerer, der Anteil des physiologischen Zustandes des Hypnotisierten, welcher keine Impulse zur Stellungsveränderung aufkommen läßt, ein größerer als in den vorigen Fällen. Der Unterschied zwischen einer direkten psychischen und einer indirekten – physiologischen – Suggestion zeigt sich vielleicht deutlicher am nachfolgenden Beispiel. Wenn ich einem Hypnotisierten sage: »Dein rechter Arm ist gelähmt, du kannst ihn nicht bewegen«, so ist das eine direkte psychische Suggestion. Anstatt dessen führt Charcot einen leichten Schlag gegen den Arm des Hypnotisierten oder sagt ihm: »Sieh da, dieses abscheuliche Gesicht, hau' drauf los.« Er schlägt darauf los, und der Arm sinkt [in beiden Fällen Charcots] gelähmt herab.[1] In diesen beiden

---

[1] Charcot (1888 [Vortrag VII, Fall 1, und Vortrag XVIII, Fall 1]).

Fällen hat die äußere Anregung zunächst eine Empfindung von schmerzhafter Erschöpfung im Arm erzeugt, welche ihrerseits selbständig und unabhängig von der Einmengung des Arztes die Lähmung suggeriert, falls dieser Ausdruck hier noch Anwendung finden soll. Mit anderen Worten, es handelt sich hier nicht so sehr um Suggestionen als um Anregung zu *Autosuggestionen,* welche, wie jedermann einsieht, ein objektives, vom Willen des Arztes unabhängiges Moment enthalten und eine Beziehung zwischen verschiedenen Innervations- oder Erregungszuständen des Nervensystems enthüllen. Durch solche Autosuggestionen entstehen die spontanen hysterischen Lähmungen, und die Neigung zu solchen Autosuggestionen charakterisiert die Hysterie besser als die Suggerierbarkeit für den Arzt, mit welcher erstere überhaupt nicht parallel zu gehen scheint.

Ich brauche nicht hervorzuheben, daß auch Bernheim auf das ausgiebigste mit solchen indirekten Suggestionen, d. h. mit Anregungen zur Autosuggestion arbeitet. Sein Verfahren der Einschläferung, wie er es auf den ersten Blättern dieses Buches schildert, ist wesentlich ein gemischtes, d. h. die Suggestion stößt die Türen ein, welche sich für die Autosuggestion eben langsam von selber öffnen.

Die indirekten Suggestionen, bei welchen sich zwischen der Anregung von außen und dem Erfolg eine Reihe von Zwischengliedern aus der eigenen Tätigkeit der suggerierten Person einschiebt, sind immer noch psychische Vorgänge, aber sie empfangen nicht mehr das volle Licht des Bewußtseins, welches auf die direkten Suggestionen fällt. Wir sind nämlich weit mehr gewohnt, äußeren Wahrnehmungen unsere Aufmerksamkeit zu schenken als inneren Vorgängen. Die indirekten Suggestionen oder Autosuggestionen sind demnach ebensowohl physiologische wie psychische Phänomene zu heißen, und die Bezeichnung »Suggerieren« wird gleichbedeutend mit der gegenseitigen Erweckung psychischer Zustände nach den Gesetzen der Assoziation. Der Verschluß der Augen führt den Schlaf herbei, weil er als eine der konstantesten Begleiterscheinungen mit der Vorstellung des Schlafes verknüpft ist; das eine Stück der Phänomene des Schlafes suggeriert die anderen Phänomene der ganzen Erscheinung. Diese Verknüpfung liegt in der Beschaffenheit des Nervensystems, nicht in der Willkür des Arztes, sie kann nicht bestehen, ohne sich auf Veränderungen in der Erregbarkeit der betreffenden Gehirnpartien, in der Innervation der Gefäßzentren usw. zu stützen, und bietet ebensowohl eine psychologische wie eine physiologische Ansicht. Wie jede Verkettung von Zuständen des Nervensystems läßt auch diese einen Ablauf in verschiedener Richtung zu. Die Vorstellung des Schlafes kann die Ermüdungsgefühle der Augen und der Muskeln und den entsprechenden Zustand der Gefäßnervenzentren herbeiführen; andere Male kann der Zustand der Muskulatur oder eine Einwirkung auf die Gefäßnerven für sich den Schlafenden wecken usw. Man kann nur sagen, es wäre ebenso einseitig, nur die psychologische Seite des Vorganges ins Auge zu fassen, als wenn man bloß die Gefäßinnervation für die Phänomene der Hypnose verantwortlich machen wollte.

Wie steht nun der Gegensatz zwischen den psychischen und den physiologischen Phänomenen der Hypnose? Er hatte eine Bedeutung, solange man unter der Suggestion die direkte psychische Beeinflussung von seiten des Arztes verstand, welche dem Hypnotisierten eine ihr beliebige Symptomatologie aufdrängt; er geht dieser Bedeutung verlustig, sobald erkannt ist, daß auch die Suggestion nur Erscheinungsreihen auslöst, welche in den funktionellen Eigentümlichkeiten des hypnotisierten Nervensystems begründet sind, und daß in der Hypnose noch andere Eigenschaften des Nervensystems als die Suggerierbarkeit sich geltend machen. Es könnte sich noch fragen, ob alle Phänomene der Hypnose *irgendwo* durch psychisches Gebiet durchgehen müssen, mit anderen Worten, denn nur dies kann der Sinn der Frage sein, ob die Erregbarkeitsveränderungen in der Hypnose jedesmal nur das Großrindengebiet betreffen. Diese Umänderung der Fragestellung scheint bereits über die Beantwortung der Frage zu entscheiden. Es ist unberechtigt, die Großhirnrinde dem übrigen Nervensystem, wie es hier geschieht, gegenüberzustellen; es ist unwahrscheinlich, daß eine so tiefgreifende funktionelle Veränderung der Großhirnrinde nicht von bedeutsamen Veränderungen in der Erregbarkeit der anderen Hirnteile begleitet sein sollte. Wir besitzen kein Kriterium, welches einen psychischen Vorgang von einem physiologischen, einen Akt in der Großhirnrinde von einem Akt in den subkortikalen Massen exakt zu trennen gestattete, denn das »Bewußtsein«, was immer es sein mag, kommt nicht jeder Tätigkeit der Großhirnrinde und der einzelnen nicht jedes Mal im gleichen Maße zu; es ist nichts, was an eine Lokalität im Nervensystem gebunden wäre.[1] Ich glaube also, man muß die Frage, ob die Hypnose

---

[1] [Hier sei eine kritische Anmerkung zitiert, die Freud seiner Übersetzung von Bernheims Buch hinzugefügt hat (S. 116 in der ersten Auflage): »Es scheint mir unberechtigt (und entbehrlich) anzunehmen, daß eine Verrichtung ihre Lokalisation im Nervensystem ändert, wenn sie mit Bewußtsein begonnen und später unbewußt fortgesetzt wird. Vielmehr ist es wahrscheinlich, daß der betreffende Teil des Gehirnes mit einem

psychische oder physiologische Phänomene zeigt, im großen und ganzen ablehnen und die Entscheidung für jedes einzelne Phänomen von einer speziellen Untersuchung abhängig machen.

Insoferne halte ich mich für berechtigt zu sagen, daß das Werk von Bernheim, während es auf der einen Seite über den Bereich der Hypnose hinausgreift, auf der anderen Seite ein Stück des Gegenstandes unberücksichtigt läßt. Wie lehrreich und bedeutungsvoll aber die Darstellung des Hypnotismus vom Gesichtspunkte der Suggestion sich gestaltet, werden hoffentlich auch die deutschen Leser Bernheims anerkennen.[1]

Wien, im August 1888.   Der Übersetzer.

---

wechselnden Betrag von Aufmerksamkeit (oder Bewußtsein) arbeiten kann.« Vgl. eine Bemerkung Breuers in Abschnitt 5 seines theoretischen Beitrags zu den *Studien über Hysterie* (1895), S. 287, unten. Freud selbst hat die im Text oben angeführte Aussage viel später in Abschnitt II seines metapsychologischen Aufsatzes über ›Das Unbewußte‹ (1915 e) wiederholt (*G. W.*, Bd. 10, S. 273; *Studienausgabe*, Bd. 3, S. 133).]
[1] [Freud hat dem Buch noch ein kurzes ›Nachwort des Übersetzers‹ (1889 d) angefügt, das in der ›Editorischen Vorbemerkung‹, oben, S. 108, in vollem Wortlaut zitiert wird.]

Vorwort zur zweiten deutschen Auflage[1]
(1896)

Der ersten Ausgabe dieses Buches in deutscher Sprache war ein Vorwort des Übersetzers beigegeben, welches wieder abzudrucken heute unnötig geworden ist. Die wissenschaftliche Situation, in welche damals das Erscheinen der Übersetzung von Bernheims *Suggestion* fiel, findet sich heute gründlich verändert; die Zweifel an der Realität der hypnotischen Phänomene sind stille geworden; die Ächtung hat aufgehört, welche damals jedem Neuropathologen sicher war, der dieses Erscheinungsgebiet für bedeutsam und ernster Bemühung würdig erachtete. Es ist diese Wandlung nicht zum kleinsten Anteil das Verdienst eben dieses Buches gewesen, welches in unübertrefflich überzeugender und eindringlicher Weise die Sache des wissenschaftlichen Hypnotismus vertreten hat.

Als das Bedürfnis sich geltend machte, dieses grundlegende Werk des Nancyer Arztes zum zweitenmale für deutsche Leser zugänglich zu machen, haben Herausgeber und Verleger im Einvernehmen mit dem Autor sich entschlossen, es um jene Kapitel zu verkürzen, in denen nur Kranken- und Heilungsgeschichten enthalten waren.[2] Sie konnten sich nicht darüber täuschen, daß nicht gerade in dieser die starke Seite von Bernheims Werk gelegen war. Herr Dr. M. Kahane hatte dann die Güte, dem Unterzeichneten die Arbeit der Revision der neuen Ausgabe abzunehmen und deren Text mit der letzten französischen Auflage in Einklang zu bringen.

---

[1] [Für die bibliographischen Angaben vgl. den Beginn der ›Editorischen Vorbemerkung‹, oben, S. 107.]
[2] [Tatsächlich machten diese Kapitel ungefähr die Hälfte des Buches aus; der nun fortgelassene Teil ist in der ersten Auflage mit dem von Otto von Springer, nicht mit dem von Freud übersetzten identisch. Vgl. das ›Nachwort‹, oben, S. 108.]

Der Übersetzer möchte aus dem Inhalte des Vorwortes zur ersten Ausgabe nur eine Bemerkung wiederholen, an der er heute wie damals festhält. Er vermißt in der Darstellung Bernheims durchwegs den Gesichtspunkt, daß die »Suggestion« (besser: das Gelingen der Suggestion, die Suggerierung) ein *pathologisches* psychisches Phänomen ist, welches zu seinem Zustandekommen besonderer Bedingungen bedarf. Diese Auffassung braucht sich weder durch die Häufigkeit und Leichtigkeit der Suggestion noch durch deren große Rolle im Alltagsleben beirren zu lassen. Bei Bernheim nimmt die tatsächliche Feststellung der letzteren Verhältnisse einen so breiten Raum ein, daß er darüber versäumt, das psychologische Problem aufzustellen, wann und warum die normalen Weisen psychischer Beeinflussung unter den Menschen durch die Suggestion ersetzbar werden. Und während er alle Phänomene des Hypnotismus durch die Suggestion erklärt, bleibt die Suggestion selbst völlig unerklärt, umhüllt sich aber mit dem Scheine, keiner Erklärung zu bedürfen. Diese Lücke haben wohl alle jene Forscher verspürt, die im Gefolge Forels um eine psychologische Theorie der Suggestion bemüht sind.

Wien, im Juni 1896. Dr. Sigm. Freud.

Rezension von
Auguste Forel, *Der Hypnotismus*, Stuttgart 1889
(1889)

Editorische Vorbemerkung

1889 *Wiener medizinische Wochenschrift*, Bd. 39, Nr. 28 (13. Juli), Sp. 1097–1100; Nr. 47 (23. November), Sp. 1892–96.

Der Titel von Forels Buch lautet in vollem Wortlaut: *Der Hypnotismus, seine Bedeutung und seine Handhabung in kurzgefaßter Darstellung*; es wurde 1889 von Ferdinand Enke, Stuttgart, verlegt. Sein Autor (1848–1931) war damals Professor der Psychiatrie an der Universität Zürich und genoß beträchtliches Ansehen. Seine späteren Schriften über soziologische Themen (sowie über die Naturgeschichte der Ameisen) fanden eine große Leserschaft. Forels Buch über den Hypnotismus erlebte viele Auflagen und wurde mehrmals vom Autor erweitert. Der sechsten Auflage (1911) fügte er ein neues Kapitel VII über »Psychanalyse« (wie er das Wort hartnäckig schrieb) hinzu, welches er für die siebte Auflage (1918) dann noch ergänzte. Inzwischen hatte sich der Titel des Buches verändert; es hieß nun *Der Hypnotismus oder die Suggestion und die Psychotherapie: Ihre psychologische, psychophysiologische und medizinische Bedeutung mit Einschluß der Psychanalyse, sowie der Telepathiefrage*. Bemerkenswert ist, daß Forel Breuer den »Entdecker der psychoanalytischen Methode, sowohl in ihrer psychologischen als in ihrer therapeutischen Bedeutung« nennt (Forel, 1889*b*, S. 218 der 8./9. Auflage, 1919) und ausschließlich Lobendes über ihn zu sagen weiß, wohingegen die »Freudianer« im Zuge der verschiedenen Auflagen von *Der Hypnotismus* zur Zielscheibe immer heftigerer Kritik werden.

Diese intellektuelle Anfeindung gehört jedoch zu einer späteren Phase. Zum Zeitpunkt der Rezension hatte Forel Freud bei Bernheim eingeführt und dessen Besuch in Nancy im Sommer 1889, also zwischen der Veröffentlichung der beiden

Teile der Rezension, angeregt. (Vgl. die ›Editorische Einleitung‹, S. 98, oben.) Freud reiste damals anschließend nach Paris weiter, um, mitten im Trubel der Weltausstellung, den Ersten Internationalen Kongreß für Hypnotismus (vom 8. bis 12. August) zu besuchen, zu dessen Teilnehmern Bernheim und Liébeault, Forel sowie Liégeois und Delbœuf (s. S. 139 und Anm., unten) gehörten. Der zweite Teil der Rezension – im Grunde handelt es sich bei dieser Arbeit um zwei getrennte Artikel – spiegelt die Erfahrung wider, die Freud während jenes Sommeraufenthalts in Frankreich gesammelt hatte. – Als Textvorlage diente eine Photokopie des Erstdrucks.

I.

Diese nur 88 Seiten starke Schrift des rühmlich bekannten Züricher Psychiaters ist eine Erweiterung eines Aufsatzes über die strafrechtliche Bedeutung des Hypnotismus, welcher 1889[1] in der *Zeitschrift für die gesamte Strafrechtswissenschaft*, Bd. IX, veröffentlicht wurde.

Dieselbe wird wohl für lange Zeit eine hervorragende Stelle in der deutschen Literatur über Hypnotismus behaupten. Knapp, fast katechismusartig gehalten, von großer Klarheit der Darstellung und Entschiedenheit des Ausdrucks, verbreitet sie sich über den gesamten Kreis von Erscheinungen und Problemen, die man als »Lehre vom Hypnotismus« zusammenfaßt, sondert in glücklicher Weise Tatsachen und Theorien, läßt nirgends den Ernst des gründlich prüfenden Arztes vermissen und vermeidet allerorten jenen Ton von Überschwenglichkeit, der einer wissenschaftlichen Erörterung so übel ansteht. Nur einmal erwärmt sich die Darstellung Forels zu dem Ausspruche: »Die Entdeckung der psychologischen Bedeutung der Suggestion durch Braid[2] und Liébeault[3] ist nach meiner

---

· [1] [Forel (1889a). Im Original steht hier irrtümlich die Jahreszahl »1888«.]

[2] [Vgl. oben, S. 103, Anm. 3.]

[3] [Ambroise Auguste Liébeault (1823–1904), praktischer Arzt in Nancy, berühmt für seine Kunstfertigkeit und selbstlose Hilfsbereitschaft, Begründer der Therapeutik der Suggestion, die er erstmals methodisch anwendete, war der Lehrer und spätere Mitarbeiter von Bernheim. Letzterer bezieht sich auf Liébeaults Buch (1866) als »die wichtigste Publikation über den Braidismus« und fügt hinzu: »Liébeault ist ein Anhänger der Suggestionstheorie, welche er weiter entwickelt hat als Braid selbst und mit Erfolg zu therapeutischen Zwecken verwendet hat, ein Feind des Wunderbaren und Mystischen, und er versucht daher, die beobachteten Erscheinungen durch psycho-physiologische Ge-

Ansicht so großartig, daß sie mit den größten Entdeckungen, respektive Erkenntnissen des menschlichen Geistes verglichen werden kann.« Wer in dieser Äußerung eine arge Überschätzung der Hypnose sieht, wolle sein endgiltiges Urteil aufschieben, bis die nächsten Jahre zur Klarheit gebracht haben, wie viele von den großen theoretischen und praktischen Umwälzungen, welche die Hypnose zu leisten verspricht, tatsächlich durch dieselbe zustande kommen können. Bei der Erwähnung jener dunkeln, an den Hypnotismus angelehnten Probleme (Gedankenübertragung etc.), mit denen sich gegenwärtig der »Spiritismus« beschäftigt, zeigt Forel eine echt wissenschaftliche Zurückhaltung. Man versteht es nicht, warum eine Autorität unserer Stadt unseren Autor vor einer ärztlichen Gesellschaft als den »südlichen Forel« bezeichnet und ihm einen angeblich »nördlicheren« Gegner der Hypnose als Muster kühlerer Denkweise gegenübergestellt hat.[1] Selbst wenn es minder unstatthaft wäre, die Urteile lebender Forscher über wissenschaftliche Probleme durch den Hinweis auf deren Nationalität oder Vaterland erledigen zu wollen, und selbst wenn Prof. Forel nicht das Glück hätte, unter dem 46. Grad nördlicher Breite geboren und erzogen worden zu sein[2], wäre man nicht berechtigt, aus der Lektüre des vorliegenden Büchleins zu schließen, daß dem Autor desselben das Temperament mit der Logik durchzugehen pflegt.

Die kleine Schrift ist vielmehr das Werk eines ernsthaften Arztes, der den Wert und die Tragweite der Hypnose als therapeutisches Hilfsmittel durch eigene reiche Erfahrung kennengelernt hat und der ein Recht dazu hat, »den Spöttern und Ungläubigen« zuzurufen: »Prüfet nach, bevor ihr urteilt.« Man wird ihm auch beipflichten müssen, wenn er hinzufügt: »Um über Hypnotismus urteilen zu können, muß man selbst eine Zeitlang hypnotisiert haben.«[3]

---

sichtspunkte zu erklären.« (Bernheim, 1886, in der Übersetzung Freuds, 1888–89, S. 107.) Freud erwähnt seine Dankesschuld gegenüber Liébeaults Schlaftheorie (1889) in seiner *Traumdeutung* (1900a; *G. W.,* Bd. 2/3, S. 576, Anm.; *Studienausgabe,* Bd. 2, S. 543, Anm.). (Wie viele deutsche Autoren der damaligen Zeit schreibt Freud den Namen durchgehend falsch »Liébault«. Dies ist im vorliegenden Band überall stillschweigend korrigiert worden.)]

[1] [Th. Meynert am 7. Juni 1889 in der Diskussion eines Vortrags von Dr. Ludwig Frey (1889) vor der k. k. Gesellschaft der Ärzte in Wien (*Wiener klinische Wochenschrift,* Bd. 2, 1889, S. 490).]

[2] Wie ich einer brieflichen Äußerung Forels entnehme. [Er wurde in Morges am Genfer See geboren.]

[3] [Dies sind Zitate aus Forels Vorrede.]

Es gibt freilich zahlreiche Gegner der Hypnose, die ihr Urteil auf einem bequemeren Wege gewonnen haben. Diese haben die neue therapeutische Methode nicht geprüft, unparteiisch und sorgfältig in Anwendung gezogen, wie man etwa mit einem neu empfohlenen Medikament verfahren würde, sondern haben die Hypnose von vorneherein verworfen, und nun hindert sie keinerlei Kenntnis von den unschätzbaren Heilwirkungen dieser Methode daran, ihrer Abneigung gegen dieselbe, worauf immer diese beruhen mag, den schärfsten und ungerechtesten Ausdruck zu geben. Sie übertreiben die Gefahren der Hypnose ins maßlose, verleihen ihr einen Ekelnamen um den anderen und setzen der kaum mehr zu übersehenden Fülle von Berichten über Heilerfolge durch Hypnose Orakelsprüche entgegen wie diesen: »Heilerfolge beweisen nichts, sie sind selber erst des Beweises bedürftig.«[1] Bei der Heftigkeit ihrer Gegnerschaft ist es dann nicht zu verwundern, wenn sie den Ärzten, welche sich verpflichtet glauben, die Hypnose zum Wohle ihrer Kranken auszuüben, Unlauterkeit der Absichten und unwissenschaftliche Denkweise vorwerfen; Anschuldigungen, die von einer wissenschaftlichen Diskussion ausgeschlossen sein sollten, seien sie nun offen oder in mehr oder minder verhüllten Anspielungen vorgebracht. Wenn sich unter diesen Gegnern Männer befinden wie Herr Hofrat Meynert, Männer, die durch ihre Arbeiten eine große Autorität erworben haben, welche das ärztliche wie das Laienpublikum nun ohne weitere Prüfung auf alle ihre Äußerungen überträgt, so ist eine gewisse Schädigung der Sache des Hypnotismus allerdings unvermeidlich. Es fällt den meisten Menschen schwer anzunehmen, daß ein Forscher, der für einige Kapitel der Neuropathologie große Erfahrung erworben und viel Scharfblick bewiesen hat, für andere Probleme jeder Eignung, als Autorität angerufen zu werden, entbehren sollte; und der Respekt vor der Größe, besonders vor der intellektuellen Größe, gehört gewiß zu den besten Eigenschaften der menschlichen Natur. Aber er soll gegen den Respekt vor den Tatsachen zurücktreten. Man braucht sich nicht zu scheuen, es auszusprechen, wenn man die Anlehnung an eine Autorität gegen das eigene, durch Studium der Tatsachen erworbene Urteil zurücksetzt.

Wer, wie Referent, in Sachen der Hypnose ein selbständiges Urteil erworben hat, wird sich damit trösten, daß eine so herbeigeführte Schädi-

---

[1] Hofrat Meynert in der Sitzung der k. k. Gesellschaft der Ärzte vom 7. Juni d. J. [in dem in Anm. 1 auf der vorherigen Seite zitierten Diskussionsbeitrag].

gung des Ansehens der Hypnose nur eine zeitlich und örtlich abgegrenzte sein kann. Die Bewegung, welche die Suggestivtherapie in den Heilschatz der Medizin einführen will, hat an anderen Orten bereits triumphiert und wird endlich auch in Deutschland, respektive in Wien, zum Ziele gelangen. Wer von den Ärzten sachlichen Erwägungen zugänglich ist, wird sich milder stimmen lassen, wenn er merkt, daß die angeblichen Opfer der hypnotischen Therapie nach der Behandlung weniger leiden und ihre Pflichten besser erfüllen als vorhin, wie ich dies von meinen Patienten aussagen darf. Eigene Versuche werden ihm zeigen, daß eine ganze Reihe von Vorwürfen, die man gegen die Hypnose gerichtet hat, nicht diese besonders, sondern ebenso unsere gesamte Therapie treffen, ja gegen einzelne Verfahren, die wir alle üben, mit mehr Berechtigung als gegen die Hypnose gerichtet werden können. Er wird als Arzt die Unmöglichkeit erfahren, die Hypnose nicht zu üben, seine Kranken leiden zu lassen, während er sie durch eine unschuldige psychische Beeinflussung erlösen kann. Er wird sich sagen müssen, daß die Hypnose nichts an ihrer Harmlosigkeit und an ihrem Heilwerte einbüßt, wenn man sie einen »künstlichen Wahnsinn«[1] oder eine »künstliche Hysterie« heißt, ebensowenig wie z. B. das Fleisch an seinem Wohlgeschmack und an seinem Nährwert verliert, wenn die Wut der Vegetarianer es als »Aas« beschimpft.

Vergessen wir für einen Moment, daß wir die Wirkungen der Hypnose aus der Erfahrung kennen, und fragen wir uns, welche schädlichen Wirkungen wir von der Hypnose a priori zu erwarten haben. Das hypnotische Heilverfahren besteht erstens in der Hervorrufung des hypnotischen Zustandes und zweitens in der Erteilung einer Suggestion an den Hypnotisierten. Welcher der beiden Akte soll der schädliche sein? Die Hervorrufung der Hypnose? Aber die Hypnose ist, wenn sie am vollkommensten gelingt, nichts anderes als der gewöhnliche, uns allen so vertraute, freilich in so vielen Stücken noch so unverstandene Schlaf, und wenn sie minder gut ausgebildet ist, entspricht sie verschiedenen Stadien des Einschlafens. Es ist richtig, daß wir im Schlafe das psychische Gleichgewicht verloren haben, daß die Tätigkeit unseres Gehirns während des Schlafes eine gestörte ist, vielfach an den Wahnsinn erinnert, aber diese Analogie verhindert nicht, daß wir vom Schlafe auch geistig neu gestärkt erwachen. Nach Meynerts Erörterungen über die schädlichen Wirkungen einer Herabsetzung der kortikalen Tätigkeit und nach seiner Herleitung der hypnotischen Eu-

---

[1] [Vgl. oben, S. 111, Anm.]

phorie hätten wir Ärzte eigentlich allen Grund, die Menschen schlaflos zu erhalten. Sie ziehen es aber bis jetzt noch vor zu schlafen, und wir wollen nicht besorgen, daß die Gefahren der hypnotischen Therapie im Akte des Hypnotisierens liegen. Also ist die Erteilung der Suggestion das schädliche Moment? Unmöglich, denn die Angriffe der Gegner richten sich bemerkenswerterweise gar nicht gegen die Suggestion. Der Gebrauch der Suggestion ist ja angeblich etwas dem Arzte seit jeher Vertrautes, »wir suggerieren ja alle beständig«, sagen sie, und in der Tat ist der Arzt – auch der Nicht-Hypnotiseur – nie befriedigter, als wenn er durch die Macht seiner Persönlichkeit, den Einfluß seiner Rede und seiner – Autorität, eine Krankheitserscheinung aus der Aufmerksamkeit des Kranken verdrängt[1] hat. Warum soll der Arzt also nicht eine Beeinflussung planmäßig anstreben dürfen, die ihm immer so erwünscht war, wenn sie ihm unversehens einmal gelang? Es ist aber doch vielleicht die Suggestion das Verwerfliche, die Unterdrückung der freien Persönlichkeit durch den Arzt, der ja auch im künstlichen Schlafe die Macht der Leitung über das schlafende Gehirn behält. Es ist ganz interessant, die entschiedensten Deterministen plötzlich als Verteidiger der gefährdeten »persönlichen Willensfreiheit« zu sehen, den Psychiater, der gewohnt ist, die »freiaufstrebende« Geistestätigkeit[2] seiner Kranken durch große Dosen von Brom, Morphin und Chloral zu ersticken, die suggestive Beeinflussung als etwas Entwürdigendes für beide Teile anklagen zu hören. Kann man denn wirklich vergessen, daß die Unterdrückung der Selbständigkeit des Kranken durch die hypnotische Suggestion stets nur eine partielle ist, daß sie sich gegen Krankheitserscheinungen richtet, daß, wie wohl hundertmal ausgeführt worden, die ganze soziale Erziehung des Menschen auf einer Unterdrückung unbrauchbarer Vorstellungen und Motive und deren Ersetzung durch bessere beruht, daß das Leben alltäglich jedem Menschen psychische Einwirkungen bringt, die, obwohl sie im Wachen eingreifen, ihn weit intensiver verändern als die Suggestion des Arztes, der eine Schmerz- oder Angstvorstellung durch eine wirksame Gegenvorstellung zu beseitigen sucht? Nein, an der hypnotischen Therapie ist nichts anderes gefährlich als der Mißbrauch, und wer sich als Arzt nicht die Sorgfalt oder die Reinheit der Intention zutraut,

---

[1] [Hier natürlich nicht im Sinne des späteren psychoanalytischen Verdrängungsbegriffs gebraucht.]

[2] [Wiederholung einer Meynertschen Formulierung (1889, S. 524); dort wird »der zur tiefsten Unterworfenheit dressierte Hund dem Hypnotisierten gegenüber noch als Beispiel eines freiaufstrebenden Geistes« angeführt.]

diesen Mißbrauch zu vermeiden, der tut gut, der neuen Heilmethode fernezubleiben.

Was die persönliche Würdigung jener Ärzte betrifft, die den Mut haben, die Hypnose als therapeutisches Mittel anzuwenden, noch ehe sie die Hochflut der Mode dazu genötigt hat, so ist Referent der Meinung, es gezieme sich, der so häufigen Unduldsamkeit großer Männer bis zu einem gewissen Maße Rechnung zu tragen. Es erscheint Referenten daher noch nicht angezeigt und überhaupt nicht genügend interessant für einen weiteren Kreis, hier darauf einzugehen, aus welchen Gründen Herr Hofrat Meynert den Lesern seines Aufsatzes über die traumatischen Neurosen ihn (Referenten) und einen Teil seiner Lebensgeschichte vorgeführt hat.[1]

Es erscheint dem Referenten wichtiger, die Sache der Hypnose bei denjenigen zu vertreten, welche sich gewöhnt haben, ihre Urteile über wissenschaftliche Fragen von einer großen Autorität prägen zu lassen, und die vielleicht hiebei durch die richtige Einsicht in die Unzulänglichkeit ihres eigenen Unterscheidungsvermögens geleitet werden. Er gedenkt dies zu tun, indem er der gegnerischen Autorität Meynerts andere Autoritäten entgegenstellt, die sich der Hypnose freundlicher erwiesen haben. Er erinnert daran, daß die Anregung zum wissenschaftlichen Studium der Hypnose bei uns von Prof. H. Obersteiner ausgegangen ist und daß ein so ausgezeichneter Irren- und Nervenarzt wie der erst jetzt für unsere Universität gewonnene Prof. v. Krafft-Ebing sich rückhaltslos zur Schätzung der Hypnose bekennt und dieselbe in seiner ärztlichen Tätigkeit mit dem

---

[1] [Vgl. Meynert (1889), S. 475 und S. 501, Anm.; der Text dieser Anmerkung lautet: »Ich halte mich hier an die autorisierte deutsche Ausgabe [des Buches von Charcot (1887)] von Dr. Sigmund Freud, welcher, durch eine Universitätsreisestiftung geehrt, Gelegenheit fand, durch die von ihm vernommenen Vorlesungen Charcots in Paris angeregt zu werden, und jetzt hierorts als geschulter Praktiker in Hypnose tätig ist, nachdem er in einer zweiten Übersetzungsarbeit, nämlich des Bernheimschen Buches über Suggestion, sich wieder von Charcot einigermaßen abgewendet hat. Nachdem S. Freud aus einem Vortrage über hypnotische Erscheinungen ersah, daß ich mir darüber die Gedanken mache, die mir einleuchten, und nicht die, welche er übersetzt hat, wirft er mir in mehr dogmatischer als wissenschaftlicher Weise vor, daß ich zwischen Hysterismus und Hypnotismus keinen einschneidenden Unterschied finde. Wenn er mich darüber zu belehren beliebt und sich dabei auf Meister Charcot beruft, so liegt etwas zuwenig Logik in dieser Berufung, da gerade Charcot, wenn er von männlicher Hysterie spricht, wie bei den traumatischen Fällen seiner Demonstration, sogar die Hysterie und Suggestion identifiziert. Gleichfalls wird Hypnotismus und Hysterie von Seligmiller und Strumpell in Lehrbüchern identifiziert. Ich finde sein Eintreten für die Suggestionstherapie darum merkenswert, weil er als ein physiologisch exakt geschulter Arzt Wien verließ.«]

glücklichsten Erfolge ausübt. Wie man sieht, können diese Namen auch solche Urteilsbedürftige befriedigen, deren Vertrauen fordert, daß eine wissenschaftliche Autorität gewisse Bedingungen der Nationalität, der Rasse und der geographischen Breite erfülle, und deren Gläubigkeit an den Grenzpfählen des Vaterlandes haltmacht.

Jeder andere, der auch für wissenschaftliche Bedeutung außerhalb des Vaterlandes empfänglich ist, wird auch Prof. Forel zu den Männern zählen, deren Parteinahme für die Hypnose ihn über die vorgebliche Niedrigkeit und Unwürdigkeit dieser therapeutischen Methode beruhigen darf. Speziell Referent hat bei den Angriffen Meynerts die Empfindung gehabt, daß er sich mit seiner Befürwortung der Hypnose in guter Gesellschaft befinde. Prof. Forel ist ein Beweis dafür, daß man ein sehr beachtenswerter Gehirnanatom sein und dennoch in der Hypnose etwas anderes sehen kann als eine Abgeschmacktheit. Man kann auch ihm die Qualifikation eines »physiologisch exakt geschulten Arztes«, die Herr Hofrat Meynert der Vergangenheit des Referenten gnädigst erteilt[1], nicht vorenthalten, und wie Referent aus dem bösen Paris verdorben zurückgekehrt ist, so war für Prof. Forel eine Reise nach Nancy zu Bernheim der Ausgangspunkt jener neuen Tätigkeit, der wir das vorliegende ausgezeichnete Buch verdanken.

II.

In dem einleitenden Abschnitte seines Buches bemüht sich Forel, »Tatsachen, Theorie, Begriffe und Terminologie« voneinander nach Möglichkeit zu sondern.

Die Haupttatsache des Hypnotismus liegt darin, daß man einen Menschen in einen besonderen, dem Schlafe ähnlichen Seelen-(respektive Gehirn-)Zustand versetzen könne. Dieser Zustand heiße *Hypnose*. Eine

---

[1] Ich muß Herrn Hofrat Meynert neuerdings berichtigen. Er sagt von mir aus, ich sei »hierorts als geschulter Praktiker in Hypnose tätig«. Das ist zuwenig gesagt und könnte bei Fremden die unrichtige Vorstellung erwecken, daß ich nichts anderes tue als hypnotisieren. Ich lebe vielmehr »hierorts« als Nervenarzt und bediene mich aller therapeutischen Methoden, die einem solchen zu Gebote stehen. Die Erfolge, die ich durch Anwendung der Hypnose bisher erzielt habe, machen es mir allerdings zur Pflicht, auch weiterhin auf dieses mächtige Hilfsmittel nicht zu verzichten. [Vgl. die vorherige Anmerkung.]

zweite Reihe von Tatsachen besteht in der Art, wie dieser Zustand herbeigeführt (und beseitigt) wird. Scheinbar sei dies auf drei Wegen möglich:
1. durch die psychische Einwirkung eines Menschen auf den anderen (Suggestion), 2. durch die (physiologische) Einwirkung gewisser Prozeduren
(Fixieren[1]), der Magnete, einer menschlichen Hand etc., 3. durch Selbst-
beeinflussung (Autohypnose). Fest stehe indessen nur die erstere Art der
Erzeugung durch Vorstellungen – Suggestion. Bei keiner der anderen Er-
zeugungsarten der Hypnose sei die Möglichkeit einer Suggestionswirkung
in irgendeiner Form ausgeschlossen.

Eine dritte Reihe von Tatsachen ist diejenige der Leistungen der Hypnotisierten. Im Zustande der Hypnose ist es nämlich möglich, durch Suggestion die ausgedehntesten Wirkungen auf fast alle Funktionen des Nervensystems zu üben, darunter auf solche Verrichtungen, deren Abhängigkeit
von Großhirnvorgängen in der Regel zu gering angeschlagen wird. Daß
die Einwirkung des Großhirns auf die Körperfunktionen in der Hypnose
intensiver ausgenützt werden kann als im Wachen, stimmt freilich wenig
zu jener Theorie der hypnotischen Erscheinungen, die in letzteren eine
»Herabdrückung der kortikalen Tätigkeit«, eine Art von experimentellem
Blödsinn sehen will; aber zu dieser Theorie, welche so ziemlich alle
Phänomene der Gehirntätigkeit durch den Gegensatz von kortikal und
subkortikal zu begreifen sucht und geradezu das »böse« Prinzip in die
subkortikalen Hirnteile lokalisiert, stimmt auch manches andere nicht –
außerhalb der hypnotischen Erscheinungen.

Unzweifelhafte Tatsachen sind ferner die Abhängigkeit der Seelentätigkeit des Hypnotisierten von der des Hypnotiseurs sowie die Erzielung von
sogenannten posthypnotischen Wirkungen bei ersterem, d. h. die Bestimmung psychischer Akte, welche erst längere Zeit nach Aufhören der Hypnose verwirklicht werden. Eine ganze Reihe von Angaben hingegen,
welche die interessantesten Leistungen des Nervensystems behaupten
(Hellsehen, Suggestion mentale etc.), könne heute nicht unter die Tatsachen aufgenommen werden, und obwohl man die wissenschaftliche
Prüfung dieser Angaben nicht ablehnen darf, müsse man doch im Auge
behalten, daß eine befriedigende Klärung derselben mit den größten
Schwierigkeiten verbunden sei.

Zur Erklärung der hypnotischen Erscheinungen sind drei prinzipiell
verschiedene *Theorien* aufgestellt worden. Die älteste derselben, die wir

---

[1] [S. Anm. 2, oben, S. 115.]

noch heute nach Mesmer[1] benennen, nimmt an, daß beim Akte des Hypnotisierens ein imponderabler Stoff – ein Fluidum – aus dem Hypnotisierenden in den hypnotisierten Organismus übergeht. Mesmer nannte dieses
Agens Magnetismus; seine Theorie ist der wissenschaftlichen Denkungsart unserer Tage so fremd geworden, daß sie als beseitigt betrachtet werden
kann.[2] Eine zweite Theorie, die *somatische*, erklärt die hypnotischen Erscheinungen nach dem Schema der spinalen Reflexe, sie erblickt in der
Hypnose einen physiologisch veränderten Zustand des Nervensystems,
der durch äußere Reize (Streichen, Fixierung der Sinnestätigkeit, Annäherung von Magneten, Auflegen von Metallen etc.) erzeugt wird. Sie
behauptet, daß solche Reize nur bei bestimmter Veranlagung des Nervensystems »hypnogen« wirken, daß also nur Neuropathen (speziell Hysteri

---

[1] [Im Original irrtümlich »Messmer«. Franz Anton Mesmer (1734–1815), gebürtiger
Deutscher, erhielt seine medizinische Ausbildung in Wien, wo er auch praktizierte; er
behauptete die Existenz eines animalen Magnetismus – im Unterschied zum mineralen
Magnetismus – und seine Wirksamkeit bei der Krankenbehandlung. Die Feindseligkeit,
die er mit seinen Lehren in Wien hervorrief, trieb ihn 1778 nach Paris, wo er, ungeachtet
der scharfen Angriffe des medizinischen Establishments, viele Anhänger fand. Gegen
Ende seines ruhelosen Lebens und bis etwa zehn Jahre nach seinem Tode gewannen seine
Ansichten in Deutschland unter Universitätslehrern und in der Ärzteschaft erstaunlich
an Boden; auch von russischen, dänischen und holländischen Ärzten wurde der Magnetismus übernommen. In Frankreich wurde der Mesmerismus dagegen zumeist von
Laien-Therapeuten praktiziert. Indessen stieß er in der Schweiz und in Italien auf wenig
Interesse, Österreich blieb unversöhnlich ablehnend. In England erregte das Thema kein
größeres Aufsehen; dies änderte sich erst mit den Untersuchungen von Braid um 1840,
zu einer Zeit also, als Mesmers Stern im übrigen Europa bereits am Verblassen war. (Vgl.
Anm. 3, S. 103, oben.) Die wohl ausführlichste Darstellung seiner Theorien findet sich
in Mesmers eigenem, in Französisch verfaßtem Buch (1779).]

[2] [Es seien in diesem Zusammenhang einige Bemerkungen Freuds angeführt, die rund
fünfzehn Jahre nach der vorliegenden Rezension veröffentlicht wurden: In der *Neuen
Freien Presse* vom 6. November 1904 (Sonntag), Morgenblatt, S. 10, erschien ein ›Magnetische Menschen‹ betitelter Artikel von Th. Thomas. Der Autor, der mehreren Kapazitäten Meinungsäußerungen entlockt hatte, zitiert darin Professor Sigmund Exner, der
gesagt habe, Menschen seien voll von elektrischen Strömen und Ladungen, jedoch für
Magnetismus nicht empfindlich. Er fährt fort: »Und diese Worte ergänzend, sagt Professor Freud [1904d]: ›Die Menschen haben immer die Sehnsucht, alle Geheimnisse mit
einem Schlüssel aufsperren zu wollen. Als solch ein Schlüsselwort erschien stets der
Magnetismus. Er war und ist ein Wort von großer, suggestiver Bedeutung. Und begreiflich erscheint es auch, daß die geheimnisvolle, in die Ferne wirkende Kraft des Magnets
seine Wirkung auf die Phantasie nicht verfehlt. Von einer faktischen Wirkung des Magnets auf den Menschen oder des Menschen auf den Magnet kann natürlich nicht die
Rede sein.‹« Vgl. auch die ›Editorische Einleitung‹, S. 96 und Anm., oben.]

sche) hypnotisierbar sind, vernachlässigt bei der Hypnose den Einfluß von Vorstellungen und beschreibt eine typische Reihe von rein somatischen Veränderungen, die während des hypnotischen Zustandes zu beobachten sind. Es ist bekanntlich die große Autorität Charcots, welche diese ausschließlich somatische Auffassung der Hypnose stützt.

Forel steht aber ganz auf dem Boden einer dritten Theorie, der von Liébeault und seinen Schülern (Bernheim, Beaunis, Liégeois) aufgebauten Suggestionstheorie. Dieser zufolge sind alle Erscheinungen der Hypnose psychische Wirkungen, Effekte von Vorstellungen, die mit Absicht oder ohne solche beim Hypnotisierten hervorgerufen werden. Der Zustand der Hypnose selbst wird nicht durch äußere Reize, sondern durch eine Suggestion erzeugt, er ist nicht den Neuropathen eigentümlich, sondern kann bei der großen Mehrheit der Gesunden mit leichter Mühe erzielt werden, kurz, »der bisher so verschwommene Begriff des Hypnotismus hat in dem der Suggestion aufzugehen«. Ob der Begriff der Suggestion wirklich minder verschwommen ist als der des Hypnotismus, muß einer eingehenderen Kritik zur Entscheidung vorbehalten werden.[1] Es sei hier nur bemerkt, daß der Arzt, welcher die Hypnose studieren und verwerten will, unzweifelhaft am besten tut, sich von vorneherein der Suggestionstheorie anzuschließen. Denn von der Richtigkeit der Behauptungen der Schule von Nancy wird er sich an seinen eigenen Kranken jederzeit überzeugen können, während er kaum in die Lage kommen dürfte, jene Erscheinungen, welche Charcot als großen Hypnotismus[2] beschreibt, die nur wenigen mit *grande hystérie* Behafteten zukommen sollen, durch eigene Beobachtung zu bestätigen.

Der zweite Abschnitt des Buches handelt von der Suggestion und umfaßt, in bewundernswerter Knappheit und mit meisterhaft eindringlicher Darstellungsgabe geschrieben, das ganze Gebiet der psychischen Phänomene, die man an hypnotisierten Personen beobachtet hat. Den Schlüssel zum Verständnis der Hypnose bietet die Liébeaultsche Theorie des normalen Schlafes (richtiger: des normalen Einschlafens), von dem sich die Hypnose nur durch die eingefügte Beziehung zur einschläfernden Person unterscheidet. Aus dieser Theorie folgt, daß alle Menschen hypnotisierbar sind und daß es besonderer Verhinderungen bedarf, wenn die Hypnose nicht zustande kommt. Die Natur dieser Verhinderungen (allzu intensiver

---

[1] [S. jedoch S. 138, unten.]
[2] [S. oben, S. 112.]

Wunsch, hypnotisiert zu werden, nicht minder als absichtliche Widersetzlichkeit u. a.) wird erörtert, die Grade der Hypnose besprochen, das Verhältnis des suggerierten Schlafes zu den übrigen Erscheinungen der Hypnose erwogen, zumeist in völliger Übereinstimmung mit Bernheim, dessen maßgebendes Werk über die Suggestion in deutscher Übertragung[1] einen großen Leserkreis erworben zu haben scheint. Gleichfalls als Auszüge aus Bernheim stellen sich die Absätze über die Wirkungen der Suggestion in der Hypnose dar, die aber durchwegs an Beispielen eigener Erfahrung erläutert werden. Forel stellt hier den Satz voran: »Man kann durch Suggestion in der Hypnose sämtliche bekannte[n] subjektiven Erscheinungen der menschlichen Seele und einen großen Teil der objektiv bekannten Funktionen des Nervensystems produzieren, beeinflussen, verhindern (hemmen, modifizieren, lähmen oder reizen).« Also Beeinflussung der sensiblen und motorischen Körperfunktionen, gewisser Reflexe, vasomotorischer Vorgänge (sogar Blasenziehen!), auf psychischem Gebiete der Gefühle, Triebe, des Gedächtnisses, der Willenstätigkeit usw. Jeder, der einige persönliche Erfahrungen über Hypnotismus gesammelt hat, wird sich hiebei des Eindruckes erinnern, den es ihm machte, als er zum ersten Male einen bisher ungeahnten Einfluß auf das psychische Leben eines anderen Menschen ausübte und mit einer Menschenseele wie sonst nur mit einem Tierleib experimentieren konnte! Allerdings erfolgt diese Beeinflussung nur selten ohne *Widerstand* von seiten des Hypnotisierten. Derselbe ist kein bloßer Automat, er wehrt sich oft genug gegen die Suggestion und schafft sich aus seiner eigenen Tätigkeit »Autosuggestionen«, eine Bezeichnung, in welcher übrigens nur scheinbar eine Bereicherung, genaugenommen eine Aufhebung des Begriffes »Suggestion« gegeben ist.

Vom höchsten Interesse sind nun die folgenden Auseinandersetzungen über posthypnotische Erscheinungen, Suggestion auf bestimmten Termin und Wachsuggestion, eine Erscheinungsreihe, deren Studium bereits die wertvollsten Aufschlüsse über die normalen psychischen Vorgänge des Menschen geliefert hat, deren Auffassung aber noch manchen Streitigkeiten unterliegt. Hätten die Arbeiten Liébeaults und seiner Schüler nichts Weiteres ergeben als die Kenntnis dieser merkwürdigen und dabei doch alltäglichen Phänomene und als diese Bereicherung der Psychologie um eine experimentelle Methode, selbst abgesehen von jeder praktischen

---

[1] [Diese von Freud selbst besorgte Übersetzung war kurz vorher erschienen (Freud, 1888–89). S. deren Vorrede, oben, S. 109 ff.]

Tragweite, so wäre ihnen doch bereits ein hervorragender Platz unter den wissenschaftlichen Erwerbnissen dieses Jahrhunderts gesichert! Über die praktische Verwertung des Hypnotismus enthält Forels Büchlein eine ganze Reihe von treffenden Bemerkungen und Ratschlägen, welche zur vollsten Anerkennung des Autors nötigen. So schreibt nur ein Arzt, der mit der vollsten Beherrschung des schwierigen Gegenstandes die feste Überzeugung von dessen Wichtigkeit verbindet! Die Technik des Hypnotisierens ist nicht so leicht, als man nach dem bekannten Einwurfe der ersten Berliner Diskussion (das Hypnotisieren sei keine ärztliche Kunst, weil es jeder Schäferknecht zustande bringe) meinen sollte. Man muß mit Begeisterung, Geduld, großer Sicherheit und Reichtum an Kniffen und Einfällen ausgerüstet sein. Wer nach einem gegebenen Schema hypnotisieren will, wer sich vor dem Mißtrauen, vor dem Lachen seines Subjektes fürchtet, wer in verzagter Stimmung beginnt, wird wenig erzielen. Der zu Hypnotisierende darf nicht ängstlich gelassen werden, sehr ängstliche Personen sind am wenigsten für das Verfahren geeignet. Geschicktes und sicheres Vorgehen wird alle angeblichen üblen Folgen des Hypnotisierens unterdrücken. »On ne s'improvise pas plus médecin hypnotiseur qu'on ne s'improvise oculiste«, wie Dr. Bérillon treffend gesagt!

Was kann man nun mit der Hypnose leisten? Forel gibt eine Liste der Affektionen, welche »der Suggestion am besten zu weichen scheinen«, ohne dieselben für erschöpfend ausgeben zu wollen. Man wird hinzufügen dürfen, daß die Indikationsstellung für die hypnotische Behandlung von etwas anderer Art ist als etwa für den Gebrauch der Digitalis etc.

Es kommt beinahe mehr auf die Beschaffenheit des Subjektes als auf die Natur seiner Erkrankung an. Bei der einen Person gibt es kaum ein Symptom, das nicht der Suggestion wiche, sei es auch noch so gut organisch begründet, wie etwa der Schwindel bei Menièrescher Krankheit oder der Husten bei Tuberkulose; bei einer anderen gelingt es nicht, unzweifelhaft psychisch verursachte Störungen zu beeinflussen. Nicht minder kommt die Geschicklichkeit des Hypnotiseurs in Betracht und die Bedingungen, unter die er seine Kranken versetzen kann. Ich bin selbst nicht arm an glücklichen Erfolgen durch hypnotische Behandlung, aber ich getraue mich nicht, manche Heilungen zu unternehmen, wie ich sie bei Liébeault und Bernheim in Nancy gesehen habe.[1] Ich weiß auch, daß ein guter Teil

---

[1] [Dieser zweite Teil der Rezension war nach Freuds Besuch in der Klinik von Nancy geschrieben worden; vgl. oben, S. 98 und S. 123 f.]

dieser Erfolge an der »suggestiven Atmosphäre« haftet, welche die Klinik dieser beiden Ärzte umgibt, an dem Milieu und der Stimmung der Personen, Dinge, die ich bei meinen Versuchspersonen nicht immer ersetzen kann.

Kann man durch Suggestion eine Nervenfunktion dauernd ändern, oder ist der Vorwurf berechtigt, daß die Suggestion nur symptomatische Erfolge für kurze Zeit liefert? Bernheim selbst hat in den letzten Absätzen seines Buches eine unanfechtbare Antwort auf diesen Vorwurf erteilt. Er weist nach, daß die Suggestion in der nämlichen Weise wirkt wie irgendein anderes therapeutisches Mittel, über das wir verfügen, indem sie aus irgendeinem Komplexe von Krankheitserscheinungen dieses oder jenes wichtige Symptom herausgreift, dessen Wegfall den günstigsten Einfluß auf den Ablauf des ganzen Vorganges ausübt. Man darf hinzufügen, daß die Suggestion überdies in einer Reihe von Fällen allen Anforderungen einer kausalen Behandlung[1] genügt, so z. B. bei hysterischen Störungen, welche der direkte Erfolg einer krankmachenden Vorstellung oder das Depot eines erschütternden Erlebnisses sind. Mit der Beseitigung dieser Vorstellung, mit der Abschwächung der Erinnerung, welche die Suggestion erzielt, ist in der Regel auch die Störung überwunden.[2] Es ist richtig, daß damit die Hysterie nicht geheilt ist, welche unter ähnlichen Verhältnissen ähnliche Symptome hervorrufen wird, aber heilt etwa die Hysterie durch Hydrotherapie, Überernährung oder Valeriana? Wann wird denn[3] überhaupt vom Arzte verlangt, daß er eine nervöse Diathese heile, wenn die Umstände, welche sie fördern, fortbestehen? Einen dauernden Erfolg kann man durch die Suggestion nach Forel erzielen, wenn 1. die erzielte Änderung in sich selbst die Kraft trägt, sich unter den Dynamismen des Nervensystems zu behaupten, z. B. man hat einem Kinde das Bettnässen durch Suggestion abgewöhnt; die normale Gewohnheit kann sich nun ebenso festsetzen wie vorhin die schlechte; oder 2. wenn der Veränderung durch Hilfsmittel diese Kraft verschafft wird; z. B. es leide jemand an Schlaflosigkeit, Ermüdung und Migränen; die Suggestion sichert ihm den Schlaf, hebt so den Allgemeinzustand, und die Wiederkehr der Migräne ist dauernd verhindert.

---

[1] [Freud erörtert das Wesen kausaler Behandlung sowie die Frage, ob die Psychoanalyse ihren Bedingungen entspricht, in Vorlesung 27 der *Vorlesungen zur Einführung in die Psychoanalyse* (1916–17; *G. W.*, Bd. 11, S. 452 f.; *Studienausgabe*, Bd. 1, S. 419 f.).]

[2] [Möglicherweise ein Hinweis auf Breuers Technik.]

[3] [Im Original, wohl versehentlich, »dem«.]

Was ist nun aber eigentlich die Suggestion, die den ganzen Hypnotismus trägt, in dem alle diese Wirkungen möglich sind? Man berührt mit dieser Anfrage eine der schwachen Seiten der Theorie von Nancy. Man wird unwillkürlich der Frage gedenken, »wohin der heilige Christophorus den Fuß gestellt«[1], wenn man erfährt, daß Bernheims ausführliches Werk, das in dem Satze gipfelt »Tout est dans la suggestion«, an keiner Stelle das Wesen der Suggestion, d. h. deren Begriffsbestimmung berühren will. Als ich in der erfreulichen Lage war, mich von Prof. Bernheim persönlich über die Probleme des Hypnotismus belehren zu lassen, glaubte ich zu bemerken, daß er *jede* wirksame psychische Beeinflussung des einen durch den anderen eine Suggestion heiße und jeden Versuch, einen psychischen Einfluß auf einen anderen auszuüben, »suggerieren«. Forel bemüht sich, schärfer zu unterscheiden. Ein gedankenreicher Abschnitt ›Suggestion und Bewußtsein‹ sucht die Wirkung der Suggestion aus gewissen Grundannahmen über die normalen psychischen Geschehnisse zu verstehen. Wenn man sich auch nicht für voll befriedigt durch diese Erörterung zu erklären braucht, so ist man doch dem Autor für den Hinweis, wo die Lösung des Problems zu suchen ist, und für vielfache Anregungen und Beiträge dazu zu Dank verpflichtet. Es ist unzweifelhaft, daß Bemerkungen wie die Forels im angezogenen Abschnitte seines Buches mehr mit dem Problem der Hypnose zu tun haben als der Gegensatz von kortikal und subkortikal und Spekulationen über die Erweiterung und Verengerung der Gehirngefäße.

Ein Abschnitt über die strafrechtliche Bedeutung der Suggestion beschließt das Buch. Das »suggerierte Verbrechen« ist bekanntlich bisher bloß eine Möglichkeit, auf die der Jurist sich vorbereitet und die der Romanschreiber als »nicht so unwahrscheinlich, daß es sich nicht einmal ereignen könnte«, antizipieren darf. Es ist freilich nicht schwer, im Laboratorium Scheinverbrechen von guten Somnambulen begehen zu lassen;

---

[1] [»Christophorus Christum, sed Christus sustulit orbem:
Constiterit pedibus dic ubi Christophorus?«
»Christoph trug Christum,
Christus trug die ganze Welt,
Sag', wo hat Christoph
Damals hin den Fuß gestellt?« (Deutsch von K. Richter (1896). –
Freud hat dieses alte Scherzrätsel mehr als dreißig Jahre später, in genau demselben Zusammenhang, nochmals zitiert, nämlich in seiner Erörterung über Suggestion in Kapitel IV der *Massenpsychologie* (1921 c; *G. W.*, Bd. 13, S. 97; *Studienausgabe*, Bd. 9, S. 84).]

wie weit aber deren Bewußtsein, daß es sich nur um ein Experiment handle, die Ausführung des Verbrechens erleichterte, muß man nach der scharfsinnigen Kritik, die Delbœuf an den Versuchen Liégeois' geübt hat, dahingestellt sein lassen.[1]

Dr. Sigm. Freud.

---

[1] [Der Jurist Jules Liégeois (1833–1908), Professor für Rechtsphilosophie an der Universität Nancy, berichtet in seiner Arbeit (1884) von solchen Experimenten, bei denen er
hypnotisierten Personen eingab, mit unwirksamen Waffen harmlose »Mordtaten« und
andere »Verbrechen« zu begehen. S. auch sein Buch (1889), das sich ausführlicher mit
den forensischen Implikationen des Themas befaßt. Liégeois glaubte an die Möglichkeit
von Verbrechen unter Hypnose oder nach post-hypnotischer Suggestion. Delbœuf hingegen, Charcot folgend, verneinte dies; er führte aus, das Verhalten dieser Somnambulen
sei von dem Wissen mitbestimmt, daß die Experimente gleichsam ein »Spiel« seien und
daß der hochangesehene Professor Liégeois sie niemals dazu veranlassen würde, etwas
wirklich Schlimmes zu tun. Als Liégeois Delbœuf mit dem Vorwurf attackierte, er unterschätze die mögliche Gefahr, konterte Delbœuf mit dem Gegenvorwurf einer Übertreibung der Risiken. (Vgl. Delbœuf, 1886 und 1888.) Beide Männer waren auf dem
Internationalen Kongreß für Hypnotismus in Paris (August 1889) anwesend und beteiligten sich an den dortigen Diskussionen über das strittige Thema. (Vgl. die 1890 veröffentlichten *Comptes-rendus* des Kongresses.)]

Hypnose
(1891)

Editorische Vorbemerkung

1891 In *Therapeutisches Lexikon für praktische Ärzte*, herausgegeben von Anton Bum, Wien, Urban & Schwarzenberg, S. 724–32 (1893, 2. Aufl., S. 896–904; 1900, 3. Aufl., Bd. 1, S. 1110–19).

1981 In *Psyche*, Bd. 35, Nr. 5, S. 474–83 (als Vorabdruck des vorliegenden Nachtragsbandes, anläßlich des 125. Geburtstags von Sigmund Freud).

Der Artikel erschien in der zweiten und dritten Auflage des Lexikons unverändert, mit Ausnahme einiger kleiner, zumeist typographischer Korrekturen. Als Textvorlage diente eine Photokopie der ersten Auflage.

Dieser vom Autor gezeichnete Beitrag ist völlig übersehen worden, ehe ihn Dr. Paul F. Cranefield, Sekretär und Herausgeber des *Bulletin of the New York Academy of Medicine,* 1963 entdeckte. Über die Entstehung des Texts ist anscheinend nichts bekannt.

Anton Bum war Redakteur der *Wiener medizinischen Presse,* in der, zwei Jahre später, Freuds Vortrag ›Über den psychischen Mechanismus hysterischer Phänomene‹ (1893*b*) erschienen ist. (S. unten, S. 181.)

Hypnose. Es wäre ein Irrtum zu glauben, daß es sehr leicht ist, die Hypnose zu therapeutischen Zwecken auszuüben. Die Technik des Hypnotisierens ist vielmehr eine ebenso schwierige ärztliche Leistung wie nur irgendeine andere. Der Arzt, der hypnotisieren will, sollte es von einem Meister in dieser Kunst gelernt haben und wird auch dann viel eigener Übung bedürfen, um anders als in ganz vereinzelten Fällen Erfolge zu erzielen. Als erfahrener Hypnotiseur wird er dann mit jenem Ernst und jener Entschiedenheit an die Sache gehen, die aus dem Bewußtsein entspringen, etwas Nützliches, ja unter Umständen Notwendiges, zu unternehmen. Die Erinnerung an so viele durch Hypnose erzielte Heilungen wird seinem Benehmen gegen den Kranken eine Sicherheit verleihen, welche nicht verfehlen wird, auch bei letzterem die Erwartung eines abermaligen Heilerfolges hervorzurufen. Wer halb ungläubig ans Hypnotisieren geht, sich dabei etwa selbst komisch vorkommt, durch Miene, Stimme und Gebärden verrät, daß er von dem Versuche nichts erwarte, wird keinen Grund haben, sich über seine Mißerfolge zu wundern, und sollte diese Behandlungsmethode lieber anderen Ärzten überlassen, die sie ausüben können, ohne sich in ihrer ärztlichen Würde geschädigt zu fühlen, weil sie sich durch Erfahrung und Lektüre von der Realität und von der Bedeutsamkeit der hypnotischen Beeinflussung überzeugt haben.

Man mache es sich zur Regel, keinem Kranken die hypnotische Behandlung aufdrängen zu wollen. Es ist unter dem Publikum ein selbst von hervorragenden, aber in dieser Sache unkundigen Ärzten[1] unterstütztes Vor-

----

[1] [Vgl. Freuds kritische Bemerkungen über Meynert in der Rezension über Forel (Freud, 1889a), oben, S. 126ff.]

urteil verbreitet, daß die Hypnose ein gefährlicher Eingriff sei. Wollte man bei einer Person, die dieser Angabe Glauben schenkt, die Hypnose erzwingen, so würde man wahrscheinlich schon nach wenigen Minuten durch üble Zufälle gestört werden, die der Angst des Kranken und der ihm peinlichen Empfindung, überwältigt zu werden, entspringen, die aber ganz gewiß als Folgen der Hypnose angesehen würden. Wo sich also ein heftiger Widerstand gegen die Vornahme der Hypnose erhebt, da verzichte man auf diese Methode und warte ab, bis der Kranke unter dem Einflusse anderer Nachrichten sich mit dem Gedanken, hypnotisiert zu werden, befreundet hat. Dagegen ist es gar nicht ungünstig, wenn ein Kranker erklärt, er ängstige sich nicht vor der Hypnose, aber er glaube nicht an sie oder er glaube nicht, daß sie ihm nützen könne. Man sagt ihm dann: »Ich fordere nicht Ihren Glauben, sondern bloß Ihre Aufmerksamkeit und etwas Gefügigkeit zu Anfang«, und findet in dieser indifferenten Stimmung des Kranken meist eine vortreffliche Unterstützung. Andererseits muß man behaupten, daß es Personen gibt, die gerade durch ihre Bereitwilligkeit und ihr Verlangen, hypnotisiert zu werden, gehindert sind, in Hypnose zu geraten. Es stimmt dies gar nicht zu der landläufigen Ansicht, daß zur Hypnose »Glauben« gehöre, es verhält sich aber doch nicht anders. Man darf im allgemeinen von der Voraussetzung ausgehen, daß alle Menschen hypnotisierbar sind, nur wird jeder einzelne Arzt eine gewisse Anzahl Personen unter den Bedingungen seiner Versuche nicht hypnotisieren können, auch oft nicht sagen können, woran der Mißerfolg gelegen ist. Mitunter gelingt dem einen Verfahren leicht, was bei einem anderen unmöglich schien, und dasselbe gilt von verschiedenen Ärzten. Man weiß es nun niemals vorher, ob ein Kranker zu hypnotisieren sein wird oder nicht, und hat auch keinen anderen Weg, es zu erfahren, als den Versuch selbst. Es ist bisher nicht gelungen, die Zugänglichkeit für die Hypnose mit einer anderen Eigenschaft eines Individuums in Beziehung zu bringen. Richtig ist nur, daß psychisch Kranke und Degenerierte meist nicht hypnotisierbar sind, Neurastheniker nur sehr schlecht; unrichtig ist, daß Hysterische sich für Hypnose nicht eignen. Vielmehr sind es gerade letztere, bei denen die Hypnose auf rein physiologische Eingriffe und mit allen Anzeichen eines besonderen körperlichen Zustandes auftritt. Es ist wichtig, sich ein vorläufiges Urteil über die psychische Individualität eines Kranken zu bilden, den man der Hypnose unterziehen will, aber hiefür lassen sich allgemeine Regeln eben nicht aufstellen. Es leuchtet aber ein, daß es nicht vorteilhaft ist, eine ärztliche Behandlung mit Hypnose zu beginnen, daß man besser daran tut, vorerst das Vertrauen des Kranken zu gewinnen, sein Mißtrauen und seine Kritik sich abstumpfen zu lassen. Wer über einen großen Ruf als Arzt oder als Hypnotiseur verfügt, kann allerdings dieser Vorbereitung entbehren.

Gegen welche Krankheiten soll man die Hypnose in Anwendung ziehen? Indikationen hiefür sind schwieriger aufzustellen als für andere Behandlungsmethoden, da die individuelle Reaktion bei der hypnotischen Therapie eine fast ebenso große Rolle spielt als die Natur der zu bekämpfenden Krankheit. Im allgemeinen wird man es vermeiden, gegen Symptome hypnotisch zu behandeln, welche eine organische Begründung haben, und diese Methode nur gegen rein funktionelle, nervöse Störungen, Leiden psychischer Herkunft und toxische sowie andere Angewöhnungen verwerten. Man wird sich aber überzeugen, daß gar manche Symptome organischer Krankheiten der Hypnose zugänglich sind und daß die organische Veränderung ohne die von ihr ausgehende funktionelle Störung bestehen kann. Bei der gegenwärtig herrschenden Abneigung gegen hypnotische Behandlung kommt man selten dazu, die Hypnose anders anzuwenden, als nachdem alle anderen Therapien erfolglos versucht worden sind. Dies hat sein Gutes, denn man erfährt auf diese Weise, welches der eigene Wirkungskreis der Hypnose ist. Man kann natürlich auch zu differentialdiagnostischen Zwecken hypnotisieren, z. B. wenn man im Zweifel ist, ob gewisse Symptome der Hysterie oder einer organischen Nervenkrankheit angehören. Diese Probe hat aber nur im Falle eines günstigen Ergebnisses einigen Wert.

Hat man seinen Kranken kennengelernt und die Diagnose gestellt, so erhebt sich die Frage, ob man die Hypnose unter vier Augen vornehmen oder eine Vertrauensperson zuziehen soll. Diese Maßregel wäre zum Schutze der Kranken vor Mißbrauch der Hypnose wie zum Schutze des Arztes vor Anschuldigung eines solchen erwünscht. Und beiderlei ist vorgekommen! Sie läßt sich aber nicht allgemein durchführen. Die Gegenwart einer Freundin, des Mannes u. dgl. stört die Kranke oft sehr erheblich und verringert entschieden den Einfluß des Arztes, auch eignet sich der Inhalt der in der Hypnose zu erteilenden Suggestion nicht immer zur Mitteilung an andere, der Kranken nahestehende Personen. Die Zuziehung eines zweiten Arztes hätte nicht diesen Übelstand, erschwert aber die Ausführung der Behandlung so sehr, daß sie in der Mehrzahl der Fälle unmöglich wird. Da es dem Arzte vor allem darauf ankommt, durch die Hypnose zu nützen, so wird er in der Mehrzahl der Fälle auf die Zuziehung einer dritten Person verzichten und die oben erwähnte Gefahr zu den anderen, welche der Ausübung des ärztlichen Berufes anhaften, schlagen. Die Kranke aber wird sich dadurch schützen, daß sie sich von keinem Arzte hypnotisieren läßt, der ihr nicht des vollsten Vertrauens würdig erscheint.

Dagegen ist es von hohem Wert, daß die zu hypnotisierende Kranke andere Personen in Hypnose sieht, auf dem Wege der Nachahmung lernt, wie sie sich zu verhalten hat, und von anderen erfährt, worin die Empfindungen des hypnotischen Zustandes bestehen. Auf der Klinik Bernheims und im Ambulatorium Liébeaults in Nancy, wo sich jeder Arzt die Aufklärung holen kann, welcher Wirkungen die hypnotische Beeinflussung fähig ist, wird nie eine Hypnose unter vier Augen gemacht. Jeder Kranke, der zur ersten Hypnose ankömmt, sieht eine Weile zu, wie ältere Patienten einschlafen, während der Hypnose gehorchen und nach dem Erwachen das Verschwinden ihrer Krankheitssymptome zugeben. Er gerät dadurch in einen Zustand psychischer Bereitschaft, der ihn seinerseits in tiefe Hypnose versinken läßt, sobald an ihn die Reihe kommt. Der Übelstand dieses Verfahrens liegt darin, daß die Leiden jedes einzelnen vor einer großen Menge erörtert werden, was bei Kranken der besseren Stände nicht anginge. Immerhin sollte ein Arzt, der durch Hypnose heilen will, auf diesen mächtigen Hilfseinfluß nicht verzichten und, sooft es möglich ist, die zu hypnotisierende Person zuerst einem oder mehreren gelungenen hypnotischen Versuchen beiwohnen lassen. Kann man nicht darauf rechnen, daß sich der Kranke durch Nachahmung selbst hypnotisiert, sobald man ihm das Zeichen dazu gibt, so hat man die Wahl zwischen verschiedenen *Verfahren,* ihn in Hypnose zu bringen, denen allen gemeinsam ist, daß sie durch gewisse körperliche Empfindungen an das Einschlafen erinnern. Man verfährt am liebsten so: Man setzt den Kranken in einen bequemen Stuhl, bittet ihn, recht aufmerksam zu sein und von nun an nicht mehr zu sprechen, da er sich durch Reden am Einschlafen hindern würde. Etwaige beengende Kleidungsstücke werden abgelegt, mitanwesende Personen in eine Gegend des Zimmers verwiesen, wo sie vom Kranken nicht gesehen werden können. Das Zimmer wird verdunkelt, für Ruhe gesorgt. Nach diesen Vorbereitungen setzt man sich dem Patienten gegenüber und fordert ihn auf, zwei Finger der rechten Hand des Arztes zu fixieren[1] und dabei recht auf die Empfindungen, die sich entwickeln werden, zu achten. Nach ganz kurzer Zeit, etwa einer Minute, beginnt man, dem Patienten

---

[1] [S. oben, Anm. 2, S. 115.]

die Empfindungen des Einschlafens einzureden, z. B.: »Ich sehe schon, bei Ihnen geht es rasch, Ihr Gesicht hat bereits einen starren Ausdruck angenommen, Ihre Atmung hat sich vertieft, Sie sind ganz ruhig geworden, Ihre Lider sind schwer, Ihre Augen zwinkern, Sie sehen nicht mehr deutlich, Sie werden gleich schlucken müssen, dann werden sich Ihre Augen schließen und Sie schlafen.« Mit solchen und ähnlichen Reden ist man bereits mitten im »Suggerieren«, wie man die Einredungen während der Hypnose nennt. Man suggeriert aber nur solche Empfindungen und motorische Vorgänge, wie sie während des hypnotischen Einschlafens spontan vorkommen. Man kann sich davon überzeugen, wenn man eine Person vor sich hat, die durch Fixieren allein in Hypnose zu versetzen ist (Braidsche Methode), bei der also die Ermüdung der Augen bei Spannung der Aufmerksamkeit und Ablenkung derselben von anderen Eindrücken den schlafähnlichen Zustand herbeiführt. Ihr Gesicht nimmt zuerst einen starren Ausdruck an, die Atmung vertieft sich, die Augen werden feucht, zwinkern mehrmals, eine oder mehrere Schluckbewegungen treten auf, endlich stellen sich die Augäpfel nach innen und oben, die Lider senken sich, und die Hypnose ist da. Die Zahl solcher Personen ist sehr bedeutend; merkt man, daß man eine solche vor sich hat, so tut man gut, zu schweigen oder nur gelegentlich mit einer Suggestion nachzuhelfen. Man würde sonst die sich selbst hypnotisierende Person nur stören und, wenn die Reihenfolge der Suggestionen nicht dem tatsächlichen Ablauf ihrer Empfindungen entspricht, ihren Widerspruch regemachen. Im allgemeinen ist es aber vorteilhaft, nicht auf die spontane Entwickelung der Hypnose zu warten, sondern sie durch Suggestionen zu befördern. Nur müssen dieselben energisch und in rascher Aufeinanderfolge erteilt werden. Der Patient darf gewissermaßen nicht zur Besinnung kommen, nicht die Zeit haben zu prüfen, ob das auch stimmt, was ihm vorgesagt wird. Man braucht nicht länger als zwei bis vier Minuten bis zum Verschluß der Augen; haben sich dieselben nicht spontan geschlossen, so drücke man sie zu, ohne sich über das Nichteintreffen des spontanen Augenbeschlusses erstaunt oder ungehalten zu zeigen. Bleiben die Augen nun geschlossen, so hat man zumeist einen gewissen Grad von hypnotischer Beeinflussung erreicht. Es ist dies der für alles Weitere entscheidende Moment.

Es ist nämlich eine von zwei Möglichkeiten eingetreten. Entweder der Patient ist durch Fixieren und Anhören der Suggestionen wirklich in Hypnose gebracht worden, dann verhält er sich nach dem Verschluß der Augen ruhig; man prüft etwa noch auf Katalepsie, erteilt ihm die Suggestion, die sein Leiden erfordert, und weckt ihn zur Zeit auf. Nach dem Erwachen ist er entweder amnestisch, d. h. er war während der Hypnose »somnambul«, oder er hat die volle Erinnerung bewahrt und gibt Auskunft über seine Empfindungen während der Hypnose. Nicht selten erscheint ein Lächeln auf seinen Zügen, nachdem man ihm die Augen geschlossen hat. Das sollte den Arzt nicht ärgerlich stimmen; es bedeutet in der Regel bloß, daß der Hypnotisierte seinen Zustand noch selbst zu beurteilen imstande ist und ihn seltsam, komisch findet. Oder aber es hat keine Beeinflussung oder ein nur sehr geringfügiger Grad einer solchen stattgefunden, während der Arzt sich benahm, als ob er eine gelungene Hypnose vor sich hätte. Dann vergegenwärtige man sich den Seelenzustand des Patienten. Er hat zu Beginn der Vorbereitungen versprochen, ruhig zu bleiben, nicht mehr zu reden, kein Zeichen der Bestätigung oder des Widerspruches von sich zu geben; er merkt nun, daß ihm auf Grund dieser Zusage eingeredet wird, er sei hypnotisiert, erregt sich darüber, fühlt sich unbehaglich, daß er es nicht äußern darf, fürchtet wohl auch, der Arzt werde zu rasch die Suggestion erteilen, weil er ihn für hypnotisiert hält, ehe er es ist. Und nun zeigt die Erfahrung, daß er den Pakt, den man mit ihm geschlossen, nicht einhält, wenn er nicht wirklich hypnotisiert ist.[1] Er öffnet die Augen und sagt meist unwillig: »Ich schlafe ja gar nicht.« Der Anfänger würde jetzt die Hypnose verlorengeben, der Geübte verliert die Fassung nicht. Er erwidert, nicht im mindesten ärgerlich, indem er ihm die Augen nochmals zudrückt: »Bleiben Sie ruhig, Sie haben versprochen, nichts zu reden. Ich weiß ja, daß Sie nicht ›schlafen‹. Das brauchen Sie auch gar nicht. Was hätte es auch für Sinn, wenn ich Sie bloß einschläfern würde; Sie würden mich ja nicht verstehen, wenn ich mit Ihnen rede. Sie schlafen nicht, aber Sie sind hypnotisiert, Sie stehen unter meinem Einfluß; was ich Ihnen jetzt sage, wird einen besonderen Eindruck auf Sie machen und Ihnen nützen.« Nach dieser Aufklärung beruhigt sich der Kranke gewöhnlich, man erteilt ihm die Suggestion, erspart es sich vorläufig, nach körperlichen Zeichen der Hypnose zu suchen, und wird meist nach mehrmaliger Wiederholung dieser sogenannten Hypnose auch einzelne der somatischen Phänomene, welche die Hypnose kennzeichnen, auftauchen sehen.

---

[1] [Vgl. dazu eine der letzten Arbeiten Freuds, ›Die endliche und die unendliche Analyse‹ (1937 c; *G. W.*, Bd. 16, S. 84; *Studienausgabe*, Ergänzungsband, S. 379), wo es heißt: »Während der Arbeit an den Widerständen tritt das Ich [...] aus dem Vertrag aus, auf dem die analytische Situation ruht.«]

In vielen Fällen dieser Art bleibt es für immer zweifelhaft, ob der Zustand, den man hervorgerufen, den Namen einer Hypnose verdient. Man hätte aber unrecht, wollte man die Erteilung der Suggestion auf jene anderen Fälle beschränken, in denen der Patient somnambul wird oder in einen tiefen Grad der Hypnose verfällt. Man kann in solchen Fällen, die von der Hypnose eigentlich nur den Anschein besitzen, die erstaunlichsten therapeutischen Erfolge erzielen, welche durch »Suggestion im Wachen« andererseits nicht zu erreichen sind. Es muß sich also doch auch hier um eine Hypnose handeln, die freilich durch nichts anderes bezweckt wird als durch die in ihr erzielte Wirkung der Suggestion.

Hat man aber nach wiederholten (drei bis sechs) Versuchen weder eine Andeutung von Erfolg noch eines der somatischen Zeichen der Hypnose erzielt, so gebe man den Versuch auf. Bernheim u. a. haben mehrere Grade der Hypnose unterschieden, deren Aufstellung für den Praktiker geringen Wert besitzt. Von entscheidender Wichtigkeit ist bloß, ob der Kranke somnambul geworden ist oder nicht, d. h. ob der in der Hypnose geschaffene Bewußtseinszustand sich von dem gewöhnlichen so scharf absetzt, daß beim Erwachen die Erinnerung an das während der Hypnose Vorgefallene fehlt. In diesen Fällen kann der Arzt den vorhandenen Schmerzen oder sonstigen Symptomen der Wirklichkeit mit einer großen Entschiedenheit widersprechen, die er in der Regel nicht zustande bringt, wenn er weiß, daß der Kranke ihm nach wenigen Minuten sagen wird: »Als Sie sagten, ich hätte keine Schmerzen mehr, habe ich sie doch gehabt und habe sie jetzt noch.« Das Bestreben des Hypnotiseurs geht dahin, sich solche Widersprüche, die seine Autorität erschüttern müssen, zu ersparen. Es wäre daher von größter Wichtigkeit für die Therapie, wenn man ein Verfahren besäße, das gestattete, jedermann in Somnambulismus zu versetzen. Leider gibt es dies nicht. Es ist der Hauptmangel der hypnotischen Therapie, daß sie nicht dosierbar ist. Der erreichbare Grad der Hypnose hängt nicht von dem Verfahren des Arztes, sondern von der zufälligen Reaktion des Patienten ab. Es ist auch sehr schwer, die Hypnose, in welche ein Kranker verfällt, zu vertiefen; in der Regel geschieht dies aber bei häufiger Wiederholung der Sitzungen.

Ist man mit der erreichten Hypnose nicht zufrieden, so wird man bei Wiederholungen nach anderen Methoden suchen, die oft stärker wirken oder noch wirken, wenn sich der Einfluß des erstgeübten Verfahrens abgeschwächt hat. Solche Verfahren sind: das fünf bis zehn Minuten lang fortgesetzte Streichen mit beiden Händen über Gesicht und Körper. des Patienten, das eine auffällig beruhigende und einschläfernde Wirkung hat, die Suggestion unter Durchleitung eines schwachen galvanischen Stromes, der eine deutliche Geschmacksempfindung erregt (Anode als breite Binde auf der Stirne, Kathode als Handbinde ums Handgelenk), wobei der Eindruck der Fesselung und die galvanische Empfindung wesentlich zur Hypnose mithelfen. Man kann sich ähnliche Verfahren nach Belieben erfinden, wenn man sich nur den Zweck vor Augen hält: durch Gedankenassoziation das Bild des Einschlafens zu wecken und die Aufmerksamkeit durch eine sich gleichbleibende Empfindung zu fixieren.

Der eigentliche Heilwert der Hypnose liegt in der *Suggestion,* die man während derselben erteilt. Diese Suggestion besteht in der energischen Verneinung der Leiden, über welche der Kranke geklagt hat, oder in der Versicherung, daß er etwas tun könne, oder in dem Befehl, es auszuführen. Viel kräftiger als die bloße Versicherung oder Verneinung wirkt es, wenn man die zu erwartende Heilung an eine Handlung oder an einen Eingriff während der Hypnose knüpft: z. B. »Sie haben keine Schmerzen mehr an dieser Stelle, ich drücke darauf, und der Schmerz ist weg.« Streichen und Drücken des kranken Körperteils während der Hypnose ist überhaupt eine treffliche Unterstützung der gesprochenen Suggestion. Man erspare es sich auch nicht, den Hypnotisierten über die Natur seiner Leiden aufzuklären, das Aufhören seiner Leiden vor ihm zu begründen u. dgl., denn man hat zumeist keinen psychischen Automaten vor sich, sondern ein mit Kritik und Urteilskraft begabtes Wesen, auf das man jetzt nur mehr Eindruck zu machen imstande ist als in seinem wachen Zustande. Bei unvollkommener Hypnose vermeide man, den Patienten sprechen zu lassen; diese motorische Äußerung zerstreut das Gefühl der Betäubung, das ihm die Hypnose verbürgt, und weckt ihn auf. Somnambule Personen läßt man ohne Sorge sprechen, gehen, arbeiten und erzielt den weitgehendsten psychischen Einfluß, wenn man sie in der Hypnose über ihre Symptome und deren Herkunft ausfragt.[1]

Man fordert durch die Suggestion entweder einen sofortigen Effekt, dies besonders bei der Behandlung von Lähmungen, Kontrakturen u. dgl., oder einen posthypnotischen, d. h. eine Wirkung, die man für eine bestimmte Zeit nach dem Aufwachen festsetzt. Es ist bei allen hartnäckigen Leiden von großem Vorteil, eine solche Periode der Erwartung (selbst eine ganze Nacht) zwischen Suggestion und deren Erfüllung einzuschieben.

---

[1] [Ein Hinweis auf Breuers Methode, die Freud damals schon anwendete.]

Die Krankenbeobachtung zeigt, daß psychische Eindrücke in der Regel einer gewissen Zeit, Inkubationszeit, bedürfen, um eine körperliche Veränderung hervorzurufen (vgl. »Neurose, traumatische«[1]). Jede einzelne Suggestion erteile man mit größter Entschiedenheit, denn jede Andeutung eines Zweifels wird vom Hypnotisierten bemerkt und ungünstig verwertet; man lasse überhaupt keinen Widerspruch aufkommen und berufe sich, wenn man darf, auf seine Macht, Katalepsie, Kontrakturen, Anästhesie u. dgl. zu erzeugen.

Die *Dauer* einer Hypnose richte man nach dem praktischen Bedürfnis ein; ein längeres Verweilen in der Hypnose bis zu mehreren Stunden ist gewiß dem Erfolge nicht ungünstig. Das Erwecken geschieht durch den Zuruf »Für jetzt ist's gut« u. dgl. Man versäume nicht, bei den ersten Hypnosen zu versichern, daß man ohne Kopfschmerzen, heiter und wohl aufwachen werde. Trotzdem kann man beobachten, daß viele Personen, selbst nach leichten Hypnosen, mit Kopfdruck und Müdigkeit erwachen, wenn die Dauer der Hypnose eine zu kurze war. Sie sind sozusagen unausgeschlafen.

Die *Tiefe* der Hypnose steht nicht in jedem Falle in direktem Verhältnis zum Erfolge derselben. Man kann in den leichtesten Hypnosen große Veränderungen hervorrufen und dafür im Somnambulismus Mißerfolg haben. Tritt der erwünschte Erfolg nicht nach wenigen Hypnosen ein, so zeigt sich eine weitere Mißlichkeit, welche dieser Methode anhaftet. Während kein Kranker ungeduldig werden darf, wenn ihm durch die zwanzigste elektrische Sitzung oder die ebensovielte Flasche Mineralwasser noch nicht Heilung gebracht wird, so ermüden Arzt und Patient bei der hypnotischen Behandlung weit früher infolge des Kontrastes zwischen den absichtlich rosig gehaltenen Suggestionen und der trüben Wirklichkeit. Intelligente Kranke können es auch hier dem Arzte erleichtern, sobald sie verstanden haben, daß der Arzt während der Erteilung der Suggestion gleichsam eine Rolle spielt und daß um so mehr Vorteil für sie zu erwarten ist, je energischer der Arzt das Leiden in Abrede stellt. Bei jeder fortgesetzten hypnotischen Behandlung ist ein monotones Vorgehen sorgfältig zu vermeiden. Der Arzt muß stets eine neue Anknüpfung für seine Suggestion, einen neuen Beweis für seine Macht, eine neue Abänderung der hypnotisierenden Prozedur erfinden. Darin liegt auch für ihn, der vielleicht innerlich am Erfolge zweifelt, eine große und endlich erschöpfende Anstrengung.

---

[1] [Ein anderer Artikel in Bums *Lexikon*.]

Es ist kein Zweifel, daß das Gebiet der hypnotischen Therapie weit über das der anderen Heilmethoden nervöser Erkrankungen hinausreicht. Auch der Vorwurf, daß die Hypnose nur Symptome und diese nur auf kurze Zeit zu beeinflussen vermöge, ist ungerechtfertigt. Wenn die hypnotische Therapie sich nur gegen Symptome und nicht gegen krankhafte Prozesse richtet, so verfolgt sie eben denselben Weg, den alle anderen Therapien zu nehmen genötigt sind.

Hat die Hypnose Erfolg gehabt, so hängt der Bestand der Heilung von denselben Faktoren ab wie der Bestand jeder auf andere Weise erzielten. Hat es sich um Resterscheinungen eines abgeschlossenen Prozesses gehandelt, so wird die Heilung eine dauernde sein; wirken die Ursachen in ungeschwächter Kraft fort, welche die Krankheitssymptome erzeugt haben, so ist Rezidive wahrscheinlich. In keinem Falle schließt die Anwendung der Hypnose die einer anderen, diätetischen, mechanischen oder sonstigen Therapie aus. In einer Reihe von Fällen, wo nämlich die Krankheitserscheinungen rein psychischen Ursprunges sind, erfüllt die Hypnose alle Anforderungen, die man an eine kausale Therapie stellen kann[1], und das Ausfragen und Beruhigen des Kranken in tiefer Hypnose ist dann meist von glänzendstem Erfolge begleitet.

Alles, was über die großen *Gefahren*[2] der Hypnose gesagt und geschrieben wurde, gehört ins Reich der Fabel. Wenn man vom Mißbrauch der Hypnose zu unerlaubten Zwecken absieht, eine Möglichkeit, die für jedes andere wirksame therapeutische Mittel gilt, hat man höchstens noch auf die Neigung schwer nervöser Personen Rücksicht zu nehmen, nach wiederholter Hypnose auch spontan in Hypnose zu verfallen. Es liegt in der Hand des Arztes, den Kranken diese spontanen Hypnosen zu verbieten, die doch nur bei sehr empfänglichen Individuen vorkommen dürften. Personen, deren Empfänglichkeit so weit geht, daß sie wider Willen hypnotisiert werden können, schützt man auch in ziemlich ausreichender Weise durch die Suggestion, daß nur ihr Arzt imstande sein werde, sie zu hypnotisieren.[3]

Freud.

---

[1] [S. oben, Anm. 1, S. 137.]

[2] [Diese werden im ersten Teil der Forel-Rezension (Freud, 1889*a*, oben, S. 127 ff.) ausführlicher erörtert.]

[3] [Vgl. beispielsweise die Falldarstellung der Frau Emmy von N. in den *Studien über Hysterie* (Freud, 1895*d*; *G. W.*, Bd. 1, S. 140).]

Vorwort und Anmerkungen
zur Übersetzung von J. M. Charcot,
Leçons du mardi à la Salpêtrière (1887–8)
(1892–94)

Editorische Vorbemerkung

1892–94 In J. M. Charcot, *Poliklinische Vorträge,* Bd. 1, Schuljahr 1887–1888, Leipzig und Wien, Deuticke, S. III–VI und S. 107–417 passim.
1981 In *Psyche,* Bd. 35, Nr. 5, S. 484–88 (ohne Freuds Anmerkungen; als Vorabdruck des vorliegenden Nachtragsbandes, anläßlich des 125. Geburtstags von Sigmund Freud).

Dieses Vorwort und Freuds Anmerkungen sind in deutsch nach der Erstveröffentlichung lange nicht nachgedruckt worden. Der vorliegende scheint überhaupt der erste Nachdruck der Anmerkungen zu sein. – Die französische Erstausgabe von Charcots Buch wurde 1888 in Paris veröffentlicht. Freuds Übersetzung hat den ersten Band der zweiten, überarbeiteten französischen Auflage, Paris 1892, zur Vorlage.

Das Publikationsdatum von Freuds Übersetzung gibt zu manchen Zweifeln hinsichtlich der Chronologie Anlaß. Sein Vorwort ist auf »Juni 1892« datiert, und das Titelblatt einiger gebundener Exemplare des Buches trägt gleichfalls das Datum »1892«; doch zeigen andere Exemplare ein auf »1894« datiertes Titelblatt. (Als Textvorlage diente uns die Photokopie eines auf 1894 datierten Bandes.) Tatsächlich kam das Werk in diesem Zeitraum, 1892 bis 1894, in Lieferungen heraus. Freud fügte die erste dieser Lieferungen einem Brief an Fließ vom 28. Juni 1892 bei, und zwar mit folgendem Kommentar: »Die Lieferung Charcot, die ich Dir heute schikke, sonst wohlgelungen, kränkt mich durch mehrere stehengebliebene Akzent- und Sprachfehler in den wenigen französischen Worten. Schlamperei!« In einer Passage seines Briefs an Wilhelm Fließ vom 21. Mai 1894 berichtet Freud (1985 c [1887–1904]), er sei mit der letzten Lieferung der *Leçons du mardi* beschäftigt.

Das Verfahren der Veröffentlichung in Lieferungen führte in Freuds Anmerkungen zu einigen Ungereimtheiten. Beispielsweise finden sich zwei Verweise auf Freuds Arbeit über den Unterschied zwischen organischen und hysterischen Lähmungen (1893 *b*), eine bevor (s. S. 161 f., unten) und eine (S. 163, unten) nachdem der Aufsatz, Ende Juli 1893, veröffentlicht worden war. Gleichermaßen gibt es zwei Verweise auf Breuers und Freuds Hysterie-Theorie, einen wahrscheinlich vor (s. S. 159, unten) und einen (S. 163, unten) nach der Publikation der ›Vorläufigen Mitteilung‹ (1893 *a*) Anfang Januar 1893. Der frühere der beiden Hinweise auf die Theorie der Katharsis ist vielleicht überhaupt deren erste veröffentlichte Erwähnung; bedauerlicherweise verfügen wir jedoch nicht über Belege zur Feststellung des genauen Datums der betreffenden Lieferung.

Die Zahl der Anmerkungen, die Freud seiner Übersetzung hinzugefügt hat, ist sehr groß, viele von ihnen gehen mit Charcots Ansichten scharf ins Gericht.[1] In *Zur Psychopathologie des Alltagslebens* (1901 *b*) erwähnt Freud die Angelegenheit mit einem etwas apologetischen Unterton: »Ich hatte dem übersetzten Text Anmerkungen beigefügt, ohne für diese Anmerkungen die Erlaubnis des Autors nachgesucht zu haben, und habe einige Jahre später Grund zur Annahme bekommen, daß der Autor mit dieser Eigenmächtigkeit unzufrieden war.« (*G. W.*, Bd. 4, S. 178.) Die Anmerkungen betreffen in der Mehrzahl rein neurologische Fragestellungen; wir haben hier, der Thematik des Nachtragsbandes entsprechend, nur diejenigen von psychologischem Belang aufgenommen.

Es sei noch hinzugefügt, daß Charcot starb (im Sommer 1893), ehe die Veröffentlichung abgeschlossen war.[2]

---

[1] Vgl. dazu Charcots brieflichen Kommentar, zitiert in einer editorischen Anmerkung zum Brief Freuds an Fließ vom 28. Juni 1892 (Freud, 1985 *c* [1887–1904]; Brief 13, Anm. 4).

[2] Der zweite Band von Charcots *Leçons du mardi* (1889) wurde nicht von Freud, sondern 1895 von Dr. Max Kahane übersetzt (s. S. 108, oben).

Vorwort des Übersetzers

Die hier mit gütiger Erlaubnis des Autors ins Deutsche übertragenen Vorträge Charcots führen im Französischen den Namen *Leçons du mardi à la Salpêtrière* nach dem Wochentag, an welchem dort der klinische Professor die in ambulanter Behandlung stehenden Kranken persönlich vor seinen Hörern erledigt. Der erste Band dieser *Leçons* erschien im Jahre 1888 in sehr bescheidenem Gewande als *Notizen der Herren Blin, Charcot jun. und Colin.* Er hat in diesem Jahre (1892) eine Umarbeitung von der Hand des Autors erfahren, welche unserer deutschen Ausgabe zugrunde liegt.

Die französische Ausgabe war mit einer Vorrede des Dr. Babinski eingeleitet, in welcher dieser bevorzugte Schüler Charcots mit berechtigtem Stolz hervorhebt, welche fast unerschöpfliche Fülle von Anregung und Belehrung seit vielen Jahren von dem »Meister« ausgeht und wie wenig das Studium seiner Publikationen seine mündliche Unterweisung ersetzen kann. Er hält es daher für ein berechtigtes Unternehmen, auch diese improvisierten Vorträge Charcots in die Öffentlichkeit zu bringen und dadurch den Kreis seiner Schüler und Hörer ins Unabsehbare zu erweitern. Und ich meine, wer auch nur für kurze Zeit das Glück genossen hat, den großen Forscher bei seiner Arbeit zu sehen und seine Mitteilungen in sich aufzunehmen, wird Dr. Babinski freudig beistimmen.[1]

Diese Vorträge enthalten tatsächlich so viel des Neuen, daß sie niemand, auch nicht der Fachkundige, ohne wesentliche Bereicherung seines Wis-

---

[1] [Freud selbst hatte die Serie 1885–86 der Dienstagsvorträge gehört; vgl. seinen ›Bericht‹ über Paris (1956*a* [1886], oben, S. 38 und Anm. 2.]

sens lesen wird. Sie bringen dieses Neue aber in einer so anregenden und eindringlichen Form, daß sie sich wie vielleicht kein anderes Werk seit den *Leçons* von Trousseau[1] zum Lesebuch für den Studenten und für den Arzt eignen möchten, der sein Interesse an der Neuropathologie aufrechterhalten will.

Einen eigentümlichen Reiz verdanken diese Vorträge dem Umstande, daß sie ganz oder größtenteils Improvisationen sind. Der Professor kennt den Kranken nicht, der ihm vorgeführt wird, oder kennt ihn nur oberflächlich. Er ist genötigt, sich vor seinen Hörern so zu benehmen wie sonst nur in seiner ärztlichen Tätigkeit, mit dem Unterschiede, daß er laut denkt und seine Hörer an dem Gang seiner Vermutungen und Untersuchungen teilnehmen läßt. Er fragt den Kranken aus, prüft das eine oder andere Symptom und bestimmt damit die Diagnose des Falles, die er durch weitere Untersuchung einschränkt oder bestätigt. Man merkt, er hat den vorliegenden Fall mit einer Summe von Krankheitsbildern verglichen, die, aus der Erfahrung stammend, in seinem Gedächtnis ruhen, und hat dessen Erscheinung mit einem dieser Bilder identifiziert. Dies ist ja auch die Art, wie wir alle am Krankenbette Diagnose machen, wenngleich der offizielle klinische Unterricht es dem Studierenden gelegentlich anders darstellt. Daran knüpfen sich differentiell-diagnostische Bemerkungen; der Vortragende sucht die Gründe klarzulegen, welche seine Identifizierung geleitet haben, Gründe, die, wie bekannt, mancher gute Diagnostiker nicht angeben kann, während er sich von ihnen bestimmen läßt. Die weitere Erörterung gehört der klinischen Besonderheit des Falles. Das Krankheitsbild, die »entité morbide« bleibt die Grundlage der ganzen Betrachtung, aber das Krankheitsbild besteht in einer Erscheinungsreihe, oft einer Reihe, die nach mehrfachen Richtungen auseinandergeht. Die klinische Würdigung des Falles besteht darin, ihm seinen Platz innerhalb dieser Reihe anzuweisen. In der Mitte der Reihe befindet sich der »type«, die bewußt und absichtlich schematisierte, extreme Form des Krankheitsbildes, oder es lassen sich mehrere solcher Typen aufstellen, die durch Übergangsformen miteinander verbunden sind. Gewiß kann man auch den »type«, die vollständige und charakteristische Ausprägung des Krankheitsbildes, antreffen, aber die wirklich beobachteten Fälle weichen meist vom Typus ab,

---

[1] [Armand Trousseau (1801–1867), der französische Arzt, dessen *Traité de thérapeutique* (mit H. Pidoux, 1836, 1839) lange als Klassiker galt. Seine *Leçons* (1861–62), die bald hohe und erweiterte Auflagen erreichten, erschienen 1866–68 in deutscher Übersetzung.]

haben den einen oder anderen Zug des Bildes verwischt, sie ordnen sich in eine oder mehrere, von den Typen wegstrebende Reihen, die schließlich als ganz verschwommene, rudimentäre Formen (formes frustes[1]) aufhören, in denen nur der Erfahrene noch Abbilder des Typus erkennt. Während die Nosographie die Schilderung der Krankheitsbilder zum Inhalt hat, ist es die Aufgabe der Klinik, der individuellen Ausprägung der Fälle und der Kombination der Symptome nachzugehen.

Ich habe die Begriffe der entité morbide, der Reihe, des Typus und der formes frustes hier hervorgehoben, weil in deren Verwendung ein Hauptcharakter der französischen Art, Klinik zu treiben, gelegen ist. Der deutschen Art ist eine solche Betrachtungsweise eigentlich fremd; das Krankheitsbild, der Typus spielen hier keine Hauptrolle, dagegen tritt ein anderer Zug hervor, der sich aus der Entwickelungsgeschichte der deutschen Kliniker erklärt, die Neigung zur physiologischen Deutung des Krankheitszustandes und des Zusammenhanges der Symptome. Die klinische Beobachtung der Franzosen gewinnt unzweifelhaft an Selbständigkeit, indem sie physiologische Gesichtspunkte an die zweite Stelle bannt. Der Ausfall derselben mag uns aber hauptsächlich den befremdenden Eindruck erklären, den die französische Klinik dem Uneingeweihten macht. Es liegt hier übrigens kein Versäumen, sondern eine absichtliche, für zweckmäßig erachtete Ausschließung vor. Ich habe Charcot sagen gehört: »Je fais la morphologie pathologique, je fais même un peu l'anatomie pathologique, mais je ne fais pas la physiologie pathologique, j'attends que quelqu'un autre la fasse.«[2]

Die Würdigung dieser Vorträge wäre in arger Weise unvollständig, wenn sie hier abbrechen wollte. Das Interesse an der Vorlesung erwacht oft erst recht, wenn die Diagnose gestellt und der Krankheitsfall nach seinen Besonderheiten erledigt worden ist. Dann bedient sich Charcot der Freiheit, die diese Art des Unterrichtes gestattet, an das Gesehene Bemerkungen über ähnliche Fälle aus seiner Erinnerung zu knüpfen, die wichtigsten Erörterungen über die echt klinischen Themata der Ätiologie, der

---

[1] [Das französische Wort »fruste« in der Bedeutung von »verwischt« wird vor allem in Verbindung mit abgewetzten, abgegriffenen Münzen verwendet.]
[2] [Es sei angemerkt, daß Freud, zumal in seinen frühen klassifizierenden Arbeiten, selbst weitgehend der französischen Methode folgte. S. insbesondere seine erste Studie über Angstneurose (1895 *b* [1894]). Die vorliegende Darstellung von Charcots Arbeitsweise findet sich in Kurzfassung in Freuds Nachruf auf ihn, den er etwa vierzehn Monate später verfaßte (1893 *f*; *G. W.*, Bd. 1, S. 22 f.).]

Heredität, des Zusammenhanges mit anderen Erkrankungen vorzubringen. Dann lauscht man, von der Kunst des Erzählers nicht minder als von dem Scharfsinn des Beobachters gefesselt, jenen kleinen Geschichten, die dartun, wie sich aus einem ärztlichen Erlebnis eine neue Erkenntnis ergeben hat; dann erhebt man sich mit dem Lehrer von der Betrachtung eines Krankheitsbildes der Neuropathologie zur Erörterung eines grundlegenden Problems der allgemeinen Krankheitslehre, dann sieht man auch mit einem Male den Lehrer und den Arzt hinter dem Weisen zurücktreten, dessen offener Sinn das große, bunte Bild des Weltgetriebes in sich aufgenommen hat und der uns ahnen läßt, daß die Nervenkrankheiten nicht als Laune der Pathologie, sondern als ein notwendiger Bestandteil des ganzen Zusammenhanges aufzufassen sind. Diese Vorträge geben so genau das Bild der Sprech- und Denkweise Charcots wieder, daß für jeden, der einmal unter Charcots Hörern gesessen ist, die Erinnerung an die Stimme und Miene des Meisters wieder lebendig wird und die schönen Stunden wiederkehren, in denen ihn der Zauber einer großen Persönlichkeit unwiderruflich mit den Interessen und Problemen der Neuropathologie verband.

Ich muß noch einige Worte zur Rechtfertigung jener Anmerkungen hinzusetzen, die, in kleinerem Druck gehalten, in ganz unregelmäßiger Verteilung den Fluß der Darstellung Charcots unterbrechen. Dieselben rühren von mir her und enthalten teils Erläuterungen des Textes und weitere Literaturangaben, zum anderen Teil aber kritische Einwände und Randglossen, wie sie sich dem Zuhörer aufdrängen könnten. Ich hoffe, man wird diese Bemerkungen nicht so auffassen, als wollte ich meine Absichten in irgendeiner Weise über die des gefeierten Meisters stellen, dem ich auch persönlich als Schüler verpflichtet bin. Vielmehr nehme ich bloß jenes Recht zur Kritik in Anspruch, dessen sich z. B. jeder Referent in einer Fachzeitung ohne Rücksicht auf seine eigene Würdigkeit bedient. Es gibt in der Neuropathologie noch so viel[e] ungeklärte und bestreitbare Dinge, deren Erkenntnis durch Diskussion nur gewinnen kann, und ich habe mir die Freiheit genommen, über einige dieser Punkte, die in den Vorträgen berührt sind, die Diskussion zu eröffnen. Daß ich dies mit meinen eigenen Ansichten tue, insoferne dieselben von den Lehren der Salpêtrière abweichen, ist wohl natürlich. Der Leser Charcots hat aber keinen Anlaß, meinen Bemerkungen in diesem Zusammenhange mehr Aufmerksamkeit zu schenken, als sie sonst selbständig beanspruchen könnten.

In der Übertragung dieser Vorträge habe ich mich bemüht, nicht den unvergleichlich klaren und dabei so edlen Stil Charcots nachzuahmen – was mir unerreichbar geblieben wäre –, sondern den Charakter der freien Rede möglichst wenig zu verwischen.

Wien, im Juni 1892.   Dr. Sigm. Freud.

Auszüge aus Freuds Anmerkungen
zu seiner Übersetzung
von Charcots *Leçons du mardi*

[Zu S. 107 (Charcot gibt an dieser Stelle eine Beschreibung hysterischer Anfälle):]

[...] Ich benütze den im Text gegebenen Anlaß, um dem Leser eine selbständige Ansicht über den hysterischen Anfall vorzulegen. Der Charcotsche Typus ist mit seinen Modifikationen, der Möglichkeit, daß jedes Stadium selbständig wird und den ganzen Anfall vertritt usw., unzweifelhaft weit genug, alle beobachteten Formen des Anfalles zu decken. Eben darum wird vielleicht von manchen Seiten bestritten werden, daß er eine rechte Einheit darstellt.

Ich habe versucht, das Problem des hysterischen Anfalles anders als deskriptiv zu fassen, und bin durch das Examen von Hysterischen im hypnotischen Zustande zu neuen Ergebnissen gelangt, von denen ich einige hier mitteilen will: Der Kern des hysterischen Anfalls, in welcher Form er sich immer zeigen mag, ist eine *Erinnerung,* das halluzinatorische Wiederdurchleben einer für die Erkrankung bedeutungsvollen Szene. Dieser Vorgang ist es, der sich in der Phase der »attitudes passionelles« wahrnehmbar äußert, er ist aber auch dort vorhanden, wo der Anfall scheinbar nur motorische Phänomene enthält. *Inhalt der Erinnerung* ist in der Regel das psychische *Trauma,* welches entweder seiner Intensität nach geeignet war, den hysterischen Ausbruch bei der Kranken zu provozieren, oder das Ereignis, welches durch sein Eintreffen in einem bestimmten Moment zum Trauma geworden ist.

In Fällen sogenannter »traumatischer« Hysterie ist dieser Mechanismus der gröbsten Beobachtung auffällig, er läßt sich aber auch bei Hysterie ohne einmaliges großes Trauma nachweisen. Hier findet man dann wiederholte kleinere Traumen oder bei Überwiegen des Faktors der Disposition zu Traumen erhobene, oft an sich indifferente Erinnerungen. Ein Trauma wäre zu definieren als ein *Erregungszuwachs*[1] im Nervensystem, *dessen sich letzteres durch motorische Reaktion nicht hinreichend zu entledigen vermag.* Der hysterische Anfall ist *vielleicht* aufzufassen als ein Versuch, die Reaktion auf das Trauma zu vollenden. – Ich darf hier auf eine mit Herrn Dr. Josef Breuer begonnene Arbeit über dies Thema hinweisen.[2]

[Zu S. 137 (Charcot beschreibt hier Fälle von Knaben »von den besten Manieren und feinster Erziehung«, die unter hysterischen Anfällen mit Ausbrüchen obszöner Reden litten):]

Ob es wohl zufällig ist, daß die Anfälle der jungen Leute, deren gute Erziehung und Manieren Charcot rühmt, in Toben und Schimpfen bestanden? Ich glaube ebensowenig wie die bekannte Tatsache, daß die hysterischen Delirien der Nonnen in Gotteslästerungen und erotischen Bildern schwelgen.[3] Man kann hier einen Zusammenhang vermuten, der einen tiefen Einblick in den Mechanismus hysterischer Zustände gestattet. In die hysterischen Delirien gerät jenes Material von Vorstellungen und Handlungsantrieben, welches die gesunde Person verworfen und gehemmt, oft mit großer psychischer Anstrengung gehemmt hat. Ähnliches gilt für manche Träume, die Assoziationen fortspinnen, welche tagsüber verworfen oder abgebrochen worden waren.[4] Ich habe darauf die Theorie vom

---

[1] [Vgl. eine editorische Anmerkung zum Vortrag ›Über den psychischen Mechanismus hysterischer Phänomene‹ (1893 *h*), unten, S. 193, Anm. 2.]

[2] [Vgl. Abschnitt IV der ›Vorläufigen Mitteilung‹ (1893 *a*; G. W., Bd. 1, S. 93 ff.). Ein früher Entwurf davon ist, wahrscheinlich von Freud selbst, gegen Ende 1892 verfaßt worden (1940 *d* [1892]).]

[3] [Nonnen und wohlerzogene Knaben wurden seinerzeit ziemlich oft angeführt: z. B. im ›Fall von hypnotischer Heilung‹ (1892–93; G. W., Bd. 1, S. 14), in der ›Vorläufigen Mitteilung‹ (1893 *a*; G. W., Bd. 1, S. 89) wie auch in dem in der vorherigen Anmerkung angeführten Entwurf dazu (1940 *d* [1892]; G. W., Bd. 17, S. 12), in Freuds frühem Vortrag über Hysterie (1893 *h*), unten, S. 195, aber auch in Breuers theoretischem Beitrag zu den *Studien über Hysterie* (1895), unten, S. 308.]

[4] [Dies ist ein bemerkenswert früher Hinweis auf die Psychodynamik des Träumens. Vgl. auch S. 168, unten, mit Anm. 1.]

»*hysterischen Gegenwillen*«[1] gegründet, welche eine gute Anzahl hysterischer Symptome zusammenfaßt.

[Zu S. 142 (Charcot beschreibt einen Fall, der Tic und Zwangsvorstellungen zeigte):]

Ich will hier eines interessanten Falles gedenken, den ich kürzlich beobachtet und der im Verhältnis von Tic und Zwangsvorstellung eine neue Variante erkennen läßt. Ein dreiundzwanzigjähriger Mann konsultiert mich wegen Zwangsvorstellungen typischer Art. Er hat vom achten bis zum fünfzehnten Jahr an lebhaftem Tic gelitten, der seither verschwunden ist. Die Zwangsvorstellungen sind im zwölften Jahr aufgetreten und haben sich in letzter Zeit sehr verstärkt.

[Zu S. 210 (Freud bringt eine lange Anmerkung über eine ausgedehnte Argumentation Charcots, der behauptete, daß in gewissen Fällen, infolge einer besonderen Art zentraler organischer Läsion, eine vollständige Hemianästhesie vorkommen könne, die in diesen Fällen der hysterischen Hemianästhesie genau gleiche. Charcot verneinte, daß in diesen Fällen Hemianopsie vorliege):]

[…] Als ich mir einmal die Freiheit nahm, ihn über diesen Punkt zu interpellieren und ihm den Widerspruch mit der Lehre von der Hemianopsie vorzuhalten, hörte ich von ihm das schöne Wort: »La théorie, c'est bon; mais ça n'empêche pas d'exister.«[2]

Wenn man nur wüßte, *was* existiert. […]

---

[1] [S. die Erörterung dieser Theorie im ›Fall von hypnotischer Heilung‹ (1892–93; *G. W.*, Bd. 1, S. 13 ff.).]

[2] [Dies war unter den Aussprüchen Charcots wohl Freuds Lieblingswendung, er zitiert sie an mehreren Stellen. S. beispielsweise die Krankengeschichte der »Dora« (1905*e*; *G. W.*, Bd. 5, S. 278; *Studienausgabe*, Bd. 6, S. 179), die neunte der *Vorlesungen zur Einführung in die Psychoanalyse* (1916–17 [1915–17]; *G. W.*, Bd. 11, S. 146; *Studienausgabe*, Bd. 1, S. 156) und die *Selbstdarstellung* (1925*d* [1924]; *G. W.*, Bd. 14, S. 38). In seinem Nachruf auf Charcot (1893*f*) berichtet er die Anekdote etwas anders. Nach der dortigen Darstellung wird der Einwand anonym, von »einem von uns«, erhoben, und die Frage, um die es ging, war die viel einfachere nach der Gültigkeit der Young-Helmholtzschen Theorie des Farbensehens (*G. W.*, Bd. 1, S. 23 f.).]

[Zu S. 224 (Charcot behauptet an dieser Stelle, daß die Heredität die »wirkliche Ursache« der hysterischen Anfälle, des Schwindels und der Agoraphobie eines Kranken sei):]

Ich wage hier einen Widerspruch. Die häufigere Ursache der Agoraphobie wie der meisten anderen Phobien liegt nicht in der Heredität, sondern in Abnormitäten des sexualen Lebens. Es läßt sich selbst angeben, welche Art von Abusus der Sexualfunktion dabei in Betracht kommt. Diese Neuropathien können in beliebiger Intensität *erworben* werden, sie fallen natürlich beim Belasteten, auf dieselbe Ätiologie hin, intensiver aus.

[Zu S. 237 (Charcot erörtert hier einen Fall von Basedowscher Krankheit):]

Mancher Leser wird sich wahrscheinlich mit mir gegen die ätiologische Lehre Charcots auflehnen, welche die Disposition für Neurosen nicht von der für organische Nervenkrankheiten trennt, nicht berücksichtigt, welche nicht leicht zu überschätzende Rolle die *akquirierten* Nervenkrankheiten spielen, und den Arthritismus bei Verwandten als hereditäre neuropathische Disposition gelten läßt. Die Überschätzung des hereditären Momentes mag auch erklären, daß Charcot bei der Basedowschen Krankheit jenes Organ nicht erwähnt, in dessen Veränderung wir nach schwerwiegenden Fingerzeigen die eigentliche Ursache der Affektion zu suchen haben. Ich meine natürlich die Schilddrüse und verweise in betreff der Auseinandersetzung mit der Tatsache, daß hereditäre Disposition und psychische Traumen bei der Entwicklung des Leidens eine große Rolle spielen, auf den ausgezeichneten Aufsatz von Möbius über die Basedowsche Krankheit (1891).

[Zu S. 268 (Charcot geht an dieser Stelle auf den Unterschied zwischen organischer und hysterischer Aphasie ein):]

Als ich 1886 die Salpêtrière verließ, erhielt ich von Charcot den Auftrag, eine vergleichende Studie organischer und hysterischer Lähmungen auf Grund der von der Salpêtrière gemachten Beobachtungen durchzuführen. Ich habe die Arbeit gemacht, aber nicht publiziert; ihr Ergebnis war eine weitere Ausführung der hier von Charcot aufgestellten Sätze: Die hysterischen Lähmungen charakterisieren sich durch zwei Momente und dann besonders durch deren Zusammentreffen. Sie sind erstens der *größten Intensität*, zweitens der *schärfsten Isolierung* fähig und weichen von den organischen Lähmungen dann besonders ab, wenn sie Intensität und Isolierung vereinigen. *Eine Monoplegie des Armes aus organischer Ursache kann auf den Arm ausschließlich beschränkt sein; sie ist aber dann fast nie eine absolute.* Sobald ihre Intensität steigt, nimmt auch ihre Ausdehnung zu, es ist geradezu die Regel, daß sie dann auch von einer Andeutung von Parese im Gesichte und am Beine begleitet wird. Auf den Arm einzig beschränkt und dabei absolut kann nur die hysterische Lähmung sein.[1]

[Zu S. 283 und S. 286 (die dazwischen liegenden Seiten enthalten Abbildungen) (Charcot gibt im Text technische Ratschläge über die Anwendung der Suggestion: »Die Engländer, die gewiß praktische Leute sind, haben in ihrer Sprache die Warnung: Do not prophesy, unless you be sure (man soll nie etwas prophezeien, außer man weiß es ganz gewiß). Ich möchte mich diesem Satz anschließen und auch Ihnen die Anerkennung desselben empfehlen. Ja, wenn Sie bei einem unzweifelhaften Fall von psychischer Lähmung dem Kranken in vollster Zuversicht einmal sagen: Stehen Sie auf und gehen Sie, und er es wirklich tut, dann dürfen Sie das Wunder, das Sie getan haben, allerdings sich und Ihrer Diagnose zuschreiben. Aber ich rate Ihnen, wagen Sie sich nicht zu weit vor, und denken Sie von Anfang an daran, wie Sie sich für den möglichen Fall des Mißerfolges einen Rückzug ›in guter Ordnung‹ sichern können.«):]

Mit diesen weisen Worten deckt Charcot einen der größten Mißstände auf, mit denen die praktische Anwendung der Suggestion im Wachen und in leichter Hypnose zu rechnen hat. Weder Arzt noch Patient vertragen auf die Dauer den Widerspruch zwischen der entschiedenen Leugnung des Leidens in der Suggestion und der notwendigen Anerkennung desselben außerhalb der Suggestion.[2]

---

[1] [Der hier erwähnte Aufsatz (Freud, 1893 c) wurde tatsächlich Ende Juli 1893 veröffentlicht, als die einzelnen Lieferungen der *Poliklinischen Vorträge* noch im Erscheinen waren, wie aus einer zweiten Erwähnung des Aufsatzes (unten, S. 163, mit Anm.), nach dessen Veröffentlichung, hervorgeht.]

[2] [Freuds Kommentar beweist seine zunehmende Unzufriedenheit mit der Suggestion. (Vgl. die ›Editorische Einleitung‹ zum vorliegenden II. Teil, oben, S. 98 f.).]

[Zu S. 314 (Charcot beschreibt an der betreffenden Stelle einen Fall von männlicher Hysterie, bei dem die Krankheit offenbar das Ergebnis einer Quecksilberintoxikation war):]

Es ist den Lesern dieser Vorträge wahrscheinlich bekannt, daß P. Janet, Breuer und ich sowie andere Autoren in der allerletzten Zeit eine psychologische Theorie der hysterischen Phänomene zu entwerfen versucht haben, die sich an Charcots eigene Arbeiten (zur Aufklärung der hysterotraumatischen Lähmungen) anlehnt. So stark und hoffnungsvoll uns diese Theorie erscheinen mag, so fordert doch die Besonnenheit das Eingeständnis, daß bisher noch kein Schritt geschehen ist, die Hysterie durch Intoxikation, die Analogie der hysterischen Hemiplegie mit der organischen oder die Entstehung hysterischer Kontrakturen dem Grundgedanken jener Auffassung zu unterwerfen. Ich hoffe, daß sich diese Aufgabe nicht als unlösbar erweisen, oder wenigstens, daß diese Tatsachen sich nicht als unvereinbar mit der psychologischen Theorie ergeben werden.

[Zu S. 368 (Charcot erörtert hier die Differentialdiagnose zwischen organischen und hysterischen Monoplegien):]

In einer kleinen Arbeit (›Quelque considérations pour une étude comparative des paralysies motrices organiques et hystériques‹, 1893) habe ich diese Bemerkung Charcots auszuführen gesucht und ihre Beziehung zur Theorie der Neurose erörtert.[1]

[Zu S. 371 (Charcot beschreibt hier die verschiedenen Anfälle eines hysterischen Mädchens):]

Man mißversteht Charcot gewiß nicht, wenn man aus seinen Äußerungen über »Hystéroépilepsie à crises mixtes« und »à crises separées« den Schluß zieht, die Bezeichnung Hystéroépilepsie sei überhaupt verwerflich und gänzlich außer Gebrauch zu setzen. Die einen der hier gemeinten Kranken leiden an Hysterie schlechtweg, die anderen an Hysterie *und* an Epilepsie, zwei Affektionen, die wenig innere Verwandtschaft haben und an einer

---

[1] [Dies ist derselbe Aufsatz (1893 c), den Freud in einer früheren Anmerkung (oben, S. 161) als noch nicht veröffentlicht bezeichnet.]

Person nur zufällig zusammentreffen. Es ist eine solche Äußerung vielleicht nicht überflüssig, weil bei vielen Ärzten doch die Meinung zu herrschen scheint, als sei »Hysteroepilepsie« eine Steigerung von Hysterie oder ein Übergang von dieser zur Epilepsie. Eine Absicht, in diesem Sinne auszusagen, lag offenbar der Schöpfung des Namens Hysteroepilepsie einmal zugrunde, aber Charcot hat sich längst von einer solchen Auffassung losgesagt, und wir haben keinen Anlaß, hierin hinter ihm zurückzubleiben.[1]

[Zu S. 399 (Charcot äußert sich hier zur Frage der geistigen Überarbeitung als Ursache der »zerebralen Neurasthenie«):]

Alle diese ätiologischen Erörterungen in Sachen der Neurasthenie sind unvollständig, solange nicht auf sexuelle Schädigung Rücksicht genommen wird, die nach meiner Erfahrung das wichtigste und das einzig unentbehrliche ätiologische Moment darstellt.

[Zu S. 404 (Diskussion über die hereditären Ursachen der Neurosen):]

[...] Die Lehre von der famille neuropathologique ist wohl dringend einer Revision bedürftig.

[Zu S. 417 (in ähnlichem Zusammenhang):]

[...] Die Konzeption der famille neuropathique – die übrigens so ziemlich alles umfaßt, was wir an organischen und funktionellen, systematischen und akzidentellen Nervenkrankheiten kennen – dürfte einer ernsten Kritik kaum standhalten.[2]

---

[1] [Vgl. die Anmerkung zum Artikel über Hysteroepilepsie (1888 *b*) in Villarets *Handwörterbuch* (oben, S. 91, Anm. 2).]

[2] [In seinem Nachruf auf Charcot (1893 *f*; *G. W.*, Bd. 1, S. 34 f.) kritisiert Freud die Theorie der »famille névropathique« (die Gruppe der Neuropathien), worunter Charcot »die Summe all jener Erkrankungen des Nervensystems« verstand, »welche einander bei der Vererbung wechselseitig vertreten können« – darunter sowohl die Tabes als auch die Hysterie (vgl. Freuds Übersetzung von Charcot, 1892–94, S. 4).]

Bericht über einen Vortrag
›Über Hypnose und Suggestion‹
(1892)

Editorische Vorbemerkung

1892 *Internationale klinische Rundschau,* Bd. 6, Nr. 20, Sp. 814–18; Nr. 21, Sp. 853–56.

Dies ist ein Originalbericht der oben erwähnten Zeitschrift über einen Vortrag, den Freud in zwei Folgen, am 27. April und 4. Mai 1892, vor dem Wiener medizinischen Klub gehalten hat.[1] Im ersten Teil befaßte sich Freud mit den Begriffen von »Suggestion« und »Hypnose«, im zweiten mit der therapeutischen Funktion der Hypnose. Der in zwei Nummern der Zeitschrift veröffentlichte Bericht berücksichtigt die beiden Themen Freuds nicht gleichgewichtig; der Wiedergabe der zweiten »Stunde« wurde mehr als doppelt soviel Raum zugebilligt.

Obgleich Freud sich in diesem Vortrag anerkennend zu den Auffassungen Bernheims und der Schule von Nancy äußert, finden sich in den späteren Passagen verschiedene kritische Bemerkungen, die sich auf Definition sowie praktische Anwendung von Suggestion und Hypnose beziehen.

Dieser Bericht, obgleich offenbar aus zweiter Hand, trägt alle Anzeichen einer akkuraten Wiedergabe von Freuds Originalvortrag. Da ferner dessen Inhalt, im Kontext von Teil II dieses Nachtragsbandes, von beträchtlichem Interesse ist, schien es lohnend, ihn hier – erstmals seit 1892 – nachzudrucken. Als Textvorlage diente eine Photokopie des Originalberichts.

---

[1] In der Originalveröffentlichung findet sich zum Titel ›Über Hypnose und Suggestion. Von Dr. S. Freud, Dozent an der Wiener Universität‹ folgende Anmerkung: »Vortrag, gehalten im ›Wiener medizinischen Klub‹ am 27. April und 4. Mai 1892. – Originalbericht der *Internationalen klinischen Rundschau.*«

Nach einigen einleitenden Bemerkungen über sein persönliches Verhältnis zu dem Thema des Vortrages erinnert der Vortragende daran, daß die noch vor kurzem herrschende Ansicht, der Hypnotismus sei ein Gewebe von Schwindel und Selbstbetrug, heute überwunden sei und daß man behaupten dürfe, es handle sich um ein wichtiges Gebiet von psychologischen Tatsachen, das den Arzt sehr nahe angeht. Er teilt dann mit, daß die Grundtatsache des Hypnotismus in zweierlei Fassung ausgesprochen worden sei, von Charcot und von den Männern der »Schule von Nancy«. Nach einer kurzen Beleuchtung der Charcotschen Lehren übergeht er zu der Auffassung der Schule von Nancy, zu welcher er sich rückhaltslos bekennt. Vorher macht er einige interessante Mitteilungen über die Persönlichkeit des Gründers dieser Schule, des Dr. Liébeault, der in selbstlosester Weise sein Leben·der Erforschung dieses Problems gewidmet hat, sowie über Prof. Bernheim, dessen Publikationen die allgemeine Aufmerksamkeit auf die bis dahin unbeachtete Lehre und Tätigkeit Liébeaults gelenkt haben.

Die Schule von Nancy definiere die *Hypnose* als einen besonderen psychischen Zustand, in dem die *Suggerierbarkeit* gesteigert ist. Der Vortragende will nun die erste Stunde auf die Erörterung der Begriffe »Suggestion« und »Hypnose« verwenden und in einem zweiten Vortrag auf die therapeutische Rolle der Hypnose eingehen.

Die »Suggestion«[1] werde von Bernheim definiert als der psychische

---

[1] [Die folgende Skizze von Bernheims Ansichten und die Kritik an seiner Definition der »Suggestion« erinnern an Freuds Vorrede zu seiner Bernheim-Übersetzung (1888–89) und an seine Forel-Rezension (1889*a*); vgl. oben, S. 112 f., S. 117 ff. und S. 138.]

Akt, durch welchen eine Vorstellung in ein fremdes Gehirn eingeführt und von diesem angenommen werde. Diese Definition erscheine aber unbefriedigend, weil zu weit; sie lasse die Folgerung zu, daß jede psychische Beeinflussung zwischen verschiedenen Personen eine Suggestion sei, und nehme so der Suggestion, die uns an der Hypnose befremdet, das Charakteristische weg. Bernheim sei tatsächlich bereit, eine solche Folgerung zu akzeptieren, und sehe in allem psychischen Geschehen eine Erscheinung der Suggestion. Dem entgegen sucht der Vortragende an der Hand von Beispielen für Befehl, Überredung, Belehrung u. dgl. das Charakteristische der Suggestion festzustellen und kommt zum Schlusse, die Suggestion bestehe darin, daß ein Gehirn eine ihm von außen dargebotene Vorstellung annimmt, ohne Kritik an ihr zu üben, obwohl es über das Materiale für diese Kritik verfügt.

Das Hauptverdienst der Schule von Nancy besteht nun darin, daß sie den Erscheinungen der Suggestion auf allen Gebieten des menschlichen Seelenlebens nachgespürt und erwiesen habe, daß wir alle unter einer Fülle von Bedingungen uns als suggerierbar erweisen, eine Tatsache, die ein viel weitgehenderes Interesse als bloß für den Arzt beansprucht. Der Vortragende berichtete über einige höchst frappante Versuche Bernheims, welche das ganz unerwartete Maß der Gläubigkeit bei normalen Menschen beweisen.

Den Arzt interessiere es nun hauptsächlich zu wissen, unter welchen Bedingungen die Menschen suggerierbar sind. Eine nicht erschöpfende Aufzählung ist die folgende:

1. Die gesteigerte Suggerierbarkeit kommt spontan als dauernder abnormer Seelenzustand vor – in seltenen Fällen.

2. Sie findet sich zeitweise in Affektzuständen und bei Einwirkung psychischer Infektion; von den ersteren ist besonders der Zustand der religiösen Gläubigkeit anzuführen.

3. Sie findet sich in der durch gewisse Methoden zu erzielenden tiefen Hypnose.

Die Suggerierbarkeit des hypnotischen Zustandes zeigt gewisse Unterschiede gegen die Suggerierbarkeit unter anderen Bedingungen. Sie ist nämlich eine allgemeine, während eine sonstige Steigerung der Gläubigkeit sich nur auf die Suggestion[en] bezieht, welche im Zusammenhange mit der wirksamen Bedingung stehen. So wird ein religiös Suggerierter nur leichtgläubig gegen Suggestionen, die zu dem Inhalt seines religiösen Glaubens passen, aber nicht allgemein leichtgläubig. Er wird etwa in

Lourdes [vgl. unten, S. 173] eine Wunderheilung ohne Prüfung annehmen, aber an einem Versuch, ihm eine Illusion für eine Speise zu erteilen, scharfe Kritik üben. In der Hypnose werde die Suggestion ermöglicht durch die gleichmäßige Abschwächung aller vorhandenen Vorstellungen, bei der religiösen Gläubigkeit dagegen durch Verstärkung einer besonderen Vorstellungsgruppe.

Ein anderer unterscheidender Charakter der hypnotischen Suggerierbarkeit bestehe darin, daß sie mit Amnesie verbunden sei, was bei der Suggerierbarkeit unter anderen Bedingungen fehle. Der Vortragende suchte aber die Bedeutung dieses Unterschiedes selbst einzuschränken, indem er die Behauptung aufstellte, die Amnesie der Hypnose rühre nur daher, daß wir es vermeiden, sehr verschiedene Zustände des Bewußtseins miteinander zu assoziieren, so knüpfen wir z. B. die Gedankengänge des Morgens unmittelbar an die des vorigen Abends an mit Überspringung der Nacht und merken mitunter, daß wir Nacht an Nacht assoziieren, die in der einen Nacht begonnenen Träume, von denen wir bei Tag nichts gewußt haben, in der nächsten fortsetzen.[1] Die Amnesie der Hypnotisierten sei weiter nichts als ein solches Vermeiden der Verknüpfung zweier verschiedener Bewußtseinszustände, denn jede folgende Hypnose bringe die Erinnerung an die vorigen wieder. Auch seien wir gelegentlich unter anderen Verhältnissen amnestisch, ja auf der Höhe des Affekts, wie man die Jähzornigen beobachten kann, die dann in Abrede stellen, arge Ausdrücke gebraucht zu haben.

Der Vortragende schloß damit, es sei bisher gelungen, die Begriffe »Hypnose« und »Suggestion« auseinanderzuhalten, das werde aber von jetzt ab schwerer werden. Wenn man nämlich auf die Methoden eingehe, durch welche die Hypnose erzeugt wird, so müsse man zugestehen, daß diese selbst in der Anwendung der Suggestion bestehen. Nimmt man hinzu, daß die Hypnose nach den Lehren der Schule von Nancy keine konstanten körperlichen Zeichen hat, sondern bloß den Charakter der gesteigerten Suggerierbarkeit, so versteht man, wie ein geistreicher Anhänger der Nancyschen Schule, Prof. Delbœuf, den Satz aussprechen konnte: Es gibt keine Hypnose, sondern nur verschiedene Arten und Grade der Suggerierbarkeit.[2]

---

[1] [Vgl. die editorische Anmerkung in der vorherigen Arbeit, oben, S. 159, Anm. 4.]

[2] [Dies ist eine Anspielung auf eine berühmte aphoristische Pointe Delbœufs, die Bernheims »tout est dans la suggestion« mit: »Comme quoi il n'y a pas d'hypnotisme« über-

In dem zweiten Vortrag über die Bedeutung von Hypnose und Suggestion für die Therapie, den wir ausführlicher wiedergeben wollen, sagte
Dr. Freud etwa folgendes:

Neben der Medizin der Schule, die sich bemühte, die ärztliche Therapie
auf die Gesamtheit der jeweiligen naturwissenschaftlichen Erkenntnisse
zu basieren – mag in derselben die mathematisch-physikalische oder, wie
gegenwärtig, die biologisch-chemische Auffassung vorschlagen –, hat es
jederzeit eine laienhafte, oppositionelle »wilde« Medizin[1] gegeben, deren
Hauptcharakter es gerade war, die wissenschaftlichen Grundlagen der
Therapie beiseite zu lassen. So in unserer Zeit die Homöopathie, die Na-
turheilkünstler, der Pfarrer Kneipp[2] u. dgl. Die Erfolge dieser Laientherapie seien aber unzweifelhaft und nicht zu unterschätzen. Fragt man sich,
worin dieselben bestünden, so kann man wohl sagen, es sei nicht ein einziger Fall von Heilung durch solche Methoden vorgekommen, der unseren
auf die Anatomie gegründeten Folgerungen widersprechen würde, es sei
noch niemand durch einen Heilkünstler zum Gehen gebracht worden,
dessen Nervi ischiadici in einen bindegewebig-fettigen Strang verwandelt
waren, oder zum Sehen, wenn er keine Stäbchen-Zapfenschicht in der
Netzhaut besaß. Es handele sich da immer um Fälle, die auch wir als prinzipiell heilbare erklären würden und deren Heilung auch uns in einer Reihe
von Malen gelingt. Doch müsse es zu denken geben, daß diese wilde Medizin ungefähr das gleiche auswählen könne wie unsere wissenschaftliche
und selbst einzelne Fälle zur Heilung bringt, die der rationellen Therapie
widerstanden haben. Es verlohne sich daher nachzusuchen, welchem Faktor die laienhafte Medizin ihre Erfolge verdanke, und bei näherer Überlegung müsse man sagen, daß dies nur ein psychischer Faktor sein kann,
denn diese Heilungen vollziehen sich unter drei verschiedenen Bedingungen, bei denen allen der psychische Faktor der Suggestion unverkennbar
ist: 1. an Orten, mit deren Besuch eine Steigerung der religiösen Gläubigkeit verbunden ist, so in Lourdes, in der Gebetanstalt Zellers am Züri-

---

bot. Freud zitiert diese Wendung in seiner Falldarstellung von Frau Emmy von N. in den
Studien über Hysterie (1895 d; G. W., Bd. 1, S. 157). Vgl. eine editorische Anmerkung,
oben, S. 100, Anm. 2. Weitere Informationen über Delbœuf finden sich oben, S. 139 und
Anm.]

[1] [Etwa zwanzig Jahre später, als die Psychoanalyse ihre eigene »Schule« errichtet hatte,
konnte Freud von »wilder Analyse« (Freud, 1910 k) sprechen.]

[2] [Vgl. zu Pfarrer Kneipp und seiner Kur unten, S. 494 und Anm. 1.]

chersee u. dgl. Die religiöse Gläubigkeit haben wir aber letzthin unter den kräftigsten Einflüssen zur partiellen Steigerung der Suggerierbarkeit kennengelernt; 2. bei Behandlungsmethoden, welche der wissenschaftlichen Medizin die Form entlehnen, aber nur durch den Glauben an sie wirken können, da sie nach unserer Einsicht den vorhandenen Leiden ganz inadäquat sind; dahin gehöre ja die Homöopathie; 3. gehören hierher noch die Fälle, in denen eine wirklich rationelle Therapie Wirkungen erzielt, die weit über ihre eigentliche Macht hinausgehen, weil sich der suggestive Einfluß des Arztes, der diese Behandlung ausübt, hinzugesellt. Der Vortragende zitiert hier Metzgers Massagekuren und beruft sich für diese Auffassung auf einen Vortrag Charcots, der die suggestive Wirkung, die von Metzger ausgeht, schildert.

Angesichts dieser Erfahrungen erscheint es als ein berechtigter Wunsch des Arztes, sich dieses suggestiven Faktors zu bemächtigen, um ihn in seiner therapeutischen Tätigkeit zu verwenden. Als bequemstes Verfahren bietet sich ihm dazu die Anwendung der Suggestion in der Hypnose. Die Hoffnung, den Machtbereich der rationellen Therapie erheblich zu erweitern, wenn es gelingt, die Kranken in tiefe Hypnose mit Amnesie, in sogenannten Somnambulismus zu versetzen, gründet sich aber nicht nur auf die obigen Erfahrungen über die Erfolge der suggestiven Laientherapie, sondern auch auf eine Reihe von Tatsachen, die dem Thema der Wechselwirkung des Physischen und Psychischen beim Menschen angehören. Dieses Thema wird in der Schule meist einseitig behandelt, so daß die psychischen Vorgänge als das Abhängige und Beeinflußte erscheinen. Der Student hört von den somatischen Bedingungen der psychischen Funktionen, von der Beeinflussung derselben durch die Veränderungen der Blutzufuhr und durch toxische Stoffe oder Produkte. Eine andere Reihe von Tatsachen, die von der Schulmedizin gegenwärtig im Hintergrund belassen wird, zeigt aber, daß auch das Gegenteil wahr ist, daß auch eine höchst bedeutsame Beeinflussung der körperlichen Funktionen durch die psychischen Vorgänge stattfindet.[1] Vor allem zeugen dafür jene körperlichen Veränderungen, die für den Verkehr der Menschen die wichtigste Rolle spielen, die man als Ausdruck der Gemütsbewegungen zusammenfaßt und die für das Verständnis der Neurosen eine so große Bedeutung gewonnen haben, seitdem man als das Charakteristische des Status nervosus einen ge-

---

[1] Eine vortreffliche Sammlung von Beispielen hiefür enthalte das bekannte Buch von Hack Tuke, *Influence of the Mind upon the Body* [1872].

steigerten Ausdruck der Gemütsbewegungen erkannt hat.[1] Außerdem weiß man, daß alle Sekretionen auf Vorstellungen hin erfolgen und gehemmt werden, man kennt Beispiele von auffälligen trophischen Veränderungen infolge primärer Veränderung des Vorstellungslebens, und gerade am Beispiel der Neurasthenie läßt sich zeigen, daß man jetzt häufig genötigt ist, eine Wirkung vom Psychischen aufs Physische anzunehmen, wo man früher das Gegenteil für sicher hielt. Der Vortragende erwähnt als das auffälligste Phänomen dieser Reihe die Hervorrufung von Rötungen der Haut an angegebenen Stellen durch Einführung einer Vorstellung in der Hypnose – ein Versuch, den er selbst an einer Patientin Liébeaults wiederholt angestellt – und berichtet, daß von vertrauenswürdigen Männern auch Eiterung und Blasenbildung auf demselben Wege erzeugt worden sind.

Gelänge es also, tiefe Hypnose zu erzeugen, so würde man durch Einführung von geeigneten Vorstellungen 1. alle Erscheinungen aufheben können, die selbst von Vorstellungen herrühren, indem man diesen krankmachenden Vorstellungen energisch widerspricht; 2. auch andere Krankheitssymptome hemmen oder aufheben, die somatischer Herkunft sind, wenn der Krankheitsprozeß nicht unvermeidlicherweise sich durch diese Symptome kundgeben muß.

Erscheine so die therapeutische Anwendung der Hypnose gerechtfertigt, so sei es an der Zeit, einen Einwurf zu würdigen, der gerade von denjenigen komme, welche die Bedeutung der Suggestion für die Therapie zu schätzen verstehen. Man sage, gewiß solle der Arzt suggerieren, aber das tue er ohnedies und seit jeher. Der Arzt suggeriere immer durch seine Persönlichkeit, durch seine tröstliche Versicherung und selbst in unseren rationellen Behandlungsmethoden stecke eine Portion Suggestion.[2] Bei jedem ärztlichen Eingriff vermenge sich der psychische Faktor der Suggestion mit der physikalisch-chemischen Wirkung der Therapie. Von unserer Elektrotherapie ist es gerade jetzt fraglich geworden, ob sie nicht zum allergrößten Teil auf Suggestion beruhe. Wozu dann noch die Hypnose, die Selbstsuggestion sei nichts anderes, bringe nichts Neues als einen neuen Namen? Besonders häufig höre man diesen Einwand von hervorragenden Ärzten, die einen großen Ruf genießen und in der Tat durch ihren

---

[1] [Vgl. den ähnlichen Ausdruck bei Breuer, der sich, freilich ohne spezifizierende Verweise anzugeben, in seinem theoretischen Kapitel in den *Studien über Hysterie* (1895) auf Oppenheim bezieht; s. unten, S. 250, S. 261, S. 301 und S. 304.]

[2] [Ähnlich schon in der Forel-Rezension von 1889; vgl. oben, S. 129.]

bloßen Verkehr, ja ihre Miene die Kranken zu erleichtern vermögen. Darauf sei aber zu erwidern, daß die bewußte Suggestion doch von den Ärzten nicht allgemein geübt wird, daß dieselben im allgemeinen nichts dazutun, daß die Kranken sich suggerieren. Das komme hie und da vor, besonders bei einzelnen Persönlichkeiten, es handle sich aber darum, die Suggestion in großem Umfange und absichtlich hervorzurufen und die Hilfskraft dieses Faktors ganz allgemein auch solchen Ärzten zuteil werden zu lassen, die sich nicht eines besonderen persönlichen Einflusses erfreuen.

Die eigentliche Würdigung dieses Einwandes, meint der Vortragende, sei nur möglich, wenn man sich für oder gegen Delbœuf entscheide, die Hypnose als einen besonderen Zustand oder selbst nur als ein Produkt der Suggestion hinstellen zu lassen.[1] Im letzteren Falle sei der Einwand berechtigt, man bedürfe der Hypnose nicht, wenn man mit ihr nichts anderes erreiche als eine solche Suggerierung des Kranken, wie sie auch ohne Hypnose zustande kommt. Es sei dann auch zu erwarten, daß die Hypnose ihre besondere Wirkung bei Kranken verlieren werde, wenn dieselben gemerkt haben, daß dieser Zustand keine von ihrem Glauben unabhängige Wirkung ausüben könnte. Im anderen Falle, wenn die Hypnose ein eigenartiger physisch bestimmbarer Zustand ist, sei es klar, daß ihre Verwendung einen großen Fortschritt im Vergleich mit der gebräuchlichen Suggerierung von seiten der Ärzte bedeute.

Der Vortragende will auf diese überaus wichtige Entscheidung hier nicht eingehen, er bemerkt nur, daß er seinerseits noch an der Auffassung der Hypnose als eines eigenartigen Zustandes festhalte.[2] Die Hypnose lasse sich wenigstens der Definition nach gut von den anderen Zuständen mit erhöhter Suggerierbarkeit trennen. Suggerieren bedeute ja allgemein, einen anderen dahin zu bringen, daß er eine Vorstellung auf Grund eines psychologischen Motives anstatt eines logischen Beweggrundes annehme. Für die anderen Arten der Suggerierung gelte diese Definition wörtlich, bei der Hypnose geschehe dies dadurch, nicht daß man dem anderen ein psychologisches Motiv verschafft, sondern indem der besondere psychische Zustand den Widerstand gegen die neue Vorstellung aufhebt. Soviel stehe aber fest, daß diejenigen, welche diesen Einwand erhoben, die Anwendung der Hypnose nur überflüssig, nicht verwerflich finden können.

---

[1] [Vgl. oben, S. 168, Anm. 2.]
[2] [Hier weicht Freud von einer rückhaltlosen Unterstützung der Auffassungen der Schule von Nancy ab.]

Der Vortragende wendet sich nun zur Besprechung dreier Fragen: 1. welche Erfolge man bei der Anwendung der Hypnose tatsächlich beobachtet; 2. welches die Indikationen und 3. welches die Gefahren und Einwände gegen den Gebrauch der Hypnose sind.

1. Die Erfolge, die man von der Anwendung der Hypnose an der Klinik von Bernheim und im Ambulatorium von Liébeault sehe, seien ganz außerordentlich, wie der Vortragende durch Beispiele belegt. Auch die Anzahl der Personen, die Bernheim somnambul mache, sei eine unerwartet große. Bernheim hypnotisiere z. B. zehn von zwanzig Kranken eines Krankenzimmers, während er durchgehe, und zwar nicht nur alte Patienten, sondern auch solche, die erst vor ein oder zwei Tagen aufgenommen worden seien. Versuche man etwas Ähnliches in seiner Privatpraxis nachzumachen, so werde man sich mit einer weit bescheideneren Anzahl von Hypnosen zufriedengeben müssen. Bernheim selbst, der ein absolut wahrheitsliebender Forscher sei, berichte, daß er in seiner Stadtpraxis nicht dieselben Erfolge habe wie bei seinen Spitalspatienten.[1] Es komme offenbar manches zusammen, um die Erfolge an der Klinik zu erklären: die ungewöhnliche Sicherheit Bernheims, der persönliche Einfluß, den der leitende Arzt einer Krankenabteilung jedesmal ausübe, die Natur des Krankenmaterials auf einer Klinik und die psychische Infektion, die sich dort geltend mache. Mit einem Worte, was man bei Bernheim sieht, ist nicht sosehr die Wirkung der Hypnose als die Wirkung der Suggestion schlechtweg, ähnlich wie sie in Lourdes [vgl. S. 168, oben], beim Pfarrer Kneipp [vgl. S. 169, oben], bei einzelnen berühmten Ärzten zustande kommt. In einer Privatordination, wo unterrichtete und voreingenommene Kranke, die den Arzt honorieren, einzeln zur Behandlung kommen, fallen alle diese suggerierenden Momente weg. Nun hänge der Erfolg, wenn auch nicht jedesmal, so doch durchschnittlich von der Tiefe der Hypnose ab. Man könnte es sich zur Regel machen, in der Privatpraxis die hypnotische Behandlung nur dann anzuwenden, wenn es gelungen ist, eine tiefe Hypnose herzustellen. Allein dann würde man die Anwendung dieser Therapie allzusehr einschränken und wird davon auch durch einzelne Erfahrungen abgehalten, in denen trotz schlechter Hypnose voller Erfolg erreicht wird.

---

[1] [Dieses Bekenntnis Bernheims wird von Freud in seiner *Selbstdarstellung* (1925 d [1924]; *G. W.*, Bd. 14, S. 41) berichtet. Vgl. die ›Editorische Einleitung‹ zum vorliegenden Teil, S. 98, Anm. 2, oben.]

Man bescheidet sich also, die suggestive Therapie auch bei unvollkommener oder mangelnder Hypnose zu versuchen; dies Bemühen, die Suggestion hervorzurufen, wo sie sich nicht von selbst einstellt, ist aber eine schwere und anstrengende Arbeit für den Arzt, eine Art von Tierbändigertum, das man bei sonstiger Beschäftigung auf die Dauer nicht verträgt. Gewiß gibt es Personen, die eine große Geschicklichkeit darin besitzen, aber die Schwierigkeiten dieser psychologischen Technik treten so in den Vordergrund, daß man die Berechtigung begreift, hier eine Spezialisierung nach der Technik – wie sonst nach den Organen – eintreten zu lassen, und diese Art der suggestiven Therapie gerne Personen überlassen möchte, die keine andere ärztliche Funktion verrichten. Mit dem Wegfall der Amnesie, die der tiefen Hypnose zugehört, entfällt auch für den Arzt die volle Freiheit in der Erteilung der Suggestion, die richtige Kühnheit im Ableugnen der Krankheitserscheinungen. Es wird ihn wider Willen und Absicht zur Zurückhaltung nötigen, wenn er weiß, daß der Kranke den vollen Widerspruch zwischen der Wirklichkeit von der in der Suggestion enthaltenen Behauptung empfindet und ihm denselben ein nächstes Mal vorhalten wird.[1] Somit wird er immer weniger zuversichtlich, der Erfolg immer geringer, die Neigung, diese Behandlung fortzusetzen, wird auf beiden Seiten schwächer, und die suggestive Therapie muß bald des Momentes der Summation durch Wiederholung entbehren, auf das keine andere Methode verzichtet.

Der Vortragende kann sich also nicht als »begeisterter Anhänger« der Suggestionstherapie bekennen, wenn sie unter solchen Verhältnissen ohne suggestiv wirkendes Milieu und unter Verzicht auf tiefe Hypnose ausgeübt wird. Er halte diese Frage überhaupt für eine solche, die man mit objektiver Gelassenheit beurteilen könne. Die Menschen sind im allgemeinen allzu gierig nach einem Stoff, für den sie sich begeistern, d. h. vor dem sie sich wie suggeriert benehmen und ihrer Logik Einhalt gebieten können. Die wissenschaftliche Wahrheit sei gewiß ein solches der Begeisterung würdiges Thema, und Liébeault, für den die Erforschung der Suggestion ein Stück dieser Wahrheit war, hatte ein Recht gehabt, sich dafür zu begeistern. Die späteren, denen die Lehre fertig entgegengebracht worden ist, seien nicht mehr in diesem Falle, sie hatten nur vorurteilslos zu prüfen, und es sei eines wissenschaftlichen Mannes gleich unwürdig, sich als ein

---

[1] [Vgl. einige ähnliche Bemerkungen von Charcot und von Freud in Freud (1892–94), S. 162, oben. Vgl. auch S. 98 f., oben.]

»begeisterter Anhänger« wie als erbitterter Gegner der suggestiven Therapie zu gebärden.

Anders läge die Sache, meint der Vortragende, wenn es durch irgendein Gebaren gelänge, die tiefe Hypnose mit Amnesie bei allen oder den meisten Kranken hervorzurufen, dies ergäbe eine Erweiterung unserer Therapie, wie sie nicht bedeutsamer ersonnen werden kann.

Wiederholt betont der Vortragende, daß das wichtigste Problem in der Lehre vom Hypnotismus[1] darin bestehe zu entscheiden, ob der Zustand der Hypnose ein durch besondere somatische und physische Zeichen charakterisierter Zustand sei oder nur ein Kunstprodukt der ärztlichen Technik, wie Delbœuf behauptet. An die Entscheidung dieser Frage knüpfen sich auch alle Erwartungen, die man für die Zukunft des Hypnotismus hegen kann. Daß die Hypnose durch Suggestion erzeugt werden könne, entscheide die Frage durchaus nicht. Seine Meinung ginge dahin, an der Echtheit der Hypnose festzuhalten, er würde seine Argumente dafür der Beobachtung des hypnotischen Zustandes bei Hysterischen entnehmen, sich also in diesem wichtigen Punkte den Anschauungen der Charcotschen Schule nähern. Er könne aber auf das bedeutsame Problem hier nicht weiters eingehen[2].

Er wendet sich zu den Indikationen für die Anwendung der hypnotischen Therapie. Es sei damit hier anders bestellt als bei sonstigen therapeutischen Indikationen. Sonst würden die Indikationen nur durch die Krankheitszustände bestimmt. Bei der hypnotischen Therapie komme in hervorragendem Maße das Moment der Individualität des Kranken in Betracht. Es ist darum schwer, etwas Allgemeines auszusagen. Bei dem einen Kranken gelingt es, Krankheitssymptome zu unterdrücken, die nur durch nachweisbare anatomische Veränderungen gerechtfertigt scheinen. Bei dem anderen leistet ein subjektives Symptom entschieden psychischer Herkunft Widerstand. Als Beispiele für das erstere führt er einen Mann von der Bernheimschen Klinik an, der an Meniéreschem Schwindel infolge von Labyrintherkrankung litt, bereits unfähig war, sich aufrechtzuhalten, und nach jeder hypnotischen Suggestion vier bis fünf Tage nahezu normal ging. Nach dieser Zeit ließ die Wirkung nach und mußte durch eine neue Suggestion aufgefrischt werden. Im allgemeinen ließen sich drei Kategorien aufstellen, in denen sich eine Indikation für die hypnotische Therapie

---

[1] [Vgl. die Information in Anm. 2, S. 168, oben.]
[2] [Im Erstdruck steht irrtümlich »entgehen«.]

ergäbe: 1. Fälle von rein funktionellen Beschwerden meist nervöser Natur; 2. Fälle von organischen Erkrankungen, in denen die Beschwerden durch ein nervöses Mittelglied hervorgerufen werden. Hier erwähnte der Vortragende als Beispiel das Phänomen der »Schmerzhemmung«, wie man es beim akuten Gelenkrheumatismus beobachte. Bernheim habe wiederholt gezeigt, daß man einen Kranken mit akuter Gelenksschwellung durch Hypnose veranlassen könne, das erkrankte, sonst ruhig gehaltene Glied durch mehrere Stunden wie ein gesundes zu bewegen; 3. Fälle von organischen Läsionen, in denen die Beschwerden direkte Folge der Läsion sind. Man müsse zur Erklärung dieser sonst rätselhaften Erfolge annehmen, daß hier die funktionelle Störung über den Bereich der anatomischen Läsion hinausgehe, daß durch die Suggestion andere Organe zur kompensatorischen Leistung herangezogen würden u. dgl.

Gewisse Gruppen von Kranken, so die Neurastheniker, überhaupt Personen mit depressiven Bewußtseinsstörungen seien zur Hypnose recht untauglich. Dies sei um so bedauerlicher, als man gerade bei diesen Kranken die meisten Zustände anträfe, die für hypnotische Behandlung ihrer Natur nach sich eignen würden. Doch dürfe man dies nicht als allgemeine Regel auffassen, jede Sammlung von hypnotischen Heilerfolgen, wie die von Bernheim selbst, Wetterstrand[1] u. a., enthalte einzelne Beispiele von Heilungen schwerer psychischer Neurasthenie. Das Verhalten der Hysterischen zur hypnotischen Therapie sei ein besonderes Kapitel, das er heute von der Diskussion ausschließe. Er nähere sich auch darin der Charcotschen Lehre, daß er besondere Beziehungen zwischen Hysterie und Hypnotismus anerkenne. Die besten Erfolge verspreche die hypnotische Behandlung bei Gesunden, die dieser Behandlung allerdings nicht bedürften.

In betreff der Einwände gegen die hypnotische Therapie meinte der Vortragende, sie seien so ziemlich alle richtig, aber dabei ungerecht, da sie jede andere Therapie in gleichem Maße treffen. Der Einwand, daß die Prozedur eine psychische Schädigung des Patienten mit sich bringe, käme von jenen Ärzten, die diese Behandlung nicht geübt haben, während diejenigen, welche viel hypnotisieren, von solchen Gefahren nichts zu berichten wissen. Allerdings komme bei jeder Therapie, also auch bei der hypnotischen, in Betracht, wo und wann man sie anwende. Man habe mit einer gewiß unentbehrlichen Therapie, mit der lokalen Behandlung der Frauen-

---

[1] [Otto Georg Wetterstrand (1845–1907), einflußreicher schwedischer Hypnotiseur und Mitbegründer der *Zeitschrift für Hypnotismus* in Berlin.]

krankheiten, Schaden genug angerichtet, wenn man sie zuviel, an ungeeigneten Personen, unter gewissen persönlichen Bedingungen angewendet habe. Ähnliches sei auch bei der Hypnose zu beobachten, ohne daß darum ein Vorwurf gegen die Hypnose zu erheben sei. Der Einwand, daß die hypnotisch-suggestive Therapie eine bloß symptomatische Behandlung sei, sei wieder ganz richtig, aber das gelte für die größte Anzahl unserer Heilmethoden; wir besitzen nur sehr wenige kausale Therapien, fänden uns im allgemeinen von symptomatischen Methoden sehr befriedigt und der Kranke verlange nichts anderes von uns. Übrigens habe Bernheim in einer glänzenden Partie seines neuen Buches über Psychotherapie ausgeführt, daß infolge der Wechselwirkung der Symptome aufeinander die symptomatische Behandlung oft genug direkt zur Heilung beitrage.[1] Bei der Hysterie gäbe es übrigens einen Fall, in dem die Hypnose eine wirkliche Kausalbehandlung ermöglicht, er wolle hier nicht weiter davon sprechen.[2]

Ein weiterer Vorwurf laute, daß die suggestive Therapie nur vorübergehende Erfolge erziele, daß nach längerer oder kürzerer Zeit sich ein Rückfall einzustellen pflege. Das sei falsch, wenn damit gemeint sei, daß sich bei hypnotischer Therapie Rückfälle leichter einstellen als bei anderer Behandlung. Der Anschein davon könne auf folgende Art entstehen. Bei einer andersartigen, z. B. elektrischen Behandlung sei man von vorneherein auf die Summation der heilenden Einflüsse vorbereitet. Man wundert sich nicht, wenn die Neuralgie nicht nach der ersten Sitzung verschwunden ist, und elektrisiert weiter, bis man eine erfahrungsgemäß hinreichende Reihe von Sitzungen ausgeführt hat. Bei der hypnotischen Behandlung derselben Neuralgie kann es geschehen, daß die Neuralgie sofort auf die Suggestion verschwindet. Kommt sie dann am nächsten Tag wieder, so darf man dies keinen Rückfall heißen, sondern muß auch hier eine genügende Reihe von Suggestionen zu einer Behandlung zusammenfassen. Von diesem Mißverständnis abgesehen, sind Rückfälle bei hypnotischer Therapie nicht häufiger als bei anderer. Wo sie vorkommen, ergeben sie sich aus der Natur des behandelten Falles. Es kommt darauf an, ob man es mit einem floriden neurotischen Prozeß zu tun hat, in dem dies veranlassende Moment noch produktionsfähig ist, oder um Fälle, in denen der Prozeß abgelaufen ist

---

[1] [Bernheim (1891). Freuds Übersetzung dieses Buchs wurde kurz danach veröffentlicht (Freud, 1892a).]

[2] [Dies wird in der Forel-Rezension (1889a) erörtert; vgl. oben, S. 137 und Anm. 1. S. auch die Erwähnung im Artikel zu Bums *Lexikon* (1891d), S. 150, oben.]

177

und nur Resterscheinungen bestehen. Im ersteren Falle wird man Rückfälle bei jeder beliebigen Therapie bekommen, im anderen durch hypnotische Behandlung die Resterscheinung endgiltig beseitigen. Der Vortragende führt Beispiele aus seiner eigenen ärztlichen Erfahrung hiefür an.

Der Vortragende schließt mit der Aufforderung, die Bernheimsche Klinik in Nancy zu besuchen; er erwarte nicht, daß alle dann zu Hypnotiseuren würden, das sei auch nicht wünschenswert, aber sie würden sich die zahlreichen wichtigen Lehren, die aus dem Studium der Suggestion fließen, nicht entgehen lassen und von da an vielleicht Kollegen, welche die hypnotische Behandlung üben, nicht mehr mit Mißachtung verfolgen.

III. Teil

Aus der Zusammenarbeit mit Josef Breuer
(1891–1899)

[Vortrag:]
Über den psychischen Mechanismus
hysterischer Phänomene
(1893)

Editorische Vorbemerkung

1893 *Wiener medizinische Presse*, Bd. 34, Nr. 4 (22. Januar), Sp. 121–26; Nr. 5 (29. Januar), Sp. 165–67.
1971 *Studienausgabe*, Bd. 6, S. 9–24.

Der erste deutschsprachige Nachdruck dieser Arbeit seit ihrer Erstveröffentlichung im Jahre 1893 erschien unseres Wissens 1971 in der *Studienausgabe*. Als Textvorlage diente uns eine Photokopie des Erstdrucks. – Ein weniger ausführlicher Bericht, gezeichnet von Dr. Em. Mandl, war 1893 in der *Internationalen klinischen Rundschau*, Sp. 108–10, publiziert worden.

Das Original trägt die Autorenangabe: »Von Dr. Josef Breuer und Dr. Sigm. Freud in Wien.« In Wirklichkeit handelt es sich aber um die stenographische, von Freud revidierte Nachschrift eines von ihm gehaltenen Vortrags. Obwohl hier die gleichen Themen erörtert (und häufig in ähnlichen Worten ausgedrückt) werden wie in der berühmten ›Vorläufigen Mitteilung‹ von Breuer und Freud (1893 a), sprechen alle Anzeichen dafür, daß es sich um eine allein von Freud stammende Arbeit handelt. (Die ›Vorläufige Mitteilung‹ wurde erstmals in zwei Fortsetzungen am 1. und 15. Januar 1893 veröffentlicht. Den Vortrag hielt Freud am 11. Januar 1893 auf einer Sitzung des Wiener medizinischen Klubs, also vor dem Erscheinen der zweiten Fortsetzung der ›Vorläufigen Mitteilung‹. Für weitere Einzelheiten siehe die ›Editorische Einleitung‹ zu Breuers Beiträgen zu den *Studien über Hysterie*, 1895, unten, S. 200–03 und S. 206 f.)

In ihrem gemeinsamen Vorwort zur Erstauflage der *Studien über Hysterie* (unten, S. 217) schrieben Breuer und Freud: »Wir haben unsere Erfahrungen über eine neue Methode der Erforschung und Behandlung hysterischer Phänomene 1893 in einer ›Vorläufigen Mitteilung‹ veröffentlicht und daran in möglichster Knappheit die theoretischen Anschauungen geknüpft, zu denen wir gekommen waren.« Die Arbeit wurde als Einleitungskapitel zu den *Studien* wieder abgedruckt »als die zu illustrierende und zu erweisende These«. Diese Beschreibung paßt auch auf den Vortrag, obwohl das Material hier in viel weniger strenger Form vorgelegt wird als dort.

Außer der im Titel angekündigten Tatsache, daß es sich hier um eine Untersuchung des *psychischen* Mechanismus der Hysterie handelt, besteht das bedeutsamste Moment dieses Vortrags wohl in der Beschreibung der kathartischen Behandlungsmethode. Freud selbst schreibt im ›Kurzen Abriß der Psychoanalyse‹ (1924*f* [1923]; *G. W.*, Bd. 13, S. 409): »Die kathartische Methode ist der unmittelbare Vorläufer der Psychoanalyse und trotz aller Erweiterungen der Erfahrung und aller Modifikationen der Theorie immer noch als Kern in ihr enthalten.« Die Heilwirkung der kathartischen Methode wird durch die Theorie des »Abreagierens« erklärt, der wiederum die höchst wichtige – merkwürdigerweise zwar im Vortrag (unten, S. 192), nicht aber in der ›Vorläufigen Mitteilung‹ erwähnte – Hypothese des »Konstanzprinzips«, wie es später genannt wurde, zugrunde liegt.

Am meisten fällt im Vortrag vielleicht das Übergewicht des traumatischen Faktors unter den für die Hysterie angegebenen Ursachen auf. Darin erweist sich natürlich der noch immer starke Einfluß Charcots auf Freuds Denken. Der Übergang zur vollen Würdigung des Anteils der »Triebregungen« in der Ätiologie lag damals noch in der Zukunft.

Der Vortrag bringt natürlich die Ansichten sowohl Breuers als auch Freuds zum Ausdruck. Für eine ausführliche historische und theoretische Erörterung der bedeutsamen und fruchtbaren Zusammenarbeit zwischen den beiden Forschern verweisen wir den Leser auf die ›Editorische Einleitung‹ zu den Auszügen aus den *Studien über Hysterie*, S. 199 ff., unten.

Meine Herren![1] Ich trete heute vor Sie hin mit der Absicht, Ihnen das Referat über eine Arbeit zu erstatten, deren erster Teil unter dem Namen Josef Breuers und dem meinigen bereits im *Zentralblatt für Neurologie* publiziert wurde. Wie Sie aus dem Titel der Arbeit ersehen, handelt sie von der Pathogenese der hysterischen Symptome und läßt erraten, daß die nächsten Gründe für die Entstehung hysterischer Symptome auf dem Gebiete des psychischen Lebens zu suchen sind.

Ehe ich aber weiter auf den Inhalt dieser gemeinsamen Arbeit eingehe, muß ich Ihnen sagen, an welche Stelle sie gehört, und muß Ihnen den Autor und Fund nennen, an den wir, wenigstens der Sache nach, angeknüpft haben, wenngleich die Entwicklung unseres Beitrages eine durchaus selbständige war.

Sie wissen, meine Herren, alle unsere neuen Fortschritte im Verständnis und in der Erkenntnis der Hysterie knüpfen an die Arbeiten von Charcot an. Charcot hat in der ersten Hälfte der achtziger Jahre angefangen, seine Aufmerksamkeit der »großen Neurose«, wie die Franzosen sagen, der Hysterie zu schenken. In einer Reihe von Forschungen hat er es dahin gebracht, Regelmäßigkeit und Gesetz dort nachzuweisen, wo unzulängliche oder verdrossene klinische Beobachtung anderer nur Simulation oder

---

[1] Vortrag, gehalten von Dr. Sigm. Freud in der Sitzung des »Wiener medizinischen Klubs« am 11. Januar 1893. Vom Vortragenden revidiertes Original-Stenogramm der *Wiener medizinischen Presse*. [Diese Anmerkung der Redaktion erschien in der Erstveröffentlichung.]

rätselhafte Willkür gesehen. Man kann sagen, direkt oder indirekt geht auf seine Anregung alles zurück, was wir in der letzten Zeit Neues von der Hysterie erfahren haben. Unter den vielfachen Arbeiten Charcots steht aber meiner Schätzung nach keine höher als jene, in welcher er uns die traumatischen Lähmungen, welche bei Hysterie auftreten, verstehen lehrte, und da es gerade diese Arbeit ist, als deren Fortsetzung die unsere erscheint, bitte ich Sie zu gestatten, daß ich dieses Thema nochmals ausführlicher vor Ihnen behandle.

Nehmen Sie den Fall an, ein Individuum, welches vorher nicht krank gewesen, vielleicht nicht einmal hereditär belastet sei, werde von einem Trauma betroffen. Dieses Trauma muß gewisse Bedingungen erfüllen; es muß schwer sein, d. h. von der Art, daß die Vorstellung einer Lebensgefahr, der Bedrohung der Existenz damit verbunden ist; es darf aber nicht schwer sein in dem Sinne, daß die psychische Tätigkeit dabei aufhört; sonst entfällt der Effekt, den wir davon erwarten; es darf also z. B. nicht mit einer Gehirnerschütterung, mit einer wirklichen schweren Verletzung einhergehen. Ferner muß dieses Trauma eine besondere Beziehung zu einem Körperteil haben. Nehmen Sie an, ein schweres Scheit Holz trifft einen Arbeiter auf die Schulter. Dieser Stoß wirft ihn nieder, doch überzeugt er sich bald, daß nichts geschehen sei, und er geht mit einer leichten Quetschung nach Hause. Nach einigen Wochen oder nach Monaten erwacht er eines Morgens und bemerkt, daß der Arm, den das Trauma getroffen hat, schlaff, gelähmt herabhängt, nachdem er ihn in der Zwischenzeit, gewissermaßen in der Inkubationszeit, vollkommen gut gebraucht hat. Wenn es ein typischer Fall war, so kann es vorkommen, daß sich eigentümliche Anfälle einstellen, daß das Individuum nach einer Aura[1] plötzlich zusammenfällt, tobt, deliriert, und wenn es in diesem Delirium spricht, ist daraus zu entnehmen, daß sich in ihm die Szene des Unfalles, etwa mit verschiedenen Phantasmen ausgeschmückt, wiederholt. Was ist hier vorgegangen, wie ist dieses Phänomen zu erklären?

Charcot erklärt diesen Vorgang, indem er ihn reproduziert, indem er die Lähmung künstlich an einem Kranken erzeugt. Er bedarf dazu eines Kranken, der sich schon in einem hysterischen Zustand befindet, des Zustandes der Hypnose und des Mittels der Suggestion. Einen solchen Kranken versetzt er in tiefe Hypnose, gibt ihm einen leichten Schlag auf den Arm,

---

[1] [Die warnenden Sinnesempfindungen, die einem epileptischen oder hysterischen Anfall vorausgehen.]

dieser Arm fällt herab, ist gelähmt und zeigt genau dieselben Symptome wie bei spontaner traumatischer Lähmung. Dieser Schlag kann auch ersetzt werden durch direkte verbale Suggestion: »Du, dein Arm ist gelähmt«; auch da zeigt die Lähmung den nämlichen Charakter.

Versuchen wir, diese beiden Fälle miteinander zu analogisieren. Hier das Trauma, dort die traumatische Suggestion; der Endeffekt, die Lähmung, ist in beiden Fällen ganz der nämliche. Wenn das Trauma des einen Falles im anderen Falle ersetzt werden kann durch die verbale Suggestion, so liegt es nahe anzunehmen, daß auch bei der spontanen traumatischen Lähmung eine solche Vorstellung an der Entstehung der Lähmung schuld war, und in der Tat berichtet eine Anzahl von Kranken, daß sie im Moment des Traumas wirklich die Empfindung hatten, daß ihr Arm zerschmettert sei. Dann wäre das Trauma wirklich durchaus gleichzusetzen der verbalen Suggestion. Dann fehlt aber noch ein Drittes, um die Analogie zu vervollständigen. Damit die Vorstellung »der Arm ist gelähmt« bei dem Kranken wirklich eine Lähmung hervorrufen konnte, war notwendig, daß sich der Kranke im Zustand der Hypnose befinde. Der Arbeiter befand sich aber nicht in Hypnose, wir können jedoch annehmen, daß er sich während des Traumas in einem besonderen Geisteszustand befand, und Charcot ist geneigt, diesen Affekt gleichzustellen dem künstlich hervorgerufenen Zustand der Hypnose. Damit ist die traumatische spontane Lähmung vollständig erklärt und in Analogie gebracht mit der durch Suggestion erzeugten Lähmung, und das Entstehen des Symptoms ist durch die Umstände des Traumas eindeutig determiniert.

Dasselbe Experiment hat Charcot aber auch zur Erklärung der Kontrakturen und Schmerzen, welche bei traumatischer Hysterie auftreten, wiederholt, und ich möchte sagen, daß Charcot selbst kaum in irgendeinem anderen Punkte so tief in das Verständnis der Hysterie eingedrungen ist wie gerade in dieser Frage. Aber hier endet seine Analyse, wir erfahren nicht, wie andere Symptome entstehen, und vor allem nicht, wie die hysterischen Symptome bei der gemeinen, nicht traumatischen Hysterie zustande kommen.

Meine Herren! Ungefähr gleichzeitig, als Charcot die hystero-traumatischen Lähmungen auf diese Weise durchleuchtete, hat Dr. Breuer 1880–1882 einer jungen Dame seinen ärztlichen Beistand geschenkt, welche sich – durch nicht traumatische Ätiologie – bei der Pflege ihres kranken Vaters eine schwere und komplizierte Hysterie mit Lähmungen, Kontrak-

turen, Sprach- und Sehstörungen und allen möglichen psychischen Besonderheiten zugezogen hatte.[1] Dieser Fall wird seine Bedeutung für die Geschichte der Hysterie behalten, denn er war der erste Fall, wo es dem Arzte
gelang, alle Symptome des hysterischen Zustandes zu durchleuchten, von
jedem Symptom die Herkunft zu erfahren und gleichzeitig den Weg zu
finden, dieses Symptom wieder zum Verschwinden zu bringen; es war
sozusagen der erste durchsichtig gemachte Fall von Hysterie. Dr. Breuer
bewahrte die Schlußfolgerungen, welche dieser Fall ziehen ließ, bei sich,
bis er die Gewißheit erlangt hatte, daß er nicht vereinzelt dastehe. Nachdem ich im Jahre 1886 von einem Studienaufenthalt bei Charcot zurückgekehrt war[2], begann ich, in stetem Einvernehmen mit Breuer, eine größere
Reihe von hysterischen Kranken genau zu beobachten und nach dieser
Richtung hin zu untersuchen, und fand, daß das Verhalten jener ersten
Patientin in der Tat ein typisches war und daß die Schlüsse, zu welchen
dieser Fall berechtigte, auf eine größere Reihe, wenn nicht auf die Gesamt-
zahl der Hysterischen übertragen werden dürfen.

Unser Material bestand aus Fällen von gemeiner, also nicht traumatischer Hysterie; wir gingen so vor, daß wir uns bei jedem einzelnen Symptom nach den Umständen erkundigten, unter denen dieses Symptom zuerst aufgetreten war, und uns auf diese Art auch über die Veranlassung
Klarheit zu verschaffen suchten, welche möglicherweise für dieses Symptom maßgebend sein konnte. Nun meinen Sie ja nicht, daß das einfache
Arbeit ist. Wenn Sie Patienten in dieser Beziehung ausfragen, so bekommen Sie meist zunächst gar keine Antwort; in einer kleinen Reihe von Fällen haben die Kranken ihre Gründe, das, was sie wissen, nicht zu sagen, in
einer größeren Anzahl haben die Patienten tatsächlich keine Ahnung von
dem Zusammenhange der Symptome. Der Weg, auf welchem etwas zu
erfahren ist, ist schwierig und folgendermaßen: Man muß die Kranken in
Hypnose versetzen und sie dann nach der Herkunft eines gewissen Symptomes ausfragen, wann dasselbe zum ersten Male aufgetreten und an was
sie sich dabei erinnern. In diesem Zustande kehrt die Erinnerung, über
welche sie im wachen Zustande nicht verfügen, zurück. Auf diese Art haben wir erfahren, daß, um es grob zu sagen, hinter den meisten, wenn
nicht hinter allen Phänomenen der Hysterie ein mit Affekt betontes Erleb-

---

[1] [Dies war natürlich Fräulein »Anna O.«, dargestellt in der ersten Krankengeschichte
der *Studien über Hysterie* (nachgedruckt im vorliegenden Band, unten, S. 221 ff.).]
[2] [Freud verbrachte den Winter 1885–86 in Paris, wo er an der Salpêtrière arbeitete. Vgl.
seinen Bericht über diesen Aufenthalt (1956 *a* [1886]), oben, S. 31 ff.]

nis steckt und daß ferner dieses Erlebnis von solcher Art ist, daß es das Symptom, welches sich darauf bezieht, unmittelbar verstehen läßt, daß also dieses Symptom wieder eindeutig determiniert ist. Jetzt kann ich bereits den ersten Satz formulieren, zu welchem wir gelangt sind, wenn Sie mir gestatten, dieses mit Affekt betonte Erlebnis gleichzustellen jenem großen traumatischen Erlebnis, welches der traumatischen Hysterie zugrunde liegt: *Es besteht eine volle Analogie zwischen der traumatischen Lähmung und der gemeinen, nicht traumatischen Hysterie.* Der Unterschied ist nur der, daß dort ein großes Trauma eingewirkt hat, während hier selten ein einziges großes Ereignis zu konstatieren ist, sondern eine Reihe von affektvollen Eindrücken; eine ganze Leidensgeschichte. Es hat aber nichts Gezwungenes, diese Leidensgeschichte, welche sich bei Hysterischen als veranlassendes Moment ergibt, mit jenem Unfall bei der traumatischen Hysterie gleichzustellen, denn es zweifelt heute niemand mehr, daß auch bei dem großen mechanischen Trauma der traumatischen Hysterie es nicht das mechanische Moment ist, welches zur Wirkung kommt, sondern der Schreckaffekt, das psychische Trauma. Es ergibt sich also daraus als erstes, daß das Schema der traumatischen Hysterie, wie es Charcot für die hysterischen Lähmungen gegeben hat, ganz allgemein für alle hysterischen Phänomene oder wenigstens für die größte Zahl derselben gilt; überall handelt es sich um die Wirkung psychischer Traumen, welche die Natur der so entstehenden Symptome eindeutig bestimmen.

Gestatten Sie mir nun, Ihnen hiefür einige Beispiele vorzuführen. Zunächst ein Beispiel für das Auftreten von Kontrakturen. Die bereits erwähnte Patientin Breuers wies während der ganzen Zeit ihrer Krankheit eine Kontraktur des rechten Armes auf. In der Hypnose stellte sich heraus, daß sie zur Zeit, als sie noch nicht erkrankt war, einmal folgendes Trauma erlitten hatte: Sie saß halbschlummernd am Bette des kranken Vaters und hatte den rechten Arm über die Sessellehne hängen, wobei ihr derselbe einschlief. In diesem Momente hatte sie eine schreckhafte Halluzination, welche sie mit ihrem Arm abwehren wollte, was aber nicht gelang. Darüber erschrak sie heftig, und damit war die Sache vorläufig auch abgetan. Erst mit dem Ausbruch der Hysterie kam es zur Kontraktur dieses Armes.[1] Bei einer anderen Kranken[2] beobachtete ich ein eigenartiges Schnal-

---

[1] [Für einen ausführlichen Bericht hierüber vgl. S. 236 f., unten.]
[2] [Es war Frau Emmy von N., Fall II der *Studien über Hysterie.*]

zen mit der Zunge mitten in der Rede, ähnlich dem Balzen des Auerhahns. Ich kannte dieses Symptom an ihr bereits monatelang und hielt es für einen Tic. Erst als ich zufällig einmal in der Hypnose mich nach dem Ursprung desselben erkundigte, stellte sich heraus, daß das Geräusch bei zwei Gelegenheiten zum ersten Male aufgetreten war, wo sie beide Male den festen Vorsatz hatte, sich absolut ruhig zu verhalten, einmal als sie ihr schwerkrankes Kind pflegte – Krankenpflege kommt oft in der Ätiologie der Hysterie vor – und sich vornahm, dasselbe, das eben eingeschlafen war, durch kein Geräusch zu wecken. Aber die Furcht vor der Tat schlug in die Aktion um (hysterischer Gegenwille![1]) und, die Lippen aufeinanderpressend, machte sie jenes schnalzende Geräusch mit der Zunge. Dasselbe Symptom entstand viele Jahre später ein zweites Mal, als sie sich gleichfalls vorgenommen hatte, sich absolut ruhig zu verhalten, und verblieb von da an. Oft reicht eine einzige Veranlassung nicht hin, um ein Symptom zu fixieren[2], wenn aber dieses selbe Symptom mehrere Male mit einem gewissen Affekt auftritt, dann fixiert es sich und bleibt.

Eines der häufigsten Symptome der Hysterie ist Anorexie und Erbrechen. Ich kenne eine ganze Reihe von Fällen, welche das Zustandekommen dieses Symptomes in einfacher Weise erklären. So persistierte bei einer Kranken das Erbrechen, nachdem sie einen sie kränkenden Brief unmittelbar vor dem Essen gelesen und nach demselben alles wieder erbrochen hatte. In anderen Fällen läßt sich der Ekel vor dem Essen mit aller Bestimmtheit darauf beziehen, daß Personen durch die Institution des gemeinsamen Tisches genötigt sind, mit Personen zusammen zu essen, die sie verabscheuen. Der Ekel überträgt sich dann von der Person auf das Essen. Besonders interessant in dieser Beziehung war jene erwähnte Frau mit dem Tic; diese Frau aß ungemein wenig und nur gezwungen; in der Hypnose erfuhr ich, daß eine Reihe von psychischen Traumen schließlich dieses Symptom, den Ekel vor dem Essen, hervorgebracht hatte. Schon als Kind wurde sie von der sehr strengen Mutter angehalten, das Fleisch, welches sie zu Mittag nicht gegessen hatte, zwei Stunden nach Tisch kalt und mit dem erstarrten Fett zu essen; sie tat dies mit großem Ekel und behielt die Erinnerung daran, so daß sie, auch als

---

[1] [Freud hatte kurz zuvor eine Arbeit veröffentlicht, in der dieses Phänomen anhand desselben Beispiels erörtert wird: ›Ein Fall von hypnotischer Heilung‹ (1892–93).]
[2] [»Fixieren« bedeutet hier lediglich »festsetzen«. Das Wort hat noch nicht den späteren psychoanalytischen Sinn einer Entwicklungsblockierung.]

sie später nicht mehr zu dieser Strafe gezwungen war, stets mit Ekel zu Tisch ging. Zehn Jahre später teilte sie den Tisch mit einem Verwandten, welcher tuberkulös war und während des Essens stets über den Tisch hinüber in die Spuckschale spuckte; einige Zeit später war sie gezwungen, mit einem Verwandten zu essen, von welchem sie wußte, daß er an einer ansteckenden Krankheit leide. Die Patientin Breuers benahm sich eine Zeitlang wie eine Hydrophobische; in der Hypnose stellte sich als Grund hiefür heraus, daß sie einmal unvermutet einen Hund aus einem ihrer Wassergläser hatte trinken gesehen.[1]

Auch das Symptom der Schlaflosigkeit und Schlafstörung findet meist die präziseste Erklärung. Eine Frau konnte z. B. durch Jahre erst um sechs Uhr früh einschlafen. Sie hatte lange Zeit Tür an Tür mit ihrem kranken Mann geschlafen, welcher morgens um sechs Uhr aufstand. Von dieser Zeit an fand sie Ruhe zu schlafen, und so benahm sie sich auch dann viele Jahre später während einer hysterischen Erkrankung. Ein anderer Fall betraf einen Mann. Ein Hysteriker schläft seit zwölf Jahren sehr schlecht; aber seine Schlaflosigkeit ist von ganz eigener Art. Während er im Sommer ausgezeichnet schläft, schläft er im Winter recht schlecht, und ganz besonders schlecht im November. Womit dies zusammenhängt, davon hat er keine Ahnung. Das Examen ergibt, daß er vor zwölf Jahren im November bei seinem an Diphtheritis erkrankten Kind viele Nächte hindurch gewacht hatte.

Ein Beispiel von Sprachstörung liefert die wiederholt erwähnte Patientin Breuers. Diese sprach während einer langen Periode ihrer Krankheit nur englisch; weder sprach noch verstand sie das Deutsche. Dieses Symptom ließ sich auf ein Ereignis noch vor Ausbruch ihrer Krankheit zurückführen. In einem Zustande großer Angst versuchte sie zu beten, fand aber keine Worte. Endlich fielen ihr ein paar Worte eines englischen Kindergebetes ein. Als sie später erkrankte, stand ihr nur das Englische zur Verfügung.[2]

Nicht in allen Fällen ist die Determination des Symptoms durch das psychische Trauma so durchsichtig. Es besteht oft nur eine sozusagen symbolische Beziehung zwischen der Veranlassung und dem hysterischen

---

[1] [Dieses Symptom war übrigens das erste, das mit der kathartischen Methode behoben wurde, und das Verfahren wurde von der Patientin spontan initiiert. Vgl. unten, S. 232 f.]

[2] [Vgl. unten, S. 225.]

Symptom. Das bezieht sich besonders auf Schmerzen. So litt eine Kranke[1] an bohrenden Schmerzen zwischen den Augenbrauen. Der Grund dafür lag darin, daß sie einmal als Kind von ihrer Großmutter prüfend, »durchbohrend« angeschaut worden war. Dieselbe Patientin litt eine Zeitlang an ganz unmotivierten, heftigen Schmerzen in der rechten Ferse. Diese Schmerzen hatten, wie sich herausstellte, Beziehung zu einer Vorstellung, welche die Patientin hatte, als sie zuerst in die Welt eingeführt wurde; es überkam sie damals die Angst, daß sie das »richtige« oder »rechte Auftreten« nicht finden könnte. Solche Symbolisierungen werden von vielen Kranken für eine ganze Reihe von sogenannten Neuralgien und Schmerzen in Anspruch genommen. Es besteht gleichsam eine Absicht, den psychischen Zustand durch einen körperlichen auszudrücken, und der Sprachgebrauch bietet hiefür die Brücke. Gerade für die typischen hysterischen Symptome, wie Hemianästhesie, Gesichtsfeldeinengung, epileptiforme Konvulsionen etc., ist es aber nicht möglich, einen derartigen psychischen Mechanismus nachzuweisen. Für die hysterogenen Zonen[2] hingegen ist es uns oftmals gelungen.

Mit diesen Beispielen, welche ich aus einer Reihe von Beobachtungen herausgegriffen habe, wäre der Beweis geliefert, daß man die Phänomene der gemeinen Hysterie ruhig nach demselben Schema auffassen darf wie die der traumatischen Hysterie, daß somit jede Hysterie als traumatische Hysterie aufgefaßt werden kann im Sinne des psychischen Traumas und daß jedes Phänomen nach der Art des Traumas determiniert ist.

Die weitere Frage, welche zu beantworten wäre, ist nun, welches ist die Art des ursächlichen Zusammenhanges zwischen jenem Anlaß, den wir in der Hypnose erfahren haben, und dem Phänomen, welches später als hysterisches Dauersymptom bleibt? Ein solcher Zusammenhang könnte ein mannigfacher sein. Er könnte etwa von der Art sein, wie wir ihn als Typus der Auslösung anführen. Wenn beispielsweise jemand, der zu Tuberkulose disponiert ist, einen Schlag aufs Knie bekommt, in dessen Gefolge sich eine tuberkulöse Gelenkentzündung entwickelt, so ist das eine einfache Auslösung. Aber so verhält es sich bei der Hysterie nicht. Es gibt noch eine

---

[1] [Das war Frau Cäcilie M., deren »symbolische« Symptome am Ende der Falldarstellung V in den *Studien über Hysterie* diskutiert werden. Auch von Breuer wird sie erwähnt; vgl. S. 267, unten, sowie weitere Hinweise dort in Anm. 1.]
[2] [Vgl. die Schilderung der »hysterogenen Zonen« in Freuds Enzyklopädieartikel ›Hysterie‹ (1888 *b*), oben, S. 74 f.]

andere Art der Verursachung, und das ist die direkte. Wollen wir uns dieselbe durch das Bild des Fremdkörpers veranschaulichen. Ein solcher wirkt als reizende Krankheitsursache fort und fort, bis er entfernt ist. Cessante causa cessat effectus.[1] Die Beobachtung Breuers lehrt, daß zwischen dem psychischen Trauma und dem hysterischen Phänomen ein Zusammenhang der letzten Art besteht. Breuer hat nämlich bei seiner ersten Patientin folgende Erfahrung gemacht: Der Versuch, die Veranlassung eines Symptomes zu erfahren, ist gleichzeitig ein therapeutisches Manöver. Der Moment, in welchem der Arzt erfährt, bei welcher Gelegenheit ein Symptom zum ersten Male aufgetreten ist und wodurch es bedingt war, ist auch derjenige, in dem dieses Symptom verschwindet. Wenn ein Kranker beispielsweise das Symptom der Schmerzen bietet und wir forschen in der Hypnose nach, woher er diese Schmerzen habe, so kommt eine Reihe von Erinnerungen über ihn. Wenn es gelingt, den Kranken zu einer recht lebhaften Erinnerung zu bringen, so sieht er die Dinge mit ursprünglicher Wirklichkeit vor sich, man merkt, daß der Kranke unter der vollen Herrschaft eines Affektes steht, und wenn man ihn dann nötigt, diesem Affekte Worte zu leihen, so sieht man, daß unter Erzeugung eines heftigen Affektes diese Erscheinung der Schmerzen noch einmal mit großem Ausdruck auftritt und daß von da an dieses Symptom als Dauersymptom verschwunden ist. So gestaltete sich der Vorgang in all den angeführten Beispielen. Es hat sich dabei die interessante Tatsache ergeben, daß die Erinnerung an dieses Ereignis außerordentlich viel lebhafter war als an andere und daß der damit verbundene Affekt so groß war, als er etwa bei dem wirklichen Erlebnis gewesen war. Man muß annehmen, daß jenes psychische Trauma in der Tat in dem betreffenden Individuum noch fortwirkt und das hysterische Phänomen unterhält und daß es zu Ende ist, sowie sich der Patient darüber ausgesprochen hat.

Ich habe soeben bemerkt, daß, wenn man nach unserem Verfahren durch Ausforschung in der Hypnose auf das psychische Trauma gekommen ist, man dabei findet, daß die Erinnerung, um die es sich handelt, ganz ungewöhnlich stark ist und ihren vollen Affekt bewahrt hat. Es entsteht nun die Frage, woher kommt es, daß ein Ereignis, das vor so langer Zeit, etwa vor zehn oder zwanzig Jahren, vorgefallen ist, fortwährend seine Gewalt über das Individuum äußert, warum diese Erinnerungen nicht der Abnützung, der Usur, dem Vergessen verfallen.

---

[1] [Wenn die Ursache wegfällt, hört die Wirkung auf.]

Zur Beantwortung dieser Frage möchte ich einige Erwägungen über die Bedingungen der Abnützung des Inhalts unseres Vorstellungslebens vorausschicken. Man kann hier von einem Satze ausgehen, welcher folgendermaßen lautet: Wenn ein Mensch einen psychischen Eindruck erfährt, so wird etwas in seinem Nervensysteme gesteigert, was wir momentan die Erregungssumme[1] nennen wollen. Nun besteht in jedem Individuum, um seine Gesundheit zu erhalten, das Bestreben, diese Erregungssumme wieder zu verkleinern.[2] Die Steigerung der Erregungssumme geschieht auf sensiblen Bahnen, die Verkleinerung auf motorischen Bahnen. Man kann also sagen, wenn jemandem etwas zustößt, so reagiert er darauf motorisch. Man kann nun ruhig behaupten, daß es von dieser Reaktion abhängt, wieviel von dem anfänglichen psychischen Eindruck zurückbleibt. Erörtern wir das an einem besonderen Beispiele. Ein Mensch erfahre eine Beleidigung, einen Schlag oder dergleichen, so ist das psychische Trauma mit einer Steigerung der Erregungssumme des Nervensystemes verbunden. Es entsteht dann instinktiv die Neigung, diese gesteigerte Erregung sofort zu vermindern, er schlägt zurück, und nun ist ihm leichter, er hat vielleicht adäquat reagiert, d. h. er hat so viel abgeführt, als ihm zugeführt wurde. Nun gibt es verschiedene Arten dieser Reaktion. Für ganz leichte Erregungssteigerungen genügen vielleicht Veränderungen des eigenen Körpers, Weinen, Schimpfen, Toben und dergleichen. Je intensiver das psychische Trauma, desto größer ist die adäquate Reaktion. Die adäquateste Reaktion ist aber immer die Tat. Aber, wie ein englischer Autor geistreich bemerkte, derjenige, welcher dem Feinde statt des Pfeiles ein Schimpfwort entgegenschleuderte, war der Begründer der Zivilisation[3], so ist das Wort der Ersatz für die Tat und unter Umständen der einzige Ersatz (Beichte). Es gibt also neben der adäquaten Reaktion eine minder adäquate. Wenn

---

[1] [Hier benutzt Freud diesen Terminus offenbar erstmals in einer veröffentlichten Arbeit. Er hatte ihn bereits in einem posthum publizierten Brief an Breuer vom 29. Juni 1892 (Freud, 1941*a* [1892]) und in einem im November des gleichen Jahres niedergeschriebenen Entwurf zur ›Vorläufigen Mitteilung‹ (Freud, 1940*d* [1892]) gebraucht. Ferner erscheint der Ausdruck in Breuers theoretischem Kapitel, s. unten, S. 272 und S. 301. S. auch die Darlegungen in der ›Editorischen Einleitung‹ zu den Auszügen aus den *Studien über Hysterie,* S. 211, unten.]

[2] [Eine noch tastende Darstellung des »Konstanzprinzips«. S. wiederum die ›Editorische Einleitung‹ für eine Erörterung dieses wichtigen Konzepts, S. 207 f. und S. 210 f., unten.]

[3] [Wie Andersson (1962, S. 109 f.) nachgewiesen hat, ist dies eine Anspielung auf einen Satz von Hughlings-Jackson (1878–80), Bd. II, S. 216, Anm.]

nun die Reaktion auf ein psychisches Trauma gänzlich unterblieben ist, dann behält die Erinnerung daran den Affekt[1], den sie ursprünglich hatte. Wenn also jemand, der beleidigt worden ist, die Beleidigung nicht vergelten kann, weder durch einen Gegenschlag noch durch ein Schimpfwort, dann ist die Möglichkeit gegeben, daß die Erinnerung an diesen Vorgang bei ihm wieder denselben Affekt hervorruft, wie er zu Anfang vorhanden war. Eine Beleidigung, die vergolten ist, wenn auch nur durch Worte, wird anders erinnert als eine, die hingenommen werden mußte, und der Sprachgebrauch bezeichnet auch charakteristischerweise eben das schweigend erduldete Leiden als »Kränkung«. Wenn also die Reaktion auf das psychische Trauma aus irgendeinem Grunde unterbleiben mußte, behält dasselbe seinen ursprünglichen Affekt, und wo sich der Mensch des Reizzuwachses nicht durch »Abreagieren«[2] entledigen kann, ist die Möglichkeit gegeben, daß das betreffende Ereignis für ihn zu einem psychischen Trauma wird. Der gesunde psychische Mechanismus hat allerdings andere Mittel, den Affekt eines psychischen Traumas zu erledigen, auch wenn die motorische Reaktion und die Reaktion durch Worte versagt ist, nämlich die assoziative Verarbeitung, die Erledigung durch kontrastierende Vorstellungen. Wenn der Beleidigte nicht zurückschlägt, auch nicht schimpft, so kann er doch den Affekt der Beleidigung dadurch vermindern, daß er in sich kontrastierende Vorstellungen von der eigenen Würde, von der Würdelosigkeit des Beleidigers usw. wachruft. Ob nun der Gesunde in der einen oder in der

---

[1] [Im Erstdruck steht an dieser Stelle »Effekt«, ebenso achtzehn Zeilen weiter unten. Das sind höchstwahrscheinlich Druckfehler für »Affekt«.]

[2] [Diese Wendung scheint sonst nirgends mehr aufzutauchen, ausgenommen eine Stelle gegen Ende von Freuds französischer Arbeit über organische und hysterische motorische Lähmungen (1893 c), wo er (in deutsch) auf seine und Breuers Theorie Bezug nimmt: »Das Abreagieren der Reizzuwächse« (*G. W.*, Bd. 1, S. 54). Der Ausdruck »Reizzuwächse« wiederum findet sich überdies in den ›Formulierungen über die zwei Prinzipien des psychischen Geschehens‹ (1911 b; *G. W.*, Bd. 8, S. 233; *Studienausgabe*, Bd. 3, S. 20). – Der sehr ähnliche Terminus »Erregungszuwachs« erscheint in einer Fußnote, die Freud (1892–94) seiner Übersetzung von Charcots *Leçons du mardi* (*Poliklinische Vorträge*, Bd. 1, S. 107, vgl. S. 159, oben) hinzufügte, ferner im Entwurf zur ›Vorläufigen Mitteilung‹ (1940 d [1892]) und im Manuskript E, ›Wie die Angst entsteht‹, das vielleicht aus der zweiten Hälfte des Jahres 1894 stammt (s. aber eine editorische Anmerkung zu den Fließ-Dokumenten, 1985 c [1887–1904], S. 71). Auch Breuer verwendet den Terminus zweimal in seinem theoretischen Kapitel in den *Studien über Hysterie*, S. 259, unten. – Der Ausdruck »abreagiert« (wie auch »kathartisch«) wurde erstmals in der ›Vorläufigen Mitteilung‹ (1893 a) veröffentlicht, kurz bevor der vorliegende Vortrag zum Druck ging. (Vgl. *G. W.*, Bd. 1, S. 87.)]

anderen Weise eine Beleidigung erledigt, gelangt er immer zu dem Ende, daß der Affekt, welcher ursprünglich stark in der Erinnerung haftete, endlich an Intensität verliert und daß die schließlich affektlose Erinnerung mit der Zeit dem Vergessen, der Usur anheimfällt.[1]

Nun haben wir gefunden, daß sich bei Hysterischen lauter Eindrücke finden, welche nicht affektlos geworden sind und deren Erinnerung eine lebhafte geblieben ist. Wir kommen also darauf, daß diese pathogen gewordenen Erinnerungen bei Hysterischen eine besondere Ausnahmsstellung zur Usur einnehmen, und die Beobachtung zeigt, daß es sich bei allen Anlässen, welche zu Ursachen hysterischer Phänomene geworden sind, um psychische Traumen handelt, die nicht vollständig abreagiert, nicht vollständig erledigt worden sind. Wir können also sagen, *der Hysterische leidet an unvollständig abreagierten psychischen Traumen.*

Man findet zwei Gruppen von Bedingungen, unter welchen Erinnerungen pathogen werden.[2] In der einen Gruppe findet man als Inhalt der Erinnerungen, auf welche hysterische Phänomene zurückgehen, solche Vorstellungen, bei denen das Trauma ein allzu großes war, so daß es dem Nervensystem an Macht gebrach, um sich dessen auf irgendeine Art zu entledigen, ferner Vorstellungen, bei welchen soziale Gründe eine Reaktion unmöglich machen (so häufig im Eheleben), endlich ist es möglich, daß der Betreffende die Reaktion einfach verweigert, auf ein psychisches Trauma überhaupt nicht reagieren *will.* Da findet sich häufig als Inhalt der hysterischen Delirien gerade jener Vorstellungskreis, welchen die Kranken im normalen Zustand mit aller Gewalt von sich gewiesen[3], gehemmt und unterdrückt haben (z. B. Gotteslästerung und Erotismen in den hysteri-

---

[1] [S. eine Passage in Breuers theoretischem Kapitel in den *Studien über Hysterie,* unten, S. 272. – In Abschnitt 3 des III. Teils seines ›Entwurfs einer Psychologie‹, den er wenig später, im Herbst 1895, verfaßte, erörtert Freud jenen Mechanismus sehr ausführlich, durch den das, was er eine »ungebändigte« Erinnerung nennt, in eine »gebändigte« überführt wird. (Vgl. unten, S. 470ff., sowie die weiteren Hinweise in der editorischen Anm. 3 auf S. 471 f.)]

[2] [Diese beiden Gruppen führten später zur entscheidenden Meinungsverschiedenheit zwischen Breuer und Freud. Die erste Gruppe bezieht sich auf Freuds »Abwehr«-Konzept, auf das er später sein ganzes Werk aufbaute, während er Breuers Hypothese der »hypnoiden Zustände« schon bald darauf verwarf. S. die ›Editorische Einleitung‹ zu den Auszügen aus den *Studien über Hysterie,* S. 212ff., unten.]

[3] [An der entsprechenden Stelle erscheint in der ›Vorläufigen Mitteilung‹ (1893a) der Ausdruck »verdrängt«. Vgl. weitere Hinweise in einer editorischen Anmerkung zu Breuers theoretischem Beitrag zu den *Studien über Hysterie,* unten, S. 273, Anm.]

schen Delirien der Nonnen[1]). In einer anderen Reihe von Fällen liegt aber der Grund, warum die motorische Reaktion ausfiel, nicht an dem Inhalt des psychischen Traumas, sondern an anderen Umständen. Man findet nämlich sehr häufig als Inhalt und Ursache hysterischer Phänomene Erlebnisse, welche an und für sich ganz geringfügig sind, aber dadurch eine hohe Bedeutung gewonnen haben, daß sie in ganz besonders wichtige Momente krankhaft gesteigerter Disposition gefallen sind. Es hat sich etwa der Affekt des Schreckens in einem anderen schweren Affekt ereignet und ist dadurch zu solcher Bedeutung gekommen. Derartige Zustände sind kurzdauernd und sozusagen außer Verkehr mit dem sonstigen geistigen Leben des Individuums. In einem solchen Zustand der Autohypnose kann das Individuum eine Vorstellung, welche in ihm auftrat, nicht derartig assoziativ erledigen wie im wachen Zustande. Die längere Beschäftigung mit diesen Phänomenen machte es uns wahrscheinlich, daß es sich bei jeder Hysterie um ein Rudiment der sogenannten double conscience, des doppelten Bewußtseins handle und daß die Neigung zu dieser Dissoziation und damit zum Auftreten abnormer Bewußtseinszustände, die wir als »hypnoide« bezeichnen wollen, das Grundphänomen der Hysterie sei.

Sehen wir uns nun um, in welcher Weise unsere Therapie wirkt. Dieselbe kommt einem der heißesten Wünsche der Menschheit entgegen, nämlich dem Wunsche, etwas zweimal tun zu dürfen. Es hat jemand ein psychisches Trauma erfahren, ohne darauf genügend zu reagieren; man läßt ihn dasselbe ein zweites Mal erleben, aber in der Hypnose, und nötigt ihn jetzt, die Reaktion zu vervollständigen. Er entledigt sich nun des Affekts der Vorstellung, der früher sozusagen eingeklemmt war, und damit ist die Wirkung dieser Vorstellung aufgehoben. Also wir heilen nicht die Hysterie, aber einzelne Symptome derselben dadurch, daß wir die unerledigte Reaktion vollziehen lassen.

Meinen Sie nun nicht, daß damit für die Therapie der Hysterie sehr viel gewonnen wäre. So wie die Neurosen[2] hat auch die Hysterie ihre tieferen Gründe, und diese sind es, welche der Therapie eine gewisse, oft sehr fühlbare Schranke setzen.

---

[1] [Der Hinweis auf hysterische Nonnen, manchmal in Gesellschaft wohlerzogener hysterischer Knaben, erscheint in diesem Zeitraum mehrfach. Vgl. Freuds Anmerkung zur Charcot-Übersetzung (1892–94), oben, S. 159 und die editorische Anm. 3.]
[2] [In jener Periode verwendete Freud den Terminus »Neurosen« oft zur Bezeichnung der Neurasthenie und des später von ihm als Angstneurose beschriebenen Zustandes.]

Die Beiträge Josef Breuers
zu den
Studien über Hysterie:
›Frl. Anna O...‹ und ›Theoretisches‹
(1893–95)

Editorische Einleitung

Obwohl im folgenden nur ein Auszug aus den *Studien über Hysterie* abgedruckt ist, werden hier die bibliographischen Daten für das ganze Werk angegeben.

(A) Über den psychischen Mechanismus
hysterischer Phänomene (Vorläufige Mitteilung)
(Erster Teil der *Studien*)

1893 *Neurologisches Zentralblatt*, Bd. 12, Nr. 1 (1. Januar), S. 4–10 (Abschnitte I–II); Nr. 2 (15. Januar), S. 43–47 (Abschnitte III–IV).

· 1893 *Wiener medizinische Blätter*, Bd. 16, Nr. 3 (19. Januar), S. 33–35 (Abschnitte I–II); Nr. 4 (26. Januar), S. 49–51 (Abschnitte III–IV).

1895 ff. In *Studien über Hysterie* (s. unten).

1906 In Sigmund Freud, *Sammlung kleiner Schriften zur Neurosenlehre aus den Jahren 1893–1906*, Erste Folge, Leipzig und Wien, Deuticke, S. 14–29. (2. Aufl., 1911; 3. Aufl., 1920; 4. Aufl., 1922.)

(B) *Studien über Hysterie*

1895 Leipzig und Wien, Deuticke. VI + 269 Seiten.

1909 2. Aufl., im gleichen Verlag. (Unverändert, außer Modernisierung der Orthographie, jedoch mit neuem, gemeinsam verfaßtem Vorwort.) VIII + 269 Seiten.

1916   3. Aufl., im gleichen Verlag. (Unverändert.) VIII + 269 Seiten.
1922   4. Aufl., im gleichen Verlag. (Unverändert.) VIII + 269 Seiten.
1925   *G. S.,* Bd. 1, S. 3–238. (Ohne Breuers Beiträge; mit zusätzlichen Anmer-
         kungen Freuds.)
1952   *G. W.,* Bd. 1, S. 77–312. (Nachdruck von 1925.)

1970 wurde vom Fischer Taschenbuch Verlag eine Taschenbuchausgabe der *Studien über Hysterie* herausgebracht. Dabei handelt es sich um eine vollständige Ausgabe, es fehlen lediglich das gemeinsam verfaßte ›Vorwort‹ zur ersten Auflage und das von 1908 stammende ›Vorwort zur zweiten Auflage‹, zu welchem jeder der Autoren seinen eigenen signierten Absatz beigesteuert hat (s. unten, S. 219 f.). In der Taschenbuchausgabe wurden Freuds Beiträge zu den *Studien* aus den *Gesammelten Werken* übernommen; sie enthalten also die Änderungen und zusätzlichen Anmerkungen, die Freud 1924 für die 1925 erfolgende Veröffentlichung im Rahmen der *Gesammelten Schriften* hinzugefügt hat. Breuers Anteil an dem Buch wurde nicht nach der Originalausgabe von 1895 nachgedruckt, sondern offenbar einer der späteren Auflagen entnommen. Die Taschenbuchausgabe enthält keinen editorischen Apparat.

Freuds behandlungstechnischer Beitrag zu den *Studien,* ›Zur Psychotherapie der Hysterie‹, wurde 1975 im Ergänzungsband der *Studienausgabe,* S. 49–97, abgedruckt, zusammen mit einer ›Editorischen Einleitung‹ und Anmerkungen, welche, wenngleich in etwas gekürzter Form, aus der englischen *Standard Edition* übernommen wurden.

(1) Zur vorliegenden Ausgabe

Der folgende Nachdruck von Breuers Beiträgen zu den *Studien über Hysterie* soll den unvollständigen Abdruck dieses Werkes in Band 1 von Freuds *Gesammelten Werken* ergänzen; hier folgen auch die von beiden Autoren stammenden Vorworte zur 1. und 2. Auflage. Der Text Breuers entspricht demjenigen der Originalausgabe von 1895, als Textvorlage diente die 2., unveränderte Auflage von 1909. Die ›Editorische Einleitung‹ bezieht sich sowohl auf Freuds als auch auf Breuers Beiträge, ist eigentlich eine Einleitung für das Buch als Ganzes. Der editorische Kommentar übernimmt das gesamte einschlägige Material aus der *Standard Edition* (einige kleinere Veränderungen ausgenommen, die mit besonderen, den vorliegenden Band betreffenden Umständen zusammenhängen). Darüber hinaus sind aber noch zahlreiche weitere editorische Erläuterungen, besonders in den Anmerkungen zu Breuers beiden Kapiteln, hinzugefügt worden, und zwar aus folgenden Gründen: Erstens war den Forschungsergebnissen Rechnung zu tragen, die seit Veröffentlichung der *Standard Edition* bekannt wurden; für das vorliegende Thema ist die diesbezüglich wichtigste Quelle Albrecht Hirschmüllers hervorragende biographische und kritische Studie über Leben und Werk Josef Breuers (1978 *b*). Letztere enthält die Erstveröffentlichung der beiden handgeschriebenen Krankengeschichten der Anna O., die Breuer im Jahre 1882 zur Information seiner Kollegen am Sanatorium Bellevue, Kreuzlingen bei Konstanz am Bodensee, verfaßte, wohin die Patientin überwiesen worden war. Diese Manuskripte wie auch einige andere von Hirschmüller publizierte Dokumente aus dem Archiv des Sanatoriums enthalten neue und interessante Informationen über den Fall. Sehr wertvoll waren auch die Forschungen von Henri Ellenberger (1972 und 1973), die tatsächlich den Weg wiesen, den Hirschmüller später gegangen ist, sowie die Pionierarbeiten von Ola Andersson (1962) und (1979 [1965]). – Zweitens: Da Breuers Anteil an den *Studien* hier ohne Kontext erscheint, bedürfen etliche Anspielungen und Verweise der Erläuterung. – Drittens: Gewisse Verbindungen und Parallelen mit Themen (und gelegentlich auch mit dem literarischen Stil) von Freuds veröffentlichten oder unveröffentlichten Schriften aus der damaligen Zeit erschienen interessant genug, um ihnen mehr Aufmerksamkeit als bisher zu schenken; solche Verknüpfungen werden insbesondere dann aufgezeigt, wenn sie Werke betreffen, die im vorliegenden Band enthalten sind.

Die gemeinsam verfaßte ›Vorläufige Mitteilung‹ (1893*a*) ist hier nicht abgedruckt (sie findet sich in Band 1 der *Gesammelten Werke*), dagegen wurde Freuds aus dem gleichen Zeitraum stammender Vortrag (1893*b*) in den vorliegenden Band aufgenommen; dieser Vortrag hat nicht nur denselben Titel, sondern befaßt sich auch weitgehend mit den gleichen Gegenständen (s. oben, S. 183–95).

Breuer gibt in seinen Beiträgen mehrfach Seitenverweise auf die anderen Teile der *Studien über Hysterie*. Solche Seitenverweise wie auch zusätzliche, vom Herausgeber stammende werden im vorliegenden Band sowohl auf die Originalausgabe (genannt *Studien*) als auch auf die Ausgabe in Band 1 der *Gesammelten Werke* bezogen; wo erforderlich, werden drittens die Seitenzahlen aus dem Ergänzungsband der *Studienausgabe* angegeben.

Zur Orientierung des Lesers über die Gliederung des Buches sei hier noch das Inhaltsverzeichnis der Originalausgabe abgedruckt:

		Seite
I.	Über den psychischen Mechanismus hysterischer Phänomene. Von J. Breuer und Sigm. Freud	1
II.	Krankengeschichten:	
	Beobachtung I. Frl. Anna O... (Breuer)	15
	” II. Frau Emmy v. N ... (Freud)	37
	” III. Frl. Lucie R ... (Freud)	90
	” IV. Katharina... (Freud)	106
	” V. Frl. Elisabeth v. R ... (Freud)	116
III.	Theoretisches (J. Breuer)	161
IV.	Zur Psychotherapie der Hysterie (Freud)	222

(2) Einige historische Bemerkungen zu den *Studien*

Über die Entstehungsgeschichte der *Studien* wissen wir recht gut Bescheid. Josef Breuers Behandlung von Fräulein Anna O., auf die das ganze Buch zurückgeht, fand zwischen 1880 und 1882 statt. Schon damals genoß Breuer (1842–1925) hohes Ansehen in Wien, und zwar sowohl als Hausarzt mit einer ausgedehnten Praxis als auch als Mann der Wissenschaft, wohingegen der rund vierzehn Jahre jüngere Freud gerade erst dabei war, das medizinische Doktorexamen zu bestehen, um danach seinen Lebensunterhalt als Arzt zu verdienen.[1] Beide Männer waren indessen bereits seit einigen Jahren miteinander befreundet. Die Behandlung der Anna O. endete Anfang Juni 1882, und im darauffolgenden November erzählte Breuer Freud ihren ungewöhnlichen Verlauf. Obgleich sein Hauptinteresse damals noch der Anatomie des Nervensystems galt, war Freud tief beeindruckt – so tief, daß er, als er etwa drei Jahre später in Paris bei Charcot studierte, diesem von dem Fall berichtete. »Aber der Meister zeigte für meine ersten Andeutungen kein Interesse, so daß ich nicht mehr auf die Sache zurückkam und sie auch bei mir fallenließ.« (*Selbstdarstellung*, 1925 *d* [1924]; *G. W.*, Bd. 14, S. 44.)

Freuds Studien bei Charcot hatten vor allem der Hysterie gegolten. Und als er 1886 nach Wien zurückkehrte und sich als Nervenarzt niederließ, bildeten Hysteriker einen wesentlichen Teil seiner Klientel. Für die Behandlungsmethoden, deren er sich zunächst bediente, vgl. die ›Editorische Einleitung‹ zu den ›Schriften über Hypnotismus und Suggestion‹ (oben, S. 97–100). Insgeheim aber beschäftigte ihn noch immer der Fall der Anna O., und er berichtet uns, daß er »von Anfang an außer der hypnotischen Suggestion eine andere Verwendung der Hypnose übte« (1925 *d* [1924]; *G. W.*, Bd. 14, S. 43). Diese »andere Verwendung« war die kathartische Methode, die das Thema der *Studien* ist.

Der Fall der Frau Emmy von N. war der erste, den Freud, wie wir von ihm selbst erfahren (*Studien*, S. 38 und S. 249; *G. W.*, Bd. 1, S. 99 und S. 287; *Studienausgabe*, Ergänzungsband, S. 77), mit dem kathartischen Verfahren behandelte.[2] In einer der Ausgabe von 1925 hinzugefügten Anmerkung schränkt Freud diese Angabe ein und sagt, es sei die erste Therapie gewesen, in der er »in ausgiebigem Maße« (*G. W.*, Bd. 1, S. 162) von dieser Methode Gebrauch gemacht habe; tatsächlich hat Freud zu diesem frühen Zeitpunkt die Hypnose noch ständig in der konventionellen Weise – nämlich zur Übermittlung direkter therapeutischer Suggestionen – gehandhabt.[3] In

---

[1] Die folgenden Informationen sind großenteils der Freud-Biographie von Ernest Jones (1960, insbesondere Kapitel XI) entnommen.

[2] Eine andere Bemerkung Freuds in seiner Falldarstellung der Frau Emmy scheint dagegen den Schluß zuzulassen, daß der (unten erwähnte) Fall der Frau Cäcilie M. der erste gewesen ist. Doch mag dieser Eindruck von einer Unklarheit des Satzes herrühren. (Vgl. *Studien*, S. 88 f.; *G. W.*, Bd. 1, S. 160.)

[3] Die ›Editorische Einleitung‹ zu den ›Schriften über Hypnotismus und Suggestion‹ gibt

welchem Umfang dies auch im Falle der Frau Emmy geschah, geht klar aus dem täglichen Bericht über die ersten zwei bis drei Behandlungswochen hervor, den Freud auf Grund der Aufzeichnungen wiedergab, die er sich allabendlich gemacht hatte. (*Studien*, S. 38; *G. W.*, Bd. 1, S. 99.) Dank der Forschungen von Ola Andersson[1] wissen wir nun ziemlich genau, wann Freud mit der Behandlung begonnen hat; es war im Mai 1889 – also rund sechzehn Monate, nachdem er sich »auf die Hypnose geworfen«, wie er am 28. Dezember 1887 an Fließ geschrieben hatte (1985c [1887–1904]). Die Behandlung endete ein Jahr später, im Sommer 1890. Es verging einige Zeit (gemeint ist die chronologische Reihenfolge, nicht diejenige der Präsentation in den *Studien*) bis zur Darstellung des nächsten Falles: Die Behandlung des Fräulein Elisabeth von R. begann im Herbst 1892 (*Studien*, S. 116; *G. W.*, Bd. 1, S. 196), und Freud bezeichnet sie als seine erste vollständige Analyse einer Hysterie (*Studien*, S. 120; *G. W.*, Bd. 1, S. 201). Wenig später, Ende desselben Jahres, wurde die Behandlung der Miß Lucy R. aufgenommen (*Studien*, S. 90; *G. W.*, Bd. 1, S. 163).[2] Die Begegnung mit dem in den *Studien* als »Katharina« bezeichneten jungen Mädchen (*Studien*, S. 107 ff.; *G. W.*, Bd. 1, S. 184 ff.) fand im Sommer 1893 statt.[3] Gewiß hat Freud in dem Intervall zwischen 1889 und 1893 mit weiteren Fällen Erfahrung sammeln können. Vor allem gilt dies für die Patientin Frau Cäcilie M., die er »weitaus gründlicher als jede andere hier erwähnte Kranke kennenlernte« (*Studien*, S. 57 f., Anm.; *G. W.*, Bd. 1, S. 123, Anm.), deren Fall er jedoch, »durch persönliche Umstände verhindert« (loc cit.), nicht ausführlich mitteilen konnte. Indessen wird sie sowohl von Freud als auch von Breuer mehrfach in den *Studien* diskutiert. Freud nennt sie seinen »schwersten und lehrreichsten Fall von Hysterie« (*Studien*, S. 155; *G. W.*, Bd. 1, S. 245). In einem Brief an Wilhelm Fließ vom 8. Februar 1897 bemerkt er ähnlich: »Wenn Du Cäcilie M. kenntest, würdest Du keinen Moment zweifeln, daß nur dieses Weib meine Lehrmeisterin gewesen sein kann.« (Freud, 1985 c [1887–1904], S. 243.) Wie wir gleichfalls von ihm erfahren (*Studien*, S. 156; *G. W.*, Bd. 1, S. 247), »war die Beobachtung dieses merkwürdigen Falles in Gemeinschaft mit Breuer der nächste Anlaß zur Veröffentlichung unserer ›Vorläufigen Mitteilung‹« (1893 a).[4]

Hinweise darauf, wie intensiv Freud sich damals noch mit Hypnose beschäftigte (s. oben, S. 96–101).
[1] Andersson (1979 [1965]). S. auch Ellenberger (1977) und oben, S. 98, Anm. 2, und S. 100, Anm. 2.
[2] Es sei angemerkt, daß diese beiden zuletzt genannten Analysen gerade erst angefangen hatten, als die ›Vorläufige Mitteilung‹ veröffentlicht wurde.
[3] Vgl. Freuds Brief vom 20. August 1893 an Wilhelm Fließ (Freud 1985 c [1887–1904], S. 48); ferner G. Fichtner und A. Hirschmüller (1985).
[4] Die Frage, wann Freud begonnen hat, die kathartische Methode zu benutzen, wird noch durch eine Angabe von ihm aus dem Jahre 1916 kompliziert. Es geht um folgendes: Auf dem 1913 in London abgehaltenen Internationalen medizinischen Kongreß hatte

Die Niederschrift dieser epochemachenden Arbeit (die den ersten Teil der *Studien* bildet) begann im Juni 1892. Ein Brief an Fließ vom 28. Juni (1985 c [1887–1904]) kündigt an, daß »Breuer sich bereit erklärt hat, die Theorie vom Abreagieren und unsere sonstigen gemeinsamen Witze über Hysterie auch gemeinsam zum öffentlichen ausführlichen Ausdruck zu bringen«. Und er fährt fort: »Ein Stück davon, das ich erst allein schreiben wollte, ist fertig…« Auf dieses fertige Stück der Arbeit bezieht sich offensichtlich auch ein Brief, den Freud am folgenden Tag, dem 29. Juni 1892, an Breuer schrieb (Freud, 1941 a [1892], G. W., Bd. 17, S. 5): »Die Befriedigung, mit welcher ich Ihnen arglos meine paar Seiten überreichte, ist dem Unbehagen gewichen […]« Dieser Brief gibt dann im weiteren Wortlaut eine sehr gedrängte Zusammenfassung dessen, was in der Abhandlung enthalten sein sollte. Am 12. Juli 1892 berichtet Freud Wilhelm Fließ: »Meine Hysterie hat sich unter Breuers Händen verwandelt, verbreitert, eingeschränkt, dabei zum Teil verflüchtigt. Wir schreiben das Ding zusammen, jeder für sich mehrere Abschnitte, die er signiert, aber doch in vollstem Einvernehmen. Man kann noch gar nicht sagen, was dabei herauskommen wird.« (Freud, 1985 c [1887–1904], S. 19.) Ferner ist eine Fußnote zu nennen, die Freud seiner Übersetzung eines Bandes von Charcots *Leçons du mardi* (Freud, 1892–94, S. 107) hinzufügte; sie gibt in drei kurzen Absätzen eine Zusammenfassung der These der ›Vorläufigen Mitteilung‹ und deutet

---

sich Pierre Janet mit einem unqualifizierten und unfairen Angriff auf Freud und die Psychoanalyse hervorgetan. Daraufhin veröffentlichte Ernest Jones im *Journal of Abnormal Psychology* (Bd. 9, 1915, S. 400) eine Replik, die in deutscher Übersetzung in der *Internationalen Zeitschrift für ärztliche Psychoanalyse* (Bd. 4, 1916, S. 34) nachgedruckt wurde. In seiner Schmährede hatte Janet ausgeführt, daß, was immer an der Psychoanalyse auch nur den geringsten Wert habe, zur Gänze aus seinen eigenen frühen Schriften abgeleitet sei. Diese Behauptung durchkreuzend, bemerkte Jones, es sei zwar richtig, daß die Funde Breuers und Freuds später veröffentlicht worden seien als diejenigen Janets (der sie schon 1889 publizierte), daß jedoch die Forschungsarbeit, auf der die erste Breuer-Freudsche Mitteilung beruht, etliche Jahre weiter zurückreiche als Janets eigene Studien. »Das Zusammenwirken der beiden Autoren begann volle zehn Jahre vor ihrer ersten Veröffentlichung, und in den *Studien* finden wir ausdrücklich bestätigt, daß einer der mitgeteilten Fälle vierzehn Jahre vor der Publikation nach der kathartischen Methode behandelt wurde.« Zu dieser Stelle in der *Internationalen Zeitschrift* (ibid., S. 42) findet sich eine mit »Freud« signierte »Anmerkung des Herausgebers« (1916 e): »Ich bin genötigt, Dr. Jones in einem für seine Polemik unwesentlichen, für mich aber bedeutsamen Punkte zu berichtigen. Alles über die Priorität und Unabhängigkeit der später psychoanalytisch genannten Arbeit Gesagte behält seine Richtigkeit, bezieht sich aber allein auf die Leistung Breuers. Meine Anteilnahme setzte erst 1891/92 ein. Was ich übernommen habe, habe ich nicht von Janet, sondern von Breuer empfangen, wie wiederholt öffentlich anerkannt.« Das hier von Freud angegebene Datum ist rätselhaft. 1891 ist zwei Jahre zu spät für den Beginn der Behandlung der Frau Emmy und ein Jahr zu früh für den Anfang der Arbeit mit Fräulein Elisabeth.

an, daß die Arbeit daran begonnen habe.[1] Außerdem sind noch zwei wesentlich ausführlichere Entwürfe erhalten. Der erste (Freud, 1940 *d* [1892]; in Freuds Handschrift, obwohl vermerkt ist, er sei gemeinsam mit Breuer verfaßt) trägt das Datum »Ende November 1892«. Er handelt von hysterischen Anfällen, und sein Inhalt wurde großenteils, wenngleich in anderem Wortlaut, in Abschnitt IV der ›Vorläufigen Mitteilung‹ aufgenommen (*Studien*, S. 10 ff.; *G. W.*, Bd. 1, S. 93 ff.). Allerdings fiel merkwürdigerweise ein wichtiger Absatz, der sich mit dem »Konstanzprinzip« befaßt, fort, und in den *Studien* wird dieses Thema dann nur von Breuer behandelt, und zwar in seinem unten nachgedruckten Kapitel ›Theoretisches‹ (S. 255 ff.). Schließlich gibt es noch eine undatierte Notiz Freuds (1941 *b* [1892]), die die Überschrift »III« trägt. Sie diskutiert »hypnoide Zustände« und hysterische Dissoziation und steht in engem Zusammenhang mit Abschnitt III der ›Vorläufigen Mitteilung‹ (*Studien*, S. 9 f.; *G. W.*, Bd. 1, S. 90 ff.).

Am 18. Dezember 1892 schrieb Freud an Fließ (1985 *c* [1887–1904]): »Freue mich, Dir mitteilen zu können, daß unsere Hysterietheorie (Reminiszenz, Abreagieren etc.) am 1. Januar 93 im *Neurologischen Zentralblatt* zu lesen sein wird, und zwar in Gestalt einer ausführlichen vorläufigen Mitteilung. Es hat Kämpfe mit dem Herrn Kompagnon genug gekostet.« Die Arbeit, die das Datum »Dezember 1892« trägt, ist in Wirklichkeit in zwei Ausgaben des *Neurologischen Zentralblatts* (vom 1. und 15. Januar), das damals vierzehntäglich in Berlin erschien, publiziert worden; kurz danach wurde sie im vollen Wortlaut in Wien in den *Wiener medizinischen Blättern* (vom 19. und 26. Januar) nachgedruckt. Am 11. Januar, als die Arbeit erst zur Hälfte publiziert vorlag, hielt Freud im Wiener medizinischen Klub einen Vortrag über das Thema (der, wie erwähnt, oben, S. 183 ff., abgedruckt ist).

In Wien und auch in Deutschland scheint die Veröffentlichung der Arbeit kaum größere Wirkung ausgelöst zu haben. Wie Freud in einem Brief an Fließ vom 10. Juli 1893 berichtet (1985 *c* [1887–1904]), wurde sie dagegen in Frankreich von Janet günstig aufgenommen, dessen Widerstand gegen Freuds Lehren sich erst später entwickeln sollte. So hat Janet in eine im Juni und Juli 1893 in den *Archives de neurologie* publizierte Arbeit über ›Quelques définitions récentes de l'hystérie‹ eine ausführliche und sehr lobende Darstellung der ›Vorläufigen Mitteilung‹ aufgenommen; Janet hat diesen Artikel später als letztes Kapitel seines Buchs *État mental des hystériques* (1894) verwendet.[2] Überraschender ist vielleicht die Tatsache, daß im

---

[1] Vgl. oben, S. 158 f., wo diese Fußnote nachgedruckt ist. Es ist nicht möglich, sie genau zu datieren. Zwar ist Freuds Vorwort zu seiner Übersetzung mit dem Datum »im Juni 1892« versehen; doch erschien das Werk in Lieferungen, deren letzte nicht vor Ende Mai 1894 herausgekommen sein kann (s. oben, S. 151 f.). Indessen steht die betreffende Anmerkung auf einer Seite mit relativ niedriger Seitenzahl, so kann sie mit einiger Sicherheit auf Sommer oder Herbst 1892 datiert werden.

[2] Eine von Brissaud verfaßte Besprechung der ›Vorläufigen Mitteilung‹ findet sich auch in der französischen *Revue neurologique* (1893). Weitere Informationen über die Auf-

April 1893 – also nur drei Monate nach der Veröffentlichung der ›Vorläufigen Mitteilung‹ – F. W. H. Myers auf einem Kongreß der Society for Psychical Research in London recht ausführlich darüber berichtete, eine Verlautbarung, die dann im darauffolgenden Juni auch in den *Proceedings* der Society erschien. Ferner findet sich eine von Michell Clarke (1894) geschriebene Zusammenfassung und Erörterung der ›Vorläufigen Mitteilung‹ in *Brain*. Die überraschendste und nicht ohne weiteres erklärliche Reaktion war allerdings das Erscheinen einer vollständigen spanischen Übersetzung der ›Vorläufigen Mitteilung‹ in der *Gaceta médica de Granada* (Bd. 11, Nr. 232 und Nr. 233, S. 105–11 und S. 129–35).

Die nächste Aufgabe der Autoren bestand nun in der Vorbereitung des Fallmaterials, und schon am 7. Februar 1894 spricht Freud in einem Brief an Fließ von dem Buch als »halb fertig, es fehlt die bei weitem kleinere Zahl von Krankengeschichten und zwei allgemeine Kapitel«. (1985 c [1887–1904].) Am 22. Juni zählt er auf, was in die »Arbeit mit Breuer« aufgenommen werden soll: »fünf Krankengeschichten, ein Aufsatz von ihm, von dem ich mich ganz ausschließe, über die Theorien der Hysterie (Zusammenfassendes, Kritisches) und ein noch nicht begonnener von mir über Therapie«. (Ibid.) Danach kam es offensichtlich zu einer Unterbrechung, denn erst am 4. März 1895 teilt Freud mit, er »schreibe eilig an dem Aufsatz Therapie der Hysterie« (ibid.). Am 13. März schloß er ab, und am 11. April berichtete er, das Buch werde in drei Wochen publiziert. Am 20. April schließlich übersandte er Fließ die zweite Hälfte der Fahnen des Buches (ibid.).[1]

Offenbar sind die *Studien über Hysterie* pünktlich im Mai 1895 erschienen, obwohl das genaue Datum nicht feststeht. In deutschen Medizinerkreisen ist das Buch im ganzen ungünstig aufgenommen worden; sehr kritisch wurde es z. B. von dem bekannten Neurologen Adolf von Strümpell (1896) rezensiert, der sich insbesondere an Breuers Kapitel ›Theoretisches‹ stieß. Andererseits hat ein nicht-medizinischer Autor, Alfred von Berger, der spätere Direktor des Wiener Burgtheaters, in der *Neuen Freien Presse* anerkennend darüber geschrieben (1896). In England erschien eine von Michell Clarke (1896) verfaßte ausführliche und überwiegend positive Mitteilung über das Buch. Erneut bewies Myers sein besonderes Interesse in einem Vortrag, in dem die *Studien* ausführlich zur Sprache kamen; er hielt diesen Vortrag im März 1897 und nahm den Text schließlich in sein Buch *Human Personality* (1903) auf.[2]

---

nahme, die die ›Vorläufige Mitteilung‹ wie auch die *Studien über Hysterie* selbst bei den Rezensenten gefunden haben, finden sich in Jones (1960), S. 299, Ellenberger (1973), S. 1025 und S. 1028–30, sowie in Hirschmüller (1978 b), S. 248 f.

[1] Vgl. Schur (1973, S. 105 und S. 630). – Am 21. Mai 1894 erwähnt Freud, daß er gerade eine Krankengeschichte (wahrscheinlich die über Fräulein Elisabeth von R.) schreibe: die »[...] gehört zu meinen schwersten Arbeiten«, und fügt hinzu, daß Fließ sie vor Breuer zu sehen bekomme. In einem Brief vom 22. Juni teilt er mit, daß er Fließ »die letzte Krankengeschichte« schicke. (Freud, 1985 c [1887–1904].)

[2] S. auch die in Anm. 2 der vorigen Seite erwähnten Einzelheiten.

Erst mehr als zehn Jahre nach der Erstpublikation kam es zur Vorbereitung einer zweiten Auflage. Zu diesem Zeitpunkt hatten sich die Wege der beiden Autoren bereits getrennt. Dennoch stimmte Breuer im Mai 1906 brieflich einem Neudruck zu. Jedoch mußte noch darüber diskutiert werden, ob ein neues gemeinsames Vorwort wünschenswert sei. Schließlich wurden zwei getrennte Vorworte geschrieben. Beide sind im vorliegenden Band nachgedruckt (unten, S. 219f.). Sie sind auf Juli 1908 datiert; die zweite Auflage ist aber erst 1909 veröffentlicht worden.

Der Text wurde in dieser zweiten und in den späteren Auflagen unverändert wiedergegeben. Als seine Beiträge zu den *Studien* in den 1925 veröffentlichten Band 1 der *Gesammelten Schriften* aufgenommen wurden, schrieb Freud 1924 einige zusätzliche Anmerkungen und nahm ein oder zwei kleinere Änderungen im Text vor. Breuer hat zu keinem Zeitpunkt für eine der späteren Auflagen an seinen Beiträgen etwas geändert.

(3) Die Bedeutung der *Studien* für die Psychoanalyse

Gewöhnlich werden die *Studien über Hysterie* als der Beginn der Psychoanalyse bezeichnet. Es mag der Mühe wert sein, sich einmal kurz zu überlegen, ob und in welcher Hinsicht dies zutrifft. Zum Zwecke dieser Erörterung lassen wir die Frage, welchen Anteil an dem Buch dem einen bzw. dem anderen Autor zukomme, zunächst beiseite – sie wird weiter unten diskutiert – und behandeln es als Ganzes. Eine Untersuchung des Einflusses, den die *Studien* auf die nachfolgende Entwicklung der Psychoanalyse gehabt haben, läßt sich, obgleich dies notwendigerweise etwas künstlich ist, in zwei Teilfragen aufgliedern. Die erste würde lauten: In welchem Ausmaß und in welcher Weise haben die in den *Studien* beschriebenen technischen Verfahren sowie die klinischen Ergebnisse, zu denen sie führten, der Praxis der Psychoanalyse den Weg gebahnt? Die zweite: In welchem Umfang sind die hier vorgetragenen theoretischen Auffassungen in Freuds spätere Lehren übernommen worden?

Selten wird die Tatsache hinreichend gewürdigt, daß die Erfindung des ersten Instruments zur wissenschaftlichen Erforschung menschlichen Seelenlebens vielleicht die allerbedeutendste unter Freuds Errungenschaften darstellt. Die Lektüre der *Studien* ist nicht zuletzt deshalb so fesselnd, weil sie uns in den Stand setzt, die ersten Schritte bei der Entwicklung dieses Instruments zu verfolgen. Was wir dabei erfahren, ist nicht einfach die Geschichte der Überwindung einer Kette von Hindernissen; es ist die Geschichte der *Entdeckung* einer Kette von Hindernissen, die es zu überwinden galt. Breuers Patientin Anna O. hat selbst das erste dieser Hindernisse aufgezeigt und überwunden – die für den hysterischen Patienten charakteristische Amnesie. Sobald einmal das Vorhandensein dieser Amnesie ans Licht gebracht war, folgte daraus sofort die Einsicht, das manifeste Seelenleben des Patienten sei nicht das ganze, vielmehr verberge sich dahinter ein *unbewußtes* Seelenleben (s. unten, S. 242 f.). Es war also schon zu Anfang klar, daß die Aufgabe nicht nur in der Erforschung der *bewußten* psychischen Vorgänge bestand, wofür ja die gewöhnlichen, im Alltagsleben gebräuchlichen Untersuchungsmethoden ausgereicht hätten. Wenn es darüber hinaus so etwas wie *unbewußte* seelische Vorgänge gab, so war für deren Durchleuchtung offensichtlich ein besonderes Instrument erforderlich. Augenscheinlich war die hypnotische Suggestion das für diesen Zweck geeignete Mittel – hypnotische Suggestion allerdings nicht mit dem Ziel, direkten therapeutischen Einfluß auszuüben, sondern in der Absicht, den Patienten dazu zu bewegen, Material aus dem unbewußten Seelenbereich freizugeben. Bei Anna O. war wohl nur eine flüchtige Anwendung dieses Instruments erforderlich. Sie produzierte Ströme von Material aus ihrem »Unbewußten«, und alles, was Breuer zu tun hatte, war, dabeizusitzen und zuzuhören, ohne sie zu unterbrechen. Und doch war das nicht so leicht, wie es klingen mag, und die Falldarstellung der Frau Emmy zeigt an vielen Stellen, wie schwer es Freud gefallen ist, sich an diese neuartige Verwendungsweise der hypnotischen Suggestion zu gewöhnen und allem, was der Patient zu sagen hatte, Aufmerksamkeit zu schenken, ohne jeglichen Versuch, sich einzumischen oder das Verfahren abzukürzen (vgl. *Studien*, S. 48, Anm., und S. 50, Anm.; *G. W.*, Bd. 1, S. 113, Anm., und S. 115, Anm.). Überdies waren nicht alle hysterischen Patienten so zugänglich wie Anna O.; die tiefe Hypnose, in die sie offensichtlich freiwillig zu fallen bereit war, ließ sich nicht bei jedermann ohne weiteres erreichen. Und hier tauchte ein zweites Hindernis auf: Freud berichtet uns, er sei im Hypnotisieren keineswegs ein Meister gewesen. An mehreren Stellen schildert er in den *Studien* (z. B. S. 91 ff.; *G. W.*, Bd. 1, S. 165 ff.), wie er diese Schwierigkeit zu umgehen lernte und schrittweise seine Versuche aufgab, überhaupt Hypnose zuwege zu bringen, sich vielmehr damit zufriedengab, seine Patienten, gelegentlich befördert durch Handauflegen auf die Stirn, in einen Zustand der »Konzentration« zu versetzen. Aber es war gerade der Verzicht auf die Hypnose, der ihn nun zu einer weiteren Vertiefung seiner Einsicht in das psychische Funktionieren führte. Dadurch wurde nämlich ein anderes Hindernis allererst sichtbar – der »Widerstand«, den der Patient der Behandlung entgegenstellt (s. *Studien*, S. 134 und S. 233 ff.; *G. W.*, Bd. 1, S. 219 und S. 267 ff.), seine Abneigung, bei der eigenen Heilung mitzuarbeiten. Wie konnte man mit diesem Widerwillen umgehen? Sollte man ihn niederbrüllen oder wegsuggerieren? Oder sollte man ihn, wie andere psychische Phänomene auch, einfach erforschen? Freuds Entscheidung für den zweiten Weg führte ihn direkt in jenes noch nicht vermessene Land, mit dessen Erkundung er dann ein ganzes Leben zubringen sollte.

In den Jahren unmittelbar nach Veröffentlichung der *Studien* verzichtete Freud mehr und mehr auf das Mittel gezielter Suggestion (vgl. die ›Editorische Einleitung‹ zu den ›Schriften über Hypnotismus und Suggestion‹, oben, S. 97–100) und fing an, sich zunehmend auf den Fluß der »freien Assoziation« des Patienten zu verlassen. Damit öffnete sich der Weg zur Analyse der Träume. Die Traumanalyse ihrerseits ermöglichte es ihm, erstens Einblick in das Funktionieren des »Primärvorgangs« zu gewinnen sowie die Art und Weise kennenzulernen, in der dieser die Produkte unseres leichter zugänglichen Denkens beeinflußt; damit kam ein neues technisches Instrument in seine Verfügung – die »Deutung«. Die Traumanalyse eröffnete ihm zweitens den Zugang zu seiner Selbstanalyse und in der Folge davon zur Entdeckung der infantilen Sexualität und des Ödipuskomplexes. All dies lag, von ein paar andeutenden Hinweisen abgesehen[1], bei Erscheinen der *Studien* noch vor Freud. Aber bereits auf den letzten Seiten des Buches war er auf ein weiteres Hindernis auf seinem Forscherweg gestoßen – die »Übertragung« (*Studien*, S. 265ff.; *G. W.,* Bd. 1, S. 307ff.). Er hatte schon einen flüchtigen Eindruck von ihrer Macht erhalten und vielleicht gar zu begreifen begonnen, daß sie sich nicht nur als Hindernis, sondern auch als ein weiteres Hauptinstrument der psychoanalytischen Behandlungstechnik erweisen würde.

Die in der ›Vorläufigen Mitteilung‹ vertretene theoretische Hauptthese scheint, oberflächlich betrachtet, einfach zu sein. Die Autoren gehen von folgendem aus: Wenn ein Erlebnis von einem starken »Affekt« begleitet ist, so wird im normalen Fall dieser Affekt entweder durch eine ganze Reihe willkürlicher Reflexe »entladen«, oder aber er unterliegt auf dem Wege der Assoziation mit anderem bewußten psychischen Material der Usur. Im Falle hysterischer Patienten hingegen geschähe (aus Gründen, von denen sogleich die Rede sein wird) weder das eine noch das andere. Der Affekt bleibe »eingeklemmt«, und die Erinnerung an das Erlebnis, an welches er geheftet ist, werde vom Bewußtsein abgeschnitten. Die affektbesetzte Erinnerung manifestiere sich dann in hysterischen Symptomen, die als »Erinnerungssymbole« (vgl. *G. W.,* Bd. 1, S. 146) aufzufassen seien – d. h. als Symbole unterdrückter Erinnerung. Zur Erklärung dieses pathologischen Ausgangs werden im wesentlichen zwei Gründe angeführt. Der eine lautet: der auslösende Anlaß ereignete sich, während sich die betreffende Person in einem besonderen – als »hypnoid« bezeichneten – psychischen Zustand der Dissoziation befand. Der andere: es handelte sich um ein solches Erlebnis, welches das »Ich« des Betreffenden als mit sich »unverträglich« erachtete und deshalb »abwehrte«. In beiden Fällen wird der therapeutische Effekt des »kathartischen« Verfahrens gleich begründet: Wenn das veranlassende Erlebnis, zusammen mit dem es begleitenden Affekt, ins Bewußtsein gehoben werden kann, so wird eben dadurch der Affekt entladen oder »abreagiert«, die Kraft, welche das Symptom unterhielt, hört zu wirken auf, und das Symptom verschwindet.

All dies scheint recht unkompliziert. Doch braucht man nicht lange nachzudenken, um festzustellen, daß vieles erklärungsbedürftig bleibt. Warum bedarf ein

---

[1] Vgl. beispielsweise die Bemerkungen über Träume in einer Anmerkung (*Studien*, S. 57; *G. W.,* Bd. 1, S. 122f.) sowie einen Hinweis auf das Konzept der freien Assoziation (*Studien*, S. 45; *G. W.,* Bd. 1, S. 108).

Affekt überhaupt der »Entladung«? Und weshalb sind die Folgen unterbliebener Entladung so verheerend? Diese unter der Oberfläche liegenden Fragen werden in der ›Vorläufigen Mitteilung‹ in keiner Weise behandelt, obgleich sie in den beiden posthum veröffentlichten Entwürfen (1941*a* [1892] und 1940*d* [1892]) kurz angetippt werden und eine Hypothese zu ihrer Klärung bereits existierte. Seltsamerweise hat Freud diese Hypothese in seinem Vortrag vom 11. Januar 1893(*h*) (s. oben, S. 192) expressis verbis aufgestellt, wohingegen sie von den Autoren der ›Vorläufigen Mitteilung‹ fortgelassen wurde. In den beiden letzten Absätzen seiner ersten Arbeit über ›Die Abwehr-Neuropsychosen (1894*a*) spielte Freud nochmals darauf an; dort stellt er ausdrücklich fest, sie liege der Theorie der Abreaktion zugrunde, wie sie ein Jahr zuvor in der ›Vorläufigen Mitteilung‹ veröffentlicht worden war. Ausformuliert und benannt wurde diese Grundthese indessen erstmals 1895 im zweiten Abschnitt von Breuers Beitrag zu den *Studien* (unten, S. 255 ff.). Es ist merkwürdig, daß diese wesentlichste unter den Theorien Freuds in aller Ausführlichkeit zuerst von Breuer dargelegt wurde (wobei dieser sie allerdings Freud zuschrieb) und daß Freud selbst, mag er inhaltlich gelegentlich auf sie zurückgekommen sein (so auf den Anfangsseiten seiner Arbeit über ›Triebe und Triebschicksale‹, 1915*c*), sie niemals explizit erwähnte, ehe er *Jenseits des Lustprinzips* (1920*g*) schrieb. Wie wir inzwischen wissen, bezog er sich namentlich auf diese Theorie in einer an Fließ gesandten Mitteilung ungewissen Datums, vielleicht von 1894 (Manuskript D, 1985*c* [1887–1904]); auch befaßte er sich, wenngleich unter anderer Bezeichnung (s. unten, S. 211), im ›Entwurf einer Psychologie‹ ausführlich mit ihr. (Der ›Entwurf‹, einige Monate nach Veröffentlichung der *Studien* geschrieben, ist im vorliegenden Band, unten, S. 387 ff., enthalten.) Aber Manuskript D und der ›Entwurf‹ sind erst fünfundfünfzig Jahre nach ihrer Entstehung ans Licht gekommen.

Das »Konstanzprinzip« (denn dies ist die für diese Hypothese geprägte Bezeichnung) sei hier in jener Wendung definiert, die Freud selbst in *Jenseits des Lustprinzips* dafür gewählt hat, wo er von der Annahme spricht, »daß es ein Bestreben des seelischen Apparates sei, die in ihm vorhandene Quantität von Erregung möglichst niedrig oder wenigstens konstant zu erhalten« (*G. W.*, Bd. 13, S. 5; *Studienausgabe*, Bd. 3, S. 218 f.). Breuer umschreibt es unten (S. 256) in sehr ähnlicher Formulierung, wenngleich neurologisch gewendet, als die »Tendenz zur Konstanterhaltung der intrazerebralen Erregung«.[1] In seiner Erörterung auf S. 255 ff. führt er aus, die Affekte verdankten ihre Bedeutung in der Ätiologie der Hysterie dem Umstand, daß

---

[1] Freuds Darstellung des Prinzips in seinem Vortrag vom 11. Januar 1893 lautet folgendermaßen: »Wenn ein Mensch einen psychischen Eindruck erfährt, so wird etwas in seinem Nervensysteme gesteigert, was wir momentan die Erregungssumme nennen wollen. Nun besteht in jedem Individuum, um seine Gesundheit zu erhalten, das Bestreben, diese Erregungssumme wieder zu verkleinern.« (1893*h*, oben, S. 192.)

sie von der Erzeugung gewaltig gesteigerter Erregung begleitet seien, die, entsprechend dem Konstanzprinzip, ihrerseits nach Entladung verlangte. Ähnlich verdankten traumatische Erlebnisse ihre pathogene Kraft der Tatsache, daß sie einen zu hohen Erregungsgrad hervorriefen, als daß er auf normalem Wege ausgeglichen werden könne. Die den *Studien* zugrundeliegende zentrale Theorie führt also die klinische Notwendigkeit, den Affekt abzureagieren, und die pathogenen Folgen in Fällen, in denen er eingeklemmt wird, auf die viel allgemeinere (im Konstanzprinzip ausgedrückte) Tendenz zurück, den Betrag der Erregung konstantzuhalten.

Es ist eine verbreitete Annahme, die Autoren der *Studien* hätten die Phänomene der Hysterie einzig Traumen sowie untilgbaren Erinnerungen an solche Traumen zugeschrieben und Freud sei erst später, nachdem er die Betonung von infantilen Traumen auf infantile Phantasien verlagert hatte, zu seiner entscheidenden »dynamischen« Auffassung der psychischen Vorgänge gelangt. Aus dem soeben Ausgeführten geht jedoch hervor, daß am Grunde der Theorie von Trauma und Abreagieren, in Gestalt des Konstanzprinzips, bereits eine dynamische Hypothese auszumachen ist. Als dann die Zeit gekommen war, den Horizont zu erweitern und den Trieben, im Vergleich zu den Erlebnissen, ein weit größeres Gewicht zuzubilligen, brauchte die Grundhypothese nicht verändert zu werden. Tatsächlich weist ja schon Breuer auf die Rolle hin, die »die großen physiologischen Bedürfnisse und Triebe des Organismus« bei der Verursachung von Erregungssteigerungen spielten, welche dann nach Entladung verlangten (unten, S. 258). Er betont: »Der Sexualtrieb ist gewiß die mächtigste Quelle von lange anhaltenden Erregungszuwächsen (und als solche, von Neurosen)« (unten, S. 259). Ja, der Begriff des Konflikts und der Verdrängung unverträglicher Vorstellungen wird ausdrücklich auf das Vorhandensein unlustvoller Erregungssteigerungen gestützt. Dies führt zu der weiteren Überlegung, daß, wie Freud in *Jenseits des Lustprinzips* (1920g; *G. W.*, Bd. 13, S. 3 ff.; *Studienausgabe*, Bd. 3, S. 217 ff.) ausführt, das »Lustprinzip« selbst eng mit dem Konstanzprinzip verbunden sei. Er geht sogar noch weiter und erklärt: »Das Lustprinzip ist dann eine Tendenz, welche im Dienste einer Funktion steht, der es zufällt, den seelischen Apparat überhaupt erregungslos zu machen oder den Betrag an Erregung in ihm konstant oder möglichst niedrig zu erhalten.« (*G. W.*, Bd. 13, S. 67 f.; *Studienausgabe*, Bd. 3, S. 270).[1] Die »konservative« Natur, die Freud in seinen späteren Werken den Trieben zuschreibt, sowie der »Wiederholungszwang« werden in der gleichen Passage als Manifestationen des Konstanzprinzips betrachtet. Unstreitig betrachtete Freud die Hypothese, auf der diese frühen *Studien über Hysterie* begründet sind, noch in seinen spätesten Spekulationen als grundlegend.

---

[1] Vgl. einige Hinweise auf die Beziehung zwischen diesen Vorstellungen und denjenigen Fechners in Anm. 1, S. 405, unten.

(4) Die Divergenzen zwischen den beiden Autoren

Wir wollen uns hier nicht mit den persönlichen Beziehungen zwischen Breuer und Freud befassen, die im ersten Band von Ernest Jones' Biographie ausführlich beschrieben wurden[1]; indessen mag es in unserem Zusammenhang von Interesse sein, hier kurz ihre *wissenschaftlichen* Meinungsverschiedenheiten zu erörtern. Im Vorwort zur ersten Auflage ist schon davon die Rede, daß »an manchen Stellen verschiedene, ja sich widersprechende Meinungen vertreten werden« (unten, S. 218). Und in seinen späteren Veröffentlichungen hat sich Freud wiederholt darüber verbreitet. Im Buch selbst aber wird dann, seltsam genug, recht wenig davon deutlich; und obwohl, bis auf die ›Vorläufige Mitteilung‹, die einzelnen Teile der *Studien* jeweils von einem der beiden Autoren gezeichnet sind, läßt sich doch schwer zweifelsfrei ausmachen, für welche der im ganzen Werk dargelegten Ideen sie jeweils tatsächlich verantwortlich sind.

Mit Sicherheit können wir die späteren behandlungstechnischen Entwicklungen, zusammen mit den sich daraus ergebenden zentralen theoretischen Konzepten von »Widerstand«, »Abwehr« und »Verdrängung«, Freud zuschreiben. Leicht läßt sich in Freuds Bericht im ›Psychotherapie‹-Kapitel nachvollziehen, wie sich diese Konzepte im Zuge der Ersetzung der Hypnose durch die Druck-Technik ergaben (*Studien*, S. 233 ff.; *G. W.*, Bd. 1, S. 267 ff.; *Studienausgabe*, Ergänzungsband, S. 62 ff.). In seiner ›Geschichte der psychoanalytischen Bewegung‹ (1914 d) erklärt Freud: »Die Verdrängungslehre ist nun der Grundpfeiler, auf dem das Gebäude der Psychoanalyse ruht« (*G. W.*, Bd. 10, S. 54). Wie er dazu gelangt war, stellt er dann in der gleichen Weise wie hier dar. Er bekräftigt auch seine Überzeugung, seine Theorie in voller Unabhängigkeit entwickelt zu haben. Die Geschichte der Entdeckung liefert reichlich Beweise für diese Überzeugung. In der nämlichen Passage weist er darauf hin, daß sich bei Schopenhauer (1819) ein Hinweis auf den Begriff der Verdrängung finde; indessen habe er Schopenhauers Werke erst spät im Leben gelesen. In jüngerer Zeit ist darauf hingewiesen worden, daß das Wort »Verdrängung« in den Schriften des Psychologen Herbart (1824–25) vorkomme, eines Autors des neunzehnten Jahrhunderts, dessen Lehren auf viele Persönlichkeiten in Freuds Umgebung und insbesondere auf seinen Psychiatrie-Lehrer Meynert großen Einfluß gehabt hatten. Indessen vermag keiner dieser Nachweise die Originalität von Freuds Theorie, auf empirischer Grundlage errichtet und erstmals in der ›Vorläufigen Mitteilung‹ (*Studien*, S. 7 f.; *G. W.*, Bd. 1., S. 89) ausformuliert, zu schmälern.

Andererseits ist es ebenso gewiß, daß der Begriff der »hypnoiden Zustände«, auf den wir sogleich zurückkommen werden, von Breuer stammt; und es scheint

---

[1] Hirschmüllers Studie über *Physiologie und Psychoanalyse in Leben und Werk Josef Breuers* (1978 b) behandelt dieses Thema gleichfalls ausführlich. (S. insbesondere S. 179 ff.) Interessante Einzelheiten finden sich ferner in Bernfeld (1951 und 1952), Schur (1973) und Clark (1980).

möglich, daß er auch für die Termini »Katharsis« und »Abreaktion« verantwortlich ist.[1]

Doch sind viele der theoretischen Schlußfolgerungen der *Studien* wohl das Ergebnis gemeinsamer Diskussionen der beiden Autoren während der Jahre ihrer Zusammenarbeit; Breuer selbst weist auf die Schwierigkeit hin (s. unten, S. 245), in solchen Fällen jeweils die Priorität zu bestimmen. Abgesehen vom Einfluß Charcots, den Freud immer wieder betont hat, sei daran erinnert, daß beide, Breuer und Freud, der Helmholtz-Schule tief verpflichtet waren; beider Lehrer, Ernst von Brücke, war ein prominentes Mitglied dieser Schule gewesen. Ein gut Teil der den *Studien über Hysterie* zugrunde liegenden Theorie ist von der Lehre dieser Schule abgeleitet, nämlich daß alle Naturphänomene letztendlich in Begriffen physikalischer und chemischer Kräfte erklärt werden können.[2]

Wie wir bereits gesehen haben (oben, S. 207), hat Breuer zwar das »Konstanzprinzip« erstmals namentlich erwähnt, die Hypothese aber Freud zugeschrieben. Ähnlich verband er den Terminus »Konversion« mit Freuds Namen; Freud selbst hat dagegen erklärt (wie weiter unten, S. 264, Anm. 3, erläutert), daß dies nur für das *Wort*, nicht für den Begriff gelte, zu welchem man gemeinsam gelangt sei. Auf der anderen Seite gibt es eine Reihe höchst bedeutsamer Konzepte, die mit Recht Breuer zugerechnet werden können: die Auffassung von der Halluzination als »rückläufiger« Erregung der Perzeptionsapparate durch Vorstellungen; die These, daß die Funktionen von Perzeption und Erinnerung nicht vom gleichen Apparat ausgeführt werden können; schließlich – und dies überrascht besonders – die Unterscheidung zwischen gebundener (tonischer) und ungebundener (frei beweglicher) psychischer Energie und die damit zusammenhängende Unterscheidung zwischen primären und sekundären psychischen Vorgängen (unten, S. 253, Anm.).

---

[1] Vgl. den Kommentar am Ende der folgenden Fußnote.

[2] Die verschiedenen Einflüsse, welche bei der Entwicklung von Freuds Auffassungen möglicherweise eine Rolle gespielt haben, werden von Ernest Jones erörtert (1960, S. 60 ff. und S. 429 ff.). Zusätzlich zu den oben erwähnten Namen sei noch G. T. Fechner genannt, dem gegenüber Freud selbst im fünften Kapitel seiner *Selbstdarstellung* (1925 *d* [1924]) eine Dankesschuld anerkennt. In *Jenseits des Lustprinzips* (1920 *g*) geht er näher auf diese Verbindung ein und zitiert eine Äußerung Fechners (1873), in der dessen Prinzip der Tendenz zur Stabilität definiert wird, welches im wesentlichen mit den psychoanalytischen Begriffen des Konstanzprinzips und des Lustprinzips zusammenfalle (*G. W.*, Bd. 13, S. 4 f.; *Studienausgabe*, Bd. 3, S. 218 f.). Einige Zeilen weiter schließt Freud: »Bei eingehenderer Diskussion werden wir auch finden, daß dies von uns angenommene Bestreben des seelischen Apparates sich als spezieller Fall dem Fechnerschen Prinzip der *Tendenz zur Stabilität* unterordnet, zu dem er die Lust-Unlustempfindungen in Beziehung gebracht hat.« (*G. W.*, Bd. 13, S. 5; *Studienausgabe*, Bd. 3, S. 219.) – Eine weitere bedeutsame Verbindung wurde von Andersson (1962, S. 107–10) aufgezeigt, der einen wahrscheinlichen Einfluß von Hughlings-Jacksons Auffassungen auf die Ausgestaltung der Breuer-Freudschen Theorie der »Abreaktion« überzeugend nachgewiesen hat.

Die Verwendung des Ausdrucks »Besetzung«, der erstmals in der Falldarstellung der Frau Emmy von N. (*Studien*, S. 76; *G. W.*, Bd. 1, S. 145) in dem Sinne auftaucht, welcher in der psychoanalytischen Theorie dann maßgeblich werden sollte, geht wahrscheinlich auf Freud zurück. Der Gedanke, daß der ganze psychische Apparat oder Teile desselben mit bestimmten Energieladungen ausgestattet sind, wird natürlich schon auf Grund des Konstanzprinzips vorausgesetzt. Und obgleich der Ausdruck, der dann zum Standardterminus erhoben wurde, in den *Studien* erstmals auftaucht, war doch der Gedanke selbst von Freud bereits früher in anderer Form geäußert worden. So benutzte er etwa Wendungen wie »mit Energie ausgestattet« (1895*b* [1894]), »mit einer Erregungssumme behaftet« (1894*a*), »munie d'une valeur affective« (1893*c*), »Verschiebungen von Erregungssummen« (1941*a* [1892]) und, wie es bereits in seiner Vorrede zu seiner ersten Bernheim-Übersetzung (1888–89) heißt, »Verschiebungen der Erregbarkeit im Nervensystem« (s. oben, S. 112).

Dies letzte Zitat mag uns an etwas sehr Wichtiges erinnern, was leicht übersehen wird. Es kann keinen Zweifel daran geben, daß Freud zum Zeitpunkt der Veröffentlichung der *Studien* den Terminus »Besetzung« für einen rein physiologischen erachtete. Ein Beweis ist die Definition des Ausdrucks, die er in Teil I, Abschnitt 2 seines ›Entwurfs einer Psychologie‹ gibt, mit dem er (wie die Fließ-Briefe belegen) bereits befaßt war und den er nur wenige Monate später niederschreiben sollte. Nach einer Darstellung der kurz zuvor entdeckten neurologischen Einheit, des »Neurons«, fährt er dort fort: »Kombiniert man diese Darstellung der Neurone mit der Auffassung der Qἠ-Theorie [Quantitätstheorie], so erhält man die Vorstellung eines *besetzten* Neurons, das mit gewisser Qἠ gefüllt, andere Male leer sein kann.« (Vgl. unten, S. 390.) Der neurologische Zuschnitt von Freuds Theorien der damaligen Zeit zeigt sich ferner an der Art und Weise, in der das Konstanzprinzip in der nämlichen Passage des ›Entwurfs‹ vorgebracht wird. Es wird als »das Prinzip der N[erven]-Trägheit« bezeichnet, welches besagt, »daß [das] N[euron] sich [der] Q zu entledigen trachtet«. (S. unten, S. 388.) Hier offenbart sich eine bemerkenswerte Paradoxie. Wie wir sehen werden (unten, S. 244), erklärt Breuer, er verfolge die Absicht, das Thema der Hysterie rein psychologisch abzuhandeln: »In diesen Erörterungen wird wenig vom Gehirne und gar nicht von den Molekülen die Rede sein. Psychische Vorgänge sollen in der Sprache der Psychologie behandelt werden.« In Wirklichkeit befaßt sich sein theoretisches Kapitel aber vorwiegend mit »intrazerebralen Erregungen« und mit Analogien zwischen dem Nervensystem und elektrischen Anlagen für Beleuchtung und motorische Kraftübertragung. Auf der anderen Seite widmete Freud seine ganze Energie der Erklärung psychischer Vorgänge in physiologischen und chemischen Begriffen. Gleichwohl gesteht er selbst bedauernd ein, »daß die Krankengeschichten, die ich schreibe, wie Novellen zu lesen sind und daß sie sozusagen des ernsten Gepräges der Wissenschaftlichkeit entbehren«, daß also seine Analysen psychologische seien. (S. am Ende der Krankengeschichte von Fräulein Elisabeth von R., *Studien*, S. 140 f.; *G. W.*, Bd. 1, S. 227.)

In Wahrheit befand sich Freud damals auf halbem Wege seiner Wendung von physiologischen zu psychologischen Erklärungen psychopathologischer Zustände. Einerseits formulierte er das, was man, vereinfacht gesagt, eine chemische Erklärung der »Aktualneurosen« – der Neurasthenie und Angstneurose – nennen könnte (nämlich in seinen beiden Arbeiten über Angstneurose, 1895*b* [1894] und 1895*f*); indem er in Begriffen von »Abwehr« und »Verdrängung« dachte, stellte er andererseits (in seinen beiden Arbeiten über ›Die Abwehr-Neuropsychosen‹, 1894*a* und 1896*b*) im Grunde psychologische Erklärungen auf. Ausbildung und bisherige Laufbahn als Neurologe ließen ihn zögern, psychologische Erklärungen als letzte Erklärungen gelten zu lassen, und er machte sich daran, ein kompliziertes Hypothesengefüge zu ersinnen, welches es ihm ermöglichen sollte, psychische Ereignisse rein neurologisch zu beschreiben. Diese Bemühungen erreichten ihren Höhepunkt in der Formulierung des ›Entwurfs‹, den er wenig später verwarf. Bis zu seinem Lebensende hielt Freud indessen an der chemischen Ätiologie der »Aktualneurosen« und an dem Glauben fest, daß sich für alle psychischen Phänomene schließlich doch einmal die physische Grundlage werde finden lassen. Unterdessen aber befreundete er sich nach und nach mit der von Breuer geäußerten Auffassung, psychische Vorgänge ließen sich nur in der Sprache der Psychologie beschreiben (unten, S. 244). Doch hat er erst 1905 (in seinem Buch über den Witz, 1905*c*, Kapitel V) offen jegliche Absicht von sich gewiesen, den Ausdruck »Besetzung« in einem anderen als psychologischen Sinne zu verwenden, sowie alle Versuche, Nervenfasern oder Neuronen etwa mit Assoziationsbahnen gleichzusetzen (*G. W.*, Bd. 6, S. 165; *Studienausgabe*, Bd. 4, S. 139).[1]

Worin bestanden nun die entscheidenden wissenschaftlichen Divergenzen zwischen Breuer und Freud? In seiner *Selbstdarstellung* (1925*d* [1924]; *G. W.*, Bd. 14, S. 47 f.) sagt Freud, die erste dieser Divergenzen hätte sich auf die Hysterieätiologie bezogen und könnte als Gegensatz »›Hypnoidhysterie‹ gegen ›Abwehrneurose‹« gekennzeichnet werden. »In der Frage, wann ein seelischer Ablauf pathogen, d. h. von der normalen Erledigung ausgeschlossen werde, bevorzugte Breuer eine sozusagen physiologische Theorie; er meinte, solche Vorgänge entzögen sich dem normalen Schicksal, die in außergewöhnlichen – hypnoiden – Seelenzuständen entstanden seien. [...] Ich hingegen vermutete eher ein Kräftespiel, die Wirkung von Absichten und Tendenzen, wie sie im normalen Leben zu beobachten sind.« (Ibid.,

---

[1] Die Unsicherheit der neurologischen Position, die Freud 1895 noch zu halten trachtete, wird durch eine Korrektur unterstrichen, die am allerletzten Satz des Buches anzubringen er dreißig Jahre später für nötig hielt. 1895 hatte er das Wort »Nervensystem« verwendet, 1925 ersetzte er es durch »Seelenleben«. Doch was eine entscheidende Veränderung zu sein scheint, berührt den Sinn des Satzes nicht im mindesten. Denn das alte neurologische Vokabular war zu der Zeit, da Freud diese Worte niederschrieb, bereits nurmehr eine Hülse gewesen. Vgl. einige bedeutsame Bemerkungen Breuers zur Terminologie am Beginn seines Kapitels ›Theoretisches‹, unten, S. 244.

S. 47f.) Aus den *Studien* selbst ist dieser Gegensatz wiederum nicht ohne weiteres ersichtlich; in der gemeinsam verfaßten ›Vorläufigen Mitteilung‹ (1893a; *Studien*, S. 7f.; *G. W.*, Bd. 1, S. 89f.) werden beide ätiologischen Erklärungen gleichermaßen akzeptiert. Breuer legt in seinem theoretischen Kapitel offensichtlich mehr Gewicht auf die hypnoiden Zustände (unten, S. 274ff.), aber er betont, obschon ein wenig halbherzig, auch die Bedeutung der »Abwehr« (unten, S. 274, S. 294f. und S. 304f.). Freud andererseits scheint den Begriff der »hypnoiden Zustände« in seiner Falldarstellung der Katharina gelten zu lassen (*Studien*, S. 110; *G. W.*, Bd. 1, S. 188)[1] – und, wenngleich nicht so eindeutig, auch in der Krankengeschichte von Fräulein Elisabeth von R. (*Studien*, S. 147, Anm.; *G. W.*, Bd. 1, S. 235, Anm.). Erst in seinem letzten Kapitel wird seine Skepsis allmählich offenbar (*Studien*, S. 250f.; *G. W.*, Bd. 1, S. 289; *Studienausgabe*, Ergänzungsband, S. 79). In seiner Arbeit ›Zur Ätiologie der Hysterie‹, die ein Jahr nach den *Studien* erschien (1896c), zeigt sie sich noch deutlicher, und in einer Fußnote zur Falldarstellung der »Dora« (1905e [1901]) erklärt er den Terminus »hypnoide Zustände« für »überflüssig und irreleitend« (*G. W.*, Bd. 5, S. 185, Anm.; *Studienausgabe*, Bd. 6, S. 104, Anm. 2) und betont, er sei »der ausschließlichen Initiative Breuers entsprungen« (loc. cit.).[2]

Aber die hauptsächliche Meinungsverschiedenheit zwischen den beiden Autoren, von Freud später beharrlich betont, betraf die Rolle sexueller Impulse bei der Verursachung der Hysterie. Auch diese Differenz läßt sich in den *Studien* nicht so klar nachweisen, wie man es eigentlich erwarten würde. Freuds Überzeugung vom sexuellen Ursprung der Hysterie geht zwar deutlich aus seinem Psychotherapie-Kapitel (*Studien*, S. 244ff.; *G. W.*, Bd. 1, S. 255ff.; *Studienausgabe*, Ergänzungsband, S. 51ff.) hervor, freilich behauptet er, wie er es später tat, an keiner Stelle, daß in Fällen von Hysterie ausnahmslos eine sexuelle Ätiologie vorliege.[3] Andererseits betont Breuer in mehreren Passagen (vor allem unten, S. 304–07) in klaren Formulierungen, welch bedeutende Rolle der Sexualität in den Neurosen zukomme. So sagt er beispielsweise (wie oben, S. 208, bereits angemerkt): »Der Sexualtrieb ist gewiß die mächtigste Quelle von lange anhaltenden Erregungszuwächsen (und als solche, von Neurosen)«; ferner behauptet er (S. 305, unten), »die große Mehrzahl der schweren Neurosen bei Frauen entstamme dem Ehebett«.

Allem Anschein nach müssen wir also hinter den gedruckten Text schauen, wenn wir eine befriedigende Erklärung für die Auflösung dieser wissenschaftlichen Arbeitsgemeinschaft finden wollen. Freuds Briefe an Fließ zeigen Breuer als einen Mann bedeutender intellektueller Fähigkeiten, doch voller Zweifel und Vorbehalte.

---

[1] Wie er es schon in seiner Arbeit über ›Die Abwehr-Neuropsychosen‹ (1894a) und in seiner höchstwahrscheinlich 1892 verfaßten Notiz ›III‹ (1941b [1892]) getan hatte.

[2] Vgl. Freuds Brief an Fließ vom 25. April 1900 (Freud, 1985c [1887–1904], S. 451).

[3] [In der vierten der fünf Vorlesungen *Über Psychoanalyse* (1910a [1909]) erklärt er sogar kategorisch, er selbst habe zur Zeit der Veröffentlichung der *Studien* noch nicht geglaubt, daß es so sei.

Ein extremes Beispiel dieser zaudernden Haltung findet sich in einem Brief vom 8. November 1895 (1985 c [1887–1904]), rund sechs Monate nach Veröffentlichung der *Studien*: »Unlängst im Doktorenkollegium hat Breuer eine große Rede auf mich gehalten und sich als *bekehrten* Anhänger der Sexualätiologie [der Neurosen] vorgestellt. Als ich ihm privatim dafür dankte, zerstörte er mir das Vergnügen, indem er sagte: ›Ich glaub' es ja doch nicht.‹ Verstehst Du das? Ich nicht.«[1] Etwas davon können wir auch zwischen den Zeilen von Breuers Beiträgen zu den *Studien* herauslesen. So war es unvermeidlich, daß ihn die Vorahnung bevorstehender, noch wilderer Entdeckungen mehr und mehr ängstigte; und es war gleichfalls unvermeidlich, daß sich Freud durch das schwankende Benehmen seines Kampfgefährten zunehmend behindert und gereizt fühlte.

Es würde zu weit führen, die vielen Stellen in Freuds späteren Werken aufzuführen, an denen er sich auf die *Studien* und Breuer bezieht; doch mögen einige Zitate die Wandlungen in seiner Einstellung illustrieren.

In den zahlreichen kurzen Darstellungen seiner therapeutischen Methoden und psychologischen Theorien, die er in den Jahren bald nach Erscheinen der *Studien* veröffentlichte, bemühte er sich stets, die Unterschiede zwischen der »Psychoanalyse« und dem kathartischen Verfahren herauszuarbeiten – die technischen Neuerungen, die Ausdehnung seines Verfahrens auf andere Neurosen als Hysterie, die Begründung des Motivs der »Abwehr«, das Bestehen auf der sexuellen Ätiologie und, wie wir bereits gesehen haben, die schließliche Zurückweisung des Konzepts der »hypnoiden Zustände«. Gehen wir weiter zur ersten Gruppe von Freuds Hauptwerken – den Bänden über den Traum (1900*a*), über Fehlleistungen (1901*b*), Witz (1905*c*) und Sexualität (1905*d*) –, so enthalten sie natürlich wenig oder gar kein retrospektives Material; erst in den fünf Vorlesungen für die Clark University (1910*a* [1909]) finden wir einen ausführlichen historischen Rückblick. In diesen Vorlesungen scheint Freud viel daran zu liegen, die Kontinuität zwischen seiner Arbeit und derjenigen Breuers hervorzuheben. Die gesamte erste und ein Großteil der zweiten Vorlesung sind einer Zusammenfassung der *Studien* gewidmet, und es könnte der Eindruck entstehen, Breuer, nicht Freud, sei der Begründer der Psychoanalyse.

Die nächste längere Retrospektive steht in der ›Geschichte der psychoanalytischen Bewegung‹ (1914*d*) und ist in einer ganz anderen Tonart gehalten. Die gesamte Schrift ist ihrer Absicht nach polemisch, und es überrascht nicht, daß Freud bei der Skizzierung der Frühgeschichte der Psychoanalyse stärker betont, worin er

---

[1] Dieses denkwürdige Ereignis trug sich während und nach der Diskussion am 4. November 1895 zu, die sich an Freuds dreiteiligen Vortrag ›Über Hysterie‹ (1895*g*) anschloß. Zusammenfassungen des Vortrags wie der Diskussion sind im vorliegenden Band, unten, S. 328 ff., abgedruckt. Der Leser findet weitere Information in den dortigen editorischen Kommentaren.

sich von Breuer unterscheidet, als was er ihm verdankt; ausdrücklich nimmt er seine Auffassung zurück, dieser sei der Begründer der Psychoanalyse. In dieser Schrift ließ sich Freud auch über Breuers Unfähigkeit aus, die sexuelle Übertragung auszuhalten, und enthüllte das »untoward event«, welches der Analyse der Anna O. ein Ende setzte, nämlich Breuers plötzliches Gewahrwerden eben dieser unanalysiert gebliebenen Übertragung, die ihn erschreckte, weil ihm »die allgemeine Natur dieses unerwarteten Phänomens entging« (1914 d; G. W., Bd. 10, S. 49).

Anschließend folgt, was fast wie ein Widerruf anmutet, nämlich die bereits auf S. 210 erwähnte überraschende Feststellung, daß die Unterscheidung zwischen gebundener und frei beweglicher psychischer Energie sowie zwischen Primär- und Sekundärvorgang auf Breuer zurückgehe. Als Freud diese Hypothesen einführte (in seiner *Traumdeutung*), hatte er keinerlei diesbezüglichen Hinweis gemacht; ein solcher findet sich erstmals in einer Anmerkung zu Abschnitt V der metapsychologischen Arbeit über ›Das Unbewußte‹ (1915 e; G. W., Bd. 10, S. 286, Anm. 1; *Studienausgabe*, Bd. 3, S. 145, Anm. 2) und danach in *Jenseits des Lustprinzips* (1920 g; G. W., Bd. 13, S. 26, S. 31 und S. 35 f.; *Studienausgabe*, Bd. 3, S. 236 f., S. 240 f. und S. 244). Wenig später schrieb Freud einige anerkennende Sätze in einem Artikel zu Marcuses *Handwörterbuch* (1923 a [1922]): »In einem theoretischen Abschnitt der *Studien* teilte Breuer einige spekulative Gedanken über die Erregungsvorgänge im Seelischen mit, welche richtunggebend für die Zukunft geblieben sind und noch heute nicht ihre volle Würdigung gefunden haben.« (G. W., Bd. 13, S. 213.) In ähnlicher Stimmung schrieb Freud etwas später in einem Beitrag zu einer amerikanischen Veröffentlichung (1924 f [1923]; G. W., Bd. 13, S. 409): »Die kathartische Methode ist der unmittelbare Vorläufer der Psychoanalyse und trotz aller Erweiterungen der Erfahrung und aller Modifikationen der Theorie immer noch als Kern in ihr enthalten.«

In seiner nächsten längeren historischen Arbeit, seiner *Selbstdarstellung* (1925 d [1924]; G. W., Bd. 14, S. 46), scheint Freud sich erneut von der gemeinsamen Arbeit zu distanzieren: »Wenn die bisherige Darstellung beim Leser die Erwartung er weckt hat, die *Studien über Hysterie* würden in allem Wesentlichen ihres materiellen Inhalts Breuers geistiges Eigentum sein, so ist das genau dasjenige, was ich immer vertreten habe. [...] An der Theorie, welche das Buch versucht, habe ich in heute nicht mehr bestimmbarem Ausmaße mitgearbeitet. Diese ist bescheiden, geht nicht weit über den unmittelbaren Ausdruck der Beobachtungen hinaus.« – Er fügte dann noch hinzu (ibid., S. 47): »Aus den *Studien über Hysterie* hätte man nicht leicht erraten können, welche Bedeutung die Sexualität für die Ätiologie der Neurosen hat.« Und wiederum beschreibt er Breuers Abneigung, diesen Faktor anzuerkennen. (Vgl. insbesondere ibid., S. 47–49 und S. 51.)

Kurz danach ist Breuer gestorben. Es erscheint angemessen, diese Einleitung zu dem gemeinsam verfaßten Werk mit einem Zitat aus Freuds Nachruf auf seinen Mitarbeiter (1925 g; G. W., Bd. 14, S. 563) zu beschließen: »Zur Zeit als er meinem Einfluß nachgab und die Publikation der *Studien* vorbereitete, schien sein Urteil über deren Bedeutung gefestigt. Er äußerte damals: ›Ich glaube, das ist das Wichtigste, was wir beide der Welt mitzuteilen haben werden.‹ [Absatz] Außer der Krankengeschichte seines ersten Falles hat Breuer zu den *Studien* einen theoretischen Aufsatz beigetragen, der, weit davon entfernt, veraltet zu sein, vielmehr Gedanken und Anregungen birgt, die noch immer nicht genug ausgewertet worden sind. Wer sich in diese spekulative Abhandlung vertieft, wird den richtigen Eindruck von dem geistigen Format des Mannes davontragen, dessen Forscherinteresse sich leider nur während einer kurzen Episode seines langen Lebens unserer Psychopathologie zugewendet hat.«

Vorwort [zur ersten Auflage]

Wir haben unsere Erfahrungen über eine neue Methode der Erforschung und Behandlung hysterischer Phänomene 1893 in einer ›Vorläufigen Mitteilung‹[1] veröffentlicht und daran in möglichster Knappheit die theoretischen Anschauungen geknüpft, zu denen wir gekommen waren. Diese ›Vorläufige Mitteilung‹ wird hier, als die zu illustrierende und zu erweisende These, nochmals abgedruckt.

Wir schließen nun hieran eine Reihe von Krankenbeobachtungen, bei deren Auswahl wir uns leider nicht bloß von wissenschaftlichen Rücksichten bestimmen lassen durften. Unsere Erfahrungen entstammen der Privatpraxis in einer gebildeten und lesenden Gesellschaftsklasse, und ihr Inhalt berührt vielfach das intimste Leben und Geschick unserer Kranken. Es wäre ein schwerer Vertrauensmißbrauch, solche Mitteilungen zu veröffentlichen, auf die Gefahr hin, daß die Kranken erkannt und Tatsachen in ihrem Kreise verbreitet werden, welche nur dem Arzte anvertraut wurden. Wir haben darum auf instruktivste und beweiskräftigste Beobachtungen verzichten müssen. Dieses betrifft naturgemäß vor allem jene Fälle, in denen die sexualen und ehelichen Verhältnisse ätiologische Bedeutung haben. Daher kommt es, daß wir nur sehr unvollständig den Beweis für unsere Anschauung erbringen können: die Sexualität spiele als Quelle psychischer Traumen und als Motiv der »Abwehr«, der Verdrängung von Vorstellungen aus dem Bewußtsein, eine Hauptrolle in der Pathogenese der Hysterie. Wir mußten eben die stark sexualen Beobachtungen von der Veröffentlichung ausschließen.

---

[1] ›Über den psychischen Mechanismus hysterischer Phänomene‹ (1893 a).

Den Krankengeschichten folgt eine Reihe theoretischer Erörterungen, und in einem therapeutischen Schlußkapitel wird die Technik der »kathartischen Methode« dargelegt, so wie sie sich in der Hand des Neurologen entwickelt hat.

Wenn an manchen Stellen verschiedene, ja sich widersprechende Meinungen vertreten werden, so möge das nicht als ein Schwanken der Auffassung betrachtet werden. Es entspringt den natürlichen und berechtigten Meinungsverschiedenheiten zweier Beobachter, die bezüglich der Tatsachen und der Grundanschauungen übereinstimmen, deren Deutungen und Vermutungen aber nicht immer zusammenfallen.

April 1895.   J. Breuer, S. Freud.

Vorwort zur zweiten Auflage

Das Interesse, welches in steigendem Maße der Psychoanalyse entgegengebracht wird, scheint sich jetzt auch den *Studien über Hysterie* zuzuwenden. Der Verleger wünscht eine Neuauflage des vergriffenen Buches. Es erscheint nun hier in unverändertem Neudrucke, obwohl die Anschauungen und Methoden, welche in der ersten Auflage dargestellt wurden, seitdem eine weit- und tiefgehende Entwicklung erfahren haben. Was mich selbst betrifft, so habe ich mich seit damals mit dem Gegenstande nicht aktiv beschäftigt, habe keinen Anteil an seiner bedeutsamen Entwicklung und wüßte dem 1895 Gegebenen nichts Neues hinzuzufügen. So konnte ich nur wünschen, daß meine beiden in dem Buche enthaltenen Abhandlungen bei der Neuauflage desselben in unverändertem Abdrucke wieder erscheinen mögen.

Breuer.

Die unveränderte Wiedergabe des Textes der ersten Auflage war auch für meinen Anteil an diesem Buche das einzig Mögliche. Die Entwicklung und Veränderungen, welche meine Anschauungen im Laufe von dreizehn Arbeitsjahren erfahren haben, sind doch zu weitgehend, als daß es gelingen könnte, sie an meiner Darstellung von damals zur Geltung zu bringen, ohne deren Charakter völlig zu zerstören. Es fehlt mir aber auch das Motiv, das mich veranlassen könnte, dieses Zeugnis meiner anfänglichen Meinungen zu beseitigen. Ich betrachte dieselben auch heute nicht als Irrtümer, sondern als schätzenswerte erste Annäherungen an Einsichten, die sich erst nach länger fortgesetzter Bemühung vollständiger gewinnen ließen. Ein aufmerksamer Leser wird von allen späteren Zutaten zur Lehre von der Katharsis (wie: die Rolle der psychosexuellen Momente, des Infantilismus, die Bedeutung der Träume und der Symbolik des Unbewußten) die Keime schon in dem vorliegenden Buche auffinden können. Auch weiß ich für jeden, der sich für die Entwicklung der Katharsis zur Psychoanalyse interessiert, keinen besseren Rat als den, mit den *Studien über Hysterie* zu beginnen und so den Weg zu gehen, den ich selbst zurückgelegt habe.

Wien, im Juli 1908. Freud.

Beobachtung I. Frl. Anna O ... (Breuer)

Frl. Anna O ..., zur Zeit der Erkrankung (1880) einundzwanzig Jahre alt, erscheint als neuropathisch mäßig stark belastet durch einige in der großen Familie vorgekommene Psychosen; die Eltern sind nervös gesund. Sie selbst früher stets gesund, ohne irgendein Nervosum während der Entwicklungsperiode; von bedeutender Intelligenz, erstaunlich scharfsinniger Kombination und scharfsichtiger Intuition; ein kräftiger Intellekt, der auch solide geistige Nahrung verdaut hätte und sie brauchte, nach Verlassen der Schule aber nicht erhielt. Reiche poetische und phantastische Begabung, kontrolliert durch sehr scharfen und kritischen Verstand. Dieser letztere machte sie auch *völlig unsuggestibel*; nur Argumente, nie Behauptungen hatten Einfluß auf sie. Ihr Wille war energisch, zäh und ausdauernd; manchmal zum Eigensinn gesteigert, der sein Ziel nur aus Güte, um anderer willen, aufgab.

Zu den wesentlichsten Zügen des Charakters gehörte mitleidige Güte; die Pflege und Besorgung einiger Armen und Kranken leistete ihr selbst in ihrer Krankheit ausgezeichnete Dienste, da sie dadurch einen starken Trieb befriedigen konnte. – Ihre Stimmungen hatten immer eine leichte Tendenz zum Übermaße, der Lustigkeit und der Trauer; daher auch einige Launenhaftigkeit. Das sexuale Element war erstaunlich unentwickelt[1]; die Kranke, deren Leben mir durchsichtig wurde, wie selten das eines Menschen

---

[1] [Freud hat diese Worte (nicht ganz wörtlich) in einer Anmerkung zur ersten der *Drei Abhandlungen zur Sexualtheorie* (1905 d; G. W., Bd. 5, S. 64, Anm.; *Studienausgabe*, Bd. 5, S. 73, Anm.) und nochmals im II. Kapitel seiner *Selbstdarstellung* (1925 d [1924]; G. W., Bd. 14, S. 47) zitiert.]

einem andern, hatte nie eine Liebe gehabt, und in all den massenhaften Halluzinationen ihrer Krankheit tauchte niemals dieses Element des Seelenlebens empor.

Dieses Mädchen von überfließender geistiger Vitalität führte in der puritanisch gesinnten Familie ein höchst monotones Leben, das sie sich in einer für ihre Krankheit wahrscheinlich maßgebenden Weise verschönerte. Sie pflegte systematisch das Wachträumen, das sie ihr »Privattheater« nannte. Während alle sie anwesend glaubten, lebte sie im Geiste Märchen durch, war aber, angerufen, immer präsent, so daß niemand davon wußte. Neben den Beschäftigungen der Häuslichkeit, die sie tadellos versorgte, ging diese geistige Tätigkeit fast fortlaufend einher. Ich werde dann zu berichten haben, wie unmittelbar diese gewohnheitsmäßige Träumerei der Gesunden in Krankheit überging.

Der Krankheitsverlauf zerfällt in mehrere gut getrennte Phasen; es sind:

A) Die latente Inkubation. Mitte Juli 1880 bis etwa 10. Dezember. In dieser Phase, die sich in den meisten Fällen unserer Kenntnis entzieht, gewährte die Eigenart dieses Falles so vollständigen Einblick, daß ich schon deshalb sein pathologisches Interesse nicht gering anschlage. Ich werde diesen Teil der Geschichte später darlegen.

B) Die manifeste Erkrankung; eine eigentümliche Psychose, Paraphasie, Strabismus convergens, schwere Sehstörungen, Kontrakturlähmungen, vollständig in der rechten oberen, beiden unteren Extremitäten, unvollständig in der linken oberen Extremität, Parese der Nackenmuskulatur. Allmähliche Reduktion der Kontraktur auf die rechtsseitigen Extremitäten. Einige Besserung, unterbrochen durch ein schweres psychisches Trauma (Tod des Vaters) im April, auf welches

C) eine Periode andauernden Somnambulismus folgt, der dann mit normaleren Zuständen alterniert; Fortbestand einer Reihe von Dauersymptomen bis Dezember 1881.

D) Allmähliche Abwicklung der Zustände und Phänomene bis Juni 1882.

Im Juli 1880 erkrankte der Vater der Patientin, den sie leidenschaftlich liebte, an einem peripleuritischen Abszesse, der nicht ausheilte und dem er im April 1881 erlag. Während der ersten Monate dieser Erkrankung widmete sich Anna der Krankenpflege mit der ganzen Energie ihres Wesens, und es nahm niemand sehr wunder, daß sie dabei allmählich stark herabkam. Niemand, vielleicht auch die Kranke selbst nicht, wußte, was in ihr vorging; allmählich aber wurde ihr Zustand von Schwäche, Anämie, Ekel vor Nahrung so schlimm, daß sie zu ihrem größten Schmerze von der Pflege des Kranken entfernt wurde. Den unmittelbaren Anlaß bot ein höchst intensiver Husten, wegen dessen ich sie zum ersten Male untersuchte. Es war eine typische Tussis nervosa. Bald wurde ein auffallendes Ruhebedürfnis in den Nachmittagsstunden deutlich, an welches sich abends ein schlafähnlicher Zustand und dann starke Aufregung anschloß. Anfangs Dezember entstand Strabismus convergens. Ein Augenarzt erklärte diesen (irrigerweise) durch Parese des einen Abduzens. Am 11. Dezember wurde Patientin bettlägerig und blieb es bis 1. April.

In rascher Folge entwickelte sich, *anscheinend* ganz frisch, eine Reihe schwerer Störungen.

Linksseitiger Hinterkopfschmerz; Strabismus convergens (Diplopie) durch Aufregung bedeutend gesteigert; Klage über Herüberstürzen der Wand (Obliquusaffektion). Schwer analysierbare Sehstörungen; Parese der vorderen Halsmuskeln, so daß der Kopf schließlich nur dadurch bewegt wurde, daß Patientin ihn nach rückwärts zwischen die gehobenen Schultern preßte und sich mit dem ganzen Rücken bewegte. Kontraktur und Anästhesie der rechten oberen, nach einiger Zeit der rechten unteren Extremität; auch diese völlig gestreckt, adduziert und nach innen rotiert; später tritt dieselbe Affektion an der linken unteren Extremität und zuletzt am linken Arme auf, an welchem aber die Finger einigermaßen beweglich blieben. Auch die Schultergelenke beiderseits waren nicht völlig rigide. Das Maximum der Kontraktur betrifft die Muskeln des Oberarmes, wie auch später, als die Anästhesie genauer geprüft werden konnte, die Gegend des Ellbogens sich als am stärksten unempfindlich erwies. Im Beginne der Krankheit blieb die Anästhesieprüfung ungenügend, wegen des aus Angstgefühlen entspringenden Widerstandes der Patientin.

In diesem Zustande übernahm ich die Kranke in meine Behandlung und konnte mich alsbald von der schweren psychischen Alteration überzeugen, die da vorlag. Es bestanden zwei ganz getrennte Bewußtseinszustände, die sehr oft und unvermittelt abwechselten und sich im Laufe der Krankheit immer schärfer schieden. In dem einen kannte sie ihre Umgebung, war traurig und ängstlich, aber relativ normal; im andern halluzinierte sie, war »ungezogen«, d. h. schimpfte, warf die Kissen nach den Leuten, soweit und wenn die Kontraktur dergleichen erlaubte, riß mit den beweglichen Fingern die Knöpfe von Decken und Wäsche u. dgl. mehr. War während dieser Phase etwas im Zimmer verändert worden, jemand gekommen oder hinausgegangen, so klagte sie dann, ihr fehle Zeit, und bemerkte die Lücke im Ablaufe ihrer bewußten Vorstellungen. Da man ihr das, wenn möglich, ableugnete, auf ihre Klage, sie werde verrückt, sie zu beruhigen suchte, folgten auf jedes Polsterschleudern u. dgl. dann noch die Klagen, was man ihr antue, in welcher Unordnung man sie lasse usw.

Diese Absencen waren schon beobachtet worden, als sie noch außer Bett war; sie blieb dann mitten im Sprechen stecken, wiederholte die letzten Worte, um nach kurzer Zeit weiter fortzufahren. Nach und nach nahm dies die geschilderten Dimensionen an, und während der Akme der Krankheit, als die Kontraktur auch die linke Seite ergriffen hatte, war sie am Tage nur für ganz kurze Zeiten halbwegs normal. Aber auch in die Momente relativ klaren Bewußtseins griffen die Störungen über; rapidester Stimmungswechsel in Extremen, ganz vorübergehende Heiterkeit, sonst schwere Angstgefühle, hartnäckige Opposition gegen alle therapeutischen Maßnahmen, ängstliche Halluzinationen von schwarzen Schlangen, als welche ihre Haare, Schnüre u. dgl. erscheinen. Dabei sprach sie sich immer zu, nicht so dumm zu sein, es seien ja ihre Haare usw. In ganz klaren Momenten beklagte sie die tiefe Finsternis ihres Kopfes, wie sie nicht denken könne, blind und taub werde, zwei Ichs habe, ihr wirkliches und ein schlechtes, das sie zu Schlimmem zwinge usw.

Nachmittags lag sie in einer Somnolenz, die bis etwa eine Stunde nach Sonnenuntergang dauerte, und dann erwacht, klagte sie, es quäle sie etwas, oder vielmehr sie wiederholte immer den Infinitiv: Quälen, quälen.

Denn zugleich mit der Ausbildung der Kontrakturen war eine tiefe, funktionelle Desorganisation der Sprache eingetreten. Zuerst beobachtete man, daß ihr Worte fehlten, allmählich nahm das zu. Dann verlor ihr Sprechen alle Grammatik, jede Syntax, die ganze Konjugation des Verbums, sie gebrauchte schließlich nur falsch, meist aus einem schwachen Partizip preateriti gebildete Infinitive, keinen Artikel. In weiterer Entwicklung fehlten ihr auch die Worte fast ganz, sie suchte dieselben mühsam aus vier oder fünf Sprachen zusammen und war dabei kaum mehr verständlich. Bei Versuchen zu schreiben schrieb sie (anfangs, bis die Kontraktur das völlig verhinderte) denselben Jargon. Zwei Wochen lang bestand völliger Mutismus, bei fortwährenden angestrengten Versuchen zu sprechen wurde kein Laut vorgebracht. Hier wurde nun zuerst der psychische Mechanismus der Störung klar. Sie hatte sich, wie ich wußte, über etwas sehr gekränkt und beschlossen, nichts davon zu sagen. Als ich das erriet und sie zwang, davon zu reden, fiel die Hemmung weg, die vorher auch jede andere Äußerung unmöglich gemacht hatte.

Dies fiel zeitlich zusammen mit der wiederkehrenden Beweglichkeit der linksseitigen Extremitäten, März 1881; die Paraphasie wich, aber sie sprach jetzt nur *Englisch*, doch anscheinend, ohne es zu wissen; zankte mit der Wärterin, die sie natürlich nicht verstand; erst mehrere Monate später gelang mir, sie davon zu überzeugen, daß sie Englisch rede. Doch verstand sie selbst noch ihre Deutsch sprechende Umgebung. Nur in Momenten großer Angst versagte die Sprache vollständig oder sie mischte die verschiedensten Idiome durcheinander. In den allerbesten, freiesten Stunden sprach sie Französisch oder Italienisch. Zwischen diesen Zeiten und denen, in welchen sie Englisch sprach, bestand völlige Amnesie. Nun nahm auch der Strabismus ab und erschien schließlich nur mehr bei heftiger Aufregung, der Kopf wurde wieder getragen. Am 1. April verließ sie zum ersten Male das Bett.

Da starb am 5. April der von ihr vergötterte Vater, den sie während ihrer Krankheit nur sehr selten für kurze Zeit gesehen hatte. Es war das schwerste psychische Trauma, das sie treffen konnte. Gewaltiger Aufregung folgte ein tiefer Stupor etwa zwei Tage lang, aus dem sie sich in sehr verändertem Zustand erhob. Zunächst war sie viel ruhiger und das Angstgefühl wesentlich vermindert. Die Kontraktur des rechten Armes und Beines dauerte fort, ebenso die, nicht tiefe, Anästhesie dieser Glieder. Es bestand hochgradige Gesichtsfeldeinengung. Von einem Blumenstrauße, der sie sehr erfreute, sah sie immer nur eine Blume zugleich. Sie klagte, daß sie die Menschen nicht erkenne. Sonst habe sie die Gesichter erkannt, ohne willkürlich dabei arbeiten zu müssen; jetzt müsse sie bei solchem, sehr mühsamen »recognising work«[1] sich sagen, die Nase sei so, die Haare so, folglich werde das der und der sein. Alle Menschen wurden ihr wie Wachsfiguren, ohne Beziehung auf sie. Sehr peinlich war ihr die Gegenwart einiger nahen Verwandten, und dieser »negative Instinkt« wuchs fortwährend. Trat jemand ins Zimmer, den sie sonst gern gesehen hatte, so erkannte sie ihn, war kurze Zeit präsent, dann versank sie wieder in ihr Brüten, und der Mensch war ihr entschwunden. Nur mich kannte sie immer, wenn ich eintrat, blieb auch immer präsent und munter, solange ich mit ihr sprach, bis auf die immer ganz plötzlich dazwischenfahrenden halluzinatorischen Absencen.

Sie sprach nun nur Englisch und verstand nicht, was man ihr deutsch sagte. Ihre Umgebung mußte Englisch mit ihr sprechen; selbst die Wärte-

---

[1] [Erkennungsarbeit.]

rin lernte sich einigermaßen so verständigen. Sie las aber Französisch und Italienisch; sollte sie es vorlesen, so las sie mit staunenerregender Geläufigkeit, fließend, eine vortreffliche englische Übersetzung des Gelesenen vom Blatte.

Sie begann wieder zu schreiben, aber in eigentümlicher Weise; sie schrieb mit der gelenken, linken Hand, aber Antiqua-Druckbuchstaben, die sie sich aus ihrem Shakespeare zum Alphabet zusammengesucht hatte.

Hatte sie früher schon minimal Nahrung genommen, so verweigerte sie jetzt das Essen vollständig, ließ sich aber von mir füttern, so daß ihre Ernährung rasch zunahm. Nur Brot zu essen verweigerte sie immer. Nach der Fütterung aber unterließ sie nie, den Mund zu waschen, und tat dies auch, wenn sie aus irgendeinem Grunde nichts gegessen hatte; ein Zeichen, wie abwesend sie dabei war.

Die Somnolenz am Nachmittag und der tiefe Sopor um Sonnenuntergang dauerten an. Hatte sie sich dann ausgesprochen (ich werde später genauer hierauf eingehen müssen), so war sie klar, ruhig, heiter.

Dieser relativ erträgliche Zustand dauerte nicht lange. Etwa zehn Tage nach ihres Vaters Tode wurde ein Consiliarius beigezogen, den sie wie alle Fremden absolut ignorierte, als ich ihm alle ihre Sonderbarkeiten demonstrierte. »That's like an examination«[1], sagte sie lachend, als ich sie einen französischen Text auf englisch vorlesen ließ. Der fremde Arzt sprach drein, versuchte sich ihr bemerklich zu machen; vergebens. Es war die richtige »negative Halluzination«, die seitdem so oft experimentell hergestellt worden ist. Endlich gelang es ihm, diese zu durchbrechen, indem er ihr Rauch ins Gesicht blies. Plötzlich sah sie einen Fremden, stürzte zur Türe, den Schlüssel abzuziehen, fiel bewußtlos zu Boden; dann folgte ein kurzer Zorn- und dann ein arger Angstanfall, den ich mit großer Mühe beruhigte. Unglücklicherweise mußte ich denselben Abend abreisen, und als ich nach mehreren Tagen zurückkam, fand ich die Kranke sehr verschlimmert. Sie hatte die ganze Zeit vollständig abstiniert, war voll Angstgefühlen, ihre halluzinatorischen Absencen erfüllt von Schreckgestalten, Totenköpfen und Gerippen. Da sie, diese Dinge durchlebend, sie teilweise sprechend tragierte, kannte die Umgebung meist den Inhalt dieser Halluzinationen. Nachmittags Somnolenz, um Sonnenuntergang die tiefe Hypnose, für die sie den technischen Namen »clouds« (Wolken) gefunden hatte. Konnte sie dann die Halluzinationen des Tages erzählen, so erwachte

---

[1] [»Das ist wie eine Prüfung.«]

sie klar, ruhig, heiter, setzte sich zur Arbeit, zeichnete oder schrieb die Nacht durch, völlig vernünftig; ging gegen vier Uhr zu Bett, und am Morgen begann dieselbe Szene wieder, wie tags zuvor. Der Gegensatz zwischen der unzurechnungsfähigen, von Halluzinationen gehetzten Kranken am Tage und dem geistig völlig klaren Mädchen bei Nacht war höchst merkwürdig.

Trotz dieser nächtlichen Euphorie verschlechterte sich der psychische Zustand doch immer mehr; es traten intensive Selbstmordimpulse auf, die den Aufenthalt in einem 3. Stockwerke untunlich erscheinen ließen. Die Kranke wurde darum gegen ihren Willen in ein Landhaus in der Nähe von Wien gebracht (7. Juni 1881). Diese Entfernung vom Hause, die sie perhorreszierte, hatte ich nie angedroht, sie selbst aber im stillen erwartet und gefürchtet. Es wurde nun auch bei diesem Anlasse wieder klar, wie dominierend der Angstaffekt die psychische Störung beherrschte. Wie nach des Vaters Tod ein Ruhezustand eingetreten war, so beruhigte sie sich auch jetzt, als das Gefürchtete geschehen war. Allerdings nicht, ohne daß die Transferierung unmittelbar von drei Tagen und Nächten gefolgt gewesen wäre, absolut ohne Schlaf und Nahrung, voll von (im Garten allerdings ungefährlichen) Selbstmordversuchen, Fensterzerschlagen u. dgl., Halluzinationen ohne Absence, die sie von den anderen ganz wohl unterschied. Dann beruhigte sie sich, nahm Nahrung von der Wärterin und sogar abends Chloral.

Bevor ich den weiteren Verlauf schildere, muß ich noch einmal zurückgreifen und eine Eigentümlichkeit des Falles darstellen, die ich bisher nur flüchtig gestreift habe.

Es wurde schon bemerkt, daß im ganzen bisherigen Verlaufe täglich nachmittags eine Somnolenz die Kranke befiel, die um Sonnenuntergang in tieferen Schlaf überging (clouds). (Es ist wohl plausibel, diese Periodizität einfach aus den Umständen der Krankenpflege abzuleiten, die ihr durch Monate obgelegen hatte. Nachts wachte sie beim Kranken oder lag lauschend und angsterfüllt bis morgens wach in ihrem Bette; nachmittags legte sie sich für einige Zeit zur Ruhe, wie es ja meistens von der Pflegerin geschieht, und dieser Typus der Nachtwache und des Nachmittagsschlafes wurde wohl dann in ihre eigene Krankheit hinüber verschleppt und bestand fort, als an Stelle des Schlafes schon lange ein hypnotischer Zustand getreten war.) Hatte der Sopor etwa eine Stunde gedauert, so wurde sie unruhig, wälzte sich hin und her und rief immer wieder: »Quälen, quälen«, immer mit geschlossenen Augen. Anderseits war bemerkt worden, daß sie in ihren Absencen während des Tages offenbar immer irgendeine Situation oder Geschichte ausbilde, über deren Beschaffenheit einzelne gemurmelte Worte Aufschluß gaben. Nun geschah es, zuerst zufällig, dann absichtlich, daß jemand von der Umgebung ein solches Stichwort fallenließ, während Patientin über das »Quälen« klagte; alsbald fiel sie ein und begann eine Situation auszumalen oder eine Geschichte zu erzählen, anfangs stockend in ihrem paraphasischen Jargon, je weiter, desto fließender, bis sie zuletzt ganz korrektes Deutsch sprach. (In der ersten Zeit, bevor sie völlig ins Englischsprechen geraten war [S. 225].) Die Geschichten, immer traurig, waren teilweise sehr hübsch, in der Art von Andersens *Bilderbuch ohne Bilder*[1] und wahrscheinlich auch nach diesem Muster gebildet; meist war Ausgangs- oder Mittelpunkt die Situation eines bei einem Kranken in Angst sitzenden Mädchens; doch kamen auch ganz andere Motive zur Verarbeitung. – Einige Momente nach Vollendung der Erzählung erwachte sie, war offenbar beruhigt oder, wie sie es nannte, »gehäglich« (behaglich). Nachts wurde sie dann wieder unruhiger, und am Morgen, nach zweistündigem Schlafe, war sie offenbar wieder in einem andern Vorstellungskreise. – Konnte sie mir in der Abendhypnose einmal die Geschichte nicht erzählen, so fehlte die abendliche Beruhigung, und am andern Tage mußten zwei erzählt werden, um diese zu bewirken.

Das Wesentliche der beschriebenen Erscheinung, die Häufung und Verdichtung ihrer Absencen zur abendlichen Autohypnose, die Wirksamkeit der phantastischen Produkte als psychischer Reiz und die Erleichterung und Behebung des Reizzustandes durch die Aussprache in der Hypnose, blieben durch die ganzen anderthalb Jahre der Beobachtung konstant.

Nach dem Tode des Vaters wurden die Geschichten natürlich noch tragischer, aber erst mit der Verschlimmerung ihres psychischen Zustandes, welche der erzählten gewaltsamen Durchbrechung ihres Somnambulismus folgte, verloren die abendlichen Referate den Charakter mehr oder minder freier poetischer Schöpfung und wandelten sich in Reihen furchtbarer, schreckhafter Halluzinationen, die man tagsüber schon aus dem Benehmen der Kranken hatte erschließen können. Ich habe aber schon geschildert [S. 226 f.], wie vollständig die Befreiung ihrer Psyche war,

---

[1] [Hans Christian Andersen (1805–1875), der dänische Dichter. Diese Erzählungen von 1840 – dreiunddreißig sehr kurze Skizzen, teilweise in Kinderstubensprache verfaßt – waren 1841 in deutscher Übersetzung erschienen.]

nachdem sie, von Angst und Grauen geschüttelt, alle diese Schreckbilder reproduziert und ausgesprochen hatte.

Auf dem Lande, wo ich die Kranke nicht täglich besuchen konnte, entwikkelte sich die Sache in folgender Weise: Ich kam abends, wenn ich sie in ihrer Hypnose wußte, und nahm ihr den ganzen Vorrat von Phantasmen ab, den sie seit meinem letzten Besuch angehäuft hatte. Das mußte ganz vollständig geschehen, wenn der gute Erfolg erreicht werden sollte. Dann war sie ganz beruhigt, den nächsten Tag liebenswürdig, fügsam, fleißig, selbst heiter; den zweiten immer mehr launisch, störrig, unangenehm, was am dritten noch weiter zunahm. In dieser Stimmung, auch in der Hypnose, war sie nicht immer leicht zum Aussprechen zu bewegen, für welche Prozedur sie den guten, ernsthaften Namen »talking cure« (Redekur) und den humoristischen »chimney-sweeping« (Kaminfegen) erfunden hatte. Sie wußte, daß sie nach der Aussprache all ihre Störrigkeit und »Energie« verloren haben werde, und wenn sie nun schon (nach längerer Pause) in böser Laune war, so weigerte sie sich das Reden, das ich ihr mit Drängen und Bitten und einigen Kunstgriffen, wie dem Vorsprechen einer stereotypen Eingangsformel ihrer Geschichten, abzwingen mußte. Immer aber sprach sie erst, nachdem sie sich durch sorgfältige Betastung meiner Hände von meiner Identität überzeugt hatte. In den Nächten, wo die Beruhigung durch Aussprache nicht erfolgte, mußte man sich mit Chloral helfen. Ich hatte es früher einigemal versucht, mußte aber fünf Gramm geben, und dem Schlafe ging ein stundenlanger Rausch vorher, der in meiner Gegenwart heiter war, in meiner Abwesenheit aber als höchst unangenehmer ängstlicher Aufregungszustand auftrat. (Beiläufig bemerkt, änderte dieser schwere Rausch nichts an der Kontraktur.) Ich hatte die Narkotika vermeiden können, weil die Aussprache mindestens Beruhigung, wenn auch nicht Schlaf brachte. Auf dem Lande waren die Nächte zwischen den hypnotischen Erleichterungen so unerträglich, daß man doch zum Chloral seine Zuflucht nehmen mußte; allmählich brauchte sie auch weniger davon.

Der dauernde Somnambulismus blieb verschwunden; dagegen bestand der Wechsel zweier Bewußtseinszustände fort. Mitten im Gespräche halluzinierte sie, lief weg, versuchte auf einen Baum zu steigen u. dgl. Hielt man sie fest, so sprach sie nach kürzester Zeit im unterbrochenen Satze wieder fort, ohne von dem Dazwischenliegenden zu wissen. Aber in der Hypnose erschienen dann all diese Halluzinationen im Referate.

Im ganzen besserte sich der Zustand; die Ernährung war gut möglich, sie ließ sich von der Wärterin das Essen in den Mund führen, nur Brot verlangte sie, refusierte es aber, sowie es die Lippen berührte; die Kontrakturparese des Beines nahm wesentlich ab; auch gewann sie richtige Beurteilung und große Anhänglichkeit für den Arzt, der sie besuchte, meinen Freund Dr. B. Große Hilfe gewährte ein Neufundländer, den sie bekommen hatte und leidenschaftlich liebte. Dabei war es prächtig anzusehen, wie einmal, als dieser Liebling eine Katze angriff, das schwächliche Mädchen die Peitsche in die linke Hand nahm und das riesige Tier damit behandelte, um sein Opfer zu retten. Später besorgte sie einige arme Kranke, was ihr sehr nützlich war.

Den deutlichsten Beweis für die pathogene, reizende Wirkung der in den Absencen, ihrer »condition seconde« produzierten Vorstellungskomplexe und für ihre Erledigung durch die Aussprache in Hypnose erhielt ich bei meiner Rückkehr von einer mehrwöchentlichen Ferialreise. Während dieser war keine »talking cure« vorgenommen worden, da die Kranke nicht zu bewegen war, jemand anderem als mir zu erzählen, auch nicht Dr. B., dem sie sonst herzlich zugetan geworden war. Ich fand sie in einem traurigen moralischen Zustande, träge, unfügsam, launisch, selbst boshaft. Bei den abendlichen Erzählungen stellte sich heraus, daß ihre phantastisch-poetische Ader offenbar im Versiegen begriffen war; es wurden immer mehr und mehr Referate über ihre Halluzinationen und über das, was sie etwa in den verflossenen Tagen geärgert; phantastisch eingekleidet, aber mehr nur durch feststehende phantastische Formeln ausgedrückt, als zu Poemen ausgebaut. Ein erträglicher Zustand wurde aber erst erreicht, als ich Patientin für eine Woche in die Stadt hereinkommen ließ und ihr nun Abend für Abend drei bis fünf Geschichten abrang. Als ich damit fertig war, war alles aufgearbeitet, was sich in den Wochen meiner Abwesenheit aufgehäuft hatte. Nun erst stellte sich jener Rhythmus ihres psychischen Befindens wieder her, daß sie am Tage nach einer Aussprache liebenswürdig und heiter, am zweiten reizbarer und unangenehmer und am dritten recht »zuwider« war. Ihr moralischer Zustand war eine Funktion der seit der letzten Aussprache verflossenen Zeit, weil jedes spontane Produkt ihrer Phantasie und jede von dem kranken Teil ihrer Psyche aufgefaßte Begebenheit als psychischer Reiz so lange fortwirkte, bis es in der Hypnose erzählt, hiermit aber auch die Wirksamkeit völlig beseitigt war.

Als Patientin im Herbste wieder in die Stadt kam (in eine andere Wohnung als die, in der sie erkrankt war), war der Zustand erträglich, sowohl körperlich als geistig, indem recht wenig, eigentlich nur eingreifendere Erlebnisse, krankhaft zu psychischen Reizen verarbeitet wurden. Ich hoffte eine fortlaufend zunehmende Besserung, wenn durch regelmäßige Aussprache die dauernde Belastung ihrer Psyche mit neuen Reizen verhindert wurde. Zunächst wurde ich enttäuscht. Im Dezember verschlimmerte sich ihr psychischer Zustand wesentlich, sie war wieder aufgeregt, traurig verstimmt, reizbar und hatte kaum mehr »ganz gute Tage«, auch wenn nichts Nachweisbares in ihr »steckte«. Ende Dezember, in der Weihnachtszeit, war sie besonders unruhig und erzählte dann durch die ganze Woche abends nichts Neues, sondern die Phantasmen, die sie unter der Herrschaft starker Angstaffekte in der Festzeit 1880 [ein Jahr zuvor] Tag für Tag ausgearbeitet hatte. Nach Beendigung der Serie große Erleichterung.

Es hatte sich nun gejährt, daß sie vom Vater getrennt, bettlägerig geworden war, und von da an klärte und systemisierte sich der Zustand in sehr eigentümlicher Weise. Die beiden Bewußtseinszustände, die alternierend bestanden, immer so, daß vom Morgen an mit vorschreitendem Tage die Absencen, d. h. das Auftreten der condition seconde immer häufiger ward und abends nur diese allein bestand – die beiden Zustände differierten nicht bloß wie früher darin, daß sie in dem einen (ersten) normal und im zweiten alieniert war, sondern sie lebte im ersten wie wir anderen im Winter 1881–82, im zweiten Zustand aber im Winter 1880–81, und alles später Vorgefallene war darin völlig vergessen. Nur das Bewußtsein davon, daß der Vater gestorben sei, schien meist doch zu bestehen. Die Rückversetzung in das vorhergegangene Jahr geschah so intensiv, daß sie in der neuen Wohnung ihr früheres Zimmer halluzinierte und, wenn sie zur Türe gehen wollte, an den Ofen anrannte, der zum Fenster so stand wie in der alten Wohnung die Zimmertür. Der Umschlag aus einem Zustand in den andern erfolgte spontan, konnte aber auch mit der größten Leichtigkeit hervorgerufen werden durch irgendeinen Sinneseindruck, der lebhaft an das frühere Jahr erinnerte. Es genügte, ihr eine Orange vorzuhalten (ihre Hauptnahrung während der ersten Zeit ihrer Erkrankung), um sie aus dem Jahre 1882 ins Jahr 1881 hinüberzuwerfen. Diese Rückversetzung in vergangene Zeit erfolgte aber nicht in allgemeiner, unbestimmter Weise, sondern sie durchlebte Tag für Tag den vorhergegangenen Winter. Ich hätte das nur vermuten können, wenn sie nicht täglich in der Abendhypnose sich das abgesprochen hätte, was 1881 an diesem Tage sie erregt hatte, und wenn nicht ein geheimes Tagebuch der Mutter aus dem Jahre 1881 die unverbrüchliche Richtigkeit der zugrundeliegenden Tatsachen bewiesen hätte.

Dieses Wiederdurchleben des verflossenen Jahres dauerte fort bis zum definitiven Abschluß der Krankheit im Juni 1882.

Dabei war es sehr interessant zu sehen, wie auch diese wiederauflebenden psychischen Reize aus dem zweiten Zustande in den ersten, normaleren herüberwirkten. Es kam vor, daß die Kranke mir am Morgen lachend sagte, sie wisse nicht, was sie habe, sie sei böse auf mich; dank dem Tagebuche wußte ich, um was es sich handelte und was auch richtig in der Abendhypnose wieder durchgemacht wurde. Ich hatte Patientin im Jahre 1881 an diesem Abende sehr geärgert. Oder sie sagte, es sei was mit ihren Augen los, sie sehe die Farben falsch; sie wisse, daß ihr Kleid braun sei, und doch sehe sie es blau. Es zeigte sich alsbald, daß sie alle Farben der Prüfungspapiere richtig und scharf unterschied und daß die Störung nur an dem Stoff ihres Kleides hafte. Der Grund war, daß sie sich 1881 in diesen Tagen sehr mit einem Schlafrocke für den Vater beschäftigt hatte, an dem derselbe Stoff, aber blau, verwendet war. Auch war dabei oft ein Vorwirken dieser auftauchenden Erinnerungen deutlich, indem die Störung des normalen Zustandes schon früher eintrat, während die Erinnerung erst allmählich für die condition seconde erwachte.[1]

War die Abendhypnose schon hiedurch reichlich belastet, da nicht bloß die Phantasmen frischer Produktion, sondern auch die Erlebnisse und die »vexations«[2] von 1881 abgesprochen werden mußten, (die Phantasmen von 1881 hatte ich glücklicherweise schon damals abgenommen), so nahm die von Patientin und Arzt zu leistende Arbeitssumme noch enorm zu durch eine dritte Reihe von Einzelstörungen, die ebenfalls auf diese Weise erledigt werden mußten, die psychischen *Ereignisse der Krankheitsinkubation* von Juli bis Dezember 1880, welche die gesamten hysterischen Phänomene erzeugt hatten und mit deren Aussprache die *Symptome verschwanden.*

Als das erstemal durch ein zufälliges, unprovoziertes Aussprechen in der Abendhypnose eine Störung verschwand, die schon länger bestanden hatte, war ich sehr überrascht. Es war im Sommer eine Zeit intensiver Hitze gewesen, und Patientin hatte sehr arg durch Durst gelitten; denn, ohne einen Grund angeben zu können, war es ihr plötzlich unmöglich geworden zu trinken. Sie nahm das ersehnte Glas Wasser in die Hand, aber

---

[1] [Vgl. das ähnliche Phänomen im Fall von Frau Cäcilie M. (*Studien*, S. 57f., Anm.; *G. W.*, Bd. 1, S. 123, Anm.).]
[2] [Verstimmungen.]

sowie es die Lippen berührte, stieß sie es weg wie ein Hydrophobischer. Dabei war sie offenbar für diese paar Sekunden in einer Absence. Sie lebte nur von Obst, Melonen u. dgl., um den qualvollen Durst zu mildern. Als das etwa sechs Wochen gedauert hatte, räsonierte sie einmal in der Hypnose über ihre englische Gesellschafterin, die sie nicht liebte, und erzählte dann mit allen Zeichen des Abscheues, wie sie auf deren Zimmer gekommen sei und da deren kleiner Hund, das ekelhafte Tier, aus einem Glase getrunken habe. Sie habe nichts gesagt, denn sie wolle höflich sein. Nachdem sie ihrem steckengebliebenen Ärger noch energisch Ausdruck gegeben, verlangte sie zu trinken, trank ohne Hemmung eine große Menge Wasser und erwachte aus der Hypnose mit dem Glas an den Lippen. Die Störung war damit für immer verschwunden. Ebenso schwanden sonderbare hartnäckige Marotten, nachdem das Erlebnis erzählt war, welches dazu den Anlaß gegeben hatte. Ein großer Schritt war aber geschehen, als auf dieselbe Weise als erstes der Dauersymptome die Kontraktur des rechten Beines geschwunden war, die allerdings schon vorher sehr abgenommen hatte. Aus diesen Erfahrungen, daß die hysterischen Phänomene bei dieser Kranken verschwanden, sobald in der Hypnose das Ereignis reproduziert war, welches das Symptom veranlaßt hatte – daraus entwickelte sich eine therapeutisch-technische Prozedur, die an logischer Konsequenz und systematischer Durchführung nichts zu wünschen ließ. Jedes einzelne Symptom dieses verwickelten Krankheitsbildes wurde für sich vorgenommen; die sämtlichen Anlässe, bei denen es aufgetreten war, in umgekehrter Reihenfolge erzählt, beginnend mit den Tagen, bevor Patientin bettlägerig geworden, nach rückwärts bis zu der Veranlassung des erstmaligen Auftretens. War dieses erzählt, so war das Symptom damit für immer behoben.

So wurden die Kontrakturparesen und Anästhesien, die verschiedensten Seh- und Hörstörungen, Neuralgien, Husten, Zittern u. dgl. und schließlich auch die Sprachstörungen »wegerzählt«. Als Sehstörungen wurden z. B. einzeln erledigt: der Strabismus convergens mit Doppeltsehen; Ablenkung beider Augen nach rechts, so daß die zugreifende Hand immer links neben das Objekt greift; Gesichtsfeldeinschränkung; zentrale Amblyopie; Makropsie; Sehen eines Totenkopfes an Stelle des Vaters; Unfähigkeit zu lesen. Dieser Analyse[1] entzogen blieben nur einzelne

---

[1] [Der Terminus »analysiert« erscheint bereits in Freud und Breuer, ›Über den psychischen Mechanismus hysterischer Phänomene; Vorläufige Mitteilung‹ (Freud, 1893a; *Studien*, S. 5; *G. W.*, Bd. 1, S. 86). Auch in seinem ersten Aufsatz über ›Die Abwehr-

Phänomene, die sich während des Krankenlagers entwickelt hatten, wie die Ausbreitung der Kontrakturparese auf die linke Seite, und die wahrscheinlich auch wirklich keine direkte psychische Veranlassung hatten [vgl. S. 241f., unten].

Es erwies sich als ganz untunlich, die Sache abzukürzen, indem man direkt die erste Veranlassung der Symptome in ihre Erinnerung zu evozieren suchte. Sie fand sie nicht, wurde verwirrt, und es ging noch langsamer, als wenn man sie ruhig und sicher den aufgenommenen Erinnerungsfaden nach rückwärts abhaspeln ließ. Da das aber in der Abendhypnose zu langsam ging, weil die Kranke von der »Aussprache« der zwei anderen Serien angestrengt und zerstreut war, auch wohl die Erinnerungen Zeit brauchten, um in voller Lebhaftigkeit sich zu entwickeln, so bildete sich die folgende Prozedur heraus. Ich suchte sie am Morgen auf, hypnotisierte sie (es waren sehr einfache Hypnoseprozeduren empirisch gefunden worden) und fragte sie nun unter Konzentration ihrer Gedanken auf das eben behandelte Symptom um die Gelegenheiten, bei denen es aufgetreten war. Patientin bezeichnete nun in rascher Folge mit kurzen Schlagworten diese äußeren Veranlassungen, die ich notierte. In der Abendhypnose erzählte sie dann, unterstützt durch diese notierte Reihenfolge, ziemlich ausführlich die Begebenheiten. Mit welcher in jedem Sinne erschöpfenden Gründlichkeit das geschah, mag ein Beispiel zeigen. Es war immer vorgekommen, daß Patientin nicht hörte, wenn man sie ansprach. Dieses vorübergehende Nichthören differenzierte sich in folgender Weise:

a) Nicht hören, daß jemand eintrat, in Zerstreutheit. 108 einzeln detaillierte Fälle davon; Angabe der Personen und Umstände, oft des Datums; als erster, daß sie ihren Vater nicht eintreten gehört;

b) nicht verstehen, wenn mehrere Personen sprechen, 27mal, das erstemal wieder der Vater und ein Bekannter;

c) nicht hören, wenn allein, direkt angesprochen, 50mal; Ursprung, daß der Vater vergebens sie um Wein angesprochen;

d) Taubwerden durch Schütteln (im Wagen oder dgl.), 15mal; Ursprung, daß ihr junger Bruder sie im Streite schüttelte, als er sie nachts an der Türe des Krankenzimmers lauschend ertappte;

Neuropsychosen‹ (1894*a*) verwendet Freud den Terminus »Analyse« (bzw. »psychologische Analyse« und »hypnotische Analyse«). Das Wort »Psychoanalyse« dagegen taucht erst später auf, erstmals im französischen Aufsatz ›L'hérédité et l'étiologie des névroses‹ (1896*a*; *G. W.*, Bd. 1, S. 416).]

e) Taubwerden vor Schreck über ein Geräusch, 37mal; Ursprung ein Erstickungsanfall des Vaters durch Verschlucken;

f) Taubwerden in tiefer Absence, 12mal;

g) Taubwerden durch langes Horchen und Lauschen, so daß sie dann angesprochen nicht hörte, 54mal.

Natürlich sind all diese Vorgänge großenteils identisch, indem sie sich auf die Zerstreutheit – Absence – oder auf Schreckaffekt zurückführen lassen. Sie waren aber in der Erinnerung der Kranken so deutlich getrennt, daß, wenn sie sich einmal in der Reihenfolge irrte, die richtige Ordnung korrigierend hergestellt werden mußte, sonst stockte das Referat. Die erzählten Begebenheiten ließen in ihrer Interesse- und Bedeutungslosigkeit und bei der Präzision der Erzählung den Verdacht nicht aufkommen, sie seien erfunden. Viele dieser Vorfälle, als rein innere Erlebnisse, entzogen sich der Kontrolle. An andere oder die begleitenden Umstände erinnerte sich die Umgebung der Kranken.

Es geschah auch hier, was regelmäßig zu beobachten war, während ein Symptom »abgesprochen« wurde: dieses trat mit erhöhter Intensität auf, während es erzählt wurde.[1] So war Patientin während der Analyse des Nichthörens so taub, daß ich teilweise schriftlich mich mit ihr verständigen mußte. Regelmäßig war der erste Anlaß irgendein Schrecken, den sie bei der Pflege des Vaters erlebt, ein Übersehen ihrerseits oder dgl.

Nicht immer ging das Erinnern leicht vonstatten, und manchmal mußte die Kranke gewaltige Anstrengungen machen. So stockte einmal der ganze Fortgang eine Zeitlang, weil eine Erinnerung nicht auftauchen wollte; es handelte sich um eine der Kranken sehr schreckliche Halluzination, sie hatte ihren Vater, den sie pflegte, mit einem Totenkopfe gesehen. Sie und ihre Umgebung erinnerten, daß sie einmal, noch in scheinbarer Gesundheit, einen Besuch bei einer Verwandten gemacht, die Türe geöffnet habe und sogleich bewußtlos niedergefallen sei. Um nun das Hindernis zu überwinden, ging sie jetzt wieder dorthin und stürzte wieder beim Eintritte ins Zimmer bewußtlos zu Boden. In der Abendhypnose war dann das Hindernis überwunden; sie hatte beim Eintritte in dem der Tür gegenüberstehenden Spiegel ihr bleiches Gesicht erblickt, aber nicht sich, sondern ihren Vater mit einem Totenkopfe gesehen. – Wir haben oft beobachtet, daß die Furcht vor einer Erinnerung, wie es hier geschehen, ihr

---

[1] [Dieses Phänomen wird an anderer Stelle (*Studien*, S. 261; *G. W.*, Bd. 1, S. 301) von Freud ausführlicher erörtert und als »Mitsprechen« des Symptoms bezeichnet.]

Auftauchen hemmt und dieses durch Patientin oder Arzt erzwungen werden muß.

Wie stark die innere Logik der Zustände war, zeigte unter anderem folgendes: Patientin war, wie bemerkt, in dieser Zeit nachts immer in ihrer »condition seconde«, also im Jahre 1881. Einmal erwachte sie in der Nacht, behauptete, sie sei wieder vom Hause weggebracht worden, kam in einen schlimmen Aufregungszustand, der das ganze Haus alarmierte. Der Grund war einfach. Am vorhergehenden Abende war durch »talking cure« ihre Sehstörung geschwunden, und zwar auch für die condition seconde. Als sie nun nachts erwachte, fand sie sich in einem ihr unbekannten Zimmer, denn die Familie hatte ja seit Frühjahr 1881 die Wohnung gewechselt. Diese recht unangenehmen Zufälle wurden verhindert, da ich ihr (auf ihre Bitte) abends immer die Augen schloß mit der Suggestion, sie könne sie nicht öffnen, bis ich selbst es am Morgen tun würde. Nur einmal wiederholte sich der Lärm, als Patientin im Traume geweint und erwachend die Augen geöffnet hatte.

Da sich diese mühevolle Analyse der Symptome auf die Sommermonate 1880 bezog, während welcher sich die Erkrankung vorbereitete, gewann ich einen vollen Einblick in die *Inkubation* und *Pathogenese* dieser Hysterie, die ich nun kurz darlegen will.

Juli 1880 war der Vater der Kranken auf dem Lande an einem subpleuralen Abszesse schwer erkrankt; Anna teilte sich mit der Mutter die Pflege. Einmal wachte sie nachts in großer Angst um den hochfiebernden Kranken und in Spannung, weil von Wien ein Chirurg zur Operation erwartet wurde. Die Mutter hatte sich für einige Zeit entfernt, und Anna saß am Krankenbette, den *rechten* Arm über die Stuhllehne gelegt. Sie geriet in einen Zustand von Wachträumen und sah, wie von der Wand her eine schwarze Schlange sich dem Kranken näherte, um ihn zu beißen. (Es ist sehr wahrscheinlich, daß auf der Wiese hinter dem Hause wirklich einige Schlangen vorkamen, über die das Mädchen früher schon erschrocken war und die nun das Material der Halluzination abgaben.) Sie wollte das Tier abwehren, war aber wie gelähmt; der rechte Arm, über die Stuhllehne hängend, war »eingeschlafen«, anästhetisch und paretisch geworden, und als sie ihn betrachtete, verwandelten sich die Finger in kleine Schlangen mit Totenköpfen (Nägel). Wahrscheinlich machte sie Versuche, die Schlange mit der gelähmten rechten Hand zu verjagen, und dadurch trat die Anästhesie und Lähmung derselben in Assoziation mit der Schlangenhalluzination. – Als diese geschwunden war, wollte sie in ihrer Angst beten, aber jede Sprache versagte, sie konnte in keiner sprechen, bis sie endlich einen *englischen* Kindervers fand[1] und nun auch in dieser Sprache fortdenken und beten konnte.

Der Pfiff der Lokomotive, die den erwarteten Arzt brachte, unterbrach den Spuk. Als sie anderntags einen Reifen aus dem Gebüsche nehmen wollte, in das er beim Spiele geworfen worden war, rief ein gebogener Zweig die Schlangenhalluzination wieder hervor, und zugleich damit wurde der rechte Arm steif gestreckt. Dies wiederholte sich nun immer, sooft ein mehr oder weniger schlangenähnliches Objekt die Halluzination provozierte. Diese aber wie die Kontraktur traten nur in den kurzen Absencen auf, die von jener Nacht an immer häufiger wurden. (Stabil wurde die Kontraktur erst im Dezember, als Patientin, vollständig niedergebrochen, das Bett nicht mehr verlassen konnte.) Bei einem Anlasse, den ich nicht notiert finde und dessen ich mich nicht erinnere, trat zur Kontraktur des Armes die des rechten Beines.

Nun war die Neigung zu autohypnotischen Absencen geschaffen. An dem auf jene Nacht folgenden Tage versank sie im Warten auf den Chirurgen in solche Abwesenheit, daß er schließlich im Zimmer stand, ohne daß sie ihn kommen gehört hätte. Das konstante Angstgefühl hinderte sie am Essen und produzierte allmählich intensiven Ekel. Sonst aber entstanden alle einzelnen hysterischen Symptome im Affekt. Es ist nicht ganz klar, ob dabei immer eine vollkommene momentane Absence eintrat, es ist aber wahrscheinlich, weil Patientin im Wachen von dem ganzen Zusammenhange nichts wußte.

Manche Symptome aber scheinen nicht in der Absence, sondern nur im Affekte im wachen Zustande aufgetreten zu sein, wiederholten sich aber dann ebenso. So wurden die Sehstörungen sämtlich auf einzelne, mehr [oder] minder klar determinierende Anlässe zurückgeführt, z. B. in der Art, daß Patientin, mit Tränen im Auge, am Krankenbette sitzend, plötzlich vom Vater gefragt wurde, wieviel Uhr es sei, undeutlich sah, sich anstrengte, die Uhr nahe ans Auge brachte und nun das Zifferblatt sehr groß erschien (Makropsie und Strabismus convergens); oder Anstrengungen machte, die Tränen zu unterdrücken, damit sie der Kranke nicht sehe.

Ein Streit, in dem sie ihre Antwort unterdrückte, verursachte einen Glottiskrampf, der sich bei jeder ähnlichen Veranlassung wiederholte.

---

[1] [In der ›Vorläufigen Mitteilung‹ (*Studien*, S. 2; *G. W.*, Bd. 1, S. 83) ist statt dessen die Rede von einem »Kindergebet« – was aber kein Widerspruch sein muß.]

Die Sprache versagte a) aus Angst, seit der ersten nächtlichen Halluzination; b) seit sie einmal wieder eine Äußerung unterdrückte (aktive Hemmung); c) seit sie einmal ungerecht gescholten worden war; d) bei allen analogen Gelegenheiten (Kränkung). Husten trat das erstemal ein, als während der Krankenwache aus einem benachbarten Hause Tanzmusik herübertönte und der aufsteigende Wunsch, dort zu sein, ihr Selbstvorwürfe erweckte. Seitdem reagierte sie ihre ganze Krankheitszeit hindurch auf jede stark rhythmierte Musik mit einer Tussis nervosa.

Ich bedaure nicht allzusehr, daß die Unvollständigkeit meiner Notizen es unmöglich macht, hier sämtliche Hysterika auf ihre Veranlassung zurückzuführen. Patientin tat es bei allen, mit der oben erwähnten Ausnahme [S. 233 f., ferner S. 241 f., unten], und jedes Symptom war, wie geschildert, nach der Erzählung des *ersten* Anlasses verschwunden.

Auf diese Weise schloß auch die ganze Hysterie ab. Die Kranke hatte sich selbst den festen Vorsatz gebildet, am Jahrestag ihrer Transferierung auf das Land [7. Juni (S. 227)] müsse sie mit allem fertig sein. Sie betrieb darum anfangs Juni die »talking cure« mit großer, aufregender Energie. Am letzten Tage reproduzierte sie mit der Nachhilfe, daß sie das Zimmer so arrangierte, wie das Krankenzimmer ihres Vaters gewesen war, die oben erzählte Angsthalluzination, welche die Wurzel der ganzen Erkrankung gewesen war und in der sie nur Englisch hatte denken und beten können; sprach unmittelbar darauf Deutsch und war nun frei von all den unzähligen einzelnen Störungen, die sie früher dargeboten hatte.[1] Dann verließ sie Wien für eine Reise, brauchte aber doch noch längere Zeit, bis sie ganz ihr psychisches Gleichgewicht gefunden hatte. Seitdem erfreut sie sich vollständiger Gesundheit.

Soviel nicht uninteressanter Einzelheiten ich auch unterdrückt habe, ist doch die Krankengeschichte der Anna O... umfangreicher geworden, als eine an sich nicht ungewöhnliche hysterische Erkrankung zu verdienen scheint. Aber die Darstellung des Falles war unmöglich ohne Eingehen ins Detail, und die Eigentümlichkeiten desselben scheinen mir von einer Wichtigkeit, welche das ausführliche Referat entschuldigen dürfte. Auch

---

[1] [Hier besteht eine Lücke im Text, wie James Strachey aus einem Gespräch mit Freud erfuhr, der dabei in seinem aufgeschlagenen Exemplar der *Studien* auf diese Stelle deutete und die Umstände des Behandlungsendes beschrieb; vgl. oben, S. 215.]

die Echinodermeneier sind für die Embryologie nicht deshalb so wichtig, weil etwa der Seeigel ein besonders interessantes Tier wäre, sondern weil ihr Protoplasma durchsichtig ist und man aus dem, was man an ihnen sehen kann, auf das schließt, was an den Eiern mit trübem Plasma auch vorgehen dürfte.[1]

In der weitgehenden Durchsichtigkeit und Erklärbarkeit seiner Pathogenese scheint mir vor allem das Interesse dieses Falles zu liegen.

Als disponierend zur hysterischen Erkrankung finden wir bei dem noch völlig gesunden Mädchen zwei psychische Eigentümlichkeiten:

1. den in monotonem Familienleben und ohne entsprechende geistige Arbeit unverwendeten Überschuß von psychischer Regsamkeit und Energie, der sich in fortwährendem Arbeiten der Phantasie entladet und

2. das habituelle Wachträumen (»Privattheater«) erzeugt, womit der Grund gelegt wird zur Dissoziation der geistigen Persönlichkeit. Immerhin bleibt auch diese noch in den Grenzen des Normalen; Träumerei wie Meditation während einer mehr [oder] minder mechanischen Beschäftigung bedingt an sich noch keine pathologische Spaltung des Bewußtseins, weil jede Störung darin, jeder Anruf z. B., die normale Einheit desselben wiederherstellt und wohl auch keine Amnesie besteht. Doch wurde dadurch bei Anna O. der Boden geschaffen, auf dem in der geschilderten Weise der Angst- und Erwartungsaffekt sich festsetzte, nachdem er einmal die habituelle Träumerei in eine halluzinatorische Absence umgeschaffen hatte. Es ist merkwürdig, wie vollkommen in dieser ersten Manifestation der beginnenden Erkrankung schon die Hauptzüge auftreten, welche dann durch fast zwei Jahre konstant bleiben: die Existenz eines zweiten Bewußtseinszustandes, der sich, zuerst als vorübergehende Absence auftretend, später zur double conscience organisiert; die Sprachhemmung, bedingt durch den Angstaffekt, mit der zufälligen Entladung durch einen englischen Kindervers; später Paraphasie und Verlust der Muttersprache, die durch vortreffliches Englisch ersetzt wird; endlich die zufällige Drucklähmung des rechten Armes, welche sich später zur rechtsseitigen Kontrakturparese und Anästhesie entwickelt. Der Entstehungsmechanismus dieser letzteren Affektion entspricht vollständig der Charcotschen Theorie von der traumatischen Hysterie: hypnotischer Zustand, in welchem ein leichtes Trauma erfolgt.

---

[1] [Dieselbe Analogie wurde viele Jahre später in ähnlicher Weise von Freud verwendet (Freud, 1913*h*; im vorliegenden Band S. 615, unten).]

Aber während bei den Kranken, an welchen Charcot die hysterische Lähmung experimentell erzeugte, diese alsbald stabilisiert bleibt und bei den durch ein schweres Schrecktrauma erschütterten Trägern traumatischer Neurosen sich bald einstellt, leistete das Nervensystem unseres jungen Mädchens noch durch vier Monate erfolgreichen Widerstand. Die Kontraktur, wie die anderen, allmählich sich dazugesellenden Störungen traten nur in den momentanen Absencen in der »condition seconde« ein und ließen Patientin während des normalen Zustandes im Vollbesitze ihres Körpers und ihrer Sinne, so daß weder sie selbst etwas davon wußte noch die Umgebung etwas sah, deren Aufmerksamkeit allerdings auf den schwerkranken Vater konzentriert und dadurch abgelenkt war.

Indem aber seit jener ersten halluzinatorischen Autohypnose sich die Absencen mit völliger Amnesie und begleitenden hysterischen Phänomenen häuften, vermehrten sich die Gelegenheiten zur Bildung neuer solcher Symptome und befestigten sich die schon gebildeten in häufiger Wiederholung. Dazu kam, daß allmählich jeder peinliche, plötzliche Affekt ebenso wirkte wie die Absence (wenn er nicht doch vielleicht immer momentane Absence erzeugte); zufällige Koinzidenzen bildeten pathologische Assoziationen, Sinnes- oder motorische Störungen, die von da an mit dem Affekt zugleich wieder auftraten. Aber noch immer nur momentan, vorübergehend; bevor Patientin bettlägerig wurde, hatte sie bereits die ganze große Sammlung hysterischer Phänomene entwickelt, ohne daß jemand davon wußte. Erst da die Kranke, aufs äußerste geschwächt durch die Inanition, die Schlaflosigkeit und den fortdauernden Angstaffekt, völlig niedergebrochen war, als sie mehr Zeit in der »condition seconde« sich befand als in normalem Zustande, griffen die hysterischen Phänomene auch in diesen hinüber und verwandelten sich aus anfallweise auftretenden Erscheinungen in Dauersymptome.

Man muß nun die Frage aufwerfen, inwieweit die Angaben der Kranken zuverlässig sind und die Phänomene wirklich die von ihr bezeichnete Entstehungsart und Veranlassung gehabt haben. Was die wichtigeren und grundlegenden Vorgänge betrifft, so steht die Zuverlässigkeit des Berichtes für mich außer Frage. Auf das Verschwinden der Symptome, nachdem sie »aberzählt« waren, berufe ich mich hiefür nicht; das wäre ganz wohl durch Suggestion zu erklären. Aber ich habe die Kranke immer vollkommen wahrheitsgetreu und zuverlässig gefunden; die erzählten Dinge hingen innig mit dem zusammen, was ihr das Heiligste war; alles, was einer Kontrollierung durch andere Personen zugänglich war, bestätigte sich vollkommen. Auch das begabteste Mädchen wäre wohl nicht imstande, ein System von Angaben auszubauen, dem eine so große innere Logik eigen wäre, wie es bei der hier dargelegten Entwicklungsgeschichte ihrer Krankheit der Fall ist. Das aber ist von vorneherein nicht abzuweisen, daß sie eben in der Konsequenz dieser Logik manchem Symptom eine Veranlassung zugeschoben hätte (im besten Glauben), die in Wirklichkeit nicht bestand. Aber ich halte auch diese Vermutung nicht für richtig. Gerade die Bedeutungslosigkeit so vieler Anlässe, das Irrationale so vieler Zusammenhänge spricht für ihre Realität. Der Kranken war es unverständlich, wieso Tanzmusik sie husten mache. Für eine willkürliche Konstruktion ist das zu sinnlos. Ich allerdings konnte mir denken, daß jeder Gewissensskrupel ihr notorisch Glottiskrampf verursachte und die motorischen Impulse, die das sehr tanzlustige Mädchen empfand, diesen Glottiskrampf in eine Tussis nervosa verwandelten. Ich halte also die Angaben der Kranken für ganz zuverlässig und wahrheitsgetreu.

Wie weit ist nun die Vermutung berechtigt, daß auch bei anderen Kranken die Entwicklung der Hysterie analog sei, daß Ähnliches auch dort vorkomme, wo sich keine so deutlich geschiedene »condition seconde« organisiert? Ich möchte hiefür darauf hinweisen, daß diese ganze Geschichte der Krankheitsentwicklung auch bei unserer Patientin vollständig unbekannt geblieben wäre, ihr selbst wie dem Arzte, hätte sie nicht die Eigentümlichkeit gehabt, in der geschilderten Weise sich in der Hypnose zu erinnern und das Erinnerte zu erzählen. Im Wachen wußte sie von alldem nichts. Wie es sich bei anderen damit verhält, ist also aus dem Krankenexamen der wachen Person nie zu entnehmen, da sie mit bestem Willen keine Auskunft geben kann. Und wie wenig die Umgebung von all den Vorgängen beobachten konnte, habe ich schon oben bemerkt. – Wie es sich bei anderen Kranken verhalte, konnte also nur durch ein ähnliches Verfahren erkannt werden, wie es bei Anna O. die Autohypnosen an die Hand gegeben hatten. Zunächst war nur die Vermutung berechtigt, *ähnliche* Vorgänge dürften häufiger sein, als unsere Unkenntnis des pathogenen Mechanismus annehmen ließ.

Als die Kranke bettlägerig geworden war und ihr Bewußtsein fortwährend zwischen dem normalen und dem »zweiten« Zustande oszillierte, das Heer der einzeln entstandenen und bis dahin latenten hysterischen Symptome sich als Dauersymptome manifestierte, gesellte sich zu diesen noch eine Gruppe von Erscheinungen, die andern Ursprungs scheinen, die Kontrakturlähmung der linksseitigen Extremitäten und die Parese der

Kopfheber. Ich trenne sie von den anderen Phänomenen ab, weil sie, nachdem sie einmal geschwunden waren, nie, auch nicht anfalls- oder andeutungsweise, wieder erschienen, auch nicht in der Abschluß- und Abheilungsphase, in der alle anderen Symptome nach längerem Schlummer wiederauflebten. Dementsprechend kamen sie auch in den hypnotischen Analysen[1] nie vor und wurden sie nicht auf affektive oder phantastische Anlässe zurückgeführt. Ich möchte darum glauben, daß sie nicht demselben psychischen Vorgang ihr Dasein dankten wie die anderen Symptome, sondern der sekundären Ausbreitung jenes unbekannten Zustandes, der die somatische Grundlage der hysterischen Phänomene ist.

Während des ganzen Krankheitsverlaufes bestanden die zwei Bewußtseinszustände nebeneinander, der primäre, in welchem Patientin psychisch ganz normal war, und der »zweite« Zustand, den wir wohl mit dem Traume vergleichen können, entsprechend seinem Reichtum an Phantasmen, Halluzinationen, den großen Lücken der Erinnerung, der Hemmungs- und Kontrollelosigkeit der Einfälle. In diesem zweiten Zustande war Patientin alieniert. Es scheint mir nun guten Einblick in das Wesen mindestens einer Art von hysterischen Psychosen zu gewähren, daß der psychische Zustand der Kranken durchaus abhängig war von dem Hereinragen dieses zweiten Zustandes in den normalen. Jede Abendhypnose lieferte den Beweis, daß die Kranke völlig klar, geordnet und in ihrem Empfinden und Wollen normal war, wenn kein Produkt des zweiten Zustandes »im Unbewußten«[2] als Reiz wirkte; die eklatante Psychose bei jeder größeren Pause in dieser Entlastungsprozedur bewies, in welchem Ausmaße eben diese Produkte die psychischen Vorgänge des »normalen« Zustandes beeinflußten. Es ist schwer, dem Ausdrucke aus dem Wege zu gehen, die Kranke sei in zwei Persönlichkeiten zerfallen, von denen die eine psychisch normal und die andere geisteskrank war. Ich meine, daß die scharfe Trennung der beiden Zustände bei unserer Kranken ein Verhalten nur deutlich machte, das auch bei vielen anderen Hysterischen Ursache so mancher Rätsel ist. Bei Anna O. war besonders auffallend, wie sehr die Produkte des »schlimmen Ichs«, wie die Kranke selbst es nannte, ihren moralischen Habitus beeinflußten. Wären sie nicht fortlaufend weggeschafft worden, so hätte man in ihr eine Hysterika von der bösartigen Sorte

---

[1] [Vgl. Anm. 1, S. 233 f., oben.]
[2] [Daß Breuer den Terminus des Unbewußten hier in Anführungszeichen setzt, könnte vielleicht bedeuten, daß er ihn Freud zuschreiben will. Zu Freuds anfänglichem Gebrauch dieses Ausdrucks vgl. oben, S. 85, Anm. 1.]

gehabt, widerspenstig, träge, unliebenswürdig, boshaft; während so, nach Entfernung dieser Reize, immer wieder sogleich ihr wahrer Charakter zum Vorscheine kam, der von all dem das Gegenteil war.

Aber so scharf die beiden Zustände getrennt waren, es ragte nicht bloß der »zweite Zustand« in den ersten hinein, sondern es saß, wie Patientin sich ausdrückte, mindestens häufig auch bei ganz schlimmen Zuständen in irgendeinem Winkel ihres Gehirnes ein scharfer und ruhiger Beobachter, der sich das tolle Zeug ansah. Diese Fortexistenz klaren Denkens während des Vorwaltens der Psychose gewann einen sehr merkwürdigen Ausdruck; als Patientin nach Abschluß der hysterischen Phänomene in einer vorübergehenden Depression war, brachte sie unter anderen kindischen Befürchtungen und Selbstanklagen auch die vor, sie sei gar nicht krank und alles sei nur simuliert gewesen. Ähnliches ist bekanntlich schon mehrfach vorgekommen.

Wenn nach Ablauf der Krankheit die beiden Bewußtseinszustände wieder in einen zusammengeflossen sind, sehen sich die Patienten beim Rückblicke als die eine ungeteilte Persönlichkeit, die von all dem Unsinne gewußt hat, und meinen, sie hätten ihn hindern können, wenn sie gewollt hätten, also hätten sie den Unfug absichtlich verübt. – Diese Persistenz normalen Denkens während des zweiten Zustandes dürfte übrigens quantitativ enorm geschwankt und großenteils auch nicht bestanden haben.

Die wunderbare Tatsache, daß vom Beginne bis zum Abschlusse der Erkrankung alle aus dem zweiten Zustande stammenden Reize und ihre Folgen durch das Aussprechen in der Hypnose dauernd beseitigt wurden, habe ich bereits geschildert und dem nichts hinzuzusetzen als die Versicherung, daß es nicht etwa meine Erfindung war, die ich der Patientin suggeriert hätte; sondern ich war aufs höchste davon überrascht, und erst als eine Reihe spontaner Erledigungen erfolgt waren, entwickelte sich mir daraus eine therapeutische Technik.

Einige Worte verdient noch die schließliche Abheilung der Hysterie. Sie erfolgte in der geschilderten Weise unter namhafter Beunruhigung der Kranken und Verschlechterung ihres psychischen Zustandes. Man hatte durchaus den Eindruck, es sei die Menge von Produkten des zweiten Zustandes, die geschlummert haben, nun ins Bewußtsein drängen, erinnert werden, wenn auch wieder zunächst in der »condition seconde«, aber den normalen Zustand belasten und beunruhigen. Es wird in Betracht zu ziehen sein, ob nicht auch in anderen Fällen eine Psychose, mit welcher eine chronische Hysterie abschließt, denselben Ursprung hat.

Theoretisches
(J. Breuer)

In der ›Vorläufigen Mitteilung‹, welche diese Studien einleitet, haben wir die Anschauungen dargelegt, zu denen wir durch unsere Beobachtungen geführt wurden, und ich glaube in der Hauptsache an ihnen festhalten zu dürfen. Die ›Vorläufige Mitteilung‹ ist aber so kurz und so knapp, daß darin großenteils nur angedeutet werden konnte, was wir meinen. Es sei darum gestattet, nun, da die Krankengeschichten Belege für unsere Anschauungen erbracht haben, diese ausführlicher darzulegen. Natürlich soll und kann auch hier nicht »das Ganze der Hysterie« abgehandelt werden, aber es sollen diejenigen Punkte, welche in der ›Vorläufigen Mitteilung‹ ungenügend begründet und zu schwach hervorgehoben wurden, eine etwas eingehendere, deutlichere, wohl auch einschränkende Besprechung erfahren.

In diesen Erörterungen wird wenig vom Gehirne und gar nicht von den Molekülen die Rede sein. Psychische Vorgänge sollen in der Sprache der Psychologie behandelt werden, ja, es kann eigentlich gar nicht anders geschehen. Wenn wir statt »Vorstellung« »Rindenerregung« sagen wollten, so würde der letztere Ausdruck nur dadurch einen Sinn für uns haben, daß wir in der Verkleidung den guten Bekannten erkennen und die »Vorstellung« stillschweigend wieder restituieren. Denn während Vorstellungen fortwährend Gegenstände unserer Erfahrung und uns in all ihren Nuancen wohlbekannt sind, ist »Rindenerregung« für uns mehr ein Postulat, ein Gegenstand künftiger, erhoffter Erkenntnis. Jener Ersatz der Termini scheint eine zwecklose Maskerade.

So möge der fast ausschließliche Gebrauch psychologischer Terminologie vergeben werden.

Noch für anderes muß ich im vorhinein um Nachsicht bitten. Wenn eine Wissenschaft rasch vorwärts schreitet, werden Gedanken, die zuerst von einzelnen ausgesprochen wurden, alsbald Gemeingut. So kann niemand, der heute seine Anschauungen über Hysterie und ihre psychische Grundlage darzulegen versucht, es vermeiden, daß er eine Menge Gedanken anderer ausspreche und wiederhole, die eben aus dem Individualbesitze in den Gemeinbesitz übergehen. Es ist kaum möglich, von ihnen immer zu konstatieren, wer sie zuerst ausgesprochen hat, und auch die Gefahr liegt nahe, daß man für eigenes Produkt hält, was von anderen schon gesagt worden ist. So möge es entschuldigt werden, wenn hier wenig Zitate gebracht werden und zwischen Eigenem und Fremdem nicht streng unterschieden wird. Auf Originalität macht das wenigste von dem Anspruch, was auf den folgenden Seiten dargelegt werden soll.

1. Sind alle hysterischen Phänomene ideogen?

Wir sprachen in der ›Vorläufigen Mitteilung‹ über den psychischen Mechanismus »hysterischer Phänomene«; nicht »der Hysterie«, weil wir für denselben und für die psychische Theorie der hysterischen Symptome überhaupt uneingeschränkte Geltung nicht beanspruchen wollten. Wir glauben nicht, daß alle Erscheinungen der Hysterie auf die von uns dargelegte Weise zustande kommen, und auch nicht, daß alle *ideogen, d. h.* durch Vorstellungen bedingt seien. Wir differieren darin von Möbius[1], der 1888 die Definition vorschlug: »Hysterisch sind alle diejenigen krankhaften Erscheinungen, die durch Vorstellungen verursacht sind.« Später wurde dieser Satz dahin erläutert, daß nur ein Teil der krankhaften Phänomene den verursachenden Vorstellungen inhaltlich entspreche, nämlich die durch Fremd- und Autosuggestion erzeugten; z. B. wenn die Vorstellung, den Arm nicht bewegen zu können, eine Lähmung desselben bedinge. Ein anderer Teil der hysterischen Phänomene sei zwar durch Vorstellungen verursacht, entspreche ihnen aber inhaltlich nicht; z. B. wenn in einer unserer Beobachtungen die Lähmung des Armes durch den Anblick von schlangenähnlichen Gegenständen erzeugt wird [S. 237].

Möbius will mit dieser Definition nicht etwa eine Veränderung der Nomenklatur befürworten, so daß fortan nur die durch Vorstellungen be-

---

[1] *Über den Begriff der Hysterie* (1888).

dingten, ideogenen krankhaften Phänomene hysterisch zu nennen wären; sondern er meint, daß alle hysterischen Krankheitserscheinungen ideogen seien. »Weil sehr oft Vorstellungen Ursache der hysterischen Erscheinungen sind, glauben wir, daß sie es immer seien.« Er nennt dies einen Analogieschluß; ich möchte es eher eine Generalisation nennen, deren Berechtigung erst untersucht werden muß.

Offenbar muß vor jeder Diskussion festgestellt werden, was man unter Hysterie versteht. Ich halte Hysterie für ein empirisch gefundenes, der Beobachtung entstammendes Krankheitsbild, geradeso wie die tuberkulöse Lungenphthise. Solche empirisch gewonnene Krankheitsbilder werden durch den Fortschritt unserer Erkenntnis geläutert, vertieft, erklärt; sie sollen und können dadurch aber nicht zerstört werden. Die ätiologische Forschung hat gezeigt, daß die verschiedenen Teilprozesse der Lungenphthise durch verschiedene Krankheitsursachen bedingt sind; der Tuberkel durch den Bazillus Kochii, der Gewebszerfall, die Kavernenbildung, das septische Fieber durch andere Mikroben. Trotzdem bleibt die tuberkulöse Phthise eine klinische Einheit, und es wäre unrichtig, sie dadurch zu zerstören, daß man nur die »spezifisch tuberkulösen«, durch den Bazillus Kochs bedingten Gewebsveränderungen ihr zuschreiben, die anderen von ihr loslösen wollte. – Ebenso muß die klinische Einheit der Hysterie erhalten bleiben, auch wenn sich herausstellt, daß ihre Phänomene durch verschiedene Ursachen bedingt sind, die einen durch einen psychischen Mechanismus, die anderen ohne solchen zustande kommen.

Das ist nun meiner Überzeugung nach wirklich der Fall. Nur ein Teil der hysterischen Phänomene ist ideogen, und die Annahme der Möbiusschen Definition reißt die klinische Einheit der Hysterie, ja, auch die Einheit eines und desselben Symptoms bei einem und demselben Kranken mitten entzwei.

Es wäre ein dem Analogieschlusse Möbius' ganz analoger Schluß: »Weil sehr oft Vorstellungen und Wahrnehmungen die Erektion hervorrufen, nehmen wir an, daß sie allein es immer tun und daß auch die peripheren Reize erst auf dem Umwege über die Psyche jenen vasomotorischen Vorgang auslösen.« Wir wissen, daß das ein Irrtum wäre, und doch lägen diesem Schlusse gewiß so viele Tatsachen zugrunde wie dem Satze Möbius' betreffs der Hysterie. In Analogie mit einer großen Zahl physiologischer Vorgänge, wie Speichel- und Tränensekretion, Veränderung der Herzaktion u. dgl., ist als möglich und wahrscheinlich anzunehmen, daß derselbe Vorgang sowohl durch Vorstellungen als durch periphere oder andere, aber nicht psychische Reize ausgelöst werden kann. Das Gegenteil ist zu beweisen, und dazu fehlt noch sehr viel. Ja, es scheint sicher, daß viele der hysterisch genannten Phänomene nicht allein durch Vorstellungen verursacht werden.

Betrachten wir einen ganz alltäglichen Fall. Eine Frau bekommt bei jedem Affekte an Hals, Brust und Gesicht ein erst fleckiges, dann konfluierendes Erythem. Dies ist durch Vorstellungen bedingt und also nach Möbius ein hysterisches Phänomen. Dasselbe Erythem tritt aber, wenn auch in geringerer Ausbreitung, bei Hautreiz auf, bei Berührung u. dgl. Dies wäre nun nicht hysterisch. So wäre ein sicherlich völlig einheitliches Phänomen einmal der Hysterie zugehörig und ein andermal nicht. Man kann ja zweifeln, ob man dieses, den Erethismus der Vasomotoren, überhaupt zu den spezifisch hysterischen Erscheinungen rechnen soll oder ob man es nicht besser dem einfachen »Nervosismus« zuzählt. Aber nach Möbius müßte jene Zerfällung eines einheitlichen Vorganges jedenfalls geschehen und das affektiv bedingte Erythem allein hysterisch genannt werden.

Ganz ebenso verhält es sich bei den praktisch so wichtigen hysterischen Algien. Gewiß sind diese häufig direkt durch Vorstellungen bedingt; es sind »Schmerzhalluzinationen«. Untersuchen wir diese etwas genauer, so zeigt sich, daß zu ihrem Entstehen große Lebhaftigkeit der Vorstellung nicht genügt, sondern daß ein besonderer abnormer Zustand der schmerzleitenden und empfindenden Apparate notwendig ist, wie zum Entstehen des affektiven Erythems die abnorme Erregbarkeit der Vasomotoren. Das Wort »Schmerzhalluzination« bezeichnet gewiß das Wesen dieser Neuralgie aufs prägnanteste, zwingt uns aber auch, die Anschauungen auf sie zu übertragen, die wir uns bezüglich der Halluzination im allgemeinen gebildet haben. Diese eingehend zu diskutieren ist hier nicht am Platze. Ich bekenne mich zu der Meinung, die »Vorstellung«, das Erinnerungsbild allein, ohne Erregung des Perzeptionsapparates, erlange selbst in seiner größten Lebhaftigkeit und Intensität nie den Charakter objektiver Existenz, der die Halluzination ausmacht.[1]

---

[1] Dieser Perzeptionsapparat, einschließlich der kortikalen Sinnessphären, muß verschieden sein von dem Organe, welches Sinneseindrücke als Erinnerungsbilder aufbewahrt und reproduziert. Denn die Grundbedingung der Funktion des Wahrnehmungsapparates ist die rascheste restitutio in statum quo ante [Wiederherstellung des früheren Zustands]; sonst könnte keine richtige weitere Perzeption stattfinden. Die Bedingung des Gedächtnisses hingegen ist, daß eine solche Restitution nicht statthat, sondern daß

Das gilt schon von den Sinneshalluzinationen und noch mehr von den Schmerzhalluzinationen. Denn es scheint dem Gesunden nicht möglich zu sein, der Erinnerung an einen körperlichen Schmerz auch nur jene Lebhaftigkeit, jene entfernte Annäherung an die wirkliche Empfindung zu verschaffen, welche doch bei optischen und akustischen Erinnerungsbildern erreicht werden kann. Selbst in dem normalen halluzinatorischen Zustande des Gesunden, im Schlafe, werden, wie ich glaube, niemals Schmerzen geträumt, wenn nicht eine reale Schmerzempfindung vorhanden ist. Die »rückläufige«[1], von dem Organe des Gedächtnisses ausgehende Erregung des Perzeptionsapparates durch Vorstellungen ist also de norma für Schmerz noch schwieriger als für Gesichts- und Gehörsempfindungen. Treten bei Hysterie mit solcher Leichtigkeit Schmerzhalluzinationen auf, so müssen wir eine anomale Erregbarkeit des schmerzempfindenden Apparates statuieren.

Diese tritt nun nicht bloß durch Vorstellungen, sondern auch durch periphere Reize angeregt in die Erscheinung, ganz wie der früher betrachtete Erethismus der Vasomotoren.

Wir beobachten täglich, daß beim nervös normalen Menschen periphere Schmerzen von pathologischen, aber selbst nicht schmerzhaften Vorgängen in anderen Organen bedingt werden; so der Kopfschmerz von relativ

---

jede Wahrnehmung bleibende Veränderungen schafft. Unmöglich kann ein und dasselbe Organ beiden widersprechenden Bedingungen genügen; der Spiegel eines Reflexionsteleskops kann nicht zugleich photographische Platte sein. In diesem Sinne, daß die Erregung des Perzeptionsapparates – nicht in der bestimmten Aussage, daß die Erregung der subkortikalen Zentren – der Halluzination den Charakter des Objektiven gebe, stimme ich Meynert bei. Soll aber durch das Erinnerungsbild das Perzeptionsorgan erregt werden, so müssen wir eine gegen die Norm abgeänderte Erregbarkeit desselben annehmen, die eben die Halluzination möglich macht. [Die Hypothese, ein und derselbe Apparat könne nicht gleichzeitig so verschiedene Funktionen wie Wahrnehmung und Gedächtnis erfüllen, wurde auch von Freud im VII. Kapitel der *Traumdeutung* übernommen (1900*a*; *G. W.*, Bd. 2/3, S. 543; *Studienausgabe*, Bd. 2, S. 514 f.). Sie erscheint bereits im ›Entwurf‹, den er einige Monate nach der Veröffentlichung der *Studien* schrieb (s. unten, S. 391–94), sowie in einem Brief an Fließ vom 6. Dezember 1896 (1985*c* [1887–1904], S. 217 ff.), und er nahm sie nochmals in *Jenseits des Lustprinzips* (1920*g*; *G. W.*, Bd. 13, S. 24 f.; *Studienausgabe*, Bd. 3, S. 234 f.) sowie in seiner ›Notiz über den »Wunderblock«‹ (1925*a*; *G. W.*, Bd. 14, S. 4 f.; *Studienausgabe*, Bd. 3, S. 365 ff.) auf. An der vorletzt angegebenen Stelle schreibt er diese Auffassung ausdrücklich Breuer zu.]

[1] [Die Idee der rückläufigen Erregung als Grundlage der Halluzination erscheint auch in Freuds ›Entwurf‹ anläßlich der Erörterung der Traumanalyse (s. unten, S. 434) sowie im VII. Kapitel der *Traumdeutung* (1900*a*; *G. W.*, Bd. 2/3, S. 547; *Studienausgabe*, Bd. 2, S. 518), wo Freud den Terminus »Regression« verwendet.]

unbedeutenden Veränderungen der Nase und ihrer Nebenhöhlen[1]; Neuralgien der Interkostal- und Brachialnerven vom Herzen aus u. dgl. mehr. Besteht bei einem Kranken jene abnorme Erregbarkeit, welche wir als Bedingung der Schmerzhalluzination annehmen mußten, so steht sie sozusagen auch den eben erwähnten Irradiationen zur Verfügung. Die auch bei Nicht-Nervösen vorkommenden werden intensiver, und es bilden sich solche Irradiationen, die wir zwar nur bei Nervenkranken finden, die aber doch auf demselben Mechanismus begründet sind wie jene. So, glaube ich, hängt die Ovarie von den Zuständen des Genitalapparates ab. Daß sie psychisch vermittelt sei, müßte bewiesen werden, und das ist dadurch nicht geschehen, daß man diesen Schmerz, wie jeden andern, als Halluzination in der Hypnose erzeugen oder daß die Ovarie auch psychischen Ursprunges sein kann. Sie entsteht eben wie das Erythem oder wie eine der normalen Sekretionen sowohl aus psychischen als aus rein somatischen Ursachen. Sollen wir nun nur die erstere Art hysterisch nennen? Jene, von der wir den psychischen Ursprung kennen? Dann müßten wir eigentlich die gewöhnlich beobachtete Ovarie aus dem hysterischen Symptomkomplexe ausscheiden, was doch kaum angeht.

Wenn nach einem leichten Trauma eines Gelenkes allmählich eine schwere Gelenksneurose sich entwickelt, so ist in diesem Vorgange gewiß ein psychisches Element: die Konzentration der Aufmerksamkeit auf den verletzten Teil, welche die Erregbarkeit der betreffenden Nervenbahnen steigert; aber man kann das kaum so ausdrücken, daß die Hyperalgie durch Vorstellungen bedingt sei.

Nicht anders steht es mit der pathologischen Herabsetzung der Empfindung. Es ist durchaus unerwiesen und unwahrscheinlich, daß die allgemeine Analgesie oder daß die Analgesie einzelner Körperteile ohne Anästhesie durch Vorstellungen verursacht sei. Und wenn sich auch die Entdeckung Binets und Janets[2] vollständig bestätigen sollte, daß die Hemianästhesie durch einen eigentümlichen psychischen Zustand bedingt sei, durch die Spaltung der Psyche, so wäre das zwar ein psychogenes, aber kein ideogenes Phänomen und wäre darum nach Möbius nicht hysterisch zu nennen.

---

[1] [Hier spielt Breuer auf Wilhelm Fließ' Theorie an. Vgl. eine Anmerkung Michael Schröters zu einer entsprechenden Bemerkung Freuds in seinem Brief an Fließ vom 4. März 1895 (Freud, 1985 c [1887–1904], S. 114, Anm. 7).]
[2] [Vgl. z. B. Binet (1892) sowie Janet (1889), (1893) und (1894).]

Können wir so von einer großen Zahl charakteristischer hysterischer Phänomene nicht annehmen, daß sie ideogen seien, so scheint es richtig, den Satz von Möbius zu reduzieren. Wir sagen nicht: »Jene krankhaften Erscheinungen sind hysterisch, welche durch Vorstellungen veranlaßt sind«, sondern nur: *Sehr viele der hysterischen Phänomene, wahrscheinlich mehr, als wir heute wissen, sind ideogen.* Die gemeinschaftliche, fundamentale krankhafte Veränderung aber, welche sowohl den Vorstellungen als auch nicht-psychologischen Reizen ermöglicht, pathogen zu wirken, ist eine anomale Erregbarkeit des Nervensystems.[1] Inwieweit diese selbst psychischen Ursprungs ist, das ist eine weitere Frage.

Wenn also nur ein Teil der hysterischen Phänomene ideogen sein dürfte, so sind es doch gerade diese, welche man die spezifisch hysterischen nennen darf, und ihre Erforschung, die Aufdeckung ihres psychischen Ursprungs macht den wesentlichsten neueren Fortschritt in der Theorie der Krankheit aus. Es stellt sich nun die weitere Frage: Wie kommen sie zustande, welches ist der »psychische Mechanismus« dieser Phänomene?

Dieser Frage gegenüber verhalten sich die beiden von Möbius unterschiedenen Gruppen ideogener Symptome wesentlich verschieden [S. 245]. Diejenigen, bei denen das Krankheitsphänomen der erregenden Vorstellung inhaltlich entspricht, sind relativ verständlich und durchsichtig. Wenn die Vorstellung einer gehörten Stimme dieselbe nicht bloß wie beim Gesunden im »inneren Hören« leise anklingen, sondern als wirkliche objektive Gehörsempfindung halluzinatorisch wahrnehmen läßt, so entspricht das bekannten Phänomenen des gesunden Lebens (Traum) und ist unter der Annahme abnormer Erregbarkeit wohl verständlich. Wir wissen, daß es bei jeder willkürlichen Bewegung die Vorstellung des zu erreichenden Resultates ist, welche die entsprechende Muskelkontraktion auslöst; es ist nicht ganz unverständlich, daß die Vorstellung, diese sei unmöglich, die Bewegung verhindert. (Suggestive Lähmung.)

Anders verhält es sich mit jenen Phänomenen, die keinen logischen Zusammenhang mit der veranlassenden Vorstellung haben. (Auch für sie bietet das normale Leben Analogien, wie z. B. das Schamerröten u. dgl.) Wie kommen diese zustande, warum löst beim kranken Menschen eine

---

[1] Oppenheims »Labilität der Moleküle« [1890, S. 554]. Vielleicht wird es später möglich sein, den obigen sehr vagen Ausdruck durch eine präzisere und inhaltsreichere Formel zu ersetzen. [Vgl. unten, S. 300 ff.]

Vorstellung gerade die eine, ganz irrationale, ihr gar nicht entsprechende Bewegung oder Halluzination aus? Wir glaubten in der ›Vorläufigen Mitteilung‹ über diesen kausalen Zusammenhang einiges auf Grund unserer Beobachtungen aussagen zu können. Wir haben aber in unserer Darlegung den Begriff »*der Erregung, welche abströmt oder abreagiert werden muß*«, ohne weiteres eingeführt und benutzt.[1] Dieser Begriff, für unser Thema und für die Lehre von den Neurosen überhaupt von fundamentaler Wichtigkeit, scheint aber eine eingehendere Untersuchung zu verlangen und zu verdienen. Bevor ich zu dieser schreite, muß ich es entschuldigen, daß hier auf die Grundprobleme des Nervensystems zurückgegriffen wird. Solches »Hinuntersteigen zu den Müttern«[2] hat immer etwas Beklemmendes; aber der Versuch, die Wurzel einer Erscheinung aufzugraben, führt eben unvermeidlich immer auf die Grundprobleme, denen man nicht ausweichen kann. Möge darum die Abstrusität der folgenden Betrachtungen nachsichtig beurteilt werden!

2. Die intrazerebrale tonische Erregung – Die Affekte

A. Wir kennen zwei extreme Zustände des Zentralnervensystems, traumlosen Schlaf und helles Wachen. Zwischen ihnen bilden Zustände geringerer Helligkeit in allen Abstufungen den Übergang. Uns interessiert hier nicht die Frage nach dem Zwecke und der physischen Begründung des Schlafes (chemische oder vasomotorische Bedingungen), sondern nach dem wesentlichen Unterschiede der beiden Zustände.

Vom tiefsten, traumlosen Schlafe können wir direkte nichts aussagen, weil eben durch den Zustand völliger Bewußtlosigkeit jede Beobachtung und Erfahrung ausgeschlossen ist. Von dem benachbarten Zustand des Traumschlafes aber wissen wir, daß wir darin willkürliche Bewegungen intendieren, sprechen, gehen usw., ohne daß dadurch die entsprechenden Muskelkontraktionen willkürlich ausgelöst würden, wie es im Wachen geschieht; daß sensible Reize vielleicht perzipiert werden (da sie oft in den Traum eingehen), aber nicht apperzipiert, d. h. nicht zu bewußten Wahr-

---

[1] [Kein wörtliches Zitat; in der ›Vorläufigen Mitteilung‹ (1893*a*) wird der hier angeführte Begriff nirgends ausdrücklich erwähnt. Vgl. weiter unten S. 256, Anm.]

[2] [Eine Anspielung auf Fausts geheimnisvolle Forschungen (Goethe, *Faust*, II. Teil, I. Akt).]

nehmungen werden; daß auftauchende Vorstellungen nicht, wie im Wachen, alle mit ihnen zusammenhängenden, im potentiellen Bewußtsein vorhandenen Vorstellungen aktuell machen, sondern daß große Massen hiervon unerregt bleiben (wie wenn wir mit einem Verstorbenen sprechen, ohne uns seines Todes zu erinnern); daß auch unvereinbare Vorstellungen zugleich bestehen können, ohne sich wie im Wachen wechselseitig zu hemmen; daß also die Assoziation mangelhaft und unvollständig erfolgt. Wir dürfen wohl annehmen, daß im tiefsten Schlafe diese Aufhebung des Zusammenhanges zwischen den psychischen Elementen eine noch vollständigere, komplette ist.

Demgegenüber löst im hellen Wachen jeder Willensakt die zugehörige Bewegung aus, die sensiblen Eindrücke werden zu Wahrnehmungen, die Vorstellungen assoziieren sich mit dem ganzen Besitze des potentiellen Bewußtseins. Das Gehirn ist dann eine im vollständigen inneren Zusammenhange arbeitende Einheit.

Es ist vielleicht nur eine Umschreibung dieser Tatsachen, wenn wir sagen, daß im Schlafe die Verbindungs- und Leitungsbahnen des Gehirnes für die Erregung der psychischen Elemente (Rindenzellen?) nicht, im Wachen aber vollständig gangbar sind.

Die Existenz dieser beiden verschiedenen Zustände der Leitungsbahnen wird verständlich wohl nur durch die Annahme, daß sie sich während des Wachens in tonischer Erregung befinden (interzellulärer Tetanus Exners[1]), daß diese tonische *intrazerebrale Erregung* ihre Leitungsfähigkeit bedingt und daß ihr Absinken und Schwinden eben den Zustand des Schlafes herstellt.

Wir hätten uns eine zerebrale Leitungsbahn nicht wie einen Telephondraht vorzustellen, der nur dann elektrisch erregt ist, wenn er fungieren, d. h. hier: ein Zeichen übertragen soll; sondern wie eine jener Telephonleitungen, durch welche konstant ein galvanischer Strom fließt und welche unerregbar werden, wenn dieser schwindet. – Oder, besser vielleicht, denken wir an eine viel verzweigte elektrische Anlage für Beleuchtung und motorische Kraftübertragung; es wird von dieser gefordert, daß jede Lampe und jede Kraftmaschine durch einfaches Herstellen eines Kontaktes in Funktion gesetzt werden könne. Um dies zu ermöglichen, zum Zwecke der Arbeitsbereitschaft, muß auch während funktioneller Ruhe in dem ganzen Leitungsnetze eine bestimmte Spannung bestehen, und zu

---

[1] [Exner (1894, S. 93).]

diesem Behufe muß die Dynamomaschine eine bestimmte Menge von Energie aufwenden. – Ebenso besteht ein gewisses Maß von Erregung in den Leitungsbahnen des ruhenden, wachen, aber arbeitsbereiten Gehirnes.[1]

Für diese Vorstellung spricht, daß das Wachen an sich, auch ohne Arbeitsleistung, ermüdet und Schlafbedürfnis erzeugt; es bedingt an sich schon einen Energieverbrauch.

Denken wir uns einen Menschen in gespannter, aber nicht ein einzelnes Sinnesgebiet betreffender Erwartung. Wir haben dann ein ruhendes, aber leistungsbereites Gehirn vor uns. Wir dürfen wohl annehmen, daß in diesem alle Leitungsbahnen auf das Maximum ihrer Leitfähigkeit eingestellt, in tonischer Erregung sind. Die Sprache nennt diesen Zustand bezeichnenderweise eben: Spannung. Die Erfahrung lehrt, wie anstrengend und er-

---

[1] Es sei erlaubt, hier in Kürze die Vorstellung anzudeuten, welche der obigen Ausführung zugrunde liegt. Wir denken uns gewöhnlich die sensiblen und sensorischen Nervenzellen als passive Aufnahmsapparate; mit Unrecht. Denn schon die Existenz des Assoziationsfasersystems beweist, daß auch von ihnen aus Erregung in Nervenfasern strömt. In einer Nervenfaser, welche per continuitatem oder contiguitatem zwei sensorische Zellen verbindet, muß ein Spannungszustand bestehen, wenn von beiden Zellen aus Erregung in sie einströmt. Dieser verhält sich zu der in einer, z. B. peripheren, motorischen Faser abströmenden Erregung wie hydrostatischer Druck zu der lebendigen Kraft strömenden Wassers oder wie elektrische Spannung zum elektrischen Strome. Sind alle Nervenzellen in einem Zustande mittlerer Erregung und erregen ihre nervösen Fortsätze, so bildet das ganze ungeheure Netz ein einheitliches Reservoir von »Nervenspannung«. Wir hätten also außer der potentiellen Energie, welche in dem chemischen Bestande der Zelle ruht, und jener uns unbekannten Form kinetischer Energie, welche im Erregungszustande der Faser abläuft, noch einen ruhenden Zustand von Nervenerregung anzunehmen, die *tonische Erregung* oder *Nervenspannung*. [Diese Fußnote und die entsprechende Stelle im Text oben scheinen der Grund dafür gewesen zu sein, daß Freud die Unterscheidung zwischen »freier« und »gebundener« psychischer Energie und die damit verbundene zwischen primärem und sekundärem System psychischen Geschehens Breuer zugeschrieben hat. In seinem Aufsatz ›Das Unbewußte‹ (1915e; *G. W.*, Bd. 10, S. 286 und Anm. 1 und S. 287; *Studienausgabe*, Bd. 3, S. 145 und Anm. 2 und S. 147) sowie in *Jenseits des Lustprinzips* (1920g; *G. W.*, Bd. 13, S. 25 f.; *Studienausgabe*, Bd. 3, S. 236 f.) leitet Freud diese Ideen ausdrücklich von Breuers Beitrag zu den *Studien* ab, allerdings ohne genauere Stellen anzugeben. Auch im V. Kapitel von *Jenseits des Lustprinzips* kommt Freud noch einmal auf Breuers »gebundene oder tonische Besetzung« zu sprechen (*G. W.*, Bd. 13, S. 36; *Studienausgabe*, Bd. 3, S. 244). Freud hatte dieses Konzept aber auch schon früher aufgenommen, nämlich im ›Entwurf‹ (gegen Ende des 1. Abschnitts des III. Teils, s. unten, S. 459 f.) sowie im VII. Kapitel der *Traumdeutung* (1900a; *G. W.*, Bd. 2/3, S. 604 ff.; *Studienausgabe*, Bd. 2, S. 568 ff.). S. auch die ›Editorische Einleitung‹ zur vorliegenden Arbeit, oben, S. 210.]

müdend dieser Zustand ist, in welchem doch keinerlei aktuelle motorische oder psychische Arbeit geleistet wurde.

Dies ist ein exzeptioneller Zustand, der eben des großen Energieverbrauches halber nicht lange ertragen wird. Aber auch der normale Zustand des hellen Wachens bedingt ein innerhalb nicht allzuweiter Grenzen schwankendes Ausmaß intrazerebraler Erregung; all den Abstufungen des Wachens bis zur Schläfrigkeit und zum wirklichen Schlaf entsprechen niedrigere Erregungsgrade.

Wirkliche Arbeitsleistung des Gehirnes bedingt gewiß einen größeren Energieverbrauch als die bloße Arbeitsbereitschaft (wie die oben zum Vergleiche angezogene elektrische Anlage eine größere Menge von elektrischer Energie in die Leitungen einströmen lassen muß, wenn viele Lampen oder Arbeitsmaschinen eingeschaltet werden). Bei normaler Funktion wird nicht mehr Energie frei, als sogleich in der Tätigkeit verbraucht wird. Das Gehirn verhält sich aber wie eine solche Anlage von begrenzter Leistungsfähigkeit, welche etwa nicht zu gleicher Zeit große Mengen von Licht und von mechanischer Arbeit herstellen könnte. Arbeitet die Kraftübertragung, so ist wenig Energie für die Beleuchtung verfügbar und umgekehrt. So sehen wir, daß es uns bei starker Muskelanstrengung unmöglich ist, andauernd nachzudenken, daß die Konzentration der Aufmerksamkeit auf ein Sinnesgebiet die Leistungsfähigkeit der anderen Hirnorgane absinken macht, daß also das Gehirn mit einer wechselnden, aber begrenzten Energiemenge arbeitet.

Die ungleichmäßige Verteilung der Energie wird wohl durch die »attentionelle Bahnung«[1] bedingt, indem die Leitungsfähigkeit der in Anspruch genommenen Bahnen erhöht wird, die der anderen absinkt und so im arbeitenden Gehirne auch die »intrazerebrale tonische Erregung« ungleichmäßig verteilt ist.[2]

Wir erwecken einen Schlafenden, d. h. wir steigern plötzlich das Quantum seiner tonischen intrazerebralen Erregung, indem wir einen lebhaften Sinnesreiz auf ihn wirken lassen. Ob dabei Veränderungen in dem zerebra-

---

[1] Exner [1894, S. 165].

[2] Die Auffassung der Energie des Zentralnervensystems als einer Quantität von schwankender und wechselnder Verteilung über das Gehirn ist alt. »La sensibilité«, sagte Cabanis [1802 (in 1824, Bd. 3, S. 153)], »semble se comporter à la manière d'un fluide dont la quantité totale est déterminée et qui, toutes les fois qu'il se jette en plus grande abondance dans un de ses canaux, diminue proportionnellement dans les autres.« (Zit. nach Janet, 1894, S. 277.)

len Blutkreislaufe wesentliche Glieder der Kausalkette sind, ob die Gefäße primär durch den Reiz erweitert werden oder ob dies die Folge der Erregung der Hirnelemente ist, das alles ist unentschieden. Sicher ist, daß der durch eine Sinnespforte eindringende Erregungszustand von da aus über das Hirn sich ausbreitet, diffundiert und alle Leitungswege in einen Zustand höherer Bahnung bringt.

Wie das spontane Erwachen vor sich geht, ob immer ein und derselbe Gehirnteil zuerst in den Zustand der Wacherregung tritt und diese von ihm aus sich verbreitet oder ob bald die eine, bald die andere Gruppe von Elementen als Erwecker fungiert, ist wohl noch völlig unklar.

Doch beweist das spontane Erwachen, welches ja auch in voller Ruhe und Finsternis ohne äußere Reize eintritt, daß die Entwicklung von Energie im Lebensprozesse der Hirnelemente selbst begründet ist.

Der Muskel bleibt, ungereizt, ruhig, auch wenn er noch so lange geruht und das Maximum von Spannkräften in sich angehäuft hat. Nicht so die Hirnelemente. Wir nehmen wohl mit Recht an, daß diese im Schlafe ihren Bestand restituieren und Spannkräfte sammeln. Ist das bis zu einem gewissen Grade geschehen, sozusagen ein gewisses Niveau erreicht, so strömt der Überschuß in die Leitungswege ab, bahnt sie und stellt die intrazerebrale Erregung des Wachens her.

Denselben Vorgang können wir in lehrreicher Weise im Wachen beobachten. Wenn das wache Gehirn längere Zeit in Ruhe verbleibt, ohne durch Funktion Spannkraft in lebendige Energie zu verwandeln, so tritt das Bedürfnis und der Drang nach Betätigung ein. Lange motorische Ruhe schafft das Bewegungsbedürfnis (zweckloses Herumlaufen der Tiere im Käfige) und ein peinliches Gefühl, wenn dies Bedürfnis nicht befriedigt werden kann. Mangel an Sinnesreizen, Finsternis, lautlose Stille wird zur Pein; geistige Ruhe, Mangel an Wahrnehmungen, Vorstellungen, an Assoziationstätigkeit erzeugen die Qual der Langeweile. Diese Unlustgefühle entsprechen einer »Aufregung«, einer Steigerung der normalen intrazerebralen Erregung.

Die vollständig restituierten Hirnelemente machen also auch in der Ruhe ein gewisses Maß von Energie frei, welches, funktionell nicht verwertet, die intrazerebrale Erregung steigert. Dies erzeugt ein Unlustgefühl. Solche entstehen immer, wenn ein Bedürfnis des Organismus nicht Befriedigung findet. Da die hier besprochenen schwinden, wenn das frei gewordene überschüssige Quantum von Erregung funktionell verwendet wird, so schließen wir, daß diese Wegschaffung des Erregungsüberschusses ein

Bedürfnis des Organismus sei, und treffen hier zum ersten Male auf die Tatsache, daß im Organismus die »*Tendenz zur Konstanterhaltung der intrazerebralen Erregung*« (Freud)[1] besteht.

Ein Überschuß davon belastet und belästigt, und es entsteht der Trieb, ihn zu verbrauchen. Ist ein Verbrauch durch Sinnes- oder Vorstellungstätigkeit nicht möglich, so strömt der Überschuß in zweckloser motorischer Aktion ab, im Aufundabgehen u. dgl., welches wir auch weiterhin als die häufigste Art der Entladung übergroßer Spannungen antreffen werden.

Es ist bekannt, wie groß die individuelle Verschiedenheit in dieser Hinsicht ist: wie sehr sich die lebhaften Menschen von den trägen, torpiden hierin unterscheiden; diejenigen, welche »nicht ruhig sitzen können«, von denen, die »ein angeborenes Talent zum Kanapeesitzen haben«; die geistig beweglichen von den stumpfen, welche ungemessene Zeiten geistiger Ruhe vertragen. Diese Verschiedenheiten, welche das »geistige Temperament« der Menschen ausmachen, beruhen gewiß auf tiefen Unterschieden ihres Nervensystems; auf dem Ausmaße, in welchem die funktionell ruhenden Hirnelemente Energie frei werden lassen.

Wir sprachen von einer Tendenz des Organismus, die tonische Hirnerregung konstant zu erhalten; eine solche ist uns doch nur verständlich, wenn wir einsehen können, welches Bedürfnis durch sie erfüllt wird. Wir begreifen die Tendenz, die mittlere Temperatur des Warmblüters konstant zu erhalten, weil wir sie erfahrungsgemäß als ein Optimum für die Funktion der Organe kennen. Und wir setzen ähnliches für die Konstanz des Wassergehaltes im Blute u. a. m. voraus. Ich glaube, man darf auch von der Höhe der intrazerebralen tonischen Erregung annehmen, daß sie ein *Optimum* habe. Auf diesem Niveau der tonischen Erregung ist das Gehirn zugänglich für alle äußeren Reize, die Reflexe sind gebahnt, aber nur in dem Ausmaße normaler reflektorischer Tätigkeit, der Besitz an Vorstel-

---

[1] [Hier wird anscheinend erstmals das von Freud formulierte »Konstanzprinzip« ausdrücklich erwähnt. Es war schon früher in zwei erst posthum veröffentlichten Arbeiten (1941*a* [1892] und 1940*d* [1892]) von ihm verwendet worden. Freud hat das Thema in einem anderen posthum publizierten Werk dann weiterentwickelt, nämlich in seinem ›Entwurf‹, der einige Monate nach dem Erscheinen der vorliegenden *Studien* niedergeschrieben wurde und in dem er die Hypothese als »das Prinzip der N[erven]-Trägheit« bezeichnet. (S. besonders Abschnitt 1 von Teil I des Werks, S. 388–90, unten.) Doch hatte er das Wesentliche schon in dem Vortrag (1893*b*) mitgeteilt, den er etwa zur Zeit der Veröffentlichung der ›Vorläufigen Mitteilung‹ (1893*a*) hielt (s. S. 192, oben). Das Thema wird ausführlicher in der ›Editorischen Einleitung‹, S. 207f. und S. 210f., oben, erörtert.]

lungen ist der Erweckung und Assoziation zugänglich in jenem gegenseitigen relativen Verhältnisse der einzelnen Vorstellungen, welches klarer Besonnenheit entspricht; es ist der Zustand bester Arbeitsbereitschaft. Schon jene gleichmäßige [s. S. 253] Erhöhung der tonischen Erregung, welche die »Erwartung« ausmacht, verändert die Verhältnisse. Sie macht hyperästhetisch für Sinnesreize, welche alsbald peinlich werden, und erhöht die Reflexerregbarkeit über das Nützliche (Schreckhaftigkeit). Gewiß ist dieser Zustand für manche Situationen und Zwecke nützlich; wenn er aber spontan, ohne solche Vorbedingungen, eintritt, so bessert er unsere Leistungsfähigkeit nicht, sondern schädigt sie. Wir nennen das im gewöhnlichen Leben »nervös sein«. – Bei der weitaus größeren Zahl der Formen von Erregungssteigerung handelt es sich aber um ungleichmäßige Übererregung, welche der Leistungsfähigkeit direkt abträglich ist. Wir bezeichnen das als »Aufregung«. Es ist nicht unbegreiflich, sondern in Analogie mit anderen Regulationen des Organismus, wenn in ihm das Bestreben besteht, das Optimum der Erregung festzuhalten und wieder zu erreichen, nachdem es überschritten worden ist.

Es sei erlaubt, hier nochmals auf den Vergleich mit einer elektrischen Beleuchtungsanlage zurückzugreifen. Auch die Spannung in dem Leitungsnetze einer solchen hat ein Optimum; wird dieses überschritten, so wird leicht die Funktion geschädigt, indem z. B. die Glühfäden rasch durchbrennen. Von der Schädigung der Anlage selbst durch Störung der Isolation und »kurzen Schluß« wird später noch die Rede sein.

B. Unsere Sprache, das Resultat der Erfahrung vieler Generationen, unterscheidet mit wundernswerter Feinheit jene Formen und Grade der Erregungssteigerung, welche der geistigen Tätigkeit noch nützlich sind [d. h. trotz Übersteigung des Optimums (vgl. vorletzten Abschnitt)], weil sie die freie Energie aller Hirnfunktionen gleichmäßig erhöhen, von jenen, welche dieselben beeinträchtigen, weil sie in ungleichmäßiger Weise die psychischen Funktionen teils erhöhen, teils hemmen.

Sie nennt die ersteren *Anregung*, die letzteren *Aufregung*. Ein interessantes Gespräch, Tee, Kaffee regen an; ein Streit, eine größere Dosis Alkohol regen auf. Während die Anregung nur den Trieb nach funktioneller Verwertung der gesteigerten Erregung wachruft, sucht sich die Aufregung in mehr [oder] weniger heftigen, ans Pathologische streifenden oder wirklich pathologischen Vorgängen zu entladen. Sie macht die psychisch-physische Grundlage der Affekte aus, und von diesen soll im folgenden die

Rede sein. Vorher sind aber noch physiologische, endogene Ursachen der Erregungssteigerung flüchtig zu berühren.

Solche sind zunächst die großen, physiologischen Bedürfnisse und Triebe des Organismus, der Sauerstoffhunger, der Nahrungshunger und der Durst. Da sich die Aufregung, welche sie setzen, mit bestimmten Empfindungen und Zielvorstellungen verknüpft, ist sie nicht so rein als Steigerung der Erregung zu beobachten wie die oben [s. S. 254 f.] besprochene, welche nur der Ruhe der Hirnelemente entspringt. Sie hat immer ihre besondere Färbung. Aber sie ist unverkennbar in der ängstlichen Aufregung der Dyspnoe, wie in der Unruhe des Hungernden.

Die Erregungssteigerung, welche diesen Quellen entfließt, ist bedingt durch die chemische Veränderung der Hirnelemente selbst, welche an Sauerstoff oder Spannkräften oder Wasser verarmen; sie fließt in präformierten motorischen Bahnen ab, welche zur Befriedigung des auslösenden Bedürfnisses führen; die Dyspnoe in den Anstrengungen der Atmung, Hunger und Durst im Aufsuchen und Erringen der Nahrung und des Wassers. Das Prinzip der Konstanz der Erregung tritt dieser Aufregung gegenüber kaum in Wirksamkeit; sind ja doch die Interessen, welchen die Erregungssteigerung hier dient, für den Organismus viel wichtiger als die Wiederherstellung normaler Funktionsverhältnisse des Gehirns. Zwar sieht man die Tiere der Menagerie vor der Fütterungsstunde aufgeregt hin und her laufen; aber dies mag wohl als ein Rest der präformierten motorischen Leistung, der Nahrungssuche, gelten, die nun durch die Gefangenschaft zwecklos geworden ist, nicht als ein Mittel, das Nervensystem von der Aufregung zu befreien.

Wenn die chemische Struktur des Nervensystems durch anhaltende Zufuhr fremder Stoffe dauernd abgeändert worden ist, so bedingt auch der Mangel an diesen Aufregungszustände, wie der Mangel der normalen Nährstoffe beim Gesunden; die Aufregung der *Abstinenz* von Narcoticis.

Den Übergang von diesen endogenen Erregungssteigerungen zu den psychischen Affekten im engeren Sinne bildet die sexuale Erregung und der sexuale Affekt. Als erstere, als vage, unbestimmte, ziellose Erregungssteigerung erscheint die Sexualität während der Pubertät. In weiterer Entwicklung bildet sich (normalerweise) eine feste Verbindung dieser endogenen, durch die Funktion der Geschlechtsdrüsen bedingten Erregungssteigerung mit der Wahrnehmung oder Vorstellung des andern Geschlechtes; ja, bei dem wunderbaren Phänomen des Verliebens in eine einzelne Person mit dieser Individualvorstellung. Diese tritt in Besitz der ganzen Quantität von Erregung, welche durch den Sexualtrieb frei gemacht wird; sie wird eine »affektive Vorstellung«. Das heißt: bei ihrem Aktuellwerden im Bewußtsein löst sie den Erregungszuwachs[1] aus, der eigentlich einer andern Quelle, den Geschlechtsdrüsen, entstammt.

Der Sexualtrieb ist gewiß die mächtigste Quelle von lange anhaltenden Erregungszuwächsen (und als solche, von Neurosen); diese Erregungssteigerung ist höchst ungleich über das Nervensystem verteilt. In ihren höheren Intensitätsgraden ist der Vorstellungsablauf gestört, der relative Wert der Vorstellungen abgeändert, im Orgasmus[2] des Sexualaktes erlischt das Denken fast vollständig.

Auch die Wahrnehmung, die psychische Verarbeitung der Sinnesempfindungen leidet; das sonst scheue und vorsichtige Tier wird blind und taub für die Gefahr. Dagegen steigert sich (mindestens beim Männchen) die Intensität des aggressiven Instinkts; das friedliche Tier wird gefährlich, bis sich die Erregung in den motorischen Leistungen des Sexualaktes entladet.

C. Eine ähnliche Störung des dynamischen Gleichgewichtes im Nervensystem, die ungleichmäßige Verteilung der gesteigerten Erregung, macht eben die psychische Seite der Affekte aus.

Weder eine Psychologie noch eine Physiologie der Affekte soll hier versystem, die ungleichmäßige Verteilung der gesteigerten Erregung, macht Erörterung finden, und zwar nur für die ideogenen Affekte, für jene, welche durch Wahrnehmungen und Vorstellungen hervorgerufen werden. (Lange[3] hat mit Recht wieder darauf hingewiesen, daß die Affekte fast ganz ebenso durch toxische Stoffe und, wie die Psychiatrie beweist, primär durch pathologische Veränderungen bedingt werden können wie durch Vorstellungen.)

Es bedarf gewiß keiner weiteren Begründung, daß alle jene Störungen des psychischen Gleichgewichtes, welche wir akute Affekte nennen, mit einer Erregungssteigerung einhergehen. (Bei den chronischen Affekten,

---

[1] [Vgl. den Kommentar zur Verwendung dieses Terminus in einer editorischen Anmerkung zu Freuds Vortrag (1893 *b*), oben, S. 193, Anm. 2.]

[2] [In den ersten beiden Auflagen der *Studien* wird dieses Wort korrekt wiedergegeben; in der 3. und 4. Auflage (1916 und 1922) erscheint statt dessen der Druckfehler »Organismus«.]

[3] Lange [1885, S. 62 ff.; deutsche Übersetzung:] *Über Gemütsbewegungen* (1887).

Kummer und Sorge, d. h. protrahierter Angst, besteht die Komplikation eines schweren Ermüdungszustandes, welcher die ungleichmäßige Verteilung der Erregung und damit die Gleichgewichtstörung bestehen läßt, ihre Höhe aber herabsetzt.) Aber diese gesteigerte Erregung kann nicht in psychischer Tätigkeit verwendet werden. Alle starken Affekte beeinträchtigen die Assoziation, den Vorstellungsablauf. Man wird »sinnlos« vor Zorn oder Schreck. Nur jene Vorstellungsgruppe, welche den Affekt erregt hat, persistiert im Bewußtsein mit höchster Intensität. So ist die Ausgleichung der Aufregung durch assoziative Tätigkeit unmöglich.

Aber die »aktiven«, »sthenischen« Affekte gleichen die Erregungssteigerung durch motorische Abfuhr aus. Das Jauchzen und Springen der Freude, der gesteigerte Muskeltonus des Zornes, die Zornrede und die vergeltende Tat lassen die Erregung in Bewegungsakten abströmen. Der psychische Schmerz entladet dieselbe in respiratorischen Anstrengungen und in einem sekretorischen Akte, Schluchzen und Weinen. Daß diese Reaktionen die Aufregung mindern und beruhigen, ist die Sache der täglichen Erfahrung. Wie schon bemerkt, drückt die Sprache dies in den Terminis »sich ausweinen, austoben« usw. aus[1]; was dabei ausgegeben wird, ist eben die gesteigerte zerebrale Erregung.

Nur einzelne dieser Reaktionen sind zweckmäßig, indem dadurch irgend etwas an der Sachlage geändert werden kann, wie durch die Zornestat und -rede. Die andern sind völlig zwecklos, oder vielmehr sie haben keinen anderen Zweck als die Ausgleichung der Erregungssteigerung und die Herstellung des psychischen Gleichgewichtes. Indem sie dies leisten, dienen sie der »Tendenz zur Konstanterhaltung der [intra]zerebralen Erregung«.

Den »asthenischen« Affekten des Schrecks und der Angst fehlt diese reaktive Entladung. Der Schreck lähmt ganz direkt die Motilität wie die Assoziation und ebenso die Angst, wenn die eine zweckmäßige Reaktion des Davonlaufens durch die Ursache des Angstaffektes und durch die Umstände ausgeschlossen ist. Die Erregung des Schrecks schwindet nur durch allmähliche Ausgleichung.

Der Zorn hat adäquate, der Veranlassung entsprechende Reaktionen. Sind diese unmöglich oder werden sie gehemmt, so treten Surrogate an ihre Stelle. Schon die Zornrede ist ein solches. Aber auch andere, ganz

---

[1] [Genau der gleiche Gedanke erscheint schon in der ›Vorläufigen Mitteilung‹ (1893*a*; *Studien*, S. 6; *G. W.*, Bd. 1, S. 87) und wurde in seinen Grundzügen auch von Freud in seinem Vortrag über diese Schrift (1893*b*, s. oben, S. 192) wiederholt.]

zwecklose Akte ersetzen diese. Wenn Bismarck vor dem Könige die zornige Aufregung unterdrücken muß, erleichtert er sich dann, indem er eine kostbare Vase zu Boden schmettert. Diese willkürliche Substitution eines motorischen Aktes durch einen andern entspricht ganz dem Ersatze der natürlichen Schmerzreflexe durch andere Muskelkontraktionen; der präformierte Reflex bei einer Zahnextraktion ist es, den Arzt wegzustoßen und zu schreien. Wenn wir statt dessen die Armmuskeln kontrahieren und die Stuhllehne pressen, so versetzen wir das durch den Schmerz ausgelöste Erregungsquantum von einer Muskelgruppe auf eine andere [vgl. *G. W.*, Bd. 1, S. 147]. Bei spontanem heftigen Zahnschmerze, der außer dem Ächzen ja keinen präformierten Reflex hat, strömt die Erregung in zwecklosem Hinundherlaufen ab. Ebenso transponieren wir die Erregung des Zornes von der adäquaten Reaktion auf andere und fühlen uns entlastet, wenn sie nur durch irgendeine starke motorische Innervation verbraucht wird.

Wenn dem Affekte eine solche Abfuhr der Erregung aber überhaupt versagt wird, dann ist die Sachlage die gleiche beim Zorne wie bei Schreck und Angst: die intrazerebrale Erregung ist gewaltig gesteigert, aber sie wird weder in assoziativer noch in motorischer Tätigkeit verbraucht. Beim normalen Menschen gleicht sich die Störung allmählich aus; bei manchen treten aber anomale Reaktionen auf, es bildet sich der »*anomale Ausdruck der Gemütsbewegungen*« (Oppenheim)[1].

3. Die hysterische Konversion

Es wird wohl kaum den Verdacht erregen, ich identifizierte die Nervenerregung mit der Elektrizität, wenn ich noch einmal auf den Vergleich mit einer elektrischen Anlage zurückkomme. Wenn in einer solchen die Spannung übergroß wird, so besteht die Gefahr, daß schwächere Stellen der Isolation durchbrochen werden. Es treten dann elektrische Erscheinungen an abnormen Stellen auf; oder, wenn zwei Drähte nebeneinander liegen, bildet sich ein »kurzer Schluß«. Da an diesen Stellen eine bleibende Veränderung gesetzt wird, kann die dadurch bedingte Störung immer wieder erscheinen, wenn die Spannung genügend gesteigert ist. Es hat eine abnorme »Bahnung« stattgefunden.

---

[1] [In Oppenheim (1890) findet sich diese Formulierung nicht; sondern nur »abnorme Erregbarkeit«, ein Ausdruck, den Breuer auch verwendet (s. z. B. oben, S. 249 f. u. ö.).]

Man kann wohl behaupten, daß die Verhältnisse des Nervensystems einigermaßen ähnliche sind. Es ist ein durchaus zusammenhängendes Ganzes; aber es sind an vielen Stellen große, doch nicht unüberwindbare Widerstände eingeschaltet, welche die allgemeine gleichmäßige Ausbreitung der Erregung verhindern. So geht im normalen wachen Menschen die Erregung des Vorstellungsorganes nicht auf die Perzeptionsorgane über, wir halluzinieren nicht [vgl. S. 248]. Die nervösen Apparate der lebenswichtigen Organkomplexe, der Zirkulation und Verdauung, sind, im Interesse der Sicherheit und Leistungsfähigkeit des Organismus, durch starke Widerstände von den Organen der Vorstellung getrennt, ihre Selbständigkeit ist gewahrt; sie sind direkt durch Vorstellungen nicht beeinflußt. Aber nur Widerstände von individuell verschiedener Stärke hindern den Übergang der intrazerebralen Erregung auf die Zirkulations- und Verdauungsapparate; zwischen dem heute seltenen Ideal des absolut nicht »nervösen« Menschen – dessen Herzaktion in jeder Lebenslage konstant bleibt und nur durch die zu leistende Arbeit beeinflußt wird, der in jeder Gefahr gleichmäßig guten Appetit hat und verdaut – und dem »nervösen« Menschen – dem jedes Ereignis Herzklopfen und Diarrhöe verursacht –, dazwischen stehen alle Abstufungen der affektiven Erregbarkeit.

Aber immerhin bestehen beim normalen Menschen Widerstände für den Übergang zerebraler Erregung auf die vegetativen Organe. Sie entsprechen der Isolation elektrischer Leitungen. An jenen Stellen, wo sie anomal gering sind, werden sie bei hochgespannter zerebraler Erregung durchbrochen, und diese, die Erregung des Affektes, geht auf das periphere Organ über. Es entsteht der »anomale Ausdruck der Gemütsbewegung«.

Von den beiden eben genannten Bedingungen hierfür ist die eine schon ausführlich erörtert worden. Es ist ein hoher Grad intrazerebraler Erregung, dem sowohl die Ausgleichung durch Vorstellungsablauf wie die durch motorische Abfuhr versagt ist; oder der zu hoch ist, als daß die letztere genügen könnte.

Die andere Bedingung ist abnorme Schwäche der Widerstände in einzelnen Leitungsbahnen. Sie kann in der originären Beschaffenheit des Menschen liegen (angeborene Disposition); sie kann bedingt sein durch langdauernde Erregungszustände, welche sozusagen das Gefüge des Nervensystems lockern und alle Widerstände herabsetzen (Disposition der Pubertät); durch schwächende Einflüsse, Krankheit, Unterernährung usw. (Disposition der Erschöpfungszustände). Der Widerstand einzelner Leitungswege kann herabgesetzt werden durch vorhergehende Erkrankung des betreffenden Organes, wodurch die Wege zum und vom Gehirne gebahnt wurden. Ein krankes Herz unterliegt dem Einflusse des Affektes stärker als ein gesundes. »Ich habe einen Resonanzboden im Unterleibe«, sagte mir eine an chronischer Parametritis leidende Frau, »was geschieht, erweckt meinen alten Schmerz.« – (Disposition durch lokale Erkrankung.)

Die motorischen Akte, in welchen sich normalerweise die Erregung der Affekte entladet, sind geordnete, koordinierte, wenn auch oft zwecklose. Aber die übergroße Erregung kann die Koordinationszentren umgehen oder durchbrechen und in elementaren Bewegungen abströmen. Beim Säugling sind, außer dem respiratorischen Akte des Schreiens, nur solche inkoordinierte Muskelkontraktionen, Bäumen und Strampeln, Wirkung und Ausdruck des Affektes. Mit fortschreitender Entwicklung gelangt die Muskulatur immer mehr unter die Herrschaft der Koordination und des Willens. Aber jener Opisthotonus, welcher das Maximum motorischer Anstrengung der gesamten Körpermuskulatur darstellt, und die klonischen Bewegungen des Zappelns und Strampelns bleiben das Leben hindurch die Reaktionsform für die maximale Erregung des Gehirnes; für die rein physische des epileptischen Anfalles wie für die Entladung maximaler Affekte als mehr oder minder epileptoider Krampf. (Der rein motorische Teil des hysterischen Anfalles.)

Solche abnorme Affektreaktionen gehören zwar zur Hysterie; aber sie kommen auch außerhalb dieser Krankheit vor; sie bezeichnen einen mehr [oder] minder hohen Grad von Nervosität, nicht die Hysterie. Als hysterisch darf man solche Phänomene erst dann bezeichnen, wenn sie nicht als Folgen eines hochgradigen, aber objektiv begründeten Affektes, sondern scheinbar spontan als Krankheitserscheinung auftreten. Für diese haben viele Beobachtungen und so auch die unserigen nachgewiesen, daß sie auf Erinnerungen beruhen, welche den ursprünglichen Affekt erneuern. Oder besser: *erneuern würden, wenn nicht eben jene Reaktionen schon einmal entstanden wären.*

Wohl bei allen geistig regsameren Menschen rinnt, bei psychischer Ruhe, leise ein Strom von Vorstellungen und Erinnerungen durch das Bewußtsein; meist mit so geringer Lebhaftigkeit der Vorstellungen, daß sie keine Spur im Gedächtnisse hinterlassen und man dann nicht sagen kann, wie die Assoziation stattgefunden hat. Taucht aber eine Vorstellung auf, die ursprünglich mit einem starken Affekte verbunden war, so erneuert sich dieser in größerer oder geringerer Intensität. Die so »affektiv betonte« Vorstellung tritt dann hell und lebhaft ins Bewußtsein. Die Stärke des Affektes, welchen eine Erinnerung auslösen kann, ist sehr verschieden, je nach dem Maße, in welchem sie den verschiedenen »usurierenden« Einflüssen ausgesetzt war. Vor allem, je nachdem der ursprüngliche Affekt »abreagiert« worden war. Wir haben in der ›Vorläufigen Mitteilung‹ darauf hingewiesen[1], in wie verschiedenem Grade z. B. der Affekt des Zornes über eine Beleidigung durch die Erinnerung wachgerufen wird, wenn diese Beleidigung vergolten oder wenn sie stumm geduldet worden ist. War der psychische Reflex bei der ursprünglichen Veranlassung wirklich erfolgt, so löst die Erinnerung ein viel geringeres Erregungsquantum aus.[2] Wenn nicht, so drängt die Erinnerung immer wieder die scheltenden Worte auf die Lippen, welche damals unterdrückt wurden und welche der psychische Reflex jenes Reizes gewesen wären.

Hat sich der ursprüngliche Affekt nicht in dem normalen, sondern in einem »abnormen Reflexe« entladen, so wird auch dieser durch die Erinnerung wieder ausgelöst; die von der affektiven Vorstellung ausgehende Erregung wird in ein körperliches Phänomen *»konvertiert«*. (Freud.)[3]

---

[1] [Vgl. *Studien*, S. 6; *G. W.*, Bd. 1, S. 87. Vgl. auch Freud (1893 *h*), S. 192–94, oben.]

[2] Der Trieb der Rache, der beim Naturmenschen so mächtig ist und durch die Kultur mehr verkleidet als unterdrückt wird, ist überhaupt nichts als die Erregung eines nicht ausgelösten Reflexes. Eine Schädigung im Kampfe abzuwehren und dabei den Gegner zu schädigen ist der adäquate, präformierte, psychische Reflex. Ist er infolge oder ungenügend vollzogen worden, so wird er durch die Erinnerung immer wieder ausgelöst, und es entsteht der »Rachetrieb« als irrationaler Willensimpuls wie alle »Triebe«. Beweis hierfür ist eben seine Irrationalität, seine Unabhängigkeit von allem Nutzen und aller Zweckmäßigkeit, ja sein Sieg über alle Rücksichten der eigenen Sicherheit. Sobald der Reflex ausgelöst worden ist, kann diese Irrationalität ins Bewußtsein treten.

> »Ein anderes Antlitz, bevor sie geschehen,
> ein anderes trägt die vollbrachte Tat.«

[Schiller, *Die Braut von Messina*, III. Akt, 5. Szene. Die erste Zeile endet korrekt: » ... eh' sie geschehen«.]

[3] [Freud ist am Anfang seiner Schrift ›Zur Geschichte der psychoanalytischen Bewegung‹ (1914 *d*) auf die Nennung seines Namens hier im Text kurz eingegangen. Er meint, Breuer scheine damit der Priorität für diesen Teil der Theorie, Freud, zuerkennen zu wollen. »Ich glaube«, fährt er fort, »daß sich diese Zuteilung nur auf die Namengebung bezieht, während sich die Auffassung uns gleichzeitig und gemeinsam ergeben hat.« Freud selbst benutzt den Terminus »Konversion« in seiner Krankengeschichte der Frau Emmy von N. (s. *Studien*, S. 73; *G. W.*, Bd. 1, S. 142). Der erste *veröffentlichte* Text, in dem der Terminus »Konversion« auftaucht, scheint jedoch Freuds erste Arbeit über ›Die Abwehr-Neuropsychosen‹ (1894 *a*; *G. W.*, Bd. 1, S. 63) zu sein.]

Ist durch oftmalige Wiederholung dieser abnorme Reflex vollständig gebahnt worden, so kann sich, wie es scheint, die Wirksamkeit der auslösenden Vorstellungen darin so vollständig erschöpfen, daß der Affekt selbst nur in minimaler Stärke oder gar nicht entsteht; dann ist die »*hysterische Konversion*« vollständig. Die Vorstellung aber, welche nun nicht mehr psychische Wirkungen hat, kann von dem Individuum übersehen oder ihr Auftauchen alsbald wieder vergessen werden, wie es bei andern, affektlosen Vorstellungen geschieht.

Ein solches Ersetzen der zerebralen Erregung, welche eine Vorstellung bedingen sollte, durch eine Erregung peripherer Bahnen wird vielleicht annehmbarer durch die Erinnerung an das umgekehrte Verhalten beim Ausbleiben eines präformierten Reflexes. Ich wähle ein höchst triviales Beispiel, den Nießreflex. Wenn ein Reiz auf der Nasenschleimhaut diesen präformierten Reflex aus irgendeinem Grunde nicht auslöst, so entsteht bekanntermaßen ein Gefühl von Erregung und Spannung. Es ist die Erregung, welche auf den motorischen Bahnen nicht abströmen kann und nun, jede andere Tätigkeit hemmend, über das Gehirn sich verbreitet. Dieses banalste Beispiel bietet doch das Schema für den Vorgang beim Ausbleiben auch der kompliziertesten psychischen Reflexe. Die oben [s. S. 264, Anm. 2] besprochene Aufregung des Rachetriebes ist wesentlich dasselbe; und bis in die höchsten Sphären menschlicher Leistungen können wir den Prozeß verfolgen. Goethe wird mit einem Erlebnisse nicht fertig, bis er es in dichterischer Tätigkeit erledigt hat. Bei ihm ist dies der präformierte Reflex eines Affektes, und solange dieser sich nicht vollzogen hat, besteht die peinliche gesteigerte Erregung.

Die intrazerebrale Erregung und der Erregungsvorgang in peripheren Bahnen sind reziproke Größen; die erstere wächst, wenn und solange ein Reflex nicht ausgelöst wird, sie sinkt und schwindet, wenn sie sich in periphere Nervenerregung umgesetzt hat. So scheint es auch nicht unverständlich, daß kein merkbarer Affekt entsteht, wenn die Vorstellung, welche ihn veranlassen sollte, unmittelbar einen abnormen Reflex auslöst und in diesem die entstehende Erregung sogleich abströmt. Die »hysterische Konversion« ist dann vollständig; die ursprünglich intrazerebrale Erregung des Affektes ist in den Erregungsvorgang peripherer Bahnen umgewandelt worden; die ursprünglich affektive Vorstellung ruft jetzt nicht mehr den Affekt, sondern nur den abnormen Reflex hervor.[1]

---

[1] Ich möchte den Vergleich mit einer elektrischen Anlage nicht zu Tode hetzen; bei der

Wir sind damit einen Schritt weitergekommen, über den »abnormen Ausdruck der Gemütsbewegungen« hinaus. Das hysterische Phänomen (abnormer Reflex) erscheint auch intelligenten und gut beobachtenden Kranken nicht als ideogen, weil die veranlassende Vorstellung nicht mehr affektiv betont und nicht mehr vor anderen Vorstellungen und Erinnerungen ausgezeichnet ist; es erscheint als rein somatisches Phänomen, scheinbar ohne psychologische Wurzel.

Wodurch wird nun die Entladung der Affekterregung determiniert, so daß eben der eine abnorme Reflex geschaffen wird und nicht irgendein beliebiger anderer? Unsere Beobachtungen beantworten diese Frage für viele Fälle dahin, daß auch diese Entladung dem »Prinzipe des geringsten Widerstandes« folgt und auf jenen Bahnen geschieht, deren Widerstände schon durch konkurrierende Umstände herabgesetzt worden sind. Dahin gehört der schon früher besprochene Fall, daß ein bestimmter Reflex durch somatische Krankheit bereits gebahnt ist; z. B. wenn jemand oft an Kardialgie leidet, wird diese auch durch den Affekt hervorgerufen. – Oder ein Reflex ist dadurch gebahnt, daß die betreffende Muskelinnervation im Momente des ursprünglichen Affektes willkürlich intendiert wurde; so strebt Anna O. (Beobachtung I) [s. oben, S. 236 f.] im Schreckaffekte den durch Drucklähmung bewegungslosen rechten Arm zu strecken, um die Schlange abzuwehren; von da an wird der Tetanus des rechten Armes durch den Anblick aller schlangenähnlichen Dinge hervorgerufen. Oder sie konvergiert im Affekte stark mit den Augen, um die Uhrzeiger zu erkennen [s. S. 237], und nun wird der Strabismus convergens einer der Reflexe dieses Affektes usf.

Es ist dies die Wirkung der Gleichzeitigkeit, welche ja auch unsere normale Assoziation beherrscht[1]; es ruft jede Sinneswahrnehmung eine andere wieder ins Bewußtsein, welche ursprünglich zugleich mit ihr aufgetre-

---

fundamentalen Verschiedenartigkeit der Verhältnisse kann er ja die Vorgänge im Nervensysteme kaum illustrieren und gewiß nicht erklären. Aber hier mag noch an den Fall erinnert werden, daß durch hohe Spannung die Isolation der Leitung einer Beleuchtungsanlage gelitten habe und an einer Stelle ein »kurzer Schluß« hergestellt sei. Treten nun an dieser Stelle elektrische Phänomene auf (Erwärmung, z. B. kurze Funken oder dgl.), so leuchtet die Lampe nicht, zu welcher die Leitung führt; wie der Affekt nicht entsteht, wenn die Erregung als abnormer Reflex abströmt, in ein somatisches Phänomen konvertiert wird.

[1] [Vgl. hierzu eine Passage in Freuds ›Entwurf‹ aus dem Jahre 1895, S. 411, unten, sowie eine editorische Anmerkung über die Assoziationsgesetze, S. 433, Anm. 1, unten.]

ten war (das Schulbeispiel vom Gesichtsbilde und dem Blöken des Schafes u. dgl.).

Wenn nun mit dem ursprünglichen Affekte gleichzeitig ein lebhafter Sinneseindruck bestanden hatte, so wird dieser vom erneuten Affekte wieder hervorgerufen, und zwar, da es sich dabei um die Entladung übergroßer Erregung handelt, nicht als Erinnerung, sondern als Halluzination. Fast alle unsere Beobachtungen bieten hierfür Beispiele. Ein solches ist es auch, wenn eine Frau einen schmerzlichen Affekt durchlebt, während sie von einer Periostitis heftigen Zahnschmerz hat, und nun jede Erneuerung dieses Affektes, ja die Erinnerung daran eine Infraorbitalneuralgie hervorruft u. dgl. mehr.[1]

Dies ist die Bahnung abnormer Reflexe nach den allgemeinen Gesetzen der Assoziation. Manchmal aber (freilich nur bei höheren Graden von Hysterie) liegen zwischen dem Affekte und seinem Reflexe wirkliche Reihen von assoziierten Vorstellungen; das ist die *Determinierung durch Symbolik*.[2] Es sind oft lächerliche Wortspiele, Klangassoziationen, welche den Affekt und seinen Reflex verbinden, aber das geschieht nur in traumhaften Zuständen mit verminderter Kritik und liegt schon außerhalb der hier betrachteten Gruppe von Phänomenen.

In sehr vielen Fällen bleibt die Determinierung unverständlich, weil unser Einblick in den psychischen Zustand und unsere Kenntnis der Vorstellungen, welche bei der Entstehung des hysterischen Phänomens aktuell waren, oft höchst unvollständig ist. Aber wir dürfen annehmen, daß der Vorgang demjenigen nicht ganz unähnlich sein wird, der uns in günstigeren Fällen klar ist.

Die Erlebnisse, welche den ursprünglichen Affekt auslösten, dessen Erregung dann in ein somatisches Phänomen konvertiert wurde, bezeichneten wir als *psychische Traumen* und die so entstandenen Krankheitserscheinungen als *hysterische Symptome traumatischen Ursprungs*. (Die Bezeichnung »traumatische Hysterie« ist ja bereits für Phänomene ver-

---

[1] [Breuer bezieht sich hier auf Freuds Patientin Frau Cäcilie M., deren Fall ausschnittsweise am Schluß der Krankengeschichte von Fräulein Elisabeth von R. in den *Studien über Hysterie* (*Studien*, S. 154 ff.; *G. W.*, Bd. 1, S. 244 ff.) dargestellt wird. Das hier erwähnte Symptom wird dort auf den Seiten 245–48 bzw. 155–57 ausführlicher geschildert. Die Patientin, die offenbar sowohl von Breuer als auch von Freud behandelt worden war, wird weiter unten (S. 291 und S. 297) nochmals erwähnt. Freud spielte auch in seinem Vortrag (1893 *b*), oben, S. 190, auf sie an.]

[2] [Vgl. wiederum Freuds ›Entwurf‹, S. 440 f., unten, sowie die Kommentare und Querverweise in der editorischen Anm. 2, S. 440.]

geben, welche als Folgen körperlicher Verletzungen, Traumen im engsten Sinne, einen Teil der »traumatischen Neurose« ausmachen.)

In vollkommener Analogie mit der Entstehung traumatisch bedingter hysterischer Phänomene steht die hysterische Konversion jener psychischen Erregung, welche nicht äußeren Reizen, nicht der Hemmung normaler psychischer Reflexe, sondern der Hemmung des Assoziationsablaufes entspringt.

Das elementare Beispiel und Paradigma hierfür liefert die Erregung, welche dadurch entsteht, daß uns ein Name nicht einfällt, daß wir ein Rätsel nicht lösen können u. dgl. Wird uns der Name oder das Wort des Rätsels gesagt, so schwindet die Erregung, indem sich die Assoziationskette schließt, geradeso wie beim Schlusse einer Reflexkette. Die Stärke der Erregung, welche von der Stockung einer Assoziationsreihe ausgeht, ist proportional dem Interesse, welches dieselbe für uns hat, d. h. dem Ausmaße, in welchem sie den Willen bewegt. Da aber beim Suchen nach einer Lösung des Problems oder dgl. immer eine große, wenn auch erfolglose Arbeit geleistet wird, findet auch starke Erregung ihre Verwendung und drängt nicht zur Entladung, wird darum auch nie pathogen.

Wohl aber geschieht das, wenn der Assoziationsablauf dadurch gehemmt wird, daß gleichwertige Vorstellungen *unvereinbar* miteinander sind; wenn z. B. neue Gedanken mit festgewurzelten Vorstellungskomplexen in Konflikt geraten. Solcher Natur ist die Pein des religiösen Zweifels, der so viele Menschen unterliegen und noch viel mehr unterlagen. Auch hierbei steigt die Erregung und damit der psychische Schmerz, das Unlustgefühl zu bedeutender Höhe nur dann, wenn ein Willensinteresse des Individuums dabei ins Spiel kommt, wenn der Zweifelnde sich in seinem Glücke, seinem Seelenheile bedroht glaubt.

Dies ist aber immer der Fall, wenn der Konflikt besteht zwischen dem festen, anerzogenen Komplexe der moralischen Vorstellungen und der Erinnerung an eigene Handlungen oder auch nur Gedanken, welche damit unvereinbar sind: die *Gewissensqual*. Das Willensinteresse, Freude an der eigenen Persönlichkeit zu haben, mit ihr zufrieden zu sein, tritt dabei in Aktion und steigert die Erregung der Assoziationshemmung aufs höchste. Daß solcher Konflikt unvereinbarer Vorstellungen pathogen wirkt, ist Sache der täglichen Erfahrung. Es handelt sich meist um Vorstellungen und Vorgänge des sexualen Lebens: um Masturbation bei moralisch empfindlichen Adoleszenten, um das Bewußtsein der Neigung zu einem fremden Manne bei einer sittenstrengen Frau. Ja, sehr oft genügt das erste Auftauchen sexualer Empfindungen und Vorstellungen an sich schon, um durch den Konflikt mit der festgewurzelten Vorstellung von sittlicher Reinheit einen hochgradigen Erregungszustand zu schaffen.[1] Diesem entspringen gewöhnlich psychische Folgen; pathologische Verstimmung, Angstzustände (Freud [1895 b]). Manchmal wird aber durch konkurrierende Umstände ein anomales somatisches Phänomen determiniert, in welchem sich die Erregung entladet: Erbrechen, wenn das Gefühl moralischer Beschmutzung ein physisches Ekelgefühl erzeugt; eine Tussis nervosa wie bei Anna O. (Beobachtung I) [s. oben, S. 237 f., S. 241], wenn die Gewissensangst Glottiskrampf hervorruft u. dgl.[2]

Die Erregung, welche durch sehr lebhafte und durch unvereinbare Vorstellungen erzeugt wird, hat eine normale, adäquate Reaktion: die Mitteilung durch die Rede. Wir finden den Drang danach in komischer Übertreibung in der Geschichte vom Barbier des Midas, der sein Geheimnis ins Schilf hineinruft[3]; wir finden ihn als eine der Grundlagen einer großartigen historischen Institution in der katholischen Ohrenbeichte. Die Mitteilung erleichtert, sie entladet die Spannung auch dann, wenn sie nicht gegen den Priester geschieht und nicht von der Absolution gefolgt ist. Wird der Erregung dieser Ausweg versperrt, so konvertiert sie sich manchmal in ein somatisches Phänomen ebenso wie die Erregung traumatischer Affekte, und wir können die ganze Gruppe hysterischer Erscheinungen, welche diesen Ursprung haben, mit Freud als *hysterische Retentionsphänomene* bezeichnen.[4]

---

[1] Vgl. für diesen Punkt einige interessante Mitteilungen und Bemerkungen Benedikts (1889), wiederabgedruckt in der Schrift *Hypnotismus und Suggestion*, 1894 (S. 51 und ff.).

[2] Ich finde in Machs *Bewegungsempfindungen* [1875] eine Bemerkung, an welche hier wohl erinnert werden darf: »Es hat sich bei den beschriebenen (Schwindel-)Versuchen wiederholt gezeigt, daß ein Ekelgefühl sich hauptsächlich dann einstellte, wenn es schwer war, die Bewegungsempfindungen mit den optischen Eindrücken in Einklang zu bringen. Es sah so aus, als ob ein Teil des vom Labyrinth ausgehenden Reizes gezwungen worden wäre, die optischen Bahnen, die ihm durch einen anderen Reiz verschlossen waren, zu verlassen und ganz andere Bahnen einzuschlagen. ... Auch beim Versuche, Stereoskopbilder mit starken Differenzen zu kombinieren, habe ich wiederholt ein Ekelgefühl beobachtet.« Das ist geradezu das physiologische Schema für die Entstehung pathologischer, hysterischer Phänomene durch die Koexistenz lebhafter, unvereinbarer Vorstellungen.

[3] [»König Midas hat Eselsohren!«]

[4] [In den veröffentlichten Schriften Freuds taucht der Terminus »Retentionshysterien« erstmals in seiner ersten Arbeit über die Abwehr-Neuropsychosen (1894 a; *G. W.*, Bd. 1,

Die bisherige Darlegung des psychischen Entstehungsmechanismus hysterischer Phänomene steht dem Vorwurfe offen, daß sie schematisiere und den Vorgang einfacher darstelle, als er in Wirklichkeit ist. Damit sich bei einem gesunden, nicht originär neuropathischen Menschen ein richtiges hysterisches Symptom ausbilde, mit seiner scheinbaren Unabhängigkeit von der Psyche, seiner selbständigen somatischen Existenz, müssen *fast immer mehrfache Umstände konkurrieren.*

Der[1] folgende Fall mag als Beispiel dieser Kompliziertheit des Vorganges dienen: Ein zwölfjähriger Knabe, früher an Pavor nocturnus leidend und Sohn eines sehr nervösen Vaters, kam eines Tages unwohl aus der Schule. Er klagte über Schlingbeschwerden, d. h. er konnte nur mit Schwierigkeit schlucken, und über Kopfschmerz. Der Hausarzt nahm eine Angina als Ursache an. Aber auch nach mehreren Tagen besserte sich der Zustand nicht. Der Junge wollte nicht essen, erbrach, als man ihn dazu verhielt, schleppte sich müde und lustlos herum, wollte immer zu Bette liegen und kam körperlich sehr herab. Als ich ihn nach fünf Wochen sah, machte er den Eindruck eines scheuen, verschlossenen Kindes, und ich gewann die Überzeugung, der Zustand habe eine psychische Begründung. Auf drängende Fragen gab er eine banale Ursache an, einen strengen Verweis des Vaters, der offenbar nicht die wirkliche Grundlage der Erkrankung war. Auch aus der Schule war nichts zu erfahren. Ich versprach, später in der Hypnose die Mitteilung zu erzwingen. Doch das wurde unnötig. Als ihn die kluge und energische Mutter einmal hart anließ, begann er unter einem Tränenstrome zu erzählen. Er war damals auf dem Heimwege von der Schule in ein Pissoir getreten, und dort hatte ihm ein Mann den Penis hingehalten mit der Aufforderung, ihn in den Mund zu nehmen. Er war voll Schreck weggelaufen, und es war ihm sonst nichts geschehen. Aber von dem Augenblicke an war er krank. Von dem Momente der Beichte an wich der Zustand völliger Gesundheit. – Um das Phänomen der

S. 61) auf. Der Begriff wird auch kurz in Freuds klinischen Beiträgen zu den *Studien über Hysterie* (*Studien*, S. 141 und S. 150; *G. W.*, Bd. 1, S. 228 und S. 239) erwähnt und ausführlicher in seinem Kapitel zur Psychotherapie erörtert (*Studien*, S. 250 ff.; *G. W.*, Bd. 1, S. 288 ff.; *Studienausgabe*, Ergänzungsband, S. 78–80). An der zuletzt angeführten Stelle läßt Freud erkennen, daß der Terminus von ihnen beiden, Freud und Breuer, gemeinsam geprägt wurde, erhebt jedoch Zweifel an der Tauglichkeit der Begriffe »Retentionshysterie« und »Hypnoidhysterie« und äußert seinen Verdacht, daß auf dem Grunde beider als primärer Faktor (»das Primäre«) »ein Stück Abwehr zu finden ist, welches den ganzen Vorgang ins Hysterische gedrängt hat«.]

[1] [Dieser Abschnitt erschien in den ersten vier Auflagen der *Studien* in Kleindruck.]

Anorexie, der Schlingbeschwerden, des Erbrechens zu erzeugen, brauchte es hier mehrerer Faktoren: die angeborene nervöse Artung, den Schreck, das Hereinbrechen des Sexualen in seiner brutalsten Form in das Kindergemüt, und als determinierendes Moment die Ekelvorstellung. Ihre Dauer verdankte die Erkrankung dem Verschweigen, wodurch der Erregung die normale Abfuhr versagt wurde.

So wie in diesem Falle, so müssen immer mehrere Faktoren zusammenwirken, damit bei einem bisher Gesunden ein hysterisches Symptom sich bilde; dieses ist immer »*überdeterminiert*« nach dem Ausdrucke Freuds.[1]

Als solche *Überdeterminierung* kann es auch gelten, wenn derselbe Affekt durch mehrere, wiederholte Anlässe hervorgerufen wird. Der Kranke und die Umgebung beziehen das hysterische Symptom nur auf den letzten Anlaß, der aber meist nur zur Erscheinung gebracht hat, was durch andere Traumen schon fast vollständig geleistet war.

Ein[2] junges Mädchen hatte ihren ersten hysterischen Anfall, an den sich dann eine Reihe anderer schlossen, als ihr im Dunkel eine Katze auf die Schulter sprang. Es schien einfache Schreckwirkung. Genauere Erforschung ergab aber, daß das auffallend schöne und übel behütete siebzehnjährige Mädchen in letzter Zeit Gegenstand vielfacher, mehr [oder] minder brutaler Nachstellungen gewesen und dadurch selbst in sexuale Erregung geraten war. (Disposition.) Auf derselben dunklen Treppe war sie einige Tage vorher von einem jungen Manne überfallen worden, dessen Angriffe[n] sie sich mit Not entzog. Dies war das eigentliche psychische Trauma, dessen Wirkung durch die Katze nur manifest wurde. Aber in wie vielen Fällen gilt so eine Katze für vollständig genügende causa efficiens?

Für solche Durchsetzung der Konversion durch Wiederholung des

---

[1] [Dies scheint die erste Stelle in den veröffentlichten Schriften zu sein, wo dieser Terminus auftaucht, der dann auch von Freud selbst in seinem Schlußkapitel zu den *Studien über Hysterie* (*Studien*, S. 229; *G. W.*, Bd. 1, S. 261; *Studienausgabe*, Ergänzungsband, S. 56) verwendet wird. An etwas späterer Stelle benutzt Freud dort den synonymen Ausdruck »überbestimmt« (*Studien*, S. 255; *G. W.*, Bd. 1, S. 294; *Studienausgabe*, Ergänzungsband, S. 83), der bereits in seiner Monographie über die Aphasie (1891*b*, S. 76) in einer Passage über den Spracherwerb vorkommt; die betreffende Stelle wurde als Auszug im editorischen Anhang C zu der Schrift ›Das Unbewußte‹ (1915*e*) (*Studienausgabe*, Bd. 3, S. 169f.) nachgedruckt. Es ist freilich unwahrscheinlich, daß der Gedanke der mehrfachen Verursachung nicht auch früher schon von anderen Autoren in ähnlichen Worten formuliert worden sein sollte.]

[2] Ich verdanke diesen Fall Herrn Assistenten Dr. Paul Karplus. [Auch diese kurze Fallschilderung erschien in den ersten vier Auflagen der *Studien* in Kleindruck.]

Affektes ist nicht immer eine Mehrzahl von äußeren Anlässen nötig; oft genügt auch die Erneuerung des Affektes in der Erinnerung, wenn diese alsbald nach dem Trauma, bevor sich der Affekt abgeschwächt hat, in rascher, häufiger Wiederholung erfolgt. Es genügt das, wenn der Affekt ein sehr mächtiger war; so ist es bei den traumatischen Hysterien im engeren Wortsinne.

In den Tagen nach einem Eisenbahnunglücke z. B. wird im Schlafe und im Wachen die Schreckensszene wieder durchlebt, immer mit der Erneuerung des Schreckaffektes, bis endlich nach dieser Zeit »psychischer Ausarbeitung« (Charcot)[1] oder *Inkubation* die Konvertierung in ein somatisches Phänomen zustande gekommen ist. (Allerdings wirkt hierbei noch ein Faktor mit, der später zu besprechen ist.)

Aber gewöhnlich unterliegt die affektive Vorstellung alsbald der Usur, all jenen in der ›Vorläufigen Mitteilung‹ berührten Einflüssen[2], die sie nach und nach ihres Affektwertes berauben. Ihr Wiederauftauchen bedingt ein immer geringeres Maß von Erregung, und damit verliert die Erinnerung die Fähigkeit, zur Herstellung eines somatischen Phänomens beizutragen. Die Bahnung des abnormen Reflexes verliert sich, und der status quo ante stellt sich damit wieder her.

Die usurierenden Einflüsse sind aber sämtlich Leistungen der Assoziation, des Denkens, Korrektur durch andere Vorstellungen. Diese wird unmöglich, wenn die Affektvorstellung dem »Assoziationsverkehr« entzogen wird; und in solchem Falle behält dieselbe ihren ganzen Affektwert. Indem sie bei jeder Erneuerung immer wieder die ganze Erregungssumme des ursprünglichen Affektes frei macht, wird die damals begonnene Bahnung eines abnormen Reflexes endlich vollzogen oder die damals zustande gekommene erhalten und stabilisiert. Das Phänomen hysterischer Konversion ist dann vollständig für die Dauer etabliert.

Wir kennen aus unseren Beobachtungen zwei Formen solchen Ausschlusses von Affektvorstellungen aus der Assoziation.

Die erste ist die »*Abwehr*«, die willkürliche Unterdrückung peinlicher Vorstellungen, durch welche sich der Mensch in seiner Lebensfreude oder

---

[1] [Ein deutsches Äquivalent für Charcots »élaboration«; vgl. Charcot (1888, Bd. 1, S. 99). Das Vorkommen eines solchen Inkubations-Intervalls war eine der Besonderheiten in Beobachtung IV – Freuds Patientin Katharina in den *Studien über Hysterie* (vgl. *Studien*, S. 115; *G.W.*, Bd. 1, S. 195).]

[2] [Vgl. *Studien*, S. 6; *G.W.*, Bd. 1, S. 87f. S. auch Freuds Vortrag (1893*b*), oben, S. 191–94, sowie eine Stelle in Teil III des ›Entwurfs‹ von 1895, unten, S. 470.]

in seiner Selbstachtung bedroht fühlt. Freud hat in seiner Mitteilung über ›Abwehr-Neuropsychosen‹ (1894[a]) und in den hier vorliegenden Krankengeschichten über diesen Vorgang gesprochen, der gewiß eine sehr hohe pathologische Bedeutung hat.

Es ist wohl nicht verständlich, wieso eine Vorstellung willkürlich aus dem Bewußtsein verdrängt werden kann[1]; aber wir kennen den entsprechenden positiven Vorgang: die Konzentration der Aufmerksamkeit auf eine Vorstellung, genau und können ebensowenig sagen, wie wir ihn vollziehen.

Vorstellungen nun, von denen sich das Bewußtsein abwendet, über die nicht gedacht wird, bleiben auch der Usur entzogen und behalten ihren Affektbetrag ungemindert.

Wir haben weiter gefunden, daß eine andere Art von Vorstellungen der Usur durch das Denken entzogen bleibt, nicht weil man sie nicht erinnern

---

[1] [Der Terminus »verdrängt« taucht in den veröffentlichten Schriften erstmals in der von Breuer und Freud gemeinsam verfaßten ›Vorläufigen Mitteilung‹ (1893a; *Studien*, S. 8; *G.W.*, Bd. 1, S. 89) auf, und zwar schon hier in der späteren, psychoanalytischen Bedeutung. In Freuds Vortrag aus dem gleichen Jahre (1893b) ist er nicht zu finden. Breuer und Freud verwendeten das Verdrängungskonzept, wenn auch nicht unter dieser Bezeichnung, auch schon in ihrem gemeinsamen, erst posthum veröffentlichten Entwurf (1940d [1892]), der im November 1892, nur etwa einen Monat vor der ›Vorläufigen Mitteilung‹, entstand. In Freuds eigenen veröffentlichten Schriften taucht der Terminus erstmals in seiner ersten Arbeit über ›Die Abwehr-Neuropsychosen‹ (1894a) auf – eben in der Arbeit, auf die Breuer sich im obigen Text kurz zuvor bezogen hat (vgl. *G.W.*, Bd. 1, S. 64). Zu dieser Zeit wurde der Begriff »Verdrängung« praktisch synonym mit dem der »Abwehr« verwendet, so z. B. im gemeinsamen ›Vorwort zur ersten Auflage‹ der *Studien über Hysterie* (S. 217, oben). Das Wort »Abwehr« erscheint jedoch in der ›Vorläufigen Mitteilung‹ nicht; es taucht erstmals bei Freud (1894a; *G.W.*, Bd. 1, S. 61) auf und wird von ihm durchgehend neben dem Terminus »Verdrängung« in seinen späteren Beiträgen zu den *Studien über Hysterie* benutzt. Auch Breuer verwendet die beiden Termini an späteren Stellen wieder (vgl. unten, S. 294 f. und S. 304 f.). – In den frühen Arbeiten (wie z. B. hier) erscheint der Terminus »verdrängt« stellenweise in Verbindung mit dem Adverb »willkürlich« oder »absichtlich«. Dies wird von Freud an einer Stelle (1894a) näher erläutert, wo er in bezug auf den Verdrängungsakt feststellt, daß er »durch eine Willensanstrengung eingeleitet wird, deren Motiv man angeben kann« (*G. W.*, Bd. 1, S. 61). Die Ausdrücke »absichtlich« oder »willkürlich« verweisen demnach lediglich auf die Motiviertheit des Vorgangs, nicht notwendig auf eine *bewußte* Absicht. Im Gegenteil beschreibt Freud nur wenig später, nämlich zu Beginn seines zweiten Artikels über die ›Abwehr-Neuropsychosen‹ (1896b), den psychischen Mechanismus der Abwehr ausdrücklich als »unbewußt« (*G. W.*, Bd. 1, S. 379). – Weitere Bemerkungen zum Ursprung des Begriffs der Verdrängung findet der Leser in der ›Editorischen Einleitung‹, oben, S. 209.]

will, sondern weil man es nicht *kann*; weil sie in Zuständen ursprünglich aufgetaucht sind und mit Affekt belehnt wurden, für die im wachen Bewußtsein Amnesie besteht, in hypnotischen und hypnoseähnlichen Zuständen. Diese letzteren scheinen von höchster Bedeutung für die Lehre von der Hysterie zu sein und darum eine etwas eingehendere Besprechung zu verdienen.[1]

4. Hypnoide Zustände

Als wir in der ›Vorläufigen Mitteilung‹ den Satz aussprachen: Grundlage und Bedingung der Hysterie ist die Existenz von hypnoiden Zuständen[2], übersahen wir, daß Möbius 1890 bereits ganz dasselbe gesagt hatte. »Die Voraussetzung des (pathogenen) Wirkens der Vorstellungen ist eine angeborene, d.h. die hysterische Anlage einerseits und ein besonderer Gemütszustand andererseits. Von diesem Gemütszustande kann man sich nur eine unklare Vorstellung machen. Er muß dem hypnotischen ähnlich sein, er muß einer gewissen Leere des Bewußtseins entsprechen, in der einer auftauchenden Vorstellung von seiten anderer kein Widerstand entgegengesetzt wird, in der sozusagen der Thron für den ersten besten frei ist. Wir wissen, daß ein solcher Zustand außer durch Hypnotisierung durch Gemütserschütterung (Schreck, Zorn usw.) und durch erschöpfende Einflüsse (Schlaflosigkeit, Hunger usw.) herbeigeführt werden kann.«[3]

Die Frage, deren annähernde Lösung Möbius hiermit zunächst versuchte, ist die nach der Entstehung somatischer Phänomene durch Vorstellungen. Er erinnert dabei an die Leichtigkeit, mit welcher eine solche in der Hypnose stattfindet, und hält die Wirkung der Affekte für analog. Unsere einigermaßen abweichende Anschauung über diese Affektwirkung ist oben [S. 259 ff.] ausführlich dargelegt worden. Ich brauche darum hier

---

[1] Wenn hier und später von Vorstellungen die Rede ist, die aktuell, wirksam und doch unbewußt sind, so handelt es sich dabei nur selten um einzelne Vorstellungen (wie etwa die halluzinierte große Schlange Anna O.s, welche die Kontraktur auslöst); fast immer um Vorstellungskomplexe, um Verbindungen, um Erinnerungen an äußere Vorgänge und eigene Gedankengänge. Die in solchen Vorstellungskomplexen enthaltenen Einzelvorstellungen werden gelegentlich alle bewußt gedacht. Nur die bestimmte Kombination ist aus dem Bewußtsein verbannt.

[2] [*Studien*, S. 9; *G. W.*, Bd. 1, S. 91.]

[3] Möbius, ›Über Astasie-Abasie‹ ([1890, im Nachdruck von] 1894, S. 17).

nicht weiter auf die Schwierigkeit einzugehen, welche darin liegt, daß Möbius beim Zorne eine »Leere des Bewußtseins«[1] annimmt (die beim Schreck und bei der protrahierten Angst allerdings besteht), und wie schwer es überhaupt ist, den Erregungszustand des Affektes mit der Ruhe der Hypnose zu analogisieren. Wir werden aber auf die Sätze Möbius', die, wie ich meine, eine wichtige Wahrheit enthalten, später [S. 279] zurückkommen.

Für uns liegt die Wichtigkeit der hypnoseähnlichen, »hypnoiden« Zustände außerdem und vor allem in der Amnesie und in ihrer Fähigkeit, jene später zu besprechende Spaltung der Psyche zu bedingen, welche für die »große Hysterie« von fundamentaler Bedeutung ist. Diese Wichtigkeit legen wir ihnen auch jetzt noch bei. Doch muß ich unseren Satz wesentlich einschränken. Die Konversion, die ideogene Entstehung somatischer Phänomene vollzieht sich auch außerhalb der hypnoiden Zustände, und für die Bildung von Vorstellungskomplexen, die vom Assoziationsverkehre ausgeschlossen sind, hat Freud in der willkürlichen Amnesie der Abwehr eine zweite, von den hypnoiden Zuständen unabhängige Quelle gefunden. Aber, mit dieser Einschränkung, meine ich noch immer, diese letzteren seien Ursache und Bedingung vieler, ja der meisten großen und komplizierten Hysterien.

Zu den hypnoiden Zuständen zählen natürlich vor allem die wirklichen Autohypnosen, die sich von den artifiziellen nur durch ihre spontane Entstehung unterscheiden. Wir finden sie bei manchen voll entwickelten Hysterien in wechselnder Häufigkeit und mit verschiedener Dauer, oft in raschestem Alternieren mit dem Zustande des normalen Wachens abwechselnd.[2] Ihres traumhaften Vorstellungsinhaltes wegen können sie oft den Namen des Delirium hystericum verdienen. Im Wachen besteht für die inneren Vorgänge dieser Zustände eine mehr oder minder vollständige Amnesie, während sie in der artifiziellen Hypnose vollständig erinnert werden. Die psychischen Resultate dieser Zustände, die darin gebildeten Assoziationen, sind eben durch die Amnesie jeder Korrektur im wachen Denken entzogen. Und da in der Autohypnose die Kritik und Kontrolle durch andere Vorstellungen herabgesetzt und meist fast ganz geschwunden ist, so können ihr die verrücktesten Wahnvorstellungen entstammen

---

[1] Vielleicht meint Möbius mit dieser Bezeichnung nichts anderes als die Hemmung des Vorstellungsablaufes, welche beim Affekt allerdings besteht, wenn auch aus durchaus anderen Ursachen entspringend als bei der Hypnose.

[2] Beobachtung I und II [›Frl. Anna O...‹ und ›Frau Emmy v. N...‹].

und sich lange intakt erhalten. So entsteht eine etwas kompliziertere irrationale »symbolische Beziehung zwischen der Veranlassung und dem pathologischen Phänomen«[1], welche ja oft auf den lächerlichsten Klangähnlichkeiten und Wortassoziationen beruht, fast nur in solchen Zuständen. Die Kritiklosigkeit derselben bedingt es, daß ihnen so häufig Autosuggestionen entspringen, z. B. wenn nach einem hysterischen Anfalle eine Lähmung zurückbleibt. Aber, vielleicht zufälligerweise, sind wir in unseren Analysen kaum jemals auf diese Entstehung eines hysterischen Phänomens gestoßen. Wir fanden diese immer, auch in der Autohypnose, durch denselben Vorgang bedingt wie außerhalb derselben, durch die Konvertierung einer Affekterregung.

Diese »hysterische Konversion« vollzieht sich in der Autohypnose jedenfalls leichter als im Wachen, wie ja auch in der artifiziellen Hypnose Suggestivvorstellungen sich als Halluzinationen und Bewegungen soviel leichter körperlich realisieren. Aber der Vorgang der Erregungskonversion ist doch im Wesen derselbe, wie er oben dargelegt worden ist. Hat er einmal stattgefunden, so wiederholt sich das somatische Phänomen, wenn Affekt und Autohypnose wieder zusammentreffen. Und es scheint, daß der hypnotische Zustand dann durch den Affekt selbst hervorgerufen werde. So bleibt zunächst, solange die Hypnose mit vollem Wachen rein alterniert, das hysterische Symptom auf den hypnotischen Zustand beschränkt und wird durch die Wiederholung in diesem verstärkt; die veranlassende Vorstellung bleibt aber vor der Korrektur durch das wache Denken und seine Kritik geschützt, weil sie eben im klaren Wachen gar nie auftaucht.

So blieb bei Anna O. (Beobachtung I) die Kontraktur des rechten Armes, die sich in der Autohypnose mit dem Angstaffekte und der Vorstellung der Schlange assoziiert hatte, durch vier Monate auf die Momente des hypnotischen (oder – wenn man für Absencen von sehr kurzer Dauer diesen Namen unpassend findet – des hypnoiden) Zustandes beschränkt, wiederholte sich aber häufig. Dasselbe geschah mit anderen in dem Hypnoidzustande vollzogenen Konversionen, und so bildete sich in vollkommener Latenz jener große Komplex von hysterischen Phänomenen, der in die Erscheinung trat, als der hypnoide Zustand andauernd wurde. [Vgl. S. 223 bis 228, oben.]

Im hellen Wachen treten so entstandene Phänomene erst dann auf, wenn

---

[1] [Siehe die ›Vorläufige Mitteilung‹ (1893*a*; *Studien*, S. 3; *G.W.*, Bd. 1, S. 83.]

sich die später [S. 281 ff.] zu besprechende Spaltung der Psyche vollzogen hat und an die Stelle des Alternierens zwischen Wach- und Hypnoidzustand die Koexistenz der normalen und der hypnoiden Vorstellungskomplexe getreten ist.

Bestehen solche hypnoide Zustände schon vor der Erkrankung, und wie kommen sie zustande? Ich weiß hierüber wenig zu sagen, denn wir verfügen über keine andere Beobachtung, außer über den Fall Anna O., die darüber Aufschluß geben könnte. Bei dieser Kranken scheint es sicher, daß die Autohypnose vorbereitet war durch habituelle Träumerei und daß sie dann völlig hergestellt wurde durch einen Affekt protrahierter Angst, der ja selbst einen hypnoiden Zustand begründet. Es scheint nicht unwahrscheinlich, daß dieser Vorgang allgemeinere Geltung hat.

Sehr verschiedenartige Zustände bedingen »Geistesabwesenheit«, aber nur einige davon disponieren zur Autohypnose oder gehen direkt in solche über. Der in ein Problem versunkene Forscher ist wohl auch bis zu einem gewissen Grade anästhetisch und bildet aus großen Gruppen von Sinnesempfindungen keine bewußten Wahrnehmungen; ebenso wie der mit Lebhaftigkeit phantastisch Dichtende (»Privattheater« Anna O.s [s. S. 239]). Aber in diesen Zuständen wird energisch psychische Arbeit geleistet; die frei werdende Erregung des Nervensystems wird in dieser verbraucht. – In der Zerstreutheit, dem Hindämmern hingegen sinkt die intrazerebrale Erregung unter das Niveau des hellen Wachens; diese Zustände grenzen an die Schläfrigkeit und gehen in Schlaf über. Wenn aber in solchen Zuständen des »Versunkenseins« und bei gehemmtem Vorstellungsablauf eine Gruppe von affektiv betonten Vorstellungen lebendig ist, so schafft sie ein hohes Niveau der intrazerebralen Erregung, welche nicht durch psychische Arbeit verbraucht wird und für anomale Leistungen, für die Konversion, verfügbar ist.

So ist weder die »Geistesabwesenheit« bei energischer Arbeit noch der affektlose Dämmerzustand pathogen, wohl aber die mit Affekt erfüllte Träumerei und der Ermüdungszustand protrahierter Affekte. Das Brüten des Bekümmerten, die Angst desjenigen, der am Krankenbette eines teuren Menschen wacht, die verliebte Träumerei sind solche Zustände. Die Konzentration auf die affektive Vorstellungsgruppe bedingt zuerst die »Abwesenheit«. Allmählich verlangsamt sich der Vorstellungsablauf, um endlich fast zu stagnieren; aber die affektive Vorstellung und ihr Affekt bleiben lebendig und damit auch die große Quantität funktionell nicht verbrauchter Erregung. Die Ähnlichkeit der Verhältnisse mit den Bedingungen der Hypnose scheint unverkennbar. Auch der zu Hypnotisierende darf nicht wirklich einschlafen, d. h. seine intrazerebrale Erregung darf nicht auf das Niveau des Schlafes absinken; aber der Vorstellungsablauf muß gehemmt werden. Dann steht der suggerierten Vorstellung die ganze Erregungsmasse zur Verfügung.

So dürfte die pathogene Autohypnose bei manchen Menschen entstehen, indem der Affekt in die habituelle Träumerei eintritt. Es ist das vielleicht einer der Gründe dafür, daß wir in der Anamnese der Hysterie so oft den beiden großen pathogenen Faktoren begegnen: der Verliebtheit und der Krankenpflege. Die erstere schafft mit dem sehnsuchtsvollen Gedanken an den abwesenden Geliebten die »Entrückung«, das Verdämmern der umgebenden Realität und dann das affekterfüllte Stillestehen des Denkens; die Krankenpflege stellt durch die äußere Ruhe, die Konzentration auf ein Objekt, das Horchen auf die Atemzüge des Kranken geradezu dieselben Bedingungen her wie viele Hypnotisierungsmethoden und füllt den so entstandenen Dämmerzustand mit dem Affekte der Angst. Vielleicht unterscheiden sich diese Zustände nur quantitativ von wirklichen Autohypnosen und gehen in solche über.

Ist das einmal geschehen, so wiederholt sich der hypnoseähnliche Zustand durch dieselben Umstände immer wieder, und das Individuum hat dann statt der normalen zwei Seelenzustände deren drei: Wachen, Schlaf und Hypnoid, wie wir es auch bei häufiger Wiederholung tiefer artifizieller Hypnose beobachten.

Ich weiß nicht zu sagen, ob sich die spontanen hypnotischen Zustände auch ohne solches Eingreifen des Affektes entwickeln können, als Resultate originärer Anlage; ich halte das aber für sehr wahrscheinlich. Wenn wir sehen, wie verschieden bei den gesunden und kranken Menschen die Fähigkeit zu artifizieller Hypnose ist, wie leicht sie bei manchen eintritt, liegt die Vermutung nahe, daß sie bei solchen auch spontan vorkomme. Und die Anlage hierzu ist vielleicht notwendig dafür, daß die Träumerei sich in Autohypnose verwandle. Ich bin also weit davon entfernt, den Entstehungsmechanismus, den uns Anna O. kennen gelehrt hat, bei allen Hysterischen vorauszusetzen.

Ich spreche von hypnoiden Zuständen statt von Hypnose selbst, weil diese in der Entwicklung der Hysterie so wichtigen Zustände sehr schlecht abgegrenzt sind. Wir wissen nicht, ob die Träumerei, die oben als Vorstadium der Autohypnose bezeichnet wurde, nicht selbst schon dieselbe pathogene Leistung vollbringen kann wie diese und ob es protrahierter

Angstaffekt nicht ebenfalls tut. Vom Schreck ist das sicher. Indem er den Vorstellungsablauf hemmt, während doch eine affektive Vorstellung (der Gefahr) sehr lebhaft ist, steht er in vollem Parallelismus mit der affekterfüllten Träumerei; und indem die immer erneute Erinnerung diesen Seelenzustand immer wieder herstellt, entsteht ein »Schreckhypnoid«, in welchem die Konversion durchgesetzt oder stabilisiert wird; das Inkubationsstadium der »traumatischen Hysterie« sensu stricto.

Da so verschiedene, aber im wichtigsten Punkte übereinstimmende Zustände sich der Autohypnose anreihen, so empfiehlt sich der Ausdruck »*Hypnoid*«, der diese innere Ähnlichkeit hervorhebt. Er resumiert jene Anschauung, die Möbius in den oben [S. 275] zitierten Sätzen vertreten hat.

Vor allem aber bezeichnet er die Autohypnose selbst, deren Wichtigkeit für die Entstehung hysterischer Phänomene beruht auf der Erleichterung der Konversion, dem Schutze der konvertierten Vorstellungen vor der Usur (durch die Amnesie) und der schließlich daraus erwachsenden psychischen Spaltung.

Wenn nun ein körperliches Symptom durch eine Vorstellung verursacht ist und durch diese immer wieder ausgelöst wird, so sollte man erwarten, daß intelligente und der Selbstbeobachtung fähige Kranke dieses Zusammenhanges sich bewußt wären; daß sie es erfahrungsgemäß wüßten, das somatische Phänomen komme zugleich mit der Erinnerung an einen bestimmten Vorgang. Der innere Kausalnexus freilich ist ihnen unbekannt; aber wir alle wissen doch immer, welche Vorstellung uns weinen oder lachen oder erröten macht, wenn uns auch der nervöse Mechanismus dieser ideogenen Phänomene nicht entfernt klar ist. – Manchmal nun beobachten die Kranken den Zusammenhang wirklich und sind sich seiner bewußt; eine Frau sagt z. B., der leichte hysterische Anfall (Zittern und Herzklopfen etwa) stamme von einer großen Gemütsaufregung und wiederhole sich nur bei jedem daran erinnernden Vorgange. Von sehr vielen, wohl der Mehrzahl der hysterischen Symptome gilt das aber nicht. Auch intelligente Kranke wissen nicht, daß sie im Gefolge einer Vorstellung eintreten, und halten sie für selbständige körperliche Phänomene. Wäre dies anders, so müßte die psychische Theorie der Hysterie schon ein ehrwürdiges Alter haben.

Es liegt nun nahe zu glauben, die betreffenden Krankheitserscheinungen seien zwar ursprünglich ideogen entstanden; die Wiederholung habe sie aber, um den Rombergschen Ausdruck zu brauchen, dem Körper

»eingebildet«[1], und nun beruhten sie nicht mehr auf einem psychischen Vorgange, sondern auf den unterdes entstandenen Veränderungen des Nervensystems; sie seien selbständige, echt somatische Symptome geworden. Von vornherein ist diese Anschauung weder unmöglich noch unwahrscheinlich. Aber ich glaube, das Neue, welches unsere Beobachtungen für die Lehre von der Hysterie bringen, liegt eben in dem Nachweise, daß sie – mindestens in sehr vielen Fällen – unzutreffend ist. Wir sahen, daß die verschiedensten hysterischen Symptome nach jahrelangem Bestande »sogleich und ohne Wiederkehr verschwanden, wenn es gelungen war, die Erinnerung an den veranlassenden Vorgang zu voller Helligkeit zu erwecken, damit [auch] den begleitenden Affekt wachzurufen, und wenn [dann] der Kranke den Vorgang in möglichst ausführlicher Weise schilderte und dem Affekte Worte gab«.[2] Die hier erzählten Krankengeschichten geben einige Belege für diese Behauptung. »In Umkehrung des Satzes: cessante causa cessat effectus[3] dürfen wir wohl aus diesen Beobachtungen schließen, der veranlassende Vorgang (d. h. die Erinnerung daran) wirke [in irgendeiner Weise] noch nach Jahren fort, nicht indirekt durch Vermittlung einer Kette von kausalen Zwischengliedern, sondern unmittelbar als auslösende Ursache, wie etwa ein im wachen Bewußtsein erinnerter psychischer Schmerz noch in später Zeit die Tränensekretion hervorruft: der Hysterische leide größtenteils an Reminiszenzen.«[4]

Wenn dies aber der Fall ist, wenn die Erinnerung an das psychische Trauma, nach Art eines Fremdkörpers, lange Zeit nach seinem Eindringen noch als gegenwärtig wirkendes Agens gelten muß und doch der Kranke von diesen Erinnerungen und ihrem Auftauchen kein Bewußtsein hat, so müssen wir zugestehen, daß *unbewußte Vorstellungen* existieren und wirken.

Wir finden aber solche bei der Analyse der hysterischen Phänomene nicht bloß vereinzelt, sondern müssen anerkennen, daß wirklich, wie die

---

[1] [Romberg (1840), S. 192.]

[2] [Vgl. die ›Vorläufige Mitteilung‹ (1893 a; *Studien*, S. 4; *G. W.*, Bd. 1, S. 85), wo dieser Text durch Sperrdruck hervorgehoben ist und die hier in eckige Klammern gesetzten Wörter stehen, die in Breuers Selbstzitat fehlen.]

[3] [»Mit Beendigung der Ursache endet auch die Wirkung.«]

[4] [›Vorläufige Mitteilung‹ (1893 a; *Studien*, S. 5; *G. W.*, Bd. 1, S. 86), wo der Schluß des Satzes nach dem Doppelpunkt gesperrt gedruckt ist; den Zusatz in runden Klammern hat Breuer beim Zitieren hinzugefügt, den in eckige Klammern gesetzten Satzteil weggelassen.]

verdienstvollen französischen Forscher gezeigt haben[1], große Komplexe von Vorstellungen und verwickelte, folgenreiche psychische Prozesse bei manchen Kranken völlig unbewußt bleiben und mit dem bewußten psychischen Leben koexistieren; daß eine Spaltung der psychischen Tätigkeit vorkommt und daß diese fundamentale Wichtigkeit hat für das Verständnis komplizierter Hysterien.

Es sei gestattet, auf dieses schwierige und dunkle Gebiet etwas einzugehen; die Notwendigkeit, den Sinn der gebrauchten Ausdrücke festzustellen, mag die theoretisierende Auseinandersetzung einigermaßen entschuldigen.

5. Unbewußte und bewußtseinsunfähige Vorstellungen
Spaltung der Psyche

Wir nennen jene Vorstellungen bewußt, von denen wir wissen. Es besteht beim Menschen die wunderbare Tatsache des Selbstbewußtseins; wir können Vorstellungen, die in uns auftauchen und einander folgen, wie Objekte betrachten und beobachten. Dies geschieht nicht immer, da ja zur Selbstbeobachtung selten Anlaß ist. Aber es ist eine allen Menschen eigene Fähigkeit, denn jeder sagt: ich habe das und das gedacht. Jene Vorstellungen, die wir als in uns lebendig beobachten oder beobachten würden, wenn wir darauf acht hätten, nennen wir bewußte. Das sind in jedem Zeitmomente nur sehr wenige; und wenn außer diesen noch andere aktuell sein sollten, müßten wir sie *unbewußte* Vorstellungen nennen.

Für die Existenz aktueller, aber unbewußter oder unterbewußter Vorstellungen zu sprechen scheint kaum mehr nötig.[2] Es sind Tatsachen des alltäglichsten Lebens. Wenn ich einen ärztlichen Besuch zu machen vergessen habe, fühle ich lebhafte Unruhe. Ich weiß aus Erfahrung, was diese Empfindung bedeutet: ein Vergessen. Vergebens prüfe ich meine Erinnerungen, ich finde die Ursache nicht, bis sie mir oft nach Stunden plötzlich ins Bewußtsein tritt. Aber die ganze Zeit über bin ich unruhig. Also ist die Vorstellung dieses Besuches immer wirksam, also auch immer vorhanden, aber nicht im Bewußtsein. – Ein beschäftigter Mann hat morgens einen

---

[1] [So z. B. Charcot, Binet sowie Pierre und Jules Janet. Vgl. die ›Vorläufige Mitteilung‹ (1893a; *Studien*, S. 9; *G. W.*, Bd. 1, S. 91) sowie die späteren Stellen (unten, S. 287 und S. 299), an denen Breuer auf die Beobachtungen dieser Autoren zurückkommt.]
[2] [Vgl. die editorischen Anmerkungen, S. 242, Anm. 2, und S. 85, Anm. 1.]

Verdruß gehabt. Sein Amt nimmt ihn ganz in Anspruch; während der Tätigkeit ist sein bewußtes Denken völlig beschäftigt, und er denkt nicht an seinen Ärger. Aber seine Entscheidungen werden davon beeinflußt, und er sagt wohl nein, wo er sonst ja sagen würde. Also ist die Erinnerung trotzdem wirksam, also vorhanden. Ein großer Teil dessen, was wir Stimmung nennen, stammt aus solcher Quelle, aus Vorstellungen, die unter der Schwelle des Bewußtseins existieren und wirken. – Ja, unsere ganze Lebensführung wird fortwährend von unterbewußten Vorstellungen beeinflußt. Wir sehen täglich, wie bei geistigem Verfall, z. B. im Beginne einer Paralyse, die Hemmungen schwächer werden und schwinden, die sonst manche Handlungen verhindern. Aber der Paralytiker, der jetzt vor Frauen Zoten spricht, ist in gesunden Tagen davon nicht durch bewußte Erinnerung und Überlegung abgehalten worden. Er mied es »instinktiv« und »automatisch«, d. h. er wurde durch Vorstellungen davon abgehalten, welche der Impuls zu solcher Handlung wachrief, die aber unter der Bewußtseinsschwelle blieben und doch den Impuls hemmten. – Alle intuitive Tätigkeit ist geleitet durch Vorstellungen, die großenteils unterbewußt sind. Es werden eben nur die hellsten, intensivsten Vorstellungen vom Selbstbewußtsein wahrgenommen, während die große Masse aktueller, aber schwächerer Vorstellungen unbewußt bleibt.

Was gegen die Existenz und Wirksamkeit »unbewußter Vorstellungen« eingewendet wird, erscheint großenteils als Wortschikane. Gewiß ist »Vorstellung« ein Wort aus der Terminologie des bewußten Denkens und darum »unbewußte Vorstellung« ein widerspruchsvoller Ausdruck. Aber der physische Prozeß, welcher der Vorstellung zugrunde liegt, ist inhaltlich und formal (wenn auch nicht quantitativ) derselbe, ob die Vorstellung über die Schwelle des Bewußtseins tritt oder darunter bleibt. Es genügte, einen Terminus zu bilden wie etwa »Vorstellung[s]substrat«, um den Widerspruch zu meiden und jenem Vorwurfe zu entgehen.

Es scheint also kein prinzipielles Hindernis dafür vorhanden, daß man unbewußte Vorstellungen auch als Ursachen pathologischer Phänomene anerkenne. Aber bei näherem Eingehen in die Sache ergeben sich andere Schwierigkeiten. Wenn sonst die Intensität unbewußter Vorstellungen anwächst, treten sie eo ipso ins Bewußtsein. Sie bleiben unbewußt nur bei geringer Intensität. Es scheint aber schwer einzusehen, wie eine Vorstellung zugleich intensiv genug sein sollte, um z. B. eine lebhafte motorische Aktion hervorzurufen, und doch nicht genug, um bewußt zu werden.

Ich habe schon [oben, S. 263 f.] eine Anschauung erwähnt, welche vielleicht nicht kurz von der Hand gewiesen werden sollte. Die Helligkeit unserer Vorstellungen und damit ihre Fähigkeit, vom Selbstbewußtsein beobachtet zu werden, bewußt zu sein, ist mitbedingt von dem Lust- oder Unlustgefühle, welches sie erwecken, von ihrem Affektwerte.[1] Wenn eine Vorstellung eine lebhafte somatische Folge unmittelbar auslöst, so strömt die Erregung in die betreffende Bahn ab, welche sonst, von ihr ausgehend, im Gehirne sich verbreiten würde, und eben deshalb, *weil* sie körperliche Folgen hat, weil eine *Konversion* ihrer psychischen Reizgröße in somatische stattgefunden hat, verliert sie die Helligkeit, welche sie sonst in dem Strome der Vorstellungen auszeichnen würde; sie verliert sich unter den anderen.

Es hat z. B. jemand während des Essens einen heftigen Affekt gehabt und nicht »abreagiert«. In der Folge tritt beim Versuche zu essen Würgen und Erbrechen auf, welches dem Kranken als rein körperliches Symptom erscheint. Es besteht durch längere Zeit hysterisches Erbrechen, welches schwindet, nachdem in der Hypnose der Affekt erneuert, erzählt und darauf reagiert wurde. Unzweifelhaft ist durch den Versuch zu essen jedesmal jene Erinnerung wachgerufen worden und hat den Brechakt ausgelöst. Aber sie tritt nicht klar ins Bewußtsein, weil sie nun affektlos ist, während das Erbrechen die Aufmerksamkeit vollkommen absorbiert.

Es ist denkbar, daß aus diesem Grunde manche Vorstellungen, welche hysterische Phänomene auslösen, nicht als Ursache derselben erkannt werden. Aber ein solches Übersehen affektlos gewordener, weil konvertierter Vorstellungen kann unmöglich die Ursache davon sein, wenn in anderen Fällen Vorstellungskomplexe nicht ins Bewußtsein treten, welche nichts weniger als affektlos sind. In unseren Krankengeschichten sind mehrfache Beispiele dafür beigebracht.

Bei solchen Kranken ist es Regel, daß die Stimmungsveränderung, Ängstlichkeit, zornige Gereiztheit, Trauer dem Auftreten des somatischen Symptoms vorhergeht oder ihm alsbald folgt, um anzuwachsen, bis entweder durch eine Aussprache die Lösung erfolgt oder Affekt und somati-

---

[1] [Breuer scheint den Terminus »Affekt« hier in einem Sinne zu verwenden, der vom sonst üblichen Gebrauch in seinen und Freuds Beiträgen zu den *Studien über Hysterie* deutlich abweicht (bei anderen zeitgenössischen Psychologen aber durchaus geläufig ist), nämlich speziell zur Bezeichnung von Lust- und Unlustgefühlen. Das gleiche Wort »Affektwert« benutzt Breuer weiter oben (S. 272) in der üblichen Bedeutung einer nicht näher spezifizierten Emotion oder Gefühlsregung.]

sche Phänomene allmählich wieder schwinden. Geschah das erstere, so wurde die Qualität des Affektes immer ganz verständlich, wenn auch seine Intensität dem Gesunden und nach der Lösung auch dem Kranken selbst ganz unproportional erscheinen mußte. Das sind also Vorstellungen, welche intensiv genug sind, um nicht bloß starke körperliche Phänomene zu verursachen, sondern auch den zugehörigen Affekt hervorzurufen, die Assoziation zu beeinflussen, indem verwandte Gedanken durch sie bevorzugt werden – und dennoch selbst außerhalb des Bewußtseins bleiben. Es bedarf der Hypnose, wie in Beobachtung I und II, oder intensiver Nachhilfe des Arztes (Beobachtung IV, V) bei dem mühsamsten Suchen, um sie ins Bewußtsein zu bringen.

Solche Vorstellungen, welche (aktuell aber) unbewußt sind, nicht wegen relativ schwacher Lebhaftigkeit, sondern trotz großer Intensität, mögen wir *bewußtseinsunfähige*[1] Vorstellungen nennen.

Die Existenz solcher bewußtseinsunfähiger Vorstellungen ist pathologisch. Beim Gesunden treten alle Vorstellungen, welche überhaupt aktuell werden können, bei genügender Intensität auch ins Bewußtsein. Bei unseren Kranken finden wir nebeneinander den großen Komplex bewußtseinsfähiger und einen kleineren bewußtseinsunfähiger Vorstellungen. Das Gebiet der vorstellenden psychischen Tätigkeit fällt bei ihnen also nicht zusammen mit dem potentiellen Bewußtsein; sondern dieses ist beschränkter als jenes. Die psychische vorstellende Tätigkeit zerfällt hier in eine bewußte und unbewußte, die Vorstellungen in bewußtseinsfähige und nicht bewußtseinsfähige. Wir können also nicht von einer Spaltung des Bewußtseins sprechen, wohl aber von einer *Spaltung der Psyche*.[2]

---

[1] Der Ausdruck ist noch nicht eindeutig und läßt darum sehr zu wünschen übrig; aber nach der Analogie von »hoffähig« gebildet, mag er in Ermanglung eines besseren unterdessen gebraucht werden. [Das Wort »bewußtseinsunfähig« wurde von Freud übernommen und häufig verwendet, so z. B. am Schluß der Abhandlung ›Zur Ätiologie der Hysterie‹ (1896 c; *G. W.*, Bd. 1, S. 458; *Studienausgabe*, Bd. 6, S. 80) sowie in ›Das Unbewußte‹ (1915 e; *G. W.*, Bd. 10, S. 272; *Studienausgabe*, Bd. 3, S. 132). An beiden erwähnten Stellen bezieht sich Freud auf Breuer als Urheber des Terminus.]

[2] [Zweifellos hatte Freud diese Argumentation Breuers im Sinn, als er in seinem etwa fünf Monate nach der Veröffentlichung der *Studien über Hysterie* gehaltenen dreiteiligen Vortrag ›Über Hysterie‹ (1895 g) darauf anspielte. In den uns erhaltenen beiden zeitgenössischen Berichten über diesen Vortrag (unten nachgedruckt, S. 328 ff.) wird Freud mit dem Ausdruck »Spaltung der Seelentätigkeit« zitiert (unten, S. 339 und S. 350), den er Breuer zugeschrieben habe. Nur im Bericht der *Presse* wird zusätzlich erwähnt, Freud halte diesen Begriff für »besser« als den früher von ihm und anderen benutzten Ausdruck

Umgekehrt sind diese unterbewußten Vorstellungen auch durch das bewußte Denken nicht zu beeinflussen und nicht zu korrigieren. Vielfach handelt es sich um Erlebnisse, die seitdem inhaltlos geworden sind, Furcht vor Ereignissen, die nicht eingetroffen sind, Schrecken, der sich in Gelächter oder Freude über die Rettung aufgelöst hat. Diese Nachfolgen nehmen der Erinnerung für das bewußte Denken jede Affektivität; die unterbewußte Vorstellung, welche somatische Phänomene hervorruft, bleibt davon völlig unberührt.

Es[1] sei gestattet, dafür noch ein Beispiel zu bringen: Eine junge Frau war einige Zeit in lebhafter Sorge um das Schicksal ihrer jüngeren Schwester. Unter diesem Eindrucke verlängerte sich die sonst regelmäßige Periode durch zwei Wochen, es trat Schmerzhaftigkeit des linken Hypogastriums auf, und zweimal fand sich die Patientin, aus einer »Ohnmacht« erwachend, steif auf dem Boden. Darauf folgte eine linksseitige Ovarie mit Erscheinungen einer schweren Peritonitis. Fieberlosigkeit, Kontraktur des linken Beines (und des Rückens) kennzeichneten die Erkrankung als Pseudoperitonitis, und als Patientin einige Jahre später starb und obduziert wurde, fand sich nur »kleinzystische Degeneration« *beider* Ovarien ohne Reste einer abgelaufenen Peritonitis. Die schweren Erscheinungen schwanden allmählich und hinterließen Ovarie, Kontraktur der Rückenmuskeln, so daß der Rumpf wie ein Balken steif war, und Kontraktur des linken Beines. Letztere wurde in der Hypnose durch direkte Suggestion beseitigt. Die Rückenkontraktur blieb unbeeinflußt. Unterdessen hatte sich die Angelegenheit der Schwester vollständig geordnet, und jede Befürchtung war geschwunden. Die hysterischen Phänomene aber, die davon abgeleitet werden mußten, bestanden unverändert fort. Die Vermutung lag nahe, es seien selbständig gewordene Veränderungen der Innervation, und nicht mehr an die veranlassende Vorstellung gebunden. Aber als nun in der Hypnose Patientin gezwungen wurde, die ganze Geschichte bis zu ihrer Erkrankung an »Peritonitis« zu erzählen (was sie sehr ungern tat), setzte sie sich unmittelbar danach frei im Bette auf, und die Rückenkontraktur war für immer geschwunden. (Die Ovarie, deren erster Ursprung gewiß viel älter war, blieb unbeeinflußt.) – Es hatte also doch

---

»Spaltung des Bewußtseins« (vgl. unten, S. 339, Anm. 3, S. 350 sowie S. 286 und Anm.). Der ähnliche Terminus »Spaltung der psychischen Tätigkeit« erscheint in Breuers Text bereits weiter oben, S. 281, und an späteren Stellen, z. B. S. 286 und S. 289.]
[1] [Dieser Abschnitt erschien in den ersten vier Auflagen der *Studien über Hysterie* in Kleindruck.]

Monate hindurch die pathogene Angstvorstellung wirksam lebendig fort-
bestanden; und sie war jeder Korrektur durch die Ereignisse völlig unzugänglich gewesen.

Müssen wir nun die Existenz von Vorstellungskomplexen anerkennen,
welche nie ins wache Bewußtsein treten und durch das bewußte Denken
nicht beeinflußt werden, so haben wir damit auch schon für so einfache
Hysterien wie die eben geschilderte die Spaltung der Psyche in zwei relativ
unabhängige Teile zugegeben. Ich behaupte nicht, daß alles, was man hysterisch nennt, eine solche Spaltung zur Grundlage und Bedingung habe;
wohl aber, daß »jene Spaltung der psychischen Tätigkeit, die bei den bekannten Fällen als double conscience so auffällig ist, in rudimentärer Weise
bei jeder ›großen‹ Hysterie bestehe und daß die Fähigkeit und Neigung zu
dieser Dissoziation das Grundphänomen dieser Neurose sei«.[1]

Bevor ich aber in die Diskussion dieser Phänomene eingehe, ist noch
eine Bemerkung nachzutragen bezüglich der unbewußten Vorstellungen,
welche somatische Erscheinungen veranlassen. Wie im oben erzählten Falle die Kontraktur, sind ja viele der hysterischen Phänomene von langer
kontinuierlicher Dauer. Sollen und können wir annehmen, daß all die Zeit
hindurch die veranlassende Vorstellung immer lebendig, aktuell vorhanden sei? Ich glaube: Ja. Gewiß sehen wir beim Gesunden die psychische
Tätigkeit mit raschem Wechsel der Vorstellungen sich vollziehen. Aber wir
sehen den schwer Melancholischen lange Zeit kontinuierlich in dieselbe
peinliche Vorstellung versunken, die immer lebendig, aktuell ist. Ja, wir
dürfen wohl glauben, daß auch beim Gesunden eine schwere Sorge immer
vorhanden sei, da sie den Gesichtsausdruck beherrscht, selbst wenn das
Bewußtsein von anderen Gedanken erfüllt ist. Jener abgetrennte Teil der
psychischen Tätigkeit aber, den wir beim Hysterischen von den unbewußten Vorstellungen erfüllt denken, ist meist so ärmlich damit besetzt, so
unzugänglich dem Wechsel der äußeren Eindrücke, daß wir glauben können, hier sei einer Vorstellung dauernde Lebhaftigkeit möglich.

---

[1] [Bei dieser Passage, die in der Erstausgabe in Anführungszeichen, aber ohne Seitenan-
gabe wiedergegeben ist, handelt es sich um eine geringfügig veränderte Version eines
Satzes aus der ›Vorläufigen Mitteilung‹ (1893 *a*; dort gesperrt gedruckt, s. *Studien,* S. 9;
G. W., Bd. 1, S. 91). In jener früheren Formulierung benutzten Breuer und Freud jedoch
noch den Ausdruck »Spaltung des Bewußtseins«, den Breuer jetzt ablehnt. (Vgl. auch
S. 284 und Anm. 2, oben.)]

Wenn uns, wie Binet und Janet[1], die Abspaltung eines Teiles der psychischen Tätigkeit im Mittelpunkte der Hysterie zu stehen scheint, so sind wir verpflichtet, über dieses Phänomen möglichst Klarheit zu suchen. Allzuleicht verfällt man in die Denkgewohnheit, hinter einem Substantiv eine Substanz anzunehmen, unter »Bewußtsein«, »conscience« allmählich ein Ding zu verstehen; und wenn man sich gewöhnt hat, metaphorisch Lokalbeziehungen zu verwenden, wie »Unterbewußtsein«, so bildet sich mit der Zeit wirklich eine Vorstellung aus, in der die Metapher vergessen ist und mit der man leicht manipuliert wie mit einer realen. Dann ist die Mythologie fertig.

All unserem Denken drängen sich als Begleiter und Helfer räumliche Vorstellungen auf, und wir sprechen in räumlichen Metaphern. So stellen sich die Bilder von dem Stamme des Baumes, der im Lichte steht, und seinen Wurzeln im Dunkel oder von dem Gebäude und seinem dunkeln Souterrain fast zwingend ein, wenn wir von den Vorstellungen sprechen, die im Gebiete des hellen Bewußtseins sich vorfinden, und den unbewußten, die nie in die Klarheit des Selbstbewußtseins treten. Wenn wir uns aber immer gegenwärtig halten, daß alles Räumliche hier Metapher ist, und uns nicht etwa verleiten lassen, es im Gehirne zu lokalisieren, so mögen wir immerhin von einem Bewußtsein und einem Unterbewußtsein sprechen. Aber nur mit diesem Vorbehalte.

Wir sind sicher vor der Gefahr, uns von unseren eigenen Redefiguren dupieren zu lassen, wenn wir uns immer daran erinnern, daß es doch dasselbe Gehirn und höchstwahrscheinlich dieselbe Großhirnrinde ist, in welchen die bewußten wie die unbewußten Vorstellungen entstehen.[2] Wie das möglich, ist nicht zu sagen. Aber wir wissen doch wohl so wenig von der psychischen Tätigkeit der Hirnrinde, daß eine rätselhafte Komplikation mehr unsere unendliche Unwissenheit kaum noch vergrößert. Die Tatsache müssen wir anerkennen, daß bei Hysterischen ein Teil der psychischen Tätigkeit der Wahrnehmung durch das Selbstbewußtsein der wachen Person unzugänglich und so die Psyche gespalten ist.

Ein allbekannter Fall solcher Teilung der psychischen Tätigkeit ist der hysterische Anfall in manchen seiner Formen und Stadien. In seinem Beginne ist das bewußte Denken oft ganz erloschen; aber dann erwacht es

---

[1] [Vgl. oben, S. 249, Anm. 2.]

[2] [Vgl. diesbezüglich einige Bemerkungen in ähnlichem Sinne gegen Ende des vorletzten Absatzes von Freuds Vorrede zu seiner Übersetzung von Bernheims *De la suggestion* (Freud, 1888–89, S. 119 f., oben).]

allmählich. Man hört von vielen intelligenten Kranken das Zugeständnis, ihr bewußtes Ich sei während des Anfalles ganz klar gewesen und habe mit Neugier und Verwunderung all das tolle Zeug beobachtet, das sie vornahmen und sprachen. Solche Kranke haben dann auch wohl die (irrige) Meinung, sie hätten mit gutem Willen den Anfall inhibieren können, und sind geneigt, ihn sich als Schuld anzurechnen. »Sie hätten es nicht tun müssen.« (Auch die Selbstanklagen der Simulation beruhen großenteils auf dieser Empfindung.)[1] Beim nächsten Anfalle vermag dann das bewußte Ich ebensowenig die Vorgänge zu beherrschen wie beim früheren. – Da steht nun das Denken und Vorstellen des bewußten wachen Ichs neben den Vorstellungen, die, sonst im Dunkel des Unbewußten, nun die Herrschaft über Muskulatur und Sprache, ja auch über einen großen Teil der vorstellenden Tätigkeit selbst gewonnen haben, und die Spaltung der Psyche ist manifest.

Den Namen einer Spaltung nicht bloß der psychischen Tätigkeit, sondern des Bewußtseins, verdienen aber allerdings die Befunde Binets und Janets; bekanntlich ist es diesen Beobachtern gelungen, sich mit dem »Unterbewußtsein« ihrer Kranken in Verkehr zu setzen, mit jenem Teile der psychischen Tätigkeit, von welchem das bewußte wache Ich nichts weiß; und sie haben daran bei manchen Fällen alle psychischen Funktionen, einschließlich des Selbstbewußtseins, nachgewiesen. Denn es findet sich darin die Erinnerung an frühere psychische Vorgänge. Diese halbe Psyche ist also eine ganz vollständige, in sich bewußte. Der abgespaltene Teil der Psyche ist bei unseren Fällen »in die Finsternis gebracht«[2], wie die Titanen in den Schlund des Ätna gebannt sind, die Erde erschüttern mögen, aber nie im Licht erscheinen. In den Fällen Janets hat eine völlige Teilung des Reiches stattgefunden. Noch mit einem Rangunterschiede. Aber auch dieser schwindet, wenn die beiden Bewußtseinshälften alternieren wie in den bekannten Fällen von double conscience und sich an Leistungsfähigkeit nicht unterscheiden.

Doch kehren wir zu jenen Vorstellungen zurück, die wir bei unseren Kranken als Ursachen ihrer hysterischen Phänomene nachgewiesen haben. Es fehlt viel daran, daß wir alle geradezu »unbewußt« und »bewußtseinsunfähig« nennen könnten. Von der vollkommen bewußten Vor-

---

[1] [Diese Punkte werden weiter oben (S. 242 f.) am Fall Anna O. demonstriert.]
[2] [In diesen Worten beschreibt Mephistopheles sich selbst in Goethes *Faust*, I. Teil, 4. Szene.]

stellung, welche einen ungewöhnlichen Reflex auslöst, bis zu jener, die niemals im Wachen, sondern nur in der Hypnose ins Bewußtsein tritt, geht eine kaum unterbrochene Stufenleiter durch alle Grade der Schattenhaftigkeit und Unklarheit. Trotzdem halten wir den Nachweis für erbracht, daß in höheren Graden von Hysterie die Spaltung der psychischen Tätigkeit besteht, und sie allein scheint eine psychische Theorie der Krankheit möglich zu machen.

Was läßt sich nun über Ursache und Entstehung dieses Phänomens mit Wahrscheinlichkeit aussagen oder vermuten?

P. Janet, dem die Lehre von der Hysterie so ungemein viel verdankt und mit dem wir in den meisten Punkten übereinstimmen, hat hierüber eine Anschauung entwickelt, die wir nicht zur unserigen machen können:[1]

Janet hält dafür, die »Spaltung der Persönlichkeit« beruhe auf einer originären geistigen Schwäche (insuffisance psychologique); alle normale geistige Tätigkeit setze eine gewisse Fähigkeit der »Synthese« voraus, die Möglichkeit, mehrere Vorstellungen zu einem Komplexe zu verbinden. Solche synthetische Tätigkeit sei schon die Verschmelzung der verschiedenen Sinneswahrnehmungen zu einem Bilde der Umgebung; diese Leistung der Psyche finde man bei Hysterischen tief unter der Norm stehend. Ein normaler Mensch werde wohl, wenn seine Aufmerksamkeit maximal auf einen Punkt, z. B. auf die Wahrnehmung mittels eines Sinnes gerichtet ist, vorübergehend die Fähigkeit verlieren, Eindrücke der anderen Sinne zu apperzipieren, d. h. ins bewußte Denken aufzunehmen. Bei den Hysterischen sei das der Fall, ohne jede besondere Konzentration der Aufmerksamkeit. Perzipieren sie irgend etwas, so sind sie für die anderen Sinneswahrnehmungen unzugänglich. Ja, sie seien nicht einmal imstande, auch nur die Eindrücke eines Sinnes gesammelt aufzufassen; sie können z. B. nur die Tastwahrnehmungen einer Körperhälfte apperzipieren; die der andern Seite gelangen ins Zentrum, werden für Bewegungskoordination verwertet, aber nicht apperzipiert. Ein solcher Mensch ist hemianästhetisch.

Beim normalen Menschen ruft eine Vorstellung eine große Menge ande-

---

[1] [Die folgende Wiedergabe der Auffassungen Janets scheint sich zur Hauptsache auf das Schlußkapitel von Janet (1894) zu beziehen, das als gesonderter Artikel (1893) bereits in den *Archives de neurologie* erschienen war und sich in weiten Teilen mit der im Januar 1893 publizierten ›Vorläufigen Mitteilung‹ von Breuer und Freud auseinandersetzt. Vgl. oben die ›editorische Einleitung‹, S. 202.]

rer assoziativ ins Bewußtsein, welche zu der ersten z. B. unterstützend oder hemmend in ein Verhältnis treten, und nur maximal lebhafte Vorstellungen sind wohl so überstark, daß die Assoziationen unter der Schwelle des Bewußtseins bleiben. Bei den Hysterischen sei das immer der Fall. Jede Vorstellung nehme die ganze, geringe, geistige Tätigkeit in Beschlag; das bedinge die übergroße Affektivität der Kranken.

Diese Eigenschaft ihrer Psyche bezeichnet Janet mit dem Namen der »Einengung des Bewußtseinsfeldes« der Hysterischen, in Analogie mit der »Einengung des Gesichtsfeldes«. Die nicht apperzipierten Sinneseindrükke und die erweckten, aber nicht ins Bewußtsein getretenen Vorstellungen erlöschen meist ohne weitere Folgen, manchmal aber aggregieren sie und bilden Komplexe[1]: die dem Bewußtsein entzogene psychische Schichte, das Unterbewußtsein.

Die Hysterie, wesentlich beruhend auf dieser Spaltung der Psyche, sei »une maladie de faiblesse«[2]; und darum entwickle sie sich am ehesten, wenn auf die originär schwache Psyche weitere schwächende Einflüsse wirken oder hohe Ansprüche gestellt werden, welchen gegenüber die geistige Kraft noch geringer erscheint.

In dieser Darlegung seiner Anschauungen hat Janet auch schon die wichtige Frage nach der Disposition zur Hysterie beantwortet; nach dem Typus hystericus (dieses Wort in demselben Sinne genommen, wie man von Typus phthisicus spricht und darunter den langen schmalen Thorax, das kleine Herz usw. versteht). Janet hält eine bestimmte Form angeborener geistiger Schwäche für die Disposition zur Hysterie. Demgegenüber möchten wir unsere Anschauung kurz im folgenden formulieren: Die Spaltung des Bewußtseins tritt nicht ein, weil die Kranken schwachsinnig sind, sondern die Kranken erscheinen schwachsinnig, weil ihre psychische

---

[1] [Dieser Gebrauch des Terminus »Komplex« entspricht allem Anschein nach bereits weitgehend dem Komplexbegriff, den Jung nach allgemeiner Meinung etwa zehn Jahre später als neu eingeführt hat. (Vgl. den II. Teil von Freuds ›Geschichte der psychoanalytischen Bewegung‹, 1914 d.) Freud benutzte den Terminus in einem sehr ähnlichen Sinne allerdings schon in seinem ›Entwurf‹, den er etwa vier Monate nach Veröffentlichung der *Studien* schrieb (vgl. S. 468, unten). – Außerdem verwendet Breuer an mehreren Stellen in diesem Buch den Ausdruck »Komplexe von Vorstellungen« oder »Vorstellungskomplexe« (z. B. S. 281, S. 284 und S. 294 ff.); letzterer erscheint auch in einer Anmerkung zu Freuds Krankengeschichte der Frau Emmy von N. (*Studien*, S. 57; *G. W.*, Bd. 1, S. 122).]

[2] [Janet spricht in Wirklichkeit von einer »maladie par faiblesse«, also von einer »Krankheit *auf Grund von* Schwäche«, nicht einer Krankheit mit dem Hauptmerkmal der Schwäche.]

Tätigkeit geteilt ist und dem bewußten Denken nur ein Teil der Leistungsfähigkeit zur Verfügung steht. Als Typus hystericus, als Inbegriff der
Disposition zur Hysterie können wir geistige Schwäche nicht ansehen.
Was mit dem ersteren Satze gemeint ist, mag ein Beispiel erläutern. Viele
Male konnten wir bei einer unserer Kranken (Frau Cäcilie M.) den folgenden Verlauf beobachten: In relativem Wohlsein trat ein hysterisches Symptom auf: eine quälende, obsedierende Halluzination, eine Neuralgie oder
dgl., deren Intensität durch einige Zeit zunahm. Damit zugleich nahm die
geistige Leistungsfähigkeit kontinuierlich ab, und nach einigen Tagen
mußte jeder uneingeweihte Beobachter die Kranke schwachsinnig nennen.
Dann wurde sie von der unbewußten Vorstellung (der Erinnerung an ein
oft längst vergangenes psychisches Trauma) entbunden; entweder durch
den Arzt in der Hypnose oder dadurch, daß sie plötzlich in einem Aufre-
gungszustande unter lebhaftem Affekte die Sache erzählte. Dann wurde
sie nicht bloß ruhig und heiter, befreit von dem quälenden Symptom, sondern immer wieder war man erstaunt über den reichen, klaren Intellekt,
die Schärfe ihres Verstandes und Urteils. Mit Vorliebe spielte sie (vortrefflich) Schach, und gerne zwei Partien zugleich, was wohl kaum ein Zeichen
mangelnder geistiger Synthese ist. Der Eindruck war unabweisbar, daß in
solchem Verlaufe die unbewußte Vorstellung einen immer wachsenden Teil
der psychischen Tätigkeit an sich reiße, daß, je mehr das geschehe, desto
kleiner der Anteil des bewußten Denkens werde, bis dieses zur vollen Im-
bezillität herabsinke; daß sie aber, wenn sie nach dem merkwürdig treffenden Wiener Ausdruck »beisammen« war, eine eminente geistige Leistungsfähigkeit besitze.

Wir möchten zum Vergleiche von den Zuständen der Normalen nicht
die Konzentration der Aufmerksamkeit herbeiziehen, sondern die *Präokkupation*. Wenn ein Mensch durch eine lebhafte Vorstellung, z. B. eine
Sorge, »präokkupiert« ist, wird seine geistige Leistungsfähigkeit in ähnlicher Weise herabgesetzt.

Jeder Beobachter steht überwiegend unter dem Einflusse seiner Beob-
achtungsobjekte, und wir möchten glauben, daß sich Janets Auffassung
wesentlich in dem eingehenden Studium jener schwachsinnigen Hysterischen gebildet hat, die im Spitale oder Versorgungshause sind, weil sie
ihrer Krankheit und ihrer dadurch bedingten geistigen Schwäche halber
sich im Leben nicht halten können. Unsere Beobachtung gebildeter Hysterischer zwingt uns zu einer wesentlich anderen Meinung von ihrer Psyche. Wir glauben, »daß man unter den Hysterischen die geistig klarsten,

willensstärksten, charaktervollsten und kritischsten Menschen finden kann«.[1] Kein Maß wirklicher, tüchtiger, psychischer Begabung ist durch Hysterie ausgeschlossen, wenn auch oft *durch* die Krankheit die reale Leistung unmöglich wird. War ja auch die Schutzheilige der Hysterie, St. Theresa, eine geniale Frau von der größten praktischen Tüchtigkeit.

Aber freilich, auch kein Ausmaß von Albernheit, Unbrauchbarkeit und Willensschwäche sichert vor Hysterie. Auch wenn man von alldem absieht, was erst Folge der Krankheit ist, muß man den Typus der schwachsinnigen Hysterischen als einen häufigen anerkennen. Nur handelt es sich auch hier nicht um torpide, phlegmatische Dummheit, sondern mehr um einen überhohen Grad geistiger Beweglichkeit, welche untüchtig macht. Ich werde später die Frage nach der originären Disposition besprechen. Hier soll nur festgestellt werden, daß die Meinung Janets, geistige Schwäche liege überhaupt der Hysterie und der psychischen Spaltung zugrunde, unannehmbar ist.[2]

Im vollen Gegensatz zu Janets Ansicht meine ich, in sehr vielen Fällen liege der Desaggregation eine psychische Überleistung zugrunde, die habituelle Koexistenz zweier heterogenen Vorstellungsreihen. Es ist oft darauf hingewiesen worden, daß wir häufig nicht bloß »mechanisch« tätig sind, während in unserem bewußten Denken Vorstellungsreihen ablaufen, die mit unserer Tätigkeit nichts gemein haben; sondern wir sind auch unzweifelhafter psychischer Leistungen fähig, während unsere Gedanken »anderswo beschäftigt« sind; wie z. B. wenn wir korrekt und mit dem entsprechenden Tonfalle vorlesen und doch dann absolut nicht wissen, was wir gelesen haben.

Es gibt wohl eine ganze Menge von Tätigkeiten, von den mechanischen wie Stricken, Skalenspielen an bis zu solchen, die immerhin einige seelische Leistung bedingen, welche alle[3] von vielen Menschen mit halber Präsenz des Geistes geleistet werden. Besonders von solchen, die, bei großer Lebhaftigkeit, durch monotone, einfache, reizlose Beschäftigung gequält

---

[1] [Vgl. die ›Vorläufige Mitteilung‹ (1893*a*; Studien, S. 10; *G. W.*, Bd. 1, S. 92).]

[2] [Man vergleiche in diesem Zusammenhang Freuds lobende Hervorhebung des Charakters, der Bildung und der Begabungen seiner Patientin Frau Emmy von N. (*Studien*, S. 89; *G. W.*, Bd. 1, S. 160 ff.). An dieser Stelle polemisiert auch Freud gegen Janets Behauptung eines Zusammenhangs zwischen Hysterie und »psychischer Minderleistung«.]

[3] [Das Wort »alle« erscheint in der Erstausgabe der *Studien über Hysterie*, während es in späteren Auflagen fehlt.]

werden und sich anfangs geradezu absichtlich die Unterhaltung verschaffen, an anderes zu denken. (»Privattheater« bei Anna O., Krankengeschichte Nr. I [s. oben, S. 222]). Ein anderer, aber ähnlicher Fall besteht, wenn eine interessante Vorstellungsreihe, z. B. aus Lektüre, Theater u. dgl. stammend, sich auf- und eindrängt. Noch energischer ist dieses Eindrängen, wenn die fremde Vorstellungsreihe stark »affektiv betont« ist, als Sorge, verliebte Sehnsucht. Dann ist der oben berührte Zustand der Präokkupation gegeben, der aber viele Menschen nicht hindert, Leistungen von mäßiger Kompliziertheit dennoch zustande zu bringen. Soziale Verhältnisse erzwingen oft solche Verdoppelungen auch intensiven Denkens, wie z. B. wenn eine Frau in quälender Sorge oder leidenschaftlicher Aufregung ihre geselligen Pflichten und die Funktionen der liebenswürdigen Wirtin erfüllt. Geringere Leistungen dieser Art bringen wir alle im Berufe fertig; aber die Selbstbeobachtung scheint auch jedem zu ergeben, daß die affektive Vorstellungsgruppe nicht assoziatorisch dann und wann erweckt wird, sondern fortwährend aktuell in der Psyche vorhanden ist, ins Bewußtsein tretend, sowie kein lebhafter äußerer Eindruck oder Willensakt dasselbe in Beschlag nimmt.

Auch bei Menschen, die nicht habituell Wachträume neben der gewöhnlichen Tätigkeit einherfließen lassen, bedingen manche Situationen durch größere Zeiträume hindurch ein solches Nebeneinander der wechselnden Eindrücke und Reaktionen des äußeren Lebens und einer affektiv betonten Vorstellungsgruppe. »Post equitem sedet atra cura.«[1] Solche Situationen sind vor anderen die Krankenpflege teurer Menschen und die Liebesneigung. Erfahrungsgemäß spielen Krankenpflege und Sexualaffekt auch die Hauptrolle in den meisten genauer analysierten Krankengeschichten Hysterischer.

Ich vermute, daß die habituelle oder durch affektvolle Lebenslagen bedingte Verdoppelung der psychischen Fähigkeit zur wirklichen pathologischen Spaltung der Psyche wesentlich *disponiere*. Sie geht in diese über, wenn die beiden koexistierenden Vorstellungsreihen nicht mehr gleichartigen Inhalt haben, wenn die eine davon bewußtseinsunfähige Vorstellungen enthält: abgewehrte und solche, die aus hypnoiden Zuständen stammen. Dann ist das Konfluieren der beiden zeitweise getrennten Ströme, das beim Gesunden immer wieder statthat, unmöglich, und es etabliert sich dauernd ein abgespaltenes Gebiet unbewußter psychischer Tätigkeit.

---

[1] [»Hinter dem Reiter hockt die finstere Sorge.« Horaz, *Carmina*, Buch III, 1.]

Diese hysterische Spaltung der Psyche verhält sich zu dem »Doppel-Ich« des Gesunden wie das Hypnoid zu der normalen Träumerei. Hier bedingt die Amnesie die pathologische Qualität und dort die Bewußtseinsunfähigkeit der Vorstellung.

Die Beobachtung I (Anna O.), auf die ich immer zurückkommen muß, gewährt klaren Einblick in den Hergang. Das Mädchen war in voller Gesundheit gewöhnt, neben ihren Beschäftigungen phantastische Vorstellungsreihen einherfließen zu lassen. In einer für die Autohypnose günstigen Situation tritt der Angstaffekt in die Träumerei ein und schafft ein Hypnoid, für welches Amnesie besteht. Dies wiederholt sich bei verschiedenen Gelegenheiten, sein Vorstellungsinhalt wird allmählich immer reicher; aber noch immer alterniert es mit dem Zustande vollkommen normalen wachen Denkens.

Nach vier Monaten bemächtigt sich der Hypnoidzustand der Kranken vollständig; indem die einzelnen Attacken konfluieren, bildet sich ein état de mal, eine schwerste akute Hysterie. Nach mehrmonatlicher Dauer in verschiedenen Formen (somnambule Periode) wird er gewaltsam unterbrochen [S. 227] und alterniert nun wieder mit normalem psychischen Verhalten. Aber auch in diesem persistieren die somatischen und psychischen Phänomene, von denen wir hier *wissen*, daß sie auf Vorstellungen des Hypnoids beruhen (Kontraktur, Hemianästhesie, Änderung der Sprache). Dadurch ist bewiesen, daß auch während des normalen Verhaltens der Vorstellungskomplex des Hypnoids, das »Unterbewußtsein«, aktuell ist, daß die Spaltung der Psyche fortbesteht.

Ein zweites Beispiel solcher Entwicklung kann ich nicht beibringen. Ich glaube aber, daß dieses einiges Licht auf die Ausbildung der traumatischen Neurose wirft. Bei dieser wiederholt sich in den ersten Tagen nach dem Unfalle mit der Erinnerung an diesen das Schreckhypnoid; während dies immer häufiger geschieht, nimmt seine Intensität doch so weit ab, daß es nicht mehr mit dem wachen Denken alterniert, sondern nur neben ihm besteht. Nun wird es kontinuierlich, und die somatischen Symptome, welche früher nur im Schreckanfalle bestanden, gewinnen eine dauernde Existenz. Ich kann aber nur vermuten, daß es so zugehe, da ich keinen solchen Fall analysiert habe.

Die Beobachtungen und Analysen Freuds beweisen, daß die Spaltung der Psyche auch durch die »Abwehr«, durch die willkürliche Abwendung des Bewußtseins von peinlichen Vorstellungen bedingt sein kann. [Vgl. oben, S. 273, Anm.] Aber doch nur bei manchen Menschen, denen wir deshalb eine psychische Eigenart zuschreiben müssen. Bei normalen Menschen gelingt die Unterdrückung solcher Vorstellungen, und dann schwinden sie vollständig, oder sie gelingt nicht, und dann tauchen sie immer wieder im Bewußtsein auf. Worin jene Eigenart besteht, weiß ich nicht zu sagen. Ich wage nur die Vermutung, es sei die Hilfe des Hypnoids notwendig, wenn durch die Abwehr nicht bloß einzelne konvertierte Vorstellungen zu unbewußten gemacht werden, sondern eine wirkliche Spaltung der Psyche vollzogen werden soll. Die Autohypnose schaffte sozusagen den Raum, das Gebiet unbewußter psychischer Tätigkeit, in welches die abgewehrten Vorstellungen hineingedrängt werden. Doch wie dem auch sei, die Tatsache von der pathogenen Bedeutung der »Abwehr« müssen wir anerkennen.

Ich glaube aber nicht, daß mit den besprochenen, halbwegs verständlichen Vorgängen die Genese der psychischen Spaltung auch nur annähernd erschöpft wäre. So lassen beginnende Hysterien höheren Grades meist einige Zeit hindurch ein Syndrom beobachten, das man wohl als akute Hysterie bezeichnen darf. (In den Anamnesen männlicher Hysteriker begegnet man dieser Form der Erkrankung gewöhnlich unter dem Namen: Gehirnentzündung; bei weiblichen Hysterien gibt die Ovarie dabei Anlaß zu der Diagnose: Bauchfellentzündung.)

In diesem akuten Stadium der Hysterie sind psychotische Züge sehr deutlich; manische und zornige Aufregungszustände, rascher Wechsel hysterischer Phänomene, Halluzinationen u. dgl. mehr. In solchem Zustande mag die Spaltung der Psyche vielleicht in anderer Weise erfolgen, als wir oben darzulegen suchten.

Vielleicht ist dieses ganze Stadium als ein langer hypnoider Zustand zu betrachten, dessen Residuen den Kern des unbewußten Vorstellungskomplexes abgeben, während das wache Denken dafür amnestisch ist. Da uns die Entstehungsbedingungen einer solchen akuten Hysterie meist nicht bekannt sind (ich wage nicht, den Hergang bei Anna O. für den allgemein gültigen zu halten), so wäre das eine weitere, im Gegensatz zu den oben erörterten, irrational zu nennende Art der psychischen Spaltung.[1] Und so werden gewiß noch andere Arten dieses Vorganges existieren, die sich

---

[1] Ich muß aber bemerken, daß gerade in dem bestbekannten und durchsichtigsten Falle großer Hysterie mit manifester double conscience, eben bei Anna O. (Beobachtung I), kein Rest aus dem akuten Stadium in das chronische hinübergetragen wurde und alle Phänomene des letzteren schon in der »Inkubationszeit« in Hypnoiden und Affektzuständen erzeugt worden waren.

der jungen psychologischen Erkenntnis noch entzogen haben. Denn gewiß haben wir nur die ersten Schritte auf diesem Gebiete gemacht und werden weitere Erfahrungen die heutigen Anschauungen wesentlich umgestalten.

Fragen wir nun, was die in den letzten Jahren gewonnene Kenntnis der psychischen Spaltung für das Verständnis der Hysterie geleistet hat. Es scheint viel und Bedeutungsvolles zu sein.

Diese Erkenntnis ermöglicht, scheinbar rein somatische Symptome auf Vorstellungen zurückzuführen, die aber im Bewußtsein der Kranken nicht zu finden sind. Es ist überflüssig, nochmals hierauf einzugehen.

Sie hat den Anfall als eine Leistung des unbewußten Vorstellungskomplexes mindestens teilweise verstehen gelehrt (Charcot).[1]

Sie erklärt aber auch manche der psychischen Eigentümlichkeiten der Hysterie, und dieser Punkt verdient vielleicht eingehendere Besprechung.

Die »unbewußten Vorstellungen« treten zwar nie oder doch nur selten und schwer in das wache Denken, aber sie beeinflussen es. Erstens durch ihre Wirkungen, wenn z. B. eine völlig unverständliche, sinnlose Halluzination den Kranken peinigt, deren Bedeutung und Motivierung in der Hypnose klar wird.

Dann beeinflussen sie die Assoziation, indem sie einzelne Vorstellungen lebhafter werden lassen, als sie ohne diese aus dem Unbewußten stammende Verstärkung wären. So drängen sich dann den Kranken mit einem gewissen Zwange immer bestimmte Vorstellungsgruppen auf, an die sie denken müssen. (Ähnlich ist es, wenn Janets Hemianästhetische zwar die wiederholte Berührung ihrer empfindungslosen Hand nicht fühlen, aber, aufgefordert, eine beliebige Zahl zu nennen, immer jene wählen, welche der Zahl der Berührungen entspricht.) Weiter beherrschen sie die Gemütslage, die Stimmung. Wenn sich Anna O. bei Abwicklung ihrer Erinnerungen einem Vorgange näherte, der ursprünglich mit lebhaftem Affekte verbunden gewesen war, so trat die entsprechende Gemütsstimmung schon

---

[1] [Im IV. Teil ihrer ›Vorläufigen Mitteilung‹ (1893 a) erörtern Breuer und Freud die Theorie der hysterischen Anfälle und bemerken an einer Stelle: »Charcot hat bereits den Gedanken ausgesprochen, daß der hysterische Anfall das Rudiment einer condition seconde sein dürfte.« (Vgl. *Studien*, S. 12; *G. W.*, Bd. 1, S. 95.) Daß Breuer die »condition seconde« mit dem »unbewußten Vorstellungskomplex« gleichsetzt, wird fünf Abschnitte weiter klar ersichtlich (S. 297). An beiden Stellen wird nicht speziell auf bestimmte Arbeiten Charcots verwiesen.]

Tage vorher auf, ehe die Erinnerung auch nur in dem hypnotischen Bewußtsein klar erschien.

Dies macht uns die »Launen«, die unerklärlichen, unbegründeten, für das wache Denken motivlosen Verstimmungen der Kranken verständlich. Die Impressionabilität der Hysterischen ist ja großenteils einfach durch ihre originäre Erregbarkeit bedingt; aber die lebhaften Affekte, in die sie durch relativ geringfügige Ursachen geraten, werden begreiflicher, wenn wir bedenken, daß die »abgespaltene Psyche« wirkt wie ein Resonator auf den Ton der Stimmgabel. Jedes Vorkommnis, welches »unbewußte« Erinnerungen erregt, macht die ganze affektive Kraft dieser nicht usurierten Vorstellungen frei, und der hervorgerufene Affekt steht dann ganz außer Verhältnis zu jenem, der in der bewußten Psyche allein entstanden wäre.

Es wurde oben (S. 291) von einer Kranken berichtet, deren psychische Leistung immer im umgekehrten Verhältnisse zu der Lebhaftigkeit ihrer unbewußten Vorstellungen steht. Die Herabsetzung ihres bewußten Denkens beruht teilweise, aber nur teilweise, auf einer eigentümlichen Art von Zerstreutheit; nach jeder momentanen »Absence«, wie solche fortwährend eintreten, weiß sie nicht, an was sie während derselben gedacht hat. Sie oszilliert zwischen der »condition prime« und »seconde«, zwischen dem bewußten und dem unbewußten Vorstellungskomplexe.[1] Aber nicht bloß dadurch ist ihre psychische Leistung herabgesetzt und auch nicht bloß durch den Affekt, der vom Unbewußten aus sie beherrscht. Ihr waches Denken ist in solchem Zustand energielos, ihr Urteil kindisch, sie scheint, wie gesagt, geradezu imbezil. Ich meine, das sei darin begründet, daß dem wachen Denken eine geringere Energie zur Verfügung steht, wenn eine große Menge der psychischen Erregung vom Unbewußten in Beschlag genommen ist.

Wenn das nun nicht bloß temporär der Fall ist, wenn die abgespaltene Psyche fortwährend in Erregung ist, wie bei Janets Hemianästhetischen, bei denen sogar alle Empfindungen der einen Körperhälfte nur von der unbewußten Psyche perzipiert werden, so bleibt für das wache Denken so wenig von der Gehirnleistung übrig, daß sich dadurch die psychische Schwäche vollauf erklärt, die Janet schildert und für originär hält. Wohl von den wenigsten Menschen dürfte man sagen wie von Uhlands Bertrand de Born[2], »daß ihnen nie mehr als die Hälfte ihres Geistes nötig sei«. Die

---

[1] [Vgl. Anm. 1, oben, S. 290.]
[2] [Ein berühmter französischer Troubadour, über den Ludwig Uhland eine Ballade geschrieben hat.]

allermeisten sind bei solcher Reduktion ihrer psychischen Energie eben schwachsinnig.

Auf dieser durch die psychische Spaltung bedingten geistigen Schwäche scheint nun auch eine folgenreiche Eigenschaft *mancher* Hysterischen zu beruhen, ihre Suggestibilität. (Ich sage, »mancher Hysterischen«, denn es ist sicher, daß man unter den Kranken dieser Art auch die urteilsichersten, kritischsten Menschen findet.)

Wir verstehen unter Suggestibilität zunächst nur die Kritiklosigkeit gegen Vorstellungen und Vorstellungskomplexe (Urteile), welche im eigenen Bewußtsein auftauchen oder von außen in dasselbe eingeführt werden, durch Hören fremder Rede oder Lektüre. Alle Kritik solcher frisch ins Bewußtsein tretender Vorstellungen beruht darauf, daß sie assoziativ andere erwecken, und darunter auch solche, die mit ihnen unvereinbar sind. Der Widerstand gegen sie ist also abhängig von dem Besitze des potentiellen Bewußtseins an solchen widerstrebenden Vorstellungen, und seine Stärke entspricht dem Verhältnisse zwischen der Lebhaftigkeit der frischen Vorstellungen und der aus der Erinnerung erweckten. Dieses Verhältnis ist auch bei normalen Intellekten sehr verschieden. Was wir intellektuelles Temperament nennen, hängt großenteils davon ab. Der Sanguiniker, den neue Menschen und Dinge immer entzücken, ist wohl so, weil die Intensität seiner Erinnerungsbilder im Vergleiche mit jener der neuen Eindrücke geringer ist als bei den ruhigeren, »phlegmatischen« Menschen. In pathologischen Zuständen wächst das Übergewicht frischer Vorstellungen und die Widerstandslosigkeit gegen solche um so mehr, je weniger Erinnerungsbilder erweckt werden, also je schwächer und ärmer die Assoziation ist; so schon im Schlafe und Traume, in der Hypnose, bei jedem Abnehmen der geistigen Energie, solange es nicht auch die Lebhaftigkeit der frischen Vorstellungen schädigt.

Die unbewußte, gespaltene Psyche der Hysterie ist eminent suggestibel, der Armut und Unvollständigkeit ihres Vorstellungsinhaltes wegen. Aber auch die Suggestibilität der bewußten Psyche mancher Hysterischen scheint hierauf zu beruhen. Ihrer originären Anlage nach sind sie erregbar; frische Vorstellungen sind bei ihnen von großer Lebhaftigkeit. Dagegen ist die eigentliche intellektuelle Tätigkeit, die Assoziation, herabgesetzt, weil dem wachen Denken, der Abspaltung eines »Unbewußten« wegen, nur ein Teil der psychischen Energie zur Verfügung steht.

Damit ist ihre Widerstandsfähigkeit gegen Auto- wie Fremdsuggestionen vermindert und manchmal vernichtet. Auch die Suggestibilität ihres

Willens dürfte hieraus allein entspringen. Die halluzinatorische Suggestibilität dagegen, welche jede Vorstellung einer Sinneswahrnehmung alsbald in die Wahrnehmung selbst verwandelt, erfordert, wie jede Halluzination, einen abnormen Grad von Erregbarkeit des Perzeptionsorganes und läßt sich aus der psychischen Spaltung allein nicht ableiten.

6. Originäre Disposition; Entwicklung der Hysterie

Fast auf jeder Stufe dieser Darlegungen habe ich anerkennen müssen, daß die meisten Erscheinungen, um deren Verständnis wir uns bemühen, auch auf angeborener Eigenart beruhen können. Diese entzieht sich jeder Erklärung, welche über die Konstatierung der Tatsachen hinausgehen wollte. Aber auch die *Fähigkeit, Hysterie zu akquirieren,* ist gewiß an eine Eigenart der Menschen gebunden, und der Versuch wäre vielleicht nicht ganz wertlos, diese etwas genauer zu definieren.

Ich habe oben auseinandergesetzt, warum die Anschauung Janets unannehmbar ist: die Disposition zur Hysterie beruhe auf angeborener psychischer Schwäche. Der Praktiker, der als Hausarzt die Glieder hysterischer Familien in allen Altersstufen beobachtet, wird gewiß eher geneigt sein, diese Disposition in einem Überschusse als in einem Defekte zu suchen. Die Adoleszenten, welche später hysterisch werden, sind vor ihrer Erkrankung meist lebhaft, begabt, voll geistiger Interessen; ihre Willensenergie ist oft bemerkenswert. Zu ihnen gehören jene Mädchen, die nachts aufstehen, um heimlich irgendein Studium zu treiben, das ihnen die Eltern aus Furcht vor Überanstrengung versagten. Die Fähigkeit besonnenen Urteils ist gewiß ihnen nicht reichlicher gegeben als anderen Menschen. Aber selten findet man unter ihnen einfache, stumpfe Geistesträgheit und Dummheit. Die überströmende Produktivität ihrer Psyche brachte einen meiner Freunde zu der Behauptung: die Hysterischen seien die Blüte der Menschheit, freilich so steril, aber auch so schön wie die gefüllten Blumen.

Ihre Lebhaftigkeit und Unrast, ihr Bedürfnis nach Sensationen und geistiger Tätigkeit, ihre Unfähigkeit, Monotonie und Langweile zu ertragen, lassen sich so formulieren: sie gehören zu jenen Menschen, deren Nervensystem in der Ruhe ein Übermaß von Erregung frei macht, welches Verwendung fordert (s. S. 251). Während und infolge der Pubertätsentwicklung tritt zu dem originären Überschusse noch jene gewaltige Steigerung der Erregung, welche von der erwachenden Sexualität, von den Geschlechtsdrüsen ausgeht. Nun ist ein übergroßes Quantum freier nervöser Erregung verfügbar für pathologische Phänomene: aber damit diese in Form hysterischer Krankheitserscheinungen auftreten, dazu braucht es offenbar noch einer andern, spezifischen Eigenart des Individuums. Denn die große Mehrzahl der lebhaften, erregten Menschen wird ja doch nicht hysterisch.

Diese Eigenart konnte ich oben [S. 250] nur mit dem vagen und inhaltsarmen Worte: »abnorme Erregbarkeit des Nervensystems« bezeichnen. Man kann aber doch vielleicht weiter gehen und sagen, diese Abnormität liege eben darin, daß bei solchen Menschen in die Nervenapparate der Empfindung, welche de norma nur peripheren Reizen zugänglich sind, und in diejenigen der vegetativen Organe, welche durch starke Widerstände vom Zentralnervensysteme isoliert sind, die Erregung des Zentralorganes einströmen kann. Diese Vorstellung von dem immer vorhandenen Erregungsüberschusse, welchem die sensiblen, vasomotorischen und viszeralen Apparate zugänglich sind, kann vielleicht schon einige pathologische Phänomene decken.

Sowie bei so beschaffenen Menschen die Aufmerksamkeit gewaltsam auf einen Körperteil konzentriert wird, übersteigt die »attentionelle Bahnung«[1] der betreffenden sensiblen Leitung das normale Maß; die freie, flottierende Erregung versetzt sich sozusagen auf diese Bahn, und es entsteht die lokale Hyperalgesie, welche es verursacht, daß alle irgendwie bedingten Schmerzen maximal intensiv werden, daß alle Leiden »furchtbar« und »unerträglich« sind. Aber die Erregungsquantität, welche einmal eine sensible Bahn besetzt hat, verläßt sie nicht immer wieder wie beim normalen Menschen; sie verharrt nicht bloß, sondern vermehrt sich durch Zuströmen immer neuer Erregungen. So entwickelt sich nach einem leichten Gelenkstrauma eine *Gelenksneurose*; die Schmerzempfindungen der Ovarialschwellung werden zur dauernden *Ovarie*.

Die Nervenapparate der Zirkulation sind dem zerebralen Einflusse zugänglicher als beim Normalen: es besteht nervöses Herzklopfen, Neigung zur Synkope, exzessives Erröten und Erblassen usf.

Aber allerdings nicht bloß zentralen Einflüssen gegenüber sind die peripheren nervösen Apparate leichter erregbar: sie reagieren auch auf die adäquaten, funktionellen Reize in exzessiver und perverser Weise. Das Herzklopfen folgt mäßiger Anstrengung wie gemütlicher Aufregung, und die Vasomotoren bringen Arterien zur Kontraktion (»absterbende Finger«)

---

[1] Exner [1894, S. 165 ff.].

ohne allen psychischen Einfluß. Und gerade wie einem leichten Trauma die Gelenksneurose folgt, so hinterläßt eine kurze Bronchitis nervöses Asthma und eine Indigestion häufige Kardialgie. So müssen wir anerkennen, daß die Zugänglichkeit für Erregungssummen zentralen Ursprungs nur ein Spezialfall der allgemeinen abnormen Erregbarkeit ist[1], wenn auch der für unser Thema wichtigste.

Ich glaube darum auch nicht, daß die alte »Reflextheorie« dieser Symptome, die man vielleicht besser einfach »nervöse« nennen würde, die aber zu dem empirischen Krankheitsbilde der Hysterie gehören, ganz zu verwerfen ist. Das Erbrechen, das ja die Dehnung des graviden Uterus begleitet, kann bei abnormaler Erregbarkeit ganz wohl von geringfügigen uterinen Reizen reflektorisch ausgelöst werden; ja vielleicht auch von den wechselnden Schwellungen der Ovarien. Wir kennen so viele Fernwirkungen von Organveränderungen, so viele sonderbar »konjugierte Punkte«, daß es nicht abzuweisen ist, eine Menge nervöser Symptome, welche das eine Mal psychisch bedingt sind, möchten in anderen Fällen reflektorische Fernwirkungen sein. Ja, ich wage die höchst unmoderne Ketzerei, es könnte doch einmal auch die Bewegungsschwäche eines Beines nicht psychisch, sondern direkt reflektorisch durch eine Genitalkrankheit bedingt sein. Ich meine, wir tun gut, unsere neuen Einsichten nicht allzu ausschließlich gelten zu lassen und für alle Fälle zu generalisieren.

Andere Formen abnormer sensibler Erregbarkeit entziehen sich unserem Verständnisse noch vollständig; so die allgemeine Analgesie, die anästhetischen Plaques, die reale Gesichtsfeldeinengung u. dgl. mehr. Es ist möglich und vielleicht wahrscheinlich, daß weitere Beobachtungen den psychischen Ursprung des einen oder andern dieser Stigmen[2] nachweisen und damit das Symptom erklären werden; bisher ist das nicht geschehen (ich wage nicht, die Anhaltspunkte, welche unsere Beobachtung I [Anna O.] gibt, zu verallgemeinern); und ich halte es nicht für gerechtfertigt, bevor eine solche Ableitung gelungen ist, sie zu präsumieren.

Dagegen scheint die bezeichnete Eigenart des Nervensystemes und der Psyche einige allbekannte Eigenschaften vieler Hysterischen zu erklären. Der Überschuß von Erregung, welchen ihr Nervensystem in der Ruhe frei

---

[1] Oppenheims »Labilität der Moleküle« [Oppenheim (1890); s. oben, S. 250, Anm.].

[2] [Die von Charcot (1887, S. 255) geprägte Bezeichnung für die dauerhafteren Symptome der Hysterie. Auch Freud erörtert diese an mehreren Stellen, so z. B. im ›Bericht‹ über seinen Pariser Aufenthalt (1956 *a* [1886]), S. 40, oben; s. weitere Hinweise dort in der editorischen Anm. 2.]

macht, bedingt ihre Unfähigkeit, ein monotones Leben und Langweile zu ertragen; ihr Sensationsbedürfnis, welches sie dazu treibt, nach Ausbruch der Krankheit die Eintönigkeit der Krankenexistenz durch allerlei »Ereignisse« zu unterbrechen, als welche sich naturgemäß vor allem pathologische Phänomene darbieten. Die Autosuggestion unterstützt sie darin oft. Sie werden darin immer weiter geführt durch ihr Krankheitsbedürfnis, jenen merkwürdigen Zug, der für die Hysterie so pathognomonisch ist wie die Krankheitsfurcht für die Hypochondrie.[1] Ich kenne eine Hysterika, welche ihre oft recht bedeutenden Selbstschädigungen nur für den eigenen Gebrauch vornahm, ohne daß Umgebung und Arzt davon erfuhren. Wenn nichts anderes, so vollzog sie, allein im Zimmer, allerlei Unfug, nur um sich selbst zu beweisen, sie sei nicht normal. Sie hat eben ein deutliches Gefühl ihrer Krankhaftigkeit, erfüllt ihre Pflichten ungenügend und schafft sich durch solche Akte die Rechtfertigung vor sich selbst. Eine andere Kranke, eine schwerleidende Frau von krankhafter Gewissenhaftigkeit und voll Mißtrauen gegen sich selbst, empfindet jedes hysterische Phänomen als Schuld, »weil sie das ja wohl nicht haben müßte, wenn sie nur ordentlich wollte«. Als die Parese ihrer Beine irrigerweise für eine spinale Krankheit erklärt wurde, empfand sie das als eine Erlösung, und die Erklärung, es sei »nur nervös« und werde vergehen, genügte, um ihr schwere Gewissensangst zu erzeugen. Das Krankheitsbedürfnis entspringt der Sehnsucht der Patientin, sich und andere von der Realität ihrer Krankheit zu überzeugen. Wenn es sich dann zu der Pein gesellt, welche durch die Monotonie des Krankenzimmers bedingt wird, so entwickelt sich die Neigung, immer neue Symptome zu haben, aufs stärkste.

Wenn diese aber zur Verlogenheit wird und zu wirklicher Simulation führt – und ich glaube, wir gehen jetzt in der Ablehnung der Simulation geradeso zu weit wie früher in ihrer Annahme –, dann beruht das nicht auf der hysterischen Disposition, sondern, wie Möbius vortrefflich sagt, auf der Komplikation derselben mit anderen Degenerationen, originärer moralischer Minderwertigkeit. Gerade wie die »bösartige Hysterika« dadurch entsteht, daß ein originär erregbarer, aber gemütsarmer Mensch

---

[1] [Im Kapitel ›Zur Psychotherapie der Hysterie‹ in den *Studien über Hysterie* hebt Freud ebenfalls diesen Zusammenhang zwischen »Krankheitsfurcht« und Hypochondrie hervor (*Studien*, S. 225; *G. W.*, Bd. 1, S. 256; *Studienausgabe*, Ergänzungsband, S. 52). Auch in seinem dreiteiligen Vortrag ›Über Hysterie‹ vom Oktober 1895 ging er gemäß den beiden zeitgenössischen Berichten auf dieses Thema ein. (Vgl. S. 331 und S. 344, unten.)]

noch der egoistischen Charakterverkümmerung anheimfällt, welche chronisches Siechtum so leicht erzeugt. Die »bösartige Hysterika« ist übrigens kaum häufiger als der bösartige Tabiker späterer Stadien. Auch in der motorischen Sphäre erzeugt der Erregungsüberschuß pathologische Phänomene. So geartete Kinder entwickeln sehr leicht ticartige Bewegungen, welche, zuerst angeregt durch irgendeine Empfindung in den Augen oder im Gesichte oder durch die Gene eines Kleidungsstückes, alsbald Dauer gewinnen, wenn sie nicht sogleich bekämpft werden. Die Reflexbahnen werden sehr leicht und rasch »ausgefahren«.

Es ist auch nicht abzuweisen, daß es einen rein motorischen, von jedem psychischen Faktor unabhängigen Krampfanfall gebe, in dem sich nur die durch Summation angehäufte Erregungsmasse entlädt, geradeso wie die durch anatomische Veränderungen bedingte Reizmasse im epileptischen Anfalle. Das wäre der nicht ideogene hysterische Krampf.

Wir sehen so oft Adoleszenten, welche zwar erregbar, aber gesund waren, während der Pubertätsentwicklung an Hysterie erkranken, daß wir uns fragen müssen, ob dieser Prozeß nicht dort die Disposition schafft, wo sie originär noch nicht vorhanden ist. Und allerdings müssen wir ihm mehr zuschreiben als die einfache Steigerung des Erregungsquantums; die Geschlechtsreifung greift im ganzen Nervensysteme an, überall die Erregbarkeit steigernd und die Widerstände herabsetzend. Das lehrt die Beobachtung der nicht hysterischen Adoleszenten, und wir sind darum berechtigt zu glauben, daß sie auch die hysterische Disposition herstelle, soweit diese eben in dieser Eigenschaft des Nervensystemes besteht. Damit anerkennen wir bereits die Sexualität als einen der großen Komponenten der Hysterie. Wir werden sehen, daß ihr Anteil daran ein noch viel größerer ist und daß sie auf den verschiedensten Wegen zum Aufbaue der Krankheit mitwirkt.

Wenn die Stigmata direkt dem originären Mutterboden der Hysterie entspringen und nicht ideogenen Ursprungs sind, so ist es auch unmöglich, die Ideogenie so in den Mittelpunkt der Hysterie zu stellen, wie es heute manchmal geschieht. Was könnte denn echter hysterisch sein als die Stigmata, jene pathognomonischen Befunde, welche die Diagnose feststellen, und doch scheinen gerade diese nicht ideogen. Aber wenn die Basis der Hysterie eine Eigenart des ganzen Nervensystemes ist – auf ihr erhebt sich der Komplex von ideogenen, psychisch bedingten Symptomen wie ein Gebäude auf den Fundamenten. Und es ist *ein mehrstöckiges Gebäude*. Wie man die Struktur eines solchen nur dann verstehen kann, wenn man den Grundriß der verschiedenen Stockwerke unterscheidet, so, meine ich, ist das Verständnis der Hysterie davon bedingt, daß die verschiedenartige Komplikation der Symptomursachen beachtet wird. Sieht man davon ab und versucht die Erklärung der Hysterie mit Benutzung eines einzigen Kausalnexus durchzuführen, so bleibt immer ein sehr großer Rest unerklärter Phänomene übrig; es ist gerade, als wollte man die verschiedenen Gelasse eines mehrstöckigen Hauses auf dem Grundrisse eines Stockwerkes eintragen.

Wie die Stigmata ist eine Reihe anderer nervöser Symptome, wie wir oben sahen, nicht durch die Vorstellungen veranlaßt, sondern direkte Folge der fundamentalen Anomalie des Nervensystemes: manche Algien, vasomotorische Phänomene, vielleicht der rein motorische Krampfanfall.

Ihnen zunächst stehen die ideogenen Phänomene, welche einfach Konversionen affektiver Erregung sind (S. 261). Sie entstehen als Wirkungen von Affekten in Menschen von hysterischer Disposition und sind zunächst nur »anomaler Ausdruck der Gemütsbewegungen«[1] (Oppenheim)[2]. Dieser wird durch Wiederholung zu einem wirklichen, scheinbar rein somatischen hysterischen Symptom, während die veranlassende Vorstellung unmerklich wird (S. 265) oder abgewehrt und darum aus dem Bewußtsein verdrängt ist.[3] Die meisten und wichtigsten der abgewehrten und konvertierten Vorstellungen haben sexualen Inhalt. Sie liegen einem großen Teile der Pubertätshysterie zugrunde. Die heranreifenden Mädchen – um diese handelt es sich hauptsächlich – verhalten sich zu den sexualen Vorstellungen und Empfindungen, die auf sie eindringen, sehr verschieden. Bald mit voller Unbefangenheit, wobei die einen das ganze Gebiet ignorieren und übersehen. Die anderen nehmen sie so an wie die Knaben; das ist bei Bauern- und Arbeitermädchen wohl die Regel. Wieder andere haschen mit mehr oder minder perverser Neugier nach allem, was Gespräch und Lektüre ihnen an Sexualem bringt; und endlich die feinorganisierten Naturen von großer sexualer Erregbarkeit, aber ebenso großer moralischer Reinheit, welche alles Sexuale als unvereinbar mit ihrem sittlichen Inhalt empfinden, als Beschmutzung und Befleckung.[4] Diese verdrängen

---

[1] Jene Disposition ist eben das, was Strümpell [1892] als »die Störung im Psycho-Physischen« bezeichnet, welche der Hysterie zugrunde liegt.

[2] [Vgl. S. 261, Anm., oben.]

[3] [Vgl. S. 273, Anm., oben.]

[4] Einige Beobachtungen lassen uns glauben, daß die Berührungs-, eigentlich Beschmutzungsfurcht, welche die Frauen zwingt, sich alle Augenblicke die Hände zu waschen,

die Sexualität aus ihrem Bewußtsein, und die affektiven Vorstellungen solchen Inhaltes, welche somatische Phänomene verursacht haben, werden als »abgewehrte« unbewußt.

Die Neigung zur Abwehr des Sexualen wird noch verstärkt dadurch, daß die sinnliche Erregung bei der Jungfrau eine Beimischung von Angst hat, die Furcht vor dem Unbekannten, Geahnten, was kommen wird, während sie bei dem natürlichen, gesunden, jungen Manne ein unvermischt aggressiver Trieb ist. Das Mädchen ahnt im Eros die furchtbare Macht, die ihr Schicksal beherrscht und entscheidet, und wird durch sie geängstigt. Um so größer ist die Neigung, wegzublicken und das Ängstigende aus dem Bewußtsein zu verdrängen.

Die Ehe bringt neue sexuale Traumen. Es ist zu wundern, daß die Brautnacht nicht häufiger pathogen wirkt, da sie doch leider so oft nicht erotische Verführung, sondern Notzucht zum Inhalte hat. Aber freilich sind ja auch die Hysterien junger Frauen nicht selten, welche darauf zurückzuführen sind und schwinden, wenn sich im Verlaufe der Zeit der Sexualgenuß eingestellt und das Trauma verwischt hat. Auch im weiteren Verlaufe vieler Ehen kommen sexuale Traumen vor. Jene Krankengeschichten, von deren Publikation wir absehen mußten, enthalten davon eine große Zahl, perverse Anforderungen des Mannes, unnatürliche Praktiken usw. Ich glaube nicht zu übertreiben, wenn ich behaupte, *die große Mehrzahl der schweren Neurosen bei Frauen entstamme dem Ehebett.*[1]

Ein Teil der sexualen Noxen, der wesentlich in ungenügender Befriedigung besteht (Coitus interruptus, Ejaculatio praecox usf.), führt nach der Entdeckung Freuds[2] nicht zu Hysterie, sondern zur Angstneurose. Doch,

sehr häufig diesen Ursprung hat. Das Waschen entspringt demselben seelischen Vorgange wie bei Lady Macbeth. [In der Wahnsinnsszene in Shakespeares Tragödie *Macbeth*, V. Akt, 1. Szene, versucht Lady Macbeth verzweifelt, ihre »blutbefleckten« Hände zu reinigen.]

[1] Es ist gewiß von Übel, daß die Klinik dieses, eines der allerwichtigsten pathogenen Momente ignoriert oder doch nur zart andeutend streift. Dies ist sicher ein Gegenstand, wo die Erfahrung der Erfahrenen dem jungen Arzte mitgeteilt werden soll, der ja gewöhnlich an der Sexualität blind vorübergeht; mindestens was seine Kranken betrifft. [Breuer hat diesen Standpunkt auch in der Diskussion im Anschluß an Freuds dreiteiligen Vortrag ›Über Hysterie‹ vertreten und erneut bekräftigt. S. die ›Editorische Einleitung‹, unten, S. 325 f.]

[2] Freud, ›Über die Berechtigung, von der Neurasthenie einen bestimmten Symptomenkomplex als »Angstneurose« abzutrennen‹ (1895 *b* [1894]). [Freud geht auf einige Thesen aus diesem Artikel auch in seinem dreiteiligen Vortrag ›Über Hysterie‹ ein. Vgl. unten, S. 329 f. und S. 343 f.]

meine ich, wird auch in solchen Fällen häufig genug die Erregung des Sexualaffektes in hysterische somatische Phänomene konvertiert.

Es ist selbstverständlich und geht auch aus unseren Beobachtungen zur Genüge hervor, daß die nicht sexualen Affekte des Schrecks, der Angst, des Zornes zur Entstehung hysterischer Phänomene führen. Aber es ist vielleicht nicht überflüssig, immer wieder zu betonen, daß das sexuale Moment weitaus das wichtigste und pathologisch fruchtbarste ist. Die naive Beobachtung unserer Vorgänger, deren Rest wir im Worte »Hysterie« bewahren[1], ist der Wahrheit näher gekommen als die neuere Anschauung, welche die Sexualität fast in letzte Linie stellt, um die Kranken vor moralischem Vorwurfe zu bewahren. Gewiß sind die sexualen Bedürfnisse der Hysterischen geradeso individuell verschieden groß und nicht stärker als bei den Gesunden. Aber sie erkranken an ihnen, und zwar großenteils gerade durch ihre Bekämpfung, durch die Abwehr der Sexualität.

Neben der sexualen muß hier an die Schreckhysterie erinnert werden, die eigentlich traumatische Hysterie. Sie bildet eine der bestgekannten und anerkannten Hysterieformen.

Sozusagen in der gleichen Schicht mit den Phänomenen, welche durch Konversion von Affekterregung entstanden sind, liegen diejenigen, welche der Suggestion (meist Autosuggestion) bei originär suggestiblen Individuen ihren Ursprung verdanken. Hochgradige Suggestibilität, d. h. hemmungsloses Übergewicht frisch erregter Vorstellungen gehört nicht zum Wesen der Hysterie; sie kann sich aber bei hysterisch Disponierten als Komplikation vorfinden, bei denen eben diese Eigenart des Nervensystemes die körperliche Realisierung der überwertigen[2] Vorstellungen ermöglicht. Es sind übrigens meistens doch nur affektive Vorstellungen, welche suggestiv in somatischen Phänomenen realisiert werden, und so kann man den Vorgang oft auch als Konversion des begleitenden Schreck- oder Angstaffektes auffassen.

---

[1] [»Hysterie« leitet sich von dem griechischen Wort für »Gebärmutter« ab. Vgl. die Anfangszeilen von Freuds Enzyklopädie-Artikel zum Stichwort ›Hysterie‹ (1888*b*), S. 72, oben.]

[2] [Freud führt diesen Begriff in seiner Krankengeschichte der Patientin »Dora« (1905*e* [1901]; *G. W.*, Bd. 5, S. 214; *Studienausgabe*, Bd. 6, S. 128) auf Wernicke zurück. Er findet sich bei Wernicke (1900, S. 140), vermutlich aber auch schon in früheren Arbeiten. Für Freud ist der Ausdruck gleichbedeutend mit »überstark«. »Überstarke Vorstellungen« werden von Freud im ›Entwurf‹ von 1895, und zwar im 1. Abschnitt des II. Teils (s. unten, S. 388 und S. 439), sowie in dem etwa zur gleichen Zeit gehaltenen dreiteiligen Vortrag ›Über Hysterie‹ (vgl. unten, S. 334 und S. 347) erörtert.]

Diese Prozesse der *Affektkonversion* und der *Suggestion* bleiben identisch auch in den komplizierten Formen von Hysterie, die nun zu betrachten sind; sie finden dort nur günstigere Bedingungen; aber psychisch bedingte hysterische Phänomene entstehen immer durch einen dieser beiden Vorgänge.

Jenes dritte Konstituens der hysterischen Disposition, welches in manchen Fällen zu den früher besprochenen hinzutritt, die Konversion wie die Suggestion in höchstem Maße begünstigt und erleichtert und dadurch sozusagen über den kleinen Hysterien, die nur einzelne hysterische Phänomene zeigen, das weitere Stockwerk der großen Hysterie aufbaut, ist das *Hypnoid*, die Neigung zur Autohypnose (S. 275). Sie konstituiert einen zunächst nur vorübergehenden und mit dem normalen alternierenden Zustand, dem wir dieselbe Steigerung der psychischen Einwirkung auf den Körper zuschreiben dürfen, die wir in der artifiziellen Hypnose beobachten; diese Einwirkung ist hier um so intensiver und tiefer greifend, als sie ein Nervensystem betrifft, welches schon außerhalb der Hypnose von anomaler Erregbarkeit ist.[1] Inwieweit und in welchen Fällen die Neigung zur Autohypnose originäre Eigenschaft des Organismus ist, wissen wir nicht. Ich habe oben (S. 277) die Ansicht ausgesprochen, daß sie sich aus affekterfüllter Träumerei entwickle. Aber sicher gehört auch hierzu originäre Disposition. Wenn jene Ansicht richtig ist, so wird auch hier deutlich, wie großer Einfluß auf die Entwicklung der Hysterie der Sexualität zuzuschreiben ist. Denn es gibt außer der Krankenpflege keinen psychischen Faktor, der so wie die Liebessehnsucht geeignet ist, affekterfüllte Träumerei zu erzeugen. Und überdies ist der sexuale Orgasmus[2] selbst mit seiner Fülle von Affekt und der Einengung des Bewußtseins den hypnoiden Zuständen nahe verwandt.

Das Hypnoid tritt am deutlichsten in die Erscheinung als hysterischer Anfall und in jenem Zustande, den man als akute Hysterie bezeichnen

---

[1] Es liegt nahe, die Disposition zur Hypnose mit der originären abnormen Erregbarkeit zu identifizieren, da uns ja auch die artifizielle Hypnose ideogene Veränderungen der Sekretion, der lokalen Blutfülle, Blasenbildungen u. dgl. zeigt. Dies scheint die Ansicht von Möbius zu sein. Ich meine aber, man bewegt sich da in einem falschen Zirkel. Diese Thaumaturgie der Hypnose beobachten wir, soviel ich sehe, doch nur bei Hysterischen. Wir würden also der Hypnose die Leistungen der Hysterie zuschreiben und dann wieder diese aus der Hypnose ableiten.

[2] [In der Erstauflage findet sich nur hier der Druckfehler »Organismus«.]

kann und der, wie es scheint, in der Entwicklung der großen Hysterie eine so bedeutende Rolle spielt (S. 275). Es sind dies lange, oft mehrere Monate dauernde, deutlich psychotische Zustände, die man oft geradezu als halluzinatorische Verworrenheit bezeichnen muß; auch wenn die Störung nicht so weit geht, treten in solchem Zustande mannigfache hysterische Phänomene auf, von denen einige auch weiterhin persistieren. Der psychische Inhalt dieser Zustände besteht zum Teil gerade aus den Vorstellungen, welche im wachen Leben abgewehrt und aus dem Bewußtsein verdrängt worden sind (»hysterische Delirien der Heiligen und Nonnen, der enthaltsamen Frauen, der wohlerzogenen Kinder«).[1]

Da diese Zustände so oft geradezu Psychosen sind und doch direkt und ausschließlich der Hysterie entstammen, kann ich mich der Meinung Möbius' nicht anschließen: »man könne – abgesehen von den mit dem Anfalle verknüpften Delirien, von einem eigentlichen hysterischen Irresein nicht reden«.[2] Diese Zustände sind in vielen Fällen ein solches; und auch im weiteren Verlaufe der Hysterie wiederholen sich solche Psychosen, die freilich im Wesen nichts anderes sind als das psychotische Stadium des Anfalles, aber bei monatelanger Dauer doch nicht wohl als Anfälle bezeichnet werden können.

Wie entstehen diese akuten Hysterien? In dem bestbekannten Falle (Beobachtung I [Anna O.]) entwickelte sie sich aus der Häufung der Hypnoidattacken; in einem andern Falle (von schon bestehender, komplizierter Hysterie) im Anschlusse an eine Morphinentziehung. Meist ist der Vorgang ganz dunkel und harrt der Klärung durch weitere Beobachtungen.

Für diese hier besprochenen Hysterien gilt also der Satz von Möbius: »Die der Hysterie wesentliche Veränderung besteht darin, daß vorübergehend oder dauernd der geistige Zustand des Hysterischen dem des Hypnotisierten gleicht.«[3]

Das Fortdauern der im Hypnoid entstandenen hysterischen Symptome während des normalen Zustandes entspricht vollständig unseren Erfahrungen über posthypnotische Suggestion. Damit ist aber auch schon ge-

---

[1] [Vgl. die ›Vorläufige Mitteilung‹ (1893*a*; *Studien*, S. 8; *G. W.*, Bd. 1, S. 89), aus der hier zitiert wird. Breuer und Freud sind auf diesen Punkt zu jener Zeit mehrfach zurückgekommen. Für genauere Hinweise vgl. eine editorische Anmerkung zu Freuds Vortrag (1893*h*), S. 195, Anm. 1, oben.]

[2] Möbius (1895), S. 18.

[3] [Ibid., S. 16.]

sagt, daß Komplexe von bewußtseinsunfähigen Vorstellungen mit den bewußt ablaufenden Ideenreihen koexistieren, daß die *Spaltung der Psyche* (S. 288) vollzogen ist. Es scheint sicher, daß diese auch ohne Hypnoid entstehen kann, aus der Fülle der abgewehrten, aus dem Bewußtsein verdrängten, aber nicht unterdrückten Vorstellungen. Auf die eine und die andere Weise entsteht ein bald ideenarmes, rudimentäres, bald dem wachen Denken mehr [oder] minder gleiches Gebiet psychischen Lebens, dessen Erkenntnis wir vor allen Binet und Janet verdanken. Die Spaltung der Psyche ist die Vollendung der Hysterie: es wurde früher (Kapitel V [S. 281 ff., oben]) dargelegt, wie sie die wesentlichen Charakterzüge der Krankheit erklärt. Dauernd, aber mit wechselnder Lebhaftigkeit seiner Vorstellungen, befindet sich ein Teil der Psyche des Kranken im Hypnoid, immer bereit, beim Nachlassen des wachen Denkens die Herrschaft über den ganzen Menschen zu gewinnen (Anfall, Delirium). Das geschieht, sobald ein starker Affekt den normalen Vorstellungsablauf stört, in Dämmer- und in Erschöpfungszuständen. Aus diesem persistierenden Hypnoid herauf dringen unmotivierte, der normalen Assoziation fremde Vorstellungen ins Bewußtsein, werden Halluzinationen in das Wahrnehmen geworfen, werden motorische Akte unabhängig vom bewußten Willen innerviert. Diese hypnoide Psyche ist im höchsten Grade befähigt zur Affektkonversion und Suggestion, und so entstehen mit Leichtigkeit neue hysterische Phänomene, welche ohne die psychische Spaltung nur sehr schwer und unter dem Drucke wiederholter Affekte zustande gekommen wären. Die abgespaltene Psyche ist jener *Dämon*, von dem die naive Beobachtung alter, abergläubischer Zeiten die Kranken besessen glaubte.[1] Daß

---

[1] [Freud ist auf diese mittelalterliche Einstellung gegenüber hysterischen Manifestationen, auf den Glauben an Hexerei und Besessenheit durch Dämonen ebenfalls in mehreren Schriften aus dieser Zeit näher eingegangen. S. beispielsweise eine entsprechende Passage im Paris-Bericht von 1886 (S. 40, oben), seine Erwähnung der »Stigmata diaboli« im ›Hysterie‹-Artikel (1888*b*; S. 76, oben) sowie einige diesbezügliche Bemerkungen in seinem Nachruf auf Charcot (1893*f*; *G. W.*, Bd. 1, S. 31), den dieses Thema sehr fasziniert hatte. An der zuletzt genannten Stelle argumentiert Freud übrigens ähnlich wie Breuer im obigen Text. – Viele Jahre später, in der Einleitung zu seiner Analyse der Krankengeschichte des Christoph Haizmann, eines Malers aus dem 17. Jahrhundert, kam Freud (1923*d* [1922]) noch einmal auf das Thema zurück und zog nun die Parallele noch pointierter: »Die dämonologische Theorie jener dunkeln Zeiten hat gegen alle somatischen Auffassungen der ›exakten‹ Wissenschaftsperiode recht behalten. Die Besessenheiten entsprechen unseren Neurosen, zu deren Erklärung wir wieder psychische Mächte heranziehen« (*G. W.*, Bd. 13, S. 317f.; *Studienausgabe*, Bd. 7, S. 287). – In sei-

ein dem wachen Bewußtsein des Kranken fremder Geist in ihm walte, ist richtig; nur ist es kein wirklich fremder, sondern ein Teil seines eigenen.

Der hier gewagte Versuch, aus unseren heutigen Kenntnissen die Hysterie synthetisch zu konstruieren, steht dem Vorwurfe des Eklektizismus offen, wenn dieser überhaupt berechtigt ist. So viele Formulierungen der Hysterie, von der alten »Reflextheorie« bis zur »Dissoziation der Persönlichkeit« haben darin Platz finden müssen. Aber es kann kaum anders sein. So zahlreiche treffliche Beobachter und scharfsinnige Köpfe haben sich um die Hysterie bemüht. Es ist unwahrscheinlich, daß nicht jede ihrer Formulierungen einen Teil der Wahrheit enthalte. Die künftige Darstellung des wirklichen Sachverhaltes wird gewiß sie alle enthalten und nur all die einseitigen Ansichten des Gegenstandes zu einer körperhaften Realität kombinieren. Der Eklektizismus scheint mir darum kein Tadel.

Aber wie weit von der Möglichkeit eines solchen vollständigen Verständnisses der Hysterie sind wir heute noch! Mit wie unsicheren Zügen sind hier die Konturen umrissen worden, mit wie plumpen Hilfsvorstellungen sind die klaffenden Lücken mehr verdeckt als ausgefüllt. Nur die eine Erwägung beruhigt einigermaßen: daß dieses Übel allen physiologischen Darstellungen komplizierter psychischer Vorgänge anhaftet und anhaften muß. Von ihnen gilt immer, was Theseus im Sommernachtstraum von der Tragödie sagt: »Auch das Beste dieser Art ist nur ein Schattenspiel.«[1] Und auch das Schwächste ist nicht wertlos, wenn es sucht, in Treue und Bescheidenheit die Schattenrisse festzuhalten, welche die unbekannten wirklichen Objekte auf die Wand werfen. Dann ist doch immer die Hoffnung berechtigt, daß irgendein Maß von Übereinstimmung und Ähnlichkeit zwischen den wirklichen Vorgängen und unserer Vorstellung davon bestehen werde.

---

nem 1895 gehaltenen Vortrag ›Über Hysterie‹ (s. unten, S. 340) verwendet Freud eine Analogie zwischen der verdrängten Vorstellung als Wurzel eines hysterischen Symptoms und einem lauernden Dämon, der das Licht scheut. Dieser Vergleich erinnert an Breuers Bild von den Titanen, die »in den Schlund des Ätna gebannt sind« (S. 288, oben).]
[1] [Shakespeare, *Ein Sommernachtstraum*, V. Akt, 1. Szene. Mit diesen Worten verteidigt der Herzog von Athen wohlwollend die ungelenken Darbietungen der Schauspielertruppe an seinem Hofe.]

Vier Dokumente über den Fall »Nina R.«
(J. Breuer und S. Freud)
(1978 [1891–94])

Editorische Vorbemerkung

(1891, 1893, 1894 Daten der Niederschrift.)
1978 In Albrecht Hirschmüller, ›Eine bisher unbekannte Krankengeschichte Sigmund Freuds und Josef Breuers aus der Entstehungszeit der »Studien über Hysterie«‹, *Jahrbuch der Psychoanalyse*, Bd. 10, S. 136–68.

Im Archiv des Schweizer Sanatoriums Bellevue in Kreuzlingen wurde vor einigen Jahren bisher unbekanntes Material über Josef Breuers Patientin »Anna O.« gefunden (Ellenberger, 1972, 1973; Hirschmüller, 1978 b). Ferner lagerten dort Krankengeschichten einiger weiterer Patienten, die Breuer und Freud in der Zeit zwischen 1881 und 1910 an diese damals weithin berühmte Institution überwiesen hatten (Hirschmüller, 1978 a, S. 136).

Die vier folgenden Dokumente – Anamnese, Krankengeschichte, Brief an Robert Binswanger (den damaligen ärztlichen Leiter des Sanatoriums) von Freud sowie Breuers Bericht – beziehen sich auf einen jener Fälle. Hirschmüller gab der Patientin das Pseudonym »Nina R.«. Zusätzlich zu diesen vier Dokumenten enthält seine aufschlußreiche Abhandlung noch einen auf den 5. März 1889 datierten Brief der Patientin an Professor Richard Krafft-Ebing, in dem sie ihren Zustand schildert, ferner einen Auszug aus einem Krankenblatt des Sanatoriums sowie zwei Briefe Breuers an Binswanger. Als Textvorlagen dienten uns Photokopien bzw. Photographien der Handschriften; Albrecht Hirschmüller ist für seine freundliche Unterstützung zu danken.

Breuer, vermutlich Hausarzt der Familie »R.«, behandelte 1886 die damals etwa sechzehnjährige »Nina R.« wegen des Verdachts einer peritonealen Reizung.

1888/89 hielt sie sich zu stationärer Behandlung in Mariagrün, Krafft-Ebings Privatsanatorium in der Nähe von Graz, auf. Am 18. Juli 1893 wurde die inzwischen vierundzwanzigjährige Patientin von Breuer und Freud an das Bellevue-Sanatorium überwiesen, das sie am 4. Oktober 1894 wieder verließ. Freuds Krankengeschichte sowie der Bericht Breuers sind zwar undatiert, jedoch zweifellos zur Zeit der Überweisung der Patientin in das Bellevue verfaßt.

Die bei Hirschmüller (1978*a*, S. 139–42) als Faksimile abgedruckte Anamnese ist auf das mit den Initialen M und S geschmückte Papier geschrieben, welches Freud für den Briefwechsel mit seiner Verlobten Martha Bernays (Freud, 1960*a*, 2. Aufl., S. 28 f.) erworben hatte. Sie trägt kein Datum, kann aber aus inhaltlichen Gründen dem Jahr 1891 zugeordnet werden. Obgleich die Anamnese in Freuds Handschrift vorliegt, scheint ihr Inhalt doch nicht auf eigenen direkten Beobachtungen an der Patientin zu beruhen, sondern eher auf Informationen aus zweiter Hand. Terminologie, diagnostischer Zugang sowie verordnete Behandlungsmethode verweisen eher in die Richtung von Krafft-Ebing (vgl. dessen *Lehrbuch der Psychiatrie*, 1879–80).

Anamnese »Nina R.« (S. Freud)
(1891)

Frl. R., einundzwanzig Jahre, schon als Kind sehr aufgeregt. Schon als drei bis vier Jahre altes Kind wurde Leukorrhöe (ex onanismo!) bemerkt, mit zehn bis elf Jahren viel onanisierend gewetzt.

Vor zwei Jahren anfallsweise sexuell erregt mit Wetzen und großer Aufgeregtheit. Mit elf Jahren menstruiert. In der Folge regelmäßig. Von jeher exaltiert, schwärmerisch, aufgeregt, gemeint, die Eltern hätten sie nicht gerne. Wollte nicht in Gesellschaft. Wenn sie aber in solcher war, erschien sie kokett und animiert. Bei geringster körperlicher Anstrengung gleich geschwitzt.

Von jeher eigenartig, non sentit, non agit ut ceteri homines[1], altklug, dichtet, philosophiert.

Vor jeder Gesellschaft vor Emotion sich erbrochen. Sobald sie sich emotioniert, gleich Üblichkeit. Überall unzufrieden, gelangweilt, selbst- und weltschmerzlich. Breuer erkannte auch Masturbation und meinte, Patientin müsse ihre Aufregungen (sexuelle nost[algie]) um jeden Preis unterdrücken. In diesem Zustand hält sie es im Bett nicht aus, ist höchst erregt, muß grübeln, was geschieht, wenn man stirbt, hat Sterbesituationen, Gefühle, als ob sich etwas im Gehirn verschiebt. In diesem Zustand kann sie nicht essen, nimmt dann um zwei Kilo ab.

Hat in diesem Zustand Zuckungen. Gelegentlich Einbildung, der Papa hat sie nicht lieb – Weinkrampf, allgemeines Zucken.

---

[1] [Weder in ihren Gefühlen noch in ihren Handlungen berücksichtigt sie andere Menschen.]

Schon seit Jahren gleich emotiv und weinerlich.

Patientin nahm Halbbäder mit 25°, die gut taten, aber etwas Respirationsbeklemmung machten.

Neuerlich Idee, sie müsse wahnsinnig werden. Vor dem Heiraten hat sie Horreur. Wenn ihr einer aber den Hof macht, ist sie höchst liebenswürdig.

Sie leidet neuerlich heftig unter der Zwangsvorstellung, alles sterbe ab, gehe in Verwesung über. Sie möchte gern alles tun, um diese »Wahnvorstellung« loszuwerden.

Patientin treibt nichts als lesen und schreiben.

Angaben der Patientin: Seit mehreren Jahren kämen ihr nachts Grübelgedanken über Tod, Verwesung mit heftiger Angst, die sie nur mühsam bekämpfe. Sie habe sich auch sonst recht unglücklich und unbehaglich gefühlt. Neuerdings, namentlich menstrual heftige solche Attacken, die nachgerade permanent werden, während sie früher nur für halbe Stunden davon geplagt war. Die Gedanken seien immer dieselben, alles was sie sehe, erinnere sie an die Vergänglichkeit des Lebens, des fremden und des eigenen, an Tod, Verwesung. Nie Geruchshalluzinationen. Sie werde von diesen Gedankenkreisen mitten im Schlaf und im Gespräch heimgesucht. Sie sehe das Krankhafte der Geschichte ein, wisse sich auch öfter zu beherrschen. Sie sei von jeher zum Grübeln geneigt. Ihre Grübelsucht konzentriere sich nur auf diesen Gedankenkreis. Zu Visionen komme es nicht.

Im Anfall erscheine ihr alles wie Schein, Trug, sie stehe unter der Vorstellung, daß alles nicht real sei, z.B. sie und alles um sie wieder zum Nichts werde. Dann erscheine ihr alles Irdische, ihr ganzes Tun töricht, bedeutungslos.

Von jeher habe sie eigentlich über sich und die Welt grübeln müssen.

Häufig Müdigkeit, Mattigkeit, Kopfschmerz. Bei längerem Ansturm dieser Gedanken auch Druck im Kopf. Nie Spinalirritation. Sie liebe die Einsamkeit, jetzt aber fürchte sie sich, allein zu sein, und sei auch sehr impressionabel. Nur anläßlich der Zwangsvorstellungen, »die sie wie Furien verfolgen«, Herzklopfen.

Appetit sei sehr wechselnd, meist Anorexie. Nie Globen, häufig Gefühl von Respirationshemmung im oberen Brustteil. Schlaf sei aufgeregt, von Träumen gestört, aber lang genug und ausgiebig.

Sie liebe in der Lektüre nur Ernstes. Das Lesen strenge sie nicht an. Menses postponiert, bis zu acht Tagen dauernd. Postmenstrual sei sie am aufgeregtesten und unbehaglichsten. Wenn sie nicht schlafen konnte, nahm sie Chloral, bei Aufregung 0,5 Brom. Die Dosis scheine ihr zu gering! Halbbäder bis zu 24° hätten gut getan. Landaufenthalt tue gut. Patientin mittelgroß. Der sexuale Reiz habe in letzter Zeit fast ganz nachgelassen. Spur von Anämie. Mittlere Ernährung. Habituell konstipiert. Zunge immer rein.

Rp. Halbbäder 24°, eventuell auch Abreibungen, Levicowasser[1], anfallsweise 2–3,0 Brom.

---

[1] [Arsenhaltiges Mineralwasser aus den Quellen des Südtiroler Badeorts Levico, das als verdauungsfördernd galt.]

Krankengeschichte »Nina R.« (S. Freud)
(1893)

Frl. Nina R.
Ich kann von der Patientin kein vollständiges Bild entwerfen,
1.) weil ich nicht alles weiß – ich war nicht ihr ständiger Arzt, sondern behandelte sie nur vor zwei Jahren und jetzt vor ihrer Abreise jedesmal durch einige Monate –
2.) weil mir das Krankheitsbild nicht vollkommen durchsichtig geworden ist. Ich werde mich auf einzelne Bemerkungen und Hervorhebung einzelner Punkte beschränken.

Der Boden, auf dem Patientin erwachsen, ist kein besonders günstiger. Von seiten des Vaters erhebliche hereditäre Belastung, der Vater selbst, soweit ich weiß, nicht neuropathisch, auch durchaus ehrenwert, aber beschränkt, höheren geistigen Interessen nicht weniger abhold als Exzentrizitäten, sein Haus auf Gelderwerb und Geselligkeit eingerichtet, ohne geistige Anregung. Die Mutter eine durchaus gutmütige und brave Frau, gleichfalls nicht neurotisch, aber wenig klug. Das Zusammenleben der beiden vortrefflich. Ein jüngerer Bruder ist durch eine komplizierte Neurose vorwiegend hysterischer Natur gleichfalls existenzunfähig geworden, ein noch jüngerer Bruder hat sich sozusagen noch nicht entschieden.

Das *Wesen des Vaters*, sein Mangel an Zärtlichkeit oder wenigstens an den Zeichen solcher hat in der Patientin einen Fond von Unzufriedenheit mit ihren Verhältnissen geschaffen und, wie ich von ihr weiß, auf dem gewöhnlichen Wege (Scheu vor den Mahlzeiten als Gelegenheiten des Zusammentreffens) den Grund zu einer hysterischen Anorexie mit Erbrechen gelegt.

Sie war immer ein »verzwickter« Charakter, es ist noch allen Ärzten, die sie behandelt haben, schwergefallen, bei ihr Charakter und Krankheit zu trennen. Die angeborene Schiefheit ihres Wesens offenbarte sich darin, daß sie an die Erfüllung ihrer nächsten Pflichten, an ihre Ausgleichung mit ihrem Milieu vergaß, während sie sich bemühte, idealere Interessen zu gewinnen und höhere geistige Anregung auf sich wirken zu lassen. Sie war eine »geistige Kokette« und körperlich eine arge Prüde. Aus den Kinderzeiten setzte sich bei ihr Masturbation bis in die Jahre fort, wo ihr über die Bedeutung dieses Tuns und der begleitenden Empfindungen kein Zweifel bleiben konnte. Wie es die Regel bei weiblichen Individuen ist, traten infolge der Abgewöhnung der Masturbation bei ihr erst die Krankheitssymptome in den Vordergrund, Allgemeinsymptome sowohl wie jene Reminiszenz, die sie als »Reiz« bezeichnet und die von so peinlichen Empfindungen begleitet ist.

Die Masturbation hat auch dem ganzen Bilde den Zug der Neurasthenie aufgedrückt, der heute der vorwiegende ist: Die vielen peinlichen Parästhesien, die Eßunlust, die Erschöpfbarkeit für Erregungen, die mannigfachen Befürchtungen und im Anschluß daran den Geisteszustand, der ängstlich vermeint, nur mit einem beschränkten Kräftevorrat zu wirtschaften, und täglich darüber wacht, daß nichts von ihr verlangt wird, was über ihre Kräfte geht. Sie hat wirklich allmählich alles aufgegeben, was die Freude eines Mädchens ausmacht, und von der Existenz nichts übrigbehalten als die Sorge um ihre Gesundheit.

Mit diesen neurasthenischen Zügen ist das Bild aber lange nicht erschöpfend gezeichnet. Es sind unbestimmt viele hysterische Symptome, psychischer und motorischer Art, bei den einzelnen Erlebnissen hinzugekommen, zu denen ihre Krankheit und die Heilungsversuche Anlaß gaben. Endlich möchte ich organisch wirksame Ursachen nicht ausschließen. Es gab eine Zeit (1886), wo sich plötzlich Unterleibsschmerzen einstellten, von Fieber begleitet, die Dr. Breuer auf die Vermutung einer peritonealen Reizung durch Platzen eines Graafschen Follikels brachten. Dr. Fleischmann[1], der vor drei Wochen die Kranke einer intern gynäkologischen Untersuchung unterzog, konstatierte einseitige Anwachsung des retroflektierten Uterus. Von jener Peritonealaffektion an soll die Anorexie erst ihre volle Höhe erreicht haben, die menstruale Beeinflussung des Allgemeinzustandes ist seither unverkennbar geworden; ein Fluor, der bald dar-

---

[1] [Dr. Carl Fleischmann, ein Wiener Gynäkologe.]

auf auftrat, soll den merklichsten Einfluß auf die Schwierigkeit zu essen geäußert haben. Dr. Fleischmann hat dieser Beschwerden wegen im Juni 1893 das Curettement des Uterus vorgenommen (vgl. den von ihm herrührenden Bericht).

Den größeren Teil der Jahre 1887 und 1888[1] brachte Patientin im Sanatorium Mariagrün zu, das damals unter Krafft-Ebings direkter Leitung stand. Unter Versuchen, sie in Hypnose zu versetzen, erreichten die Erscheinungen ihre Höhe und brachen hysterische Anfälle aus. Der Aufenthalt in Mariagrün hat für die späteren Jahre eine große Bedeutung dadurch gewonnen, daß er den nachfolgenden Ärzten die Behandlung sehr erschwerte. Zwang war von nun an ausgeschlossen, das Vertrauen zu den Ärzten erschüttert, die vielen Gelegenheiten, wo die Ärzte des Sanatoriums einen Versuch aufgegeben, eine Konzession nach langem Sträuben zugestanden hatten, wurden von der Kranken immer wieder zum Schutz ihres Willens gegen ihre Angreifer hervorgeholt; sie blieb von da an ihr eigener Arzt und räumte uns etwa das Recht ein, sie zu trösten, liebenswürdig mit ihr zu sein, ihre Rüffelreden anzuhören, wenn wir das Zeremoniell, mit dem sie sich umgeben hatte, respektieren und ihr keine liebe Gewohnheit verkümmern wollten. Sie kritisierte uns Ärzte auch in ganz schonungsloser Art und brachte jeder Detailbehandlung das unbesiegbare Mißtrauen entgegen, man »werde ihr nur schaden«.

Die bedeutende Intelligenz der Kranken, ihre Schicksale in der Anstalt, der Rückhalt, den sie an ihrer höchst gutmütigen Mutter besaß, die ewig wiederholte Versicherung, daß man ihr durch Zwang nur schaden könne, haben Dr. Breuer wie mich auch dazu veranlaßt, oft sehr nachgiebig gegen sie zu sein. Ihre Lebensweise hatte sich bis zur Zeit, da ich sie wieder übernahm – Frühjahr 1893 – etwa so gestaltet: Sie lebte in ihrem auf eine lärmende Straße gehenden Zimmer mit einer Wärterin, die sie vollkommen in der Gewalt hatte und die ihr z.B. auf Geheiß zureden, sie bedauern mußte u. dgl. Sie stand fast gar nicht auf, kam nie auf die Straße, vermied ängstlich den Verkehr mit Vater und Bruder und quälte ihre Mutter in schonungsloser Weise. Die arme Frau hatte die Aufgabe, sie vor den Anforderungen der Ärzte zu schützen, sonst war sie »herzlos«, und ihr alle kleinen Wünsche ohne Gegenleistung zu erfüllen. Sie war gewöhnt, reichlich Alkoholika zu sich zu nehmen, schlief nur mit Chloral, immerhin aber

---

[1] [Irrtum Freuds; es handelte sich um die Jahre 1888 und 1889, s. die ›Editorische Vorbemerkung‹.]

noch schlecht, so daß sie den Vormittag zu Hilfe nahm und den Tag nach Belieben begann. Bei den Mahlzeiten, der großen Arbeit des Tages, durfte niemand zugegen sein, die Wärterin ausgenommen.

Ich habe, von einer energischen Wärterin unterstützt und dank der endlich einsetzenden Auflehnung der Mutter, das Ärgste an diesen Lebensgewohnheiten beseitigen können. Die Patientin schämte sich übrigens selbst dieser Auswüchse des Zustandes. Sie hat nur unter großer Angst vor Zwang, neuen Anforderungen und Aufregungen ihre Zustimmung zur Reise nach Konstanz gegeben. Ich habe ihr versprochen, daß die Ärzte dort sie ebenso human und liebevoll behandeln werden wie wir und nicht glauben werden, daß sie simuliert oder übertreibt. Wenn man ihr Interesse bezeugt, ist vielleicht etwas mit ihr auszurichten.

Das Opium[1], das ich ihr laut mitfolgender Verordnung gab, hat auf die Stimmung wie auf die Eßfähigkeit entschieden günstig gewirkt. Alkohol ist recht eingeschränkt worden, Chloral besteht noch. Der Stuhlgang ist recht schmerzhaft, nur in Zeiten hoher Erregung spontan. Sie klagt über Schmerzen in allen Gliedern, die zum Teil von den greifbaren Veränderungen der Muskulatur herrühren. Die Zeit nach der Periode ist ihre ärgste.

Ich bitte die Mutter möglichst bald heimzuschicken.

Mit dem Wunsche, Ihnen durch diese fragmentarischen Mitteilungen doch die ersten Anhaltspunkte zur Beurteilung der Kranken gegeben zu haben,

Ihr ergebenster
Dr. Sigm. Freud

---

[1] [Hirschmüller (1978 a, S. 161, Anm. 62) zitiert an dieser Stelle Arndt (1887, S. 210) und Villaret (1888 und 1891, s. v. ›Neurasthenie‹, S. 385), die vor der Anwendung von Opium bei der Behandlung von Hysterie und Neurasthenie warnten. – Dagegen wurde diese Anwendung von Krafft-Ebing (1879–80) in Fällen von Neurasthenie empfohlen.]

Bericht über »Nina R.« (J. Breuer)
(1893)

Ich habe dem Bericht von Dr. Freud wenig beizufügen. Die erbliche Belastung von väterlicher Seite dürfte bedeutend sein; die Großmutter hatte einen schrecklichen Sprech- respektive Schrei-Tic. Onkel und Tante sind teilweise sehr neurotisch. Der Vater selbst ist gesund.

Ich glaube, daß wirklich einmal ein peritonealer Prozeß bestanden hat (hämatocele retrouterina?); daß die sicher bestehende chronische Endometritis großen Anteil an den Zuständen hat, besonders an der Rhythmierung; nach der Periode bis zur Schleimentleerung, dann in der Mittelzeit schlechtester Stand, Erbrechen, vor der Periode besser.

Moralisch ist Nina ein Exemplar des bekannten Typus der »angeregten Judenmädchen«, die mit dem Hause zerfallen in Selbstüberschätzung und Egoismus, zu geringer Liebesfähigkeit. Mit ihrer Klugheit ist aber was zu machen; die unpersönliche Disziplin der Anstalt, vor allem die moralische Ruhe, dürfte sie sehr vorwärtsbringen.

Ihre eigene Krankengeschichte, wie die Notizen mit Bleistift, sind Eigentum des Prof. v. Krafft-Ebing (I. Maximilianplatz 4), und bitte ich sehr, sie dahin zurückschicken zu wollen.

Mit herzlichen Grüßen und der Bitte um Wohlwollen für die Kranke

J. Breuer

Brief an Robert Binswanger (S. Freud)
(1894)

[Wien] IX, Berggasse 19
7. 1. 1894

Verehrter Herr Kollege

Ich bin nicht ganz außer Verkehr mit R., deren Tochter wir im Vorjahr mit solcher Müheanwendung in Ihre Anstalt geschickt haben. Ich bekomme die Briefe zu lesen, die sie nach Hause schreibt, und die Berichte, die Herr Kollege v. Holst[1] den Eltern schickt. Unlängst bin ich nun von den Eltern angegangen worden, mich um authentische Auskunft über das Befinden der Patientin an Sie zu wenden. Durch den Tod des einen Sohnes hat sich manches im Hause verändert, und ich besorge, die Neigung, Nina nach Hause zu nehmen, ist jetzt größer als früher.

Es bleibt mir nichts anderes übrig, als Sie um einen solchen Bericht zu bitten. Ich weiß, wie lästig ich damit Ihnen (oder Ihren Assistenten) werde, rechne aber auf freundliche Berücksichtigung der an mich gestellten Ansprüche.

Hochachtungsvoll und ergebenst
Ihr Dr. Freud

---

[1] [Otto von Holst (1861–1910), seit 1890 Assistenzarzt am Bellevue.]

Zwei zeitgenössische Berichte über den dreiteiligen Vortrag ›Über Hysterie‹
(1895)

Editorische Einleitung

1895 *Wiener klinische Rundschau*, Bd. 9, Nr. 42 (20. Oktober), S. 662 f.; Nr. 43 (27. Oktober), S. 679 f.; Nr. 44 (3. November), S. 696 f.
1895 *Wiener medizinische Presse*, Bd. 36, Nr. 43 (27. Oktober), Sp. 1638–41; Nr. 44 (3. November), Sp. 1678 f.

Freud hielt seinen Vortrag ›Über Hysterie‹ im Wiener medizinischen Doktorenkollegium in drei Folgen am 14., 21. und 28. Oktober 1895. In zwei Sitzungen, am 4. und 11. November, folgte eine Diskussion. Außer den beiden ausführlichen Berichten, die hier erstmals in extenso nachgedruckt werden, erschienen kürzere Erwähnungen in den *Wiener medizinischen Blättern*, Bd. 18 (1895), S. 684 und S. 701 f., der *Wiener medizinischen Wochenschrift*, Bd. 45 (1895), Sp. 1995–97, und den *Medizinischen Neuigkeiten*, München, Bd. 45 (1895), Nr. 49, S. 385–89, und Nr. 50, S. 393 f. Über die beiden der Diskussion gewidmeten Sitzungen wurde ausführlich berichtet in der *Wiener klinischen Rundschau*, Bd. 9 (1895), Nr. 45 (10. November), S. 711, und Nr. 46 (17. November), S. 728, sowie in der *Wiener medizinischen Presse*, Bd. 36 (1895), Nr. 45 (10. November), Sp. 1717 f., und Nr. 46 (17. November), Sp. 1757 f. Die *Wiener medizinischen Blätter*, Bd. 18 (1895), Nr. 45, S. 716 f., referierten ausführlich nur über den ersten der beiden Diskussions-Abende, erwähnten im Bericht über die Vorträge des 11. November jedoch den Abschluß der Diskussion nicht mehr. (Die anderen oben angeführten Periodika brachten keine ausführlichen Berichte über die Diskussion.) Als Textvorlagen dienten Photokopien der Erstdrucke.

Bezüglich der Datierung enthalten die Berichte zwei verwirrende Irrtümer. Das Datum des dritten Teils des Vortrags ist in der *Wiener medizinischen Presse*, ibid.,

Sp. 1678, irrtümlich als 26. Oktober, anstatt 28. Oktober, angegeben, und die zweite Sitzung der Diskussion fand laut der *Wiener klinischen Rundschau,* ibid., S. 728, am 10. November (anstatt, richtig, am 11. November) statt. Die oben angegebenen korrekten Daten sind diejenigen zweier aufeinanderfolgender Montagssitzungen. Eine Bestätigung hierfür findet sich in Freuds Brief an Fließ vom 16. Oktober 1895 (1985c [1887–1904]), worin er bemerkt: »Vorigen Montag und die beiden folgenden Vorträge über Hysterie im Doktorenkolleg, sehr langweilig.« Der in der *Wiener medizinischen Presse* veröffentlichte Bericht über den Vortrag wurde von Andersson (1962, S. 187ff.) zusammengefaßt und diskutiert. Sulloway (1982, Anhang A) hat die in den *Wiener medizinischen Blättern* publizierten Erwähnungen von Breuers Diskussionsbeitrag vom 4. November nachgedruckt.

Wir wissen, daß Freud nicht die Absicht hatte, den Vortrag zu veröffentlichen. In einem auf den 20. Oktober 1895 datierten und am 21. Oktober fortgesetzten Brief an Fließ (1985c) schreibt er: »Heute habe ich einen zweiten Vortrag über Hysterie losgelassen, in dem ich die Verdrängung in den Mittelpunkt gestellt habe. Es hat den Leuten gut gefallen. Lasse sie aber nicht publizieren.« Die beiden Berichte über den Vortrag in der *Rundschau* und in der *Presse* werden von den beiden Zeitschriften jeweils als »Originalbericht« bezeichnet. Weder im einen noch im anderen Fall gibt es, in den Fließ-Briefen oder anderen Quellen, irgendeinen äußeren Beweis dafür, daß Freud an der Niederschrift dieser Zusammenfassungen beteiligt gewesen wäre oder sie vor der Veröffentlichung durchgesehen und überarbeitet hätte.[1] Nach den Texten selbst zu urteilen, ist eine Autorschaft Freuds hochgradig unwahrscheinlich; denn beide Zusammenfassungen sind auf je verschiedene Weise unzulänglich. Liest man beide zusammen, so kann man sich ein klareres Bild vom Originalvortrag machen, als es sich aus nur einem der beiden gewinnen ließe. Dieser Umstand hat denn auch zu der Entscheidung geführt, beide Versionen hier nachzudrucken. Der *Presse*-Bericht, dichter und systematischer, läßt die aus klinischen Fallgeschichten gewonnenen Illustrationen und die für Freuds Stil so kennzeichnenden Vergleiche fort. Die *Rundschau*-Darstellung, die Ellenberger (1973, S. 645) Arthur Schnitzler zuschreibt, reproduziert zwar diese lebendigen Details, weist dafür aber einige kleine, doch wichtige Auslassungen und Irrtümer auf. Beispielsweise kommt nicht deutlich heraus, daß die »Druck-Technik« Freuds eigene und von ihm bevorzugte Methode gewesen ist, nicht diejenige Breuers, und daß der Breuer zugeschriebene Terminus »Spaltung der Seelentätigkeit« den wenig befriedigenden der »Spaltung

---

[1] Als Freud im Falle eines früheren Vortrags – ›Über den psychischen Mechanismus hysterischer Phänomene‹ (1893h), S. 181ff., oben – die von der *Wiener medizinischen Presse* besorgte Mitschrift tatsächlich selbst revidiert hatte, war dies von der Redaktion klar vermerkt worden (die Formulierung lautet ganz anders als im vorliegenden Fall): vgl. S. 183, Anm., oben. – Bei anderen Zeitschriften, z.B. der *Wiener klinischen Rundschau*, kam es allerdings auch vor, daß den Autoren keine Korrekturabzüge zugestellt wurden. Vgl. Freuds Klage darüber in seinem Brief an Fließ vom 4. März 1895 (Freud, 1985c [1887–1904], S. 115).

des Bewußtseins« ersetzen sollte. Der Ausdruck »hypnoide Momente« wird nicht verwendet, und in einem Absatz (S. 331, unten) heißt es »Zwangsneurose« anstelle von »Angstneurose«, ein Fehler, den Freud schwerlich übersehen hätte, wäre um seine Zustimmung zu jener Zusammenfassung nachgesucht worden. Kurzum, diese zeitgenössischen Berichte sind allem Anschein nach unabhängig voneinander entstanden, ergänzen sich aber; keiner von beiden kann Freud zugeschrieben werden.

In den Fließ-Briefen findet sich, außer der oben zitierten kurzen Anspielung, kaum etwas über den Vortrag und seinen Inhalt. Jedoch bemerkte Freud in einem Brief an Fließ vom 31. Oktober 1895 (1985 c): »Unlängst habe ich drei Vorträge über Hysterie verbrochen, in denen ich sehr frech war.« Andersson (1962, S. 189) hatte dies überzeugend als einen Hinweis auf Freuds erste öffentliche Darlegung jenes Mechanismus interpretiert, durch welchen Kindheitserlebnisse, deren sexuelle Natur seinerzeit noch nicht erkennbar war, nach oder während der Pubertät aktiviert, zur Bildung hysterischer oder zwangsneurotischer Symptome führen.

Der Vortrag, aus Gründen der Präsentation in drei Folgen gegliedert, bildet nichtsdestotrotz ein zusammenhängendes Ganzes, worin Freud Erkenntnisse zusammenfaßt und rekapituliert, die er bereits in seinen Abhandlungen über Angstneurose (1895 b [1894] und 1895 f) sowie in den *Studien über Hysterie* (1895 d) veröffentlicht hatte. Er enthält überdies eine Fülle von Material, das in den drei Schriften des darauffolgenden Jahres weiter untersucht werden sollte, und zwar in ›L'hérédité et l'étiologie des névroses‹ (1896 a), in der zweiten der Abhandlungen über die Abwehr-Neuropsychosen (1896 b) und in ›Zur Ätiologie der Hysterie‹ (1896 c). Deutlich sind die Verbindungen zum ›Entwurf‹ (S. 387 ff., unten); es sei daran erinnert, daß Freud das Manuskript des ›Entwurfs‹ am 8. Oktober – nur sechs Tage bevor er den ersten Teil des Vortrags hielt – an Wilhelm Fließ abgeschickt hatte. Die Verknüpfungen mit diesen und anderen Werken werden in den editorischen Anmerkungen im einzelnen nachgewiesen; doch mag die folgende skizzenhafte Zusammenfassung das Feld abstecken, das Freud in seinem Vortrag bearbeitete.

Der erste Teil des Vortrags befaßt sich mit der Herausarbeitung verschiedener klinischer Syndrome und den Beweisen für eine bestimmten Gesetzen folgende Ätiologie. Angstneurose und Neurasthenie werden dabei als somatisch bedingte Zustände aufgefaßt, an denen psychische Mechanismen nicht beteiligt sind. Hysterie und Zwangserkrankungen dagegen werden mit spezifischen psychosexuellen Determinanten in Verbindung gebracht; Umwelt- und toxische Einflüsse seien als Verursachung nicht ausreichend. Im zweiten Teil seines Vortrags wendet sich Freud den Themen der *Studien über Hysterie* zu, besonders Breuers theoretischem Kapitel (s. S. 244 ff., oben), und führt den Begriff der Verdrängung ein. Der dritte Teil befaßt sich hauptsächlich mit der Behandlung hysterischer Patienten und mit der von Freud vorgenommenen Ersetzung der Methode der Hypnose durch die »Druck-Technik«. Das Konzept der »hypnoiden Momente« wird beschrieben und das Auftreten von Widerständen als regelmäßiger Begleiterscheinung im Laufe des Behandlungsprozesses betont.

An der Diskussion während der beiden folgenden Sitzungen beteiligten sich fünf Sprecher: Paul Mittler, M. Großmann und Josef Breuer am 4. November, Dr. Teleky und Heinrich Weiß am 11. November. Mittler kritisierte das Fehlen einer exakten Definition der Hysterie. Er argumentierte dahingehend, daß sowohl nichtsexuelle als auch sexuelle Faktoren in der Ätiologie in Betracht gezogen werden müßten und daß beide Klassen von Einflüssen mittels Schocks oder ähnlicher affektiver Zustände wirksam würden. Großmann meinte, zwar habe der Begriff der Hysterie an Klarheit gewonnen, doch bliebe die Differentialdiagnose gleichwohl schwierig und ungewiß. Er illustrierte diesen Punkt durch eine Beschreibung hysterischer Störungen der Kehlkopffunktion.

Breuer, damals schon ein älterer Mann, weithin bekannt und hochgeachtet, gab Freud seine Unterstützung. Die *Wiener klinische Rundschau* faßt seinen Diskussionsbeitrag folgendermaßen zusammen: »Breuer erklärt die Lehre von der Verdrängung sowie von dem Einfluß der Unlust auf die Verdrängung als Freuds eigene Arbeit, an der er keinen Teil habe. Er kenne einen großen Teil der Fälle Freuds und habe die Entwicklung der Lehre nicht ohne Widerspruch miterlebt. Heute freilich sei er Anhänger von Freuds Lehren. So sei er in der Lage, eine Reihe von möglichen Einwänden zu entkräften. Wer wie er Freuds Hypothese im Laufe der Zeit und der Tatsachen sich langsam entwickeln sah, müsse den Vorwurf einer aprioristischen Konstruktion zurückweisen. Wer es erfahren habe, wie schwer sich Hysterische ein Bekenntnis abringen ließen, werde nicht zugeben können, sie ließen sich andererseits eine schuldvolle Erinnerung aufdrängen. Bezüglich einer eventuellen Überschätzung des geschlechtlichen Momentes beim Aufbau der Hysterie möchte er glauben, daß Freud nicht jedes hysterische Symptom der Sexualsphäre zur Last lege, daß seine Behauptungen vielmehr dahin gingen, die Wurzeln der Hysterie stiegen aus dieser Sphäre auf. [Absatz] Wenn ein junges Mädchen zur Behandlung komme, das über Müdigkeit, Erschöpfung, Parästhesien klage, spreche man kurz von der Anämie junger Mädchen, verordne Eisen, ohne nach sexuellen Vorgängen zu fragen. Man kenne den starken sexuellen Untergrund im Leben des Jünglings, würdige ihn auch in der Medizin. Das sexuelle Leben des Mädchen[s] und Weibes sei unbekannt, und deshalb glaube man nicht an sein Vorhandensein. Freuds Verdienst sei es, dieses dunkle Gebiet teilweise erhellt zu haben, und auf seinem Wege zur Untersuchung der Hysterie lerne man Erscheinungen kennen, an denen man sonst achtlos vorübergehe.«

Die *Wiener medizinische Presse* brachte folgenden Wortlaut über Breuers Votum: »J. Breuer bemerkt einleitend, daß, wenn er auch den Grundstein zu dem von Freud aufgeführten Gebäude gelegt habe, das Gebäude selbst ausschließlich das geistige Eigentum Freuds sei; ja, er sei anfangs der Entwicklung der Lehren und Theorien Freuds mit Bedenken und Zweifeln gegenübergestanden. Allerdings sei er mit seinen Bedenken Schritt für Schritt zurückgedrängt worden, und er sei heute bekehrt und überzeugt. [Absatz] Wenn Freuds Theorien zunächst den Eindruck machen, als seien sie zwar geistvolle psychologische Theoreme, den Tatsachen angehängt, aber im wesentlichen aprioristisch konstruiert, so könne Redner versichern, daß es sich faktisch um Tatsachen und deren Interpretation handle, die der Beobachtung entwachsen seien. Gegenüber dem Verdachte, daß die Erinnerungen der Kranken Kunstprodukte, vom Arzte suggeriert sein könnten, kann Breuer nach seinen Beobachtungen versichern, daß es ungeheuer schwer ist, gerade dieser Sorte von Kranken etwas aufzudrängen oder einzureden. Übrigens kann gegenüber der ungeheuren Menge von Tatsachen, die den Theorien Freuds zugrunde liegen, dieser Punkt kaum eine Rolle spielen. Ein drittes Bedenken betrifft die Überschätzung der Sexualität. Man kann diesbezüglich vielleicht sagen, daß zwar nicht jedes Symptom der Hysterie, wohl aber die ursprüngliche Wurzel derselben sexual ist. Die Neurasthenie ist gewiß eine in der Wurzel sexuale Erkrankung. Diesen Anschauungen verdankt Breuer Fingerzeige für das praktische alltäglichste Handeln in Dingen, die er früher niemals verstanden hat. So z. B. sei es ja wirklich nicht in der Ordnung, daß wir bei einem jungen Mädchen, weil es blaß, leicht erschöpfbar, kurz, in einem Zustand ist, der uns beim Knaben sofort an Masturbation und Pollutionen denken läßt, das sexuelle Moment bloß deshalb, weil es sich um ein Mädchen handelt, übersehen und Eisen verschreiben. Es wäre nur ein Fortschritt, wenn wir im praktischen Leben häufiger an das denken würden, was schließlich zu den Fundamenten der menschlichen Existenz gehört. Der erwachsene Mensch ist allerdings nur zu einem kleinen Teil sexual, aber wer weiß nicht, in welchem Ausmaß die Sexualität in der Pubertätszeit eine Rolle spielt? Wir setzen dies voraus und wissen es vom Knaben, nicht aber vom Mädchen. Wir wissen überhaupt von der Sexualität des Mädchens sehr wenig und sind auch nicht imstande, unsere Sexualität in die der Frauen zu transponieren. Gleichwohl handelt es sich um die wissenswertesten Zustände der Hälfte der Menschheit. Hiefür nun sind die Dinge, die Freud findet, die wichtigsten menschlichen Dokumente. Wenn auch die vorgetragenen Theorien noch hie und da gezwungen erscheinen, so handle es sich ja auch nur um einen provisorischen Abschluß, soweit er den gefundenen Tatsachen entspreche.«

Teleky beglückwünschte Breuer und Freud anschließend zu ihrem Versuch, für die Psychopathien psychologische Erklärungen zu finden und damit den Weg zu psychologischer Behandlung zu bereiten. Er fügte hinzu, daß wohl nicht alle Ärzte bei der Anwendung von Freuds Behandlungsmethoden ähnlich erfolgreich sein würden wie dieser selbst; er hätte es begrüßt, wenn diese Methoden detaillierter beschrieben worden wären. Die Betonung der Sexualität in der Hysterie sei vielleicht übertrieben, in einigen Fällen jedoch gewiß gerechtfertigt. Das Wort Hysterie selbst zeige ja, daß schon im Altertum die sexuelle Herkunft erkannt worden sei. Doch brauche der Wert physischer Behandlungsmethoden in bestimmten Fällen nicht außer acht gelassen zu werden. Man habe Heilungen durch Ovariektomie erzielt, ja, in einem Falle, durch die bloße Vorgabe, die Operation sei ausgeführt worden. H. Weiß meinte, Freud unterschätze die Auswirkungen des »Kampfs ums Dasein« in der modernen Zivilisation, die sich nach seinem Dafürhalten am deutlichsten in Amerika zeigten. Hysterie komme von einem labilen Nervensystem, einer sexuellen Ursache bedürfe es nicht. Sie könne sich aus jedem seelischen Schockerlebnis entwickeln. Man könne sich nicht des Eindrucks erwehren, Freuds Falldarstellungen seien in einer Weise präsentiert worden, daß das Hauptgewicht auf die sexuellen Faktoren falle und andere gleichermaßen wichtige Ursachen vernachlässigt würden. Trotz dieser Einwände stehe er jedoch nicht gänzlich in Opposition zu Freud. Freilich warne er vor einer unterschiedslosen Anwendung des von Freud entwickelten Anamneseverfahrens, welches, von einem weniger feinfühligen Arzt als Freud benutzt, den Patienten schaden könne.

Die beiden Berichte über die Diskussion (auf denen unsere Zusammenfassung beruht) ergänzen einander – wie diejenigen des Vortrages. In beiden nimmt Breuers Beitrag einen wichtigen Platz ein. In einem Brief an Fließ, am 8. November 1895 niedergeschrieben, am 10. November fortgesetzt, bemerkte Freud, daß Breuers Einstellung im privaten Umgang nicht seiner Verteidigung in der Öffentlichkeit entsprach: »Unlängst im Doktorenkollegium hat Breuer eine große Rede auf mich gehalten und sich als *bekehrter* Anhänger der Sexualätiologie vorgestellt. Als ich ihm privatim dafür dankte, zerstörte er mir das Vergnügen, indem er sagte: ›Ich glaub' es ja doch nicht.‹ Verstehst Du das? Ich nicht.« (Freud, 1985 c [1887–1904], S. 154 f.)

Einige weitere Ausführungen über dieses offensichtlich widersprüchliche Verhalten Breuers sowie über die Differenzen, die schließlich zur Beendigung der wissenschaftlichen Zusammenarbeit beider Autoren führten, finden sich in der ›Editorischen Einleitung‹ zu Breuers Beiträgen zu den *Studien über Hysterie* (1895); s. oben, S. 209 ff. und besonders S. 213 f.

Wiener medizinisches Doktorenkollegium[1]
Sitzung vom 14. Oktober 1895
(Originalbericht der *Wiener klinischen Rundschau*)

S. Freud: Über Hysterie

Bis heute ist es nicht gelungen, Umfang und Inhalt des Begriffes Hysterie genau zu bestimmen.[2] Während aber vor zehn Jahren die Bemühungen der Autoren noch dahin gingen, die Hysterie von den organischen Krankheiten zu trennen, ist es heute unsere Aufgabe, sie von den Neurosen unterscheiden zu lernen, vorzüglich von der Neurasthenie. Dadurch wachsen die Schwierigkeiten einer Studie über Hysterie, denn der Begriff der Neurasthenie ist viel verschwommener als der der anderen Neurosen. Zudem kommen hysterische und neurasthenische Elemente sehr häufig zusammen in einem Krankheitsbilde vor, so daß zahlreiche Autoren eine scharfe Trennung für unmöglich halten und sich dahin äußern, Hysterie und Neurasthenie gingen ineinander über.

Das übermäßige Betonen der nervösen Degeneration und ihrer Rolle bei der Entstehung der Neurosen brachte es mit sich, daß man den verschiedenen Erscheinungsweisen der Hysterie nicht mit dem nötigen Eifer nachging.[3] Auch die therapeutischen Maßnahmen sind nicht darnach angetan,

---

[1] [Der Bericht erschien unter der Rubrik ›Verhandlungen wissenschaftlicher Vereine‹. Die Überschriftszeilen entsprechen denjenigen der Originalveröffentlichung.]

[2] [Dieser erste Teil des Vortrags behandelt weitgehend die gleichen Themen wie die Einleitungsseiten von Freuds technischem Kapitel ›Zur Psychotherapie der Hysterie‹ in den *Studien über Hysterie* (1895d; *Studien*, S. 223 ff.; *G. W.*, Bd. 1, S. 253 ff.; *Studienausgabe*, Ergänzungsband, S. 50 ff.).]

[3] [Das Gewicht erblicher, angeborener Faktoren war von Charcot und seinen Schülern, besonders von Janet (1892, 1893 und 1894) betont worden. Die Auffassungen des letzteren werden von Freud in seiner ersten Abhandlung über die Abwehr-Neuropsychosen

daß es sich lohnte, die Differenzen zwischen Hysterie und Neurasthenie besonders hervorzuheben – günstige äußere Verhältnisse, Ruhe, Kräftigung erscheinen für beide als Therapie.

Es ist aber nicht ausgeschlossen, daß man auf der Suche nach deutlicheren Grenzbestimmungen zu Resultaten kommt, die das therapeutische Handeln in eine besser bestimmte Richtung bringen.

Darf man aus dem Zusammensein hysterischer und neurasthenischer Symptome in einem Krankheitsbild auf eine gemeinsame Wurzel beider Krankheiten schließen? Die interne Klinik deckte eine Symbiose von Infektionsträgern auf, die eine Analogie bildet zur Addition hysterischer und neurasthenischer Symptome. Reine, unverfälschte Typen findet man vor allem im Anfang der Neurose, also bei jugendlichen Patienten. An eine Hysterie von längerem Bestand reihen sich meist neurasthenische Symptome. Seltener entwickelt sich Hysterie auf neurasthenischem Boden.

Die Frage nach der Ätiologie der Neurosen ist durch den Hinweis auf hereditäre Verhältnisse nicht erledigt. Unbefangene Beobachtung und sorgfältige anamnestische Erhebungen leiten uns sicherer zu den Ursprüngen der Erkrankung und lassen uns gleichzeitig Anknüpfungspunkte gewinnen für eine prophylaktische Therapie.

Durch strengere Abgrenzung der Begriffe Hysterie und Neurasthenie wird auch die Prognose gesichert, die nur bei wahrer Neurasthenie als ungünstig zu betrachten ist.

Ein Versuch zur Einteilung der Neurosen wäre folgender: 1. Hysterie; 2. Neurasthenie in engerem Sinne; 3. Zwangsneurose; 4. Angstneurose. Andere Krankheitsbilder der sogenannten Neurasthenie, die für den Zweck dieser Studie unbrauchbar sind, bleiben unberücksichtigt. Dann zerfällt, was sonst Neurasthenie genannt wird, in Neurasthenie sensu strictiori, in eine Zwangs- und eine Angstneurose. Entsprechend der Differenz der Symptome zeigt sich die Ätiologie in jedem Falle anders.[1]

Westphal erwähnt das Vorkommen von neurasthenischen Zwangsvorstellungen und faßt sie als Symptome der Degeneration auf.[2] Andere tren-

---

(1894*a*; *G. W.*, Bd. 1, S. 60 ff.) angefochten, ebenso von Breuer und Freud in den *Studien über Hysterie* (vgl. eine Passage in Breuers Kapitel ›Theoretisches‹, S. 287 ff., oben, sowie die editorische Anmerkung auf S. 289).]

[1] [Die in diesem Absatz wie auch weiter unten entwickelten Gedanken über die spezifische Ätiologie der einzelnen Neurosen werden von Freud in einigen Schriften weiter ausgearbeitet, die wenige Monate später erschienen: (1896*a*), (1896*b*) und (1896*c*).]

[2] [Westphal (s. S. 42, Anm., oben) hatte eine detaillierte deskriptive Klassifikation der

nen sie von der Neurasthenie. Zu letzterem sind wir auch durch klinische Ergebnisse berechtigt. Denn es gibt Zwangsvorstellungen ohne jede neurasthenische Beigabe, und wo sie sich sonst neurasthenischen Symptomen zugesellen, sind sie von anderer Dauer und Stärke wie diese. Ja, auch bei Hysterie findet man gelegentlich Zwangsvorstellungen.[1]

Als Erscheinungen der Neurasthenie[2] kennen wir Mattigkeit, Defizit der Nervenleistung, Dyspepsie, spastische Stuhlverstopfung, Kopfschmerz, spinale Schmerzen. Öfters aber findet man unter den sogenannten Neurasthenikern einen anderen Typus, der grell absticht und charakterisiert wird durch: Überreizung, Erregung, Unruhe, Reizbarkeit des Gehörs, Angst in allen Formen, Angst mit akutem oder chronischem Verlauf, Angst als Begleiterin von Parästhesien, einhergehend mit Herzbeschleunigung, Schlafstörungen, Konvulsionen. Wichtig ist es in einzelnen Fällen, die maskierte Angst aufzudecken. Es gibt Patienten, die wegen Dyspnoe, arrhytmischer Herzstörung, Heißhunger, Konvulsionen in Behandlung stehen, bis sich bei genauer Forschung ihre Zustände als Begleiter einer Angstneurose entpuppen. Hecker spricht solche Fälle als Rudimente oder Äquivalente des Angstanfalles an[3]; Mattigkeit und Kopfdruck fehlen oft, statt der Darmträgheit findet sich Beschleunigung der Darmtätigkeit. So ist man befugt, die Neurose von der Neurasthenie zu sondern.[4]

Zwangsvorstellungen veröffentlicht (1877). In seinem Psychotherapie-Kapitel in den *Studien über Hysterie* verweist Freud auf seinen Versuch, die »echten Zwangsvorstellungen nach Westphalschem Muster« zu behandeln, und erklärt, dies seien Fälle, »die nicht durch *einen* Zug an Hysterie erinnerten« (*Studien*, S. 223 f.; *G. W.*, Bd. 1, S. 254; *Studienausgabe*, Ergänzungsband, S. 50 f.).]

[1] [Dieser Teil des Vortrags wird in der *Presse*-Version etwas anders, wahrscheinlich präziser, wiedergegeben (s. S. 343 f., unten).]

[2] [Freuds erste veröffentlichte Betrachtung der Neurasthenie von einiger Ausführlichkeit findet sich in seiner Schrift über »Angstneurose« (1895 *b*) – s. besonders die Anfangsseiten. S. auch die ersten Seiten seines Psychotherapie-Kapitels in den *Studien über Hysterie* (1895 *d*).]

[3] [Ewald Hecker (1893). Vgl. die Eröffnung von Freuds Abhandlung über Angstneurose (1895 *b*), wo diese Arbeit beschrieben wird (*G. W.*, Bd. 1, S. 316 und S. 319; *Studienausgabe*, Bd. 6, S. 28 und S. 30). Die Arbeit wird ferner in der zweiten Schrift über Angstneurose (1895 *f*; *G. W.*, Bd. 1, S. 357) und in den *Studien über Hysterie* (*Studien*, S. 224 f.; *G. W.*, Bd. 1, S. 255; *Studienausgabe*, Ergänzungsband, S. 52) erwähnt. An allen drei Stellen räumt Freud ein, daß Hecker ihm vorausgewesen ist.]

[4] [Dies war natürlich das Thema von Freuds eigener Arbeit ›Über die Berechtigung, von der Neurasthenie einen bestimmten Symptomenkomplex als »Angstneurose« abzutrennen‹ (1895 *b*), neun Monate zuvor, am 15. Januar 1895, veröffentlicht.]

In älteren Lehrbüchern wird dieser Krankheitsfall unter dem Namen der Hypochondrie abgehandelt, ein Name, der sich für die Angstneurose nur deshalb nicht akzeptieren läßt, weil er mit dem Begriff »Krankheitsfurcht« identifiziert wird, also zu eng gefaßt erscheint.[1]

Auf der Suche nach der Ätiologie für echte Neurasthenie und Angstneurose gelangt man fast ausschließlich zu Schädlichkeiten, die aus dem Sexualleben entspringen. Fast immer liegt der echten Neurasthenie bei Männern und Frauen Masturbation zugrunde; wo dieses ätiologische Moment fehlt, läßt sich Heredität nachweisen, die sich in vorzeitigen, reichlichen sexuellen Entladungen, Pollutionen, äußert.

Die Angstneurose wurzelt bei früher gesunden Männern in der Abstinenz. Wo starke sexuelle Erregungen gar nicht oder nur durch Blicke und Betasten befriedigt werden[2], entwickelt sich gern diese Angstneurose. Frauen fallen ihr zumeist durch den Coitus interruptus anheim.[3] Die Scheidung der Angstneurose von der echten Neurasthenie wird uns also nicht allein durch die Symptomatologie, sondern auch durch die Ätiologie aufgenötigt; die echte Neurasthenie beruht auf einer überreichlichen Entladung, die Zwangsneurose[4] auf einer Aufspeicherung des Sexualstoffes.

---

[1] [Vgl. sehr ähnliche Bemerkungen in Freuds Psychotherapie-Beitrag zu den *Studien über Hysterie* (*Studien*, S. 225; *G. W.*, Bd. 1, S. 256; *Studienausgabe*, Ergänzungsband, S. 52). S. auch eine Passage in Breuers theoretischem Kapitel im nämlichen Werk (oben, S. 302). Freud hatte sich bereits in Teil I seiner ersten Arbeit über Angstneurose (1895*b*) mit den Beziehungen zwischen Hypochondrie, Neurasthenie und Angstneurose befaßt. Viel später, in seinem Schlußwort zur Onanie-Diskussion (1912*f*), schlug er vor, die Hypochondrie, neben Neurasthenie und Angstneurose, als eine dritte »Aktualneurose« zu betrachten. Sehr viel ausführlicher griff er diesen Gedanken noch einmal zu Beginn von Abschnitt II seiner Narzißmus-Arbeit (1914*c*) auf. – Der eigentliche Terminus »die Aktualneurosen«, verwendet zur Bezeichnung von Zuständen mit rein physischer und aktueller Verursachung, tauchte erstmals in ›Die Sexualität in der Ätiologie der Neurosen‹ (1898*a*) auf. Zur Zeit des vorliegenden Vortrags (1895) hatte Freud keinen bevorzugten Ausdruck zur Kennzeichnung solcher Störungen; doch findet sich eine interessante Verwendung der Formulierung »eine einfache Neurose« in dem im gleichen Zeitraum entstandenen ›Entwurf‹. S. unten, S. 440 und Anm. 1.]

[2] [Wie aus der entsprechenden Passage in der *Presse*-Version hervorgeht (S. 345, unten), bezog Freud hier die Perversionen mit ein.]

[3] [In der *Presse*-Version wird die Abstinenz infolge von Witwenschaft als gleichrangiger Grund der Angstneurose erwähnt (S. 345, unten).]

[4] [Das Wort müßte natürlich »Angstneurose« heißen. Dieser Fehler, mehr als bloß ein Druckfehler, spricht nachdrücklich dagegen, daß Freud an der Niederschrift des vorliegenden Berichts beteiligt gewesen ist. Vgl. die ›Editorische Einleitung‹, oben, S. 324.]

Diese Ätiologie steht für alle extremen, reinen Fälle fest. Der Nachweis gelang in achtzig Prozent der untersuchten Fälle. Überlegt man die Schwierigkeiten einer solchen Untersuchung, so erscheinen wohl die übrigen zwanzig Prozent der Fälle gedeckt.

Gegen diese Ursachen gehalten, verlieren die sonst angeführten ätiologischen Momente der Neurosen, die sich auf das Kulturleben beziehen, sehr an Gewicht.[1] Die sexuellen Schädigungen sind spezifische Krankheitserreger und geben der Neurose Richtung und Ziel. Nervengifte aber, Gemütsbewegungen, Überbürdung, die Unsicherheit der Erwerbsverhältnisse spielen dabei eine vorbereitende oder bedingende Rolle. Sie bestimmen die Schwere der Neurose. Nicht jeder, der die falschen Wege im Sexualleben einschlägt, erwirbt eine Neurose. Hier treten die Schädlichkeiten, die unserer Kultur zur Last fallen, fördernd ein und machen den Schaden erst bedeutend genug. Und Kinder, die der Überbürdung in der Schule erliegen, werden Onanisten und Pollutionisten.

Die Hysterie findet man selten rein.[2] Gewöhnlich bildet sie einen Symptomenkomplex in einer Mischung von Neurosen. Ihre Betrachtung drängt auf das Gebiet der Psychologie, der man fernebleibt bei der Untersuchung der sonstigen Neurosen mit ihrem physiologischen, somatischen Charakter. Nur die Zwangsvorstellungen haben einen ähnlichen inneren Aufbau und gleichen der Hysterie auch in bezug auf therapeutische Erfolge.[3]

---

[1] [Diesen Momenten, von Freud in der damaligen Zeitphase gewöhnlich »banale Schädlichkeiten« genannt, wurde von Beard das Hauptgewicht beigelegt. Er (in Freuds Worten) »avait déclaré la neurasthénie être le fruit de notre civilisation moderne«. S. Freud, ›L'hérédité et l'étiologie des névroses‹ (1896a; *G. W.*, Bd. 1, S. 412 ff.), wo das vorliegende Argument ausführlicher entfaltet wird. S. auch Beard (1881 und 1884). Die entsprechende Passage in der *Presse*-Version fällt ausgiebiger aus (S. 345, unten).]

[2] [Die *Presse*-Version, die an dieser Stelle mehr ins einzelne geht, erwähnt besonders das Werk Charcots. Vgl. S. 346 und Anm. 1, unten.]

[3] [In der Originalveröffentlichung folgt hier als Anmerkung der Redaktion: »Der Vortrag wird in der nächsten Sitzung fortgesetzt.«]

(Fortsetzung – Sitzung vom 21. Oktober 1895)

In dem Symptomenkomplex einer neurotischen Erkrankung zeichnet sich das hysterische Element durch einen wohlumschriebenen psychischen Mechanismus aus.[1] Jede Hysterie hat eine »Verdrängung« zur Grundlage. Der Vorgang der hysterischen Verdrängung besitzt ein Äquivalent im Bereiche des Normalen und läßt sich hier leicht verstehen.

Vorstellungen, die unangenehme Gedankenassoziationen wachrufen, sucht man zu unterdrücken. Es ist nicht gleichgiltig, ob ein Examinator fremde Personen oder solche, die uns nahestehen, zum Gegenstande einer Prüfungsfrage aus der gerichtlichen Medizin macht. In letzterem Falle erhält unsere Phantasie einen peinlichen Inhalt. Das Unlustgefühl wird aber noch größer, wenn aus dem Verkehr Impulse erwachsen, die auf peinliche Erinnerungen einer realen Vergangenheit treffen. Derartige Unlustgefühle sucht man abzuwehren. »Mich schaudert, wenn ich davon höre« – »reden wir lieber nicht davon« – in solchen und ähnlichen Worten dokumentiert sich das Bestreben, das Erwachen unbehaglicher Vorstellungen zu verhindern. Eine Dame der besseren Gesellschaft, die sich einst in zweifelhafter Stellung befunden hat, wird eine gesprächsweise Erinnerung an ihre ehemalige Position mit Recht als grobe Verletzung der gesellschaftlichen Pflichten ansehen und eine derartige Erörterung entrüstet ablehnen. Sie wird auch das Theater meiden, in dem sie einst gespielt hat, wenn sie durch die Erinnerung an jene Zeit unangenehm berührt wird. Sie bemüht sich, die zweifelhafte Situation zu vergessen, Vorstellungen von ihr zu verdrängen, und benützt ihre Herrschaft über den Gedankenablauf in der Weise, daß sie die Gelegenheit zu solchen Erregungen meidet. Immer vorsichtig, stets zur Abwehr gerüstet, bringt sie es schließlich zur Virtuosität in der Verdrängung ihrer peinlichen Erinnerung.

Wie kommt die analoge Verdrängung bei der Hysterie zustande? Man kann folgende Hauptgruppen von hysterischen Symptomen unterscheiden: 1. Wahrnehmungsreste. Diese treten als Erinnerungen im Bewußtsein auf. Die Person leidet an einer Halluzination, die spontan wiederkehrt und sich dabei stark in den Vordergrund des Bewußtseins drängt. Auch hysterische Schmerzen können als Repräsentanten dieser Gruppe aufgefaßt werden. 2. Motorische Entladungen. Solche sind Weinen, Lach-

---

[1] [An dieser Stelle erwähnte Freud besonders Breuers theoretischen Beitrag zu den *Studien über Hysterie*. Vgl. die *Presse*-Version, S. 346 und Anm. 2, unten.]

krämpfe, Zuckungen etc. 3. Komplizierte psychische Bildungen, Vorstellungskomplexe, Tendenzen, Abulie. Die Zusammenhänge dieser Gruppen sind die mannigfaltigsten. Eine Person verspürt beispielsweise eine Geruchshalluzination und wird dabei traurig.[1] Sie sieht eine Erscheinung, die in ihr die Idee wachruft, durchs Fenster zu springen. Die Vorstellung taucht auf, einer geliebten Person werde etwas zustoßen, dabei Angstgefühle. Zwingt man eine hysterische Person trotz ihres Widerwillens zum Essen, so erlebt man eine Affektäußerung: die Kranke bricht. Wenn man sie zum Gehen zwingen will, erscheint ein hysterischer Anfall. Wie ein Element der einen Gruppe einsetzt, zieht es unbedingt Symptome der andern Gruppe nach sich, ein Mechanismus, der zwangsweise abläuft und dem Willen entzogen ist. Die hysterischen Vorstellungen treten überstark[2] auf, stehen aber einsam in der Bewußtseinssphäre und bleiben unverstanden. Die hysterische Person kann nicht essen, kann nicht gehen; es fehlen ihr aber die Gründe für dieses Verhalten. Wo ein derartiger hysterischer Zwang besteht, hat eine Verdrängung stattgefunden; die Kranke, die vor Ekel nicht essen kann, hat eine peinliche Erinnerung verdrängt.

Will man diese Erinnerung hervorholen, so stößt man auf einen enormen Widerstand. Die Kranke verhält sich in bezug auf die Quelle ihres Unlustgefühles wie ihr normales Gegenstück, die vorerwähnte Dame der besseren Gesellschaft. Die hysterische Verdrängung ist der normalen nur quantitativ überlegen.

Durch Breuers Untersuchungsmethode[3] ist man in der Lage, die verdrängten Erinnerungen heraufzubeschwören und ihren Zusammenhang mit dem Wahrnehmungsrest klarzustellen. Dann sieht man beispielsweise den Widerwillen gegen Speise und Trank hervorgehen aus der entschiedenen Ablehnung der Erinnerung an gemeinsame Familienmahlzeiten, bei welchen Zwist und Hader herrschten und Zerwürfnisse ausgetragen wurden. Man begreift dann die Verbindung von Tabakgeruchshalluzination

---

[1] [S. unten weitergehende Einzelheiten, die die Identität dieser Patientin aufdecken; S. 335 und Anm. 1.]

[2] [»Überstarke Vorstellungen« bei pathologischen klinischen Zuständen werden am Anfang von Freuds ›Entwurf‹ erwähnt, der etwa gleichzeitig mit dem vorliegenden Vortrag entstand; ausführlicher werden sie dann in Abschnitt 1 von Teil II des nämlichen Werks diskutiert. Vgl. S. 388 und S. 439, unten. Insgesamt hat der vorliegende Teil des Vortrags große Ähnlichkeit mit jenem Abschnitt des ›Entwurfs‹.]

[3] [Breuers Untersuchungsmethode ebenso wie seine Therapie werden im letzten Teil von Freuds Vortrag (S. 339, unten, und S. 349 in der *Presse*-Version) weiter erörtert.]

und dem Gefühle der Wehmut, wenn man erfährt, daß sich mit der Vorstellung von Zigarrenrauch einst eine getäuschte Hoffnung verknüpfte.[1]
Wenn man die ursächlichen, peinlichen Eindrücke durchmustert, zeigen sie alle sexuellen Inhalt. Und gerade das sexuelle Moment wird bis heute von den Ärzten unterschätzt. Man prüft die Funktionen aller Organe, nur betreffs des Geschlechtsapparates unterläßt man scheu jede Frage.[2]
Wie entwickelt sich aus der Verdrängung ein hysterisches Symptom? Hier verläßt uns die Analogie des normalen Lebens, sollte man denken. Tatsächlich bleibt noch eine Ähnlichkeitsspur zurück. Unsere Dame der feinen Welt wird am strengsten urteilen, wenn von Ehrbarkeit in der Gesellschaft gesprochen wird. Wer seinen Glauben gewechselt hat, wer zweifelhafter Nationalität, wer jungen Adels ist, dem ist man nie genug gläubig, nie genug national gesinnt, nie genug adelig. Sie haben die strengsten Grundsätze und betonen ihre Abneigung gegen Andersdenkende am stärksten. Ihr Radikalismus wird aber erklärlich, wenn man erfährt, daß sie mit ihm eine peinliche Erinnerung verdrängen.

Auf ähnliche Weise entwickeln sich die stark betonten Wahrnehmungsreste bei der Hysterie. Zwangsvorstellungen, die der Hysterie sehr nahestehen und mit ihr in vielen Punkten übereinstimmen, zeigen die Entstehung und Bildung dieser eigentümlichen Hyperästhesie deutlicher. So in folgendem Falle: Ein Mann hörte in einer Vorlesung von Leidesdorf[3], wel-

---

[1] [Dies ist zweifellos eine Anspielung auf Freuds Patientin Miß Lucy R. aus den *Studien über Hysterie*. Sie litt unter einer Zigarrenrauch-Halluzination, die, wie sich herausstellte, mit einer Enttäuschung zusammenhing. (Vgl. *Studien*, S. 102 f.; *G. W.*, Bd. 1, S. 177–79.) Freud spricht dort von dieser olfaktorischen Sinnesempfindung als von einem »Erinnerungssymbol«. Vgl. auch die Ausführungen über die symbolische Verbindung zwischen dem hysterischen Symptom und seiner Veranlassung in Freuds Vortrag ›Über den psychischen Mechanismus hysterischer Phänomene‹ (1893*h*, S. 189 f., oben), ferner in Breuers theoretischem Kapitel zu den *Studien über Hysterie* (S. 267, oben) wie auch in Freuds ›Entwurf‹, Teil II, Abschnitt 1, ›Der hysterische Zwang‹ (S. 440 f. und Anm. 2, unten).]
[2] [Breuer hatte diesen Punkt in seinem theoretischen Kapitel zu den *Studien über Hysterie* hervorgehoben und griff ihn auch in seinem Beitrag zur Diskussion wieder auf, die im Anschluß an Freuds Vortrag stattfand. Vgl. oben, S. 304 f., und S. 305, Anm. 1, sowie S. 325.]
[3] [Maximilian Leidesdorf, Autor eines einflußreichen Lehrbuchs der Psychiatrie (1865), hatte mehr als dreißig Jahre Neurologie und Psychiatrie gelehrt, ehe er in seiner Klinik von Krafft-Ebing abgelöst wurde. Der oben beschriebene Patient paßt zu keiner von Freuds veröffentlichten Krankengeschichten. Einige Tage, nachdem er diesen Vortrag gehalten hatte, erwähnt er jedoch in einem Brief an Fließ vom 31. Oktober 1895 einen

che aggressive Handlungen im postepileptischen Dämmerungszustande vorkommen könnten. Bald darauf erwachte in ihm die Angst, auch er werde einmal in einem solchen Zustande, von dessen Anwesenheit man ja nichts wisse, jemanden schädigen. Aus seinem Vorleben ergab sich, daß er einst unter dem Schuldbewußtsein gelitten habe, von einem Schuldner zuviel Geld genommen, ein anderesmal einem Kellner zuwenig gezahlt zu haben. Konstant zeigt sich hier die Neigung zu Selbstanklagen, durchgehends findet man bei diesem Patienten ein niederdrückendes Schuldbewußtsein, das sicher einst aus dem Realen entsprang. Die reale Wurzel ist verlorengegangen, und die bestehenden Gedankenverbindungen sind absurd. Letzteres leuchtet auch dem Patienten ein, aber erst nach längerer Zeit gelingt es ihm, seine Zwangsvorstellungen fallenzulassen.

Die Untersuchung der Hysterie zeigt: Die Disposition zum Affekt ist klarerweise an eine reale Schuld geknüpft. Die Person sucht die peinliche Erinnerung zu verdrängen. Dies gelingt, aber damit wird das Schuldbewußtsein übergroß, und die Idee, es sei etwas Schreckliches vorgefallen, kehrt immer wieder. So kommt die Person zu einem reinen, akzentuierten Schuldbewußtsein ohne Erinnerung an die Tat.

Rückt durch irgendein Ereignis dem Individuum die Möglichkeit einer Schuld nahe, so taucht sofort das hyperästhetische Schuldbewußtsein mächtig empor und gewinnt unter dem Einfluß dieses neuen Ereignisses bestimmte Züge. Jetzt wird die Person durch das Gefühl ihrer ersten verhängnisvollen Schuld beherrscht und steht unter dem Einfluß des »Surrogates« einer Schuld.

Auch Surrogatbildungen sind dem normalen Leben nicht fremd. Sie erscheinen in verschiedenen Gestalten: als Junggesellen, die Tabatièren sammeln, als alte Jungfrauen, die Katzen und Hunde liebkosen; und brünstige Religiosität ist gleichfalls häufig ein Surrogat für brünstige Liebe.[1]

Wie durch Verdrängung der Erinnerung das Schuldbewußtsein akzentuiert wird und daraus der hysterische Zwang entsteht, lehrt folgendes Beispiel: ein Mädchen, mit einer sexuellen Schuld beladen, wird von

---

Patienten, »der sich wegen homizider Tendenzen nicht auf die Gasse traut«. (Freud, 1985 c [1887–1904], S. 152 mit Anm. 5.)]
[1] [Junggesellen und alte Jungfrauen wurden bereits in Manuskript H erwähnt (welches Freud mit seinem Brief vom 24. Januar 1895 an Fließ geschickt hatte). Bezüglich des Junggesellen fügt Freud dort hinzu, daß jeder Sammler ein »substituierter Don Juan Tenorio« sei. (Freud, 1985 c [1887–1904], S. 109.) Die beiden Beispiele erscheinen auch in der *Traumdeutung* (1900 a; G. W., Bd. 2/3, S. 183; *Studienausgabe*, Bd. 2, S. 190).]

Furcht befallen, sich durch Erröten den andern zu verraten. Sie verdrängt ihre Erinnerung – und der Akzent fällt auf das Erröten. Zugleich mit dem scheinbar unmotivierten Zwangserröten taucht das unheimliche Gefühl auf, man wisse etwas über sie.[1] Gelingt es ihr vollends, sich das Erröten abzugewöhnen, so erstarkt die Empfindung, die andern hielten sie für schuldbeladen. So belastet sie bei jeder Verdrängung das folgende Glied der hysterischen Kette mit dem hysterischen Zwang.

A–r.

(Schluß – Sitzung vom 28. Oktober 1895)

Jedes Glied aus jener Kette, welche für die Struktur der Zwangsvorstellung so bedeutsam ist, haftet mit einer bestimmten Intensität in der Bewußtseinsphäre.[2] Zwingt das Unlustgefühl zur Verdrängung der peinlichen Erinnerung, so übernimmt das nächste Glied die Erbschaft ihrer Intensität, die psychische Geltung verschiebt sich von der verdrängten Erinnerung auf das Schuldbewußtsein. Jetzt ist das Individuum in der Lage, jedes mehr oder weniger geeignete Ereignis an sein hypertrophisches Schuldbewußtsein zu knüpfen und sich mit dem Gedanken oder der Erwartung einer Schuld zu belasten. Derselbe Vorgang spielt sich in komplizierter Weise bei der Betonung der hysterischen Hauptglieder ab.

Gegen die gegebene Erklärung läßt sich vor allem einwenden, daß sie die letzten Ursachen der Hysterie nicht aufdeckt. Gerechterweise kann aber nicht verlangt werden, Erkrankungen der Psyche weiter zu verfolgen, als die heutige psychologische Erkenntnis reicht. Die Bedeutung der vorgetragenen Auffassung von der Hysterie liegt darin, daß es nun möglich ist, die Entwicklung und den Zusammenhang der hysterischen Symptome zu begreifen und therapeutische Vorteile an die Hand zu bekommen. Die Lehre der Zukunft wird anknüpfen müssen an die Identität der hysterischen und der Traumvorstellungen[3] sowie an ausschließliche Disposition der Kindheit.

---

[1] [Dieser Fall fehlt in der *Presse*-Version. Doch wird in der entsprechenden Passage die Aufmerksamkeit auf die Ähnlichkeit des Mechanismus der hysterischen Symptombildung nicht nur mit dem der Zwangsvorstellungen, sondern auch mit demjenigen des Beachtungswahns gelenkt. (Vgl. S. 348, unten.)]

[2] [Der diesbezügliche Bericht in der *Presse* dürfte Freuds Gedankengang in diesem Teil des Vortrags getreuer wiedergeben.]

[3] [Dieser wichtige Punkt – er fehlt im *Presse*-Bericht – wird auch im ›Entwurf‹ erwähnt. Vgl. Teil I, Abschnitte [19] und [20], S. 431 und S. 433, unten.]

Die hysterische Verdrängung geht weit über die Grenzen einer normalen Verdrängung hinaus. Sie ist ein Exzeß. Die verdrängte Vorstellung kann normalerweise, freilich nur zum Preise eines Unlustgefühls, hervorgeholt werden, im Falle der Hysterie gelingt die Reproduktion nur unter Assistenz des Arztes. Dieser quantitative Unterschied zwingt zur Ansicht, daß bei der Entstehung der Hysterie eine unerklärliche hereditäre oder individuelle Disposition im Spiele sei.

Bei der Zwangsvorstellung setzen Zwangssymptom und Verdrängung zu verschiedenen Zeiten ein: das zu verdrängende neue Ereignis schließt sich an ein früher entstandenes Schuldbewußtsein an. Dagegen geht bei der Hysterie Ereignis und Symptombildung Hand in Hand.[1] Gleichzeitig mit dem ursprünglichen Ereignis war eine Geruchsempfindung aufgetreten, und der Anfall äußert sich nach der Verdrängung in der Weise, daß die hysterische Person einen Geruch verspürt und weinen muß.

Bei der Hysterie findet man ferner eine deutliche Neigung zur »Konversion«, d. h. die Vorstellungen streben ins motorische Gebiet, sie pflegen sich zu entladen.[2] Die Zwangswut trägt als Merkmal die Angst, anderen etwas zuzufügen; wer mit ihr behaftet ist, meidet die Gelegenheit, mit anderen allein zu sein. Soll hiebei die Hysterie Oberhand gewinnen, so äußert sich die Angst und entlädt sich in Schreien, Toben, Zürnen, Zerreißen, echt hysterischen Symptomen.

Aus der Zwangsvorstellung läßt sich das ursprüngliche Ereignis leicht erschließen. Man erklärt den Affekt als zu Recht bestehend und ersetzt das Surrogat durch eine besser passende Vorstellung. Bei der Hysterie hat man eine der Symptombildung gleichzeitige Affäre zu suchen, welche gemäß ihres Charakters verdrängt werden mußte. Für den obigen Fall: Geruchsempfindung und eine Vorstellung, die das Weinen erklärlich macht, fanden sich einst in der Realität zusammen. [Vgl. S. 334 und S. 335, oben.]

Die diagnostischen Hilfsmittel, deren Brauchbarkeit sonst zu Ende ist, wenn die Krankheit entdeckt ist, werden bei der Hysterie zu Mitteln der Therapie. Während der Arzt arbeitet, die verdrängte Vorstellung aufzuspüren, hilft er dem Patienten, die Verdrängung rückgängig zu machen. Einen Moment früher, als der Arzt das Ereignis erfährt, ist vom Kranken

---

[1] [An dieser Stelle werden in der *Presse*-Version Begriff wie Terminus der »hypnoiden Momente« eingeführt. (S. 349, unten.)]

[2] [»Konversion« ist ein weiteres wichtiges Thema, welches im *Presse*-Bericht fehlt. Vgl. den Abschnitt darüber in Breuers theoretischem Beitrag zu den *Studien über Hysterie*, S. 261 ff., oben, sowie die editorische Anm. 3 auf S. 264.]

der Zwang gewichen, und die übermäßige Intensität, die dem hysterischen Symptom zukam, auf die Vorstellung des Ereignisses zurückgeglitten. Nun handelt es sich bei der Hysterie um Vorgänge des Seelenlebens, die nicht zutage liegen. Der Patient hat ja die gewünschte Vorstellung nicht zur Verfügung. Breuer bat deshalb die Patienten, sich in jenen Moment[1] zurückzuversetzen, als das Symptom zum erstenmale auftrat, und in der Hypnose fanden die Kranken den Weg vom betonten Affekt zur verdrängten Vorstellung.

Die Hypnose läßt sich ersetzen. Der Patient erhält den Auftrag, sich zu erinnern, wann, wo, unter welchen Umständen das Symptom sich zu zeigen begann. Wo die Erinnerungsspur erlischt, liegt jenes Vorstellungsgebiet, auf das der Patient seine Aufmerksamkeit nicht lenkt. Man fordert den Kranken auf weiterzuforschen und erklärt, es werde ihm etwas einfallen, sobald man auf seine Stirne drückt. So wird die volle Aufmerksamkeit auf das Wesentliche gelenkt. Jetzt reproduziert sie die verdrängte Vorstellung, freiwillig oder unter Gegenwehr.[2]

Das Wesen der Verdrängung bestand also darin, daß die Person nicht imstande war, spontan ihre Gedanken auf die betreffende Vorstellung zu lenken. Wenn sie in die Nähe dieses Vorstellungskreises kommt, empfindet sie ein Unlustgefühl, welches Ursache ist, daß sie die weitere Forschung aufgibt. Sie bewahrt die Erinnerungsbilder, denn sonst wäre ja ihre Aussage über dieselben unmöglich. Die Kranke glaubt aber, sie könne sich nicht erinnern, und weiß nicht, daß ihr der Wille zur Erinnerung fehlt. Sie hat ein doppeltes Seelenleben; das eine kennt die peinliche Vorstellung, das andere glaubt nicht im Besitze der Erinnerung zu sein. Breuer hat diese Erscheinung »Spaltung der Seelentätigkeit« genannt.[3]

---

[1] [D. h. in den Moment der Verdrängung – in den »hypnoiden Moment«. Vgl. S. 349, unten, in der *Presse*-Version, die in der Wiedergabe dieses Teils des Vortrags insgesamt präziser ist.]

[2] [Hinsichtlich des Themas der »Druck«-Technik ist die *Presse*-Version überlegen; sie enthält auch die Information, daß diese Methode von Freud eingeführt wurde (s. S. 349 f., unten). Für weitere Einzelheiten über diese Technik vgl. die ›Editorische Einleitung‹ zu den Arbeiten über Hypnotismus und Suggestion, S. 99 und Anm., oben.]

[3] [In der Verwerfung des früher von beiden benutzten Terminus »Spaltung des Bewußtseins« folgt Freud Breuer. (S. die *Presse*-Version, unten, S. 350.) Die von Breuer in seinen veröffentlichten Auslassungen zum Thema verwendete Formulierung lautet eigentlich »Spaltung der Psyche« oder »Spaltung der psychischen Tätigkeit«. Vgl. sein Theorie-Kapitel in den *Studien*, z. B. S. 281 und S. 286 ff., oben, wie auch die zusätzlichen Kommentare in den editorischen Anmerkungen, S. 284, Anm. 2, und S. 286, Anm.]

Die inneren Wahrnehmungen sind nicht minder unvollständig und inkorrekt als die äußeren. Hysterische zumal sind solche Personen, denen ihr Bewußtsein eine Erinnerung unrichtig und unvollständig wiedergibt. Der große Widerstand, der sich ergibt, wenn man der verdrängten Vorstellung nahe kommt, muß dem Kranken gezeigt werden; er muß erkennen, daß er die Vorstellung nicht besessen hat, weil er sie nicht preisgeben wollte.

Dieser große Widerstand bei der Forschung nach dem ursprünglichen Ereignis führt leicht auf Abwege. Der Patient klammert sich an Nebensächliches und will nicht weiter. Ja, er unterbricht die Behandlung, läuft davon, obwohl er sich anfangs großen Hoffnungen hingab. Dies zeugt von der großen Unlust, die Aufmerksamkeit auf den gesuchten Punkt zu richten, und der Größe der nötigen psychischen Kraft, welche gleich ist jener Kraft, die einst die Verdrängung herbeiführte.[1]

Der Patient kommt bei diesem psychischen Redressement in Versuchung, dem Widerstand nachzugeben, wenn sich ihm geeignete Auswege eröffnen. Man bekommt den Eindruck eines Dämons, der sich sträubt, ans Licht zu kommen, weil er weiß, daß dies sein Ende sei.[2]

Durch einen beträchtlichen therapeutischen Erfolg belohnt sich die immense Mühe. Es gelingt jedesmal, die Symptome der Verdrängung zu bannen. Intelligenz und Zutrauen des Patienten werden stark beansprucht. Die Behandlung ist langwierig und mutet dem Patienten zu, Geheimnisse zu verraten. Gegenindikationen bestehen nicht.

Besteht aber die Disposition nicht ungeschwächt fort? Man macht bei diesen Arbeiten die Wahrnehmung, daß die Patienten nicht viele Verdrängungen durchmachen; ja, nach der Pubertät scheinen diese überhaupt ausgeschlossen zu sein. Bilden sich im späteren Leben neue Symptome, so knüpfen sie an die früher verdrängten Erinnerungen an, eine sich wiederholende unheilvolle Situation wird auf gleiche Weise aus der Erinnerung verdrängt wie ehemals. Wenn man dann die erste Verdrängung, mit der in

---

[1] [Dieser wichtige Punkt (der dem Berichterstatter der *Presse* entging) wird sehr klar im ›Entwurf‹ herausgearbeitet. S. Teil II, Abschnitt [2], S. 442, unten, sowie die editorische Anm. 2. Vgl. auch die *Studien über Hysterie* (Freud, 1895 *d*; G. W., Bd. 1, S. 269).]

[2] [Vgl. den von Breuer in seinem theoretischen Kapitel zu den *Studien über Hysterie* gezogenen Vergleich: »Die abgespaltene Psyche ist jener *Dämon*, von dem die naive Beobachtung alter, abergläubischer Zeiten die Kranken besessen glaubte.« (S. oben, S. 309.) Ein anderes von Breuer benutztes Bild – das der Titanen im Vulkan (oben, S. 288) – kommt dem von Freud hier angeführten Vergleich vielleicht noch näher.]

der Folge zahlreiche weitere Symptome verknüpft sind, behebt[1], so hat man die Aussicht, die Hysterie zur Heilung zu bringen.

A–r.

---

[1] [Freud selbst hätte an dieser Stelle wohl »aufhebt« gesagt. Vgl. beispielsweise die 27. der *Vorlesungen zur Einführung in die Psychoanalyse* (1916–17; *G. W.*, Bd. 11, S. 451 f.; *Studienausgabe*, Bd. 1, S. 418 f.).]

Wiener medizinisches Doktoren-Kollegium[1]
(Originalbericht der *Wiener medizinischen Presse*)
Wissenschaftliche Versammlungen vom 14. und 21. Oktober 1895

S. Freud: Über Hysterie

Der Versuch, die eine oder die andere Frage aus der Lehre der Hysterie zu
erörtern, stößt auf mehr Schwierigkeiten als die Besprechung irgendeines
anderen Krankheitsbegriffes, dessen Bild ein wohlumgrenztes ist. Es wird
sich daher als praktisch erweisen, vorher auf die Diagnose der Hysterie
einzugehen, respektive deren Unterschiede von ähnlichen Affektionen zu
besprechen. Es ist das Verdienst Charcots und seiner Schüler, die Hysterie
von gewissen organischen Affektionen abgegrenzt zu haben. Gegenwärtig
steht im Mittelpunkte des Interesses das Problem, die Hysterie von gewissen Neurosen zu unterscheiden, mit denen sie ihrem Wesen nach entschieden nahe verwandt ist. Es kommt hier zunächst die Neurasthenie in Betracht. In die Besprechung derselben zur Klärung des Wesens der Hysterie
einzugehen scheint von vornherein kein Vorteil zu sein, da zunächst die
Neurasthenie der verschwommenere, unklarere Begriff ist. Aber dieser
Punkt entfiele, wenn es gelänge, auch die Neurasthenie schärfer zu umschreiben. Ferner ist der Einwand berechtigt, daß es nach Aussage der
sachkundigsten Autoren den Anschein hat, als ob diese beiden Neurosen
nur in den extremsten Formen voneinander zu sondern seien. Es ist richtig, daß uns die Klinik täglich zeigt, daß recht häufig neurasthenische und

---

[1] [Der Bericht erschien unter der Rubrik ›Verhandlungen ärztlicher Vereine‹. Die Überschriftszeilen entsprechen denen der Originalveröffentlichung. – Verbindungen zu
Freuds Gedankengängen in anderen Werken werden in den Anmerkungen zu dem in der
Wiener klinischen Rundschau erschienenen, vorausgehend abgedruckten Bericht über
den Vortrag aufgezeigt. Sie werden hier nicht wiederholt. Der Kommentar beschränkt
sich auf einige wenige, speziell die vorliegende Version betreffende Punkte.]

hysterische Symptome sich beisammen vorfinden, aber dies hindert nicht im geringsten, die beiden Affektionen begrifflich, also diagnostisch zu trennen. Im jugendlichen Alter findet man jene Formen von Hysterie, welche nicht eine Spur von neurasthenischer Beimengung haben, und umgekehrt. Was endlich die Frage betrifft, ob eine solche Trennung der Hysterie von der Neurasthenie vom therapeutischen Standpunkt einen Wert hat, muß man sagen, daß sich die gegenwärtige Behandlung viel zu sehr mit der Tatsache der Heredität beschäftigt und viel zuwenig auf das Symptomenbild der Neurosen achtet. Und gleichwohl erhält man durch das aufmerksame Studium der Symptomatologie sehr wertvolle Aufschlüsse über die Natur der Neurosen, und zwar zunächst über die Ätiologie derselben. Es gibt nämlich einen konstanten Zusammenhang zwischen der Art, in welcher sich die »Nervosität« äußert, und zwischen der Ätiologie, die in dem speziellen Falle nebst der Heredität noch eine Rolle spielt. Man kann somit durch Beachtung der Symptomatologie einen direkten Schluß auf die Ätiologie ziehen und damit wertvolle Anhaltspunkte für die Prophylaxe erlangen. Dies ist wichtig, da die Erfahrung gezeigt hat, daß die Heilbarkeit eines gewissen Symptoms innerhalb eines Komplexes einfach davon abhängt, ob dasselbe hysterischer oder neurasthenischer Natur ist, insoferne als eine ganz bestimmte Heilmethode ein hysterisches Symptom beseitigt, ein neurasthenisches Symptom aber absolut nicht heilt.

Aus dem Gebiet, welches wir Neurosen nennen, kann man folgende vier Typen abgliedern: die Hysterie, die Neurasthenie im engeren Sinne, die Angstneurose und die Neurose der Zwangsvorstellung oder Zwangsneurose. Was man sonst Neurasthenie heißt, zerfällt hier in die Neurasthenie sensu strictiori, in die Zwangsneurose und in die Angstneurose. Die Rechtfertigung für diese Benennung liegt darin, daß mit der Verschiedenheit der Symptome auch eine Verschiedenheit der Ätiologie konstant erkennbar ist. Die Zwangsvorstellung wird teils als Symptom der Neurasthenie angeführt, teils als Zwangsneurose von der Neurasthenie getrennt und als Symptom der Degeneration aufgeführt. Daß die Zwangsneurose mit der gemeinen Neurasthenie gar nichts zu tun hat, dafür spricht 1. daß es eine Reihe von Fällen gibt, welche keine anderen neurasthenischen Zeichen als die der Zwangsvorstellungen aufweisen, und 2. daß dort, wo neurasthenische [d. h. andere neurasthenische Zeichen oder Symptome] und Zwangsvorstellungen zusammen vorkommen, letztere keineswegs der Schwere der übrigen neurasthenischen Symptome parallellaufen. Es sieht viel eher aus wie eine Vermengung; übrigens kommen Zwangsvorstellungen ebenso häufig neben Hysterie vor.

Die Angstneurose macht, im Gegensatze zur Neurasthenie, den Eindruck der Überreizung. Die Personen befinden sich in beständiger Unruhe, reizbarer Erregung und zeigen in erster Linie Angst in allen möglichen Formen: akute Angst als plötzlich über sie hereinbrechenden Anfall, Angst in chronischer Form, latent, lauernd, um sich an irgendein Vorkommnis anzuschließen. Daneben bestehen Parästhesien, Atembeschwerden, Herzbeschleunigung, Kongestionen, Schweißausbrüche, Schlafstörung u. dgl. mehr. Oft maskiert sich der Angstzustand durch gewisse Symptome, wie Unbehagen, Dyspnoe, Herzstörungen, Magenerscheinungen etc. Bei stärkeren Anfällen tritt dann das Angstgefühl deutlich hervor. Hecker [1893] nennt diese Erscheinungen Rudimente oder Äquivalente des Angstanfalles. In vielen Stücken sind die einzelnen Symptome der Angstneurose denen der Neurasthenie gerade entgegengesetzt, besonders die so oft falsch diagnostizierte Angstdiarrhöe.[1] Was ein besonderes Recht gibt, diesen Typus der Angstneurose herauszugreifen, ist die relative Häufigkeit ihres ganz reinen Vorkommens ohne Spur von sonstigen neurasthenischen Erscheinungen. Natürlich sind noch immer die Mischfälle die häufigeren. In der Zeit, als die Neurasthenie noch nicht im Vordergrund stand, hat offenbar dieses Bild der Angstneurose dem alten Begriffe der Hypochondrie zugrunde gelegen.

Es wurde oben gesagt, daß den konstanten symptomatischen Verschiedenheiten konstante Verschiedenheiten in der Ätiologie parallellaufen. Das verhält sich folgendermaßen: Wenn man typisch reine Fälle an jugendlichen Individuen studiert, so zeigt die tägliche Erfahrung, daß die Ätiologie sowohl bei der genuinen Neurasthenie als auch bei der Angstneurose Schädlichkeiten des Sexuallebens betrifft. Aber dieselben sind in beiden Fällen verschiedener Art. Bei der echten Neurasthenie findet man nämlich immer als Ursache *Masturbation,* und zwar bei Männern wie bei Weibern; wo Masturbation nicht vorliegt, kann man mit Leichtigkeit nachweisen,

---

[1] [In seiner im Januar des gleichen Jahres veröffentlichten ersten Arbeit über Angstneurose (1895*b*) hatte Freud eine für diesen Zustand typische chronische Veränderung betont: »eine Neigung zur Diarrhöe, die zu den seltsamsten diagnostischen Irrtümern Anlaß gegeben hat«. Als Beispiel für einen solchen Irrtum führt er Peyers Diagnose einer »reflektorischen Diarrhöe« an, »die er von Erkrankungen der Prostata ableitet« (Peyer, 1893), von der Freud vermutet, daß es »nichts anderes als diese Diarrhöe der Angstneurose« sei. (Vgl. *G. W.*, Bd. 1, S. 323 f.; *Studienausgabe*, Bd. 6, S. 34.)]

daß es sich um eine hereditäre Affektion des Nervensystems handelt, welche sich in außerordentlich reichlichen und frühzeitigen spontanen sexuellen Entladungen, in Pollutionen äußert. Man kann demnach schematisch zwei Formen der Neurasthenie annehmen: eine erwerbbare, die Masturbationsneurasthenie, und eine ererbte, die Pollutionsneurasthenie. Was nun aber die Ätiologie der Angstneurose betrifft, so handelt es sich zwar auch um sexuelle Schädlichkeiten, aber von ganz anderem Charakter. Bei Männern ist die Angstneurose auf *Abstinenz* bei vorhandener kräftiger Libido zurückzuführen; ferner gehören hieher jene Formen der abnormen Befriedigung, bei welchen starke sexuelle Erregungen gesetzt, aber nicht auf normalem Wege beseitigt werden. Bei Frauen ist der häufigste Grund der Angstneurose außer der durch die Witwenschaft gegebenen Gelegenheit der Abstinenz der Coitus interruptus. Während es sich also bei der Neurasthenie um eine überreichliche Ausgabe von sexuellem Stoff handelt, spielt bei der Angstneurose die Zurückhaltung, die Aufsparung des sexuellen Stoffes gewissermaßen, eine große Rolle.

Diese sexuelle Ätiologie hat Freud bei intensiver Beobachtung und dem Studium zahlreicher Fälle in etwa 80 % gefunden. Die Frage, ob die gemeinhin als Ursachen der Nervosität geltenden Momente (Zivilisation, Leben in großen Städten, Überbürdung in den Schulen, Überanstrengung unserer Sinnesorgane, das Hasten und Jagen nach Erwerb, die unsicheren Lebensverhältnisse, die großen Katastrophen, die Nervengifte, mit denen wir uns überladen) gar nicht in Betracht kommen, so muß man darauf antworten, daß diese Faktoren in der Tat keinen direkten Beitrag zur Ätiologie der Neurasthenie liefern. Die sexuellen Schädlichkeiten stellen spezifische Ursachen dar, d. h. sie sind nicht zu entbehren, wenn eine bestimmte Neurose zustande kommen soll. Als quantitative Momente[1] können dann allerdings die verschiedensten Schädlichkeiten zur Entstehung der Neurose beitragen. Die sexuellen Schädlichkeiten geben also dem Ganzen die Richtung, sie geben aber nicht den Ausschlag. Der Ausschlag kommt dadurch zustande, daß die banalen Ursachen, die auf das Individuum einwirken, ein gewisses Maß erreichen. Ein sexuell normaler Mensch, auf welchen die gewissen Schädlichkeiten einwirken, bricht unter ihnen nicht zusammen, er bekommt keine Neurose, während andererseits diese banalen Schädlichkeiten gar nicht vorhanden zu sein brauchen, wenn nur die sexuellen Schädlichkeiten intensiv und lang genug einwirken.

---

[1] [Vgl. die Erörterung in Anhang B zu Freuds ›Entwurf‹ von 1895, unten, S. 480 ff.]

345

Nach diesen Prinzipien gelingt es leicht, die reinen Formen der Neurasthenie und der Angstneurose zu erkennen und von der Hysterie zu unterscheiden. Auch die reinen Fälle der Hysterie erkennen wir nach den typischen Fällen, wie sie Charcot beschrieben hat.[1] Die übrigen Formen sind Mischformen, und es ist ebenso unrecht, sie Hysterie zu nennen, weil sie hysterische Phänomene aufweisen, oder Neurasthenie, weil neurasthenische Symptome vorhanden sind.

Wenn man sich eine Vorstellung über den Mechanismus der Neurosen zu bilden sucht, so kann nach dem bisher Ausgeführten behauptet werden, daß die Neurasthenie und die Angstneurose Störungen rein somatischen Charakters vorstellen, Störungen physiologischer Art etwa wie die Intoxikationen, und es nötigt uns nichts, auf psychisches Gebiet zu rekurrieren. Für die Hysterie aber kann man nach den Arbeiten der letzten Jahre annehmen, daß der Mechanismus des hysterischen Symptomenkomplexes ein psychologischer ist, d. h. daß die Störungen bei Hysterie auf psychischem Gebiete vor sich gehen, daß es ein psychischer Mechanismus ist, welcher allen hysterischen Symptomen gemeinsam zukommt. Interessant ist, daß die Zwangsvorstellungen einen ganz ähnlichen psychischen Mechanismus haben und daß sich darauf eine ganz bestimmte, sehr erfolgreiche Therapie gründen läßt.

Der Beweis, daß es sich bei der Hysterie tatsächlich um einen psychischen Mechanismus handelt, wurde erst kürzlich durch J. Breuer in einem Aufsatze ›Theoretisches über Hysterie‹ erbracht.[2] Dieser psychische Me-

---

[1] [Vgl. Freuds Darstellung dieses Teils von Charcots Arbeit im Paris-Bericht von 1886 (oben, S. 40 f. und Anm. 3, auch S. 42) sowie im Enzyklopädie-Artikel (1888 *b*; S. 73, oben). Für einige Kommentare über die Rolle des Begriffs »Typus« in Charcots Nosographie s. Freuds Vorwort zu seiner Übersetzung von Charcots *Leçons du mardi* (1892–94, S. 154 f., oben).]

[2] [Dieser Aufsatz bildete dann jenes Kapitel in Breuers und Freuds gemeinsamen *Studien über Hyterie*, welches im vorliegenden Band, S. 244 ff., oben, nachgedruckt ist. Das Buch war im Mai 1895 veröffentlicht worden. Der Leser wird sich vielleicht darüber wundern, daß Freud vom psychischen Mechanismus der Hysterie als »erst kürzlich« festgestellt gesprochen haben soll, da doch die ›Vorläufige Mitteilung‹ ›Über den psychischen Mechanismus hysterischer Phänomene‹ (1893 *a*) schon fast drei Jahre zuvor bekannt gemacht (und Freuds eigener Vortrag über das Thema zur gleichen Zeit gehalten) worden war, worin ja die nämlichen Gedanken bereits enthalten sind. Doch ist Breuers Kapitel von 1895 tatsächlich viel länger, detaillierter und gründlicher durchgearbeitet als das »vorläufige« Exposé, und das die Thesen stützende Material – der aus den konkreten Krankengeschichten gezogene »Beweis« – ist natürlich erst in den *Studien über Hysterie* publiziert worden.]

chanismus ist ein einheitlicher; es entstehen nämlich alle hysterischen Erscheinungen durch den psychischen Mechanismus der hysterischen oder neurotischen »*Verdrängung*«. Schon im normalen Leben sucht man Ereignisse, mit welchen unangenehme Erinnerungen verbunden sind, zu vergessen, die Erinnerung an gewisse unangenehme Dinge abzuwehren. Es geschieht dies, indem man allen Wahrnehmungen, welche den betreffenden Gedanken assoziativ beleben könnten, aus dem Wege geht, oder man benützt die Herrschaft über den eigenen Gedankenablauf in der Weise, daß man alles vermeidet, was auf Erweckung dieser peinlichen Vorstellung hinzielt, und indem man immer vorsichtiger wird, bringt man es zu einer solchen Virtuosität im Verdrängen und Vergessen, daß die betreffende Erinnerung im Bewußtsein nicht mehr spontan auftaucht. Etwas ganz Ähnliches spielt sich bei der Hysterie ab. Man kann die wichtigsten hysterischen Symptome schematisch in folgende drei Gruppen teilen: 1. Erinnerungen von halluzinatorischer Stärke; 2. motorische Entladungen (Weinkrämpfe, Lachkrämpfe, Zuckungen); 3. Schlüsse, Tendenzen (Neigung, irgend etwas zu tun), Abulien (Unfähigkeiten, z. B. zu essen, zu gehen etc.). Natürlich sind die hysterischen Phänomene nicht immer so einfach, sondern setzen sich aus solchen Elementen zusammen. Es ist z. B. nicht bloß ein Geruch, den die Patientin von Zeit zu Zeit halluzinatorisch verspürt, sondern sie muß bei einem gewissen Geruch weinen, traurig sein u. dgl. Alle diese Symptome haben den gemeinsamen Charakter, daß sie dem Willen gänzlich entzogen sind, es handelt sich um »*überstarke* Vorstellungen«.

Diese Vorstellungen sind immer mit einem Zwang behaftet. Nun kann man behaupten, daß überall dort, *wo ein hysterischer Zwang besteht, eine Verdrängung stattgefunden hat*. Wenn z. B. eine Hysterische nicht essen kann und Ekel bekommt, so handelt es sich um die Verdrängung einer Erinnerung an etwas Unangenehmes, das mit dem Essen verknüpft und allerdings imstande war, Ekel zu erregen. Daß dem so ist, ergibt sich aus einer Untersuchungsmethode, welche zuerst von Breuer angewendet wurde und über welche später [S. 349] die Rede sein wird.

Alle verdrängten Vorstellungen bei Hysterie haben einen gemeinsamen Charakter; sie sind nämlich stets sexuellen Inhalts und sind von den Personen immer peinlich empfunden worden. Überhaupt sollten wir Ärzte, die wir sonst auf Ernährung, Schlaf etc. soviel Wert zur Erklärung von Krankheiten und als Angriffspunkt unserer Therapie legen, die geschlechtlichen Funktionen unserer Patienten nicht so sehr vernachlässigen. Wenigstens lehrt die tägliche Erfahrung, wie wichtig die Geschlechtsverhältnisse für das allgemeine Wohlbefinden sind.

Es fragt sich nun, auf welche Weise bei der Verdrängung oder durch die Verdrängung das hysterische Symptom entsteht. Es handelt sich dabei im wesentlichen um etwas Ähnliches wie bei der Zwangsvorstellung oder beim Beachtungswahne, wobei eine Verschiebung des Akzentes, der psychischen Intensität[1], längs eines vorgebildeten Weges oder einer Schlußkette stattfindet.[2]

(Schluß – Wissenschaftliche Versammlung vom 26.[3] Oktober 1895)

Die Lehre von der Verdrängung, welche Redner zum Mittelpunkte seiner Erörterungen gemacht, läßt sich zunächst leichter an den Zwangsvorstellungen besprechen. Bei letzteren ist eine Erinnerung vorhanden; dieselbe bildet ein Schuldbewußtsein; zwischen beiden besteht eine logische Assoziation. Die Bildung der Zwangsvorstellung geschieht zweizeitig: Zunächst gibt die Vorstellung der Erinnerung an ein bestimmtes Ereignis ihre psychische Intensität ab; und diese verschiebt sich auf dem Wege der logischen Assoziation auf das Schuldbewußtsein; dieses wird überstark. Im zweiten Tempo verbindet sich die überstarke Affektneigung mit irgendeiner anderen Vorstellung (*Surrogat*); diese Surrogatvorstellung ist diejenige, welche uns als Zwangsvorstellung vom Kranken geklagt wird. Dieser Mechanismus zeigt nun bei der Hysterie vor allem den Unterschied, daß die Verdrängungsvorgänge nicht zweizeitig stattfinden, sondern die

---

[1] [Dies ist eine sehr frühe Stelle, an der »psychische Intensität« auftaucht – einer der Termini, die Freud zur Beschreibung der unbekannten »Besetzungsenergie« benutzte. (Später kommt er häufig vor, z. B. in der *Traumdeutung*, 1900*a*, besonders im theoretischen Kaptiel VII.) Andere Termini, die für Freud offenbar die gleiche Bedeutung hatten, sind »Erregung« und, später, »psychische Energie« und »Triebenergie« (vgl. z. B. ›Die Verdrängung‹, 1915*d*; G. W., Bd. 10, S. 254f.; *Studienausgabe*, Bd. 3, S. 113). All dies sind Äquivalente für das, was er im ›Entwurf‹ von 1895 noch einfach »Quantität« nennt. – Der Terminus »Intensität« selbst tauchte bereits in Freuds zweiter Arbeit über Angstneurose (1895*f*; G. W., Bd. 1, S. 365) auf, wo er ihn als Synonym für »Quantität« zu benutzen scheint – obgleich beide Ausdrücke hier vielleicht ein breiteres Bedeutungsfeld abdecken als die »Quantität« des ›Entwurfs‹. Vgl. in diesem Werk S. 387–480, unten, sowie die lange Erörterung im editorischen Anhang B, S. 480–86, unten.]
[2] [Anmerkung der Redaktion in der Originalveröffentlichung: »Der Vortrag wird in der nächsten wissenschaftlichen Versammlung abgeschlossen werden.«]
[3] [Richtig: 28. Oktober; vgl. die editorische Einleitung, oben, S. 323.]

Verdrängung geschieht gleichzeitig mit der Symptombildung und geht vor sich in gewissen ausgezeichneten Momenten des Lebens, in welchen ein Affekt eine große Rolle spielt (*hypnoide Momente*)[1]. Solche hypnoide Momente kommen bei der Zwangsvorstellung nicht vor. Soweit es zu eruieren war, handelte es sich bei der Hysterie stets um sexuelles Vorstellungsmaterial und immer darum, daß die ersten Verdrängungen in der Zeit vor der Pubertät stattgefunden hatten.

Es handelt sich nun bei der Hysterie darum, diese verdrängten Vorstellungen zu suchen. Mit dieser Untersuchung fällt aber auch die *Therapie* zusammen. Während der Arzt arbeitet, um diese verdrängten Vorstellungen zu finden, heilt er den Patienten. Diese Wahrnehmung hat zuerst Breuer vor dreizehn Jahren gemacht, indem es ihm gelang, die hysterischen Symptome einer Patientin zu durchschauen und sie von dem Zwang dieser Symptome zu befreien.[2] Zu diesem Zwecke bediente er sich der Hypnose, indem er während derselben die Patientin aufforderte, sich in die Situation zu versetzen, in der die Symptome zuerst aufgetreten waren, also in den »Moment der Verdrängung«, in den »hypnoiden Moment«. In der Hypnose war nun die Patientin sehr wohl imstande, den Weg von den vorhandenen hysterischen Symptomen zu den verdrängten Vorstellungen zu finden. Damit war die Überstärke der verdrängten Symptome zu Ende. Für die Hypnose gibt es also keine Verdrängung.

Freud hat diese Methode durch eine andere ersetzt, und zwar deshalb, weil er viele Schwierigkeiten bei der praktischen Ausführung des Hypnotisierens zu überwinden hatte. Das Verfahren Freuds ist eigentlich mit der Hypnose identisch. Man knüpft an den vorhandenen Erinnerungsrest an und fordert die Kranke auf zu erzählen, an was sie sich von da an weiter rückerinnert. Auf diese Art gelingt es, einige der letzten, der verdrängten Vorstellung nächsten Erinnerungen wachzurufen. Wenn dann die Patientin die letzte Vorstellung, welche nun an der Reihe ist, nicht finden kann, macht man die Annahme, daß diese Vorstellung wirklich die nächstliegende sei, daß aber die Patientin nicht imstande ist, ihre Aufmerksamkeit darauf zu richten. Man nötigt nun die Kranke, ihre Aufmerksamkeit auf diesen Punkt der Situation zu konzentrieren, indem man ihr beispielsweise die Hand auf die Stirne legt und sagt: »Wenn ich nun drücke, wird Ihnen

---

[1] [Vgl. den Abschnitt über ›hypnoide Zustände‹ in Breuers Kapitel über Theorie in den *Studien über Hysterie*, oben, S. 274 ff.]

[2] [Dies ist natürlich ein Hinweis auf »Anna O.«, deren von Breuer stammende Falldarstellung im vorliegenden Band enthalten ist, S. 221 ff., oben.]

jenes Ereignis einfallen, welches wir suchen.« Was dann die Patientin angibt, ist in der Regel das Richtige. Es verhält sich hier genauso wie in der Hypnose: Die volle psychische Aufmerksamkeit wird der einen betreffenden Vorstellung zugewendet. Es wurde angenommen, daß die Kranken nicht imstande sind, ihre Aufmerksamkeit spontan den verdrängten Vorstellungen zuzuwenden, und daß darin das Wesen der Verdrängung bestehe. Die Patienten haben einen Widerstand, sich an gewisse Vorstellungen zu erinnern. Dieser Widerstand kann nur als Widerstand des Willens aufgefaßt werden. Sucht man das Motiv hiefür, so findet man ganz regelmäßig, daß die Kranken bei dem Versuche, ihre Aufmerksamkeit auf verdrängte und schwererinnerliche Nebenumstände zu lenken, große Unlust empfinden, unruhig werden. Ja, diese Unlust ist überhaupt der Grund, welcher sie an gewisse Vorstellungen nicht denken läßt und auf die sie ohne fremden Zwang niemals kommen. Auch im normalen psychischen Leben macht sich das Unlustgefühl gegenüber den verdrängten Erinnerungen geltend, aber es besteht doch ein Unterschied: Die psychisch normalen Menschen wissen, daß sie sich an etwas nicht erinnern wollen, die Hysterischen wissen nicht, daß sie dies nicht wollen. Dieser psychische Zustand ist und bleibt rätselhaft; aber wir haben ein Wort, um diesen Zustand zu bezeichnen, wir sprechen von einer »Spaltung des Bewußtseins« oder besser nach Breuer von einer »Spaltung der Seelentätigkeit«.

Der Widerstand, welchen die Kranken der Erklärung der verdrängten Vorstellungen entgegensetzen, kann alle möglichen Formen annehmen; besonders häufig gebrauchen sie Ausreden; man sucht dieselben zu entlarven, den Kranken klarzumachen, daß es nur Unlust ist, was sie verhindert, an das Eigentliche zu denken. Diese Methode ist keineswegs einfach, sie gehört vielmehr zu den schwierigsten Aufgaben, die dem Arzte erwachsen. Aber ihr therapeutischer Wert ist bei der sonstigen Machtlosigkeit unserer Therapie kein geringer, denn sie ist imstande, prinzipiell das Symptom der Verdrängung zu heilen. Richtig ist, daß die Methode geeignet ist, die Patienten zu quälen, aber sie ist nicht imstande, ihnen zu schaden. Sie stellt eine Operation dar, die sich über viele Wochen und Monate hin erstreckt und bei welcher die Schmerzen, das Unbehagen, die Unlust, die dabei entstehen, den Kranken durch keine Art von Narkose erspart bleiben. Man könnte gegen diese Behandlungsart einwenden, daß sie sich kaum lohnen dürfte, wenn es durch sie nur gelänge, ein Symptom zu beseitigen, und wenn man die Disposition bestehen lassen müsse. Aber man macht die Wahrnehmung, daß die Kranken eigentlich nicht viele derartige

Verdrängungen in ihrem Leben gemacht haben und daß sie nach der Pubertät überhaupt keine mehr zu machen scheinen.

Wenn sich späterhin Symptome bilden, dann knüpfen sie in der Regel an die bestehenden Verdrängungen an. Wenn man also bedenkt, wie enge die Bedingungen für die Entstehung der Verdrängungen sind: sexueller Charakter, Entstehung in der Zeit vor der Pubertät, Anknüpfen neuer Symptome an in der Jugend entstandene Verdrängungen, dann ist die Hoffnung berechtigt, daß, wenn es gelingt, die erste Verdrängung aufzufinden und rückgängig zu machen, es auch gelingen könnte, die Quelle für weitere Erscheinungen dauernd zu verstopfen. Weitere Erfahrungen müssen zeigen, ob diese Hoffnung wirklich berechtigt ist.[1]

---

[1] [Dieser Schlußsatz, gehalten im Ton wissenschaftlicher Besonnenheit, hat im *Rundschau*-Bericht keine Entsprechung.]

Autoreferat des Vortrags
›Mechanismus der Zwangsvorstellungen und Phobien‹
(1895)

Editorische Vorbemerkung

1895 *Wiener klinische Wochenschrift*, Bd. 8, Nr. 27 (4. Juli), S. 496.

Dies ist unseres Wissens der erste Nachdruck des deutschen Originalwortlauts nach der Erstveröffentlichung, deren Photokopie als Textvorlage diente.

Freud hielt diesen Vortrag vor dem Verein für Psychiatrie und Neurologie in Wien auf dessen Sitzung vom 15. Januar 1895. Der folgende, als »Autoreferat« bezeichnete Text erschien ungefähr sechs Monate später in der oben genannten Zeitschrift unter der Rubrik ›Verhandlungen ärztlicher Gesellschaften und Vereine‹. Im Anschluß an das Autoreferat steht der redaktionelle Vermerk: »Die Diskussion wird vertagt.« Tatsächlich fand diese erst am 11. Juni statt. Sie wurde in derselben Zeitschrift in Nr. 43 des Jahrgangs 1895, S. 762 f., ausführlich referiert. Wir drukken Krafft-Ebings Votum und Freuds Erwiderung darauf als Anhang zum vorliegenden Referat ab.

Der Vortrag liefert uns eine interessante Zusammenfassung von zwei veröffentlichten Freud-Schriften: der französischen Arbeit ›Obsessions et phobies‹ (1895 c), die – 1894, vermutlich gegen Ende des Jahres, geschrieben – am 30. Januar in der *Revue neurologique* (Paris) im Druck erschien[1], und der ersten der Abhandlungen über »Angstneurose« (1895 b), welche im Berliner *Neurologischen Zentralblatt* am 15. Januar (also am gleichen Tag, an dem Freud den vorliegenden Vortrag hielt)

---

[1] Freud hat nie eine deutsche Fassung seiner französischen Arbeit ›Obsessions et phobies‹ publiziert. Doch erschien eine von A. Schiff stammende deutsche Übersetzung im April und Mai 1895 in der *Wiener klinischen Rundschau*.

veröffentlicht wurde; sie ist indessen auf »Dezember 1894« datiert und war *nach* der französischen Arbeit verfaßt worden, wie aus einem Verweis auf letztere hervorgeht.

Im ersten Teil befaßt sich der Vortrag hauptsächlich mit den gleichen Themen wie ›Obsessions et phobies‹, deren Anfangspassagen ihrerseits kaum mehr sind als eine Wiederholung von Abschnitt II (zum Thema Zwangsvorstellungen) von Freuds erster Abhandlung über die ›Abwehr-Neuropsychosen‹ (1894a). Phobien, die in jener Abhandlung gleichfalls berührt werden, sind in ›Obsessions et phobies‹ (vgl. *G. W.*, Bd. 1, S. 351–53) sehr viel ausführlicher abgehandelt. Aus dem vorliegenden Autoreferat geht jedoch hervor, daß die im zweiten Teil von Freuds Vortrag enthaltene Darstellung der Phobien sich weitaus enger an Abschnitt I (7) der ersten Abhandlung über »Angstneurose« (1895b) hält. (Vgl. *G. W.*, Bd. 1, S. 321–23.)

In diesen frühen Erörterungen der Phobien stößt man alsbald auf eine gewisse Unsicherheit, ob Phobien als eigene Symptomkomplexe zu betrachten seien oder ob man sie als untergeordnete Manifestationen von Hysterie und Zwangsneurose sowie der Angstneurose (also der »typischen« oder, wie sie hier bezeichnet werden, »eigentlichen« Phobien, ohne psychische Grundlage) anzusehen habe. Freud ließ dies Problem dann nahezu fünfzehn Jahre lang fast unberührt liegen, bis in der Fallgeschichte des »kleinen Hans« (1909b) der erste Schritt zur Beseitigung jener Unklarheiten getan wurde, und zwar durch die Einführung einer neuen klinischen Einheit – des Konzepts der »Angsthysterie« (*G. W.*, Bd. 7, S. 349; *Studienausgabe*, Bd. 8, S. 99). Freud bemerkt dort: »Die Stellung der ›Phobien‹ im System der Neurosen ist bisher eine unbestimmte gewesen. Sicher scheint, daß man in den Phobien nur Syndrome erblicken darf, die verschiedenen Neurosen angehören können, ihnen nicht die Bedeutung besonderer Krankheitsprozesse einzuräumen braucht.« Er schlägt sodann den Ausdruck »Angsthysterie« für einen besonderen Typus von Phobie vor, deren Mechanismus dem der Hysterie ähnelt. In dieser Krankengeschichte sowie in der späteren des »Wolfsmanns« (1918b [1914]) gab Freud seine ausfuhrlichsten klinischen Darstellungen von Phobien, beidemal bekanntlich Phobien von Kindern. In ›Die Verdrängung‹ (1915d) und ›Das Unbewußte‹ (1915e) befaßte er sich wenig später mit der Metapsychologie des Mechanismus, der Phobien erzeugt, unabhängig davon, ob sie der Hysterie oder der Zwangsneurose zugeordnet sind (*G. W.*, Bd. 10, S. 257–60 und S. 281–85; *Studienausgabe*, Bd. 3, S. 115–18 und S. 140–44.) Bestehen blieb jedoch das auf die Arbeiten von 1894 und 1895 zurückgehende Problem der »typischen« Phobien der Angstneurose – also der Phobien ohne psychische Grundlage, ein Problem, das wiederum mit der Frage der »Aktualneurosen« zusammenhängt, welche ihrerseits erst in *Hemmung, Symptom und Angst* (1926d) ganz geklärt werden konnte; im Zentrum jener Schrift steht eine erneute Analyse der Phobien des »kleinen Hans« und des »Wolfsmanns«.

Er[1] bezieht sich kurz auf die herrschende Auffassung der Zwangsvorstellungen, nach welcher dieselben als rein formale Störungen im Bereiche des Vorstellens gelten, die ihre Intensität nicht psychologischen Motiven, sondern physiologischen Gründen verdanken. Sodann schlägt er vor, die hieher gehörigen Fälle in drei Gruppen einzureihen: 1. die Gruppe der *traumatischen Zwangsvorstellungen*, 2. die der eigentlichen Zwangsvorstellungen oder *Obsessionen*, 3. die der eigentlichen *Phobien*. Die Fälle der ersten Gruppe seien auszusondern, sie hätten die größte Übereinstimmung mit hysterischen Symptomen, seien als unveränderte Erinnerungsreste zu bezeichnen. Ein historisches Beispiel einer traumatischen Zwangsvorstellung wäre etwa das Leiden Pascals, den eine Furcht vor einem Abgrund auf seiner linken Seite nicht verließ, seitdem er mit genauer Not der Gefahr entgangen war, aus seinem Wagen in die links unten fließende Seine geschleudert zu werden.

Von den eigentlichen Zwangsvorstellungen sagt der Vortragende, sie lassen sich darstellen als Vereinigung eines starken Affektzustandes mit einem Vorstellungsinhalt, der in vielen Fällen derart variiere, daß das Hauptgewicht deutlich auf den sich gleichbleibenden Affekt fällt. Der Affekt sei immer peinlicher Natur, die Vorstellung nicht recht zum Affekt passend, so daß die Vereinigung dem Kranken selbst einen absurden Eindruck mache. Doch sei der Kranke ohnmächtig, sich dieser Vorstellung zu erweh-

---

[1] [In der Originalveröffentlichung wurde das Autoreferat folgendermaßen eingeführt: »Dr. Sigmund Freud hält einen Vortrag über den ›Mechanismus der Zwangsvorstellungen und Phobien‹.«]

ren. Die Erklärung des Zwanges, welchen letztere ausübt, sei folgende: Der peinliche Affekt sei *jedesmal vollberechtigt*; wer z. B. an Zwangsvorwürfen leide, der habe in der Tat guten Grund, sich einen Vorwurf zu machen; die an den Affekt geknüpfte Vorstellung sei aber nicht die richtige, die ursprünglich mit dem Affekt verbundene, sondern ein *Substitut*, ein *Surrogat* derselben.

Die ursprüngliche, *verdrängte* Vorstellung lasse sich demnach jedesmal nachweisen und zeige folgende Eigentümlichkeiten: sie stamme aus dem sexualen Leben des Kranken, sei peinlicher Natur und passe vortrefflich zu dem in der Zwangsvorstellung erhalten gebliebenen Affekt. Die Wiedereinsetzung der verdrängten Vorstellung in die Beziehungen, die vor dem Auftreten der Zwangsvorstellung bestanden, sei häufig auch eine therapeutische Leistung, welche der Zwangsvorstellung ein Ende bereite oder wenigstens einen Hinweis auf die erforderliche Therapie gebe.

Der Vortragende sucht diese Sätze durch die Mitteilung von mehr als zwölf Fällen von Zwangsvorstellungen zu beweisen, in denen er die Ätiologie feststellen und die verdrängte Vorstellung wiedereinsetzen konnte.[1] Über die Technik, welche zur Auffindung der verdrängten Vorstellung führt, äußert er sich nicht. Er sucht die drei Fragen zu beantworten, die sich aus dem Mitgeteilten ergeben: 1. Wie ist es möglich, eine solche *Substitution* (der verdrängten Vorstellung durch die Zwangsvorstellung) vorzunehmen? 2. Zu welchem Zwecke mag das geschehen? 3. Woher kommt es, daß die substituierte Vorstellung unbestimmt lange erhalten bleibt? – Auf die erste Frage ist zu erwidern, die Fähigkeit zur Substitution sei offenbar eine besondere psychische Disposition, da sich so häufig bei Zwangsvorstellungen – und auch in der kleinen Sammlung des Vortragenden – *gleichartige Vererbung*[2] nachweisen lasse. Zur Beantwortung der zweiten Frage führt der Vortragende an, die Substitution erfolge wahrscheinlich zum Zwecke der *Abwehr* einer mit dem Ich unverträglichen Vorstellung (vgl. den Aufsatz des Vortragenden über die ›Abwehr-Neuropsychosen‹ im *Neurologischen Zentralblatt* 1894 [*a*]); endlich: das Problem der Fortdauer der Zwangsvorstellung falle zusammen mit dem Problem der Fortdauer hysterischer Symptome, und die von J. Breuer und

---

[1] [Diese Fälle werden in der französischen Arbeit (1895*c* [1894]; *G. W.*, Bd. 1, S. 346 ff.) ausführlich dargestellt.]

[2] [Vgl. die Erörterung der »*hérédité similaire*« und der »*hérédité dite dissimilaire*« in Freuds französischer Arbeit zum Thema (1896*a*; *G. W.*, Bd. 1, S. 409 f.).]

dem Vortragenden hiefür versuchte Erklärung decke auch den Fall der Zwangsvorstellungen.[1]

Über die Gruppe der Phobien äußert der Vortragende, sie unterscheiden sich von den Obsessionen zunächst dadurch, daß der Affekt, um den es sich handle, ein monotoner, stets der der *Angst* sei, ferner durch ihre typischen Erscheinungsformen im Vergleich zur Spezialisierung der Obsessionen.

Nach ihrem Inhalt könne man die Phobien in zwei Gruppen einteilen: 1. Die der *gemeinen Phobien* oder Ängstlichkeiten vor Dingen, die auch normalerweise ein gewisses Maß von Angst wachrufen, wie: Gewitter, Finsternis, Schlangen, Gefahren, Krankheiten u. dgl. Für die übermäßige Angst vor Krankheiten könne man den alten Namen der Hypochondrie reservieren. Auf moralischem Gebiete erscheine die Ängstlichkeit als Gewissensangst, Bedenklichkeit, Pedanterie. 2. Die Gruppe der *lokomotorischen Phobien*, als deren Vorbild die Agoraphobie zu nennen ist. Dieser fehle der obsedierende Charakter.

Der psychische Mechanismus der Phobien sei aber ein ganz anderer als jener der Obsessionen. Hier finde man bei psychologischer Analyse keine Substitution, keine verdrängte Vorstellung, sondern stoße als Begründung der Phobie nur auf eine psychisch weiter nicht reduzierbare, auch durch Psychotherapie nicht zu beeinflussende Angstneigung. Es handle sich nun darum, Aufschluß zu geben, woher diese Angstneigung stamme. Nach der Darstellung des Vortragenden ist sie nicht psychischer Herkunft, sondern stelle das Hauptsymptom einer Neurose dar, die es verdiene, von der Neurasthenie abgetrennt zu werden und den Namen »Angstneurose« zu führen, weil ihre sämtlichen Symptome als Stücke des Komplexes »Angst« dargestellt werden können.[2] Dieser bisher mit der Neurasthenie vermengten Angstneurose gehörten also die Phobien an und fänden sich regelmäßig von anderen Symptomen dieser Neurose begleitet.

---

[1] [Dieser Verweis bezieht sich auf Breuer und Freud, ›Über den psychischen Mechanismus hysterischer Phänomene‹ (1893*a*), ein Verweis, den Freud auch an der entsprechenden Stelle seiner französischen Arbeit (1895*c*) anbrachte.]

[2] Vgl. den Aufsatz des Vortragenden über die Angstneurose im *Neurologischen Zentralblatt*, 1895, Nr. 2. [Freud (1895*b* [1894]). Dieser Aufsatz ist in der Ausgabe vom 15. Januar erschienen, also genau am gleichen Tag, an dem Freud den vorliegenden Vortrag hielt. S. die ›Editorische Vorbemerkung‹, S. 352, oben.]

Als häufiges Vorkommnis erwähnt der Vortragende ferner die Kombination von Obsession und Phobie in der Weise, daß auf dem Boden der »ängstlichen Erwartung« zunächst eine (hypochondrische oder andere) Phobie zustande kommt und daß der Vorstellungsinhalt dieser Phobie eine Substitution erfährt. In der Regel wird die peinliche Vorstellung der Phobie substituiert durch die *»Schutzmaßregel«*, welche ursprünglich zur Abwehr der Phobie gewählt wurde. So entstehen z. B. Fälle von Grübelsucht in folgender Weise: Es war ursprünglich eine hypochondrische Angstvorstellung vorhanden des Inhalts: verrückt zu werden. Um sich zu beweisen, daß sie noch nicht verrückt sei, habe die betreffende Person sich gewöhnt, über selbstaufgegebene Probleme nachzudenken, und diese anfangs als Beruhigung dienende Tätigkeit habe später die Angst der Phobie auf sich gezogen.[1] Gerade die bekanntesten, als Folie de doute, Onomatomanie u. dgl. beschriebenen Formen fielen unter diesen Gesichtspunkt.

(Autoreferat)

Anhang:

Auszüge aus der Diskussion

[Richard von Krafft-Ebings Votum (S. 762):]

»Hofrat v. Krafft-Ebing gibt ein Resümee über den Vortrag Freuds, nimmt sodann Stellung gegenüber einzelnen Punkten. Die Trennung der Phobien und der Zwangsvorstellungen ist als berechtigt anzuerkennen. Die Zwangsvorstellungen kommen bei verschiedenen psycho- und neuropathischen Zuständen vor; damit Zwangsvorstellungen sich entwickeln und haften können, bedarf es einer ganz besonderen Beschaffenheit des Nervensystems, eines Zustandes von reizbarer Schwäche, der auch das Wesentliche der neurasthenischen Neurose ist. Beim einzelnen Individuum können bestehende Zwangsvorstellungen allerdings wieder ganz verschwinden, treten aber erfahrungsgemäß häufig wieder paroxystisch her-

---

[1] [Dies bezieht sich auf Fall (»observation«) VII der französischen Arbeit (*G. W.*, Bd. 1, S. 349). (In ibid., S. 353, ist die Zahl irrtümlich mit »VI« angegeben.)]

vor. Im großen und ganzen entsprechen die Zwangsvorstellungen einer neurasthenischen Verfassung des Nervensystems, die als konstitutionell und meist auch hereditär gedacht werden muß. Diese zu fordernde Disposition des Individuums erscheint von Freud nicht genügend betont. Ein besonderer Mechanismus ist für die Zwangsvorstellungen ohneweiters zuzugeben; dennoch ist es gewagt, sie als selbständige Neurose aufzufassen; sie sind Syndrome im Bilde von Neurosen oder Psychosen. Das sexuelle Moment in der Genese der Zwangsvorstellungen mag für die Fälle Freuds zugegeben werden, doch darf man nicht generalisieren; Vortragender kennt Fälle, wo ein sexuelles Moment nicht da war. Jedenfalls aber spielt dasselbe eine große Rolle in der Ätiologie; so finden sich Zwangsvorstellungen häufig bei Masturbanten; auch bei religiösen Zwangsvorstellungen dürfte bei der Verwandtschaft von Sexualität und Religiosität eine sexuelle Basis dasein; ebenso bei den homiziden Zwangsvorstellungen, bei denen ursprünglich eine wollüstige Betonung vorhanden war. Die Substitutionstheorie Freuds kann der Vortragende weder bestätigen noch bestreiten aus Mangel an darauf gerichteter Beobachtung; sicher ist in einzelnen Fällen eine andere Erklärung als die einer Schutzmaßregel zu geben, und zwar durch die zuerst von Kaan in seiner Arbeit über den neurasthenischen Angstaffekt [1892] hiefür verwertete Gedächtnisschwäche der Neurastheniker; der Kranke gerät in Angst, weil er sich seines Gedächtnisses nicht sicher fühlt, und muß deshalb beständig verifizieren. Betreff[s] der Phobien stimmt Vortragender der Auffassung Freuds vollkommen bei, speziell auch über die große ätiologische Rolle der Vita sexualis; der Therapie wird durch diese Erkenntnis in einzelnen Fällen ein aussichtsvoller Weg gewiesen.«

[Freuds Erwiderung (S. 763):]

»Bei v. Krafft-Ebing habe er vorwiegend Zustimmung gefunden. Er ahne eine Differenz in betreff der Allgemeingültigkeit seiner Aufstellungen. Damit stehe es nun so. Gewiß sei er geneigt anzunehmen, daß der von ihm aufgefundene Mechanismus der Zwangsvorstellungen für alle eigentlichen Zwangsvorstellungen im Sinne Westphals [1877] gelte. Erweislich sei diese Meinung heute noch nicht. Er habe es in fünfzehn sorgfältig analysierten Fällen von Zwangsvorstellungen nach seiner Erwartung gefunden; wenn bei den Zwangsvorstellungen einmal unter zwanzig ein anderer Mechanismus Platz griffe, hätte es ihm noch entgehen können. Es müsse sich jeder seine Meinung bilden, wie wahrscheinlich ein solches Verhalten sei. – Die Frage, ob man die Zwangsvorstellungen zur Neurasthenie rechnen oder, wie er meine, für eine Neurose sui generis erklären solle, sei zunächst eine Frage der Nomenklatur, also der Konvention, der Zweckmäßigkeit. Ihre Beantwortung hinge auch von dem Standpunkte ab, den der Beobachter betreffs der Neurosen im allgemeinen vertrete. Wer das Hauptgewicht auf das gemeinsame Vorkommen lege, für den werde sich wenig Anlaß finden, die Zwangsvorstellungen von der Neurasthenie abzutrennen; der werde aber auch Hysterie und Neurasthenie nicht leicht sondern. Wer aber, wie er (Freud), Ätiologie und Mechanismus der Neurosen in erster Reihe berücksichtige und sich zu der Auffassung bekenne, daß die zumeist beobachteten Neurosen ›gemischte‹ seien, für den sonderten sich zweifellos Neurasthenie, Angstneurose, Zwangsvorstellungen (-Neurose) und Hysterie. Es sei dies also ein Punkt, der sich nicht außerhalb eines weiteren Zusammenhanges behandeln ließe.

Für eine Reihe von Fällen mit Folie de doute habe v. Krafft-Ebing die Zurückführung auf die neurasthenische Gedächtnisschwäche und das berechtigterweise auf sie gegründete Mißtrauen in die eigene Erinnerung versucht. Er zögere, sich dieser Erklärung anzuschließen, weil es so viele Kranke mit neurasthenischer Gedächtnisschwäche gebe, die nicht ohne den bekannten ›Zettel‹ beim Arzt erscheinen, die doch sich von der Folie de doute verschont zeigten. Es müsse da noch etwas hinzukommen. Zufällig habe er aber keinen solchen Fall von diffuser Zweifelsucht analysieren können, so daß er eine bestimmte Auskunft hier nicht geben könne. Nach verschiedenem, was er beobachtet, meine er, die diffuse Folie de doute sei ein Endzustand, der sich bei solchen Personen herausbilde, die jahrelang an einzelnen Zwangsvorstellungen gelitten haben.«

Besprechung von P. J. Möbius,
Die Migräne, Wien 1894
(1895)

Editorische Vorbemerkung[1]

1895 *Wiener klinische Rundschau*, Bd. 9, Nr. 9 (3. März), S. 140 f.
1983 *Psyche*, Bd. 37, Heft 9 (September), S. 818–20.

Von Freud signiert, erschien der Artikel unter der Rubrik ›Kritische Besprechungen und literarische Anzeigen‹ in der *Wiener klinischen Rundschau*; zu Beginn der Rezension werden über das Buch folgende Angaben mitgeteilt: »*Die Migräne*. Von G. J. Möbius. (Aus dem XII. Band der *Speciellen Pathologie und Therapie*. Herausgegeben von H. Nothnagel. Verlag von Alfred Hölder. Wien 1894.)«

Hierzu können wir ergänzen: Die 108 Seiten umfassende Monographie von Paul Julius Möbius (in der Originalveröffentlichung der Rezension sind die Initialen nicht korrekt wiedergegeben) wurde als Band 12, II. Hälfte, Teil 3, Abt. 1, von Hermann Nothnagels Sammelwerk veröffentlicht (Möbius, 1894 b). Die Bände dieser großen, insgesamt 24 Bände umfassenden Serie erschienen von 1894 bis 1908 in beliebiger Reihenfolge. Freud selbst lieferte drei Jahre später einen Beitrag zum neunten Band: seine Abhandlung *Die infantile Zerebrallähmung* (1897 a). – Von Möbius' Buch erschien 1903 eine zweite Auflage.

Es ist staunenswert, daß diese Rezension Freuds so lange unbemerkt blieb. Daß wir sie hier nachdrucken können, ist den Forschungen von J. M. Masson zu dan-

---

[1] [Es sei angemerkt, daß diese ›Editorische Vorbemerkung‹ von der Herausgeberin verfaßt wurde, ehe der Nachdruck der Besprechung in der *Psyche*, im Rahmen einer den wissenschaftlichen Kontext und den biographischen Hintergrund skizzierenden Abhandlung von Oswald Kästle, erschien. I. G.–S.]

ken, der die Herausgeberin 1981 auf den Text aufmerksam machte. – Als Textvorlage diente eine Photokopie des Erstdrucks.

Paul Julius August Möbius (1853–1907) aus Leipzig hatte Theologie und Philosophie studiert, ehe er sich der Medizin zuwandte und sich auf Neurologie spezialisierte; zunächst arbeitete er als Assistent an der Universitätspoliklinik, später übernahm er die Leitung der Nervenpoliklinik des Albert-Vereins in Leipzig. Aus Enttäuschung über unterbliebene Beförderung zog er sich 1893 vom Klinikbetrieb zurück, arbeitete von nun an in eigener Praxis und widmete sich dem Schreiben. Er war ein begabter, sehr produktiver Autor mit weitgespannten Interessen. Seine Veröffentlichungen befassen sich mit Neurologie und Neuroanatomie, den funktionellen Nervenkrankheiten, Aspekten des Geschlechtsunterschieds und, später, pathographischen Studien (u. a. über Jean-Jacques Rousseau, Goethe, Schopenhauer und Nietzsche).

Für Freud und Breuer waren Möbius' Schriften über Hysterie von besonderem Interesse; in Breuers Kapitel ›Theoretisches‹ zu den *Studien über Hysterie* (1895), oben, S. 245 f., S. 249 f., S. 274 f. und S. 308, finden sich detaillierte Erörterungen über verschiedene seiner Schriften.

Aus manchen Passagen der Fließ-Briefe (Freud, 1985 c [1887–1904]) fällt einiges Licht auf die Umstände, unter denen die vorliegende Besprechung entstanden ist, wie andererseits ein paar Rätsel, die die Briefe bislang aufgaben, nach dem Wiederauftauchen der Rezension gelöst werden können. So heißt es in einem Brief Freuds an Fließ vom 29. August 1894: »Von Möbius ist ein Heft ›Neurologische Beiträge‹ [1894 a] erschienen, Sammlung älterer kleiner Aufsätze, sehr schön, für Hysterie *recht* wichtig. Er ist der beste Kopf unter den Neurologen, zum Glück der Sexualität nicht auf der Spur. [...] Wenn ich in Wien eintreffe, wird mich mein Redakteur gewiß zu Artikeln pressen. Soll ich dann nicht die ›Migräne‹ von M. zum Gegenstand einer Kritik machen? Du müßtest mir dazu einige Deiner Bemerkungen geben.« (Freud, 1985 c, S. 90 f.)

In der Ausgabe der Fließ-Briefe von 1950 teilen uns die Herausgeber in den Anmerkungen mit, Freud habe mit »mein Redakteur« Dr. Paschkis gemeint, den Herausgeber der *Wiener medizinischen Rundschau*, in welcher Freud regelmäßig veröffentlichte; ferner äußern sie die Vermutung, »mit dem Aufsatz über Migräne dürfte eine Arbeit Meynerts gemeint sein«. Es kann kein Zweifel daran bestehen, daß Freud sich auf Paschkis bezog, dessen Zeitschrift jedoch in Wirklichkeit die *Wiener klinische Rundschau* gewesen ist, in der die vorliegende Rezension erschien. Und es ist nun auch klar, daß »M.« nicht Meynert, sondern Möbius bedeutet, dessen Name in Freuds Brief, sechs Zeilen vor der betreffenden Stelle, als der zuletzt erwähnte Personenname auftaucht. (Übrigens enthält das andere von Freud angeführte Werk von Möbius, *Neurologische Beiträge*, 1894 a, jene beiden Schriften, 1888 und 1890, die Breuer in den *Studien über Hysterie* (s. oben, S. 245 f. und S. 274 f.) diskutiert.)

Freuds Brief an Fließ vom 4. März 1895 enthält gegen Ende folgende beiden Sätze: »Vielleicht fällt Dir der kleine Aufsatz über Migräne in die Hand. Er enthält bloß zwei Leitmotive.« (Freud, 1985 c, S. 115.)

Die Herausgeber der Ausgabe der Fließ-Briefe von 1950 bemerken, dies beziehe sich »vermutlich« auf das dort unmittelbar im Anschluß abgedruckte Dokument, »Manuskript I: ›Migräne, feste Punkte‹«, von welchem, obzwar selbst nicht datiert, mithin angenommen wurde, es stamme aus der gleichen Zeit wie der Brief. Im Lichte dessen, was wir jetzt wissen, und angesichts der Tatsache, daß der Brief auf 4. März datiert ist, bezieht sich der Hinweis indessen mit Sicherheit auf die Möbius-Besprechung, die tags zuvor erschienen war. Die »zwei Leitmotive« entsprechen den »zwei Punkten«, von denen Freud sagt, daß er sie hervorheben wolle, »gleichsam in Ergänzung der Ausführungen Möbius'« – nämlich erstens die »hemikranischen Äquivalente« zur Migräne (S. 365, unten) und zweitens die Beziehung zur *Nase*, in welchem Zusammenhang dann Fließ' Theorien eingeführt werden (siehe den Schlußabsatz der Besprechung).

Das von Migräne handelnde Manuskript I der Fließ-Dokumente war in der Ausgabe von 1950 aus dem oben erwähnten Grund dem gleichen Datum zugeordnet worden (Frühjahr 1895) – aus einem Grund, der nun nicht länger als triftig gelten kann. Der Bearbeiter der ungekürzten deutschen Ausgabe der Fließ-Briefe gibt als Entstehungszeit »mit großer Sicherheit« den Herbst 1895 an (Freud, 1985 c, S. 156, Anm.). Die für Manuskript I charakteristische Betonung des Faktors der »Summation« schlägt jedenfalls eine Brücke zu Freuds beiden Arbeiten über die Angstneurose (1895 b und 1895 f; vgl. insbesondere G. W., Bd. 1, S. 332 und S. 369; *Studienausgabe*, Bd. 6, S. 41).

Migräne war ein Thema, welches sowohl Freud als auch Fließ besonders interessierte, nicht zuletzt weil beide darunter litten (s. Schur, 1973, besonders S. 121–26). Daß Freud tatsächlich etliche von Fließ' »Bemerkungen« in Betracht zog, geht aus dem Schlußabsatz der Rezension des Möbius-Buchs (S. 368 f., unten) klar hervor.

Ernst Kris' Einleitung (1950) zur Erstausgabe der Freud-Fließ-Dokumente enthält eine gründliche Darlegung der wissenschaftlichen Theorien und Veröffentlichungen von Fließ; deshalb sei sie Lesern, die mehr darüber wissen möchten, empfohlen (sie ist in Freud, 1985 c, S. 519–61, wiederabgedruckt). Hier seien nur einige Hinweise gegeben – als Hintergrundinformation für den Schlußabsatz der Rezension und auch für die Passagen über »Migräneäquivalente«.

Fließ' Auffassungen über die »nasale Reflexneurose« lagen damals bereits veröffentlicht vor (1892 und 1893). Er hatte beobachtet, daß die Anwendung von Kokain auf die Nasenschleimhaut zum Verschwinden etlicher Symptome führte, die anscheinend mit der Nase nichts zu tun hatten, nämlich Kopfschmerzen, Neuralgien wie auch funktionelle Störungen von Herz, Atmung und Verdauung. Hiervon leitete Fließ seine Überzeugung ab, er habe eine neue klinische Einheit – die »nasale Reflexneurose« – entdeckt, sowie seine Verwendung des Kokains als eines *diagno-*

stischen Hilfsmittels. Ernst Kris zitierte den folgenden erhellenden Auszug (Kris, 1950, S. 9; im Wiederabdruck S. 521) (entnommen aus Fließ 1892 oder 1893): »Die Zahl der angeführten Symptome ist groß. Und doch verdanken dieselben [...] einer einzigen Lokalität – eben der Nase – allein ihr Dasein. Denn ihre Zusammengehörigkeit wird nicht nur durch ihr gemeinsames Auftreten bewiesen, sondern auch durch ihr gemeinsames Verschwinden. Denn das eben ist das Charakteristische an diesem ganzen Beschwerdenkomplex, daß man ihn durchaus zeitweilig zum Aufhören bringen kann, indem man die verantwortlichen Stellen der Nase mit Kokain anästhetisch macht.«

Die Reihe der neurologischen Beiträge zu dem im Erscheinen begriffenen großen Handbuch der internen Medizin von Nothnagel hat Herr Möbius mit einem sieben Bogen starken Büchlein über die Migräne eröffnet, welches weit über den Kreis der Neurologen hinaus Interesse erwecken und Anerkennung finden dürfte. Die Arbeiten des Herrn Möbius gehören zu jenen, die gleichzeitig ein Bild von der Persönlichkeit des Autors geben und die von dieser Persönlichkeit in der Vorstellung des Lesers nicht zu trennen sind. So bezeugt auch die vorliegende Schrift alle die Eigenschaften, die man von Herrn Möbius schätzen gelernt hat, den Mut, in der Beobachtung seinen eigenen Augen zu trauen, die kritische Lust, einen Schein zu zerstören, die Folgerichtigkeit des Denkers, der es im Streit nicht vermeidet, auf die letzten Gründe des Erkennens und des Zweifelns zurückzugehen. Zu dieser Charakteristik füge man noch hinzu, daß die Darstellung unseres Autors alle Lücken und Widersprüche eines Wissensgebietes mit unerbittlicher Aufrichtigkeit klarlegt, sowie daß er sorgfältig darauf achtet, ob auch bei der Auffassung der Krankheitssymptome und bei der Wertschätzung der Therapie dem neu in der Medizin zur Geltung gelangten psychischen Faktor sein Recht widerfährt.

Dieses Büchlein ist nicht bloß instruktiv, es ist auch fesselnd vom Anfang bis zum Ende. Es ist in einem korrekten und vornehmen Stil geschrieben, während doch so viele medizinische Autoren vergessen, daß Fachbildung nicht von allgemeiner Bildung dispensiert und nicht die Anforderungen aufhebt, welche eine Nation an die in ihrer Sprache schriftstellernden Personen stellen darf. Es bringt kritische Sätze und Gedanken von weittragender Bedeutung oft in der glücklichsten und eindruck[s]vollsten Einkleidung. Ich führe einige Sätze an, in denen Möbius sein Urteil über die »vasomotorische Theorie« der Migräne niederlegt (S. 105).[1] »Ich bin der Überzeugung, daß die vasomotorische Theorie tot sei, daß sie nur vermöge der vis inertiae[2] noch gelehrt werde, und mir fehlt daher der Mut, ausführlich auf die Bestreitung des nicht mehr Lebendigen einzugehen. Nur kurz seien die wichtigsten Punkte hervorgehoben. Allüberall, im Physiologischen wie im Pathologischen, sind die Vorgänge in den Parenchymzellen das Primäre, die Änderungen der örtlichen Zirkulation sind Folgeerscheinungen; das Parenchym ist der Herr, die Zirkulation der Diener.«

Es wäre verlockend, dem reichen Inhalt dieses Buches im einzelnen nachzugehen, allein ich lehne es ab, denn ich möchte hier weder eine bloße Inhaltsangabe noch eine Sammlung kleiner Ausstellungen bringen. Dafür sei es mir gestattet, zwei Punkte[3], gleichsam in Ergänzung der Ausführungen Möbius', eingehender zu behandeln, von denen ich meine, sie müßten in einer nächsten Darstellung der Migräne einen breiteren Raum einnehmen. Zunächst möchte ich die Aufmerksamkeit auf die »*hemikranischen Äquivalente*«[4] lenken, Zustände von Anfällen, die sich aus anderen Symptomen zusammensetzen als die Migräne, die aber nach allen Verhältnissen von Auftreten und Verlauf, und besonders wegen ihrer Vertretbarkeit durch Migräne, mit letzterer identifiziert werden müssen.[5] Es ist klar, daß

---

[1] [Die Auffassung von der Migräne als einer vasomotorischen Störung – eine Theorie, die auch heute noch nicht ganz »tot« ist – geht von der Hypothese aus, Kopfweh entstehe durch eine zerebrale Gefäßerweiterung, welche auf eine vorhergehende Verengung folgt.]

[2] [Vermöge des Trägheitsmoments.]

[3] [Vgl. den oben, S. 362, zitierten Brief Freuds an Fließ vom 4. März 1895.]

[4] [Der Ausdruck »Hemicrania« – einseitiger Kopfschmerz – war im zweiten vorchristlichen Jahrhundert von Galen eingeführt worden; hiervon wurde der Ausdruck »Migräne«, auf dem Wege über das französische »Mi-crâne« – »migraine«, abgeleitet.]

[5] [Im Zusammenhang mit Freuds Erörterung bestimmter Symptome der Frau Emmy von N. finden sich in den *Studien über Hysterie* (1895 d) einige sehr ähnliche Bemerkungen. Eine lange Fußnote, die eindeutig im nachhinein hinzugefügt wurde und die sehr wahrscheinlich aus dem gleichen Zeitraum wie die vorliegende Rezension stammt, beginnt folgendermaßen: »Bei nachheriger Überlegung muß ich mir sagen, daß diese ›Genickkrämpfe‹ organisch bedingte, der Migräne analoge Zustände gewesen sein mögen. Man sieht in praxi mehr derartige Zustände, die nicht beschrieben sind und die eine so auffällige Übereinstimmung mit dem klassischen Anfalle von Hemikranie zeigen, daß man gerne die Begriffsbestimmung der letzteren erweitern und die Lokalisation des

diesen Migräneäquivalenten ein hohes diagnostisches und theoretisches Interesse innewohnt. Möbius versäumt es auch nicht, dieselben zu erwähnen, und klagt, daß man noch recht wenig über sie wisse.

Ich kenne aus eigener Erfahrung, die gewiß jeder Leser bestätigen kann, drei Formen der Migräneäquivalente, die Magen-, Rücken- und Herzmigräne. Die Magenmigräne ist eigentlich eine rudimentäre Kopfmigräne, von der allein die Magenerscheinungen übriggeblieben sind. Ich erinnere mich an die Patientin, bei der ich sie zuerst diagnostizierte, eine junge Dame, deren »Magenleiden« von ihrem Arzt noch heute nicht als Migräne anerkannt ist. Das Magenleiden besteht in Anfällen von Üblichkeit, die in wiederholtes Erbrechen ausgehen und die bis vierundzwanzig Stunden anhalten, die kurze Zeit nach der Pubertät aufgetreten sind, zuerst seltener, jetzt häufiger vorkommen und die Pausen von mehreren Wochen zu lassen pflegen. Ein leiser Stirndruck und ausgesprochene Empfindlichkeit gegen Licht und Schall, die während des Anfalles bestehen, ermöglichen die Agnoszierung dieses nervösen Magenleidens als Migräne.

Wie man sieht, ist die Magenmigräne nichts, was das Bild der Migräne um neue Züge bereichern würde. Dies ist aber der Fall bei der »Rückenmigräne«, die ich bemerkenswerterweise bei der Schwester der vorher erwähnten Kranken zuerst kennengelernt habe. Diese Dame hatte durch ihre ganze Jugend bis zu einer bestimmten Epoche an gemeinen nicht allzu schweren Migränen gelitten. Eine Änderung tritt ein, als sich bei ihr eine arge Neurose gemischten Charakters entwickelte (Hystero-Neurasthenie).[1] Von da an litt sie an Anfällen von Rückenschmerzen, die in der Wirbelsäule tobten und reifartig den Leib umgriffen. Der Rücken zeigte (auch intervallär) eine hysterische Analgesie, die Deutung als Migräne stammt von der Kranken selbst, welche die Schmerzen hier wie dort als absolut identisch erklärte. Sie habe, sagte sie, »Migräne im Rücken«; es gab bei ihr zeitweilig États de mal, zusammenfließende Anfälle; eine Deutung dieser Rückenschmerzen auf organische Erkrankung lernte ich in vieljähriger Beobachtung ausschließen. Mit der Besserung der Neurose traten die Kopf-

---

Schmerzes an die zweite Stelle drängen wollte.« Und in der Epikrise heißt es an späterer Stelle: »Andere körperliche Symptome der Kranken sind überhaupt nicht hysterischer Natur, so die Genickkrämpfe, die ich als modifizierte Migränen auffasse und die als solche eigentlich gar nicht zu den Neurosen, sondern zu den organischen Affektionen zu stellen sind.« (*Studien*, S. 59, Anm., und S. 81; *G. W.*, Bd. 1, S. 124, Anm., und S. 152).]
[1] [Vgl. den Fall »Nina R.«, für den diese Diagnose sehr wohl passend gewesen wäre (oben, S. 311 ff.).]

migränen wieder auf, in den letzten zwei Jahren hat die Dame bei leidlicher Gesundheit die Abwechslung zwischen ihren alten und ihren modifizierten Migräneanfällen, die übrigens beide nur vereinzelt kommen. Die Rükkenmigräne kommt bei ihr auf dieselben Anlässe wie die andere, dauert aber in der Regel etwas länger. Unter den Anlässen ist nur der Coitus interruptus, der auch bei der Entstehung der Neurose seine Rolle spielt, unzweifelhaft. Magensymptome waren in diesem Fall kaum angedeutet. Ich habe die Rückenmigräne seither wiederholt angetroffen. Zuletzt bei einem Mädchen, das durch mich während einer Mastkur[1] von seinen Zwangsvorstellungen befreit wurde. Diese Kranke hatte lange Zeit an gemeinen Migränen gelitten, zu deren Bild sowohl Üblichkeiten als Schmerzen im Genick[2] und Schultern gehörten. Während einer durch Zwangsvorstellungen hervorgebrachten Verschlimmerung ihres Zustandes klagte sie in ihren Migräneanfällen über die heftigen Schmerzen längs des ganzen Rückens, neben welchen die Kopfschmerzen in den Hintergrund traten. Im Verlaufe der Mastkur sah ich an ihr einen Anfall, an dem sich Kopf- und Rückenschmerzen in gleicher Weise beteiligten, und zwei weitere Anfälle in Pausen von je vier Wochen, die wiederum reine Kopfmigräne waren. Wie man sieht, hatte in diesem Falle die Rückenmigräne sich überhaupt nicht völlig von der »Kopfmigräne« abgelöst. Auch hier entsprach übrigens wie im vorerwähnten Falle die Rückenmigräne einer Zeit von Verschlimmerung und trat mit der Besserung des Allgemeinzustandes zurück. In beiden Fällen war ferner eine sehr gut kenntliche Spinalneurasthenie[3] vorhanden, welche durch die Behandlung nahezu behoben wurde.

---

[1] [Für eine Beschreibung dieser Behandlungsmethode, von Weir Mitchell empfohlen und auch unter der Bezeichnung Playfairs Behandlung geläufig, s. Freuds Artikel über ›Hysterie‹ (1888 *b*), S. 88, oben, wie auch seine Besprechung (1887 *b*) des Buchs von Weir Mitchell (1877), S. 67 f., oben.]

[2] [Dies war eines der Symptome der Frau Emmy von N. Vgl. Anm. 5, oben, S. 365 f.]

[3] [Neben der allgemeinen »Neurasthenie«, Nervenschwäche, wurden damals mehrere Sonderformen unterschieden; die wichtigsten waren Zerebral-, Spinal- und Viszeralneurasthenie. Eine andere hier anzumerkende Form war die Sexualneurasthenie, von der man annahm, daß sie sich in langwierigen und schweren Fällen zu einer Spinalneurasthenie entwickeln könne. Die Spinalneurasthenie betrachtete man als Folge physischer Überanstrengung, schwerer Erkrankungen, des Wochenbetts, sexueller Exzesse oder emotionaler Erregung. (S. Krafft-Ebing, 1879–80, Teil III, Kapitel 1, für eine allgemeine Erörterung des Themas.) Vgl. auch die Beschreibung der Symptome und die diagnostischen Überlegungen im Fall der »Nina R.«, S. 314 ff., oben.]

Die dritte Form des Migräneäquivalents, die Herzmigräne, kenne ich nur in wenigen Beispielen; ich meine aber, sie müsse anderen häufiger untergekommen sein. Als typisches Vorbild beschreibe ich den Fall eines etwa fünfzigjährigen Kollegen, der in seiner Jugend an gemeiner Migräne gelitten hat. Dieser Arzt, der nach seinen Leistungen zu urteilen über ein suffizientes Herz verfügte, wird in Pausen und auf Anlässe hin, wie sie der Migräne entsprechen, von Arrythmie mit leicht peinlicher Beklemmung befallen, die drei bis sechs Stunden anhält und von leisem Druck in beiden Schläfen begleitet ist. Die Anlässe sind eine gestörte Nachtruhe, ein Ärger oder schwere Sorge im Beruf; die Häufigkeit der Anfälle variiert zwischen zweimal in der Woche und einmal in drei Wochen. Ich halte diese Anfälle für hemikranische Äquivalente, will aber gerne zugeben, daß in der Reihe von solchen Anfällen bis zur gemeinen Hemikranie noch Zwischenglieder mangeln. Im übrigen meine ich nicht, daß mit diesen Zusätzen zur gemeinen und zur Augenmigräne die Mannigfaltigkeit der Migräneformen erschöpft ist.

Des weiteren möchte ich eine Beziehung der Migräne hervorheben, gegen die sich auch Möbius nicht ablehnend verhält, die Beziehung dieses Zustandes zur *Nase* – ich sage absichtlich nicht *zu den Krankheiten der Nase*. Ich habe zwei, zunächst nur subjektiv wirksame Gründe, mich hiefür einzusetzen, erstens die am eigenen Leib gemachte Erfahrung, daß häufige und schwere Migräne[n] durch Behandlung hypertrophischer Schwellkörper in seltene und leichte verwandelt werden können[1], und zweitens die genaue Bekanntschaft mit den Arbeiten und überraschenden Heilerfolgen eines den Lesern dieses Blattes wohlbekannten Forschers, des Dr. W. Fließ in Berlin.[2] Nach Fließ, der vor seinem Vorgänger Hack[3] das Kokain als diagnostisches Hilfsmittel, die kühne Technik der modernen Therapie und Gesichtspunkte von allgemeiner Bedeutung voraus hat, wäre der Nase eine Rolle in der Pathogenese der Kopfschmerzen über-

---

[1] [Freud war von Fließ im Hinblick auf Nasenbeschwerden behandelt worden, die vermeintlich der Auslöser für seine Migräne und seine Herzsymptome waren. Vgl. Kapitel 2 und 3 von Schur (1973).]

[2] [Fließ' Aufsatz ›Magenschmerz und Dysmenorrhoe in neuem Zusammenhang‹ (1895) war ebenfalls in der *Wiener klinischen Rundschau* erschienen, und zwar in Fortsetzungen, die zur Zeit von Freuds Besprechung noch andauerten.]

[3] [Wilhelm August Heinrich Hack (1851–1887), ein Freiburger Otolaryngologe, dem zugeschrieben wird, das Konzept der nasalen Reflexneurose unabhängig von Fließ entwickelt zu haben (s. Semon, 1900).]

haupt sowie der Migräne nicht nur ausnahmsweise, sondern eher als Regel zuzugestehen.[1] Läßt sich dies bestätigen, so werden wir die Beziehung der »symptomatischen Migräneanfälle« zur »Krankheit Migräne« (S. 69) wohl besser verstehen können als heute. Auch würde es dann leichterfallen, die Einwände gegen die nicht ansprechende Definition der Migräne bei Möbius zu formulieren, der in diesem so überaus häufigen und leicht erwerbbaren Leiden eine »*Form der ererbten Entartung*« sieht.

Sigm. Freud.

---

[1] [Für einige weiterführende Informationen über diese Ansichten von Fließ s. den letzten Teil der ›Editorischen Vorbemerkung‹, S. 362 f., oben.]

Autobiographische Notiz
(1901 [1899])

Editorische Vorbemerkung

(1899 Mutmaßliches Datum der Niederschrift.)
1901 In *Biographisches Lexikon hervorragender Ärzte des neunzehnten Jahrhunderts*, herausgegeben von J. L. Pagel, Berlin und Wien, Urban & Schwarzenberg, Sp. 545.
1971 In Sigmund Freud, »*Selbstdarstellung*«; *Schriften zur Geschichte der Psychoanalyse*, herausgegeben und eingeleitet von I. Grubrich-Simitis, Frankfurt am Main, Fischer Taschenbuch Verlag, S. 140.

Aus dem Text geht hervor, daß er im Herbst 1899 niedergeschrieben worden sein muß. Die Notiz ist von Interesse, weil sie zeigt, in welcher Weise Freud sich und seine bisherigen Leistungen am Vorabend der Veröffentlichung desjenigen Werks darstellte, das seine Stellung in der wissenschaftlichen Welt grundstürzend verändern sollte, seiner *Traumdeutung* (1900*a*). Der Leser mag die Notiz mit dem früheren ›Curriculum vitae‹ (1960*b* [1885]), S. 46 f., oben, und mit der von Freud selbst kommentierten Liste seiner Frühschriften (1897*b*) vergleichen. – Als Textvorlage diente die Erstveröffentlichung; die zahlreichen Abkürzungen des Originals wurden aufgelöst.

Freud, Sigm., Wien, geboren 6. Mai 1856, Freiberg, Mähren, studierte in Wien, Schüler des Physiologen Brücke, Promotion 1881, 1885/6 Schüler von Charcot in Paris, habilitiert für Neuropathologie 1885 in Wien, wirkt als Arzt und Dozent an der Wiener Universität seit 1886, zum Professor extraordinarius vorgeschlagen 1897. Freud verfaßte früher histologische und hirnanatomische Arbeiten, dann neuropathologische Kasuistik, übersetzte nach Charcot und Bernheim. 1884 [e] ›Über Coca‹, welche Abhandlung das Kokain in die Medizin einführte, 1891 [b] *Zur Auffassung der Aphasien*, 1891 [a] und 1893 [b] Monographien über die zerebrale Kinderlähmung, die 1897 [a] in dem Buch über *Infantile Cerebrallähmung* in Nothnagels Handbuch gipfeln, 1895 [d] *Studien über Hysterie* (mit Dr. Josef Breuer). Seither wandte sich Freud dem Studium der Psychoneurosen, insbesondere [der] Hysterie zu und betonte in einer Reihe von kleineren Arbeiten die ätiologische Bedeutung des Sexuallebens für die Neurosen, auch arbeitete er eine neue Psychotherapie der Hysterie aus, von der erst das Wenigste publiziert ist. Ein Buch, *Die Traumdeutung* [1900a], ist unter der Presse.

IV. Teil

Entwurf einer Psychologie
(1895)

Entwurf einer Psychologie[1]
(1950 [1895])

Editorische Einleitung

(1895 Entstehungsdatum.)
1950 In *Aus den Anfängen der Psychoanalyse*, herausgegeben von Marie Bonaparte, Anna Freud und Ernst Kris, S. 371–466, Imago Publishing Co., London (1962, Paperbackausgabe, S. 303–84, S. Fischer Verlag, Frankfurt am Main; 1975, mit einigen Korrekturen, nachgedruckt).

Englische Übersetzungen:
1954 In *The Origins of Psycho-Analysis*, herausgegeben von Marie Bonaparte, Anna Freud und Ernst Kris, S. 347–445, Imago Publishing Co., London; Basic Books, New York. (Übersetzung von James Strachey.)
1966 *Standard Edition*, Bd. 1, S. 295–343 und S. 347–87. (Die Übersetzung stammt wiederum von James Strachey, wurde aber anhand des Originalmanuskripts überarbeitet und entsprechend ediert.)

Die vorliegende Ausgabe präsentiert den ›Entwurf einer Psychologie‹ in völlig neuer Transkription. Diese wurde, nach einer Photokopie der Handschrift, von Ingeborg Meyer-Palmedo besorgt; sie hat die zahlreichen Fehllesungen der früher erschienenen Ausgaben stillschweigend korrigiert und kurze textkritische Anmerkungen hinzugefügt. Der übrige Anmerkungs- und Verweisapparat stützt sich auf James Stracheys Edition des ›Entwurfs‹ im Rahmen der *Standard Edition*.

---

[1] Der Titel ›Entwurf einer Psychologie‹ stammt von den Herausgebern der *Anfänge*; das Originalmanuskript trägt keinen Titel. Freud benennt seine Skizze in den Briefen an Wilhelm Fließ (1985c [1887–1904]) unterschiedlich, im Brief vom 27. April 1895 z. B. spricht er von der »Psychologie für den Neurologen«.

(1) Historischer Abriß

Die Geschichte von Freuds Beziehung zu Wilhelm Fließ (1858–1928) wird, abgesehen von Band 1 der *Standard Edition*, in Kapitel XIII des ersten Bandes der Freud-Biographie von Ernest Jones (1960) und in Ernst Kris' Einleitung (1950) zu den in der obigen Bibliographie erwähnten Ausgaben ausführlich erzählt. Hier ist lediglich mitzuteilen, daß Fließ, zwei Jahre jünger als Freud, ein in Berlin lebender Facharzt für Hals- und Nasenkrankheiten war, mit dem Freud von 1887 bis 1902 einen umfangreichen und intimen Briefwechsel führte. Fließ war ein hochbegabter Mann mit weitgespannten Interessen auf dem Gebiet der allgemeinen Biologie; er hing auf diesem Felde indessen Theorien an, die heute als exzentrisch und eigentlich unhaltbar angesehen werden. Aber er erwies sich Freuds Gedanken gegenüber aufgeschlossener als irgendein anderer Zeitgenosse. Deshalb äußerte Freud ihm gegenüber seine Ideen in aller Offenheit, und zwar nicht nur in seinen Briefen, sondern auch in einer Reihe von Ausarbeitungen (den von den Herausgebern der *Anfänge* so genannten »Manuskripten« und »Notizen«), welche systematische Darstellungen seiner sich entfaltenden Auffassungen enthalten; in einigen Fällen handelt es sich um erste Entwürfe seiner später veröffentlichten Werke. Die bedeutendste jener Niederschriften ist der umfangreiche ›Entwurf‹. Indessen verdient die gesamte Serie, die ja in den entscheidenden Jahren der Entstehung von Freuds psychoanalytischen Theorien, kulminierend in der *Traumdeutung* (1900a), verfaßt wurde, größte Aufmerksamkeit.[1]

Diese Schriften, sogar die Tatsache ihrer Existenz, waren bis zum Zweiten Weltkrieg gänzlich unbekannt.[2] Die dramatische Geschichte ihrer Entdeckung und Rettung wird von Ernest Jones im nämlichen Kapitel seiner Biographie berichtet. Unsere hauptsächliche Dankesschuld gilt in diesem Zusammenhang Marie Bonaparte, Prinzessin Georg von Griechenland, die nicht nur die Manuskripte erwarb, sondern auch den Mut bewies, allen Anstrengungen zu trotzen, welche deren Autor, ihr Lehrer, unternahm, um die Dokumente zu vernichten.

In einem Brief an Fließ vom 27. April 1895[3] klagte Freud: »Wissenschaftlich bin ich übel daran, nämlich so in die ›Psychologie für den Neurologen‹ verrannt, die mich regelmäßig ganz aufzehrt, bis ich wirklich überarbeitet abbrechen muß. Ich habe nie eine so hochgradige Präokkupation durchgemacht. Und ob [es] etwas

---

[1] Im Unterschied zum ›Entwurf‹, der in Zukunft in deutsch nur noch in der vorliegenden Edition lieferbar sein wird, sind die anderen Manuskripte und Notizen in die Neuausgabe der ungekürzten Fließ-Dokumente (Freud, 1985c [1887–1904]) aufgenommen worden.

[2] Fließ' Briefe an Freud sind nicht erhalten.

[3] Am 2. April 1895, in einer Fortsetzung des am 28. März 1895 begonnenen Briefs an Fließ, hatte Freud die »Psychologie« erstmals erwähnt. Vgl. eine entsprechende editorische Anmerkung des Bearbeiters der deutschen Ausgabe der Briefe (Freud, 1985c [1887–1904], S. 124, Anm. 3).

damit wird? Ich hoffe, aber es geht schwer und langsam.« In einem anderen Brief, vom 25. Mai 1895, wird diese »Psychologie« einen Monat später weiter erläutert: »Es ist die Psychologie, von jeher mein fern winkendes Ziel, jetzt seitdem ich auf die Neurosen gestoßen bin, um soviel näher gerückt. Mich quälen zwei Absichten, nachzusehen, wie sich die Funktionslehre des Psychischen gestaltet, wenn man die quantitative Betrachtung, eine Art Ökonomik der Nervenkraft, einführt, und zweitens aus der Psychopathologie den Gewinn für die normale Psychologie herauszuschälen. Tatsächlich ist eine befriedigende Gesamtauffassung der neuropsychotischen Störungen unmöglich, wenn man nicht an klare Annahmen über die normalen psychischen Vorgänge anknüpfen kann. Solcher Arbeit habe ich in den letzten Wochen jede freie Minute gewidmet, die Nachtstunden von elf bis zwei mit solchem Phantasieren, Übersetzen und Erraten verbracht und immer erst aufgehört, wenn ich irgendwo auf ein Absurdum gestoßen war oder mich wirklich und ernstlich überarbeitet hatte, so daß ich kein Interesse für die tägliche ärztliche Tätigkeit mehr in mir vorfand. Nach Resultaten wirst Du mich noch lange nicht fragen können.« Aber bald wurde er optimistischer, und am 12. Juni konnte er berichten: »[...] die psychologische Konstruktion tut, als ob sie gelingen wollte, was mir eine riesige Freude wäre. Natürlich noch nichts Sicheres zu sagen. Darüber jetzt Mitteilung machen, hieße einen sechsmonatlichen Fötus von einem Mädchen auf den Ball schicken.« Am 6. August verkündete er: »Ich teile Dir mit, daß ich nach langer Denkarbeit glaube, zum Verständnis der pathologischen Abwehr und damit vieler wichtiger psychologischer Vorgänge durchgedrungen zu sein.«

Doch kam es alsbald zu einer erneuten Stockung. Am 16. August schrieb er: »Mit φψω[1] ist es mir seltsam ergangen. Kurze Zeit nach meiner alarmierenden, Glückwunsch heischenden Mitteilung, nachdem der eine Vorgipfel erstiegen war, habe ich mich vor neuen Schwierigkeiten gesehen und meinen Atem nicht ausreichend für die neue Arbeit befunden. Ich habe also, schnell gefaßt, das ganze Alphabet hingeworfen und rede mir ein, daß ich mich gar nicht dafür interessiere.« Und später im selben Brief heißt es: »Mit der Psychologie ist es wirklich ein Kreuz. Kegelschieben und Schwämmesuchen ist jedenfalls viel gesünder. Ich wollte ja weiter nichts als die Abwehr erklären, aber erklär' da etwas mitten aus der Natur heraus. Ich habe das Qualitätsproblem, den Schlaf, die Erinnerung, kurz die ganze Psychologie durcharbeiten müssen. Jetzt will ich nichts mehr davon wissen.«

Wie wir von Ernest Jones erfahren (1960, S. 440), besuchte Freud wenig später, am 4. September, Fließ in Berlin. Gespräche mit dem Freund halfen Freud offensichtlich, seine Gedanken zu ordnen; denn die Abfassung des ›Entwurfs‹ folgte unmittelbar auf den Besuch. Buchstäblich unmittelbar, Freud schrieb nämlich am 15. September 1895, im ersten Brief nach der Rückkehr, er habe noch im Zug »einen

---

[1] Wie später ersichtlich, verwendete Freud diese und andere Buchstabensymbole im ›Entwurf‹.

377

ersten Entwurf der Psychologie, so gut es ging«, zu schreiben begonnen. Im Brief vom 23. September 1895 heißt es: »Was ich [...] noch im Eisenbahnwagen begonnen, eine summarische Darstellung der φψω, an die Du Deine Kritik anknüpfen sollst, das setze ich jetzt [...] fort.« Bei diesem noch in der Eisenbahn niedergeschriebenen Abschnitt handelt es sich tatsächlich um die ersten, mit Bleistift beschriebenen Blätter des ›Entwurfs‹, wie wir sie heute besitzen. Er erwähnt dann noch, was er seitdem hinzugefügt hatte: »Es ist schon ein stattlicher Band, Geschmier natürlich, aber doch, wie ich hoffe, eine Unterlage für Deine Zutaten, auf die ich große Hoffnungen setze. Mein ausgeruhter Kopf löst von damals erübrigte Schwierigkeiten jetzt spielend [...].«

Am 8. Oktober schickte Freud an Fließ, was er bis dahin in zwei Notizbüchern zustande gebracht hatte: »Sie sind in einem Zug seit meiner Rückkehr voll-schmiert worden und werden wenig Neues für Dich bringen. Ein drittes Heft habe ich noch zurückgehalten, das die Psychopathologie der Verdrängung behandelt, weil es seinen Gegenstand nur bis zu einer gewissen Stelle verfolgt hat. Von dort ab habe ich neu in Entwürfen arbeiten müssen und bin dabei abwechselnd stolz und selig und beschämt und elend geworden, bis ich jetzt nach dem Übermaß geistiger Quälerei mir apathisch sage: Es geht noch nicht, vielleicht nie zusammen. Was mir nicht zusammengeht, ist nicht das Mechanische daran – da hätte ich Geduld –, sondern die Aufklärung der Verdrängung, deren klinische Kenntnis übrigens große Fortschritte gemacht hat.«

Eine Woche darauf, am 15. Oktober, wird das Thema wiederum als ungelöst zur Seite gelegt. Doch am 20. Oktober ein Ausbruch von Zuversicht: »In einer fleißigen Nacht [...] haben sich plötzlich die Schranken gehoben, die Hüllen gesenkt, und man konnte durchschauen vom Neurosendetail bis zu den Bedingungen des Bewußtseins. Es schien alles ineinanderzugreifen, das Räderwerk paßte zusammen, man bekam den Eindruck, das Ding sei jetzt wirklich eine Maschine und werde nächstens auch von selber gehen. Die drei Systeme von Neuronen, der freie und gebundene Zustand von Quantität ($Q\dot{\eta}$), der Primär- und Sekundärvorgang, die Haupttendenz und die Kompromißtendenz des Nervensystems, die beiden biologischen Regeln der Aufmerksamkeit und der Abwehr, die Qualitäts-, Real-[itäts]- und Denkzeichen, der Zustand der psychosexualen Gruppe – die Sexualitätsbedingung der Verdrängung, endlich die Bedingungen des Bewußtseins als Wahrnehmungsfunktion – das alles stimmte und stimmt heute noch! Ich weiß mich vor Vergnügen natürlich nicht zu fassen.«[1]

Freilich war die Hochstimmung nur von kurzer Dauer. Am 8. November berichtete er: »Ich habe die psychologischen Manuskripte gepackt und in eine Lade geworfen, wo sie bis 1896 schlummern sollen.« Er fühlte sich überarbeitet, gereizt, verwirrt, unfähig, den Stoff zu meistern; so hatte er alles beiseite gelegt und sich anderem zugewendet. Am 29. November stellte er fest: »Den Geisteszustand, in

---

[1] Aus dem ›Entwurf‹ selbst wird die Bedeutung der einzelnen Ausdrücke klar werden.

dem ich die Psychologie ausgebrütet, verstehe ich nicht mehr; kann nicht begreifen, daß ich sie Dir anhängen konnte.«

Nichtsdestotrotz sandte Freud nur einen Monat später an Fließ jenen langen Brief vom 1. Januar 1896, der im wesentlichen eine umfangreiche Überarbeitung einiger der im ›Entwurf‹ formulierten Grundpositionen enthält.[1] Und damit verschwindet der ›Entwurf‹ aus dem Blickfeld – bis zu seinem Wiederauftauchen rund fünfzig Jahre später, zusammen mit Freuds vergessenen Briefen an Fließ. Doch die in ihm enthaltenen Ideen lebten fort und blühten schließlich in Gestalt psychoanalytischer Theorien wieder auf.

(2) Der Text

Wie in der Bibliographie zu Beginn dieser ›Editorischen Einleitung‹ angeführt, erschien die erste veröffentlichte Version des deutschen ›Entwurf‹-Texts 1950 in London in dem Band *Aus den Anfängen der Psychoanalyse*, eine englische Übersetzung vier Jahre später. Weil an der Genauigkeit der veröffentlichten deutschen Version gewisse Zweifel bestanden, war klar, daß zur Vorbereitung einer revidierten Übersetzung zunächst eine gesicherte deutsche Vorlage zu erstellen war. Dies wurde dank der freundlichen Unterstützung Ernst Freuds ermöglicht, der für die Herstellung einer Photokopie der Handschrift sorgte.[2] Deren Durchsicht bestätigte alsbald, daß zwischen ihr und der veröffentlichten Fassung zahlreiche Abweichungen bestanden.

Freuds Handschrift ist im vorliegenden Fall für jemanden, der sich mit der deutschen Schrift auskennt, nicht sonderlich schwer zu entziffern, und im Text selbst gibt es tatsächlich nur wenige strittige Stellen. Für Freud traf buchstäblich zu, daß er (was Ben Jonson von Shakespeare behauptete) selten eine Zeile durchgestrichen hat (»he never blotted a line«). Im Manuskript folgt Seite auf Seite fast ohne jegliche Änderung. In dieser dichten Argumentation, die etwa vierzigtausend Wörter umfaßt, finden sich, genau besehen, insgesamt kaum mehr als zwanzig Korrekturen. Probleme und Fragen ergeben sich auch nicht so sehr im Zusammenhang mit dem Text selbst (obgleich sich im gedruckten Text der *Anfänge* eine Reihe von Auslassungen und Fehllesungen findet) als in Verbindung mit der Interpretation von Freuds Äußerungen und der besten Art und Weise, sie dem Leser zu präsentieren.

---

[1] Entsprechende Auszüge finden sich unten, als Anhang A zum ›Entwurf‹, S. 478 ff. Vgl. auch eine editorische Fußnote des Bearbeiters der deutschen Ausgabe der Fließ-Dokumente (Freud, 1985 c [1887–1904], S. 165, Anm. 5).

[2] Das Manuskript des ›Entwurfs‹ umfaßt hundert Blätter – achtzig kleinere, etwa 25 auf 20 Zentimeter, und zwanzig größere, etwa 35 auf 25 Zentimeter. Die großen Blätter beginnen mit dem Anfang von ›Teil III‹ (S. 451, unten). Die ersten viereinhalb kleinen Blätter, die die beiden ersten Abschnitte umfassen, sind offensichtlich die in der Eisenbahn (mit Bleistift) niedergeschriebenen.

Um mit den einfacheren Punkten anzufangen: Freud war kein übergenauer Autor; im Manuskript findet sich eine Anzahl offensichtlicher Flüchtigkeitsfehler. Diese sind in unserer Version stillschweigend korrigiert worden, mit Ausnahme derjenigen Stellen, an denen über den Fehler Zweifel bestehen oder dieser von besonderer Bedeutung zu sein scheint. Freuds Interpunktion ist unsystematisch (es mag ein Komma fehlen, eine Klammer geöffnet, jedoch nicht geschlossen sein). Dies gilt erst recht für die Absatzeinteilung, die überdies nicht immer leicht zu identifizieren ist. Wir haben es deshalb in unserer Version nicht für erforderlich gehalten, in diesen beiden Punkten stets blind dem Original zu folgen. Auf der anderen Seite haben wir uns aber strikt an Freuds sehr charakteristische Methode des Unterstreichens gehalten: Freud unterstreicht Wörter, Wendungen oder Sätze, die ihm besonders wichtig zu sein scheinen. Wir haben die von Freud unterstrichenen Stellen durch Kursivierung ausgezeichnet. Hingegen hielten wir es nicht für notwendig, eine andere seiner Methoden der Hervorhebung zu übernehmen – nämlich ein Wort oder eine Wendung in lateinischer anstatt in deutscher Schrift zu schreiben.

Das Hauptproblem, welches das Manuskript stellt, ergibt sich indessen aus Freuds Verwendung von Abkürzungen. Es gibt verschiedene Arten von Abkürzungen. Sie erreichen ein Maximum auf den ersten viereinhalb Seiten, in jener Passage also, die Freud mit Bleistift im Zug niederschrieb. Die Schrift ist hier nicht etwa weniger klar als im übrigen Manuskript, vielleicht sogar klarer. Doch sind nicht nur, wie an vielen anderen Stellen, einzelne Wörter abgekürzt, die Sätze selbst sind im Telegrammstil festgehalten: bestimmte und unbestimmte Artikel ausgelassen, Sätze ohne jegliches Hauptverb verblieben. So lautet beispielsweise der erste Satz des Werks: »Absicht naturwissensch Psych zu liefern, dh psych Vorgänge darstellen als quantit bestim̄te Zustände aufzeigbarer materieller Theile, damit anschaulich u widerspruchsfrei zu machen.« Wo der Sinn nicht zweifelhaft ist, hielten wir es für richtig, die Auslassungen zu ergänzen, wobei durch Einfügung eckiger Klammern nur die weniger gesicherten Sinnergänzungen markiert werden.

Nach den ersten viereinhalb Seiten ein völliger Wandel: von nun an sind Abkürzungen nahezu gänzlich auf Einzelwörter beschränkt. Aber auch hier müssen Unterscheidungen gemacht werden. (*a*) Selbstverständlich benutzt Freud gängige Abkürzungen: beispielsweise »usw.« und »u« (für »und«). (*b*) Ferner finden sich Abkürzungen, die Freud regelmäßig in seinen Manuskripten anwendet, wie die Verkürzung der Endungen »ung« und »ungen« zu »g« und »gen«: »Besetzg« für »Besetzung«. (*c*) Überdies gibt es Abkürzungen, die zur Beschleunigung des Schreibens im ganzen ›Entwurf‹-Manuskript oder in bestimmten Teilen sehr häufig vorkommen. Typisch dafür ist etwa »Cschr« für »Contactschranke«. Dieses Wort ist in der Handschrift bei seinem ersten Auftauchen ausgeschrieben, danach stets abgekürzt. Ähnlich wird mit anderen häufig verwendeten Termini verfahren, etwa »Qualz« für »Qualitätszeichen«. Im Falle all solcher Abkürzungen würde es den Leser bloß stören, wollte man sie in der gedruckten Fassung beibehalten, anstatt die entsprechenden Wörter, deren Sinn nirgends zweifelhaft ist, stillschweigend auszuschreiben. (*d*) Nun nähern wir uns dem, was eher Symbole als Abkürzungen sind, jenen alphabetischen Zeichen, die Freud so gerne gebrauchte: beispielsweise »N«[1] für »Neuron«, »W« für »Wahrnehmung«, »V« für »Vorstellung«, »Er« für »Erinnerung«. Sie alle werden von Freud mit großer Häufigkeit verwendet, doch schreibt er die entsprechenden Wörter von Zeit zu Zeit auch aus. Eine Besonderheit besteht zudem in bezug auf »W« und »Er«. Diese Abkürzungen stehen manchmal für »Wahrnehmungsbild« und »Erinnerungsbild«[2] anstatt für »Wahrnehmung« und »Erinnerung«. Ein Fingerzeig für die Entscheidung über die richtige Ausschreibung ergab sich aus der Tatsache, daß die längeren Termini jeweils sächlich, die kürzeren weiblich sind. Häufig findet sich im Text ein Artikel oder ein Adjektiv, an dem die Entscheidung sich orientieren konnte; doch ist dies nicht immer der Fall. Sofern kein Zweifel darüber besteht, was gemeint ist, verwenden wir stillschweigend zumeist die nicht-abgekürzte Form, andernfalls kennzeichnen wir die Ergänzung durch eckige Klammern. Solche Ergänzungsklammern fügen wir auch immer dort ein, wo wir die ursprüngliche Schreibweise deutlich machen wollen. (*e*) Es bleibt eine fünfte Klasse: Die griechischen Buchstaben φ, ψ und ω (Phi, Psi und Omega) werden von Freud in diesem Werk – gleichsam im Sinne einer formalisierten Sprache – als Kürzel für recht komplizierte Begriffe verwendet, die bei ihrer Einführung gebührend erläutert werden; wir übernehmen sie deshalb unverändert in die gedruckte Fassung. – Hier eine plausible Theorie über ω und seine Beziehungen zu W: Freud war ursprünglich von zwei »Systemen« von Neuronen ausgegangen, die er aus leicht ersichtlichen Gründen φ und ψ nannte. Er mußte dann feststellen, daß er noch ein Symbol für ein drittes, mit Wahrnehmungen zusammenhängendes Neuronensystem brauchte. Einerseits lag die Wahl eines weiteren griechischen Buchstabens nahe – wie die beiden anderen vielleicht vom Ende des griechischen Alphabets. Andererseits erschien irgendeine Verknüpfung zu »Wahrnehmung« wünschbar. Wie wir gesehen haben, steht der Großbuchstabe »W« für »Wahrnehmung«, und das griechische Omega ähnelt einem kleinen »w«. So wählte Freud »ω« für das Wahrnehmungssystem. Die Unterscheidung zwischen »W« und »ω« ist in seinem Manuskript recht klar; in den *Anfängen* blieb sie häufig unbeachtet – mit gelegentlich verhängnisvollen Folgen für den Sinnzusammenhang.

Unter den alphabetischen Zeichen sei zuletzt auf Q und seinen rätselhaften Partner Qή hingewiesen. Beide stehen zweifellos für »Quantität«. Wozu also die Unterscheidung? Und vor allem: warum das griechische Eta mit Aspiration? Fraglos handelt es sich wirklich um etwas Verschiedenes, obgleich Freud dies nirgends ausdrücklich ankündigt oder erklärt. Es gibt (auf S. 413) eine Stelle, wo er zuerst »Qή« hinschrieb und dann das »ή« durchstrich; an einer anderen Stelle (S. 454) spricht er

---

[1] Für weitere Einzelheiten zu dieser Abkürzung, die manchmal auch für »Nerven« steht, vgl. die editorische Erläuterung unten, S. 388, Anm. 3.

[2] Indessen kommen außerdem auch die Abkürzungen »Wbild« und »Erbild« vor.

von einer »aus Q und Qἠ zusammengesetzte[n] Quantität«. De facto scheint er eine Seite vor dieser Wendung (S. 453) den Unterschied selbst zu erklären. Q meint offenbar »äußere Quantität«, Qἠ »psychische Quantität«; gleichwohl ist die Formulierung nicht ganz eindeutig. Es sei hinzugefügt, daß Freud im Gebrauch dieser Zeichen nicht immer konsequent verfährt; tatsächlich schreibt er das Wort »Quantität« oft aus oder kürzt es nur geringfügig ab. Bezüglich der Wiedergabe von »Q« und »Qἠ« folgen wir dem Manuskript; Verbindungen wie »Qablauf« oder »Qἠsteigerung«, die Freud meist zusammenschreibt, setzen wir der besseren Lesbarkeit halber allerdings mit Bindestrich. Die verschiedenen anderen Abkürzungen für »Quantität« schreiben wir in zweifelsfreien Fällen stillschweigend aus und fügen eckige Klammern nur gelegentlich zur Verdeutlichung ein.

Überhaupt halten wir uns, wie dargelegt, so nah wie möglich an das Original: Wo immer wir in wichtigen Punkten davon abweichen oder wo verschiedene Lesarten zur Disposition stehen, vermerken wir dies entweder durch eckige Klammern oder in einer Anmerkung. Diesbezüglich unterscheiden wir uns von den Herausgebern der *Anfänge*, die alle ihre Veränderungen stillschweigend vorgenommen haben. Eckige Klammern verwenden wir ferner auch, um dem Leser an besonders schwierigen Stellen die Schreibweise des Originals eindeutig zu vermitteln. Die Dringlichkeit, zahlreiche Fehler des Erstdrucks der deutschen Version (1950*a*) (sowie in den Paperbackausgaben von 1962 und 1975) richtigzustellen, hat uns genötigt, viele Anmerkungen zu machen. Manchen Leser wird dies stören; uns schien es im Sinne präziser historischer Dokumentation erforderlich.

Hier folgt der Schlüssel der im ›Entwurf‹ verwendeten Abkürzungen:

Q = Quantität (allgemein oder von der Größenordnung der äußeren Welt) – Vgl. S. 453.
Qἠ = Quantität (von interzellulärer Größenordnung) – Vgl. S. 398 f.
φ = System durchlässiger Neuronen.
ψ = System undurchlässiger Neuronen.
ω = System von Wahrnehmungsneuronen.
W = Wahrnehmung (auch: Wahrnehmungsbild).
V = Vorstellung.
M = Bewegungsbild.
Er = Erinnerung (auch: Erinnerungsbild).

(3) Die Bedeutung des Werks

Hat es sich gelohnt, den Text des ›Entwurfs‹ einer so sorgfältigen Bearbeitung zu unterziehen? Freud hätte diese Frage sehr wahrscheinlich verneint. Er hatte den Text in zwei oder drei Wochen produziert, unvollendet gelassen und in der Zeit der

Niederschrift heftig kritisiert. Später scheint er ihn vergessen zu haben, jedenfalls hat er sich nie mehr darauf bezogen. Als er im Alter neuerlich mit ihm konfrontiert wurde, unternahm er alles, um ihn zu vernichten.[1] Kann der ›Entwurf‹ also etwas wert sein?

Es gibt Gründe anzunehmen, daß Freud ihn nicht unvoreingenommen beurteilte. Seine Bedeutung läßt sich auf zwei sehr verschiedenen Argumentationslinien verteidigen.

Obzwar vorgeblich ein neurologisches Dokument, enthält der ›Entwurf‹ den Kern eines beträchtlichen Teils von Freuds späteren psychologischen Theorien. In dieser Hinsicht war seine Entdeckung nicht nur von historischem Interesse; tatsächlich warf er erstmals Licht auf einige von Freuds eher dunklen Grundannahmen. In welcher Weise der ›Entwurf‹ zum Verständnis des theoretischen siebten Kapitels der *Traumdeutung* beigetragen hat, wird in der ›Editorischen Einleitung‹ zu diesem Werk (*Studienausgabe*, Bd. 2, S. 16 ff.) in einiger Ausführlichkeit dargelegt. Eigentlich spukt der ›Entwurf‹ in sämtlichen, auch den spätesten theoretischen Schriften Freuds herum.[2]

Die Tatsache, daß zwischen dem ›Entwurf‹ und Freuds späteren Ansichten viele offensichtliche Verbindungen bestehen, darf uns indessen nicht dazu verleiten, die grundlegenden Unterschiede zu übersehen.

So wird an erster Stelle bald deutlich werden, daß es auf diesen Seiten in der Tat kaum etwas gibt, was auf eine Antizipation der psychoanalytischen Behandlungstechnik hinausliefe. Freie Assoziation, Deutung unbewußten Materials, Übertragung – auf all dies gibt es kaum einen Fingerzeig. Lediglich in den Passagen über Träume finden sich Vorwegnahmen späterer klinischer Entwicklungen. Überhaupt ist klinisches Material fast ausschließlich auf Teil II beschränkt, der die Psychopathologie zum Gegenstand hat. Teil I und Teil III beruhen überwiegend auf theoretischen und a priori-Grundlagen. In diesem Zusammenhang wird ein weiterer Unterschied deutlich. Während in den eher isolierten klinischen Passagen von Teil II die Sexualität im Vordergrund steht, spielt sie in den theoretischen Passagen der Teile I und III kaum eine Rolle. Tatsächlich konzentrierten sich Freuds klinische Forschungen auf dem Gebiet der Neurosen zur Zeit der Niederschrift des ›Entwurfs‹ vorwiegend auf die Sexualität. Es sei daran erinnert, daß Freud am gleichen Tag (am 1. Januar 1896), an dem er Fließ seinen langen, einige der theoretischen

---

[1] Für einen diesbezüglichen Bericht s. Kapitel XIII in Band 1 der Freud-Biographie von Ernest Jones (1960, S. 337–39).

[2] Der interessierte Leser mag diesen langen Weg verfolgen; er führt ihn von den Briefen an Fließ vom 1. Januar und 6. Dezember 1896 (S. 478, unten, und 1985 c) zu Kapitel VII der *Traumdeutung* (1900 a), den ›Formulierungen über die zwei Prinzipien des psychischen Geschehens‹ (1911 b), den metapsychologischen Arbeiten von 1915 (1915 c, d, e), *Jenseits des Lustprinzips* (1920 g), *Das Ich und das Es* (1923 b), zum ›Wunderblock‹ (1925 a [1924]) und schließlich zum *Abriß der Psychoanalyse* (1940 a [1938]).

Grundannahmen des ›Entwurfs‹ revidierenden Brief (S. 478, unten) schickte, ihm auch das ›Weihnachtsmärchen‹ zusandte, welches eine vorläufige Studie zu seiner zweiten Arbeit über die Abwehr-Neuropsychosen (1896 *b*) darstellt und wesentlich von den Auswirkungen sexueller Erfahrungen handelt. Diese ungute Trennung zwischen klinischer und theoretischer Bedeutung der Sexualität konnte erst ein bis zwei Jahre später durch Freuds Selbstanalyse aufgehoben werden, die allererst zur Erkenntnis der infantilen Sexualität und der grundlegenden Bedeutung unbewußer Triebimpulse führte.

Dies bringt uns auf einen anderen Hauptunterschied zwischen Freuds Theorien im ›Entwurf‹ und denjenigen seiner späteren Werke. Im ›Entwurf‹ liegt der Hauptakzent auf dem Einfluß der Umwelt auf den Organismus und der entsprechenden Reaktion des Organismus. Zwar gibt es neben äußeren Reizen auch endogene Erregungen; aber ihre Beschaffenheit wird kaum näher in Betracht gezogen. Die »Triebe« sind lediglich schattenhafte Wesenheiten, kaum je eigens benannt. Das Interesse an endogenen Erregungen beschränkt sich im Grunde auf »Abwehr«-Operationen und ihre Mechanismen. Es ist bemerkenswert, daß das, was später zum fast allmächtigen »Lustprinzip« wurde, hier lediglich als ein Hemmungsmechanismus gilt. Selbst in der vier Jahre später veröffentlichten *Traumdeutung* figuriert es noch als »Unlustprinzip«. Innere Kräfte sind damals kaum mehr als sekundäre Reaktionen auf äußere. Das Es war in der Tat erst noch zu entdecken.[1]

Dies im Auge behaltend, können wir vielleicht zu einer allgemeineren Betrachtung der Entwicklung von Freuds Theorien gelangen. Was wir im ›Entwurf‹ vor uns haben, ist eine Vor-Es-, eine »Abwehr«-Beschreibung des psychischen Apparats. Mit der Erkenntnis der infantilen Sexualität und der Analyse der Sexualtriebe wurde Freuds Interesse dann von der Abwehr abgelenkt, und etwa zwanzig Jahre lang widmete er sich nun vorwiegend dem Es. Erst als sich diese Forschungen allmählich erschöpften, kehrte er in seiner letzten Arbeitsphase zur Untersuchung der Abwehr zurück. Es ist wiederholt darauf hingewiesen worden, daß wir gerade im ›Entwurf‹ einen Vorgeschmack vom strukturellen Ich bekommen, wie Freud es in *Das Ich und das Es* (1923 *b*) herausgearbeitet hat.

Das Nachdenken über diese Aspekte des ›Entwurfs‹ führt uns zu einem anderen Grund, weshalb dieses Werk von Interesse ist – freilich einem Grund, der mit Psychoanalyse selbst wenig zu tun hat und der hier auch nicht adäquat abgehandelt werden kann. Freuds fast neunzig Jahre zurückliegende Annäherung an eine Beschreibung psychischer Phänomene in physiologischen Begriffen scheint gewisse Ähnlichkeiten mit bestimmten modernen Ansätzen zur Lösung des nämlichen Pro-

---

[1] Die allgemeine Darstellung der Funktionsweise der Psyche in Kapitel VII (B) der *Traumdeutung* zeigt noch viele Ähnlichkeiten mit dem ›Entwurf‹, besonders in der Betonung der Psyche als *empfangenden* Apparats: »All unsere psychische Tätigkeit geht von (inneren oder äußeren) Reizen aus und endigt in Innervationen« (*G. W.*, Bd. 2/3, S. 542; *Studienausgabe*, Bd. 2, S. 513).

blems zu haben.[1] Neuerdings ist die Auffassung vertreten worden, das menschliche Nervensystem funktioniere ähnlich oder sogar genauso wie ein Computer. Bei beiden Systemen handele es sich um Maschinen zur Eingabe, Speicherung, Verarbeitung und Ausgabe von Information. Mit plausiblen Argumenten wurde aufgezeigt, daß wir in den hier von Freud beschriebenen Komplikationen gewisser »Neuronen«-Ereignisse und den sie beherrschenden Gesetzmäßigkeiten durchaus Andeutungen von Hypothesen der Informationstheorie und der Kybernetik in ihren Anwendungen auf das Nervensystem erblicken können. Um einige Beispiele für diese Ähnlichkeit des Ansatzes herauszugreifen, sei zunächst Freuds Bestehen auf der Notwendigkeit genannt, die Maschine mit einem »Gedächtnis« auszustatten; ferner das System der »Kontaktschranken«, welches die Maschine in den Stand setzt, zwischen alternativen Möglichkeiten der Antwort auf einen äußeren Reiz eine geeignete, auf die Erinnerung an vorhergegangene Ereignisse gestützte »Wahl« zu treffen; schließlich Freuds Berücksichtigung des Mechanismus der Wahrnehmung, die Einführung der Vorstellung einer Rückkopplung als eines Mittels zur Korrektur von Fehlern beim Umgang der Maschine mit der Umwelt.

Derartige Ähnlichkeiten wären, wenn sie bestätigt würden, zweifellos ein neuerlicher Beweis für Originalität und Fruchtbarkeit von Freuds Denken; es mag manchem verlockend erscheinen, in ihm gar einen Vorläufer des modernen Behaviorismus zu sehen. Dabei besteht jedoch die Gefahr, daß Übereifer zu einer Fehlinterpretation von Freuds Verständnis bestimmter Termini führt und in seine gelegentlich dunklen Formulierungen moderne Bedeutungen hineinlegt, die sie nicht haben. Zu guter Letzt dürfen wir auch nicht vergessen, daß Freud selbst den gesamten neurologischen Rahmen schließlich verwarf. Wir wissen auch, warum. Weil er fand, daß seine Neuronenmaschine keinerlei Handhabe bot, dem Rechnung zu tragen, was er in *Das Ich und das Es* (1923 b) als »schließlich [...] die einzige Leuchte im Dunkel der Tiefenpsychologie«, nämlich »die Eigenschaft bewußt oder nicht« beschrieben hatte. (*G. W.*, Bd. 13, S. 244; *Studienausgabe*, Bd. 3, S. 287.) In seinem letzten Werk, dem posthum veröffentlichten *Abriß der Psychoanalyse* (1940 a [1938]; *G. W.*, Bd. 17, S. 79) erklärt er hinsichtlich der Erforschung der Struktur des psychischen Apparats: »Den Ausgang für diese Untersuchung gibt die unvergleichliche, jeder Erklärung und Beschreibung trotzende Tatsache des Bewußtseins.« Und er fügt folgende Fußnote hinzu: »Eine extreme Richtung wie der in Amerika entstandene Behaviorismus glaubt eine Psychologie aufbauen zu können, die von dieser Grundtatsache absieht!« Es wäre in der Tat absurd, wollte man Freud selbst einer ähnlichen Unterlassung bezichtigen. Der ›Entwurf‹ ist und bleibt ein von seinem Schöpfer verworfenes fragmentarisches Werk.

---

[1] Vgl. insbesondere die in diesem Zusammenhang zu berücksichtigende sorgfältige und detaillierte Analyse der früheren Ausgabe des ›Entwurfs‹ von Pribram (1962 und 1965) und die bedeutende Studie von Pribram und Gill (1976).

Inhalt

		Seite
[I. Teil]	Allgemeiner Plan	387
Einleitung		387
[1] a)	Erster Hauptsatz	
	Die quantitative Auffassung	388
[2][b)]	Zweiter Hauptsatz	
	Die Neuronentheorie	390
[3]	Die Kontaktschranken	391
[4]	Der biologische Standpunkt	394
[5]	Das Quantitätsproblem	398
[6]	Der Schmerz	399
[7]	Das Qualitätsproblem	400
[8]	Das Bewußtsein	403
[9]	Das Funktionieren des Apparates	405
[10]	Die ψ Leitungen	408
[11]	Das Befriedigungserlebnis	410
[12]	Das Schmerzerlebnis	412
[13]	Affekte und Wunschzustände	414
[14]	Einführung des »Ich«	416
[15]	Primär- und Sekundärvorgang in ψ	420
[16]	Das Erkennen und [das] reproduzierende Denken	422
[17]	Das Erinnern und das Urteilen	425
[18]	Denken und Realität	427
[19]	Primärvorgänge – Schlaf und Traum	430
[20]	Die Traumanalyse	433
[21]	Das Traumbewußtsein	436
II. Teil	Psychopathologie	438
A.	Psychopathologie der Hysterie	438
[1]	Der hysterische Zwang	438
[2]	Die Entstehung des hysterischen Zwanges	442
[3]	Die pathologische Abwehr	443
[4]	Das hysterische Proton pseudos	444
[5]	Bedingungen des πρῶτον ψεῦδος ύστ[ερικόν]	448
[6]	Die Denkstörung durch den Affekt	449
[III. Teil]	Versuch, die normalen ψ Vorgänge darzustellen	451
Editorischer Anhang A: Auszug aus Freuds Brief an Wilhelm Fließ vom 1. Januar 1896		478
Editorischer Anhang B: Die Natur von Q		480

I. Teil

Allgemeiner Plan

Einleitung

[Es ist die] Absicht, eine naturwissenschaftliche Psychologie zu liefern, d. h. psychische Vorgänge darzustellen als quantitativ bestimmte Zustände aufzeigbarer materieller Teile [und sie] damit anschaulich und widerspruchsfrei zu machen. Enthalten [sind] zwei Hauptideen:

[1.)] das, was Tätigkeit und Ruhe unterscheidet, als Q^1 aufzufassen, die dem allgemeinen Bewegungsgesetz unterworfen [ist],

2.) als materielle Teilchen die Neurone[2] zu nehmen.

N^3 und $Q\dot{\eta}$ – Ähnliche Versuche sind jetzt häufig.[4]

---

[1] [In einer Fußnote zu seinem Beitrag zu den *Studien über Hysterie* (1895), S. 254, Anm. 2, oben, bemerkt Breuer: »Die Auffassung der Energie des Zentralnervensystems als einer Quantität von schwankender und wechselnder Verteilung über das Gehirn ist alt.« Er bringt dann ein Zitat des französischen Arztes Georges Cabanis (1802; in 1824, Bd. 3, S. 153) aus dem neunzehnten Jahrhundert. Eine Erörterung von Q findet sich in Anhang B, S. 480 ff., unten.]

[2] [Der Terminus »Neuron« als Beschreibung der Grundeinheit des Nervensystems war 1891 von W. Waldeyer eingeführt worden. Freuds eigene histologische Forschungen hatten ihn zum selben Fund geführt. S. besonders Freud (1884*f*) sowie die Darstellung von Jones (1960, S. 70–73). – »Neurone« ist an dieser Stelle im Manuskript ausgeschrieben; wir behalten im Text die von Freud verwendete Pluralform bei.]

[3] und [4] [Anmerkungen 3 und 4 folgen auf S. 388.]

[1] *a) Erster Hauptsatz*

Die quantitative Auffassung

Sie ist direkt pathologisch-klinischer Beobachtung entnommen, besonders wo es sich um überstarke Vorstellung handelte[1], wie bei Hysterie und Zwang, wobei, wie sich zeigen wird, der quantitative Charakter reiner als in normal[en Vorgängen] hervortritt. Vorgänge wie Substitution, Konversion, Abfuhr, die dort zu beschreiben waren, haben direkt die Auffassung der N[erven]erregung als fließender Quantität nahegelegt. Ein Versuch, das hier Erkannte zu verallgemeinern, schien nicht unstatthaft. Von dieser Betrachtung an ließ sich ein Grundprinzip der N[erven]tätigkeit mit Beziehung auf die Q aufstellen, das viel Licht versprach, indem es die gesamte Funktion zu umfassen schien. Es ist dies das Prinzip der N[erven]-Trägheit[: es besagt], daß [das] N[euron] sich [der] Q zu entledigen trachtet. Bau und Entwicklung sowie Leistungen [der Neurone sind] hiernach zu verstehen.[2]

Das Prinzip der *Trägheit* erklärt zunächst die Bauzweispältigkeit [der Nerven] in motorisch und sensibel als Einrichtung, um die Qἡ-Aufnahme durch -Abgabe aufzuheben. Die Reflexbewegung ist als feste Form dieser Abgabe jetzt verständlich. Das [Trägheits-]Prinzip gibt das Motiv für die Reflexbewegung. Geht man von hier aus weiter zurück, so hat man das

---

[3] [Freud verwendet im ›Entwurf‹ zwei verschiedene Großbuchstaben »N«. Das eine – in lateinischer Schrift, mit geschwungenen Aufstrichen – scheint er für »Neuron(e)« reserviert zu haben; das andere, in der deutschen Schreibschrift von ihm normalerweise gebrauchte »N« dient im allgemeinen der Abkürzung von »Nerven«. Dieses Prinzip ist nur dreimal durchbrochen: S. 389, Zeilen 1 und 4, schreibt Freud die Abkürzung für »Nervensystem« (»Nsy«) mit dem lateinischen N, auf S. 405, Zeile 4, ist die abgekürzte Schreibweise (»Nbewegg« mit dem deutschen N ausgeführt, muß dem Zusammenhang nach aber wohl in »Neuronenbewegung« aufgelöst werden. – (Dieselben unterschiedlichen Schreibbuchstaben benützt Freud auch in seinem Brief an Wilhelm Fließ vom 1. Januar 1896, s. unten, S. 478 ff.)]

[4] [Vgl. beispielsweise Exner (1894) mit ähnlicher Betitelung und ähnlichem, jedoch auf ganz andere Weise ausgeführtem Programm.]

[1] [»Überstarke Vorstellungen« werden in Abschnitt 1 von Teil II, S. 439, unten, erörtert.]

[2] [In der unten (S. 390) wiedergegebenen ausgearbeiteten Form handelt es sich hier um das, was später als »das Konstanzprinzip« bekannt und von Freud Fechner zugeschrieben wurde. Eine Diskussion des historischen Hintergrunds findet sich in der ›Editorischen Einleitung‹ zu den *Studien* (1895 *d*), S. 207 f. und S. 210 f., oben.]

Nervensystem[1] zuerst als Erbe der allgemeinen Reizbarkeit des Protoplasmas mit der reizbaren Außenfläche [eines Organismus] verknüpft, die durch größere Strecken unerregbarer [Fläche] zersprengt ist. Ein primäres Nervensystem bedient sich dieser so erworbenen Qἡ, um sie durch Verbindung an die Muskelmaschinen abzugeben, und erhält sich so reizlos. Diese Abfuhr stellt die Primärfunktion des Nervensystems dar. Hier ist Platz für die Entwicklung einer Sekundärfunktion, indem unter den Abfuhrwegen solche bevorzugt und erhalten [werden], mit denen Aufhören des Reizes verbunden ist, *Reizflucht*. Hiebei besteht im allgemeinen eine Proportion zwischen Erregungsq[uantität] und [der] zur Reizflucht nötigen Leistung, so daß das *Trägheits*prinzip hiedurch nicht gestört wird.

Allein, das Trägheitsprinzip wird von Anfang an durchbrochen durch ein anderes Verhältnis. Mit [der steigenden] Komplexität des Inneren [des Organismus] nimmt das Nervensystem Reize auf aus dem Körperelement selbst, endogene Reize, die gleichfalls abgeführt werden sollen. Diese entstammen Körperzellen und ergeben die großen Bedürfnisse, Hunger, Atem, Sexualität.[2] Diesen kann sich der Organismus nicht entziehen wie den Außenreizen, er kann ihre Q nicht zur Reizflucht verwenden. Sie hören auf nur unter bestimmten Bedingungen, die in der Außenwelt realisiert werden müssen. Z. B. Nahrungsbedürfnis. Um diese Aktion, die *spezifisch*[3] genannt zu werden verdient, zu vollführen, bedarf es einer Leistung, die unabhängig ist von endogener Qἡ; im allgemeinen [ist sie] größer, da

---

[1] [Hier und anderwärts steht dieses Wort für die im Manuskript verwendete Kurzform »NSy«. Wahrscheinlich hat Freud diese Buchstabenfolge durchgehend als Abkürzung für das gewöhnliche »Nervensystem« verwendet (nicht für »Neuronensystem«, wie in den *Anfängen*, passim, transkribiert). Tatsächlich ist ersteres im Manuskript zweimal ausgeschrieben, s. unten, S. 406 mit Anm. 2, und S. 420 mit Anm. 2: »Gesamtnervsystem«.]

[2] [Diese »endogenen Reize« sind also die Vorläufer der »Triebe«. S. unten, S. 408, und Anhang B, S. 484.]

[3] [Die »spezifische« Aktion erscheint, wenn auch unter anderem Namen, beispielsweise in ›Die Verdrängung‹ (1915*d*) wieder (*G. W.*, Bd. 10, S. 249; *Studienausgabe*, Bd. 3, S. 108; dort heißt es »die Befriedigungsaktion«) und im *Unbehagen in der Kultur* (1930*a* [1929]; *G. W.*, Bd. 14, S. 424; *Studienausgabe*, Bd. 9, S. 199, wo »eine besondere Aktion« steht). Aber sie ist auch schon früher, in Abschnitt III der ersten Arbeit über die Angstneurose (1895*b* [1894]), erwähnt worden, (*G. W.*, Bd. 1, S. 335; *Studienausgabe*, Bd. 6, S. 43, wo sie als die »spezifische oder adäquate Aktion« bezeichnet wird), sogar noch eher, nämlich in Freuds Entwurf zur letztgenannten Arbeit: in Manuskript E der Sendungen an Fließ (1985*c*) (»die spezifische Reaktion«).]

das Individuum unter Bedingungen gesetzt ist, die man als *Not des Lebens*[1] bezeichnen kann. Hiemit ist das Nervensystem gezwungen, die ursprüngliche Tendenz zur Trägheit, d. h. zum Niveau = 0, aufzugeben. Es muß sich Vorrat von Qή gefallen lassen, um der Anforderung der spezifischen Aktion zu genügen. In der Art, wie es dies macht, zeigt sich indes die Fortdauer derselben Tendenz modifiziert zum Bestreben, die Qή wenigstens möglichst niedrig zu halten und sich gegen Steigerung zu wehren, d. h. konstantzuhalten.[2] Alle Leistungen des Nervensystems sind entweder unter den Gesichtspunkt der Primärfunktion oder [den] der Sekundärfunktion, die durch Not des Lebens aufgedrungen ist, zu bringen.

[2] [*b*] *Zweiter Hauptsatz*

Die Neuronentheorie

Der Gedanke, mit dieser Qή-Theorie die Kenntnis der Neurone zu kombinieren, wie sie die neuere Histologie ergeben [hat], ist zweiter Pfeiler dieser Lehre. Hauptinhalt dieser neuen Erkenntnis ist, daß das Nervensystem aus distinkten, gleich gebauten Neuronen besteht, die sich durch Vermittlung fremder Masse berühren, die aneinander endigen wie an fremden Gewebsteilen, in denen gewisse Leitungsrichtungen vorgebildet sind, indem sie mit Zellfortsätzen aufnehmen, mit Axenzylindern abgeben[3]. Dazu kommt noch reichliche Verzweigung mit Verschiedenheit des Kalibers.

Kombiniert man diese Darstellung der Neurone mit der Auffassung der Qή-Theorie, so erhält man die Vorstellung eines *besetzten* Neurons, das mit gewisser Qή gefüllt, andere Male leer sein kann.[4] Das Trägheitsprinzip [S. 388] findet seinen Ausdruck in der Annahme einer *Strömung*, die von Zelleib oder -fortsätzen zum Axenzylinder gerichtet ist; das einzelne Neu-

---

[1] [Auch diese Wendung kehrt wiederholt in anderen Werken wieder, beispielsweise in der *Traumdeutung* (1900*a*; *G. W.*, Bd. 2/3, S. 571; *Studienausgabe*, Bd. 2, S. 538), obzwar Freud später lieber das griechische Wort »Ananke« verwendete. Vgl. *Das Unbehagen in der Kultur* (1930*a* [1929]; *G. W.*, Bd. 14, S. 499; *Studienausgabe*, Bd. 9, S. 265).]

[2] [S. Anm. 2, S. 388, oben.]

[3] [Im Manuskript steht »abnehmen«, vielleicht ein Verschreiben.]

[4] [Der Begriff der »Besetzung« war von Freud bereits benutzt worden, wenn auch nicht viel früher, nämlich in den *Studien über Hysterie* (1895*d*; *G. W.*, Bd. 1, S. 145). Für eine ausführlichere Erörterung s. Anm. 1 zu Anhang B (S. 481, unten).]

ron ist so Abbild des gesamten Nervensystems mit seinem zwiespältigen Bau, der Axenzylinder das Abfuhrorgan. Die Sekundärfunktion aber, die Aufspeicherung von Qἠ [S. 390] verlangt, ist ermöglicht durch die Annahme von Widerständen, die sich der Abfuhr entgegensetzen, und der Bau der Neurone legt es nahe, die Widerstände sämtlich in die *Kontakte* zu versetzen, die hiedurch den Wert von *Schranken* erhalten. Die Annahme der *Kontaktschranken* ist fruchtbar nach vielen Richtungen.[1]

[3] *Die Kontaktschranken*

Die erste Berechtigung zu dieser Annahme entspringt der Erwägung, daß hier die Leitung über undifferenziertes Protoplasma geht anstatt wie sonst innerhalb des Neurons über differenziertes, wahrscheinlich zur Leitung besser geeignet[es Protoplasma]. Man bekommt so einen Wink, das Leitungsvermögen an die Differenzierung zu knüpfen, so daß man erwarten darf, durch den Leitungsvorgang selbst werde eine Differenzierung im Protoplasma und damit ein besseres Leitungsvermögen für fernere Leitungen geschaffen.

Ferner läßt die Kontaktschrankentheorie folgende Verwertungen zu: Eine Haupteigenschaft des Nervengewebes ist das Gedächtnis, d. h. ganz allgemein die Fähigkeit, durch einmalige Vorgänge dauernd verändert zu werden, was einen so auffälligen Gegensatz gibt zum Verhalten einer Materie, die eine Wellenbewegung durchläßt und darauf in ihren früheren Zustand zurückkehrt. Eine irgend beachtenswerte psychologische Theorie muß eine Erklärung des »Gedächtnisses« liefern. Nun stößt jede solche Erklärung auf die Schwierigkeit, daß sie einerseits annehmen muß, die Neurone seien nach der Erregung dauernd anders als vorher, während doch nicht geleugnet werden kann, daß die neuen Erregungen im allgemeinen auf dieselben Aufnahmsbedingungen stoßen wie die früheren. Die Neurone sollen also sowohl beeinflußt sein als auch unverändert, unvoreingenommen. Einen Apparat, der diese komplizierte Leistung vermöchte, können wir vorderhand nicht ausdenken; die Rettung liegt also darin, daß wir die dauernde Beeinflussung durch die Erregung einer Klasse von

---

[1] [Der Terminus »*Synapse*« wurde in dieser Bedeutung erst 1897 (von Foster und Sherrington) eingeführt, also zwei Jahre nachdem Freud dies niederschrieb. – Nur bis zu dieser Stelle ist das Manuskript mit Bleistift geschrieben, danach sind auch die Abkürzungen weit weniger drastisch (s. oben, S. 380).]

Neuronen zuschreiben, die Unveränderlichkeit dagegen, also die Frische für neue Erregungen einer anderen.[1] So entstand die gangbare Scheidung von »Wahrnehmungszellen« und »Erinnerungszellen«, die sich aber sonst in nichts einfügt und selbst sich auf nichts berufen kann.

Wenn die *Kontaktschranken*theorie sich diesen Ausweg aneignet, so kann sie ihm folgenden Ausdruck geben: Es gibt zwei Klassen von Neuronen. [1.)] solche, die Qη durchlassen, als ob sie keine Kontaktschranken hätten, die also nach jedem Erregungsablauf im selben Zustande sind wie vorher, und 2.) solche, deren[2] Kontaktschranken sich geltend machen, so daß sie Qη nur schwer oder nur partiell durchlassen. Solche können nach jeder Erregung im anderen Zustande sein als vorher, ergeben also eine *Möglichkeit, das Gedächtnis darzustellen.*

Es gibt also *durchlässige* (keinen Widerstand leistende und nichts retenierende) Neurone, die der Wahrnehmung dienen, und *undurchlässige* (mit Widerstand behaftete und Qη zurückhaltende) Neurone, die Träger des Gedächtnisses, wahrscheinlich also der psychischen Vorgänge überhaupt sind. Ich will das erstere System von Neuronen[3] fortan φ, das letztere ψ nennen.

Es ist jetzt gut, sich klarzumachen, welche Annahmen über die ψ Neurone notwendig sind, um die allgemeinsten Charaktere des Gedächtnisses zu decken. Das Argument ist: sie werden durch den Erregungsablauf dauernd verändert. Mit Einfügung der Kontaktschrankentheorie: ihre Kontaktschranken geraten in einen dauernd veränderten Zustand. Und da die psych[ologische] Erfahrung zeigt, daß es ein Über-Erlernen[4] gibt auf Grund des Gedächtnisses, muß diese Veränderung darin bestehen, daß die Kontaktschranken leitungsfähiger, minder undurchlässig werden, also denen des φ Systems ähnlicher. Diesen Zustand der Kontaktschranken wollen wir als Grad der *Bahnung*[5] bezeichnen. Dann kann man sagen: *Das Gedächtnis ist dargestellt durch die zwischen den ψ Neuronen vorhandenen Bahnungen.*

---

[1] [Die Unvereinbarkeit der Funktionen von Wahrnehmung und Gedächtnis war von Breuer in einer Fußnote zu seinem theoretischen Beitrag zu den *Studien über Hysterie* (1895) bemerkt worden (S. 247, Anm., oben). Freud befaßte sich mehrfach mit dem Thema; weitere Einzelheiten finden sich in einer editorischen Hinzufügung zur eben angeführten Anmerkung.]

[2] [Im Manuskript steht »solche, die deren«.]

[3] [Im Manuskript »System von Neuronen« ausgeschrieben. Vgl. S. 388, Anm. 3, oben.]

[4] [Vgl. unten, S. 430 und S. 469.]

[5] [Der deutsche Terminus »Bahnung« war bereits in Gebrauch (vgl. S. 451, Anm. 2, unten.]

Nehmen wir an, daß alle ψ Kontaktschranken gleich gut gebahnt wären oder den gleichen Widerstand böten, was dasselbe ist, so bekämen [wir] die Charaktere des Gedächtnisses offenbar nicht heraus. Denn das Gedächtnis ist im Verhältnis zum Erregungsablauf offenbar eine der bestimmenden, den Weg weisenden Mächte, und bei überall gleicher Bahnung wäre eine Wegbevorzugung nicht einzusehen. Man kann daher noch richtiger sagen: *Das Gedächtnis sei dargestellt durch die <u>Unterschiede</u> in den Bahnungen zwischen den ψ Neuronen.*[1]

Wovon hängt nun die *Bahnung* in den ψ Neuronen ab? Nach der psych[ologischen] Erfahrung hängt das Gedächtnis, d. h. die fortwirkende Macht eines Erlebnisses, ab von einem Faktor, den man »die Größe des Eindrucks« nennt, und von der Häufigkeit der Wiederholung desselben Eindrucks. In die Theorie übersetzt: Die Bahnung hängt ab von der Qή, die im Erregungsvorgang durch das Neuron läuft, und von der Wiederholungszahl des Vorganges. Dabei zeigt sich also Qή als das wirksame Moment, die *Quantität* und die *Bahnung* als Erfolg der Qή, gleichzeitig als das, was die Qή ersetzen kann.[2]

Wie unwillkürlich denkt man hier an das ursprüngliche, durch alle Modifikationen festgehaltene Bestreben des Nervensystems, sich die Belastung durch Qή zu ersparen oder sie möglichst zu verringern. Durch die Not des Lebens gezwungen, hat das Nervensystem sich einen Qή-Vorrat [S. 390] anlegen müssen. Dazu [hat es] eine[r] Vermehrung seiner Neurone bedurft, und diese mußten undurchlässig sein. Nun erspart es sich die *Erfüllung* mit Qή, die Besetzung, wenigstens teilweise, indem es die *Bahnungen* herstellt. Man sieht also, die *Bahnungen dienen der Primärfunktion* [des Nervensystems].

Noch eines fordert die Anwendung der Gedächtnisforderung auf die Kontaktschrankentheorie: Jedem ψ Neuron sind im allgemeinen mehrere Verbindungswege mit anderen Neuronen, also mehrere Kontaktschranken zuzuschreiben. Darauf beruht ja die Möglichkeit der *Auswahl*, die durch die Bahnung determiniert wird [s. oben]. Ganz einleuchtend ist es jetzt, daß der Bahnungszustand der einen Kontaktschranke unabhängig sein muß von dem aller anderen Kontaktschranken desselben ψ Neurons; sonst erhielte sich wieder keine Bevorzugung, also kein Motiv. Hieraus

---

[1] [Hier ist »Neuronen« im Manuskript ausgeschrieben. – Das Wort »Unterschiede« ist doppelt unterstrichen.]
[2] [Dieser Punkt wird unten, S. 411 f., weiterentwickelt.]

kann man einen negativen Schluß ziehen auf die Natur des »*gebahnten*« Zustandes. Denkt man sich ein Neuron mit Qή erfüllt, also besetzt, so kann man diese Q [sic] nur gleichmäßig annehmen über alle Regionen des Neurons, also auch über alle Kontaktschranken desselben. Dagegen hat es keine Schwierigkeit, sich vorzustellen, daß bei strömender Qή nur ein bestimmter Weg durch das Neuron genommen wird, so daß nur eine Kontaktschranke der Einwirkung der strömenden Qή unterliegt und nachher davon Bahnung übrigbehält. Es kann also die Bahnung nicht ihren Grund haben in einer zurückgehaltenen Besetzung; dabei ergäben sich nicht die Unterschiede in der Bahnung der Kontaktschranken desselben Neurons.[1]

Worin die Bahnung sonst besteht, bleibt dahingestellt. Man könnte zunächst denken: in der Absorption von Qή durch die Kontaktschranken. Vielleicht fällt hierauf später Licht. [Vgl. S. 409 f.] Die Qή, die Bahnung hinterlassen hat, wird wohl abgeführt, gerade infolge der Bahnung, die ja durchlässiger macht.[2] Es ist übrigens nicht notwendig, daß die Bahnung, die nach einem Qή-Ablauf bleibt, so groß ist, wie sie während des Ablaufes sein mußte. [Vgl. S. 409 f.] Möglich, daß nur ein Quotientbetrag davon als *dauernde Bahnung* bleibt. Insoferne läßt sich auch noch nicht übersehen, ob es gleichwertig ist, wenn eine Q:3ή auf einmal oder eine Qή auf dreimal abläuft.[3] All dies bleibt späteren Anpassungen der Theorie an die psychischen Tatsachen vorbehalten.

[4] *Der biologische Standpunkt*

Mit der Annahme zweier Neuronensysteme φ und ψ, von denen φ aus durchlässigen, ψ aus undurchlässigen Elementen besteht, scheint die eine Eigentümlichkeit des Nervensystems, zu retenieren und doch aufnahmsfähig zu bleiben [S. 391], der Erklärung zugeführt. Alles psychische Erwerben bestünde dann in der Gliederung des ψ Systems durch teilweise und topisch bestimmte Aufhebung des Widerstandes in den Kontaktschranken, der φ und ψ unterscheidet. Mit dem Fortschritt derselben hätte die Aufnahmsfrische des Nervensystems tatsächlich eine Schranke gefunden.

Indes wird jeder, der sich mit Hypothesenbauen wissenschaftlich be-

---

[1] [Weil, s. oben, die Quantität im ganzen Neuron gleichmäßig ist.]
[2] [Vgl. den ersten Absatz dieses Abschnitts.]
[3] [Diese letzte Frage wird auf S. 414, unten, beantwortet.]

schäftigt, erst dann beginnen, seine Aufstellungen ernst zu nehmen, wenn sie von mehr als einer Seite her sich in das Wissen einfügen lassen und wenn sich die Willkürlichkeit der Constructio ad hoc bei ihnen mildern läßt. Gegen unsere Kontaktschrankenhypothese wird eingewendet werden, daß sie zwei Klassen von Neuronen annimmt mit fundamentaler Verschiedenheit der Funktionsbedingungen, für welche Scheidung zunächst andere Begründung fehlt. Morphologisch wenigstens, d. h. histologisch, ist keine Unterstützung dieser Sonderung bekannt.

Woher soll man sonst einen Grund zu dieser Klassenteilung nehmen? Wenn möglich, aus der biologischen Entwickelung des Nervensystems, das für den Naturforscher wie alles andere etwas allmählich Gewordenes ist. Man verlangt zu wissen, ob die zwei Neuronenklassen biologisch verschiedene Bedeutung gehabt haben können, und wenn ja, durch welchen Mechanismus sie sich zu den so verschiedenen Charakteren der Durchlässigkeit und Undurchlässigkeit entwickelt haben mögen. Natürlich wäre es am meisten befriedigend, wenn der gesuchte Mechanismus sich selbst aus der primitiven biologischen Rolle [der zwei Neuronenklassen] ergäbe; man hätte dann beide Fragen mit einer Antwort behoben.

Nun erinnern wir uns, daß das Nervensystem von Anfang an zwei Funktionen hatte, die Reize *von außen* aufzunehmen und die *endogen* entstandenen Erregungen abzuführen [S. 389]. Aus letzterer Verpflichtung ergab sich ja durch die Not des Lebens der Zwang zur weiteren biologischen Entwicklung [S. 393]. Nun könnte man vermuten, unsere Systeme φ und ψ seien es aber, die jedes eine dieser primären Verpflichtungen auf sich genommen hätten. Das System φ sei jene Gruppe von Neuronen, zu der die Außenreize gelangen, das System ψ enthielte die Neuronen, welche die endogenen Erregungen aufnehmen. Dann hätten wir die beiden, φ und ψ, nicht *erfunden,* sondern sie *vorgefunden.* Es erübrigt noch, sie mit Bekanntem zu identifizieren. Tatsächlich kennen wir aus der Anatomie ein System von Neuronen (das Spinalgrau), welches allein mit der Außenwelt zusammenhängt, und ein superponiertes (das Gehirngrau), das keine direkten peripheren Verbindungen hat, an dem aber die Entwicklung des Nervensystems und die psychischen Funktionen haften. Das primäre Gehirn paßt nicht übel zu unserer Charakteristik des Systems ψ, wenn wir annehmen dürfen, daß das Gehirn direkte und von φ unabhängige Bahnen zum Körperinneren hat. Die Herkunft und ursprüngliche biologische Bedeutung des primären Gehirns ist nun den Anatomen nicht bekannt; nach unserer Theorie wäre es ein *Sympathicusganglion,* direkt herausgesagt. Es ist hier die erste Möglichkeit, die Theorie an tatsächlichem Material zu prüfen.[1]

Vorläufig halten wir das ψ System für identifiziert mit dem Gehirngrau. Man versteht nun leicht aus den einleitenden biologischen Bemerkungen [S. 393], daß gerade ψ der Weiterentwicklung unterliegt durch Neuronenvermehrung und Q-Anhäufung, und sieht auch ein, wie zweckmäßig es ist, daß ψ aus undurchlässigen Neuronen besteht, da es sonst den Anforderungen der spezifischen Aktion [S. 389] nicht nachkommen könnte. Allein, auf welchem Wege ist ψ zur Eigenschaft der Undurchlässigkeit gekommen? φ hat doch auch Kontaktschranken, wenn diese so gar keine Rolle spielen, warum die Kontaktschranken von ψ? Die Annahme einer ursprünglichen Verschiedenheit in der Wertigkeit der Kontaktschranken von φ und ψ hat wieder den mißlichen Charakter von Willkür [vgl. S. 395], obwohl man sich jetzt nach Darwinschen Gedankengängen auf die Unentbehrlichkeit und somit das Überleben undurchlässiger Neurone berufen könnte.

Ein anderer Ausweg scheint fruchtbarer und anspruchsloser zu sein. Erinnern wir uns, daß auch die Kontaktschranken von ψ Neuronen schließlich der Bahnung unterliegen und daß es die $Q\acute{\eta}$ ist, welche sie bahnt [S. 393]. Je größer die $Q\acute{\eta}$ im Erregungsablauf, desto größer die Bahnung, d. h. aber die Annäherung an die Charaktere von φ Neuronen [S. 392]. Verlegen wir daher die Unterschiede nicht in die Neurone, sondern in die Quant[itäten], mit denen sie zu tun haben. Dann ist zu vermuten, daß auf den φ Neuronen Quant[itäten] ablaufen, gegen welche der Kontaktschrankenwiderstand nicht in Betracht kommt, daß aber zu den ψ Neuronen nur Quant[itäten] gelangen, die von der Größenordnung dieses Widerstandes sind.[2] Dann würde ein φ Neuron undurchlässig und ein ψ Neuron durchlässig werden, wenn wir ihre Topik und Verbindungen vertauschen könnten; sie behalten aber ihre Charaktere, weil sie – das φ Neuron nur mit der Peripherie, das ψ Neuron nur mit dem Körperinnern zusammenhängen. Die Wesensverschiedenheit ist durch eine Schicksals-Milieuverschiedenheit ersetzt.

Wir haben aber jetzt die Annahme zu prüfen, ob man sagen darf, von der Außenperipherie gelangten Reizquantit[äten] höherer Ordnung zu den Neuronen als von der Innenperipherie des Körpers. Dafür spricht wirklich mancherlei.

---

[1] [Eine zweite derartige Möglichkeit ist unten, S. 397, erwähnt.]
[2] [D. h. des Kontaktschrankenwiderstandes (vgl. S. 399, unten).]

Zunächst ist es keine Frage, daß die Außenwelt die Herkunft aller großen Energiequantitäten ist, da sie nach physikalischer Erkenntnis aus mächtigen, heftig bewegten Massen besteht, die ihre Bewegung fortpflanzen. Das System φ, welches dieser Außenwelt zugekehrt ist, wird die Aufgabe haben, die auf die Neurone eindringenden Qἠ möglichst rasch abzuführen, wird aber jedenfalls der Einwirkung großer Q ausgesetzt sein.

Das System ψ ist nach unserer besten Kenntnis außer Verbindung mit der Außenwelt, es empfängt Q nur einerseits von den φ Neuronen selbst, andererseits von den zelligen Elementen im Körperinnern, und es handelt sich jetzt darum, wahrscheinlich zu machen, daß diese Reizq[uantitäten] niedrigerer Größenordnung sind. Es stört vielleicht zuerst die Tatsache, daß wir den ψ Neuronen zwei so verschiedene Reizquellen wie φ und die Körperinnenzellen zuerkennen müssen; allein gerade hier hilft uns die neuere Histologie des Nervensystems in zureichender Weise. Sie zeigt, daß Neuron*endigung* und Neuron*verbindung*[1] nach demselben Typus gebaut ist, daß die Neurone aneinander endigen wie an den Körperelementen [vgl. S. 390]; wahrscheinlich ist auch das Funktionelle beider Vorgänge gleichartig. Es wird sich wahrscheinlich bei der Nervenendigung um ähnliche Quant[itäten] handeln wie bei der interzellulären Leitung. Wir dürfen auch erwarten, daß die *endogenen* Reize von solcher *interzellulären* Größenordnung sind.[2] Im übrigen eröffnet sich hier ein zweiter Zugang zur Prüfung der Theorie [S. 396].[3]

---

[1] [Im Manuskript »Neuron« beide Male ausgeschrieben.]
[2] [Dies wurde von Freud in *Jenseits des Lustprinzips* (1920*g*) abermals formuliert (*G. W.*, Bd. 13, S. 28f.; *Studienausgabe*, Bd. 3, S. 238f.). Das gesamte Kapitel IV jenes Werks ist wie eine Rückschau auf den vorliegenden Abschnitt des ›Entwurfs‹.]
[3] [Diese Frage nach den besonderen Merkmalen jenes Teils des psychischen Apparates, der mit der Außenwelt in Kontakt steht, hat Freud sein ganzes Leben lang beschäftigt. Die ausführlichste der späteren Erörterungen des Problems findet sich wiederum in *Jenseits des Lustprinzips* (1920*g*; *G. W.*, Bd. 13, S. 25f.; *Studienausgabe*, Bd. 3, S. 236), wo die Behandlung des Themas das Physiologische streift und entschieden an die vorliegende Passage erinnert. Das Problem ist natürlich eng mit dem der Realitätsprüfung verknüpft, welches in Abschnitt 15, S. 420, unten, erreicht wird.]

[5] *Das Quantitätsproblem*

Ich weiß nichts über die absolute Größe interzellulärer Reize, werde mir aber die Annahme gestatten, sie seien von geringer Größenordnung und von derselben wie die Widerstände der Kontaktschranken, was dann leicht einsichtlich ist. Mit dieser Annahme ist die Wesensgleichheit der φ und ψ Neurone gerettet und deren Verschiedenheit in betreff der Durchlässigkeit biologisch und mechanisch erklärt.[1]

An Beweisen ist hier Mangel, desto interessanter sind gewisse Ausblicke und Auffassungen, die sich an obige Annahme knüpfen. Zunächst, wenn man sich von der Größe der Q in der Außenwelt den richtigen Eindruck geholt hat, wird man sich fragen, ob die ursprüngliche Tendenz des Nervensystems, die Qη auf [Niveau =] 0 zu erhalten [S. 388 und 390], denn ihr Genüge an der raschen Abfuhr findet, ob sie sich nicht schon bei der Reizaufnahme betätigt? Tatsächlich sieht man die φ Neurone nicht frei an der Peripherie endigen, sondern unter Zellbildungen, die an ihrer Statt den exogenen Reiz aufnehmen. Diese »Nervenendapparate«[2] im allgemeinsten Sinn könnten wohl den Zweck haben, die exogenen Q nicht unverringert auf φ wirken zu lassen, sondern zu dämpfen.[3] Sie hätten dann die Bedeutung von Q-Schirmen, durch die nur *Quotienten* der exogenen Q durchgehen.

Dazu stimmt es dann, wenn die andere Art der Nervenendigung, die *freie*, ohne Endorgane in der Körperinnenperipherie, die bei weitem bevorzugtere ist. Dort scheint es keiner Q-Schirme zu bedürfen, wahrscheinlich weil die dort aufzunehmenden Qη nicht erst die Herabdrückung auf das interzelluläre Niveau erfordern, sondern von vorneherein so sind.

Da man die Q berechnen kann, die von den Endigungen der φ Neurone

---

[1] [Es sei angemerkt, daß Freud im vorliegenden Werk die Erklärungen für die von ihm untersuchten Phänomene durchgehend unter zwei Rubriken gruppiert: »mechanisch« und »biologisch«. Die Unterscheidung war bereits oben, S. 395, erschienen. Sie wird auf S. 415, unten, diskutiert und später, beispielsweise auf S. 451–53, exemplifiziert. Mit »mechanisch« (wofür er gelegentlich »automatisch« als Synonym benutzt) meint er, daß das betreffende Phänomen direkt von gleichzeitig wirksamen physischen Ereignissen bestimmt wird; mit »biologisch« will er bezeichnen, daß es genetisch – durch seinen Überlebenswert für die Spezies – determiniert ist.]

[2] [Im Manuskript ausgeschrieben.]

[3] [Genau diese Feststellung wird noch einmal in *Jenseits des Lustprinzips* (1920 g) getroffen (*G. W.*, Bd. 13, S. 27; *Studienausgabe*, Bd. 3, S. 237 f.)]

aufgenommen werden, ergibt sich hier vielleicht ein Zugang, sich von den Größen, die zwischen ψ Neuronen ablaufen, die also von der Art der Kontaktschrankenwiderstände sind, eine Vorstellung zu verschaffen [S. 396].

Man ahnt hier ferner eine Tendenz, die etwa den Aufbau des Nervensystems aus mehreren Systemen beherrschen mag: immer weiter gehende Abhaltung von Qή von den Neuronen. Der Aufbau also des Nervensystems dürfte der *Abhaltung,* die Funktion der *Abfuhr* der Qή von den Neuronen dienen.

[6] *Der Schmerz*[1]

Alle Einrichtungen biologischer Natur haben ihre Wirksamkeitsschranken, außerhalb deren sie versagen. Dies Versagen äußert sich in Phänomenen, die ans Pathologische streifen, sozusagen die Normalvorbilder für das Pathologische geben. Wir haben das Nervensystem so eingerichtet gefunden, daß die großen äußeren Q von φ und noch mehr von ψ abgehalten werden: die Nervenendschirme, die bloß indirekte Verbindung von ψ mit der Außenwelt. Gibt es eine Erscheinung, die sich zur Deckung bringen läßt mit dem Versagen dieser Einrichtungen? Ich glaube, es ist der *Schmerz.*

Alles was wir vom Schmerz wissen, stimmt hiezu. Das Nervensystem hat die entschiedenste Neigung zur *Schmerzflucht.* Wir erblicken darin die Äußerung der primären Tendenz gegen die Erhöhung der Qή-Spannung und schließen, der *Schmerz* bestehe in *dem Hereinbrechen großer Q nach ψ.*[2] Dann sind die beiden Tendenzen eine einzige. Der Schmerz setzt das φ wie das ψ System in Bewegung, es gibt für ihn kein Leitungshindernis, er ist der gebieterischeste aller Vorgänge. Die ψ Neurone scheinen also durchlässig für ihn zu sein; er besteht also in der Aktion von Q höherer Ordnung.

Die Schmerzanlässe sind einerseits quantitative Steigerung; jede sensible

---

[1] [Wenig früher, wahrscheinlich Anfang Januar 1895, hatte Freud auf eine andere, etwas dunkle Erklärung für den Schmerz, als Analogon zum psychischen Schmerz, angespielt, nämlich in Manuskript G, Abschnitt VI, in der Fließ-Korrespondenz (1985c [1887–1904), S. 102).]

[2] [Diese Schmerztheorie wurde von Freud in *Jenseits des Lustprinzips* (1920g; *G. W.,* Bd. 13, S. 29f.; *Studienausgabe,* Bd. 3, S. 239f.) sowie in *Hemmung, Symptom und Angst* (1926d; *G. W.,* Bd. 14, S. 203–05; *Studienausgabe,* Bd. 6, S. 306–08) wieder eingeführt.]

Erregung neigt zum Schmerz mit Zunahme des Reizes, selbst der höchsten Sinnesorgane. Dies ist ohne weiteres als Versagen zu verstehen. Andererseits gibt es Schmerz bei geringen Außenquantitäten, und dieser ist dann regelmäßig an Kontinuitätstrennung gebunden, d. h. äußere Q, die auf die Enden der φ Neurone direkt wirkt, nicht durch die Nervenendapparate, ergibt Schmerz. Der *Schmerz* ist hiedurch charakterisiert als Hereinbrechen übergroßer Q nach φ und ψ, d. h. solcher Q, die von noch höherer Ordnung sind als die φ Reize.

Daß der Schmerz alle Abfuhrwege geht, ist leicht verständlich. In ψ hinterläßt er nach unserer Theorie, daß Q Bahnung [S. 392] macht, wohl dauernde Bahnungen, wie wenn der Blitz durchgeschlagen hätte, Bahnungen, die möglicherweise den Widerstand der Kontaktschranken völlig aufheben und dort einen Leitungsweg etablieren, wie er in φ besteht.[1]

[7] *Das Qualitätsproblem*

Es ist bisher gar nicht zur Sprache gekommen, daß jede psychologische Theorie außer den Leistungen von naturwissenschaftlicher Seite her noch eine große Anforderung erfüllen muß. Sie soll uns erklären, was wir auf die rätselhafteste Weise durch unser »Bewußtsein« kennen, und da dies Bewußtsein von den bisherigen Annahmen – Quantit[äten] und Neuronen[2] – nichts weiß, uns auch dieses Nichtwissen erklären.

Sofort werden wir uns einer Voraussetzung klar, die uns bisher geleitet hat. Wir haben die psychischen Vorgänge als etwas behandelt, was dieser Kenntnis durch das Bewußtsein entbehren könnte, was unabhängig von einer solchen existiert. Wir sind darauf gefaßt, einzelne unserer Annahmen nicht durch das Bewußtsein bestätigt zu finden. Wenn wir uns darum nicht irremachen lassen, so folgt dies aus der Voraussetzung, das Bewußtsein gebe weder vollständige noch verläßliche Kenntnis der Neuronen-Vorgänge; dieselben seien im ganzen Umfang zunächst als unbewußt zu betrachten und wie andere natürliche Dinge zu erschließen.[3]

---

[1] [Das Thema wird weiter unten, in Abschnitt 12 (S. 412), erneut aufgenommen.]
[2] [Im Manuskript ausgeschrieben.]
[3] [Man wird bemerken, daß sich diese Behauptung auf *physiologische* Sachverhalte – »Neuronen-Vorgänge« – bezieht. Es mußte noch einige Zeit vergehen, ehe Freud genau die gleiche Feststellung über *psychische* Ereignisse treffen konnte. S. *Traumdeutung* (1900*a*; *G. W.*, Bd. 2/3, S. 617 f.; *Studienausgabe*, Bd. 2, S. 580).]

Dann aber ist der Inhalt des Bewußtseins einzureihen in unsere quantitativen ψ Vorgänge. Das Bewußtsein gibt uns, was man *Qualitäten* heißt, Empfindungen, die in großer Mannigfaltigkeit *anders* sind und deren *Anders* nach Beziehungen zur Außenwelt unterschieden wird. In diesem Anders gibt es Reihen, Ähnlichkeiten u. dgl., Quantitäten gibt es eigentlich darin nicht. Man kann fragen, *wie* entstehen die Qualitäten und *wo* entstehen die Qualitäten? Es sind Fragen, der sorgsamsten Untersuchung bedürftig, über die hier nur ungefähr gehandelt werden kann.

Wo entstehen die Qualitäten? In der Außenwelt nicht, denn nach unserer naturwissenschaftlichen Anschauung, der hier [in diesem ›Entwurf‹] auch die Psychologie unterworfen werden soll, gibt es draußen nur bewegte Massen, nichts sonst. Im φ System etwa? Dem stimmt zu, daß die Qualitäten an die Wahrnehmung geknüpft sind, widerspricht aber alles, was für den Sitz des Bewußtseins in *oberen* Etagen des Nervensystems mit Recht geltend zu machen ist. Also im ψ System. Dagegen gibt es nun einen wichtigen Einwand. Bei der Wahrnehmung sind das φ und das ψ System mitsammen tätig; es gibt nun einen psychischen Vorgang, der sich wohl ausschließlich in ψ vollzieht, das Reproduzieren oder Erinnern, und dieser ist allgemein gesprochen *qualitätslos*. Die Erinnerung bringt de norma nichts von der besonderen Art der Wahrnehmungsqualität zustande. So schöpft man Mut zur Annahme, es gäbe ein drittes System von Neuronen, ω etwa, welches bei der Wahrnehmung miterregt wird, bei der Reproduktion nicht, dessen Erregungszustände die verschiedenen Qualitäten ergeben, d. h. *bewußte Empfindungen* sind.[1]

Hält man fest, daß unser Bewußtsein nur *Qualitäten* liefert, während die Naturwissenschaft nur *Quantitäten* anerkennt, so ergibt sich wie aus einer Regeldetri eine Charakteristik der ω Neurone. Während nämlich die Wissenschaft sich zur Aufgabe gesetzt hat, unsere Empfindungs*qualitäten* sämtlich auf *äußere Quantit[ät]* zurückzuführen, ist vom Bau des Nervensystems zu erwarten, daß es aus Vorrichtungen bestehe, um die äußeren *Quant[itäten]* in Qualitäten zu verwandeln, womit wieder die ursprüngliche Tendenz zur Abhaltung von *Quantit[ät]* siegreich erscheint [S. 399]. Die Nervenendapparate waren ein Schirm, um nur Quotienten der äußeren Quant[ität] zur Wirkung auf φ zuzulassen, während φ gleichzeitig die grobe Quant[itäts]abfuhr besorgt. Das System ψ war vor höheren Ord-

---

[1] [Freuds Wahl des griechischen Omega zur Bezeichnung des Wahrnehmungssystems der Neuronen wird in der ›Editorischen Einleitung‹, S. 381, oben, erläutert.]

nungen von Quant[ität] bereits geschützt, hatte nur mit interzellulären Größen zu tun. In weiterer Fortsetzung ist zu vermuten, daß das System ω von noch geringeren Quant[itäten] bewegt wird. Man ahnt, es käme der Qualitätscharakter (also die bewußte Empfindung) nur dort zustande, wo die Quant[ität] möglichst ausgeschaltet ist.[1] Ganz beseitigen läßt sie sich nicht, denn auch die ω Neurone müssen wir uns mit Qἠ besetzt und zur Abfuhr strebend denken.[2]

Damit eröffnet sich aber eine anscheinend ungeheure Schwierigkeit. Wir sahen [S. 392], Durchlässigkeit hängt von der Einwirkung der Qἠ ab, die ψ Neurone sind bereits undurchlässig. Bei noch kleinerer Qἠ müßten die ω Neurone noch undurchlässiger sein. Allein, diesen Charakter können wir den Bewußtseinsträgern nicht lassen. Zum Wechsel des Inhalts, zur Flüchtigkeit des Bewußtseins, zur leichten Verknüpfung gleichzeitig wahrgenommener Qualitäten stimmt nur volle Durchlässigkeit der ω Neurone mit vollständiger restitutio in integrum. Die ω Neurone verhalten sich wie Wahrnehmungsorgane, auch wüßten wir mit einem Gedächtnis derselben nichts anzufangen [S. 391]. Also Durchlässigkeit, volle Bahnung, die nicht von Quantit[ät] herrührt; wovon sonst?

Ich sehe nur einen Ausweg, die Grundannahme über den Qἠ-Ablauf zu revidieren. Ich habe denselben bisher nur als Übertragung von Qἠ von einem Neuron zum anderen betrachtet. Er muß aber noch einen Charakter haben, zeitlicher Natur, denn auch den anderen Massenbewegungen der Außenwelt hat die Mechanik der Physiker diese zeitliche Charakteristik gelassen. Ich heiße dieselbe kurz: die *Periode*. So will ich annehmen, daß aller Widerstand der Kontaktschranken nur für die Q-Übertragung gilt, daß aber die *Periode* der Neuronenbewegung sich ungehemmt überallhin fortpflanzt, gleichsam als Induktionsvorgang.

Für physikalische Klärung ist hier sehr viel zu tun, denn die allgemeinen Bewegungsgesetze müssen auch hier widerspruchsfrei zur Geltung kommen. Die Annahme geht aber weiter, daß die ω Neurone unfähig sind, Qἠ aufzunehmen, dafür sich die *Periode* der Erregung aneignen, und daß dieser ihr Zustand von Affektion durch die Periode bei geringster Qἠ-Erfüllung das Fundament des Bewußtseins ist. Auch die ψ Neurone haben natürlich ihre Periode, allein, diese ist qualitätslos, besser gesagt: *mono-*

---

[1] [Freud schreibt »sind«, doch geht aus dem nächsten Satz der Singular hervor.]
[2] [Vgl. indessen eine Korrektur dieser Feststellung in der im Brief an Fließ vom 1. Januar 1896 enthaltenen Revision der ganzen Theorie. S. 478 ff., unten.]

ton. Abweichungen von dieser psychischen Eigenperiode kommen als Qualitäten zum Bewußtsein.

Woher rühren die Verschiedenheiten der *Periode*? Alles weist auf die Sinnesorgane hin, deren Qualitäten eben durch verschiedene Perioden der Neuronenbewegung dargestellt werden sollen. Die Sinnesorgane wirken nicht nur als Q-Schirme wie alle Nervenendapparate, sondern auch als *Siebe*, indem sie nur von gewissen Vorgängen mit bestimmter Periode Reiz durchlassen. Wahrscheinlich übertragen sie dann auf φ diese Verschiedenheit, indem sie der Neuronenbewegung irgend analog verschiedene Perioden mitteilen (spezifische Energie), und diese Modifikationen sind es, die sich durch φ über ψ nach ω fortsetzen und dort, wo sie fast quantitätsfrei sind, bewußte Empfindungen von Qualitäten erzeugen. Haltbar ist diese Qualitätsfortpflanzung nicht, sie hinterläßt keine Spuren, ist nicht reproduzierbar.[1]

[8] *Das Bewußtsein*

Nur durch solche komplizierte und wenig anschauliche Annahmen ist es mir bisher gelungen, die Phänomene des Bewußtseins in den Aufbau der quantitativen Psychologie ein[zu]beziehen. Eine Erklärung, wieso Erregungsvorgänge in den ω Neuronen Bewußtsein mit sich bringen, ist natürlich nicht zu versuchen. Es handelt sich nur darum, die uns bekannten Eigenschaften des Bewußtseins durch parallel veränderliche Vorgänge in den ω Neuronen zu decken. Das geht dann im einzelnen nicht übel.

Ein Wort über das Verhältnis dieser Bewußtseinstheorie zu anderen. Nach einer vorgeschritten mechanistischen Theorie ist das Bewußtsein eine bloße Zutat zu den physiologisch-psychischen Vorgängen, deren Wegfall am psychischen Ablauf nichts ändern würde. Nach anderer Lehre ist Bewußtsein die subjektive Seite alles psychischen Geschehens, also untrennbar vom physiologischen Seelenvorgang. Zwischen beiden steht die

---

[1] [Dieser Abschnitt bereitete Freud offensichtlich Schwierigkeiten, wie der Eröffnungssatz des nächsten zeigt; im Brief vom 1. Januar 1896 an Fließ (S. 478, unten) unterzog er ihn einer drastischen Revision, indem er das ω System *zwischen* φ und ψ einschaltete. Der Begriff der »Periode« erscheint in ähnlichem Zusammenhang in *Jenseits des Lustprinzips* (1920 g; *G. W.*, Bd. 13, S. 4 und S. 68 f.; *Studienausgabe*, Bd. 3, S. 217 f. und S. 271) sowie in ›Das ökonomische Problem des Masochismus‹ (1924 c; *G. W.*, Bd. 13, S. 372; *Studienausgabe*, Bd. 3, S. 344).]

hier entwickelte Lehre. Bewußtsein ist hier die subjektive Seite eines Teiles der physischen Vorgänge im Nervensystem, nämlich der ω Vorgänge, und Wegfall des Bewußtseins läßt das psychische Geschehen nicht ungeändert, sondern schließt den Wegfall des Beitrages aus ω in sich ein.[1]

Stellt man das Bewußtsein durch ω Neurone dar, so hat dies mehrere Folgerungen. Diese Neurone müssen eine Abfuhr haben, so klein sie sein mag, und es muß einen Weg geben, die ω Neurone mit $Q\dot{\eta}$ im geringen erforderlichen Betrag zu erfüllen. Die Abfuhr geht wie jede nach der Seite der Motilität, wobei zu bemerken ist, daß beim motorischen Umsatz offenbar jeder Qualitätscharakter, jede Besonderheit der Periode verlorengeht.[2] Die $Q\dot{\eta}$-Erfüllung der ω Neurone kann wohl nur von ψ aus geschehen, da wir diesem dritten System keine direkte Verknüpfung mit φ zugestehen möchten. Was der ursprüngliche biologische Wert der ω Neurone war, läßt sich nicht angeben.[3]

Wir haben aber bisher den Inhalt des Bewußtseins unvollständig beschrieben; er zeigt außer den Reihen der sinnlichen Qualitäten eine andere, davon sehr verschiedene Reihe, die der *Lust-* und *Unlust*-Empfindungen, die jetzt der Deutung bedarf. Da uns eine Tendenz des psychischen Lebens, *Unlust zu vermeiden*, sicher bekannt ist, sind wir versucht, diese mit der primären Trägheitstendenz zu identifizieren. Dann wäre *Unlust* zu decken mit Erhöhung des $Q\dot{\eta}$-Niveaus oder quantitativer Drucksteigerung, wäre die ω Empfindung bei $Q\dot{\eta}$-Steigerung in ψ. Lust wäre die Abfuhrempfindung. Da ω von ψ aus erfüllt werden soll [s. oben], ergäbe sich die Annahme, daß bei höherem ψ Niveau die Besetzung in ω zu-, bei fallendem Niveau dagegen abnimmt. Lust und Unlust wären die Empfindungen der eigenen Besetzung[,] des eigenen Niveaus in ω, wobei ω und ψ gewissermaßen kommunizierende Gefäße darstellen. Auf solche Weise kämen auch die quantit[ativen] Vorgänge in ψ zum Bewußtsein, wieder als Qualitäten.

Mit der Lust- und Unlustempfindung schwindet die Eignung, sinnliche

---

[1] [In seiner Monographie über Aphasie (1891 *b*, S. 56–58) hatte Freud einige Jahre zuvor dieses Problem bereits erörtert und, unter dem Einfluß von Hughlings-Jackson, eine der oben beschriebenen »Zutat«-Theorie des Bewußtseins viel nähere Position bezogen. Die betreffende Passage wird in vollem Wortlaut in dem von den Herausgebern hinzugefügten Anhang B zu Freuds metapsychologischer Arbeit ›Das Unbewußte‹ (1915 *e*) zitiert (*Studienausgabe*, Bd. 3, S. 165–67).]

[2] [Vgl. jedoch S. 477, unten.]

[3] [Für φ und ψ wurde dies auf S. 395 f. festgestellt.]

Qualitäten wahrzunehmen, die sozusagen in der Indifferenzzone zwischen Lust und Unlust liegen. Es wäre dies zu übersetzen, daß die ω Neurone bei einer gewissen [Stärke der] Besetzung ein Optimum zeigen, die *Periode* der Neuronenbewegung aufzunehmen, bei stärkerer Besetzung Unlust ergeben, bei schwächerer Lust, bis die Aufnahmsfähigkeit mit dem Mangel an Besetzung schwindet.[1] Zu solchen Daten wäre die entsprechende Bewegungsform zu konstruieren.

[9] *Das Funktionieren des Apparates*[2]

Man kann sich nun folgende Vorstellung von der Leistung des aus φψω bestehenden Apparates bilden.

Von außen dringen die Erregungsgrößen auf die Enden des φ Systems ein, stoßen zunächst auf die Nerv[en]endapparate und werden durch diese auf Quotienten gebrochen, welche wahrscheinlich höherer Ordnung als Interzellularreize sind (vielleicht doch derselben Ordnung?). Es gibt hier eine erste Schwelle; unterhalb einer gewissen Quantität kommt ein wirksamer Quotient überhaupt nicht zustande, so daß die Wirkungsfähigkeit der *Reize* gewissermaßen auf die *mittleren* Quantität[en] beschränkt ist. Nebstbei wirkt die Natur der Nerv[en]enddecken als Sieb, so daß an den

---

[1] [Dieses Argument taucht erneut in *Jenseits des Lustprinzips* auf (1920*g*; *G. W.*, Bd. 13, S. 4 f.; *Studienausgabe*, Bd. 3, S. 218 f.), wo es Fechner zugeschrieben wird. Im vorliegenden Abschnitt des ›Entwurfs‹ setzt Freud das, was er später das »Lustprinzip« nennen sollte, mit dem »Konstanzprinzip« gleich. Vgl. die ›Editorische Einleitung‹ zu den Auszügen aus *Studien über Hysterie* (S. 208, oben, Anm.) und Fechner (1873). Sehr viel später unterschied Freud zwischen beiden. S. *Jenseits des Lustprinzips* (1920*g*; *G. W.*, Bd. 13, S. 4 f. und S. 68; *Studienausgabe*, Bd. 3, S. 218 f. und S. 271) und ›Das ökonomische Problem des Masochismus‹ (1924*c*; *G. W.*, Bd. 13, S. 371 f.; *Studienausgabe*, Bd. 3, S. 343 f.), wo das Problem klar und in einiger Ausführlichkeit erörtert wird.]

[2] [Dieser Abschnitt des Manuskripts wurde de facto von Freud mit »Zweiter Theil« überschrieben, eine Formulierung, die in den *Anfängen* (1950*a*, 1. Aufl., S. 397), fehlt. Der Grund für die Auslassung ist, daß Freud seinen Hauptabschnitt ›Psychopathologie‹ (S. 438, unten) mit der gleichen Überschrift, »2. Theil«, begann. Die gescheiteste Lösung ist zweifellos, den *Anfängen* zu folgen und »zweiter Theil« an dieser Stelle unbeachtet zu lassen. Seltsamerweise sind diese beiden Überschriften die einzigen von Freud selbst vorgenommenen numerierten Einteilungen. »I. Teil« und »III. Teil« wurde von den Herausgebern der *Anfänge* eingeführt, die arabische Numerierung der Unterabschnitte stammt von James Strachey.]

einzelnen Endstellen nicht Reize jeder Art wirken können. Die auf φ Neuronen wirklich anlangenden Reize haben eine Quantität und einen qualitativen Charakter[1], sie bilden in der Außenwelt eine Reihe gleicher Qualität und wachsender Quantität von der Schwelle an bis zur Schmerzgrenze.

Während in der Außenwelt die *Vorgänge* ein Kontinuum nach zwei Richtungen darstellen, der Quantität wie der Periode (Qualität) nach, sind die ihnen entsprechenden *Reize* der Quantität nach erstens *reduziert*, zweitens durch einen Ausschnitt *begrenzt*, der Qualität nach *diskontinuierlich,* so daß gewisse Perioden gar nicht als Reize wirken [Abb. 1].

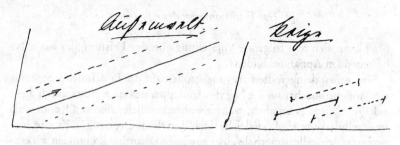

[Abb. 1]

Der Qualitätscharakter der Reize setzt sich nun ungehindert durch φ über ψ nach ω fort, wo er Empfindung erzeugt; er ist dargestellt durch eine besondere Periode der Neuronenbewegung, die gewiß nicht die gleiche ist wie die des Reizes, aber eine gewisse Relation zu ihr hat nach einer uns unbekannten Reduktionsformel. Diese Periode erhält sich nicht lange, schwindet gegen die motorische Seite hin; da sie durchgelassen wird, hinterläßt sie auch kein Gedächtnis.

Die Quantität des φ Reizes erregt die Abfuhrtendenz des Nervensystems[2], indem sie sich in proportionale motorische Erregung umsetzt. Der Motilitätsapparat ist direkte an φ gehängt, die so übersetzten Quantitäten schaffen eine ihnen quantitativ weit überlegene Wirkung, indem sie

---

[1] [Um der Klarheit willen sei darauf hingewiesen, daß (ungeachtet eines offenen Widerspruchs im letzten Teil des vorliegenden Satzes) genaugenommen weder die »Vorgänge« in der Außenwelt noch die »Reize«, die durch die »Nervenendapparate« zu φ gelangen, noch auch die Besetzungen in φ und ψ »Qualität« besitzen, sondern lediglich einen qualitativen *Charakter* – die »Periode« –, welche, wenn sie ω erreicht, Qualität *wird*.]

[2] [Im Manuskript ist hier »Nervensystem« ausgeschrieben. Vgl. S. 389, Anm. 1, oben.]

in die Muskeln, Drüsen u. dgl. eingehen, also dort durch *Entbindung* wirken, während zwischen den Neuronen nur *Übertragung* stattfindet.

In den φ Neuronen endigen ferner die ψ Neurone, auf welche ein Teil der Qἠ übertragen wird, aber nur ein Teil, etwa ein Quotient, welcher einer interzellulären Reizgröße entspricht. Es fragt sich hier, ob die auf ψ übertragene Qἠ nicht proportional der in φ strömenden Q wächst, so daß ein größerer Reiz eine stärkere psychische Wirkung ausübt. Hier scheint eine besondere Einrichtung vorzuliegen, welche neuerdings Q von ψ abhält. Die sensible ψ Leitung ist nämlich in eigentümlicher Weise gebaut, sie verzweigt sich fortwährend und zeigt dickere und dünnere Bahnen, welche in zahlreichen Endstellen ausgehen, wahrscheinlich von folgender Bedeutung: Ein stärkerer Reiz geht andere Wege als ein schwächerer. [Vgl. Abb. 2.] 1(Qἠ)[1] z. B. wird nur den Weg I gehen und bei der Endstelle α

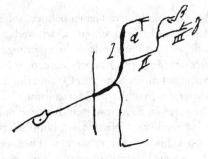

[Abb. 2]

einen Quotienten auf ψ übertragen. 2(Qἠ) wird nicht in α den doppelten Quotienten übertragen, sondern auch den Weg II gehen können, der enger ist, und eine zweite Endstelle [β] nach ψ eröffnen. 3(Qἠ) wird die engste Bahn [III] eröffnen und auch durch γ übertragen. So wird die einzelne φ Bahn entlastet, die größere Quantität in φ sich dadurch ausdrücken, daß sie in ψ mehrere Neurone anstatt eines einzigen besetzt. Die einzelnen Besetzungen der ψ Neurone können dabei ungefähr gleich sein. Wenn 1(Qἠ)[2] in φ eine Besetzung in ψ ergibt, so drückt sich 3(Qἠ) aus durch Besetzung in $\psi_1 + \psi_2 + \psi_3$. *Quantität* in φ drückt sich also aus durch *Komplikation* in ψ. Hiedurch ist die Q von ψ abgehalten, bis zu gewissen Grenzen wenig-

---

[1] [Im Manuskript steht hier nur »Qἠ«.]
[2] [Im Manuskript wiederum nur »Qἠ«.]

stens. Es erinnert dies sehr an die Verhältnisse des Fechnerschen Gesetzes, welches sich so lokalisieren ließe.[1]

Auf solche Weise wird ψ von φ aus besetzt in Q, die normalerweise klein sind. Die Quantität der φ Erregung drückt sich in ψ aus durch Komplikation, die Qualität durch *Topik*, indem den anatomischen Verhältnissen nach die einzelnen Sinnesorgane durch φ nur mit bestimmten ψ Neuronen in Verkehr stehen. ψ erhält aber noch Besetzung vom Körperinnern aus, und es geht wohl an, sich die ψ Neurone in zwei Gruppen zu zerlegen, die *Mantel*neurone[2], die von φ aus, und die *Kern*neurone[3], die von den endogenen Leitungen aus besetzt werden.

[10] *Die ψ Leitungen*

Der Kern von ψ steht in Verbindung mit jenen Bahnen, auf welchen endogene Erregungsquantitäten aufsteigen. Ohne daß wir Verbindungen dieser Bahnen mit φ ausschließen, müssen wir doch die ursprüngliche Annahme festhalten, daß ein direkter Weg vom Körperinnern zu ψ Neuronen führt [S. 395]. Dann ist aber ψ auf dieser Seite den Q schutzlos ausgesetzt, und hierin liegt die *Triebfeder* des psychischen Mechanismus.[4]

Was wir von den *endogenen* Reizen wissen, läßt sich in der Annahme ausdrücken, daß sie interzellulärer Natur sind, kontinuierlich entstehen und nur periodisch zu psychischen Reizen werden.[5] Die Idee einer Anhäufung ist unabweislich, und die Intermittenz der psychischen Wirkung läßt

---

[1] [Das Fechnersche Gesetz (vgl. Fechner, 1873) bestimmt die Beziehung zwischen Veränderungen in der Reizintensität und Veränderungen der daraus resultierenden Sinnesempfindung. In mathematischer Form stellt es fest, daß die Intensitäten der Empfindungen sich wie die Logarithmen der Reizintensitäten verhalten. Freud scheint hier anzunehmen, daß das Gesetz an dieser besonderen Stelle des Nervensystems seine neurale Entsprechung hat.]

[2] [Um die Mitte des neunzehnten Jahrhunderts unterschieden die Histologen hinsichtlich der Zellen der Großhirnrinde zwei Hauptschichten, wobei sie der äußeren Schicht den Namen »Pallium« (oder »Mantel«) gaben. Spätere Neuroanatomen haben eine sehr viel komplexere Schichtung entdeckt.]

[3] [»Mantel«- bzw. »Kernneurone« im Manuskript jedesmal ausgeschrieben.]

[4] [Dieser letzte Punkt wird sogleich näher erklärt (S. 410). – Das Fehlen eines das Innere abschirmenden Schutzes wird in mehreren späteren Schriften Freuds erwähnt: z. B. in *Jenseits des Lustprinzips* (1920 g; G. W., Bd. 13, S. 28; *Studienausgabe*, Bd. 3, S. 238).]

[5] [S. Anm. 2, S. 389, oben.]

nur die Auffassung zu, daß sie auf ihrem Leitungsweg nach ψ auf Widerstände stoßen, die erst bei Anwachsen der Quantit[ät] überwunden werden. Es sind also Leitungen mehrfacher Gliederung, mit Einschaltung mehrerer Kontaktschranken bis zum ψ Kern. Von einer gewissen Q an wirken sie [d. i. die endogenen Erregungen] aber beständig als Reiz, und jede Steigerung der Q wird als Steigerung des ψ Reizes wahrgenommen. Es gibt also dann einen Zustand, in dem die Leitung durchlässig geworden ist. Die Erfahrung lehrt weiter, daß nach Abfuhr des ψ Reizes die Leitung ihren Widerstand wiederaufnimmt.

Man heißt einen solchen Vorgang: *Summation.* Die ψ Leitungen erfüllen sich durch Summation, bis sie durchlässig werden. Offenbar ist es die Kleinheit des einzelnen Reizes, welche die Summation gestattet. Summation ist auch für die φ Leitungen, z. B. für die Schmerzleitung nachgewiesen, sie gilt dort nur für kleine Quantit[äten]. Die geringere Rolle der Summation auf der φ Seite spricht dafür, daß es sich dort in der Tat um größere Q handelt. Sehr kleine scheinen durch die Schwellenwirkung der Nervenendapparate abgehalten [S. 405], während auf der ψ Seite solche fehlen und nur kleine Qἠ wirken.

Es ist sehr bemerkenswert, daß die ψ Leitungsneurone[1] sich zwischen den Charakteren der Durchlässigkeit und der Undurchlässigkeit erhalten können, indem sie trotz des Durchganges von Qἠ ihren Widerstand im vollen Umfang beinahe wiederaufnehmen. Es widerspricht dies ganz der angenommenen Eigenschaft der ψ Neurone, durch strömende Qἠ [S. 394, oben] dauernd gebahnt zu werden. Wie läßt sich dieser Widerspruch aufklären?

Durch die Annahme, daß die Wiederherstellung des Widerstandes bei Aufhören der Strömung allgemeine Eigenschaft der Kontaktschranken ist. Diese läßt sich dann unschwer mit der Beeinflussung der ψ Neurone zur Bahnung vereinen. Man braucht nur anzunehmen, daß die Bahnung, die nach dem Q-Ablauf übrigbleibt, nicht in der Aufhebung eines jeden Widerstandes besteht, sondern in der Herabsetzung desselben bis auf ein notwendig bleibendes Minimum. Während des Q-Ablaufes ist der Widerstand aufgehoben, nachher stellt er sich wieder her, allein je nach der durchgelaufenen Q bis zu verschiedener Höhe, so daß nächstes Mal bereits eine kleinere Q passieren kann u. dgl. Bei völligster Bahnung bleibt dann ein gewisser für alle Kontaktschranken gleicher Widerstand, der also auch

---

[1] [Im Manuskript so ausgeschrieben: »Leitgsneurone«.]

Anwachsen von Q bis zu einer gewissen Schwelle fordert, damit diese passiere. Dieser Widerstand wäre eine Konstante. Somit bedeutet die Tatsache der Einwirkung der endogenen Qη̇ durch Summation weiter nichts, als daß diese Qη̇ sich aus sehr kleinen, unter der Konstante befindlichen Größen von Erregung zusammensetzt, die endogene Leitung ist darum doch vollkommen gebahnt.

Daraus folgt aber, daß die ψ Kontaktschranken im allgemeinen höher reichen als die Leitungsschranken, so daß in den Kern-Neuronen eine neue Aufspeicherung von Qη̇ erfolgen kann. [Vgl. S. 416, unten.] Dieser ist von der Ausgleichung der Leitung an weiter keine Grenze gesetzt. ψ ist hier der Q preisgegeben, und damit entsteht im Innern des Systems der Antrieb, welcher alle psychische Tätigkeit unterhält. [Vgl. S. 408, oben.] Wir kennen diese Macht als den *Willen,* den Abkömmling der *Triebe.*[1] [Vgl. S. 432, unten.]

[11] *Das Befriedigungserlebnis*

Die Erfüllung der Kern-Neurone in ψ wird ein Abfuhrbestreben, einen *Drang* zur Folge haben, der sich nach motorischem Weg hin entlädt. Der Erfahrung nach ist es die Bahn zur *inneren Veränderung* (Ausdruck der Gemütsbewegung, Schreien, Gefäßinnervation), die dabei zuerst beschritten wird. Alle solche Abfuhr wird aber, wie eingangs dargelegt [S. 389], keinen entlastenden Erfolg haben, da die Aufnahme endogenen Reizes doch fortdauert und die ψ Spannung wiederherstellt. Reizaufhebung ist hier nur möglich durch einen Eingriff, welcher im Körperinnern die Qη̇-Entbindung für eine Weile beseitigt, und dieser Eingriff erfordert eine Veränderung in der Außenwelt (Nahrungszufuhr[2], Nähe des Sexualobjektes), welche als *spezifische Aktion* nur auf bestimmten Wegen erfolgen kann. Der menschliche Organismus ist zunächst unfähig, die spezifische Aktion herbeizuführen. Sie erfolgt durch *fremde Hilfe,* indem durch die Abfuhr auf dem Wege der inneren Veränderung[3] ein erfahrenes Individuum auf den Zustand des Kindes aufmerksam gemacht [wird]. Diese Abfuhrbahn gewinnt so die höchst wichtige Sekundärfunktion der *Verständi-*

---

[1] [Dies ist eine der wenigen Stellen, an denen in Freuds frühen Schriften das Wort »Trieb« auftaucht. S. Anhang B, S. 484 f., unten.]

[2] [Im Manuskript steht – wohl verschrieben – »Nahrungseinfuhr«.]

[3] [Beispielsweise durch das Schreien des Kindes.]

gung [vgl. S. 457], und die anfängliche Hilflosigkeit des Menschen ist die *Urquelle* aller *moralischen Motive.*

Wenn das hilfreiche Individuum die Arbeit der spezifischen Aktion in der Außenwelt für das hilflose geleistet hat, so ist dieses durch reflektorische Einrichtungen imstande, die zur endogenen Reizaufhebung nötige Leistung in seinem Körperinnern ohne weiteres zu vollziehen. Das Ganze stellt dann ein *Befriedigungserlebnis* dar, welches die eingreifendsten Folgen für die Funktionsentwicklung des Individuums hat. Es geschieht nämlich dreierlei im ψ System. 1. Es wird dauernde Abfuhr geleistet und damit dem Drang, der in ω Unlust erzeugt hatte, ein Ende gemacht, 2. es entsteht im Mantel die Besetzung eines Neurons (oder mehrerer), die der Wahrnehmung eines Objektes entspricht[1], 3. es kommen in andere Stellen des Mantels die Abfuhrnachrichten von der ausgelösten Reflexbewegung, die sich an die spezifische Aktion anschließt. Zwischen diesen Besetzungen und den Kern-Neuronen bildet sich dann eine Bahnung.[2]

Die Reflexabfuhrnachrichten kommen dadurch zustande, daß jede Bewegung durch ihre Nebenfolgen Anlaß zu neuen sensiblen Erregungen (von Haut und Muskeln) wird, die in ψ ein »*Bewegungsbild*« ergeben. Die Bahnung bildet sich aber auf eine Weise, welche tieferen Einblick in die Entwicklung von ψ gestattet. Bisher haben wir Beeinflussung von ψ Neuronen durch φ und durch endogene Leitungen kennengelernt; die einzelnen ψ Neurone aber waren durch Kontaktschranken mit starken Widerständen gegeneinander abgesperrt. Nun gibt es ein Grundgesetz der *Assoziation durch Gleichzeitigkeit,* welches sich bei der reinen ψ Tätigkeit, beim reproduzierenden Erinnern betätigt und das die Grundlage aller Verbindungen zwischen den ψ Neuronen ist. Wir erfahren, daß das Bewußtsein, also die quantitative Besetzung von einem ψ Neuron α[3], auf ein zweites, β, übergeht, wenn α und β einmal gleichzeitig von φ aus (oder sonstwoher) besetzt waren. Es ist also durch gleichzeitige Besetzung α–β eine Kontaktschranke

---

[1] [Im Manuskript steht »entsprechen«.]

[2] [Diese Darstellung des »Befriedigungserlebnisses« wird sehr ähnlich in Kapitel VII(c) der *Traumdeutung* (1900*a*; *G. W.,* Bd. 2/3, S. 570f.; *Studienausgabe,* Bd. 2, S. 538f.) wiederholt, ferner, wenngleich kürzer, in der Arbeit über die zwei Prinzipien des psychischen Geschehens (1911*b*; *G. W.,* Bd. 8. S. 232, Anm., und S. 233; *Studienausgabe,* Bd. 3, S. 18, Anm. 4, und S. 19f.). Wesentliches dieser Gedanken ist bereits in Freuds erster Arbeit über Angstneurose (1895*b*; *G. W.,* Bd. 1, S. 334f.; *Studienausgabe,* Bd. 6, S. 43) sowie in dem zweifellos noch früheren Manuskript E der Fließ-Korrespondenz (1985*c* [1887–1904]) angedeutet.]

[3] [Hier definiert Freud Bewußtsein offenbar ohne Bezug auf ω.]

gebahnt worden. Hieraus folgt in den Ausdrücken unserer Theorie, daß eine Qή aus einem Neuron leichter übergeht in ein besetztes als in ein unbesetztes.[1] Die Besetzung des zweiten Neurons wirkt also wie die stärkere Besetzung des ersten. *Besetzung zeigt sich hier wiederum als gleichwertig mit Bahnung für den Qή-Ablauf.* [Vgl. S. 393 f.]

Wir lernen also hier einen zweiten wichtigen Faktor für die Richtung des Qή-Ablaufes kennen. Eine Qή im Neuron α wird nicht nur nach der Richtung der am besten gebahnten Schranke gehen, sondern auch nach der von der Gegenseite besetzten. Die beiden Faktoren können einander unterstützen oder eventuell einander entgegenwirken.

Es entsteht also durch das Befriedigungserlebnis eine Bahnung zwischen zwei Erinnerungsbildern und den Kern-Neuronen, die im Zustande des Dranges besetzt werden. Mit der Befriedigungsabfuhr strömt wohl auch die Qή aus den Er[innerungs]bildern ab. Mit Wiederauftreten des *Drang-* oder *Wunsch*zustandes geht nun die Besetzung auch auf die beiden Er[innerungen] über und belebt sie. Zunächst wird wohl das Objekterinnerungsbild von der *Wunschbelebung* betroffen.

Ich zweifle nicht, daß diese Wunschbelebung zunächst dasselbe ergibt wie die Wahrnehmung, nämlich eine *Halluzination*. Wird daraufhin die reflektorische Aktion eingeleitet, so bleibt die Enttäuschung nicht aus. [Vgl. S. 435.]

[12] *Das Schmerzerlebnis*

ψ ist der Q normalerweise ausgesetzt von den endogenen Leitungen aus, in abnormer, wenngleich noch nicht pathologischer Weise für den Fall, daß übergroße Q die Schirmvorrichtungen in φ durchbrechen, also im Falle des *Schmerzes* [S. 399]. Der Schmerz erzeugt in ψ 1. große Niveausteigerung,

---

[1] [Hierauf wird unten noch mehrfach Bezug genommen, z.B. auf S. 425 und S. 433. Dieses Postulat taucht zwanzig Jahre später auch in der metapsychologischen Arbeit über Träume (1917 d [1915]; *G. W.*, Bd. 10, S. 417 f. und S. 425, Anm. 2; *Studienausgabe*, Bd. 3, S. 183 f. und S. 190, Anm. 2) auf, wo es als »das Prinzip der Unerregbarkeit unbesetzter Systeme« bezeichnet wird. Noch später wird es wiederum in *Jenseits des Lustprinzips* (1920 g; *G. W.*, Bd. 13, S. 30; *Studienausgabe*, Bd. 3, S. 240) und im ›Wunderblock‹ (1925 a [1924]; *G. W.*, Bd. 14, S. 8; *Studienausgabe*, Bd. 3, S. 369) erwähnt. Vgl. auch in diesem Zusammenhang Breuers Bemerkungen in seinem Kapitel ›Theoretisches‹ in den *Studien über Hysterie* (1895), oben.]

die von ω [S. 404][1] als Unlust empfunden wird, 2. eine Abfuhrneigung, die nach gewissen Richtungen modifiziert sein kann, 3. eine Bahnung zwischen dieser und einem Erinnerungsbild des schmerzerregenden Objektes. Es ist überdies keine Frage, daß der Schmerz eine besondere Qualität hat, die sich neben der Unlust geltend macht.

Wird das Erinnerungsbild des Objektes (feindlichen) irgendwie neu besetzt, z. B. durch neue W[ahrnehmung], so stellt sich ein Zustand her, welcher nicht Schmerz ist, aber doch Ähnlichkeit mit ihm hat. Er enthält *Unlust* und die Abfuhrneigung, die dem Schmerzerlebnis entspricht. Da Unlust Niveausteigerung bedeutet, fragt es sich nach der Herkunft dieser $Q\acute{\eta}$. Im eigentlichen Schmerzerlebnis war es die hereinbrechende äußere Q^2, welche das ψ Niveau steigerte. In dessen Reproduktion – dem *Affekt*[3] – ist nur die Q hinzugekommen, die Erinnerung besetzt, und es ist klar, daß diese, von der Natur einer jeden Wahrnehmung, nicht eine allgemeine $Q\acute{\eta}$-Steigerung zur Folge haben kann.

Es bleibt also nur übrig anzunehmen, daß durch die Besetzung von Erinnerungen Unlust aus dem Körperinneren *entbunden*, neu hinauf befördert wird. Den Mechanismus dieser Entbindung kann man sich nur in folgender Weise vorstellen: Wie es motorische Neurone gibt, die bei einer gewissen Erfüllung $Q\acute{\eta}$ in die Muskeln leiten und somit abführen, muß es »sekretorische« Neurone geben, die, wenn sie erregt sind, im Körperinnern entstehen lassen, was auf die endogenen Leitungen nach ψ als Reiz wirkt, die also die Produktion endogener $Q\acute{\eta}$ beeinflussen, somit nicht $Q\acute{\eta}$ abführen, sondern auf Umwegen zuführen. Diese sekretorischen[4] Neurone wollen wir »Schlüsselneurone«[5] heißen. Sie werden offenbar erst bei gewissem Niveau in ψ erregt. Durch das Schmerzerlebnis hat das Er[inne-

---

[1] [Vgl. *Hemmung, Symptom und Angst* (1926d [1925]; *G. W.*, Bd. 14, S. 204f.; *Studienausgabe*, Bd. 6, S. 307f.).]

[2] [Es ist von Interesse, daß Freud im Manuskript zuerst »$Q\acute{\eta}$« schrieb, dann aber das »$\acute{\eta}$« durchstrich.]

[3] [Vgl. Anm. 5, S. 414, unten.]

[4] [Im Manuskript steht »motorischen«. Dies ist wahrscheinlich ein Verschreiben für »sekretorischen« – denn der entscheidende Punkt an dem Ausdruck »Schlüssel-« ist, daß diese Neuronen $Q\acute{\eta}$ »entbinden«. »Motorische« und »Schlüssel«-Neuronen werden anscheinend in einer Passage auf S. 429, unten, unterschieden. Ein Hinweis auf diese Auffassung von motorischer und sekretorischer Innervation findet sich in Kapitel VI (H) der *Traumdeutung* (1900a; *G. W.*, Bd. 2/3, S. 470f.; *Studienausgabe*, Bd. 2, S. 451).]

[5] [Im Manuskript ausgeschrieben.]

rungsbild] des feindlichen Objektes eine vortreffliche Bahnung zu diesen Schlüsselneuronen[1] erhalten, kraft deren sich nun im Affekt Unlust entbindet.[2]

Anlehnung für diese befremdende, aber unentbehrliche Annahme gibt das Verhalten der Sexualentbindung. Gleichzeitig drängt sich die Vermutung auf, die endogenen Reize bestünden hier wie dort in *chemischen Produkten*, deren Anzahl eine erhebliche sein mag.[3] Da die Unlustentbindung bei ganz geringfügiger Besetzung des feindlichen Er[innerungsbildes] eine außerordentliche sein kann, darf man schließen, daß der Schmerz ganz besonders ausgiebige Bahnungen hinterläßt. Die Bahnung, ahnt man dabei, hängt durchwegs von der erreichten Qή ab, so daß die bahnende Wirkung von 3 Qή der von 3 × Qή weit überlegen sein könnte.[4]

[13] *Affekte und Wunschzustände*

Die Reste der beiden behandelten Arten von Erlebnissen sind die Affekte[5] und die Wunschzustände, denen beiden gemeinsam ist, daß sie eine Erhöhung der Qή-Spannung in ψ enthalten, im *Affekt* durch plötzliche Entbin-

---

[1] [Im Manuskript wiederum ausgeschrieben.]

[2] [Diese Folgen eines Schmerzerlebnisses werden in der *Traumdeutung* beschrieben (*G. W.*, Bd. 2/3, S. 605 f.; *Studienausgabe*, Bd. 2, S. 569 f.).]

[3] [Während seines ganzen Lebens interessierte sich Freud für ein mögliches chemisches Substrat der Triebe, besonders der Sexualtriebe. Er brachte diese Ideen vor allem mit Erwägungen von Fließ in Verbindung, wie aus einem späteren Abschnitt des vorliegenden Werks hervorgeht (S. 437, unten). Der früheste Hinweis auf diese Frage in den Fließ-Dokumenten findet sich in Manuskript D (1985 c [1887–1904]). Vgl. auch eine Anspielung im Brief vom 6. Dezember 1896. Eine sehr späte Erwähnung des Themas steht im Artikel ›Über die weibliche Sexualität‹ (1931 b; *G. W.*, Bd. 14, S. 533 f.; *Studienausgabe*, Bd. 5, S. 289). In dieser letzten Passage erwähnt Freud abermals die Theorie, daß es *mehrere* chemische Sexualsubstanzen gäbe, um sie sogleich als naiv zu verwerfen.]

[4] [Hier steht »3 Qή« für eine dreimal größere Quantität als 1Qή, und »3 × Qή« steht für eine dreimal wiederholte Quantität Qή. Freud scheint in Zweifel gewesen zu sein, wie das erstere geschrieben werden könnte. Aus dem Manuskript geht hervor, daß er im vorliegenden Fall zunächst »3(Qή)« schrieb, dies aber dann zu »3 Qή« korrigierte. An einer anderen Stelle (auf S. 407) benutzte er die erste der Versionen, »3 (Qή)«, aber an einer noch früheren Stelle, auf welche die vorliegende rückverweist (S. 394), schrieb er »Q:3ή«.]

[5] [Aus einigen Stellen (s. beispielsweise S. 413 und S. 430 f.) könnte der Schluß gezogen werden, Freud hätte den Terminus »Affekt« nur in Verbindung mit der Reproduktion unlustvoller Erlebnisse verwendet. Dies wird durch eine Feststellung in Verbindung mit Träumen, auf S. 435, unten, klar widerlegt.]

dung, im *Wunsch* durch Summation hergestellt. Beide Zustände sind von der größten Bedeutung für den [Quantitäts-]Ablauf in ψ, da sie zwangsartige Motive für denselben hinterlassen. Aus dem Wunschzustand folgt geradezu eine *Attraktion* nach dem Wunschobjekt respektive dessen Erinnerungsbild[1], aus dem Schmerzerlebnis resultiert eine Abstoßung, eine Abneigung, das feindliche Erinnerungsbild besetzt zu halten. Es sind dies die primäre *Wunschanziehung* und die primäre *Abwehr*.

Die Wunschanziehung kann man sich leicht durch die Annahme erklären, daß die Besetzung des freundlichen Er[innerungsbildes] im Begierdezustand an Q$\dot{\eta}$ die bei bloßer Wahrnehmung erfolgte weit übersteigt, so daß eine besonders gute Bahnung vom ψ Kern zu dem entsprechenden Neuron des Mantels führt.

Schwieriger zu erklären ist die primäre *Abwehr* oder *Verdrängung*, die Tatsache, daß ein feindliches Erinnerungsbild stets so bald als möglich von der Besetzung verlassen wird. Indes dürfte die Erklärung darin liegen, daß die primären Schmerzerlebnisse durch reflektorische Abwehr zu Ende gebracht wurden. Das Auftauchen eines anderen Objektes anstelle des feindlichen war das Signal dafür, daß das Schmerzerlebnis beendet sei, und das ψ System versucht, *biologisch* belehrt, den Zustand in ψ zu reproduzieren, der das Aufhören des Schmerzes bezeichnete. Mit dem Ausdrucke *biologisch belehrt* haben wir einen neuen Erklärungsgrund eingeführt, der selbständige Geltung haben soll, wenngleich er eine Zurückführung auf mechanische Prinzipien (quantitative Momente)[2] nicht ausschließt, sondern erfordert. Im vorliegenden Falle kann es leicht die bei Besetzung von feindl[ichen] Er[innerungsbildern] jedesmal auftretende Q$\dot{\eta}$-Steigerung sein, die zur gesteigerten Abfuhrtätigkeit, somit zum Abfluß auch von Er[innerungen] drängt.

---

[1] [Vgl. *Die Traumdeutung* (1900*a*); *G. W.*, Bd. 2/3, S. 551 f.; *Studienausgabe*, Bd. 2, S. 521 f.]
[2] [Vgl. Anm. 1, S. 398, oben.]

[14] *Einführung des »Ich«*

Tatsächlich aber haben wir mit Annahme der »*Wunschanziehung*« und der Neigung zur *Verdrängung* bereits einen Zustand von ψ berührt, welcher noch nicht erörtert worden ist; denn diese beiden Vorgänge deuten darauf hin, daß sich in ψ eine Organisation gebildet hat, deren Vorhandensein [Quantitäts-]Abläufe stört, die sich zum ersten Mal in bestimmter Weise [d. i. begleitet von Befriedigung oder Schmerz] vollzogen haben. Diese Organisation heißt das »*Ich*« und kann leicht dargestellt werden durch die Erwägung, daß die regelmäßig wiederholte Aufnahme endogener Qἠ in bestimmte Neurone (des Kernes) und die bahnende Wirkung, die von dort ausgeht, eine Gruppe von Neuronen ergeben wird, die konstant besetzt ist [S. 410 und S. 459 f.], also dem durch die sekundäre Funktion [S. 390] erforderten *Vorratsträger* entspricht. Das Ich ist also zu definieren als die Gesamtheit der jeweiligen ψ Besetzungen, in denen sich ein bleibender von einem wechselnden Bestandteil sondert [S. 423, unten]. Wie man leicht einsieht, gehören die Bahnungen zwischen ψ Neuronen als Möglichkeiten, in nächsten Momenten dem veränderten Ich seine Ausbreitung anzuweisen, mit zum Besitze des Ich.

Während es das Bestreben dieses Ich sein muß, seine Besetzungen auf dem Wege der Befriedigung abzugeben, kann es nicht anders geschehen, als daß es die Wiederholung von Schmerzerlebnissen und Affekten beeinflußt, und zwar auf folgendem Wege, der allgemein als der der *Hemmung* bezeichnet wird:

Eine Qἠ, die von irgendwoher in ein Neuron einbricht, wird sich nach der Kontaktschranke der größten Bahnung fortsetzen und eine dorthin gerichtete Strömung hervorrufen. Genauer gesprochen, es wird sich der Strom Qἠ im umgekehrten Verhältnis zum Widerstand nach den einzelnen Kontaktschranken verteilen, und wo dann eine Kontaktschranke von einem Quotient getroffen wird, der unter ihrem Widerstand liegt, da wird praktisch nichts durchpassieren. Leicht kann für jede Qἠ im Neuron sich dies Verhältnis anders gestalten, da dann Quotienten entstehen, die auch bei anderen Kontaktschranken die Schwelle überragen. So ist der Ablauf unabhängig von Qἠ und dem Verhältnis der Bahnungen. Wir haben aber den dritten mächtigen Faktor kennengelernt [S. 412]. Wenn ein anstoßendes Neuron gleichzeitig besetzt ist, so wirkt dies wie eine zeitweilige Bahnung der zwischen beiden liegenden Kontaktschranken und modifiziert den Ablauf, der sich sonst nach der einen gebahnten Kontaktschranke gerichtet hätte. Eine *Seitenbesetzung* ist also eine *Hemmung für den Qἠ-Ablauf.* Stellen wir uns das Ich als ein Netz besetzter, gegeneinander gut gebahnter Neurone vor, etwa so [siehe Abb. 3]: So wird eine Qἠ, die von außen (φ)

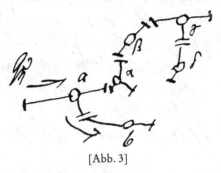

[Abb. 3]

her in *a* eindringt und unbeeinflußt nach dem Neuron[1] *b* gegangen wäre, durch die Seitenbesetzung in *a* α so beeinflußt, daß sie nur einen Quotient nach *b* abgibt, eventuell gar nicht nach *b* gelangt. Wenn also ein Ich existiert, muß es psychische Primärvorgänge *hemmen.*

Solche Hemmung ist aber ein entschiedener Vorteil für ψ. Nehmen wir an, *a* sei ein feindl[iches] Er[innerungsbild], *b* ein[2] Schlüsselneuron zur Unlust [S. 413], so würde primär bei Erweckung von *a* Unlust entbunden werden[3], die vielleicht zwecklos wäre, es jedenfalls ihrem vollen Betrag nach ist. Bei Hemmungswirkung von α wird die Unlustentbindung sehr gering ausfallen, dem Nervensystem Entwicklung und Abfuhr von Q ohne sonstigen Schaden erspart. Man kann sich nun leicht vorstellen, daß mit Hilfe eines Mechanismus, welcher das Ich auf die ankommende Neubesetzung des feindlichen Erinnerungsbildes *aufmerksam* macht[4], das Ich dazu gelangen kann, durch ausgiebige, nach Bedarf zu verstärkende Seitenbesetzung den [Quantitäts-]Ablauf von Er[innerung] zur Unlustentbindung zu hemmen. Ja, wenn man annimmt, daß die anfängliche Unlust-(Qἠ)entbindung vom Ich selbst aufgenommen wird, so hat man in ihr selbst die Quelle für den Aufwand, welchen die hemmende Seitenbesetzung vom Ich erfordert. Die primäre Abwehr ist dann um so stärker, je stärker die Unlust.

---

[1] [Im Manuskript ausgeschrieben.]
[2] [Im Manuskript steht »eine«.]
[3] [Im Manuskript steht »wären«.]
[4] [Die »Aufmerksamkeit« wird auf S. 451 ff., unten, erörtert.]

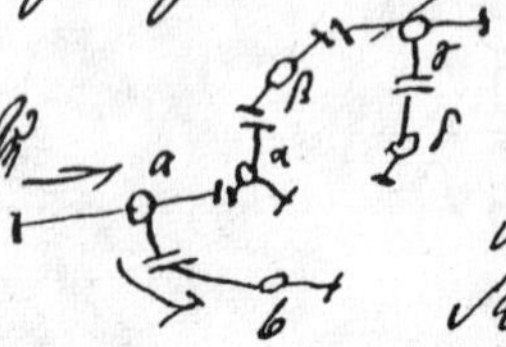

Primär- u Sekundärvorgang in ψ.

Aus der bisherigen Darstellung folgt sich das ψ in ψ,
welches mit seinen Ladungen nach wie des Schuttmorph
besendete Kräume, die den mittsin flutter Vorgänge
in ψ 2mal in Hilflosigkeit u Schaden breich. Nämlich oder
wie es im Wunschstrecke die Objekt-Er gestribt
u dem Rückfuß erzählen läßt, von dem die Wahrnehmung
ausbleiben mach, weil das Objekt nicht real sondern
nur in Phantasievorstelle vorhanden ist. Das zunächst
außber Stande sich Unterschiede zu treffen, weil es
nur nach der schn analogen Zuständen zu seinen seinen
so arbeiten kann. So bedarf also nun auch ein anderes eines
Kriteriums nun Wahrnehmung u Vorstell zu unterscheiden.

Andererseits jedoch einer zu einer Zeichens, an nun auch
die Wiederbesetzt der sinnlichen die aufzuecken zu
warte u der herein gehenden Unterbrechung durch
Milenbesetzt vorzumeretigen. Wie ψ dieses ganz geitig
ganz aberschen kann, fällt die Unterbrechung u
damit die Abwehr fortgesetzt nach, im anderen
falle geht es innere Unlust u ezessi primäre
Abwehr.

Die Unterscheidung mit die Unterbrechung die Wahrgebe der
betreffenden Er kännen biologisch schärfst sein. die Wahrnehmung ist es personal, nun so die heutes Mass überschritt
u so zur Absicht erfolgt, die Unterbrechung ist es

[15] *Primär- und Sekundärvorgang*[1] *in* ψ

Aus den bisherigen Entwicklungen folgt, daß das Ich in ψ, welches wir seinen Tendenzen nach wie das Gesamtnerv[en]system[2] behandeln können, bei den unbeeinflußten Vorgängen in ψ zweimal in Hilflosigkeit und Schaden gerät. Nämlich erstens, wenn es im *Wunschzustande* die Objekt-Erinnerung neu besetzt und dann Abfuhr ergehen läßt, wo dann die Befriedigung ausbleiben muß, weil das Objekt nicht *real,* sondern nur in Phantasie*vorstellung* vorhanden ist. ψ ist zunächst außerstande, diese Unterscheidung zu treffen, weil es nur nach der Folge analoger Zustände zwischen seinen Neuronen arbeiten kann.[3] Es bedarf also von anderswoher eines Kriteriums, um *Wahrnehmung* und *Vorstellung* zu unterscheiden.

Andererseits bedarf ψ eines Zeichens, um auf die Wiederbesetzung des feindlichen Erinnerungsbildes aufmerksam zu werden und der daraus folgenden Unlustentbindung durch Seitenbesetzung vorzubeugen. Wenn ψ diese Hemmung zeitig genug vornehmen kann, fällt die Unlustentbindung und damit die Abwehr geringfügig aus, im anderen Falle gibt es enorme Unlust und exzessive primäre Abwehr.

Die Wunschbesetzung wie die Unlustentbindung bei Neubesetzung der betreffenden Er[innerung] können biologisch schädlich sein. Die Wunschbesetzung ist es jedesmal, wenn sie ein gewisses Maß überschreitet und so zur Abfuhr verlockt, die Unlustentbindung ist es wenigstens jedesmal, wenn die Besetzung des feindlichen Erinnerungsbildes nicht von der Außenwelt, sondern von ψ selbst aus erfolgt (durch Assoziation). Es handelt sich also auch hier um ein Zeichen, W (Wahrnehmung) von Er[innerung] (Vorstellung) zu unterscheiden.[4]

Wahrscheinlich sind es nun die ω Neurone, welche dieses Zeichen, das *Realitätszeichen*[5], liefern. Bei jeder äußeren Wahrnehmung entsteht eine

---

[1] [Diese grundlegende Unterscheidung taucht erstmals am Ende dieses Abschnitts auf. Einige Erörterungen finden sich in Anhang B, S. 481, unten.]

[2] [Vgl. oben, S. 389, Anm. 1.]

[3] [Gemeint ist wohl der Zusammenhang von Wunschbelebung und Halluzination, wie er im letzten Teil des Abschnitts 11 beschrieben wird.]

[4] [Die vorliegende Erörterung ist wohl Freuds frühester Versuch, das Problem der »Realitätsprüfung« (d.h. wie wir entscheiden, ob etwas real ist oder nicht) festzumachen. Freud kommt auf dieses Problem, das ihn viele Jahre beschäftigen sollte, im vorliegenden Werk an mehreren Stellen zurück. S. Anhang B, S. 483, unten.]

[5] [Der Ausdruck »Kennzeichen der Realität« taucht in der metapsychologischen Arbeit über Träume auf (1917*d* [1915]; *G. W.,* Bd. 10, S. 424; *Studienausgabe,* Bd. 3, S. 189).]

Qualitätserregung in ω [S. 401], die aber zunächst für ψ ohne Bedeutung ist. Es muß noch hinzugefügt werden, daß die ω Erregung zur ω Abfuhr führt und [daß] von dieser wie von jeder Abfuhr [S. 411] eine Nachricht nach ψ gelangt. *Die Abfuhrnachricht von ω ist dann das Qualitäts- oder Realitäts-zeichen für ψ.*

Wird das Wunschobjekt ausgiebig besetzt, so daß es halluzinatorisch belebt wird, so erfolgt auch dasselbe Abfuhr- oder Realitätszeichen wie bei äußerer Wahrnehmung. Für diesen Fall versagt das Kriterium. Findet aber die Wunschbesetzung unter *Hemmung* statt, wie es bei besetztem Ich möglich wird, so ist ein quantitativer Fall denkbar, daß die Wunschbesetzung, als nicht intensiv genug, kein *Qualitätszeichen* ergibt, während die äußere Wahrnehmung es ergeben würde. Für diesen Fall behält das Kriterium also seinen Wert. Der Unterschied ist nämlich, daß das *Qualitätszeichen* von außen her bei jeder Intensität der Besetzung erfolgt, von ψ her nur bei großen Intensitäten. Es ist demnach *die Ichhemmung, welche ein Kriterium zur Unterscheidung zwischen Wahrnehmung und Erinnerung ermöglicht.* Biologische Erfahrung wird dann lehren, die Abfuhr nicht eher einzuleiten, als bis das *Realitätszeichen* eingetroffen ist, und zu diesem Zwecke die Besetzung von den erwünschten Er[innerungsbildern] nicht über ein gewisses Maß zu treiben.

Andererseits kann die Erregung der ω Neurone auch dazu dienen, das ψ System im zweiten Falle zu schützen, d. h. indem ψ auf die Tatsache einer Wahrnehmung oder das Wegbleiben derselben aufmerksam gemacht wird. Man muß zu diesem Zwecke annehmen, daß die ω Neurone ursprünglich in anatomischer Verbindung mit der Leitung von den einzelnen Sinnesorganen stehen und ihre Abfuhr wieder auf motorische Apparate richten, die denselben Sinnesorganen angehören. Dann wird die letztere Abfuhrnachricht (die der *reflektorischen Aufmerksamkeit*) für ψ biologisch ein Signal[1] werden, nach denselben Richtungen Besetzungsquantität[2] zu schicken.

Also: bei Hemmung durch besetztes Ich werden die ω Abfuhrzeichen ganz allgemein zu *Realitätszeichen*, welche ψ biologisch verwerten lernt. Befindet sich das Ich bei Auftauchen eines solchen *Realitätszeichens* im Zustande der Wunschspannung, so wird es die Abfuhr nach der spezifi-

---

[1] [Dies ist vielleicht der erste Hinweis auf die viel später ausgearbeitete Theorie von der Angst als Signal, deren ausführlichste Darlegung sich in *Hemmung, Symptom und Angst* (1926 d [1925]) findet, besonders in Kapitel II, VII und VIII. Vgl. auch S. 449, S. 450 und S. 472, unten.]

[2] [Im Manuskript ausgeschrieben.]

schen Aktion folgen lassen [S. 410f.]; fällt mit dem *Realitätszeichen* eine Unluststeigerung zusammen, so wird ψ durch geeignet große Seitenbesetzung am angezeigten Orte eine Abwehr von normaler Größe veranstalten; ist keines von beiden der Fall[1], so wird die Besetzung ungehindert nach den Bahnungsverhältnissen vor sich gehen dürfen.[2] Die Wunschbesetzung bis zur Halluzination, die volle Unlustentwicklung, die vollen Abwehraufwand mit sich bringt, bezeichnen wir als *psychische Primärvorgänge*; hingegen jene Vorgänge, welche allein durch gute Besetzung des Ich ermöglicht werden und Mäßigung der obigen darstellen, als *psychische Sekundärvorgänge*. Die Bedingung der letzteren ist, wie man sieht, eine richtige Verwendung der *Realitätszeichen*, die nur bei Ichhemmung möglich ist.

[16] *Das Erkennen und [das] reproduzierende Denken*[3]

Nachdem wir die Annahme eingeführt haben, daß beim Wunschvorgang die Ichhemmung eine gemäßigte Besetzung des gewünschten Objektes herbeiführt, welche gestattet, es als nicht real zu erkennen, dürfen wir die Analyse dieses Vorganges fortsetzen. Es können sich mehrere Fälle ereignen. Erstens: gleichzeitig mit der Wunschbesetzung des Erinnerungsbildes ist die Wahrnehmung desselben vorhanden; dann fallen die beiden Besetzungen übereinander, was biologisch nicht verwertbar ist, es entsteht aber außerdem das Realitätszeichen von ω aus, nach welchem erfahrungsgemäß

---

[1] [D. h. wenn weder ein Wunschzustand noch eine Unluststeigerung vorliegt, während das Realitätszeichen empfangen wird.]

[2] [Der relativen Verteilung von Quantitäten und Kontaktschranken (S. 416).]

[3] [Abschnitte 16, 17 und 18 in Teil I sowie nahezu der ganze Teil III befassen sich mit Klassifikation und Analyse der Denkprozesse. In den Erörterungen von Teil I wird die hauptsächliche Unterscheidung gemacht zwischen einerseits den eng verknüpften, wenn nicht identischen Begriffen von »Erkennen« und »Urteilen« und andererseits dem Konzept des »reproduzierenden Denkens«, das die Funktionen des Erinnerns, Wünschens, Verlangens und Erwartens abdeckt. In Teil III werden die nämlichen Probleme noch weitaus gründlicher untersucht. Dabei verschwindet das »reproduzierende Denken« fast ganz aus dem Blickfeld, statt dessen werden neue Termini eingeführt, so »praktisches Denken«, »beobachtendes Denken«, »theoretisches Denken« und »kritisches Denken«. Der Leser wird feststellen, daß er diesen sehr schwierigen Diskussionen etwas leichter folgen kann, wenn *beide* Teile, Teil III und Teil I, in die Betrachtung einbezogen werden, da sie die gleichen Themen behandeln und einander wechselseitig erhellen.]

die Abfuhr erfolgreich ist [S. 421 f.]. Dieser Fall ist leicht erledigt. Zweitens:[1] die Wunschbesetzung ist vorhanden, daneben eine Wahrnehmung, die nicht ganz, sondern nur teilweise mit ihr übereinstimmt. Es ist nämlich Zeit, sich zu erinnern, daß die Wahrnehmungsbesetzungen nie Besetzungen einzelner Neurone sind, sondern stets von Komplexen. Wir haben diesen Zug bisher vernachlässigt; es ist jetzt an der Zeit, ihm Rechnung zu tragen. Die Wunschbesetzung betreffe ganz allgemein Neuron *a* + Neuron *b*, die Wahrnehmungsbesetzung Neuron *a* + Neuron *c*. Da dies der häufigere Fall sein wird, häufiger als der der Identität, erfordert er genauere Erwägung. Die biologische Erfahrung wird auch hier lehren [S. 421], daß es unsicher ist, Abfuhr einzuleiten, wenn die Realitätszeichen nicht den ganzen Komplex, sondern nur einen Teil davon bestätigen. Es wird aber jetzt ein Weg gefunden, die Ähnlichkeit zur Identität zu vervollkommnen. Der Wahrnehmungs-Komplex wird sich durch den Vergleich mit anderen Wahrnehmungs-Komplexen zerlegen in einen Bestandteil Neuron *a* eben, der sich meist gleichbleibt, und in einen zweiten, Neuron *b*, der zumeist variiert. Die Sprache wird später für diese Zerlegung den Terminus *Urteil* aufstellen und die Ähnlichkeit herausfinden, die zwischen [dem] Kern des Ich und dem konstanten Wahrnehmungsbestandteil, den wechselnden Besetzungen im Mantel [S. 408 und S. 416] und dem inkonstanten Bestandteil tatsächlich vorliegt; wird Neuron *a* das *Ding* und Neuron *b* dessen Tätigkeit oder Eigenschaft, kurz dessen *Prädikat* benennen. [Vgl. S. 426 f., S. 457 und S. 473.]

Das *Urteilen* ist also ein ψ Vorgang, welchen erst die Ichhemmung ermöglicht und der durch die Unähnlichkeit zwischen der *Wunschbesetzung* eines Er[innerungsbildes] und einer ihr ähnlichen Wahrnehmungsbesetzung hervorgerufen wird. Man kann davon ausgehen, daß das Zusammenfallen beider Besetzungen zum biologischen Signal wird, den Denkakt zu beenden und die Abfuhr eintreten zu lassen. Das Auseinanderfallen gibt den Anstoß zur Denkarbeit, die wieder mit dem Zusammenfallen beendet wird.[2]

Man kann den Vorgang weiter analysieren: Wenn Neuron *a* zusammenfällt, Neuron *c* aber anstatt Neuron *b* wahrgenommen wird, so folgt die

---

[1] [Ein dritter Fall wird auf S. 425 ff. diskutiert.]
[2] [Vgl. eine ähnliche Erörterung des Urteilens in der dreißig Jahre später veröffentlichten Studie über ›Die Verneinung‹ (1925 *h*; *G. W.*, Bd. 14, S. 14; *Studienausgabe*, Bd. 3, S. 376).]

Icharbeit den Verbindungen dieses Neurons c und läßt durch Strömung[1] von Qἠ längs dieser Verbindungen neue Besetzungen auftauchen, bis sich ein Zugang zu dem fehlenden Neuron b findet. In der Regel ergibt sich ein Bewegungsbild, welches zwischen Neuron c und Neuron b eingeschaltet ist, und mit der Neubelebung dieses Bildes durch eine wirklich ausgeführte Bewegung ist die Wahrnehmung von Neuron b und damit die gesuchte Identität hergestellt.[2] Z. B. das gewünschte Erinnerungsbild sei das Bild der Mutterbrust und ihrer Warze in Vollansicht, die erste Wahrnehmung sei eine Seitenansicht desselben Objektes ohne die Warze. In der Erinnerung des Kindes befindet sich eine Erfahrung, beim Saugen zufällig gemacht, daß mit einer bestimmten Kopfbewegung das Vollbild sich in das Seitenbild verwandelt. Das nun gesehene Seitenbild führt auf die Kopfbewegung, ein Versuch zeigt, daß ihr Gegenstück ausgeführt werden muß, und die Wahrnehmung der Vollansicht ist gewonnen.[3]

Hierin ist noch wenig vom Urteil, allein es ist ein Beispiel von der Möglichkeit, durch Reproduktion von Besetzungen auf eine Aktion zu kommen, welche bereits zum akzidentellen Schenkel der spezifischen Aktion gehört.

Es ist kein Zweifel, daß es Qἠ aus dem besetzten Ich ist, welche diesen Wanderungen längs der gebahnten Neurone unterliegt, und daß diese Wanderung nicht von den Bahnungen, sondern von einem Ziel beherrscht wird. Welches ist dieses Ziel und wie wird es erreicht?

Das Ziel ist, zu dem vermißten Neuron b zurückzukehren und die Identitätsempfindung auszulösen, d. h. den Moment, in dem nur Neuron b besetzt ist, die wandernde Besetzung in Neuron b einmündet. [Vgl. S. 427f. und S. 468.] Es wird erreicht durch probeweises Verschieben der Qἠ auf allen Wegen, und es ist klar, daß hiezu bald ein größerer, bald ein geringerer Aufwand von Seitenbesetzung nötig ist, je nachdem man sich der vorhandenen Bahnungen bedienen kann oder ihnen entgegenwirken muß. Der Kampf zwischen den festen Bahnungen und den wechselnden Besetzungen charakterisiert den Sekundärvorgang des reproduzierenden Denkens im Gegensatz zur primären Assoziationsfolge.

---

[1] [Freud schrieb ursprünglich Besetz[un]g, strich das Wort aber durch und ersetzte es durch Ström[un]g.]

[2] [S. Anm. 5, S. 427, unten.]

[3] [Der hungrige Säugling wird in ähnlichen Zusammenhängen oben, S. 389 und S. 410f., als Illustration herangezogen. Vgl. auch *Die Traumdeutung* (1900a; *G. W.*, Bd. 2/3, S. 570f.; *Studienausgabe*, Bd. 2, S. 538f.).]

Was leitet auf dieser Wanderung? Daß die Wunschvorstellung[1] [der] Er[innerung] [d. i. von Neuron *b*] besetzt gehalten wird, während man von Neuron *c* die Assoziationen verfolgt. Wir wissen [S. 412], daß durch solche Besetzung von Neuron *b* alle seine etwaigen Verbindungen selbst gebahnter und zugänglicher werden.

Auf dieser Wanderung kann es geschehen, daß die Qή auf eine Erinnerung stößt, die mit einem Schmerzerlebnis in Beziehung steht und somit Anlaß zur Unlustentbindung gibt. Da dies ein sicheres Anzeichen ist, Neuron *b* sei auf diesem Wege nicht zu erreichen, lenkt sich der Strom sofort von der betreffenden Besetzung ab. Die Unlustbahnen behalten aber ihren hohen Wert, um den Reproduktionsstrom zu dirigieren.

[17] *Das Erinnern und das Urteilen*[2]

Das reproduzierende Denken hat also einen praktischen Zweck und ein biologisch festgestelltes Ende, nämlich eine von der überschüssigen Wahrnehmung aus wandernde Qή auf die vermißte Neuronenbesetzung zurückzuführen. Dann ist Identität[3] und Abfuhrrecht erreicht, wenn noch das Realitätszeichen von Neuron *b* auftritt. Es kann aber der Vorgang sich vom letzten Ziel unabhängig machen und nur die Identität anstreben. Dann hat man einen reinen Denkakt vor sich, der aber in jedem Falle später praktisch verwertbar gemacht werden kann. Auch benimmt sich das besetzte Ich dabei in völlig gleicher Weise.

Wir folgen einer dritten Möglichkeit, die sich im Wunschzustande ereignen kann[4], daß nämlich bei vorhandener Wunschbesetzung eine auftauchende Wahrnehmung gar nicht mit dem gewünschten Er[innerungsbild] (Er +) zusammenfällt.[5] Dann entsteht ein Interesse, dieses Wahrneh-

---

[1] [Hier ist der Text nicht gesichert. Das Wort beginnt mit »Wunsch« und endet mit »stellg«; »vor« ist nicht eindeutig lesbar, es könnte aus »Er« oder »be« verbessert sein. Doch ist der Sinn im Prinzip klar. Vgl. die ähnliche Passage auf S. 466, unten.]

[2] [Der Bearbeiter der deutschen Ausgabe der Fließ-Briefe, Michael Schröter, macht uns darauf aufmerksam, daß Freud nur wenige Monate vor der Niederschrift dieses Textes Jerusalems *Urteilsfunktion* (1895) gelesen hatte (vgl. Freuds Brief an Fließ vom 25. Mai 1895, 1985c [1887–1904], S. 131 mit Anm. 3).]

[3] [Vgl. Anm. 5, S. 427, unten.]

[4] [Für die beiden ersten s. S. 422f.]

[5] [Das Pluszeichen scheint »erwünscht« auszudrücken. Es taucht später, S. 466f., unten, noch einmal auf.]

mungsbild zu *erkennen,* um eventuell doch von ihm einen Weg zu Er + zu finden. Es ist anzunehmen, daß zu diesem Zwecke [das] W[ahrnehmungs-bild] auch vom Ich aus überbesetzt wird[1], wie im vorigen Falle bloß der Bestandteil Neuron *c.* Wenn [das] W[ahrnehmungsbild] nicht absolut neu ist, wird es jetzt an ein Erω *erinnern,* dieses *wachrufen,* mit welchem es wenigstens teilweise zusammenfällt. An diesem Er[innerungs]bild wieder-holt sich nun der Denkvorgang von vorhin nur gewissermaßen ohne das *Ziel,* welches die besetzte Wunschvorstellung vorhin bot [S. 424].

Soweit die Besetzungen übereinanderfallen, geben sie keinen Anlaß zur Denkarbeit. Die auseinanderfallenden Anteile dagegen »erwecken das In-teresse« und können zu zweierlei Weisen von Denkarbeit Anlaß geben. Entweder richtet sich der Strom auf die *geweckten* Er[innerungen] und setzt eine ziellose Erinnerungsarbeit[2] in Gang, die also durch die Verschie-denheiten, nicht durch die Ähnlichkeiten bewegt wird, oder er verbleibt in den neu aufgetauchten Bestandteilen und stellt dann eine ebenfalls ziellose *Urteilsarbeit* dar.

Nehmen wir an, das Objekt, welches [die] W[ahrnehmung] liefert, sei dem Subjekt ähnlich, ein *Nebenmensch.* Das theoretische Interesse erklärt sich dann auch dadurch, daß ein *solches* Objekt gleichzeitig das erste Befriedigungsobjekt, im ferneren das erste feindliche Objekt ist, wie die einzige helfende Macht. Am Nebenmenschen lernt darum der Mensch erken-nen. Dann werden die Wahrnehmungskomplexe, die von diesem Neben-menschen ausgehen, zum Teil neu und unvergleichbar sein, seine *Züge,* etwa auf visuellem Gebiet; andere visuelle W[ahrnehmungen], z. B. die seiner Handbewegungen, aber werden im Subjekt über die Er[innerung] eigener, ganz ähnlicher visueller Eindrücke vom eigenen Körper fallen, mit denen die Er[innerungen] von selbst erlebten Bewegungen in Assozia-tion stehen. Noch andere Wahrnehmungen des Objektes, z. B. wenn es schreit, werden die Erinnerung an eigenes Schreien und damit an eigene Schmerzerlebnisse wecken. Und so sondert sich der Komplex des Neben-menschen in zwei Bestandteile, von denen der eine durch konstantes Ge-füge imponiert, als *Ding* beisammenbleibt, während der andere durch Erinnerungsarbeit *verstanden,* d. h. auf eine Nachricht vom eigenen Kör-

---

[1] [D. h. einen Extrabetrag an Besetzung erhält. S. auch Anhang B, S. 482, Anm. 2, un-ten.]
[2] [Im Manuskript so ausgeschrieben: »Eriñergsarbeit«.]

per zurückgeführt werden kann.[1] Diese Zerlegung eines Wahrnehmungskomplexes heißt ihn *erkennen*, enthält ein *Urteil* und findet mit dem letzt erreichten Ziel ein Ende. Das Urteil ist, wie man sieht, keine Primärf[unktion][2], sondern setzt die Besetzung des disparaten Anteiles vom Ich aus voraus; es hat zunächst keinen praktischen Zweck, und es scheint, daß beim Urteilen die Besetzung der disparaten Bestandteile abgeführt wird, da sich so erklären würde, warum sich die Tätigkeiten, »Prädikate« [S. 423], vom Subjektkomplex durch eine lockere Bahnung sondern.[3]

Man könnte von hier aus tief in die Analyse des Urteilsaktes eingehen, allein dies führt vom Thema ab. Begnügen wir uns damit festzuhalten, daß es das ursprüngliche Interesse an der Herstellung der Befriedigungssituation ist, welches in einem Falle das *reproduzierende Nachdenken*[4], im anderen Falle das *Beurteilen* als Mittel erzeugt hat, aus der real gegebenen Wahrnehmungssituation auf die gewünschte zu gelangen. Voraussetzung dabei bleibt, daß die ψ Vorgänge nicht ungehemmt, sondern bei tätigem Ich ablaufen. Der eminent praktische Sinn aller Denkarbeit wäre aber dabei erwiesen.

[18] *Denken und Realität*

Ziel und Ende aller Denkvorgänge ist also die Herbeiführung eines *Identitätszustandes*, die Überführung einer von außen stammenden Besetzung[squantität] Qἠ [sic] in ein vom Ich aus besetztes Neuron.[5] Das

---

[1] [Die Herausgeber der *Anfänge* weisen darauf hin, ein anderer Zugang zu diesem Gedanken finde sich in einer Passage in Kapitel VII von Freuds Buch *Der Witz* (1905 c), in welcher er auf »Vorstellungsmimik« zu sprechen kommt (*G. W.*, Bd. 6, S. 219 ff.; *Studienausgabe*, Bd. 4, S. 179 ff.).]

[2] [Dies widerspricht in keiner Weise der im nächsten Abschnitt getroffenen Unterscheidung zwischen primärem und sekundärem Urteil.]

[3] [Dies wird später deutlicher: S. 457 und S. 473.]

[4] [Überall sonst lautet der verwendete Ausdruck »Denken«. – Die beiden Fälle (das reproduzierende Nachdenken und das Beurteilen) erinnern an die auf S. 426 erwähnten einer »ziellosen Erinnerungsarbeit« und einer »ziellosen Urteilsarbeit«. S. auch S. 450, Anm. 1, unten.]

[5] [Ein ähnlicher Gedankengang wird in Kapitel VII (C) und (E) der *Traumdeutung* (1900 a) entwickelt (*G. W.*, Bd. 2/3, S. 571–73 und S. 607 f.; *Studienausgabe*, Bd. 2, S. 539 f. und S. 571 f.), wo Freud von »Wahrnehmungsidentität« und »Denkidentität« spricht.]

erkennende oder *urteilende* Denken sucht eine Identität mit einer Körper-besetzung, das *reproduzierende* Denken mit einer eigenen psychischen Besetzung (eigenes Erlebnis) auf.[1] Das urteilende Denken arbeitet dem reproduzierenden vor, indem es ihm fertige Bahnungen zur weiteren Assoziationswanderung bietet. Kommt nach Abschluß des Denkaktes das *Realitätszeichen* zur Wahrnehmung[2], so ist das *Realitätsurteil*, der *Glaube* gewonnen und das Ziel der ganzen Arbeit erreicht.

Für das Urteilen ist noch zu bemerken, daß dessen Grundlage offenbar das Vorhandensein von eigenen Körpererfahrungen, Empfindungen und Bewegungsbildern ist. Solange diese fehlen, bleibt der variable Anteil [S. 423] des Wahrnehmungskomplexes unverstanden, d. h. er kann reproduziert werden, gibt aber keine Richtung für weitere Denkwege. So können z. B., was in der Folge [II. Teil] wichtig sein wird, alle sexuellen Erfahrungen keine Wirkung äußern, solange das Individuum keine Sexualempfindung kennt, d. h. im allgemeinen bis zum Beginn der Pubertät.

Das *primäre Urteilen* scheint eine geringere Beeinflussung durch das besetzte Ich vorauszusetzen als die reproduzierenden Denkakte. Handelt es sich dabei [doch] um Verfolgung einer Assoziation durch teilweises Übereinanderfallen, der keine Modifikation angetan wird. So kommen denn[3] auch Fälle vor, in denen der Urteilsassoziationsvorgang sich mit voller Quantität vollzieht. W entspricht etwa einem Objektkern + einem Bewegungsbild. Während man W wahrnimmt, ahmt man die Bewegung selbst nach, d. h. inniervert das eigene Bewegungsbild, das auf Aufeinanderfallen geweckt ist, so stark, daß die Bewegung sich vollzieht. Man kann daher von einem *Imitationswert*[4] einer Wahrnehmung sprechen. Oder die Wahrnehmung weckt das Erinnerungsbild einer eigenen Schmerzempfindung, man verspürt dann die entsprechende Unlust und wiederholt die zugehörigen Abwehrbewegungen. Dies ist der *Mitleidswert* einer Wahrnehmung.

In diesen beiden Fällen[5] haben wir wohl den *Primärvorgang* für das Urteilen zu sehen und können annehmen, daß alles sekundäre Urteilen durch Ermäßigung dieser rein assoziativen Vorgänge zustande gekommen ist. Das Urteilen, später ein Mittel zur *Erkenntnis* des vielleicht praktisch

---

[1] [Zu diesem ziemlich dunklen Satz vgl. die Ausführungen über Erkennen, oben, S. 427.]
[2] [Im Manuskript so ausgeschrieben: »Wahrnehmg«.]
[3] [Könnte auch »dann« heißen.]
[4] [Vgl. S. 457, unten, sowie Anm. 1, S. 427, oben.]
[5] [D. h. in Fällen von Imitation und Mitleid.]

wichtigen Objektes, ist also ursprünglich ein Assoziationsvorgang zwischen von außen kommenden und vom eigenen Körper stammenden Besetzungen, eine *Identifizierung von φ und Binnennachrichten oder Besetzungen*. Es ist vielleicht nicht unrecht zu vermuten, daß es [das Urteilen] gleichzeitig einen Weg darstellt, wie von φ kommende Q übergeführt und abgeführt werden können. Was wir *Dinge* nennen, sind Reste, die sich der Beurteilung entziehen.

Aus dem Urteilsbeispiel ergibt sich zuerst ein Wink für die Verschiedenheit im Quantitativen, welche zwischen *Denken* und Primärvorgang zu statuieren ist. Es ist berechtigt anzunehmen, daß beim *Denken* ein leiser Strom motorischer Innervation von ψ abläuft, natürlich nur dann, wenn im Verlauf ein motorisches oder Schlüssel-Neuron [S. 413] innerviert worden ist. Doch wäre es unrecht, diese Abfuhr für den Denkvorgang selbst zu nehmen, von dem sie nur eine unbeabsichtigte Nebenwirkung ist. Der *Denkvorgang* besteht in der Besetzung von ψ Neuronen mit Abänderung des Bahnungszwanges durch Seitenbesetzung vom Ich aus. Es ist mechanisch verständlich[1], daß dabei nur ein Teil der Qἠ den Bahnungen folgen kann und daß die Größe dieses Teils beständig durch die Besetzungen reguliert wird. Es ist aber auch klar, daß damit gleichzeitig Qἠ genug erspart wird, um die Reproduktion überhaupt nutzbringend zu machen. Im anderen Falle würde *alle* Qἠ, die am Schlusse zur Abfuhr nötig ist, während des Umlaufes auf den motorischen Auslaufpunkten verausgabt werden. *Der Sekundärvorgang ist also eine Wiederholung des ursprünglichen ψ Ablaufes [von Quantität] auf niedrigerem Niveau, mit geringeren Quantitäten.*[2]

Noch kleinere Qἠ, wird man einwerfen, als sonst in ψ Neuronen verlaufen! Wie bringt man es zustande, so kleinen Qἠ die Wege zu eröffnen, die

---

[1] [Vgl. Anm. 1, S. 398.]

[2] [Diese Theorie der Ökonomie des Denkens ist eine andere Grundidee, die sich durch sämtliche späteren Schriften Freuds hindurchzieht. In psychologischen Termini formuliert, findet sie sich in Kapitel VII (E) der *Traumdeutung* (1900*a*; G. W., Bd. 2/3, S. 605; *Studienausgabe*, Bd. 2, S. 569). Sie taucht erneut auf im Buch über den *Witz* (1905*c*; G. W., Bd. 6, S. 218 f.; *Studienausgabe*, Bd. 4, S. 178 f.), in der Arbeit über die zwei Prinzipien des psychischen Geschehens (1911*b*; G. W., Bd. 8, S. 233; *Studienausgabe*, Bd. 3, S. 20), in Abschnitt V von ›Das Unbewußte‹ (1915*e*; G. W., Bd. 10, S. 287; *Studienausgabe*, Bd. 3, S. 147), in Kapitel V von *Das Ich und das Es* (1923*b*; G. W., Bd. 13, S. 285; *Studienausgabe*, Bd. 3, S. 321), in ›Die Verneinung‹ (1925*h*; G. W., Bd. 14, S. 14; *Studienausgabe*, Bd. 3, S. 376), in der *Neuen Folge der Vorlesungen* (1933*a* [1932]; G. W., Bd. 15, S. 96; *Studienausgabe*, Bd. 1., S. 524) und endlich in Kapitel VIII des *Abriß der Psychoanalyse* (1940*a* [1938]; G. W., Bd. 17, S. 129).]

doch nur für größere, als ψ in der Regel empfängt, gangbar sind? Die einzig mögliche Antwort ist, dies muß eine mechanische Folge der Seitenbesetzungen sein. Wir müssen derartige Verhältnisse erschließen, daß bei Seitenbesetzung kleine $Q\dot{\eta}$ durch Bahnungen abströmen, wo sonst nur große den Durchgang gefunden hätten[1]. Die Seitenbesetzung *bindet* gleichsam einen Betrag der durch das Neuron strömenden $Q\dot{\eta}$.[2]

Das Denken muß ferner einer anderen Bedingung genügen. Es darf die durch Primärvorgänge geschaffenen Bahnungen nicht wesentlich verändern, sonst fälscht es ja die Spuren der Realität. Dieser Bedingung genügt die Bemerkung, daß Bahnung wahrscheinlich der Erfolg [des Ablaufes] einmaliger großer Quantität ist und daß Besetzung, im Moment sehr mächtig, doch keinen vergleichbar dauernden Effekt hinterläßt. Die kleinen beim Denken passierenden Q kommen im allgemeinen gegen die Bahnungen nicht auf.

Es ist aber unzweifelhaft, daß der Denkvorgang doch dauernde Spuren hinterläßt, da ein zweites Überdenken[3] soviel weniger Aufwand fordert als ein erstes. Um die Realität nicht zu fälschen, bedarf es also besonderer Spuren, Anzeichen für die Denkvorgänge, die ein Denkgedächtnis konstituieren, welches sich bisher nicht formen läßt. Wir werden später hören, durch welche Mittel die Spuren der Denkvorgänge von denen der Realität geschieden werden.[4]

[19] *Primärvorgänge – Schlaf und Traum*[5]

Nun taucht die Frage auf, aus welchen quantitativen Mitteln wird denn der ψ *Primärvorgang* bestritten? Beim Schmerzerlebnis ist es offenbar die von außen einbrechende Q, beim *Affekt* die durch Bahnung entbundene endogene Q^6[6]; beim Sekundärvorgang des *reproduzierenden* Denkens kann offenbar auf das Neuron c eine größere oder geringere $Q\dot{\eta}$ aus dem Ich

---

[1] [Im Manuskript steht »hättet«.]
[2] [Der Begriff »Bindung« sowie überhaupt der hier behandelte Gegenstand wird ausführlicher in Teil III, S. 459, unten, erörtert. S. auch Anhang B, S. 481, unten.]
[3] [Bezüglich »Überdenken« vgl. S. 392, oben, und S. 469, unten.]
[4] [S. unten, Teil III, besonders S. 456 und S. 468 f.]
[5] [Der letzte Teil dieses Abschnitts sowie die beiden folgenden Abschnitte enthalten viele die *Traumdeutung* (1900a) antizipierende Gedanken.]
[6] [Im Manuskript steht »Qend«. Vgl. auch S. 413.]

übertragen werden [S. 423 f.], die man als *Denkinteresse*[1] bezeichnen darf und die dem *Affektinteresse* proportional [ist], wo ein solches entstehen konnte. Es fragt sich nur, gibt es ψ Vorgänge primärer Natur, für welche die aus φ mitgebrachte Qὴ hinreicht, oder kommt zur φ Besetzung einer Wahrnehmung ein ψ Beitrag (Aufmerksamkeit) automatisch hinzu, der erst einen ψ Vorgang ermöglicht? [Vgl. S. 432, unten.] Diese Frage bleibe offen, ob sie nicht etwa durch Spezialanpassung an psychologische Tatsachen entschieden werden kann.

Eine wichtige Tatsache ist es, daß wir ψ *Primärvorgänge*, wie sie in der ψ Entwicklung biologisch allmählich unterdrückt worden sind, alltäglich während des Schlafes vor uns haben. Eine zweite Tatsache derselben Bedeutung, daß die pathologischen Mechanismen, welche die sorgfältigsten Analyse bei den Psychoneurosen aufdeckt, mit den Traumvorgängen die größte Ähnlichkeit haben. Aus diesem später auszuführenden Vergleich ergeben sich die wichtigsten Schlüsse [S. 436].[2]

Zunächst ist die Tatsache des Schlafes in die Theorie einzutragen. *Die wesentliche Bedingung* des Schlafes ist beim Kinde klar zu erkennen. Das Kind schläft, solange es kein Bedürfnis oder äußerer Reiz quält (Hunger und Naßkälte). Es schläft mit der Befriedigung (an der Brust) ein. Auch der Erwachsene schläft leicht post coenam et coitum. Bedingung des Schlafes ist somit *Absinken der endogenen Ladung im ψ Kern*, welche die Sekundärfunktion überflüssig macht. Im Schlaf ist das Individuum im Idealzustand der Trägheit, des Qὴ-Vorrates entledigt [S. 390].

Dieser Vorrat ist beim Erwachsenen im »Ich« angesammelt [S. 416]; wir dürfen annehmen, daß es die *Ichentladung* ist, die den Schlaf bedingt und charakterisiert. Hiemit ist, wie sofort klar, die *Bedingung für psych[ische] Primärvorgänge* gegeben.

Ob das *Ich* sich beim Erwachsenen im Schlaf vollständig entlastet, ist nicht sicher. Jedenfalls zieht es eine Unzahl seiner Besetzungen ein, die aber mit dem Erwachen sofort und mühelos hergestellt werden. Dies widerspricht keiner unserer Voraussetzungen, macht aber aufmerksam darauf, daß zwischen gut verbundenen Neuronen Strömungen anzunehmen sind, welche wie in kommunizierenden Gefäßen das gesamte Niveau [der

---

[1] [Dies entspricht wohl der im nächsten Satz erwähnten und in Teil III (S. 451 ff.) ausführlich erörterten »Aufmerksamkeit«.]

[2] [Dieser Absatz enthält wohl die erste Formulierung einer der bedeutendsten Beobachtungen Freuds. Vgl. auch eine Passage in seinem aus der gleichen Zeit stammenden Vortrag ›Über Hysterie‹ (1895 g), über den oben, S. 337, berichtet wird.]

Besetzung] betreffen, obwohl die Niveauhöhe im einzelnen Neuron nur proportional, nicht gleichförmig zu sein braucht [vgl. S. 460].

Aus den Eigentümlichkeiten des Schlafes ist manches zu entnehmen, was sich nicht erraten ließe:

Der Schlaf ist ausgezeichnet durch *motorische (Willens)lähmung*.[1] Der Wille ist die Abfuhr der gesamten ψ Q$\dot\eta$ [S. 410]. Im Schlaf ist der spinale Tonus teilweise *gelöst*; es ist wahrscheinlich, daß die motorische φ Abfuhr sich im Tonus äußert; andere Innervationen bestehen mitsamt ihren Erregungsquellen.

Es ist höchst interessant, daß der Schlafzustand beginnt und hervorzurufen ist mit Verschluß der verschließbaren Sinnesorgane.[2] *Wahrnehmungen* sollen im Schlaf nicht gemacht werden, nichts stört den Schlaf mehr als Auftreten von Sinneseindrücken, Besetzung von φ her in ψ. Dies scheint darauf zu deuten, daß während des Tages den Mantelneuronen[3], welche Wahrnehmungen von φ her empfangen [S. 408], eine beständige, wenngleich verschiebbare Besetzung entgegengeschickt wird (*Aufmerksamkeit*), so daß sehr wohl die ψ Primärvorgänge sich mit diesem ψ Beitrag vollziehen können [S. 431]. Ob die Mantelneurone selbst bereits vorbesetzt sind oder anstoßende Kernneurone, das stehe dahin. Zieht ψ diese Mantelbesetzungen ein, so erfolgen die Wahrnehmungen auf unbesetzte Neurone, sind gering, vielleicht nicht imstande, von ω aus ein Qualitätszeichen zu geben [S. 421].[4] Wie wir vermutet haben, hört mit der Entleerung der ω Neurone dann auch eine die Aufmerksamkeit steigernde Abfuhrinnervation auf. Auch das Rätsel des Hypnotisierens hätte *hier* anzusetzen. Auf dieser Einziehung der Aufmerksamkeitsbesetzung wird die scheinbare Unerregbarkeit der Sinnesorgane beruhen.[5]

Durch einen automatischen Mechanismus also, das Gegenstück vom

---

[1] [Dies wird auch in späteren Schriften immer wieder betont: z. B. in der *Traumdeutung* (1900*a*; *G. W.*, Bd. 2/3, S. 560; *Studienausgabe*, Bd. 2, S. 529). Das Thema wird unten, S. 433, weiter ausgebreitet.]

[2] [Vgl. *Die Traumdeutung, G. W.*, Bd. 2/3, S. 23 f.; *Studienausgabe*, Bd. 2, S. 49.]

[3] [Im Manuskript ausgeschrieben.]

[4] [Etwas Ähnliches wie hier wird (neben anderen Stellen) auch in der Arbeit über den ›Wunderblock‹ (1925*a* [1924]) entwickelt (*G. W.*, Bd. 14, S. 7f.; *Studienausgabe*, Bd. 3, S. 369).]

[5] [Freud nahm auf diese Möglichkeit noch einmal in seiner *Massenpsychologie* Bezug (1921*c*; *G. W.*, Bd. 13, S. 140f.; *Studienausgabe*, Bd. 9, S. 117f.). S. auch Anhang B, S. 483, unten, wo eine Fußnote auf andere Auswirkungen der Einziehung der Aufmerksamkeit verweist.]

Aufmerksamkeitsmechanismus, schließt ψ die φ Eindrücke aus, solange es selbst unbesetzt ist.

Das Merkwürdigste aber ist, daß im Schlaf ψ Vorgänge ablaufen, die Träume mit vielen unverstandenen Charakteren.

[20] *Die Traumanalyse*

Die Träume zeigen alle Übergänge zum Wachen und Vermengung mit normalen ψ Vorgängen, doch läßt sich das eigentlich Traumhafte leicht herausklauben.

1. Die Träume *entbehren der motorischen Abfuhr* sowie zumeist motorischer Elemente. Man ist im Traum gelähmt [S. 432].

Die bequemste Erklärung dieses Charakters ist der Wegfall der spinalen Vorbesetzung durch Aufhören der φ Abfuhr. Die motorische Erregung kann die Pyschranke [sic] bei unbesetztem Neuron nicht überschreiten [S. 412]. In sonstigen Traumzuständen ist Bewegung nicht ausgeschlossen. Es ist nicht der wesentlichste Charakter des Traumes.

2. Die Traumverknüpfungen sind teils *widersinnig*, teils *schwachsinnig*, oder auch sinnlos, seltsam toll.

Der letzte Charakter erklärt sich daraus, daß im Traum der *Assoziationszwang* herrscht, wie wohl primär im psychischen Leben überhaupt.[1] Zwei gleichzeitig[2] vorhandene Besetzungen *müssen*, scheint es, in Verbindung gebracht werden. Ich habe komische Beispiele für das Walten dieses Zwanges im Wachen gesammelt. (Z. B. Zuhörer während des Attentates in der französischen Kammer aus der Provinz haben den Schluß gezogen, daß nach jeder guten Rede eines Deputierten als Beifallszeichen – geschossen wird.)[3]

Die beiden anderen, eigentlich identischen Charaktere beweisen, daß ein Teil der psychischen Erfahrungen vergessen ist. Tatsächlich sind ja alle

---

[1] [Dies wird oben (S. 411) erwähnt. Freud hat diesen »Zwang zur Assoziation« im Zuge einer langen Anmerkung zu einer seiner Falldarstellungen in den *Studien über Hysterie* erörtert (1895*d*; G. W., Bd. 1, S. 122, Anm.). Er verwendete ihn dort bereits zur Erklärung des vermeintlich Sinnlosen der Träume; später kam er in der *Traumdeutung* (1900*a*; G. W., Bd. 2/3, S. 185 f.; *Studienausgabe*, Bd. 2, S. 192) auf diesen Gedanken zurück.]

[2] [Im Manuskript steht »gleichzeitige«.]

[3] [Diese Anekdote wurde, in einem recht anderen Zusammenhang, in die *Traumdeutung* aufgenommen (G. W., Bd. 2/3, S. 504; *Studienausgabe*, Bd. 2, S. 480).]

die biologischen Erfahrungen vergessen, die sonst den Primärvorgang hemmen, und dies wegen mangelnder Ichbesetzung. Wahrscheinlich ist die Unsinnigkeit und Unlogik des Traumes auf eben denselben Charakter zurückzuführen. Es scheinen nicht eingezogene ψ Besetzungen zum Teil nach ihren nächsten Bahnungen, zum Teil nach den benachbarten Besetzungen sich abzugleichen. Bei vollständiger Ichentladung müßte der Schlaf traumlos sein.

3. Die Traumvorstellungen sind halluzinatorischer Art, erwecken Bewußtsein und finden Glauben.[1]

Dies ist der bedeutsamste Schlafcharakter. Er tritt gleich beim alternierenden Einschlafen auf, man schließt die Augen und halluziniert, öffnet sie und denkt in Worten. Es gibt mehrere Erklärungen für die halluzinatorische Natur der Traumbesetzungen. Erstens könnte man annehmen, die *Strömung* von φ zur Motilität habe eine rückläufige Besetzung, von ψ aus, der φ Neurone gehindert[2]; mit dem Aufhören dieser Strömung werde φ rückläufig besetzt und damit die Qualitätsbedingung gegeben. Dagegen spricht nur die Erwägung, daß die φ Neurone durch Nichtbesetzung gegen Besetzung von ψ aus geschützt sein sollten, ähnlich wie die Motilität. Es ist bezeichnend für den Schlaf, daß er das ganze Verhältnis hier umkehrt, die motorische Abfuhr von ψ aufhebt, die rückläufige nach φ ermöglicht. Man könnte geneigt sein, den großen Abfuhrstrom des Wachens, φ-Motilität, hier die entscheidende Rolle spielen zu lassen.[3] Man könnte zweitens auf die Natur des Primärvorganges rekurrieren, anführen, daß die primäre Erinnerung einer Wahrnehmung stets Halluzination ist und daß erst die Ichhemmung gelehrt hat, [das] W[ahrnehmungsbild] nie so zu besetzen, daß es rückläufig [Q$\dot{\eta}$] auf φ übertragen kann. [Vgl. S. 420 und S. 421 f.] Man könnte dabei zur Erleichterung der Annahme anführen, daß die Leitung $\varphi-\psi$ jedenfalls leichter vor sich geht als die $\psi-\varphi$, so daß selbst eine ψ Besetzung eines Neurons, welche die Wahrnehmungsbesetzung des-

---

[1] [Diese Tatsache wird in Freuds metapsychologischer Arbeit über Träume (1917*d* [1915]) erneut festgestellt und in ihrer Bedeutung unterstrichen (*G. W.*, Bd. 10, S. 420 f.; *Studienausgabe*, Bd. 3, S. 186 f.).]

[2] [Im Manuskript: »[...] habe einer rückläufigen Besetzg von ψ aus der φN gehindert, [...]« – Hier haben wir eine Annäherung an das vor uns, was Freud später »Regression« genannt hat.]

[3] [Diese Erklärung der Regression wird in der *Traumdeutung* (*G. W.*, Bd. 2/3, S. 549; *Studienausgabe*, Bd. 2, S. 519 f.) überdacht und kritisiert. S. auch einige Bemerkungen in Breuers theoretischem Beitrag zu den *Studien über Hysterie* (1895), S. 248 und Anm. 1, oben.]

selben Neurons weit überschreitet, doch noch nicht rückläufig zu leiten braucht. Ferner spricht für diese Erklärung der Umstand, daß im Traum die Lebhaftigkeit der Halluzination im geraden Verhältnis steht zur Bedeutung, also zur quantitativen Besetzung der betreffenden Vorstellung. Dies weist darauf hin, daß es die Q ist, welche die Halluzination bedingt. Kommt eine Wahrnehmung von φ aus im Wachen, so wird sie durch ψ Besetzung (Interesse) zwar deutlicher, aber nicht lebhafter, sie ändert ihren quantitativen Charakter nicht.[1]

4. Der Zweck und Sinn der Träume (der normalen wenigstens) ist mit Sicherheit festzustellen. Sie sind *Wunscherfüllungen*[2], also Primärvorgänge nach den Befriedigungserlebnissen [S. 412], und werden nur darum nicht als solche erkannt, weil die Lustentbindung (Reproduktion von Lustabfuhrspuren [S. 404 f.]) bei ihnen gering ist, weil sie überhaupt fast affektlos (ohne motorische Entbindung) verlaufen. Diese ihre Natur ist aber sehr leicht nachzuweisen. Gerade daraus möchte ich schließen, *daß die primäre Wunschbesetzung auch halluzinatorischer Natur war* [S. 412].

5. Bemerkenswert ist das schlechte Gedächtnis und der geringe Schaden der Träume im Vergleich mit anderen Primärvorgängen. Das erklärt sich aber leicht daraus, daß die Träume meist nach alten Bahnungen gehen, also keine Veränderung machen, daß die φ Erlebnisse von ihnen abgehalten sind und daß sie nicht Abfuhrspuren hinterlassen wegen Motilitätslähmung.

6. Interessant ist noch, daß das *Bewußtsein* im Traum so ungestört die Qualität wie im Wachen liefert. Dies zeigt, daß Bewußtsein nicht am Ich haftet, sondern Zutat zu allen ψ Vorgängen werden kann. Es warnt uns auch davor, etwa die Primärvorgänge mit unbewußten zu identifizieren; *zwei für die Folge unschätzbare Winke!*[3]

---

[1] [Die Frage der Klarheit und Lebhaftigkeit in Träumen erfährt eine sehr viel komplexere Behandlung in der *Traumdeutung* (z. B. G. W., Bd. 2/3, S. 335 f.; *Studienausgabe*, Bd. 2, S. 326 f.).]

[2] [Der erste Hinweis auf diese Entdeckung findet sich in einem Brief an Fließ vom 4. März 1895 (1985 c [1887–1904]). Die definitive Bestätigung wurde in der Analyse des Traums von »Irmas Injektion« erreicht, den Freud in der Nacht vom 23. auf 24. Juli 1895 träumte, nur wenige Monate vor der Niederschrift der vorliegenden Überlegungen. Er wird im nächsten Abschnitt kurz berichtet.]

[3] [Die Formulierung »zwei für die Folge unschätzbare Winke« könnte wie ein Zitat aus Freuds spätesten, rund dreißig Jahre danach entstandenen Arbeiten anmuten. De facto hatte er etwas Ähnliches schon in seiner 1888 geschriebenen Einführung zu seiner Übersetzung von Bernheims Buch über Suggestion gesagt. S. oben, S. 119.]

Fragt man das Bewußtsein bei erhaltenem Traumgedächtnis nach dem Trauminhalt aus, so ergibt sich, daß die Bedeutung der Träume als Wunscherfüllungen verdeckt ist durch eine Reihe von ψ Vorgängen, die sich alle bei den Neurosen wiederfinden und deren krankhafte Natur charakterisieren.[1]

[21] *Das Traumbewußtsein*

Das Bewußtsein der Traumvorstellung ist vor allem ein diskontinuierliches, es ist nicht ein ganzer Assoziationsablauf bewußt [ge]worden, sondern nur einzelne Stationen. Dazwischen liegen unbewußte Mittelglieder, welche man mit Leichtigkeit im Wachen auffindet. Forscht man nach den Gründen dieses Überspringens, so zeigt sich folgendes [Abb. 4]:

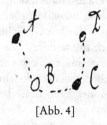

[Abb. 4]

Es sei *A* eine bewußt gewordene Traumvorstellung, sie führe zu *B*; anstatt *B* findet sich aber *C* im Bewußtsein, und zwar weil [es] auf dem Wege zwischen *B* und einer gleichzeitig vorhandenen *D*-Besetzung liegt. Es ergibt sich also eine Ablenkung durch eine gleichzeitige, andersartige, selbst übrigens nicht bewußte Besetzung. Es hat sich also darum *C* dem *B* substituiert, während *B* der Gedankenverbindung, der Wunscherfüllung besser entspricht.

Z. B. – R. hat der A. eine Injektion von *Propyl* gemacht, dann sehe ich vor mir *Trimethylamin* sehr lebhaft, halluz[iniert] als Formel.[2] Erklärung:

---

[1] [Vgl. eine ähnliche Passage in der *Traumdeutung*, wo die pathologischen Vorgänge numeriert und beschrieben werden: *G. W.*, Bd. 2/3, S. 600 ff.; *Studienausgabe*, Bd. 2, S. 565 ff.]

[2] [Dies ist selbstverständlich ein sehr kurzer Bericht des berühmten Traums von »Irmas Injektion« (auf den in Anm. 2, S. 435, oben, Bezug genommen wurde), welcher in der *Traumdeutung* als das »Traummuster« angeführt wird (*G. W.*, Bd. 2/3, S. 110–26 und

Der gleichzeitig vorhandene Gedanke [D] ist die sexuelle Natur von A.s Krankheit. Zwischen diesem Gedanken und dem Propyl [A] gibt es eine Assoziation in der Sexualchemie [B], die ich mit W. Fl[ieß] besprochen, wobei er mir das Trimethylamin hervorgehoben. Dies wird nun bewußt [C] durch beiderseitige Förderung.

Es ist sehr rätselhaft, daß nicht auch das Mittelglied (Sexualchemie) [B] oder die ablenkende Vorstellung (sexuelle Natur der Krankheit) [D] bewußt wird, und es bedarf einer Erklärung hiefür. Man würde meinen, die Besetzung von B oder D sei allein nicht intensiv genug, sich zur rückläufigen Halluzination durchzusetzen, das gemeinsam besetzte C brächte dies zustande. Allein im gewählten Beispiel war D (Sexualnatur [der Krankheit]) gewiß so intensiv wie A (Propylinjektion), und der Abkömmling beider, die chemische Formel [C], war enorm lebhaft. Das Rätsel unbewußter Mittelglieder gilt ebenso für das wache Denken, wo ähnliche Vorkommnisse alltäglich sind. Charakteristisch für den Traum bleibt aber die *Leichtigkeit der Verschiebung der Qη* und somit die *Ersetzung von B durch ein quantitativ bevorzugtes C.*

Ähnlich bei der Wunscherfüllung im Traum überhaupt. Es wird nicht etwa der Wunsch bewußt und dann dessen Erfüllung halluziniert, sondern nur das letztere, das Mittelglied bleibt zu erschließen. Es ist ganz gewiß passiert worden, ohne sich qualitativ ausbilden zu können. Man sieht aber ein, daß die Besetzung der Wunschvorstellung unmöglich stärker sein kann als das dazu drängende Motiv. Der psychische Ablauf geschieht also im Traum nach der Q; aber nicht die Q entscheidet über das Bewußtwerden.

Es ist aus den Traumvorgängen etwa noch zu entnehmen, daß das Bewußtsein *während* eines Qη-Ablaufes entsteht, d. h. nicht durch eine *konstante*[1] Besetzung geweckt wird. Ferner sollte man auf die Vermutung geraten, daß eine intensive Qη-Strömung der Entstehung des Bewußtseins nicht günstig ist, da sich dies an den Erfolg der Bewegung, gewissermaßen an ein ruhigeres Verweilen der Besetzung anschließt. Es ist schwer, zwischen diesen einander widersprechenden Bestimmungen zur wirklichen Bewußtseins-Bedingtheit durchzudringen. Auch wird man dazu die Ver-

---

S. 298–301; *Studienausgabe*, Bd. 2, S. 126–40 und S. 293–96). Im Manuskript des vorliegenden Werks ist die Patientin mit dem Buchstaben A., der Arzt mit R. benannt. In seinem ausführlichen Bericht verwendet Freud die Pseudonyme »Irma« für die Patientin und »O« (»Otto«) für den Arzt.]

[1] [Kursivierung der Herausgeber.]

hältnisse berücksichtigen müssen, unter denen *Bewußtsein*[1] im Sekundärvorgang entsteht.

Vielleicht erklärt sich die vorhin angegebene Eigentümlichkeit des Traumbewußtseins daraus, daß ein Rückströmen von Qἡ nach φ mit einer energischeren Strömung nach ψ Assoziationsbahnen unverträglich ist. Für die φ Bewußtseinsvorgänge scheinen andere Bedingungen zu gelten.

25. Sept. 95.[2]

II. TEIL
PSYCHOPATHOLOGIE

Der I. Teil dieses Entwurfes enthielt, was sich aus den Grundannahmen gewissermaßen a priori ableiten ließ, gemodelt und korrigiert nach einzelnen tatsächlichen Erfahrungen. Dieser II. Teil sucht aus der Analyse pathologischer Vorgänge fernere Bestimmungen des auf die Grundannahmen fundierten Systems zu erraten; ein dritter soll aus beiden vorhergehenden die Charaktere des normalen psychischen Ablaufes aufbauen.

A[3]: *Psychopathologie der Hysterie*

[1] *Der hysterische Zwang*[4]

Ich beginne von Dingen, die sich bei der Hysterie finden, ohne daß sie ihr einzig eigen sein müssen. – Jedem Beobachter der Hy[sterie] fällt zunächst

---

[1] [Dieses Wort ist im Manuskript unterstrichen. Dem Sinne nach müßte indessen »Sekundärvorgang« unterstrichen sein.]

[2] [Dieses Datum am Ende von Teil I des ›Entwurf‹-Manuskripts wurde in den *Anfängen* fälschlich an den Anfang von Teil II gesetzt. – Der Tag des Monats könnte auch als »28« entziffert werden.]

[3] [Im Manuskript folgt später kein »B«, das dem »A« entspräche.]

[4] [Im Manuskript steht im Anschluß an diese Zwischenüberschrift, jedoch wieder ausgestrichen, »*Symptome (Sonderbarkeiten) der Hysterie*«. Offenbar wurde »Der hysterische Zwang« nachträglich an die Stelle des ursprünglichen Titels gesetzt.]

auf, daß die Hy[steriker] einem *Zwang* unterliegen, der von *überstarken*[1] Vorstellungen ausgeübt wird. Es taucht etwa eine Vorstellung besonders häufig im Bewußtsein auf, ohne daß der Ablauf es rechtfertigen würde; oder es ist die Erweckung dieser V[orstellung] von psychischen Folgen begleitet, die sich nicht verstehen lassen. Mit dem Auftauchen der überstarken Vorstellung sind Folgen verbunden, die einerseits nicht zu unterdrücken, andererseits nicht zu verstehen sind, Affektentbindung, motorische Innervationen, Verhinderungen. Dem Individuum geht die Einsicht in das Auffällige des Sachverhaltes keineswegs ab.

Überstarke Vorstellungen gibt es auch normalerweise. Sie verleihen dem Ich seine Besonderheit. Wir wundern uns nicht über sie, wenn wir ihre genetische Entwicklung (Erziehung, Erfahrungen) und ihre Motive kennen. Wir sind gewohnt, in solchen *überstarken* Vorstellungen das Ergebnis großer und berechtigter Motive zu sehen. Die hysterischen *überstarken Vorstellungen* fallen uns dagegen durch ihre Sonderbarkeit auf, es sind *Vorstellungen*, die bei anderen folgenlos sind und von deren Würdigkeit wir nichts *verstehen*. Sie erscheinen uns als Emporkömmlinge, Usurpatoren, daher als lächerlich.

Der *hysterische Zwang* ist also 1. *unverständlich*, 2. *durch Denkarbeit unlöslich*, 3. in seinem Gefüge *inkongruent*.

Es gibt einen *einfachen neurotischen* Zwang, den man mit dem hysterischen in Kontrast bringen darf, z. B.: Ein Mann ist aus einem Wagen gestürzt, dabei in Gefahr geraten und kann seither nicht mehr in einem Wagen fahren. Dieser Zwang ist 1. verständlich, denn wir kennen seine Herkunft, 3.[2] kongruent, denn die Assoziation mit Gefahr rechtfertigt die Verknüpfung des Wagenfahrens mit Furcht. Er ist aber auch [2.] durch Denkarbeit nicht löslich. Letzterer Charakter ist nicht ganz pathologisch zu heißen, auch unsere normalen überstarken Ideen sind oft unlöslich.

---

[1] [Zu »überstark« vgl. S. 388, oben. Das gleiche Wort verwendet Freud im gleichen Zusammenhang in der »Dora«-Analyse (1905 e [1901]; *G. W.*, Bd. 5, S. 214; *Studienausgabe*, Bd. 6, S. 128), wo er es mit Wernickes Terminus »überwertig« gleichsetzt, welcher seinerseits von Breuer in den *Studien über Hysterie* (1895), S. 306, oben, benutzt wurde. (Vgl. Wernicke, 1900, S. 140.) Den Terminus »überstark« verwendet Freud ferner in seiner dreiteiligen Vorlesung über Hysterie (1895 g), in der er offensichtlich großenteils die gleichen Themen abhandelt wie im ›Entwurf‹. (S. die Zusammenfassungen, S. 334 und S. 347, oben.) Der vorliegenden Passage zugrundeliegende Gedanke war von Freud bereits in seiner Darstellung des Falles der Frau Emmy von N. in den *Studien über Hysterie* entwickelt worden (1895 d; *G. W.*, Bd. 1, S. 141 f.).]

[2] [Die »3« verweist natürlich auf die Aufzählung im vorhergehenden Absatz.]

Man würde den neurotischen Zwang für gar nicht pathologisch halten, wenn die Erfahrung nicht zeigte, daß ein solcher beim gesunden Menschen nur kurz nach der Veranlassung fortbesteht, dann mit der Zeit zerfällt. Die Fortdauer des Zwanges ist also pathologisch und weist auf eine *einfache Neurose*[1] hin.

Nun ergeben unsere Analysen, daß der hysterische Zwang sofort *gelöst* ist, wenn er *aufgeklärt* (verständlich gemacht) ist. Diese beiden Charaktere sind also im Wesen eines. Bei der Analyse erfährt man auch den Vorgang, durch welchen der Anschein von Absurdität und *Inkongruenz* zustande gekommen ist. Das Resultat der Analyse ist allgemein ausgedrückt folgendes:

Vor der Analyse ist *A* eine überstarke Vorstellung, die sich zu oft ins Bewußtsein drängt, jedesmal Weinen hervorruft. Das Individuum weiß nicht, warum es bei *A* weint, findet es absurd, kann es aber nicht hindern.

Nach der Analyse hat sich gefunden, daß es eine Vorstellung *B* gibt, die mit Recht Weinen hervorruft, die mit Recht sich oft wiederholt, solange nicht eine gewisse komplizierte psychische Leistung gegen sie vom Individuum vollbracht ist. Die Wirkung von *B* ist nicht absurd, ist dem Individuum verständlich, kann selbst von ihm bekämpft werden.

B steht zu *A* in einem bestimmten Verhältnis.

Es hat nämlich ein Erlebnis gegeben, welches aus *B* + *A* bestand. *A* war ein Nebenumstand, *B* war geeignet, jene bleibende Wirkung zu tun. Die Reproduktion dieses Ereignisses in der Erinnerung hat sich nun so gestaltet, als ob *A* an die Stelle von *B* getreten wäre. *A* ist das Substitut, das *Symbol* für *B* geworden. Daher die Inkongruenz, *A* ist von Folgen begleitet, deren es nicht würdig scheint, die nicht zu ihm passen.

Symbolbildungen kommen auch normalerweise vor. Der Soldat opfert sich für einen mehrfarbigen Fetzen auf einer Stange, weil dieser zum Symbol des Vaterlandes geworden ist, und niemand findet dies neurotisch.[2]

---

[1] [Hierbei handelt es sich nicht um einen Terminus, den Freud in irgendeiner seiner aus der damaligen Zeit stammenden Erörterungen der Neurosenklassifikation verwendet hätte. Er taucht jedoch in der zweiten der Arbeiten über die Abwehr-Neuropsychosen (1896*b*; *G. W.*, Bd. 1, S. 385) auf, wo er für das steht, was Freud später »Aktualneurosen« – Neurasthenie und Angstneurose – nannte und von »Psychoneurosen« – Hysterie und Zwangsneurose – unterschied. Doch scheint er den Ausdruck im vorliegenden Kontext in einem anderen Sinne zu verwenden.]

[2] [Das gleiche Beispiel findet sich in der *Traumdeutung* (1900*a*) wieder (*G. W.*, Bd. 2/3, S. 183; *Studienausgabe*, Bd. 2, S. 190). In diesen Ausführungen scheint Freud »Symbolbildung« zumeist in dem sehr allgemeinen Sinn von »Verschiebung« zu verwenden. In

Das hysterische *Symbol* benimmt sich aber anders. Der Ritter, der sich für den Handschuh der Dame schlägt, *weiß* erstens, daß der Handschuh seine Bedeutung der Dame verdankt, er ist zweitens durch die Verehrung des Handschuhes in keiner Weise gehindert, an die Dame zu denken und ihr sonst zu dienen. Der *Hysteriker,* der bei *A* weint, weiß nichts davon, daß er dies wegen der Assoziation *A – B* tut, und *B* selbst spielt in seinem psychischen Leben gar keine Rolle. Das Symbol hat sich hier dem *Ding* vollkommen substituiert.

Diese Behauptung ist im strengsten Sinne richtig. Man überzeugt [sich], daß bei allen Erweckungen von außen und aus der Assoziation her, die eigentlich *B* besetzen sollten, anstatt dessen *A* ins Bewußtsein tritt. Ja, man kann aus den Anlässen, die – merkwürdigerweise – *A* erwecken, auf die Natur von *B* schließen.

Man kann den Sachverhalt zusammenfassen, *A* ist zwangsartig, *B* ist verdrängt (wenigstens aus dem Bewußtsein).

Die Analyse hat das überraschende Resultat ergeben, daß jedem *Zwang* eine *Verdrängung* entspricht, jedem übermäßigen Eindrängen ins Bewußtsein eine Amnesie.

Der Terminus »überstark« weist auf quantitative Charaktere hin; es liegt nahe anzunehmen, daß die *Verdrängung* den quantitativen Sinn einer Entblößung von Q hat und daß die Summe von beiden [Zwang und Verdrängung] dem Normalen gleich wäre. Dann hat sich nur die Verteilung geändert, dem *A* ist etwas zugelegt worden, was dem *B* entzogen wurde. Der pathologische Vorgang ist der einer *Verschiebung,* wie wir sie im Traume kennengelernt haben, also ein Primärvorgang.[1]

---

seinen Beiträgen zu den *Studien über Hysterie* (1895 *d*) benutzte er den Terminus im engeren Sinne der »Konversion« von psychischen Zuständen in physische Empfindungen. (S. beispielsweise *G. W.,* Bd. 1, S. 247 f.) S. auch den Abschnitt ›Die hysterische Konversion‹ in Breuers Beitrag zum nämlichen Werk (S. 267 ff., oben). Diese Verwendungsarten des Ausdrucks »Symbolbildung« sind nur locker mit jenen verknüpft, die sich, besonders im Zusammenhang mit Träumen, häufiger in seinen späteren Schriften finden. Dort scheint der Hauptpunkt darin zu bestehen, daß die Bedeutung des Symbols dem Bewußtsein nicht gegenwärtig ist, eine Bedingung, die, wie der nächste Absatz zeigt, hier nicht erfüllt wird. Die verschiedenen Verwendungen des Begriffs »Symbol« werden von Freud in der zehnten seiner *Vorlesungen* (1916–17 [1915–17]) erörtert (*G. W.,* Bd. 11, insbesondere S. 153 f.; *Studienausgabe,* Bd. 1, insbesondere S. 161 f.).]

[1] [Wichtige Punkte dieser Argumentation, wenn auch auf einer durchaus anderen Gedankenlinie, finden sich in der »Dora«-Analyse (1905 *e* [1901]) wieder (*G. W.,* Bd. 5, S. 214 f.; *Studienausgabe,* Bd. 6, S. 128 f.).]

[2] *Die Entstehung des hysterischen Zwanges*

Nun entstehen mehrere inhaltsvolle Fragen: Unter welchen Bedingungen kommt es zu einer solchen pathologischen Symbolbildung, (andererseits) Verdrängung? Welches ist die bewegende Kraft dabei? In welchem Zustand befinden sich die Neurone der überstarken und die der verdrängten Vorstellung?

Es wäre da nichts zu erraten und nicht weiterzubauen, wenn nicht die klinische Erfahrung zwei Tatsachen lehrte. Erstens: die Verdrängung betrifft durchwegs Vorstellungen, die dem *Ich* einen peinlichen Affekt (Unlust) erwecken, zweitens: Vorstellungen aus dem sexuellen Leben.[1]

Man kann schon vermuten, daß es jener Unlustaffekt ist, welcher die Verdrängung durchsetzt. Wir haben ja schon eine *primäre Abwehr* angenommen, die darin besteht, daß die Denkströmung umkehrt, sobald sie auf ein Neuron stößt, dessen Besetzung Unlust entbindet. [Vgl. S. 415 und S. 425.]

Die Berechtigung dazu ergab sich aus zwei Erfahrungen, 1. daß diese Neuronenbesetzung gewiß nicht die gesuchte ist, wo der Denkvorgang ursprünglich die Herstellung der ψ Befriedigungssituation bezweckte, 2. daß bei reflektorischer Beendigung eines Schmerzerlebnisses die feindliche Wahrnehmung durch eine andere ersetzt wurde [S. 415].

Allein, man kann sich von der Rolle des Abwehraffektes direkter überzeugen. Forscht man nach dem Zustand, in dem sich die verdrängte [Vorstellung] *B* befindet, so entdeckt man, daß diese leicht aufzufinden und ins Bewußtsein zu bringen ist. Dies ist eine Überraschung, man hätte ja meinen können, *B* sei wirklich vergessen, keine Erinnerungsspur von *B* in ψ geblieben. Nein, *B* ist ein Erinnerungsbild wie ein anderes, ist nicht verlöscht, aber wenn, wie gewöhnlich, *B* ein Besetzungskomplex ist, so erhebt sich ein ungemein großer, schwer zu besiegender *Widerstand* gegen die Denkarbeit mit *B*. Man darf ohne weiteres in diesem Widerstand gegen *B* das Maß des *Zwanges* sehen, den *A* ausübt, und darf glauben, daß man die Kraft, welche seinerzeit *B* verdrängt hat, hier neuerdings bei der Arbeit sieht.[2] Gleichzeitig erfährt man etwas anderes. Man hat ja nur gewußt, daß *B* nicht *bewußt* werden kann, über das Verhalten von *B* zur Denkbeset-

---

[1] [Es wird sogleich (S. 443) deutlich werden, daß hier gemeint ist, eine Vorstellung müsse *sowohl* peinlich *als auch* sexuell sein, um verdrängt zu werden.]

[2] [Die Beobachtung der Identität der Kräfte, die in Widerstand und Verdrängung am Werke sind, wurde, wie Freud mehr als einmal in späteren Jahren bemerkte, zum Grund-

zung war nichts bekannt. Nun lernt man, daß der Widerstand sich gegen jede Denkbeschäftigung mit *B* kehrt, wenn es auch schon teilweise bewußtgemacht ist. Man darf also anstatt vom Bewußtsein ausgeschlossen, einsetzen: vom *Denkvorgang ausgeschlossen.*

Es ist also ein vom *besetzten Ich* ausgehender Abwehrvorgang, der die hysterische Verdrängung und damit den hysterischen Zwang zur Folge hat. Insoferne scheint sich der Vorgang von den ψ Primärvorgängen abzusondern.

[3] *Die pathologische Abwehr*

Wir sind indes weit entfernt von einer Lösung. Der Erfolg der *hysterischen Verdrängung* unterscheidet sich, wie wir wissen, sehr weitgehend von dem der normalen Abwehr, von der wir genau Bescheid wissen. Es ist ganz allgemein, daß wir es vermeiden, an das zu denken, was nur Unlust erweckt, und wir tun dies, indem wir die Gedanken auf anderes richten. Allein, wenn wir dadurch erreichen, daß die unverträgliche *B*[-Vorstellung] selten in unserem Bewußtsein auftaucht, weil wir sie möglichst isoliert erhalten haben, so gelingt es uns doch nie, an *B* so zu vergessen, daß wir nicht durch neue Wahrnehmung[1] darin erinnert werden könnten. Nun kann solche Erweckung auch bei Hysterie nicht verhütet werden, der Unterschied besteht nur darin, daß dann anstatt *B* immer *A* bewußt, also besetzt wird. Es ist also die *Symbolbildung* so fester Art jene Leistung, welche über die normale Abwehr hinausgeht.

Die nächste Erklärung dieser Mehrleistung wäre, daß die größere Intensität des Abwehraffektes zu beschuldigen ist. Allein, die Erfahrung zeigt, daß die peinlichsten Erinnerungen, welche notwendigerweise die größte Unlust erwecken müssen (Erinnerung von Reue über schlechte Taten), nicht verdrängt und durch Symbole ersetzt werden können. Die Existenz der zweiten Bedingung für die pathologische Abwehr [S. 442] – die Sexualität – weist auch darauf hin, daß die Erklärung anderswo zu suchen ist.

---

pfeiler der Psychoanalyse. S. beispielsweise *Selbstdarstellung* (1925 *d* [1924]; *G. W.,* Bd. 14, S. 54 f.). Die Beobachtung findet sich bereits in Freuds Falldarstellung der Elisabeth von R. in den *Studien über Hysterie* (1895 *d*; *G. W.,* Bd. 1, S. 222 f.). Freud betonte diesen Punkt auch in seinem Vortrag ›Über Hysterie‹ (1895 *g*), einer Arbeit, die fast gleichzeitig mit dem ›Entwurf‹ verfaßt wurde; vgl. den Bericht S. 340, oben.]

[1] [Im Manuskript so ausgeschrieben: »Wahrnehmg«.]

Es ist ganz unmöglich anzunehmen, daß peinliche sexuelle Affekte an Intensität allen anderen Unlustaffekten so sehr überlegen sei[e]n. Es muß ein anderer Charakter der sexuellen Vorstellung sein, welcher erklären kann, daß einzig sexuelle Vorstellungen der Verdrängung unterliegen.

Noch eine Bemerkung ist hier anzufügen. Die hysterische Verdrängung geschieht offenbar mit Hilfe der *Symbolbildung,* der *Verschiebung* auf andere Neurone. Man könnte nun meinen, das Rätsel liege nur im Mechanismus dieser Verschiebung, an der Verdrängung selbst sei nichts zu erklären. Allein, wir werden bei der Analyse z. B. der Zwangsneurose hören, daß dort *Verdrängung ohne* Symbolbildung stattfindet, ja daß Verdrängung und Substitution dort zeitlich auseinanderfallen. Somit bleibt der Vorgang der *Verdrängung* als Kern des Rätsels bestehen.

[4] *Das hysterische Proton pseudos*[1]

Wir haben gehört, daß der hysterische Zwang von einer eigentümlichen Art der Qή-Bewegung (Symbolbildung) herrührt, welche wahrscheinlich ein *Primärvorgang* ist, da er sich im Traum leicht erweisen läßt; daß die bewegende Kraft dieses Vorganges die *Abwehr* des Ich ist, welche aber hier mehr leistet als normal [S. 443]. Wir brauchen eine Erklärung dafür, daß bei einem *Ichvorgang* sich Folgen einstellen, die wir nur bei Primärvorgängen gewohnt sind. Es sind da besondere psychische Bedingungen zu erwarten. Von klinischer Seite wissen wir, daß sich dies alles nur auf *sexuellem* Gebiet ereignet; vielleicht haben wir also die besondere psychische Bedingung aus natürlichen Charakteren der Sexualität zu erklären.

Nun gibt es auf sexuellem Gebiet allerdings eine besondere psychische

---

[1] [Der Terminus findet sich in der *Ersten Analytik* (Buch II, Kapitel 18, 66 a, 16) des Aristoteles, einem Werk, das sich mit der Theorie des Syllogismus befaßt und später in das sogenannte *Organon* aufgenommen wurde. Das Kapitel handelt von falschen Prämissen und falschen Schlußfolgerungen; der betreffende Satz besagt, daß eine falsche Behauptung das Ergebnis einer vorausgegangenen Unrichtigkeit (›proton pseudos‹) sei. Andersson (1962, S. 195 f.) hat nachgewiesen, daß ein Wiener Arzt, Max Herz, den gleichen Ausdruck in einem ähnlichen Kontext in einem Vortrag verwendete, den er 1894 vor der neurologischen Sektion eines wissenschaftlichen Kongresses vortrug. Freud war damals Schriftführer dieser Sektion (vgl. einen Brief an Fließ, 1985 c [1887–1904], vom 7. Februar 1894). Freud verwendet den Ausdruck auch später wieder in einem Brief an Fließ (ibid.) vom 3. März 1901.]

Konstellation, die für unsere Absicht verwertbar sein könnte. Wir wollen sie, die aus Erfahrung bekannt ist, an einem Beispiel erörtern.

Emma[1] steht heute unter dem Zwange, daß sie nicht *allein* in einen Kaufladen gehen kann. Zur Begründung desselben eine Erinnerung, als sie zwölf Jahre alt war (kurz nach Pubertät). Sie ging in einen Laden etwas einkaufen, sah die beiden Kommis, von denen ihr einer in Erinnerung ist, miteinander lachen, und lief in irgendwelchem *Schreckaffekt* davon. Dazu lassen sich Gedanken erwecken, daß die beiden über ihr Kleid gelacht und daß ihr einer sexuell gefallen habe.

Sowohl die Beziehung dieser Teilstücke als auch die Wirkung des Erlebnisses sind unverständlich. Wenn sie Unlust empfunden hat, wegen ihres Kleides ausgelacht zu werden, so hätte sich das längst korrigieren müssen, seitdem sie als Dame gekleidet ist; auch ändert es nichts an ihrer Kleidung, ob sie allein in den Laden geht oder begleitet. Daß sie nicht direkte Schutz braucht, geht daraus hervor, daß wie bei Agoraphobie schon die Begleitung eines kleinen Kindes ihr Sicherheit bringt. Ganz unvereinbar steht da, daß ihr der eine gefallen hat; auch daran würde Begleitung nichts ändern. Die erweckten Erinnerungen erklären also weder den Zwang noch die Determinierung des Symptoms.

Weiteres Forschen deckt nun eine zweite Erinnerung auf, die im Moment der Szene I gehabt zu haben sie bestreitet. Es ist auch durch nichts erwiesen. Als Kind von acht Jahren ging sie zweimal in den Laden eines Greißlers[2] allein, um Näschereien einzukaufen. Der Edle kniff sie dabei durch die Kleider in die Genitalien. Trotz der ersten Erfahrung ging sie ein zweites Mal hin. Nach dem zweiten blieb sie aus. Sie macht sich nun Vorwürfe, daß sie zum zweiten Mal hingegangen, als ob sie damit das Attentat provozieren hätte wollen. Tatsächlich ist ein Zustand des »drückenden bösen Gewissens« auf dies Erlebnis zurückzuführen.

Wir verstehen nun Szene I (Kommis), wenn wir Szene II (Greißler) dazunehmen. Wir brauchen nur eine assoziative Verbindung zwischen beiden. Sie gibt selbst an, diese sei durch das *Lachen* gegeben. Das Lachen der Kommis habe sie an das Grinsen erinnert, mit dem der Greißler sein Attentat begleitet [hatte]. Nun läßt sich der Vorgang wie folgt rekonstruieren: Im Laden *lachen* die beiden Kommis, dies Lachen ruft (unbewußt)

---

[1] [Emma Eckstein spielt in Teilen der Fließ-Dokumente (1985 c [1887–1904]) eine führende Rolle. Vgl. auch Max Schurs Erörterung dieses Falles (1973, S. 102–08).]
[2] [Österreichisch: Krämer.]

die Erinnerung an den Greißler wach. Die Situation hat ja noch eine Ähnlichkeit, sie ist wieder im Laden allein. Mit dem Greißler wird der Kniff durch die Kleider erinnert, sie ist aber seitdem pubes geworden. Die Erinnerung erweckt, was sie damals gewiß nicht konnte, eine *sexuelle Entbindung*, die sich in Angst umsetzt. Mit dieser Angst fürchtet sie, die Kommis könnten das Attentat wiederholen, und läuft davon.

Es ist ganz sichergestellt, daß hier zwei Arten von ψ Vorgängen durcheinandergehen, daß die Erinnerung an Szene II (Greißler) in einem anderen Zustand geschah als das andere. Der Hergang läßt sich folgendermaßen darstellen [Abb. 5]:

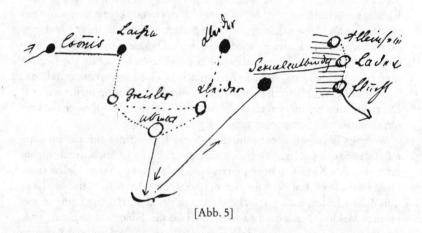

[Abb. 5]

Davon sind die geschwärzten[1] V[orstellungen] Wahrnehmungen[2], die auch erinnert werden. Daß die Sexualentbindung auch zum Bewußtsein kam, beweist die sonst unverständliche Idee, der lachende Kommis habe ihr gefallen. Der Schluß, nicht allein im Laden zu bleiben wegen Attentatsgefahr, ist ganz korrekt gebildet mit Rücksicht auf alle Stücke des Assoziationsvorganges. Allein, von dem (unten dargestellten[3]) Vorgang ist nichts

---

[1] [D. h. die durch schwarz ausgefüllte Kreise dargestellten.]
[2] [Im Manuskript so ausgeschrieben: »Wahrnehmgen«.]
[3] [»unten« bezieht sich auf die nicht ausgefüllten Kreise des unteren Teils der Abbildung. (Die ausgefüllten Kreise der oberen Reihe stehen, wie in Abb. 4, S. 436, für *bewußte* Elemente; die untere Reihe nicht ausgefüllter Kreise für *unbewußte* Elemente.)]

zum Bewußtsein gekommen als das Stück »Kleider«, und das mit *Bewußtsein* arbeitende Denken hat aus dem vorhandenen Material: (Kommis, Lachen, Kleider, Sexualempfindung) zwei falsche Verknüpfungen gestaltet, daß sie wegen ihrer Kleider ausgelacht worden und daß der eine Kommis ihr sexuelles Gefallen erregt hat.[1]

Der ganze Komplex (licht gehalten[2]) ist im Bewußtsein vertreten durch die eine Vorstellung: Kleider, offenbar die harmloseste. Es ist hier eine Verdrängung mit Symbolbildung vorgefallen. Daß der Schluß – das Symptom – dann ganz korrekt gebildet ist, so daß das Symbol keine Rolle darin spielt, ist eigentlich eine Besonderheit des Falles.

Man könnte sagen, daß eine Assoziation durch unbewußte Mittelglieder durchgeht, bis sie auf ein bewußtes kommt, sei ganz gewöhnlich, wie es hier geschieht.[3] Wahrscheinlich tritt dann jenes Glied ins Bewußtsein, welches ein besonderes Interesse erweckt. In unserem Beispiel ist aber gerade das bemerkenswert, daß nicht jenes Glied ins Bewußtsein tritt, welches ein Interesse weckt (Attentat), sondern ein anderes als Symbol (Kleider). Fragt man sich, was die Ursache dieses eingeschobenen pathologischen Vorganges sein mag, so ergibt sich nur eine einzige, die *Sexualentbindung*, die auch im Bewußtsein bezeugt ist. Diese ist an die Attentatserinnerung geknüpft, allein es ist höchst bemerkenswert, daß sie an das Attentat, als es erlebt wurde, nicht geknüpft war. Es liegt hier der Fall vor, daß eine Erinnerung einen Affekt erweckt, den sie als Erlebnis nicht erweckt hatte, weil unterdes die Veränderung der Pubertät ein anderes Verständnis des Erinnerten ermöglicht hat.[4]

---

[1] [»Falsche Verknüpfungen« werden von Freud ausführlich in seiner Falldarstellung der Emmy von N. diskutiert. S. *Studien über Hysterie* (1895*d*; *G. W.*, Bd. 1, S. 121 ff., Anm.). Sonst wird der Terminus in seinen frühen Schriften häufiger spezifisch für Affektverschiebung verwendet, beispielsweise in der ersten Arbeit über ›Die Abwehr-Neuropsychosen‹ (1894*a*; *G. W.*, Bd. 1, S. 65 f.).]

[2] [So im Manuskript; in *Anfänge* wurde dies in »gebrochene Linien« verändert. – Dies ist, nebenbei bemerkt, ein schlagendes Beispiel für die Verwendung des Worts »Komplex« im Sinne einer verdrängten Vorstellungsgruppe, dessen Einführung gewöhnlich der Züricher Schule zugeschrieben wird. Im nämlichen Sinn wurde der Ausdruck auch schon von Breuer in seinem Beitrag zu den *Studien über Hysterie* (1895) benutzt, S. 290 und Anm. 1, oben.]

[3] [Gemeint ist zweifellos: »Man könnte sagen, es sei ganz gewöhnlich, daß eine Assoziation durch unbewußte Mittelglieder durchgeht, bis sie auf ein bewußtes kommt, wie es hier geschieht.«]

[4] [Die in diesem Satz aufgestellte Hypothese (die in den beiden folgenden Abschnitten erörtert wird) beherrschte Freuds Ansichten über die Hysterieätiologie während dieser

Dieser Fall ist nun typisch für die Verdrängung bei der Hysterie. Überall findet sich, daß eine Erinnerung verdrängt wird, die nur *nachträglich* zum Trauma geworden ist. Ursache dieses Sachverhaltes ist die Verspätung der Pubertät gegen die sonstige Entwicklung des Individuums.

[5] *Bedingungen des πρῶτον ψεῦδος ὑστ[ερικόν]*[1]

Obwohl es im psychischen Leben nicht gewöhnlich vorkommt, daß eine Erinnerung einen Affekt erweckt, den sie als Erlebnis nicht mitgebracht, so ist dies doch für die sexuelle Vorstellung etwas ganz Gewöhnliches, gerade weil die Pubertätsverzögerung ein allgemeiner Charakter der Organisation ist. Jede adoleszente Person hat Erinnerungsspuren, welche erst mit dem Auftreten von sexuellen Eigenempfindungen verstanden werden können, jede sollte also den Keim zur Hysterie in sich tragen. Es bedürfte offenbar noch mitwirkender Momente, sollte diese allgemeine Nötigung sich auf die geringe Anzahl von Personen einschränken, welche wirklich hysterisch werden. Nun weist die Analyse darauf hin, daß das Störende an einem sexuellen Trauma offenbar die Affektentbindung ist, und die Erfahrung lehrt die Hysteriker als Personen kennen, von denen [man] zum Teil weiß, daß sie durch mechanische und [durch] Gefühlsreizung *vorzeitig* sexuell erregbar geworden sind (Masturbation), zum Teil annehmen kann, daß eine vorzeitige Sexualentbindung in ihrer Anlage liegt. Vorzeitiger *Beginn* der Sexualentbindung oder vorzeitig *stärkere* Sexualentbindung ist aber offenbar gleichwertig. Dies Moment ist auf einen quantitativen Faktor reduziert.

Worin soll nun aber die Bedeutung der *Vorzeitigkeit* in der Sexualentbindung bestehen? Es fällt hier alles Gewicht auf die Vorzeitigkeit, denn daß Sexualentbindung überhaupt zur Verdrängung Anlaß gibt, läßt sich nicht festhalten; es würde die Verdrängung wiederum zu einem Vorgang von normaler Häufigkeit machen.

---

ganzen frühen Epoche. Kurz nach Niederschrift des vorliegenden Werks untersuchte er sie in einer langen Fußnote zu seiner zweiten Arbeit über ›Die Abwehr-Neuropsychosen‹ (1896*b*; *G. W.*, Bd. 1, S. 384). Dem gesamten Konzept wurde ein bis zwei Jahre später durch die Entdeckung der infantilen Sexualität und die Erkenntnis der Fortwirkung unbewußter Triebimpulse der Boden entzogen. Nichtsdestotrotz verlor der Begriff der »Nachträglichkeit« eines Traumas seine Gültigkeit nicht gänzlich, wie eine Anmerkung zur Fallgeschichte des »Wolfsmanns« (1918*b* [1914]) zeigt (*G. W.*, Bd. 12, S. 72, Anm.; *Studienausgabe*, Bd. 8, S. 163 f., Anm.).]

[1] [S. die Anm. auf S. 444.]

[6] *Die Denkstörung durch den Affekt*

Wir haben es nicht abweisen können, daß die Störung des normalen psychischen Vorganges zwei Bedingungen hatte, 1. daß die Sexualentbindung an eine *Erinnerung* statt an ein Erlebnis anknüpfte, 2. daß diese Sexualentbindung *vorzeitig* stattfand. Durch diese beiden Zutaten sollte eine Störung verursacht werden, welche das normale Maß überschreitet, die aber auch im Normalen vorgebildet ist.

Es ist eine ganz alltägliche Erfahrung, daß Affektentwicklung den normalen Denkablauf hemmt, und zwar in verschiedener Weise. Erstens, indem viele Denkwege vergessen werden, die sonst in Betracht kämen, also ähnlich wie im Traum [S. 433]. So z. B. ist es mir vorgekommen, daß ich in der Erregung einer großen Besorgnis vergessen habe, mich des seit kurzer Zeit bei mir eingeführten Telephons zu bedienen. Die rezente Bahn unterlag im Affektzustand. Die *Bahnung*, d. h. die *Anciennität* gewann die Oberhand. Mit diesem Vergessen schwindet die Auswahl, die Zweckmäßigkeit und Logik des Ablaufes ganz ähnlich wie im Traum. Zweitens, indem ohne Vergessen Wege beschritten werden, die sonst vermieden sind, insbesondere Wege zur Abfuhr, Handlungen im Affekt. Schließlich nähert sich der Affektvorgang dem ungehemmten Primärvorgang an.

Hieraus ist mancherlei zu erschließen. Erstens daß bei der Affektentbindung die entbindende Vorstellung selbst eine Verstärkung gewinnt, zweitens daß die Hauptleistung des besetzten Ich in der Verhütung neuer Affektvorgänge und der Herabdrückung der alten Affektbahnungen besteht. Man kann sich das Verhältnis nur folgender Art vorstellen. Ursprünglich hat eine Wahrnehmungsbesetzung als Erbe eines Schmerzerlebnisses Unlust entbunden, sich durch die entbundene $Q\dot\eta$ verstärkt und ist nun auf den zum Teil vorgebahnten Ablaufwegen zur Abfuhr vorgegangen. Auf bekannte Weise [S. 430 f. und S. 432] hat sich, nachdem ein besetztes Ich gebildet war, die »Aufmerksamkeit« gegen neue Wahrnehmungsbesetzungen entwickelt, die nun dem Ablauf von W aus mit Seitenbesetzungen folgte. Dadurch ist die Unlustentbindung quantitativ eingeschränkt worden, und deren Beginn war für das Ich gerade ein Signal, normale Abwehr vorzunehmen [S. 421, oben]; so ist verhütet worden, daß neue Schmerzerlebnisse mit ihren Bahnungen so leicht entstehen.[1] Je stärker doch die Unlustbindung, desto schwieriger die Aufgabe für das Ich, das mit seinen Seiten-

---

[1] [Das gesamte Thema wird in Teil III, S. 451 ff., unten, ausführlicher diskutiert.]

besetzungen doch nur den Qή bis zu gewisser Grenze ein Gegengewicht bieten kann, somit einen *Primärablauf* zulassen muß.

Ferner, je größer die zum Ablauf strebende Quantität ist, desto schwieriger ist für das Ich die Denkarbeit, welche nach allen Andeutungen in einem probeweisen Verschieben von kleinen Qή besteht. [S. 429, oben, und S. 458, unten.] Das »Überlegen«[1] ist eine zeitfordernde Tätigkeit des Ich, die bei starken Qή im Affektniveau nicht statthaben kann. Daher die Voreiligkeit und die [dem] Primärvorgang ähnliche Auswahl der Wege im Affekt.

Es handelt sich also für das Ich darum, keine Affektentbindung zuzulassen, weil es damit einen Primärvorgang zuläßt. Sein bestes Werkzeug hiefür ist der Aufmerksamkeitsmechanismus. Könnte sich eine Unlust entbindende Besetzung diesem entziehen, so käme das Ich dagegen zu spät. Nun liegt beim hysterischen P[roton] p[seudos][2] gerade dieser Fall vor. Die Aufmerksamkeit ist auf W[ahrnehmungen] eingestellt, welche sonst zur Unlustentbindung Anlaß geben. Hier ist keine W[ahrnehmung], sondern eine Er[innerung], die unvermuteterweise Unlust entbindet, und das Ich erfährt davon erst zu spät; es hat einen Primärvorgang zugelassen, weil es keinen erwartete.

Allein, es kommt doch auch sonst vor, daß Erinnerungen Unlust entbinden. Gewiß, bei frischen Erinnerungen ist dies ganz normalerweise der Fall. Zunächst, wenn das Trauma (Schmerzerlebnis) kommt – die all[er]ersten entgehen überhaupt dem Ich – zur Zeit, da es schon ein Ich gibt, geschieht eine Unlustentbindung, aber gleichzeitig ist auch das Ich tätig, Seitenbesetzungen zu schaffen.[3] Wiederholt sich die Er[innerungs]besetzung, so wiederholt sich auch die Unlust, allein, auch die Ichbahnungen sind schon vorhanden, die Erfahrung zeigt, daß zum zweiten Mal die Entbindung geringer ausfällt, bis sie mit weiterer Wiederholung auf die dem Ich genehme Intensität eines Signals einschrumpft. [Vgl. S. 421, oben.][4] Es handelt sich also nur darum, daß bei der *ersten* Unlustentbindung die Ichhemmung nicht ausfällt, der Vorgang nicht als ein posthumes primäres Affekterlebnis verläuft, und gerade dies wird erfüllt, wenn wie im Fall des

---

[1] [Vgl. S. 427, oben, wo das Wort »Nachdenken«, vielleicht mit einem etwas anderen Sinn, verwendet wird.]

[2] [S. oben, S. 444, Anm.]

[3] [Vgl. hierzu *Jenseits des Lustprinzips* (1920g; *G. W.*, Bd. 13, S. 29 f.; *Studienausgabe*, Bd. 3, S. 239 f.).]

[4] [Das Thema wird auf S. 470 ff., unten, ausführlicher erörtert.]

hysterischen P[roton] p[seudos] die Erinnerung zuerst die Unlustentbindung veranlaßt.

Eine der angeführten [S. 448] von der klinischen Erfahrung gelieferten Bedingungen wäre hiemit in ihrer Bedeutung gewürdigt. *Die Pubertätsverspätung ermöglicht posthume Primärvorgänge.*

[III. TEIL]
VERSUCH, DIE NORMALEN ψ VORGÄNGE DARZUSTELLEN

5. Okt. 95.

[1]

Die sogenannten Sekundärvorgänge müssen mechanisch zu erklären sein [S. 398, Anm. 1] durch die Wirkung, welche eine stetig besetzte Neuronenmasse (das Ich) auf andere mit wechselnden Besetzungen ausübt. Ich will zunächst die psychologische Darstellung solcher Vorgänge versuchen.

Habe ich einerseits das Ich, andererseits W (Wahrnehm[un]gen), d. h. Besetzungen in ψ von φ (der Außenwelt her), so bedarf ich eines Mechanismus, welcher das Ich veranlaßt, den Wahrnehmungen zu folgen und sie zu beeinflussen. Ich finde ihn darin, daß eine Wahrnehmung nach meinen Voraussetzungen jedesmal ω erregt, also Qualitätszeichen abgibt. Genauer gesagt, sie erregt in ω Bewußtsein (Bewußtsein einer Qualität), und die Abfuhr der ω Erregung wird [wie] jede Abfuhr eine Nachricht nach ψ liefern, welche eben das Qualitätszeichen ist. Ich stelle also die Vermutung auf, daß es diese Qualitätszeichen sind, welche ψ für die Wahrnehmung *interessieren.* [Vgl. S. 430 f.]

Es wäre dies der Mechanismus der psychischen Aufmerksamkeit.[1] Seine Entstehung mechanisch (automatisch) zu erklären fällt mir schwer.[2] Ich glaube darum, daß er biologisch bedingt ist, d. h. übriggeblieben im Laufe

---

[1] [S. Anhang B, S. 482 f., unten.]
[2] [S. jedoch S. 453, unten. – Vgl. auch eine Bemerkung Breuers in Abschnitt 2 seines Beitrags zu den *Studien über Hysterie* (1895), S. 254, oben, in der er einen Begriff Exners (1894, S. 165) zitiert, nämlich »attentionelle Bahnung«, der für die Tatsache steht, daß im arbeitenden Gehirn die »intrazerebrale tonische Erregung« ungleichmäßig verteilt ist.]

der psychischen Entwicklung, weil jedes andere Verhalten von ψ durch Unlustentwicklung ausgeschlossen worden ist. Der Effekt der *psychischen Aufmerksamkeit* ist die Besetzung derselben Neurone, welche Träger der Wahrnehmungsbesetzung sind. Dieser Zustand hat ein Vorbild in dem für die ganze Entwicklung so wichtigen *Befriedigungserlebnis* [S. 411] und in dessen Wiederholungen, den *Begierde*zuständen, die sich zu *Wunsch*zuständen und *Erwartungs*zuständen entwickelt haben. Ich habe dargelegt [I. Teil, Abschnitt 16–18], daß diese Zustände die *biologische Rechtfertigung* alles Denkens enthalten. Die psychische Situation ist dort folgende: Im Ich herrscht die Begierdespannung, in deren Folge die Vorstellung des geliebten Objektes (die *Wunsch*vorstellung) besetzt wird. Biologische Erfahrung hat gelehrt, daß diese V[orstellung][1] nicht so stark besetzt werden darf, um mit einer W[ahrnehmung] verwechselt werden zu können, und daß man die Abfuhr aufschieben muß, bis von V die Qualitätszeichen auftreten, als Beweis, daß V jetzt real, eine W[ahrnehmungs]besetzung ist. Kommt eine W[ahrnehmung] an, die mit V identisch oder ähnlich ist, so findet sie ihre Neurone durch den Wunsch *vorbesetzt*, d. h. entweder schon alle besetzt oder einen Teil davon, soweit eben die Übereinstimmung geht. Die Differenz zwischen der V und der ankommenden W[ahrnehmung] gibt dann den Anlaß zum Denkvorgang, der sein Ende erreicht, wenn die überschüssigen W[ahrnehmungs]besetzungen auf einem gefundenen Wege in V[orstellungs]besetzungen überführt sind; dann ist *Identität* erreicht. [Vgl. S. 427 f., oben.]

Die *Aufmerksamkeit* besteht dann darin, die psychische Situation des Erwartungszustandes auch für solche Wahrnehmungen herzustellen, die nicht mit Wunschbesetzungen teilweise zusammenfallen. Es ist eben von Wichtigkeit geworden, allen Wahrnehmungen eine Besetzung entgegenzuschicken, da sich die gewünschten darunter befinden könnten. Die *Aufmerksamkeit* ist biologisch gerechtfertigt; es handelt sich nur darum, das Ich anzuleiten, *welche* Erwartungsbesetzung es herstellen soll, und dazu dienen die Qualitätszeichen.

Man kann den Vorgang der *psychischen Einstellung* etwa noch genauer verfolgen. Zunächst sei das Ich nicht vorbereitet. Es entstehe eine Wahrnehmungsbesetzung und darauf deren Qualitätszeichen. Die innige Bahnung zwischen beiden Nachrichten wird die Wahrnehmungsbesetzung

---

[1] [Im Manuskript ist dieses »V«, wie auch die weiteren in diesem Absatz folgenden, doppelt unterstrichen.]

noch steigern, und nun wird die Aufmerksamkeitsbesetzung der Wahrnehmungsneurone erfolgen. Die nächste Wahrnehmung desselben Objektes wird (nach dem zweiten Assoziationsgesetz[1]) eine ausgiebigere Besetzung derselben Wahrnehmung zu[r] Folge haben, und erst diese wird die psychisch brauchbare Wahrnehmung sein.

(Schon aus diesem Stück der Darstellung ergibt sich ein höchst bedeutsamer Satz: Die Wahrnehmungsbesetzung ist das erste Mal eine wenig intensive, mit geringer Q, das zweite Mal bei ψ Vorbesetzung eine quantitativ größere. Nun wird an dem Urteil über die quantitativen Eigenschaften des Objektes durch die Aufmerksamkeit prinzipiell nichts geändert. Folglich kann die äußere Q der Objekte sich in ψ nicht durch psychische Qἡ ausdrücken. Die psychische Qἡ bedeutet etwas ganz anderes, in der Realität nicht Vertretenes, und die äußere Q drückt sich wirklich in ψ durch etwas anderes aus, durch Komplexität der Besetzungen [S. 407]. Dadurch ist aber die äußere Q von ψ abgehalten.)

Noch befriedigender ist folgende Darstellung: Es ist ein Resultat biologischer Erfahrung, daß die ψ Aufmerksamkeit ständig den Qualitätszeichen zugewendet ist. Diese erfolgen also auf vorbesetzten Neuronen und mit genügend großer Quantität. Die so verstärkten Qualitätsnachrichten verstärken durch ihre Bahnung die Wahrnehmungsbesetzungen, und das Ich hat gelernt, seine Aufmerksamkeitsbesetzungen dem Verlauf dieser Assoziationsbewegung vom Qualitätszeichen zu W folgen zu lassen. Es wird dadurch geleitet, gerade die richtigen Wahrnehmungen oder deren Umgebung zu besetzen. Ja, wenn man annimmt, daß es dieselbe Qἡ aus dem Ich ist, welche auf der Bahnung vom Qualitätszeichen zum W hin wandert, so hat man die Aufmerksamkeitsbesetzung sogar mechanisch (automatisch) erklärt [S. 451]. Die Aufmerksamkeit verläßt also die Qualitätszeichen, um sich den jetzt überbesetzten Wahrnehmungsneuronen zuzuwenden [S. 426].

Nehmen wir an, aus irgendeinem Grund versagte der Aufmerksamkeitsmechanismus, so wird die ψ Besetzung der Wahrnehmungsneurone ausbleiben, und die dorthin gelangte Q wird nach den besten Bahnungen (rein assoziativ) sich fortpflanzen, soweit es die Verhältnisse zwischen Widerständen und Quantität der Wahrnehmungsbesetzung gestatten. [Vgl. S. 416f.] Wahrscheinlich würde dieser Ablauf bald sein Ende erreichen,

---

[1] [»Assoziation durch Ähnlichkeit«. Freud schrieb ursprünglich »ersten« und korrigierte dann in »zweiten«.]

da die Q sich teilt und alsbald in einem nächsten Neuron zu klein zur weiteren Strömung wird. Der Ablauf der W[ahrnehmungs]q[uantität] kann unter gewissen Bedingungen nachträglich Aufmerksamkeit erregen oder auch nicht. Dann endet er unbeachtet in Besetzung irgendwelcher Nachbarneurone, deren Schicksal wir nicht kennen. Dies ist ein Wahrnehmungsablauf ohne Aufmerksamkeit, wie er täglich ungezählte Male vorkommen muß.[1] Er kann nicht weit reichen, wie die Analyse des Aufmerksamkeitsvorganges zeigen wird, und daraus kann man auf [die] Kleinheit der Wahrnehmungsquantität schließen.

Wenn aber W seine Aufmerksamkeitsbesetzung bekommen hat, kann sich mancherlei ereignen, worunter sich zwei Situationen herausheben lassen, die des *gemeinen Denkens* und die des bloß *beobachtenden* Denkens. Letzterer Fall scheint der einfachere zu sein; er entspricht etwa dem Zustande des Forschers, der eine Wahrnehmung gemacht hat und sich fragt, was bedeutet das, wohin führt das? Er geht dann so vor (ich muß aber der Einfachheit halber jetzt der komplexen Wahrnehmungsbesetzung die eines einzelnen Neurons substituieren): Das Wahrnehmungsneuron ist überbesetzt, die aus Q und Qὴ zusammengesetzte Quantität strömt ab nach den besten Bahnungen und wird je nach Widerstand und Quantität einige Schranken überwinden und neue, assoziierte Neurone besetzen, andere Schranken nicht überwinden, weil der auf sie entfallende Quotient unter der Schwelle liegt. Es werden sicherlich jetzt mehr und entfernter liegende Neurone besetzt als beim bloßen Assoziationsvorgang ohne Aufmerksamkeit. Endlich wird auch hier der Strom in gewissen Endbesetzungen oder in einer einzigen enden. Der Erfolg der Aufmerksamkeit wird sein, daß an Stelle der Wahrnehmung mehrere oder eine (durch Assoziation mit dem Ausgangsneuron verbundene) *Erinnerungs*besetzungen auftreten.

Zur Einfachheit [sei] angenommen, es sei ein einziges *Erinnerungsbild*. Könnte dies wieder von ψ aus (mit Aufmerksamkeit) besetzt werden, so würde sich das Spiel wiederholen, die Q neuerdings in Fluß geraten und auf dem Weg der besten[2] Bahnung ein neues *Erinnerungsbild* besetzen *(erwecken)*. Nun liegt es offenbar in der Absicht des *beobachtenden Denkens*, die von W aus führenden Wege möglichst weit kennenzulernen;

---

[1] [Vgl. S. 464. Eine sehr ähnliche Darstellung findet sich in der *Traumdeutung* (1900a; *G. W.*, Bd. 2/3, S. 598f.; *Studienausgabe*, Bd. 2, S. 563f.). Der Sachverhalt ist dort als »vorbewußter« Gedankengang beschrieben – mit einem Terminus, den Freud in einem Brief an Fließ vom 6. Dezember 1896 (1985c [1887–1904]) eingeführt hat.]

[2] [Im Manuskript anstelle des ausgestrichenen Wortes »nächsten« eingefügt.]

damit ist ja die Kenntnis des W[ahrnehmungs]objektes [zu] erschöpfen. Wir merken, daß die hier beschriebene Art des Denkens zum *Erkennen* führt. Darum braucht es wieder eine[1] ψ Besetzung für die erreichten Erinnerungsbilder, aber auch einen Mechanismus, der solche Besetzung an die richtigen Stellen leitet. Wie sollen die ψ Neurone im Ich sonst wissen, wohin die Besetzung zu leiten ist? Ein Aufmerksamkeitsmechanismus wie der oben geschilderte setzt aber wieder Qualitätszeichen voraus. Entstehen diese während des Assoziationsablaufes? Nach unseren Voraussetzungen sonst nicht. Sie können aber durch eine neue Einrichtung gewonnen werden, die folgendermaßen aussieht: Qualitätszeichen kommen normalerweise nur von W; also handelt es sich darum, aus dem Qἡ-Ablauf eine W[ahrnehmung] zu gewinnen. Wenn an den Qἡ-Ablauf eine Abfuhr geknüpft wäre (neben dem Rundlauf), so würde diese wie jede Bewegung eine Bewegungsnachricht liefern [S. 411]. Sind doch die Qualitätszeichen selbst nur Abfuhrnachrichten [S. 421] (vielleicht [erfahren wir] später, welcher Art). Nun kann es geschehen, daß während des Q-Ablaufes[2] auch ein motorisches Neuron besetzt wird, das dann Qἡ abführt und ein Qualitätszeichen liefert. Allein, es handelt sich darum, von allen Besetzungen solche Abfuhren zu erhalten. Sie sind nicht alle motorisch, müssen also zu diesem Zweck mit motorischen Neuronen in eine sichere Bahnung gebracht werden.

Diesen Zweck erfüllt die *Sprachassoziation*.[3] Sie besteht in der Verknüpfung der ψ Neurone mit Neuronen, welche den Klangvorstellungen dienen und selbst die engste Assoziation mit motorischen Sprachbildern haben.

---

[1] [Im Manuskript steht »einer«.]

[2] [Dem Sinne nach müßte es wohl »Qἡ-Ablaufes« heißen.]

[3] [In der nun folgenden Passage formuliert Freud erstmals seine Theorie von der wichtigen Rolle der Sprache im psychischen Geschehen und insbesondere in der Unterscheidung zwischen unbewußten und vorbewußten Prozessen. Er spielt auf diese Theorie ganz kurz in der *Traumdeutung* an (1900*a*; *G. W.*, Bd. 2/3, S. 580 und S. 622; *Studienausgabe*, Bd. 2, S. 547 und S. 584 f.) und abermals in den ›Formulierungen über die zwei Prinzipien des psychischen Geschehens‹ (1911*b*; *G. W.*, Bd. 8, S. 233 f.; *Studienausgabe*, Bd. 3, S. 20). Die volle Ausarbeitung des Themas findet sich jedoch erst in seiner metapsychologischen Schrift über ›Das Unbewußte‹ (1915*e*; *G. W.*, Bd. 10, S. 299 ff.; *Studienausgabe*, Bd. 3, S. 159 ff.). Er kommt noch einmal in *Das Ich und das Es* (1923*b*; *G. W.*, Bd. 13, S. 247; *Studienausgabe*, Bd. 3, S. 289) sowie spät in seinem posthum veröffentlichten *Abriß* (1940*a* [1938]; *G. W.*, Bd. 17, S. 84 f.) darauf zurück. – Sein Interesse an jener Frage geht freilich schon auf seine Forschungen über Aphasie zurück, über die er nur vier Jahre vor dem vorliegenden Werk seine Monographie (1891*b*) veröffentlicht hatte. Diejenige Passage aus der Monographie, die am engsten mit psychologischen Pro-

Diese Assoziationen haben vor den anderen zwei Charaktere voraus, sie sind geschlossen (wenig an Zahl) und ausschließlich. Vom Klangbild gelangt die Erregung jedenfalls zum Wortbild, von diesem zur Abfuhr. Sind also die Erinnerungsbilder derart, daß ein Teilstrom von ihnen zu den Klangbildern und motorischen Wortbildern gehen kann, so ist die Besetzung der Erinnerungsbilder mit Abfuhrnachrichten begleitet, welche Qualitätszeichen, damit auch Bew[ußtseins]zeichen der Er[innerung] sind. Wenn nun das Ich diese Wortbilder vorbesetzt wie früher die ω Abfuhrbilder [S. 451 ff.], so hat es sich den Mechanismus geschaffen, der die ψ Besetzung auf die im Qἠ-Ablauf auftauchenden Erinnerungen lenkt.[1] Dies ist *bewußtes, beobachtendes Denken.*

Die Sprachassoziation leistet außer der Ermöglichung des Erkennens noch etwas anderes, sehr Wichtiges. Die Bahnungen zwischen den ψ Neuronen sind, wie wir wissen, das »*Gedächtnis*«, die Darstellung aller Beeinflussungen, welche ψ von der Außenwelt erfahren hat. Nun merken wir, daß das Ich selbst gleichfalls Besetzungen der ψ Neurone vornimmt und Abläufe anregt, die sicherlich auch Bahnungen als Spuren hinterlassen müssen. ψ hat nun kein Mittel, diese Folgen von Denkvorgängen von den Folgen von Wahrnehmungsvorgängen zu unterscheiden. Etwa die Wahrnehmungsvorgänge sind durch die Assoziation mit ω Abfuhren zu erkennen und zu reproduzieren, von den Bahnungen aber, die das Denken gemacht hat, bleibt nur das Resultat, nicht ein *Gedächtnis.* Dieselbe Denkbahnung kann durch einen intensiven oder durch zehn minder eindringliche Vorgänge entstanden sein. Diesem Mangel helfen nun die *Sprachabfuhrzeichen* ab, sie stellen die Denkvorgänge den Wahrnehmungsvorgängen gleich, verleihen ihnen eine Realität und *ermöglichen deren Gedächtnis.* [Vgl. S. 430, aber auch S. 468 f., unten.]

Die biologische Entwicklung dieser höchst wichtigen Assoziation verdient auch betrachtet zu werden. Die Sprachinnervation ist ursprünglich eine ventilartig wirkende Abfuhrbahn für ψ, um Qἠ-Schwankungen zu regeln, ein Stück der Bahn zur *inneren Veränderung*[2], die die einzige Abfuhr darstellt, solange die *spezifische Aktion* erst zu finden ist.[3] Diese Bahn

---

blemen in Verbindung steht, ist im editorischen Anhang C, ›Wort und Ding‹, zu der oben erwähnten Arbeit ›Das Unbewußte‹ in der *Studienausgabe*, Bd. 3, S. 168 ff., enthalten. S. auch Anhang B am Ende des vorliegenden Textes, S. 480 ff.]

[1] [Dies beantwortet die auf S. 455, oben, aufgeworfenen Fragen.]

[2] [Im Manuskript ist auch »zur« mit unterstrichen.]

[3] [Über all dies vgl. S. 410 f.]

gewinnt eine Sekundärfunktion, indem sie das hilfreiche Individuum (gewöhnlich das Wunschobjekt selbst) auf den begehrlichen und notleidenden Zustand des Kindes aufmerksam macht, und dient von nun an der
Verständigung, wird also in die spezifische Aktion miteinbezogen. Zu
Beginn der Urteilsleistung, wenn die Wahrnehmungen wegen ihrer möglichen Beziehung zum Wunschobjekt interessieren und sich[1] ihre Komplexe (wie bereits geschildert [S. 423 und S. 426 f.]) in einen unassimilierbaren[2]
[Teil] (das Ding) und einen dem Ich aus eigener Erfahrung bekannten
(Eigenschaft, Tätigkeit) zerlegen, was man *Verstehen* heißt, ergeben sich
für die Sprachäußerung zwei Verknüpfungen. Erstens finden sich Objekte
– Wahrnehmungen –, die einen *schreien* machen, weil sie Schmerz erregen,
und es stellt sich als ungeheuer bedeutsam heraus, daß diese Assoziation
eines Klanges (der auch eigene Bewegungsbilder anregt) mit einer sonst
zusammengesetzten Wahrnehmung dies Objekt als ein *feindliches* hervorhebt und dazu dient, die Aufmerksamkeit auf [die] W[ahrnehmung] zu
lenken. Wo man sonst vor Schmerz keine guten Qualitätszeichen des
Objektes erhielt, dient die *eigene Schreinachricht* zur Charakteristik des
Objektes. Es ist also diese Assoziation ein Mittel, die *Unlust* erregenden
Erinnerungen bewußt und zum Gegenstand der Aufmerksamkeit zu machen, die erste Klasse *bewußter Erinnerungen* ist geschaffen. Es braucht
nun nicht viel, um die Sprache zu erfinden. Es gibt andere Objekte, die konstant gewisse Laute von sich geben, in deren Wahrnehmungskomplex also
ein Klang eine Rolle spielt. Vermöge der beim Urteilen [S. 428] auftretenden
*Imitations*tendenz kann man zu diesem Klangbild die Bewegungsnachricht finden. Auch diese Klasse von Erinnerungen kann nun bewußt werden. Nun erübrigt noch, daß man willkürlich Klänge zu den Wahrnehmungen hinzuassoziiert, dann werden die Erinnerungen beim Aufmerken
auf die Klangabfuhrzeichen wie die Wahrnehmungen bewußt und können
von ψ aus besetzt werden.

Wir haben also als charakteristisch für den Vorgang des *erkennenden*
Denkens herausgefunden, daß dabei von vorneherein die Aufmerksamkeit
den Denkabfuhrzeichen, den Sprachzeichen zugewendet ist. Wie bekannt,
geht ja auch das sogenannte bewußte Denken mit leiser motorischer Verausgabung vor sich.

---

[1] [Im Manuskript ist dieses »sich« durchgestrichen.]
[2] [Entsprechende, an einer früheren Stelle (S. 426 und S. 427) verwendete Ausdrücke
heißen »unvergleichbar« und »disparat«.]

Der Vorgang der Verfolgung des Q-Ablaufes durch eine Assoziation kann somit unbestimmt lange fortgesetzt werden, gewöhnlich bis zu »völlig bekannten« Assoziationsendgliedern. Die Fixierung dieses Weges und der Endstationen enthält dann die »Erkenntnis« der etwa neuen Wahrnehmung. Nun möchte man gerne etwas Quantitatives über diesen Erkenntnis-Denkvorgang wissen. Die Wahrnehmung ist ja hier im Vergleich zum naiven Assoziationsvorgang überbesetzt, der Vorgang selbst besteht in einer durch die Assoziation mit Qualitätszeichen geregelten Verschiebung von $Q\dot{\eta}$; bei jeder Station wird die ψ Besetzung erneuert, und endlich entsteht von den motorischen Neuronen der Sprachbahn aus eine Abfuhr. Man fragt sich nun, geht bei diesem Vorgang viel $Q\dot{\eta}$ dem Ich verloren, oder ist der Denkaufwand ein relativ geringer? Einen Fingerzeig für die Beantwortung gibt die Tatsache, daß die beim Denken abfließenden Sprachinnervationen offenbar sehr gering sind. Es wird nicht wirklich gesprochen, sowenig wie beim Vorstellen eines Bewegungsbildes wirklich bewegt wird. Das Vorstellen und das Bewegen sind aber nur quantitativ verschieden, wie wir aus den Versuchen über Gedankenlesen gelernt haben. Bei intensivem Denken wird wohl auch laut gesprochen. Wie kann man aber so kleine Abfuhren zustande bringen, da kleine $Q\dot{\eta}$ doch nicht strömen können und große sich durch die motorischen Neurone en masse abgleichen?[1]

Es ist wahrscheinlich, daß auch die Verschiebungsquantitäten nicht groß sind beim Denkvorgang. Erstens ist der Aufwand großer $Q\dot{\eta}$ für das Ich ein möglichst einzuschränkender Verlust, die $Q\dot{\eta}$ ist ja für die anspruchsvolle spezifische Aktion [S. 389 und S. 416] bestimmt. Zweitens würde eine große $Q\dot{\eta}$ gleichzeitig mehrere Assoziationswege gehen und dem Denkbesetzen keine Zeit lassen, auch großen Aufwand verursachen. Es sollen also wohl kleine $Q\dot{\eta}$ beim Denkvorgang strömen. Dennoch sollen nach unserer Annahme die Wahrnehmung und Erinnerung beim Denken überbesetzt sein, stärker als bei der einfachen Wahrnehmung. Ferner gibt es ja verschiedene Intensitäten von Aufmerksamkeit, was wir nur übersetzen können, verschiedene Steigerungen der besetzenden $Q\dot{\eta}$. Gerade mit stärkerer Aufmerksamkeit wäre dann das beobachtende Verfolgen schwieriger, was so unzweckmäßig ist, daß man es nicht annehmen darf.

Man hat zwei scheinbar entgegengesetzte Anforderungen: Starke Besetzung und schwache Verschiebung. Will man die beiden vereinigen, so

---

[1] [Vgl. hierfür und für das Folgende S. 429 f., oben.]

kommt man zur Annahme eines gleichsam *gebundenen Zustandes*[1] im Neuron, *der bei hoher Besetzung doch nur eine geringe Strömung gestattet.* Man kann sich diese Annahme plausibler machen, wenn man bedenkt, daß die Strömung in einem Neuron offenbar von den es umgebenden Besetzungen beeinflußt wird. Nun ist das Ich selbst eine solche Masse von Neuronen, welche ihre Besetzung festhalten, d. h. im gebundenen Zustand sind, und dies kann wohl nur durch Einwirkung untereinander geschehen. Man kann sich also vorstellen, ein W[ahrnehmungsneuron][2], das mit Aufmerksamkeit besetzt ist, wird dadurch gleichsam in das Ich vorübergehend [aufgenommen] und unterliegt jetzt derselben Qἠ-Bindung wie alle Ich-Neurone. Wird es stärker besetzt, so kann dadurch die Strömungsquantität verringert, nicht notwendig vergrößert werden. Man kann sich etwa vorstellen, daß durch diese Bindung gerade die externe Q zur Strömung frei bleibt, während die Aufmerksamkeitsbesetzung gebunden ist; ein Verhältnis, das natürlich nicht beständig zu sein braucht.

Durch diesen gebundenen Zustand, der hohe Besetzung mit geringer Strömung vereint, würde sich also der Denkvorgang mechanisch charakterisieren. Es sind andere Vorgänge denkbar, in denen die Strömung der Besetzung parallel läuft, Vorgänge mit ungehemmter Abfuhr.

Ich hoffe, die Annahme eines solchen gebundenen Zustandes wird sich als mechanisch haltbar herausstellen. Ich möchte die psychologischen Folgen dieser Annahme beleuchten. Zunächst scheint die Annahme an einem inneren Widerspruch zu leiden. Wenn der Zustand darin besteht, daß bei hoher Besetzung nur kleine Q zur Verschiebung bleiben, wie kann er neue Neurone einbeziehen, d. h. große Q in neue Neurone wandern lassen? Und dieselbe Schwierigkeit zurückverlegt, wie hat sich überhaupt ein derart zusammengesetztes *Ich* entwickeln können?

So sind wir ganz unerwartet vor das dunkelste Problem gelangt, die Entstehung des »Ich«, d. h. eines Komplexes von Neuronen, die ihre Besetzung festhalten, also für kurze Zeiträume ein Komplex konstanten Niveaus [sind] [S. 416]. Die genetische Behandlung wird die lehrreichste sein.[3] Das Ich besteht ursprünglich aus den Kern-Neuronen, welche die endogene Qἠ durch Leitungen empfangen [S. 408] und auf dem Weg zur inneren Veränderung abführen [S. 410]. Das Befriedigungserlebnis hat diesem Kern

---

[1] [Dies wurde oben, auf S. 430, bereits berührt.]

[2] [Im Manuskript: »ein W«. Dem Sinn nach kann es hier wohl nur »Wahrnehmungsneuron« heißen; vielleicht hat Freud das fehlende »N« vergessen.]

[3] [Für das Folgende vgl. S. 416 ff.]

eine Assoziation verschafft mit einer Wahrnehmung (dem Wunschbild) und einer Bewegungsnachricht (des reflektorischen Anteils der spezifischen Aktion) [S. 411]. Im Wiederholungszustande der Begier, in der *Erwartung* [S. 452] findet die Erziehung[1] und Entwicklung dieses anfänglichen Ich statt. Es lernt zuerst, daß es nicht die Bewegungsbilder besetzen darf, so daß Abfuhr erfolgt, solange nicht gewisse Bedingungen von Seite der Wahrnehmung erfüllt sind. Ferner lernt es, daß es die Wunschvorstellung nicht über ein gewisses Maß besetzen darf, weil es sich sonst halluzinatorisch täuschen würde [S. 420 f.]. Wenn es aber diese beiden Schranken respektiert und seine Aufmerksamkeit der neuen Wahrnehmung zuwendet, hat es Aussicht, die gesuchte Befriedigung zu erreichen. Es ist also klar, die Schranken, welche das Ich hindern, Wunschbild und Bewegungsbild über ein gewisses Maß zu besetzen, sind der Grund einer Aufspeicherung von Qή im Ich und nötigen dieses etwa, seine Qή bis zu gewissen Grenzen auf die von ihm erreichbaren Neurone zu übertragen.

Die überbesetzten Kern-Neurone stoßen in letzter Linie an die durch kontinuierliche Erfüllung mit Qή durchlässig gewordenen Leitungen aus dem Inneren an [S. 409] und müssen als deren Fortsetzung gleichfalls erfüllt bleiben. Die Qή in ihnen wird nach Maßgabe der auf dem Wege befindlichen Widerstände so weit abfließen, bis die nächsten Widerstände größer sind als der zur Strömung disponierte Qή-Quotient. Dann aber ist die ganze Besetzungsmasse im Gleichgewicht, einerseits gehalten durch die beiden Schranken gegen Motilität und Wunsch, andererseits durch die Widerstände der äußersten Neurone und gegen das Innere durch den konstanten Druck der Leitung. Die Besetzung wird im Innern dieses Ichgefüges keineswegs überall gleich sein, sie muß nur proportional gleich [sein], d. h. im Verhältnis zu den Bahnungen. [Vgl. S. 432.]

Wenn das Besetzungsniveau im Ichkern steigt, wird die Ichweite ihren Kreis ausdehnen können, wenn sie sinkt, wird sich das Ich konzentrisch verengern. Bei einem gewissen Niveau und [einer gewissen] Weite des Ich wird gegen eine Verschiebbarkeit im Besetzungsgebiet nichts einzuwenden sein.

Es fragt sich jetzt nur, wie stellen sich die beiden Schranken her, welche das konstante Niveau des Ich garantieren, besonders die gegen die Bewe-

---

[1] [Im Manuskript heißt es, wohl versehentlich, »Entzieh«. In den *Anfängen* wurde dies, durchaus einleuchtend, in »Erziehung« verbessert, was wir hier beibehalten. Vgl. die Verwendung des Wortes »Erziehungsmittel« auf der nächsten Seite.]

gungsbilder, welche die Abfuhr hindert? Hier steht man [an] einem entscheidenden Punkt für die Auffassung der ganzen Organisation. Man kann nur sagen, als diese Schranke noch nicht bestand und mit dem Wunsch auch die motorische Entladung eintrat, wurde regelmäßig die erwartete Lust vermißt, und die Fortdauer der endogenen Reizentbindung rief endlich Unlust hervor. Nur diese *Unlust*drohung, die sich an die vorzeitige Abfuhr geknüpft hat, kann die in Rede stehende Schranke darstellen. Im Laufe der Entwicklung hat dann die Bahnung einen Teil der Aufgabe übernommen. Es steht aber noch fest, daß die Qἠ im Ich die Bewegungsbilder nicht ohne weiteres besetzt, weil eine *Unlustentbindung die Folge davon* wäre.

Alles was ich einen *biologischen Erwerb* des Nervensystems heiße, denke ich mir dargestellt durch eine solche *Unlustdrohung,* deren Wirkung darin besteht, daß jene Neurone *nicht*[1] besetzt werden, welche zur Unlustentbindung führen. Es ist die *primäre Abwehr* [S. 415], eine verständliche Folge der ursprünglichen Tendenz des Nervensystems [S. 388]. Die Unlust bleibt das einzige Erziehungsmittel. Wie die *primäre Abwehr,* die Nichtbesetzung durch Unlustdrohung, mechanisch darstellbar ist, das weiß ich freilich nicht anzugeben.

Ich gestatte mir von jetzt an, die mechanische Darstellung solcher biologischer Regeln, die auf Unlustdrohung beruhen, schuldig zu bleiben; zufrieden, wenn ich von da aus einer anschaulichen Entwicklung treu bleiben kann. Eine zweite biologische Regel, aus dem Erwartungsvorgang abstrahiert [S. 451 f.], wird wohl sein, die Aufmerksamkeit auf die Qualitätszeichen zu richten, weil diese zu Wahrnehmungen gehören, die zur Befriedigung führen können, und sich sodann von dem Qualitätszeichen zur aufgetauchten Wahrnehmung leiten zu lassen. Kurz, der Aufmerksamkeitsmechanismus wird seine Entstehung einer solchen biologischen Regel zu danken haben; er wird die Verschiebung der Ichbesetzungen regeln.

Man kann jetzt einwenden, daß ein solcher Mechanismus mit Hilfe der Qualitätszeichen überflüssig ist. Das Ich könnte biologisch gelernt haben, im Erwartungszustande das Wahrnehmungsgebiet selbst zu besetzen, anstatt erst durch die Qualitätszeichen zu dieser Besetzung veranlaßt zu werden. Allein, hier ist zweierlei zu sagen, um den Aufmerksamkeitsmechanismus zu rechtfertigen, 1. daß das Gebiet der Abfuhrzeichen von ω offenbar ein kleineres ist, weniger Neurone umfaßt als das der Wahrneh-

---

[1] [Dieses Wort ist im Manuskript doppelt unterstrichen.]

mung, d. h. des ganzen mit den Sinnesorganen in Beziehung stehenden Mantels von ψ [S. 408], so daß das Ich außerordentlich viel Aufwand spart, wenn es anstatt [der] W[ahrnehmung] die Abfuhrzeichen besetzt hält, und 2. daß die Abfuhrzeichen oder Qualitätszeichen zunächst auch Realitätszeichen sind, welche gerade dazu dienen sollen, die realen Wahrnehmungsbesetzungen von den Wunschbesetzungen zu unterscheiden. Es ist also der Aufmerksamkeitsmechanismus nicht zu umgehen. Er besteht aber in jedem Falle darin, daß das Ich diejenigen *Neurone* besetzt, in denen eine Besetzung bereits aufgetreten ist.

Die biologische Aufmerksamkeitsregel aber lautet für das Ich: *Wenn ein Realitätszeichen auftritt, so ist die gleichzeitig vorhandene Wahrnehmungsbesetzung überzubesetzen.*

Es ist dies die zweite biologische Regel, die erste war die der *primären Abwehr* [s. S. 461].

[2]

Aus dem Bisherigen lassen sich auch einige allgemeine Winke für die mechanische Darstellung gewinnen, wie jener erste war, daß die externe Quantität nicht durch Qἠ, psychische Quantität [S. 453], dargestellt sein kann. Aus der Darstellung des Ich und dessen Schwankungen [S. 460 f.] folgt nämlich, daß auch die Niveauhöhe keine Beziehung zur Außenwelt hat, daß allgemeine Erniedrigung oder Erhöhung am Weltbild (normalerweise) nichts ändert. Da das Außenweltbild auf *Bahnungen* beruht, so heißt das, allgemeine Niveauschwankungen ändern an den Bahnungen nichts. Ein zweites Prinzip ist schon erwähnt, daß bei hohem Niveau kleine Quantitäten leichter verschiebbar sind als bei niedrigem [S. 459]. Es sind dies einzelne Punkte, durch die die Charakteristik der noch ganz unbekannten Neuronenbewegung zu gehen hat.

Kehren wir nun zur Beschreibung des beobachtenden oder *erkennenden* Denkvorganges zurück [S. 454 ff.], der sich vom Erwartungsvorgang dadurch unterscheidet, daß die Wahrnehmungen nicht auf Wunschbesetzungen fallen. Dann wird also das Ich durch die ersten Realitätszeichen aufmerksam gemacht, welches Wahrnehmungsgebiet zu besetzen ist. Der Assoziationsablauf der mitgebrachten Q vollzieht sich über vorbesetzte

Neurone, und das sich verschiebende Qφ[1] wird jedesmal wieder flott[2]. Während dieses Ablaufes entstehen die Qualitätszeichen (der Sprache), denen zufolge der Assoziationsablauf bewußt und reproduzierbar wird. Man könnte hier nun abermals die Ersprießlichkeit der Qualitätszeichen in Frage ziehen. Was sie leisten, sei ja doch nur, das Ich zu veranlassen, daß sie dort Besetzung hinschicken, wo im Ablauf eine Besetzung auftaucht. Sie bringen diese besetzende Qη̇ aber nicht selbst, sondern höchstens einen Beitrag dazu. Dann aber kann das Ich ohne solche Unterstützung seine Besetzung längs des Q-Ablaufes wandern lassen.

Das ist gewiß richtig, allein, die Beachtung der Qualitätszeichen ist doch nicht überflüssig. Es ist nämlich hervorzuheben, daß die obige biologische Regel der Aufmerksamkeit aus der Wahrnehmung[3] abstrahiert ist [S. 461] und zunächst nur für Realitätszeichen gilt. Die Sprachabfuhrzeichen sind in gewissem Sinne auch Realitätszeichen, der Denkrealität, aber nicht der externen[4], und für sie hat sich eine solche Regel keineswegs durchgesetzt, weil keine konstante Unlustdrohung an deren Verletzung geknüpft wäre.

---

[1] [Die Quantität aus dem System φ, also aus der Außenwelt (S. 395 f.). Der Ausdruck ist voll ausgeschrieben: »φ Quantität«, auf S. 471, unten.]

[2] [Eine mögliche Erklärung der Formulierung »wird jedesmal wieder flott« könnte heißen: fließt wieder von einem vorbesetzten Neuron zum nächsten«. (Vgl. S. 454.)]

[3] [Im Manuskript so ausgeschrieben: »Wahrnehmg«.]

[4] [Dies scheint das erste Auftauchen einer Unterscheidung zu sein, die, nach einer Unterbrechung von vielen Jahren, in Freuds Theorien zunehmende Bedeutung gewinnen sollte. Sie tritt besonders in der letzten der Abhandlungen von *Totem und Tabu* (1912–13) hervor (*G. W.*, Bd. 9, S. 191–94; *Studienausgabe*, Bd. 9, S. 441–44); kurz darauf (1914) wurde sie in einen Satz der Schlußseiten der *Traumdeutung* eingefügt (*G. W.*, Bd. 2/3, S. 625; *Studienausgabe*, Bd. 2, S. 587). In beiden Fällen handelt es sich um die Unterscheidung von »psychischer« und »faktischer« Realität. In späteren Erörterungen wurde der zweite Terminus durch »materiell« ersetzt, beispielsweise in den *Vorlesungen* (1916–17 [1915–17]; *G. W.*, Bd. 11, S. 383; *Studienausgabe*, Bd. 1, S. 359), in der Arbeit über ›Das Unheimliche‹ (1919*h*; *G. W.*, Bd. 12, S. 258–66; *Studienausgabe*, Bd. 4, S. 266–73) und in ›Traum und Telepathie‹ (1922*a*; *G. W.*, Bd. 13, S. 187). (Diese terminologische Veränderung wurde auch in den nach 1919 erschienenen Auflagen der *Traumdeutung* vorgenommen.) Die Unterscheidung erscheint schließlich auch in *Der Mann Moses und die monotheistische Religion* (1939*a* [1934–38]; *G. W.*, Bd. 16, S. 181 f.; *Studienausgabe*, Bd. 9, S. 525), wo das zweite Wort »äußere« heißt. Man könnte vermuten, daß zwischen dieser Unterscheidung und derjenigen zwischen »historischer« und »materieller« Wahrheit – die gleichfalls in *Der Mann Moses und die monotheistische Religion* (*G. W.*, Bd. 16, S. 236 ff.; *Studienausgabe*, Bd. 9, S. 572 ff.) ausführlich erörtert wird – eine gewisse Ähnlichkeit besteht; auch diese Unterscheidung geht, wie in einer editorischen Anmerkung (*Studienausgabe*, Bd. 9, S. 575) dargelegt, auf Schriften Freuds zurück, die etwa gleichzeitig entstanden sind wie die vorliegende.]

Die Unlust durch Vernachlässigung der Erkenntnis ist nicht so eklatant wie die bei Ignorierung der Außenwelt, obwohl sie im Grund eines sind. Es gibt also auch wirklich einen *beobachtenden Denkvorgang*, bei dem die Qualitätszeichen nicht oder nur sporadisch erweckt werden und der dadurch ermöglicht wird, daß das Ich automatisch mit seinen Besetzungen dem Ablaufe folgt. Dieser Denkvorgang ist sogar der bei weitem häufigere, ohne abnorm zu sein, es ist unser gemeines Denken, unbewußt, mit gelegentlichen *Einfällen* ins Bewußtsein, sogenanntes bewußtes Denken mit unbewußten Mittelgliedern, die aber bewußtgemacht werden können. [Vgl. S. 454.]

Doch ist der Nutzen der Qualitätszeichen für das Denken unbestreitbar. Zunächst verstärken ja die erweckten Qualitätszeichen die Besetzungen im Ablauf und sichern die automatische Aufmerksamkeit, die offenbar an das Hervortreten von Besetzung – wir wissen nicht wie – geknüpft ist. Sodann, was wichtiger erscheint, sichert die Aufmerksamkeit auf die Qualitätszeichen die Unparteilichkeit des Ablaufes. Es ist nämlich sehr schwer für das Ich, sich in die Situation des bloßen »*Forschens*« zu versetzen. Das Ich hat fast immer Ziel- oder Wunschbesetzungen, deren Bestand während des Forschens den Assoziationsablauf, wie wir hören werden [S. 467], beeinflußt, also eine falsche Kenntnis von W ergibt. Es gibt nun keinen besseren Schutz gegen diese Denkfälschung, als wenn dem Ich eine sonst verschiebbare Qἠ auf eine Region gerichtet wird, die eine solche Ablenkung des Ablaufes nicht äußern kann.[1] Solcher Auskünfte gibt es nur eine einzige, wenn nämlich die Aufmerksamkeit sich den Qualitätszeichen zuwendet, die keine Zielvorstellungen sind, deren Besetzung im Gegenteile den Assoziationsablauf stärker hervorhebt durch Beiträge zur Besetzungsquantität.

Das Denken mit Besetzung der Denkrealitätszeichen oder Sprachzeichen ist also die höchste, sicherste Form des erkennenden Denkvorganges.

Bei der unzweifelhaften Nützlichkeit einer Erweckung der Denkzeichen darf man Einrichtungen erwarten, welche diese Erweckung sichern. Die Denkzeichen entstehen ja nicht wie die Realitätszeichen spontan, ohne Dazutun von ψ. Da sagt uns die Beobachtung, daß diese Einrichtungen nicht für alle Fälle von Denkvorgang so gelten wie für den forschen-

---

[1] [Im Manuskript ist in diesem dunklen Satz nur das dem »Ich« unmittelbar vorausgehende Wort fraglich. Fast sicher handelt es sich um »dem«, allerdings könnte es sein, daß zuerst »im« stand, welches dann in »dem« korrigiert wurde, oder umgekehrt.]

den. Bedingung der Erweckung der Denkzeichen überhaupt ist ja deren Aufmerksamkeitsbesetzung; sie entstehen dann nach dem Gesetz, daß zwischen zwei verbundenen und gleichzeitig besetzten Neuronen die Leitung begünstigt ist [S. 412]. Doch hat die *Lockung*, erzeugt durch die Vorbesetzung der Denkzeichen, nur eine gewisse Kraft und gegen andere Einflüsse zu kämpfen. So wird z. B. jede außerdem in der Nähe des Ablaufes befindliche Besetzung (Zielbesetzung, Affektbesetzung) konkurrieren und den Ablauf unbewußt machen. Ebenso werden (was die Erfahrung bestätigt) größere Ablaufsq[uantitäten] wirken, die eine größere Strömung und damit Beschleunigung des ganzen Ablaufes erzeugen. Die landläufige Behauptung, »es habe sich etwas so rasch in einem vollzogen, daß man es nicht gemerkt habe«, ist wohl ganz korrekt. Auch daß der Affekt die Erweckung der Denkzeichen stören kann, ist allbekannt.

Für die mechanische Darstellung psychischer Vorgänge ergibt sich hieraus ein neuer Satz, daß der Ablauf nämlich, der durch die Niveauhöhe nicht verändert wird, durch die *strömende* Q selbst zu beeinflussen ist. *Eine große Q geht im allgemeinen andere Wege im Netz der Bahnungen als eine kleine.* Es scheint mir nicht schwer, dies zu illustrieren:

Es gibt für jede Schranke einen Schwellenwert, unterhalb dessen die Q überhaupt nicht passiert, geschweige denn ein Quotient von ihr; die so kleine Q wird sich noch auf zwei andere Wege verteilen [S. 416], für deren Bahnung die Q ausreicht. Steigt nun die Q, so wird der erste Weg in Betracht kommen und seinen Quotienten fordern, und jetzt können auch Besetzungen etwa sich geltend machen, die jenseits der nun überwindbaren Schranke liegen. Ja, vielleicht kann noch ein anderer Faktor zur Bedeutung kommen. Man darf etwa annehmen, daß nicht alle Wege eines Neurons gleich aufnahmsfähig für die Q sind, und diese Verschiedenheit als *Wegbreite* bezeichnen. Die Wegbreite ist an sich unabhängig vom Widerstand, der ja durch Abq [Ablaufsquantität] zu verändern ist, während die Wegbreite konstant bleibt. Nehmen wir nun an, daß bei steigernder Q ein Weg eröffnet wird, der seine Breite geltend machen kann, so sieht man die Möglichkeit ein, daß der Ablauf der Q durch die Erhöhung der strömenden Q gründlich geändert werde. Die Alltagserfahrung scheint gerade diese Folgerung nachdrücklich zu unterstützen.

Die Erweckung der Denkzeichen scheint nun an den Ablauf mit kleiner Q geknüpft zu sein. Damit ist nicht behauptet, daß jeder andere Ablauf auch *unbewußt* bleiben muß, denn die Erweckung der Sprachzeichen ist nicht der einzige Weg, Bewußtsein zu erwecken.

Wie kann man sich nun etwa das Denken mit unterbrochenem Bewußt-werden, die plötzlichen Einfälle [S. 464] anschaulich darstellen? Unser gewöhnliches zielloses Denken, obwohl unter Vorbesetzung und automati-scher Aufmerksamkeit, legt doch keinen Wert auf die Denkzeichen. Es hat sich nicht biologisch ergeben, daß diese für den Vorgang unentbehrlich sind. Sie pflegen aber doch zu entstehen, 1. wenn der glatte Ablauf zu einem Ende gekommen oder auf ein Hindernis gestoßen hat, 2. wenn er eine Vorstellung erweckt hat, die aus anderen Gründen Qualitätszeichen, d. h. Bewußtsein wachruft. Hier darf diese Erörterung abbrechen.

[3]

Es gibt offenbar andere Arten des Denkvorganges, denen nicht das unei-gennützige Ziel des *Erkennens*, sondern ein anderes, praktisches vor-schwebt. Der Erwartungszustand, von dem das Denken überhaupt ausge-gangen [ist] [S. 452], ist ein Beispiel dieser zweiten Art des Denkens. Es wird hier eine Wunschbesetzung festgehalten und daneben eine zweite auftau-chende Wahrnehmungsbesetzung unter Aufmerksamkeit verfolgt.[1] Es ist aber dabei nicht die Absicht, zu erfahren, wohin sie überhaupt führt, son-dern auf welchen Wegen sie zur Belebung der unterdes festgehaltenen Wunschbesetzung führt. Diese biologisch ursprünglichere Art des Denk-vorganges läßt sich leicht nach unseren Voraussetzungen darstellen. Sei V+ die Wunschvorstellung, die besonders besetzt gehalten wird, und W die zu verfolgende Wahrnehmung[2], so wird der Effekt der Aufmerksam-

---

[1] [Diese Situation einer festgehaltenen Besetzung auf der einen Seite und einer gleichzei-tig wandernden Aufmerksamkeitsbesetzung auf der anderen spielt in verschiedenen Ver-sionen im gesamten ›Entwurf‹ eine hervorragende Rolle. (S. beispielsweise Abschnit-te 15 bis 18 von Teil I und Abschnitt 1 von Teil III.) An mehr als einer Stelle (z. B. S. 452 f. und S. 464) ist die wandernde Besetzung ungerichtet und, wie im ersten Satz des vorliegenden Abschnitts, »uneigennützig«. Es hält schwer, hier nicht eine Verwandt-schaft zu dem zu sehen, was zur frühesten Form der »freien Assoziation« in der psycho-analytischen Technik werden sollte – nämlich die Form, in der eine spezifische Fehllei-stung oder ein Traumelement als Ausgangspunkt festgehalten wird, während ein anderer Bewußtseinsanteil sich einem Strom von Assoziationen überläßt. Tatsächlich gibt es in Vorlesung VI der *Vorlesungen* (1916–17; *G. W.*, Bd. 11, S. 104 ff.; *Studienausgabe*, Bd. 1, S. 122 ff.) einige Bemerkungen zu genau diesem Punkt.]

[2] [Im Manuskript so ausgeschrieben: »Wahrnehmg«. »V+« wird nur einmal verwendet, an allen späteren Stellen, an denen das Symbol auftaucht, steht »+V«. Vgl. auch S. 425, Anm. 5, oben.]

keitsbesetzung von W zunächst sein, daß die Qφ [S. 463] nach dem best gebahnten Neuron *a* abläuft; von dort würde sie abermals nach der besten Bahnung gehen u. dgl. Diese Tendenz, nach der besten Bahnung zu gehen, wird aber gestört werden durch das Vorhandensein von *Seitenbesetzungen*. Wenn von *a* aus drei Wege führen, ihrer Bahnung nach geordnet nach *b, c, d*, und *d* liege benachbart an die Wunschbesetzung +V, so kann der Erfolg der sein, daß die Qφ trotz der Bahnungen nicht nach *c* und *b*, sondern nach *d* strömt, von dort nach +V und somit den Weg W–*a*–*d*–+V als den gesuchten enthüllt. Es wirkt hier das von uns längst anerkannte Prinzip [S. 412], daß Besetzung die Bahnung vertreten, ihr also auch entgegenwirken kann, somit Seitenbesetzung den Qἠ-Ablauf modifiziert. Da die Besetzungen veränderlich sind, liegt es im Belieben des Ich, den Ablauf von W aus nach irgendwelcher Zielbesetzung hin zu modifizieren.

Unter Zielbesetzung ist hierbei keine gleichmäßige verstanden, wie sie bei der Aufmerksamkeit ein ganzes Gebiet trifft, sondern eine hervorhebende, über das Ichniveau hervorragende. Wahrscheinlich muß man die Annahme machen, daß bei diesem Denken mit Zielbesetzungen gleichzeitig auch Qἠ von +V aus wandert, so daß der Ablauf von W nicht nur von +V, sondern auch von dessen weiteren Stationen beeinflußt werden kann. Nur ist dabei der Weg +V . . . bekannt und fixiert, der Weg von W . . . *a* . . . zu suchen. Da unser Ich eigentlich immer Zielbesetzungen, oft gleichzeitig in mehrfacher Zahl unterhält, versteht sich nun sowohl die Schwierigkeit eines rein erkennenden Denkens als auch die Möglichkeit, bei dem praktischen Denken auf die allerverschiedensten Wege zu gelangen, zu verschiedenen Zeiten, unter verschiedenen Bedingungen und für verschiedene Personen.

Beim praktischen Denken kann man auch eine Würdigung der *Denkschwierigkeiten* bekommen, die man ja aus eigener Empfindung kennt. Um das frühere Beispiel aufzunehmen, daß der Qφ-Strom der Bahnung nach nach *b* und *c* abfließen würde, während *d* durch die nahe Verbindung mit der Zielbesetzung oder ihrer Folgevorstellung ausgezeichnet ist, so kann der Einfluß der Bahnung zugunsten von *b* . . . *c* so groß sein, daß er die Anziehung *d* . . . +V weit überwiegt. Um doch den Ablauf nach +V zu lenken, müßte die Besetzung von +V und seinen Ausläufervorstellungen noch mehr gesteigert werden, vielleicht auch die Aufmerksamkeit auf W verändert [werden], damit eine größere oder geringere Bindung und ein Strömungsniveau erreicht wird, welches dem Weg *d* . . . +V günstiger ist. Solcher Aufwand zur Überwindung guter Bahnungen, um die Q auf schlechter gebahnte, der Zielbesetzung aber näher gelegene Wege zu lokken, entspricht der Denkschwierigkeit.

Die Rolle der Qualitätszeichen beim praktischen Denken wird sich von der beim erkennenden wenig unterscheiden. Die Qualitätszeichen sichern und fixieren den Ablauf, sind aber nicht unumgänglich für ihn erforderlich. Wenn man anstatt der Neurone Komplexe und anstatt der Vorstellung Komplexe setzt [S. 423], stößt man auf eine nicht mehr darstellbare Komplexität des praktischen Denkens und begreift, daß rasche Erledigung hier wünschenswert wird. [Vgl. S. 473, unten.] Während eines solchen werden aber die Qualitätszeichen meist nicht vollständig erweckt, und deren Erweckung dient ja dazu, den Ablauf zu verlangsamen und zu komplizieren. Wo der Ablauf von einer gewissen Wahrnehmung nach gewissen bestimmten Zielbesetzungen bereits wiederholt geschehen und durch Gedächtnisbahnungen stereotypiert ist, wird zur Erweckung der Qualitätszeichen meist kein Anlaß sein.

Das Ziel des praktischen Denkens ist die *Identität* [S. 424], die Einmündung der verschobenen Qφ-Besetzung in die unterdes festgehaltene Wunschbesetzung. Es ist rein biologisch zu nehmen, daß damit die Denknötigung aufhört und dafür die Vollinnervation der auf dem Weg berührten *Bewegungs*bilder gestattet ist, die ein unter den Umständen berechtigtes akzessorisches Stück der *spezifischen Aktion* darstellen [S. 389]. Da während des Ablaufes dieses Bewegungsbild nur in gebundener Weise besetzt worden und da der Denkprozeß von einem W ausgegangen ist, das dann nur als Er[innerungs]bild verfolgt wurde, so kann sich der ganze Denkprozeß von dem Erwartungsvorgang und der Realität unabhängig machen und in ganz unveränderter Weise bis zur Identität fortschreiten. Er geht dann von einer bloßen *Vorstellung* aus und führt auch nach seiner Vollendung nicht zur Handlung, hat aber *ein praktisches Wissen*, das vorkommenden realen Falles verwertbar ist, ergeben. Es erweist sich eben als zweckmäßig, den praktischen Denkvorgang nicht erst anstellen zu müssen, wenn man ihn angesichts der Realität bedarf, sondern ihn dafür vorbereitet zu halten.

Es ist nun an der Zeit, eine vorhin gemachte Aufstellung einzuschränken [S. 456], nämlich daß ein Gedächtnis der Denkvorgänge nur durch die Qualitätszeichen ermöglicht sei, weil deren Spuren sich sonst von den Spuren der Wahrnehmungsbahnungen nicht unterscheiden ließen. Daran ist festzuhalten, daß das *Real[itäts]gedächtnis* korrekterweise durch alles

Denken darüber nicht modifiziert werden darf. Andererseits ist unleugbar, daß das Denken über ein Thema für ein nächstes Überdenken außerordentlich bedeutsame Spuren hinterläßt [vgl. S. 392 und S. 430], und es ist sehr fraglich, ob nur das Denken mit Qualitätszeichen und Bewußtsein dies tut. Es muß also Denkbahnungen geben, und doch dürfen die ursprünglichen Assoziationsbahnen nicht verwischt werden. Da es nur einerlei Bahnungen geben kann, sollte man meinen, die beiden Folgerungen sind unvereinbar. Doch muß eine Vereinigung und Erklärung in dem Umstande zu finden sein, daß die Denkbahnungen alle erst bei hohem Niveau geschaffen worden sind, sich wahrscheinlich auch wieder bei hohem Niveau geltend machen, während die Assoziationsbahnungen, in Voll- oder Primärabläufen entstanden, wieder hervortreten, wenn die Bedingungen des ungeb[undenen] Ablaufes hergestellt sind. Damit soll nun nicht jede mögliche Einwirkung der Denkbahnungen auf die Assoziationsbahnungen geleugnet werden.

Wir gewinnen für die unbekannte Neuronenbewegung also noch folgende Charakteristik:

Das Gedächtnis besteht in den Bahnungen [S. 392]. Die Bahnungen werden durch Niveauhebung nicht verändert, es gibt aber Bahnungen, die nur für ein bestimmtes Niveau gelten. Die Richtung des Ablaufes wird durch Niveauänderung zunächst nicht geändert, wohl aber durch die Strömungsquantität [S. 465] und durch Seitenbesetzungen [S. 467]. Bei großem Niveau sind eher kleine Q verschiebbar [S. 459].

Neben dem *erkennenden* und dem praktischen Denken muß ein reproduzierendes, *erinnerndes* Denken unterschieden werden, das zum Teil ins praktische eingeht, es aber nicht erschöpft. *Dieses Erinnern ist die Vor*bedingung jeder Prüfung des kritischen Denkens; es verfolgt einen gegebenen Denkvorgang in umgekehrter Richtung, etwa bis auf eine Wahrnehmung zurück, wieder unter Ziellosigkeit, zum Unterschiede vom praktischen Denken, und bedient sich dabei im großen Umfange der Qualitätszeichen. Bei dieser Rückverfolgung stößt der Vorgang auf Mittelglieder, die bis dahin unbewußt waren, kein Qualitätszeichen hinterlassen haben, deren Qualitätszeichen sich aber nachträglich ergeben. Es folgt hieraus, daß der Denkablauf an und für sich ohne Qualitätszeichen Spuren hinterlassen hat. In manchen Fällen hat es hier freilich den Anschein, als ob man gewisse Wegstrecken nur erraten würde, weil deren Ausgangs- und Endpunkt durch Qualitätszeichen gegeben ist.

Die Reproduzierbarkeit der Denkvorgänge geht jedenfalls weit über ihre Qualitätszeichen hinaus; sie sind nachträglich bewußtzumachen, wenn vielleicht auch öfter das Resultat des Denkablaufes als dessen Stadien Spuren zurückgelassen hat.

––––––––––

Im Denkablauf können allerlei Ereignisse vorfallen, welche eine Darstellung verdienen, sei es nun *erkennendes, prüfendes* oder *praktisches* Denken. Das Denken kann zur *Unlust* führen oder zum *Widerspruch*. Wir folgen dem Falle, daß praktisches Denken mit Zielbesetzungen zur Unlustentbindung führe. [Vgl. oben, S. 449 ff.]

Die gemeinste Erfahrung zeigt, daß dieses Ereignis ein Hindernis für den Denkfortgang ergibt. Wie kann es überhaupt zustande kommen? Wenn eine Erinnerung bei ihrer Besetzung Unlust entwickelt, so hat dies ganz allgemein seinen Grund darin, daß die entsprechende Wahrnehmung seinerzeit Unlust entwickelt hatte, also einem Schmerzerlebnis angehört [S. 412 ff.]. Solche Wahrnehmungen ziehen erfahrungsgemäß hohe Aufmerksamkeit auf sich, erregen aber weniger ihre eigenen Qualitätszeichen als die der Reaktion, zu welcher sie Anlaß geben; sie assoziieren sich mit den eigenen Affekt- und Abwehräußerungen [S. 415]. Verfolgt man das Schicksal solcher Wahrnehmungen als *Erinnerungs*bilder, so bemerkt man, daß die ersten Wiederholungen immer noch sowohl Affekt als auch Unlust erwecken, bis mit der Zeit solche Fähigkeit ihnen verlorengeht. Gleichzeitig vollzieht sich mit ihnen eine andere Veränderung. Sie haben anfänglich den Charakter der sinnlichen Qualitäten festgehalten; wenn sie nicht mehr affektfähig sind, verlieren sie auch diesen und werden anderen Erinnerungsbildern gleich. Stößt der Denkablauf auf ein solches noch *ungebändigtes Erinnerungs*bild, so entstehen dessen Qualitätszeichen, oft sinnlicher Art, Unlustempfindung und Abfuhrneigungen, deren Kombination einen bestimmten Affekt auszeichnet, und der Denkablauf ist unterbrochen.

Was geht wohl mit den affektfähigen *Erinnerungen* vor, bis sie *gebändigt* werden? Es ist nicht einzusehen, daß die »Zeit«, die Wiederholung ihre Affektfähigkeit abschwächt, da dies Moment sonst gerade zur Verstärkung einer Assoziation beiträgt. Es muß wohl in der »Zeit«, bei den Wiederholungen etwas vor sich gehen, was diese Unterwerfung besorgt, und dies kann nichts anderes sein, als daß eine Beziehung zum Ich oder zu Ichbesetzungen Macht über die Erinnerung bekommt. Wenn dies hier länger braucht als sonst, so ist ein besonderer Grund hiefür zu finden, und zwar in der Herkunft dieser affektfähigen Erinnerung. Als Spuren von Schmerzerlebnissen sind sie (nach unserer Annahme über den Schmerz [S. 399f.]) von übergroßen Qφ besetzt gewesen und haben eine überstarke Bahnung zur Unlust- und Affektentbindung erworben. Es braucht besonders große und wiederholte Bindung vom Ich aus, bis dieser Bahnung zur Unlust die Waage gehalten wird.

Daß die Erinnerung so lange Zeit halluzinatorischen Charakter zeigt, fordert auch seine – für die Auffassung der Halluzination überhaupt bedeutsame – Erklärung. Es liegt hier nahe, anzunehmen, daß diese Halluzinationsfähigkeit wie die Affektfähigkeit Anzeichen dafür sind, daß die Ichbesetzung noch keinen Einfluß auf die Erinnerung gewonnen hat, daß in dieser die primären Abflußrichtungen und der Voll- oder Primärvorgang überwiegen.

Wir sind genötigt, im Halluziniertwerden ein Rückströmen der Q nach φ und damit nach ω[1] [S. 434] zu sehen; ein gebundenes Neuron läßt solche Rückströmung also nicht zu. Es fragt sich noch, ob es die übergroße Besetzungsquantität der Erinnerung ist, welche das Rückströmen ermöglicht. Allein, hier muß man sich erinnern, daß eine solche große Q nur das erste Mal, beim wirklichen Schmerzerlebnis da ist. Bei der Wiederholung haben wir es nur mit einer gewöhnlich starken Besetzung von Er[innerung] zu tun, die dennoch Halluzination und Unlust durchsetzt; wir können nur annehmen, kraft einer ungewöhnlich starken Bahnung. Daraus folgt, daß die gemeine φ Quantität[2] wohl zur Rückströmung und zur Abfuhrerregung ausreicht, und die hemmende Wirkung der Ichbindung gewinnt an Bedeutung.

Es wird nun endlich gelingen, die Schmerz-Erinnerung so zu besetzen, daß sie keine Rückströmung äußern und nur minimale Unlust entbinden kann; sie ist dann gebändigt, und zwar durch eine so starke Denkbahnung, daß diese bleibende Wirkung äußert und bei jeder späteren Wiederholung von Er[innerung] abermals hemmend wirkt. Es wird dann durch Nichtgebrauch der Weg zur Unlustentbindung allmählich seinen Widerstand vergrößern. Bahnungen sind ja dem allmählichen Verfall (Vergessen) unterworfen. Erst dann ist Er eine gebändigte Erinnerung wie eine andere.[3]

---

[1] [Vgl. diesbezüglich jedoch Freuds spätere Korrektur, S. 479, unten.]

[2] [Entsprechung zur Abkürzung »Qφ«. S. oben, S. 463.]

[3] [Es ist interessant festzustellen, daß Freud rund vierzig Jahre später den Terminus »Bändigung« in einem sehr ähnlichen Zusammenhang verwendete. Nämlich in Ab-

Indes scheint es, daß dieser Unterwerfungsvorgang der Erinnerung eine bleibende Folge für den Denkablauf hinterläßt. Da früher jedesmal mit Belebung der Erinnerung und Erweckung von Unlust der Denkablauf gestört wurde, ergibt sich eine Tendenz, auch jetzt den Denkablauf zu hemmen, sobald die gebändigte Erinnerung ihre Spur von Unlust entwickelt. Diese Tendenz ist für das praktische Denken sehr gut brauchbar, denn ein Mittelglied, das zur Unlust führt, kann nicht auf dem gesuchten Weg zur Identität mit der Wunschbesetzung liegen [S. 425]. Es entsteht also die primäre *Denkabwehr,* welche im praktischen Denken die Unlustentbindung zum Signal nimmt [S. 421], einen gewissen Weg zu verlassen, d. h. die Aufmerksamkeitsbesetzung *andershin* zu richten. Wieder lenkt hier die Unlust den Strom der Qἠ wie in der ersten biologischen Regel [S. 461]. Man könnte fragen, warum diese Denkabwehr sich nicht gegen die noch affektfähige Erinnerung gerichtet hat. Allein dort, dürfen wir annehmen, hat sich die zweite biologische Regel dagegen erhoben, welche Aufmerksamkeit verlangte, wo ein Realitätszeichen vorliegt [S. 461], und die ungebändigte Erinnerung war noch imstande, reale Qualitätszeichen zu erzwingen. Man sieht, beide Regeln vertragen sich als zweckmäßig.

Es ist interessant zu sehen, wie das praktische Denken sich durch die biologische *Abwehr*regel lenken läßt. Im theoretischen (erkennenden und prüfenden) [Denken] wird die Regel nicht mehr beobachtet. Begreiflich, da es sich beim Zieldenken um *irgendeinen* Weg handelt und dabei die mit Unlust behafteten ausgeschieden werden können, während beim theoretischen alle Wege erkannt werden sollen.

schnitt III seiner Arbeit ›Die endliche und die unendliche Analyse‹ (1937c; G. W., Bd. 16, S. 69f.; *Studienausgabe,* Ergänzungsband, S. 365f.), wo er die Möglichkeit der »Bändigung« des Triebes durch die Stärke des Ichs erörtert. Einige Zeit früher hatte er in ›Das ökonomische Problem des Masochismus‹ (1924c; G. W., Bd. 13, S. 376f.; *Studienausgabe,* Bd. 3, S. 347f.) den Ausdruck »Bändigung« des Todestriebes durch Vermischung mit der Libido benutzt. (Der Terminus erscheint auch in einem Brief an Fließ vom 21. September 1897, 1985c [1887–1904], S. 284.) Die Frage des normalen Verblassens von Erinnerungen wird in einer langen Fußnote diskutiert, die Freud 1907 der *Psychopathologie des Alltagslebens* (1901b; G. W., Bd. 4, S. 304f.) hinzufügte. Freud hatte das Thema schon vor dem Datum des vorliegenden Werks berührt, und zwar in seinem Vortrag ›Über den psychischen Mechanismus hysterischer Phänomene‹ (1893h), S. 194, oben.]

[4]

Des weiteren erhebt sich die Frage, wie kann auf dem Denkwege *Irrtum* entstehen? Was ist Irrtum? Der Denkvorgang muß nun noch genauer erwogen werden. Das praktische Denken, der Ursprung, bleibt auch das Endziel aller Denkvorgänge. Alle anderen Arten sind von ihm abgespalten. Es ist ein offenkundiger Vorteil, wenn die Denküberführung, die im praktischen Denken vorkommt, nicht erst im Erwartungszustand vor sich geht, sondern schon geschehen ist [S. 468], weil 1. hiedurch Zeit für die Gestaltung der spezifischen Aktion erspart wird [S. 468], 2. der Erwartungszustand dem Denkablauf gar nicht besonders günstig ist. Der Wert der Promptheit des kurzen Intervalles zwischen Wahrnehmung und Handlung ergibt sich aus der Erwägung, daß die Wahrnehmungen rasch wechseln. Hat der Denkvorgang zu lange angehalten, so ist sein Ergebnis unterdes unbrauchbar [ge]worden. Es wird daher »*vorbedacht*«.

Anfang der abgespaltenen Denkvorgänge ist die *Urteilsbildung*[1], auf welche das Ich durch einen Fund in seiner Organisation gelangt, durch das schon angeführte [S. 426 f. und S. 457] teilweise Zusammenfallen der Wahrnehmungsbesetzungen mit Nachrichten vom eigenen Körper. Dadurch sondern sich die Wahrnehmungskomplexe in einen konstanten, unverstandenen Teil, das *Ding,* und einen wechselnden, verständlichen, die Eigenschaft oder Bewegung des Dinges. Indem der Dingkomplex in Verbindung mit mancherlei Eigenschaftskomplexen, diese in Verbindung mit mannigfachen Dingkomplexen wiederkehren, ergibt sich eine Möglichkeit, die Denkwege von diesen beiderlei Komplexen zum gewünschten Ding-Zustand gleichsam in allgemeingiltiger Weise und abgesehen von der jeweils realen Wahrnehmung auszuarbeiten. Die Denkarbeit mit Urteilen anstatt mit einzelnen ungeordneten Wahrnehmungskomplexen ist also eine große Ersparnis. Ob die so gewonnene psychologische Einheit auch durch eine Neuroneneinheit im Denkablauf vertreten wird, und durch eine andere als die Wortvorstellung, bleibe unerörtert.

In die Urteilsschöpfung kann sich bereits der Irrtum eindrängen. Die Ding- oder Bewegungskomplexe sind nämlich nie ganz identisch, und unter den abweichenden Bestandteilen können sich solche finden, deren Vernachlässigung den Ausfall in der Realität stört. Dieser Mangel des Den-

---

[1] [Für das Folgende vgl. Abschnitte 16 und 17 in Teil I.]

kens stammt aus dem Bestreben, das wir hier ja nachahmen, dem Komplex ein einzelnes Neuron zu substituieren, wozu gerade die ungeheure Komplexität nötigt. [Vgl. S. 468.] *Das sind Urteilstäuschungen oder Fehler der Prämissen.*

Ein anderer Grund des Irrtums kann darin liegen, daß die W[ahrnehmungsobjekte] der Realität nicht vollständig wahrgenommen wurden, weil sie sich nicht im Sinnesbereich befanden. Das sind *Irrtümer der Ignoranz*, allen Menschen unvermeidlich. Wo diese Bedingung nicht zutrifft, kann die psychische Vorbesetzung mangelhaft sein (wegen Ablenkung des Ich von den Wahrnehmungen weg) und ungenaue Wahrnehmungen und unvollständige Denkabläufe ergeben; das sind *Irrtümer* durch *mangelnde Aufmerksamkeit.*

Nehmen wir jetzt als Material der Denkvorgänge die beurteilten und geordneten Komplexe anstatt der naiven, so ergibt sich eine Gelegenheit, den praktischen Denkvorgang selbst abzukürzen. Hat sich nämlich ergeben, daß der Weg von W zur Identität mit der Wunschbesetzung über ein Bewegungsbild M führt, so ist biologisch gesichert, daß nach Eintreffen der Identität dieses M voll inniverviert werde. Durch die Gleichzeitigkeit der W[ahrnehmung] und dieses M entsteht eine intensive Bahnung zwischen beiden, und ein nächstes W wird das M ohne weiteren Assoziationsablauf erwecken. Es ist dabei freilich angenommen, daß es jederzeit möglich ist, Verbindung zwischen zwei Besetzungen herzustellen. Was ursprünglich eine mühselig hergestellte Denkverbindung war, wird durch gleichzeitige Vollbesetzung dann eine kräftige Bahnung, von der es sich nur fragt, ob sie sich stets[1] über dem zuerst gefundenen Wege vollzieht oder eine direktere Verbindung begehen kann. Es scheint letzteres wahrscheinlicher, auch zweckmäßiger, weil es die Notwendigkeit erspart, Denkwege zu fixieren, die ja für die verschiedensten anderen Verbindungen frei bleiben sollen. Fällt für den Denkweg die Wiederholung weg, so ist auch keine Bahnung von ihm zu erwarten, und das Resultat wird besser durch direkte Verbindung fixiert. Allerdings, woher der neue Weg stammt, bleibt dahingestellt. Hätten beide Besetzungen, W und M, eine gemeinsame Assoziation mit einem Dritten, so wäre die Aufgabe erleichtert.

Das Stück Denkablauf von der Wahrnehmung bis zur Identität durch ein M läßt sich auch herausheben und liefert ein ähnliches Ergebnis, wenn

---

[1] [Dieses Wort ist nicht eindeutig zu entziffern. Es könnte auch »statt« heißen.]

dann die Aufmerksamkeit das M fixiert und es in eine Assoziation mit dem gleichfalls wieder fixierten W bringt. Auch diese Denkbahnung wird sich dann im realen Falle wieder einstellen.

Bei dieser Denkarbeit sind Irrtümer zunächst nicht einsichtlich, wohl aber kann ein unzweckmäßiger Denkweg eingeschlagen und eine aufwandreiche Bewegung herausgehoben werden, weil die Auswahl beim praktischen Denken doch nur von den reproduzierbaren Erfahrungen abhängt.

Mit dem Zuwachs an Erinnerungen[1] ergeben sich jedesmal neue Verschiebungswege. Es wird darum vorteilhaft gefunden, die einzelnen Wahrnehmungen vollständig zu verfolgen, um unter allen Wegen die günstigsten auszufinden, und dies ist die Arbeit des *erkennenden* Denkens, welches zw[ar][2] als Vorbereitung zum praktischen tritt, obwohl es sich tatsächlich erst spät aus diesem entwickelt. Die Resultate desselben sind dann für mehr als eine Art von Wunschbesetzung brauchbar.

Die Irrtümer des erkennenden Denkens liegen auf der Hand, es sind die Parteilichkeit, wenn Zielbesetzungen nicht vermieden wurden, und die Unvollständigkeit, wenn nicht alle Wege begangen wurden. Es ist klar, daß es hier ein riesiger Vorteil ist, wenn gleichzeitig Qualitätszeichen erweckt wurden; bei der Eintragung dieser herausgegriffenen Denkvorgänge in den Erwartungszustand kann der Assoziationsablauf vom Anfangs- zum Endglied durch die Qualitätszeichen [gehen] anstatt über die ganze Denkreihe zu gehen, und dabei braucht die Qualitätsreihe nicht einmal vollzählig der Denkreihe zu entsprechen.

Im theoretischen Denken spielt die Unlust keine Rolle, es ist daher auch bei gebändigter Erinnerung möglich.

Wir haben noch eine Art des Denkens zu betrachten, das kritische oder nachprüfende. Dies ist dadurch veranlaßt, daß trotz Beachtung aller Regeln der Erwartungsvorgang mit nachfolgender spezifischer Aktion anstatt zur Befriedigung zur Unlust führt. Das kritische Denken sucht ohne praktisches Ziel in Muße und unter Wachrufung aller Qualitätszeichen den ganzen Qη-Ablauf zu wiederholen, um einen *Denkfehler* oder einen *psychologischen Mangel* nachzuweisen. Es ist ein erkennendes Denken mit gegebenem Objekt, einer Denkreihe nämlich. Worin letztere bestehen können, haben wir gehört; worin bestehen aber die *logischen Fehler*?

---

[1] [Im Manuskript so geschrieben: »Erinergen«.]
[2] [Dieses Wort läßt sich im Manuskript schwer entziffern. In den *Anfängen* steht »so«, was vermutlich nicht stimmt. Eine mögliche Lesart wäre »zw« für »zwar«.]

Kurz gesagt, in der Nichtbeachtung der *biologischen Regeln* für den Denkablauf. Diese Regeln besagen, wohin sich jedesmal die Aufmerksamkeitsbesetzung zu richten und wann der Denkvorgang haltzumachen hat. Sie sind durch Unlustdrohungen geschützt, aus Erfahrung gewonnen und lassen sich ohne weiteres in die Regeln der Logik umsetzen, was im einzelnen zu erweisen sein wird. Die intellektuelle Unlust des Widerspruches, bei der der prüfende Denkablauf haltmacht, ist also nichts anderes als die zum Schutz der biologischen Regeln aufgespeicherte, die durch den unrichtigen Denkvorgang regegemacht wird.

Die Existenz solcher biologischer Regeln ist eben aus dem Unlustgefühl bei logischen Fehlern zu erweisen.

Das Handeln können wir uns nun aber nicht anders vorstellen denn als die Vollbesetzung jener Bewegungsbilder, die beim Denkvorgang hervorgehoben worden sind [S. 474], etwa dazu noch jener, welche (wenn Erwartungszustand war) zum willkürlichen Anteil der spezifischen Aktion gehören. Hier ist ein Verzicht auf den gebundenen Zustand, und eine Einziehung der Aufmerksamkeitsbesetzungen. Der erstere geht wohl so vor sich, daß mit dem ersten Ablauf von den motorischen Neuronen aus das Niveau im Ich unaufhaltsam sinkt. Wohl wird nicht eine komplette Entladung des Ich bei einzelnen Handlungen zu erwarten sein, sondern nur bei den Befriedigungsakten ausgiebigster Art. Die Handlung geschieht lehrreicherweise nicht durch Inversion der Bahn, welche die Bewegungsbilder gebracht hat, sondern auf besonderen motorischen Wegen, und der Bewegungseffekt[1] ist darum nicht auch selbstverständlich der gewollte, wie er bei Inversion derselben Bahn sein müßte. Es muß daher während der Handlung eine neue Vergleichung der ankommenden Bewegungsnachrichten mit den vorbesetzten stattfinden und eine Erregung korrigierender Innervationen, bis Identität erreicht ist. Es wiederholt sich hier derselbe Fall, der auf der Wahrnehmungsseite stattfand, nur in geringerer Mannigfaltigkeit, größerer Raschheit und beständiger *voller* Abfuhr, was dort ohne solche geschah. Die Analogie ist aber bemerkenswert zwischen praktischem Denken und zweckmäßigem Handeln. Man ersieht daraus, daß die Bewegungsbilder *sensibel* sind. Die Eigentümlichkeit aber, daß beim Handeln neue Wege eingeschlagen werden anstatt der soviel einfacheren Inver-

---

[1] [In den *Anfängen* steht »Bewegungsaffekt«. Professor Merton Gill hat James Strachey in einer persönlichen Mitteilung empfohlen, es solle eher »-effekt« heißen, was besseren Sinn ergibt. Das Manuskript läßt beide Lesarten zu.]

sion, scheint zu zeigen, daß die Leitungsrichtung der Neuronenelemente eine wohl fixierte ist, ja vielleicht, daß die Neuronenbewegung hier wie dort andere Charaktere haben kann.

Die Bewegungsbilder sind Wahrnehmungen und haben als solche natürlich Qualität und erwecken Bewußtsein; man kann auch nicht bestreiten, daß sie mitunter große Aufmerksamkeit auf sich ziehen; allein, ihre Qualitäten sind wenig auffällig, wahrscheinlich nicht so mannigfaltig als die der Außenwelt, und sie sind nicht mit Wortvorstellungen assoziiert, dienen zum Teil vielmehr selbst dieser Assoziation. Sie rühren aber nicht von hoch organisierten Sinnesorganen her, ihre Qualität ist wohl monoton [S. 402 f.].

Anhang A:

Auszug aus Freuds Brief an Wilhelm Fließ vom 1. Januar 1896[1]

[...] Deine Migränebemerkungen[2] haben mich zu einer Idee geführt, die eine komplette Umarbeitung aller meiner φψω Theorien zur Folge hätte, was ich jetzt nicht wagen darf. Ich will doch versuchen, sie anzudeuten:

Ich gehe von den zwei Arten von Nervenendigungen aus; die freien [S. 398] nehmen nur Quantität auf und leiten sie durch Summation nach ψ [S. 409], haben aber keine Macht, Empfindung hervorzurufen, d. h. auf ω zu wirken. Die Neuronen-Bewegung behält hierbei ihre genuinen und monotonen qualitativen Charaktere [S. 402]. Dies sind die Wege für alle ψ erfüllende Quantität, auch für die sexuelle Energie natürlich. Die Nervenbahnen, die mit Endorganen ausgehen, leiten nicht Quantität, sondern den ihnen besonderen qualitativen Charakter, fügen der Summe in den ψ Neuronen[3] nichts hinzu, sondern versetzen diese N(eurone) bloß in Erregung. Die ω Neurone sind solche ψ Neurone, welche nur sehr geringer quantitativer Besetzung fähig sind. Das Zusammentreffen dieser mindesten Quantitäten mit der ihnen getreulich übertragenen Qualität vom Endorgan her ist wieder die Bedingung für die Entstehung von Bewußtsein. Ich schiebe jetzt [in meinem neuen Schema] diese ω Neurone zwischen die φ und die ψ Neurone ein, so daß φ seine Qualität an ω überträgt, ω jetzt an ψ

---

[1] [Der hier abgedruckte Teil dieses Briefes enthält eine Revision der im ›Entwurf‹ geäußerten Auffassungen und ist, aus dem Zusammenhang herausgerissen, nicht verständlich. (Für den ungekürzten Wortlaut vgl. Freud, 1985 c [1887–1904], Brief 85, S. 164–69. – Vgl. ferner Ernst Kris' Erläuterung der Modifizierungen, die Freud in diesem Brief vom 1. Januar 1896 an den im ›Entwurf‹ entfalteten Auffassungen vornimmt [ibid., S. 166, Anm. 6].) Die beiden letzten Absätze des vorliegenden Auszugs beziehen sich auf die von Fließ aufgestellten Theorien über die Bedeutung der Nasengegend bei neurotischen und besonders bei sexuellen Störungen. S. auch Freuds Rezension (1895 j) eines Buches von Möbius über Migräne und die editorischen Kommentare dazu, in welchen Fließ' Ansichten erörtert werden, oben, S. 362 f.]
[2] [Wie der Bearbeiter der deutschen Ausgabe der ungekürzten Fließ-Briefe, Michael Schröter, zu dieser Stelle anmerkt (Freud, 1985 c [1887–1904], S. 165, Anm. 5), könnte sich der Hinweis auf ein Fließ-Manuskript beziehen, von dem in den vorausgehenden Briefen Freuds die Rede ist. Vgl. auch Schröters Begründung für seine Neuplazierung von Manuskript I der Fließ-Dokumente (ibid., S. 155 f., Anm. 1).]
[3] [In der Handschrift (in lateinischen Buchstaben) ausgeschrieben.]

weder Qualität noch Quantität überträgt, sondern ψ nur anregt, d. h. der freien ψ Energie[1] ihre Wege anweist. (Ich weiß nicht, ob Du das Kauderwelsch verstehen kannst. Es gibt sozusagen drei Arten, wie die Neurone aufeinander wirken: 1. Sie übertragen einander Quantität, 2. sie übertragen einander Qualität, 3. sie wirken nach gewissen Regeln erregend aufeinander.)

Demnach würden die Wahrnehmungsvorgänge eo ipso Bewußtsein involvieren und erst *nach dem* Bewußtwerden ihre weiteren psychischen Wirkungen üben, die ψ Vorgänge wären an und für sich unbewußt und würden ein sekundäres, artifizielles Bewußtsein erst nachträglich erhalten, indem sie mit Abfuhr- und Wahrnehmungsvorgängen verknüpft werden (Sprachassoziation) [S. 455]. Eine ω-Abfuhr, die ich bei anderer Darstellung benötigte [S. 402], fällt hier weg; die Halluzination, die immer der Erklärung Schwierigkeiten bereitet hat, ist jetzt nicht mehr ein Rückschreiten der Erregung nach φ [S. 471], sondern bloß nach ω. Die Abwehrregel, die für Wahrnehmungen nicht gilt, sondern bloß für ψ Vorgänge, versteht man heute viel leichter. Das Nachhinken des sekundären Bewußtseins [s. oben] gestattet, die Neurosenvorgänge einfach zu beschreiben. Auch bin ich die lästige Frage los, wieviel von der Stärke der φ Erregung (des Empfindungsreizes) auf ψ Neurone übertragen wird. Antwort: direkte gar nichts, die Q in ψ hängt nur davon ab, wieweit durch die ω Neurone die freie ψ Aufmerksamkeit dirigiert wird.

Die neue Annahme stimmt auch dazu besser, daß die objektiven Empfindungsreize so minimal sind, daß es schwerhält, aus dieser Quelle die Willenskraft nach dem Konstanzprinzip herzuleiten. Die Empfindung bringt eben gar keine Q nach ψ, die Quelle der ψ Energie sind die [endogenen] Organleitungen.

Aus dem Konflikt zwischen der rein quantitativen Organleitung und den durch die bewußte Empfindung in ψ *angeregten* Vorgängen erkläre ich mir auch die Unlustentbindung, die ich bei den Sexualneurosen zur Verdrängung brauche.

Für Deine Seite der Frage fällt die Möglichkeit ab, daß Reizzustände in Organen bestehen können, die keine spontane Empfindung erzeugen (wohl aber Druckempfindlichkeit zeigen müssen), die aber reflektorisch, d. h. durch Gleichgewichtsbeeinflussung Störungen von anderen Neuronenzentren her anregen können. Der Gedanke einer gegenseitigen Bin-

---

[1] [Gemeint ist nicht »psychische Energie« in dem später in Freuds Werken gebräuchlichen Sinn, sondern aus dem ψ System hervorgehende Energie.]

dung der Neurone oder der Neuronenzentren legt es nämlich auch nahe, daß die motorischen Abfuhrsymptome ganz verschiedener Natur sind. Die willkürlichen Handlungen sind wahrscheinlich durch Q-Übertragung bedingt, da sie die psychische Spannung entladen. Daneben gibt es eine Lustabfuhr, Zuckungen u. dgl., die ich mir so erkläre, nicht daß auf das motorische Zentrum Q übertragen wird, sondern daß sie dort frei wird, weil sich die bindende Q im gepaarten sensiblen Zentrum etwa verringert hat. Das wäre der lange gesuchte Unterschied zwischen »willkürlichen und krampfhaften« Bewegungen, gleichzeitig der Weg, eine Gruppe von somatischen Nebenwirkungen etwa der Hysterie zu erklären.

Für die rein quantitativen Übertragungsvorgänge auf ψ gibt es eine Möglichkeit, das Bewußtsein auf sich zu ziehen, nämlich wenn diese Q-Leitung die Schmerzbedingungen erfüllt. Wahrscheinlich ist Aufhebung der Summation, kontinuierlicher Zufluß [von Q] nach ψ für eine Weile das Wesentliche dieser Bedingungen. Gewisse ω Neurone werden dann *über*besetzt und geben die Unlustempfindung, verursachen auch eine Fesselung der Aufmerksamkeit auf diesem Punkte. So wäre die »neuralgische Veränderung« zu denken: über eine gewisse Grenze gesteigerte Zufuhr von Q aus einem Organ, bis zur Aufhebung der Summation, Überbesetzung von ω Neuronen und Fesselung von freier ψ Energie.

Du siehst, daß wir so auf die Migräne hinauskommen; die Existenz von Nasenbezirken in jenem Reizzustand, den Du mit freiem Auge erkennst, wäre die Bedingung. Der Q-Überschuß würde sich auf verschiedene subkortikale Wege verteilen, ehe er ψ erreicht hat. Ist dies einmal der Fall, so dringt jetzt kontinuierlich Q in ψ ein, und nach der Aufmerksamkeitsregel [S. 461] strömt die freie ψ Energie an die Stelle der Eruption zu.

[…]

Anhang B:

Die Natur von Q

Von den beiden »Hauptideen«, die Freud an den Anfang des ›Entwurfs‹ (S. 387) stellt – das Neuron und Q –, gibt die erste keine Rätsel auf. Die zweite hingegen erfordert nähere Untersuchung, zumal alles dafür spricht, daß es sich hierbei um den Vorläufer eines Konzepts handelt, das für die Psychoanalyse grundlegende Bedeutung gewinnen sollte. Wir befassen uns hier nicht mit jener speziellen, in der ›Editorischen Einleitung‹ erwähnten Frage der Unterscheidung zwischen Q und Qή. Worum es uns geht, ist Qή – ein Q mit besonderer Verbindung zum Nervensystem (wie Freud am Ende des ›ersten Hauptsatzes‹ explizit feststellt). Wie also stellte sich Freud dieses Q im Herbst 1895 vor?

Abgesehen von dem offensichtlichen Tatbestand, daß er Q als etwas Materielles, »dem allgemeinen Bewegungsgesetz unterworfen« (S. 387), präsentieren wollte, läßt sich sogleich feststellen, daß Q in zwei unterscheidbaren Formen vorkommt. Die erste ist Q im Fluß, durch ein Neuron oder von einem Neuron zum nächsten passierend. Das wird auf verschiedene Weisen beschrieben: z. B. »Nervenerregung als fließende Quantitäten« (S. 388), »strömende Quantität« (S. 394), »Strömung« (S. 390) oder »Erregungsablauf« (S. 392). Die zweite, eher statische Form zeigt sich als »besetztes Neuron [...] mit gewisser Qή gefüllt« (S. 390).[1]

Das Gewicht dieser Unterscheidung zwischen zwei Zuständen von Q wird im ›Entwurf‹ erst allmählich deutlich; man ist versucht zu vermuten, daß Freud selbst sich dessen erst im Zuge der Niederschrift bewußt wurde. Der erste Hinweis auf die Bedeutung dieser Unterscheidung findet sich im Zusammenhang einer Erörterung der Mechanismen, welche den Unterschied zwischen Halluzinationen und Wahrnehmungen anzeigen, sowie der Rolle, die vom Ich ausgehende Hemmungsfunktionen in diesem Mechanismus spielen (Abschnitte 14 und 15 von Teil I). Einzelheiten über diese Hemmungswirkung (Beeinflussung durch eine »Seitenbesetzung«, gesteuert durch eine vom Ich ausgehende Aufmerksamkeitsbesetzung) finden sich auf den Seiten 416 f.; als Ergebnis verändert sich der Zustand von Q von einem strömenden in einen in einem Neuron lokalisierten statischen. Diese Unterscheidung wird dann sogleich (S. 422) mit einer solchen zwischen Primär- (ungehemmten) und Sekundär- (gehemmten) Vorgängen in Beziehung gesetzt. Eine noch andere Weise, die nämliche Unterscheidung zu umschreiben, führt Freud wenig später (S. 430) mit der Vorstellung ein, die beeinflussende Seitenbesetzung habe auf Q einen »bindenden« Effekt. Jedoch wird erst in Teil III des ›Entwurfs‹ (S. 459) die volle Bedeutung der Unterscheidung zwischen einem gebundenen und einem beweglichen Zustand von Q offenbar. Die Unentbehrlichkeit der Hypothese zweier Q-Zustände erweist sich an dieser Stelle im Zusammenhang mit Freuds Untersuchung der Mechanismen des Denkens, welche im Neuron einen Zustand erfordern, »der bei hoher Besetzung doch nur eine geringe Strömung gestattet« (S. 459).

---

[1] Die erste veröffentlichte Stelle, an welcher der Terminus »Besetzung« im speziellen Freudschen Sinne vorkommt, findet sich in den *Studien über Hysterie* (1895 d; G. W., Bd. 1, S. 145); in anderen Formulierungen ist das Konzept aber schon früher von Freud dargestellt worden. So benutzte er Wendungen wie »mit Energie ausgestattet« (1895 b [1894]), »mit einer Erregungssumme behaftet« (1894 a), »munie d'une valeur affective« (1893 c), »Verschiebungen von Erregungssummen« (1941 a [1892]) und, bereits in seiner Vorrede zur ersten Bernheim-Übersetzung (1888–89, S. 112, oben), »Verschiebungen der Erregbarkeit im Nervensystem«.

So wäre Q auf zweierlei Weise meßbar: durch die Höhe des Besetzungsniveaus innerhalb eines Neurons und durch das Ausmaß der Strömung zwischen Besetzungen. Dies wurde gelegentlich als Beweis dafür herangezogen, daß Freud wirklich geglaubt habe, Q sei einfach Elektrizität und die beiden Maßeinheiten entsprächen Stromstärke (in Ampere ausgedrückt) und Spannung (in Volt). In der Tat hatte Freud ungefähr achtzehn Monate vor Niederschrift des ›Entwurfs‹ in der ersten seiner Schriften über die Abwehr-Neuropsychosen (1894 a) einen vagen Vergleich gezogen zwischen einer Art Vorläufer von Q und einer »elektrische[n] Ladung über die Oberfläche der Körper« (*G. W.*, Bd. 1, S. 74). Auch hat Breuer in seinem theoretischen Beitrag zu den *Studien über Hysterie* (1895), nur wenige Monate vor Niederschrift des ›Entwurfs‹ veröffentlicht, einer elektrischen Analogie zu dem »Maß von Erregung in den Leitungsbahnen des [...] Gehirnes« (S. 253, oben) einen gewissen Raum gegeben. Nichtsdestotrotz findet sich im ganzen ›Entwurf‹ keine einzige Äußerung, die die Behauptung rechtfertigte, Freud habe dergleichen im Sinn gehabt. Im Gegenteil, wiederholt betont er, daß die Natur der »Neuronenbewegung« uns unbekannt sei (vgl. beispielsweise S. 462, S. 469 und S. 477).[1]

In der im ›Entwurf‹ enthaltenen Darstellung der Natur des »gebundenen« Zustands und der entsprechenden Mechanismen gibt es zugegebenermaßen eine Reihe von Unklarheiten. Besonders rätselhaft sind die Bemerkungen über den Prozeß des »Urteilens« und die Rolle, welche vom Ich ausgehende Besetzungen darin spielen. Diese Einwirkung wird auf verschiedene Weise beschrieben – als »Seitenbesetzung«, »Vorbesetzung« oder »Überbesetzung«[2] –, und sie hängt auch eng mit dem Begriff einer Aufmerksamkeitsbesetzung zusammen. Zunächst sieht es so aus (S. 417), als sei Aufmerksamkeit lediglich ein Mittel zur Lenkung der Seitenbesetzungen zu den Stellen, wo sie gebraucht werden. Andernorts (z. B. S. 458 f.) hat es eher den Anschein, als sei die Überbesetzung der Aufmerksamkeit ihrerseits eine Kraft, welche den »gebundenen« Zustand herbeiführt.

Tatsächlich bedarf die ganze Frage der Beziehung der Aufmerksamkeit zu Q genauerer Überprüfung. (»Freie ψ Energie« scheint Freud sie in seinem Brief an Fließ vom 1. Januar 1896 zu nennen, s. Anhang A, oben.) Unauffällig taucht Aufmerksamkeit erstmals in Abschnitt 14 von Teil I (S. 417) auf, doch wird ihre Wichtigkeit alsbald (in Abschnitt 19 von Teil I sowie in Abschnitt 6 von Teil II) deut-

---

[1] Pribram und Gill (1976) vertreten die Meinung, Freud habe zwar nicht daran gezweifelt, daß »Neuronenbewegung« von elektrischen Veränderungen begleitet werde, doch habe er beide nicht gleichgesetzt, vielmehr angenommen, daß »Neuronenbewegung« das Äquivalent (unbekannter) neurochemischer Veränderungen sei, als deren Sekundärfolgen elektrische Phänomene aufträten.

[2] Übrigens besteht kein Anlaß anzunehmen, Freud habe die Verwendung dieses letzten Terminus auf vom Ich ausgehende Besetzungen beschränkt. S. beispielsweise »libidinöse Überbesetzung« in *Totem und Tabu* (1912–13; *G. W.*, Bd. 9, S. 110; *Studienausgabe*, Bd. 9, S. 378).

lich, in Teil III bildet sie nachgerade ein Hauptthema. In Freuds späteren Werken jedoch kommt »Aufmerksamkeit« kaum vor, sieht man von einigen sporadischen Bemerkungen ab. Gleichsam anonyme Spuren davon aber erhalten sich bis zum Schluß, und zwar auf zwei recht verschiedenen Linien, welche beide letztlich auf den ›Entwurf‹ zurückgehen. Die erste, augenfälligere, bezieht sich auf die »Realitätsprüfung«; der Terminus selbst taucht zwar erst in den ›Formulierungen über die zwei Prinzipien des psychischen Geschehens‹ (1911*b*) auf, wo die aufschiebende Wirkung des Vorgangs betont wird (*G. W.*, Bd. 8, S. 234; *Studienausgabe*, Bd. 3, S. 20). Die zweite, weniger offensichtliche, aber wohl wichtigere betrifft gerade die Rolle der Aufmerksamkeit oder einer ähnlichen Instanz bei der Herbeiführung des Unterschieds zwischen dem gebundenen und dem frei verschiebbaren Zustand von Q und darüber hinaus zwischen Primär- und Sekundärvorgang. Auf diese Funktion der Aufmerksamkeit spielt Freud indirekt in seinen allerletzten Werken an, in *Der Mann Moses und die monotheistische Religion* (1939*a* [1934–38]; *G. W.*, Bd. 16, S. 204; *Studienausgabe*, Bd. 9, S. 544) und im *Abriß der Psychoanalyse* (1940*a* [1938]; *G. W.*, Bd. 17, S. 86).[1]

Was immer der genaue Mechanismus sein mag, der die Umwandlung vom freien in den gebundenen Zustand zuwege bringt, Freud hat der Unterscheidung selbst jedenfalls größte Bedeutung beigemessen. »Ich glaube«, schreibt er in ›Das Unbewußte‹ (1915*e*), »daß diese Unterscheidung bis jetzt unsere tiefste Einsicht in das Wesen der nervösen Energie darstellt« (*G. W.*, Bd. 10, S. 287; *Studienausgabe*, Bd. 3, S. 147).[2]

Dieses Zitat mag uns auch ermutigen, von Freuds späteren Schriften eine Erhellung des Problems zu erhoffen, mit dem wir uns hier befassen, der Natur von Q. Q selbst taucht unter dieser Bezeichnung später nie mehr auf, aber es bereitet keinerlei Schwierigkeit, es hinter verschiedenen Namen wiederzuerkennen, wovon uns die meisten bereits durch den ›Entwurf‹ geläufig sind. Einer dieser Namen, »psychische Energie«, verdient besondere Aufmerksamkeit, denn er betont einen offenbar entscheidenden Wandel des Konzepts. Q ist nicht länger »etwas Materiel-

---

[1] Aus einer anderen Perspektive wird Freuds Auffassung von der Aufmerksamkeit noch von seiner in verschiedenen Zusammenhängen vorgebrachten Bemerkung beleuchtet, daß die Aufmerksamkeit die Effektivität automatisch verrichteter Handlungen eher beeinträchtige und daß diese durch Ablenkung der Aufmerksamkeit gefördert würde. S. eine Passage in seiner ›Beobachtung einer hochgradigen Hemianästhesie bei einem hysterischen Manne‹ (1886*d*, S. 62, oben); vgl. ferner einige Bemerkungen in *Zur Psychopathologie des Alltagslebens* (1901*b*; *G. W.*, Bd. 4, S. 145). Der nämliche Punkt wird auch in *Der Witz* (1905*c*; *G. W.*, Bd. 6, S. 169–72; *Studienausgabe*, Bd. 4, S. 142–44) erörtert sowie in der zweiten der *Vorlesungen zur Einführung* (1916–17; *G. W.*, Bd. 11, S. 23; *Studienausgabe*, Bd. 1, S. 54).

[2] Der Anteil Breuers an dieser Entdeckung wurde von Freud anerkannt; für nähere Einzelheiten vgl. die ›Editorische Einleitung‹ zu den *Studien über Hysterie* (1895), S. 210, oben.

les«; es ist zu etwas Psychischem geworden. Der Ausdruck »psychische Energie« findet sich nirgends im ›Entwurf‹.[1] (»ψ Energie« im Brief an Fließ vom 1. Januar 1896, Anhang A, oben, meint lediglich »Energie aus dem Neuronensystem ψ«.) In der *Traumdeutung* (1900*a*) aber ist er bereits in selbstverständlichem Gebrauch. Indessen bedeutet der Wandel nicht eine völlige Aufgabe der physischen Basis. Zwar erklärt Freud: »Wir bleiben auf psychologischem Boden« (*G. W.*, Bd. 2/3, S. 541; *Studienausgabe*, Bd. 2, S. 512), doch zeigen sich bei genauer Betrachtung Spuren des alten neurologischen Hintergrunds. Selbst die bekannte Passage im Buch über den *Witz* (1905*c*; *G. W.*, Bd. 6, S. 165; *Studienausgabe*, Bd. 4, S. 139), in der er Neuronen und Nervenfasern den Rücken zu kehren scheint, läßt die Tür für physiologische Erklärungen weit offen. Tatsächlich spricht Freud in dem oben zitierten Satz aus der Arbeit über ›Das Unbewußte‹ (1915*e*) von »nervöser Energie«, nicht von »psychischer Energie«. Auf der anderen Seite veränderte er in der Ausgabe von 1925 im letzten Satz der *Studien über Hysterie* (1895*d*) ein Wort: er ersetzte »Nervensystem« durch »Seelenleben« (*G. W.*, Bd. 1, S. 312; *Studienausgabe*, Ergänzungsband, S. 97). Wie immer tiefgreifend oder geringfügig man diese Revolution einschätzt, ohne Frage haben viele Hauptcharakteristika von Q in verwandelter Gestalt bis in Freuds Spätwerk überlebt; Belege hierfür werden in den zahlreichen Fußnotenverweisen auf den betreffenden Seiten angeführt.

Besonders interessant scheint die Frage nach der Beziehung von Q zu den Trieben. Diese werden im ›Entwurf‹ kaum beim Namen genannt. Offensichtlich sind sie aber die Nachfolger von »endogener Quantität« oder »endogenen Erregungen«. Die gesamte Entwicklung von Freuds Ansichten über die Triebe kann im vorliegenden Zusammenhang nicht nachgezeichnet werden; eine gewisse Vorstellung von seinen verschiedenen Triebklassifikationen ist aus einer langen Anmerkung am Ende von Kapitel VI von *Jenseits des Lustprinzips* (1920*g*; *G. W.*, Bd. 13, S. 66; *Studienausgabe*, Bd. 3, S. 269) zu gewinnen. Ein späterer Überblick über das Thema findet sich in der zweiten Hälfte von Vorlesung XXXII der *Neuen Folge der Vorlesungen* (1933*a* [1932]) sowie in der Schlußzusammenfassung von Kapitel II der posthum veröffentlichten Schrift *Abriß der Psychoanalyse* (1940*a* [1938]). Ein dort nicht erwähnter Punkt, im vorliegenden Zusammenhang gerade von besonderem Interesse, betrifft die zweimal von Freud geäußerte Mutmaßung über die Möglichkeit einer »indifferenten psychischen Energie«, die die eine oder die andere der beiden Triebausformungen annehmen kann: vgl. die Narzißmusschrift (1914*c*; *G. W.*, Bd. 10, S. 143; *Studienausgabe*, Bd. 3, S. 45) und *Das Ich und das Es* (1923*b*; *G. W.*, Bd. 13, S. 272 f.; *Studienausgabe*, Bd. 3, S. 311). Diese »indifferente psychische Energie« mutet durchaus wie ein Rückgriff auf Q an.

Angesichts dieser späteren Ungewißheit über die Triebe (der Trieb, wie Q, erscheint als »Grenzbegriff zwischen Seelischem und Somatischem«) und ihre Eintei-

---

[1] Überhaupt erscheint im ›Entwurf‹ der Terminus »Energie« nur sehr selten im Sinne von »Q«. Das am häufigsten gebrauchte Synonym ist wohl »Erregung«.

lung ist daran zu erinnern, daß Freud konsequent unsere Unkenntnis der Grund-
natur von Q bzw. seiner Dubletten betont hat. Wie wir gesehen haben (S. 482), wird
darauf schon im ›Entwurf‹ wiederholt beharrt, und Freud greift den Punkt in späteren Arbeiten immer wieder auf; um nur einige zu nennen: in der *Traumdeutung*
(1900*a*; *G. W., Bd.* 2/3, S. 605; *Studienausgabe,* Bd. 2, S. 569), in der Abhandlung
über ›Das Unbewußte‹ (1915*e*; *G. W.,* Bd. 10, S. 287; *Studienausgabe,* Bd. 3,
S. 147) und in *Der Mann Moses und die monotheistische Religion* (1939*a* [1934–38];
G. W., Bd. 16, S. 204; *Studienausgabe,* Bd. 9, S. 544). Am klarsten wird jedoch in
Jenseits des Lustprinzips (1920*g*; *G. W.,* Bd. 13, S. 30f.; *Studienausgabe,* Bd. 3,
S. 240) festgestellt: »Die Unbestimmtheit all unserer Erörterungen, die wir metapsychologische heißen, rührt natürlich daher, daß wir nichts über die Natur des
Erregungsvorganges in den Elementen der psychischen Systeme wissen und uns zu
keiner Annahme darüber berechtigt fühlen. So operieren wir also stets mit einem
großen *X,* welches wir in jede neue Formel mit hinübernehmen.« Es sieht also so
aus, als müßten wir unsere Erkundung hier beenden, als bliebe uns nichts anderes
übrig, als Freud zu folgen und das Problem Q ungelöst zu lassen.

Zwar war Freud die eigentliche Natur von Q unbekannt, doch hatte er bestimmte
Annahmen über dessen Beschaffenheit, an denen er bis zu seinem Lebensende festhielt. Wenn wir uns noch einmal einer der frühesten Stellen zuwenden, an denen Q
auftaucht, der bereits auf S. 482 erwähnten Passage in der ersten der Arbeiten über
die Abwehr-Neuropsychosen (1894*a*; *G. W.,* Bd. 1, S. 74), so finden wir diese unbekannte Einheit beschrieben als etwas, »das alle Eigenschaften einer Quantität hat
– wenngleich wir kein Mittel besitzen, dieselbe zu messen –, etwas, das der Vergrößerung, Verminderung, der Verschiebung und der Abfuhr fähig ist«. Ohne Zeifel
hat ja Q seine Bezeichnung gerade deswegen erhalten, um eben diese Q kennzeichnenden Merkmale herauszustellen.

Quantitativen Erwägungen mußte in Freuds Theorien an vielen Punkten von
Anfang an Rechnung getragen werden. So heißt es beispielsweise in ›Zur Ätiologie
der Hysterie‹ (1896*c*): »Es sind in der Ätiologie der Neurosen quantitative Bedingungen ebensowohl bedeutsam wie qualitative; es sind Schwellenwerte zu
überschreiten, wenn die Krankheit manifest werden soll« (*G. W.,* Bd. 1, S. 447;
Studienausgabe, Bd. 6, S. 71). Wichtiger noch ist die Tatsache, daß Quantität in der
gesamten Konflikttheorie als Ursache nicht nur der Neurosen, sondern einer ganzen Reihe psychischer Zustände implizit eine Rolle spielt. Es gibt Stellen, an denen
dieses Faktum explizit wird: beispielsweise in ›Über neurotische Erkrankungstypen‹ (1912*c*; *G. W.,* Bd. 8, S. 328f.; *Studienausgabe,* Bd. 6, S. 224), in Vorlesung
XXIII der *Vorlesungen zur Einführung* (1916–17; *G. W.,* Bd. 11, S. 389; *Studienausgabe,* Bd. 1, S. 364f.), in ›Über einige neurotische Mechanismen‹ (1922*b* [1921];
G. W., Bd. 13, S. 202; *Studienausgabe,* Bd. 7, S. 224) sowie in ›Die endliche und die
unendliche Analyse‹ (1937*c*; *G. W.,* Bd. 16, S. 70; *Studienausgabe,* Ergänzungsband, S. 367). In der zuletzt genannten Arbeit wird die Bedeutung quantitativer
Momente mit der therapeutischen Situation in Beziehung gesetzt; dies war mehr als

vierzig Jahre zuvor in Freuds Beitrag zu den *Studien über Hysterie* (1895 d; *G. W.*, Bd. 1, S. 270; *Studienausgabe*, Ergänzungsband, S. 64) bereits geschehen. In seiner großen Abhandlung über ›Das Unbewußte‹ (1915 e) benutzt Freud den Terminus »ökonomisch« als Äquivalent für »quantitativ« (*G. W.*, Bd. 10, S. 280; *Studienausgabe*, Bd. 3, S. 140), von da an verwendet er die beiden Ausdrücke synonym.[1] Wir haben also recht, wenn wir unser rätselhaftes Q, was immer seine eigentliche Natur sein mag, als Vorläufer eines der drei grundlegenden Elemente der Metapsychologie betrachten.

---

[1] Diese Gleichsetzung war nichts Neues. Sie findet sich bereits in einem (oben, S. 377, zitierten) Brief an Fließ, den Freud einige Monate vor dem ›Entwurf‹ schrieb.

V. Teil

Acht Rezensionen
(1895–1911)

Besprechung von A. Hegar,
Der Geschlechtstrieb;
Eine sozial-medizinische Studie,
Stuttgart 1894[1]

(1895)

Diese kleine Schrift des berühmten Frauenarztes[2] wird manchem eine Enttäuschung bereiten, der – durch den Titel verleitet – von einem Kenner authentische Aufschlüsse über das Geschlechtsleben der Frauen erwarten würde. Es handelt sich um eine Entgegnung auf Bebels bekanntes Buch *Die Frau und der Sozialismus* [1883], eine Entgegnung aber, die weder durch Inhalt noch durch Darstellungsweise befähigt ist, dem Gegner erfolgreich den Einfluß auf die Leser streitig zu machen. Übrigens ist die Schrift Hegars ebensowenig frei von Tendenz wie die des Sozialistenführers. Während letzterer möglichst die Ansprüche des Geschlechtstriebes hervorkehrt, denen die heutige Ordnung der Gesellschaft nicht gerecht wird, zeigt sich der Arzt bemüht, den unbequemen Dränger als einen relativ harmlosen Gesellen hinzustellen. Man kann sich   nach Hegar   der

---

[1] [Diese Besprechung erschien in der *Wiener klinischen Rundschau* in der Ausgabe vom 3. Februar 1895 (Bd. 9, Nr. 5, S. 77). Freud war während mehrerer Jahre Mitarbeiter dieses Fachorgans und hat eine Reihe von Rezensionen und Abhandlungen für es geschrieben (vgl. z. B. 1895*a*, 1895*f*, 1896*c*, 1898*a* sowie die oben, S. 364–69, abgedruckte Besprechung der Migräne-Monographie von P. J. Möbius). Ein Nachdruck der vorliegenden Rezension erschien im September 1983 in der *Psyche* (Bd. 37, S. 811) im Rahmen einer den wissenschaftlichen Kontext und den biographischen Hintergrund erläuternden Abhandlung von Oswald Kästle. Als Textvorlage diente uns eine Photokopie des Erstdrucks.]
[2] [Alfred Hegar (1830–1914), zunächst praktischer Arzt in Darmstadt, 1864–1904 Professor der Geburtshilfe und Gynäkologie an der Universität Freiburg und Direktor der Universitätsfrauenklinik. Mitbegründer der operativen Gynäkologie. Einige Symptome und Instrumente sind nach ihm benannt. Zahlreiche Veröffentlichungen.]

Vermutung nicht entziehen, daß der naturgemäße Geschlechtstrieb bei dem jetzigen zivilisierten Menschen gar nicht so exzessiv stark sei, als er geschildert wurde. Beim Manne ist »zwischen natürlicher Anlage und künstlich angefachter Flamme« (S. 5) zu unterscheiden, während »die natürliche Neigung des Weibes zur physischen Liebe im allgemeinen, von Ausnahmen natürlich abgesehen, nicht sehr groß« ist.

Wie vorauszusehen, muß Hegar gelegentlich Tatsachen konstatieren, die schlecht zu dieser niedrigen Schätzung des Geschlechtstriebes passen. So heißt es bei der Besprechung der »wilden Liebe«: »Man sollte bei den heutzutage so genau festgestellten Gefahren, welche die wilde Liebe mit sich bringt, es kaum für möglich halten, daß sich jemand ihnen aussetze.« (S. 51.) Eine Erklärung findet Hegar darin, daß die große Menge von den Schädlichkeiten der wilden Liebe noch keine deutliche Vorstellung hat. In dem Exemplar der Hegarschen Schrift, welches ich erworben habe, findet sich hiezu eine Randglosse: »Herr Hegar vergißt eben – den Geschlechtstrieb.«[1] Sonst enthält die Schrift vielerlei Statistik über Themata, die mit dem Geschlechtstrieb nicht direkt, jedenfalls nicht wesentlich zusammenhängen: Bevölkerungszuwachs, Kindersterblichkeit u. dgl. Über den Kern des ganzen Problems, die Tatsache, daß die Menschen – bei sonstiger Schädigung ihrer Gesundheit – genötigt sind, ihre Kinder als unbeabsichtigte Nebenprodukte bei der Befriedigung eines natürlichen Bedürfnisses zu erzeugen, findet Hegar kaum ein Wort, und für die Bedeutung der Bestrebungen, die darauf abzielen, die Konzeption vom Koitus ohne Gesundheitsstörung zu trennen, kein Verständnis![2]

F.

---

[1] [Jüngst ist durch Recherchen von K. R. Eissler bestätigt worden, daß das sich in Freuds Bibliothek befindende Exemplar des Buches von Hegar auf Seite 51 tatsächlich die erwähnte Randglosse (freilich ohne das Wort »eben«) enthält, womit die Autorschaft Freuds an dieser nur mit »F.« signierten Rezension erwiesen ist.]

[2] [Vgl. hierzu Freuds drei Jahre später in der *Wiener klinischen Rundschau* publizierte Schrift über ›Die Sexualität in der Ätiologie der Neurosen‹ (1898 a), samt der ›Editorischen Vorbemerkung‹ zum Abdruck jener Arbeit in der *Studienausgabe*, Bd. 5, S. 13 f.]

Beiträge zur *Neuen Freien Presse*[1]
(1903–1905)

Besprechung von
Georg Biedenkapp, *Im Kampfe gegen Hirnbazillen,*
Berlin 1902[2]
(1903)

Hinter diesem wenig ansprechenden Titel birgt sich das Buch eines tapferen Mannes[3], der dem Leser viel Beherzigenswertes zu sagen weiß. Mehr von dem Inhalt verrät der Untertitel des Werkes: ›Eine Philosophie der kleinen Worte‹. Der Autor kämpft nämlich gegen jene »zu vieles aus- oder einschließenden Wörtchen und Wortformen«, welche bei denen, die sie mit Vorliebe zu gebrauchen pflegen, eine schädliche Neigung zu »exklusiven oder superlativen Urteilen« bekunden. Selbstverständlich – auch dieses Wort würde unser Autor beanstanden – gilt der Kampf nicht jenen harmlosen Worten, sondern der Neigung, sich an ihnen zu berauschen und der so gewonnenen Hebung der Darstellung zuliebe an die notwendigen Einschränkungen seiner Aussagen wie an die unvermeidliche Bedingtheit der eigenen Urteile zu vergessen. Es dient wirklich zur nützlichen Mah-

---

[1] [Die sechs kurzen Beiträge zur Wiener Tageszeitung *Neue Freie Presse,* die mit Sicherheit Freud zuzuschreiben sind, erschienen zwischen Februar 1903 und August 1905. Sie sind bisher noch nie in Deutsch nachgedruckt worden. Vier Buchbesprechungen sind im folgenden wiedergegeben; ein Wort über »Magnetische Menschen« (1904 *d*) ist oben, auf S. 133, Anm. 2, und ein Nachruf auf Professor S. Hammerschlag (1904 *e*) unten, auf S. 733 f., abgedruckt.]

[2] [*Neue Freie Presse,* 8. Februar 1903, Morgenblatt, S. 41. – Textvorlage war eine Photokopie des Erstdrucks.]

[3] [Georg Biedenkapp (1868–1924), Doktor der Philosophie. Biedenkapp stand, wie wir von Gerhard Fichtner erfahren, mit Wilhelm Fließ Anfang des Jahrhunderts in Verbindung; denkbar also, daß Freud durch Fließ auf Biedenkapp aufmerksam gemacht wurde. Er hat zahlreiche populärwissenschaftliche und biographische Arbeiten veröffentlicht.]

nung, wenn einem vorgehalten wird, wie vieles als »selbstverständlich« oder als »unsinnig« von den Menschen einer früheren Generation bezeichnet wurde, was uns heute umgekehrt als unsinnig oder als selbstverständlich gilt. Oder wenn wir an einer Reihe gut gewählter Beispiele ersehen, welche Einengung ihres Gesichtskreises selbst bedeutende Schriftsteller sich infolge ihres Mißbrauches von Superlativen vorwerfen lassen müssen. Die Mahnung zur Nüchternheit in Urteil und Ausdruck dient unserem Autor indes nur als Ausgangspunkt zu weiteren Erörterungen über andere »Denkfehler« der Menschen, über den Mittelpunktswahn, den Glauben, über die atheistische Moral und dergleichen. In all diesen Bemerkungen zeigt sich das ehrliche Bestreben des Autors, Ernst zu machen mit der Durchführung jener Weltanschauung, die uns durch die Ergebnisse der modernen Wissenschaft, im besonderen der Entwicklungslehre, aufgenötigt wird. Es ist sehr viel psychologisch Richtiges dabei und manche Wahrheit von der Art, die schon oft gesagt worden ist, aber nicht oft genug wiederholt werden kann. Der Autor hat sich die undankbare Aufgabe gestellt, »die Menschen zu bessern und zu bekehren« auf dem Wege nüchterner Beeinflussung, ohne sie durch Humor zum Lachen bewegen oder durch Leidenschaft mit fortreißen zu wollen. Wünschen wir ihm dazu den besten Erfolg!

Professor Sigmund Freud.

Besprechung von
John Bigelow, *The Mystery of Sleep*, London 1903
(Erstauflage London 1897)[1]
(1904)

Das Geheimnis des Schlafes zu lösen sollte wohl der Wissenschaft vorbehalten bleiben; der fromme Autor[2] aber operiert mit Bibelargumenten und teleologischen Gründen wie: es sei eine der göttlichen Vorsehung unwürdige Vorstellung, daß sie den Menschen ein volles Dritteil seines Lebens in geistiger Untätigkeit verbringen lassen sollte. Der Schlaf sei vielmehr jener Zustand, in welchem der göttliche Einfluß am freiesten und wirksamsten in das menschliche Seelenleben gelange. Wir wollen nicht unterlassen, trotz aller Ablehnung der Gedankengänge des Autors, den Kern der Wahrheit in seiner Behauptung hervorzuheben. Auch wissenschaftliche Studien über den Zustand des Seelenlebens während des Schlafens nötigen uns, die bisherige Annahme, daß der Schlaf das Spiel der geistigen Tätigkeiten bis auf ein Minimum aufhebe, als unzutreffend aufzugeben. Die wichtigen Vorgänge unbewußter Geistes- und selbst Denktätigkeit setzen sich, wie die Aufklärung der Träume beweist, die Referent gegeben hat, auch in dem tiefen Schlaf fort. Diese unbewußte Seelentätigkeit verdient es, »dämonisch« genannt zu werden, aber kaum göttlich.

Professor S. Fr.

[1] [*Neue Freie Presse*, 4. Februar 1904, Morgenblatt, S. 22, unter der Rubrik ›Miszellen‹.
– Textvorlage war eine Photokopie des Erstdrucks.]
[2] [John Bigelow (1817–1911) war ein amerikanischer Journalist und Diplomat.]

Besprechung von
Alfred Baumgarten, *Neurasthenie. Wesen, Heilung,*
Vorbeugung, Wörishofen 1903[1]
(1904)

Der Hinweis des Vorwortes auf sechzehnjährige ärztliche Erfahrung in dem Studium der Krankheit und die Ankündigung »rückhaltloser und rücksichtsloser Wahrheit« sind geeignet, bei dem Leser Erwartungen anzuregen, die dann während der Lektüre des 338 Seiten starken Buches in volle Enttäuschung ausgehen. Weder in der Schilderung der Symptome noch in deren Aufklärung weiß uns der Autor[2] etwas anderes zu sagen, als was allgemein bekannt ist. Und doch enthält die herrschende Lehre von der Kulturkrankheit, der Neurasthenie, übergenug Zweifelhaftes und Irrtümliches, woran ein selbständiger Beobachter und nach Wahrheit strebender Mensch hätte rühren müssen. Die Tendenz des Buches geht natürlich dahin, die Bedeutung der Kneipp-Kur für die Heilung der Neurasthenie ins rechte Licht zu rücken. Daß Wörishofen überhaupt für »rückhaltlose und rücksichtslose« Verfolgung der Wahrheit der richtige Ort sei, wird einem starken Vorurteil bei dem verständnisvollen Leser begegnen.

Professor S. Fr.

---

[1] [*Neue Freie Presse,* 4. Februar 1904, Morgenblatt, S. 22, unter der Rubrik ›Miszellen‹. Textvorlage war eine Photokopie des Erstdrucks. – Bad Wörishofen war schon damals wegen der Kneippkuren berühmt.]

[2] [Alfred Baumgarten (geb. 1862), praktischer Arzt, seit 1893 in Wörishofen tätig.]

Besprechung von
R. Wichmann, *Lebensregeln für Neurastheniker,* Berlin 1903[1]
(Erstauflage Berlin 1898)
(1905)

In vierter Auflage liegt hier ein kleines Büchlein vor, welches in Form eines Frage- und Antwortspieles dem »Neurastheniker« recht verständige Dinge über sein Leiden mitteilt und ihm Ratschläge gibt, deren Wert für die Heilung derselben übrigens nicht überschätzt werden soll. Der Autor[2] verwahrt sich selbst gegen die Absicht, die persönliche Leistung des Arztes bei dem Kranken durch diese Schrift überflüssig zu machen, und da Gesunde solche Bücher nicht zu lesen pflegen, so könnte man wohl dieser ganzen Gattung populär-ärztlicher Literatur die Existenzberechtigung bestreiten. In manchen Punkten, über welche theoretische Aufklärung und praktische Belehrung besonders wichtig wären, hat sich der Verfasser die Aufgabe recht leicht gemacht; auch das über Angst- und Zwangszustände Vorgebrachte ist völlig unzureichend.

Professor S. Fr.

---

[1] [*Neue Freie Presse,* 31. August 1905, Morgenblatt, S. 21, unter der Rubrik ›Miszellen‹. Textvorlage war eine Photokopie des Erstdrucks.]
[2] [Ralf Wichmann (geb. 1860), Nervenarzt in Wiesbaden. Er veröffentlichte noch andere populärwissenschaftliche Abhandlungen über Neurasthenie und über Wasserkuren.]

Besprechung von
Leopold Löwenfeld, *Die psychischen Zwangserscheinungen,*
Wiesbaden 1904[1]
(1904)

Das vorliegende Werk von Löwenfeld[2], das unter dem Titel *Die psychischen Zwangserscheinungen* einen ansehnlichen Ausschnitt aus der Klinik und Symptomatologie der Neurosen behandelt, vereinigt von neuem alle die Vorzüge, durch welche die zusammenfassenden Darstellungen des Münchener Neuropathologen allen Fachgenossen wertvoll, ja unentbehr-

---

[1] [Diese in Vergessenheit geratene Rezension Freuds ist von Professor Saul Rosenzweig, Washington University, St. Louis, Missouri, ausgegraben worden. Sie erschien zuerst im *Journal für Psychologie und Neurologie,* Bd. 3 (1904), Heft 4, S. 190f., unter der Rubrik ›Referate über Bücher und Aufsätze‹ (J. A. Barth, Leipzig. Schriftleitung Auguste Forel und Oskar Vogt). Diese Zeitschrift war eine Fortsetzung der früheren *Zeitschrift für Hypnotismus,* in der Freud mehr als zehn Jahre zuvor seine Arbeit ›Ein Fall von hypnotischer Heilung‹ (1892–93) publiziert hatte. In dem hier besprochenen Buch Leopold Löwenfelds, *Die psychischen Zwangserscheinungen,* ist sogar ein Essay Freuds enthalten, nämlich ›Die Freudsche psychoanalytische Methode‹ (1904a [1903]; *G. W.,* Bd. 5, S. 1; *Studienausgabe,* Ergänzungsband, S. 99). Hier geht Freud indessen noch weiter zurück – zu seiner Arbeit ›Zur Kritik der »Angstneurose«‹ (1895f; *G. W.,* Bd. 1, S. 357ff.), die sich hauptsächlich mit von Löwenfeld vorgebrachten Einwänden auseinandersetzt. Die vorliegende Rezension ist eigentlich kaum mehr als eine Zusammenfassung einiger Gesichtspunkte, die Freud in der früheren Arbeit entwickelt hatte. Dies ist der erste deutsche Nachdruck der Rezension. Textvorlage war eine Photokopie des Erstdrucks.]

[2] [Leopold Löwenfeld (1847–1923) war ein bekannter, in München praktizierender Psychiater. Er nahm an den beiden ersten Psychoanalytischen Kongressen 1908 und 1910 teil, stellte sich jedoch nie ganz hinter Freuds Lehre. Trotzdem verkehrten die beiden Männer freundschaftlich miteinander, eine Tatsache, die Freud in den *Vorlesungen zur Einführung in die Psychoanalyse* (1916–17, Vorlesung 16; *G. W.,* Bd. 11, S. 251; *Studienausgabe,* Bd. 1, S. 246f.) kommentierte.]

lich geworden sind. Die ganz außerordentliche Beherrschung der Literatur des Gegenstandes, der Reichtum an eigenen Beobachtungen, die Klarheit des Stils sollen aber den Leser nicht vergessen lassen, daß der Hauptwert des Buches nicht in diesen Eigenschaften des Kompilators, sondern in der unparteiisch besonnenen Kritik und in der durchaus selbständigen Auffassung des Autors gelegen ist. Als besonders dankenswert erscheint mir, daß Löwenfeld nicht seine Arbeitskraft an die Darstellung eines schon ungezählte Male behandelten Gegenstandes gewandt, sondern ein noch wenig erforschtes Gebiet ordnend und sichtend in Angriff genommen hat.

Die Schwierigkeiten, die sich unter solchen Umständen dem Bearbeiter entgegenstellen, sind von nicht gewöhnlicher Art. Alle Definitionen sind schwankend, über die Abgrenzungen ist Einigkeit noch nicht erzielt worden. Was Löwenfeld als »psychischen Zwang« behandelt, geht weit über den Umfang der sogenannten Zwangsvorstellungskrankheit hinaus und schließt noch die Phobien, einen Teil der Abulien und sämtliche neurotische Angstzustände, auch die Anfälle von »inhaltsloser« Angst, mit ein. Für den Leser des Buches ergibt sich so ein unerwarteter Gewinn, für den Autor aber stellt sich die Unmöglichkeit her, über Mechanismus, Ätiologie und Verlauf der »psychischen Zwangserscheinungen« etwas allgemein Zutreffendes auszusagen, da die in ihrem Wesen disparaten Affektionen sich auch in all diesen Momenten weit voneinander entfernen.

Löwenfeld hält seine, nach des Referenten Meinung künstliche Einheit durch die Definition des psychischen Zwanges zusammen, als dessen Grundcharakter er die »Immobilität, den Mangel der Verdrängbarkeit durch Willenseinflüsse«[1] betrachtet. Aber er anerkennt auch – gewiß mit Recht – Zwangsempfindungen und Zwangsaffekte, während wir gewohnt sind, von unserer normalen Willenstätigkeit nur die Verdrängung von Vorstellungen und Vorstellungskomplexen, nicht auch die Aufhebung von Empfindungen oder Gefühlen zu fordern. Wer an einem Angstanfall leidet, pflegt zu klagen, daß er sich so schlecht fühlt, nicht aber sich zu verwundern, daß er einen »Zwang« nicht beseitigen kann. Bei konsequenter Anwendung seines Kriteriums hätte der Autor übrigens auch ein gutes Stück der hysterischen Symptomatologie mitbehandeln müssen, welchem der Charakter der Immobiliät, der Unverdrängbarkeit durch Willenseinflüsse in ausgeprägtester Weise zukommt.

---

[1] [Löwenfeld (1904), S. 65–69.]

Es war daher vielleicht nicht zweckmäßig, den Begriff »Zwang« in seinem logischen Sinne zur Abgrenzung zu benützen. Es ist aber schwierig, derzeit etwas Besseres an die Stelle zu setzen. In Wirklichkeit ist die innere Verschiedenheit der vom Autor zusammengefaßten Affektionen leichter zu ahnen und aus gewissen Anzeichen zu erraten als klarzulegen. Die richtigen Unterscheidungen dürften sich erst angeben lassen, wenn der psychologische Mechanismus der einzelnen Formen genauer bekanntgeworden ist. Im Mittelpunkte aller auf die Auffassung der Zwangsphänomene bezüglichen Fragen steht das Problem der neurotischen Angst. Mit der Aufklärung, woher diese Angst stammt und unter welchen Bedingungen sie auftritt, wäre der Schlüssel zum Verständnis der Psychoneurosen gewonnen. Referent kann nur bedauern, daß der Autor auch diesmal der von ihm (Referenten) aufgestellten Formel nicht beigetreten ist, welche aussagt, daß die neurotische Angst somatischer Herkunft ist, aus dem Sexualleben stammt und einer verwandelten Libido entspricht. Die Richtigkeit oder wenigstens den heuristischen Wert dieser Aufstellung versuchte Referent seinerzeit [1895][1] an dem Beispiel seiner »Angstneurose« zu erweisen. Löwenfeld wendet gegen diese Ableitung der Angst ein, daß sich sexuelle Schädlichkeiten nicht in der Ätiologie aller Fälle von Angstneurose, sondern nur bei etwa 75% nachweisen lassen. Referent akzeptiert diese Zahl; er möchte sich aber gegen den naheliegenden Vorwurf verwahren, daß er einer Theorie zuliebe gegen die Beobachtung verblendet wurde. Referent hat die Fälle von Angstneurose ohne sexuelle Ätiologie bereits 1895 gekannt und gewürdigt, denn er sagt ausdrücklich in dem erwähnten Aufsatz über die Angstneurose: »Die letzte der anzuführenden ätiologischen Bedingungen scheint zunächst überhaupt nicht sexueller Natur zu sein. Die Angstneurose entsteht, und zwar bei beiden Geschlechtern, auch durch das Moment der Überarbeitung, erschöpfender Anstrengung, z. B. nach Nachtwachen, Krankenpflegen und selbst nach schweren Krankheiten.«[2] Diese Stelle pflegen Kritiker im Interesse der Vereinfachung zu übersehen.

Wenn die Theorie des Referenten trotzdem die neurotische Angst ganz allgemein [also auch in diesen Fällen][3] von der Libido ableitet, so scheint entweder eine Inkonsequenz des Referenten oder ein Mißverständnis seiner Kritiker unausweichlich. Es ist nicht schwer, das letztere aufzuzeigen.

---

[1] [Eckige Klammern im Original.]
[2] [Freud (1895*b*; *G. W.*, Bd. 1, S. 328; *Studienausgabe*, Bd. 6, S. 38).]
[3] [Eckige Klammern im Original.]

Referent hat Ätiologie und Mechanismus begrifflich scharf geschieden, was seine Kritiker nicht tun. Er meint, bei der Angstneurose sei die *Ätiologie* des Krankheitsfalles nicht durchwegs eine sexuelle Schädlichkeit, wohl aber betreffe der *Mechanismus* der Störung regelmäßig die Sexualität. Diese Unterscheidung läuft auf die gewiß nicht unwahrscheinliche Annahme hinaus, daß die organisch-sexuellen Vorgänge ebensowohl durch Schädlichkeiten aus dem Sexualleben selbst wie auch durch tiefgreifende allgemeine Noxen eine Störung erfahren können, ähnlich wie z. B. die Vorgänge der Verdauungstätigkeit einerseits von den Ingesten aus, andererseits durch allgemeine toxische Erkrankungen, Kachexien und Blutveränderungen krankhaft verändert werden können.

Referent kennt auch die von Löwenfeld gegen ihn angeführten Fälle von Angstneurose mit erheblicher Steigerung anstatt einer Abnahme der Libido; er weiß aber, daß bei diesen nichts anderes als ein Oszillieren zwischen libidinöser und in Angst (teilweise) verwandelter Erregung vorliegt.

Unter den Ursachen der Angstneurose hebt Löwenfeld ferner Schrekken und andere emotionelle Noxen hervor. Referent muß nach seinen Untersuchungsergebnissen vielmehr behaupten, daß diese sehr häufig vorkommenden Fälle durchwegs die Reaktionen der Hysterie ergeben, also dieser Neurose zuzurechnen sind.

Es ist unmöglich im Rahmen eines Referates auszuführen, welche Fülle von Mitteilungen und Anregungen das Buch von Löwenfeld über die psychischen Zwangserscheinungen enthält. Wir dürfen hoffen, daß seine Veröffentlichung eine außerordentliche Steigerung des Interesses für diese merkwürdigen und praktisch bedeutsamen Erkrankungsformen zur Folge haben wird.

Sigm. Freud (Wien)

Besprechung von
Dr. Wilh. Neutra, *Briefe an nervöse Frauen,*
Dresden und Leipzig 1909[1]
(1910)

Es sollte als ein erfreuliches Zeichen für das erwachende Interesse der Leser für die Psychotherapie gelten dürfen, daß von diesem Buche in so kurzer Zeit eine zweite Auflage notwendig geworden ist. Leider können wir das Buch selbst nicht als eine erfreuliche Erscheinung begrüßen. Der Verfasser, Assistenzarzt der Wasserheilanstalt Gainfahrn bei Wien, hat die Form von Oppenheims *Psychotherapeutischen Briefen*[2] aufgenommen und diese Form mit psychoanalytischem Inhalt erfüllt. Dies ist im gewissen Sinne ein Mißgriff, denn die Psychoanalyse läßt sich mit der Oppenheimschen oder, wenn man will, Duboisschen Überredungskunst[3] nicht gut vereinigen; sie sucht ihre therapeutische Wirkung auf ganz anderen Wegen. Schwerer ins Gewicht fällt aber, daß der Autor die Vorzüge seines Vorbildes, Takt und sittlichen Ernst, nicht erreicht und daß er beim Vortrag der psychoanalytischen Lehren häufig in hohle Deklamation verfällt, auch manches unrichtig angibt. Immerhin ist vieles geschickt und zutreffend gesagt; man kann die Schrift als populäre Lektüre gelten lassen. In einer ernsten, wissenschaftlichen Darstellung hätte der Autor mit größerer Gewissenhaftigkeit auf die Quellen seiner Anschauungen und Behauptungen hinweisen müssen.

Freud.

---

[1] [*Briefe an nervöse Frauen,* von Dr. Wilhelm Neutra, Zweites Tausend, Verlag Heinrich Minden, Dresden und Leipzig 1909. Die Besprechung erschien im *Zentralblatt für Psychoanalyse,* Bd. 1 (1910), S. 49 f., unter der Rubrik ›Referate, Kritiken und Grenzgebiete‹. – Als Textvorlage diente eine Photokopie des Erstdrucks.]

[2] [1906. Für Hermann Oppenheim vgl. oben, S. 42, Anm.]

[3] [Paul Dubois (1848–1918), Professor der Neuropathologie in Bern, war um die Jahr-

Besprechung von
G. Greve, ›Sobre psicologia y psicoterapia
de ciertos estados angustiosos‹, 1910[1]

(1911)

Der Autor, der diesem Kongreß als Delegierter der Regierung von Chile
beiwohnte, hat in besonders lichtvoller und von Mißverständnissen freier
Weise den wesentlichen Inhalt der Verdrängungslehre und die ätiologische
Bedeutung des sexuellen Moments für die Neurosen dargelegt. In würde-
voller Bescheidenheit hält er mit einem endgültigen Urteil über die ganze
Lehre zurück; seine Erfahrungen, meint er, gestatten ihm nicht mehr
zu sagen, da er die Analyse in der Regel nicht über die Pubertätsanlässe
der Erkrankung hinaus betrieben habe (y aun cuando nos mostramos

---

hundertwende für seine Behandlung von Neurosen durch »Überredung« weithin bekannt. Vgl. sein Buch (1904). Im Zusammenhang einer Diskussion der »Neu-Züricher«
Therapie Jungs mit ihren moralischen Belehrungen bemerkte Freud: »Es ist zu verwundern, daß die Züricher den langen Umweg über Wien gebraucht haben, um endlich nach
dem so nahen Bern zu kommen, in dem Dubois Neurosen durch ethische Aufmunterung in schonungsvoller Weise heilt.« (›Zur Geschichte der psychoanalytischen Bewegung‹, 1914 d; G. W., Bd. 10, S. 110.)]

[1] [*Zentralblatt für Psychoanalyse*, Bd. 1 (1911), S. 594, unter ›Referate und Kritiken‹.
Dies ist die Besprechung eines ›Vortrges vor der neurologischen Sektion des internationalen amerikan. [eigentlich interamerikanischen] Kongresses für Medizin und Hygiene
in Buenos Aires, Mai 1910‹. Der Text ist bislang, nicht ganz zutreffend, als ›Zusammenfassung‹ des Vortrags eingestuft worden. Wie der folgende Abdruck zeigt, handelt es sich
um mehr als eine Zusammenfassung. – Als Textvorlage diente eine Photokopie des Erstdrucks. – Freud hat Greves Vortrag drei Jahre später noch einmal angeführt, und zwar als
Beweis für die internationale Ausbreitung der Psychoanalyse in den Jahren nach 1907,
nach Vereinigung der Schulen von Wien und Zürich (›Zur Geschichte der psychoanalytischen Bewegung‹, 1914 d; G. W., Bd. 10, S. 69).]

reservados para emitir una opinión propia, se nos ha de perdonar, ya que nuestra experiencia personal no alcanza a abarcar toda la latitud de sus doctrinas).

Doch lassen zahlreiche Äußerungen keinen Zweifel daran bestehen, welcher Überzeugung er zuneigt. Die Existenz der infantilen Sexualität scheint ihm durch die vorliegenden Untersuchungen mit Sicherheit erwiesen (demostrada hasta la evidencia); er und andere (todos nosotros) hätten Gelegenheit gehabt, sie an neurotischen Kindern zu beobachten, bei denen sie mit gewissen Zügen von Übermaß auftritt. Auch die Anwendung einer unvollständigen analytischen Behandlung reiche in einer großen Zahl von Fällen hin, um eine erhebliche Besserung des psychischen Allgemeinzustandes zu erzielen, so daß die Kranken ihre Leistungsfähigkeit wiedergewinnen, selbst wenn die Symptome noch in geringer Intensität fortbestehen sollten. (... para traer una notable mejoría del estado general psíquico del paciente, aun cuando puedan seguir persistiendo sintomas que, por su poca acentuacion, no aparenten enfermedad y no lo inutilizen para la sociedad.) (Referent möchte ganz besonders hervorheben, welch gutes Verständnis der neurotischen Erkrankungen sich darin verrät, den Heilerfolg nicht in der Beseitigung einzelner Symptome, sondern in der Herstellung der Leistungsfähigkeit fürs Leben zu suchen.) Die Zwangsneurose preist der Autor als ganz besonders zugänglich für die analytische Therapie; es sei ihm einmal gelungen, in zwei vertrauten Besprechungen, die zusammen noch keine Stunde ausfüllten, Zwangsideen zu beseitigen, die jeder anderen Behandlung hartnäckig widerstanden hatten. Der Autor fordert seine Kollegen auf, den in Rede stehenden Lehren ihre vollste Aufmerksamkeit zu schenken; dieselben seien auf die sorgfältigste Untersuchung gegründet und sie würden sehr vieles aus ihnen entnehmen, was sie zum großen Nutzen ihrer Kranken verwenden könnten. (Pero insisto ante vosotros, que de un atento estudio de las teorias de Freud, teorias basadas en la más escrupulosa y paciente observación de hechos clínicos que se pueda exigir, podreis cosechar mucho, muchísimo que puede favorecer a vuestros enfermos.)

Wir danken dem (wahrscheinlich deutschen) Kollegen im fernen Chile für die unparteiische Würdigung der Psychoanalyse und die unerwartete Bestätigung ihrer Heilwirkung in fremden Landen.

Freud.

VI. Teil

Originalnotizen
zu einem Fall von Zwangsneurose
(»Rattenmann«)
(1907–08)

Originalnotizen zu einem Fall von Zwangsneurose (»Rattenmann«)
(1955 [1907–08])

Editorische Einleitung

(1907–08 Datum der Niederschrift.)
1974 In Sigmund Freud, *L'Homme aux rats; Journal d'une analyse,* herausgegeben und eingeleitet von Elza Ribeiro Hawelka, Paris, Presses Universitaires
de France, S. 30–248.

Englische Übersetzung (Erstveröffentlichung):
1955 ›Addendum: Original Record of the Case‹, *Standard Edition,* Bd. 10,
S. 251–318.

Während der Behandlung des als »Rattenmann« bekanntgewordenen Patienten berichtete Freud auf mehreren Sitzungen der Wiener Psychoanalytischen Vereinigung
über diesen Fall. Auch hielt er im April 1908 auf dem Internationalen Psychoanalytischen Kongreß in Salzburg einen Vortrag darüber (vgl. Jones, 1962a, S. 60 und
S. 312–18).

Die Falldarstellung selbst erschien 1909 unter dem Titel ›Bemerkungen über einen Fall von Zwangsneurose‹ (1909 d). Die vorliegenden Notizen fanden sich nach
Freuds Tod in London unter seinen Papieren. Auf unerklärliche Weise sind sie seiner Gewohnheit entgangen, alles Material, auf welches sich eine veröffentlichte
Krankengeschichte stützte, im nachhinein zu vernichten. Doch sind die Notizen
seinerzeit »aus Gründen der ärztlichen Diskretion« (S. IX) nicht in Band 17 der
Gesammelten Werke aufgenommen worden, in welchem die Herausgeber einige
andere Schriften Freuds posthum veröffentlichten. Ein wesentlicher Teil der Aufzeichnungen erschien in der Übersetzung von Alix und James Strachey erstmals

1955 in Band 10 der *Standard Edition*. Der vollständige Originaltext liegt seit 1974 in einer zweisprachigen, von E. R. Hawelka besorgten französisch-deutschen Ausgabe vor.

Das Manuskript, dessen Bögen die Maße 38,4 auf 25,4 cm haben, ist zweifellos jene »Niederschrift«, von der Freud in der veröffentlichten Krankengeschichte mitteilt, er habe sie jeweils »am Abend des Behandlungstages in möglichster Anlehnung an die erinnerten Reden des Patienten« gemacht (*G. W.*, Bd. 7, S. 385, Anm. 2; *Studienausgabe*, Bd. 7, S. 39, Anm. 1). Auf dem Rand des Manuskripts finden sich gelegentlich in vertikaler Richtung hingeschriebene Wörter, welche das Material der betreffenden Passage zusammenzufassen scheinen. Diese Wörter – etwa »Traum«, »Infantilszene«, »Aberglaube«, »Masturbationsphantasie« – hat Freud offenbar später notiert, möglicherweise während der Vorbereitung des Materials für eine der erwähnten Fallvorstellungen.

Etwa das erste Drittel der Originalnotizen wurde von Freud in ähnlicher Sprachform in die veröffentlichte Version übernommen. Es sind dies das Vorgespräch vom 1. Oktober 1907 sowie die ersten sieben Sitzungen – also die Stunden bis einschließlich 9. Oktober (bis zum Ende von Abschnitt I (D) der publizierten Fassung). Die von Freud vorgenommenen Änderungen sind fast ausschließlich sprachlicher, stilistischer Natur. Ferner fügte er der veröffentlichten Fassung eine Reihe von Kommentaren hinzu. Doch besteht der Hauptunterschied wohl darin, daß die Geschichte der Waffenübung dort weitaus weniger konfus erscheint als in der Tagesniederschrift. Die beiden anschließenden Drittel der Notizen enthalten manches, was gleichfalls in der publizierten Fallgeschichte wiederkehrt. Doch stößt der Leser auch auf viel Material, welches ihm aus den ›Bemerkungen über einen Fall von Zwangsneurose‹ bislang nicht geläufig war. Sofern gelegentlich Diskrepanzen zwischen der Tagesniederschrift und der veröffentlichten Krankengeschichte zu bemerken sind, sei daran erinnert, daß die Behandlung noch über einen längeren Zeitraum andauerte, nämlich rund sieben weitere Monate, nachdem Freud, nach kaum viermonatiger Analysezeit, aus keinem ersichtlichen Grund, mit der Eintragung vom 20. Januar 1908 aufgehört hatte, Tagesnotizen festzuhalten (vgl. *G. W.*, Bd. 7, S. 409; *Studienausgabe*, Bd. 7, S. 57); d. h., der Patient mag in der Zeit nach dem Ende der Tagesniederschriften einige seiner früheren Mitteilungen korrigiert haben, so daß sich Freud von den Einzelheiten ein immer klareres Bild zu verschaffen vermochte.[1]

Die Originalnotizen sind deshalb so bedeutsam, weil allein sie uns einen Eindruck von der Art des Rohmaterials vermitteln, auf dem Freuds gesamtes Werk

---

[1] In der ›Editorischen Vorbemerkung‹ zum Abdruck der ›Bemerkungen über einen Fall von Zwangsneurose‹ (1909 *d*) in der *Studienausgabe* (Bd. 7, S. 34) findet sich eine chronologische Liste der lebensgeschichtlichen Daten des Patienten, welche dem Leser die Orientierung in der Biographie des »Rattenmannes« erleichtern kann.

fußt, sowie von der Stückwerkarbeit, mittels welcher dieses Rohmaterial zutage gefördert wurde. Schließlich bieten die Notizen, insofern einzigartig, die Gelegenheit, Freuds damalige Behandlungstechnik sozusagen in statu operandi zu beobachten.

Für die vorliegende erste Veröffentlichung der Originalnotizen in einer deutschen Freud-Ausgabe wurde von Ingeborg Meyer-Palmedo, anhand einer Photokopie der Handschrift (dankenswerterweise von K. R. Eissler und der Library of Congress, Washington, zur Verfügung gestellt), eine neue Transkription[1] hergestellt. Im Unterschied zu der im Nachtragsband sonst geübten Praxis wurden in diesem Fall keine redaktionellen Angleichungen an moderne Gepflogenheiten der Orthographie und Interpunktion vorgenommen. Auch haben wir darauf verzichtet, die Abkürzungen aufzulösen und – einige wenige Fälle ausgenommen – in eckigen Klammern fehlende Wörter zu ergänzen; denn trotz des Telegrammstils der meisten Textpassagen ist nur an wenigen Stellen der Sinn unklar. In die Originalinterpunktion wurde gleichfalls nur selten, nämlich wo für das Verständnis unerläßlich, eingegriffen. Es ging uns darum, die Tagesniederschrift in möglichst authentischer Fassung vorzulegen und dem Leser ein lebendiges Bild von der Art zu vermitteln, wie Freud, noch unter dem frischen Eindruck des gerade Gehörten, Notizen festhielt, seinem raschen Gedankenfluß folgend, ganz auf das Wesentliche konzentriert. Eine weitergehende redaktionelle Ergänzung hätte die Notizen gleichsam der veröffentlichten Krankengeschichte angenähert und den Leser um die Chance gebracht, die Unterschiede zwischen dem Rohmaterial und der ausgearbeiteten Reinschrift zu beobachten und, im systematischen Vergleich der beiden Texte, selbst zu entdecken. Im Sinne der Authentizität haben wir hier ausnahmsweise auch Freuds orthographische Eigenwilligkeiten möglichst beibehalten: So fehlen im Original beispielsweise häufig die Umlautstriche über Vokalen, desgleichen die Punkte über i und j (letztere Auslassungen konnten freilich im Druck nicht reproduziert werden); die Verdoppelung des Buchstabens m bzw. n wird häufig durch Querstrich über dem einen m bzw. n angezeigt; bei einigen Wörtern fehlt das Dehnungs-e, etwa bei »interessirt«. Es seien hier die wichtigsten von Freud im Original verwendeten und hier im Druck beibehaltenen Abkürzungen angeführt:

Bw, bw	Bewußtsein; Bewußtwerden; bewußt(e, er, es)
O bzw. O̅	Onanie
Ph, ph	Phantasie(n); phantasieren
Sex, sex	Sexualität; sexuell(e, er, es)
Tr, tr	Traum; träumen

---

[1] Sie weicht in einigen wichtigen Punkten von der gleichfalls um buchstabengetreue Wiedergabe bemühten Transkription Elza Ribeiro Hawelkas ab. Die uns vorliegende Photokopie der Handschrift ist allerdings teilweise nicht gut lesbar.

Ubw, ubw   (Das) Unbewußte; unbewußt(e, er, es)
Zw   Zwang; Zwangsvorstellung(en)
(»Erinnerung« bzw. »erinnern« kürzte Freud in der Handschrift mit »Er«
bzw. »er« ab. Diese Abkürzung haben wir aufgelöst, da an etlichen Stellen
eine Verwechslung mit dem Personalpronomen »er« möglich erscheint. Die
Abkürzung läßt sich jedoch als solche in der Handschrift unschwer identifizieren, da sie, wie alle anderen Abkürzungen auch, im Gegensatz zur sonstigen Schreibweise, in lateinischen Buchstaben geschrieben ist.)

James Strachey hat, Freuds Usus in der veröffentlichten Krankengeschichte folgend, in der englischen Erstpublikation der ›Originalnotizen‹ für den Patienten und
einige (nicht alle) der sonst erwähnten Personen Pseudonyme benutzt. Wir übernehmen seine Namenwahl, von der die deutsch-französische Ausgabe von 1974
allerdings abweicht.

I

1 Oktober 07

Dr. Lorenz 29 ½ J. leide an Zw, seit 1903 besonders stark, datire aber seit Kindheit. Hauptinhalt *Befürchtungen, daß zwei Personen, die er sehr liebe, etwas geschehe:* dem Vater u einer Dame, die er verehre. Außerdem Zwangsimpulse zB sich mit dem Rasirmesser den Hals abzuschneiden, Verbote, die sich auch auf gleichgiltige Dinge beziehen. Er habe Jahre in seinem Studium durch den Kampf gegen seine Ideen verloren, sei darum erst jetzt Gerichtspraktikant. In seiner Berufsthätigkeit machen sich die Gedanken nur geltend, wenn es sich um Strafrechtliches handle. Er leide auch unter dem *Impulse* der von ihm verehrten Dame etwas *anzuthun,* der in ihrer Gegenwart meist schweige, in ihrer Abwesenheit hervortrete. Die Entfernung von ihr, die in Wien lebt, habe ihm aber immer wolgethan. Genützt habe ihm nichts von den versuchten Kuren bis auf eine Wasserkur in München, die ihm aber *darum* so wolgethan, weil er dort eine Bekantschaft machte, die zu regelmäßigem Sexualverkehr führte. Hier habe er keine solche Gelegenheit, verkehre sehr selten u unregelmäßig, wenn sich einmal etwas ergäbe. Vor Prostituirten habe er Ekel. Sein Sexualleben sei kümerlich gewesen, Onanie nur sehr geringe Rolle im 16–17 Jahr, Potenz normal. Erster Coitus mit 26 Jahren.

Er macht den Eindruck eines klaren scharfsinigen Kopfes. Nachdem ich ihm die Bedingungen genant, meint er, er müße mit seiner Mutter sprechen, komt am nächsten Tag wider u nimt an.

Erste Sitzung [Mittwoch, 2. Oktober]

Nachdem ich ihm die beiden Hauptbedinggen der Behandlg mitgetheilt u ihm den Beginn freigestellt:

Er habe einen *Freund*, den er außerord hochstelle, Dr. Springer, zu dem gehe er imer, wenn ihn ein verbrecherischer Impuls plage u frage ihn, ob er ihn als Verbrecher verachte. Der halte ihn aufrecht, indem er ihm versichere, daß ein tadelloser Mensch sei, der sich wahrsch[einlich] von Jugend auf gewöhnt habe, sein Leben unter solchen Gesichtspunkten zu betrachten. Einen ahnlichen Einfluß habe fruher einmal ein anderer auf ihn geübt, ein Herr Loewy, Mediziner, der etwa 19 J. alt war als er selbst 14–15 war, Gefallen an ihm u seinem Bruder fand u sein Selbstgefül außerordentlich hob, so daß er sich als ein Genie vorkomen durfte. L. wurde später sein Hauslehrer u änderte dann sein Benehmen, indem er ihn zum Trottel herabsetzte. Als sie eines Tages mit einem Collegen von L. spazieren giengen, veranlaßte L diesen, ihm medizinische Bären aufzubinden, u als er sie glaubte, machten sich beide über seine Dumheit lustig. Er merkte später, daß L. sich für eine seiner Schwestern interessirte u sich mit die Brüdern nur eingelassen habe, um Zutritt ins Haus zu gewinnen. Es war dieß die erste große Erschütterung seines Lebens.

Er fährt unvermittelt fort. Mein Sexualleben hat sehr früh begonnen. Ich erinere mich einer Scene aus meinem 4–5 J. (vom 6 J. ist meine Erinerg überhpt vollständig), die mir Jahre später klar aufgetaucht ist. Wir hatten eine sehr schöne junge Gouvernante, Frl. *Peter* [der Name fällt mir auf][1]. Die lag eines Abends leicht bekleidet auf dem Sopha u las, ich lag neben ihr u bat sie um die Erlaubniß unter ihre Röcke zu kriechen. Sie erlaubte es, wenn ich niemand etwas davon sagen würde. Sie hatte wenig an u ich betastete sie an den Genitalien u am Leib, der mir »curios« vorkam. Seitdem blieb mir eine brenende, peinigende Neugierde, den weiblichen Körper zu sehen. Ich weiß, mit welcher Spanung ich im Bad, wohin ich noch mit dem Frl. u den Schwestern gehen durfte, darauf wartete, bis das Frl ausgekleidet ins Wasser stieg. Mehr erinere ich vom 6 J an. Wir hatten dan ein anderes Frl, auch jung u schön die Abszesse am Gesäß hatte, welche sie abends auszudrücken pflegte. Ich lauerte auf den Moment, um meine Neugierde zu stillen. Ebenso im Bad, obwol Frl Lina (er nent auch den anderen Namen) zurückhaltender war als die erste. Auf Fragen: ich schlief nicht regel-

---

[1] [Eckige Klammern von Freud. – Zur Bedeutung des Namens der Gouvernante s. unten, S. 511. Vgl. auch *G.W.*, Bd. 7, S. 386, Anm. 1; *Studienausgabe*, Bd. 7, S. 39, Anm. 2.]

mäßig in ihrem Zim̅er, meist bei den Eltern. Ich erin̅ere eine Szene, wo ich 7 J gewesen [sein] muß (später gibt er die Wahrscheinlichkeit eines späteren Jahres zu). Wir saßen am Abend, das Frl, die Köchin Resi, ein anderes Mädchen, ich und mein um 1 ½ J. jüngerer Bruder beisam̅en. Ich vernahm plötzlich aus dem Gespräch der Mädchen, wie Frl. Lina sagte, mit dem Kleinen könnte man das schon machen, aber der Paul (er) sei zu ungeschickt, er werde gewiß daneben fahren. Ich verstand nicht klar, was gemeint war, verstand aber die Zurücksetzg u begann zu weinen. Lina tröstete mich u erzälte mir dann, wie ein Mädchen, das etwas Derartiges mit einem Buben, der ihr anvertraut war, gemacht hatte, für mehrere Monate eingesperrt wurde. Ich glaube nicht, daß sie mich geschlechtlich miß-(Ph.) braucht hat, aber ich nahm mir viel Freiheiten gegen sie heraus. Wenn ich zu ihr ins Bett kam, deckte ich sie auf, u rührte sie an, was sie sich ruhig gefallen ließ. Sie war nicht sehr intelligent u offenbar geschlechtlich sehr bedürftig. Sie war 23 J alt, hatte schon ein Kind gehabt u wenig Gelegenheit, ihren Geliebten zu sehen. Dieser hat sie später geheiratet, so daß sie jetzt die Frau eines höheren Staatsbeamten ist. Ich sehe sie noch oft.

Ich halte mich bei Frl. Peter auf u will deren Vornamen wissen. Den weiß er nicht. Ob er sich nicht wundere, den Rufnamen, der ja ein Frauenzimer so ausschließlich bezeichne, vergeßen u den Familiennamen bemerkt zu haben. Er wundert sich nicht darüber; ich erkenne ihn aber nach seiner Einleitg u dem Compromiß »Peter« als Homosexuellen.

Ich habe schon mit 6 J an Erektionen gelitten u weiß, daß ich einmal zur Mutter gieng, um mich darüber zu beklagen. Ich weiß auch, daß ich dabei Bedenken zu überwinden hatte, denn ich ahnte den Zusamenhang mit meinen Vorstellungen u meiner Neugierde u hatte eine Zeitlang die krankhafte Idee, die Eltern wüßten meine Gedanken, was *ich mir so erklärte, daß ich sie laut ausspreche, ohne es aber selbst zu hören.* Ich sehe hierin den Beginn meiner Krankheit. Es gab Personen Madchen, die mir sehr gefielen u die ich mir dringendst nackt zu sehen wünschte. Ich hatte aber bei diesen Wünschen ein unheimliches Gefül, als müßte etwas geschehen, wenn ich das dächte u ich mußte allerlei tun, um es zu verhindern. Als Probe dieser ersten Befürchtungen gibt er an »z. B., mein Vater würde sterben« (*das Beispiel ist die Sache selbst*). Gedanken an den Tod meines Vaters haben mich frühzeitig u durch lange Jahre beschäftigt u sehr traurig gestim̅t.

Sein Vater ist (wann?) gestorben.

Zweite Sitzung [Donnerstag, 3. Oktober]

Ich denke, ich will heute mit dem Erlebniß beginnen, welches der direkte Anlaß für mich war, Sie aufzusuchen. Es war im August während der Waffenübung in Galizien. Ich war vorher elend u habe mich mit allerlei Zwangsgedanken gequält, die aber während der Übung bald zurücktraten. Es hat mich interessirt, den Offizieren zu zeigen, daß man nicht nur etwas gelernt hat, sondern auch etwas aushält. – Eines Tages machten wir von Spas[1] aus einen kleinen Marsch. Auf der Rast verlor ich meinen Zwicker u obwol ich ihn leicht hätte finden können, wollte ich doch den Aufbruch nicht verzögern u verzichtete darauf. Telegraphirte dafür nach Wien an den Optiker, er solle mir umgehend einen Ersatzzwicker schicken. Auf derselben Rast nahm ich Platz zwischen zwei Offiziren, von denen einer ein Hauptman̄ mit czechischem Namen[2] aber Wiener für mich bedeutsam wird. Ich habe eine gewiße Angst vor dem Manne gehabt, denn *er liebte offenbar das Grausame.* Ich will nicht behaupten, daß er schlecht war, aber er war zB wahrend der Offiziersmenage widerholt für die Einführg der Prügelstrafe eingetreten u ich hatte Gelegenheit gehabt, ihm energisch zu widersprechen. Auf der Rast kamen wir nun in's Gespräch u der Hauptmann erzälte, daß er von einer besonders schrecklichen Strafe im Orient gelesen habe …

Hier unterbricht er sich, steht auf u bittet mich ihm die Schilderung der Details zu erlassen. Ich versichere daß ich selbst gar keine Neigung zur Grausamkeit habe, ihn gewiß nicht gerne quäle, daß ich aber ihm natürlich nichts schenken könne, worüber ich keine Macht habe. *Ebenso könne er mich bitten, ihm zwei Kometen zu schenken.* Die Uberwindung von Widerständen sei ein Gebot der Cur, uber das wir uns natürlich nicht hinwegsetzen könnten. [Den Begriff Widerstand hatte ich ihm zu Anfang der Stunde mitgetheilt, als er erwähnte, er habe vieles in sich zu überwinden, wenn er sein Erlebniß mittheilen solle.][3] Ich fuhr fort, aber was ich thun könne, um etwas von ihm Angedeutetes *voll* zu erraten, solle geschehen. Ob er etwa die Pfählung meine? – Nein, das nicht. Sondern der Verurtheilte werde angebunden – er drückte sich so undeutlich aus, daß ich nicht gleich wußte, in welcher Stellung – über sein Gesäß ein Topf gestülpt u in diesen Ratten eingelassen, die sich dann – er war wider aufgestanden u gab alle Zeichen des Grausens u Widerstandes – einbohrten. In den After,

---

[1] [Ort in der früheren österreichisch-ungarischen Provinz Galizien, heute Ukraine.]
[2] [Der unten, S. 516, erwähnte Hauptmann Novak.]
[3] [Eckige Klammern von Freud.]

durfte ich ergänzen. Ich habe ja nach den Außerungen der ersten Sitzung[1] die homosex Componente erkannt.

Bei allen wichtigeren Momenten der Erzälg merkt man an ihm eine *sonderbare Miene*, die ich nur als Grausen vor seiner ihm selbst unbekannten Lust[2] deuten kann. Er fährt mit allen Schwierigkeiten fort. In dem Moment durchzuckte mich eine *Vorstellung*, daß dieß mit einer mir theuern Person geschehe. [[3] Er sagt Vorstellung, das stärkere u richtigere *»Wunsch«* ist offenbar durch Censur gedeckt. Die eigent[ümliche] Unbestim̄theit seiner Ausdrucksweise kann ich leider nicht widergeben. Auf direkte Frage bestätigt er, daß nicht er selbst dieser Person die Strafe anthue, sondern daß sie – unpersönlich – an ihr vollzogen werde. Nach kurzem Raten weiß ich, daß es die von ihm verehrte Dame ist, die er da meint.

Wir machen halt, um einiges über diese Zwangsideen im Gespräch auszutauschen. Er hebt hervor, wie fremd u feindselig sich diese Gedanken ihm gegenüber stellen u mit welch außerordentlicher Raschheit sie u alles, was sich weiter an sie knüpft ablaufen. Mit der Idee selbst ist auch die »Sanktion« da; so heißt er die Abwehrmaßregel, das was er thun muß, damit sich eine solche Phantasie nicht wirklich erfülle. Er erwähnt nicht, welches die Sanktionen waren, die ihm gleichzeitig einfielen; aber es gelang ihm, sich beider mit seinen gewöhnlichen Formeln: ein »Aber« mit einer wegwerfenden Handbewegung, ein »Was fällt dir denn ein« für längere Zeit zu erwehren.

Am nächsten Abend überreichte ihm der Hauptmann ein mit der Post angelangtes Packet u sagte: Der Obltt David hat die Nachnahme für dich ausgelegt du mußt sie ihm zurückgeben. In dem Packet befand sich der bestellte Zwicker. In diesem Moment gestaltete sich ihm eine Sanktion: Nicht das Geld zurückgeben sonst geschieht das; er meinte, seine Ph verwirkliche sich. Und nach einem ihm bekannten Typus bildete sich ein Gebot wie ein Eid zur Bekämpfg dieser Sanktion: Du mußt dem Obltt David die 3 Kr 80 zurückgeben, was er beinahe halblaut vor sich hinsagte.

Er unterbricht hier, um sich über das mangelnde Verstandniß der Arzte, die er consultiert, zu beklagen. Als er Wagner v Jauregg[4] nur einige An-

---

[1] [S. oben, S. 511.]
[2] [Hierauf kommt Freud unten, S. 562, nochmals zurück.]
[3] [Eckige Klammer, die wohl nach »gedeckt« hätte geschlossen werden sollen, von Freud.]
[4] [Julius Wagner-Jauregg (1857–1940), Professor der Psychiatrie an der Universität Wien und Nobelpreisträger. S. auch unten, S. 708.]

deutungen uber den Inhalt seiner Zwgedanken machte, hatte dieser ein mitleidiges Lächeln, und als er das Beispiel anführte, es gebe bei ihm Ideen, die ihn nötigten, eine Prüfung zu einem bestimten Termin abzulegen, obwol er mit der Vorbereitg nicht fertig sei u gar nichts daran läge, sie zehn Tage später zu machen, sagte W. »Eine wolthätige Zwvorstellg.« Nun es gäbe keine wolthätigen Zwvorst: jeder Zwang, auch wenn er zum Richtigen gezwungen werde, sei ihm als krankhaft verhaßt.

Er habe eine Zeit gehabt, in der er weit ärger als jetzt von gebieterischen Zwangsimpulsen gepeinigt wurde, zB du wirst dir jetzt im Moment ein Messer ins Herz stechen u wo ihn der Kampf mit diesen u den gegen sie gerichteten Abwehren aufs äußerste erschöpfte. Da kam ihm einmal die Idee, wenn einmal das Gebot zum Zwang würde: Du wirst nie einer Zwangsidee nachgeben. [[1]Er läßt aus, daß dieß die Erlösung für ihn hätte werden [können.] Aber er wies sie sofort von sich, denn er wollte lieber kämpfen u leiden als zu etwas, auch zu einem Schutz, gezwungen werden. Einmal bemächtigte sich diese Idee seiner doch einmal in einem Zustand von Erschöpfg. Welche Anderg damit verbunden waren, davon geht er ab.

Diese Einschaltg bezieht sich offenbar auf sein Sträuben gegen die letzte positive mit der gesunden Vernunft völlig übereinstimende Zwangsidee. Er hat noch fortzusetzen, macht aber neue Schwierigkeiten, es sei ihm in der That wie durch ein Verbot erschwert von dem, was jetzt kome, zu reden; es [sei,] als ob es, wenn er rede, geschehen müßte. Dieses Verbot bestand schon vor der Kur; als ich von den Bedinggen der Cur sprach, verschärfte es sich. Seine Idee war sofort, wie wirst du uber diese Schwierigkeit wegkomen. – Ich sage, das sei ein besonderes Raffinement der Krankheit, sich solcher Art vor dem Angriff durch seine Geisteskräfte zu schützen. »Schlau« ist das richtige Wort, meint er, aber manchmal hat es den Anschein, als ob auch die äußeren Verhältniße schlau wären.

Ich bin zu meinem Rechnungsunteroffizier gegangen u habe ihm den Auftrag gegeben, Oblt David die 3 K 80 zu bringen, habe mich dabei über das eidliche Gebot hinausgesetzt, denn das lautete: Du wirst dem D. die 3.80 zurückgeben, also ich selbst, kein anderer. Er kam zurück u meldete, der D. sei auf Vorposten. Da war mir also leicht, ich hatte die Eidverletzg erspart. Ein Offizier, der in die kleine Stadt gieng bot mir an, die Sume für mich bei der Post zu bezalen, aber da widerstand ich, denn ich hielt mich an den Wortlaut. (Nicht klar, wie D. zur Post steht.) Ich traf

---

[1] [Eckige Klammer von Freud; er hat sie wiederum nicht geschlossen.]

endlich D. und bot ihm die 3.80 die er für mich ausgelegt, an. Er lehnte ab: Ich habe nichts für dich ausgelegt. In dem Moment packte mich die Idee: es komen Schwierigkeiten, daß »Alle« jener Strafe verfallen werden (weil er seinen Eid nicht halten könne). Alle bedeutet hauptsächlich: sein verstorbener Vater u jene Dame.

Er fühlt das Bedürfniß nach einer Aufklärg. Er müße bemerken, daß er von Anfang an, auch bei allen früheren Befürchtungen, daß seinen Lieben etwas geschehen werde, er diese Strafen nicht in die Zeitlichkeit sondern ins Jenseits, in die Ewigkeit verlegt habe. Er war sehr gewissenhaft religiös bis zum 14–15 J, von wo an er sich bis zum heutigen Freidenkertum entwickelte. Er gleiche den Widerspruch aus, indem er sich sage: Was weißt du vom Leben im Jenseits? Was wissen die Anderen davon! Man kann ja doch nicht wissen; du riskirst ja nichts, also thu's. *Er nützt also die Unsicherheit der Vernunft aus.* Nachdem ich ihn auf die Bedeutung des infantilen Moments in seiner Religiosität aufmerksam gemacht und ihm angedeutet, daß man eben in der Kindheit die Zusamenhänge seines unwillkürlichen Denkens mit seinem bewußt normalen finden werde, bemerkt er, die biblischen Geschichten hätten ihm als Kind sehr gefallen, aber alles, was von Strafe drin vorkäme, hätte schon damals den Zwangscharakter für ihn gehabt.

Er erwähnt noch, daß er nach der Mittheilg D's folgenden Weg ausgeklügelt, wie er dem Wortlaut seines Eides gerecht werden könne. Er gehe mit D zur Post, dort zale dieser die 3.80 am Schalter u er gebe sie ihm gleich darauf zurück.

Er reagiert einmal auf meine Bemerkg, daß ich selbst nicht grausam sei, indem er mich »Herr Hauptman«[1] *anspricht.* Bei der Klage über das Unverständniß der Ärzte lobt er mich in discreter Weise u erwähnt, daß er einen Auszug aus meiner Traumtheorie gelesen hat.

3. Sitzung [Freitag, 4. Oktober]

Auf Fragen, Vater ist † als er 21 J alt war. Die Einbeziehg des Jenseits geschah erst einige Zeit nachher.

Die Unklarheit mit dem Anerbieten bei der Post für ihn zu zalen beseitigt er durch ausführlichere Erzälg. Dabei kann ich selbst einiges korrigiren, was ich schlecht gemerkt habe.

---

[1] [Eine Bezugnahme auf den oben, S. 512, erwähnten Hauptmann, der »offenbar das Grausame« »liebte«.]

Der Offizier, der das Geld für ihn zalen wollte, war ein Assistenzarzt. Er bedachte sich, ob er ihm das Geld geben solle, that es aber doch. Das Schicksal spielte wider mit. Er kam zurück, war aufgehalten worden u konnte es nicht zalen. Befragt, ob er denn nicht damals geglaubt, das Geld sei nicht an die Post, sondern an David zu zalen, antwortet er, er habe gezweifelt, aber im Interesse seines Eides an das letztere geglaubt. Hier bleibt eine Unklarheit u Unsicherheit der Erinnerg, als hätte er nachträglich etwas arrangirt. Der Beginn der Sache, den er nachträgt, war ubhpt der, daß ein anderer Hauptmañ, dem er sich vorstellte, ihm erzälte, bei der Post sei er gefragt worden, ob er einen Ltt Lorenz kenne, für den ein Packet mit Nachnahme erliege. Der sagte: Nein u löste darum das Packet nicht aus. Dann kam erst die Episode mit Hptm Novak. Ferner führt er weiter die Begegng mit David aus, der ihm sagte, nicht er habe die Post, sondern Obltt *Engel*. Nun kom̃t meine Vergeßlichkeit.

Seinen Ausweg klügelte er im Schlaf am Nachmittag aus, im Traum sozusagen, u er lautete, er werde mit beiden Herren David u Engel zur Post gehen; dort werde David dem Postfräulein 3.80 geben, das Frl diese dem Engel u er dann nach dem Wortlaut des Eides dem David zurück.

Er setzt nun die Erzälg fort. Am Abend nach diesem Mittagsschlaf war letzte Zusam̃enkunft der Offiziere zum Schluß des Manövers. Ihm fiel es zu für den Toast auf die Herren von der Reserve zu danken. Er sprach gut, aber wie im Schlafwandeln, denn im Hintergrunde plagte ihn im̃er das Denken an seinen Eid. Die Nacht war entsetzlich, Argumente u Gegenargumente bekämpften einander; das Hauptargument natürlich, daß

3 Stzg (Fortsetzg)[1]

die Voraussetzg seines Eides, David habe das Geld für ihn gezalt, ja nicht zutreffe. Aber er tröstete sich damit, daß es ja nicht vorüber sei, daß er ja noch Zeit habe, morgen auf dem Ritt nach Przml [Przemyśl], den David bis zu einer gewißen Stelle mitmache, diesen zu bitten, mit ihm zur Post zu gehen. Er that es nun nicht, ließ David abschwenken, gab aber doch seinem Burschen Auftrag, ihm zu sagen, daß er ihn Nachmittag besuchen werde. Selbst kam er nach Prz. zur Bahn ½ 10ʰ vormittags, legte sein Gepäck dort ab, hatte in der Stadt noch allerlei Geschäfte u nahm sich vor, dañ den Besuch bei David zu machen. Dessen Aufenthalt[sort] war etwa 1 St

---

[1] [Der Rest dieser Notizen von der dritten Sitzung ist auf einem früheren Blatt, nämlich im Anschluß an die Aufzeichnungen der ersten Sitzung, sowie auf einem weiteren, dazwischengeschobenen Bogen niedergeschrieben.]

mit dem Wagen von Prz entfernt, die Eisenbahnfahrt nach dem Ort, wo das Postamt war, hätte 3 St betragen; er meint, er hätte noch gut zum Abendzug nach Wien zurückkomen können.

Die Ideen, die sich bekämpften, lauteten einerseits: es sei doch eine Feigheit von ihm, er wolle sich offenbar nur die Unbequemlichkeit ersparen, dieses Opfer von David zu verlangen u vor ihm als Narr dazustehen u folge darum seinem Eide nicht; und anderseits: es sei im Gegentheil eine Feigheit, wenn er den Eid ausführe, da er sich dadurch nur Ruhe vor der Zwangsvorstellg schaffen wolle. *Wenn in einer Uberlegg sich so die Argumente die Wage hielten, ließe er sich gewöhnlich von zufälligen Ereignißen wie von Gottesurtheilen treiben.* Darum sagte er ja, als ein Gepäckträger auf der Bahn ihn fragte: Zum Zug um 10^h? und besorgte seine Geschäfte in der Stadt. Um 10 Uhr fuhr er, und stand so vor einem fait accompli, was ihn sehr erleichterte. Beim Conducteur des Speisewagens nahm er noch eine Marke für die Table d hôte. In der ersten Station fiel ihm plötzlich ein, hier könne er sehr gut aussteigen, den Gegenzug abwarten u nach dem Ort, wo der Obltt David sei, zurückkehren. Nur die Rucksicht auf die Zusage, die er dem Kellner gegeben, hielt ihn ab er verschob das Aussteigen auf eine spätere Station. In einer derselben erschien es ihm ausgeschloßen, weil er dort Verwandte hatte u er beschloß durchzufahren, in Wien seinen Freund aufzusuchen, ihm die Sache zur Entscheidg vorzulegen u dann mit dem Nachtzug zurückzufahren. Er hätte eine halbe Stunde Zeit zwischen beiden Zügen gehabt. In Wien traf er den Freund aber nicht in dem Gasthaus, wo er ihn zu treffen erwartet hatte, nur einen Bekanten, der ihn einlud, die Nacht bei ihm zuzubringen. Er lehnte ab, weil er bei Springer seinem Freund schlafen wolle, läutete dort noch um 11^h, obwol er Bedenken hatte die alte Mutter zu stören u trug dem Freund noch in der Nacht die Sache vor. Der schlug die Hände zusamen, daß er noch imer zweifeln könne, ob es eine Zwangsvorstellg gewesen sei, ihn für diese Nacht beruhigte, so daß er glanzend schlief u am nächsten Vormittag mit ihm zur Post gieng um die 3 K 80 an das Postamt in Saz aufzugeben. Nachdem er den Freund verlassen hatte u bei seinen Leuten in der Brühl[1] war, trat die Sorge wider hervor. Die Argumente seines Freundes waren ja keine anderen gewesen als seine eigenen u er täuschte sich nicht darüber, daß nur sein persönlicher Einfluß die Beruhigg herbeigeführt hatte. Er beschloß zu einem Arzt zu gehen, sich ein Zeugniß von ihm geben zu

---

[1] [Ein Vorort Wiens.]

lassen, daß er einen solchen Akt, wie er ihn sich mit David ausgedacht, zu seiner Herstellg bedürfe, u zweifelte nicht, daß David dann auf Grund dieses Zeugnißes das Geld von ihm nehmen würde. Ein Zufall lenkte seine Wal auf mich. Ein Student der Philosophie, der im gleichen Hause wohnte u ihnen Bücher geliehen hatte, verlangte dieselben zurück. Er blätterte eines ders. noch durch, es war die Psychop des Alltagslebens[1] fand darin Dinge, die ihn an seine eigenen Gedankengänge erinerten u beschloß mich aufzusuchen.

Nicht gut reproduzirt, vieles von den eigent. Schönheiten des Falles versäumt, verwischt.

Vierte Sitzung [Samstag, 5. Oktober]
Wie werden Sie nun fortfahren?[2] Ich habe mich entschloßen, Ihnen das zu erzälen, was ich für sehr bedeutsam halte u was mich von Beginn an quält. Er erzält nun sehr breit, was Verkürzung verträgt: die Krankengeschichte seines Vaters, der 1899[3], als er 21 J alt war, an Emphysem gestorben, die allmäliche Entwicklg seines Zustandes bis zur Gefahr u das Wesentliche, wie er eines Abends den Arzt fragte, in der Auffassg es sei ein krisenhafter Zustand, wann die Gefahr als beseitigt gelten könnte. Die Antwort war: ubermorgen abends u es kam ihm nicht in den Sinn, daß der Vater diesen Termin nicht erleben könnte. Er legte sich darum für eine Stunde um ½ 12 zu Bett u als er um 1^h aufstand, traf er auf einen ärztl Freund des Hauses, der ihm sagte, der Vater sei gestorben. Er machte sich den Vorwurf, daß er beim Tode nicht zugegen gewesen sei, der sich verstarkte, als eine Pflegerin ihm mittheilte, der Vater habe in den letzten Tagen einmal seinen Namen genant, als ob er nach ihm verlangen würde u an die Wärterin, die zu ihm trat, die Frage gerichtet: Sind Sie der Paul? Er glaubt bemerkt zu haben, daß auch Mutter u Schwester sich ähnliche Vorwürfe machen wollten. Sie sprachen aber nicht darüber. Der Vorwurf war aber zunächst kein qualender, er realisirte lange Zeit die Thatsache [des Todes] nicht; es pasirte ihm imer wider, wenn er einen guten Witz hörte, daß er sich sagte: *Das* muß ich dem Vater erzälen. Auch spielte seine Ph mit

---

[1] [*Zur Psychopathologie des Alltagslebens* (1901 b).]
[2] [In der veröffentlichten Falldarstellung erläutert Freud, warum er diese Frage stellte (*G. W.*, Bd. 7, S. 398; *Studienausgabe*, Bd. 7, S. 49).]
[3] [Zunächst schrieb Freud »1902«, was er dann durchstrich und korrigierte.]

dem Vater, so daß er häufig, wenn es klopfte, meinte: Jetzt kom̄t der Vater, wenn er ein Zim̄er betrat, erwartete, er würde den Vater dort treffen, u obwol er die Thatsache des Todes nie vergaß, hatte die Erwartg solcher Geistererscheinung nichts Schreckhaftes, sondern etwas höchst Erwünschtes für ihn. Erst 1½ J später, im Mai 02[1] erwachte die Er[innerung] an sein Versäumniß u begann ihn aufs Entsetzlichste zu quälen so daß er sich als Verbrecher behandelte. Veranlassg war der Tod einer angeheirateten Tante[2] u sein Besuch in Baden im Trauerhause. Von da an fügte er seinem Ideengebäude die Fortsetzg im Jenseits an. Schwere Arbeitsunfähigkeit war die nächste Folge.

Nun greife ich ein u anknüpfend an die Versuche seines Freundes, ihn zu beruhigen setze ich auseinander: Die Thatsache der Mesalliance zwischen Vorstellgsinhalt u Affekt, also [zwischen] Anlaß des Vorwurfs u Größe des Vorwurfs. Laie würde sagen: der Affekt ist zu groß für die Vorstellg, also übertrieben, die aus dem Vorwurf gezogene Folgerg Verbrecher zu sein, falsch. Der Arzt im Gegentheil: Nein, der Affekt ist berechtigt, das Schuldbw ist nicht weiter zu kritisiren aber es gehört zu einem anderen Inhalt, der nicht bw ist, zu einem Inhalt, der erst gesucht werden muß, u nur durch falsche Verknüpfg sei die bw Vorstellg an den Ort geraten. Wir seien nicht gewöhnt an starke Affekte ohne V[orstellungs]inhalt u nehmen daher bei fehlendem Inhalt einen anderen irgendwie passenden als Surrogat auf, etwa wie Polizei im Falle des Nichterwischens einen unrechten Mörder verhafte. Ohnmacht der log. Arbeit wegen dieser falschen Verknüpfung. Schließe mit Hinweis auf die großen Rätsel, die sich aus dieser neuen Auffassg ergeben, bes[onders] da er doch wissen müße, daß er eigentlich nie etwas Verbrecherisches begangen habe.

Fünfte Sitzung [Montag, 7. Oktober]
Sehr interessirt, gestattet sich, Zweifel vorzubringen. Wie eigentlich die Mittheilg, daß der Vorwurf, Schuldbw Recht habe, heilend wirken könne? – Nicht diese Mittheilg wirke so, sondern die Auffindung des unbekan̄ten Inhalts des Vorwurfs. – Ja, das meine er. – Unterschied zwischen bw u ubw. Usur [des Bewußten], Unveränderlichkeit des Ubw. Hinweis auf die Antiq in meinem Zim̄er – Grabfunde. Verschüttung bedinge Erhaltg.

---

[1] [Auch hier hat Freud in der Handschrift nachträglich eine Datumskorrektur (aus »Dez 02«) vorgenommen.]
[2] [Auf diese Tante wird unten, S. 538, nochmals Bezug genommen; vgl. auch *G. W.*, Bd. 7, S. 399, Anm.; *Studienausgabe*, Bd. 7, S. 50, Anm.]

Pompeji gehe erst jetzt zu Grunde, seitdem es aufgedeck[t] sei. – Ob eine Garantie bestehe, wie man sich gegen das Gefundene verhalten werde. Der eine wol so, daß er den Vorwurf überwinde, der andere nicht. – Nein, es lage in der Natur der Verhaltniße, daß der Affekt dañ jedesmal überwunden werde, schon während der Arbeit. Pompeji bestrebe man sich ja zu erhalten, solche peinigende Ideen los zu werden. – Er habe sich gesagt, ein Vorwurf könne ja nur durch Verletzg der eigensten persönlichen Sittengesetze entstehen, nicht der äußerlichen. (Ich bestätige wer die verletzt, fühlt sich ja oft als Held.) Ein solcher Vorgang sei ja nur möglich bei einem *Zerfall* der Persönlichkeit, der von Anfang an gegeben sei. Ob er die Einheit der Persönlichkeit wider erhalten werde? In dem Falle getraue er sich viel zu leisten, mehr als andere, die ihm als Vorbilder vorgeführt würden. – Einverstanden mit dieser Spaltung der Persönlichkeit, er möge diesen neuen Gegensatz zw der sittlichen Person und dem Bösen nur mit dem vorigen von Bw u Ubw zusamenlöten; die eine sei das Bw, die andere das Ubw. – Er könne sich eriñern, obwol er sich für eine sittliche Person halte, daß er doch ganz bestimt in seiner Kindheit Dinge gethan habe, die wie von der anderen Person ausgegangen wären. – Er habe, meine ich, so nebenbei einen Hauptcharakter des Unbw entdeckt, das *Infantile*[1]; das Ubw sei das Infantile u jenes Stück der Person, daß sich damals von ihr abgesondert, die weitere Entwicklg nicht mitgemacht u darum verdrängt worden sei. Die Abkomlinge dieses verdrgt Ubw seien die Elemente, die das unwillkürliche Denken unterhielten, in dem seine Krankheit bestehe. Es gebe jetzt noch einen Charakter zu entdecken, ich meine das Sexuelle, er findet ihn aber nicht. Dafür äußert er den Zweifel, ob so lange bestehende Veränderg noch rückgängig zu machen seien, speziell die Idee mit dem Jenseits, die doch logisch nicht widerlegt werden könne. Ich bestreite die Schwere des Falles u die Bedeutung dieser Construktionen nicht, sein Alter sei aber ein sehr günstiges u viel kome auf die Intaktheit der Persönlichkeit an, wobei ich mein sehr günstiges Urtheil uber ihn ausspreche, das ihn offenbar sehr erfreut. Er erzält noch, daß Charakter seiner Zustände sich sehr geändert. Anfangs 1903 u nächste Zeit waren es Anfälle, die Idee kam plötzlich uber ihn, hielt heftig 8–10 Tage an, dañ war sie überwunden u er hatte einige Tage ganz frei, bis der nächste Anfall kam. Jetzt sei es anders, er habe sich gleichsam gefügt, nehme an, daß er das Betreffende bereits angestellt habe u sage sich dann im Abwehrkampf, Du kañst doch nichts

---

[1] [Im Manuskript doppelt unterstrichen.]

mehr machen, du hast es doch schon begangen. Diese Annahme früherer Verschuldigg sei ihm ärger als die Versuchung, die zu Anfang war, etwas zu thun, was eine Verschuldigg wäre. – Ich mache ihm ein Compliment wegen der Klarheit, mit der er diese Zustände zum Ausdruck bringt. – Ob diese Veränderg mit irgend einem neuen Erlebniß zusamenhängt, weiß er nicht.

Sechste Sitzung [Dienstag, 8. Oktober]

Er muß etwas Tatsächliches aus Jugend erzälen. Er[innere] sich, daß er mit vielleicht 8 J Angst gehabt, Eltern erraten seine Gedanken. Diese Idee sei ihm eigentl treu geblieben durchs weitere Leben. Mit 12 J liebte er ein kleines Mädchen Schwester eines Freundes, die aber mit ihm nicht so zärtlich war, wie er es wünschte. (Auf Befragen: nicht sinnlich nicht daß er sie nackt sehen wollte, sie war zu klein.) Und da er[innert] er sicher die Idee daß sie liebevoll mit ihm sein würde, wenn ihm ein Unglück widerfahren würde, als solches drängte sich ihm Bedingg, wenn Vater sterben würde auf. Er wies sie sofort zurück, kämpft jetzt gegen die Möglichkeit, es könnte ein Wunsch sich so geäußert haben, es war eben nur eine »Denkverbindg«. Ich wende ein, wen̄ es kein Wunsch war, wozu das Sträuben. Ja nur wegen des Inhalts der Vorstellg, daß Vater sterben könne. Ich: Er behandle diesen Wortlaut wie den einer Majestätsbeleidigg, wobei es ebenso bestraft wird wenn jemand sagt: Unser Kaiser ist ein Esel als wenn er es so einkleidet: Wenn jemand sagt…, dann hat er es mit mir zu thun. Könnte ihm ohne Weiteres Bedingg in Zusam̄enhang bringen gegen den ein Sträuben wie das seinige gewiß nicht notwendig wäre zB Wenn mein Vater stirbt, tödte ich mich auf seinem Grab. Erschüttert, erinert er jetzt an Beispiel von Mädchen in Trbuch[1], das Tod des Neffen träumt (Er sagt: Nichte[2]), wobei das doch kein Wunsch von ihr war. Richtig aber in dem Fall sei der eigentliche Wunsch verschwiegen worden, der Wunschcharakter übergehe daher auf die gar nicht z. Wunsch passende Bedingg. In seinem Fall sei der Wunsch deutlich genān̄t u es mache Eindruck, wer Zweck wunsche, wünsche auch Mittel. Ubrigens sei die Idee vom Tod des Vaters da nicht zum ersten Mal aufgetreten, diese stam̄e von früher u dort wollten wir ihr nachforschen. Erzält weiter, ein zweites Mal sei ihm ein ganz ähnlicher

---

[1] [*Die Traumdeutung* (1900a), *G. W.*, Bd. 2/3, S. 158 f.; *Studienausgabe*, Bd. 2, S. 168 f.]
[2] [Dieses Versprechen mag auf die Tatsache zurückgehen, daß der Patient »eine herzige kleine Nichte« hatte, »die er sehr liebte«; vgl. *G. W.*, Bd. 7, S. 444; *Studienausgabe*, Bd. 7, S. 87.]

Gedanke blitzähnlich gekomen ½ [1]J vor Tod des Vaters. Er war in *jene* Dame verliebt, an Verbindg war aber wegen materieller Hinderniße nicht zu denken gewesen, da habe die Idee gelautet: *Durch den Tod des Vaters werde er vielleicht so reich werden, daß er* heiraten könne. In seiner Abwehr gieng er soweit, daß er nun wünschte, der Vater solle gar nichts hinterlassen, damit für ihn auch gar kein Gewinn diesen entsetzlichen Verlust compensire. Ein drittes mal, aber sehr gemildert, am Tag vor dem Tod des Vaters, die Idee: ich kann jetzt mein Liebstes verlieren, dagegen kam der Widerspruch, Nein es gibt noch eine andere Person, deren Verlust dir noch schmerzlicher wäre. Um so wunderbarer[2] meint er, als er sicher sei, *nie* daran gedacht zu haben daß der Tod des Vaters ein Wunsch für ihn sein könne. Nach diesen mit voller Verstärkg ausgesprochenen Worten halte ich es für nötig ihm ein Stück der Theorie zu geben.

Die Theorie behaupte, daß jede Angst einem ehemaligen verdrängten Wunsch entspreche, so daß man also das gerade Gegentheil annehmen müße. Es stime auch, daß dann das Ubw das direkte Gegentheil des Bw sei. Er ist sehr erschüttert, sehr ungläubig u wundert sich weiter, wie dieser Wunsch möglich sein solle, wenn ihm der Vater gerade der Liebste von allen Menschen war. Kein Zweifel, er hätte unbedenklich auf jedes persönliche Glück verzichtet, um sein Leben zu erhalten. Ich antworte gerade diese intensive Liebe sei Bedingg für den verdrängten Haß. Bei indiff Personen werde es ihm gewiß leicht werden, die Motive zur mäßigen Neigung u Abneigg neben einander zu halten, etwa bei seinem Bureauchef, wenn er ein angenehmer Vorgesetzter, aber ein kleinlicher Jurist u inhumaner Richter sei. Ahnlich sage doch Brutus bei Caesar[3] ... u doch wirke das schon befremdend, weil wir uns die Affektion des Brutus für Caesar größer vorstellen. Bei einer Person, die ihm näher stehe, seiner Frau etwa, werde er das Bestreben nach einheitl Empfindg haben u darum wie allgemein menschlich, ihre Fehler, die seine Abneigg hervorrufen könnten, vernachlässigen, verblendet übersehen. Also gerade die große Liebe lasse es nicht zu, daß der Haß (karikirt so bezeichnet), der wol irgend eine Quelle haben

---

[1] [Hier stand in der Handschrift zunächst »1«, was Freud dann durchgestrichen und korrigiert hat.]

[2] [Im Sinne von »verwunderlicher«; in der veröffentlichten Fassung heißt es: »er verwundere sich« (*G. W.*, Bd. 7, S. 403; *Studienausgabe*, Bd. 7, S. 53).]

[3] [Shakespeare, *Julius Cäsar*, III. Akt, 2. Szene: »Weil Cäsar mich liebte, wein' ich um ihn; weil er glücklich war, freue ich mich; weil er tapfer war, ehr' ich ihn; aber weil er herrschsüchtig war, erschlug ich ihn.«]

müße, bewußt bleibe. Ein Problem sei nur, woher er sta͞me u deute seine Aussage selbst auf die Zeit, wo er gefürchtet, daß die Eltern seine Gedanken erraten. Anderseits könne man fragen, warum die große Liebe den Haß nicht einfach ausgelöscht, wie man es von gegensatzlichen Regungen ja gewohnt sei. Dieser müße also mit einer Quelle einem Anlaß in Verbindg stehen, die ihn doch wider unverletzbar mache. Also einers[eits] schützt dieser Zusa͞menhang den Haß gegen den Vater vor dem Untergang, anders. hindere die große Liebe ihn am Bw[werden], so daß ihm gerade die ubw Existenz, aus der [er] sich dann in Momenten blitzähnlich vordränge, übrig bleibe. Er gibt zu, daß dieß sti͞mt, hat natürlich keine Spur von Uberzeugg. Er möchte sich Frage erlauben. Wie es ko͞me, daß eine solche Idee solche Pausen machen könne, einen Moment mit 12 J, da͞n mit 20 Jn da͞n 2 J später fortdauernd? Er konne doch nicht glauben, daß die Feindseligkeit dazw erloschen war. Und doch hätte sich in den Pausen nichts von Vorwürfen gerührt. Ich antworte mit der Regel: Wenn jemand so eine Frage stelle, so habe er die Antwort bereit u brauche nur weiter zu sprechen. Er setzt fort in lockerem Zusa͞menhang. Er sei der beste Freund des Vaters gewesen wie dieser seiner u bis auf wenige Gebiete auf denen Vater u Sohn einander ausweichen (was ka͞n er meinen) sei die Intimität zwischen ihnen größer gewesen als jetzt die mit seinem besten Freund. Jene Dame, um derenwillen er den Vater in der Idee zurückgesetzt habe er zwar sehr geliebt aber nicht eig[entlich] sinnlich. Seine sinnlichen Regungen seien in der Kinderzeit viel stärker gewesen als zur Zeit der Pubertät. – Er habe nun die Antwort gegeben meine ich und gleichzeitig das dritte große Geheimniß aufgefunden. Die Quelle, aus der die Feindseligkeit ihre Unzerstörbarkeit beziehe, sei offenbar von der Art sinnlicher Begierden, dabei habe er den Vater in irgend einer Weise als störend empfunden, u dieser *Conflict zwischen Sinnlichkeit u Kindesliebe sei nun der ganz typische.* Die Pausen habe es bei ihm gegeben, weil infolge der vorzeitigen Explosion seine Sinnlichkeit in der Zwischenperiode so sehr gedämpft worden sei. Erst als sich wieder sehr intensive verliebte Wünsche eingestellt hätten, wenn die sich auch bw vom sinnl Charakter entfernt gehalten, sei diese Feindseligkeit, zur Situation gut passend, wider aufgetreten. Ich lasse mir bestätigen, daß ich ihn weder auf das infantile noch aufs sex Thema gebracht habe, daß er selbst darauf geko͞men sei. Er fragt nun weiter. Er fragt nun weiter, warum zur Zeit dieser Dame er nicht einfach bei sich die Entscheidg gefällt, daß die Störg der Liebe durch den Vater gegen seine Liebe zu ihm nicht in Betracht ko͞me. Er erhält die Antwort weil die Gegenwart durchaus not-

wendig ist, um jemand zu erschlagen. Dazu hätte ihm damals der bean-
ständete Wunsch zum ersten Mal kom̄en müßen, es war aber ein altver-
drängter, gegen den er sich nicht anders benehmen konnte als vorher u der
darum solcher Zerstörg entzogen blieb. Der Wunsch müße in Zeiten entstanden sein, wo die Verhältniße ganz anders lagen, wo er den Vater nicht
mehr geliebt als die geliebte Person oder wo er keiner klaren Entscheidg
fähig war, also in sehr frühen Kinderj, vor 6 J, von wo an ja seine Erin̄erg
frisch sei, u das sei eben für alle Zeiten so geblieben.

Aber jetzt sei es Zeit die Theorie zu verlassen u zur Selbstbeobachtg und
Erin̄erg zurückzukehren.

Siebente Sitzung [Mittwoch, 9. Oktober]

Er greift dasselbe Thema auf. Er könne nicht glauben, daß er je den
Wunsch gegen den Vater gehabt habe. Er erin̄ere sich einer Novelle von
Sudermann (Geschwister), die ihm so tiefen Eindruck gemacht, in der
Schwester an Todtenbett der anderen diesen Todeswunsch verspürt um
ihren Mann zu heiraten u sich dan̄ tödtet weil sie nach solcher Gemeinheit
nicht verdiene zu leben. Er verstehe das, u es sei ihm ganz recht an seinen
Gedanken zu Grunde zu gehen, denn er sei sicher, daß er es nicht anders
verdiene [also Widerspruch gegen das eingehende Nein, er habe den
Wunsch nicht gehabt][1]. – Ich weiß sehr wol, daß es bei Kranken so sei, daß
ihnen Leiden Befriedigg gewähre u daß sie sich eig[entlich] partiell dagegen
sträuben gesund zu werden. Ich bitte ihn nicht aus Augen zu verlieren, daß
die Kur unter beständigem Widerstand vor sich gehe, werde ihn wider
daran erin̄ern. – Er wolle jetzt von verbrecherisch Handlung erzälen, in
der er sich nicht erkenne, aber ganz bestim̄t erin̄ere. Nietzsche sagt: [Satz,
den ich aufsuchen muß.][2] Endlich gibt das Gedächtniß nach.[3] Darin hat
also meines nicht nachgegeben. – *Eben weil Sie Selbstqualer sind, aus den
Vorwürfen Genuß ziehen.* Mit meinem jungeren Bruder, ich bin ihm jetzt
wirklich gut, er bereitet mir gerade große Sorge, er will Heirat machen, die
ich für größten Unsinn halte, ich hab schon den Gedanken gehabt, hinreisen u die Person umbringen, damit er sie nicht heiraten kann – habe ich als
kleines Kind viel gerauft. Daneben hatten wir einander sehr lieb u waren

---

[1] [Eckige Klammern von Freud.]
[2] [Eckige Klammern wiederum von Freud.]
[3] [Friedrich Nietzsche, *Jenseits von Gut und Böse*, IV, 68: »Das habe ich getan‹, sagt
mein Gedächtnis. ›Das kann ich nicht getan haben‹ – sagt mein Stolz und bleibt unerbitt-
lich. Endlich – gibt das Gedächtnis nach.«]

unzertreñlich, aber mich beherrschte offenbare Eifersucht, denn er war der stärkere, schönere u darum beliebtere. Ja Sie haben mir schon eine solche Eifersuchtsscene mitgetheilt, mit 8 J, Frl. Lina.[1] Also nach einer solchen Gelegenheit, gewiß vor 8 J, denn ich war noch nicht in der Schule, in die ich mit 8 J gekomen bin, that ich folgendes. Wir hatten Kindergewehre; ich lud meines mit dem Ladstock, sagte ihm, er solle in den Lauf hineinschauen, er werde etwas sehen u drückte dann los. Es traf ihn auf die Stirne u that ihm gar nichts; aber es war meine Absicht gewesen ihm sehr wehe zu thun. Ich war dañ ganz außer mir u fragte mich: Wie habe ich das nur thun können, aber ich habe es gethan.

Ich benütze die Gelegenheit um zu plaidiren, wenn er eine solche ihm so fremde That im Gedächtniß bewahrt, wie leicht könne etwas ähnliches, das er in Abrede stelle, gegen den Vater doch wirklich gewesen sein, einige Jahre früher, was er nicht eriñere.

Er wisse noch von anderen Regungen der Rachsucht, gegen jene Dame die er so sehr verehre. Details über sie deren Name er noch geheim hält. Eine Verwandte, er lernte sie 1898 keñen; 1899 starb sein Vater. Er schildert sie als Person aus einem Guß; sie könne so vielleicht nicht lieben, sie spare sich ganz auf für den Einen der sie heiraten werde. Ihn liebe sie nicht; als er dessen sicher war, hatte er eine bew Ph. Er werde sehr reich werden, eine andere heiraten, dañ mit ihr einen Besuch bei der Dame machen, um sie zu kränken. Aber da versagte ihm die Ph, deñ er mußte sich gestehen, daß ihm die andere, die Frau ganz gleichgiltig sei, seine Gedanken verwirrten sich u am Ende wurde erst die Idee klar, daß sie sterben solle. Auch in dieser Ph findet er wie in der That gegen den Bruder den Charakter der *Feigheit,* der ihm so entsetzlich ist, was mir nicht ganz erklärlich erscheint.

Im Gespräch mit ihm mache ich ihn aufmerks, daß er sich ja logischer Weise für ganz unverantwortlich halten müße, denn alle diese verwerflichen Regungen stamten aus seinem Kinderleben, entsprächen im Ubw fortlebenden Abkömlingen ders[elben] u er wisse, daß für das Kind die Verantwortl nicht gelten könne. Aus der Sume der Anlagen des Kindes entstehe ja der ethisch verantwortl Mensch erst im Laufe der Entwicklg. Er zweifelt aber an dieser Herkunft all seiner bösen Gedanken u ich verspreche ihm daß die Kur ihm dies in jedem einzelnen Fall nachweisen werde.

Er führt noch an, daß seit dem Tod d. Vaters die Krankheit sich so enorm gesteigert habe u ich gebe ihm insoferne Recht, als ich als Hauptbeitrag zu

---

[1] [Vgl. oben, S. 511.]

ihrer Intensität die Trauer um den Vater erkeñe, die also hier einen pathol. Ausdruck gefunden hat. Erläuterg für früheren Satz: Während normale Trauer in 1½–2 J zu Ende gehe, sei eine pathol wie die seinige aber zeitlich unbegrenzt.

Aus folgenden Sitzgen will ich nur einiges Faktische Wesentliche notiren, ohne den Gang der Analyse nachzubilden.

10/X Er will vom Anfang seiner Zwvorst. sprechen. Stellt sich heraus, daß er Anfang seiner Gebote meint. Während Studium zur Staatsprüfg, hängen mit Dame zusameñ, zuerst unsiñige kleinliche Vorschriften, zwischen Doñer u Blitz zählen von der Minute an im Zimer reñen etc., im Zusamhg mit seiner Absicht abzumagern, zwangen ihn Gebote, wahrend seiner Spaziergänge Gmunden[1] (Someñ 1902) in heißer Soñenglut zu reñen. Gebot Prüfg im Juli zu machen, dem er auf Rat Freundes widerstand; spater aber Gebot ersten Termin im Okt zu nehmen, was er befolgte. Er eiferte sich im Studiren durch Ph an, daß er sich eilen müße, um die Dame zu heiraten, scheint daß diese Ph schon Motiv seines Gebotes war. Scheint daß er diese Gebote Vater zuschreibt. Mehrere Wochen verlor er durch Anwesenheit[2] der Dame, die abreiste, als ihre Großmutter sehr alt erkrankte. Bot sich an hinzukomeñ, was sie ablehnte – Leichenvogel[3]. Mitten im wilden Studiren Gedanke Gebot ersten Termin im Okt nehmen, könne man sich ja gefallen laßen – aber weñ das Gebot käme, dir Hals abzuschneiden? Er merkte sofort, daß dieß Gebot schon gegeben war, eilte zum Schrank um das Rasirmesser zu holen. Da fiel ihm ein: Nein so einfach ist es nicht, du mußt hinreisen u die alte Frau umbringen. Da fiel er vor Entsetzen auf den Boden. Wer ist nun das, der ihm das gebietet? Die Dame noch sehr geheimnißvoll. Eide, die er vergeßen. Abwehrkampf dagegen laut, auch vergeßen.

Beispiel Selbst mord

Mord absichten

absicht

---

[1] [Kurort am Traunsee.]
[2] [In der veröffentlichten Krankengeschichte: »Abwesenheit« (*G. W.*, Bd. 7, S. 410; *Studienausgabe*, Bd. 7, S. 58).]
[3] [Vgl. *G. W.*, Bd. 7, S. 452; *Studienausgabe*, Bd. 7, S. 93: »Er nahm an allen Todesfällen warmen Anteil, beteiligte sich pietätvoll an den Leichenbegängnissen, so daß er von den Geschwistern spöttisch der Leichenvogel genannt werden konnte; [...].«]

Conflictzeichen

11/X Heftiger Kampf, unglückl Tag. Widerstand, weil ich gestern verlangt, er solle Photogr der Dame mitbringen, dh Zurückhaltg in Bezug auf sie aufgeben. Conflict Cur aufgeben oder Geheimniß ausliefern. Sein Bw hat seine wogenden Gedanken gar nicht bewältigt. Berichtet auf welche Art er sich gegen Zwvorst zu erwehren versuchte. Gleichzeitig mit Religiosität hatte er sich Gebete eingerichtet die ihn allmälich bis zu 1½ St kosteten, weil sich in die einfachen Formeln etwas einmengte, was sie ins Gegentheil verkehrte, zB. »Gott schütze ihn – nicht.« (Umgekehrter Bileam.[1]) Ich gebe ihm Aufklärg über die prinzipielle Unsicherheit aller Beruhiggsmethoden, weil sich allmälich das Bekämpfte in sie einschleicht, was er bestätigt. Einmal kam ihm mitten drin die Idee zu fluchen, das werde dañ gewiß keine Zw sein (der ursp[rüngliche] Sinn des Verdr[ängten]). Er hat das alles plötzlich abgestellt vor 1½ J, dh er hat sich aus den Initialen gewißer Gebete ein Wort gebildet, etwa »Gigellsamen[2]« (genauer zu erfragen) das er so schnell ausspricht, daß ihm nichts dazwischen koñen kann. Verstärkend

Aberglaube

noch gewißer Aberglaube, als ob seine bösen Wünsche Kraft hätten, ein Stück Allmacht, durch wirkliche Erlebniße verstärkt. Z. B. in München[er] Anstalt[3] hatte er erstes Mal Zimer neben dem Mädchen, mit dem er in sex Verkehr trat. Als er zweites Mal kam, schwankte er, ob er dasselbe nehmen solle, weil es sehr groß u theuer war. Als er dann dem Mädchen sagte, er habe sich entschloßen es zu nehmen berichtete ihm die, der Professor hat es schon genoñen. Da soll ihn doch der Schlag treffen, meinte er ärgerlich. 14 Tage später störte ihn im Schlaf Idee einer Leiche, er überwand sie u hörte am Morgen, daß den Prof. wirklich der Schlag getroffen, u daß man ihn um diese Zeit ungefähr auf sein Zimer getragen. Auch habe er die Gabe prophetischer Träume, von denen er ersten erzält.

12/X Er erzält nicht den zweiten, sondern schildert seinen Tag. Er wurde heiter, gieng ins Theater, u heimgekehrt schickte ihm das Schicksal sein Stubenmädchen entgegen, das weder jung noch hübsch ihm seit längerer Zeit Aufmerks widmet. Er kann sich nicht erklären, daß er ihr plötzlich einen Kuß gab u sie dann attackirte; während sie wol nur zum Scheine Widerstand leistete kam er zur Besinnung u entfloh auf sein Zimer. So sei es imer bei ihm, etwas Gemeines beschmutze imer seine schönen oder

---

[1] [Der heidnische Prophet Bileam war ausgezogen, die Israeliten zu verfluchen, segnete sie dann aber. Vgl. 4. Mos., 22–24.]
[2] [Vgl. unten, S. 542f.]
[3] [Wo sich der Patient der Wasserkur unterzogen hatte; s. oben, S. 509.]

frohen Momente. Ich mache ihn auf die *Analogie* mit den durch Agents provocateurs angestifteten Attentate[n] aufmerksam. Er fährt in dem Zusam̄hang fort u gerät auf die Onanie, die merkw[ürdige] Geschichte bei ihm hat. Er begann sie im 21 J (wie ich ihn feststellen lasse, nach Tod des Vaters), weil er davon gehört hatte, aus gewißer Neugierde, widerholte sie sehr selten, war imer sehr beschämt darnach. Eines Tages fiel ihm ohne alle Veranlassung ein: Ich schwöre bei meiner Seele Seligkeit, sie zu verlassen. Obwol er gar keinen Wert auf diesen Schwur legte, über den er wegen seiner sonderbaren Feierlichkeit lachte, ließ er sie damals doch. Einige Jahre später, zur Zeit da die Großmutter seiner Dame starb u er hinreisen wollte, äußerte die Mutter: Meiner Seel, du wirst nicht fahren. Die Ahnlichkeit dieser Schwüre gab ihm zu denken, er machte sich Vorwürfe, daß er das Seelenheil seiner Mutter in Gefahr bringe redete sich zu für sich nicht feiger zu sein als für andere u mit der O wider zu beginnen, wenn er die Absicht festhalte, zur Dame zu reisen. Er gab dann die Reise auf, weil man ihm schrieb er solle nicht kom̄en. Von da an trat die Onanie wider zeitweilig ein. Besonders schöne Momente die er erlebte oder schöne Stellen die er las riefen sie hervor. So zB als er einmal an schönem Nachmittag in Teinfaltstraße [Wien] Postillon herrlich blasen hörte, der aber aufhörte, als ein Sicherheitswachmann es ihm verwehrte, wahrsch mit Berufg auf irgend ein altes Hofdekret, daß man in Stadt nicht blasen dürfe. Ein andermal, als er in Wahrheit u Dichtung[1] las, wie Goethe sich in zartlicher Aufwallg von der Wirkung des Fluches befreite, den eine Liebende über die ausgesprochen, die seine Lippen küßen würde. Lange hatte er sich wie abergläubisch durch diesen Fluch abhalten lassen, jetzt zerriß er die Fessel u küßte sein Lieb herzlich ab (Lilli Schonemann?[2]). Und unglaublich dabei onanirte er. In Salzbg war übrigens ein Dienstmädchen, das ihm gefiel u mit dem er später auch zusamenkam, Anlaß seiner O. Er erzält das so, daß er darstellt, wie er sich durch diese O eine kurze Reise nach Wien, auf die er sich gefreut hatte, verdarb. Er gibt weitere Nachrichten über sein Sexualleben. Verkehr mit Puellis[3] ist ihm greulich, er ist einmal bei einer solchen gewesen hat die Bedingg gestellt, daß sie sich auskleide u als sie dafür einen 50 % Aufschlag forderte, gezalt u sich entfernt so sehr widerte ihn alles

---

[1] [So im Manuskript.]
[2] [Lili (eigentlich Anna Elisabeth) Schönemann (1758–1817), mit der Goethe in seiner Jugend kurze Zeit verlobt gewesen war.]
[3] [Prostituierten.]

an. Die wenigen Male, wo er mit Mädchen verkehrte, in Salzbg u dann in München mit jener Kellnerin machte er sich nie Vorwürfe. Wie exaltirt er sei, als ihm die Kellnerin die rührende Geschichte ihrer ersten Liebe erzälte, wie sie zum Todtenbett des Geliebten gerufen wurde, bedauerte er, mit ihr den nächtlichen Besuch verabredet zu haben u nur ihre Gewissenhaftigkeit notigte ihn, das Unrecht an dem Todten zu begehen. Er habe ĩmer das Bestreben, den Verkehr, der nur des Coitus wegen bestehe, von allem was Liebe heißt, scharf zu sondern, u die Idee, die ist so warm geliebt worden, machte sie in seinen Augen für seine Sinnlichkeit ungeeignet.

Ich kann mich nun nicht enthalten, ihm das vorhandene Material zu einer Begebenheit zusamenzustellen, daß er im Alter von 6 J der Onanie gehuldigt, daß der Vater es ihm verboten u dabei die Drohung: davon müße man sterben, gebraucht vielleicht auch die vom Abschneiden des Gliedes. Daher die Onanie bei der Befreiung vom Fluch, die Gebote u Verbote im Ubw u die jetzt auf den Vater zurückgeschobene Drohung vom Sterben. Seine best[ändigen] Selbstmordgedanken entsprächen dem Vorwurf, daß er ein Mörder sei. Dabei falle ihm sehr viel ein[1], sagt er zum Schluße der Stunde.

Nachträge. Der Selbstmord sei ernste Absicht bei ihm u nur zwei Erwägungen hielten ihn ab. Die eine, daß er nicht die Vorstellg vertrage, wie Mutter seine blutende Leiche finde. Dagegen könne er aber sich durch Ph schutzen, daß er die That auf Semmering[2] begehe u Brief hinterlasse in dem er verlange, daß zuerst sein Schwager verständigt werde. (Zweite [Erwägung] habe ich sonderbarer Weise vergeßen.)

Von früher her habe ich nicht erwähnt 3 zusamengehorige Er[innerun]gen aus 4 J, die er als früheste bezeichnet, u sich auf Tod kleiner aber alterer Schwester Katherine beziehen. Erste, wie sie ins Bett getragen wird. Zweite, wie er mit der Frage: Wo ist die Katherine? ins Zimer zu dem Vater geht, der in seinem Lehnstul weinend sitzt, u dritte, wie Vater sich über weinende Mutter beugt. [[3] Sonderbar, daß ich nicht sicher bin, ob diese Er[innerungen] seine oder Ph's[4] sind.]

---

[1] [S. unten, S. 530.]
[2] [Gebirgspaß in Nieder-Österreich.]
[3] [Diese eckige Klammer ist von Freud, ebenso diejenige am Ende des Satzes.]
[4] [Wohl ein anderer Patient Freuds.]

14/X Diese beiden letzten Zweifel u Vergeßen hängen iñig zusam̄en. Es sind wirklich seine Er[innerungen] und der vergeßene Grund ist der, daß Schwester ihm einmal in jungen Jahren als sie vom Tode sprachen sagte: Meiner Seel, wenn du stirbst, bring ich mich um. Beidemale handelt es sich also um Tod der Schwester. Aus eigenen Complexen vergeßen. Ubrigens stim̄t auch diese früheste Er[innerung], 3½ J (Schwester war 8) mit meiner Construktion zusam̄en. Der Tod ist ihm nahegebracht worden, *er hat wirklich geglaubt, daß man stirbt wenn man onanirt.*

Was ihm eingefallen[1] ist folgendes: [Erstens,] die Vorstellg [von] Glied abschneiden hat ihn außerord. gequält u zw[ar] als er mitten im Studium war; er findet für sie keine andere Quelle, nur daß er damals an Onaniegelüsten litt. Zweitens, was ihm viel wichtiger erscheint, zweimal im Leben, bei erstem Coitus (Triest) u bei einem zweiten in München (erste mit Zweifel behaftet, iñerlich plausibel) kam ihm nachher in den Sinn: *Das ist doch so eine großartige Empfindg, dafür könnte man alles thun zB. seinen Vater ermorden,* was für ihn sinnlos war, da sein Vater doch schon todt war. Drittens erzält er Szene, die man ihm sehr [oft] berichtet, Vater selbst[2], an die er sich aber absolut nicht eriñert. Er hatte ganzes Leben schreckliche Angst vor Schlägen u dankt es seinem Vater sehr, daß er ihn in seiner Er[innerung] nie geprügelt; wenn andere Kinder geschlagen wurden, verkroch er sich vor Entsetzen. Aber als er ganz klein war, 3 J, soll er etwas angestellt haben, wofür ihn der Vater schlug u da sei der kleine Knirps in eine schreckliche Wut geraten u habe den Vater geschimpft. Da er aber keine Schimpfworte kannte, habe er ihm alle Namen von Gegenständen gegeben, die ihm einfielen: Du Lampe, du Handtuch du Teller etc. Der Vater soll geäußert haben: Der Kleine da wird entweder ein großer Mann oder ein großer Verbrecher. Damit, gibt er zu, sei seine Wut, Rachsucht aus alter Zeit erwiesen.

Ich erkläre ihm das Prinzip der Etsch[3] in Verona, das ihm sehr einleuchtet.

Zu seiner Rachsucht weiteres. Als einmal sein Bruder in Wien war glaubte er Grund zur Annahme zu haben, daß die Dame ihn bevorzuge u geriet darüber in solche Eifersucht, daß er fürchtete, ihm etwas anzuthun.

(Seitenrand: Infantilszene)

---

[1] [Am Ende der vorigen Sitzung, s. oben, S. 529.]

[2] [In der veröffentlichten Fassung heißt es, die Mutter habe diese Szene »wiederholt erzählt«. Vgl. *G. W.*, Bd. 7, S. 426; *Studienausgabe*, Bd. 7, S. 71.]

[3] [Der Fluß macht in Verona eine Schleife, die ihn fast wieder dorthin zurückführt, wo er in die Stadt einmündet.]

Er bat den Bruder mit ihm zu ringen und erst nachdem er selbst unterlegen war, fühlte er sich beruhigt.

Von der Dame erzält er noch eine Rachephantasie, deren er sich nicht zu schämen braucht. Sie scheint ihm Wert auf hohe sociale Stellg zu legen. Er ph also, daß sie einen solchen Mann im Amt geheiratet hat, u er tritt in dasselbe Amt, bringt es noch weiter als dieser. Eines Tages hat der Mann, jetzt sein Untergebener, eine unlautere Handlg begangen. Die Dame fällt ihm zu Füßen beschwört ihn, ihren Mann zu retten. Er verspricht es ihr, eröffnet ihr, daß er nur aus Liebe zu ihr ins Amt eingetreten weil er einen solchen Moment vorausgesehen, jetzt sei die Mission erfüllt, ihr Mann gerettet, er lege sein Amt nieder. Er sei später noch weiter gegangen u möchte ihr am liebsten etwas Gutes thun, großen Dienst leisten, ohne daß sie erfährt, daß er es ist. Er sieht nur die Liebesbeweise in diesen Ph, nicht den zur Verdrängg der Rache bestimten Edelmut à la Monte Cristo.

18/X Nachholung.

Beginnt mit Geständniß einer betrügerisch Handlg in reifen Jahren. Beim Kartenspiel 21, als er sehr viel gewann, erklärte er daß er alles auf die nächste Karte setzen u dañ aufhören werde. Er kam bis 19 u überlegte Moment, ob er weitergehen sollte, blätterte wie unabsichtlich die Karten auf u fand, daß wirklich ein Zweier die nächste war, womit er dañ beim Aufschlagen 21 hatte. Eine Inf[antile] Er[innerung] dazu, wie Vater ihn angehalten der Mutter Börse aus Tasche zu nehmen u einige Kreuzer zu entwenden. – Seine Gewissenhaftigkeit seither, seine Geldgebarung, er hat sein Vermögen nicht behoben, sondern es der Mutter gelassen, von der er sehr kleines Taschengeld bezicht. Wie er auf diesem Wege anfängt sich wie ein Geiziger zu benehmen, obwol er gar nicht dazu neigt. Wie ihm auch Unterstützg Freundes Schwierigkeiten bereitet hat. Daß er nicht im Stande ist, Gegenstände auch nur zu verleihen, die Vater oder Dame gehört haben.

Am nächsten Tag in associat Fortsetzg sein Benehmen gegen ein »Reserl«, das verlobt ist, aber ihm offenbar sehr gewogen. Wie er ihr einen Kuß geraubt; dabei aber peinliche Zw, daß seiner Dame etwas Böses geschehe, etwa von der Art der Ph Hpt Novaks. Was ihm im Wachen nur so flüchtig erschienen, sagt dann der Tr der Nacht viel klarer:

I) Reserl ist bei uns, steht wie hypnotisirt auf, tritt blaß hinter meinen Stul und umarmt mich. Es war so, als hätte ich die Umarmung abschütteln wollen, als ob jedesmal bei ihrem Streichen über meinen Kopf ein Nachteil für die Dame, auch ein jenseitiger Nachteil entstehen würde. Es war automatisch so, als ob mit dem Streicheln der Nachteil schon geschehen wäre. (Der Tr wird nicht gedeutet, er ist eben nur die klarere Zw, die er sich bei Tag nicht wahrzunehmen getraut.)

Dieser heutige Tr hat ihn sehr afficirt, denn er hält viel auf Tr, sie haben große Rolle in seiner Geschichte gespielt, geradezu Krisen herbeigeführt.

II Im Okt 06, vielleicht nach jener Onanie bei der Stelle in Wahrheit u Dichtung[1]

Die Dame ist in irgend einer Bedrängniß. Er nim̄t seine zwei japanischen Schwerter und befreit sie. Mit beiden in der Faust eilt er dorthin wo er sie vermutet. Er weiß, die beiden bedeuten Ehe u Coitus. Beides ist nun verwirklicht; er findet sie an Wand gelehnt, mit Daumschrauben gefesselt. Der Tr scheint ihm nun zweideutig zu werden, entweder so, daß er sie durch die beiden Schwerter: Ehe u Coitus aus dieser Lage befreit, oder die andere Idee, daß sie erst dadurch in diese Lage kom̄t. (Er versteht diese Alternat. offenbar selbst nicht, obwol seine Worte gar nichts anderes bedeuten können.) – Die jap. Schwerter existiren wirklich, sie hängen über dem Kopfende seines Bettes u bestehen aus sehr vielen kl. japan. Münzen. Geschenk seiner ältest Schwester in Triest, die, auf mein Fragen, in sehr glücklicher Ehe lebt. Vielleicht daß Mädchen, das abzustauben pflegt so lange er noch schläft, an die Münzen gerührt u dabei Geräusch gemacht hat, das in seinen Schlaf gedrungen.

III Einen dritten Tr hat er wie sein höchstes Gut geschätzt.

Dez/Jan 07. Ich bin im Wald gewesen, bin sehr traurig. Die Dame kom̄t mir entgegen, sehr blaß. Paul, kom̄ mit mir, bevor es zu spät ist. Wir leiden beide, ich weiß es. Sie nimt mich unter den Arm u trägt mich gewaltsam fort. Ich kämpfe mit ihr, doch sie ist zu stark. Wir kom̄en an einen breiten Fluß, dort bleibt sie stehen; ich bin mit elenden Lappen bekleidet, diese fallen in den Strom, der sie wegträgt. Ich will nachschwim̄en, doch sie wehrt ab: Laß die Lappen. Ich stehe in glänzendem Gewand da.

Er hat gewußt, daß die Lappen die Krankheit bedeuten, daß der ganze Tr ihm Gesundheit durch die Dame verspricht. Er war damals sehr glücklich, bis andere Tr kamen, die ihn tief unglücklich machten.

Er muß an die Vorbedeutg durch Tr glauben, denn er hat verschiedene sehr merkw Beweise erlebt. Bew[ußter] Weise glaubt er eig[entlich] nicht daran. (Beides besteht neben einander, aber die kritische [Einstellung] ist steril.)

---

[1] [So wiederum im Manuskript.]

IV. Im Somer 01 hatte er einem Collegen geschrieben, ihm für 3 Kr Pfeifentabak zu schicken. Der Brief u Tabak verzögerten sich etwa 3 Wochen. Eines Morgens wacht er auf, erzält er habe vom Tabak getraumt, ob der Briefträger vielleicht ein Packet für ihn gebracht. Nein. 10 Min später lautet es, die Post bringt den Tabak.

V. Im Somer 03, als er zur 3 Staatsprüfg studirte.

Tr er werde in Prüfg gefragt nach Unterschied zw. Bevollmächtigtem u Staatsorgan. Er wird dan thatsächlich Monate später beim Rigoros. darnach gefragt. Dieser Tr ist ihm ganz evident, aber kein Beweis, daß er im Intervall[1] davon gesprochen.

Zum ersten [Beweis] versucht er Erklärg, der Fr[eund] habe kein Geld gehabt u er wußte vielleicht, zu welchem Zeitp er Geld haben würde. Genaue Daten nicht zu erhalten.

VI. Seine älteste Schwester hat sehr schöne Zähne. Seit 3 J beginnen sie aber zu schmerzen bis sie extrahirt werden müßen. Der dortige Zahnarzt, Freund [hat] gesagt: Alle Zähne wirst du verlieren. Eines Tages hat er plötzlich Idee: Wer weiß, was die Hilde jetzt mit Zahnen hat. Vielleicht hatte er selbst Zahnschmerzen. Am Tage, wo er wider onanirt hatte, sieht er während Einschlafens visionsartig im Halbschlaf, wie Schwester an Zähnen laborirt. 3 Tage später Brief, der von beginnd. Schmerzen an zweiten Zahn berichtet, [der] seither auch verloren gegangen.

Aufklärg, daß seine O daran schuld sei, erstaunt ihn.[2]

VII Tr bei Marie Steiner, den er schon erzält, jetzt näheres darüber. Die St. ist eine Art Kinderliebe von ihm, mit 14–15 J schwärmte er für sie, er betont ihren bornirten Ehrgeiz. Sept 03 besuchte er sie sah dort den 7j idiot Bruder, der ihm schrecklichen Eindruck machte. Im Dez tr er, er sei bei seinem Leichenbegängniß zugegen. Ungefähr um dieselbe Zeit starb das Kind. Genauere Zeiten nicht festzustellen. Im Tr sei er neben der Marie St gestanden u habe ihr Mut zugesprochen. [[3] Leichenvogel[4], wie ihn älteste Schwester genant. Er bringt fortwährend Leute um damit er sich dann einschmeicheln kann.] Contrast zwischen der Affenliebe der Mutter gegen das idiotische Kind und ihrem Verhalten vor dessen Geburt. Sie soll das Gebrechen d. Kindes durch zu starkes Schnüren, weil sie sich des Spätlings schämte, verschuldet haben. –

---

[1] [Zwischen dem Traum und der tatsächlichen Begebenheit.]
[2] [S. den Zahn-Traum, unten, S. 567.]
[3] [Eckige Klammern von Freud.]
[4] [S. oben, S. 526, Anm. 3.]

Aberglaube

Während [seines] Aufenthalts in Salzbg verfolgte ihn beständig das Eintreffen von merkwürdigen Voraussichten. Der Mann, den er im Gasthaus mit der Kellnerin über Einbruch reden hörte, wo er es als Orakel nahm, wenn er ihn als Verbrecher widersehen würde. Das geschah dann thatsächlich einige Monate später, als er zufallig zur Strafabtheilg versetzt wurde. – Dann in Salzbg Personen treffen auf Brücke, an die er Moment vorher gedacht hatte (Erklärg mit indirekt Sehen[1] hat ihm schon Schwester gegeben). – Er denkt zufällig an Szene in Triest, wo er mit Schwester in öff Bibliothek war u dort ein Herr sich in ein Gespräch einließ, der sehr dum redete u ihm sagte: Sie sind eben noch in der Zeit der liter. Flegeljahre J. Pauls.[2] In der Salzburger Leihbibl 1 St später waren die Flegeljahre eines der ersten Bücher, die ihm in Hand kamen (nicht das erste, 1 St vorher hatte er schon Vorsatz in Bibliothek zu gehen u dachte darum an die Szene in Triest).

Aberglaube

Er kam sich als Visionär vor in Salzbg, es waren aber nie Zufälligkeiten, die Wert hatten, u nie Dinge, die er erwartet hatte, imer gleichgiltige Dinge.

(Geschichte der Marie St ist zwischen 2 Schwestergeschicht eingeschaltet.) Die Undeutlichkeit seiner Zwgedanken beachtenswert, im Tr deutlicher.][3]

18/X 2 Träume, mit denen geradezu Krisen zusamenhängen.[4] Es sei ihm schon einmal Idee gekomen, sich nicht mehr zu waschen in der Form, wie gew[öhnlich] seine Verbote: Was für Opfer bin ich zu bringen bereit, damit ... Aber er wies es kurz ab. Nun [5 auf Fragen: Bis zur Pubertät war er eig[entlich] ein Schmutzfink, dañ wurde er eher uberreinlich, mit Krankheit fanatisch reinlich, uzw in Zusamenhang mit seinen Geboten]. Nun gieng er eines Tages mit Dame spazieren – er glaubt da zu erzälen, was keinen Wert hat. Die Dame grüßte einen Herrn, Arzt, ịmerh[in] sehr freundlich, zu freundlich, gesteht er war etwas eifersüchtig, sprach auch davon. Bei der Dame spielten sie Karten, er wurde am Abend traurig hatte am Morgen Tr.

---

[1] [D. h. durch den Gebrauch der peripheren Bereiche der Netzhaut.]
[2] [*Flegeljahre; Eine Biographie* von Jean Paul (1763–1825).]
[3] [Eckige Klammer von Freud; die Anfangsklammer fehlt.]
[4] [Vgl. oben, S. 532.]
[5] [Eckige Klammer von Freud, ebenso die nach »Geboten«.]

Darstellung

VIII. Er ist mit Dame zusam̄en, sie ist sehr lieb mit ihm; er erzält ihr seine Zwvorst u das Verbot mit den japan Schwestern[1], dessen Sinn ist, daß er sie weder heiraten noch sex mit ihr verkehren dürfe. Das ist doch ein Blödsinn, meint er, ebensogut könnte das Verbot kom̄en, daß ich mich nicht mehr waschen soll. Sie lächelt u nickt ihm zu. Er verstand es im Tr so, daß sie ihm bestätige, es sei beides Unsinn; aber beim Erwachen fiel ihm ein, sie habe gemeint er brauche sich nicht mehr zu waschen. Geriet in entsetzl Affekt schlug sich den Kopf gegen die Bettleiste. Es ist ihm, als ob ein blutiger Knoten in seinem Kopf wäre, er ist in solchen Gelegenheiten schon auf Idee gekom̄en, sich ein trichterf Loch in den Kopf zu machen, damit das Kranke am Hirn herausgehe, das werde sich dan̄ irgendwie ersetzen. Versteht den Zustand übrigens nicht. Ich löse: *Nürnberger Trichter, was in* der That häufige Rede seines Vaters war. Auch *Der Knopf wird dir schon aufgehen,* sagte er häufig. Ich deute ihm: Wut, Rache an Dame wegen Eifersucht, Beziehg zu dem von ihm so geringgeschätzten Anlaß beim Spaziergang. Die Wut gegen den Arzt bestätigt er, [das] Ubrige[, den] Kampf ob er sie heiraten soll, begreift er nicht. Er hatte doch Gefül der Befreiung im Tr (Befreiung von ihr, meine ich).

Er verfristete übrigens das Gebot, sich nicht zu waschen u führte es dann nicht aus. Diese Idee ersetzte sich ihm durch allerlei andere: Halsabschneiden voran.

27/X Nachholungen. So lange er Schwierigkeiten macht, Namen der Dame zu nen̄en, ist [seine] Erzälg unzusam̄enhängend.

Einzelnes herauszuheben.

Im Juni 07 war er abends bei Collegen Braun, dessen Schwester Adela musicirte u ihm viel Hof machte. Er war sehr gedrückt u dachte viel an Tr mit japan. Schwertern. Die Idee die Dame zu heiraten, wenn nicht die *Andere* da wäre.

Nachts Tr: Gerda (seine Schwester) ist sehr krank, er tritt an ihr Bett, Braun tritt ihm entgegen: Du kan̄st Schwester nur retten durch Verzicht auf jeden sex Genuß. Darauf sagt er (zu seiner Schande erstaunt): auf jeden Genuß.

Braun interess sich für seine Schwester, er hat sie vor Monaten einmal nach Hause gebracht, als ihr schlecht wurde. Idee kan̄ nur sein: wen̄ er Adela heiraten würde, hätte wol auch die Heirat Gerdas mit Braun Wahr-

[1] [Verschreiben Freuds für »Schwertern«.]

scheinlichkeit. So bringt er sich ihr zum Opfer. In Tr bringt er sich in Zwsituation, um heiraten zu müßen. Opposition gegen seine Dame, Versuchg zur Untreue deutlich. Mit Braun hat er homosex Beziehgen gehabt, als er 14 J alt war, gegenseitiges Anschauen d Penis.

In Salzbg 06 bei Tag Idee: Wenn Dame sagen würde, Du mußt so lange auf jeden sex Genuß verzichten bis du mich heiratest, ob er Eid ablegen würde. Eine Stim̅e in ihm sagt Ja. [¹Im Ubw, Eid der Abstinenz. Bei Nacht ein Tr. Er hat sich mit Dame verlobt u wie sie an seinem Arm geht, sagt er überglücklich: Ich hätte nicht geahnt, daß dieß sich so bald verwirklicht. (Er meint damit den Zw der Abstinenz, was sehr merkwürdig u richtig ist, bestätigt meine Auffassung oben.) In diesem Moment sieht er, daß die Dame so ein Gesicht macht, als ob Verlobg sie gar nichts angienge. Damit ist sein Glück zerstoben. Er sagt sich: Du bist verlobt u gar nicht glücklich. Du posirst sogar etwas Glück um es dir einzureden.

Nachdem ich ihn bewogen, den Namen Gisa Hertz u alle Beziehgen zu verraten, wird Erzählg klar u systematisch. Die Vorlauferin [war] Lise O., eine andere Lise, (II)². Gleichzeitig hat er aber imer mehrere Interessen wie mehrere Sexualreihen (von Mehrheit der Schwestern ausgehend):

20 J. Tr. Er spricht mit Lise II über ein abstraktes Thema, plötzlich verschwindet das Trbild u vor ihm steht große Maschine aus riesig viel Rädern, so daß er über Complicirtheit erstaunt ist. – Bezieht sich darauf, daß ihm diese Lise imer sehr complicirt vorkam gegenüber Julie³, die er damals auch verehrte, die jetzt gerade gestorben ist.

Dann weitlaufig Geschichte seiner Beziehg zu seiner Dame. Am Tage nach der Ablehnung ihrerseits folgenden Tr: Dez 1900. Ich gehe über die Straße. Auf Weg liegt eine Perle; ich will mich bücken, um sie aufzuheben u im̅er wenn ich mich bücken will, entschwindet sie. Bei jedem zweiten dritten Schritt erscheint sie wider. Ich sage mir: Ja du darfst ja nicht. Dieß Verbot erklärt er sich [dadurch], daß sein Stolz es ihm verbieten würde, weil sie ihn einmal abgelehnt. In Wirkl dürfte es sich um ein Verbot von Seiten seines Vaters handeln, das sich von Kindheit her auf das Heiraten erstreckt. Er findet dann auch wirklich ähnlich klingende Bemerkg des Vaters: *Geh nicht so oft hinauf. Du wirst dich lächerlich machen* – eine

Left margin:
Som̅er
98

Verbot d. Vaters

Traum

------

¹ [Eckige Anfangsklammer von Freud; er hat sie allerdings nicht geschlossen.]

² [Der Hinweis auf die »andere Lise« findet sich weiter unten, S. 541.]

³ [Dies kann sich nicht auf des Patienten Schwester gleichen Namens beziehen, da diese zum Zeitpunkt der Analyse noch lebte (s. unten, S. 566).]

andere abwehrende Äußerg. Zum Tr. Kurz vorher in Stadt ein Perlen-
collier gesehen, von dem er meinte wenn er Geld hätte, würde er es ihr
kaufen. Perle von einem Mädchen sagt er oft auf sie, eine bei ihnen ge-
bräuchliche Redensart. Perle paßt ihm auch auf sie als eine verborgene
Kostbarkeit, die man erst in Muschel suchen muß.

Verdacht, daß er von Schwestern aus zur Sex gekom̄en; vielleicht nicht
selbständig, verführt.

Seine Trreden brauchen sich nicht auf reale Reden zu beziehen, *die ubw
Ideen als īnere Stim̄en haben den Wert von realen Reden, die er nur im Tr
hört.*[1]

Großmutter seiner Dame erkrankte damals an Mastdarmvorfall.[2]

27./X. Der Anfall brach los im Anschluß an eine Klage des verwitweten
Onkels: Ich habe doch nur für diese Frau gelebt, während andere Männer
sich draußen unterhalten. Er meinte, der Onkel habe sich auf den Vater
bezogen. Doch fiel ihm dieß nicht sofort ein, sondern erst einige Tage
später. Als er mit der »Dame« darüber sprach, lachte sie ihn aus u wußte
ein nächstes Mal vor ihm das Gespräch mit dem Onkel auf seinen Vater zu
lenken, den dieser dann über alles lobte. Doch reichte ihm dieß nicht thun;
er mußte einige Zeit später den Onkel stellen u ihn direkte befragen, ob er
seinen Vater gemeint habe, was dieser erstaunt in Abrede stellte. Er ver-
wundert sich über diesen Vorgang umso mehr, als er es ja dem Vater gar
nicht übel nehmen würde, wenn er etwa Seitensprünge gemacht hätte. Dazu eine halb scherzhafte Bemerkg der Mutter über die Zeit, in welcher der
Vater in Pressburg wohnen mußte u nur einmal in der Woche nach Wien
kam. [³Das erste Mal ist in der Erzälg diese charakt. Anknüpfg ausgeblie-
ben.] – Sonderbarer Zufall bei seinem Studium zur II Staatsprüfg. Er ließ
nur 2 Partien von je 4 Seiten aus u wurde gerade dieß geprüft. Bei Studium
zum dritten dann prophet. Traum.[4] Während Studium zur dritten, eig[ent-
licher] Beginn der Frömigkeit, u Ph, die ihm Vater als noch mit ihm in
Verbindg erscheinen ließen. Er machte nachts Thüre zum Gang auf in
Uberzeugg Vater werde draußen stehen. Seine Ph knüpften damals direkt
an diese Lücke des Wißbaren an. Endlich raffte er sich auf, bekämpfte sich

---

[1] [Über Reden im Traum siehe auch die veröffentlichte Fassung (*G. W.,* Bd. 7, S. 441;
Studienausgabe, Bd. 7, S. 85).]

[2] [Vgl. oben, S. 526.]

[3] [Eckige Klammern von Freud.]

[4] [S. unten, S. 539.]

mit dem vernünftigen Argument, was wol sein Vater zu seinem Treiben sagen würde, wenn er noch lebte. Allein dieß machte ihm keinen Eindruck, erst die deliröse Form dess[elben], der Vater könnte noch im Jenseits unter seinen Ph Schaden leiden machte dem Einhalt.

Die während des Stud zum III[. Examen] auftauchenden Zw, die Prüfg gewiß im Juli zu machen scheinen mit der erwarteten Ankunft des X. aus New York, eines Onkels der Dame auf den er furchtbar eifersüchtig war, in Beziehg zu stehen. Vielleicht sogar mit der vermuteten, später zutreffenden Abreise der Dame nach Amerika.

29/X. Theile ihm Verdacht mit, daß sich seine sex Neugierde an Schwestern entzündet. Ein unmittelbares Resultat. *Er[innert], daß er an der verst. Katherine (5 J älter) zuerst als sie auf Topf saß, oder so ahnlich den Geschlechtsunterschied bemerkt.*

Erzält Tr, als er zum III[. Examen] studirte: Grünhut[1] pflegte eine ganz bestimte Frage nach domizilirter Tratte[2] jede dritte vierte Prüfung zu stellen, u weñ man ihm geantwortet hatte fragte er weiter: Und was ist die ratio dieses Gesetzes? Darauf mußte man antworten: Um sich vor den Chicanen des Wechselgegners sicher zu stellen. Er tr dieß nun gerade so, aber dann sagte er: Um sich vor den Schügsenen[3] etc. Ein Witz den er ebenso im Wachen gemacht haben könnte.

Sein Vater hieß nicht David, sondern Friedrich.

Adela war nicht die Schwester v Braun, die Idee der Doppelheirat entfällt.

8 Nov. Hat als Kind viel an Würmern gelitten[4], war wahrsch. Afterbohrer u großes Schwein wie sein Bruder, ist jetzt überreinlich.

Ph vor Einschlafen, er würde mit Cousine[5] verheirat ihr Füße küssen, die sind aber nicht rein, sondern zeigen schwarze Streifen (was ihm sehr graulich ist). Er selbst konnte sich an dem Tag nicht so sorgfältig waschen und beobachtete es an sich. Das schiebt er auf die Geliebte. Nachts tr er, daß er der Geliebten Füße lecke, die aber rein waren, letzteres ist Trwunsch. Die Perversion ist ganz die namliche, wie sie positiv bekannt ist.

---

[1] [Professor der Rechte an der Universität Wien.]
[2] [Nach gezogenem Wechsel.]
[3] [Jiddischer Ausdruck für nicht-jüdische Mädchen.]
[4] [Vgl. *G. W.*, Bd. 7, S. 432; *Studienausgabe*, Bd. 7, S. 77.]
[5] [Seiner Dame.]

Daß er vom Popo aus bes. erregbar, geht daraus hervor, daß er im Scherz auf Frage der Schwester, wo ihm Cousine gefalle, antwortete: Am Popo. Das Nähmädchen, das er heute geküßt, hatte zuerst seine Lib erregt, als sich beim Vorwärtsbeugen die Contouren ihres Hintertheils bes. deutlich abzeichneten.

Nachtrag zum Rattenabenteuer. Der Hptm Novak sagte, diese Tortur solle man an einigen Abgeordneten vornehmen. Da kam ihm die Idee, wenn er[1] nur jetzt nicht die Gisa nent u zu seinem Schrecken nañte er gleich darauf den Dr. Hertz[2], was ihm wider als schicksalsvoll erschien. In Wirklichkeit heißt seine Cousine Hertz und er hatte gleich daran gedacht, daß er bei dem Namen Hertz an seine Cousine werde denken müßen, sieht es auch ein. *Er sucht seine Cousine von allem Schmutzigen zu isoliren.*

Leidet an sacrilegisch Zwang wie die Nonnen. Ein Tr geht auf die scherzhaften Schimpfworte von Seiten seines Freundes V., Hurensohn u Sohn eines einaugigen Affen [1001 Nacht][3]. – Mit 11 J Einweih in Geheimniße des Sexlebens durch Cousin, den er jetzt furchtbar haßt, der ihm die Frauen alle als Huren darstellte, auch seine Mutter u Schwestern, so daß er Gegenfrage that: Glaubst du von deiner Mutter dasselbe?

Verhält z. Dame

11 Nov. Während Krankheit der Cousine (Halsleiden u Schlafzustände) um Zeit, als zärtliche Theilnahme am stärksten war, wie sie auf Sopha lag plötzl Idee: *»So soll sie im̄er liegen bleiben.«* Er deutet es als best[ändiges] Kranksein zu seiner Entlastung, damit er die Angst vor diesem Kranksein los werde. Spitzfindiges Mißverständniß! Es hängt nach Anleitg von früher Erzältem mit Wunsch zusam̄en, sie wehrlos zu sehen, weil sie seiner Liebe durch die Ablehng Widerstand geleistet u entspricht im Gröbsten einer Ph von Leichenschändg, die er einmal bw gehabt, die sich allerdings nicht weiter als bis zum Schauen des ganzen Körpers vorgewagt.

Dissociat.

Er besteht aus 3 Persönlichkeiten, einer humorvollen, normalen, einer asketischen, religiösen u einer lasterhaft-perversen.

Die notwendigen Mißverständniße des Ubw durch das Bw, vielmehr die am ubw Wunsch angebrachte Censurentstellung.

– Die davon ausgehenden Hybridgedanken –

---

[1] [Hauptmann Novak.]
[2] [Der hier tatsächlich im Manuskript stehende, nicht-verschlüsselte Name ist der einer damals in Österreich bekannten Persönlichkeit.]
[3] [Eckige Klammern von Freud.]

17 Nov. Bis jetzt Periode des Aufschwungs, heiter frei bethätigt sich wird aggressiv gegen ein Mädchen, Näherin. Gute Idee, daß seine Minderwertigkeit eig. verdiene von der Krankheit gezüchtigt zu werden. Dann komen Geständniße Beziehgen zu Schwestern; widerholte Aggressionen gegen nächst jüngere Julie, die nach Tod des Vaters fallen, dürften die sein, die seine Krankheitsveränderg – er habe sich schon einmal vergangen, erklären.

Einmal hatte er Tr daß er mit Julie coitire darauf große Reue Schreck, daß er sein Gelübde, sich von ihr ferne zu halten, gebrochen. Beim Erwachen selig, daß es nur ein Tr. Geht darauf ins Zimer, wo sie schläft u schlägt sie auf Popo unter der Decke. Versteht es nicht kann es nur mit Onanie bei der Stelle in Dichtg u Wahrheit[1] vergleichen. Daraus ziehen wir Schluß, daß die einstige Züchtigg des Vaters[2] mit einem Vergehen gegen die Schwestern in Zusamenhang stand. Aber womit? Mit rein sadistischem oder bereits deutl sexuell? Gegen ältere oder jüngere? Julie ist 3 J jünger als er, die gesuchten Scenen fallen zw 3 – 4, sie komt also kaum in Betracht. Dann die verst. Schwester Katherine?

Seine Sanktion, daŉ würde dem Vater im Jenseits etwas geschehen, ist einfach zu verstehen als *Ellipse. Es heißt: Weŉ der Vater noch lebte u davon erführe würde er mich wider züchtigen u ich wider die Wut gegen ihn bekomen, die zu seinem Tod führt, wenn meine Affekte allmächtig sind. Also Typus: Wenn der Kraus[3] das liest, bekomt er eine Ohrfeige.*

Gegen jüngste Schwester noch vor wenigen Jahren, morgens als sie in seinem Zimer schlief, [habe er] sie aufgedeckt, so daß man alles sah. Dann rückt die Mutter an als Hinderniß seiner Sexualbethätigg wie sie seit Tod des Vaters diese Rolle übernahm, ihn gegen die wolwollende Verführg eines Stubenmädchens Lise schützte. Gegen diese exhibit er einmal kunstvoll im Schlaf, indem er ermattet nach einem Krankheitsanfall einschlief entblößt dalag. Als das Mädchen früh ihn sprach, fragte sie mißtrauisch, ob er nicht im Schlaf gelacht habe. Er hatte gelacht u zwar wegen eines wunderschönen Tr, in dem die Cousine vorkam. Gibt zu, daß es eine Veranstaltg war. In früheren Jahren exhib er ohne weiteres, mit 13 J noch vor Lina, die auf kurze Zeit ins Haus zurückkam, mit richtiger Begründg die keŉe ihn so genau seit früher Kindheit (6 – 10 J bei ihnen).

Ellipt.

---

[1] [S. oben, S. 528.]
[2] [S. oben, S. 530.]
[3] [Karl Kraus, Herausgeber der Wiener Zeitschrift *Die Fackel*; vgl. *G. W.*, Bd. 7, S. 444, Anm. 2; *Studienausgabe*, Bd. 7, S. 87, Anm. 2.]

18 Nov. Geht in die Neurose seiner Cousine, die ihm deutlich wird in der ihr mit 12 J auftretender Stiefvater Rolle spielt. Derselbe [ist] Offizier, schöner Mann, jetzt getrennt von Mutter. Gisa behandelt ihn sehr schlecht, wenn er einmal auf Besuch ko m̄t u er wirbt i m̄er noch um ihre Duldg. Die erzälten Details lassen kaum Zweifel, daß dieser Mann das Kind sexuell attackirt, u daß ihm aber etwas am Kinde entgegen kam, was sie nicht ka n̄te, die übertragene Liebe vom eigenen seit 6 J vermißten Vater her. So ist die Situation zwischen den beiden wie festgefroren.

Nun scheint er das selbst gewußt zu haben: War es ihm nicht schon bei der Waffenübg so arg, daß der Hauptma n̄ N. einmal den Namen einer Frau Gisela Fluss (!!!)[1] erwähnte, als wolle er nur keine Berührg zwischen Gisa u einem Offizier. Ein Jahr vorher hatte er merkw[ürdigen] Tr von bayerischem Lieutenant der als Freier von Gisa abgewiesen wird. Das deutet auf München u sein Verhaltnis z. Kellnerin, aber z. Lieutenant führt keine andere Spur, u ein Nachtrag vom Offiziersburschen geht auch nur auf den Ltt Stiefvater.

Ō Ersatz

21 Nov. Gesteht zu, daß er ähnliches f. Cousine vermutet haben kann. War sehr heiter, hatte Onanierückfall, von dem er gar nicht viel betroffen ist (eingeschobene Latenzzeit). Zu Beginn der Ō hat er Idee, daß dadurch Schädigg einer geliebten Person, Cousine, daher sagt [er] sich eine *Schutzformel* vor, die er auf *bekannte Weise*[2] durch *Extragt* aus versch *kurzen Gebeten* geschaffen u mit dem isolirenden *amen* versehen hat. Wir untersuchen sie, sie heißt

Schutzformel

Glejisamen gl = glückliche dh: beglücke l = auch: alle

             e = vergessen

             j = jetzt u i m̄er

            (i steht unsicher daneben)

            s = vergeßen

---

[1] [In ein Mädchen gleichen Namens war Freud während seiner Gymnasialzeit verliebt gewesen, deshalb die Ausrufungszeichen. S. Jones (1960), S. 45 f.; ferner Freuds Arbeit ›Über Deckerinnerungen‹ (1899a), die von Siegfried Bernfeld (1946) als verschlüsselt autobiographischer Text identifiziert wurde; weitere Informationen hierzu in Freuds Briefen an seinen Jugendfreund Eduard Silberstein, deren Veröffentlichung vorbereitet wird.]

[2] [S. oben, S. 527.]

Nun ist es klar, daß dieses Wort entstanden ist aus
Gisela
↖s↙amen, daß er seinen Samen mit dem Leib der Geliebten vereint, d. h.
in ganz gewöhnlicher Weise mit ihrer Vorstellg onanirt.

Er ist natürlich überzeugt u fügt hinzu, daß sich ihm die Formel sekun-
där wirklich manchmal als
Giselamen
eingestellt, daß er aber hierin eine Angleichg an den Namen der Geliebten
(umgekehrtes Mißverständniß) erblickt habe.

Er kom̅t am nächsten Tag in tiefster Verstim̅g, will von indifferentem
reden, gesteht aber bald ein, daß er in einer Krise ist. Das Entsetzlichste sei
ihm als er gestern auf Tram fuhr, eingefallen, das ganz unmöglich sei zu
sagen. Seine Genesung sei das Opfer nicht wert, ich werde ihn hinauswerfen, den̅ es handle sich um Übertragg. Wie kom̅e ich dazu, mir das gefallen
zu lassen. Alle Aufklarg über Übertragg, die ihm gar nicht fremd klingen,
scheitern indeß; erst nach 40 Min Kampf, nach meinem Eindruck erst als
ich sein Motiv d. Rache an mir aufdecke, u ihm zeige, daß er sich mit dem
Verschweigen u Curaufgeben noch plumper räche als mit dem Sagen, deutet er an, es handle sich um meine Tochter. Dann ist Stunde zu Ende.

Noch schwer genug, nach Kampf, Versicherg, daß meine Behauptg, ich
werde alles auf ihn zurückleiten, doch einer Angst meinerseits gleichsehe,
gibt er die erste der Vorstellg preis.

a) Ein nacktes weibliches Gesäß, an den Haaren Nisse, Larven von
Läusen.

Quelle. Eine vergeßene bei der Beichte übergangene Scene mit Schwester Julie, die sich nach dem Hetzen so im Bette zurückwarf, daß er diesen
Anblick von vorne her hatte, ohne Lause natürlich. Zu letzterem bestätigt
er meine Vermutg, das Wort »Nisse« deute darauf hin, daß etwas ähnliches
einmal in früher Zeit in Kinderstube vorgekom̅en.

Motive sind klar: Strafe für die am Anblick verspürte Lust, *Askese, die
zur Technik des Verekelns greift,* Wut gegen mich, daß ich ihn dazu zwinge,
daher die Übertragg: Unter Ihren Kindern wird gewiß das Nämliche vorgehen. [Er hat von Tochter gehört und weiß, daß ich Sohn habe; viell Ph
mit dieser Tochter Gisa untreu zu werden, und Strafe dafür.][1]

Nach Beruhigg u kürzerem Kampf, der noch schwierigere zweite Beginn einer ganzen Reihe [von Vorstellungen], die ihm aber anderen Ein-

---

[1] [Eckige Klammern von Freud.]

druck machen. Er sieht ein, daß er hier die Ubertrag nicht gebraucht hatte, aber nach der Wirkg der ersten hätte sich alles in die Ubertragg geworfen.

[b]) Leib meiner Mutter nackt, zwei Schwerter seitlich in Brust stekkend (wie Dekoration, sagt er später, nach Lucretiamotiv[1]). Der Unterleib u bes die Genitalien ganz aufgefressen von mir [und] den Kindern.

Quelle leicht: die Großmutter der Cousine (an eigene kaum Er[innerung]). Er kam einmal ins Zimer als sie sich ankleidete u sie schrie auf. – Ich: er müße wol Neugierde auch nach deren Körper gehabt haben. Dazu erzält er Tr zu einer Zeit als er dachte, Cousine sei zu alt für ihn: Cousine habe ihn zum Bett der Großmutter geführt, deren Körper u Genit entblößt u ihm gezeigt, wie schön sie noch mit 90 J. sei (Wunscherfüllung). Die zwei Schwerter sind die japan. seiner Tr: Ehe u Coitus.

Der Sinn ist klar, er hat sich durch eine Metapher täuschen lassen. *Inhalt ist die asket. Idee, wie die Schonheit einer Frau durch Sexualverkehr u Kindergebären aufgezehrt[2] würde!* Dießmal lacht er selbst.

c) Einer seiner Gerichtssekretäre, ein schmieriger Kerl den stellt er sich nackt vor und eine Frauenperson macht ihm Minette[3]. Wider meine Tochter! Der schmierige Kerl ist er selbst. Er will ja bald Sekretär werden, um zu heiraten. Von Minette hat er mit Abscheu gehört, doch bei dem Mädchen in Triest rückte er einmal soweit an ihr hinauf, daß er ihr damit Zeichen gab, es ihm zu thun, was nicht geschah. Ich widerhole meine Vorlesg vom letzten Samstag über die Perversionen.

22 Nov. Heiter, wird aber gedrückt, wenn ich ihn z. Thema zurückführe. Neue Ubertragg: Meine Mutter ist gestorben. Er will condoliren, fürchtet aber, daß dabei das impertinente *Lachen* bei ihm auftreten wird, daß er schon widerholt *bei Todesfällen* gehabt hat. Darum *schreibt er lieber eine Karte mit p. c.* und das verwandelt *sich ihm in p. f.*[4]

Haben Sie nie daran gedacht, daß Sie durch den Tod Ihrer Mutter aus allen Conflicten kämen, da Sie heiraten könnten? Sie rächen sich an mir, meint er. – Sie zwingen mich dazu, indem Sie sich an mir rächen wollen.

---

[1] [Nach der römischen Sage hatte sich Lukrezia, eine Patrizierin, nachdem sie durch Sextus Tarquinius, den Sohn des römischen Königs Tarquinius Superbus, entehrt worden war, selbst erdolcht.]
[2] [Im Manuskript doppelt unterstrichen.]
[3] [Fellatio.]
[4] [Abkürzungen für »pour condoler« bzw. »pour féliciter«.]

Margin notes:
Nacktheitstr

Gegenteil verwandl.

Tr

Übertragg

Er bestätigt ubrigens, daß *sein Im-Zimerherumgehen während dieser Beichten der Angst entspricht, von mir geprügelt zu werden.* Er hatte es sich mit Feinfüligkeit motivirt, daß er mir so gräßliche Dinge nicht sagen könne, während er behaglich daliege. Ubrigens haut er sich selbst während der imer noch erschwerten Geständniße.

Jetzt werden Sie mich *hinauswerfen.* Es handelt sich um ein Bild, daß ich u meine Frau im Bette liegen, zwischen uns ein todtes Kind. Er weiß die Herkunft. Als kleiner Bub (Zeit unbestimt, vielleicht 5, 6 J) lag er so zwischen Vater u Mutter u machte das Bett naß, worauf ihn Vater prügelte u hinauswarf. Das tote Kind kann ja nur Schwester Katherine sein, er muß durch ihren Tod profitirt haben. Die Szene war wie er bestätigt nach ihrem Tod.

Mimik

Seine Mimik dabei ist die eines Verzweifelten u eines der sich vor maßlosen Schlägen schützen will, [er] stützt Kopf in die Hände, läuft fort, deckt mit Arm Gesicht usw. Bestätgt daß der Vater jähzornig war u dañ nicht wußte, was er that.

Anderer gräßlichster Einfall. Er bestellt sich, daß ich ihm meine Tochter in das Zimer bringe, damit er sie schlecke, und sagt: Herein mit dem Mießnik[1].

Dazu Erzälg von seinem Freund, der Kanonen gegen das Café das er besucht, auffahren lassen will, aber vorher den braven, sehr häßlichen Kellner retten wird, indem er ihm commandirt: Miessnik heraus!

Der Miessnik war er gegen jüngeren Bruder.[2]

Sonst Spielerei mit meinem Namen: Freudenhaus-mädchen.

23/XI. Nächste Stunde von der entsetzlichsten Ubertragg ausgefüllt, vor deren Mittheil er ungeheure Schwierigk macht. Meine Mutter steht verzweifelt dabei, wie alle ihre Kinder gehängt sind. Er[innert] mich an Vorhersage des Vaters, er werde ein großer Verbrecher werden.[3] Ich kann aber nicht erraten, was er zur Motivirg anführt. Er wisse, daß in meiner Familie einmal ein großes Unglück geschehen, ein Bruder der Kellner war, habe in Budapest Mord begangen u sei hingerichtet worden. Ich lache auf, woher er das wisse u damit sinkt sein ganzer Affekt zusamen. Sein Schwager, der meinen Bruder kennt, habe ihm das mitgetheilt als Beweis daß Erziehg gar

---

[1] [Jiddisches Schimpfwort, etwa im Sinne von schauderhafter Kerl, einem, der häßlich ist und anderen das Leben mies macht.]
[2] [S. beispielsweise S. 525, oben.]
[3] [S. oben, S. 530.]

nichts, Anlage alles sei. Der Schwager combinire gerne u habe in einem alten Jahrgang der Presse[1] die Notiz gefunden. Ich weiß, daß es sich um Leopold Freud den Eisenbahnmörder handelt, als ich in 3 oder 4 Jahrgang war, versichere ihm, daß wir nie Verwandte in Bpest hatten. Er [ist] erleichtert [und] gesteht zu, daß er schon bei Beginn darum mit gewißem Mißtrauen gekom̅en.

25/XI Er habe gedacht, wenn in der *Familie Mordimpulse lägen*, so würde ich darum wie ein *Raubtier auf ihn stürzen*, um an ihm das Schlechte herauszufinden. Ganz leicht u heiter berichtet er heute, daß sein Schwager im̅er solche Combinat mache, findet aber gleich die Erklärg, er habe den Makel nicht vergeßen, der auf seiner Familie laste, weil sein Vater wegen betrüg. Schulden nach Amerika durchgegangen sei und meine, er sei darum nicht Dozent f. Botanik a[n] d[er] Univ geworden. Einen Moment später findet er auch Grund der ganzen Feindseligkeit gegen meine Familie. Schwester Julie habe einmal geäußert, *Alex[2] wäre der richtige Mann für Cousine Gisa*, daher die Wut! [[3]Analog bei den Offiziren.[4]]

Nun ein Tr. Er steht auf Hügel mit einer Kanone, die er gegen eine Stadt richtet, die man von dort aus hinter vielen horizontalen Mauerringen ausnim̅t. Neben ihm der Vater u sie besprechen, aus welcher Zeit die Stadt wol stam̅e, ob eine altoriental oder deutsche mittelalterliche. (Es sei nämlich sicher, daß sie nicht ganz real sei.) Dann wandeln sich die horiz Mauern in vertikale um, die wie Reifen aus Spagat[5] in die Höhe ragen u er wolle an diesen etwas demonstriren aber der Spagat ist nicht steif genug u sinkt im̅er wieder zusam̅en: Nachtrag, Analyse.

26/XI Er unterbricht Tranalyse um Ubertragg mitzutheilen.

Eine Reihe von Kindern liegt auf Boden u er geht zu jedem hin u steckt ihnen in den Mund. Einer, mein Sohn (sein Bruder, der mit 2 J seine Excrem gegessen hat) hat noch braun Rand um den Mund u schleckt sich ab, als ob es etwas sehr gutes wäre. Dann verändert: Ich bin es u thue es meiner Mutter.

Er[innert] ihn an Ph, wo er von unartiger Cousine dachte, sie sei nicht

---

[1] [Die bekannte Wiener Tageszeitung.]
[2] [Freuds Bruder Alexander (1866–1943).]
[3] [Eckige Klammern von Freud.]
[4] [S. oben, S. 542.]
[5] [Österreichisch für »Bindfaden«.]

wert, daß ihr Gisa in [den] Mund mache u das Bild sich dañ umkehrte. Es stecken Hochmut u Hochschätzg dahinter. Er[innert] dazu, daß sein Vater gerne derb war u Worte wie *Arsch u Scheißen* sehr liebte, worüber Mutter im̄er entsetzt that. Er versuchte einmal Vater zu copiren, was zu einer ungesühnten Schandthat führte. Er war ein großer Schmutzfink u Mutter beschloß daher, ihn einmal gründlich zu waschen, als er 11 J alt war. Er weinte vor Beschämg u sagte: Wo wirst du mich noch reiben? Vielleicht am Arsch. Das hätte ihm die stärkste Züchtigg vom Vater eingetragen, wenn nicht Mutter ihn gerettet hätte.

Zu dieser Hochschätzg gehört wahrsch der Familienhochmut, den er lachend bestätigt. Eigentlich sind doch nur die Lorenzens nett, hat eine Schwester geäußert. Sein ältester Schwager hat sich hinein gefunden u scherzt darüber. Es thäte ihm leid, wenn er die Schwäger gerade wegen ihrer Familien verachten sollte (Gegenüberstellg seines Vaters zu den Vätern der beiden Schwäger). Vater war Gliedcousin der Mutter, beide aus sehr einfachen Verhältnißen, u er pflegte die Verhältniße ihrer Jugend in humorist Weise zu übertreiben. Der Haß gegen mich war also Specialfall von Schwägerhaß.

Er war gestern nach Hilfeleistg bei Epileptiker in Sorge, Wutanfall zu bekom̄en, war wüthend gegen seine Cousine u kränkte sie durch versch[iedene] Anspielungen. Woher die Wut? Dann bekam er vor ihr u Schwester Weinkrampf.

Dazu neuer Tr.

29 J. Die herrlichste Analph[antasie], daß er auf Rücken auf Mädchen liegt (meine Tochter) u mit dem Stuhl der aus After heraushangt sie coitirt. Geht direkt auf Julie, der er gesagt, [An] dir würde mir nichts ekelhaft sein. Nachts hat er schweren Kampf gekämpft, weiß nicht welchen. *Ergibt sich: ob er meine Tochter oder Cousine heiraten soll* u dieses Schwanken läßt sich leicht auf sein Schwanken zwischen 2 Schwestern zurückführen.

Ph, wenn er Hauptreffer machen würde, [könnte] er Cousine heiraten u mir ins Gesicht spucken, ergibt, daß ich ihn z. Schwiegersohn begehre. – Wahrsch war er ein den Stuhl zurückhaltender Säugling.

Heute bekam er eine Einladg z. Rendezvous, dachte sofort: Ratten. Dazu ergibt sich, als er Ltt D. den Stiefvater zuerst sah, erzälte er Geschichte, wie er als Knabe [mit einer] Flaubertpistole auf alles lebende losgieng u dabei sich oder Bruder in Bein schoß. Er[innert] sich bei späterem Besuch daran als er große Ratte sah, der Ltt aber nicht. Er führt imer im Mund: ich werde dich erschießen. Hptmañ Novak muß ihn an D. eriñert haben, bes.

da er selbst in dem Rgmt gedient, in dem D. seinerzeit war u dieser sagte: Ich müßte jetzt Hptmañ sein. – Den Namen Gisela sprach ein anderer Offizier aus, den Namen Hertz der Hpt. Novak[1]. – D. ist aber syphilit. u darum gieng die Ehe auseinander, die Tante [hat] noch jetzt Angst, inficirt zu sein. *Ratten* bedeuten *Σ Angst*[2].

29/XI. Hat sich viel über Geldaffairen mit seinen Freunden (Bürgschaften udgl) geärgert. Es wäre ihm sehr unangenehm, weñ das auf Geld hinausliefe. »Ratten« hat zu *Geld* besondere Beziehg. Als er sich von Schwester gestern 2 fl ausborgte, dachte er sich: *Jeder Gulden – eine Ratte.* – Als ich ihm in erster Besprechg die Honorarbedingg mittheilte, sagte er sich dabei: Für jede Krone eine Ratte für die Kinder. Nun heißt Ratten ihm wirklich – Raten. Er spricht es nicht anders aus, begründet es damit, daß rātum v[on] reor[3] kurz ist u hat sich von Juristen einmal zurechtweisen lassen, daß Ratten u Raten nicht dasselbe ist. Er hatte für einen Freund 1 J vorher Bürgschaft geleistet, der eine Sume in 20 Raten abzuzalen hatte u sich vom Glaubiger versprechen lassen, daß er ihn von jeder Verfallszeit in Keñtniß setzen werde, damit er nicht belangt werde, wie es im Vertrage hieß, auf einmal zu bezalen. So treffen in Ratten, *Geld u Syphilis* zusamen. Er zalt jetzt mit Ratten. – *Rattenwährung.*

Von Seiten der Σ noch anderes: Offenbar hat die Vorstellg vom *Nagen u Fressen der Σ* an die Ratten eriñert. Dazu bringt er wirklich mehrere Quellen, speciell aus seiner Dienstzeit, wo das geäußert wurde (Analog der Ubertragg von aufgezehrten Genitalien[4]). Er hat imer gehört, bei Militär sei alle syphilitisch (daher Schreck, daß Offizier Namen Gisela nenne).

Nun wurde er bei Militär nicht nur an D. eriñert, sondern auch an seinen Vater, der so lange bei Militär war. Die Idee, daß sein Vater selbst S[yphilitiker] war, komt ihm nicht so unbekañt vor, er hat oft daran gedacht. Dazu Erzälgen vom lustigen Leben seines Vaters in Militärzeit. Oft gedacht, viell *rühre ihrer aller Nervos. davon her, daß Vater Σ gehabt.*

Die Rattenidee für Cousine heißt also: Angst, daß sie von ihrem Stiefvater inficirt, dahinter daß sie von eigenem Vater krank sei u dahinter die

[Left margin: Ratten – Geld]

[Left margin: Σ]

[Left margin: Militärübertragg Vater]

---

[1] [S. oben, S. 540.]
[2] [Syphilis-Angst.]
[3] [Dies bezieht sich auf den etymologischen Zusammenhang des Wortes »Rate« mit dem lateinischen Verb »reor« (»meinen«, »glauben«, »urteilen«) bzw. dem davon abgeleiteten Adjektiv »ratum« (»berechnen«, »ausrechnen«).]
[4] [S. oben, S. 544.]

correcte rationelle Angst, daß sie als *Kind eines Paralytikers selbst krank sei (Zusamenhang ihm seit Jahren bekannt).* Anders[eits] versteht man jetzt Ausbruch der Krankheit nach Klage des Onkels.[1] Es mußte erfüllter Wunsch für ihn sein, daß Vater auch syphil, damit er der Cousine nichts vorzuwerfen [habe] u sie wider heiraten könne.

30. [Nov.] Weitere Rattengeschichten, die er aber, wie am Ende gestanden, nur samelt, um nicht die inzwischen gekomenen Ubertraggsph zu sagen, welche wie er sieht, Reue wegen des Rendezvous, das heute sein soll, bedeuten.

Nachtrag. Cousine u Onkel X. aus New York auf Eisenbahnfahrt in Würstel, die sie bekomen, ein Rattenschweif gefunden, darüber beide Stundenlang gebrochen. (Schadenfreude?)

Neues: Ekelhafte Rattengeschichten. Er weiß, daß Ratten Träger vieler infekt Krankheiten sind. In Fugbachgasse Hofaussicht in Maschinenhaus des Römisch Bades sah zu, wie man Ratten fieng u hörte, daß sie in Kessel geworfen wurden. Ebendort hausten zwei Katzen, die jamerliches Geschrei machten u einmal bemerkte er, wie Arbeiter Gegenstand im Sacke gegen Boden schlug. Er fragte u erfuhr, daß dieß eine Katze war und daß sie dann in Kessel geworfen wurde. Dann andere Grausamkeiten die endlich auf Vater loszielen. Bei dem Anblick der Katze hatte er Idee, daß im Sack sein Vater sei. Vater noch gedient als Prügelstrafe bestand, erzälte er habe sich ein einziges Mal hinreißen lassen, Rekruten mit Kolben Stoß zu geben, da fiel er aber um. Vater viel in Lotterie gesetzt, fand bei einem Kameraden, der alles Geld dahin trug, weggeworfenen Zettel, auf dem 2 Numern standen setzte u gewann Ambe, kassirte ihn auf Marsch ein und lief mit klirrenden Gulden in Patronen Tasche Zug nach. Welche grausame Ironie, daß der andere nie etwas gewonen hatte. Vater hatte einmal 10 fl für milit Besorggen bei sich spielte mit Kameraden u verlor etwas davon, ließ sich hinreißen weiter zu spielen u verlor alles. Klagte einem Kameraden, daß er sich erschießen müße; dieser sagte: Ja erschieß dich nur, wer so gethan hat, soll sich erschießen, streckte ihm aber dan Geld vor. Der Vater suchte ihn nach Austritt aus Militar auf, fand ihn aber nicht (*Ob er es ihm zurückgezalt?*). – Die Mutter wurde als Ziehtochter bei Rubenskys erzogen, aber sehr schlecht behandelt; erzälte, daß einer der Söhne so sentimental war, daß er zu seiner Abhärtg Huhnern den Kopf abschnitt, offen-

Militär · *grausam* · *Vaterübertragg*

---

[1] [S. oben, S. 538.]

bar nur Ausrede, er geriet dabei in große Erregung. – Ein Traumbild von einer großen fetten Ratte die einen Namen hatte u wie ein Hausthier war. Die erinerte ihn sofort an eine der beiden Ratten (dabei zuerst, daß es nur 2 waren), die nach Erzälg von Hptm Novak in den Topf eingelassen wurden. Ubrigens sind Ratten daran schuld, daß er nach Salzbg kam. Mutter erzälte von dems. Rubensky, wie er einmal Katze »gekoschert«, indem er sie in Ofen steckte u ihr dañ Haut abzog. Dabei wurde ihm so gräßlich, daß sein Schwager freundlich ihm zuredete etwas für Gesundheit zu thun. Auf Ratten eingestellt, findet er sie überall. Als er damals von Waffenübung zurückkam traf er Collegen bei Dr. Springer[1], den er ihm als Dr. Ratzenstein vorstellte. Erste Theatervorstellg waren Meistersinger wo er dann David, David hörte. Das Davidmotiv[2] hat er als Ruf in der Familie verwendet. Wenn er jetzt seinen Zauber Glejsamen ausspricht, setzt er seit damals dazu »ohne Ratten«, denkt sich aber das Wort mit einem T geschrieben.[3] Dieß Material u noch mehr kom̃t gelaufig, oberflächlich verknüpft, tiefere Zusamenhänge sind verborgen; offenbar hat er es nach Geständniß vorbereitet, um anderes zu decken. Es scheint die Verbindg von *Geld u Grausamkeit* mit den Ratten einerseits, mit Vater anders. zu enthalten u muß wol auf *die Ehe des* Vaters hinauslaufen. Denn er erzält noch eine Geschichte. Als Vater in letzten Jahren von Gleichenberg[4] zuruckkam, sagte er nach 33 j Ehe zur Mutter, er habe so unglaublich viel schlechte Frauen gesehen, daß er sie bitten müße, ihm zu versichern, daß sie ihm nie untreu gewesen. Auf ihr Sträuben meinte er, [er] werde nur glauben, wenn sie beim Leben der Kinder schwöre u als sie das that, war er beruhigt. Er rechnet dieß Vater hoch an als Natürlichkeit ebenso wie das Geständniß jener Mißhandlung als Soldat oder jener Verfehlg beim Spiel. – Wichtiges dahinter. Die Rattengeschichte wird im̃er mehr ein *Knotenpunkt*[5].

8 Dez. Viel Veränderg in einer Woche. Große Hebung durch Rendezvous mit Näherin, das zu allerdings vorschnell Coitus führt, darauf bald Verdü-

---

[1] [Der oben, S. 510 und S. 517, erwähnte Freund.]

[2] [David war der Name des weiter oben (S. 513) erwähnten Leutnants. Freud scheint hier offenbar anzunehmen, dies sei auch der Name des Vaters seines Patienten gewesen, obgleich er auf S. 539, oben, ausdrücklich festgestellt hatte: »Sein Vater hieß nicht David, sondern Friedrich.« Das wird unten, S. 555, noch einmal bekräftigt.]

[3] [S. oben, S. 548.]

[4] [Heilbad in der Steiermark.]

[5] [Im Manuskript doppelt unterstrichen.]

sterung, die in Curübertrag ausläuft. Während Szene mit Mädchen nur leise Mahnungen der Rattensanktion. Abhaltg, sich mit Fingern die sie berührt haben, aus Cigarettendose Cigarette zu drehen, die er von Cousine geschenkt bekom̄en der er aber widersteht. Näheres vom Vater, seinen Derbheiten »ordinärer Kerl« von Mutter genan̄t, weil er sich ungenirt Luft zu machen pflegte. Auf allerlei Umwegen hinter C[ur]Ubertrag Erzälung einer Versuchg deren Bedeutg er nicht zu erken̄en scheint. Daß ein Verwandter d Rubenskys ihm sobald er Doktor würde – damals sollten es nur Monate sein – ein Bureau in Nähe d. Schlachtviehmarkts einrichten wollte, u ihm Clienten dort verschaffen. Im Zusam̄enhang [war es] der alte Plan seiner Mutter, er solle eine R[ubensky]sche Tochter, ein reizendes jetzt 17 j. Mädchen heiraten. Er ahnt nicht, daß er um diesem Conflict auszuweichen, sich in Krankheit geflüchtet[1], wozu ihm die inf Wal zwischen alterer u jüngerer Schwester u die Regression zur Heiratsgeschichte des Vaters Weg gebahnt. Vater pflegte seine Werbgsgeschichte humorist darzustellen, Mutter zog ihn gelegentlich damit auf, daß er früher einer Fleischhauerstochter Hof gemacht. Idee scheint ihm unerträglich, daß Vater etwa seine Liebe im Stiche gelassen, um durch Verbindg mit R. seinen Vortheil zu sichern. Es bildet sich große Gereiztheit gegen mich, die sich in Beschmipfgen außert, die er nur mit großer Pein vorbringt. Wirft mir Nasenbohren vor, will mir nicht Hand geben meint, so einen Schweinkerl werde man schon dressiren, findet meine Karte an ihn, »herzlich« unterzeichnet sei zu intim. Er wehrt sich offenbar gegen PhVersuchung, meine Tochter an Stelle seiner Cousine zu heiraten, auch Beschimpfgen gegen meine Frau u Tochter. Eine Ubertrag heißt direkt Frau Prof. F. kann ihn im Arsch lecken, ein Sträuben gegen die noblere Familie. Ein andermal sieht er meine Tochter, die *an Stelle der Augen zwei Dreckpatzen hat, dh. da[ß] er sich nicht in ihre Augen verliebt hat, sondern in ihr Geld,* Emmy[2] hat besonders schöne Augen. In ersten Tagen hat er der Mutter man̄haft widerstanden, die jam̄ern wollte, daß er im vorig Monat 30 fl Taschengeld anstatt 16 verbraucht.

Zu den Ratten fehlt ein Beitrag, der auf die Mutter zielt, wobei deutlich starkste W[iderstand] von Mutter ausgeht. Mit der Gleichstellg Ratten – Raten macht er sich zugleich über Vater lustig, der einmal zu seinem

---

[1] [Der Begriff der »Flucht in die Krankheit« wird in Freuds Arbeit ›Allgemeines über den hysterischen Anfall‹ (1909*a* [1908]) erörtert; *G. W.*, Bd. 7, S. 237; *Studienausgabe*, Bd. 6, S. 201.]
[2] [Das Mädchen, das der Patient nach dem Wunsch seiner Mutter heiraten sollte.]

Freund gesagt: ich bin nur ein *Laue* anstatt *Laie,* was ihn wie alle Zeichen von Unbildg bei seinem Vater furchtbar genirt. Vater machte gelegentlich Sparversuche gepaart mit Ansatzen zu spartan. Erziehg, ließ aber imer bald wider nach. Mutter ist in Lebensführg die sparsame, legt aber Wert auf hausliche Behaglichkeit. Seine Art Freunde heimlich zu unterstützen ist Identif mit Vater, der sich gegen ersten Zimerherrn für den er Zins zalte, u andere ebenso benahm, uberhpt in Wahrheit ein ganz echter derber guter Humorist war was er in Norm sehr zu schätzen weiß. Ein Schämen gegen seine soldatisch-einfache Art von der Uberfeinerg aus ist doch ganz deutlich.

9/XII Heiter, verliebt sich in das Mädchen – Geplauder – Tr mit Wortneubildg Generalstabskarte von WłK (polnisch) morgen zu verfolgen. vielka = alt[1], L = Lorenz, Gl. Abkürzg f. Glejsamen[2] = Gisela Lorenz.

10/XII. Tr ganz erzält, weiß aber nichts von ihm, dagegen einiges zu WłK. Meine Vermutung W. C. Closet nicht bestätigt. Dagegen W [sei in einem] Lied der Schwester »In meinem Herzen sitzt ein großes Weh«[3], wozu er oft bemerkt sei ihm so komisch, müße sich dabei ein großes lateinisches W vorstellen.

    Seine Abwehrformel gegen Zw sei ein heftiges »Aber«, in letzter Zeit (erst seit Cur?) laute die Betonung »Abér«. Er habe es sich erklärt, daß dieser falsche Aczent zur Verstärkg des stumen e dienen solle, das gegen Einmengg nicht Schutz genug biete. Jetzt aber falle ihm ein, ob das abér nicht Abwehr bedeuten solle, wo das fehlende w sich in Wlk fände.

    Seine Formel Glejsamen, in die er in einer glückl Stunde alles festgebannt habe, was nun unverändert gelten solle, halte ja schon ziemlich lange Zeit, aber sei doch dem Feinde dh. der Verkehrg ins Gegenteil ausgesetzt u darum strebe er darnach, sie noch zu verkürzen u habe – aus unbekanten Gründen – ein kurzes »Wie« für sie eingesetzt.

    Das K ensreche dem vielka = Alt[4], außerdem er[innere] es ihn an Angst, wenn Buchstabe K[5] in Schule geprüft wurde, wo also sein L sehr

---

[1] [Das polnische Wort »vielka« heißt eigentlich »groß«.]
[2] [S. oben, S. 542.]
[3] [Das Zitat aus Heines ›Der arme Peter‹ *(Buch der Lieder)* lautet etwas anders: »In meiner Brust da sitzt ein Weh.«]
[4] [S. Anm. 1.]
[5] [Also Schüler, deren Nachnamen mit K begannen.]

nahe war. Es entspräche also einem Wunsch weñ das K nach dem l kome͞; das l schon vorüber sei.

Curübertraggen lassen sehr nach, große Angst meine[r] Tochter zu begegnen. Ganz arglos erzält er, daß bei ihm ein Hode in der Bauchhöhle zurückgeblieben sei – bei sehr guter Potenz. Im Tr grußte ihn ein Deutschmeister, der die Distinktion nur auf einer, der R[echten] Seite hatte, wo auch einer der 3 Sterne schon herabhieng. Dazu die Analogie mit Operation der Cousine.[1]

Riecher

12 Dez. Schmutzige Ubertragg dauern fort, mehr sind angekündigt. Er enthüllt sich als ein Riecher, der in Jugend im Stande war Kleider von Personen nach Geruch zu erkeñen, für den es Familiengerüche gab, der direkt Lust an Haargerüchen v Frauen hatte. Es stellt sich ferner heraus, daß er sich eine Ubertragg seines ihm ubw Kampfes an dem [er] erkrankt [ist,] geschaffen hat, indem er Liebe von Cousine auf Näherin geschoben u sie nun mit meiner Tochter als der reichen u vornehmen Partie streiten läßt. Potenz bei der Naherin ist ausgezeichnet. Wagt es heute Mutter anzugreifen, sehr frühe Er[innerung], wie sie auf Sopha lag, sich aufrichtete u unter Rock etwas Gelbes hervorholte u auf Sessel legte. Damals wollte er es anrühren, großes Grausen, in seiner Er[innerung] später wurde es zum Sekret u davon Ubertrg, daß alle meine weiblichen Familienmitglieder in Meer von den verschiedenartigsten ekelhaften Sekreten ersticken. Er nahm an, daß Weiber alle ekelh Sekrete haben u war sehr erstaunt, als er [sie] dann bei seinen beiden Liaisons nicht fand. Die Mutter war unterleibsleidend u hat jetzt üblen Genitalgeruch, über den er sich furchtbar ärgert. Sie sagt selbst, daß sie stinkt, weñ sie nicht öfter badet, daß sie sich das aber nicht gönnen kann u darüber ist er entsetzt.

Kindergeschichten

Erzält 2 reizende Kindergeschichten, eine von 5–6 j Mädchen, das furchtbar neugierg auf Nikolo ist, sich schlafend stellt u dañ sieht, wie Papa u Mama Schuhe u Strümpfe mit Apfeln u Birnen füllen. Am Morgen erzält sie der Gouvernante: Es gibt keinen Nikolo, das machen P u M u jetzt glaube ich an gar nichts mehr, auch nicht an den Storch, das machen auch Pa u Ma.

Andere von seinem kl Neffen, 7[2] J sehr feige u sich vor Hunden fürchtet u dem Vater vorwirft, Was würdest du thun, wenn 2 Hunde kome͞n. Vor 2

---

[1] [Vgl. *G. W.*, Bd. 7, S. 435; *Studienausgabe*, Bd. 7, S. 79.]
[2] [Die Zahl ist in der Handschrift schwer zu entziffern. Es könnte auch eine »9« sein.]

fürcht ich mich nicht, die riechen einander so lange am Popo, daß man unterdeß davonlaufen kann.

14 Dez. Während es gut mit Mädchen geht, das ihm durch Naturlichkeit gefällt u bei dem er sehr potent ist, wird aus leichter vorgebrachten Zweinfällen klar, daß eine feindliche Strömg gegen Mutter existirt, gegen die er nun mit ubertrieb Rücksicht reagirt u die von ihren Erziehgsvorwürfen rührt, speciell wegen Unreinlichkeit. Geschichte vom Aufstoßen d Mutter u seiner Behauptg 12 J, er könne wegen Ekels nicht essen.

16 Dez. Denkt bei seiner Näherin, »Für jeden Coitus der Cousine eine Ratte.« Dieß zeigt daß Ratte etwas Zälbares ist. Der Satz entsteht als Compromiß aus freundl u feindlicher Strömg. Insoferne a). jeder solche Coitus ihm den Weg zu einem anderen bei der Cousine bahnt b). jeder Coitus ihr zum Trotz geschieht u sie ärgern sollte. –

Sein Bild setzt sich zusam̄en aus klaren bw Ideen, Phantasien Delirien[1] u Zwangseinfällen, Übertragungen.

Zur Rattengeschichte ein »schreckliches« Erlebniß. Am Grabe seines Vaters noch vor seiner Erkrankg sah er einmal ein Thier wie eine Ratte vorüberhuschen. Eines der dort so häufigen Erdwiesel. Er nahm wie sich sehr wahrsch[einlich] machen läßt, an, daß das Thier von einer Malzeit bei seinem Vater kom̄e. Seine Ideen über die Fortdauer nach dem Tode sind im Ubw so consequent materialist wie [die] der alten Egypter. Dazu die Illusion nach der Rattenrede des Hpt N., daß die Erde sich vor ihm hebe als ob eine Ratte darunter sei, was er als Vorzeichen nahm. Er ahnte den Zusam̄enhang nicht.

19 Dez. Sein Geiz wird klar. Die Uberzeugg, daß Vater des materiell Vorteils wegen Mutter geheiratet u eigene Liebe im Stich gelassen, die sich auf eine Andeutg d. Mutter stützen kann, ihre Beziehg zu Rubensky sei mehr wert gewesen als Mitgift, + der Er[innerung] an die Verlegenheit des Vaters in Militärzeit läßt ihn die Armut verabscheuen, durch die man gezwungen wird, solche Verbrechen zu begehen. Seine Geringschätzg der Mutter findet dabei Befriedigg. Er spart also, um seine Liebe nicht verraten zu müßen. Ebenso tritt er alles Geld der Mutter ab, weil er nichts von ihr haben will, es gehört ihr u es ruht kein Segen darauf.

---

[1] [Zu diesem Ausdruck s. *G. W.*, Bd. 7, S. 440; *Studienausgabe*, Bd. 7, S. 84.]

Alles Schlechte an seiner Natur meint er, hat er von mütterl Seite. Der m. Großvater war ein brutaler Mensch, der Frau mißhandelte. – Alle seine Geschwister haben die große Verwandlg von schlimen Kindern bis zu sehr braven Menschen mitgemacht, Bruder am wenigsten. *Parvenütum.*

21 Dez. Identific sich mit Mutter in Benehmen u Curübertragg. Benehmen: Dume Reden Tagsüber, Bemühen jedem der Geschwister etwas unangenehmes zu sagen, kritische Bemerkg über Tante u Cousine. Ubertragg: Idee, er wird sagen, er verstehe mich nicht, Gedanken: 20 Kr sind genug für den Parch[1] – etc. Er bestätigt diese Construktion durch Nachweis, daß er die identischen Worte uber Familie d Cousine gebraucht wie Mutter. Wahrsch[einlich] daß er sich in Kritik d. Vaters auch mit Mutter identif u so den Zwist der Eltern in seinem Innern fortsetzt. In einem (alten Tr) den er erzält, setzt er direkt seine Gründe zum Haß gegen Vater mit denen der Mutter in Parallele. »Der Vater ist zurückgekomen; er wundert sich gar nicht darüber (Stärke des Wunsches). Er hat eine riesengroße Freude, die Mutter sagt vorwurfsvoll. Friedrich, warum hast du so lange nichts von dir hören lassen. Er hat die Idee, man werde sich jetzt doch einschränken müßen, da sich der Haushalt um eine Person vermehrt habe.« Seine Idee ist Rache dafür, daß er gehört, Vater war bei seiner Geburt so verzweifelt, wie bei jedem neuen Kind, dahinter anderes, daß Vater sich gerne bitten ließ, als ob er seine Macht misbrauchen wollte, wahrend er viell. nur Genuß auskostete, daß alles von ihm ausging. Bemerkg d. Mutter bezieht sich auf ihre Erzälg, daß er einmal, als sie auf Land war, so wenig geschrieben, daß sie nach Wien kam, sich nach ihm umzuschauen also Klage wegen schlechter Behandlung.

23. XII. 07 Erschüttert durch frische Erkrankg des Dr. Pr., der ahnlicher Charakter wie Vater derber Ehrenmann, macht dabei ahnliches durch wie bei Krankh Vaters selbst. Dasselbe Leiden übrigens: Emphysem. Sein Bedauern ubrigens nicht ungemischt mit Rache, ersieht er aus Ph, die Pr. bereits todt sehen. Gründ d Rache könnten Vorwürfe sein, die man ihm lange in der Familie gemacht, daß er nicht energisch genug Vater zugeraten, sich zur Ruhe zu setzen. Die Rattensanktion ubergeht auch auf ihn. Da fällt ihm etwas ein. Einige Tage vor Tod erklärte Pr. daß er selbst elend

---

[1] [Jiddisches Schimpfwort, gewöhnlich Parachkopf, d. i. einer mit Krätze am Kopf, ein blöder, eingebildeter Kerl, der von nichts eine Ahnung hat.]

sei und Dr. Schmidt die Behandlg übergebe; offenbar weil der Fall verloren war u ihn in Folge der intimen Freundschaft zu sehr angriff. Damals dachte er sich: Die Ratten verlassen das sinkende Schiff – Er hat Idee, daß er Pr. durch seinen Wunsch umbringe u daß er ihn am Leben erhalten könne. Also Idee seiner Allmacht. Thatsächlich meint er, durch seinen Wunsch zweimal Cousine am Leben erhalten zu haben. Einmal als sie im Vorjahr an Schlaflosigkeit litt, wo er Nacht hindurch aufblieb, u sie wirklich erste Nacht besser schlief. Andermal während Anfälle, wo es ihm im̄er gelang sie wenn sie in Betäubg verfallen wollte, durch Bemerkg, die sie interessiren mußten, wach zu erhalten. Sie reagirte auf Gespräche auch aus dem Zustand.

Woher Idee seiner Allmacht stam̄e? Ich meine von erstem Todesfall in Familie – Katherine, von dem er 3 Er[innerungen][1] behalten. Er corrigirt u erweitert die erste. Er sieht, wie sie ins Bett getragen wird, nicht vom Papa u noch ehe sie als krank anerkannt ist, denn der Papa schimpft, u sie wird vom Bett der Eltern weggetragen. Sie klagte nämlich schon lange über Müdigkeit, was nicht beachtet wurde. Als sie Dr. Pr. einmal untersuchte, wurde er blaß. Er constatirte ein Carcinom (?), dem sie dann auch erlag. Während ich nun die Möglichkeiten erörtere, wie er sich an diesem Tod schuldvoll finden kann, knüpft er an anderer Stelle an, auch dadurch bedeutgsvoll, daß er sich der Allmachtidee nicht vorher erin̄ert. Als er 20 J alt war, hatten sie Näherin, die er wiederholt attakirte, aber eig. nicht mochte, weil sie anspruchsvoll u liebesüberbedürftig war, klagte, daß man sie nicht gern habe. Sie provozirte ihn direkt, ihr zu versichern, daß er sie gern habe, u war sehr verzweifelt, als er es direkt abwies. Einige Wochen später stürzte sie sich vom Fenster herab. Sie hätte es nicht gethan, wenn er in das Verhältniß eingegangen wäre. Allmacht äußert man also durch Gewähren oder Versagen von Liebe, insoferne man Macht besitzt jemand *glücklich* zu machen.

Einen Tag später, er wundere sich, daß er nach dieser Aufdeckg keine Reue verspüre, aber er meine, sie war eben schon da (vortrefflich!).

Er will nun seine Zwvorst. historisch entwickeln.

Erste im Dez 02 als ihm plötzlich einfiel, er müße [seine] Prüfg zu bestim̄tem Termin machen, Jan 03, was dan̄ auch geschah [nach Tod der Tante u Vorwurfsanfall wegen Nachrede des Vaters][2]. Versteht das sehr gut als

Allmacht

---

[1] [S. oben, S. 529.]
[2] [Eckige Klammern von Freud.]

nachträgl Fleiß. Vater hatte sich ī̄mer gekränkt, weil er nicht fleißig war. Idee also, weñ er leben würde, würde ihm durch seine Trägheit Leid widerfahren, dasselbe auch jetzt. Weise ihm nach wie Voraussetzg der ganzen Neurose dieser Versuch ist, die Realität des Todes d. Vaters abzuweisen. Im Feb 0̄3 nach Tod eines gleichgiltigen Onkels neuerl Anfall von Vorwurf weil er jene Nacht[1] verschlafen; große Verzweiflg, Selbstmordideen, Schauder vor eigenem Tod. Was heißt deñ sterben? Als ob der Laut d. Wortes es ihm sagen müßte. Wie schrecklich es sein müße, nicht zu sehen, hören u nichts zu fühlen. Den Fehlschluß bemerkte er gar nicht u rettete sich aus diesen Gedanken durch Annahme, es müße ein Jenseits u eine Unsterblichkeit geben. Im Som̄er d J. 0̄3 auf Schiffsreise über Mondsee plötzl Idee, sich ins Wasser zu stürzen. Kam mit Julie von Besuch bei Dr. E., in den sie verliebt war. Im Laufe der Ideen, was er für Vater thun würde kam ihm zuerst hypothet Gedanke, wenn du ins Wasser springen müßtest damit ihm nichts widerfahrt, u dañ gleich positiv die Aufforderg. Analogie mit Uberlegg vor Tod des Vaters, ob er alles hingeben würde um ihn zu retten, selbst in Wortlaut. Daher wahrsch Vergleich mit Cousine, die ihn in diesem Som̄er zum zweit Mal schlecht behandelt hatte. Seine Wut war damals riesig, er er[innert] sich, daß er auf Sopha liegend plotzlich dachte: Sie ist eine Hure, worüber er sehr erschrak. Zweifelt nicht mehr daß er auch gegen Vater solche Wut abzubüßen hatte. Damals schwankten schon die Befürchtg zwischen Vater u Cousine (Hure = wol Vergleich mit Mutter). Die *Aufforderg ins Wasser zu springen* kann also nur von Seite der Cousine gekom̄en sein, als unglucklicher Liebender.

27. XII. Neuer Anfang mit Correktur: Im Dcz 0̄2 croffnete er dem Freund seine Selbstvorwürfe, machte Jan die Prüfg, damals noch kein fester Termin, wie er irrig gemeint, sondern erst 0̄3 für den Juli. Im Frühjahr [1903?] heftige Vorwürfe (woher?) aus Detail ergibt sich Aufklärg. Er fiel plötzlich auf Knie, suchte Fromigkeit hervor, beschloß an Jenseits u Unsterbl zu glauben. Das bedeutet also Christentum sowie Gang in Kirche in Unterach[2], nachdem er Cousine Hure genan̄t hatte. Vater hatte sich nie wollen taufen lassen, aber sehr bedauert, daß seine Ahnen ihm nicht dieß unangenehme Geschäft abgenom̄en. Ihm sagte er oft, daß er ihm nichts in Weg legen würde, weñ er Christ werden wolle. Ob also ein christl Mädchen

Christentum

---

[1] [Die Nacht, in der sein Vater starb.]
[2] [Am Attersee im Salzkammergut.]

damals mit der Cousine in Wettbewerb getreten? Nein. Rubensky sind doch Juden? Ja u zwar gute, seine Taufe hätte jedem Plan von R Seite ein Ende gemacht. Dan muß das Knieen gegen den R. Plan gerichtet u er von diesem Kenntniß bekomen haben vor der Kniescene. Er meint nein, gibt aber zu, daß er etwas nicht sicher weiß. Was er deutlich er[innere], ist der Ausgang des Planes, sein Besuch mit spät Schwager (u Cousin) Bob St. bei R., wo der Plan erwogen wurde, daß er als Concipient, St. als Advokat sich in der Nähe des Schlachtviehmarktes niederlassen sollten. St. beleidigte ihn dabei sehr. Im Gespräch kamen die Worte vor: Jetzt schau nur, daß du fertig wirst. Es bleibt sehr gut möglich, daß die Mutter ihm Monate vorher den Plan mitgetheilt.

Erzält weiter, daß er in diesem Frühjahr $\overline{03}$[1] schlecht studirte, er theilte sich Stoff ein, arbeitete aber nur am Abend bis 12–1^h, u las dann Stundenlang, was er gar nicht versteht. Hier schaltet er ein, daß er im J. 1900 etwa *Schwur* gethan nie mehr zu onaniren, einzigen, an den er sich erinert. In dieser Zeit aber pflegte er nach dem Lesen noch häufig sich viel Licht im Vorzimer u Closet zu machen, sich nackt auszuziehen u dann vor dem Spiegel zu betrachten. Imer Sorge um zu kleines Glied; bei diesen Veranstaltgen gewißes Maß von Erektion, das ihn beruhigte. Auch steckte er sich manchmal Spiegel zwischen die Beine. Ferner pflegte er damals an Tauschg zu leiden daß es draußen auf Gang klopfe, daß es der Vater sei der in die Wohnung wolle u wenn man ihm nicht aufmache sehe ers als Zeichen an, daß man ihn nicht haben wolle u dan gehe er wider weg. Auch käme er mehrmals klopfen. Das trieb er so lange bis er vor der Krankhaftigkeit dieser Ideen erschrak u sich durch die Verknüpfg, wenn er das thue, geschehe dem Vater ein Leid von ihnen befreite.

Alle diese Dinge sind unverbunden u unverstanden. Sie ordnen sich, wenn man annimt, daß er in abergläubischer Absicht den Besuch des Vaters zw 12–1^h erwartet, das Studium auf die Nacht verlegt, damit ihn dieser beim Studium antreffe, dann aber nach eingeschobener Isolirg u Abwarten der moglichen Zeitunsicherheit das gethan, was er selbst als Ersatz der Onanie betrachtet, also dem Vater z. Trotz. Er bestätigt das erstere u meint, er habe beim letzteren die Empfindg als gehöre dazu eine dunkle KindheitsEr[innerung], die aber nicht komt.

Am Abend vor der Abreise aufs Land, anfangs oder Mitte Juni ereignete

---

[1] [Die Jahreszahl ist in der Handschrift nicht mit Sicherheit zu entziffern, vielleicht aus »$\overline{01}$« verbessert.]

(Marginalie links oben:) Frömigkeit

(Marginalie links unten:) gegensätzl Ph Vater

sich jene Scene des Abschieds von der Cousine die mit X. nach Hause kam, bei der er sich von ihr verläugnet glaubte. In den ersten Wochen des Aufenthalts in Unterach jenes durch die Ritzen in der Kabine Schauen, wobei er ein ganz junges Mädchen nackt sah u sich die peinlichsten Vorwürfe machte, wie das Bew, belauscht zu werden, auf sie wirken könne.
Die system Erzälg verschlingt hier alles andere Aktuelle.

28 Dez. Hungerig u wird gelabt.

Fortsetzg. Zw in Unterach. Fiel ihm plötzlich ein, er müße *abmagern*, begann von Tische aufzustehen, Mehlspeise aß er natürlich nicht u in der Sonne zu laufen, bis er schweißüberströmt war, dann hielt er inne u lief wider streckenweise, auch Berge lief er so hinauf. Auf einem scharfen Abhang kam ihm Idee *herunterzuspringen*. Es wäre natürlich Tod gewesen. Dazu MilitärEr[innerung]. Als er als Freiwilliger diente, wurde ihm Bergsteigen nicht leicht. Bei Winterübg auf Exelberg[1] blieb er zurück u suchte sich durch Ph anzueifern, auf Gipfel des Berges stehe die Cousine die ihn erwarte. Verfehlte aber Zweck u blieb imer wider zurück, bis er sich zu den Maroden gesellte. Zur Militarzeit – Jahr in dem Vater starb – meint er, die ersten Zw waren damals rein hypothetisch. Wenn du jetzt etwas gegen Subordin begehen würdest. Malte sich Situationen aus, wie um seine Liebe zum Vater zu messen. Wenn er in Reih u Glied marschiren u gegenüber sein Vater zusamenbrechen würde, ob er dann austreten u hinlaufen würde, ihn zu stützen. (Er[innerung] an Vater, der Treffer einkassirt u dañ nachläuft.[2]) Herkunft dieser Ph, wenn er aus Kaserne ausmarschirend an Hause vorubergieng, er hatte damals 3 Wochen Kasernarrest u die Seinigen in diesen schweren ersten Wochen nach Tod d Vaters nicht gesehen. Es gieng ihm nicht gut bei Militär, er war apathisch, brachte nichts zusamen, hatte Oberltt, der sie hunzte u wenn sie gewiße Sprünge nicht trafen, mit flachem Säbel nach ihnen schlug. Er[innerung:] Er nahm sich einmal zusamen u sagte ihm: »Herr Obl, es geht auch ohne Säbel.« Der Mann sank zusamen, näherte sich ihm aber dann u sagte, das nächste Mal bringe ich die Riemenpeitsche mit. Er hatte damals viel Wut zu unterdrücken, ph viel von Forderung gab es aber auf. Es war ihm in gewißer Hinsicht lieb, daß der Vater nicht mehr lebte. Der hätte sich als alter Soldat sehr gekränkt. Vater verschaffte ihm auch Beziehg. Als er Liste der Offiziere mittheilte

_____

[1] [Hügel im Wienerwald.]
[2] [S. oben, S. 549.]

fand Vater einen ihm bekañten Namen, den Sohn eines Offizers unter dem er selbst gedient hatte u schrieb diesem. Geschichte von diesem Vater; wie sein Vater einmal bei Schneeverwehg in Pressburg, wegen der Zug nicht einfahren konnte die Juden mit Schaufeln bewaffnete, bei sonstiger Ausschließg vom Markt, der Offizier, der damals dort Commissär war auf ihn zutritt u sagte: Brav, alter Kamerad, das hast du gut gemacht, worauf Vater: Du schlechter Kerl, jetzt sagst du mir alter Kamerad, weil ich dir geholfen habe, damals hast du mich anders behandelt.

(Man sieht Bestreben Vater zufrieden zu stellen durch Laufen.)

Anderer Zw in Unterach unter Einfluß seiner Verlaugng durch Cousine: Redezwang, er sprach sonst wenig mit Mutter, aber da zwang er sich, von dem einen Punkt bis zum anderen auf Spaziergang unausgesetzt mit ihr zu reden viel Unsinn dabei, erzält es allgemeiner, geht aber nach Beispiel offenbar von Mutter aus. Gemeiner Zälzwang zB zwischen Doñer u Blitz 40 oder 50 gezalt zu haben.[1] Art von Schutzzwang, als er mit Cousine im Schiff fuhr u scharfer Wind gieng, mußte er ihr seine Kappe aufsetzen. Es war ihm wie ein Gebot, daß ihr nichts geschehen dürfe. *Verstehzwang*, daß er sich nötigte, jede Silbe, die man zu ihm sprach, genau zu verstehen als ob ihm ein großer Schatz damit entgienge. So fragte er iñer: Was hast du gesagt u wenn es widerholt wurde, fand er, daß es das erste mal anders gelautet hatte, u wurde sehr lästig.

Dieß bedarf Ordnung mit Bezug auf Cousine. Die Aufklärg, die sie ihm uber die angebliche Verläugng gab, daß sie ihn nur habe davor schützen wollen, lächerlich zu erscheinen vor X. muß ja die Situation gründlich geändert haben. Der Schutzzwang ist offenbare Reue u Buße u auch der Verstehzwang geht auf sie zurück, da es ihre Worte waren, die für ihn so viel Wert gehabt hatten. Wirklich hat er ihn nicht vor der Cousine Zeit der Ankunft der gehabt. Die Verallgemeinerg versteht sich dann leicht. Die anderen Zwarten sind dann vor der Aussprache mit Cousine gewesen, was Er[innerung] ihm bestätigt. Die *Zälangst* vor Gewitter hat dann Orakelcharakter u deutet auf Todesangst, *wie alt er wol werde.* Dann hat das Laufen in Sonne etwas Selbstmörderisches, aus unglückl Liebe. Das bestätigt er alles. Vor Abreise nach Unterach sagte er Freund Y., er habe dießmal ein *sonderbares bestimtes Gefül, daß er* nicht mehr nach Wien zurückkehren werde. Klare Selbstmordideen waren ihm von Kindheit an vertraut, zB wenn er schlechte Schulnoten nach Hause bringen sollte, wo er wußte

Verstehzwang

Mißglückte Ahnung

---

[1] [S. oben, S. 526.]

Vater würde sich kränken. Einmal aber, als er 18 J alt, war Schwester der Mutter auf Besuch, deren Sohn sich 1 ½ J vorher erschoßen hatte, wegen unglückl Liebe hieß es u er meinte, die Hilde in die er einmal sehr verliebt gewesen, sei noch im̄er Ursache. Diese Tante sah so kläglich u gebrochen aus, daß er sich zuschwor, was im̄er ihm passiren möge, auch ungl Liebe umbringen werde er sich der Mutter wegen nie. Die Schwester Constanze habe ihm wenn er vom Laufen nach Hause kam, gesagt: Du wirst sehen Paul, dich trifft noch einmal der Schlag.

Wenn es aber vor der Aussprache Selbstmordimpulse waren, so kann dieß nur Selbstbestrafg gewesen sein, weil er in seiner Wut Cousine Tod wünschte. Ich gebe ihm Zola Joie de vivre[1] zu lesen. Er erzält noch, daß er am Tag der Abreise der Cousine von U. auf Straße Stein liegen fand u ph, ihr Wagen könne darüber stolpern u sie zu Schaden kom̄en. Er räumte ihn darum weg, aber 20 Min später fiel ihm ein, das sei doch Unsinn u er gieng zurück den Stein wider an seine Stelle zu legen. Also auch hier noch die feinds. Regung gegen Cousine neben schützender erhalten.

2 Dez.[2] Unterbrochen durch Krankheit und Tod des Dr. Pr., den er wie einen Vater behandelt, auch so kann nach persönl Beziehgen, wobei allerlei feindselige Züge z. Vorschein kom̄en: Rattenwünsche, die darauf zurück-gehen, daß er als Hausarzt von ihnen Geld bekom̄en hat. So viel Kreuzer soviel Ratten, sagt er sich, wie er beim Leichenbegangnis Geld in die Samelbüchse wirft. In Identifiz mit Mutter kann er sogar Haß gegen ihn persönlich begründen da sie ihm Vorwurf macht, d Vater nicht zum Zu-rückziehen v Geschäft bewogen zu haben. Auf Weg z. Friedhof hat er noch jenes sonderbare Lächeln, das ihn imer stört, wenn er bei Leichenbegang-nißen mitthut. Deutet noch Ph an, daß Dr. Pr. seine Schwester Julie verge-waltigt (wahrsch Neid wegen ärztl Untersuchgen). Dazu Er[innerung], daß Papa einmal etwas Ungehoriges mit ihr, als sie 10[3] J alt war, angestellt haben muß. Er hörte im Zim̄er kreischen u dann kam Papa heraus u sagte: Das Mädel hat doch einen Arsch wie aus Stein. Sonderbarer Weise hat sein Glaube, daß er wirkl Wut gegen seinen Vater gehegt hat, obwol er alle logische Begründng einsieht keine Fortschritte gemacht.

---

[1] [Der Held dieses Romans ist ständig mit Gedanken an seinen eigenen und den Tod anderer Leute befaßt.]
[2] [So, wohl irrtümlich, im Manuskript. Das richtige Datum dürfte lauten: »2. Jan.«]
[3] [Die Zahl ist in der Handschrift schwer lesbar; sie könnte auch »16« heißen.]

Anknüpfend doch unbestim̄t wo, eine Ubertraggsph, daß zwischen zwei Frauen, meiner Frau u Mutter ein Häring ausgespannt ist, der aus dem Afterloch der einen in das der anderen reicht bis ein junges Mädchen ihn entzwei schneidet, worauf auch die beiden Stücke (wie ausgeschält sind) entfallen.

Dazu erst nur das Gestandniß, daß er Häring absolut nicht mag, er hat bei seiner Speisg letzthin[1] Häring bekom̄en aber nicht berührt. Das Madchen ist eines, was er auf Stiege gesehen u für meine 12j Tochter gehalten.

2 Jan [1908] (Direkt.) Wundert sich, daß er so wütend geworden, wie Constanze ihn heute v.m aufgefordert mit ihm ins Theater zu gehen. Er wunschte ihr sofort die Ratten, geriet dann in Zweifel ob er jetzt gehen solle oder nicht u was eigentlich ein dem Zwang nachgeben von beiden Entschlüßen wäre. Sie hat ihm dadurch ein Rendezvous mit seiner Näherin u Besuch bei Cousine die krank ist, gestört, ubrigens direkt so gesprochen. Von Krankheit d. Cousine dürfte seine heutige Verstim̄g herrühren. Er hat dan̄ angeblich nur Kleinigkeiten, ich kan̄ ihm heute viel sagen. Wahrend er Constanze die Ratten wünscht, spürt er selbst die Ratte an seinem After anbeißen u sieht sie plastisch. Ich stelle eine Beziehg her, die neues Licht auf Ratte wirft. Er habe doch Würmer gehabt, was hat er dagegen bekom̄en. Zelteln. Nicht auch Klystiere. Gewiß auch die, er glaube sich zu erin̄ern. Dann werde er sich wol gegen die bes. gesträubt haben, weil eine verdrängte Lust dahinter war. Auch an das Sträuben glaubt er. Vordem müße er eine Zeit des Juckens im After gehabt haben. Die Haringsgeschichte erinnere mich sehr an diese Klystiere (Vorstufe von ihm: wächst ihm zum Halse heraus). Ob er nicht auch andere Würmer Bandwurm gehabt, gegen die man Häring bekom̄t oder wenigstens davon gehört habe? Das nicht, aber er setzt mit WurmEr[innerungen] fort. [In München entdeckte er einmal einen großen runden Wurm in seinem Stuhl, nachdem er vorher Traum gehabt, daß er auf Sprungbrett stehe, das sich mit ihm im Kreis bewege. Das waren die Beweggen des Wurmes. Er hat einen gebieterischen Stuhlgang jedesmal gleich nach Erwachen.][2] Mit 10 J. sah er einmal seinen Cousin beim Stuhlgang, der ihn aufmerksam machte, daß im Stuhl ein großer Wurm sei; großer Ekel. Daran reiht er, was er als größten Schreck seines Lebens bezeichnet: Etwa vor [dem Alter von] 6 J. Mutter

Würmer

---

[1] [S. oben, S. 559.]
[2] [Eckige Klammern von Freud.]

hatte einen ausgestopften Vogel von einem Hut, den er sich zum Spiel ausborgte. Während er sich im Laufen bewegte Vogel in Hand, bewegten sich an diesem die Flügel. Im Schreck, daß er wider lebendig geworden sei, warf er ihn weg. Ich denke an Zusamenhang mit Tod der Schwester – die Szene war ja bestimt später – u mache aufmerks, wie dieser Glaube die spätere Auferstehg d. Vaters erleichtert. Da er darauf nicht reagirt, deute ich anders[:] als Erektion durch Wirkg seiner Hand, u finde Zusamenhang mit Tod darin, daß ihm in vorhist. Zeit mit Sterben gedroht, wenn er sich berühre, Penis zur Erection bringe u daß Tod d. Schwester von ihm auf Onanie zurückgeführt worden. Darauf geht er insofern ein, als er wirklich sich wundert, daß er in Pubertät nie O̅ zusamengebracht, obwol er soviel an Erect. gelitten, schon als Kind eine Szene, wo er direkt Erection Mutter zeigt. Er resümirt seine Sex, die sich mit Schauen begnügt hat, bei [Frl.] Peter u andern Frauen. Jedesmal wen̅ er an Frau nackt dachte, die ihn reizte, Erection. Er[innert] scharf im Damenbad zwei Madchen, 12 u 13 J, an denen ihm Schenkel so gefielen, daß er sich klar wunschte, er möchte eine Schwester mit so schönen Schenkeln haben. Dann homosex Periode mit Freunden, doch nie gegenseitige Berührg, nur Beschauen u höchstens Lust darauf. Beschauen ersetzt ihm Berührg. Ich er[innere] ihn an die Spiegelscenen nach seinem Studium nachts[1], wo er nach Deutg Vater zum Trotz onanierte, nachdem er ihm zu Liebe studirt, gerade sowie auf Gott schutze ihn – das »nicht« folgt. Diese Zusamenhänge lassen wir so stehen u er erz. jetzt den Wurmtraum aus München u von da an Auskünfte über seinen rapiden Stuhl des Morgens, was dann an die Ubertraggsph vom Haring anschließt. Zu dem Kind, das mit »spielender Genialität« die schwierige Aufgabe löst[2], fällt ihm Mizzi Q. ein, ein entzückendes kl. Mädchen damals 8 J alt, als er mit Familie verkehrte, selbst noch nicht Doktor: Fahrt nach Salzburg um 6³ ʰ früh. Er war sehr grantig, weil er wußte, daß sich Stuhl bei ihm bald einstellen würde u als Drang wirklich kam, stieg er unter Vorwand in Station aus erreichte noch den Zug, wurde aber von Frau Q. ertappt, als er letzten Blick auf seine Toilette warf. Unausgesetzte Blamagen vor dieser Frau im Laufe dieses Tages von da an. Dann fallen ihm dazu ein Stier u bricht dan̅ ab. Einfall der angeblich nicht dazu gehört. Bei Conferenz v. Schweninger und Harden[4] traf er den da-

---

[1] [S. oben, S. 558.]
[2] [S. oben, S. 562, und unten, S. 564.]
[3] [Die Zahl ist in der Handschrift undeutlich. Es könnte auch eine »4« sein.]
[4] [Ernst Schweninger (1850–1924), Bismarcks Arzt, und der Publizist Maximilian Har-

mals von ihm sehr verehrten Prof. Jodl[1], der sogar einige Worte mit ihm wechselte. Jodl heißt doch Stier, wie er sehr wol weiß. Damals schrieb Schönthan[2] ein Feuilleton, in dem er Tr beschrieb: er sei Schw u H. in einer Person u beantworte so die Fragen, die man ihm stelle, bis einer ihn frage, warum die Fische keine Haare haben. Angstschweiß, bis ihm eine Auskunft einfalle u er sage, Es sei doch bekañt, wie sehr die Schuppen den Haarwuchs schadigen u darum konnen die Fische keine Haare haben. Damit ist der Haring in der Ubertrgph bestīmt. Ich hatte früher einmal, als er erzält, wie sein Mädchen auf Bauch lag u ihr die Genitalhaare rückwärts vorsahen, bedauert, daß die Frauen jetzt auf diese keine Sorgfalt verwendeten, unschön bezeichnet u darum sorgt er für die Haarlosigkeit der beiden Frauen.[3]

Meine Mutter soll . . Großmutter bedeuten, die er selbst nie gekant, aber es fallt ihm die Großmutter d. Cousine ein. Haus, von zwei Frauen geleitet. Als ich ihm die kleine Collation brachte[4], hatte er sofort Idee, daß sie von 2 Frauen hergerichtet sei.

Rattenlösg

3 Jan. Wenn die *Ratte der Wurm ist*, so auch der Penis; beschließe ihm das zu sagen; dañ ist seine Formel einfach die archaiisch ausgedrückte (kindl Sexualth[eorie] des Verkehrs im After) mit Wunsch u Wutseite ausgestattete Libidoäußerg nach sex Verkehr ahnlich doppelseitig wie der südslawische Fluch v. Arschficken[5]. Vorher theilt er mir heute sehr heiter die Lösg der letzten Ph mit. Meine Wissenschaft ist das Kind, das mit heiterer Uberlegenheit, »lächelnder Genialität« das Problem löst, seine Ideen aus den Verkleidgen ausschält u so die beiden Frauen von seinen Heringswünschen befreit.

Nachdem ich ihm gesagt, Ratte sei der Penis über Wurm (wozu er sofort »kleiner P[enis]« einsetzt), Rattenschwanz – Schwanz, komt eine wahre Flut v Einfallen uber ihn, nicht alle im Zusāmenhang, meist von der Wunschseite des Gebildes. Etwas zur Vorgeschichte d. Rattenidee, was

---

den (1861–1927) hielten am 5. Februar 1898 in Wien einen gemeinsamen Vortrag über die Medizin, und zwar in Dialogform. Schönthans unten erwähnter Artikel parodierte ohne Zweifel jenen Vortrag.]

[1] [Friedrich Jodel (1849–1914) war Professor der Philosophie an der Universität Wien.]

[2] [Franz Schönthan (1849–1913) war in Wien als Verfasser von Lustspielen und Schwänken bekannt.]

[3] [In der oben, S. 562, erwähnten Phantasie.]

[4] [S. oben, S. 559.]

[5] [Zu diesem Thema vgl. *Anthropophyteia*, Bd. 2 (1905), S. 421 ff.]

ihm im̄er zugehörig schien. Monate vor ihrer Bildg begegnete er auf Straße
Frau, die er sofort für Prostit erkan̄nte oder wenigstens eine, die sich mit
ihrem Begleiter in sex Bez. eingelassen. Bei ihrem eigentüml Lacheln sonderbare Idee, Cousine sei in ihrem Leib u ihr Genitale so hinter dem der
Frau gelegen, daß sie von jedem Coitus etwas habe. Dann Cousine sei in
ihr u blase sich so auf, daß sie die Person sprenge. Kann naturlich nur
bedeuten, sei ihre Mutter, Tante Laura. Dann über diese Gedanken, die sie
nicht viel besser machen als eine Hure u endlich Anknüpfg an Onkel
Alfred ihr Bruder, der sie direkt beleidigt: Du puderst dich ja wie eine
Chonte[1]. Dieser Onkel starb unter gräßlichen Schmerzen. Nach seiner
Hem̄g schreckt er sich mit der Drohung, daß er für diese Gedanken ebenso
bestraft würde. Dann versch. Einfälle, daß er der Cousine direkt sex Verkehr gewünscht – vor der Rattentheorie – u die gelegentliche Form derselben, daß er ihr die Ratten anbringen müße. Ferner viele Verbindgen mit
Geld, daß es sein Ideal gewesen sei, im̄er sex. parat zu bleiben, auch direkt
nach Coitus, vielleicht meint er daher Verlegg ins Jenseits? 2 J nach Tod des
Vaters theilte ihm Mutter mit, daß sie auf Grab des Vaters geschworen, das
vom Kapital Ausgegebene in nächster Zeit durch Sparsamkeit hereinzu-
bringen. Er glaubt nicht an den Schwur, aber hier Hptmotiv f. seine Sparsamkeit. Schwor dan̄ (in seiner Weise) in Salzbg im Monat nicht mehr als
50 fl zu brauchen, später machte er sich den Zusatz [»]in Salzbg[«] unsicher, so daß er nie hätte mehr brauchen dürfen, auch nie Cousine heiraten.
(Dieß geht sowie Herringsphantasie über Tante Laura von der Cousinen-
feindl Strömg aus.) Dagegen Einfall, brauche nicht heiraten wenn sich ihm
Cousine nur so zur Verfügg stelle. Und dagegen wider Einspruch, dan̄
müße er jeden Coitus wie bei Prost. mit Gulden bezahlen. So kom̄t er auf
Keim seines Delirs: Soviel Gulden, soviel Ratten (*Soviel Schwän̄ze –
Coitus, soviel Gulden*).

Natürlich geht die ganze Hurenph auf seine Mutter auf die Anregg seines Cousins, der dem 12j boshafter Weise vorredete, seine Mutter sei eine
Hure u winke so wie diese.[2] Die Mutter pflegt er beim Frisiren bei ihrem
jetzt sehr dünnen Zopf zu ziehen u diesen einen »*Rattenschweif*« zu heißen. – Als Kind dachte er einmal, als Mutter im Bett lag u bei unvorsichtig
Bewegg Hintern zeigte, verheiratet sein bestehe darin, daß man sich gegenseitig Popo zeige. In homosex Spielen mit Bruder erschrak er einmal

Rattenlösg

---

[1] [Jiddischer Ausdruck für Prostituierte.]
[2] [S. oben, S. 540.]

heftig, als bei Balgereien im Bad Penis des Bruders sich gegen seinen Anus richtete.

Dazu viele nicht zu deutende Einfälle, auch einige feindselige Ubertrag gegen mich.

4 Jan. Heiter. Fülle weiterer Einfälle Übertraggen etc. die wir momentan zu deuten verzichten. Anknüpfend an das Kind das die Haringsverbindg löst – die Wissenschaft: Ph, daß er diesem Kind Fußtritt gibt u dann das Vater Fensterscheibe einschlägt. Dazu Geschichte, die Groll gegen Vater begründet. Nachdem er erste Religstunde im Gymnas. versaumt u so ungeschickt geläugnet, Vater sehr unglücklich u als er sich beklagte, daß Hans[1] ihn schlage, sagte er: Schon recht, gib ihm nur einen Fußtritt. Andere Fußtrittgeschichte von Dr. Pr.: Jetziger Schwager Bob St. schwankte lange Zeit zwischen Julie u d Pr. Tochter, die jetzt Z. heißt. Als die Entscheidg drängte, wurde er zum Consilium berufen u gab den Rat, das Mädchen, das ihn liebt, solle ihn direkt fragen, ob oder nicht. Dr. Pr. sagte: Gut, wen͞n du ihn liebst, ist mir recht, aber wenn du heute abends (nach dem Rendezvous) mir den Abdruck von seinem Popo an deiner Sohle zeigen kannst, bekom͞st du von mir ein Pussel. Er mochte ihn gar nicht. Plotzlich fällt ihm auch ein daß die Heiratsgesch mit seiner Rub. Versuchg nahe zusam͞enhängt. Pr. hat eine geb. Rubensky zur Frau u wenn Bob die Tochter geheiratet hätte, wäre er einziger Candidat für die Unterstützg d. Familie gewesen. Dann weiter von Schwager Bob, daß er sehr eifersüchtig auf ihn ist; gestern Szenen mit Schwester, in denen er direkt geäußert. Die Dienstmadchen im Hause sagen auch, sie liebe u küße ihn wie Geliebten nicht wie Bruder. Er selbst sagte gestern Schwager, nachdem er Weile mit Schwester in anderem Zim͞er gewesen war: Du, wenn jetzt Julie in 9 Mon Kind bekom͞t mußt du nicht glauben, es ist von mir; ich bin unschuldig. Er habe schon gedacht, er müße sich recht gemein benehmen, damit Schwester in Wal zwischen Mann u Bruder keinen Grund habe, ihn zu bevorzugen.

Vorher hatte ich ihm schon als Lösg einer Ubertragg gesagt, er spiele gegen mich den gemeinen Kerl, dh den Schwager u das bedeute, daß es ihm leid thue, nicht Julie zur Frau zu haben. Dieß bedeutet sein letzt Delir von Gemeinbenehmen, das er sehr complizirt herausbringt. Ubertragg war,

---

[1] [Der Bruder des Patienten.]

daß ich bei jener Malzeit, die ich ihm geboten[1] profitire, indem er Zeit verloren habe, Cur länger daure. Als er Honorar zurechtlegte, fiel ihm ein, er müße auch diese Malzeit bezalen uzw mit 70 Kr. Diese stammen aus Schwank der Budapester Singspielhalle, wo der schwächliche Bräutigam 70 Kr dem Kellner anbietet, wenn er den ersten Coitus mit Braut anstatt seiner übernehmen wolle.

Andeutgen daß er besorge, die Außergen seines Freundes Springer uber die Cur konnten ihn derselben abspenstig machen. Wenn ich etwas von seinen Einfällen lobe sei er imer sehr erfreut, eine zweite Stime sage aber dann: Ich pfeif auf das Loob, oder auch deutlicher: Ich scheiß darauf.

Von der sex Bedeutg d Ratte ist heute nicht die Rede. Feindseligkeit viel deutlicher, als ob er gegen mich böses Gewißen hätte. Die Behaarung bei seiner Geliebten hat ihn an ein Mausfell erinnert, u diese Maus scheint ihm mit der Ratte zu thun zu haben. Er weiß nicht, daß dieß die Bedeutg des Kosewortes Mausi ist, das er selbst gebraucht. Ein verdorbener Cousin, der ihm u Bruder mit 14 J. Penis zeigte sagte: Meiner hauset in einem Urwald. Er verstand aber: mauset.

6 u 7 Jan. Heiter schmunzelnd, als führe er etwas im Schilde.

Ein Tr nebst einigen Fetzen. Er geht z. Zahnarzt, um sich einen kranken Zahn ziehen zu lassen, der zieht einen heraus, der aber nicht der richtige sondern ein leicht angekränkelter nebenan ist. Wie er draußen ist, äußert er sich erstaunt über seine Größe. (Dazu später 2 Nachträge.)

Er hat einen cariosen Zahn, der ihn aber nicht schmerzt, sondern nur manchmal leise Empfindgen macht. Er war einmal beim Zahnarzt, ihn plombiren lassen. Aber der erklärte, da gebe es nur Extrahiren. Er war sonst gar nicht feig, aber da fiel ihm als Abhaltg ein, die Schmerzen würden irgendwie seine Cousine zu Schaden bringen u er verweigerte es. Wahrscheinlich hat er nachts diese leise Empfindg gehabt u daher der Traum.

Aber der Tr kann über stärkere Empfindg als diese hinwegsehen auch über Schmerzen. Ob er wisse, was Bedeutg Zahntr wäre.

Er[innert] dunkel, Tod von Verwandten.

Ja in gewißem Sinne. Sind Otr. Verlegg von unten nach oben. Wieso? Sprache, die Gesicht u Genital gleichstellt. Das weiß er. Aber Zähne gibt es doch keine unten? – Er versteht dann, daß gerade deshalb. – Erzale ihm

---

[1] [S. oben, S. 559.]

auch, daß Äste von Bäumen abreißen dieselbe Bedeutg hat.[1] »Sich einen herunterreißen kennt er.«

Aber er hat doch nicht selbst Zahn sich herausgezogen sondern von anderem ziehen lassen?

Er gesteht, daß er bei Näherin Versuchg hat u es so einzurichten weiß, daß sie nach seinem Penis greift. Meine Frage, ob er sich bereits bei ihr langweile, bejaht er mit Erstaunen. Er gesteht die Angst, daß sie ihn materiell zu Grunde richten werde u daß er ihr gebe, was der Geliebten gebührt. Es komt heraus, daß er sich in Geldwirtschaft sehr unzweckmäßig benomen, nicht aufgezeichnet hat, so daß er nicht sagen kann, wieviel sie ihn im Monat gekostet, auch daß er Freund 100 fl geliehen. Gesteht ertappt zu, daß er auf bestem Wege war, sich Verhältniß zu verleiden u zur Abstinenz zurückzukehren.

Ich meine, das ist auch anderer Deutg fähig, die ich nicht sagen will. Was soll es heißen, daß der Zahn nicht der richtige war?

7 Jan. Ihm kome selbst vor als führe die schlaue Krankh etwas im Schilde. Er war wider nett mit der Näherin, der zweite Coitus brachte es zu keiner Ejacul. Fiel ihm Angst ein, er werde uriniren anstatt ejaculiren. Als Kind in 5 Volksschulkl sagte ihm ein Kamerad die Fortpflzg des Menschen gehe so vor sich, daß der Mann in die Frau hineinwischele. Condom hatte er vergeßen. Er sucht offenbar nach Wegen, sich Verhältnis zu verleiden, etwa: Coit. inter., Impotenz, Mißbehagen.

Er hat gestern noch Nachtrag: Zahn schaue gar nicht aus wie solcher wie Tulpenzwiebel, wozu ihm geschnittene Zwiebelscheiben einfallen. – Den weiteren Weg: Orchideen, sein Kryptorchismus[2] die Operation der Cousine[3] macht er nicht mit. Von Operation erzält er, daß er damals vor Eifersucht außer sich war. Er war bei ihr [im] Sanat[orium], 1899 als junger Arzt zur Visite kam u ihr Hand unter Decke steckte. Er wußte nicht, ob das rechtmäßig sei. Habe als er von ihrer Tapferkeit bei Operation hörte blöde Idee gehabt, das sei gewesen, weil sie gerne ihren schönen Körper Ärzten zeigte. Erstaunt, daß ich diese Idee nicht als so blöde gelten lassen will.

Von diesem schönen Körper 1898 als er sich in sie verliebte von Schwe-

Verliebensbeding (left margin)

---

[1] [Zahnträume werden in der *Traumdeutung* (1900*a*) ausführlich erörtert (*G. W.*, Bd. 2/3, S. 391 ff.; *Studienausgabe*, Bd. 2, S. 378 ff.).]
[2] [Zurückbleiben des Hodens in der Bauchhöhle oder im Leistenkanal, s. oben, S. 553.]
[3] [S. oben, S. 553 und Anm. 1.]

ster Hilde gehört. Um so mehr Eindruck, als Hilde selbst sehr schön am Körper ist. Vielleicht die Wurzel seiner Liebe. Cousine wußte damals genau, wovon sie sprachen u wurde rot. Auch Näherin T., die sich später umgebracht, sagte: sie wiße es wol. Cousine ist ihm offiziell die schonste der Frauen, obwol er doch weiß, daß es schönere gibt.

Ja, der Zahn ist ein Penis, das sieht er ein, denn Nachtrag lautet der Zahn hat getropft. – Was heißt es nun, daß der Zahnarzt ihm »Zahn« ausgerißen? Mit Schwierigkeit ist er nur darauf zu bringen, daß es Operation des Schwanzausreißens sei; auch das Weitere Simple, daß der sehr große Penis nur der des Vaters sein könne gibt er endlich als »Retourkutsche« und Rache am Vater zu. Der Tr hat es ja sehr schwer so unangenehme Er[innerungen] zu bringen.

20 J[anuar]. Lange Unterbrechg, heiterste Stimg, viel Material, Annäher[un]gen. Keine Lösung. Eine zufällige Aufklärg daß sein Laufen um nicht dick zu werden, mit Namen des amerik Vetters *Dick*[1] (Richard) *Paßwort*[2] zusamenhängt. Haß gegen diesen.[3] Doch ist dieß mein Fund u ihm fehlt die Schätzung.

Heute 5 Tr, 4 davon militär. Aus erstem ergibt sich verhaltene Wut gegen Offiziere u Zurückhaltg um nicht einen zu fordern, der schmieigem Kellner Adolf eins auf Hintern gehaut. [Dieser Adolf ist er selbst.][4] Dieß mündet in Rattenszene ein mittelst des fallen gelaßenen u verlorenen Zwickers [Kneifers][5] u rührt an Erlebniß aus erst Univjahr, in dem er von Freund des »Kneifens« verdächtigt wurde, weil er von Collegen Ohrfeige hatte geben laßen, ihn auf scherzhaften Vorschlag v Springer gefordert u dann Sache nicht weiter verfolgt hatte. Unterdrückte Wut gegen Freund Springer, deßen Autorität also daher rührt u gegen anderen, der ihn verraten, dem er dafür mit Opfern später geholfen. Also fortschreitende Unterdrückg des Wuttriebes mit Widerkehr des verdrängt erogenen Schmutztriebes.

---

[1] [Die Erläuterungen zu »dick« bzw. »Dick« sowie (s. unten) zu »Zwicker« bzw. »Kneifer« wurden von Freud zwei Tage später (am 22. Januar 1908) auf der Sitzung der Wiener Psychoanalytischen Vereinigung mitgeteilt (Nunberg und Federn, 1976, Bd. 1, S. 270).]
[2] [Im Sinne von »Wortbrücke« verwendet, vgl. *G. W.*, Bd. 7, S. 433; *Studienausgabe*, Bd. 7, S. 77.]
[3] [Vgl. *G. W.*, Bd. 7, S. 411; *Studienausgabe*, Bd. 7, S. 59.]
[4] [Eckige Klammern von Freud.]
[5] [Eckige Klammern gleichfalls von Freud.]

VII. Teil

Über Träume und Traumdeutung
(1911–1920)

Träume im Folklore
(Von Sigmund Freud und David Ernst Oppenheim)
(1958 [1911])

Editorische Vorbemerkung

(1911 Mutmaßliches Entstehungsdatum.)
1958 In *Dreams in Folklore*, Teil II, New York, International Universities Press, S. 69–111. (Diese Ausgabe enthält auch Freuds Brief an Oppenheim vom Oktober 1909. Am Beginn der New Yorker Ausgabe steht eine englische Übersetzung sowohl von ›Träume im Folklore‹ als auch des Freudschen Briefs.)
1971 In *Über Träume und Traumdeutungen*, Frankfurt am Main, Fischer Taschenbuch Verlag, S. 53–75. (Ohne Freuds Brief von 1909.)

Die vorliegende Ausgabe ist ein Nachdruck der 1958 veröffentlichten deutschen Texte; allerdings wurden etliche Korrekturen und editorische Zusätze eingefügt.

Von der Existenz dieser gemeinsam von Freud und dem Wiener Professor D. E. Oppenheim verfaßten Arbeit war de facto nichts bekannt, ehe Mrs. Liffman, Oppenheims Tochter, die damals in Australien lebte, 1956 einen New Yorker Buchhändler darauf aufmerksam machte. Wenig später wurde das Manuskript für die Sigmund Freud Archives von Bernard L. Pacella erworben; dank seiner Großzügigkeit und der unermüdlichen Unterstützung K. R. Eisslers, des Sekretärs des Archivs, wurde 1958 die Erstveröffentlichung ermöglicht.

David Ernst Oppenheim, Freuds Mitarbeiter an dieser Studie, wurde 1881 in Brünn in der heutigen Tschechoslowakei geboren. Er war ein humanistischer Gelehrter und unterrichtete am Akademischen Gymnasium in Wien Griechisch und Latein. Ernest Jones (1962a, S. 28) erwähnt ihn in der Liste derjenigen, die 1906 Freuds Universitätsvorlesungen gehört haben; die persönliche Bekanntschaft mit

Freud datiert indessen offensichtlich erst von 1909. Im Herbst jenes Jahres scheint er Freud die Kopie einer Arbeit geschickt zu haben, in der er sich mit klassischer Mythologie in einer Weise auseinandersetzte, die die Kenntnis psychoanalytischer Literatur verriet. Dies geht aus einem erhalten gebliebenen, auf den 28. Oktober 1909 datierten Brief Freuds hervor, in dem er sich sehr herzlich dafür bedankt und vorschlägt, Oppenheim möge seine humanistische Bildung in den Dienst der psychoanalytischen Forschung stellen. (S. unten, S. 601–03.) Das Ergebnis war offensichtlich Oppenheims Assoziierung mit der Wiener Psychoanalytischen Vereinigung, deren Mitglied er 1910 wurde. Am 20. April dieses Jahres eröffnete er in der Wiener Vereinigung ein Symposium über Selbstmord (besonders unter Schülern), das als Broschüre veröffentlicht wurde (1910; s. auch Freud, 1910g). Oppenheims Beitrag findet sich dort unter der Signatur ›Unus Multorum‹, er wurde jedoch einige Jahre später unter seinem Namen in einem Sammelwerk *Heilen und Bilden*, herausgegeben von Adler und Furtmüller (1914), nachgedruckt. Die veröffentlichten Protokolle der Wiener Vereinigung zeigen, daß Oppenheim zwischen 1910 und 1911 mehrere kleinere Mitteilungen vortrug, unter denen eine (vom 16. November 1910) über »volkskundliches Material zur Traumsymbolik« einen offenkundigen Bezug zur vorliegenden Arbeit hat. Im Frühjahr 1911 brachte Freud die dritte Auflage der *Traumdeutung* (1900a) heraus; er hat hier eine Fußnote eingefügt, in der er Oppenheims Arbeit über Träume im Folklore erwähnt und einen demnächst zu veröffentlichenden Bericht darüber ankündigt. Diese Fußnote wurde in allen nachfolgenden Auflagen fortgelassen. Deshalb ist sie nicht in *G. W.* enthalten; hingegen wurde sie in der *Studienausgabe*, Bd. 2, S. 588, nachgedruckt. Der Einfachheit halber sei sie hier zitiert: »Prof. Ernst Oppenheim (Wien) hat mir an volkskundlichem Material gezeigt, daß es eine Klasse von Träumen gibt, für welche auch das Volk die Erwartung der Zukunftsbedeutung fallen läßt und die in völlig korrekter Weise auf Wunschregungen und Bedürfnisse, die während des Schlafes auftreten, zurückgeführt werden. Er wird über diese, meist als ›Schwänke‹ erzählten Träume in nächster Zeit ausführlichen Bericht geben.« Das Weglassen der Fußnote wie auch das Verschwinden der vorliegenden Arbeit hängen zweifellos mit der Tatsache zusammen, daß Oppenheim wenig später ein Anhänger Adlers wurde und am 11. Oktober 1911, zusammen mit fünf anderen Mitgliedern, aus der Wiener Psychoanalytischen Vereinigung austrat. Er kam während des Zweiten Weltkriegs im Konzentrationslager Theresienstadt ums Leben, in das er und seine Frau verschleppt worden waren. Nach dem Krieg emigrierte seine Frau nach Australien und nahm das Manuskript, das sie hatte retten können, mit. Ihrem Wunsch entsprechend, wurde es erst nach ihrem Tod veröffentlicht.

Freuds Beitrag zu dieser Arbeit läßt sich recht genau datieren. Er kann nicht vor Anfang 1911 niedergeschrieben worden sein; dafür spricht ein Verweis auf Stekels Buch *Die Sprache des Traumes*, das Anfang des Jahres herauskam (vgl. unten, S. 591, Anm. 1), und er muß vor dem definitiven Bruch mit Adler im Sommer des nämlichen Jahres beendet worden sein.

Obgleich das Manuskript, wie es uns nun vorliegt, nicht mehr von beiden Autoren einer abschließenden Revision unterzogen worden ist, bedurfte es nur geringfügiger redaktioneller Überarbeitung, und es enthält klare Hinweise auf die jeweiligen Anteile der beiden Autoren. Das Rohmaterial war offensichtlich von Oppenheim zusammengetragen worden. Großenteils entstammte es der von F. S. Krauss herausgegebenen Zeitschrift *Anthropophyteia* (Leipzig, 1904–1913), an der Freud stets ein besonderes Interesse genommen hatte.[1] (Vgl. seinen offenen Brief an den Herausgeber, 1910*f*, und sein Geleitwort zu Bourkes *Scatalogic Rites of All Nations*, 1913*k*, das im Zusammenhang der vorliegenden Arbeit von besonderer Bedeutung ist.) Oppenheim exzerpierte dieses Material, teils in Maschinenschrift, teils mit der Hand (wobei er einige kurze Bemerkungen hinzufügte), und legte es Freud vor, der es dann in eine sinnvolle Reihenfolge brachte, Oppenheims Blätter auf seine viel größeren eigenen klebte und zwischen die einzelnen Stücke reichhaltige Kommentare einschaltete. Freud hat dann das ganze Manuskript (bestehend aus 24 großen gefalteten Schreibpapierbogen, 25,4 × 38 cm) Oppenheim zurückgegeben, welcher offenbar noch zwei oder drei weitere Bemerkungen (einige davon in Kurzschrift) einfügte.

In der im folgenden abgedruckten Version lassen sich also die Beiträge der beiden Autoren klar unterscheiden, wobei allerdings jeglicher, der Niederschrift vielleicht voraufgegangener Meinungsaustausch unberücksichtigt bleibt. Das gesamte, hier etwas kleiner gedruckte Rohmaterial ist Oppenheim zuzuschreiben; Freud ist für alles andere verantwortlich – die Einführung, die Kommentare, die Schlußfolgerung sowie das gesamte Arrangement des Materials. Die einzige editorische Veränderung besteht darin, die Quellenangaben vom Text in die Fußnoten verwiesen zu haben. Oppenheims wenige Randbemerkungen werden gleichfalls als Fußnoten abgedruckt, wobei die Autorschaft angegeben ist. Einige dieser Randbemerkungen sind jedoch leider unleserlich geworden. Die Quellenangaben sind, wo immer möglich, nachgeprüft worden; auf diese Weise konnte eine Reihe von Fehlern korrigiert werden. Als Textvorlage diente eine Photokopie der Erstveröffentlichung.

Frau Ingeborg Meyer-Palmedo ist für die grundlegende Überarbeitung der komplizierten Satzvorlage und vielfältige bibliographische Recherchen zu danken.

---

[1] Einiges Material stammt auch aus *Kryptadia*, einer ähnlichen Zeitschrift, die zwischen 1883 und 1911 in Heilbronn und Paris erschien.

»Celsi praetereunt austera poemata ramnes.«
Persius, ›Satirae‹[1]

Der eine von uns (O.) hat bei seinen Folklorestudien an den dort erzählten Träumen zwei Beobachtungen gemacht, die ihm der Mitteilung wert erschienen sind. Erstens, daß die in diesen Träumen angewendete Symbolik sich vollkommen mit der von den Psychoanalytikern angenommenen deckt, und zweitens, daß eine Anzahl dieser Träume vom Volke so gefaßt wird, wie sie auch die Psychoanalyse deuten würde, nämlich nicht als Hinweise auf eine zu enthüllende Zukunft, sondern als Wunscherfüllungen, Befriedigungen von Bedürfnissen, die sich während des Schlafzustandes regen. Gewisse Eigenheiten dieser durchwegs indezenten, als Schwänke erzählten Träume haben es dann dem anderen von uns (Fr.) nahegelegt, eine Deutung derselben zu versuchen, welche sie doch als ernsthafter und beachtenswerter erscheinen läßt.

---

[1] [Das Motto am Beginn der Arbeit steht im Manuskript in Oppenheims Handschrift. Bei dem Zitat handelt es sich in Wirklichkeit um Vers 342 von Horaz' *Ars poetica*. Über den genauen Sinn dieses Wortes streiten sich die Experten. Im vorliegenden Zusammenhang könnte man es vielleicht folgendermaßen interpretieren: »Sich erhaben Dünkende verschmähen rohe Gedichte.«]

I

Penis-Symbolik in Folklore-Träumen

Der Traum, den wir voranstellen, obwohl er keine symbolische Darstellung enthält, klingt fast wie ein Hohn auf die prophetische und ein Plädoyer für die psychologische Traumdeutung.

Prophetische und psychologische Traumdeutung

Penissymbole 1

Eine Traumdeutung[1]

Ein Mädchen erhob sich von ihrer Bettstatt und erzählt der Mutter, wie ihr ein gar wunderbarer Traum geträumt.

Nun, was hat dir da geträumt? fragt sie die Mutter.

Wie soll ich es dir nur sagen, ich weiß selber nicht wie, so etwas Langes, Rotes und Abgestumpftes.

Das Lange bedeutet einen Weg, sagte die Mutter nachsinnend, einen langen Weg, das Rote bedeutet Freude, doch weiß ich nicht, was ihm das Abgestumpfte bedeuten mag!

Des Mädchens Vater, der sich inzwischen ankleidete und alles mit anhörte, was Mutter und Tochter daherredeten, murmelte da mehr in sich hinein: »Das gleicht ja einigermaßen meinem Prächtigen!«[2]

Es ist sehr viel bequemer, die Traumsymbolik im Folklore als in den wirklichen Träumen zu studieren. Der Traum ist genötigt zu verbergen und liefert seine Geheimnisse nur der Deutung aus; diese Schwänke aber, die sich als Träume verkleiden, wollen mitteilen, zur Lust dessen, der sie vor-

---

[1] ›Südslavische Volküberlieferungen, die sich auf den Geschlechtverkehr beziehen. VI. Fortsetzung‹, gesammelt und erläutert von Dr. Friedrich S. Krauss, *Anthropophyteia*, Bd. 7 [1910], S. 450, Nr. 820.

[2] [Anmerkung von F. S. Krauss:] »Vergleiche dazu *Anthropophyteia*, Bd. 1 [1904], S. 4, Nr. 5. – [...] das judendeutsche Sprichwort [...]: Die Gans träumt vom Kukuruz und die Kalle (Braut) vom Wonz (= Zumpt) [...].« [S. auch *Die Traumdeutung* (1900*a*; G. W., Bd. 2/3, S. 137; *Studienausgabe*, Bd. 2, S. 150).]

bringt, wie dessen, der sie anhört, und setzen deshalb die Deutung ungescheut zum Symbol hinzu. Sie freuen sich der Bloßlegung der verhüllen-
den Symbole.

Im nachstehenden Vierzeiler erscheint der Penis als Szepter:

Penissymbole 3

Heut Nacht hat ma trammt i wa König im Land,
Und wie i bin munter wur'n hab i in Schwaf i in da Hand.[1]

Man vergleiche mit diesem »Traum« die folgenden Beispiele, in denen die
nämliche Symbolik außerhalb des Traumes gebraucht wird.

Herzigs schöns Deandl
I hab di so gern
Gib dir n Zepter in d Hand,
Kannst Königin wern.[2]

Napoleon Bonaparte sprach
Einst zu seinem Sohne:
Solång' der Schwånz dås Szepter is,
Bleibt die Fut die Krone.[3]

Der künstlerischen Phantasie beliebt eine andersartige Variation dieser
symbolischen Verherrlichung des Genitales. Auf einem großartigen Blatte
von Felicien Rops[4], das die Überschrift führt: ›Tout est grand chez les rois‹
[Alles ist groß bei den Königen], sieht man eine nackte Königsgestalt mit
den Zügen des Roi Soleil [Ludwig XIV.], dessen riesenhafter, bis zur Höhe der Hände erhobener Penis selbst eine Krone trägt. Die rechte Hand
balanciert ein Szepter, während die linke einen großen Reichsapfel umfaßt,
der durch eine mittlere Furche eine unverkennbare Ähnlichkeit mit einem

---

[1] ›Niederösterreichische Schnadahüpfeln‹, gesammelt von Dr. Hermann Rollett, *Anthropophyteia*, Bd. 5 [1908], S. 151, Nr. 2.
[2] [Vierzeiler] ›aus den österreichischen Alpen‹, *Kryptadia*, Bd. 4 [1888], S. 111, Nr. 160.
[3] [›Erotische Volkslieder aus Österreich. II.‹ Lied] aus Gaming, Gb. Gaming, Nieder-
österreich, *Anthropophyteia*, Bd. 3 [1906], S. 190, Nr. 85, [Vers] 4.
[4] Rops (1905), Blatt 20.

anderen erotisch begehrten Körperteil gewinnt.[1] Der Zeigefinger der linken Hand ist in diese Spalte eingeschlagen.

In dem nun mitzuteilenden schlesischen Volkslied wird ein Traum nur fingiert, um einen anderen Hergang zu decken. Der Penis erscheint hier als *Wurm* (dicker Regenwurm), der in das Mädchen hineingekrochen ist und zur richtigen Zeit als *Würmchen* (Kind) wieder herauskriecht.

Penissymbole 2 (*Wurm*)

Lied vom Regenwurm[2]

Susanna lag im feuchten Grase
und träumte schlummernd von dem Lieb,
Ein Lächeln spielte um ihre Nase,
Sie dachte an den Herzensdieb.

Da plötzlich ward, o Traum, o banger!
Aus ihrem Liebsten hold und fein
Ein dicker Regenwurm, ein langer,
Der kroch ihr in den Bauch hinein.

Voll Schreck erwacht das junge Mädchen
Und eilte weinend hin zum Städtchen,
Erzählte jammernd groß und klein:
»Ein Regenwurm kroch in mich 'nein.«

Die Mutter hörte diesen Jammer
Und hat gezetert und geflucht,
Sie zog das Mädchen in die Kammer
Und hat es gründlichst untersucht.

---

[1] [Randbemerkung von Oppenheim:] Wie bei Rops der Apfel, ist auf einem römischen Relief des Amphitheaters von Nîmes das Ei durch eine entsprechende Einkerbung zum Symbol des weiblichen Geschlechtsteiles umgestaltet. Auch hier fehlt das männliche Komplement nicht. Es erscheint als ein zum Vogel wunderlich herausstaffierter Phallus, der auf vier Eiern der geschilderten Art sitzt, man könnte fast [das nächste Wort ist stenographiert:] sagen brütet. (Krauss, S. 204, Abb. Nr. 191 [s. Dulaure, 1909].)
[2] ›Schlesische Volklieder‹, aufgezeichnet von Dr. von Waldheim [= ›Beiträge zur Volkliedforschung‹], *Anthropophyteia*, Bd. 7 [1910], S. 369.

Sie forschte nach dem Regenwurme,
Doch leider ohne Resultat,
Drum eilte sie davon im Sturme
Und hat 'ne weise Frau gefragt.

Die legte dem Mädchen gar schlau die Karten
Und sprach darauf: »Wir müssen warten.
Herzbube hab' ich umsonst befragt,
Will sehen, was der König sagt. –

Rotkönig[1] zeigte klar und deutlich,
Der Wurm kroch wirklich in die Maid,
Doch ist's zum Eingriff noch zu zeitlich,
Denn jedes Ding braucht seine Zeit.«

Susanna hört die trübe Kunde
Und schloß sich traurig ein zuhaus.
Da endlich naht die bange Stunde
Und glücklich kriecht das Würmchen aus.

Drum, Mädchen, nehmt euch bei der Nase
Und schlummert träumend nicht im Grase,
Sonst kriecht euch auch zur Angst und Pein
So'n dicker Regenwurm hinein. –[2]

Die gleiche Symbolisierung des Penis als *Wurm* ist aus zahlreichen zotigen Witzen bekannt.[3]

Der nun folgende Traum symbolisiert den Penis als *Dolch*, indem er die träumende Frau an einem Dolch ziehen läßt, um sich zu erstechen, während sie vom Manne geweckt und gemahnt wird, ihm nicht das Glied auszureißen.

---

[1] [›Roter König‹ ist ein österreichischer Slang-Ausdruck für Menstruation.]
[2] Vgl. dazu S. 359 und die südslavischen Fassungen bei Krauss, ›Die Zeugung in Sitte, Brauch und Glauben der Südslaven‹, *Kryptadia*, Bd. 6 [1899], S. 259–69 und S. 375 f. Anmerkung des Herausgebers [der *Anthropophyteia*].
[3] [Randbemerkung von Oppenheim:] (Anmerkung.) (... 5)

Ein böser Traum[1]

Es träumte einem Frauenzimmer, es wäre mit ihnen so weit gekommen, daß sie vor dem Feiertag nichts zu essen hatten und auch nichts kaufen konnten. Ihr Mann hatte alles Geld vertrunken. Es blieb nur ein Lotterielos, und auch dies sollte man schon jemandem zum Pfand geben. Dies hielt er noch zurück, denn am zweiten Jänner sollte die Ziehung sein. Er sagte: »Nun Frau, morgen ist die Ziehung, mag das Los noch eine Zeitlang bleiben. Wenn wir nicht gewinnen, dann müssen wir das Los verkaufen oder versetzen.« – »Nun zum Teufel mit ihm, zahlst du nur die Fürchtelei und hast einen Vorteil dabei, wie vom Bock die Milch.« So war der Morgen angebrochen. Sieh, da kam der Zeitungsausträger. Er hielt ihn an, nahm eine Nummer und begann die Liste durchzusehen. Er ließ die Augen über die Ziffern gleiten, alle Kolonnen schaute er durch, seine Nummer war nicht darunter; er traute seinen Augen nicht, sah nochmals durch, und hier traf er schon auf die Nummer seines Loses; und die Nummer des Loses war dieselbe, die Nummer der Serie stimmte aber nicht. Er traute wiederum sich selbst nicht und dachte bei sich: ›Das muß ein Irrtum sein! Wart mal, ich will in die Bank gehen und werde auf jeden Fall Gewißheit erlangen.‹ So ging er hin mit gesenktem Kopf; unterwegs begegnete ihm ein zweiter Zeitungsausträger. Er kaufte noch eine Nummer von einer zweiten Zeitung, durchsah die Liste und hatte sofort die Nummer seines Loses herausgefunden, auch die Serie war dieselbe, die auch sein Los enthielt. Der Gewinn von 5000 Rubeln fiel auf sein Los. Da stürzte er in das Bankhaus, kam dorthin gelaufen und bat, man solle ihm den Treffer sofort auszahlen. Der Bankier sagte, daß sie nicht eher auszahlen könnten, erst in einer Woche oder auch in zwei. Er begann zu bitten: »Seid so gut, gebt wenigstens einen Tausender her, den Rest kann ich später bekommen.« Der Bankier schlug es ihm ab, erteilte ihm aber den Rat, sich an jene Privatperson zu wenden, die ihm das Gewinnlos verschaffte. Nun, was war da zu machen? Da erschien, wie aus dem Boden gewachsen, ein Jüdchen. Er roch den Braten und machte ihm den Vorschlag, ihm sofort das Geld auszuzahlen, aber statt 5000 nur 4000. Der fünfte Tausender solle ihm zufallen. Er war über dieses Glück erfreut und entschloß sich, dem Juden den Tausender zu schenken, um nur sofort das Geld zu erhalten. Er nahm vom Juden das Geld und übergab ihm das Los. Dann ging er nach Hause; unterwegs trat er in eine Schenke ein, stürzte ein Gläschen hinab, und von dort gings direkt nach Hause; er ging und grinste und summte ein Liedchen. Das Weib erblickte ihn durch das Fenster und dachte: ›Da hat er sicherlich das Los verkauft; man sieht, daß er fröhlich ist, wahrscheinlich ist er eingekehrt und hat sich vor Elend angetrunken.‹ Nun trat er ins Haus ein, legte das Geld auf den Tisch in der Küche, dann ging er zum Weibe, ihr die fröhliche Nachricht zu bringen, daß er gewonnen und das Geld erhalten. Bis sie sich in ihrem Glücke satt umarmt und abgeküßt, erwischte das dreijährige Töchterchen das Geld und warf es in den Ofen. Nun eilten sie herbei, das Geld zu zählen, da war es nicht mehr da. Es

[1] [Tarasevśkyi (1909),] S. 289[f., Nr. 265].

brannte das letzte Päckchen. Vor Wut ergriff er das Mädchen an den Beinen und schleuderte es an den Ofen. Es gab den Geist auf. Da sah er das Unglück, Sibirien konnte er nicht entgehen, packte den Revolver und – puff, schoß er sich in die Brust, und fort war sein Geist. Über solch ein Unglück entsetzt, erwischte sie einen Dolch und wollte sich erstechen. Sie versuchte ihn aus der Scheide zu ziehen und konnte es auf keine Weise. Dann hörte sie, wie vom Himmel, eine Stimme: »Genug, laß ab, was machst du?« Sie wachte auf und sah, daß sie nicht an einem Dolch, sondern ihren Mann am Zumpt zog. Und der sagte ihr: »Genug, laß ab, sonst reißt du mir ihn aus!«

Die Darstellung des Penis als Waffe, schneidendes Messer[1], Dolch etc. ist uns aus den Angstträumen insbesondere abstinenter Frauen vertraut und liegt auch zahlreichen Phobien neurotischer Personen zugrunde. Die komplizierte Einkleidung des vorstehenden Traumes fordert uns aber zum Versuch heraus, das Verständnis derselben durch psychoanalytische Deutung in Anlehnung an vorher vollzogene Deutungsarbeiten zu klären, wobei wir nicht verkennen, daß wir ein Stück weit über das vom Folklore Gebotene hinausgehen und somit an Sicherheit einbüßen.

Da dieser Traum in eine von der Frau als Traumhandlung[2] ausgeführte sexuelle Aggression ausgeht, liegt es nahe, die materielle Notlage des Trauminhaltes zum Ersatz für eine sexuelle Notlage zu nehmen. Nur die äußerste libidinöse Nötigung kann ja eine solche Aggression des Weibes rechtfertigen. Andere Stücke des Trauminhaltes weisen nach einer ganz bestimmten anderen Richtung hin. Die Schuld für diese Notlage wird dem Manne zugeschrieben (er hatte alles Geld vertrunken).[3] Wenn dann der Traum den Mann und das Kind aus dem Wege räumt und in geschickter Weise dem eigenen Schuldgefühl an diesen Wünschen ausweicht, indem er

[1] [Randbemerkung von Oppenheim:] Das Messer führt gewöhnlich ein »Einbrecher«. Auf welche Art von Einbruch er sinnt, zeigt eine sprichwörtliche Redensart: Solingen: nach der Hochzeit wird eingebrochen (*Anthropophyteia*, Bd. 5 [1908], S. 182 [= ›Solinger Sprichwörter und Redensarten‹, von Dr. Heinrich Felder, Nr. 11]), natürlich [die beiden nachfolgenden Wörter sind stenographiert] mit dem Penis als »Brecheisen« (*Anthropophyteia*, Bd. 7 [1910], S. 33, berlinerisch [= ›Nachtrag zum erotischen Idiotikon der Berliner Mundart‹, von Friedrich W. Berliner]).

[2] [Dieser Ausdruck wird in der vorliegenden Arbeit zur Beschreibung einer Handlung benutzt, die jemand im Traum ausführt; gleichzeitig handelt es sich aber um eine reale Aktion. In der *Traumdeutung* (1900a) wird dieses Konzept nicht erörtert.]

[3] [Randbemerkung von Oppenheim:] Vgl. weiter unten unsere Ausführungen über Heiratsgut als Bezeichnung des Penis, Portemonnaie für Testes c[um] Scroto, Parallelisierung von reicher Potenz mit Reichtum, von Golddurst mit Libido. [Es ist nicht klar, auf welche Stelle sich dieser Verweis bezieht.]

das Kind vom Manne töten läßt, worauf sich dieser aus Reue selbst um-
bringt, so läßt solcher Inhalt des Traumes nach vielfachen Analogien auf
eine Frau schließen, die von ihrem Manne unbefriedigt ist und in ihrer
Phantasie eine andere Ehe ersehnt. Es ist dabei für die Deutung gleichwertig, ob man diese Unzufriedenheit der Träumerin als eine permanente oder
nur als Ausdruck ihrer momentanen Bedürftigkeit auffassen will. Die Lotterie, die im Traume den kurzdauernden Glückstaumel herbeiführt, könnte man vielleicht als symbolische Andeutung der Ehe verstehen. Es ist dies
Symbol aus psychoanalytischer Arbeit noch nicht mit Sicherheit erkannt,
aber die Menschen pflegen ja zu sagen, die Ehe sei ein Glücksspiel, man
habe in der Ehe das große Los oder eine Niete gezogen.[1] Die Zahlen, die
durch die Traumarbeit eine ungeheuerliche Vergrößerung erfahren haben[2],
entsprechen dann wohl den »Nummern«, den gewünschten Wiederholungen des befriedigenden Aktes. Man wird so aufmerksam gemacht, daß das
Zerren am Glied des Mannes nicht allein die Bedeutung einer libidinösen
Provokation hat, sondern auch die Nebenbedeutung einer geringschätzi-
gen Kritik, als wollte die Frau das Glied ausreißen – wie es der Mann richtig auffaßt –, weil es nichts tauge, seine Schuldigkeit nicht tue.

Wir würden nicht bei der Deutung dieses Traumes verweilt und ihn über
die offen vorliegende Symbolik hinaus ausgebeutet haben, wenn nicht andere Träume, die gleichfalls mit einer Traumhandlung abschließen, dartun
würden, daß hier vom Volke eine typische Situation ins Auge gefaßt wird,
die einer einheitlichen Zurückführung fähig ist. (Vgl. unten [S. 595].)

II

Kotsymbolik und entsprechende Traumhandlungen

Die Psychoanalyse hat uns gelehrt, daß in uranfänglichen Kinderzeiten der
Kot eine hochgeschätzte Substanz war, an welcher koprophile Triebe ihre
Befriedigung fanden. Mit der durch die Erziehung möglichst beschleunig-

---

[1] Ein anderer Lotterietraum in dieser kleinen Sammlung wird uns in dieser Vermutung
bestärken. [S. unten, S. 599.]
[2] Die psychoanalytische Erfahrung zeigt, daß die einer Zahl im Traume angehängten
Nullen bei der Deutung weggelassen werden können. [Vgl. dazu eine Passage in Freuds
Studie ›Eine Teufelsneurose im siebzehnten Jahrhundert‹ (1923 d [1922]; *G. W.*, Bd. 13,
S. 335; *Studienausgabe*, Bd. 7, S. 304).]

ten Verdrängung dieser Triebe verfiel diese Substanz der Verachtung und diente nun bewußten Tendenzen als Ausdrucksmittel der Geringschätzung und des Hohnes. Gewisse seelische Arbeitsweisen wie der Witz verstanden es noch, die verschüttete Lustquelle für einen kurzen Moment zugänglich zu machen, und zeigten so, wie viel von der einstigen Schätzung des Menschen für seinen Kot im Unbewußten noch erhalten geblieben war. Der bedeutsamste Rest dieser früheren Wertung war aber, daß alles Interesse, welches das Kind für den Kot gehabt hatte, sich beim Erwachsenen auf einen anderen Stoff übertrug, den er im Leben fast über alles andere hochstellen lernte, auf das Gold.[1] Wie alt diese Beziehung zwischen Dreck und Gold ist, ersieht man aus einer Bemerkung bei Jeremias:[2] Das Gold sei nach altorientalischem Mythus Dreck der Hölle.[3]

In den Folkloreträumen wird das Gold auf die eindeutigste Weise als Symbol des Kotes bekannt. Wenn der Schläfer ein Bedürfnis nach Kotentleerung verspürt, träumt er vom Golde, von einem Schatz. Die Einkleidung des Traumes, die dazu bestimmt ist, ihn zur Befriedigung des Bedürfnisses im Bette zu verleiten, läßt gewöhnlich den Kothaufen zum Zeichen für die Stelle machen, an welcher der Schatz gefunden ist, d. h.: der Traum sagt wie durch endopsychische Wahrnehmung direkt, wenn auch in umgekehrter Fassung, das Gold sei ein Zeichen, Symbol, für den Kot.

Ein einfacher solcher Schatz- oder Defäkationstraum ist der in den *Facetien* des Poggio erzählte.

Traumgold[4]

Einer erzählt in einer Gesellschaft, daß er im Traume Gold gefunden habe. Darauf gibt ein anderer folgende Geschichte zum besten: (dies wörtlich)

»Mein Nachbar träumte einmal, der Teufel habe ihn auf einen Acker geführt, um Gold zu graben. Er fand aber keins, da sagte der Teufel: ›Es ist schon da, du kannst es nur jetzt nicht heben, aber merk dir die Stelle, damit du sie allein wiedererkennen kannst.‹

Als der andre bat, daß die Stelle durch irgendein Zeichen kenntlich gemacht würde, meinte der Teufel: ›Scheiß nur hier hin, dann wird kein Mensch auf den Gedanken kommen, daß hier Gold liegt, und du wirst dir's genau merken können.‹

---

[1] Vgl. ›Charakter und Analerotik‹ (1908 *b*).
[2] Jeremias (1905), S. 96.
[3] [Randbemerkung von Oppenheim:] [Ähnlich in] Mexiko.
[4] Poggio [Bracciolini] (1905), S. 103 f., Nr. 130. [Wie ersichtlich, ist der Text von Oppenheim etwas verkürzt wiedergegeben.]

Der Mann tat das auch, wachte dann sofort auf und fühlte, daß er einen großen Haufen ins Bett gemacht hatte.«

(Der Schluß im Auszug) Wie er aus dem Hause flüchtet, setzt er sich eine Mütze auf, in die während derselben Nacht eine Katze gemacht hat. Er muß sich Kopf und Haare waschen.

»So wurde ihm sein Traumgold zu Dreck.«

Tarasevský [berichtet einen ähnlichen Traum aus der Ukraine]:[1]

Im Traume bekommt ein Bauer vom Teufel, dem er eine Kerze geweiht hat, einen Schatz und setzt einen Haufen als Merkmal.[2]

Wenn in diesen beiden Träumen der Teufel als Schatzspender und Verführer auftritt, so braucht uns dies nicht zu verwundern, denn der Teufel, selbst ein aus dem Paradies gedrängter Engel, »ist doch gewiß nichts anderes als die Personifikation des verdrängten unbewußten Trieblebens«[3].

Die Motive dieser einfachen Schwankträume scheinen auch durch die zynische Lust am Schmutzigen und durch die boshafte Befriedigung über die Beschämung des Träumers erschöpft. In anderen Schatzträumen aber wird die Einkleidung des Traumes in mannigfacher Weise variiert und nimmt verschiedene Bestandteile auf, nach deren Herkunft und Bedeutung wir uns fragen dürfen. Denn für ganz willkürlich und bedeutungslos werden wir auch diese Inhalte des Traumes, die die Befriedigung rationalistisch rechtfertigen sollen, nicht ansehen.

In den zwei nächsten Beispielen ereignet sich der Traum nicht einem einsamen Schläfer, sondern einem von zwei Schlafgenossen, die – zwei Männer – ein Bett miteinander teilen. Der Träumer beschmutzt infolge des Traumes seinen Bettgenossen.

---

[1] Tarasevśkyi (1909), S. 193–95 [Nr. 232].
[2] [Das Folgende ist von Oppenheim in Bleistiftschrift, mit zwei stenographischen Zeichen, hinzugefügt:] Dazu die dort angegebenen Parallelen. *Anthropophyteia*, Bd. 4 [1907], S. 342–45, Nr. 580 f. [= ›Südslavische Volksüberlieferungen, die sich auf den Geschlechtverkehr beziehen (III. Fortsetzung)‹, gesammelt, verdeutscht und erläutert von Dr. Friedrich S. Krauss, S. 342–44, Nr. 580: ›Wie einer dem Teufel eine Kerze anzündete und wie der ihm geholfen‹; S. 344–45, Nr. 581: ›Erzählung, wie jener dem Teufel eine Kerze angezündet‹].
[3] ›Charakter und Analerotik‹ (1908*b*) [*G. W.*, Bd. 7, S. 207 f.; *Studienausgabe*, Bd. 7, S. 28 f.].

Lebhafter Traum[1]

Zwei Handwerkburschen kamen müde in eine Herberge und baten um Nachtquartier. »Ja«, sagte der Wirt, »wenn ihr euch nit fürchtet, könnt ihr eine Schlafkammer bekommen, aber da ist es nicht geheuer drinn. Wollt ihr bleiben, bon (gut), dann soll die Herberg, was das Schlafen anlangt, nichts kosten!« Gegenseitig fragten sich die Burschen: »Fürchtest du dich?« – »Nein.« Gut, so packten sie denn noch einen Liter Wein und gingen alsdann in die angewiesene Kammer.

Kaum lagen sie einige Zeit, da öffnete sich die Türe und eine weiße Gestalt schwebte durch das Gemach. Der eine sagte zum anderen: »Hast du nichts gesehen?« – »Ja.« – »Na, warum hast du nichts gesagt?« »Warte nur, s' kommt schon wieder durch das Gemach.« Richtig, abermals schwebte die Gestalt einher. Rasch sprang der eine Bursche auf, doch noch rascher schwebte das Gespenst zur Türspalte hinaus. Der Bursche nicht faul, reißt die Tür auf und sah die Gestalt, eine schöne Frau, schon auf der halben Treppe gehen. »Was macht Ihr da?« rief der Bursche. Die Gestalt blieb stehen, wendete sich um und sprach: »So jetzt bin ich erlöst. Schon lang mußt ich wandern. Als Lohn nimm den Schatz, der an der Stelle liegt, wo du eben stehst.« Der Bursche war ebensowohl erschrocken als erfreut, und um die Stelle zu bezeichnen, hob er sein Hemd auf und pflanzte einen ordentlichen Haufen, indem er dachte, dieses Zeichen würde keiner verwischen. Doch wie er am glücklichsten ist, fühlt er sich plötzlich gepackt. »Dü Söikaib« (Du Schweinehund), tönt es an seine Ohren, »schiß mer in min Hem« (machst mir in mein Hemd). Bei diesen groben Worten erwachte der glückliche Träumer aus seinem Märchenglück und flog unsanft aus dem Bette.[2]

Er schiß aufs Grab[3]

In ein Hotel kehrten zwei Herren ein, aßen zu Nacht und tranken und wollten schließlich schlafen gehen. Sie sagten zum Wirten, er möge ihnen eine Stube anweisen. Da alles besetzt war, überließ ihnen der Wirt sein Bett, damit sie gemeinsam darin schlafen, er aber werde sich schon anderswo eine Schlafstelle ausfindig machen. Die zwei legen sich in ein Bett nieder. Dem einen erschien im Traum ein Geist, der eine Kerze anzündete und ihn zum Friedhof hinführte. Das Friedhoftor öffnete sich, der Geist aber mit der Kerze in der Hand und hinterdrein dieser Herr

---

[1] ›Deutsche Bauernerzählungen‹, gesammelt im Ober- und Unterelsaß von F. Wernert, *Anthropophyteia*, Bd. 3 [1906], S. 72 f., Nr. 15.

[2] [Anmerkung – offenbar von Krauss – in *Anthropophyteia*, Bd. 3 (1906), S. 73: (...)] Siehe dazu Bd. 4, Romanische Meistererzähler, Nr. 130, S. 103! [Zusatz von Oppenheim, mit Bleistift:] Poggio: *Facetien*: Traumgold.

[3] [›Südslavische Volküberlieferungen, die sich auf den Geschlechtverkehr beziehen (IV. Fortsetzung)‹, gesammelt, verdeutscht und erläutert von Dr. Friedrich S. Krauss, *Anthropophyteia*, Bd. 5 (1908),] S. 346, Nr. 737.

schreiten zum Grabe eines Mädchens hin. Als sie zum Grab hingelangt, verlosch auf einmal die Kerze. »Was fang ich jetzt an? Wie werde ich morgen, wann es Tag worden, erfahren, welches das Mädchengrab ist?« fragte er im Traume. Es kam ihm ein rettender Gedanke, er zog die Leinenhosen aus und beschiß sich aufs Grab. Nachdem er sich beschissen, schlug ihn sein Kamerad, der an seiner Seite schlief, auf die eine und die andere Wange: »Was, du wirst mir gar ins Gesicht scheißen?«

In diesen beiden Träumen treten an Stelle des Teufels andere unheimliche Gestalten auf, Gespenster nämlich, als Geister Verstorbener. Der Geist im zweiten Traum führt den Träumer selbst auf den Friedhof, wo er mit der Kotentleerung ein bestimmtes Grab bezeichnen soll. Ein Teil dieser Situation ist nun sehr leicht zu verstehen. Der Schläfer weiß, daß das Bett nicht der geeignete Ort für die Befriedigung seines Bedürfnisses ist; er läßt sich also im Traum von diesem wegführen und erschafft sich eine Person, die seinem dunkeln Drange den rechten Weg zeigt zu dem anderen Ort, wo die Befriedigung des Bedürfnisses gestattet, ja durch die Umstände geboten ist. Der Geist im zweiten Traum bedient sich sogar bei dieser Führung einer Kerze, wie es ein Hausdiener tun würde, der den Fremden im Dunkel der Nacht zum W. C. geleitet. Warum sind aber diese Repräsentanten des Triebes zur Ortsveränderung, die sich der bequeme Schläfer durchaus ersparen will, so unheimliche Gesellen wie Gespenster und Geister von Verstorbenen, warum führt der Geist im zweiten Traum auf einen Friedhof wie zur Schändung eines Grabes? Diese Elemente scheinen doch mit dem Drang zur Kotentleerung und der Symbolisierung des Kotes durch Gold nichts zu tun [zu] haben. Es zeigt sich in ihnen ein Hinweis auf eine Angst, die man etwa auf ein Bemühen, die Befriedigung im Bett zu unterdrücken, zurückführen könnte, ohne daß diese Angst gerade den spezifischen Charakter des auf den Tod hindeutenden Trauminhaltes erklärte. Wir enthalten uns hier noch der Deutung und heben ferner als erklärungsbedürftig hervor, daß in diesen beiden Situationen, wo zwei Männer miteinander schlafen, das Unheimliche des gespenstischen Führers mit einem Weib in Zusammenhang gebracht ist. Der Geist des ersten Traumes enthüllt sich bald als eine schöne Frau, die sich nun erlöst fühlt, und der Geist des zweiten Traumes nimmt zum Ziel das Grab eines Mädchens, welches mit der Kennzeichnung versehen werden soll.

Wir wenden uns zur weiteren Aufklärung an andere solche Defäkationsträume, in denen die Schlafgenossen nicht mehr zwei Männer, sondern Mann und Frau, ein Ehepaar sind. Die im Schlaf infolge des Traumes vollzogene Befriedigungshandlung erscheint hier besonders abstoßend, verbirgt aber vielleicht gerade darum einen besonderen Sinn.

Wir schicken hier [wegen] seiner inhaltlichen Beziehungen zu den nachstehenden einen Traum voraus, der strenge genommen obiger Ankündigung nicht entspricht. Er ist insoferne unvollständig, als die Beschmutzung der Bettgenossin und Ehegattin entfällt. Dafür ist der Zusammenhang des Defäkationsdranges mit der Todesangst überdeutlich. Der Bauer, der als verheiratet bezeichnet ist, träumt, daß er vom Blitze erschlagen wird und daß seine Seele zum Himmel schwebt. Oben bittet er, noch einmal zur Erde zurückkehren zu dürfen, um Frau und Kinder zu sehen, bekommt die Erlaubnis, sich in eine Spinne zu verwandeln und sich an dem selbstgesponnenen Faden herabzulassen. Der Faden wird zu kurz, und im Bestreben, noch mehr vom Faden aus seinem Leib herauszudrücken, erfolgt die Kotentleerung.

Traum und Wirklichkeit[1]

Ein Bauer lag im Bett und träumte. Er sah sich auf dem Felde bei seinen Ochsen und ackerte. Da fuhr plötzlich ein Blitz hernieder und erschlug ihn. Nun fühlte er deutlich, wie seine Seele nach oben schwebte und auch schließlich im Himmel ankam. Petrus stand an der Eingangtüre und wollte den Bauern einfach hineinschicken. Dieser aber bat, noch einmal auf die Erde hinunter zu dürfen, um sich von seiner Frau und seinen Kindern wenigstens verabschieden zu können. Petrus aber meinte, das ginge nicht, und wer einmal im Himmel sei, den lasse man nicht wieder auf die Welt. Jetzt weinte der Bauer und bat jämmerlich, bis Petrus endlich nachgab. Es gab nämlich nur eine Möglichkeit für den Bauern, die Seinen wiederzusehen, wenn ihn Petrus in ein Tier verwandelte und hinabschickte. So wurde der Bauer zu einer Spinne und spann einen langen Faden, an dem er sich hinunterließ. Als er ungefähr in Schornsteinhöhe über seinem Gehöfte angekommen war und seine Kinder schon auf der Wiese spielen sah, merkte er zu seinem Schrecken, daß er nicht mehr weiterspinnen könnte. Die Angst war natürlich groß, denn er wollte doch gänzlich auf die Erde. Deshalb drückte und drückte er, damit der Faden länger würde. Er drückte aus Leibeskräften – da gab es einen Krach – und der Bauer erwachte. – Ihm war während des Schlafes etwas sehr Menschliches passiert.

Wir begegnen hier dem gesponnenen Faden als einem neuen Symbol des entleerten Kotes, während uns die Psychoanalyse zu dieser Symbolisie-

---

[1] ›Skatologische Erzählungen aus Preussisch-Schlesien‹, von Dr. von Waldheim, *Anthropophyteia*, Bd. 6 [1909], S. 431, Nr. 9.

rung kein Gegenstück liefert, sondern dem Faden eine andere symbolische Bedeutung zuweist. Dieser Widerspruch wird späterhin seine Erledigung finden. Der nächste, reich ausgeschmückte und scharf pointierte Traum ist sozusagen »geselliger«; er geht in die Beschmutzung der Ehefrau aus. Seine Übereinstimmungen mit dem vorstehenden Traum sind aber ganz auffällige. Der Bauer ist zwar nicht gestorben, aber er befindet sich im Himmel, will zur Erde zurückkehren und verspürt die gleiche Verlegenheit, einen genug langen Faden zu »spinnen«, an dem er sich herablassen kann. Diesen Faden schafft er aber nicht als Spinne aus seinem Körper, sondern in weniger phantastischer Weise aus allem, was er zusammenknüpfen kann, und wie der Faden noch immer nicht reicht, raten ihm die Englein direkt zu scheißen, um den Strick durch den Dreck zu verlängern.

Des Bauern Himmelfahrt[1]

Ein Bauer träumte folgendes: Er hatte erfahren, daß im Himmel der Weizen in hohem Preise steht. Da kriegte er Lust, seinen Weizen dorthin zu fahren. Er belud seinen Wagen, spannte das Pferd ein und machte sich auf den Weg. Er fuhr weit dahin, erblickte die Himmelstraße und lenkte hin. So kam er an das Himmeltor, und sieh' da, es stand offen. Er nahm einen direkten Anlauf, um stracks hineinzufahren – kaum hatte er aber den Wagen hingelenkt – schwups! da krachte das Tor zu. Da begann er zu bitten: »Laßt mich hinein, seid so gut.« Die Engel aber ließen ihn nicht hinein, sagten, er habe sich verspätet. Da sah er ein, daß hier kein Geschäft zu machen sei – es war ihm halt nicht beschieden, und so kehrte er um. Doch sieh' da! Der Weg war verschwunden, den er gefahren. Was sollte er da machen? Er wandte sich wieder an die Engel: »Täubchen seid so gut, führt mich zur Erde zurück, wenn's möglich ist, gebt mir einen Weg, damit ich mit dem Gefährt nach Hause gelange.« Die Engel aber sagten: »Nein, Menschenkind, dein Gefährt bleibt hier, und du fahre hinunter wie du willst.« – »Wie werde ich mich da hinablassen, hab' keinen Strick.« – »Such nur etwas, womit du dich hinablassen könntest.« So nahm er halt die Zügel, den Halfter, den Zaum, knüpfte alles aneinander und begann sich hinunterzulassen; er kroch und kroch, blickte hinunter, es fehlte noch viel bis zur Erde. Er kroch wieder zurück und verlängerte das Geknüpfte noch mit dem Gurt und Rückenriemen. Nun begann er wieder hinabzuklettern, und es langte noch immer nicht hinab zur Erde. Er knüpfte dann die Deichsel mit dem Wagengestell (?) an, es war noch zu kurz. Was war da zu tun? Er sann hin und her, und dann meinte er: »Na, ich will's noch mit dem Rock, mit den Hosen, mit dem Hemd und obendrein mit dem Hosenband verlängern.« So machte er's auch, knüpfte alles

---

[1] Tarasevśkyi (1909), S. 196 f. [Nr. 233].

zusammen und kletterte weiter. Am Ende des Hosenbandes angelangt, war es noch immer weit zur Erde. Nun wußte er nicht, was er machen sollte; er hatte nichts mehr zum Weiteranknüpfen, und hinabzuspringen war's gefährlich, er konnte sich das Genick brechen. Bat er wieder die Engel: »Seid so gut, führt mich zur Erde.« Die Engel sagten: »Scheiß, und aus dem Dreck wird ein Strick.« – Er schiß und schiß beinahe eine halbe Stunde, bis er nicht mehr womit zu scheißen hatte (bis er fertig war). Es ward daraus ein langer Strick, und er kletterte an ihm hinab. Er kletterte und kletterte und gelangte an das Ende des Strickes, zur Erde aber war's noch immer weit. Da begann er wieder die Engel zu bitten, sie möchten ihn zur Erde bringen. Die Engel aber sagten: »Nun, jetzt, Menschenkind, brunze und daraus wird eine Seidenschnur!« Der Bauer brunzte, brunzte immer fort, bis er nicht mehr konnte. Er sah, daß daraus wahrhaftig eine Seidenschnur geworden, und er kletterte weiter. Er kletterte und kletterte und gelangte an's Ende, sieh' da! es reichte zur Erde nicht, es fehlten noch 1½–2 Klafter. Er bat die Engel wieder, ihn hinabzuführen. Die Engel aber sagten: »Nein, Bruder, jetzt ist dir nicht zu helfen, jetzt spring nur hinunter!« Der Bauer zappelte unentschlossen, fand nicht den Mut hinabzuspringen, dann aber sah er ein, daß ihm kein anderer Ausweg blieb und plumps! Statt vom Himmel flog er vom Ofen herunter und kam erst mitten in der Stube zur Besinnung. Da wachte er auf und rief: »Weib, Weib, wo bist du?« – Das Weib wachte auf, sie hatte das Gepolter gehört und sagte: »Pfui Teufel über dich, bist du verrückt geworden?« Tastete um sich herum und sah die Bescherung: ihr Mann hatte sie ganz beschissen und bebrunzt. Sie begann zu schimpfen und ihm ordentlich den Kopf zu waschen. Der Bauer sagte: »Was schreist du? Es ist ohnehin ein Verdruß. Das Pferd ist verloren, im Himmel geblieben, und ich wäre bald auch zu Grunde gegangen. Sag, Gott sei Dank, daß ich wenigstens am Leben geblieben.« – »Was schwatzt du da, du bist ganz übergeschnappt; das Pferd ist im Stall, und du warst auf dem Ofen, hast mich ganz besudelt und bist dann hinabgesprungen.« Da faßte sich der Mann, erst jetzt ging ihm ein Licht auf, daß er alles bloß geträumt, und dann erzählte er seinem Weibe den Traum, wie er in den Himmel fuhr und wie er von dort wieder zur Erde gelangte.

Hier drängt uns aber die Psychoanalyse eine Deutung auf, welche die ganze Auffassung dieser Gattung von Träumen verändert. Gegenstände, die sich verlängern, sagt uns die Erfahrung der Traumdeutung, sind durchwegs Symbole für die Erektion.[1] In diesen beiden Schwankträumen liegt der Akzent auf dem Element, daß der Faden nicht lang genug werden will, und auch die Angst ist im Traume gerade daran geknüpft. Der Faden ist

---

[1] [Randbemerkung von Oppenheim:] In einer Geschichte aus der Picardie dient als symbolisches Abbild der Erektion die Verschiebung eines Fingerringes nach abwärts. Je tiefer der Ring sinkt, desto länger – die Analogie wirkt natürlich zaubermächtig – wird der Penis. (*Kryptadia*, Bd. 1 [1883], Nr. 32.)

überdies wie alle seine Analoga (Strick, Seil, Zwirn etc.) ein Symbol des Samens.[1] Der Bauer bemüht sich also, eine Erektion zustande zu bringen, und erst als dies nicht gelingt, wendet er sich zur Kotentleerung. Hinter der exkrementellen Not dieser Träume kommt mit einem Male die sexuelle Not zum Vorschein.

Diese eignet sich aber auch viel besser dazu, die übrigen Inhaltsbestandteile des Traumes zu erklären. Man muß sich sagen, wenn wir annehmen wollen, diese erfundenen Träume seien im wesentlichen korrekt gebildet, so kann die Traumhandlung, in der sie enden, nur eine sinnvolle und von den latenten Gedanken des Träumers beabsichtigte sein. Wenn der Träumer am Ende sein Eheweib bekackt, so muß der ganze Traum dahin zielen und diesen Effekt motivieren. Er kann nichts anderes bedeuten als eine Schmähung, strenge genommen eine Verschmähung des Weibes. Mit dieser ließe sich dann die tiefere Bedeutung der im Traume ausgedrückten Angst leicht in Verbindung bringen.

Die Situation, aus welcher dieser letzte Traum erwächst, können wir nach diesen Andeutungen in folgender Art konstruieren. Den Schläfer überfällt ein starkes erotisches Bedürfnis, welches im Eingang des Traumes in ziemlich deutlichen Symbolen angezeigt ist. (Er hat gehört, daß der Weizen [wohl gleich Samen][2] hoch im Preise steht. Er nimmt einen Anlauf, um mit Pferd und Wagen [Genitalsymbole][3] ins offene Himmelstor einzufahren.) Aber diese libidinöse Regung gilt wahrscheinlich einem nicht erreichbaren Objekt. Das Tor schließt sich, er gibt die Absicht auf und will zur Erde zurückkehren. Das Eheweib, das nahe bei ihm ruht, reizt ihn aber nicht; er bemüht sich vergebens, für sie eine Erektion zu haben. Der Wunsch, sie zu beseitigen, um sie durch eine andere und bessere zu ersetzen, ist im infantilen Sinne ein Todeswunsch. Wer solche Wünsche im Unbewußten gegen eine eigentlich doch geliebte Person hegt, dem wandeln sie sich in Todesangst, Angst um das eigene Leben. Daher in diesen Träumen das Gestorbensein, die Himmelfahrt, die heuchlerische Sehnsucht, Weib und Kinder wiederzusehen. Die enttäuschte sexuelle Libido aber läßt sich auf dem Wege der Regression durch die exkrementelle Wunschregung ablösen, welche das untaugliche Sexualobjekt beschimpft und besudelt.

---

[1] Vgl. Stekel (1911*a*). [S. auch Freuds ›Psychoanalytische Bemerkungen über einen autobiographisch beschriebenen Fall von Paranoia (Dementia paranoides)‹, (1911*c* [1910], *G. W.*, Bd. 8, S. 254; *Studienausgabe*, Bd. 7, S. 149f.).]
[2] [Eckige Klammern im Original.]
[3] [Eckige Klammern wiederum im Original.]

Wenn uns dieser eine Traum eine solche Deutung nahelegt, so kann deren Erweis unter Rücksicht auf die Eigentümlichkeiten des vorliegenden Materials nur gelingen, indem wir dieselbe Deutung auf eine ganze Reihe von inhaltlich verwandten Träumen anwenden. Greifen wir in dieser Absicht auf die früher erwähnten Träume der Situation zurück, daß der Schläfer einen Mann zum Bettgenossen hat. Dann wird uns nachträglich die Beziehung bedeutungsvoll, in welcher das Weib in diesen Träumen auftritt. Der Schläfer, von einer libidinösen Regung befallen, verschmäht den Mann, er wünscht ihn weit weg und ein Weib an seine Stelle. Der Todeswunsch gegen den unerwünschten Bettgenossen wird von der moralischen Zensur natürlich nicht so schwer gestraft wie der gegen die Ehefrau, aber die Reaktion reicht doch hin, um ihn gegen die eigene Person oder auf das gewünschte weibliche Objekt zu wenden. Der Schläfer wird selbst vom Tode geholt, nicht der Mann, sondern das ersehnte Weib ist verstorben. Am Ende aber bricht sich die Verschmähung des männlichen Sexualobjektes in der Besudelung Bahn, und diese wird auch vom anderen wie eine Beschimpfung empfunden und geahndet.

Unsere Deutung paßt also für diese Gruppe von Träumen. Wenn wir nun zu den Träumen mit Besudelung der Frau zurückkehren, so sind wir darauf vorbereitet, daß wir das an dem Mustertraum Vermißte oder nur Angedeutete in anderen ähnlichen Träumen unverkennbar ausgedrückt finden werden.

Im folgenden Defäkationstraum ist die Beschmutzung der Frau nicht betont, aber mit aller Deutlichkeit, soweit es auf symbolischem Wege geschehen kann, ist gesagt, daß die libidinöse Regung einer anderen Frau gilt. Der Träumer will nicht seinen eigenen Acker beschmutzen, sondern will zur Defäkation auf das Feld des Nachbarn.

Du Stick Vieh![1]

Ein Bauer träumte, auf dem Kleeacker bei der Arbeit zu sein. Darüber kam ihn harte Not an, und da er seinen Klee nicht verdrecken wollte, eilte er an den im Nachbargrundstück stehenden Baum, riß die Hosen runter und schmetterte einen Fladen Numero Pfiff auf den Boden. Endlich wie er mit Genuß fertig war, will er sich auch säubern und beginnt, kräftig Gras abzurupfen. Aber was war denn das? Jählings fährt unser Bäuerlein aus dem Schlafe auf und hält sich seine schmerzend

---

[1] ›Deutsche Bauernerzählungen‹, gesammelt im Ober- und Unterelsaß von F. Wernert, *Anthropophyteia*, Bd. 4 [1907], S. 138, Nr. 173.

brennende Wange, an die es eben geklatscht hatte. »Du taub Stickel Vieh«, hört da der zu sich kommende Bauer sein Weib neben ihm im Bett poltern, »bruchsch m'r au noch d'Hoor volls (= vollends) vum Lieb (= Leib) ze ropfe.«

Das Ausrupfen der Haare (des Grases), welches hier die Stelle der Besudelung[1] einnimmt, findet sich im nächsten Traume neben derselben erwähnt. Die psychoanalytische Erfahrung zeigt, daß es aus dem Symbolkreis der Onanie (ausreißen, abreißen) stammt.[2] Der Unterstützung am ehesten bedürftig erschiene in unserer Deutung der Todeswunsch des Träumers gegen sein Weib. Aber in dem nun mitzuteilenden Traum begräbt der Träumer direkt sein, heuchlerisch als Schatz bezeichnetes – Weib, indem er das Gefäß, welches das Gold enthält, in die Erde eingräbt und, wie wir es in den Schatzträumen gewohnt waren, den Kothaufen als Zeichen darauf pflanzt. Während des Grabens arbeitet er mit den Händen in der Vagina seiner Frau.[3]

Der Traum vom Schatz[4]

A Baua håt anmål an fürchtalichn Tram ghåbt. 'S is eahm gråd virkämma, åls obs z' Kriagzeit wa' und de ganze Gegend vo de feindlichn Soldåtn plindert wurt. Er håt åwa an Schåtz ghåbt, um dem eahm so baung wår, das a går net recht aus und ei' damit gewißt håt und wo-er-a 'n eigantli vastecken soll. Endli kummt a drauf, das a 'n in sein' Gårtn vagråbt, wo-r-a reeht a schens Platzl gewußt håt. No ålso, es tramt eahm hålt weida, wie-r-a just aussigeht und zu den Platzl kummt, wo-r-a d'Erde aufgråbn wüll, damit a den großen Kruach ins Loch einistelln kaun. Wie-r-a åwa so nåch an Gråbscheit suacht, findt a rundumadum nix und muaß schließli d' Händ dazua nehma. Er måcht ålso 's Loch mit de bloßn Händ, stellt 'n Plutza mit 'n Geld eini und schitt das Gaunzi wieda mit Erdn zua. Hiatz will a geh, bleibt åwa nomål steh und denkt si: »Waun åwa d' Soldåtn wieda weg san, wia wir' i daun mein Schåtz findn, waun i net a Zoacha hintua?« Und glei fängt a ins Suachn an, suacht ibaråll, obn, unt, hint und vurn, wo-r-a nur kaun, jå er findt hålt nirgands nix, damit a glei immer wußt, wo-r-a sei Geld vagråbn håt. No, då kummt eahm åwa gråd d' Not au. »A«, sågt a zu eahm seba, »'s is a so a guat, waun i drauf scheiß.«

---

[1] [An dieser Stelle steht im Manuskript ein von Oppenheim an den Rand geschriebenes Fragezeichen.]

[2] [Vgl. eine Fußnote in der *Traumdeutung* (1900a), *G. W.*, Bd. 2/3, S. 353, Anm. 9; *Studienausgabe*, Bd. 2, S. 343, Anm. 4.]

[3] [Randbemerkung von Oppenheim:] Bedeutung?

[4] ›Schwänke und Schnurren niederösterreichischer Landleute‹, von A. Riedl, *Anthropophyteia*, Bd. 5 [1908], S. 140f., Nr. 19.

Ziagt natirli d' Hosn glei å und måcht an recht an trum Haufn auf de Stell, w-r-a 'n Plutza rinigstellt håt. Drauf siacht a danebn a Bischl Grås und will 's ausreißn, damit a si awischn kann. Den Momet kriagt a awa so a trum Watschn, das a augnblickli munta wird und gaunz vaduzt dreiguckt. Und glei drauf hert a, wia 'n sei Weib, das gaunz aus 'n Häusl is, anbrüllt: »Du Påtznlippl, Du elendiga, glaubst i muaß ma ållas von Dir gfålln låssn? Z'erscht stierst ma mit Deine zwa Händ in da Fumml um, daun scheißt ma drauf und hiatz willst ma går no d' Håar a davo ausreißn!«

Wir sind mit diesem Traumbeispiel wieder zu den Schatzträumen zurückgekehrt, von denen wir ausgegangen sind, und bemerken, daß jene Defäkationsträume, die von einem Schatz handeln, nichts oder wenig von Todesangst enthalten, wogegen die anderen, in denen die Todesbeziehung direkt ausgesprochen ist (Himmelfahrtsträume), vom Schatze absehen und die Defäkation anders motivieren. Es ist beinahe, als ob die heuchlerische Verwandlung des Weibes in einen Schatz die Bestrafung für den Todeswunsch erspart hätte.[1]

Am deutlichsten wird der Todeswunsch gegen das Weib in einem anderen Himmelfahrtstraum eingestanden, der aber nicht in eine Defäkation auf den Körper des Weibes, sondern in eine sexuelle Vornahme an ihren Genitalien, wie schon im vorigen Traum, ausgeht. Der Träumer verkürzt direkt das Leben des Weibes, um seines zu verlängern, indem er Öl aus ihrer Lebenslampe in die seinige tut. Wie zum Ersatz für diese unverhohlene Feindseligkeit tritt zum Schluß des Traumes etwas wie ein Versuch einer Liebkosung auf.

Das Lebenslicht[2]

Der heilige Petrus erschien einem Manne, als der fest eingeschlafen war, und führte ihn ins Paradies weg. Von Herzen gern willigte der Mann ein und ging mit dem heiligen Petrus. Lange irrten sie im Paradies umher und kamen zu einem großen und geräumigen, dabei sehr schön in Ordnung gehaltenen Wäldchen, allwo auf jedem Baume mehrere Hängelampen brannten. Der Mann fragte den heiligen Petrus, was das hier bedeuten solle. Der heilige Petrus antwortete, das wären Hänge-

---

[1] [Randbemerkung von Oppenheim, der »heuchlerische« unterstrichen hat:] ? Aber der Schatz-Traum des einen Schlafgenossen [S. 586].
[2] Erzählt von einem Gymnasiallehrer in Belgrad nach der Mitteilung einer Bäuerin aus der Gegend von Kragujevac [›Der Geruchsinn in der Vita sexualis‹; Eine Umfrage von Dr. Iwan Bloch (Berlin). Erhebungen von Krauss, Mitrović und Wernert], *Anthropophyteia*, Bd. 4 [1907], S. 255–57, Nr. 10.

lampen, die nur so lange brannten, als da der Mensch lebe, sowie jedoch das Öl verschwände und die Hängelampe verlösche, müßte auch der Mensch sofort versterben. Das hat den sehr interessiert, und er bat den heiligen Petrus, er möge ihn zu seiner Hängelampe hinführen. Der heilige Petrus erhörte die Bitte und geleitete ihn zur Hängelampe seines Weibes hin, und gleich dabei befand sich auch die des Mannes. Der Mann sah, daß in der Hängelampe des Weibes noch viel Öl vorhanden sei, in seiner eigenen aber sehr wenig, und es tat ihm sehr leid, weil er bald sterben müßte, und da bat er den heiligen Petrus, er möchte noch ein wenig Öl in seine Hängelampe zugießen. Der heilige Petrus sagte, Gott schütte da[s] Öl gleich bei der Geburt eines Menschen ein und bestimme jedem die Lebensdauer. Das versetzte den Mann in trübe Stimmung, und er jammerte neben der Hängelampe. Der heilige Petrus sprach zu ihm:»Bleib du jetzt da, ich aber muß weitergehen, ich habe noch zu tun!« – Der Mann freute sich dessen, und kaum rückte der heilige Petrus aus der Sehweite, begann er den Finger in seines Weibes Hängelampe einzutunken und in seine das Öl einzutröpfeln. So tat er es mehrmals, und sobald als der heilige Petrus nahte, fuhr er zusammen, erschrak und erwachte davon, und da merkte er, daß er den Finger in des Weibes Voz eingetunkt und leckend in seinen Mund den Finger abgeträufelt habe.

Anmerkung. Nach einer von einem Handwerker in Sarajevo erzählten Fassung erwachte der Mann nach einer Ohrfeige seiner Ehegattin, die er mit dem Herumbohren in ihrer Scham aufgeweckt. Hier fehlt der heilige Petrus, und statt der Hängelampen brennen Gläser mit Öl. – Nach einer dritten Fassung, die ich von einem Schüler aus Mostar erfahren, zeigt ein ehrwürdiger Greis dem Manne verschiedene brennende Kerzen. Seine ist sehr dünn, die des Weibes riesig dick. Nun beginnt der Mann, um sein Leben zu verlängern, mit brennendem Eifer die dicke Kerze zu belecken. Da kriegt er aber eine gewaltige Watschen.»Daß du ein Vieh bist, das wußte ich, doch daß du ein Ferkel bist, das wußte ich wahrhaftig nicht!« sagte sein Weib zu ihm, da er im Schlaf die Voze beleckte.

Die Geschichte ist außerordentlich weit in Europa verbreitet. [...][1]

Es ist jetzt an der Zeit, uns an den »bösen Traum« jener Frau zu erinnern, die am Ende ihren Mann am Gliede zog, als ob sie es ausreißen wollte. [Vgl. oben, S. 581–83.] Die Deutung, zu welcher wir uns dort veranlaßt sahen, stimmt mit der hier vertretenen Deutung der Defäkationsträume des Mannes völlig zusammen. Aber auch der Traum der unbefriedigten Frau schafft den Mann (und das Kind) als Hindernis für die Befriedigung ungeniert beiseite.

Ein anderer Defäkationstraum, dessen Deutung vielleicht keine volle

---

[1] [Randbemerkung von Oppenheim:] *Kryptadia*, Bd. 5 [1898], S. 15 (ganz ähnlich aus der *Ukraine*).

Sicherheit gestattet, mahnt uns doch, eine gewisse Abänderung in der Absicht dieser Träume zuzulassen, und wirft ein neues Licht auf Träume wie die letzterwähnten und einige noch mitzuteilende, in denen die Traumhandlung in einer Manipulation an den Genitalien des Weibes besteht.

Vor Schrecken[1]

Der Pascha nächtigte beim Begen. Als der Morgen tagte, da lag noch der Beg[2] und mochte nicht aufstehen. Fragt der Beg den Pascha: »Was hat dir geträumt?« – »Ich träumte, auf dem Minaret wäre noch ein Minaret gewesen.« – »Uf, das wäre!« wundert sich der Beg. »Und was hast du noch geträumt?« – »Ich träume«, sagt er, »auf diesem Minaret stünde ein Kupferbecken, im Becken aber wäre Wasser. Der Wind weht, das Kupferbecken wiegt sich. Ja, was hättest du getan, wenn du dies geträumt hättest?« – »Ich hätte mich vor Schrecken sowohl bepißt als beschissen.« – »Und siehst du, ich habe mich bloß bepißt.«

Eine Aufforderung zur symbolischen Deutung dieses Traumes liegt darin, daß sein manifester Inhalt recht unverständlich, die Symbole aber eher aufdringlich klar sind. Warum sollte der Träumer eigentlich erschrecken, wenn er ein Wasserbecken sich auf der Spitze eines Minarets wiegen sieht? Ein Minaret ist aber vortrefflich zum Symbol des Penis geeignet, und das rhythmisch bewegte Wassergefäß scheint ein gutes Symbol des weiblichen Genitales im Koitusakte. Der Pascha hat also einen Koitustraum gehabt, und wenn ihm von seinem Gastgeber zugemutet wird, dabei zu defäzieren, so liegt es nahe, die Deutung darin zu suchen, daß beide alte und impotente Männer sind, bei denen das Alter dieselbe sprichwörtliche Ersetzung der Geschlechtslust durch die exkrementelle Lust hervorgerufen hat, die wir in den anderen Träumen durch die Versagung des geeigneten Sexualobjektes entstanden sahen. Wer nicht mehr koitieren kann, meint das Volk in seiner derben Wahrheitsliebe, dem bleibt noch das Vergnügen am Scheißen; bei dem, können wir sagen, kommt die Analerotik wieder zum Vorschein, die früher da war als die Genitalerotik und durch diese jüngere Regung verdrängt und abgelöst wurde. Die Defäkationsträume konnten also auch Impotenzträume sein.

---

[1] ›Südslavische Volküberlieferungen, die sich auf den Geschlechtverkehr beziehen (IV. Fortsetzung)‹, gesammelt, verdeutscht und erläutert von Dr. Friedrich S. Krauss, *Anthropophyteia*, Bd. 5 [1908], S. 293 f., Nr. 697.
[2] [Hier müßte es wohl »der Pascha« heißen, obgleich sowohl in der deutschen als auch in der slawischen Version der *Anthropophyteia* »der Beg« steht.]

Die Abänderung der Deutung ist nicht so erheblich, wie es auf den ersten Blick scheinen könnte. Auch bei den Defäkationsträumen, deren Opfer das Weib wird, handelt es sich um Impotenz, relative Impotenz allerdings gegen die eine Person, welche ihren Reiz für den Träumer eingebüßt hat. Der Defäkationstraum wird so zum Traum des Mannes, der das Weib nicht mehr befriedigen kann, wie jenes Mannes, den ein Weib nicht mehr befriedigt.

Die nämliche Deutung als Impotenztraum läßt nun auch ein Traum in den *Facetien* des Poggio zu, der sich manifest allerdings als der Traum eines Eifersüchtigen gebärdet, also doch eines Mannes, der seiner Frau nicht zu genügen vermeint.

Der Ring der Treue[1]

Franciscus Philelphus war sehr eifersüchtig auf sein Weib und wurde von der größten Sorge gequält, daß [sie] mit einem andern Mann es hielt, und Tag und Nacht lag er auf der Lauer.

Da uns nun im Traum wiederzukehren pflegt, was uns im Wachen beschäftigt hat, so erschien ihm während seines Schlummers ein Dämon, der sagte ihm, wenn er nach seinem Geheiß täte, würde ihm sein Weib ewig die Treue halten.

Franciscus sagte es ihm im Traume zu, er würde ihm sehr dankbar sein, und versprach ihm noch eine Belohnung.

»Nimm den Ring da«, erwiderte der Dämon, »und trag ihn sorgfältig am Finger. Solang du ihn trägst, kann dein Weib mit keinem andern zusammenliegen, ohne daß du es weißt.«

Wie er froh erregt aufwachte, fühlte er, daß sein Finger in der Voz seines Weibes stecke.

Ein besseres Mittel haben die Eifersüchtigen nicht, so können ihre Weiber nie ohne Wissen der Männer sich von einem andern vornehmen lassen.

Als Quelle[2] dieses Schwankes von Poggio gilt eine Erzählung [des] Rabelais, die, sonst sehr ähnlich, insoferne deutlicher ist, als sie den Ehemann direkt auf seine alten Tage ein junges Weib heimführen läßt, die ihm nun Grund zu eifersüchtigen Befürchtungen gibt.[3]

---

[1] Poggio [Bracciolini] (1905), S. 105, Nr. 133.
[2] [Wohl ein Versehen, denn Poggios *Facetien* waren ungefähr 1470 gedruckt worden, rund fünfundzwanzig Jahre vor Rabelais' Geburt.]
[3] Rabelais (1951 [1532]), Buch II, Kap. 28, S. 139 [= S. 360f. der illustrierten deutschen Ausgabe, die 1961 von der Büchergilde Gutenberg nachgedruckt wurde].

Hans Carvel war ein gelehrter, erfahrener, fleißiger Mann, ein Ehrenmann von gutem Verstand und Urteil, wohlwollend, barmherzig gegen die Armen und ein heiterer Philosoph; zu allem ein wackrer Kumpan, der gern seine Späße machte, ein bißchen wohlbeleibt allerdings und wackelköpfig, aber sonst in allewege gut beeinander. Auf seine alten Tage ehelichte er die Tochter des Amtsmanns Concordat, ein junges, dralles, munteres, artiges und gefälliges Weiblein, bloß eben ein wenig sehr freundlich gegen die Herren Nachbarn und Hausknechte. So kam's, daß er im Verlauf etlicher Wochen eifersüchtig ward wie ein Tiger und argwöhnte, sie möchte sich eines Tages in einer fremden Werkstatt besohlen lassen. Um dem vorzubauen, erzählt' er ihr einen ganzen Schock schöner Historien von den Strafen des Ehebruchs, las ihr oft liebliche Legenden von sittsamen Frauen vor, predigt' ihr das Evangelium der Keuschheit, schrieb ihr ein Büchlein Lobgesänge auf die eheliche Treue, tadelte mit scharfen und eindringlichen Worten die Lüderlichkeit unzüchtiger Eheweiber und schenkt' ihr obendrein noch ein prächtiges Halsband, das rings mit orientalischen Saphiren besetzt war.

Aber dessen ohngeachtet sah er sie also freundlich und zutunlich mit den Nachbarn umgehen, daß seine Eifersucht nur immer mehr anstieg. In einer Nacht nun, da er in so leidvollen Gedanken mit ihr zu Bett lag, träumt' ihm, er spreche mit dem Leibhaftigen und klage ihm seinen Kummer. Aber der Teufel tröstet' ihn, steckt' ihm einen Ring an den Finger und sprach: »Nimm hier diesen Ring; solang du ihn am Finger trägst, wird dein Weib ohne dein Wissen und Wollen von keinem andern fleischlich erkannt werden.« – »Viel tausend Dank, Herr Teufel«, sagte Hans Carvel. »Ich will Mahomet verleugnen, wenn ich je den Ring vom Finger ziehe!« Der Teufel verschwand; Hans Carvel aber erwachte frohen Herzens und fand, daß er den Finger in seiner Frau Wieheißtsdochgleich hatte.

Ich vergaß zu erzählen, wie das Weiblein, da sie's verspürte, mit dem Steiß nach hinten bockte, als wollt' sie sagen: »Halt! nein nein, da herein gehört was anderes!«, was den Hans Carvel bedeucht', als wollt' man ihm seinen Ring abziehen.

Ist das kein unfehlbar Mittel? Glaub' mir, handle nach diesem Vorbild und trag' Sorge, allzeit deines Weibes Ring am Finger zu haben![1]

---

[1] [Fußnote von Freud:] Auf diese Symbolik des Ringes und des Fingers bezieht sich Goethe in einem venetianischen Epigramm (Nr. 65 der *Paralipomena*. Sophienausgabe [Weimar 1910], Bd. 5, II. Abt., S. 381):

»Köstliche Ringe besitz ich! Gegrabne fürtreffliche Steine
Hoher Gedanken und Styls fasset ein lauteres Gold.
Theuer bezahlt man die Ringe geschmückt mit feurigen Steinen
Blinken hast du sie oft über dem Spieltisch gesehn.
Aber ein Ringelchen kenn ich, das hat sich anders gewaschen
Das Hans Carvel einmal traurig im Alter besaß.
Unklug schob er den kleinsten der zehen Finger ins Ringchen,
Nur der größte gehört würdig, der eilfte, hinein.«

Der Teufel, der wie in den Schatzträumen hier als Ratgeber auftritt, läßt wohl einiges von den latenten Gedanken des Träumers erraten. Er sollte wohl ursprüglich das ungetreue, schwer zu bewachende Weib »holen«[1]; er zeigt dann im manifesten Traum das unfehlbare Mittel, wie man es dauernd bewahren kann. Auch hierin erkennen wir eine Analogie mit dem Beseitigungs-(Todes-)Wunsch der Defäkationsträume.

Wir wollen diese kleine Sammlung beschließen, indem wir in lockerem Zusammenhange einen Lotterietraum anfügen, welcher unsere vorhin [S. 583] geäußerte Vermutung, die Lotterie symbolisiere die Eheschließung, unterstützen kann.

Es gab eine Reue, doch gab's kein Zurück[2]

Ein Kaufmann hatte einen wunderlichen Traum. Er träumte, daß er einen weiblichen Arsch mit allem Zugehör gesehen. Auf der einen Hälfte stand die Ziffer 1, auf der zweiten 3. Der Kaufmann hatte noch vorher im Sinne, ein Lotterielos zu kaufen. Dieses Taumbild deucht ihm eine Glückverkündigung. Ohne die neunte Stunde abzuwarten, lief er gleich in der Früh ins Bankgeschäft, um das Los zu kaufen. Er kam dort an, und ohne sich lange zu besinnen, verlangte er das Los No. 13, diejenigen Zahlen, die er im Traume gesehen. Nachdem er das Los gekauft, verging kein Tag, an dem er nicht in allen Zeitungen nachgesehen hätte, ob sein Los gewonnen. Nach einer Woche, nein spätestens nach etwa anderthalb, bekommt man die Ziehungsliste. Wie er nun nachschaut, sieht er, daß seine Nummer nicht gezogen worden, wohl aber die Nummer 103, Serie 8, und die gewann 200000 Rubel. Der Kaufmann hätte sich beinahe die Haare ausgerauft. »Ich muß mich wohl geirrt haben, es ist etwas nicht richtig.« Er war ganz aus dem Häuschen, er ward beinahe trübsinnig und begriff nicht, was das bedeutete, daß er so einen Traum gesehen. Dann beschloß er mit seinem Freunde die Sache zu erörtern, ob dieser ihm nicht (das Pech) erklären könnte. Er begegnete dem Freunde, erzählte ihm alles haarklein. Dann sagte der Freund: »Ach, du Einfaltspinsel. Hast du denn nicht am Arsch zwischen der Nummer 1 und 3 die Null bemerkt? ...« – »A-a-ah! der Teufel hol's, ich bin gar nicht darauf verfallen, daß der Arsch die Null vorstellte.« – »Aber es war doch ganz klar und deutlich, du hast nur nicht die Losnummer richtig herausgefunden, und die Nummer 8 der Serie – das stellte die Voz vor, die ist der Ziffer 8 ähnlich.« Und es gab eine Reue, doch gab's kein Zurück.

---

[1] [Im Manuskript steht hier am Rand ein Fragezeichen von Oppenheim.]
[2] Tarasevśkyi (1909), S. 40 [Nr. 63].

Unsere Absicht bei der Abfassung dieser kleinen Arbeit war eine zweifache. Wir wollten einerseits mahnen, daß man sich durch die oft abstoßend schmutzige und indezente Art des volkstümlichen Materials nicht abhalten lassen solle, in demselben nach wertvollen Bestätigungen für die psychoanalytischen Auffassungen zu suchen. So konnten wir diesmal feststellen, daß das Folklore Traumsymbole in der nämlichen Weise deutet wie die Psychoanalyse und daß es im Gegensatz zu laut ausgesprochenen volkstümlichen Meinungen eine Gruppe von Träumen auf aktuell gewordene Bedürfnisse und Wünsche zurückführt. Anderseits möchten wir aussprechen, daß man dem Volke unrecht tut, wenn man annimmt, daß es diese Art der Unterhaltung nur zur Befriedigung der gröbsten Gelüste pflegt. Es scheint vielmehr, daß sich hinter diesen häßlichen Fassaden seelische Reaktionen auf ernst zu nehmende, ja traurig stimmende Lebenseindrücke verbergen, denen sich der Mann aus dem Volke nur nicht ohne einen groben Lustgewinn hingeben will.

Anhang:

Brief an D. E. Oppenheim[1]
(1958 [1909])

Prof. Dr. Freud

28. Oktober 1909
Wien, IX., Berggasse 19

Sehr geehrter Herr Doktor,

Sie überraschen mich mit einer Zusendung, in welcher mehrere angestrichene Stellen an mir bekannte Dinge anklingen und die mich sonst von neuem – wie so oft – bedauern läßt, daß zu meiner Kenntnis der Alten seit den Gymnasialzeiten so wenig hinzugekommen ist. Sie versehen den Abdruck mit einer Widmung, die ich als höchst bedeutsam noch erkenne. Wundern Sie sich also nicht, wenn ich neugierig anfrage, wie ich zu der mir erwiesenen Ehrung gekommen bin und ob ich einen Leser meiner Arbeiten in Ihnen erkennen darf, der durch alles Einzelwerk hindurch den tieferen Sinn derselben erraten hat?

Seit längerer Zeit verfolgt mich die Idee, daß unsere Studien über den Inhalt der Neurosen berufen sein könnten, die Rätsel der Mythenbildung aufzuklären, und daß der Kern der Mythologie kein anderer ist, als was wir den »Kernkomplex der Neurose« nennen, wie ich ihn unlängst in der Analyse der Phobie eines fünfjährigen Knaben bloßlegen konnte.[2] Zwei meiner Schüler, Abraham in Berlin und O. Rank in Wien, haben den Ver-

---

[1] [Der deutsche Originalwortlaut wurde erstmals in Freud und Oppenheim, *Dreams in Folklore*, New York 1958, S. 15 f., veröffentlicht, zusammen mit einem Faksimile des Briefs, gegenüber von S. 16 und 17, und einer englischen Übersetzung, ibid., S. 13 f. Der hier vorliegende ist der erste Nachdruck des deutschen Originals. Als Textvorlage diente das Faksimile in der Erstveröffentlichung.]

[2] [Gemeint ist der Fall des »kleinen Hans« (1909*b*), in dem interessanterweise der Ausdruck »Kernkomplex der Neurose« nicht vorkommt. Auch den Terminus, der später das

such gewagt, ins mythologische Gebiet einzufallen und dort mit Hilfe der psychoanalytischen Technik und Gesichtspunkte Eroberungen zu machen.[1] Aber wir sind Dilettanten und haben allen Grund, uns vor Irrtümern zu fürchten. Uns fehlt der Schulsack, die Vertrautheit mit dem Material. Wir schauen darum nach einem Forscher aus, der die umgekehrte Entwicklung genommen hat, der die Sachkenntnis besitzt und unser psychoanalytisches Rüstzeug, das wir ihm gerne zur Verfügung stellen, dazu annehmen will, einen eingeborenen Forscher sozusagen, der ganz anderes wird leisten können als die ortsfremden Eindringlinge.

Äquivalent des »Kernkomplexes« wurde und ihn zumeist ersetzte: den des »Ödipus-Komplexes« (den Freud indessen erst im ersten seiner ›Beiträge zur Psychologie des Liebeslebens‹, 1910*h*, einführte), finden wir dort nicht, obgleich der »kleine Hans« zweimal ein »kleiner Ödipus« genannt wird (vgl. *G. W.*, Bd. 8, S. 332 und S. 345; *Studienausgabe*, Bd. 8, S. 86 und S. 96). Indessen gehen die Tragweite der beiden Ausdrücke und ihre Bedeutung für Freuds Ansichten über den Fall des »kleinen Hans« aus einer Passage in *Totem und Tabu* (1912–13) klar hervor. Im Zusammenhang gerade mit dem Fall des »kleinen Hans« schreibt Freud im letzten, von 1913 stammenden Essay: »Er befand sich also in jener typischen Einstellung des männlichen Kindes zu den Eltern, welche wir als den ›Ödipuskomplex‹ bezeichnen und in der wir den Kernkomplex der Neurosen überhaupt erkennen.« (*G. W.*, Bd. 9, S. 156 f.; *Studienausgabe*, Bd. 9, S. 414.) – Zur Zeit der Niederschrift des vorliegenden Briefs an Oppenheim benutzte Freud indessen allein den Ausdruck »Kernkomplex der Neurosen«, und zwar in einem etwas weiteren Sinn, wie ein Zitat aus seiner gleichzeitig entstandenen Falldarstellung des »Rattenmanns« (1909*d*) belegt: »Der Inhalt des kindlichen Sexuallebens besteht in der autoerotischen Betätigung der vorherrschenden Sexualkomponenten, in Spuren von Objektliebe und in der Bildung jenes Komplexes, den man den *Kernkomplex der Neurosen* nennen könnte, der die ersten zärtlichen wie feindseligen Regungen gegen Eltern und Geschwister umfaßt, nachdem die Wißbegierde des Kleinen, meist durch die Ankunft eines neuen Geschwisterchens, geweckt worden ist.« (*G. W.*, Bd. 8, S. 428, Anm.; *Studienausgabe*, Bd. 7, S. 74, Anm.) – Es sei angemerkt, daß diese erweiterte Anwendung des Begriffs gelegentlich auch noch mitschwingt, wenn Freud seinen späteren Terminus verwendet. Vgl. seine Vorrede zu Reiks *Ritual* (1919*g*): »Der Ödipus-Komplex, d. i. die affektive Einstellung zur Familie, im engeren Sinne zu Vater und Mutter, ist jener Stoff, an dessen Bewältigung der einzelne Neurotiker scheitert und der darum regelmäßig den Kern seiner Neurose bildet.« (*G. W.*, Bd. 12, S. 327 f.)]

[1] [Ranks *Mythus von der Geburt des Helden* wurde 1909 veröffentlicht und enthielt auch einen kurzen Beitrag Freuds, nämlich die Studie ›Der Familienroman der Neurotiker‹ (1909*c*). Abrahams Buch *Traum und Mythus* erschien im gleichen Jahr. Freud bezieht sich auf diese Arbeiten und die Leistungen ihrer Autoren auf dem Gebiet der angewandten Psychoanalyse in seiner ›Geschichte der psychoanalytischen Bewegung‹ (1914*d*), vgl. *G. W.*, Bd. 10, S. 76. Vgl. auch einige Bemerkungen Freuds in seinem 1912 geschriebenen, ursprünglichen Vorwort zu *Totem und Tabu*, abgedruckt im vorliegenden Band, S. 743–45, unten.]

Sollten Sie dieser ersehnte Mann sein wollen? Was wissen Sie von der Psychoanalyse? Und haben Sie Muße und Neigung, zu dem angegebenen Zwecke weiter in sie einzudringen?

Verzeihen Sie, wenn ich mich geirrt und Zeichen überdeutet habe.

In der Erwartung, von Ihnen zu hören,

Ihr in Hochachtung ergebener
Freud

Nachträge zur Traumdeutung[1]
(1911)

Einige Beispiele von Traumsymbolen

Unter den vielen Einwendungen gegen die psychoanalytische Praxis die befremdendste, und wenn man so sagen darf: die ignoranteste, scheint mir der Zweifel an der Existenz der Symbolik im Traum und im Unbewußten, da niemand, der psychoanalytisch arbeitet, auf die Annahme einer solchen Symbolik verzichten kann und da für den Traum die Auflösung durch Symbole seit den ältesten Zeiten geübt wird. Hingegen sind wir bereit zuzugeben, daß der Erweis dieser Symbolik mit besonderer Strenge erfolgen soll, um der hier herrschenden Mannigfaltigkeit gerecht zu werden.

Im folgenden habe ich einige Beispiele aus meiner jüngsten Erfahrung zusammengestellt, in denen mir die Lösung durch ein bestimmtes Symbol besonders einleuchtend erschien. Der Traum erhält dann einen Sinn, den er sonst niemals haben könnte, findet seine Einreihung in den Gedanken-

---

[1] [Dieser Text wurde zuerst im *Zentralblatt für Psychoanalyse*, Bd. 1 (1911), S. 187–92, veröffentlicht. Von ihrer dritten Auflage an wurden große Teile daraus in *Die Traumdeutung* (1900a) übernommen, und zwar in Kapitel VI (E) und (F) (*G. W.*, Bd. 2/3, S. 365 bis 370 und S. 412f.; *Studienausgabe*, Bd. 2, S. 354–59 und S. 397f.). Im dortigen Nachdruck ließ Freud den einleitenden Abschnitt ›Einige Beispiele von Traumsymbolen‹ fort (von »Unter den vielen Einwendungen« bis »jedesmal scharf zu sondern gesucht«) sowie die kurze, mit ›Einige seltenere Traumdarstellungen‹ betitelte Passage (von »Als einen die Traumbildung« bis »solcher Darstellungen angibt«). Diese beiden Auslassungen sind in Bd. 2 der *Studienausgabe*, S. 354f., als Fußnote nachgedruckt worden. – Als Textvorlage diente uns eine Photokopie des Erstdrucks.]

zusammenhang des Träumers und wird von dem Analysierten selbst als gedeutet anerkannt.

Zur Technik bemerke ich, daß gerade bei den symbolischen Elementen der Träume die assoziierten Einfälle des Träumers zu versagen pflegen, so daß dies Verhalten an sich zum Versuch einer symbolischen Deutung anregt. In der Darstellung der wenigen ausgewählten Traumbeispiele habe ich mein eigenes Eingreifen und die selbständige Arbeit des Patienten (und Träumers) jedesmal scharf zu sondern gesucht.

1.

Der Hut als Symbol des Mannes
(des männlichen Genitales)

(Teilstück aus dem Traum einer jungen, infolge von Versuchungsangst agoraphobischen Frau)

»Ich gehe im Sommer auf der Straße spazieren, trage einen Strohhut von eigentümlicher Form, dessen Mittelstück noch oben aufgebogen ist, dessen Seitenteile nach abwärts hängen (Beschreibung hier stockend), und zwar so, daß der eine tiefer steht als der andere. Ich bin heiter und in sicherer Stimmung, und wie ich an einem Trupp junger Offiziere vorbeigehe, denke ich mir: Ihr könnt mir alle nichts anhaben.«

Da sie zu dem Hut im Traume keinen Einfall produzieren kann, sage ich ihr: Der Hut ist wohl ein männliches Genitale mit seinem emporgerichteten Mittelstück und den beiden herabhängenden Seitenteilen. Daß der Hut ein Mann sein soll, ist vielleicht sonderbar, aber man sagt ja auch: »Unter die Haube kommen!« Absichtlich enthalte ich mich der Deutung jenes Details über das ungleiche Herabhängen der beiden Seitenteile, obwohl gerade solche Einzelheiten in ihrer Determinierung der Deutung den Weg weisen müssen. Ich setze fort: Wenn sie also einen Mann mit so prächtigem Genitale hat, braucht sie sich vor den Offizieren nicht zu fürchten, d. h. nichts von ihnen zu wünschen, da sie sonst wesentlich durch ihre Versuchungsphantasien vom Gehen ohne Schutz und Begleitung abgehalten wird. Diese letztere Aufklärung ihrer Angst hatte ich ihr schon zu wiederholten Malen, auf anderes Material gestützt, geben können.

Es ist nun sehr beachtenswert, wie sich die Träumerin nach dieser Deutung benimmt. Sie zieht die Beschreibung des Hutes zurück und will nicht gesagt haben, daß die beiden Seitenteile nach abwärts hängen. Ich bin des

Gehörten zu sicher, um mich beirren zu lassen, und beharre dabei. Sie schweigt eine Weile und findet dann den Mut zu fragen, was es bedeute, daß bei ihrem Manne ein Hode tiefer stehe als der andere, und ob es bei allen Männern so sei. Damit war dies sonderbare Detail des Hutes aufgeklärt und die ganze Deutung von ihr akzeptiert.

Das Hutsymbol war mir längst bekannt, als mir die Patientin diesen Traum mitteilte. Aus anderen, aber minder durchsichtigen Fällen glaubte ich zu entnehmen, daß der Hut auch für ein weibliches Genitale stehen kann.[1]

2.
Das Kleine ist das Genitale – das Überfahrenwerden ist ein Symbol des Geschlechtsverkehrs

(Ein anderer Traum derselben agoraphobischen Patientin)

»Ihre Mutter schickt ihre kleine Tochter weg, damit sie allein gehen muß. Sie fährt dann mit der Mutter in der Eisenbahn und sieht ihre Kleine direkt auf den Schienenweg zugehen, so daß sie überfahren werden muß. Man hört die Knochen krachen (dabei ein unbehagliches Gefühl, aber kein eigentliches Entsetzen). Dann sieht sie sich aus den Waggonfenstern um, ob man nicht hinten die Teile sieht. Dann macht sie ihrer Mutter Vorwürfe, daß sie die Kleine allein hat gehen lassen.« *Analyse:* Die vollständige Deutung des Traumes ist hier nicht leicht zu geben. Er stammt aus einem Zyklus von Träumen und kann nur im Zusammenhange mit diesen anderen voll verstanden werden. Es ist eben nicht leicht, das für den Erweis der Symbolik benötigte Material genügend isoliert zu bekommen. – Die Kranke findet zuerst, daß die Eisenbahnfahrt historisch zu deuten ist, als Anspielung auf eine Fahrt von einer Nervenheilanstalt weg, in deren Leiter sie natürlich verliebt war. Die Mutter holte sie von dort ab, der Arzt erschien auf dem Bahnhof und überreichte ihr einen Strauß Blumen zum Abschied; es war ihr unangenehm, daß die Mutter Zeugin dieser Huldigung sein mußte. Hier erscheint also die Mutter als Störerin ihrer Liebesbestrebungen, welche Rolle der strengen Frau während ihrer Mädchenjahre wirklich zugefallen war. – Der nächste Einfall bezieht sich auf den Satz: sie sieht

---

[1] [Freud versucht in einer späteren Arbeit (1916 c) eine Erklärung des Hutsymbolismus (*G. W.*, Bd. 10, S. 394). Vgl. auch die Anm. 2 auf der folgenden Seite.]

sich um, ob man nicht die Teile von hinten sieht. In der Traumfassade müßte man natürlich an die Teile des überfahrenen und zermalmten Töchterchens denken. Der Einfall weist aber nach ganz anderer Richtung. Sie erinnert, daß sie einmal den Vater im Badezimmer nackt von rückwärts gesehen, kommt auf die Geschlechtsunterschiede zu sprechen und hebt hervor, daß man beim Manne die Genitalien noch von rückwärts sehen könne, beim Weibe aber nicht. In diesem Zusammenhange deutet sie nun selbst, daß das Kleine das Genitale sei, ihre Kleine (sie hat eine vierjährige Tochter) ihr eigenes Genitale. Sie macht der Mutter den Vorwurf, daß sie verlangt hätte, sie solle so leben, als ob sie kein Genitale hätte, und findet diesen Vorwurf in dem einleitenden Satz des Traumes wieder: die Mutter schickt ihre Kleine weg, damit sie allein gehen müsse[1]. In ihrer Phantasie bedeutet das Alleingehen auf der Straße: keinen Mann, keine sexuelle Beziehung haben (coire = zusammengehen), und das mag sie nicht. Nach allen ihren Angaben hat sie wirklich als Mädchen unter der Eifersucht der Mutter infolge ihrer Bevorzugung durch den Vater gelitten.

Das »Kleine« ist als Symbol des (männlichen oder weiblichen) Genitales von Stekel angegeben worden[2], der sich hierbei auf einen sehr verbreiteten Sprachgebrauch berufen konnte. –

Die tiefere Deutung dieses Traumes ergibt sich aus einem anderen Traum derselben Nacht, in dem sie sich mit ihrem Bruder identifiziert. Sie war wirklich ein bubenhaftes Mädel, mußte oft hören, daß an ihr ein Bub verlorengegangen sei. In dieser Identifizierung mit dem Bruder wird es dann besonders klar, daß das »Kleine« das Genitale bedeutet. Die Mutter droht ihm (ihr) mit der Kastration, die nichts anderes als Bestrafung für das Spielen mit dem Gliede sein kann, und somit zeigt die Identifizierung, daß sie selbst als Kind onaniert hat, was ihre Erinnerung bisher nur vom Bruder bewahrt hatte. Eine Kenntnis des männlichen Genitales, die ihr später verlorenging, muß sie nach den Angaben dieses zweiten Traumes damals früh erworben haben. Ferner deutet der zweite Traum auf die infantile Sexualtheorie hin, daß die Mädel durch Kastration aus Buben hervorgehen.[3]

---

[1] [So in der Erstveröffentlichung im *Zentralblatt für Psychoanalyse*; in *G. W.*, Bd. 2/3, S. 367, wie auch in der *Studienausgabe*, Bd. 2, S. 357, steht statt dessen: »mußte«.]

[2] Stekel (1909), S. 473. – Ebendort, S. 475, wird auch ein Traum mitgeteilt, in welchem der Hut mit schiefstehender Feder in der Mitte den (impotenten) Mann symbolisiert. [Nach 1911 wurde der Satz (»Das ›Kleine‹...«) im obigen Text entfernt und die Anmerkung ans Ende von Beispiel 1, ›Der Hut‹, oben, S. 606, gerückt.]

[3] [Vgl. Freud, 1908c.]

Nachdem ich ihr diese Kindermeinung vorgetragen, findet sie sofort eine Bestätigung hiefür in der Kenntnis der Anekdote, daß der Bub das Mädel fragt: »Abgeschnitten?«, worauf das Mädel antwortet: »Nein, immer so g'west.«

Das Wegschicken der Kleinen, des Genitales, im ersten Traum bezieht sich also auch auf die Kastrationsdrohung. Endlich grollt sie der Mutter, daß sie sie nicht als Knaben geboren hat.

Daß das »Überfahrenwerden« sexuellen Verkehr symbolisiert, würde aus diesem Traume nicht evident, wenn man es nicht aus zahlreichen anderen Quellen sicher wüßte.

3.
Darstellung des Genitales durch Gebäude,
Stiegen, Schachte.[1]

(Traum eines durch seinen Vaterkomplex gehemmten jungen Mannes)

»Er geht mit seinem Vater an einem Ort spazieren, der gewiß der Prater ist, denn man sieht die *Rotunde*, vor dieser einen kleineren *Vorbau*, an dem ein *Fesselballon* angebracht ist, der aber ziemlich *schlaff* scheint. Sein Vater fragt ihn, wozu das alles ist; er wundert sich darüber, erklärt es ihm aber. Dann kommen sie in einen Hof, in dem eine große Platte von Blech ausgebreitet liegt. Sein Vater will sich ein großes Stück davon *abreißen*, sieht sich aber vorher um, ob es nicht jemand bemerken kann. Er sagt ihm, er braucht es doch nur dem Aufseher zu sagen, dann kann er sich ohne weiteres davon nehmen. Aus diesem Hof führt eine *Treppe* in einen *Schacht* herunter, dessen Wände weich ausgepolstert sind, etwa wie ein Lederfauteuil. Am Ende dieses Schachtes ist eine längere Plattform, und dann beginnt ein neuer *Schacht*...«

Analyse: Dieser Träumer gehörte einem therapeutisch nicht günstigen Typus von Kranken an, die bis zu einem gewissen Punkt der Analyse überhaupt keine Widerstände machen und sich von da an fast unzugänglich erweisen. Diesen Traum deutete er fast selbständig. Die Rotunde, sagte er, ist mein Genitale, der Fesselballon davor mein Penis, über dessen Schlaffheit ich zu klagen habe. Man darf also eingehender übersetzen, die Rotun-

---

[1] [Diesen Traum samt Deutung übernahm Freud in seine *Vorlesungen zur Einführung in die Psychoanalyse* (1916–17), 12. Vorlesung, Nr. 7.]

de sei das – vom Kind regelmäßig zum Genitale gerechnete – Gesäß, der kleinere Vorbau der Hodensack. Im Traum fragt ihn der Vater, was das alles ist, d. h. nach Zweck und Verrichtung der Genitalien. Es liegt nahe, diesen Sachverhalt umzukehren, so daß er der fragende Teil wird. Da eine solche Befragung des Vaters in Wirklichkeit nie stattgefunden hat, muß man den Traumgedanken als Wunsch auffassen oder ihn etwa konditionell nehmen: »Wenn ich den Vater um sexuelle Aufklärung gebeten hätte«. Die Fortsetzung dieses Gedankens werden wir bald an anderer Stelle finden.

Der Hof, in dem das Blech ausgebreitet liegt, ist nicht in erster Linie symbolisch zu fassen, sondern stammt aus dem Geschäftslokal des Vaters. Aus Gründen der Diskretion habe ich das »Blech« für das andere Material, mit dem der Vater handelt, eingesetzt, ohne sonst etwas am Wortlaut des Traumes zu ändern. Der Träumer ist in das Geschäft des Vaters eingetreten und hat an den eher unkorrekten Praktiken, auf denen der Gewinn zum guten Teile beruht, gewaltigen Anstoß genommen. Daher dürfte die Fortsetzung des obigen Traumgedankens lauten: »(Wenn ich ihn gefragt hätte), würde er mich betrogen haben, wie er seine Kunden betrügt.« Für das *Abreißen*, welches der Darstellung der geschäftlichen Unredlichkeit dient, gibt der Träumer selbst die zweite Erklärung, es bedeute die Onanie. Dies ist uns nicht nur längst bekannt (siehe Traumdeutung), sondern stimmt auch sehr gut dazu, daß das Geheimnis der Onanie durch das Gegenteil ausgedrückt ist (man darf es ja offen tun). Es entspricht dann allen Erwartungen, daß die onanistische Tätigkeit wieder dem Vater zugeschoben wird wie die Befragung der ersten Traumszene. Den Schacht deutet er sofort unter Berufung auf die weiche Polsterung der Wände als Vagina. Daß das Herabsteigen, wie sonst das Aufsteigen, den Koitusverkehr in der Vagina beschreiben will, setze ich aus anderer Kenntnis ein (vgl. dies *Zentralblatt*, No 1).[1]

Die Einzelheiten, daß auf den ersten Schacht eine längere Plattform folgt und dann ein neuer Schacht, erklärt er selbst biographisch. Er hat eine Zeitlang koitiert, dann den Verkehr infolge von Hemmungen aufgegeben und hofft ihn jetzt mit Hilfe der Kur wieder aufnehmen zu können. Der Traum wird aber gegen Ende undeutlicher, und dem Kundigen muß es plausibel erscheinen, daß sich schon in der zweiten Traumszene der Ein-

---

[1] [Der Hinweis bezieht sich auf Freud, 1910 *d*; die entsprechende Passage wird von 1911 an auch in der *Traumdeutung* zitiert; *G. W.*, Bd. 2/3, S. 360, Anm.; *Studienausgabe*, Bd. 2, S. 349 f., Anm.]

fluß eines anderen Themas geltend mache, auf welches das Geschäft des Vaters, sein betrügerisches Vorgehen, die erste als Schacht dargestellte Vagina deuten, so daß man eine Beziehung auf die Mutter annehmen könnte.

Im ganzen gehört dieser Traum zu der nicht seltenen Gruppe »biographischer« Träume, in denen der Träumer in Form einer fortlaufenden Erzählung eine Übersicht über sein Sexualleben gibt. (Vgl. das Beispiel S. 249 der *Traumdeutung*, 2. Aufl.)[1] Wie häufig Gebäude, Örtlichkeiten, Landschaften zur symbolischen Darstellung des Körpers und vor allem immer wieder der Genitalien verwendet werden, wäre wirklich einer zusammenfassenden, durch zahlreiche Beispiele erläuterten Abhandlung wert.

Einige seltenere Traumdarstellungen

Als einen die Traumbildung beeinflussenden Faktor habe ich die »Rücksicht auf Darstellbarkeit« angeführt. In der Umformung eines Gedankens bis auf ein visuelles Bild zeigt sich eine besondere Fähigkeit der Träumer, welcher der Analytiker nur selten durch sein Erraten nahekommt, so daß er recht zufrieden ist, wenn ihm der Träumer und Urheber durch intuitive Einsicht die Bedeutung solcher Darstellungen angibt.

1. Eine Patientin erzählt einen Traum, in welchem alle handelnden Personen besonders groß waren. Das will heißen, setzt sie hinzu, daß es sich um eine Begebenheit aus meiner frühen Kindheit handeln muß, denn damals sind mir natürlich alle Erwachsenen so ungeheuer groß erschienen. Ihre eigene kleine Person trat in diesem Trauminhalt nicht auf.

Die Verlegung in die Kindheit wird in anderen Träumen auch anders ausgedrückt, indem Zeit in Raum übersetzt wird. Man sieht die betreffenden Personen und Szenen wie weit entfernt am Ende eines langen Weges oder so, als ob man sie durch ein verkehrt gehaltenes Opernglas betrachten würde.

2. Ein im Wachleben zu abstrakter und unbestimmter Ausdrucksweise geneigter Mann, sonst mit gutem Witz begabt, träumt in gewissem Zusam-

---

[1] [Dies entspricht in *G. W.*, Bd. 2/3, S. 352–54; in der *Studienausgabe*, Bd. 2, S. 342 f.]

menhange, daß er auf einem Bahnhof gehe, wie eben ein Zug ankomme. Dann werde aber der *Perron an den stehenden Zug angenähert*, also eine absurde Umkehrung des wirklichen Vorgangs. Dieses Detail ist auch nichts anderes als ein Index, der daran mahnt, daß etwas anderes im Trauminhalt umgekehrt werden solle. Die Analyse desselben Traumes führt zu Erinnerungen an Bilderbüchern, in denen Männer dargestellt waren, die auf dem Kopfe standen und auf den Händen gingen. Es ist bemerkenswert, wie häufig die Umkehrung gerade in Träumen benötigt wird, die von verdrängten homosexuellen Regungen eingegeben werden.

[3.] Derselbe Träumer berichtet ein anderes Mal von einem kurzen Traum, der fast an die Technik eines Rebus erinnert. Sein Onkel gibt ihm im Automobil einen Kuß. Er fügt unmittelbar die Deutung hinzu, die ich nie gefunden hätte: das heiße *Autoerotismus*. Ein Scherz im Wachen hätte ebenso lauten können.[1]

---

[1] [Dieser Traum wird in einer etwas anderen Formulierung in der 15. der *Vorlesungen* (1916–17) berichtet: *G. W.*, Bd. 11, S. 242; *Studienausgabe*, Bd. 1, S. 237.]

Nachfrage des Herausgebers über Kindheitsträume[1]
(1912)

Ich bitte die analytisch tätigen Kollegen, bei ihren Patienten solche Träume, deren Deutung zum Schlusse berechtigt, daß *die Träumer in frühen Kinderjahren Zuschauer sexuellen Verkehrs gewesen sind*, zu sammeln und sorgfältig zu analysieren. Es bedarf gewiß nur einer Andeutung, um verstehen zu lassen, daß diesen Träumen ein ganz besonderer Wert in mehr als einer Hinsicht zukommt. Es können als beweisend natürlich nur solche Träume in Betracht kommen, die in den Kinderjahren selbst vorgefallen sind und aus ihnen erinnert werden.

Freud.

---

[1] [Diese Notiz erschien, mit Freuds Namen signiert, im Frühherbst 1912 im *Zentralblatt für Psychoanalyse*, Bd. 2 (1912), S. 680, unter der Rubrik ›Offener Sprechsaal‹. Freuds Interesse am Gegenstand war offensichtlich durch den Wolfstraum geweckt worden, ein zentrales Stück in der Fallgeschichte des »Wolfsmanns«. Die Analyse jenes reichen jungen Russen dauerte zunächst von Februar 1910 bis Juli 1914, obwohl die Fallgeschichte erst 1918 veröffentlicht wurde. (›Aus der Geschichte einer infantilen Neurose‹ 1918 *b* [1914].) Die vorliegende Notiz ist der erste veröffentlichte Hinweis auf Freuds Interesse an diesem Fall. – Als Textvorlage diente eine Photokopie des Erstdrucks.]

Kindheitsträume mit spezieller Bedeutung[1]
(1913)

Im Sprechsaal des *Zentralblattes für Psychoanalyse*, II. Jahrg., Heft 12, S. 680, ersuchte ich die Kollegen »um Veröffentlichung solcher, in der Kindheit vorgefallener Träume, deren Deutung zum Schlusse berechtigt, daß die Träumer in frühen Kinderjahren Zuschauer sexuellen Verkehrs gewesen sind«. Ich danke nun Frau Dr. Mira Gincburg in Breitenau-Schaffhausen für den ersten Beitrag, der den angeführten Bedingungen zu entsprechen scheint. Die kritische Würdigung dieses Traumes möchte ich verschieben, bis sich ein größeres Material in Vergleichung ziehen läßt.

Freud.

---

[1] [Diese an die vorherige anknüpfende Notiz wurde Anfang 1913 veröffentlicht (*Internationale Zeitschrift für ärztliche Psychoanalyse*, Bd. 1, 1913, S. 79). Ihr folgte Dr. Gincburgs Darstellung des betreffenden Traums. Ein ähnlicher Traum wurde später im Jahr von Eduard Hitschmann (1913) mitgeteilt, jedoch gibt es keine weiteren Äußerungen Freuds zum Thema. – Als Textvorlage diente eine Photokopie des Erstdrucks.]

Erfahrungen und Beispiele aus der analytischen Praxis
(1913)

Editorische Vorbemerkung

1913 *Internationale Zeitschrift für ärztliche Psychoanalyse*, Bd. 1, Nr. 4, S. 377–82 (Nr. 1, 2, 3, 4, 9, 10, 13, 15, 19, 20, 21 und 22 von Freud).

1928 *G. S.*, Bd. 11, S. 301–03 (Einführung und Nr. 13, 15, 19 und 22).

1931 Sigmund Freud, *Schriften zur Neurosenlehre und zur psychoanalytischen Technik (1913–1926)*, Wien, Deuticke, S. 306–08 (Einführung und Nr. 13, 15, 19 und 22).

1946 *G. W.*, Bd. 10, S. 40–42 (Einführung und Nr. 13, 15, 19 und 22); die Nummern 1, 2, 3, 4, 10, 19 und 20 wurden von der vierten Auflage (1914) an in die *Traumdeutung* aufgenommen.

Bei ihrer Erstveröffentlichung umfaßte diese Zusammenstellung zweiundzwanzig kurze Eintragungen. Davon stammten zwölf von Freud, neun von Ferenczi und eine von Tausk. Ferner gehörte eine Einführung dazu, deren Autor nicht angegeben ist, die jedoch vermutlich von Freud stammt, denn man nahm sie in die *Gesammelten Schriften* auf. Sieben von Freuds Beiträgen wurden später in modifizierter Form in die vierte und die folgenden Auflagen der *Traumdeutung* einbezogen. Die Einführung und vier von Freuds Eintragungen wurden in *G. S.* und *G. W.* nachgedruckt. Einer dieser Beiträge gehörte de facto zu denjenigen, die in die *Traumdeutung* aufgenommen wurden, so daß nur zwei Mitteilungen (Nr. 4 und 21) bislang im deutschen Wortlaut noch nicht nachgedruckt worden sind.

Freuds Anteil an der Originalveröffentlichung wird hier ohne Kürzung wiedergegeben. Dabei schien es die einfachste Lösung, die Originalnumerierung beizubehalten; die fehlenden Nummern beziehen sich also auf die hier fortgelassenen Beiträge Ferenczis und Tausks. – Textvorlage war eine Photokopie des Erstdrucks.

Die Sammlung kleiner Beiträge, von welcher wir hier ein erstes Stück bringen, bedarf einiger einführender Worte: Die Krankheitsfälle, an denen der Psychoanalytiker seine Beobachtungen macht, sind für die Bereicherung seiner Kenntnis natürlich ungleichwertig. Es gibt solche, bei denen er alles in Verwendung bringen muß, was er weiß, und nichts Neues lernt; andere, welche ihm das bereits Bekannte in besonders deutlicher Ausprägung und schöner Isolierung zeigen, so daß er diesen Kranken nicht nur Bestätigungen, sondern auch Erweiterungen seines Wissens verdankt. Man ist berechtigt zu vermuten, daß die psychischen Vorgänge, die man studieren will, bei den Fällen der ersteren Art keine anderen sind als bei denen der letzteren, aber man wird sie am liebsten an solchen günstigen und durchsichtigen Fällen beschreiben. Die Entwicklungsgeschichte nimmt ja auch an, daß die Furchung des tierisches Eis sich bei den pigmentstarken und für die Untersuchung ungünstigen Objekten nicht anders vollziehe als bei den durchsichtigen pigmentarmen, welche sie für ihre Untersuchungen auswählt.[1]

Die zahlreichen schönen Beispiele, welche dem Analytiker in der täglichen Arbeit das ihm Bekannte bestätigen, gehen aber zumeist verloren, da deren Einreihung in einen Zusammenhang oft lange Zeit aufgeschoben werden muß. Es hat darum einen gewissen Wert, wenn man eine Form

---

[1] [Die gleiche Analogie (allerdings unter ausdrücklicher Erwähnung der Echinodermeneier) wird in ähnlichem Zusammenhang von Breuer zu Beginn seiner Zusammenfassung des Falles der »Anna O.« in den *Studien über Hysterie* (Breuer, 1895, s. S. 239, oben) angeführt.]

angibt, wie solche Erfahrungen und Beispiele veröffentlicht und der allgemeinen Kenntnis zugeführt werden können, ohne eine Bearbeitung von übergeordneten Gesichtspunkten her abzuwarten.

Die hier eingeführte Rubrik will den Raum für eine Unterbringung dieses Materials zur Verfügung stellen. Äußerste Knappheit der Darstellung erscheint geboten; die Aneinanderreihung der Beispiele ist eine ganz zwanglose.[1]

Nr. 1. *Traum ohne kenntlichen Anlaß*

Ein guter Schläfer erwacht eines Morgens in einem Tiroler Sommeraufenthalt mit dem Wissen, er habe geträumt: Der Papst sei gestorben. Er findet dafür keine Erklärung. Am Vormittag desselben Tages fragt ihn seine Frau: Hast du heute früh das entsetzliche Glockengeläute gehört? Er hatte es nicht gehört, aber offenbar darüber geträumt. Die Deutung, die sein Traum dem Glockenläuten gab, war seine Rache an den frommen Tirolern. Der Papst war nach Zeitungsberichten um jene Zeit leicht erkrankt.[2]

(Freud.)

Nr. 2. *Tageszeiten im Trauminhalt*

Dieselben vertreten häufig Lebenszeiten der Kindheit. Um ¼ 6^h früh bedeutete in einem Traum das Alter von 5 Jahren, 3 Monaten, den bedeutungsvollen Zeitpunkt der Geburt eines jüngeren Bruders. – Viele ähnliche Beispiele.[3]

(Freud.)

---

[1] [Eine weitere Folge von Beobachtungen wurde unter der gleichen Überschrift ein Jahr später veröffentlicht (*Internationale Zeitschrift für ärztliche Psychoanalyse*, Bd. 2, 1914, S. 377); sie enthielt Freuds Arbeit ›Darstellung der »großen Leistung« im Traum‹ (1914e), die im vorliegenden Band als nächster Beitrag abgedruckt ist. Eine dritte und letzte Folge, erschienen 1915, enthielt nichts von Freud.]

[2] [Eine längere Version dieses Traums findet sich in Kapitel V (C) der *Traumdeutung* (1900a; G. W., Bd. 2/3, S. 238; *Studienausgabe*, Bd. 2, S. 239).]

[3] [Diese und die nächste Eintragung sind, mit geringfügigen sprachlichen Unterschieden, in Kapitel VI (F) der *Traumdeutung* (G. W., Bd. 2/3, S. 413 f.; *Studienausgabe*, Bd. 2, S. 399) enthalten.]

Nr. 3. *Darstellung von Lebenszeiten im Traume*

Eine Frau geht mit zwei kleinen Mädchen, die 1½ Jahre auseinander sind. – Sie findet keine Familie in ihrer Bekanntschaft, für welche dies zutrifft. Es fällt ihr ein, daß beide Kinder sie selbst darstellen und daß der Traum sie mahnt, die beiden traumatischen Ereignisse ihrer Kindheit seien um 1½ Jahre voneinander entfernt (3½ und 4¾).

(Freud.)

Nr. 4. *Position beim Erwachen aus einem Traum*

Sie träumt, daß sie auf dem Rücken liegt und die Sohlen gegen die einer Partnerin anstemmt. Die Analyse macht es wahrscheinlich, daß ihr Raufszenen vorgeschwebt haben, durch welche sie sich die Erinnerung an einen von ihr beobachteten Koitus ersetzte. Beim Erwachen bemerkte sie, daß sie vielmehr mit verschränkten Armen auf dem Bauch gelegen war, also die Position des Mannes und seine Umarmung imitiert hatte.

(Freud.)

Nr. 9. *Zwei Zimmer und eines*

Er sieht im Traum zwei Zimmer einer ihm bekannten Wohnung, aus denen man aber eines gemacht hat.

Nichts Tatsächliches. Deutung auf das weibliche Genitale (den Popo), den er früher für einen Raum gehalten hat (die infantile Kloakentheorie), während er jetzt weiß, daß es zwei gesonderte Höhlen und Öffnungen sind. Umgekehrte Darstellung.[1]

(Freud.)

Nr. 10. *Der Mantel als Symbol*

In Träumen von Frauen erweist sich der »*Mantel*« unzweideutig als Symbol des Mannes. Der sprachliche Anklang dabei vielleicht nicht unwesentlich.

(Freud.)

---

[1] [Diese und die folgende Eintragung finden sich in Kapitel VI (E) der *Traumdeutung* (*G. W.*, Bd. 2/3, S. 359–61; *Studienausgabe*, Bd. 2, S. 349 f.).]

Nr. 13. *Verschämte Füße* (Schuhe)

Die Patientin berichtet nach mehreren Tagen Widerstand, sie habe sich so sehr gekränkt, daß ein junger Mann, dem sie regelmäßig in der Nähe der Wohnung des Arztes begegne und der sie sonst bewundernd anzuschauen pflegte, das letztemal verächtlich auf ihre Füße geblickt habe. Sie hat sonst wahrlich keine Ursache, sich ihrer Füße zu schämen. Die Lösung bringt sie selbst, nachdem sie gestanden hat, daß sie den jungen Mann für den Sohn ihres Arztes halte, der also zufolge der Übertragung, ihren (älteren) Bruder vertritt. Nun folgt die Erinnerung, daß sie im Alter von etwa fünf Jahren ihren Bruder auf das Klosett zu begleiten pflegte, wo sie ihm urinieren zusah. Von Neid ergriffen, daß sie es nicht so könne wie er, versuchte sie eines Tages es ihm gleichzutun (Penisneid), benetzte aber dabei ihre Schuhe und ärgerte sich sehr, als der Bruder sie darüber neckte. Der Ärger wiederholte sich lange Zeit, sooft der Bruder in der Absicht, sie an jenes Mißglücken zu erinnern, verächtlich auf ihre Schuhe blickte. Diese Erfahrung, fügt sie hinzu, habe ihr späteres Verhalten in der Schule bestimmt. Wenn ihr etwas nicht beim ersten Versuch gelingen wollte, brachte sie nie den Entschluß zustande, es von neuem zu versuchen, so daß sie in vielen Gegenständen völlig versagte. – Ein gutes Beispiel für die Charakterbeeinflussung durch die Vorbildlichkeit des Sexuellen.

(Freud.)

Nr. 15. *Selbstkritik der Neurotiker*

Es ist immer auffällig und verdient besondere Aufmerksamkeit, wenn ein Neurotiker sich selbst zu beschimpfen, geringschätzig zu beurteilen pflegt u. dgl. Häufig gelangt man, wie bei den Selbstvorwürfen, zum Verständnis durch die Annahme einer Identifizierung mit einer anderen Person. In einem Falle zwangen die Begleitumstände der Sitzung zu einer anderen Lösung eines solchen Benehmens. Die junge Dame, die nicht müde wurde zu versichern, sie sei wenig intelligent, unbegabt usw., wollte damit nur andeuten, sie sei am Körper sehr schön, und verbarg diese Prahlerei hinter jener Selbstkritik. Der in all solchen Fällen zu vermutende Hinweis auf die schädlichen Folgen der Onanie fehlte übrigens auch in diesem Falle nicht.

(Freud.)

Nr. 19. *Rücksicht auf Darstellbarkeit*

Der Träumer zieht eine Frau hinter dem Bette hervor: – er gibt ihr den *Vorzug*. – Er (ein Offizier) sitzt an einer Tafel dem Kaiser gegenüber: – er bringt sich in *Gegensatz* zum Kaiser (Vater). Beide Darstellungen vom Träumer selbst übersetzt.[1]

(Freud.)

Nr. 20. *Träume von Toten*

Wenn man träumt, daß man mit Toten spricht, verkehrt u dgl., hat es oft die Bedeutung des eigenen Todes. Erinnert man aber im Traum, daß der Betreffende tot ist, so wehrt man damit die Deutung auf den eigenen Tod von sich ab.[2]

(Freud.)

Nr. 21. *Fragmentarische Träume*

Solche enthalten oft nur die zum Thema gehörigen Symbole. Z. B. ein Traum im Zusammenhange homosexueller Regungen: Er geht mit einem Freund irgendwohin spazieren ... (undeutlich) ... Luftballone.

(Freud.)

Nr. 22. *Auftreten der Krankheitssymptome im Traume*

Die Symptome der Krankheit (Angst usw.) im Traum scheinen ganz allgemein zu besagen: Darum (im Zusammenhange mit den vorhergehenden Traumelementen) bin ich krank geworden. Dies Träumen entspricht also einer Fortsetzung der Analyse in den Traum.

(Freud.)

---

[1] [Diese beiden Beispiele wurden in Kapitel VI (F) der *Traumdeutung* (*G. W.*, Bd. 2/3, S. 413; *Studienausgabe*, Bd. 2, S. 398) eingefügt.]
[2] [Dieser Gedanke wurde in Kapitel VI (G) der *Traumdeutung* (*G. W.*, Bd. 2/3, S. 433; *Studienausgabe*, Bd. 2, S. 417 f.) aufgenommen.]

Darstellung der »großen Leistung« im Traum[1]
(1914)

Der männliche Träumer sieht sich als gravides Weib im Bette liegend. Der Zustand wird ihm sehr beschwerlich. Er ruft aus: Da will ich doch lieber... (in der Analyse ergänzt er nach einer Erinnerung an eine Pflegeperson: Steine klopfen). Hinter seinem Bett hängt eine Landkarte, deren unterer Rand durch eine Holzleiste gespannt erhalten wird. Er reißt diese Leiste herunter, indem er sie an beiden Enden packt, wobei sie aber nicht quer bricht, sondern in zwei Längshälften zersplittert. Damit hat er sich erleichtert und auch die Geburt befördert.

Er deutet ohne Hilfe das Herunterreißen der Leiste als eine große »Leistung«, durch welche er sich aus seiner unbehaglichen Situation (in der Kur) befreit, indem er sich aus seiner weiblichen Einstellung herausreißt. Gegen diese seine Deutung ist nichts einzuwenden; ich würde sie aber darum nicht als eine »funktionale« bezeichnen, weil sich seine Traumge-

---

[1] [Diese Arbeit erschien zuerst in der *Internationalen Zeitschrift für ärztliche Psychoanalyse*, Bd. 2 (1914), S. 384 f. Wesentliches daraus wurde von der fünften Auflage an in Kapitel VI (F) der *Traumdeutung* (1900 a; *G. W.*, Bd. 2/3, S. 416 f.; *Studienausgabe*, Bd. 2, S. 401) aufgenommen. Im dortigen Nachdruck ließ Freud aber die Passage über Silberers »funktionales Phänomen« (von »Gegen diese seine Deutung ist nichts einzuwenden« bis »Die Deutung des Traumes ist indes nicht vollendet«) sowie die kurz darauf folgende Parenthese (»die nicht ›funktional‹ sein kann, auch nicht ohne Schwierigkeit gewonnen wird«) fort. Infolge der Auslassung wurden einige Veränderungen des Wortlauts erforderlich. – Silberers Ideen (1909; 1910; 1912) werden von Freud in Kapitel V (B) und VI (I) der *Traumdeutung* (*G. W.*, Bd. 2/3, S. 220, Anm. 1, und S. 507–09; *Studienausgabe*, Bd. 2, S. 223, Anm. 3, und S. 483–85) erörtert. – Als Textvorlage diente uns eine Photokopie des Erstdrucks.]

danken auf seinen Zustand in der Kur beziehen. Solche Gedanken sind »Material« für die Traumbildung wie alles andere. Es ist nicht einzusehen, warum die Gedankentätigkeit eines Analysierten sich nicht mit seinem Kurverhalten beschäftigen sollte. Die Unterscheidung von »funktionalem« und »materialem« Phänomen nach Silberer hat nur dann einen Wert, wenn – wie in den bekannten Selbstbeobachtungen Silberers beim Einschlafen – die Alternative vorliegt, ob sich die Aufmerksamkeit mit einem gegebenen Denkinhalt *oder* mit dem psychischen Zustand der Person beschäftigen soll, nicht wenn dieser Zustand selbst der Denkinhalt ist.

Die Deutung des Traumes ist indes nicht vollendet, das absurde Detail, daß die Holzleiste nicht nur bricht, sondern der Länge nach splittert, fordert seine Erklärung, die nicht »funktional« sein kann, auch nicht ohne Schwierigkeit gewonnen wird. Der Träumer erinnert sich endlich daran, daß die Verdoppelung im Verein mit der Zerstörung eine Anspielung an die Kastration enthält. Der Traum stellt sehr häufig die Kastration im trotzigen Wunschgegensatz durch das Vorhandensein von zwei Penissymbolen dar. Die »Leiste« ist ja auch eine den Genitalien naheliegende Körperregion. Er fügt dann die Deutung zusammen, er überwinde die Kastrationsdrohung, welche ihn in die weibliche Einstellung gebracht hat.

Freud.

Ergänzungen zur Traumlehre[1]
(1920)

Der Vortragende beschäftigte sich in seinen kurzen Ausführungen mit drei Punkten der Traumlehre. Die ersten zwei betrafen den Satz, daß der Traum eine Wunscherfüllung sei, und brachten notwendige Modifikationen desselben; der dritte Punkt bezog sich auf eine volle Bestätigung seiner Ablehnung der sogenannten prospektiven Tendenz des Traumes.[2] Der Vortragende führte aus, daß man Grund habe, neben den bekannten Wunschträumen und den Angstträumen, die sich der Theorie leicht fügen, eine dritte Kategorie anzuerkennen, die er »Strafträume« nennt. Nimmt man Rücksicht auf die berechtigte Annahme einer besonderen selbstbeobachtenden kritischen Instanz im Ich (Ichideal, Zensor, Gewissen), so sind auch diese Strafträume der Wunscherfüllungstheorie zu subsumieren, denn sie stellen die Wunscherfüllung dieser kritischen Instanz dar. Sie haben etwa dasselbe Verhältnis zu den glatten Wunschträumen wie die aus Reaktionsbildung hervorgegangenen Symptome der Zwangsneurose zu hysterischen Symptomen. Eine ernsthaftere Ausnahme von der Regel, daß

---

[1] [*Internationale Zeitschrift für Psychoanalyse*, Bd. 6 (1920), S. 397 f. Es handelt sich bei dieser Formulierung um den Titel eines Vortrags, den Freud am 9. September 1920 auf dem Sechsten Internationalen Psychoanalytischen Kongreß in Den Haag gehalten hat. Der folgende Text erschien unter der Rubrik ›Autoreferate der Vortragenden‹, mit dem Namen »Prof. Sigm. Freud (Wien)« signiert, im *Korrespondenzblatt der Internationalen Psychoanalytischen Vereinigung*. Anscheinend ist er bisher in deutsch nicht nachgedruckt worden. Als Textvorlage diente eine Photokopie der Erstveröffentlichung.]

[2] [Vgl. *Die Traumdeutung* (1900a), VI (I); *G. W.*, Bd. 2/3, S. 510 f., Anm. (die Fußnote wurde 1925 hinzugefügt), und VII (D), S. 585, Anm. (1914 eingerückt); *Studienausgabe*, Bd. 2, S. 486, Anm., und S. 551 f., Anm.]

der Traum eine Wunscherfüllung sei, erblickt Redner in den sogenannten »traumatischen« Träumen, wie sie bei Unfallskranken vorkommen, aber auch in den Psychoanalysen Neurotischer die vergessenen psychischen Kindheitstraumen wiederbringen. In betreff ihrer Vereinigung mit der Wunscherfüllungstheorie verwies er auf eine bald zu veröffentlichende Arbeit des Namens *Jenseits des Lustprinzips*.[1]

Den dritten Punkt seiner Mitteilungen bildete die Erwähnung einer noch ungedruckten Untersuchung des Dr. Varendonck aus Gent, dem es gelungen ist, das unbewußte Phantasieren in Zuständen von Halbschlaf (»autistisches Denken« von diesem Forscher genannt) in großem Umfang seiner bewußten Beobachtung zuzuführen. Es stellte sich dabei heraus, daß das Vorsehen der Möglichkeiten des nächsten Tages, die Vorbereitung von Lösungs- und Anpassungsversuchen u. dgl. durchaus in den Bereich dieser vorbewußten Tätigkeit fällt, welche auch die latenten Traumgedanken schafft, und, wie der Vortragende immer behauptete, nichts mit der Traumarbeit zu tun hat.[2]

---

[1] [Das Buch erschien wenig später (1920 *g*).]
[2] [Freud schrieb später ein Vorwort zu diesem Buch von J. Varendonck, das 1921 veröffentlicht wurde. Vgl. Freud (1921 *b*).]

VIII. Teil

Übersicht der Übertragungsneurosen
(1915)

Übersicht der Übertragungsneurosen
[Entwurf der zwölften metapsychologischen Abhandlung von 1915]
(1985 [1915])

Ediert von Ilse Grubrich-Simitis

Editorische Einleitung

(1915 Entstehungsdatum.)
1985 Sigmund Freud, *Übersicht der Übertragungsneurosen; Ein bisher unbekanntes Manuskript*. Ediert und mit einem Essay versehen von Ilse Grubrich-Simitis, Frankfurt am Main, S. Fischer Verlag, 128 Seiten. (Die Erstausgabe enthält ein Faksimile der Handschrift und, außer der edierten Fassung des Texts, eine buchstabengetreue Transkription.)

Sigmund Freud hat vom November 1914 bis in den Sommer 1915 an einer Folge von Abhandlungen gearbeitet, die er ursprünglich unter dem Titel *Zur Vorbereitung einer Metapsychologie* in Buchform veröffentlichen wollte. Ihr Ziel hat er selbst in einer Anmerkung zu einem dieser Texte, zur 1917 erschienenen ›Metapsychologischen Ergänzung zur Traumlehre‹ (1917 d [1915]), formuliert: »Absicht dieser Reihe ist die Klärung und Vertiefung der theoretischen Annahmen, die man einem psychoanalytischen System zugrunde legen könnte« (*G. W.*, Bd. 10, S. 412; *Studienausgabe*, Bd. 3, S. 179). Gleichfalls zur Serie gehörend und erst 1917 veröffentlicht: ›Trauer und Melancholie‹ (1917 e [1915]). Dagegen sind die drei anderen in den ersten Monaten des Kriegsjahrs 1915 niedergeschriebenen Stücke früher, nämlich schon im Entstehungsjahr, in aufeinanderfolgenden Heften der *Internationalen Zeitschrift für ärztliche Psychoanalyse* (Bd. 3, Hefte 2 bis 5) publiziert worden. Es sind die metapsychologischen Grundlagentexte ›Triebe und Triebschicksale‹ (1915 c), ›Die Verdrängung‹ (1915 d) und ›Das Unbewußte‹ (1915 e).

Aus den Korrespondenzen Freuds wissen wir[1], daß er im Anschluß an die fünf erwähnten Schriften bis zur Jahresmitte noch sieben weitere metapsychologische Studien mehr oder weniger beendet hatte, welche die Serie zu einem Buch mit zwölf Kapiteln abrunden sollten. Doch hat er dieses Buch nie veröffentlicht. Da die sieben Manuskripte spurlos verschwunden sind, wird heute angenommen, Freud habe sie später vernichtet. »Man kann«, so urteilte James Strachey, »den Verlust, der uns durch das Verschwinden dieser Arbeiten entstanden ist, kaum schwer genug einschätzen. Zur Zeit, als Freud sie niederschrieb, bestand eine einmalige Konstellation günstiger Bedingungen. Freuds frühere große theoretische Darlegung (Kapitel VII der *Traumdeutung* [1900a]) war fünfzehn Jahre zuvor, also in einer relativ frühen Phase seiner psychologischen Forschungen, verfaßt worden. Nun aber, im Jahre 1915, lagen fünfundzwanzig Jahre psychoanalytischer Erfahrung hinter ihm, auf die er seine theoretischen Konstruktionen gründen konnte, und gleichzeitig befand er sich noch im Zenit seiner intellektuellen Kraft.« (1957a, S. 72.)

Im Zusammenhang mit Vorarbeiten für die Veröffentlichung des Briefwechsels zwischen Sigmund Freud und Sándor Ferenczi[2] fand ich 1983 in London unter Papieren, die von Ferenczi an Michael Balint gelangt waren, den Entwurf der verlorenen zwölften metapsychologischen Abhandlung. Das Manuskript lag in einem an Ferenczi adressierten Briefumschlag. Es besteht aus vorder- und rückseitig mit Tinte beschriebenen Blättern im Format 21,3 auf 33,7 Zentimeter.[3]

Ein Brief Freuds, auf die Rückseite des letzten Manuskriptblattes geschrieben, erleichterte die Identifizierung des Textes. Er hat folgenden Wortlaut[4]:

28.7.15

Lieber Freund,
Ich schicke Ihnen hier den Entwurf der XII [Abhandlung], der Sie gewiß interessieren wird. Sie können ihn wegwerfen oder behalten. Die Reinschrift folgt ihm Satz für Satz und weicht nur wenig von ihm ab. Seite 21–23 sind nach Ihrem Brief hinzugefügt, auf den ich gewartet hatte. Ihr ausgezeichneter Einwand war zum Glück vorgesehen worden.[5]

---

[1] Dies hat schon E. Jones (1962a, S. 223f.) rekonstruiert. Vgl. auch J. Strachey (1957a).
[2] Sándor Ferenczi (1873–1933), der ungarische Psychoanalytiker, ein enger Mitarbeiter und Freund Freuds.
[3] Für weitere Einzelheiten vgl. in der Erstausgabe von 1985 die ›Notiz zum Faksimile‹ sowie das Faksimile selbst.
[4] In der Erstausgabe ist auch dieser Brief faksimiliert. Die vorliegende Wiedergabe folgt den für die Edition des Gesamtmanuskripts geltenden Regeln, S. 633, unten, erläutert.
[5] Die beiden letzten Sätze beziehen sich auf Fragen und Einwände Ferenczis zu einer ersten Briefskizze, in welcher Freud seinen Freund am 12. Juli 1915 über die im zweiten Teil der zwölften Abhandlung entwickelten phylogenetischen Gedanken im voraus informiert und um Stellungnahme gebeten hatte. (Abgedruckt in der Erstausgabe des Entwurfs zur ›Übersicht der Übertragungsneurosen‹, 1985a [1915], S. 89f.)

Ich werde nun eine Pause eintreten lassen, ehe ich Bw [Bewußtsein] und Angst endgiltig ausarbeite. Ich leide viel an Karlsbader Beschwerden[1].

Herzlichen Gruß
Ihr Freud.

Freud hat mit Ferenczi im Kriegsjahr 1915 regelmäßig über sein Projekt einer Metapsychologie korrespondiert. Diesem wie anderen Briefwechseln ist auch einiges über die Themen der verlorenen sieben Kapitel zu entnehmen, darunter Bewußtsein, Angst bzw. Angsthysterie – die Arbeit an diesen beiden Texten wird im Begleitbrief ausdrücklich erwähnt –, ferner Konversionshysterie, Zwangsneurose sowie eine Synthese der Übertragungsneurosen.

Vom Inhalt eben dieser Synthese erhalten wir nun durch den Entwurf einer ›Übersicht der Übertragungsneurosen‹, dem die Reinschrift, wie es im Begleitbrief heißt, »Satz für Satz« folgte, detailliert Kenntnis.

Die Textstruktur des Entwurfs zeigt eine auffallende Zweiteilung. Das erste Stück umfaßt, stichwortartig festgehalten, den systematischen Vergleich der in den drei Übertragungsneurosen wirksamen Momente. Es ist das, was der Titel verspricht. Induktiv vorgehend, alle Feststellungen, wie Freud, sich auf vertrautem Boden bewegend, selbst notiert, auf »sorgfältiger und mühseliger Beobachtung« (S. 641) aufgebaut und auf die ontogenetische Ebene beschränkt. Vom sechsten Moment, der Beteiligung der ererbten Disposition an der Neurosenätiologie, gleichsam losstürmend, folgt dann als zweiter Teil, im Manuskript fast durchgehend ausformuliert, das spekulative Abenteuer der phylogenetischen Rekonstruktion, das, den Titel der Abhandlung sprengend, die umfangreiche »Herbeiziehung der narzißtischen Neurosen« (S. 640f.) erzwang.

Um dem Leser das Verständnis des damals unbekannten Textes zu erleichtern, wurde in der Erstausgabe der Kontext skizziert: der biographische Kontext, der Werk-Kontext und der wissenschaftsgeschichtliche Kontext.[2] Hier seien aus der ausführlichen Darstellung lediglich einige orientierende Hinweise wiedergegeben.

Aus dem noch unveröffentlichten Briefwechsel Freuds mit Sándor Ferenczi[3] geht hervor, daß Ferenczi während der Entstehungsmonate der zwölf metapsychologischen Abhandlungen Freuds wichtigster Diskussionspartner gewesen ist, und zwar nicht allein infolge der kriegsbedingten Vereinsamung Freuds – die meisten seiner Mitarbeiter waren eingezogen worden –, sondern auch weil er Ferenczi unter seinen Schülern für den kompetentesten Biologen hielt[4], was insbesondere für den

---

[1] Darmbeschwerden.
[2] ›Metapsychologie und Metabiologie‹, S. 85–119; für eine Interpretation der phylogenetischen Rekonstruktion vgl. Grubrich-Simitis (1987).
[3] Für die Zitiererlaubnis aus der Transkription ist Sigmund Freud Copyrights, Colchester, Enid Balint, London, und Judith Dupont, Paris, zu danken.
[4] Vgl. einen Brief Freuds an Ferenczi vom 29. April 1916.

phylogenetischen Teil der zwölften Abhandlung von Belang war. Ferenczis Schrift über ›Entwicklungsstufen des Wirklichkeitssinnes‹ (1913), auf die Freud in der ›Übersicht der Übertragungsneurosen‹ zweimal verweist (S. 642 und S. 647, unten), hatte ihn offenbar zu seiner »phylogenetischen Phantasie«[1] angeregt. Zwar argumentiert Ferenczi dort im wesentlichen auf der ontogenetischen Ebene, doch nimmt er eine »Übertragung von Erinnerungsspuren der Rassengeschichte auf das Individuum« (S. 152) an und wagt am Schluß eine »wissenschaftliche Prophezeiung« (S. 161), nämlich »daß es die geologischen Veränderungen der Erdoberfläche mit ihren katastrophalen Folgen für die Stammvorderen der Menschheit gewesen seien, die zur Verdrängung liebgewordener Gewohnheiten und zur ›Entwicklung‹ gezwungen haben. Solche Katastrophen können die Verdrängungsstellen in der Entwicklungsgeschichte des Stammes gewesen sein, und zeitliche Lokalisation und Intensität solcher Katastrophen mögen über den Charakter und die Neurosen der Rassen entschieden haben« (S. 162). Diese Formulierungen machen verständlich, warum Freud in dem erwähnten Brief vom 12. Juli 1915 an Ferenczi, mit der ersten Skizzierung der phylogenetischen Reihe[2], am Schluß den Satz anfügte: »Ihr Urheberrecht an dem Obigen ist evident.«

Diese Zuschreibung bezog sich, wie der Briefwechsel zeigt, freilich nicht allein auf Ferenczis Schrift ›Entwicklungsstufen des Wirklichkeitssinnes‹, sondern ebenso auf umfassende, abwechselnd als »paläobiologisch«, »bioanalytisch« oder »metabiologisch« bezeichnete Spekulationen, die ihn damals beschäftigten und über die er mit Freud, brieflich wie mündlich, einen regen Gedankenaustausch unterhielt. Nicht lange nach der Niederschrift der zwölften metapsychologischen Abhandlung erwog Freud eine Zeitlang, gemeinsam mit Ferenczi eine größere Studie über Lamarckismus und Psychoanalyse zu verfassen. Der Plan wurde freilich noch vor Kriegsende aufgegeben. Unmittelbare Spuren der um biologische Themen kreisenden Diskussion der beiden Freunde während der Kriegsjahre lassen sich dagegen in *Jenseits des Lustprinzips* (1920g) und in Ferenczis 1924 veröffentlichtem *Versuch einer Genitaltheorie*[3] entdecken.

Mochte Ferenczis Gedanke eines Einflusses der katastrophalen »geologischen Veränderungen der Erdoberfläche« auf die Neurosenentstehung für Freud neu sein, der einer »Übertragung von Erinnerungsspuren der Rassengeschichte auf das Individuum« war es nicht. Denn schon in *Totem und Tabu* (1912–13) hatte Freud, im vierten Essay, die »große Begebenheit, mit der die Kultur begonnen hat und die seitdem die Menschheit nicht zur Ruhe kommen läßt«, beschrieben (*G. W.*, Bd. 9, S. 175; *Studienausgabe*, Bd. 9, S. 429): nämlich die für die Frühzeit der Stammes-

---

[1] So wird der zweite Teil der zwölften metapsychologischen Abhandlung im Freud-Ferenczi-Briefwechsel gelegentlich apostrophiert (etwa im Brief Freuds vom 18. Juli 1915).

[2] S. oben, S. 628, Anm. 5.

[3] Vgl. Freuds Kommentare zu diesem Werk im Nachruf auf Ferenczi (1933c).

geschichte angenommene Ermordung des tyrannischen Vaters der Urhorde durch die von ihm aus Eifersucht vertriebenen Söhne. Zur Übertragung der Erinnerungsspuren jener folgenschweren, das Schuldgefühl hervorbringenden Tat meint Freud in *Totem und Tabu* freilich noch vorsichtiger als im vorliegenden Entwurf sowie in seinen späteren Werken: »Wir lassen vor allem das Schuldbewußtsein wegen einer Tat über viele Jahrtausende fortleben und in Generationen wirksam bleiben, welche von dieser Tat nichts wissen konnten. Wir lassen einen Gefühlsprozeß, wie er bei Generationen von Söhnen entstehen konnte, die von ihrem Vater mißhandelt wurden, sich auf neue Generationen fortsetzen, welche einer solchen Behandlung gerade durch die Beseitigung des Vaters entzogen worden waren. [...] Es erheben sich nun zwei [...] Fragen, wieviel man der psychischen Kontinuität innerhalb der Generationsreihen zutrauen kann und welcher Mittel und Wege sich die eine Generation bedient, um ihre psychischen Zustände auf die nächste zu übertragen. [...] Ein Teil der Aufgabe scheint durch die Vererbung psychischer Dispositionen besorgt zu werden, welche aber doch gewisser Anstöße im individuellen Leben bedürfen, um zur Wirksamkeit zu erwachen.« (*G. W.*, Bd. 9, S. 189f.; *Studienausgabe*, Bd. 9, S. 440f.) Gegen den Hintergrund solcher Formulierungen gelesen, nimmt sich die phylogenetische Phantasie der ›Übersicht der Übertragungsneurosen‹ wie eine Variation zum in *Totem und Tabu* angeschlagenen Thema aus. Und es erstaunt nicht, daß Freud im Text ausdrücklich auf sein früheres Werk verweist (S. 647, unten).

An seiner Hypothese vom Urvatermord hat Freud, ungeachtet der noch zu seinen Lebzeiten lautgewordenen Kritik, zumal aus dem Kreis der Kulturanthropologen, unverbrüchlich festgehalten.[1] Auch haben die ihm gleichfalls nicht entgangenen begründeten Zweifel der Biologen an einem lamarckistischen Vererbungsmodus ihn bis zum Ende nicht dazu vermocht, von seiner Auffassung abzulassen, »daß die archaische Erbschaft des Menschen nicht nur Dispositionen, sondern auch Inhalte umfaßt, Erinnerungsspuren an das Erleben früherer Generationen«[2].

Es waren also nicht diese letzteren, auch nach heutigem Wissensstand problematischen lamarckistischen bzw. psycholamarckistischen Stücke seiner Metapsychologie[3], die Freud dazu bewogen, die ›Übersicht der Übertragungsneurosen‹ nicht an die Öffentlichkeit gelangen zu lassen. Deren erster, von kliniknahen Themen

---

[1] Vgl. z. B. *Massenpsychologie und Ich-Analyse* (1921c; *G. W.*, Bd. 13, S. 136ff., S. 151f.; *Studienausgabe*, Bd. 9, S. 114ff., S. 126f.); ferner *Das Unbehagen in der Kultur* (1930a [1929]; *G. W.*, Bd. 14, S. 459f., S. 490ff.; *Studienausgabe*, Bd. 9, S. 230, S. 257ff.) und *Der Mann Moses und die monotheistische Religion* (1939a [1934–38]; *G. W.*, Bd. 16, S. 239f.; *Studienausgabe*, Bd. 9, S. 575f.).

[2] *Der Mann Moses* (1939a [1934–38]; *G. W.*, Bd. 16, S. 206; *Studienausgabe*, Bd. 9, S. 546). Vgl. auch den *Abriß der Psychoanalyse* (1940a [1938]; *G. W.*, Bd. 17, S. 89 und S. 138).

[3] Vgl. hierzu nähere Ausführungen in I. Grubrich-Simitis (1985, S. 110f.), dort auch einige mutmaßliche Gründe für Freuds Festhalten an der Hypothese des Urvatermordes und der erbgenetisch verankerten Vermittlung des Schuldgefühls.

handelnder Teil dürfte aus den gleichen Gründen aufgegeben worden sein wie die erwähnten sechs anderen nie publizierten Texte der Serie. Als nach dem Ersten Weltkrieg die Möglichkeit einer Veröffentlichung bestand, konnte Freud diese vor Jahren verfaßten Manuskripte offenbar nicht mehr als geglückte Synthese seiner theoretischen Auffassungen gelten lassen, als welche er das Metapsychologie-Buch ursprünglich geplant hatte. Denn inzwischen hatten sich eben diese theoretischen Auffassungen grundstürzend zu ändern begonnen. Er war dabei, einen neuen Triebdualismus – Lebenstriebe versus Todestriebe – zu konzipieren; auf dem Hintergrund seiner wachsenden Einsicht in das unbewußte Funktionieren der Abwehrmechanismen kristallisierten sich allmählich Strukturtheorie und Ichpsychologie heraus; schließlich dürften sich die Umrisse der zweiten Angsttheorie bereits abgezeichnet haben.[1] Vielleicht war Freud unmittelbar nach Kriegsende vorübergehend überhaupt am Sinn einer solchen Synthese irre geworden, denn in einem Brief vom 2. April 1919 an Lou Andreas-Salomé, die sich nach dem Schicksal des Metapsychologie-Buchs erkundigt hatte, heißt es: »Das systematische Bearbeiten eines Stoffes ist mir nicht möglich; die fragmentarische Natur meiner Erfahrungen und der sporadische Charakter meiner Einfälle gestatten es nicht.« (1966a [1912–36], S. 105.) Und rückblickend bekräftigte er später in der *Selbstdarstellung*: »Der Versuch blieb ein Torso [...], denn die Zeit für solche theoretische Festlegung war noch nicht gekommen.« (1925d [1924]; *G.W.*, Bd. 14, S. 85.)

Was den phylogenetischen zweiten Teil der zwölften metapsychologischen Abhandlung betrifft, so hat Freud wohl insbesondere der spekulative, der Phantasiecharakter dieser Ausführungen, und zwar von Anfang an, gestört.[2] Als wolle er sich indirekt nach deren Niederschrift zur Ordnung rufen, betonte er in einem Brief, den er Ferenczi nur drei Tage nach Übersendung des Entwurfs seiner ›Übersicht der Übertragungsneurosen‹ schrieb: »Ich halte darauf, daß man Theorien nicht machen soll – sie müssen einem als ungebetene Gäste ins Haus fallen, während man mit Detailuntersuchungen beschäftigt ist [...].«

Trotzdem ist dieser von Freud verworfene Text heute von Interesse, und zwar nicht allein weil im zweiten Teil einige Gedanken enthalten sind, welche in späteren Werken nicht wieder aufgenommen wurden[3], sondern weil er Einblick in die Notwendigkeit der Imagination im wissenschaftlichen Schaffensprozeß gibt. Während der Arbeit an seinen metapsychologischen Schriften hatte Freud in einem Brief an

---

[1] In ›Das Unbewußte‹ (1915e; *G. W.*, Bd. 10, S. 282; *Studienausgabe*, Bd. 3, S. 142) findet sich allerdings eine Andeutung des Konzepts geringer, als Signal verwertbarer Angstentwicklung, wohingegen die Angst-Abhandlung unter den verlorenen metapsychologischen Texten von 1915 noch weitgehend auf Freuds erster, toxikologischer Angsttheorie gefußt haben dürfte; dafür sprechen zumindest die Ausführungen über die Angst im vorliegenden Entwurf der ›Übersicht der Übertragungsneurosen‹.
[2] Vgl. den ersten Absatz des (oben, S. 628, Anm. 5, erwähnten) Briefes an Ferenczi vom 12. Juli 1915, in welchem Freud seine Rekonstruktion skizzierte.
[3] Etwa die Frage, ob das, was heute in der neurotischen und psychotischen Innenwelt als

Ferenczi vom 8. April 1915 den »Mechanismus« wissenschaftlicher Kreativität als »Aufeinanderfolge von kühnspielender Phantasie und rücksichtsloser Realkritik« gekennzeichnet. Der zweite Teil der zwölften metapsychologischen Abhandlung ist ein Beispiel solch kühnspielender Phantasie, welches Freuds anschließender rücksichtsloser Realkritik nicht standgehalten hat.[1]

Zur Präsentation des Entwurfs einer ›Übersicht der Übertragungsneurosen‹ im vorliegenden Band: Die Handschrift enthält eine Fülle von Abkürzungen, vor allem der Wortendungen. Im Interesse der Lesbarkeit wurden sie in der Erstausgabe von 1985 in der edierten Fassung des Texts, die im folgenden nachgedruckt wird, stillschweigend aufgelöst. (Nur an denjenigen Stellen, an denen dies nicht zweifelsfrei geschehen konnte, sind die Ausschreibungen durch eckige Klammern als editorische Ergänzungen kenntlich gemacht.) Beibehalten wurden lediglich die für Freud spezifischen Kurzformeln wie »ubw«, »vbw«, »bw«, »ΨA«. Hingegen sollte der Stichwortcharakter des Originals, zumal im systematischen ersten Teil, nicht durch editorische Hinzufügungen verwischt werden; schließlich handelt es sich um einen Entwurf und nicht um die Reinschrift. Lediglich an einigen wenigen Stellen wurden durch knappe Worteinfügungen Verständnishilfen gegeben. Diese sind ausnahmslos durch eckige Klammern als editorische Ergänzungen markiert, nicht zuletzt weil ihre Richtigkeit nicht immer gesichert erscheint. In Orthographie und Interpunktion ist die behutsame Angleichung an moderne Gepflogenheiten wiederum stillschweigend erfolgt. Auf einige Eigenheiten der Handschrift wird in Fußnoten aufmerksam gemacht. – Die Textpräsentation unterscheidet sich also von derjenigen der ›Originalnotizen zu einem Fall von Zwangsneurose‹ (S. 509 ff., oben). Da der Text der Falldarstellung des »Rattenmannes« (1909 d) selbst seit langem bekannt ist, schien eine möglichst originalgetreue Wiedergabe der Notizen erstrebenswert, um dem Leser einen authentischen Eindruck von Freuds Stil des Notierens zu vermitteln. Dagegen dürfte es sich für viele Leser des Nachtragsbandes bei der Konfrontation mit dem Entwurf der zwölften metapsychologischen Abhandlung um die erste Begegnung mit dem Text handeln, Grund genug, durch die beschriebenen Ergänzungen das Lesen zu erleichtern. Wer die Originalfassung kennenlernen will, sei auf das Faksimile und die buchstabengetreue Transkription, beides in der Erstausgabe, verwiesen.

---

krankhaft und lebenseinschränkend imponiert, in seinen evolutionären Anfängen in der Frühzeit unserer Stammesgeschichte einmal überlebensnotwendige Anpassungsreaktion der Spezies auf bedrohliche Veränderungen der äußeren Lebensumstände und traumatische Ereignisse gewesen sein könnte, »so daß damals alle Menschen so waren wie heute nur ein Anteil« (S. 644, unten). »Was jetzt Neurosen sind, waren Zustandsphasen der Menschheit.« (Freud, 1985 a [1915], S. 89.)

[1] Man kann den Entwurf ferner unter dem gleichfalls aktuellen Aspekt einer Erörterung der traumatischen Momente in der Neurosenätiologie lesen. S. Grubrich-Simitis (1987).

XII Übersicht der Übertragungsneurosen

Vorbereitung.

Nach Detailuntersuchung[1] versuchen, Charaktere zusammenzufassen, Abgrenzung von anderen, vergleichende Durchführung der einzelnen Momente[2]. Momente sind: Verdrängung, Gegenbesetzung[3], Ersatz- und Symptombildung, Verhältnis zur Sexualfunktion, Regression, Disposition. Beschränken auf die drei Typen Angsthysterie, Konversionshysterie und Zwangsneurose.

---

[1] [Das dürfte sich auf die vorhergehenden unter den sechs verlorenen metapsychologischen Abhandlungen beziehen, welche sich, entsprechend Freuds brieflichen Äußerungen, detailliert mit Angsthysterie, Konversionshysterie und Zwangsneurose befaßten.]

[2] [In ›Die Verdrängung‹ (1915 d) und ›Das Unbewußte‹ (1915 e) werden bereits fünf der sechs Momente mehr oder weniger ausführlich abgehandelt. In ›Die Verdrängung‹ findet sich am Schluß (*G. W.*, Bd. 10, S. 257 ff.; *Studienausgabe*, Bd. 3, S. 115 ff.) sogar eine vergleichende Darstellung des Verdrängungsvorgangs bei den drei Übertragungsneurosen. Vgl. auch den komparativen Schluß des IV. Abschnitts von ›Das Unbewußte‹ (*G. W.*, Bd. 10, S. 281 ff.; *Studienausgabe*, Bd. 3, S. 140 ff.). – Für eine spätere Diskussion der einzelnen Momente in den Übertragungsneurosen vgl. *Hemmung, Symptom und Angst* (1926 d [1925]), etwa Kapitel V bezüglich der Symptombildung und Nachtrag A hinsichtlich der Gegenbesetzung.]

[3] [Ursprünglich hatte im Manuskript »Gegenbesetzung« an dritter Stelle dieser Aufzählung gestanden; durch ein Umstellungszeichen rückte Freud das Wort nachträglich an die zweite Stelle.]

a) *Verdrängung*[1] findet bei allen dreien an Grenze des ubw und vbw Systems statt, besteht in Abziehung oder Verweigerung [der] vbw Besetzung, wird gesichert durch Art von Gegenbesetzung. Bei Zwangsneurose in späteren Stadien verschiebt sie sich auf Grenze zwischen Vbw und Bw. Werden hören, daß in nächster Gruppe[2] die Verdrängung andere Topik hat, sie erweitert sich dann zum Begriff der Spaltung.

Topische Gesichtspunkt darf nicht in dem Sinn überschätzt werden, daß etwa jeder Verkehr zwischen beiden Systemen durch sie unterbrochen würde. Es wird also wesentlicher, an welchen Elementen diese Schranke eingeführt wird.

Erfolg und Abgeschlossenheit hängen insofern zusammen, als Mißerfolg zu weiteren Bemühungen nötigt. Erfolg variiert bei den drei Neurosen und in einzelnen Stadien derselben.

Erfolg am geringsten bei Angsthysterie, beschränkt sich darauf, daß keine vbw (und bw) Repräsentanz zustande kommt. Später, daß anstatt der anstößigen eine Ersatz[vorstellung] vbw und bw wird. Endlich bei Phobiebildung erreicht er Zweck, in Hemmung des Unlustaffekts durch großen Verzicht, ausgiebig[er] Fluchtversuch. Absicht der Verdrängung ist immer Unlustvermeidung. Schicksal der Repräsentanz ist nur ein Zeichen des Vorgangs. Die scheinbare[3] Zerlegung des abzuwehrenden Vorgangs in Vorstellung und Affekt (Repräsentanz und quantitativen Faktor) ergibt sich eben daraus, daß Verdrängung in Verweigerung der Wortvorstellung besteht, also aus [dem] topischen Charakter der Verdrängung.

Bei Zwangsneurose ist Erfolg zuerst ein voller, aber kein dauernder. Prozeß noch weniger abgeschlossen. Er setzt sich nach erster erfolgreicher Phase durch zwei weitere fort, von denen erstere (sekundäre Verdrän-

---

[1] [Es handelt sich hier noch um den eher weitgefaßten Verdrängungsbegriff, im allgemeinen Sinne von Abwehr. Erst später (1926 d [1925]) hat Freud ihn im Hinblick auf den hysteriespezifischen Abwehrmechanismus eingeschränkt. Allerdings ist in ›Die Verdrängung‹ (1915 d; G. W., Bd. 10, S. 256; *Studienausgabe*, Bd. 3, S. 114) diese Differenzierung schon angedeutet.]

[2] [Gemeint sind wohl die im zweiten Teil des Entwurfs herangezogenen, freilich in bezug auf die spezifischen Abwehrvorgänge nicht näher beschriebenen Psychosen bzw., in Freuds Sprachgebrauch, narzißtischen Neurosen; vgl. hierzu eine Passage in ›Metapsychologische Ergänzung zur Traumlehre‹ (1917 d [1915]; G. W., Bd. 10, S. 424 f.; *Studienausgabe*, Bd. 3, S. 190 f.).]

[3] [An dieser Stelle ist im Manuskript, schwer entzifferbar, zwischen die Zeilen eingefügt: »deskriptiv statt syst[ematisch]«, Formulierungen, die Freud auch in ›Das Unbewußte‹ (1915 e) benutzt (G. W., Bd. 10, S. 271; *Studienausgabe*, Bd. 3, S. 131).]

gung[:][1] Bildung der Zwangsvorstellung, Kampf gegen Zwangsvorstellung) sich wie [bei der] Angsthysterie mit Ersetzung der Repräsentanz begnügt, [die] spätere [Phase] (tertiäre [Verdrängung]) der Phobie entsprechende Verzichte und Einschränkung[en] produziert, aber zum Unterschied mit logischen Mitteln arbeitet.

Im Gegensatz hiezu ist Erfolg der Konversionshysterie von Anfang an ein voller, aber durch starke Ersatzbildung erkaufter. Prozeß des einzelnen Verdrängungsvorgangs abgeschlossener.

b) *Gegenbesetzung*[2]

Bei Angsthysterie fehlt sie zuerst[,] reiner Fluchtversuch, wirft sich dann auf Ersatzvorstellung und, besonders in dritter Phase, auf Umgebung derselben, um von da aus Bändigung der Unlustentbindung zu sichern, als[3] Wachsamkeit, Aufmerksamkeit. Repräsentiert den Anteil der vbw [Besetzung], also den Aufwand, den Neurose kostet.

Bei Zwangsneurose, wo es sich von Anfang um Abwehr eines ambivalenten Triebes handelt, besorgt sie die erste glückende Verdrängung, leistet dann Reaktionsbildung dank der Ambivalenz, [er]gibt dann in tertiärer Phase die Aufmerksamkeit, die Zwangsvorstellung auszeichnet, und besorgt die logische Arbeit. Also zweite und dritte Phase ganz wie bei Angsthysterie. Unterschied in erster Phase, wo [die Gegenbesetzung] bei Angsthysterie nichts, bei Zwangsneurose alles leistet.

Immer sichert sie [der] Verdrängung [den] entsp[rechenden] Anteil des Vbw. Bei [Konversions]Hysterie glücklicher[4] Charakter dadurch ermöglicht, daß Gegenbesetzung von Anfang an Zusammentreffen mit Triebbesetzung sucht und sich zum Kompromiß mit ihr einigt, auswählende Bestimmung auf Repräsentanz trifft.

---

[1] [Die weiteren Spezifizierungen bis zum Ende der Klammer stehen in der Handschrift am Ende des Abschnitts, vor b), offensichtlich nachträglich hinzugesetzt, aber durch eine Linie klar an die oben angegebene Stelle gerückt.]

[2] [Hier steht im Manuskript, durchgestrichen, »Ersatz- und Symptombildung«. Offenbar entschloß sich Freud an dieser Stelle der Niederschrift, das Moment der Gegenbesetzung vor demjenigen der Ersatz- und Symptombildung abzuhandeln. S. die entsprechende Umstellung in der Aufzählung zu Beginn des Entwurfs.]

[3] [Dieses Wort ist nicht mit Sicherheit zu entziffern.]

[4] [Dieses Wort ist gleichfalls nicht mit Sicherheit zu entziffern.]

c) *Ersatz- und Symptombildung*
Entspricht der Wiederkehr [des] Verdrängten, Mißlingen der Verdrängung. Eine Weile [sind beide] zu sondern, später fließt [die Ersatzbildung] mit ihr [der Symptombildung] zusammen.

Am vollkommensten bei Konversionshysterie: Ersatz = Symptom, nichts weiter zu trennen.

Ebenso bei Angsthysterie, Ersatzbildung ermöglicht dem Verdrängten die erste Wiederkehr.

Bei Zwangsneurose sondert sich [Ersatz- von Symptombildung] scharf, indem erste Ersatzbildung von [dem] Verdrängenden durch Gegenbesetzung geliefert und nicht zu Symptomen gerechnet wird. Dafür sind [die] späteren Symptome der Zwangsneurose oft vorwiegend Wiederkehr des Verdrängten, Anteil des Verdrängenden an ihnen geringer.

Symptombildung, von der unser Studium ausgeht, fällt immer mit Wiederkehr des Verdrängten zusammen und geschieht mit Hilfe der Regression und der disponierenden Fixierungen. Ein allgemeines Gesetz sagt aus, daß die Regression bis zur Fixierung zurückgeht und von dort aus Wiederkehr des Verdrängten sich durchsetzt.

d) *Verhältnis zur Sexualfunktion*
Für dies bleibt bestehen, daß verdrängte Triebregung stets eine libidinöse, dem Sexualleben angehörige ist, während Verdrängung vom Ich ausgeht aus verschiedenen Motiven, die sich als ein Nichtkönnen (wegen Überstärke) oder Nichtwollen zusammenfassen lassen. Das letztere geht auf Unverträglichkeit mit den Ichidealen oder auf andersartige befürchtete Schädigung des Ichs zurück. Das Nichtkönnen entspricht auch einer Schädigung.

Verdunkelt wird diese fundamentale Tatsache durch zwei Momente: Erstens hat es oft Anschein, als ob Verdrängung durch Konflikt zweier Regungen, [die] beide libidinös sind, angeregt würde. Dies löst sich durch die Erwägung, daß die eine davon ichgerecht ist und in dem Konflikt die Hilfe der vom Ich ausgehenden Verdrängung anrufen kann. Zweitens, indem nicht nur libidinöse, sondern auch Ichstrebungen unter den verdrängten angetroffen werden, besonders häufig und deutlich bei längerem Bestand und fortgeschrittener Entwicklung der Neurose. Letztere[s] kommt so zustande, daß die verdrängte libidinöse Regung sich auf dem Umweg durch eine Ichstrebung, der sie eine Komponente geliehen hat, durchzusetzen sucht, ihr Energie überträgt und nun diese [Ichstrebung] mit in die Verdrängung reißt, was im großen Umfange geschehen kann. An Allgemeingiltigkeit jenes Satzes wird dadurch nichts geändert. Begreifliche Forderung, daß man Einsichten aus den Anfangsstadien der Neurosen schöpfe.

Bei Hysterie und Zwangsneurose evident, daß sich Verdrängung gegen die[1] Sexualfunktion in definitiver Form, in der sie[2] Anspruch der Fortpflanzung repräsentiert, richtet. Am deutlichsten wieder bei Konversionshysterie, weil ohne Komplikationen, bei Zwangsneurose erst Regression. Indes diese Beziehung nicht übertreiben, nicht etwa annehmen, daß Verdrängung erst mit diesem Stadium der Libido in Wirksamkeit tritt. Im Gegenteil zeigt ja gerade Zwangsneurose, daß Verdrängung allgemeiner Vorgang, nicht libidinös abhängig, weil hier gegen Vorstufe gerichtet. Ebenso in Entwicklung, daß Verdrängung auch gegen perverse Regungen in Anspruch genommen. Frage, warum Verdrängung hier gelingt, sonst nicht? In Natur libidinöse Strebungen sehr vertretungsfähig, so daß bei Verdrängung der normalen die perversen verstärkt werden und umgekehrt. Zur Sexualfunktion [hat] Verdrängung kein anderes Verhältnis, als daß sie zu ihrer Abwehr bemüht wird wie Regression und andere Triebschicksale.

Bei Angsthysterie ist Verhältnis zur Sexualfunktion undeutlicher aus Gründen, die bei Behandlung der Angst zum Vorschein gekommen. Scheint, daß Angsthysterie jene Fälle umfaßt, in denen Sexualtriebanspruch als zu groß, wie Gefahr, abgewehrt [wird]. Keine besondere Bedingung aus Libidoorganisation.

e) *Regression*

Das interessanteste Moment und Triebschicksal. Von Angsthysterie aus keinen Anlaß, es zu erraten. Könnte sagen, daß [es] hier nicht in Betracht kommt, vielleicht weil jede spätere Angsthysterie so deutlich auf eine infantile regrediert (die vorbildliche Disposition der Neurose) und diese letztere so frühzeitig im Leben auftritt. Dagegen die beiden anderen [Übertragungsneurosen] schönste Beispiele von Regression, aber diese spielt bei jeder [eine] andere Rolle in Struktur der Neurose. Bei Konversionshysterie ist es eine starke Ichregression, Rückkehr zu Phase ohne

---

[1] [Zunächst stand im Manuskript an dieser Stelle »das« (vielleicht wollte Freud »das Sexualleben« schreiben); das Wort ist durchgestrichen und durch »die« ersetzt.]
[2] [In der Handschrift steht hier »es«, wohl aus dem in Anm. 1 erwähnten Grund.]

Scheidung von Vbw und Ubw, also ohne Sprache und Zensur. Die Regression dient aber der Symptombildung und Wiederkehr des Verdrängten. Die Triebregung, die vom aktuellen Ich nicht akzeptiert [wird], rekurriert auf ein früheres, von dem aus sie Abfuhr, freilich in anderer Weise, findet. Daß es dabei virtuell zu einer Art Libidoregression kommt, schon erwähnt. Bei Zwangsneurose ist es anders. Die Regression ist eine Libidoregression, dient nicht der Wiederkehr [des Verdrängten], sondern der Verdrängung und wird durch eine starke konstitutionelle Fixierung oder unvollkommene Ausbildung ermöglicht. In der Tat fällt hier erster Schritt der Abwehr der Regression zu, wo es sich mehr um Regression als auf Entwicklungshemmung handelt[1], und die regressive libidinöse Organisation unterliegt dann erst einer typischen Verdrängung, die aber erfolglos bleibt. Ein Stück Ichregression wird von der Libido aus [dem] Ich aufgezwungen oder ist in der unvollkommenen Entwicklung des Ichs, die hier mit Libidophase zusammenhängt, gegeben. (Trennung der Ambivalenzen.)

f) [*Disposition*[2]]
Hinter Regression verhüllen sich die Probleme der Fixierung und Disposition. Die Regression, kann man allgemein sagen, reicht so weit zurück bis zu einer Fixierungsstelle, entweder in Ich- oder Libidoentwicklung, und diese stellt die Disposition dar.[3] Dies ist also das maßgebendste, die Entscheidung über [die] Neurosenwahl[4] vermittelnde Moment. Lohnt also, dabei zu verweilen. Fixierung kommt durch Phase der Entwicklung zu-

---

[1] [Dieser dunkle Satzteil scheint durch eine andere Stellung seiner Wortelemente mehr Sinn zu ergeben: »wo es sich um mehr als Regression auf Entwicklungshemmung handelt«.]

[2] [Dieses Moment, von dem aus Freud sozusagen die phylogenetische Tiefendimension des zweiten Teils seiner ›Übersicht der Übertragungsneurosen‹ öffnet, findet in den publizierten metapsychologischen Abhandlungen von 1915 kaum Erwähnung; vgl. allerdings den letzten Absatz von Abschnitt VI in ›Das Unbewußte‹ (1915*e*; *G. W.*, Bd. 10, S. 294; *Studienausgabe*, Bd. 3, S. 154).]

[3] [In ›Die Disposition zur Zwangsneurose‹ (1913*i*; *G. W.*, Bd. 8, S. 443; *Studienausgabe*, Bd. 7, S. 110) erklärt Freud unumwunden: »Unsere Dispositionen sind also Entwicklungshemmungen.« – Zwischen diesem Aufsatz und dem vorliegenden Entwurf gibt es noch andere Querverbindungen.]

[4] [Das Problem der Neurosenwahl, welches ihn schon in den neunziger Jahren beschäftigte, wurde von Freud stets in einer evolutionsbiologischen Perspektive gesehen. Vgl. wiederum z. B. ›Die Disposition zur Zwangsneurose‹ (1913*i*; *G. W.*, Bd. 8, S. 442ff.; *Studienausgabe*, Bd. 7, S. 109ff.).]

stande, die zu stark ausgeprägt war oder vielleicht auch zu lange angehalten hat, um restlos in die nächste überzugehen. Klarere Vorstellung, worin, in welchen Veränderungen die Fixierung besteht, wird [man] am besten nicht verlangen. Aber über Herkunft etwas sagen. Besteht sowohl die Möglichkeit, daß solche Fixierung rein mitgebracht sowie daß sie durch frühzeitige Eindrücke herbeigeführt [wird], und endlich, daß beide Faktoren zusammenwirken. Um so mehr, da man behaupten darf, beiderlei Momente seien eigentlich ubiquitär, da [einerseits] alle Dispositionen konstitutionell vorhanden sind im Kinde und anderseits die wirksamen Eindrücke sehr vielen Kindern gleicherweise zuteil werden. Handelt sich also um mehr oder weniger und ein wirksames Zusammentreffen. Da niemand konstitutionelle Momente [zu] bestreiten geneigt ist, fällt es ΨA zu, auch das Anrecht der frühinfantilen Erwerbungen kräftig zu vertreten.[1] Bei Zwangsneurose ist übrigens das konstitutionelle Moment weit deutlicher erkannt als bei Konversionshysterie das akzidentelle, das ist zuzugeben. Detailverteilung immer noch zweifelhaft.

Wo das konstitutionelle Moment der Fixierung in Betracht kommt, [ist] damit Erwerbung nicht beseitigt; sie rückt nur in noch frühere Vorzeit, da man mit Recht behaupten darf, daß die ererbten Dispositionen Reste der Erwerbung der Vorahnen sind. Hiemit stößt man an Problem der phylogenetischen Disposition hinter der individuellen oder ontogenetischen und darf keinen Widerspruch finden, wenn das Individuum zu seiner ererbten Disposition aufgrund früheren Erlebens neue Dispositionen aus eigenem Erleben hinzufügt. Warum sollte der Prozeß, der Disposition aufgrund von Erleben schafft, gerade an dem Individuum, dessen Neurose man untersucht, erlöschen? Oder dieses [Individuum eine] Disposition für seine Nachkommen schaffen, sie aber nicht für sich erwerben können? Scheint vielmehr notwendige Ergänzung.

Wie weit die phylogenetische Disposition zum Verständnis der Neurose[n] beitragen kann, ist noch nicht zu übersehen. Es gehörte dazu auch, daß Betrachtung über enge Gebiet der Übertragungsneurosen hinausgeht. Der wichtigste unterscheidende Charakter der Übertragungsneurosen konnte in dieser Übersicht ohnedies nicht gewürdigt werden, weil er ihnen ja gemeinsam nicht auffällt und erst bei Herbeiziehung der narzißtischen

---

[1] [In ähnlicher Weise hatte sich Freud über das Thema Konstitution/Erleben schon am 1. Oktober 1911 in einem Brief an Else Voigtländer geäußert (1960*a* [1873–1939], (3. Aufl.), S. 299 f.).]

Neurosen durch Kontrast auffallen würde.[1] Bei dieser Vergrößerung des Horizontes würde Verhältnis von Ich zu Objekt [in den] Vordergrund rücken und Festhaltung des Objekts sich als gemeinsam Unterscheidendes ergeben. Gewisse Vorbereitung hier gestattet.

Hoffe, der Leser, der sonst auch an Langweile vieler Abschnitte gemerkt hat, wie sehr alles auf sorgfältiger und mühseliger Beobachtung aufgebaut, wird Nachsicht üben, wenn auch einmal die Kritik vor der Phantasie zurücktritt und ungesicherte Dinge vorgetragen werden, bloß weil sie anregend sind und Blick in die Ferne eröffnen.

Es ist noch legitim anzunehmen, daß auch die Neurosen Zeugnis von der seelischen Entwicklungsgeschichte des Menschen ablegen müssen.[2] Ich glaube nun, in Aufsatz (Über zwei Prinzipien[3]) gezeigt zu haben, daß wir den Sexualstrebungen des Menschen eine andere Entwicklung zuschreiben dürfen als den Ichstrebungen.[4] Der Grund wesentlich, daß die ersteren ganze Weile autoerotisch befriedigt werden können, während Ichstrebungen von Anfang auf Objekt und damit auf Realität angewiesen sind. Welches die Entwicklung des menschlichen Sexuallebens, glauben wir in großen Zügen gelernt zu haben (*Drei Abhandlungen zur Sexualtheorie* [1905 d][5]). Die des menschlichen Ichs, d. h. der Selbsterhaltungs-

---

[1] [Hier folgen im Manuskript zwei durchgestrichene Satzteile: »Er liegt in der Festhaltung des Objekts. Verhältnis des Ich zum Objekt.«]

[2] [Eine Annahme, die in Freuds darwinistisch geschultem Denken nahelag. In den fast gleichzeitig entstandenen *Vorlesungen zur Einführung in die Psychoanalyse* (1916–17 [1915–17]) hat Freud sie, in fast gleichlautender Formulierung, ebenfalls aufgegriffen, z. B. im Zusammenhang mit den Urphantasien: »Wir sind wiederholt auf den Verdacht gekommen, daß uns die Neurosenpsychologie mehr von den Altertümern der menschlichen Entwicklung aufbewahrt hat als alle anderen Quellen.« (*G. W.*, Bd. 11, S. 386; *Studienausgabe*, Bd. 1, S. 362). Vgl. auch ›Aus der Geschichte einer infantilen Neurose‹ (1918 b [1914]; *G. W.*, Bd. 12, S. 131; *Studienausgabe*, Bd. 8, S. 210) sowie *Das Ich und das Es* (1923 b; *G. W.*, Bd. 13, S. 266; *Studienausgabe*, Bd. 3, S. 305).]

[3] [›Formulierungen über die zwei Prinzipien des psychischen Geschehens‹ (1911 b).]

[4] [Wie schon aus früheren Passagen ersichtlich, geht Freud im vorliegenden Entwurf noch vom Triebdualismus Sexualtriebe/Ichtriebe aus. Erst in *Jenseits des Lustprinzips* (1920 g) führte er seine letzte Triebklassifikation – Lebenstriebe/Todestriebe – ein.]

[5] [In einem unveröffentlichten Brief an Sándor Ferenczi hat Freud am 2. Dezember 1914 seine gerade begonnene Arbeit an den metapsychologischen Abhandlungen schlankweg als die »Fortführung der Probleme« bezeichnet, »bei denen ich in der Sexualtheorie haltgemacht habe«. Zur Zeit der Niederschrift der Metapsychologie-Serie bereitete Freud die dritte Auflage der *Drei Abhandlungen* (1905 d) vor. In deren Vorwort sowie Textergänzungen haben die im Zusammenhang mit dem Metapsychologie-Projekt angestellten stammesgeschichtlichen Überlegungen unübersehbar Spuren hinterlassen.]

funktionen und der von ihnen abgeleiteten Bildungen, ist schwieriger zu durchschauen. Ich kenne nur den einzigen Versuch von Ferenczi[1], der ψα Erfahrungen zu diesem Zwecke verwertet. Unsere Aufgabe wäre natürlich sehr erleichtert, wenn uns die Entwicklungsgeschichte des Ichs anderswoher gegeben wäre, die Neurosen zu verstehen, anstatt daß wir jetzt umgekehrt verfahren müssen.[2] Man bekommt dabei den Eindruck, daß die Entwicklungsgeschichte der Libido ein weit älteres Stück der [phylogenetischen] Entwicklung wiederholt als die des Ichs, erstere vielleicht Verhältnisse des Wirbeltierstammes wiederholt, während letztere von der Geschichte der Menschenart abhängig ist. Es existiert nun eine Reihe, an welche man verschiedene weitgehende Gedanken anknüpfen kann. Sie entsteht, wenn man die Ψneurosen (nicht die Übertragungsneurosen allein) nach dem[3] Zeitpunkt anordnet, zu welchem sie im individuellen Leben aufzutreten pflegen.[4] Dann ist die Angsthysterie die fast voraussetzungslose, die früheste [Neurose], ihr schließt die Konversionshysterie (vom vierten Jahr etwa) an, noch etwas später in der Vorpubertät (9–10) tritt bei Kindern die Zwangsneurose auf. Die narzißtischen Neurosen fehlen der Kindheit. Von diesen ist die Dementia praecox in klassischer Form [eine] Erkrankung der Pubertätsjahre, die Paranoia nähert sich den Jahren der Reife, und Melancholie-Manie auch demselben Zeitabschnitt, sonst unbestimmbar.

Die Reihe lautet also:

Angsthysterie – Konversionshysterie – Zwangsneurose – Dementia praecox – Paranoia – Melancholie-Manie.

---

[1] [Sándor Ferenczi, 1913.]

[2] [Gemeint ist wohl: »Unsere Aufgabe, die Neurosen zu verstehen, wäre natürlich sehr erleichtert, wenn uns die Entwicklungsgeschichte des Ichs anderswoher gegeben wäre, anstatt daß wir jetzt umgekehrt [d. h. von der Erforschung der Neurosen auf die Entwicklungsgeschichte des Ichs rückschließend] verfahren müssen.« Freud hat den Satzteil »die Neurosen zu verstehen« möglicherweise nachträglich, wie dies seine Gewohnheit war, in den fortlaufenden Text eingetragen, es jedoch unterlassen, ein Umstellungszeichen hinzuzufügen.]

[3] [In der Handschrift heißt es »der«; Freud schrieb zuerst »nach der Zeit«, fügte »punkt« dann nachträglich zwischen den Zeilen hinzu und unterließ es, den Artikel mitzuverändern.]

[4] [Zum Lebensalter beim Ausbruch der Neurosen vgl. ›Die Disposition zur Zwangsneurose‹ (1913i; *G. W.*, Bd. 8, S. 443 f.; *Studienausgabe*, Bd. 7, S. 110) sowie auch *Hemmung, Symptom und Angst* (1926e [1925]; *G. W.*, Bd. 14, S. 143; *Studienausgabe*, Bd. 6, S. 257).]

Die Fixierungsdispositionen dieser Affektionen scheinen auch eine Reihe zu ergeben, die aber gegenläufig ist, besonders wenn man libidinöse Disposition in Betracht zieht. Es ergäbe sich also, je später die Neurose auftritt, auf desto frühere Libidophase muß sie regredieren. Dies gilt indes nur in großen Zügen. Unzweifelhaft richtet sich Konversionshysterie gegen Primat der Genitalien, die Zwangsneurose gegen die sadistische Vorstufe, alle drei Übertragungsneurosen gegen vollzogene Libidoentwicklung. Die narzißtischen Neurosen aber gehen auf Phasen vor Objektfindung zurück, die Dementia praecox regrediert bis zum Autoerotismus, die Paranoia bis zur narzißtischen homosexuellen Objektwahl, der Melancholie liegt narzißtische Identifizierung mit dem Objekt zugrunde. Die Differenzen liegen darin, daß die Dementia unzweifelhaft früher auftritt als die Paranoia, obwohl ihre libidinöse Disposition weiter zurückreicht, und daß Melancholie-Manie keine sichere zeitliche Einreihung gestatten. Man kann es also nicht festhalten, daß die sicher vorhanden[e] Zeitreihe der Ψneurosen allein durch die Libidoentwicklung bestimmt wäre. Soweit dies zutrifft, würde man die umgekehrte Beziehung zwischen beiden betonen. Es ist auch bekannt, daß mit Altersfortschritt Hysterie oder Zwangsneurose in Dementia sich umsetzen kann, nie kommt das Umgekehrte vor.

Man kann aber eine andere, phylogenetische Reihe aufstellen, die wirklich mit der Zeitreihe der Neurosen gleichläufig ist. Nur muß man dabei weit ausholen und sich manches hypothetische Zwischenglied gefallen lassen.

Von Dr. Wittels[1] ist zuerst die Idee ausgesprochen worden, daß das Urmenschentier seine Existenz in einem überaus reichen, alle Bedürfnisse befriedigenden Milieu hingebracht, dessen Nachhall wir im Mythus vom uranfänglichen Paradies erhalten haben. Dort mag es die Periodizität der Libido überwunden haben, die den Säugetieren noch anhaftet. Ferenczi hat dann in der bereits erwähnten gedankenreichen Arbeit die Idee ausgesprochen, daß die weitere Entwicklung dieses Urmenschen unter dem Einfluß der geologischen Erdschicksale erfolgt ist und daß insbesondere die Not der Eiszeiten ihm die Anregung zur Kulturentwicklung gebracht hat. Es wird ja allgemein zugegeben, daß die Menschenart zur Eiszeit bereits bestand und ihre Einwirkung an sich erfahren hat.

Greifen wir die Idee von Ferenczi auf, so liegt die Versuchung sehr nahe, in den drei Dispositionen zur Angsthysterie, Konversionshysterie und

---

[1] [Fritz Wittels (1912), vgl. besonders die Einleitung, S. 1–19.]

Zwangsneurose Regressionen auf Phasen zu erkennen, welche dereinst die ganze Menschenart vom Beginne bis zum Ende der Eiszeiten[1] durchzumachen hatte, so daß damals alle Menschen so waren, wie heute nur ein Anteil kraft seiner erblichen Veranlagung und durch Neuerwerbung ist. Die Bilder können sich natürlich nicht völlig decken, denn die Neurose enthält mehr, als was die Regression mit sich bringt. Sie ist auch der Ausdruck des Sträubens gegen diese Regression und ein Kompromiß zwischen dem urzeitlich Alten und dem Anspruch des kulturell Neuen. Am stärksten wird sich diese Differenz bei der Zwangsneurose ausprägen müssen, welche wie keine andere unter dem Zeichen der inneren Gegensätzlichkeit steht. Doch muß die Neurose, soweit das Verdrängte in ihr gesiegt hat, das urzeitliche Bild wiederbringen.

[1.)] Unsere erste Aufstellung würde also behaupten, daß die Menschheit unter dem Einfluß der Entbehrungen, welche ihr die hereinbrechende Eiszeit auferlegte, allgemein *ängstlich* geworden ist. Die bisher vorwiegend freundliche, jede Befriedigung spendende Außenwelt verwandelte sich in eine Häufung von drohenden Gefahren. Es war aller Grund zur Realangst vor allem Neuen gegeben. Die sexuelle Libido verlor allerdings zunächst ihre Objekte, die ja menschliche sind, nicht, aber es läßt sich denken, daß das in seiner Existenz bedrohte Ich von der Objektbesetzung einigermaßen absah, die Libido im Ich erhielt und so in Realangst verwandelte, was vorher Objektlibido gewesen war. An der infantilen Angst sehen wir nun, daß das Kind die Objektlibido im Falle der Unbefriedigung in Realangst vor dem Fremden verwandelt, aber auch, daß es überhaupt dazu neigt, sich vor allem Neuen zu ängstigen. Wir haben einen langen Streit darüber geführt, ob die Realangst oder die Sehnsuchtangst das Ursprünglichere ist, ob das Kind seine Libido in Realangst wandelt, weil es [sie] für zu groß, gefährlich erachtet, und so überhaupt zur Vorstellung der Gefahr kommt oder ob es vielmehr einer allgemeinen Ängstlichkeit nachgibt und aus dieser lernt, sich auch vor seiner unbefriedigten Libido zu fürchten. Unsere Neigung ging dahin, das erstere anzunehmen, die Sehnsuchtangst voranzustellen, aber dazu fehlte uns eine besondere Disposi-

---

[1] [In *Das Ich und das Es* (1923 b) kommt Freud in Zusammenhang mit der Überich-Entstehung noch einmal auf die Bedeutung der Eiszeit für die Kulturentwicklung zurück (*G. W.*, Bd. 13, S. 263; *Studienausgabe*, Bd. 3, S. 302). Vgl. auch eine analoge Stelle in *Hemmung, Symptom und Angst* (1926 d [1925]; *G. W.*, Bd. 8, S. 187; *Studienausgabe*, Bd. 6, S. 293 f.).]

tion. Wir mußten es für eine allgemein-kindliche Neigung erklären. Die phylogenetische Überlegung scheint nun diesen Streit zugunsten der Realangst zu schlichten und läßt uns annehmen, daß ein Anteil der Kinder die Ängstlichkeit des Beginns der Eiszeiten mitbringt und nun durch sie verleitet wird, die unbefriedigte Libido wie eine äußere Gefahr zu behandeln. Das relative Übermaß der Libido würde aber derselben Anlage entspringen und die Neuerwerbung der disponierten Ängstlichkeit ermöglichen. Immerhin würde die Diskussion der Angsthysterie das Übergewicht der phylogenetischen Disposition über alle anderen Momente befürworten.

2.) Mit dem Fortschritt der harten Zeiten mußte sich den in ihrer Existenz bedrohten Urmenschen der Konflikt zwischen Selbsterhaltung und Fortpflanzungslust ergeben, welcher in den meisten typischen Fällen von Hysterie seinen Ausdruck findet. Die Nahrungsmittel reichten nicht hin, eine Vermehrung der menschlichen Horden zu gestatten, und die Kräfte des Einzelnen reichten nicht aus, so viele der Hilflosen am Leben zu erhalten. Die Tötung der Geborenen fand sicherlich einen Widerstand an der Liebe besonders der narzißtischen Mütter. Somit wurde es soziale Pflicht, die Fortpflanzung zu beschränken. Die perversen, nicht zur Kinderzeugung führenden Befriedigungen entgingen diesem Verbot, was eine gewisse Regression auf die Libidophase vor dem Primat der Genitalien beförderte. Die Einschränkung mußte das Weib härter treffen[1] als den um die Folgen des Sexualverkehrs eher unbekümmerten Mann. Diese ganze Situation entspricht offenkundig den Bedingungen der Konversionshysterie. Aus der Symptomatik derselben schließen wir, daß der Mensch noch sprachlos war, als er sich aus der unbezwungenen Not das Verbot der Fortpflanzung auferlegte, also auch noch nicht das System des Vbw über seinem Ubw aufgebaut hatte. Auf die Konversionshysterie regrediert dann auch der dazu Disponierte, speziell das Weib, unter dem Einfluß der Verbote, welche die Genitalfunktion ausschalten wollen, während stark erregende frühzeitige Eindrücke zur Genitalbetätigung drängen.

3.) Die weitere Entwicklung ist leicht zu konstruieren. Sie betraf vorwiegend den Mann.[2] Nachdem er gelernt hatte, an der Libido zu sparen

---

[1] [An dieser Stelle findet sich in der Handschrift zwischen den Zeilen das Wort »Abstinenz«.]

[2] [Vgl. Freuds spätere Ausführungen über die geschlechtsspezifischen Differenzen in Überich-Entwicklung und Überich-Struktur: *Das Ich und das Es* (1923 b; G. W., Bd. 13, S. 265 f.; *Studienausgabe*, Bd. 3, S. 304), ›Einige psychische Folgen des anatomischen Geschlechtsunterschieds‹ (1925 j; G. W., Bd. 14, S. 29 f.; *Studienausgabe*, Bd. 5,

und die Sexualtätigkeit durch Regression auf eine frühere Phase zu erniedrigen, gewann die Betätigung der Intelligenz für ihn die Hauptrolle. Er lernte forschen, die feindliche Welt etwas verstehen und sich durch Erfindungen eine erste Herrschaft über sie zu sichern. Er entwickelte sich unter dem Zeichen der Energie, bildete die Anfänge der Sprache aus und mußte den Neuerwerbungen große Bedeutung zulegen. Die Sprache war ihm Zauber, seine Gedanken erschienen ihm allmächtig, er verstand die Welt nach seinem Ich. Es ist die Zeit der animistischen Weltanschauung und ihrer magischen Technik. Zum Lohn für seine Kraft, so vielen anderen Hilflosen Lebenssicherung zu schaffen, maßte er sich die uneingeschränkte Herrschaft über sie an, vertrat durch seine Persönlichkeit die beiden ersten Setzungen, daß er selbst unverletzlich sei und daß ihm die Verfügung über die Frauen nicht bestritten werden dürfe. Zu Ende dieses Zeitabschnitts war das Menschengeschlecht in einzelne Horden zerfallen, die von einem starken und weisen brutalen Mann als Vater beherrscht wurden. Es ist möglich, daß die egoistisch eifersüchtige und rücksichtslose Natur[1], die wir nach völkerpsychologischen Erwägungen dem Urvater der Menschenhorde zuschreiben, nicht von Anfang an vorhanden war, sondern sich im Laufe der schweren Eiszeiten als Resultat der Anpassung an die Not herausgebildet hat.

Die Charaktere dieser Menschheitsphase wiederholt nun die Zwangsneurose, einen Teil derselben negativ, da ja die Neurose [in Gestalt ihrer] Reaktionsbildungen[2] dem Sträuben gegen diese Wiederkehr mitentspricht. Die Überbetonung des Denkens, die riesige Energie, die im Zwang wiederkehrt, die Allmacht der Gedanken, die Neigung zu unverbrüchlichen Gesetzen sind unverwandelte Züge. Aber gegen die brutalen Impulse, welche das Liebesleben ersetzen wollen, erhebt sich der Widerstand späterer Entwicklungen, der von dem libidinösen Konflikt aus endlich die Lebensenergie des Individuums lähmt und nur die auf Geringfü-

---

S. 265 f.), *Neue Folge der Vorlesungen zur Einführung in die Psychoanalyse* (1933 a [1932]; *G. W.*, Bd. 15, S. 144; *Studienausgabe*, Bd. 1, S. 564).]

[1] [Vgl. eine Passage in *Massenpsychologie und Ich-Analyse* (1921 c), wo Freud vom Vater der Urhorde sagt, »daß sein Ich wenig libidinös gebunden war, er liebte niemand außer sich, und die anderen nur, insoweit sie seinen Bedürfnissen dienten«. (*G. W.*, Bd. 13, S. 138; *Studienausgabe*, Bd. 9, S. 115).]

[2] [In der Handschrift ist »Reaktionsbildungen«, am Zeilenbeginn, schräg über »diese Wiederkehr« eingesetzt. Allerdings hat Freud nicht angegeben, wo dieses Wort einzufügen sei.]

giges verschobenen Impulse als Zwang bestehen läßt, übrig[läßt]. So geht dieser für die Kulturentwicklung wertvollste menschliche Typus an den Ansprüchen des Liebeslebens zugrunde in seiner Wiederkehr, wie der großartige Typus des Urvaters selbst, der später als Gottheit wiederkehrte, an den familiären Verhältnissen, die er sich schuf, in der Wirklichkeit zugrunde gegangen ist.

4.) Soweit wären wir in der Erfüllung eines von Ferenczi vorhergesehenen Programms, »die neurotischen Regressionstypen mit den Etappen der Stammesgeschichte der Menschheit in Einklang zu bringen«[1], gekommen, vielleicht ohne in allzu gewagte Spekulationen abzuirren. Für die weiteren und später auftretenden narzißtischen Neurosen fehlte uns aber jede Anknüpfung, wenn uns nicht die Annahme zu Hilfe käme, daß die Disposition zu ihnen von einer zweiten Generation erworben worden ist, deren Entwicklung in eine neue Phase menschlicher Kultur hinüberleitet.

Diese zweite Generation hebt mit den Söhnen an, welchen der eifersüchtige Urvater nicht gewähren läßt. Wir haben an anderer Stelle (T u T[2]) eingesetzt, daß er sie vertreibt, wenn sie das Alter der Pubertät erreicht haben. ΨA Erfahrungen mahnen aber, eine andere und grausamere Lösung an die Stelle zu setzen, nämlich daß er sie ihrer Mannheit beraubt, wonach sie als unschädliche Hilfsarbeiter in der Horde bleiben können. Den Effekt der Kastration in jener Urzeit dürfen wir uns wohl als Erlöschen der Libido und Stehenbleiben in der individuellen Entwicklung vorstellen. Solchen Zustand scheint die Dementia praecox zu wiederholen, die zumal als Hebephrenie zum Aufgeben jedes Liebeobjekts, Rückbildung aller Sublimierungen und Rückkehr zum Autoerotismus führt. Das jugendliche Individuum verhält sich so, als ob es die Kastration erlitten hätte; ja, wirkliche Selbstkastrationen sind bei dieser Affektion nicht selten. Was die Krankheit sonst auszeichnet, die Sprachveränderungen und hal-

---

[1] [S. Ferenczi (1913), S. 161. Das Zitat lautet etwas anders: »Vermutlich gelingt es einmal, die einzelnen Entwicklungsstadien des Ich und deren neurotische Regressionstypen mit den Etappen der Stammesgeschichte der Menschheit in Parallele zu bringen [...].«]
[2] [*Totem und Tabu* (1912–13); für einige Zusammenhänge zwischen diesem Werk und dem vorliegenden Entwurf vgl. die ›Editorische Einleitung‹, oben, S. 630f.; vgl. auch das spekulative Alterswerk *Der Mann Moses und die monotheistische Religion* (1939a [1934–38]; *G. W.*, Bd. 16, S. 186–209; *Studienausgabe*, Bd. 9, S. 529–49), wo diese phylogenetische Konstruktion noch einmal aufgenommen wird (vgl. Grubrich-Simitis, 1987).]

luzinatorischen Stürme, darf man in das phylogenetische Bild nicht einbeziehen, denn sie entsprechen den Heilungsversuchen, den vielfältigen Bemühungen, das Objekt wiederzugewinnen, die im Krankheitsbilde [eine] Zeitlang[1] beinahe auffälliger sind als die Rückbildungserscheinungen.

Mit der Annahme einer solchen Behandlung der Söhne hängt eine Frage zusammen, die im Vorübergehen zu beantworten ist. Woher kommt den Urvätern Nachfolge und Ersatz, wenn sie sich der Söhne in solcher Weise entledigen? Schon Atkinson[2] hat den Weg gewiesen, indem er hervorhob, daß nur die älteren Söhne die volle Verfolgung des Vaters zu befürchten hatten, daß aber der jüngste – schematisch gedacht – dank der Fürbitte der Mutter, vor allem aber infolge des Alterns des Vaters und seiner Hilfsbedürftigkeit Aussicht hatte, diesem Schicksal zu entgehen und der Nachfolger des Vaters zu werden. Dieser Vorzug des Jüngsten wurde in der nächstkommenden sozialen Gestaltung gründlich beseitigt und durch das Vorrecht des Ältesten ersetzt. Im Mythus und im Märchen ist er aber sehr gut kenntlich erhalten.

5.) Die nächste Wandlung konnte nur darin bestehen, daß die bedrohten Söhne sich der Kastration durch die Flucht entzogen und lernten, miteinander verbündet den Kampf des Lebens auf sich zu nehmen. Dies Zusammenleben mußte [die] sozialen Gefühle zeitigen und konnte auf homosexueller Sexualbefriedigung aufgebaut sein. Es ist sehr möglich, daß in der Vererbung dieser Zustandsphase die lange gesuchte hereditäre Disposition der Homosexualität zu erblicken ist. Die hier entstandenen, aus der Homosexualität sublimierten sozialen Gefühle wurden aber zum dauernden Menschheitsbesitz und zur Grundlage jeder späteren Gesellschaft. Diese Zustandsphase bringt aber ersichtlich die Paranoia wieder; richtiger, gegen die Wiederkehr derselben wehrt sich die Paranoia, bei der die geheimen Bündnisse nicht fehlen und der Verfolger eine großartige Rolle spielt. Die Paranoia sucht die Homosexualität abzuwehren, welche die Grund-

---

[1] [Dieses Wort ist im Original am Rand hinzugefügt. Es geht aus dem Schriftbild nicht klar hervor, wo Freud es einfügen wollte.]

[2] [Auf J. J. Atkinson (1903) hatte sich Freud bereits im vierten Essay von *Totem und Tabu* (1912–13; *G. W.*, Bd. 9, S. 172; *Studienausgabe*, Bd. 9, S. 426) im Zusammenhang seiner Hypothese des Urvatermords berufen, denn auch hierfür hatte Atkinson in zweiten und dritten Kapitel seines Buches den Weg gewiesen, wo, im Kontext universalistischer Konstruktionen über den Urzustand des menschlichen Zusammenlebens, vom »parricidal crime« (S. 225), von der »bloody tragedy« (S. 231), dem Mord der Söhne am »solitary paternal tyrant« (S. 228) die Rede ist.]

lage der Brüderorganisation war, und muß dabei den Befallenen aus der Gesellschaft treiben und[1] seine sozialen Sublimierungen zerstören.

6.) Die Einreihung der Melancholie-Manie in diesen Zusammenhang scheint auf die Schwierigkeit zu stoßen, daß eine Normalzeit für das individuelle Auftreten dieses neurotischen[2] Leidens nicht sicher anzugeben ist. Doch steht es fest, daß sie eher dem Alter der Reife angehört als der Kindheit. Faßt man die charakteristische Abwechslung von Depression und Hochstimmung ins Auge, so ist es schwer, sich nicht an die so ähnliche Aufeinanderfolge von Triumph und Trauer zu erinnern, welche regelmäßigen Bestand religiöser Festlichkeiten bildet.[3] Trauer über den Tod des Gottes, Triumphfreude über seine Wiederauf[er]stehung. Dieses religiöse Zeremoniell wiederholt aber nur, wie wir aus den Angaben der Völkerpsychologie erraten haben, in umkehrender Richtung das Verhalten der Mitglieder des Brüderklans, nachdem sie den Urvater überwältigt und getötet hatten: Triumph über seinen Tod und dann Trauer darüber, da sie ihn doch alle als Vorbild verehrt hatten. So gäbe dieses große Ereignis der Menschengeschichte, welches der Urhorde ein Ende machte und sie durch die siegreiche Brüderorganisation ersetzte, die Prädisposition für die eigentümliche Stimmungsfolge, die wir als besondere narzißtische Affektion neben den Paraphrenien anerkennen. Die Trauer um den Urvater geht aus der Identifizierung mit ihm [her]vor, und solche Identifizierung haben wir als die Bedingung des melancholischen Mechanismus nachgewiesen[4].

Zusammenfassend können wir sagen: Wenn die Dispositionen zu den drei Übertragungsneurosen im Kampf mit der Not der Eiszeiten erworben wurden, so stammen die Fixierungen, welche den narzißtischen Neurosen zugrunde liegen, aus der Bedrängung durch den Vater, welcher nach Ablauf der Eiszeit gleichsam[5] deren Rolle gegen die zweite Generation übernimmt, fortsetzt. Wie der erste Kampf zur patriarchalischen Kulturstufe

---

[1] [Dieses »und« steht in der Handschrift am Ende des Absatzes, vermutlich wollte Freud es an der obigen Stelle einfügen, doch fehlt ein Umstellungszeichen.]

[2] [»Neurotisch« hier natürlich im Sinne von Psychoneurose verwendet, nicht von Übertragungsneurose.]

[3] [Vgl. hierzu Abschnitte 4 und, besonders, 5 des vierten Essays von *Totem und Tabu* (1912–13; *G. W.*, Bd. 9, S. 160ff. und S. 169ff.; *Studienausgabe*, Bd. 9, S. 417ff. und S. 424ff.).]

[4] [In ›Trauer und Melancholie‹ (1917e [1915]).]

[5] [Dieses »gleichsam« steht, offensichtlich nachträglich notiert, auf dem linken Rand des Manuskriptblatts. Es ist nicht klar kenntlich gemacht, wo Freud es einfügen wollte.]

führt, so der zweite zur sozialen, aber aus beiden ergeben sich die Fixierungen, die in ihrer Wiederkehr nach Jahrtausenden zur Disposition der zwei Gruppen von Neurosen werden. Auch in diesem Sinne ist also die Neurose ein Kulturerwerb. Ob die hier entworfene Parallele mehr ist als eine spielerische Vergleichung, in welchem Maße sie die noch nicht gelösten Rätsel der Neurosen zu beleuchten [ver]mag, darf füglich ferneren Untersuchungen und der Beleuchtung durch neue Erfahrungen überlassen werden.[1]

Nun ist Zeit, [an eine] Reihe Einwendungen zu denken, die mahnen, daß wir die erreichten Zurückführungen nicht überschätzen sollen. Zunächst [wird sich] jedem aufdrängen, daß die zweite Reihe der Dispositionen, die der zweiten Generation, nur von Männern (als Söhnen) erworben werden konnten, während Dementia praecox, Paranoia und Melancholie ebensowohl von Frauen produziert werden. Frauen [haben] in Urzeiten unter noch mehr verschiedenen Bedingungen gelebt als heute. Sodann haftet an diesen Dispositionen eine Schwierigkeit, von der die [der] ersten Reihe frei sind: Sie scheinen unter Bedingungen erworben zu werden, die Vererbung ausschließen. Es ist evident, daß die kastrierten und eingeschüchterten Söhne nicht zur Fortpflanzung kommen, also ihre Disposition nicht fortsetzen können (Dementia praecox). Aber ebensowenig kann der ψ Zustand der ausgetriebenen, in Homosexualität verbundenen Söhne Einfluß auf die nächsten Generationen nehmen, da sie als unfruchtbare Seitenzweige der Familie erlöschen, solange sie nicht über den Vater trium-

---

[1] [In der Handschrift steht hier ein längerer waagerechter Strich, Freuds Zeichen für das Manuskriptende. Was nun folgt, ist die im Begleitbrief (oben, S. 628) angekündigte Hinzufügung, eine Reaktion auf Ferenczis Brief vom 24. Juli 1915, in dem dieser, Freuds Briefskizze der phylogenetischen Phantasie vom 12. Juli 1915 (abgedruckt in der Erstausgabe des vorliegenden Entwurfs, 1985a [1915], S. 89f.) kommentierend, zu bedenken gegeben hatte: »Nur die Analogie zwischen Dementia praecox und der Kastrationsphase leuchtet mir nicht ein. Die Kastrierten können sich ja nicht fortgepflanzt und ihren Zustand phylogenetisch fixiert haben; Sie meinen also sicher die Fixierung der Kastrations-*Angst*. Der Verlust der Mutter hat allerdings bei den ausgetriebenen Söhnen zunächst volle Ratlosigkeit und Regression auf den Narzißmus zur Folge haben können. Es fragt sich aber, wie sich auch diese Phase phylogenetisch fixiert haben mag, ebenso ist die Fixierung der Homosexualität rätselhaft, wenn man nicht annimmt, daß einzelne Homosexuelle bisexuell blieben und sich fortpflanzen konnten. Es wäre denn, daß jede dieser Phasen einzelne ›Verbrecher‹ gezeitigt hat, die ungehindert durch die herrschende Zeitströmung sich normal mit der Frau (Mutter) begatteten. (Ödipus, Raub der Sabinerinnen.)«]

phiert haben. Bringen sie es aber zu diesem Triumph, so ist es Erlebnis einer Generation, dem man die notwendige unbegrenzte Vervielfältigung absprechen muß.

Wie sich denken läßt, braucht man auf so dunkeln Gebieten um Auskünfte nicht verlegen zu sein. Die Schwierigkeit fällt ja im Grunde mit einer früher aufgeworfenen zusammen, wie sich der brutale Vater der Eiszeit, der ja nicht unsterblich war wie sein göttliches Nachbild, fortgesetzt. Wieder bietet sich der jüngere Sohn [an], der später zum Vater wird, der zwar nicht selbst kastriert wird, aber das Schicksal seiner älteren Brüder kennt und für sich befürchtet, an den die Versuchung herangetreten sein muß, wie die glücklicheren von ihnen zu fliehen und auf das Weib zu verzichten. So bliebe neben den als unfruchtbar abfallenden Männern immer eine Kette von anderen, die an ihrer Person die Schicksale des Männergeschlechts durchmachen und als Dispositionen vererben können. Der wesentliche Gesichtspunkt bleibt bestehen, daß sich für ihn [den jüngeren Sohn] die Not der Zeiten durch den Druck des Vaters ersetzt.

Der Triumph über den Vater muß ungezählte Generationen hindurch geplant und phantasiert worden sein, ehe es gelang, ihn zu realisieren. Die Ausbreitung der durch den Vaterdruck erzeugten Dispositionen auf das Weib scheint selbst größere Schwierigkeit zu bereiten. Die Schicksale des Weibes in diesen Urzeiten sind uns durch besonderes Dunkel verhüllt. So mögen Lebensverhältnisse in Betracht kommen, die wir nicht erkannt haben. Der gröbsten Schwierigkeit überhebt uns aber die Bemerkung, daß wir der Bisexualität des Menschen nicht vergessen dürfen. So kann das Weib die vom Mann erworbenen Dispositionen übernehmen und selbst an sich zum Vorschein bringen.

Indes, machen wir uns klar, daß wir mit diesen Auskünften im Grund nichts anderes erreicht, als unsere wissenschaftlichen Phantasien dem Vorwurf der Absurdität entzogen zu haben. Im ganzen behalten sie ihren Wert als heilsame Ernüchterungen, wenn wir vielleicht auf [dem] Wege waren, die phylogenetische Disposition über alles andere zu setzen. Es geht also nicht so zu, daß in vielleicht gesetzmäßig festgestellter Verhältniszahl archaische Konstitutionen an den neuen Individuen wiederkehren und sie durch den Konflikt mit den Ansprüchen der Gegenwart in Neurose drängen. Es bleibt Raum für Neuerwerbung und für Einflüsse, die wir nicht kennen. Im ganzen sind wir nicht am Ende, sondern zu Anfang eines Verständnisses dieses phylogenetischen Faktors.

IX. Teil

Literatur und Biographik
(1905–1938)

Psychopathische Personen auf der Bühne
(1942 [1905–06])

Editorische Vorbemerkung

(1905–06   Entstehungsdatum.)
1962 *Die neue Rundschau*, Bd. 73, S. 53–57.
1969 *Studienausgabe*, Bd. 10, S. 163–68.

Englische Übersetzung (Erstveröffentlichung):
1942 ›Psychopathic Characters on the Stage‹, *Psychoanalytic Quarterly*, Bd. 11, Nr. 4 (Oktober), S. 459–64. (Übersetzung von H. A. Bunker; unvollständig.)
1953 ›Psychopathic Characters on the Stage‹, *Standard Edition*, Bd. 7, S. 305–10. (Übersetzung von James Strachey; vollständige Fassung.)

Im begleitenden Text zur Erstveröffentlichung dieses Artikels (in englischer Übersetzung) berichtet Max Graf, Freud habe den Essay 1904 geschrieben und ihn dann ihm, Graf, geschenkt (*Psychoanalytic Quarterly*, Bd. 11, S. 465). Freud hat ihn jedenfalls nie selbst zur Veröffentlichung gegeben. Beiden englischen Übersetzungen hat das Originalmanuskript vorgelegen, das uns (1985) nicht mehr zugänglich war. Uns diente als Textvorlage eine Photokopie der ersten deutschen Ausgabe von 1962.

Hinsichtlich des von Graf genannten Datums muß ein Irrtum vorliegen (das Manuskript selbst ist undatiert), denn Hermann Bahrs Schauspiel *Die Andere*, von dem auf Seite 661 die Rede ist, wurde erst Anfang November 1905 in München und Leipzig uraufgeführt; die Wiener Erstaufführung fand am 25. November desselben Jahres statt. In Buchform erschien das Stück sogar erst 1906. Es ist daher wahrscheinlicher, daß der Essay 1905 oder Anfang 1906 geschrieben worden ist.

Wenn der Zweck des Schauspiels dahin geht, »Furcht und Mitleid« zu erwecken, eine »Reinigung der Affekte« herbeizuführen, wie seit Aristoteles angenommen wird, so kann man dieselbe Absicht etwas ausführlicher beschreiben, indem man sagt, es handle sich um die Eröffnung von Lust- oder Genußquellen aus unserem Affektleben [geradeso] wie beim Komischen, Witz usw. aus unserer Intelligenzarbeit, durch welche [sonst] viele solcher Quellen unzugänglich gemacht worden sind. Gewiß ist das *Austoben* der eigenen Affekte dabei in erster Linie anzuführen, und der dabei[1] resultierende Genuß entspricht einerseits der Erleichterung durch ausgiebige Abfuhr, andererseits wohl der sexuellen Miterregung, die, darf man annehmen, als Nebengewinn bei jeder Affekterweckung abfällt und dem Menschen das so sehr gewünschte Gefühl der Höherspannung seines psychischen Niveaus liefert. Das teilnehmende Zuschauen beim Schau-Spiel leistet dem Erwachsenen dasselbe wie das Spiel dem Kinde[2], dessen tastende Erwartung, es dem Erwachsenen gleichtun zu können, so befriedigt wird. Der Zuschauer erlebt zu wenig, er fühlt sich als »Misero, dem nichts

---

[1] [So im Manuskript. Um die Wortwiederholung zu vermeiden, wurde – im Einverständnis mit Ernst Freud – in der ersten deutschen Veröffentlichung »dabei« durch »daraus« ersetzt. Diese Version ist dann auch in die *Studienausgabe*, Bd. 10, S. 163, übernommen worden.]

[2] [Freud kehrte zu diesem Thema in seiner nicht lange danach entstandenen Arbeit ›Der Dichter und das Phantasieren‹ (1908 e [1907]) zurück (*G. W.*, Bd. 7, S. 214; *Studienausgabe*, Bd. 10. S. 171–73). Viele Jahre später diskutierte er es noch einmal am Ende von Kapitel II von *Jenseits des Lustprinzips* (1920 g; *G. W.*, Bd. 13, S. 11–15; *Studienausgabe*, Bd. 3, S. 224–27).]

Großes passieren kann«, er hat seinen Ehrgeiz, als Ich im Mittelpunkt des Weltgetriebes zu stehen, längst dämpfen, besser verschieben müssen, er will fühlen, wirken, alles so gestalten, wie er möchte, kurz Held sein, und die[1] Dichter-Schauspieler ermöglichen ihm das, indem sie ihm die *Identifizierung* mit einem Helden gestatten. Sie ersparen ihm auch etwas dabei, denn der Zuschauer weiß wohl, daß solches Betätigen seiner Person im Heldentum nicht ohne Schmerzen, Leiden und schwere Befürchtungen, die fast den Genuß aufheben, möglich ist; er weiß auch, daß er nur *ein* Leben hat und vielleicht in *einem* solchen Kampf gegen die Widerstände erliegen wird. Daher hat sein Genuß die Illusion zur Voraussetzung, das heißt die Milderung des Leidens durch die Sicherheit, daß es erstens ein anderer ist, der dort auf der Bühne handelt und leidet, und zweitens doch nur ein Spiel, aus dem seiner persönlichen Sicherheit kein Schaden erwachsen kann. Unter solchen Umständen darf er sich als »Großen« genießen, unterdrückten Regungen wie dem Freiheitsbedürfnis in religiöser, politischer, sozialer und sexueller Hinsicht ungescheut nachgeben und sich in den einzelnen großen Szenen des dargestellten Lebens nach allen Richtungen austoben.

Dies sind aber Genußbedingungen, die mehreren Formen der Dichtung gemeinsam sind. Die Lyrik dient vor allem dem Austoben intensiver vielfacher Empfindungen, wie seinerzeit der Tanz, das Epos soll hauptsächlich den Genuß der großen heldenhaften Persönlichkeit in ihren Siegen ermöglichen, das Drama aber tiefer in die Affektmöglichkeiten herabsteigen, die Unglückserwartungen noch zum Genuß gestalten, und zeigt daher den Helden im Kampf vielmehr mit einer masochistischen Befriedigung im Unterliegen. Man könnte das Drama geradezu durch diese Relation zum Leiden und Unglück charakterisieren, sei es, daß wie im Schauspiel nur die Sorge geweckt und dann beschwichtigt oder wie in der Tragödie das Leiden verwirklicht wird. Die Entstehung des Dramas aus Opferhandlungen (Bock und Sündenbock) im Kult der Götter kann nicht ohne Beziehung zu diesem Sinn des Dramas sein[2], es beschwichtigt gleichsam die beginnende Auflehnung gegen die göttliche Weltordnung, die das Leiden festgesetzt hat. Die Helden sind zunächst Aufrührer gegen Gott oder ein Göttliches,

---

[1] [An dieser Stelle stand in der Handschrift ein anderes Wort, das – ebenfalls in Übereinstimmung mit Ernst Freud – seit 1962 in »die« geändert wurde.]

[2] [Das Thema des Helden in der griechischen Tragödie wird von Freud in *Totem und Tabu* (1912–13) diskutiert (Aufsatz IV (7); *G. W.*, Bd. 9, S. 186 ff.; *Studienausgabe*, Bd. 9, S. 438 ff.).]

und aus dem Elendsgefühl des Schwächeren gegen die Gottesgewalt soll durch masochistische Befriedigung und direkten Genuß der doch als groß betonten Persönlichkeit Lust gezogen werden. Es ist dies die Prometheusstimmung des Menschen, aber mit der kleinlichen Bereitwilligkeit versetzt, sich doch durch eine momentane Befriedigung zeitweilig beschwichtigen zu lassen.

Alle Arten von Leiden sind also das Thema des Dramas, aus denen es dem Zuhörer Lust zu verschaffen verspricht, und daraus ergibt sich als erste Kunstformbedingung, daß es den Zuhörer nicht leiden mache, daß es das erregte Mitleiden durch die dabei möglichen Befriedigungen zu kompensieren verstehe, gegen welche Regel von neueren Dichtern besonders oft gefehlt wird.

Doch schränkt sich dieses Leiden bald auf *seelisches* Leiden ein, denn *körperlich* leiden will niemand, der weiß, wie bald das dabei veränderte Körpergefühl allem seelischen Genießen ein Ende macht. Wer krank ist, hat nur einen Wunsch: gesund zu werden, den Zustand zu verlassen, der Arzt soll kommen, das Medikament, die Hemmung des Phantasiespiels aufhören, das[1] uns selbst aus unseren Leiden Genuß zu schöpfen verwöhnt hat. Wenn sich der Zuschauer in den körperlich Kranken versetzt, findet er nichts von Genuß und psychischer Leistungsfähigkeit in sich vor, und darum ist der körperlich Kranke nur als Requisit, nicht als Held auf der Bühne möglich, insofern nicht besondere psychische Seiten des Krankseins doch die psychische Arbeit ermöglichen, zum Beispiel die Verlassenheit des Kranken im *Philoktet* oder die Hoffnungslosigkeit des Kranken in den Schwindsuchtstücken.

Seelische Leiden kennt der Mensch aber wesentlich im Zusammenhang mit den Verhältnissen, unter denen sie erworben werden, und daher braucht das Drama eine Handlung, aus der solche Leiden stammen, und fängt mit der Einführung in diese Handlung an. Scheinbare Ausnahme [ist es], wenn manche Stücke fertige seelische Leiden bringen wie *Ajax, Philoktet*[2], denn infolge der Bekanntheit der Stoffe hebt sich der Vorhang im griechischen Drama immer gleichsam mitten im Stück. Es ist nun leicht, die Bedingungen dieser Handlung erschöpfend darzustellen, es muß eine Handlung von Konflikt sein, Anstrengung des Willens und Widerstand

---

[1] [Im Manuskript steht »die«. Entgegen der Argumentation von Ernst Freud erfolgte in der deutschen Erstveröffentlichung die Änderung in »das«; sie wurde auch in die *Studienausgabe*, Bd. 10, S. 164, übernommen.]

[2] [Zwei Dramen von Sophokles.]

enthalten. Die erste und großartigste Erfüllung dieser Bedingung geschah durch den Kampf gegen das Göttliche. Es ist schon gesagt worden, daß diese Tragödie auflehnerisch ist, während Dichter und Zuhörer für den Rebellen Partei nehmen. Je weniger man dann dem Göttlichen zutraut, desto mehr gewinnt die *menschliche* Ordnung, die man für die Leiden mit immer mehr Einsicht verantwortlich macht, und so ist der nächste Kampf der des Helden gegen die menschliche soziale Gemeinschaft, die *bürgerliche Tragödie*. Eine andere Erfüllung ist die des Kampfes zwischen Menschen selbst, die *Charaktertragödie*, die alle Erregungen des Agons [ἀγών, Konflikt] für sich hat und mit Gewinn sich zwischen hervorragenden von den Einschränkungen menschlicher Institutionen befreiten Personen abspielt, eigentlich mehr als einen Helden haben muß. Verquickungen zwischen beiden Fällen, Kampf des Helden gegen Institutionen, die sich in starken Charakteren verkörpern, sind natürlich ohne weiteres zulässig. Die reine Charaktertragödie entbehrt der Genußquelle der Auflehnung, die im sozialen Stück zum Beispiel bei Ibsen wieder so mächtig hervortritt wie in den Königsdramen der griechischen Klassiker.

Wenn sich *religiöses, Charakter-* und *soziales* Drama wesentlich durch den Kampfplatz unterscheiden, auf dem die Handlung vor sich geht, aus der das Leiden stammt, so folgen wir nun dem Drama auf einen weiteren Kampfplatz, auf dem es ganz *psychologisches* Drama wird. Im Seelenleben des Helden selbst kommt es zum Leiden schaffenden Kampf zwischen verschiedenen Regungen, ein Kampf, der nicht mit dem Untergang des Helden, sondern mit dem einer Regung, also mit Verzicht enden muß. Jede Vereinigung dieser Bedingung mit früheren, also denen beim sozialen und Charakter-Drama, ist natürlich möglich, insofern die Institution gerade jenen inneren Konflikt hervorruft. Hier ist die Stelle für die Liebestragödien, insofern die Unterdrückung der Liebe durch die soziale Kultur, durch menschliche Einrichtungen oder den aus der Oper bekannten Kampf zwischen »Liebe und Pflicht« den Ausgangspunkt von fast ins Unendliche variierenden Konfliktsituationen bildet. Ebenso unendlich wie die erotischen Tagträume der Menschen.

Die Reihe der Möglichkeiten erweitert sich aber, und das psychologische Drama wird zum psychopathologischen, wenn nicht mehr der Konflikt zweier annähernd gleich bewußten Regungen, sondern der zwischen einer bewußten und einer verdrängten Quelle des Leidens ist, an dem wir teilnehmen und aus dem wir Lust ziehen sollen. Bedingung des Genusses ist hier, daß der Zuschauer auch ein Neurotiker sei. Denn nur ihm wird die Freilegung und gewissermaßen bewußte Anerkennung der verdrängten Regung Lust bereiten können anstatt bloß Abneigung; beim Nichtneurotiker wird solche bloß auf Abneigung stoßen und die Bereitschaft hervorrufen, den Akt der Verdrängung zu wiederholen, denn diese ist hier gelungen – der verdrängten Regung ist durch den einmaligen Verdrängungsaufwand voll das Gleichgewicht gehalten. Beim Neurotiker ist die Verdrängung im Mißlingen begriffen, labil und bedarf beständig neuen Aufwandes, der durch die Anerkennung erspart wird. Nur bei ihm besteht ein solcher Kampf, der Gegenstand des Dramas sein kann, aber auch bei ihm wird der Dichter nicht bloß Befreiungs*genuß*, sondern auch *Widerstand* erzeugen.

Das erste dieser modernen Dramen ist der *Hamlet*[1]. Es behandelt das Thema, wie ein bisher normaler Mensch durch die besondere Natur der ihm gestellten Aufgabe zum Neurotiker wird, in dem eine bisher glücklich verdrängte Regung sich zur Geltung zu bringen sucht. Der *Hamlet* zeichnet sich durch drei Charaktere aus, die für unsere Frage wichtig scheinen. 1. Daß der Held nicht psychopathisch ist, sondern es in der uns beschäftigenden Handlung erst wird. 2. Daß die verdrängte Regung zu jenen gehört, die bei uns allen in gleicher Weise verdrängt ist, deren Verdrängung zu den Grundlagen unserer persönlichen Entwicklung gehört, während die Situation gerade an dieser Verdrängung rüttelt. Durch diese beiden Bedingungen wird es uns leicht, uns im Helden wiederzufinden; wir sind desselben Konflikts fähig wie er, denn »wer unter gewissen Umständen seinen Verstand nicht verliert, hat keinen zu verlieren«[2]. 3. Aber es scheint als Bedingung der Kunstform, daß die zum Bewußtsein ringende Regung, so sicher sie kenntlich ist, so wenig mit deutlichem Namen genannt wird, so daß sich der Vorgang im Hörer wieder mit abgewandter Aufmerksamkeit vollzieht und er von Gefühlen ergriffen wird, anstatt sich Rechenschaft zu geben. Dadurch wird gewiß ein Stück des Widerstandes erspart, wie man es in der analytischen Arbeit sieht, wo die Abkömmlinge des Verdrängten infolge des geringeren Widerstandes zum Bewußtsein kommen, das sich dem Verdrängten selbst versagt. Ist doch der Konflikt im *Hamlet* so sehr versteckt, daß ich ihn erst erraten mußte.

---

[1] [Freuds erste veröffentlichte Behandlung des Hamletproblems findet sich in der *Traumdeutung* (1900a), (Kap. V, D (β); *G. W.*, Bd. 2/3, S. 271ff.; *Studienausgabe*, Bd. 2, S. 268ff.).]

[2] [Lessing, *Emilia Galotti*, IV. Akt, 7. Szene.]

Es ist möglich, daß infolge der Nichtbeachtung dieser drei Bedingungen so viele andere psychopathische Figuren für die Bühne ebenso unbrauchbar werden, wie sie es fürs Leben sind. Denn der kranke Neurotiker ist für uns ein Mensch, in dessen Konflikt wir keine Einsicht gewinnen können, wenn er ihn fertig mitbringt. Umgekehrt, wenn wir diesen Konflikt kennen, vergessen wir, daß er ein Kranker ist, so wie er bei Kenntnis desselben aufhört, selbst krank zu sein. Aufgabe des Dichters wäre es, uns in dieselbe Krankheit zu versetzen, was am besten geschieht, wenn wir die Entwicklung mit ihm mitmachen. Besonders wird dies dort notwendig sein, wo die Verdrängung nicht bereits bei uns besteht, also erst hergestellt werden muß, was einen Schritt in der Verwendung der Neurose auf der Bühne über *Hamlet* hinaus darstellt. Wo uns die fremde und fertige Neurose entgegentritt, werden wir im Leben nach dem Arzt rufen und die Figur für bühnenunfähig halten.

Dieser Fehler scheint bei *Der Anderen* von Bahr vorzuliegen[1], außerdem der andere im Problem liegende, daß es uns nicht möglich ist, von dem Vorrecht des einen, das Mädchen voll zu befriedigen, eine nachfühlende Überzeugung zu gewinnen. Ihr Fall kann also nicht der unsere werden. Außerdem der dritte [Fehler], daß nichts zu erraten bleibt und der volle Widerstand gegen diese Bedingtheit der Liebe, die wir nicht mögen, in uns wachgerufen wird. Die Bedingung der abgelenkten Aufmerksamkeit scheint die wichtigste der hier geltenden Formbedingungen zu sein.

Im allgemeinen wird sich etwa sagen lassen, daß die neurotische Labilität des Publikums und die Kunst des Dichters, Widerstände zu vermeiden und Vorlust[2] zu geben, allein die Grenze der Verwendung abnormer Charaktere bestimmen kann.

---

[1] [Dieses Schauspiel Hermann Bahrs, des österreichischen Romanciers und Dramatikers (1863–1934), wurde Ende 1905 uraufgeführt. Die Handlung beschäftigt sich mit der Doppelpersönlichkeit der Heldin, die es unmöglich findet, sich aus einer auf körperlicher Anziehung beruhenden Hörigkeit einem Manne gegenüber zu befreien. – Der obige Absatz wurde in der Erstveröffentlichung von 1942 (in englisch) fortgelassen, jedoch in die vollständige Version der *Standard Edition*, Bd. 7, S. 310, aufgenommen.]

[2] [Vgl. die Diskussion über die Theorie der »Vorlust« und der »Verlockungsprämie« in Kapitel IV von *Der Witz* (1905 c; G. W., Bd. 6, S. 153 f.; *Studienausgabe*, Bd. 4, S. 129 f.). Sie wird nochmals erwähnt am Ende von ›Der Dichter und das Phantasieren‹ (1908 e [1907]; G. W., Bd. 7, S. 223; *Studienausgabe*, Bd. 10, S. 179). Vom Standpunkt der Sexualtheorie aus wird das Thema auch in der dritten von Freuds *Drei Abhandlungen* (1905 d) ziemlich ausführlich erörtert (G. W., Bd. 5, S. 109 ff.; *Studienausgabe*, Bd. 5, S. 113 ff.) und nochmals, in Verbindung mit dem künstlerischen Schaffensprozeß, in seiner *Selbstdarstellung* (1925 d [1924]; G. W., Bd. 14, S. 90–92).]

Antwort auf eine Rundfrage
Vom Lesen und von guten Büchern[1]
(1906)

Sie verlangen, daß ich Ihnen »zehn gute Bücher« nenne, und weigern sich, ein Wort der Erläuterung hinzuzufügen. Sie überlassen mir also nicht nur die Wahl der Bücher, sondern auch die Auslegung Ihres Verlangens. Gewöhnt, auf kleine Anzeichen zu achten, muß ich mich nun an den Wortlaut halten, in den Sie Ihre rätselhafte Forderung kleiden. Sie sagten nicht: die »zehn großartigsten Werke« (der Weltliteratur), wo ich dann mit so vielen anderen hätte antworten müssen: Homer, des Sophokles Tragödien, Goethes *Faust*, Shakespeares *Hamlet, Macbeth* usw. Auch nicht die »zehn bedeutsamsten Bücher«, unter denen dann wissenschaftliche Leistungen wie

---

[1] [Erstmals veröffentlicht in *Vom Lesen und von guten Büchern. Eine Rundfrage*, in *Neue Blätter für Literatur und Kunst*, Herausgeber Hugo Heller, Erstes Heft, Dezember 1906, S. VII. Nachgedruckt in der Broschüre *Vom Lesen und von guten Büchern. Eine Rundfrage*, veranstaltet von der Redaktion der ›Neuen Blätter für Literatur und Kunst‹, Wien 1907, S. IX. Weiterer Nachdruck in *Jahrbuch deutscher Bibliophilen und Literaturfreunde*, hrsg. von H. Feigl, Amalthea Verlag, Zürich und Leipzig, Bd. 16–17 (1931), S. 117–19. Der Brief ist enthalten in *Briefe 1873–1939* (Freud 1960a). Als Textvorlage diente uns eine Photokopie der Broschüre von 1907. – Die Antworten von zweiunddreißig hervorragenden Persönlichkeiten auf die von Hugo Heller veranstaltete Rundfrage erschienen im Heft von 1906. Die Veröffentlichung wurde zusätzlich von einem langen Brief Hugo von Hofmannsthals eingeleitet, in welchem er seine eigene Wahl von zehn Büchern mitteilt, und umfaßte Beiträge von Peter Altenberg, Hermann Bahr, August Forel, Hermann Hesse, Ernst Mach, Thomas Masaryk, Peter Rosegger, Arthur Schnitzler und Jakob Wassermann. (Der Nachdruck von 1931 enthält, neben dem Brief von Hofmannsthal, nur zwanzig dieser Briefe.)]

die des Kopernikus, des alten Arztes Joh. Weier[1] über den Hexenglauben [1563], Darwins *Abstammung des Menschen* [1871] u. a. Platz gefunden hätten. Sie haben nicht einmal nach den »Lieblingsbüchern« gefragt, unter denen ich Miltons *Paradise lost* und Heines ›Lazarus‹ nicht vergessen hätte. Ich meine also, in Ihrer Textierung fällt ein besonderer Akzent auf das »gut«, und mit diesem Prädikat wollen Sie Bücher bezeichnen, mit denen man etwa so steht wie mit »guten« Freunden, denen man ein Stück seiner Lebenskenntnis und Weltanschauung verdankt, die man selbst genossen hat und anderen gerne anpreist, ohne daß aber in dieser Beziehung das Moment der scheuen Ehrfurcht, die Empfindung der eigenen Kleinheit vor deren Größe, besonders hervorträte.

Zehn solcher »guter« Bücher nenne ich Ihnen also, die mir ohne viel Nachdenken eingefallen sind:

Multatuli[2], Briefe und Werk.

Kipling, *Jungle book.*

Anatole France, *Sur la pierre blanche.*

Zola, *Fécondité.*

Mereschkowsky, *Leonardo da Vinci* [1902]

G. Keller, *Leute von Seldwyla.*

C. F. Meyer, *Huttens letzte Tage.*

Macaulay, *Essays* [1843].

Gomperz, *Griechische Denker* [1896–1909].

Mark Twain, *[The Celebrated Jumping Frog of Calaveras County, and Other] Sketches.*

Ich weiß nicht, was Sie mit dieser Liste zu machen gedenken. Sie erscheint mir selbst recht sonderbar, ich kann sie eigentlich nicht ohne Kommentar von mir lassen. Das Problem, warum gerade *diese* und nicht *andere* ebenso »gute« Bücher, will ich gar nicht in Angriff nehmen, bloß die Relation zwischen dem Autor und seinem Werk beleuchten. Nicht überall ist

---

[1] [Johannes Weier (auch Weyer, Wier), 1515–1588, rheinischer Arzt, von 1550 bis 1578 Leibarzt des Herzogs von Jülich-Kleve-Berg. Er unternahm als erster systematisch die Bekämpfung der Hexenprozesse.]

[2] [Multatuli (Lateinisch für ›Ich habe viel getragen‹) war das Pseudonym des bekannten holländischen Schriftstellers E. D. Dekker (1820–1887). Freud zitierte seine Ansichten zustimmend in seiner Schrift ›Zur sexuellen Aufklärung der Kinder‹ (1907c) und übernahm später Dekkers Begriff des Götterpaares Λόγος und ’Ανάγκη (»Vernunft« und »Notwendigkeit«) als Äquivalente für Schicksal, z. B. am Ende von *Die Zukunft einer Illusion* (1927c; *G. W.,* Bd. 14, S. 378; *Studienausgabe,* Bd. 9, S. 187).]

die Beziehung so fest wie etwa bei Kipling, *Jungle book*. Zumeist hätte ich von demselben Autor ebensowohl ein anderes Werk auszeichnen können, etwa von Zola: den *Docteur Pascal* u. dgl. Derselbe Mann, der uns ein gutes Buch geschenkt hat, hat uns oft auch mit mehreren guten Büchern beschenkt. Bei Multatuli fühlte ich mich außerstande, gegen die »Liebesbriefe« die Privatbriefe oder jene gegen diese zurückzusetzen, und schrieb darum: Briefe und Werk. Eigentliche Dichtungen von rein poetischem Wert haben sich von dieser Liste ausgeschlossen, wahrscheinlich weil Ihr Auftrag: gute Bücher, nicht direkt auf dieselben zu zielen schien, denn bei C. F. Meyers *Hutten* muß ich die »Güte« weit über die Schönheit, die »Erbauung« über den ästhetischen Genuß stellen.

Sie haben mit Ihrer Aufforderung, Ihnen »zehn gute Bücher« zu nennen, etwas angerührt, worüber sich unermeßlich viel sagen ließe. Ich schließe also, um nicht noch viel mitteilsamer zu werden.

Ihr ergebenster Dr. Freud.

Brief an Lytton Strachey[1]
(1967 [1928])

25. Dezember 1928
Wien, IX., Berggasse 19

Hochgeehrter Herr

Diese Weihnachten haben mir als das erfreulichste und überraschendste Geschenk Ihre tragische Geschichte von Elisabeth und Essex gebracht. Ich danke Ihnen herzlich für die Gabe und bedaure, daß ich nichts zur Entgegnung habe. Ich bin alt, fühle mich nicht kräftig und werde wahrscheinlich nichts mehr produzieren.

Ich kenne alle Ihre früheren Veröffentlichungen und habe sie mit großem Genuß gelesen. Aber der Genuß war ein wesentlich ästhetischer. Diesmal haben Sie mich tiefer ergriffen, denn Sie sind selbst in größere Tiefen hinabgestiegen. Sie bekennen, worüber der Historiker sich sonst so leicht hinwegsetzt, daß es unmöglich ist, die Vergangenheit sicher zu verstehen, weil wir die Menschen, ihre Motive, ihr seelisches Wesen nicht erraten und darum ihre Handlungen nicht deuten können. Unsere psycho-

---

[1] [Zuerst veröffentlicht in *Almanach; Das einundachtzigste Jahr*, S. Fischer Verlag, Frankfurt a. M. 1967, S. 60–62. Der Brief wurde ferner in die zweite, erweiterte Auflage (1968) von *Briefe 1873–1939* (Freud, 1960a) aufgenommen. Als Textvorlage diente uns eine Photokopie der Erstveröffentlichung. – (Giles) Lytton Strachey (1880–1932), der englische Schriftsteller, war eine führende Figur des Bloomsbury-Kreises, zu dessen Mitgliedern John Maynard Keynes, Leonard und Virginia Woolf, Duncan Grant, Clive und Vanessa Bell gehörten. Seine Werke umfassen *Landmarks in French Literature* (1912), *Eminent Victorians* (1918), *Queen Victoria* (1921) und *Elizabeth and Essex* (1928). Stracheys jüngerer Bruder James (1887–1967) war von Freud zum Psychoanalytiker ausgebildet worden, hat Freuds psychologische Werke übersetzt und die *Standard Edition of the Complete Psychological Works of Sigmund Freud* herausgegeben.]

logische Analyse reicht selbst bei Nahestehenden oder Mitlebenden nicht aus, außer, wenn wir sie zu Objekten mehrjähriger, eindringlicher Untersuchungen nehmen konnten, und bricht sich selbst dann an der Unvollkommenheit unserer Erkenntnis, an der Ungeschicklichkeit unserer Synthese. So stehen wir den Menschen vergangener Zeiten gegenüber wie den Träumen, zu denen uns keine Assoziationen gegeben sind, und nur die Laien können fordern, daß wir solche Träume deuten sollen. So zeigen Sie sich als Historiker vom Geist der Psychoanalyse durchtränkt.

Und nach solcher Reserve treten Sie an eine der merkwürdigsten Gestalten Ihrer vaterländischen Geschichte heran, verstehen ihren Charakter auf ihre Kindheitseindrücke zurückzuführen, deuten ihre geheimsten Motive ebenso kühn als diskret an und – es ist sehr möglich, daß es Ihnen gelungen ist, den wirklichen Hergang richtig zu rekonstruieren.

Als ich vor vielen Jahren vor dem Sarkophag dieser Königin in Westminster stand, schlossen sich bei mir einige Gedanken zusammen, die ich Ihnen mitteilen will, wenn Sie versprechen, sie nicht allzu verächtlich zu behandeln. Ich meinte, es sei Elisabeth – die kinderlose –, die Shakespeare den Charakter seiner Lady Macbeth eingegeben, von dem er in den historischen Quellen so wenig fand. Wenn in Akt V. 5 der Ruf laut wird: The queen is dead, so mag der Londoner jener Zeit gemahnt worden sein, wie wenig lang vorher er die gleiche Nachricht gehört, so daß ihm die Identifizierung der beiden Königinnen nahegelegt war. Berichte über die Depression und Reue der Elisabeth nach Essex' Hinrichtung können dem Dichter den Stoff für die Darstellung der Gewissensqual der Lady gegeben haben. Eigentlich hatte auch Elisabeth einen Gast, der sich ihr anvertraut (Mary Stuart), töten lassen, und dieser Mord konnte den an Essex decken. Soweit es eben möglich ist, dachte ich, scheint die Zeitgeschichte durch die Ausarbeitung des Sagenstoffes durch Shakespeare zwar genötigt, den Charakter der Elisabeth auf zwei Personen, Macbeth und die Lady, aufzuteilen, die einander aber ergänzen und damit zeigen, daß sie eigentlich nur ein Mensch sind. In dem Paar Macbeth ist Elisabeths Unschlüssigkeit, ihre Härte wie ihre Reue dargestellt. Wenn sie wirklich eine Hysterika war, wie L. Str. sie diagnostiziert, so hatte der große Psychologe vielleicht nicht unrecht, sie in zwei Personen zu zerlegen.[1]

---

[1] [Freud hatte dies schon in ›Einige Charaktertypen aus der psychoanalytischen Arbeit‹ (1916*d*) ausgeführt (*G. W.*, Bd. 10, S. 379 f.; *Studienausgabe*, Bd. 10, S. 243 f.), wo er den Gedanken Jekels zuschreibt.]

Diese Gedanken sind in mir wieder wachgeworden, seitdem ich mit Th. Looneys Vermutung bekanntgeworden bin, daß Shakespeare den 17th Earl of Oxford, Edward de Vere, verbirgt.[1] Ich habe die Bacon-Hypothese immer verlacht, aber ich gestehe, das Buch Looneys hat mir einen starken Eindruck gemacht. Ich bin natürlich allzu unwissend, um zu erraten, was Kenner jener Zeiten gegen diesen neuen Shakespeare-Kandidaten vorbringen können. Vielleicht wird es diesen nicht schwer nachzuweisen, daß diese Möglichkeit nicht besteht. Ich weiß nicht und möchte gern wissen. In de Vere ist jedenfalls viel von Essex zu finden. Er war von ähnlich reizbarem und unbeherrschtem Charakter und in schwere Lebenskonflikte verwickelt. Von ebenso hoher Herkunft und ebenso stolz darauf wie Essex, entsprach er noch wie dieser dem Typus des selbstherrlichen Edelmanns. Daneben zeigt er sich freilich im Hamlet als der erste moderne Neurotiker. In seiner Jugend hatte die Königin auch mit ihm geflirtet, und vielleicht, wenn seine Schwiegermutter Lady Burleigh ihn nicht so energisch für ihre Tochter reklamiert hätte, wäre er dem Schicksal Essex' noch näher gekommen. Er war sicherlich intim mit Southampton befreundet, Essex' Schicksal kann ihm nicht gleichgültig gewesen sein. – Aber genug – ich habe doch die Empfindung, daß ich Sie für diesen zweiten Teil meines Schreibens besonders um Entschuldigung bitten muß.[2]

Ihr in Verehrung ergebener
Freud

---

[1] [Vgl. Looney (1920).]

[2] [In der *Selbstdarstellung* (1925 d [1924]), und zwar in einer Anmerkung, die er der Neuausgabe von 1935 anfügte, veröffentlichte Freud diese Auffassung von Shakespeares Identität: er sei nun »nahezu überzeugt davon«, daß der Dramatiker De Vere gewesen sei, wie Looney dies in seinem Buch ›Shakespeare‹ Identified (1920) dargelegt hat (vgl. G. W., Bd. 14, S. 98, Anm. 1). Freud hatte die Frage schon früher in seiner ›Ansprache im Frankfurter Goethe-Haus‹ (1930 e) aufgeworfen und kam am Ende von Teil II seiner posthum veröffentlichten Arbeit *Abriß der Psychoanalyse* (1940 a [1938]) nochmals darauf zurück. S. auch Jones (1962 b), S. 496–98, und H. Trosman, ›Freud and the Controversy over Shakespearean Authorship‹ (1965).]

Auszug eines Briefs an Theodor Reik[1]
(1930 [1929])

14. 4. 1929.

[...] Ihr kritisches Referat über meine Dostojewski-Studie habe ich mit
großem Vergnügen gelesen. Alles, was Sie einwenden, läßt sich hören und
soll als in einem Sinne zutreffend anerkannt werden. Zur Vertretung meiner Sache kann ich einiges vorbringen. Es wird sich ja nicht darum handeln, wer recht oder unrecht behalten soll.

Ich glaube, daß Sie einen zu hohen Maßstab an diese Kleinigkeit anlegen. Sie ist jemandem[2] zu Gefallen geschrieben und ungern geschrieben.
Ich schreibe jetzt überhaupt ungern. Sie haben diesen Charakter gewiß
gemerkt. Das soll natürlich flüchtige oder schiefe Urteile nicht rechtfertigen, bloß die nachlässige Architektur des Ganzen. Der unharmonische

---

[1] [Einige Monate nach Veröffentlichung von Freuds Essay über Dostojewski (1928*b*
[1927]) erschien in *Imago* (1929, Bd. 15, S. 232–42) eine Besprechung von Theodor
Reik. Obgleich Reiks Kommentare insgesamt zustimmend sind, führt er in einer längeren Passage aus, daß Freuds Urteil über Dostojewskis Moral ungerechtfertigt streng sei.
Nebenbei kritisiert er auch die Form des Essays, dessen Schluß, tatsächlich nicht ganz
integriert, die Erörterung einer Geschichte von Stefan Zweig bildet. Nachdem Freud,
möglicherweise vor der Veröffentlichung, die Kritik gelesen hatte, schickte er Reik einen
Brief; als Reik wenig später diesen Artikel in ein Buch mit seinen gesammelten Schriften
(1930, S. 63–65) aufnahm, bat er Freud um Erlaubnis, einen Auszug aus dessen Brief
mitabzudrucken; Freud stimmte zu. Der nämliche Auszug wird im folgenden wiedergegeben. Als Textvorlage diente der Erstdruck.]
[2] [Ohne Zweifel Eitingon, der Freud ständig gedrängt hatte, den Essay abzuschließen
(Jones, 1962*b*, S. 173).]

Eindruck, den die Anfügung der Zweigschen Analyse macht, ist nicht zu bestreiten. Bei tieferem Eingehen findet sich wohl eine Rechtfertigung. Von den Rücksichten auf den Ort des Erscheinens frei, hätte ich gewiß geschrieben: Wir dürfen erwarten, daß in der Geschichte einer Neurose mit so schwerem Schuldgefühl der Onaniekampf eine besondere Rolle spielt. Diese Erwartung wird durch die pathologische Spielsucht Dostojewskis voll erfüllt. Denn wie eine Novelle Zweigs erkennen läßt usw. Der Raum, der dieser Novelle eingeräumt ist, entspricht also nicht der Relation Zweig – Dostojewski, sondern der anderen, Onanie – Neurose. Doch ist es ungeschickt herausgekommen.

An einer wissentlich objektiven sozialen Einschätzung der Ethik halte ich fest und möchte darum auch dem braven Philister das Zeugnis des guten ethischen Verhaltens nicht bestreiten, selbst wenn es ihn wenig Selbstüberwindung gekostet hat. Daneben lasse ich ja die subjektive psychologische Betrachtung der Ethik, die Sie vertreten, gelten. Mit Ihrem Urteil über Welt und heutige Menschheit einverstanden, kann ich, wie Sie wissen, Ihre pessimistische Abweisung einer besseren Zukunft nicht für gerechtfertigt halten.

Den Psychologen Dostojewksi habe ich allerdings dem Dichter subsumiert. Ich hätte ihm auch vorzuwerfen, daß sich seine Einsicht so sehr auf das abnorme Seelenleben einschränkt. Denken Sie an seine erstaunliche Hilflosigkeit gegen die Phänomene der Liebe; eigentlich kennt er nur das rohe, triebhafte Begehren, die masochistische Unterwerfung und die Liebe aus Mitleid. Sie haben auch recht mit der Vermutung, daß ich Dostojewski bei aller Bewunderung seiner Intensität und Überlegenheit eigentlich nicht mag. Das kommt daher, daß sich meine Geduld mit pathologischen Naturen in der Analyse erschöpft. In Kunst und Leben bin ich gegen sie intolerant. Das sind persönliche Charakterzüge, unverbindlich für andere.

Wo wollen Sie Ihren Aufsatz erscheinen lassen?[1] Ich anerkenne ihn doch sehr. Voraussetzungslos muß einzig die wissenschaftliche Forschung sein. Bei allen anderen Betrachtungen kann man die Wahl eines Standpunktes nicht vermeiden, und solcher gibt es natürlich mehrere [...]

---

[1] [Dies scheint dafür zu sprechen, daß Reik Freud seine Kritik gezeigt hat, ehe sie in *Imago* veröffentlicht wurde.]

Zwei Briefe über Spinoza
(1930 und 1932)

Brief an Siegfried Hessing[1]
(1933 [1932])

Wien, den 9. 7. 1932

Sehr geehrter Herr!

Ich habe mein langes Leben hindurch der Person wie der Denkleistung des großen Philosophen Spinoza eine außerordentliche, etwas scheue Hochachtung entgegengebracht. Aber ich glaube, diese Einstellung gibt mir nicht das Recht, etwas über ihn vor aller Welt zu sagen, besonders da ich nichts zu sagen wüßte, was nicht schon von anderen gesagt worden ist. Entschuldigen Sie durch diese Bemerkungen mein Fernbleiben von der geplanten Festschrift und seien Sie meiner Sympathie und Hochachtung versichert.

Ihr Freud.

---

[1] [Dieser Brief wurde in der von Hessing herausgegebenen *Spinoza Festschrift*, Heidelberg 1933, S. 221 f., veröffentlicht, einem Band, der zusammengestellt und herausgebracht worden war, um die Dreihundertjahrfeier von Spinozas Geburt (1632) zu begehen. Er erschien unter der Überschrift »Äußerungen von Persönlichkeiten über Spinoza« und war von ähnlichen Botschaften Albert Einsteins und Jakob Wassermanns flankiert. Eine Photokopie dieser Veröffentlichung diente als Textvorlage. – Seinem fortgeschrittenen Alter und Krankheitszustand sowie seiner Skepsis gegenüber der Philosophie entsprechend, bringt uns Freuds Brief an den Herausgeber dieser *Festschrift* nichts Überraschendes, scheint kaum wert, nachgedruckt zu werden. Doch mag er uns als Aufhänger für einen etwas interessanteren Brief aus dem gleichen Zeitraum dienen, der ebenfalls Spinoza berührt und erst posthum veröffentlicht wurde: 1955 e [1930], s. den nachfolgenden Abdruck.

Der Name Spinozas taucht in Freuds veröffentlichten Werken kaum auf, abgesehen von einem kurzen, flüchtigen Hinweis, »daß die Entwicklung Leonardos an spinozisti-

Brief an Juliette Boutonier[1]
(1955 [1930])

11. 4. 1930

Prof. Dr. Freud   Wien, IX., Berggasse 19

Sehr geehrtes Fräulein

Verzeihen Sie, wenn ich Ihnen deutsch antworte: französisch würde mir zu schwer sein, und ich hoffe, Sie finden leicht jemand, der Ihnen diesen Brief übersetzt.

Philosophische Probleme und Formulierungen sind mir so fremdartig, daß ich mit ihnen nichts anzufangen weiß, auch nichts mit der Spinozas. Wenn mir Zeit und Stimmung gestatteten, würde es mir wahrscheinlich

---

sche Denkweise streift« (*Eine Kindheitserinnerung des Leonardo da Vinci*, 1910c; G. W., Bd. 8, S. 142; *Studienausgabe*, Bd. 10, S. 102).

Für Freuds Ansichten zur Philosophie im allgemeinen vgl. Vorlesung 35 der *Neuen Folge der Vorlesungen* (1933a [1932]; G. W., Bd. 15, S. 173 und S. 189f.; *Studienausgabe*, Bd. 1, S. 587f. und S. 601f.). Einige bündige Äußerungen über Philosophie und ihre Konflikte mit der Psychoanalyse finden sich ferner in ›Die Widerstände gegen die Psychoanalyse‹ (1925e [1924]; G. W., Bd. 14, S. 97).]

[1] [Erstmals veröffentlicht in Juliette Favez-Boutonier, ›Psychanalyse et philosophie‹, *Bulletin de la société française de philosophie*, Bd. 49, Nr. 1 (Januar–März), S. 3f., ›Compte rendu de la Séance du 29 Janvier 1955‹. Auf S. 4 folgt dem Brief eine französische Übersetzung. Mme Favez-Boutonier gibt an, Freud habe als Antwort auf einige metaphysische Fragen geschrieben, die sie, damals Philosophielehrerin an einem Mädchenlyzeum in Dijon, ihm zu unterbreiten gewagt hatte. Dies ist der erste Nachdruck des Briefs; gegenüber der Erstpublikation in der französischen Zeitschrift, die uns als Textvorlage diente, sind einige kleine typographische Veränderungen vorgenommen worden. – Freud äußert ähnliche Ansichten im *Abriß der Psychoanalyse* (1940a [1938]; G. W., Bd. 17, S. 80f.).]

671

gelingen, Ihnen meine Ansicht klarzumachen. Ich beschränke mich aber darauf zu sagen, daß ich keine Schwierigkeit darin finde, eine physische Welt neben der psychischen anzuerkennen in der Art, daß die letztere ein Teilgebiet der ersteren ist. Die Frage der Relation zwischen physisch und psychisch kommt nur für letztere[s] (das Psychische) in Betracht. Die physische Welt hat eine psychische Seit[e] insofern, als auch sie von uns nur durch psychische Wahrnehmung erkannt wird. Anderseits drängen uns unsere psychische[n] Wahrnehmungen auch die Notwendigkeit der Annahme einer physische[n] Realität hinter dem Seelenleben auf. Ich weiß nicht, ob Sie mit diesen Sätzen etwas anfangen können. Die Aufstellung des Unbewußten hat alle früheren Fragestellungen umgeworfen.

Hochachtungsvoll
Ihr[1] Freud.

---

[1] [Im Erstdruck steht hier »(signé) Pfr Freud«, vermutlich eine Fehllesung für »Ihr Freud«.]

Drei Briefe an Georg Hermann[1]
(1987 [1936])

1. 2. 1936

Prof. Dr. Freud   Wien, IX., Berggasse 19.

Hochgeehrter Herr
Lassen Sie mich eilig den Punkt herausheben, in dem ich Ihnen offenbar
voraus bin. Ich bin ein besserer Kenner Ihrer Schriften als Sie der meinigen; nach dem Genuß der schmerzhaften Schönheit der *Nacht des
Dr. Herzfeld* [1912] und der *Träume der Ellen Stein* [1929] verblieb mir ein

---

[1] [Den Hinweis auf die drei folgenden, bisher offenbar unbekannten Briefe Freuds an
den Schriftsteller Georg Hermann verdanken wir Gert Mattenklott, der sie, zusammen
mit zwei kurzen Kartengrüßen, 1986 im Leo Baeck Institute in New York gefunden und,
mit Kommentaren versehen, in der *Neuen Rundschau* (1987, 98. Jg., Heft 3, S. 5–21)
veröffentlicht hat. – Georg Hermann (1871–1943) ist das Pseudonym des Berliner
Schriftstellers Georg Hermann Borchardt, eines Bruders des Ägyptologen Ludwig Borchardt. Er war besonders durch seine in der friderizianischen Zeit sowie im Berliner
jüdischen Bürgertum der Biedermeierepoche spielenden realistischen Romane (zumal
Jettchen Gebert, 1906/*Henriette Jacoby*, 1908) bekannt geworden. Gelegentlich werden
heute von Hermanns Werk literaturgeschichtliche Verbindungen zu Theodor Fontane,
Alfred Döblin und Gerhart Hauptmann gesehen. Mit Heinrich Zille und Käthe Kollwitz
befreundet, war Georg Hermann auch als sozialkritischer Journalist und als Kunstkriti-
ker hervorgetreten. Bis zu seiner Emigration nach Holland im Jahre 1933 war er ein
vielgelesener Autor, dessen Werke auch in Übersetzungen erschienen. Nach den Angaben von *Deutsche Exil-Literatur 1933–1945* (Sternfeld und Tiedemann, 1970, S. 209) ist
Hermann später verschleppt worden und in Auschwitz-Birkenau umgekommen. – Die
editorischen Anmerkungen zu den drei Briefen stammen von I. G.-S. Als Textvorlage
diente eine Photokopie der Handschrift; die Angleichung an moderne Gepflogenheiten
von Orthographie und Interpunktion wurde wiederum stillschweigend vorgenommen.]

Gefühl der Intimität mit dem Dichter, das beim Empfang Ihres Briefes wieder aufwallen durfte.

An die Berechtigung Ihrer Einwendung, das Schuldbewußtsein betreffend, kann ich aber nicht glauben. Die Menschen ändern sich nicht so rasch und so gründlich. Was sich bei den Neurotikern der letzten zwanzig Jahre so deutlich aufzeigen läßt, muß auch bei den anderen, den sogenannten Normalen vorhanden sein. Die Unterschiede sind nicht fundamental, nicht einmal sehr groß. Es handelt sich allerdings nicht nur um das bewußte Schuldgefühl, das wir dem Gewissen zurechnen, sondern weit mehr um unbewußtes Schuldgefühl, wie wir in konsequentem Mißbrauch des Terminus sagen. Unbewußtes Schuldgefühl scheint zunächst ein Widersinn, es wird aber sinnvoll bei weiterem Eindringen in unsere Theorie der im Leben wirksamen destruktiven Kräfte. Man nennt es dann besser Strafbedürfnis.[1] Ich habe irgend einmal drucken lassen, wenn man die Menschen analysiert, finde man sie nicht nur weit »unmoralischer«, sondern auch weit »moralischer«, als man erwartet hätte.[2] Mit anderen Worten, beide Strömungen hätten ihre Fortsetzungen in die Tiefe.

Das ist eine Rechtfertigung meinereits; ich fürchte, sie ist nicht sehr durchsichtig ausgefallen. Ihnen werfe ich aber nicht Irrtum vor, sondern nur eine leidenschaftliche Übertreibung. Ein Teil der lebenden Menschheit, gewiß nur ein Teil, scheint gegenwärtig eine kulturelle Regression durchzumachen vom Schuldgefühl zur Aggression, die die ursprüngliche Quelle des Gewissens ist. Es hat solche Perioden auch früher gegeben, auch die jetzige wird nicht anhalten. Es wird auch nicht die letzte sein. Verzeihen Sie mir den lehrhaften Ton. Ich würde Ihnen gern mehr sagen, wenn ich nicht selbst wüßte, daß wir erst am Anfang des Verständnisses für

---

[1] [Vgl. die ähnlichen Ausführungen Freuds in Kapitel V von *Das Ich und das Es* (1923*b*; *G. W.*, Bd. 13, S. 277 ff.; *Studienausgabe*, Bd. 3, S. 315 ff.) sowie in Kapitel VII und VIII von *Das Unbehagen in der Kultur,* zumal zu Anfang von Kapitel VIII (1930*a*; *G. W.*, Bd. 14, S. 494; *Studienausgabe*, Bd. 9, S. 260 f.).]

[2] [In *Das Ich und das Es,* wo es gleichfalls um die Unbewußtheit des Schuldgefühls geht (1923*b*; *G. W.*, Bd. 13, S. 281 f.; *Studienausgabe*, Bd. 3, S. 318 f.); dort heißt es: »Würde jemand den paradoxen Satz vertreten wollen, daß der normale Mensch nicht nur viel unmoralischer ist, als er glaubt, sondern auch viel moralischer, als er weiß, so hätte die Psychoanalyse, auf deren Befunden die erste Hälfte der Behauptung ruht, auch gegen die zweite Hälfte nichts einzuwenden.« Und Freud fügte als Anmerkung hinzu: »Dieser Satz ist nur scheinbar ein Paradoxon; er besagt einfach, daß die Natur des Menschen im Guten wie im Bösen weit über das hinausgeht, was er von sich glaubt, das heißt was seinem Ich durch Bewußtseinswahrnehmung bekannt ist.«]

diese Wandlungen in der Menschenseele stehen. Nur einen Zentimeter tiefer, sagen Sie und haben wahrscheinlich recht – wie Dichter ja meistens recht haben.

Ihr herzlich ergebener
Freud

16. 2. 1936
Wien, IX., Berggasse 19.

Prof. Dr. Freud

Hochgeehrter Herr
Ich danke Ihnen für den Anlaß, unseren Briefwechsel fortzusetzen.

Ich habe es zustande gebracht, Ihr getipptes Manuskript[1] durchzulesen, und war sehr ergriffen von der Art, wie die Gestaltungskraft des Dichters sich mit dem schier undankbarsten aller Probleme auseinandersetzt. Denn als solches erscheint mir jedes Bemühen, dem Tod »seinen Stachel« zu nehmen, irgend etwas von dem zu retten, was er zerstört. Ist schon einmal einem »Dichter« etwas der Art gelungen? Gewiß nicht Shaw, sein *Back to Methuselah* [1921] ist einfach insipid.

Ich getraue mich der Meinung, daß Ihre – nur scheinbar spaßhafte – Einkleidung durch Vertiefung nur gewonnen hätte, z. B. durch eine Unterscheidung des Wissensinhalts von den affektiv begründeten Einstellun-

---

[1] [Hermann hatte Freud ein nicht leicht lesbares Maschinenskript (61 Seiten) einer grotesk-phantastischen Erzählung zugeschickt. Es trägt den Titel ›Hatte Professor Johnstone falsch dosiert?‹ und befindet sich heute im Hermann-Nachlaß. Gert Mattenklott stellte uns freundlicherweise eine Kopie zur Verfügung. Die Erzählung handelt von den Versuchen eines betagten Hirnphysiologen namens Johnstone (im Text Jonstone), das Wissen alter, bald sterbender Gelehrter auf dem »Weg der elektrischen Überpflanzung von Hirnzelleninhalten« in Sekundenschnelle in die Köpfe junger, aufstrebender Gelehrter zu übertragen, damit diese bereits zu Beginn ihrer Karriere über jenes Wissen verfügen könnten, welches man sich mit herkömmlichen Lernmethoden nur in Jahrzehnten anzueignen vermag. Von seiner »cerebralen Purgiertechnik« verspricht sich der Hirnphysiologe eine unerhörte Beschleunigung des wissenschaftlichen Fortschritts. Er führt seinen Mitarbeitern seine neue Wellentechnik im Selbstversuch vor, wobei er versehentlich zu Tode kommt; offenbar war es bei dem Experiment zu einer zu umfangreichen Zerstörung seiner Hirnsubstanz gekommen. – Die Erzählung enthält zahlreiche zeitgemäße Anspielungen, z. B. auf das Thema des Rassismus. Freud wird mit seinen voranalytischen und analytischen Auffassungen mehrfach erwähnt.]

gen. Das Mißverhältnis zwischen Technik und Ziel erschiene dann minder groß. Aber ich glaube, ich sollte Sie eher um Entschuldigung wegen solcher Einfälle bitten.

Wenn Sie mit Ihrer Geschichte doch noch irgend etwas anfangen, so bitte, wandeln Sie den rumänischen Juden Fr. [Freud] in einen mährischen um und streichen Sie die Freud-Jungsche Technik (oder wie Sie es sonst heißen), denn die gibt es nicht.[1] Ihr neuer Verbrecherroman[2] ist mir entgangen, ich habe ihn jetzt bereits bestellt.

Was soll mit dem Manuskript des Dr. Johnstone geschehen?

Mit herzlichem Gruß
Ihr Freud

28. 2. 1936
Prof. Dr. Freud   Wien, IX., Berggasse 19.

Hochgeehrter Herr

Endlich kann ich Ihnen einmal etwas sagen, was Sie nicht zu wissen scheinen. Aber vielleicht wissen Sie [es] doch![3] Alle diese Träume vom Reisen, Zugversäumen etc. beschäftigen sich mit dem Tod, suchen die Todeserwartung abzuwehren.[4] Sie erinnern sich, was man den Kindern zu sagen pflegt, wenn jemand nicht wiederkommt, weil er gestorben ist: er sei verreist. Sie haben auch den Wanderer im Gedächtnis in das Land, aus des Bezirk man nicht wiederkehrt[5] (oder so ähnlich), die letzte Reise, das Jen-

---

[1] [Von diesen beiden Korrekturen wurde im Manuskript nur die erste durchgeführt.]

[2] [*Rosenemil*, 1933 im holländischen Exil entstanden, 1935 dort veröffentlicht. Der Roman spielt kurz nach der Jahrhundertwende im Berliner Ganovenmilieu. S. den nachfolgenden Brief Freuds.]

[3] [Gert Mattenklott (1987, S. 12 f.) stellt in seinen auf Hermann zentrierten Kommentaren Mutmaßungen darüber an, welches der Anlaß für diesen Brief Freuds gewesen sein könnte: Hermanns Deutung eines Traumes, in dem es um das Versäumen von Zügen geht.]

[4] [Vgl. *Die Traumdeutung* (1900a; *G. W.*, Bd. 2/3, S. 390; *Studienausgabe*, Bd. 2, S. 377), ferner die *Vorlesungen zur Einführung in die Psychoanalyse* (1916–17 [1915–17]; *G. W.*, Bd. 11, S. 154 und S. 163; *Studienausgabe*, Bd. 1, S. 163 und S. 170).]

[5] [Aus Shakespeares *Hamlet*, III. Akt, 1. Szene. In der Schlegelschen Übersetzung ist die Rede von »jenem unentdeckten Land, aus dem kein Wandrer wiederkehrt«.]

seits (eines Flusses), den ausführlichen Baedecker für diese Reise im ägyptischen Totenbuch usw. Die Primitiven deuten ihre Sehnsucht nach dem Toten in sein Bestreben um, sie nachzuholen, und haben sich dagegen zu verteidigen. In Träumen machen wir noch immer dasselbe. Daß wir den Zug versäumt haben, ist eigentlich die tröstliche Versicherung, daß wir nicht auch gestorben sind.

Diese Träume treffen also irgendwie mit der Groteske zusammen, deren Manuskript bei mir auf Abholung wartet.[1]

Unterdes habe ich Ihren Rosenemil[2] gelesen und bin noch voll von ihm, so voll, daß ich ihn kaum genug loben kann. Und er ist Ihre eigenste Besonderheit. Ein großes Stück vom seltsamen Zauber des garstigen Berlin ist darin, Berlin, wie es der Dr. Arthur Levy erlebt, das Schnoddrige und das Brutale an den Rand gedrängt, und in der romantischen Zärtlichkeit für die arme Simonetta steckt die Poesie, ohne die mir wenigstens soviel Realistik schwer erträglich wäre.

Für mich wie für Sie (und Dr. Levy) wohnt die Schönheit in Italien und am Mittelmeer, und doch wäre ich vor Jahren beinahe Berliner geworden. Ich war zwischen 1928 und 30 mehrmals wochenlange in Berlin bei Prof. Schröder[3], wohnte im Sanatorium Tegel auf Humboldtschem Besitz; meine Tochter[4] schwamm im Tegelsee, begleitete mich täglich auf die Automobilfahrt durch die Jungfernheide nach Westend. Es war eigentlich ein exquisites Idyll. Ein Sohn[5] saß mit drei Enkeln in der Regentenstraße, ein anderer[6] mit einem Töchterchen bescheidener in Tempelhof. Auf dem Kupfermarkt hauste ein Dr. Lederer, bei dem ich den größeren Teil des Goethepreises der Stadt Frankfurt[7] in Antiquitäten umsetzen konnte. Auf dem Rückweg von Schröder konnte man in einer Filiale von Rollenhagen die erlesensten Leckerbissen einkaufen wie Oliven, Käse u. dgl.

---

[1] [Vgl. Anm. 1 auf S. 675, oben.]

[2] [Vgl. Anm. 2 auf der vorherigen Seite.]

[3] [Der Berliner Zahnarzt Prof. Hermann Schröder, Direktor der Universitäts-Zahnklinik, von dem sich Freud damals eine neue Prothese anpassen ließ. Seine Kiefer- und Gaumenoperationen infolge des Ausbruchs einer Krebserkrankung im Jahre 1923 hatten das Tragen einer unförmigen Prothese erzwungen, an deren Verbesserung ständig gearbeitet wurde.]

[4] [Anna Freud (1895–1982).]

[5] [Ernst Freud (1892–1970).]

[6] [Oliver Freud (1891–1969).]

[7] [Freud hatte den mit zehntausend Reichsmark dotierten Goethe-Preis 1930 erhalten; vgl. Freud, 1930e.]

Schröder hatte mir angetragen, eine schöne Villa in Westend für mich zu suchen, seit meiner Kieferoperation im Jahre 1923 war ich ein schwieriger Fall für seine Kunst, und er versprach, mir ordentlich zu helfen, wenn ich dauernd in Berlin bliebe. Es war alles so verführerisch, ich war in der Stadt gewiß gern gesehen, der sozialdemokratische Minister Dr. Becker[1] hatte mir einen freundlichen Besuch in Tegel gemacht, von zwei seiner Räte begleitet, meine Frau[2] war ja selbst eine Norddeutsche, Hamburgerin. Alles schien zu locken, Wien hatte sich wirklich nicht um mich verdient gemacht. Und doch, wie gut war es, daß ich das eine Argument überwiegen ließ, man solle nichts ändern nach siebzig, das Lebensende ruhig abwarten an seiner Stelle. Denn kaum eingelebt, hätte ich 1933 das neue Haus abbrechen müssen und das gleiche erlebt wie Sie[3] und andere.

Verzeihen Sie das so wenig beziehungsreiche Geschwätz. Ihr Buch hat Berlin bei mir aufgeweckt.

Mit herzlichem Gruß
Ihr Freud

---

[1] [Carl Heinrich Becker (1876–1933), Professor für Orientalistik, 1925–1930 preußischer Kultusminister.]

[2] [Martha Freud, geb. Bernays (1861–1951).]

[3] [Anspielung auf Hermanns Emigration, offenbar noch immer nicht ahnend, daß er selbst bald gezwungen sein würde, ins Exil zu gehen.]

Brief an Thomas Mann[1]
(1941 [1936])

29. XI. 1936.

Verehrter Freund!
Die wohltuenden persönlichen Eindrücke von Ihrem letzten Besuch in
Wien tauchen immer wieder in meiner Erinnerung auf.[2] Unlängst legte ich

---

[1] [Dieser Brief wurde, unvollständig, erstmals unter dem Titel ›Entwurf zu einem Brief
an Thomas Mann‹ in *Internationale Zeitschrift für Psychoanalyse und Imago*, Bd. 26
(1941), Heft 3/4, S. 217–19, veröffentlicht und in Jones' Freud-Biographie (1962*b*,
S. 533–35) in der gleichen unvollständigen Version wie in der *Zeitschrift* nachgedruckt;
lediglich Freuds abschließende Grußformel wurde wieder eingetragen. Der letzte Absatz, der in diesen früheren Publikationen fehlt, wurde in vollem Wortlaut in Freud
(1960*a*; 1. Aufl., S. 424–27; 2. Aufl., 1968, S. 447–49) reproduziert. Uns diente als
Textvorlage eine Photokopie der Erstveröffentlichung, zusammen mit dem Band *Briefe
1873–1939* (1960*a*), 3. Aufl., 1980. – Die These, daß dieser Brief ein ›Entwurf‹ sei, läßt
vermuten, eine revidierte Fassung sei tatsächlich an Mann geschickt worden. Es gibt
keinerlei Beweise dafür; der wiederhergestellte letzte Absatz stützt eher die andere Erklärung, warum der Brief bei Freuds Papieren geblieben ist, nämlich daß er ihn überhaupt nicht an Thomas Mann abgeschickt hat, weder in dieser noch in einer anderen
Version.]
[2] [Dieses Treffen fand am 14. Juni 1936 in Freuds Sommer-Aufenthaltsort in Grinzing
statt. Am 7. und 8. Mai hatten im Akademischen Verein für Medizinische Psychologie
Feierlichkeiten stattgefunden, auf denen Ludwig Binswanger und Thomas Mann aus
Anlaß von Freuds achtzigstem Geburtstag (6. Mai 1936) Ansprachen hielten. Max Schur
berichtet, wie er sich beim anschließenden Empfang Thomas Mann näherte, um ihm zu
erklären, warum Freud nicht anwesend sein konnte, und ihn zu fragen, ob er bereit sei,
die Ansprache Freud noch einmal persönlich zu verlesen. Mann stimmte erfreut zu. Vgl.
Mann (1936*a*), Schur (1973, S. 565–68) und Jones (1962*b*, S. 244–46). – In einem Brief
an Arnold Zweig vom 17. Juni 1936 (Freud, 1968*a*) äußert Freud sein Wohlgefallen an
Manns Unternehmung: »Thomas Mann, der seinen Vortrag über mich fünf- oder sechs-

Ihren neuen Band der Josefsgeschichte[1] aus der Hand mit dem wehmütigen Gedanken, daß dieses schöne Erlebnis jetzt vorüber ist und daß ich die Fortsetzung wahrscheinlich doch nicht werde lesen können.

Durch das Zusammenwirken dieser Geschichte mit Ihren im Vortrag geäußerten Gedanken von der »gelebten vita« und dem mythologischen Vorbild hat sich bei mir eine Konstruktion entwickelt, die ich zum Anlaß nehme, mich mit Ihnen zu unterhalten, als ob Sie hier im Arbeitszimmer mir gegenüber säßen, ohne daß ich aber eine höfliche Antwort oder gar eine eingehende Würdigung von Ihnen erreichen wollte. Ich nehme den Versuch selbst nicht sehr ernst, aber er hat einen gewissen Reiz für mich, etwa wie das Peitschenknallen für den ehemaligen Fahrknecht.

Nämlich: gibt es einen historischen Menschen, für den das Leben Josefs mythisches Vorbild war, so daß die Josefsphantasie als der geheime dämonische Motor hinter seinem komplexen Lebensbild erraten werden darf? Ich meine, Napoleon I. ist diese Person.[2]

a) Er war Korse, ein zweiter Sohn in einer Schar von Geschwistern. Der Älteste, der Bruder vor ihm, hieß – Josef, und dieser Umstand wurde, wie sich nun einmal Zufälliges und Notwendiges im Menschenleben verketten, schicksalhaft für ihn. In der korsischen Familie wird das Vorrecht des Ältesten von einer ganz besonderen heiligen Scheu behütet. (Ich glaube, Alphonse Daudet hat dies einmal in einem Roman geschildert, im *Nabab*[3]?

---

mal an verschiedenen Orten gehalten hat, war so liebenswürdig, ihn Sonntag 14. d. M. nur für mich persönlich in meinem Zimmer hier in Grinzing zu wiederholen. Es war für mich und die Meinigen, die anwesend waren, eine große Freude. Ein edler Goi! Schön, daß es auch das gibt. Man könnte manchmal zweifeln.« (Die drei letzten Sätze sind in 1968*a* fortgelassen, jedoch von Schur, 1972, S. 482, wieder eingerückt worden; seltsamerweise fehlen sie in der deutschen Ausgabe des Buches von Schur, 1973, S. 567.)]
[1] [*Josef in Ägypten* (1936*b*).]
[2] [Ernest Jones (1962*b*, S. 228f.) merkt an, daß es ein von ihm mehr als zwanzig Jahre früher geäußerter Gedanke gewesen sei, der Freuds Interesse an Josef und Napoleon entzündet habe. In einem Brief an Arnold Zweig vom 6. November 1934 (Freud, 1968*a*) schreibt Freud folgendes: »Übrigens sollte ich Ihnen nicht schon einmal die analytische Aufklärung des phantastischen Zugs nach Ägypten gegeben haben? Ich würde es bedauern, mich zu wiederholen. Napoleon hatte einen großartigen Josef-Komplex. Sein älterer Bruder hieß so, und er mußte eine Frau heiraten namens Joséphine. Die ungeheure Eifersucht gegen den älteren Bruder hatte sich unter dem Einfluß der Vateridentifizierung in heiße Liebe verwandelt, und der Zwang übertrug sich dann auf die Frau. Er aber mußte Josef in Ägypten spielen, der unverbesserliche Phantast, und versorgte dann auch später die Brüder in Europa, als ob ihm die Eroberung von Ägypten geglückt wäre.«]
[3] [A. Daudet, *Le Nabab*, 1877.]

Oder irre ich mich? Anderswo? Oder war es Balzac?) Durch diese korsische Sitte wird eine normale menschliche Relation in die Höhe getrieben. Der ältere Bruder ist der natürliche Rivale, ihm bringt der kleinere eine elementare, unergründlich tiefe Feindseligkeit entgegen, für die spätere Jahre die Bezeichnung Todeswunsch, Mordabsicht passend finden mögen. Josef zu beseitigen, sich an seine Stelle zu setzen, selbst Josef zu werden, muß die stärkste Gefühlsregung des kleinen Kindes Napoleon gewesen sein. Es ist merkwürdig, aber es ist sicher beobachtet: grade so exzessive, infantile Regungen neigen dazu, ins Gegenteil umzuschlagen. Aus dem gehaßten Rivalen wird ein Geliebter. So auch bei Napoleon. Wir erschließen, daß er Josef zuerst glühend gehaßt hat, aber wir hören von später, daß er ihn am meisten von allen Menschen geliebt und ihm, dem Wertlosen und Unzuverlässigen, kaum je etwas übelnehmen konnte. Der Urhaß war also überkompensiert worden, aber die damals entfesselte Aggression wartete nur darauf, auf andere Objekte verschoben zu werden. Hunderttausende gleichgiltiger Individuen werden dafür büßen, daß der kleine Wüterich seinen ersten Feind verschont hat.

b) In einer anderen Schichte ist der junge Napoleon zärtlich an die Mutter gebunden und bemüht, den früh verstorbenen Vater in der Fürsorge um die Geschwister zu ersetzen. Kaum, daß er General geworden, wird ihm nahegelegt, eine junge Witwe zu heiraten, die, älter als er, Rang und Einfluß besitzt. Es ist manches gegen sie zu sagen, aber wahrscheinlich wird es entscheidend für ihn, daß sie Joséphine heißt. Kraft dieses Namens kann er auf sie ein Stück der zärtlichen Bindung übertragen, die er für den älteren Bruder fühlt. Sie liebt ihn nicht, behandelt ihn schlecht, betrügt ihn, aber er, der Despot, sonst zynisch kühl gegen Frauen, hängt ihr leidenschaftlich an, verzeiht ihr alles; er kann nicht böse auf sie werden.

c) Die Verliebtheit in Joséphine Beauharnais war zwangsläufig wegen des Namens, aber sie war natürlich keine Josef-Identifizierung. Diese tritt aber am stärksten hervor in der berühmten Expedition nach Ägypten. Wohin anders soll man gehen als nach Ägypten, wenn man Josef ist, der vor den Brüdern groß erscheinen will? Wenn man die politischen Begründungen für dieses Unternehmen des jungen Generals genauer prüft, wird man wahrscheinlich finden, daß sie nur gewaltsame Rationalisierungen einer phantastischen Idee waren. Mit diesem Zug Napoleons nimmt übrigens die Wiederentdeckung Ägyptens ihren Anfang.

d) Die Absicht, die Napoleon nach Ägypten getrieben hatte, wird in seinen späteren Jahren in Europa verwirklicht. Er versorgt die Brüder, indem er sie zu Fürsten und Königen erhöht. Der Nichtsnutz Jérome ist vielleicht sein Benjamin. Und dann wird er seinem Mythos untreu, er läßt sich von realistischen Erwägungen bestimmen, die geliebte Joséphine zu verstoßen. Damit beginnt der Abstieg. Der große Zerstörer arbeitet nun an seiner Selbstdestruktion. Der waghalsige, schlecht vorbereitete Zug gegen Rußland bringt ihm den Untergang. Es ist wie eine Selbstbestrafung für die Untreue gegen Joséphine, für den Rückschritt von der Liebe zur ursprünglichen Feindschaft gegen Josef. Und doch hat auch hier, gegen Napoleons Absicht, das Schicksal ein anderes Stück der Josefsgeschichte wiederholt. Der Josefstraum, daß Sonne, Mond und Sterne sich vor ihm verneigen, hatte dazu geführt, daß man ihn in die Grube warf.

Meine Tochter mahnt mich daran, daß ich Ihnen diese Deutung des dämonischen Mannes bereits mitgeteilt, nachdem Sie hier Ihren Aufsatz vorgelesen. Sie hat natürlich recht. Ich hatte es vergessen, und der Stoff war nach der Lektüre Ihres Buches wiederbelebt worden. Und nun schwanke ich, ob ich diese Zeilen bei mir behalten oder Ihnen doch mit vielen Entschuldigungen schicken soll.[1]

Herzlich
Ihr Freud.

---

[1] [Dieser letzte Absatz fehlt im Abdruck des Briefs in der *Zeitschrift* und in Jones.]

Einleitung
zu S. Freud und W. C. Bullitt, *Thomas Woodrow Wilson*
(1966 [1930])

Editorische Vorbemerkung

(1930 Datum der Niederschrift.)
1971 In *Neurose und Genialität*, herausgegeben von J. Cremerius, Frankfurt am Main, S. Fischer, S. 27–34.

Englische Übersetzung (Erstveröffentlichung):
1966 ›Introduction‹, in *Look*, 16. Dezember, S. 36–50.
1967 In *Encounter*, Bd. 28 (Januar), S. 3–6.
1967 In Sigmund Freud und William C. Bullitt, *Thomas Woodrow Wilson, Twenty-eighth President of the United States; A Psychological Study*, London, Weidenfeld und Nicolson; New York, Houghton Mifflin, S. XI–XVI.

Diese Einleitung wurde, in einer vermutlich von W. C. Bullitt[1] besorgten englischen Übersetzung, erstmals 1966 in der amerikanischen Illustrierten *Look* veröffentlicht; im Januar 1967 erfolgte ein Nachdruck in der englischen Monatsschrift

---

[1] William Christian Bullitt (1891–1967), amerikanischer Journalist und Diplomat, war von Präsident Wilson (Amtszeit 1913–21) ins nachrevolutionäre Rußland entsandt worden, um mit den Führern der Revolution zu verhandeln. Seine Empfehlung, die Vereinigten Staaten sollten das Sowjetregime anerkennen und mit den neuen Machthabern einen Vertrag schließen, wurde von den großen Vier auf der Pariser Friedenskonferenz abgelehnt. Bullitt trat 1919 nach einer scharfen Kritik am Versailler Vertrag und am Völkerbund zurück; er widmete sich danach seinen geschäftlichen Interessen und unternahm ausgedehnte Reisen in Europa. Von Roosevelt zurückberufen, der ihn zu

Encounter. Beidemal erschien sie zusammen mit weiteren Auszügen aus dem Buch über Wilson, also vor dessen offiziellem Erscheinungsdatum im März 1967. Der deutsche Originalwortlaut der Einleitung ist erhalten und wurde erstmals 1971 abgedruckt. Seither ist er nicht nachgedruckt worden. Die Veröffentlichung von 1971 diente uns als Textvorlage.

Laut Jones (1962 *b*, S. 182) hat W. C. Bullitt Freud während dessen Aufenthalt in Berlin im Mai 1930 dazu bewegen können, zusammen mit ihm an einer psychoanalytischen Studie über Präsident Wilson zu arbeiten. Das Buch wurde im Herbst 1931 abgeschlossen, als Bullitt sich einige Zeit in Wien aufhielt. Laut Bullitts sehr viel später niedergeschriebenem und als Vorwort zur englischen Ausgabe veröffentlichtem Bericht war die Zusammenarbeit angeblich eng und das schließliche Endprodukt ein Amalgam, für welches beide Autoren verantwortlich zeichneten. Die Veröffentlichung sei wegen einiger noch ungeklärter Meinungsverschiedenheiten zwischen beiden Autoren aufgeschoben worden, auch weil die zweite Frau Woodrow Wilsons noch am Leben war. Schur berichtet, er habe im Anschluß an ein Treffen mit Bullitt im Herbst 1964 empfohlen, eine Kopie des englischen Manuskripts an Anna Freud zu schicken. Nach der Lektüre habe sie festgestellt, lediglich die Einleitung, von der es auch die deutsche Fassung gibt, trage unmißverständlich die Züge von Freuds Sprach- und Denkstil. Schur teilte diese Ansicht, ebenso andere kompetente Gutachter (s. *Standard Edition*, Bd. 24, S. 466, und Schur, 1973, S. 583 f., Anm.).

Abgesehen von den internen, Stil und Inhalt des Buches betreffenden Aspekten, gibt es keinerlei äußere Beweise für eine Zusammenarbeit, etwa in Gestalt von Schriftstücken, seien es frühe Entwürfe oder Briefe. Anscheinend hat Bullitt für dieses Fehlen von Dokumenten verschiedene, einander widersprechende Gründe angegeben. Schur erwähnt, Bullitt habe ihm 1964 erzählt, sämtliche Notizen und Briefe seien seinerzeit, infolge der Unachtsamkeit eines Dieners, während des Krieges verbrannt, nachdem er, Bullitt, Paris habe eilig verlassen müssen. Melvin Lasky

---

Lagesondierungen 1932 nach Europa entsandte, wurde Bullitt erster amerikanischer Botschafter in der Sowjetunion. Er bekleidete dieses Amt von 1933 bis 1936, betrachtete die Politik des Regimes zunehmend kritisch und wurde 1936 zum US-Botschafter in Frankreich ernannt. Nach Ausbruch des Zweiten Weltkriegs verließ er diesen Posten; Roosevelt beauftragte ihn mit einer Reihe besonderer Missionen in Verbindung mit dem Kriegsgeschehen. Er war ein prominenter Befürworter der amerikanischen Unterstützung für Großbritannien. Trotz seines Alters trat er in die Erste Französische Armee ein, diente in verschiedenen Verwaltungspositionen und wurde von General de Gaulle mit dem Croix de Guerre mit Palme und dem Kreuz der Ehrenlegion ausgezeichnet. – Er hatte Freud bereits mehrere Male getroffen, ehe er ihm die Zusammenarbeit an dem Buch über Wilson vorschlug. Bullitts Intervention, um Freuds Sicherheit nach der Besetzung Österreichs durch die Nationalsozialisten zu gewährleisten und die Ausreisegenehmigung zu erwirken, wird von Jones (1962 *b*, S. 261 f.) und Schur (1973, S. 582 ff.) beschrieben.]

führt in einer editorischen Vorbemerkung zum Nachdruck im *Encounter* aus, er habe kürzlich Bullitt angerufen und erzählt bekommen, alle Briefe, Manuskripte und Entwürfe seien in Wien zurückgelassen worden und seither verschollen.

In einem Brief vom 7. Dezember 1930 schreibt Freud an Arnold Zweig (Freud, 1968 a): »[...] doch schreibe ich wieder eine Einleitung für etwas, was ein anderer macht, ich darf nicht sagen, was es ist, ist zwar auch eine Analyse, aber dabei doch höchst gegenwärtig, beinahe politisch, Sie können es nicht erraten.« Mit Sicherheit wird man annehmen dürfen, daß Freud sich auf die vorliegende Einleitung bezieht, und fairerweise ist zu vermuten, daß sein Anteil am fertigen Buch und seine Auffassung von der eigenen Rolle bei dessen Entstehung genau der Darstellung in jenem Brief entsprechen.

Einleitung

Wenn sonst ein Autor es unternimmt, der Öffentlichkeit sein Urteil über eine Person vorzulegen, die der Geschichte angehört, so versäumt er selten, den Lesern einleitend zu versichern, daß er bemüht war, sich von Parteilichkeit und affektiver Voreingenommenheit freizuhalten, daß er sine ira et studio gearbeitet hat, wie die schöne klassische Formel es ausdrückt. Meinen Beitrag zu dieser psychologischen Studie über Thomas Woodrow Wilson muß ich aber mit dem Bekenntnis beginnen, daß die Gestalt des amerikanischen Präsidenten mir von Anfang an unsympathisch war, sobald sie am Horizont des Europäers auftauchte, und daß diese Abneigung sich im Laufe der Jahre immer nur steigerte, je mehr man über ihn erfuhr und je stärker man unter den Folgen litt, die sein Eingreifen in unser Schicksal gezeitigt hatte.

Mit zunehmender Kenntnis wurde es nicht schwer, diese gefühlsmäßige Einstellung mit guten Gründen zu stützen. Es wird berichtet, daß Wilson als neu gewählter Präsident einen der Politiker, der sich bei ihm auf seine Verdienste um eben diese Wahl berief, mit den Worten abschüttelte: »God ordained that I should be the next President of the United States. Neither you nor any other mortal could have prevented that.«[1] Ich weiß mich des Urteils nicht zu erwehren, daß ein Mann, der fähig ist, die Vorspiegelungen der Religion so wörtlich zu nehmen, und eines besonderen persönlichen Verhältnisses zur Gottheit sicher zu sein glaubt, für den Verkehr mit

---

[1] Bullitt erklärt diese Äußerung für durchaus glaubwürdig. Der Betreffende war [William F.] McCombs, Chairman of the Democratic National Committee.

anderen, gewöhnlichen Menschenkindern nicht taugt. Wie allgemein bekannt, beherbergte während des Krieges das eine der feindlichen Lager einen auserwählten Liebling der Vorsehung. Es war sehr bedauerlich, daß später auf der andern Seite ein zweiter hinzukam. Es war niemandem zum Gewinn, konnte auch das Ansehen der göttlichen Macht nicht erhöhen.

Eine andere Eigentümlichkeit des Präsidenten, von allen bemerkt, von ihm selbst verkündet, trägt die Hauptschuld daran, daß wir mit seiner Person nichts anzufangen wissen, sie gleichsam als Fremdkörper in unserer Welt empfinden. In langer, mühseliger Entwicklung haben wir erlernt, unsere seelische Innenwelt gegen eine reale Außenwelt abzugrenzen. Dieser letzteren können wir nicht anders begegnen, als indem wir sie beobachten, studieren, Erfahrungen über sie sammeln. Es ist uns nicht leicht geworden, bei dieser Arbeit auf alles zu verzichten, was einer Erfüllung unserer Wünsche, einer Bestätigung unserer Illusionen gleichkam, aber diese Überwindung hat sich gelohnt, sie hat uns den Weg zu einer ungeahnten Herrschaft über die Natur gebahnt. In jüngster Zeit haben wir begonnen, dasselbe Verfahren gegen die Inhalte unserer seelischen Innenwelt zu wenden, wobei an unsere Selbstkritik und unseren Respekt vor dem Tatsächlichen noch höhere Ansprüche gestellt werden. Wir erwarten den gleichen Erfolg auch auf diesem Gebiet. Je umfassender und zutreffender unsere Kenntnis des Seelenlebens geworden ist, desto mehr wird unsere Macht erstarken, unsere ursprünglichen Triebregungen im Zaume zu halten und zu lenken.

Im Gegensatz hiezu hat Wilson wiederholt versichert, daß ihm bloße Tatsachen nichts bedeuten, daß er nichts anderes als menschliche Gesinnungen und Absichten hochschätze. Infolge dieser Einstellung war es ihm natürlich, die Tatsachen der realen Außenwelt in seinem Denken zurückzudrängen, ja zu verleugnen, wenn sie seinen Erwartungen und Wünschen widersprachen. Es fehlte ihm darum auch an jedem Antrieb, seine Unwissenheit durch Kenntnisnahme von bestimmten Sachverhalten einzuschränken. Es kam ja auf nichts anderes an als auf die edle Absicht. Als er über den Ozean fuhr, um dem vom Krieg zerrissenen Europa den gerechten, ewigen Frieden zu bringen, brachte er sich so sehr in die beklagenswerte Lage des Wohltäters, der dem Patienten die Sehkraft wiedergeben will, aber den Bau des Auges nicht kennt und unterlassen hat, die zweckdienlichen Operationsmethoden zu erlernen.

Die nämliche Denkweise ist wahrscheinlich dafür verantwortlich, daß in Wilsons Beziehungen zu anderen Menschen soviel Unaufrichtigkeit,

Unzuverlässigkeit und eine Neigung zur Verleugnung der Wahrheit zum Ausdruck kommt, die bei einem Idealisten immerhin auffällig wirkt. Der Zwang, die Wahrheit zu sagen, muß ja ethisch fixiert sein, aber er ist gewiß auch auf dem Respekt vor der Tatsache begründet.

Ich muß auch der Auffassung Raum geben, daß zwischen der Weltabgewandtheit Wilsons und seiner frommen Gläubigkeit ein intimer Zusammenhang besteht. Manche Stücke seines öffentlichen Wirkens machen fast den Eindruck, als wollte man die Methoden der Christian Science auf die Politik übertragen. Gott ist gut, die Krankheit ist vom Übel, die Krankheit widerspricht dem Wesen Gottes. Also: da Gott *ist*, ist die Krankheit *nicht*, gibt es kein Kranksein. Und wer wollte von einem Therapeuten dieser Richtung Interesse für Symptomatologie und Diagnostik erwarten?

Wenn ich nun zum Ausgangspunkt dieser Bemerkungen, zum Eingeständnis meiner Antipathie gegen Wilson zurückkehre, darf ich noch etwas zu deren Rechtfertigung sagen: Wir wissen alle, daß wir für unsere Taten nicht voll verantwortlich sind. Wir haben im Dienste einer bestimmten Absicht eine Handlung unternommen; es zeigt sich dann, daß sie andere Wirkungen erzeugt hat, als wir erwartet hatten, und andere vielleicht, als wir vorhersehen konnten. So ernten wir oft mehr Tadel und üble Nachrede, in seltenen Fällen mehr Lob und Ehre, als uns rechtmäßig zukäme. Wenn aber jemand so wie Wilson fast in allen Punkten das Gegenteil von dem herbeigeführt hat, was er erreichen wollte, wenn er sich als richtiges Gegenstück zu jener Kraft erwiesen hat, »die stets das Böse will und stets das Gute schafft«[1], wenn der Anspruch, die Welt vom Übel zu erlösen, nur in einen neuen Beweis für die Gemeingefährlichkeit des Schwärmers ausläuft, dann ist es nicht zu verwundern, daß beim Beurteiler ein Mißtrauen geweckt wird, das Sympathie unmöglich macht. Allerdings, als ich durch den Einfluß von W. Bullitt veranlaßt wurde, mich eingehender mit der Lebensgeschichte des Präsidenten zu befassen, blieb diese Gefühlseinstellung nicht unverändert. Es bildete sich ein Maß von Sympathie heraus, aber von besonderer Art, Sympathie mit Mitleid gemengt, wie man sie bei der Lektüre des Cervantes für seinen Helden, den »ingeniösen« Junker aus der Mancha, empfindet.[2] Und endlich, da man die Kräfte des Mannes gegen die Größe der Aufgabe abschätzte, die er auf sich genommen hatte,

---

[1] [Wie Mephistopheles in Goethes *Faust*, I. Teil, 3. Szene, von sich selbst sagt.]
[2] [Miguel de Cervantes Saavedra, *El Ingenioso Hidalgo Don Quijote de la Mancha*, Roman in 2 Teilen, 1605 und 1616.]

wurde dieses Mitleid so übermächtig, daß es jede andere Regung zurückdrängte. So kann ich am Ende doch den Leser bitten, die später folgenden Darstellungen nicht von vorneherein wegen ihrer beabsichtigten Parteilichkeit abzuweisen; wenn sie auch nicht ohne Beteiligung starker Affekte entstanden sind, so haben diese Affekte doch eine ausgiebige Bändigung erfahren. Und dasselbe kann ich für Bullitt, als dessen Mitarbeiter ich hier auftrete, versichern.

Bullitt, der den Präsidenten persönlich gekannt hat, während der großen Zeit in seinen Diensten stand und ihm damals mit der vollen Begeisterung der Jugend anhing, hat den historischen Abschnitt dieses Buches über Wilsons Kindheit und Jugend allein verfaßt. Für den analytischen Teil sind wir beide in gleichem Maße verantwortlich; er entstand durch enge Zusammenarbeit, und wir haben ihn miteinander geschrieben.

Einige Bemerkungen zur Aufklärung und Rechtfertigung mögen hier noch Raum finden. Vielleicht beanstanden die Leser, daß unsere Schrift ihnen als eine »psychologische Studie« vorgestellt wird, während sie doch psychoanalytische Gesichtspunkte auf ihren Gegenstand anwendet und zu diesem Zweck psychoanalytische Voraussetzungen und Kunstworte ohne Einschränkung gebraucht. Das ist aber keine Falschmeldung, die man etwa aus Rücksicht auf die feindseligen Vorurteile der großen Öffentlichkeit ableiten könnte. Im Gegenteil, diese Namengebung soll in unverkennbarer Weise die Überzeugung vertreten, daß die Psychoanalyse nichts anderes ist als Psychologie, eben nur ein Teilstück von ihr, und daß man in einer psychologischen Untersuchung analytische Methoden ohne Entschuldigung gebrauchen darf, wo es auf die Erkennung tieferer seelischer Tatbestände ankommt. Es ist ganz gewiß unstatthaft, die Ergebnisse einer solchen tiefenpsychologischen Untersuchung der Öffentlichkeit bekanntzumachen, sie der allgemeinen Neugierde preiszugeben, solange die betreffende Person noch lebt; daß es mit deren Zustimmung geschähe, wäre ein allzu unwahrscheinlicher Fall. Die therapeutischen Analysen vollziehen sich zwischen Arzt und Krankem, schließen die Gegenwart einer dritten Person aus und stehen unter der Bürgschaft der Schweigepflicht. Wenn aber jemand, dessen Wesen und Wirken für Mit- und Nachwelt bedeutungsvoll ist, den Kreis der Lebenden verlassen hat, dann fällt er nach allgemeiner Übereinkunft der Biographik anheim, und man kann die frühere Einschränkung nicht mehr aufrechterhalten. Dann käme noch die Frage einer »Schutzfrist« für seine Individualität in Betracht, aber die ist kaum je aufgeworfen worden; es würde auch nicht leicht sein, darüber eine Einigung zu erzielen und ihre Einhaltung zu sichern. Thomas Woodrow Wilson starb im Jahre 1924.

Endlich müssen wir der Auffassung entgegentreten, es sei die geheime Absicht dieses Buches zu erweisen, daß Wilson ein pathologischer Charakter, ein Kranker war, um auf diesem Umwege die Schätzung seiner Hinterlassenschaften zu untergraben. Nein, es ist nicht unsere Absicht, und selbst wenn sie bestünde, würde sie den vermuteten Zweck nicht erreichen. Denn der Glaube an einen starren Rahmen der Normalität und an eine scharfe Abgrenzung des Normalen gegen das Krankhafte im Seelenleben ist in unserer Wissenschaft längst aufgegeben worden. Eine verfeinerte Diagnostik hat uns die Neurose allerorten erkennen lassen, wo wir auf ihr Vorkommen nicht vorbereitet waren, ja sie berechtigt beinahe die Aussage, daß neurotische Symptome und Charaktereinschränkungen im gewissen Ausmaß allen Mitgliedern einer Kulturgemeinschaft zu eigen geworden sind. Wir glauben selbst einen Einblick in die Notwendigkeit zu besitzen, die dieses Ergebnis herbeigeführt hat. Wir haben ferner einsehen müssen, daß für die Beurteilung seelischer Vorgänge die Kategorie normal – pathologisch ebenso unzureichend ist wie die früher alleinherrschende gut – böse. Nur in einer Minderheit von Fällen lassen sich die seelischen Störungen auf Entzündungsprozesse oder Einführung in den Organismus von fremden Stoffen zurückführen, und auch dann ist die Wirkung dieser Faktoren keine unmittelbare. In der Mehrzahl sind es rein quantitative Verhältnisse, die den Ausschlag in pathologische Funktion bestimmen, wie besonders starke Reizwirkungen auf bestimmte Teile des seelischen Apparates, ein Mehr oder Weniger von den im Körper erzeugten Stoffen, die für die Leistung des Nervensystems unentbehrlich sind, zeitliche Störungen, Verfrühung und Verspätung der im Seelenleben vor sich gehenden Entwicklungsabläufe. Diesen Charakter der Ätiologie finden wir wieder, wenn wir mit Hilfe der Psychoanalyse studieren, was uns derzeit als das elementare Material des seelischen Geschehens erscheint. Die relative Verstärkung einer einzelnen von den vielen Triebregungen, die das Seelenleben mit Energie speisen, die besondere Vertiefung einer jener Identifizierungen, auf denen sich regelmäßig die Charakterbildung aufbaut, eine besonders starke Reaktionsbildung gegen einen Impuls, der niedergehalten werden soll, solche quantitative Verhältnisse entscheiden über die Endgestaltung einer Persönlichkeit, drükken ihr den Stempel einer besonderen Eigenart auf und weisen ihre Betätigung auf einen gewissen Weg.

In seiner Charakteristik des toten Brutus läßt Shakespeare den Antonius sagen:

> »... the elements
> so mixed in him that Nature might stand up
> and say to all the world: ›This was a man‹.«[1]

In Anlehnung an diese Worte des Dichters sind wir versucht zu behaupten, die Elemente der seelischen Konstitution sind immer die nämlichen. Was in der Mischung wechselt, sind die Mengungsverhältnisse der Elemente und – das fügen wir hinzu – die Unterbringung derselben in verschiedenen Provinzen des Seelenlebens und an verschiedene Objekte. Nach gewissen Kriterien werten wir dann die Eigenart der Individuen als normal oder pathologisch oder zeigen pathologische Züge in ihr auf. Aber diese Kriterien sind keineswegs eindeutig, zuverlässig und beständig. Sie sind wissenschaftlich schwer zu erfassen, im Grunde nur praktische Behelfe, oft konventioneller Herkunft. »Normal« bedeutet meist dem in der Erfahrung Durchschnittlichen gleich oder angenähert; für unser Urteil, ob ein Charakterzug oder ein Verhalten für krankhaft gelten soll, wird oft maßgebend, ob es schädlich ist, für den einzelnen schädlich oder für die Gemeinschaft, der er angehört. Trotz der Unbestimmtheit der Begriffe und der Unsicherheit über die Grundlagen des Urteils können wir im praktischen Leben auf die Unterscheidung von normal und krankhaft nicht verzichten, brauchen uns aber nicht zu verwundern, wenn diese nicht mit anderen wichtigen Gegensätzlichkeiten zusammenfällt.

Narren, Phantasten, Wahnbesessene, schwere Neurotiker und Geisteskranke im psychiatrischen Sinne haben in der Geschichte der Menschheit zu allen Zeiten große Rollen gespielt und nicht nur dann, wenn der Zufall der Geburt ihnen die Machtvollkommenheit geschenkt hatte. Sie haben zumeist Unheil gestiftet, aber nicht immer. Tiefreichende Einflüsse auf Mit- und Nachwelt sind von solchen Personen ausgegangen, sie haben den Anstoß zu bedeutsamen kulturellen Bewegungen gegeben, große Funde und Entdeckungen gemacht. Solche Leistungen sind ihnen einerseits mit Hilfe des unversehrten Anteils ihrer Persönlichkeit möglich geworden, also trotz ihres Krankseins, aber anderseits kann man nicht in Abrede stellen, daß es oftmals gerade die pathologischen Züge ihres Wesens sind, die Einseitigkeiten ihrer Entwicklung, die abnorme Verstärkung einzelner

---

[1] [*Julius Caesar*, V. Akt, 5. Szene.]

Wunschregungen, die kritik- und hemmungslose Hingabe an eine einzige Absicht, die ihnen die Macht gaben, andere mit sich fortzureißen und die Widerstände der Außenwelt zu überwinden. So häufig trifft große Leistung mit psychischer Abnormität zusammen, daß man versucht ist zu glauben, die eine sei an die andere gebunden. Es spricht dagegen, daß wir auf allen Gebieten menschlicher Leistungen auch große Männer finden, welche die Forderungen der Normalität erfüllen.

Mit diesen Bemerkungen hoffen wir den Verdacht entkräftet zu haben, daß dieses Buch etwas anderes sein soll als eine psychologische Studie über T. W. Wilson. Doch können wir nicht in Abrede stellen, daß es – ganz allgemein wie auch in diesem Falle – Wege gibt, die von einer intimeren Kenntnis des Mannes zu einer besseren Würdigung seines Werkes führen.

X. Teil

Erweiterte Aufgabenbereiche der Psychoanalyse
(1907–1931)

Anzeige[1]
[der *Schriften zur angewandten Seelenkunde*]
(1907)

Die *Schriften zur angewandten Seelenkunde*, deren erstes Heft hiemit vor
die Öffentlichkeit tritt, wenden sich an jenen weiteren Kreis von Gebildeten, die, ohne gerade Philosophen oder Mediziner zu sein, doch die
Wissenschaft vom Seelischen des Menschen nach ihrer Bedeutung für das
Verständnis und die Vertiefung des Lebens zu würdigen wissen. Die Abhandlungen werden in zwangloser Form erscheinen und jedesmal eine einzige Arbeit bringen, welche die Anwendung psychologischer Erkenntnis-

---

[1] [So nur in der Erstausgabe von *Der Wahn und die Träume in W. Jensens ›Gradiva‹*
(Freud, 1907 *a* [1906]), Hugo Heller, Wien, S. 82, abgedruckt. Im darauffolgenden Jahr
wurde die Publikation der *Schriften zur angewandten Seelenkunde* vom Verlag Franz
Deuticke, Leipzig und Wien, übernommen, der danach sämtliche Bände der Reihe veröffentlichte. Der erste Band, der Freuds ›Anzeige‹ enthält, erschien dort 1908 als unveränderter Nachdruck, bis auf die ›Anzeige‹ selbst, die gekürzt und verändert herauskam.
Beide Fassungen werden im folgenden nachgedruckt. Die erste Fassung ist wiederer-
schienen in *Protokolle der Wiener Psychoanalytischen Vereinigung*, hrsg. von Herman
Nunberg und Ernst Federn, Bd. 1 (1976), S. 7, Anm. Als Textvorlage der ersten Version
diente eine Photokopie der Veröffentlichung von 1907; von der zweiten Fassung lag uns
eine Maschinenabschrift vor. – Noch eine dritte Version der Anzeige erschien als Wer-
bung auf der Rückseite der 1907 publizierten Broschüre *Vom Lesen und von guten Büchern* (s. Freud, 1906 *f*, S. 662, oben). Der zweite Absatz dieser letzteren Fassung stammt
indessen mit Sicherheit nicht von Freud; vermutlich hat der Verleger dies Material immer
wieder für Werbezwecke verwendet, und Recherchen würden gewiß noch weitere Frag-
mente und »redigierte« Fassungen aus Freuds ›Anzeige‹ zutage fördern können. – Zwischen 1907 und 1925 wurden zwanzig Bände in der Reihe *Schriften zur angewandten
Seelenkunde* veröffentlicht. Neben Freuds Arbeit über Jensens *Gradiva* umfaßte die
Serie auch seine Studie über *Leonardo da Vinci* (1910 *c*) sowie Werke u. a. von Riklin,
Jung, Abraham, Rank, Sadger, Pfister, Jones und Storfer.]

se auf Themata der Kunst und Literatur, Kultur- und Religionsgeschichte und analoger Gebiete unternimmt. Diese Arbeiten werden bald den Charakter einer exakten Untersuchung, bald den einer spekulativen Bemühung an sich tragen, das eine Mal ein größeres Problem zu umfassen, das andere Mal ein beschränkteres zu durchdringen versuchen; in allen Fällen aber werden sie von der Natur originaler Leistungen sein und es vermeiden, bloßen Referaten oder Kompilationen zu gleichen.

Der Herausgeber fühlt sich verpflichtet, für die Originalität und die allgemeine Würdigkeit der in dieser Sammlung erscheinenden Aufsätze einzustehen. Im übrigen will er weder die Unabhängigkeit seiner Beiträger antasten noch für die Äußerungen derselben verantwortlich gemacht werden. Daß die ersten Nummern der Sammlung besondere Rücksicht auf die von ihm selbst in der Wissenschaft vertretenen Lehren nehmen, soll für die Auffassung des Unternehmens nicht bestimmend werden. Die Sammlung steht vielmehr den Vertretern abweichender Meinungen offen und hofft, der Mannigfaltigkeit von Gesichtspunkten und Prinzipien in der heutigen Wissenschaft Ausdruck geben zu können.

Der Verlag   Der Herausgeber

[Zweite Fassung]
(1908)

Die *Schriften zur angewandten Seelenkunde* wenden sich an jenen weiteren Kreis von Gebildeten, die, ohne gerade Philosophen oder Mediziner zu sein, doch die Wissenschaft vom Seelischen des Menschen nach ihrer Bedeutung für das Verständnis und die Vertiefung unseres Lebens zu würdigen wissen. Die Hefte werden in zwangloser Folge erscheinen und zumeist eine einzige Arbeit bringen, welche die Anwendung psychologischer Erkenntnisse auf Themata der Kunst und Literatur, Kultur- und Religionsgeschichte und analoger Gebiete unternimmt.

Brief an Frederik van Eeden[1]
(1915 [1914])

Herrn Dr. Fr. van Eeden   Wien, 28. Dezember 1914.

Verehrter Kollege,
Unter dem Einfluß dieses Krieges wage ich es, Sie an zwei Behauptungen
zu erinnern, welche die Psychoanalyse aufgestellt hat und die gewiß dazu
beigetragen haben, sie beim Publikum unbeliebt zu machen.

Sie – die Psychoanalyse – hat aus den Träumen und Fehlhandlungen
des Gesunden wie aus den Symptomen des Nervösen geschlossen, daß die
primitiven, wilden und bösen Impulse der Menschheit bei keinem einzelnen verschwunden sind, sondern noch fortbestehen, wenngleich verdrängt, im Unbewußten, wie wir in unserer Kunstsprache sagen, und auf
die Anlässe warten, um sich wieder zu betätigen.

Sie hat uns ferner gelehrt, daß unser Intellekt ein schwächliches und
abhängiges Ding ist, ein Spielball und Werkzeug unserer Triebneigungen
und Affekte, daß wir uns alle scharfsinnig oder schwachsinnig gebärden
müssen, je nachdem unsere Einstellungen und inneren Widerstände es gebieten.

---

[1] [Dieser Brief wurde von Freud Ende 1914, wenige Monate nach Ausbruch des Ersten
Weltkriegs und wenige Monate vor der Niederschrift von ›Zeitgemäßes über Krieg und
Tod‹ (1915 *b*), geschrieben. Er wurde im deutschen Originalwortlaut am 17. Januar 1915
von van Eeden in einer Amsterdamer Wochenschrift, *De Amsterdammer* (Nr. 1960, S. 3)
veröffentlicht. Der deutsche Text scheint seither nie mehr nachgedruckt worden zu sein.
Als Vorlage diente uns eine Schreibmaschinenkopie der Erstpublikation. – Van Eeden,
an den der Brief adressiert ist, war ein holländischer Psychopathologe, jedoch vor allem
als Literat bekannt. Obwohl er dessen Auffassungen nie akzeptierte, war er ein alter
Bekannter Freuds.]

Und nun blicken Sie auf die Vorgänge dieser Kriegszeit, auf die Grausamkeiten und Rechtsverletzungen, deren sich die zivilisiertesten Nationen schuldig machen, auf die verschiedene Art, wie sie die eigenen Lügen, das eigene Unrecht und das der Feinde beurteilen, auf die allgemeine Einsichtslosigkeit, und gestehen Sie mir zu, daß die Psychoanalyse mit beiden Behauptungen recht gehabt hat.

Sie war darin vielleicht nicht durchaus originell. Viele Denker und Menschenkenner haben ähnliches gesagt, aber unsere Wissenschaft hat beide Sätze im Detail durchgeführt und zur Aufklärung vieler psychologischer Rätsel verwendet.

Ich wünsche Sie in schöneren Zeiten wiederzusehen.

Ihr herzlich ergebener
Sigm. Freud.

Soll die Psychoanalyse
an den Universitäten gelehrt werden?
(1919 [1918])

Editorische Vorbemerkung

(1918 Mutmaßliches Entstehungsdatum.)

Erstveröffentlichungen:
1919 ›Kell-e az egyetemen a psychoanalysist tanitani?‹, *Gyógyászat* (Budapest), Bd. 59, Nr. 13, S. 192. (Ungarische Übersetzung vermutlich von Sándor Ferenczi.)
1955 ›On the Teaching of Psycho-Analysis in Universities‹, *Standard Edition*, Bd. 17, S. 171–73. (Englische Übersetzung von James Strachey.)

Das deutsche Original dieses Texts ist spurlos verschwunden. Die vorliegende Fassung ist eine von Anna Freud durchgeführte Rückübersetzung aus dem Englischen. Jedoch wurde der Aufsatz ursprünglich in einer ungarischen Übersetzung am 30. März 1919 in der medizinischen Zeitschrift *Gyógyászat* veröffentlicht. Offenbar erschien er als Teil einer Folge von Stellungnahmen verschiedener Autoren zu Fragen einer Reform der medizinischen Ausbildung. Freud schrieb ihn wahrscheinlich im Herbst 1918, ungefähr zur Zeit des Fünften Internationalen Psychoanalytischen Kongresses in Budapest. Die Budapester Medizinstudenten demonstrierten damals für Aufnahme der Psychoanalyse in den Lehrplan.

Die Wiederentdeckung der kurzen Arbeit ist Dr. Ludovico Rosenthal, Buenos Aires, zu danken. Eine englische Übersetzung erschien 1955 in der *Standard Edition*. Es handelt sich dabei um eine von James Strachey – mit Unterstützung Michael Balints – besorgte Revision einer ersten, unveröffentlichten englischen Übertragung von J. F. O'Donovan und Ludovico Rosenthal.

Was den Wortlaut des folgenden Texts betrifft, so handelt es sich also gleichsam um einen Freud-Text aus vierter Hand.

Die Frage, ob Psychoanalyse an den Universitäten gelehrt werden soll, ist von zwei Standpunkten aus zu erörtern, von seiten der Psychoanalyse wie von seiten der Universitäten.

(1) Soweit es die Psychoanalyse betrifft, wird ihre Aufnahme in den akademischen Lehrplan von jedem Analytiker positiv gewertet werden. Das soll aber nicht heißen, daß der Analytiker in irgendeiner Weise von der Universität abhängig ist. Im Gegenteil: er erwirbt seine theoretischen Kenntnisse aus dem Studium der analytischen Literatur und vertieft sie in den wissenschaftlichen Sitzungen der psychoanalytischen Vereinigungen im Gedankenaustausch mit ihren Mitgliedern. Er erlernt die praktische Handhabung der analytischen Technik zum Teil in der Analyse der eigenen Person, zum andern Teil in der Analyse von Patienten unter der Kontrolle erfahrener Kollegen.

Die psychoanalytischen Organisationen ihrerseits verdanken ihre Existenz gerade dem Ausschluß aus dem Universitätsbetrieb und werden fortfahren, eine wichtige Ausbildungsfunktion zu erfüllen, solange dieser Ausschluß bestehen bleibt.

(2) Auf der Seite der Universitäten wird die positive oder negative Beantwortung unserer Frage davon abhängen, ob sie gewillt sind, der Psychoanalyse irgendeine Bedeutung für die Ausbildung von Ärzten und anderen Wissenschaftlern zuzuschreiben. Wo das geschieht, entsteht die weitere Frage, wo und in welcher Form die Psychoanalyse am besten im akademischen Programm unterzubringen ist.

Die Rolle der Psychoanalyse für die ärztliche und akademische Ausbildung im allgemeinen beruht meines Erachtens auf den folgenden Tatsachen:

(a) In den letzten Dezennien hat die ärztliche Ausbildung viel berechtigte Kritik erfahren. Sie ist einseitig, soweit sie den Mediziner auf das Studium von Anatomie, Physik und Chemie hinweist, ohne ihn gleichzeitig in die Bedeutung der psychischen Faktoren für die verschiedenen lebenswichtigen Funktionen, ihre Störungen und ihre Behandlung einzuführen, ein Versäumnis, das sich später in der einseitigen Einstellung unserer Ärzte auswirkt. Seine Folge ist einerseits der Mangel an ärztlichem Interesse gegenüber den interessantesten menschlichen Problemen der Gesunden und Kranken, andersseits ein Mangel an Geschick im Umgang mit Patienten, ein Punkt, in dem jeder ausgebildete Arzt leicht von jedem Kurpfuscher übertroffen wird.

In den letzten Jahren hat eine Reihe von Universitäten den Versuch gemacht, diese fühlbare Lücke durch Kurse in medizinischer Psychologie auszufüllen. Aber solange der Inhalt dieser Kurse durch die akademische Psychologie oder die Detailuntersuchungen der experimentellen Psychologie bestimmt war, konnten sie ihre Aufgabe nicht erfüllen und den Studenten keinen Weg zum Verständnis der allgemeinen menschlichen Probleme und der ihrer künftigen Patienten eröffnen. Die Stellung der medizinischen Psychologie im medizinischen Lehrgang ist darum bis heute eine ungeklärte.

Hier ist der Punkt, wo die Psychoanalyse der Ausbildung zu Hilfe kommen kann, denn eine Reihe von psychoanalytischen Vorlesungen an dieser Stelle wäre imstande, dem Mediziner zu bieten, was er braucht. Ich stelle mir vor, daß die Kenntnis der Psychoanalyse selbst durch einen Kurs eingeleitet werden sollte, der die detaillierten Beziehungen zwischen Soma und Psyche zum Thema hat, d. h. die Beziehungen, die jeder Psychotherapie zugrunde liegen. Nach der Beschreibung der verschiedenen Suggestionsmethoden käme dann die Beschreibung der Psychoanalyse als der am weitesten und am tiefsten gehenden der psychologischen Methoden, gleichzeitig der Methode, die am geeignetsten ist, den Studenten der Medizin in die Kenntnis der Psychologie einzuführen.

(b) Eine zweite Funktion der Psychoanalyse im Lehrbetrieb wäre ihre Eignung als Einführung in das Studium der Psychiatrie. Unsere heutige Psychiatrie ist von ausschließlich deskriptivem Charakter. Der junge Psychiater lernt, die einzelnen pathologischen Störungen voneinander zu sondern, lernt auch die Unterscheidung zwischen heilbar und unheilbar, gemeingefährlich und harmlos. In dieser Form hat die Psychiatrie nur an einer Stelle einen Zusammenhang mit der übrigen Medizin, nämlich soweit die Ätiologie organisch und anatomisch feststellbar ist. Sie eröffnet keinen Zugang zum Verständnis des Gesehenen – ein Zugang, der nur von einer Tiefenpsychologie erwartet werden kann.

Soweit ich höre, hat die Psychoanalyse, als erster Versuch einer Tiefenpsychologie, in Amerika schon Erfolge in dieser Richtung zu verzeichnen. Viele medizinische Fakultäten auf dem amerikanischen Kontinent nehmen deshalb Kurse über Psychoanalyse als Einführung in das Studium der Psychiatrie in ihren Lehrplan auf.

Es scheint mir empfehlenswert, die Unterweisung in der Psychoanalyse in zwei Abschnitte zu teilen: als erster Schritt ein elementarer Kurs für alle Medizinstudenten, als zweiter ein Spezialkurs für künftige Psychiater.

(c) In der Untersuchung der psychischen Prozesse und intellektuellen Funktionen bedient sich der Psychoanalytiker einer speziellen Methode, deren Anwendung keineswegs auf die psychischen Störungen beschränkt ist, sondern das Studium von Problemen auf den Gebieten der Kunst, Philosophie, Religion etc. mit einschließt. In diesen Beziehungen haben psychoanalytische Untersuchungen sich bereits bewährt, haben zu neuen Gesichtspunkten geführt und wichtige Erkenntnisse gebracht. Ich nenne hier nur Themen wie Literaturgeschichte, Mythologie, Kulturgeschichte und Religionsphilosophie. Solche Ergebnisse zeigen, daß der allgemeine Einführungskurs in die Psychoanalyse nicht nur den Medizinstudenten, sondern auch den Studenten dieser anderen Fakultäten zugänglich sein sollte. Von der befruchtenden Wirkung des analytischen Denkens auf diese anderen Wissenszweige könnten wir uns ferner eine engere Zusammenarbeit zwischen der medizinischen Wissenschaft und den Geisteswissenschaften erwarten, ein wichtiger Schritt auf dem Weg zu einer künftigen Universitas literarum.

Ich ziehe die Schlußfolgerung, daß jede Universität nur Vorteile davon haben kann, wenn sie bereit ist, die Psychoanalyse in ihren Lehrplan aufzunehmen. Es ist wahr, daß ein Unterricht wie der geschilderte notwendigerweise in dogmatischer Form vor sich gehen muß und daß Experiment wie Demonstration dabei zu kurz kommen werden. Aber alles, was die Lehrer der Psychoanalyse in dieser Hinsicht brauchen werden, ist Zutritt zu einem Ambulatorium mit reichlichem Material an »neurotischen« Patienten und, für die psychoanalytische Psychiatrie, in gleicher Weise Zutritt zu einer Spitalsabteilung für Psychotiker.

Schließlich muß ich noch dem Einwand begegnen, daß der medizinische Student auf diese Weise noch weit davon entfernt sei, wirklich Psychoanalyse zu erlernen. Das ist natürlich wahr, soweit es die Handhabung der analytischen Technik betrifft. Das ist aber auch keineswegs die Absicht des Unternehmens. Für unsere Absicht genügt es, wenn er etwas über die Psychoanalyse erfährt und etwas von ihr lernt. Schließlich erwarten wir auch nicht, daß der junge Mediziner während seines Universitätsstudiums zum erfahrenen Chirurgen ausgebildet wird. Der künftige Chirurg nimmt es als selbstverständlich hin, daß sich seine Spezialausbildung nur in jahrelanger Arbeit in der chirurgischen Abteilung eines Spitals erwerben läßt.

Gutachten über die
elektrische Behandlung der Kriegsneurotiker
(1955 [1920])

Editorische Vorbemerkung

(1920 Datum der Niederschrift.)
1972 In *Psyche*, Bd. 26, Nr. 12, S. 942–45.
1979 In K. R. Eissler, *Freud und Wagner-Jauregg*, Wien, Löcker Verlag, S. 31–34.

Englische Übersetzung (Erstveröffentlichungen):
1955 ›Memorandum on the Electrical Treatment of War Neurotics‹, *Standard Edition*, Bd. 17, S. 211–15. (Übersetzung von James Strachey.)
1956 In *International Journal of Psycho-Analysis*, Bd. 37, S. 16–18. (Nachdruck der Übersetzung von James Strachey.)

Ende des Ersten Weltkriegs, nach dem Zusammenbruch der Doppelmonarchie, kursierten in Wien viele Berichte, daß Soldaten, die an Kriegsneurosen erkrankt waren, von den Armeeärzten brutal behandelt worden seien. Das Österreichische Kriegsministerium setzte deshalb einen Untersuchungsausschuß ein, der Freud zur Erstattung eines Gutachtens aufforderte. Freud legte der Kommission ein Memorandum vor und erschien zu einer mündlichen Anhörung. Josef Gicklhorn hat dies Memorandum in den Archiven des Kriegsministeriums ausgegraben; er stellte James Strachey freundlicherweise eine Photokopie zur Verfügung. Als Textvorlage diente uns eine Maschinenabschrift dieser Kopie, ferner zum Vergleich Kopien der beiden oben genannten deutschen Veröffentlichungen.

Das Originalmanuskript umfaßt fünfeinhalb Seiten jenes großformatigen Schreibpapiers, das Freud gewöhnlich benutzte. Das Dokument trägt den handgeschriebenen Titel: ›Gutachten über die elektrische Behandlung der Kriegsneurotiker von Prof Dr Sigm Freud‹ und ist von ihm mit »Wien, 23. 2. 20« datiert. Ein Amtsstempel am Kopf der ersten Seite bezeugt, daß das Memorandum von der ›Kommission zur Erhebung militärischer Pflichtverletzungen‹ am 25. Februar 1920 in Empfang genommen wurde. Jede Seite trägt ferner den Stempel des Staatsarchivs.

Das Gutachten wurde zuerst in englischer Übersetzung von James Strachey in der *Standard Edition* veröffentlicht und ein Jahr später im *International Journal of Psycho-Analysis* nachgedruckt. Wie oben angegeben, erschien der deutsche Wortlaut erstmals 1972 in der *Psyche*. Das gleichfalls oben erwähnte Buch von K. R. Eissler ist eine umfassende Untersuchung des gesamten Falles.

Es hat schon in Friedenszeiten reichlich Kranke gegeben, die nach Traumen, d. h. schreckhaften und gefährlichen Erlebnissen wie Eisenbahnunfälle[n] u. dgl., schwere Störungen des Seelenlebens und der Nerventätigkeit gezeigt haben, ohne daß die Ärzte in der Beurteilung dieser Zustände einig geworden wären.

Die einen haben angenommen, daß es sich bei diesen Kranken um schwere Verletzungen des Nervensystems handle, ähnlich den Blutungen und Entzündungen in nicht-traumatischen Krankheitsfällen, und als die anatomische Untersuchung solche Vorgänge nicht nachweisen konnte, haben sie doch den Glauben an feinere gewebliche Veränderungen als Ursache der beobachteten Symptome festgehalten. Sie haben also diese Unfallskranken zu den organisch Kranken gerechnet.

Andere Ärzte haben von Anfang an behauptet, daß man diese Zustände nur als funktionelle Störungen bei anatomischer Intaktheit des Nervensystems auffassen könne. Wie so schwere Störungen der Funktion ohne grobe Verletzung des Organs zustande kommen können, bereitete dem ärztlichen Verständnis lange Zeit Schwierigkeiten.

Der eben beendete Krieg hat nun eine ungeheuer große Anzahl solcher Unfallskranken geschaffen und zur Beobachtung gebracht. Dabei ist die Entscheidung der Streitfrage zugunsten der funktionellen Auffassung gefallen. Die weitaus überwiegende Mehrzahl der Ärzte glaubt nicht mehr daran, daß die sogenannten Kriegsneurotiker infolge von greifbaren, organischen Verletzungen des Nervensystems krank sind, und die Einsichtigeren unter ihnen haben sich auch bereits entschlossen, anstatt der unbestimmten Bezeichnung »funktionelle« Veränderung die unzweideutige Angabe »seelische« Veränderung einzusetzen.

Obwohl die Äußerungen der Kriegsneurosen zum großen Teil Bewegungsstörungen – Zittern und Lähmungen – waren und obwohl es nahe genug lag, so groben Einwirkungen wie der Erschütterung durch eine in der Nähe platzende Granate oder eine Erdverschüttung auch grob mechanische Effekte zuzuschreiben, so ergaben sich doch Beobachtungen, welche an der psychischen Natur der Verursachung der sogenannten Kriegsneurosen keinen Zweifel ließen. Was konnte man dagegen sagen, wenn die nämlichen Krankheitszustände auch hinter der Front, fern von diesen Schrecknissen des Krieges oder unmittelbar nach dem Einrücken vom Urlaub auftraten? Die Ärzte wurden also darauf hingewiesen, die Kriegsneurotiker ähnlich aufzufassen wie die Nervösen des Friedensstandes.

Die von mir ins Leben gerufene sogenannte psychoanalytische Schule der Psychiatrie hatte seit fünfundzwanzig Jahren gelehrt, daß die Friedensneurosen auf Störungen des Affektlebens zurückzuführen seien. Dieselbe Erklärung wurde nun ganz allgemein auf die Kriegsneurotiker angewendet. Wir hatten ferner angegeben, daß die Nervösen an seelischen Konflikten leiden und daß die Wünsche und Tendenzen, welche sich in den Krankheitserscheinungen ausdrücken, den Kranken selbst unbekannt, also unbewußt sind. Es ergab sich also leicht als die nächste Ursache aller Kriegsneurosen die dem Soldaten unbewußte Tendenz, sich den gefahrvollen oder das Gefühl empörenden Anforderungen des Kriegsdienstes zu entziehen. Angst um das eigene Leben, Sträuben gegen den Auftrag, andere zu töten, Auflehnung gegen die rücksichtslose Unterdrückung der eigenen Persönlichkeit durch die Vorgesetzten waren die wichtigsten Affektquellen, aus denen die kriegsflüchtige Tendenz gespeist wurde.

Ein Soldat, in dem diese affektiven Motive mächtig und klar bewußt gewesen wären, hätte als Gesunder desertieren oder sich krank stellen müssen. Die Kriegsneurotiker waren aber nur zum kleinsten Teil Simulanten; die Affektregungen, die sich in ihnen gegen den Kriegsdienst sträubten und sie in die Krankheit trieben, wirkten in ihnen, ohne ihnen bewußt zu werden. Sie blieben unbewußt, weil andere Motive, Ehrgeiz, Selbstachtung, Vaterlandsliebe, Gewöhnung an Gehorsam, das Beispiel der anderen, zunächst die stärkeren waren, bis sie bei einem passenden Anlaß von den anderen, unbewußt wirksamen Motiven überwältigt wurden.

An diese Einsicht in die Verursachung der Kriegsneurosen schloß sich eine Therapie an, die gut begründet schien und anfänglich sich auch als sehr wirksam erwies. Es schien zweckmäßig, den Neurotiker als Simulanten zu behandeln und sich über den psychologischen Unterschied zwischen bewußter und unbewußter Absicht hinauszusetzen, obwohl man wußte, daß er kein Simulant sei. Diente seine Krankheit der Absicht, sich einer unleidlichen Situation zu entziehen, so grub man ihr offenbar die Wurzeln ab, wenn man ihm das Kranksein noch unleidlicher als den Dienst machte. War er aus dem Krieg in die Krankheit geflüchtet, so wendete man Mittel an, die ihn zwangen, aus der Krankheit in die Gesundheit, also in die Kriegsdiensttauglichkeit zurückzufliehen. Zu diesem Zwecke bediente man sich schmerzhafter elektrischer Behandlung, und zwar mit Erfolg. Es ist eine nachträgliche Beschönigung, wenn Ärzte behaupten, die Stärke dieser elektrischen Ströme sei die nämliche gewesen, die von jeher bei funktionellen Störungen zur Verwendung kam. Dies hätte nur in den leichtesten Fällen wirken können, entsprach ja auch nicht dem zugrunde liegenden Raisonnement, daß das Kranksein dem Kriegsneurotiker verleidet werden solle, so daß seine Motive zugunsten der Genesung umkippen müßten.

Diese in der deutschen Armee entstandene, in therapeutischer Absicht schmerzhafte Behandlung konnte gewiß auch in maßvoller Weise geübt werden. Wenn sie in den Wiener Kliniken angewendet wurde, so bin ich persönlich überzeugt, daß sie niemals durch die Initiative von Professor Wagner-Jauregg[1] ins Grausame gesteigert worden ist. Für andere Ärzte, die ich nicht kenne, will ich auch nicht einstehen. Die psychologische Schulung der Ärzte ist ganz allgemein recht mangelhaft, und mancher mag daran vergessen haben, daß der Kranke, den er als Simulanten behandeln will, doch keiner ist.

Dies therapeutische Verfahren war aber von vornherein mit einem Makel behaftet. Es zielte nicht auf die Herstellung des Kranken oder auf diese nicht in erster Linie, sondern vor allem auf die Herstellung seiner Kriegstüchtigkeit. Die Medizin stand eben diesmal im Dienste von Absichten, die ihr wesensfremd sind. Der Arzt war selbst ein Kriegsbeamter und hatte persönliche Gefahren, Zurücksetzung und den Vorwurf der Vernachlässigung des Dienstes zu fürchten, wenn er sich durch andere Rücksichten als die ihm vorgeschriebenen leiten ließ. Der unlösbare Konflikt zwischen den Anforderungen der Humanität, die sonst für den Arzt maßgebend

---

[1] [Julius von Wagner-Jauregg war Professor der Psychiatrie an der Wiener Universität von 1893 bis 1928.]

sind, und denen des Volkskrieges mußte auch die Tätigkeit des Arztes verwirren.

Die anfangs glänzenden Erfolge der Starkstrombehandlung erwiesen sich dann auch nicht als dauerhaft. Der Kranke, der, durch sie hergestellt, an die Front zurückgeschickt worden war, konnte das Spiel von neuem wiederholen und rückfällig werden, wobei er zum mindesten Zeit gewann und doch jener Gefahr auswich, die gerade aktuell war. Stand er wieder im Feuer, so trat die Angst vor dem Starkstrom zurück, wie während der Behandlung die Angst vor dem Kriegsdienst verblichen war. Auch machte sich die im Laufe der Kriegsjahre rasch zunehmende Ermüdung der Volksseele und ihre sich steigernde Abneigung gegen das Kriegführen immer mehr geltend, so daß die Erfolge der besprochenen Behandlung zu versagen begannen. In dieser Konstellation gab ein Teil der Militärärzte der für die Deutschen charakteristischen Neigung zur rücksichtslosen Durchsetzung ihrer Absichten nach, was niemals hätte geschehen dürfen. Die Stärke der Ströme sowie die Härte der sonstigen Behandlung wurden bis zur Unerträglichkeit gesteigert, um den Kriegsneurotikern den Gewinn, den sie aus ihrem Kranksein zogen, zu entziehen. Es ist unwidersprochen geblieben, daß es damals zu Todesfällen während der Behandlung und zu Selbstmorden infolge derselben in deutschen Spitälern kam. Ich weiß aber absolut nicht anzugeben, ob die Wiener Kliniken auch diese Phase der Therapie mitgemacht haben.

Für das endliche Scheitern der elektrischen Therapie der Kriegsneurosen kann ich einen zwingenden Beweis anführen. Im Jahre 1918 veröffentlichte Dr. Ernst Simmel, Leiter eines Lazaretts für Kriegsneurotiker (in Posen) eine Broschüre, in welcher er seine außerordentlich günstigen Erfolge bei schweren Fällen von Kriegsneurosen durch die von mir angegebene psychotherapeutische Methode mitteilte. Dank dieser Veröffentlichung wurde der nächste psychoanalytische Kongreß in Budapest, September 1918[1], von offiziellen Delegierten der deutschen, österreichischen und ungarischen Armeeverwaltung besucht, welche dort die Zusage machten, daß Stationen zur rein psychischen Behandlung der Kriegsneurotiker eingerichtet werden sollen. Dies geschah, obwohl den Delegierten kein Zweifel daran bleiben konnte, daß bei dieser schonenden, mühsamen und langwierigen Behandlung auf eine möglichst beschleunigte Herstellung der Dienstfähigkeit dieser Kranken nicht zu rechnen sei. Die Vorbe-

---

[1] [Im Manuskript steht »1818«.]

reitungen für die Einrichtung solcher Stationen waren eben im Gange, als der Umsturz hereinbrach, dem Krieg und dem Einfluß der bis dahin allmächtigen Ämter ein Ende setzte. Mit dem Krieg verschwanden aber auch die Kriegsneurotiker, ein letzter, aber schwerwiegender Beweis für die psychische Verursachung ihrer Krankheiten.

Wien, 23. 2. 20

Preiszuteilungen[1]
(1921)

Durch eine neuerliche Spende des Direktors der Berliner Poliklinik (Dr. Max Eitingon) ist es dem Unterzeichneten ermöglicht worden, die zuerst im Jahre 1919 vorgenommenen Preiszuteilungen für vorbildliche psychoanalytische Arbeiten (siehe: diese Zeitschrift, Bd. V, S. 138) wieder aufzunehmen. Den Preis für *ärztliche* Psychoanalyse erhielten die Veröffentlichungen von A. Stärcke (Den Dolder, Holland): ›Der Kastrationskomplex‹ [1921*a*] und ›Psychoanalyse und Psychiatrie‹ [1921*b*], beide Kongreßvorträge; die erste erschien im laufenden Jahrgang (VII) dieser Zeitschrift, die zweite als Beiheft (IV) derselben; der für *angewandte* Psychoanalyse fiel den Arbeiten von Dr. G. Róheim (Budapest): ›Das Selbst‹ (*Imago* 1921) und ›Über australischen Totemismus‹ [1920] (Kongreßvortrag) zu. Die Höhe eines Preises beträgt eintausend Mark.

Freud.

---

[1] [Abgedruckt in *Internationale Zeitschrift für Psychoanalyse*, Bd. 7 (1921), S. 381. Dies ist der erste deutsche Nachdruck. Als Textvorlage diente eine Photokopie der Erstveröffentlichung. – Vgl. Freuds früheren kurzen Beitrag zu diesem Thema (1919*c*).]

Preisausschreibung[1]
(1922)

Auf dem VII. Internationalen Psychoanalytischen Kongreß zu Berlin wurde von dem Unterzeichneten das Thema: *Verhältnis der analytischen Technik zur analytischen Theorie* als Preisaufgabe hingestellt.

Es soll untersucht werden, inwiefern die Technik die Theorie beeinflußt hat und inwieweit die beiden einander gegenwärtig fördern oder behindern.

Arbeiten, welche dieses Thema behandeln, mögen bis zum 1. Mai 1923 an die Adresse des Unterzeichneten geschickt werden. Sie sollen gut lesbar getippt und mit einer Aufschrift oder Motto versehen sein, während ein begleitendes Kuvert den Namen des Autors enthält. Die Sprache der Abfassung sei Deutsch oder Englisch.

In der Beurteilung der eingesandten Arbeiten werden Dr. K. Abraham und Dr. M. Eitingon den Unterzeichneten unterstützen.

Der Preis beträgt 20.000 Mark vom Wert der Kongreßzeit[2].

Wien, IX., Berggasse 19.   Freud.

---

[1] [Abgedruckt in *Internationale Zeitschrift für Psychoanalyse*, Bd. 8 (1922), S. 527. Dies ist der erste deutsche Nachdruck, für den als Textvorlage eine Photokopie der Erstveröffentlichung diente. – Wie eine offizielle Anzeige in der *Internationalen Zeitschrift für Psychoanalyse* mitteilt, sind auf diese Ausschreibung keine Arbeiten eingereicht worden. Das Thema wurde jedoch auf einem Symposium während des Achten Internationalen Psychoanalytischen Kongresses in Salzburg erörtert.]

[2] [Dieser Zusatz wurde wegen der damaligen jähen Geldentwertung hinzugefügt.]

Mitteilung des Herausgebers[1]
[der *Internationalen Zeitschrift für Psychoanalyse*]
(1924)

Herr Dr. Otto Rank hat die Redaktion dieser Zeitschrift von ihrer Gründung im Jahre 1913 an geführt, wenngleich er erst seit 1920 auf ihrem Titelblatt als alleiniger Redakteur genannt wird. Während der Zeit seiner Kriegsdienstleistung wurde er von Dr. Hanns Sachs (damals in Wien) vertreten; seit dem Beginn dieses Jahrganges hat auch Dr. S. Ferenczi sich an den Redaktionsarbeiten beteiligt.

Zu Ostern 1924 folgte Dr. Rank einer Aufforderung, die ihn nach New York berief. Nach seiner Heimkehr teilte er mit, daß er entschlossen sei, seine Tätigkeit als lehrender und ausübender Analytiker – wenigstens über einen Teil des Jahres – nach Amerika zu verlegen. Dadurch entstand die Notwendigkeit, die Redaktion der Zeitschrift anderen Kräften zu übertragen. Es ist nicht das Recht des Herausgebers, sich in der Öffentlichkeit über das Niveau und die Leistung dieser Zeitschrift zu äußern. Wer zu ihrer Anerkennung geneigt ist, wird nicht verkennen und nicht vergessen dürfen, wieviel von ihrem Erfolg der unermüdlichen Hingebung und vorbildlichen Arbeit des abtretenden Redakteurs zu danken ist.

An die Stelle von Dr. Rank rückt nun Dr. S. Radó in Berlin, dem Dr. M. Eitingon (Berlin) und Dr. S. Ferenczi (Budapest) als Berater und

---

[1] [Abgedruckt in *Internationale Zeitschrift für Psychoanalyse*, Bd. 10 (1924), S. 373. Bisher erfolgte kein deutscher Nachdruck. Textvorlage war eine Photokopie der Erstveröffentlichung.]

Mitarbeiter zur Seite stehen werden. Alle für die Redaktion bestimmten Mitteilungen und Beiträge sind an die Adresse

Dr. Sándor Radó, Berlin-Schöneberg, Am Park 20

zu richten. Die Geschäftsstelle der Zeitschrift bleibt unverändert beim Internationalen Psychoanalytischen Verlag in Wien (Direktor A. J. Storfer).

Dr. Reik und die Kurpfuschereifrage[1]
(1926)

Geehrte Redaktion!
In einem Artikel Ihres Blattes vom 15. d., der den Fall meines Schülers Dr. Th. Reik behandelt, und zwar in einem Abschnitt desselben, der »Mitteilungen aus Kreisen der Psychoanalytiker« überschrieben ist, findet sich eine Stelle, zu welcher ich mir einige berichtigende Bemerkungen gestatten möchte. Es heißt daselbst: »... in den letzten Jahren habe er sich davon überzeugt, daß Dr. Reik, der durch seine philosophischen und psychologischen Arbeiten einen allgemein klingenden Namen erworben hat, für die Psychoanalyse eine weit größere Begabung besitzt als die Ärzte, welche sich zur Freudschen Schule bekennen, und nur ihm und seiner eigenen Tochter Anna, die sich für die schwierige Technik der Psychoanalyse in ganz besonderer Weise befähigt erwies, vertraute er die schwierigsten Fälle an.«

---

[1] [Dieser Brief wurde in der *Neuen Freien Presse* veröffentlicht, und zwar in der Sonntagsausgabe vom 18. Juli 1926, S. 12, mit dem Untertitel ›Eine Zuschrift des Professors Freud an die *Neue Freie Presse*‹. Der deutsche Text ist anscheinend bisher niemals nachgedruckt worden. Als Textvorlage diente uns eine Photographie des Zeitungsausschnitts. – Kurz vor dem Datum dieses Briefs, im späten Frühjahr 1926, wurde gegen Theodor Reik, ein prominentes nicht-medizinisches Mitglied der Wiener Psychoanalytischen Vereinigung, ein Gerichtsverfahren eingeleitet. Auf der Grundlage von Informationen eines früheren Analysanden wurde Reik des Verstoßes gegen ein altes österreichisches Gesetz gegen »Kurpfuscherei« beschuldigt – ein Gesetz, das es als rechtswidrig erklärte, wenn eine Person ohne medizinischen Grad Patienten behandelt. Freud intervenierte sofort energisch. Er erläuterte seinen Standpunkt in einem privaten Gespräch

Ich glaube, Dr. Reik selbst wäre der erste, eine solche Motivierung unserer Beziehungen abzulehnen. *Es trifft aber zu, daß ich seine Tüchtigkeit für besonders schwierige Fälle in Anspruch nahm, doch nur für solche,* deren *Symptome weitab vom körperlichen Gebiete* lagen. *Niemals habe ich versäumt, den Patienten zu sagen, daß er nicht Arzt, sondern Psycholog ist.*

Meine Tochter Anna hat sich der *pädagogischen Analyse an Kindern und Jugendlichen* zugewendet. Ich habe ihr noch nie einen Fall von schwerer neurotischer Erkrankung bei einem Erwachsenen zugewiesen. Der *einzige Krankheitsfall* mit schweren, an das *Psychiatrische streifenden Symptomen,* den sie bisher behandelt, *lohnte die ärztliche Einwilligung allerdings durch einen vollen Erfolg.*

Ankündigung einer Publikation
›Zur Frage der Laienanalyse‹

Ich bediene mich dieser Gelegenheit, um mitzuteilen, daß ich eben eine kleine Schrift zur ›*Frage der Laienanalyse*‹ dem Druck übergeben habe.[1] Ich versuche in derselben zu zeigen, was eine Psychoanalyse ist, welche

---

mit einem hochgestellten Beamten und setzte sich dann an die Niederschrift eines zur unverzüglichen Veröffentlichung bestimmten Pamphlets (*Die Frage der Laienanalyse; Unterredungen mit einem Unparteiischen,* 1926e). Vielleicht aufgrund von Freuds Intervention, aber wohl auch wegen Mangels an Beweisen stellte der Staatsanwalt nach der Voruntersuchung das Verfahren ein. – So viel wußte man aus dem Bericht, den Ernest Jones (1962b, S. 344f.) und Freud selbst in seinem ›Nachwort zur *Frage der Laienanalyse*‹ (1927a) gaben. Die ganze Angelegenheit scheint jedoch komplizierter gewesen zu sein. Freud hatte sich bereits seit Herbst 1924 für die Verteidigung der Stellung von Reik und der Laienanalyse eingesetzt. In einem unveröffentlichten Brief an Abraham vom 11. November 1924 schrieb er: »Der Physiologe Durig, der Obersanitätsrat und als solcher höchst offiziell ist, hat mich zu einem Gutachten über die Laienanalyse aufgefordert. Ich habe es ihm schriftlich geliefert, dann mündlich darüber konferiert, und es ergab sich eine weitreichende Übereinstimmung zwischen uns.« Ungeachtet dieser Übereinstimmung scheint Reik aber doch mit Verfügung vom 24. Februar 1925 vom Wiener Magistrat die Ausübung der psychoanalytischen Praxis untersagt worden zu sein. S. einen Brief Freuds an Professor Julius Tandler vom 8. März 1925 (Freud, 1960a). Übrigens ist der Physiologe Durig sehr wahrscheinlich das Modell für jenen »Unparteiischen« in Freuds »Tendenzschrift«. Vgl. Freuds ›Nachwort‹ (1927a; *G. W.,* Bd. 14, S. 287; *Studienausgabe,* Ergänzungsband, S. 342).]

[1] [Ende Juni hatte Freud mit der Niederschrift dieses kleinen Buches begonnen. Es ging Ende Juli in Satz und erschien im darauffolgenden September. S. Jones (1962b, S. 161.)]

Ansprüche sie an den Analytiker stellt, erörtere die nicht einfachen *Beziehungen zwischen Psychoanalyse* und Medizin und leite aus dieser Darstellung ab, welche *schwere Bedenken sich gegen eine mechanische Anwendung des Kurpfuscherparagraphen auf den Fall des geschulten Analytikers ergeben.*

Da ich meine Wiener Praxis aufgegeben und meine Tätigkeit auf die Behandlung einer sehr kleinen Zahl von Fremden beschränkt habe, hoffe ich, mir auch durch diese Ankündigung keine Anklage wegen standeswidriger Reklame zuzuziehen.

In vorzüglicher Hochachtung
Ihr Professor Freud.

Brief an Professor Tandler
(1931)

Editorische Vorbemerkung

1931 *Neue Freie Presse*, Nr. 24142, 29. November, S. 13.
1980 *Die Presse*, 29. November.
1983 In Ruth S. Eissler und K. R. Eissler, ›A letter by Freud to Professor Tandler (1931)‹, *International Review of Psycho-Analysis*, Bd. 10, Nr. 1, S. 1–11.

Unter der Überschrift ›Ein Vorschlag Sigmund[1] Freuds zur »Winterhilfe«‹ erschien dieser Brief zuerst in der *Neuen Freien Presse*. 1983 ist er von Ruth S. Eissler und K. R. Eissler im Rahmen einer aufschlußreichen Abhandlung nachgedruckt worden, die den historischen Kontext erläutert und ihn zu den im Werk niedergelegten Ansichten Freuds über soziale Fragen in Beziehung setzt.

Aus der Eisslerschen Abhandlung erfahren wir, daß die drückende Arbeitslosigkeit, die damals in Österreich herrschte, den Wiener Magistrat veranlaßt hatte, zur Linderung der Not unter den Erwerbslosen im Oktober 1931 die sogenannte Winterhilfe einzurichten. Diese überparteiliche, überkonfessionelle Organisation arbeitete unter dem Vorsitz des international renommierten Anatomen Professor Julius Tandler (1869–1936). Tandler war von 1920 bis 1934 amtsführender Stadtrat für Wohlfahrtswesen und soziale Verwaltung sowie Leiter des Wohlfahrtsamtes der Stadt Wien gewesen und als Kommunalpolitiker und Volkshygieniker durch die Schaffung vorbildlicher sozialhygienischer und Fürsorge-Einrichtungen hervorgetreten.

---

[1] [Im Originaldruck steht »Siegmund«.]

Von August 1931 an öffnete die *Neue Freie Presse* (für die Freud früher schon
Beiträge geliefert hatte – siehe die vorherige Zuschrift sowie oben, V. Teil, und
unten, XII. Teil) regelmäßig ihre Spalten für Vorschläge von Lesern bezüglich der
Finanzierung der Winterhilfe. Freuds Brief wurde von der Redaktion offensichtlich
als bedeutsamer Beitrag aufgefaßt; denn er wurde an prominenter Stelle abgedruckt
und mit dem lobenden Zusatz versehen: »Hoffentlich finden sich viele, die sich
ihrer sozialen Pflichten in einem so hohen Maße bewußt werden, wie dieser internationale Wiener Gelehrte.«
K. R. Eissler ist dafür zu danken, daß er die Herausgeberin auf diesen lange
übersehenen Brief aufmerksam gemacht hat. Professor Dr. Alois Stacher, Wien,
informierte freundlicherweise über Tandlers kommunalpolitische Laufbahn. – Als
Textvorlage diente eine Photographie des Zeitungsausschnitts.

Ich stehe unter dem Eindruck Ihrer Äußerung in der *Neuen Freien Presse*,
daß die einzig zweckmäßige Art der Organisierung der »Winterhilfe« die
Zuwendung von Beiträgen an eine Zentralstelle sei. Dies Ihr Urteil muß
für uns maßgebend sein, und Ihre Versicherung, diese Zentrale werde
überparteilich und überkonfessionell arbeiten, soll uns das Vertrauen ein-
flößen, das eine solche Institution bedarf.

Was nun die Technik der Sammlung für die »Winterhilfe« betrifft, so
erlaube ich mir, ein Verfahren vorzuschlagen, das man als *tägliche Selbst-
besteuerung der Erwerbenden* bezeichnen kann. Ich verpflichte mich,
zum Beispiel von dem Erwerb jeden Tages, also täglich, mit Ausnahme der
Sonntage und etwaiger Krankheitszeiten, den Betrag von S[chilling] 20 für
die Zwecke der »Winterhilfe« abzugeben, solange diese Institution ihre
Tätigkeit ausübt. Es würde vorteilhaft sein, die Summe, die so zustande
kommt, allwöchentlich zu bestimmter Zeit vom Haus abholen zu lassen.
Man erspart die Wiederholung der Entschließungen, die dem Geben nicht
günstig ist.

Natürlich kommt das, was ein einzelner, nicht sehr vermögender Mit-
bürger leisten kann, nicht in Betracht. Aber wenn Ihnen mein Vorschlag
brauchbar erscheint, dann bitte ich Sie, ihn zu Ihrem eigenen zu machen
und ihn vor der Öffentlichkeit zu vertreten. Ihr großer Einfluß wird hoffentlich zur Folge haben, daß viele andere die Anregung aufnehmen werden, sich in dieser Weise an der »Winterhilfe« für unsere Stadt Wien zu
beteiligen.

XI. Teil

Darstellungen psychoanalytischer Grundbegriffe
(1911 und 1922)

Über Grundprinzipien und Absichten der Psychoanalyse
(1913 [1911])

Editorische Vorbemerkung

(1911 Datum der Niederschrift.)

Englische Übersetzung (Erstveröffentlichung):
1913 ›On Psycho-Analysis‹, *Australasian Medical Congress, Transactions of the Ninth Session*, Bd. 2, Teil 8, S. 839–42.

Im März 1911 erhielt Freud eine Zuschrift von Dr. Andrew Davidson, dem Sekretär der Sektion für psychologische Medizin und Neurologie, mit der Einladung, dem australasiatischen Ärztekongreß für dessen Tagung im September desselben Jahres einen Artikel zur Verfügung zu stellen. Freud schickte den Artikel am 13. Mai ab, er wurde auf dem Kongreß verlesen und im Kongreßbericht veröffentlicht. (Im selben Kongreßbericht finden sich Beiträge zu psychoanalytischen Themen auch von C. G. Jung und Havelock Ellis.)

Der deutsche Originaltext ist nicht auffindbar. Da alle Anzeichen dagegen sprechen, daß der vorliegende englische Text von Freud selbst stammt, ist anzunehmen, daß es sich um eine in Australien hergestellte Übersetzung des deutschen Originals handelt.

Die im folgenden abgedruckte deutsche Fassung hat Anna Freud aus dem Englischen rückübersetzt. Den Titel entnehmen wir der Schlußpassage des Originalbeitrags, um eine Verwechslung mit Freuds fünf Vorlesungen an der Clark University, Worcester, USA, *Über Psychoanalyse* (1910a) auszuschließen.

Ich folge der freundlichen Einladung des Sekretärs Ihrer Sektion für Neurologie und Psychiatrie, wenn ich im folgenden das Interesse dieses Kongresses für die Psychoanalyse in Anspruch nehme, d. h. für ein Thema, das heute in Europa und Amerika die Aufmerksamkeit der wissenschaftlichen Welt auf sich zieht.

Die Psychoanalyse ist eine Disziplin ungewöhnlicher Art, in der eine neue Form der Neurosenforschung mit einer auf ihre Ergebnisse aufgebauten neuen Neurosentherapie zusammenfällt. Sie beruht, wie ich zu Anfang betonen möchte, nicht auf Spekulation, sondern auf Erfahrung und ist, dieser Herkunft gemäß, als Theorie unfertig. Jeder, der bereit ist, an ihr mitzuarbeiten, kann sich auf Grund seiner eigenen Untersuchungen von der Richtigkeit oder Unrichtigkeit der in ihr enthaltenen Hypothesen überzeugen und auf diese Weise an ihrer Weiterentwicklung teilnehmen.

Am Anfang der Psychoanalyse steht eine gemeinsame Veröffentlichung von Breuer und mir, die *Studien über Hysterie*, 1895[*d*]. Von der Hysterie ausgehend, erstreckt sich das Arbeitsgebiet der Psychoanalyse über viele andere psychische Störungen. Als Vorläufer der Psychoanalyse betrachte ich Charcots Arbeiten über die traumatische Hysterie, Liébeaults und Bernheims Untersuchungen der hypnotischen Phänomene und Janets Studien über unbewußte seelische Vorgänge. Gegensätze zwischen Janets Ansichten und der Psychoanalyse ließen nicht lange auf sich warten. Sie bezogen sich a) auf die Ursache der Hysterie, die nach Janet in einer angeborenen konstitutionellen Degeneration des Patienten zu suchen ist, was die Psychoanalyse bestreitet; b) auf Janets deskriptive Darstellung der hysterischen Manifestationen, der die Psychoanalyse eine dynamische Erklärung, aufgebaut auf dem Gegeneinanderwirken psychischer Kräfte, entgegensetzt; c) auf die Tatsache der Bewußtseinsspaltung, deren pathogene Bedeutung von beiden Seiten anerkannt wird, deren Ursache aber von Janet einer angeborenen Schwäche in der psychischen Synthese, von der Psychoanalyse einem speziellen psychischen Mechanismus, nämlich einer »Verdrängung« zugeschrieben wird.

Wir können in der Psychoanalyse nachweisen, daß die hysterischen Symptome Überreste affektiv betonter Erlebnisse, also Erinnerungen sind. Als solche sind sie für das Bewußtsein des Individuums nicht zugänglich, haben ihrerseits keinen Zugang zur Abfuhr in die Motilität und sind in ihrer Form von den speziellen Einzelheiten des traumatischen Vorfalls abhängig. Wir erwarten die therapeutische Wirkung von einer Aufhebung der »Verdrängung«, durch die ein Teil des unbewußten Materials wieder dem Bewußtsein zugeführt und damit seine pathogene Wirkung verringert wird. Unsere Auffassung ist dynamisch, sie versteht die psychischen Vorgänge als Folge der Verschiebungen von psychischer Energie, die je nach ihren Intensitäten Wirkungen auf das Affektleben ausüben. Der letztere Punkt ist von besonderer Bedeutung für die Hysterie, deren Symptome durch »Konversion« zustande kommen, d. h. durch die Umwandlung von psychischen Erregungen in somatische Innervationen.

Die frühesten psychoanalytischen Untersuchungen und Behandlungen bedienten sich der hypnotischen Methode. Nach Aufgeben der Hypnose folgte die Methode der »freien Assoziation«, bei der der Patient in seinem gewöhnlichen Bewußtseinszustand verbleibt. Dieser Schritt machte es möglich, die Psychoanalyse auf eine weit größere Anzahl hysterischer Fälle, auf andere Neurosen und auch auf Gesunde anzuwenden. Andererseits wurde es notwendig, eine spezielle Deutungstechnik auszuarbeiten, um aus dem in der freien Assoziation zutage geförderten Material die entsprechenden Schlußfolgerungen zu ziehen. Unsere Deutungsarbeit führte dann zu der Überzeugung, daß es »innere Widerstände« sind, denen das Phänomen der Bewußtseinsspaltung seine Entstehung und Aufrechterhaltung verdankt. Wir ziehen daraus den Schluß, daß die psychische Dissoziation in engem Zusammenhang mit inneren Konflikten steht, in denen die dem Symptom zugrunde liegende Triebregung der Verdrängung verfällt. Zur Lösung des Konflikts und damit zur Heilung der Neurose braucht der Patient die Hilfeleistung eines in der Psychoanalyse geschulten Arztes.

Von hier ausgehend, konnten wir in weiterer Folge zeigen, daß die pathologischen Symptome aller Neurosen letzten Endes die Endprodukte von Konflikten sind, die zur »Verdrängung« und »Bewußtseinsspaltung« führen. Je nach dem psychischen Mechanismus, der zur Verwendung kommt, sind die Symptome a) Ersatzbildungen für verdrängte Regungen, b) Kompromißbildungen zwischen dem Verdrängten und den verdrängenden Kräften, c) Reaktionsbildungen als Sicherung gegen die Wiederkehr des Verdrängten.

Unsere Untersuchungen erstrecken sich weiter auf die Bedingungen, unter denen psychische Konflikte, anstatt zu einer normalen Lösung, zu »Verdrängungen« führen, d. h. dynamisch verursachte Spaltungen des Bewußtseins zustande bringen. Wir vertreten in der Psychoanalyse die Meinung, daß es sich im letzteren Falle immer um Konflikte zwischen den Sexualtrieben (im erweiterten Sinn des Wortes) und den übrigen Anteilen der Persönlichkeit handelt. In den Neurosen sind es die Sexualregungen, die der »Verdrängung« unterliegen und durch dieses Schicksal das wichtigste Material für die Symptomatologie abgeben. Die neurotischen Symptome sind in diesem Sinne verkleidete Ersatzbildungen für Sexualbefriedigungen.

Mit Bezug auf die Disposition zur Neurose hat die Psychoanalyse zu den bisher anerkannten somatischen und erblichen Einflüssen einen weiteren hinzugefügt, nämlich den »infantilen« Faktor. In der Beschäftigung mit unseren Patienten fanden wir uns genötigt, ihr psychisches Leben immer weiter in die Vergangenheit bis zu seinen ersten Anfängen in der Kindheit zurückzuverfolgen, und wir gelangten zu dem Schluß, daß Hemmungen der psychischen Entwicklung (»Infantilismus«) in der neurotischen Disposition eine wichtige Rolle spielen. Unsere wichtigste Entdeckung war vielleicht, daß es so etwas gibt wie eine »infantile Sexualität«, daß der Sexualtrieb aus einer Reihe von Partialtrieben zusammengesetzt ist und daß er eine komplizierte Entwicklung durchmacht, ehe nach vielen Einschränkungen und Umformungen am Ende die »normale« erwachsene Form des Sexuallebens zustande kommt. Die bisher rätselhaften sexuellen Perversionen des Erwachsenen erklären sich in diesem Zusammenhang als sexuelle Entwicklungshemmungen, als Fixierungen an infantile Entwicklungsstufen oder als abwegige Entwicklungsprodukte. Die Neurosen sind nichts anderes als das Negativ der Perversionen.

Die kulturelle Entwicklung, der die Menschheit in fortschreitendem Maße unterworfen ist, macht Einschränkungen der Sexualbefriedigung und Verdrängungen der sexuellen Regungen notwendig, die dem einzelnen Individuum je nach seiner Konstitution mehr oder weniger schwere Opfer auferlegen. Die Persönlichkeitsentwicklung geht unter diesen Umständen selten ohne größere Schwierigkeiten vor sich, und die Störungen, die sich entweder auf konstitutioneller Grundlage oder auf Grund akzidenteller sexueller Einflüsse ergeben, legen den Grundstein für spätere Neurosen. Nicht jede Disposition dieser Art hat pathologische Folgen; wo die Lebensumstände günstig sind und keine späteren Schädigungen vorfallen, kann die Neurose ausbleiben. Die pathogene Wirkung ist aber unausbleiblich, wo die libidinösen Wünsche im Erwachsenenleben unbefriedigt bleiben oder wo den Umständen zufolge der Anspruch auf ihre Unterdrückung die Kräfte des Individuums übersteigt.

Unser Studium der infantilen Sexualbetätigungen führte ferner zu Einsichten, die sich nicht auf das Ziel, sondern auf die Quelle des Sexualtriebs beziehen. Der Sexualtrieb besitzt in hohem Maße die Fähigkeit, sich von seinem ursprünglichen, direkt sexuellen Ziel ablenken und auf sozial höher gewertete Ziele richten zu lassen, d. h. auf Befriedigungen, die wir als zielgehemmte, nicht-sexuelle anerkennen (»Sublimierung«). Diese Eigenschaft setzt den Sexualtrieb in den Stand, zu den sozialen und künstlerischen Kulturgütern der Menschheit wichtige Beiträge zu leisten.

Was die Psychoanalyse vor allen anderen psychopathologischen Theorien voraus hat, ist die hohe Einschätzung der gleichzeitigen Wirkung von drei Faktoren: des »Infantilismus«, der »Sexualregungen« und des »Verdrängungsmechanismus«. Die aus der Analyse stammenden Einsichten weisen uns auch darauf hin, daß die Grenzlinien zwischen dem normalen und dem abnormen Seelenleben weniger scharf zu ziehen sind. Die seelischen Vorgänge des Normalen unterliegen denselben Verdrängungen und produzieren dieselben Ersatzbildungen wie die des neurotischen oder des psychotischen Patienten; der Unterschied liegt nur darin, daß die Konfliktlösungen der ersteren leichter zustande kommen und von besserem Erfolg begleitet sind als die der letzteren. Die psychoanalytische Untersuchungsmethode kann also mit derselben Berechtigung auf normale seelische Vorgänge angewendet werden; eine Folge solcher Arbeit ist unsere Einsicht in die nahe Verwandtschaft zwischen dem Aufbau der pathologischen Symptome und den seelischen Vorgängen im normalen Traumleben, den gewöhnlichen Fehlhandlungen des Alltagslebens, im Witz, im Mythus, in den künstlerischen Produktionen etc. Am eingehendsten haben wir das Traumleben studiert und sind zu dem Satz gelangt, daß die

Träume entstellte Erfüllungen verdrängter Wünsche vorstellen. Die Traumdeutung hat die Aufgabe, die Entstellungen wieder rückgängig zu machen, denen die Traumgedanken unterworfen sind. Die Deutung der Träume liefert auch wertvolle Beiträge zur Technik der psychoanalytischen Therapie, wo sie uns den bequemsten und direktesten Zugang zu den Inhalten des Unbewußten vermittelt.

In medizinischen und besonders in psychiatrischen Kreisen finden sich nicht selten Gegner der Psychoanalyse, die gegen unsere Theorien auftreten, ohne sich vorher eingehend mit unseren Untersuchungen und ihren Ergebnissen beschäftigt zu haben. Die Gründe für eine solche Haltung liegen einerseits in dem neuartigen und ungewohnten Charakter unserer Ansichten, die von den hergebrachten psychiatrischen Meinungen abweichen, andererseits in der Tatsache, daß die Psychoanalyse in ihren Voraussetzungen und in ihrer Methode der Psychologie näher steht als der Medizin. Hier dürfen wir daran erinnern, wie wenig die rein medizinische und nicht-psychologische Wissenschaft bisher zum Verständnis des Seelenlebens beigetragen hat. Ein anderer Widerstand gegen die Psychoanalyse beruht auf der allgemein menschlichen Angst vor der Selbsterkenntnis. Es ist nicht ungewöhnlich für Wissenschaftler, ihre emotionellen Widerstände hinter scheinbar sachlichen Argumenten zu verbergen und sich damit über den wahren Sachverhalt hinwegzutäuschen. Wer immer einer Wahrheit ins Auge sehen will, tut gut daran, seinen eigenen Antipathien zu mißtrauen. Kritiker der Psychoanalyse beginnen am besten mit einer Analyse ihrer eigenen Person.

Ich kann nicht erwarten, daß es mir in dieser kurzen Darstellung gelungen ist, Ihnen ein klares Bild von den Grundprinzipien und Absichten der Psychoanalyse zu vermitteln. Ich schließe darum mit einer Liste von Publikationen, die jedem Interessierten weitere Aufklärung geben können.

1. Breuer und Freud, *Studien über Hysterie*, 1895 [Freud, 1895*d*]. Fr. Deuticke, Wien. Ein Teil davon, in englischer Übersetzung, in ›Selected Papers on Hysteria and other Psycho-neuroses‹, von Dr. A. A. Brill, New York, 1909.
2. Freud, *Drei Abhandlungen zur Sexualtheorie*, Wien, 1905[*d*]. Englische Übersetzung von Dr. Brill, ›Three Contributions to the Sexual Theory‹, New York, 1910.
3. Freud, *Zur Psychopathologie des Alltagslebens* [1901*b*], S. Karger, Berlin. Dritte Auflage, 1910.

4. Freud, *Die Traumdeutung*, Wien, 1900[a]. Dritte Auflage, 1911.

5. Freud, ›The Origin and Development of Psycho-Analysis‹, *American Journal of Psychology*, April 1910. Auch in deutsch: *Über Psychoanalyse* [1910a]. Fünf Vorlesungen, gehalten an der Clark University, Worcester, Mass., 1909.

6. Freud, *Der Witz und seine Beziehung zum Unbewußten*, Wien, 1905[c].

7. Freud, *Sammlung kleiner Schriften zur Neurosenlehre, 1893–1906.* Wien, 1906.

8. Idem. Eine zweite Sammlung. Wien, 1909.

9. Hitschmann, [E.] *Freuds Neurosenlehre*, Wien, 1911.

10. C. G. Jung [Hg.], *Diagnostische Assoziationsstudien.* Zwei Bände, 1906–1910 [1906, 1909].

11. C. G. Jung, *Über die Psychologie der Dementia Praecox*, 1907.

12. *Jahrbuch für psychoanalytische und psychopathologische Forschungen.* Verleger [Herausgeber]: E. Bleuler und S. Freud. Redakteur: [C. G.] Jung. [Verleger: Fr. Deuticke, Wien.] Seit 1909.

13. *Schriften zur angewandten Seelenkunde.* Fr. Deuticke, Wien. Seit 1907. Elf Teile, von Freud, Jung, Abraham, Pfister, Rank, Jones, Riklin, Graf, Sadger.

14. *Zentralblatt für Psychoanalyse.* Herausgegeben von A. Adler und W. Stekel. J. Bergmann, Wiesbaden. Seit September 1910.

Etwas vom Unbewußten[1]
(1922)

Der Vortragende wiederholt die bekannte Entwicklungsgeschichte des Begriffes »Unbewußt« in der Psychoanalyse. Unbewußt ist zunächst ein bloß deskriptiver Terminus, der dann das zeitweilig Latente einschließt. Die dynamische Auffassung des Verdrängungsvorganges nötigt aber dazu, dem Unbewußten einen systematischen Sinn zu geben, so daß das Unbewußte dem Verdrängten gleichzustellen ist. Das Latente, nur zeitweise Unbewußte erhält den Namen Vorbewußtes und rückt systematisch in die Nähe des Bewußten. Die zweifache Bedeutung des Namens »Unbewußt« hat gewisse nicht bedeutsame und schwer zu vermeidende Nachteile mit sich gebracht. Es zeigt sich aber, daß es nicht durchführbar ist, das Verdrängte mit dem Unbewußten, das Ich mit dem Vorbewußten und Bewußten zusammenfallen zu lassen. Der Vortragende erörtert die beiden Tatsachen, welche beweisen, daß es auch im Ich ein Unbewußtes gibt, das sich dynamisch wie das verdrängte Unbewußte benimmt, nämlich den vom Ich ausgehenden Widerstand in der Analyse und das unbewußte Schuldgefühl. Er teilt mit, daß er in einer demnächst erscheinenden Arbeit *Das Ich und das Es*[2] den Versuch unternommen hat, den Einfluß zu würdigen, den diese neuen Einsichten auf die Auffassung des Unbewußten haben müssen.

---

[1] [Veröffentlicht in *Internationale Zeitschrift für Psychoanalyse*, Bd. 8 (1922), S. 486. Bisher erfolgte kein Nachdruck. Als Textvorlage diente uns der Erstdruck. – Am 26. September 1922 hielt Freud auf dem Siebten Internationalen Psychoanalytischen Kongreß in Berlin – dem letzten, an dem er teilnahm – einen Vortrag dieses Titels. Die vorliegende Zusammenfassung erschien als Autoreferat unter der Rubrik ›Bericht über den VII. Internationalen Psychoanalytischen Kongreß in Berlin (25.–27. Sept. 1922)‹.]
[2] [Das Buch erschien im April 1923 (Freud, 1923 *b*).]

XII. Teil

Zwei Nachrufe
(1904 und 1936)

Nachruf auf Professor S. Hammerschlag[1]
(1904)

S. Hammerschlag[2], der vor etwa dreißig Jahren seine Tätigkeit als israelitischer Religionslehrer eingestellt hatte, gehörte zu den Persönlichkeiten, denen es möglich war, unverwischbare Eindrücke in der Entwicklung seiner Schüler zu hinterlassen. In seiner Seele glühte ein starker Funken von dem Geiste der großen jüdischen Wahrheitsbekenner und Propheten, der nicht eher erlosch, als bis hohes Alter seine Kräfte schwächte. Aber die Leidenschaftlichkeit seines Wesens war glücklich gemildert durch das ihn beherrschende Humanitätsideal unserer deutschen klassischen Periode, und seine Bildung ruhte auf dem Grunde philologischer und altklassischer Studien, denen er seine eigene Jugend gewidmet hatte. Der Religionsunterricht diente ihm als ein Weg der Erziehung zur Humanität, und aus dem Material der jüdischen Geschichte wußte er die Mittel zu finden, um die im

---

[1] [Veröffentlicht in *Neue Freie Presse*, Morgenblatt, 11. November 1904, S. 8. Unter dem Titel ›Professor S. Hammerschlag‹ wird Freuds Text durch folgende Anmerkung der Redaktion der *Neuen Freien Presse* eingeleitet:»Über den heute unter großer Teilnahme beerdigten emeritierten Religionslehrer der Wiener israelitischen Gymnasialjugend, Professor S. Hammerschlag, schreibt uns ein ehemaliger Schüler, Professor Siegmund [sic] Freud:« – Als Textvorlage diente eine Photokopie des Zeitungsausschnitts.]
[2] [Samuel Hammerschlag, Freuds Hebräisch- und Religionslehrer während der Schulzeit, hat Freud auch noch als verarmten jungen Doktor großzügig unterstützt. Freud bewahrte ihm gegenüber stets Zuneigung und Hochachtung und benannte später seine jüngste Tochter nach Hammerschlags Tochter Anna. Vgl. Jones (1960, S. 194 f., S. 198 und S. 202). Vgl. auch einen Brief Freuds an Martha Bernays vom 10. Januar 1884 (Freud, 1960*a*).]

Herzen der Jugend sich bergenden Quellen der Begeisterung anzuschlagen und sie weit hinaus über nationale oder dogmatische Beschränktheit sprudeln zu lassen. Wer von seinen Schülern ihn dann in seiner Häuslichkeit aufsuchen durfte, der erwarb einen väterlich fürsorgenden Freund an ihm und konnte innewerden, daß eine verständige Zärtlichkeit der Grundzug seines Wesens war. Den Empfindungen einer durch Jahrzehnte ungeschwächten Dankbarkeit gegen den verehrten Lehrer hat an seiner Bahre der Historiker Dr. Friedjung würdigsten Ausdruck gegeben.

Zum Ableben Professor Brauns[1]
(1936)

Sie verlangen von mir eine Würdigung des eben verstorbenen Prof. Ludwig Braun[2]. Ich bin nicht geeignet dazu, ich kann nicht unbefangen sein, denn dieser edelsinnige, in mehr als einer Hinsicht hervorragende Mann war einer meiner nächsten und wärmsten Freunde. Es war etwas Schicksalhaftes um unsere Beziehung. Ein älterer Vetter von ihm, Heinrich Braun[3], war mein intimster Genosse in den Gymnasialjahren gewesen, bis uns die Begebenheiten auf abweichende Lebenswege drängten. In den letzten Dezennien wurde dann Ludwig Braun mein Vertrauter und zeitweilig mein Arzt, ohne daß ich von jener Verwandtschaft wußte. Unsere Intimität ruhte sicher auf dem Bewußtsein zahlreicher innerer Gemeinsamkeiten.

Sigmund Freud

---

[1] [Veröffentlicht in *Mitteilungsblatt der Vereinigung jüdischer Ärzte*, Wien, 1936, Nr. 29, Mai, S. 6. Freuds Text wird durch folgende Anmerkung der Redaktion eingeleitet: »Herr Prof. Dr. Sigmund Freud, dessen 80. Geburtsfest die letzte literarische Arbeit Prof. Brauns gegolten hat, schreibt uns:« – Als Textvorlage diente eine Maschinenabschrift des Artikels.]

[2] [Professor Ludwig Braun (1861–1936), ein bekannter Wiener Kardiologe, war ein enger Freund Freuds, gelegentlich auch sein ärztlicher Ratgeber. Braun hielt seinerzeit die Laudatio in B'nai B'rith, als die Loge Freud anläßlich seines 70. Geburtstags am 6. Mai 1926 ehrte. Vgl. Freuds eigene Ansprache aus diesem Anlaß (1941 e [1926]). S. auch Jones (1962 b, S. 147 und S. 151 f.); ferner Schur (1973, S. 414, S. 461–64, S. 482, S. 484 und S. 614).]

[3] [Der spätere Sozialpolitiker Heinrich Braun (1854–1927) (s. unten, S. 763, Anm. 1).]

XIII. Teil

Vorworte, einleitende Briefe,
Ergänzungen, Anmerkungen
(1909–1938)

Vorwort zur zweiten Auflage
[der *Drei Abhandlungen zur Sexualtheorie*][1]
(1910 [1909])

Der Verfasser, der sich über die Lücken und Dunkelheiten dieser kleinen Schrift nicht täuscht, hat doch der Versuchung widerstanden, die Forschungsergebnisse der letzten fünf Jahre in sie einzutragen und dabei ihren einheitlichen dokumentarischen Charakter zu zerstören. Er bringt also den ursprünglichen Wortlaut mit geringen Abänderungen wieder und begnügt sich mit dem Zusatze einiger Fußnoten, die sich von den älteren Anmerkungen durch das vorgesetzte Zeichen * unterscheiden[2]. Im übrigen ist es sein sehnlicher Wunsch, daß dieses Buch rasch veralten möge, indem das Neue, was es einst gebracht, allgemein angenommen und das Unzulängliche, das sich in ihm findet, durch Richtigeres ersetzt wird.

Wien, im Dezember 1909.

---

[1] [Dieses Vorwort erschien in der zweiten (1910) und dritten (1915) Auflage des Buches. Von der vierten Auflage (1920) an und in allen späteren Auflagen sowie in *G. W.* wurde es fortgelassen. In der *Studienausgabe* (die uns als Textvorlage diente) findet es sich in Band 5 (S. 43).]

[2] [Diese Markierung fehlt in allen folgenden Auflagen.]

Einleitungspassagen zu
›Über einige Übereinstimmungen im Seelenleben der Wilden und der Neurotiker‹
(1912)

Editorische Vorbemerkung

1912 *Imago*, Bd. 1, Nr. 1, S. 17f. (Veröffentlicht im März.) In ›Über einige Übereinstimmungen im Seelenleben der Wilden und der Neurotiker. I. Die Inzestscheu‹.

Diese einführenden, aus fünf Absätzen bestehenden Passagen waren ursprünglich ein integraler Bestandteil des ersten von Freuds vier Essays mit dem übergeordneten Titel ›Über einige Übereinstimmungen im Seelenleben der Wilden und der Neurotiker‹. Sie sind durch ein neues ›Vorwort‹ ersetzt worden, als die Essays 1913 unter dem Titel *Totem und Tabu* in einem Band veröffentlicht wurden. Das neue Vorwort wurde in allen nachfolgenden Ausgaben, auch in den *Gesammelten Werken*, beibehalten, während die *Imago*-Fassung, soweit wir feststellen konnten, bisher nie mehr nachgedruckt wurde – weder in der Originalsprache noch in irgendeiner Übersetzung. Als Textvorlage diente uns eine Photokopie des Erstdrucks.

Wir sind William McGuire, der unsere Aufmerksamkeit auf diesen Text lenkte, sehr zu Dank verbunden.

Zwischen den beiden Fassungen bestehen interessante Unterschiede. Im neuen Vorwort hat Freud alle Hinweise auf eigene frühere Beschäftigung mit dem Thema entfernt und festgestellt, die vier Essays entsprächen »einem ersten Versuch von meiner Seite«; »die nächste Anregung« zu seinen eigenen Arbeiten sei von den Werken Wundts und Jungs ausgegangen. Die im vierten Absatz des hier folgenden Texts enthaltene Anspielung auf »verschiedene äußerliche Antriebe« als Entschuldigung für vorzeitige Veröffentlichung findet in der neuen Fassung keine Entsprechung, und der begeisterte Bericht über Jungs Arbeit im fünften Abschnitt wurde im Vorwort von 1913 ganz fortgelassen.

In Wirklichkeit finden sich in den Briefen an Fließ (1985 c [1887–1904]) an vielen Stellen Beweise für Freuds frühes leidenschaftliches Interesse an Archäologie und Prähistorie wie auch Verweise auf ethnologische Themen sowie darauf, was die Psychoanalyse zu deren Verständnis beitragen kann. So berührt Freud in Manuskript N (vom 31. Mai 1897), bei der Erörterung des »Abscheus vor dem Inzest«, den Zusammenhang zwischen Fortschreiten der Kultur und Triebunterdrückung. Im Brief vom 12. Dezember 1897 schreibt er: »Kannst Du Dir denken, was ›endopsychische Mythen‹ sind? Die neueste Ausgeburt meiner Denkarbeit. Die unklare innere Wahrnehmung des eigenen psychischen Apparates regt zu Denkillusionen an, die natürlich nach außen projiziert werden und charakteristischerweise in die Zukunft und in ein Jenseits. Die Unsterblichkeit, Vergeltung, das ganze Jenseits sind solche Darstellungen unseres psychischen Inneren. [...] Psycho-Mythologie.« Und im Brief vom 4. Juli 1901 heißt es: »Hast Du gelesen, daß die Engländer auf Kreta (Knossos) einen alten Palast aufgegraben haben, den sie für das richtige Labyrinth des Minos erklären? Es scheint, daß Zeus ursprünglich ein Stier war. Auch unser alter Gott soll zuerst, vor der durch die Perser angeregten Sublimierung, als Stier verehrt worden sein. Es gibt da allerlei zu denken, worüber noch nicht zu schreiben ist.«

Zu den »äußerlichen Antrieben« für die vorzeitige Veröffentlichung könnte sehr wohl das Erscheinen des ersten Teils von Jungs Essay ›Über Wandlungen und Symbole der Libido‹ im Juli 1911 gezählt haben sowie Freuds Vorahnung, daß dessen demnächst zur Publikation anstehender zweiter Teil dazu angetan sein könnte, womöglich noch größeres Unbehagen in ihm auszulösen, weil dieser Teil noch mehr im Widerspruch zu seinen eigenen Auffassungen stand. Denn am 14. November 1911 hatte Jung an Freud geschrieben: »In meinem zweiten Teil habe ich mich mit der Libidotheorie einmal recht kühn auseinandergesetzt [...]. Ich bin nämlich der Ansicht, daß der Libidobegriff der ›Drei Abhandlungen‹ [Freud, 1905 d] um das genetische Moment erweitert werden müsse, damit die Libidotheorie auf die Dementia praecox Anwendung finden kann.« (Freud, 1974 a, S. 509 f.) Wachsende Beunruhigung angesichts der Richtung, die Jungs Forschungen einschlugen, erhöhte zweifellos die Dringlichkeit von Freuds Vorsatz, seine konträren Auffassungen bald zum Druck zu geben.

Freuds Essay ›Die Inzestscheu‹ – der erste unter den vier Aufsätzen – erschien in Heft 1 von Band 1 der neu begründeten Zeitschrift *Imago*, das im März 1912 veröffentlicht wurde. Der zweite Teil von Jungs ›Wandlungen und Symbole‹ kam 1912 in der Januar-Ausgabe des *Jahrbuchs für psychoanalytische und psychopathologische Forschungen* heraus, welche jedoch erst im September 1912 ausgeliefert wurde. 1912 war das entscheidende Jahr für den schließlichen Bruch zwischen Freud und Jung, und der Schlußpassus des Jungschen Essays bestätigte Freuds Eindruck einer zunehmenden intellektuellen Entfremdung. Wie er in der neuen Fassung seines Vorworts zu *Totem und Tabu* (1912–13) ausführte, strebten Jung und seine Züricher Schule danach, »Probleme der Individualpsychologie durch Heranziehung von völkerpsychologischem Material zu erledigen«, wohingegen er, umgekehrt, den Versuch unternehme, »Gesichtspunkte und Ergebnisse der Psychoanalyse auf ungeklärte Probleme der Völkerpsychologie anzuwenden«.

Zum letzten Absatz des nachfolgend abgedruckten Texts: Johann Jakob Honegger jr. (1885–1911), ein Züricher Psychiater und Jung-Schüler, hielt im März 1910 auf dem Psychoanalytischen Kongreß in Nürnberg einen Vortrag; eine vom Autor selbst stammende Zusammenfassung wurde unter dem Titel ›Über paranoide Wahnbildung‹ im *Jahrbuch* (1910) veröffentlicht. Am Ende dieses Resümees der offensichtlich faszinierenden Darstellung eines ausgearbeiteten, Schreber-ähnlichen Wahnsystems einer paranoiden Demenz, mit engen Parallelen zu primitiven mythologischen und philosophischen Vorstellungen, kündigt Honegger die bevorstehende Publikation der vollständigen Falldarstellung an. Dazu ist es anscheinend nie gekommen, zweifellos infolge des vorzeitigen Todes von Honegger, der sich fast genau ein Jahr nach dem Kongreß das Leben nahm. Der letzte Absatz von Freuds Einleitung ist eigentlich eine Zusammenfassung von Honeggers Vortrag. Es ist interessant zu verfolgen, daß Freud in seinem ›Nachtrag‹ zur Schreber-Analyse (1912 *a*) – der ursprünglich 1911 auf dem Internationalen Psychoanalytischen Kongreß in Weimar verlesen wurde – die Gedankenlinie von Honeggers Arbeit weiterverfolgt und auf Verbindungen zwischen Schrebers Wahnvorstellungen und der Mythologie verweist. Auch nahm er die von Honegger aufgezeigte Parallele zwischen ontogenetischer und phylogenetischer Entwicklung wenig später noch einmal auf, nämlich in ›Das Interesse an der Psychoanalyse‹ (1913 *j*; G. W., Bd. 8, S. 413).[1]

---

[1] [Für eine Fortsetzung der phylogenetischen Überlegungen vgl. auch Teil VIII des vorliegenden Bandes, insbesondere den zweiten Teil des Entwurfs der zwölften metapsychologischen Abhandlung, oben, S. 639 ff. I.G.–S.]

Über einige Übereinstimmungen im Seelenleben der Wilden und der Neurotiker

I

Die Inzestscheu

Einleitung[1]

Von allem Anfang an hat die psychoanalytische Forschung auf Ähnlichkeiten und Analogien ihrer Ergebnisse am Seelenleben des Einzelwesens mit solchen der Völkerpsychologie hingewiesen.[2] Es geschah dies, wie begreiflich, zuerst nur schüchtern, in bescheidenem Umfange und ging nicht über das Gebiet der Märchen und Mythen hinaus. Die Absicht solchen Ausgreifens war keine andere als die, ihren an sich recht unwahrscheinlichen Resultaten durch solche unerwartete Übereinstimmungen Glaubwürdigkeit zu schaffen.

In den seither verflossenen anderthalb Jahrzehnten hat die Psychoanalyse aber Zutrauen zu ihrer Arbeit gewonnen; die nicht unansehnliche Schar von Forschern, die der Anregung eines einzelnen gefolgt sind, hat es zu

---

[1] [Diese Zwischenüberschrift ist in *Imago* als Marginalie gesetzt.]
[2] [S. die ›Editorische Vorbemerkung‹, oben, S. 741 f.]

einer befriedigenden Übereinstimmung in ihren Anschauungen gebracht, und nun scheint der Zeitpunkt günstig, um der über die Individualpsychologie hinausgreifenden Arbeit ein neues Ziel zu setzen. Es sollen nicht nur ähnliche Vorkommnisse und Zusammenhänge im Seelenleben der Völker aufgespürt werden, wie sie durch die Psychoanalyse beim Individuum ans Licht gezogen wurden, sondern auch der Versuch gewagt werden, was in der Völkerpsychologie dunkel oder zweifelhaft geblieben ist, durch die Einsichten der Psychoanalyse aufzuhellen. Die junge psychoanalytische Wissenschaft will gleichsam zurückerstatten, was sie in ihren Anfängen anderen Wissensgebieten zu danken hatte, und hofft, mehr wiedergeben zu können, als sie seinerzeit empfing.

Eine Schwierigkeit des Unternehmens liegt in der Qualifikation der Männer, welche sich dieser neuen Aufgabe unterziehen. Es wäre vergeblich zu warten, bis die Mythenforscher, Religionspsychologen, Ethnologen, Linguisten usw. den Anfang machen, psychoanalytische Denkweisen auf ihr eigenes Material anzuwenden. Die ersten Schritte in all diesen Richtungen müssen durchaus von jenen unternommen werden, die sich bisher als Psychiater oder Traumforscher in den Besitz der psychoanalytischen Technik und ihrer Ergebnisse gesetzt haben. Solche sind aber zunächst Laien auf anderen Wissensgebieten, und wenn sie mühselig einige Kenntnis darin erworben haben, Dilettanten oder im besten Falle Autodidakten. Ihre Leistungen werden Schwächen und Fehler nicht vermeiden können, welche der zünftige Forscher, der Fachmann, mit seiner Beherrschung des Materials und seiner Übung, es zu handhaben, leicht entdecken und vielleicht mit überlegenem Spott verfolgen wird. Möge er in Erwägung ziehen, daß unsere Arbeiten ja nichts anderes bezwecken, als ihm die Anregung zu bringen, daß er selbst es besser mache, indem er an dem ihm vertrauten Stoff das Instrument versucht, welches wir ihm leihen können.

Für die nachstehende kleine Arbeit muß ich aber noch eine andere Entschuldigung geltend machen, als daß sie den ersten Schritt des Autors bedeutet auf einem ihm bisher fremden Boden. Es kommt noch hinzu, daß sie infolge verschiedener äußerlicher Antriebe vorzeitig an das Licht der Öffentlichkeit gedrängt wurde, nach weit kürzerer Inkubationszeit als des Autors sonstige Mitteilungen, lange ehe ihm ermöglicht war, die reichhaltige Literatur des Gegenstandes durchzuarbeiten.[1] Wenn ich trotzdem die-

---

[1] [Vgl. einige Bemerkungen über mögliche »äußerliche Antriebe« in der ›Editorischen Vorbemerkung‹, oben, S. 741.]

se Veröffentlichung nicht aufgeschoben habe, so beschwichtigt mich die Erwägung, daß erste Arbeiten ohnedies meist darin fehlen, daß sie zuviel umfassen wollen und eine Vollständigkeit der Lösung anstreben, die, wie spätere Studien zeigen, fast niemals im ersten Anlauf zu erreichen ist. Es schadet also wenig, wenn man sich mit Absicht und Wissen auf eine kleine Probe beschränkt. Außerdem befindet sich der Autor in der Situation des Knaben, der im Walde ein Nest von köstlichen Beeren und guten Pilzen gefunden hat und nun den Gefährten ruft, ehe er selbst alle gepflückt hat, weil er sieht, daß er allein nicht imstande ist, die Fülle zu bewältigen.

Parallele der ontogenetischen und der phylogenetischen Entwicklung des Seelenlebens[1]

Für jeden an der Entwicklung der psychoanalytischen Forschung Beteiligten war es ein denkwürdiger Moment, als C. G. Jung auf einer privaten wissenschaftlichen Zusammenkunft durch einen seiner Schüler mitteilen ließ, daß die Phantasiebildungen gewisser Geisteskranker (Dementia praecox) in auffälligster Weise mit den mythologischen Kosmogenien alter Völker zusammenstimmten, von denen die ungebildeten Kranken eine wissenschaftliche Kunde unmöglich erhalten hatten.[2] Es war hiemit nicht nur auf eine neue Ursprungsquelle der sonderbarsten psychischen Krankheitsproduktionen hingewiesen, sondern auch in nachdrücklichster Weise die Bedeutung des Parallelismus zwischen ontogenetischer und phylogenetischer Entwicklung auch für das Seelenleben betont. Der Geisteskranke und der Neurotiker rücken somit in die Nähe des Primitiven, des Menschen entlegener Vorzeit, und wenn die Voraussetzungen der Psychoanalyse richtig sind, muß, was ihnen gemeinsam ist, auf den Typus des kindlichen Seelenlebens zurückführbar sein.[3]

---

[1] [Diese Überschrift ist in *Imago* wiederum als Marginalie gesetzt.]
[2] Auf dem Psychoanalytischen Kongreß in Nürnberg 1910. Der mit dem Vortrag Betraute war der seither verstorbene, hochbegabte C. Honegger. Jung selbst und seine Schüler (Nelken, Spielrein) haben die damals zuerst berührten Gesichtspunkte seither in anderen Arbeiten weiter verfolgt. (Vgl. Jung, 1911.) [Siehe weiteres über diesen Vortrag in der ›Editorischen Vorbemerkung‹, oben, S. 742.]
[3] [An dieser Stelle schließt als neuer Absatz und mit der Marginalie ›Bedeutung der wilden Völker für die Psychologie‹ derjenige Text an, mit dem der Essay ›Die Inzestscheu‹ in allen späteren Auflagen beginnt.]

Vorwort zur dritten (revidierten) Auflage der englischen Ausgabe der *Traumdeutung*[1] (1932 [1931])

In 1909 G. Stanley Hall invited me to Clark University, in Worcester, to give the first lectures on psychoanalysis[2]. In the same year Dr. Brill published the first of his translations of my writings, which were soon followed by further ones. If psychoanalysis now plays a rôle in American intellectual life, or if it does so in the future, a large part of this result will have to be attributed to this and other activities of Dr. Brill's.

---

[1] [Von diesem Vorwort gibt es unseres Wissens keine von Freud stammende deutsche Textvorlage. Der englische Wortlaut wurde erstmals veröffentlicht in *The Interpretation of Dreams*, 3. Auflage, George Allen & Unwin, London; The Macmillan Co., New York 1932. Ein Nachdruck der englischen Fassung findet sich in *Standard Edition*, Bd. 4, S. XXXII. Bis zum Erscheinen der *Studienausgabe*, Bd. 2, S. 28 (die uns als Textvorlage diente), war der Text in keine der deutschen Ausgaben aufgenommen worden. Wir geben hier anschließend eine deutsche Übersetzung (von Ilse Grubrich-Simitis):

»Im Jahre 1909 lud mich G. Stanley Hall an die Clark University in Worcester zu den ersten Vorlesungen über Psychoanalyse ein. Im gleichen Jahr veröffentlichte Dr. Brill die erste seiner Übersetzungen meiner Schriften, der bald weitere folgen sollten. Wenn die Psychoanalyse im amerikanischen Geistesleben heute eine Rolle spielt und dies auch in Zukunft der Fall sein sollte, so ist dies zu großen Stücken diesen und anderen Bemühungen Dr. Brills zu verdanken.

Seine erste Übersetzung der *Traumdeutung* erschien 1913. Seither hat sich in der Welt vieles ereignet, und unsere Ansichten über die Neurosen haben sich gründlich gewandelt. Indes ist dies Buch, welches mit seinem neuen Beitrag zur Psychologie bei seiner Veröffentlichung (1900) die Welt in Erstaunen versetzte, im wesentlichen unverändert geblieben. Es enthält, selbst nach meinem heutigen Urteil, die wertvollste all der Entdeckungen, die zu machen mir vergönnt war. Einsichten wie diese fallen einem in einem Menschenleben nur einmal zu.«]

[2] [S. Freud, *Über Psychoanalyse* (1910a [1909]).]

His first translation of *The Interpretation of Dreams* appeared in 1913. Since then much has taken place in the world, and much has been changed in our views about the neuroses. This book, with the new contribution to psychology which surprised the world when it was published (1900), remains essentially unaltered. It contains, even according to my present-day judgment, the most valuable of all the discoveries it has been my good fortune to make. Insight such as this falls to one's lot but once in a lifetime.

Vienna, March 15, 1931.   Freud.

Vorwort zur tschechischen Ausgabe der
Vorlesungen zur Einführung in die Psychoanalyse[1]
(1936 [1935])

Ich hoffe, daß es dieser Übersetzung meiner Vorlesungen ins Tschechische gelingen wird, in dem neu aufblühenden Lande Anhänger für die junge psychoanalytische Wissenschaft zu gewinnen. Außerdem wird es für mich, den alten Mann, eine Genugtuung sein, dem Sprichworte zum Trotz in meinem Vaterlande ein bißchen zur Geltung zu kommen.[2]

Wien, 16. April 1935.   S. Freud.

---

[1] [Veröffentlicht in der tschechischen Übersetzung der *Vorlesungen zur Einführung in die Psychoanalyse*, Prag 1936. Der deutsche Originaltext war nicht auffindbar; die hier abgedruckte Version ist eine freundlicherweise von Dr. Otokar Kučera besorgte Rückübersetzung aus dem Tschechischen. Sie wird hier erstmals publiziert.]

[2] [Matthäus 13, 57: »Ein Prophet gilt nirgends weniger denn in seinem Vaterlande.« Freud wurde 1856 in Freiberg in Mähren geboren, damals noch zu Österreich-Ungarn gehörend, seit 1918 der Tschechoslowakei eingegliedert. Die Stadt heißt heute Příbor.]

Vorwort zum *Abriß der Psychoanalyse*[1]

(1940 [1938])

Diese kleine Schrift will die Lehrsätze der Psychoanalyse in gedrängtester Form und in entschiedenster Fassung gleichsam dogmatisch zusammenstellen. Glauben zu fordern und Überzeugung zu wecken liegt selbstverständlich nicht in ihrer Absicht.

Die Aufstellungen der Psychoanalyse ruhen auf einer unabsehbaren Fülle von Beobachtungen und Erfahrungen, und nur wer diese Beobachtungen an sich und anderen wiederholt, hat den Weg zu einem eigenen Urteil eingeschlagen.

---

[1] [Dieses Vorwort wurde 1940 zusammen mit dem Text des *Abriß* (1940*a* [1938]) in der *Internationalen Zeitschrift für Psychoanalyse und Imago*, Bd. 25 (1940), Nr. 1, S. 8, zuerst veröffentlicht. Durch ein bedauerliches Versehen wurde es beim Nachdruck des *Abriß* in den *Gesammelten Werken* fortgelassen und war bislang nur in der *Zeitschrift* verfügbar. Dieser Erstdruck diente uns als Textvorlage. – Über die Frage, wann Freud mit der Niederschrift des *Abriß* begonnen hat, herrschen verschiedene Ansichten. Nach Ernest Jones (1962*b*, S. 282) »wurde das Buch in der Zeit des Wartens vor seiner Ausreise« in Wien begonnen; das würde bedeuten, im April oder Mai 1938. Das Manuskript aber trägt auf der ersten Seite das Datum »22. Juli«, was die Feststellung der deutschen Herausgeber des Werks bestätigt, die Arbeit sei im Juli 1938 angefangen worden, also kurz nach Freuds Ankunft in London Anfang Juni.]

Vorworte und einleitende Briefe
zu Schriften anderer Autoren

Auszug eines Briefs an Claparède[1]
(1921)

[...] An einem Punkt – wenn Sie mir diese kritische Anmerkung gestatten – tun Sie mir unrecht und geben dem Leser ungenaue Auskunft. Nämlich in der folgenden Passage: *8. La libido. L'instinct sexuel est le mobile fondamental de toutes les manifestations de l'activité psychique.* [8. Die Libido. Der Sexualtrieb ist das eigentliche Antriebsmoment aller Manifestationen der psychischen Aktivität.] Und etwas weiter unten fügen Sie hinzu, daß weder ich noch meine Schüler sich zu diesem Punkt je klar geäußert hätten: *»Mais il faut savoir lire entre les lignes«*, sagen Sie, *»et saisir l'esprit et non la lettre de la théorie.«* [Man muß vielmehr zwischen den Zeilen lesen und nicht den Buchstaben, sondern den Geist der Theorie erfassen.] Es überrascht mich, daß dieses gängige Mißverständnis selbst Ihrer Feder entschlüpfen konnte. Ganz im Gegensatz dazu habe ich mehrfach und so klar wie möglich, im Zusammenhang mit den Übertragungsneurosen, darge-

---

[1] [Die französische Übersetzung von Freuds fünf Vorlesungen *Über Psychoanalyse* (1910a [1909]), besorgt von Yves Le Lay, erschien zuerst in der *Revue de Genève*, und zwar im Dezember 1920 sowie im Januar und Februar 1921. Sie wurde von einer langen Einleitung Professor Edouard Claparèdes, Universität Genf, eingeführt, in der er einen allgemeinen Überblick über die psychoanalytische Theorie gibt. Darin befindet sich eine Passage, die Freud für mißverständlich hielt und gegen die er in einem Brief an Claparède protestierte. Als 1921 die französische Übersetzung in Buchform erschien, fügte Claparède einen Anhang hinzu, in dem er, in französischer Übersetzung, einen Auszug aus Freuds Brief zitierte. Er ist undatiert, aber vermutlich Anfang 1921 geschrieben. Eine deutsche Fassung Freuds ist uns nicht zugänglich. Die hier abgedruckte Rückübersetzung stammt von Ilse Grubrich-Simitis.]

legt, daß ich zwischen Sexualtrieben und Ichtrieben[1] eine Unterscheidung eingeführt habe und daß für mich Libido einzig die Energie der ersteren, der Sexualtriebe, bezeichnet. Es ist Jung – nicht ich –, der aus der Libido ein Äquivalent für die Antriebskraft *alles* Seelischen macht und die sexuelle Natur der Libido bekämpft. Ihre Darstellung wird weder meiner noch seiner Auffassung gerecht, vermischt vielmehr beide.

Von mir entlehnen Sie die sexuelle Natur der Libido, von Jung ihre allgemeine Bedeutung. Und auf diese Weise wird in der Vorstellung der Kritiker jener Pansexualismus geschaffen, der sich weder bei mir noch bei Jung findet.

Was mich anlangt, so erkenne ich das Bestehen der Gruppe der Ichtriebe voll an wie auch alles dessen, was im Seelenleben auf sie zurückgeht. Aber davon weiß das große Publikum nichts; man hält es ihm verborgen. Bei der Darstellung meiner Traumtheorie verfährt man oft genauso. Ich habe nie behauptet, jeder Traum sei die Erfüllung eines sexuellen Wunsches, häufig habe ich das Gegenteil betont. Aber es nützt nichts, das gleiche wird ständig wiederholt.

Mit herzlichem Dank und ergebenen Grüßen

Ihr Freud.

---

[1] [Dieser Begriff scheint von Freud erstmals in ›Die psychogene Sehstörung in psychoanalytischer Auffassung‹ (1910*i*; G. W., Bd. 8, S. 94; *Studienausgabe*, Bd. 6, S. 210) benutzt worden zu sein.]

Geleitwort zu Raymond de Saussure,
La méthode psychanalytique[1]
(1922)

Es macht mir ein großes Vergnügen, vor der Öffentlichkeit zu erklären, daß ich die vorliegende Schrift des Herrn Dr. R. de Saussure für eine wert- und verdienstvolle Arbeit halte, die ganz besonders geeignet ist, den französischen Lesern eine richtige Vorstellung vom Wesen und Inhalt der Psychoanalyse zu vermitteln. Dr. de Saussure hat nicht nur meine Werke gewissenhaft studiert, sondern auch das Opfer gebracht, sich durch mehrere Monate einer Analyse bei mir zu unterziehen. So wurde er in die Lage versetzt, sich über die meisten in der Psychoanalyse schwebenden Fragen ein eigenes Urteil zu bilden und die vielen Entstellungen und Irrtümer zu vermeiden, die man in den Darstellungen der analytischen Lehren bei französischen wie bei deutschen Autoren zu finden gewohnt ist. Er versäumt es auch nicht, manchen unrichtigen oder nachlässigen Behauptungen, die ein Referent dem anderen nachspricht, wie: alle Träume hätten eine sexuelle Bedeutung oder die einzige Triebkraft des seelischen Lebens sei – nach mir – die sexuelle Libido, mit Entschiedenheit zu widersprechen.

---

[1] [Dieses Geleitwort wurde auf französisch in R. de Saussures *La méthode psychanalytique*, Lausanne und Genf, 1922, S. VII–VIII, veröffentlicht. Der deutsche Text ist bislang noch nicht publiziert, die französische Fassung nie nachgedruckt worden. Die deutsche Textvorlage wurde vom handschriftlichen Original übernommen, welches Dr. de Saussure dem Herausgeber der *Standard Edition*, James Strachey, dankenswerterweise zur Verfügung stellte. Das deutsche Original unterscheidet sich in zwei oder drei Punkten leicht von der französischen Fassung.]

Da Dr. de Saussure in seiner Vorrede mitteilt, ich habe seine Arbeit korrigiert, so muß ich wohl einschränkend hinzufügen, daß sich mein Einfluß nur in einigen Richtigstellungen und Bemerkungen geltend gemacht hat. In keiner Weise habe ich die Selbständigkeit des Autors zu beeinträchtigen gesucht. Im ersten, theoretischen Abschnitt hätte ich manches anders dargestellt, z. B. das schwierige Thema des Vorbewußten und Unbewußten, und vor allem dem Ödipuskomplex eine weit eingehendere Würdigung geschenkt.

Der schöne von Dr. Odier zur Verfügung gestellte Traum kann auch dem Uneingeweihten eine Ahnung vom Reichtum der Traumassoziationen, vom Verhältnis des manifesten Traumbildes zu den dahinter verborgenen latenten Gedanken und von der Bedeutung geben, die einer Traumanalyse für die Behandlung des Patienten zukommt.[1] Ganz vortrefflich sind endlich die abschließenden Bemerkungen des Verfassers über die Technik der Psychoanalyse. Sie sind durchwegs richtig, lassen bei all ihrer Knappheit nichts Wesentliches beiseite und legen ein gewichtiges Zeugnis für das feine Verständnis des Verfassers ab. Natürlich darf kein Leser erwarten, daß ihn die Kenntnis dieser technischen Regeln allein befähigen werde, eine analytische Behandlung durchzuführen.

Die Psychoanalyse fängt eben an, das Interesse der Fachmänner und Laien auch in Frankreich in größerem Ausmaß zu erwecken. Sie wird dort sicherlich nicht weniger Widerstände finden als vorher in anderen Ländern. Möge das Buch des Dr. de Saussure viel zur Klärung der bevorstehenden Diskussionen beitragen!

Wien, Februar 1922. Freud.

---

[1] [Als ironischer Nachtrag sei angemerkt, daß, laut Jones (1962 *b*, S. 121), de Saussures Buch in Frankreich verboten wurde, und zwar mit der Begründung, die von Charles Odier beigesteuerte Traumanalyse verstoße gegen das Berufsgeheimnis.]

Brief an Fritz Wittels[1]
(1924 [1923])

18. Dezember 1923.
Wien IX., Berggasse 19.

Geehrter Herr Doktor

Ein Weihnachtsgeschenk, welches sich so ausgiebig mit der beschenkten Person beschäftigt, nicht zu bestätigen und zu bedanken wäre ein Akt der Roheit, für den besondere Motivierungen gefordert werden müßten. Ich stelle mit Befriedigung fest, daß solche in unserem Falle nicht existieren. Ihr Buch ist nicht unfreundlich, nicht allzu indiskret, es zeugt von ernstem Interesse, nebstbei, wie zu erwarten, von Ihrer Kunst zu schreiben und darzustellen. Ich hätte natürlich ein solches Buch nie gewünscht oder gefördert. Es scheint mir, daß die Öffentlichkeit kein Anrecht an meine Per-

---

[1] [Fritz Wittels (1880–1950) war eines der ersten Mitglieder der Wiener Psychoanalytischen Vereinigung, verließ sie aber aus nicht näher spezifizierten persönlichen Gründen 1910. 1924 veröffentlichte er eine Biographie Freuds (Wittels, F., *Sigmund Freud. Der Mann, die Lehre, die Schule*, E. P. Tal & Co. Verlag, Leipzig–Wien–Zürich; ein Vorausexemplar des Buches schickte er Ende 1923 an Freud. Dieser bestätigte den Empfang mit dem hier abgedruckten Brief vom 18. Dezember 1923. 1924 erschien eine von Eden und Cedar Paul besorgte englische Übersetzung des Buches von Wittels (*Sigmund Freud, his Personality, his Teaching and his School*, London und New York). Sie wurde, »mit Freuds ausdrücklicher Genehmigung«, von der Übersetzung einiger Auszüge aus dem Brief an Wittels eingeleitet. Der hier vorgelegte deutsche Text wurde erstmals in Freud (1960a) veröffentlicht. Die darin enthaltene Passage, die von Stekel handelt, sowie die Bemerkung über Freuds Krankheit fehlen in der englischen Übersetzung. Zusätzlich wird im folgenden die Liste von Berichtigungen, die Freud dem Brief beifügte und die in der Ausgabe 1960a fehlte, erstmals veröffentlicht. Als Textvorlage diente eine Schreibmaschinenkopie aller Teile. – Es sei noch erwähnt, daß Wittels 1927 wieder in die Wiener Psychoanalytische Vereinigung aufgenommen wurde.]

son hat und auch nichts an mir lernen kann, solange mein Fall – aus mannigfachen Gründen – nicht voll durchsichtig gemacht werden kann. Sie denken anders darüber und haben so dies Buch schreiben können. Ihre persönliche Distanz von mir, die Sie durchaus als Vorteil einschätzen, hat auch große Nachteile. Sie wissen zuwenig von Ihrem Objekt und können darum auch die Gefahr nicht vermeiden, ihm in Ihren analytischen Bemühungen Gewalt anzutun. Es ist auch sehr zu bezweifeln, daß Sie sich die Aufgabe, einen richtigen Anblick des Objektes zu gewinnen, dadurch erleichtert haben, daß Sie den Standpunkt Stekels einnehmen und mich unter seinem Gesichtswinkel sehen.

Für die Verzerrungen, die ich zu erkennen glaube, mache ich auch eine vorgefaßte Meinung von Ihnen verantwortlich, die ich errate. Es heißt wohl bei Ihnen, ein großer Mann müsse diese oder jene Vorzüge, Fehler und Extreme zeigen, ich sei ein solcher großer Mann, folglich dürfen Sie mir alle jene – oft kontradiktorischen – Eigenschaften zuschreiben. Es wäre sehr viel Interessantes und allgemein Bedeutsames dazu zu sagen, aber leider schließt Ihr Verhältnis zu Stekel weitere Bemühungen zur Verständigung von meiner Seite aus.

Andererseits gestehe ich gern zu, daß Ihr Scharfsinn manches an mir – was mir wohl bekannt ist – sehr richtig erraten hat, z. B. daß ich genötigt bin, meinen eigenen Weg, oft Umweg, zu gehen und nichts mit fremden Gedanken anzufangen weiß, die mir zur Unzeit zugerufen werden. Auch im Verhältnis zu Adler haben Sie mir zu meiner großen Befriedigung Gerechtigkeit widerfahren lassen. Sie wissen freilich nicht, daß ich mich ebenso langmütig und tolerant gegen Stekel benommen habe. Ich habe ihn trotz seiner unerträglichen Manieren und seiner unmöglichen Art, Wissenschaft zu treiben, lange gegen die Anfeindungen aller gehalten, mich gezwungen, über seinen weitgehenden Defekt an Selbstkritik und Wahrheitsliebe – also an äußerer wie innerer Wahrhaftigkeit – hinwegzusehen, bis endlich bei einem bestimmten Erlebnis von Hinterhältigkeit und unschöner Übervorteilung auch mir »alle Knöpfe rissen an der Hose der Geduld«[1]. (Gewiß, gegen das Mißverständnis, daß ich das ableugne, was ich bloß noch nicht beurteilen oder verarbeiten kann, haben Sie mich dann nicht verteidigt.)

---

[1] [Zitat aus Heinrich Heines *Romanzero*, Buch III (*Hebräische Melodien*), Jehuda ben Halevy IV. Dieses Zitat wurde von Freud auch in *Der Witz und seine Beziehung zum Unbewußten* (1905 c) verwendet. In *G. W.*, Bd. 6, S. 91, leicht fehlzitiert, jedoch in *Studienausgabe*, Bd. 4, S. 82, korrigiert.]

Sie wissen vielleicht, daß ich ernsthaft erkrankt war, und wenn ich mich jetzt auch erhole, doch Grund habe, das Erlebte als Mahnung an ein nicht zu fernes Ende aufzufassen. In solcher partieller Entrücktheit darf ich Sie doch bitten, mich von der Absicht freizusprechen, Ihr Verhältnis zu Stekel zu stören. Ich bedauere nur, daß es so bestimmenden Einfluß auf Ihr Buch über mich gewonnen hat.

Es scheint mir nicht ausgeschlossen, daß Sie noch in die Lage kommen, dieses Buch für eine zweite Auflage zu redigieren. Für diesen Fall stelle ich Ihnen die Liste von Berichtigungen[1], die hier eingelegt ist, zur Verfügung. Es sind durchaus verläßliche Angaben, ganz unabhängig von meinen subjektiven Meinungen, zum Teil unwesentlicher Art, zum anderen Teil vielleicht geeignet, einige Ihrer Annahmen zu erschüttern oder zu modifizieren. Sehen Sie in diesen Mitteilungen ein Anzeichen dafür, daß ich Ihre Arbeit, die ich nicht billigen kann, doch keineswegs geringschätze.

Hochachtungsvoll
Freud

[Einlage zum Brief:]

S. 10. Reise nach Paris nicht 1886, sondern 1885 im Herbst.

S. 11. Als ich drei Jahre alt war, übersiedelten meine Eltern nach Leipzig, erst ein Jahr später nach Wien.

S. 15. Die Armut im Hause hatte nichts mit dem Krach von 1873 zu tun, sondern datierte von viel früheren Jahren, eigentlich seit dem Verlassen des Geburtsortes (Freiberg in Mähren). Ich glaube nicht, daß man sagen kann, ich hätte als junger Student »Gönner« gefunden.

S. 16. d. h. ich hatte aus wissenschaftlichem Interesse eine Kokainprobe von Merck kommen lassen.

S. 18. »lange und schmerzlich nachgedacht, wie ihm das geschehen konnte.« Das ist wohl die Konstruktion eines Fernestehenden. Ich wußte sehr wohl, wie mir das geschehen war. Die Arbeit über Koka [1884e] war ein Allotrion, mit dem ich bald abschließen wollte, um meine in Hamburg lebende Braut zu besuchen, die ich mehrere Jahre lang nicht gesehen hatte. Ich übertrug also die Aufgabe, das Kokain im Auge zu versuchen, meinem Freund, dem

---

[1] [Einige dieser Berichtigungen sind in der englischen Übersetzung berücksichtigt worden, wobei eine in vollem Wortlaut zitiert wird (S. 251 f. der Übersetzung). Der vollständige deutsche Text der Liste wird im folgenden erstmals veröffentlicht.]

Augenarzt Königstein[1], an dem ich mich so für viele Freund-schaftsakte revanchieren wollte. Daß ich von diesem Versuch ein bedeutsames Ergebnis erwartete, zeigt wohl der Schlußsatz meiner in Eile druckfertig gemachten Arbeit. Als ich zurückkam, hatte Koller[2] diese Entdeckung gemacht, Königstein sie, wie wir sagen, »verschlampt«.[3]

S. 20. Wie gesagt: Aufenthalt in Paris vom Herbst 1885 bis Ostern 1886. Es ist unrichtig, daß ich eine Übersetzung eines Werkes von Char-cot vor der Reise nach Paris herausgegeben habe, die Überset-zungen waren die Folge meines persönlichen Verkehrs mit dem Meister. Inwiefern die Reise nach Paris als eine Flucht bezeichnet werden kann, ist mir dunkel. Ich hatte das physiologische Labor auf Brückes eigenen Rat 1882 verlassen, war Sekundararzt im All-gemeinen Krankenhaus geworden und [hatte] mich auf das Stu-dium der organischen Nervenkrankheiten wie der Gehirnanatomie geworfen.

S. 21. Wann ich 1885 als das Datum des Koka-Erlebnisses angegeben haben soll, weiß ich nicht, vermute einen Irrtum des Herrn Bio-graphen.

S. 29. Zu Breuer und Freud: Ich habe die Kenntnis des Breuerschen Falles bereits nach Paris mitgenommen und einmal von ihm zu Charcot gesprochen, fand aber keine Aufmerksamkeit, Pierre Janets Arbei-ten existierten damals, 1885/6, noch nicht.

S. 35. Ich habe 1886 nach der Rückkehr aus Paris geheiratet.

S. 85. Daß das Jahr 1898 das Geburtsdatum des ›Alltagsleben‹ [1901 *b*] [sei], ist eine ganz willkürliche Annahme, die ich aber durch die Mitteilung stützen kann, daß die erste Analyse einer Fehlleistung (Signorelli) wirklich in dieses Jahr fällt.

S. 86. Für die Mitteilung dieser Fehlleistung danke ich sehr, sie hat wirk-lich aufklärend gewirkt. Nur ist es ein Irrtum, daß Breuer sich gera-de »damals« abzuwenden begann, das geschah bereits 1896.

---

[1] [S. oben, S. 55 und Anm. 1.]

[2] [Karl Koller (1857–1944), zur Zeit dieser Entdeckung Sekundararzt an der ophtalmo-logischen Abteilung des Wiener Allgemeinen Krankenhauses. Er wurde später ein er-folgreicher Augenchirurg in New York.]

[3] [Freud streift diese Episode kurz in seiner *Selbstdarstellung* (1925 *d*; *G. W.,* Bd. 14, S. 38 f.). Ausführlich wurde sie von S. Bernfeld (1953) und von E. Jones (1960, Kapitel 6) erörtert.]

S. 93. Die Geburtsjahre meiner Kinder fallen zwischen 1887 und 1895.

S. 99. Schaumünze? In wenigen Fällen einen Stich nach Ingres' Bild ›Ödipus vor der Sphinx‹.

S. 120. Jung hatte mit der Berufung nach Worcester gar nichts zu tun, er war damals in Amerika kaum bekannt.

S. 121. Darmkatarrh (Colitis), wegen dessen ich viele Jahre Karlsbad aufgesucht habe. Auf der Reise war von Organisation noch nicht die Rede.

S. 124. Falsch, wie ich an anderer Stelle berichtet. Adler und Stekel baten mich, unter Zusicherung ihrer guten Absichten, die Stellung des Herausgebers anzunehmen, dies ist nicht ohne Zusammenhang mit den Motiven des späteren Bruches mit Stekel.

S. 131. Die Ichtriebe waren längst vor Adlers Auftreten statuiert worden.

S. 135. Ebenso hatte Adler die Ursprünglichkeit des Sexualtriebes lange vor seinem Auftritt geleugnet.

S. 138. Idem.

S. 140. Ichtriebe siehe Nota zu 131. Die Reaktion auf Adler war die ›Einführung des Narzißmus‹ [1914 c].

S. 173. *Totem und Tabu* [1912–13] war vor dem Kongreß in München bereits in *Imago* veröffentlicht worden und fand dort bereits bei einem Jung-Schüler starken Widerspruch. An der Buchausgabe ist nur die nach dem Kongreß in Rom geschriebene Vorrede neu.[1]

S. 182. Ich habe nie behauptet, daß der Narzißmus nicht mein volles Eigentum ist, nur erwähnt, daß er von anderen zuerst literarisch gestreift wurde.

S. 231. Das schien mir immer sehr interessant, ein warnendes Beispiel. Gewiß hätte ich in einer analytischen Studie über einen anderen denselben Zusammenhang zwischen dem Tod meiner Tochter und den Gedankengängen im *Jenseits*[2] vertreten. Und doch ist er falsch. Das *Jenseits* wurde 1919 geschrieben, als meine Tochter gesund und blühend war. Sie starb im Jänner 1920. Im September 19 habe ich das Manuskript des kleinen Buches mehreren Freunden in Berlin zur Lektüre überlassen, es fehlte daran nur der Teil über die Sterblichkeit oder Unsterblichkeit der Protozoen. Das Wahrscheinliche ist nicht immer das Wahre.

---

[1] [Vgl. die 1912 erschienenen Einleitungspassagen zu ›Über einige Übereinstimmungen im Seelenleben der Wilden und der Neurotiker‹, oben, S. 743 ff.]

[2] [*Jenseits des Lustprinzips* (1920 g).]

Auszug eines Briefs an Georg Fuchs[1]
(1931)

Die Welle stärksten Mitgefühls nach der Lesung Ihres Briefes brach sich alsbald an zwei Bedenken: einer innerlichen Schwierigkeit und einem äußerlichen Hindernis. Für die erstere gab mir – ein Satz Ihrer eigenen Vorrede den geeigneten Ausdruck:»Nun gibt es ja wohl Leute, welche eine so geringe Meinung von der heutigen Kulturmenschheit haben, daß sie die Existenz eines Weltgewissens bestreiten.« Ich glaube, daß ich zu diesen Leuten gehöre. Ich könnte z. B. den Satz nicht unterschreiben, daß die Behandlung der Strafgefangenen eine Schande für unsere Kultur ist. Im Gegenteil, würde mir eine Stimme sagen: sie ist ganz in Einklang mit unserer Kultur, notwendige Äußerung der Brutalität und des Unverstandes, die die gegenwärtige Kulturmenschheit beherrschen. Und wenn durch ein

---

[1] [Zuerst veröffentlicht in: *Wir Zuchthäusler. Erinnerungen des Zellengefangenen Nr. 2911.* Im Zuchthause geschrieben von Georg Fuchs, Albert Langen, München 1931, S. Xf. Zusammen mit einer englischen Übersetzung wurde der deutsche Text nachgedruckt in K. R. Eissler, ›A Hitherto Unnoticed Letter by Sigmund Freud‹, *International Journal of Psycho-Analysis*, Bd. 42 (1961), S. 199f. Der Brief wurde von K. R. Eissler bekanntgemacht, in seinem Artikel findet sich ein ausführlicher Bericht über die Umstände, unter denen Freud ihn schrieb. Als Textvorlage diente uns eine Photokopie der Erstpublikation. – Georg Fuchs (1868–1949) war ein zu seiner Zeit bekannter Münchener Literat mit besonders engen Verbindungen zum Theater. Aus politischen Gründen mußte er zweimal eine Haftstrafe verbüßen und schrieb einen umfangreichen Bericht über seine Gefängniserfahrungen. Bevor er das Buch veröffentlichte, schickte er Exemplare an verschiedene Berühmtheiten (darunter Ricarda Huch, Alfred Döblin, Jakob Wassermann, Hermann Keyserling, Oswald Spengler und eben auch Freud) und druckte deren Reaktionen als Vorwort in seinem Buch ab.]

Wunder plötzlich die Überzeugung auftauchte, daß die Reform des Strafwesens die nächste und dringlichste Aufgabe unserer Kultur ist – was würde sich anders herausstellen, als daß die kapitalistische Gesellschaft jetzt nicht die Mittel hat, den für diese Reform erforderlichen Aufwand zu bestreiten! – Die Erkenntnis der anderen, äußeren Schwierigkeit knüpft an die Stellen Ihres Briefes an, in denen Sie mich zum anerkannten geistigen Führer und kulturellen Bahnbrecher erheben und mir ein Vorrecht auf das Ohr der Kulturwelt zuschreiben. Verehrter Herr, ich wollte, es wäre so; ich würde mich dann Ihrem Wunsche nicht verweigern. Aber mir scheint, ich bin persona ingrata, wenn nicht ingratissima, beim deutschen Volke – und zwar beim gelehrten ebenso wie beim ungelehrten. Ich hoffe mit Bestimmtheit, daß Sie nicht von mir glauben, ich sei durch diese Mißfallensbezeigungen schwer gekränkt worden. Ich bin schon seit Dezennien nicht mehr so kindisch; an Ihrem Beispiel gemessen, wäre es auch zu lächerlich. Ich erwähne diese Nichtigkeiten nur, um zu erhärten, daß ich kein wünschenswerter Fürsprech für ein Buch bin, das die Sympathien der Lesermassen für eine gute Sache entflammen will. – Ihr Buch ist übrigens ergreifend, schön, klug und gut!

Vorwort zu Richard Sterba,
Handwörterbuch der Psychoanalyse[1]
(1936 [1932])

3. 7. 1932

Lieber Herr Doktor

Ihr Handwörterbuch hat mir den Eindruck einer wertvollen Hilfe für den Lernenden und einer schönen Leistung an sich gemacht. Die Präzision und Korrektheit der einzelnen Angaben ist in der Tat anerkennenswert. Eine englische und französische Übersetzung der Schlagworte, nicht unerläßlich, würde doch den Wert noch erhöhen.[2] Ich verkenne aber nicht, daß der Weg vom Buchstaben A durchs Alphabet ein sehr langer ist und daß es ein ungeheures Maß von Arbeitsbelastung für Sie bedeutet, ihn zu gehen. Tun Sie es also nicht, wenn Sie sich nicht dazu innerlich gedrängt fühlen. Nur unter *dem* Zwang, gewiß nicht auf äußere Anregung!

Herzlich Ihr
Freud

---

[1] [Abgedruckt als Faksimile-Frontispiz in der ersten Lieferung (›Abasie‹ bis ›Angst‹) von Sterbas *Handwörterbuch der Psychoanalyse*, Internationaler Psychoanalytischer Verlag, Wien 1936. Der Brief scheint bisher nicht nachgedruckt worden zu sein. Freud schrieb ihn, als das Werk gerade erst begonnen hatte, er also nur eine Probe davon sehen konnte. – Als Textvorlage diente eine Photokopie des Faksimiles.]

[2] [In das fertige Handwörterbuch sind dann tatsächlich Übersetzungen aufgenommen worden.]

Ergänzungen

Ergänzungen zur *Selbstdarstellung*
(1935)

Editorische Vorbemerkung

1936 In *Selbstdarstellung*, Leipzig–Wien–Zürich, Internationaler Psychoanalytischer Verlag, 2. Aufl. (1946 unveränderter Nachdruck dieser Einzelausgabe, lediglich mit anderen Abbildungen versehen, bei Imago Publishing Co., London.)

1971 In Sigmund Freud, »*Selbstdarstellung*«; *Schriften zur Geschichte der Psychoanalyse*, herausgegeben und eingeleitet von I. Grubrich-Simitis, Frankfurt am Main, Fischer Taschenbuch Verlag.

Englische Übersetzung (Erstveröffentlichung):
1935 In Sigmund Freud, *Autobiography*, New York, W. W. Norton & Co.

1927, zwei Jahre nach dem Erscheinen der *Selbstdarstellung* (1925*d* [1924]) in der Originalsprache, veröffentlichte der New Yorker Verlag Brentano eine amerikanische Ausgabe. Die Übersetzung, ›An Autobiographical Study‹, stammt von James Strachey und steht in einem Band mit der Übersetzung der *Frage der Laienanalyse* (1926*e*). Letztere Schrift gab der englischsprachigen Erstausgabe den Buchtitel: *The Problem of Lay-Analyses*. Die Rechte gingen später an den Verlag Norton, New York, über, der 1935, unter dem veränderten Buchtitel *Autobiography*, diesmal also die *Selbstdarstellung* gegenüber der *Frage der Laienanalyse* betonend, eine zweite Auflage veranstaltete. Während der Vorbereitung bat der Verleger Freud, den ursprünglichen Text im Hinblick auf die Entwicklungen des unterdessen verstrichenen Jahrzehnts zu ergänzen. Freud schrieb daraufhin nicht nur die ›Nachschrift‹ (1935*a*), sondern fügte in den früheren Text auch eine Reihe bedeutsamer Ergänzungen sowie zahlreiche Fußnoten ein. In die *Gesammelten Werke* wurden

1948 (Bd. 14, S. 33–96) zwar die zusätzlichen Fußnoten und 1950 (Bd. 16, S. 31–34) die ›Nachschrift‹ zur *Selbstdarstellung* übernommen. Mit Ausnahme des neu hinzugekommenen Schlußsatzes (Bd. 14, S. 96) unterblieb jedoch, wohl durch ein Versehen, der Abdruck der Ergänzungen im Haupttext. Sie werden im folgenden nachgetragen; Seiten- und Zeilenangaben beziehen sich auf Band 14 der *Gesammelten Werke*. Als Textvorlage diente der Nachdruck der Einzelausgabe von 1946.

[Seite 34, Zeile 23; anschließend an »nicht erkannt hatte«:]

Frühzeitige Vertiefung in die biblische Geschichte, kaum daß ich die Kunst des Lesens erlernt hatte, hat, wie ich viel später erkannte, die Richtung meines Interesses nachhaltig bestimmt. Unter dem mächtigen Einfluß einer Freundschaft mit einem etwas älteren Gymnasialkollegen, der nachher als Politiker bekannt wurde[1], wollte auch ich Jura studieren und mich sozial betätigen.

[Seite 34, Zeile 26; nach »populären Vorlesung«:]

von Prof. Carl Brühl[2]

---

[1] [Heinrich Braun (1854–1927), eine führende Persönlichkeit der sozialdemokratischen Bewegung. Er begründete zusammen mit Karl Kautsky und Wilhelm Liebknecht *Die neue Zeit*, das Zentralorgan der Sozialdemokratischen Partei Deutschlands, und bemühte sich vor allem um eine Vermittlung zwischen Arbeiterbewegung und Intellektuellen. Freud erinnert sich seiner Jugendfreundschaft mit Braun in einem Brief vom 30. Oktober 1927 an Julie Braun-Vogelstein, die Witwe des Politikers (Freud, 1960a). (Vgl. auch oben, S. 735 mit Anm. 3.)]

[2] [Carl Brühl, 1820–1899, Professor der Zootomie an der Universität Wien. Er hielt sonntags populärwissenschaftliche Vorlesungen.]

[Seite 35, Zeile 16; anschließend an »zu Vorbildern nehmen konnte«:]

Meister Brücke[1] selbst und seine Assistenten Sigm. Exner und Ernst von Fleischl-Marxow, von denen der letztere, eine glänzende Persönlichkeit, mich sogar seiner Freundschaft würdigte.[2]

[Seite 39, Zeile 9/10; für »mein damaliges Versäumnis« korrigierte Freud:]

die damalige Störung[3]

[Seite 56, Zeile 32; »*manière*« in Janets Ausspruch verbessert Freud zu:]

façon

[Seite 85, Zeile 8; diesem Absatz fügte Freud 1935 noch folgende Sätze hinzu:]

Ich habe es immer als grobe Ungerechtigkeit empfunden, daß man die Psychoanalyse nicht behandeln wollte wie jede andere Naturwissenschaft. Diese Verweigerung kam in den hartnäckigsten Einwendungen zum Ausdruck. Man macht der Psychoanalyse jede ihrer Unvollständigkeiten und Unvollkommenheiten zum Vorwurf, während eine auf Beobachtung gegründete Wissenschaft doch nicht anders kann, als ihre Ergebnisse stückweise herauszuarbeiten und ihre Probleme schrittweise zu lösen. Noch mehr, wenn wir bemüht waren, der Sexualfunktion die Anerkennung zu verschaffen, die ihr so lange versagt worden war, so wurde die psychoanalytische Theorie als »Pansexualismus« gebrandmarkt, wenn wir die bisher übersehene Rolle akzidenteller Eindrücke der frühen Jugendzeit betonten, mußten wir hören, daß die Psychoanalyse die Faktoren der Konstitution und der Heredität[4] verleugne, was uns niemals eingefallen war. Es war Widerspruch um jeden Preis und mit allen Mitteln. [Ende des Absatzes.]

---

[1] [Vgl. oben, S. 35, Anm. 1.]
[2] [S. auch ›Curriculum vitae‹, oben, S. 46f.]
[3] [Vgl. hierzu Freud, *Die Traumdeutung* (1900*a*; *G. W.*, Bd. 2/3, S. 176; *Studienausgabe*, Bd. 2, S. 183f.), ferner S. Bernfeld (1953; S. 208 der deutschen Ausgabe).]
[4] [Vgl. für eine Diskussion dieser Faktoren etwa den Entwurf zur ›Übersicht der Übertragungsneurosen‹ 1985*a* [1915], oben, S. 639ff.]

Anmerkungen

Anmerkung zu Wilhelm Stekel,
›Zur Psychologie des Exhibitionismus‹[1]
(1911)

Es erscheint mir wahrscheinlich, daß diese Zurückführung der Exhibition auf unbewußte narzißtische Motive, wie sie Dr. Stekel in diesem Aufsatze vorschlägt, auch zur Erklärung der apotropäischen Rolle der Entblößung im Leben der antiken Völker verwendet werden kann.

Der Herausgeber.

---

[1] [Stekels Arbeit (1911 *b*) erschien in dem von Freud herausgegebenen *Zentralblatt für Psychoanalyse*, Bd. 1 (1911), S. 494 f., das als Textvorlage diente. Freuds Anmerkung steht auf S. 495 als Fußnote nach dem letzten Wort des Artikels.]

Anmerkung zu James J. Putnam,
›Über Ätiologie und Behandlung der Psychoneurosen‹[1]
(1911)

Gehalten im Juni 1910 vor der Canadian Medical Association, Toronto, und abgedruckt im *Boston Medical and Surgical Journal*, 21 July 1910. – Als Gegenmittel gegen die zahlreichen ungerechten und mißverständlichen Angriffe, die gegen die Psychoanalyse gerichtet werden, und anstelle von leicht zu Verbitterung führenden Gegenkritiken bieten wir unseren Lesern diesen Vortrag des Neurologen der Universität von Boston [Harvard Medical School]. J. Putnam ist nicht nur einer der hervorragendsten Nervenärzte Amerikas, sondern auch ein wegen seines tadellosen Charakters und seines hohen ethischen Standards allgemein hochgeachteter Mann. Obwohl längst über die Jahre der Jugend hinaus, hat er sich seit dem Vorjahre unbedenklich in die erste Reihe der Vorkämpfer für die Psychoanalyse gestellt.[2]

---

[1] [Diese Anmerkung hängte Freud als Fußnote zur Titelzeile seiner eigenen, anonym gehaltenen Übersetzung (1911*j*) des Artikels von Putnam (1910) an, die im *Zentralblatt für Psychoanalyse*, Bd. 1 (1911), S. 137, veröffentlicht wurde. Eine Photokopie des *Zentralblatts* diente uns als Textvorlage. – James Jackson Putnam (1846–1918) war Professor der Neurologie an der Harvard University, ein Befürworter der Psychoanalyse in Amerika. Bei seinem Tode im November 1918 verfaßte Freud eine mit ›Der Herausgeber‹ gezeichnete kurze Würdigung, die in der *Internationalen Zeitschrift für ärztliche Psychoanalyse* (1919*b*; *G. W.*, Bd. 12, S. 315) herauskam. Für eine ausführlichere Erörterung von Putnams Werk vgl. Freuds Vorwort zu Putnams Schriften (Freud, 1921*a*).]
[2] [Den letzten Satz dieser Anmerkung kommentierte Freud wenig später in einer kurzen Arbeit ›Ein Beitrag zum Vergessen von Eigennamen‹ (1911*i*; *G. W.*, Bd. 4, S. 37), die später, von deren vierter Auflage an, in *Zur Psychopathologie des Alltagslebens* (1901*b*; Kapitel III, Nr. 11) einbezogen wurde. S. auch Jones (1962*a*; S. 97).]

Anmerkung zu Ernest Jones, ›Psycho-Analyse Roosevelts‹[1]

(1912)

Wir möchten bei dieser Gelegenheit betonen, daß wir mit der Tendenz, die Psychoanalyse zu Eingriffen in das Privatleben zu benützen, durchaus nicht einverstanden sind.

Die Redaktion.

---

[1] [Jones veröffentlichte diese Arbeit in dem von Freud herausgegebenen *Zentralblatt für Psychoanalyse*, Bd. 2 (1912); die Anmerkung Freuds befindet sich auf S. 676. Das *Zentralblatt* diente uns als Textvorlage. Jones kommentiert in seinem unter der Rubrik ›Varia‹ abgedruckten Bericht einen Artikel, den Morton Prince in der *New York Times* vom 24. März 1912 veröffentlicht hatte und in dem dieser, mitten im amerikanischen Wahlkampf, einen der Präsidentschaftskandidaten, Theodore Roosevelt, einer psycho-analytischen Betrachtung unterzieht, welche seinerzeit großes Aufsehen erregte. – Zur Anwendung der Psychoanalyse auf Figuren der Zeitgeschichte vgl. Freuds Einleitung von 1930 zu W. C. Bullitts Buch über Thomas Woodrow Wilson, oben, S. 686 ff.]

Anmerkung zu Ernest Jones,
›Professor Janet über Psychoanalyse‹[1]
(1916/17)

Ich bin genötigt, Dr. Jones in einem für seine Polemik unwesentlichen, für mich aber bedeutsamen Punkte zu berichtigen. Alles über die Priorität und Unabhängigkeit der später psychoanalytisch genannten Arbeit Gesagte behält seine Richtigkeit, bezieht sich aber allein auf die Leistung Breuers. Meine Anteilnahme setzte erst 1891/92 ein. Was ich übernommen habe, habe ich nicht von Janet, sondern von Breuer empfangen, wie wiederholt öffentlich anerkannt.

Freud.

---

[1] [Jones publizierte seine Polemik gegen Pierre Janet in der von Freud herausgegebenen *Internationalen Zeitschrift für ärztliche Psychoanalyse*, Bd. 4 (1916/17; veröffentlicht 1918), S. 34–43. Für weitere Einzelheiten vgl. oben, S. 201, Anm. Freud fügte seine ›Anmerkung des Herausgebers‹ auf S. 42 hinzu. Als Textvorlage diente die *Internationale Zeitschrift für ärztliche Psychoanalyse*.]

E. T. A. Hoffmann über die Bewußtseinsfunktion[1]
(1919)

In dem an meisterhaften Schilderungen pathologischer Geisteszustände reichen Roman *Die Elixiere des Teufels* (II. Teil, Hesses Ausgabe, S. 210) tröstet Schönfeld den vorübergehend bewußtseinsgestörten Helden mit folgenden Worten: »Was haben Sie denn nun davon! ich meine von der besonderen Geistesfunktion, die man Bewußtsein nennt und die nichts anderes ist als die verfluchte Tätigkeit eines verdammten Toreinnehmers – Akziseoffizianten – Oberkontrollassistenten, der sein heilloses Komptoir im Oberstübchen aufgeschlagen hat und zu aller Ware, die hinaus will, sagt: hei... hei... die Ausfuhr ist verboten... im Lande, im Lande bleibt's. –«

S. F.

---

[1] [Unter der Rubrik ›Varia‹ und mit den Initialen ›S. F.‹ gezeichnet, erschien diese Notiz 1919 in der *Internationalen Zeitschrift für Psychoanalyse,* Bd. 5 (1919), S. 308, die uns als Textvorlage diente. – Mit Hoffmanns Roman *Die Elixiere des Teufels* befaßt sich Freud auch in seiner Schrift ›Das Unheimliche‹ (1919*h*).]

Anmerkung über Ewald Hering[1]
(1926)

Dem deutschen Leser, dem der oben erwähnte Vortrag von Hering als eine Meisterleistung vertraut ist, läge es natürlich ferne, die davon abgeleiteten Erörterungen Butlers in den Vordergrund zu rücken. Bei Hering findet man übrigens treffende Bemerkungen, welche der Psychologie das Recht zur Annahme einer unbewußten Seelentätigkeit zusprechen: »Wer könnte hienach hoffen, das tausendfältig verschlungene Gewebe unseres inneren

---

[1] [Veröffentlicht in Israel Levine, *Das Unbewußte*, deutsche Übersetzung von Anna und Sigmund Freud, Wien 1926, S. 34 f.; Nachdruck in *Studienausgabe*, Bd. 3, S. 163 f., die auch als Textvorlage diente. – Zu den Professoren, mit deren Arbeiten sich Freud während seiner Studienjahre beschäftigte, gehörte auch der Physiologe Ewald Hering (1834–1918), der, wie wir von Jones (1960, S. 265) erfahren, dem jungen Mann einmal eine Assistentenstelle in Prag anbot; dies dürfte in der Zeit gewesen sein, als Freud noch in Brückes Physiologischem Institut arbeitete, etwa 1882; Hering war 1870 als Ordinarius nach Prag gegangen. Eine Bemerkung, die Freud etwa fünfzig Jahre später niederschrieb, könnte, wie Ernst Kris (1956) auffiel, darauf hindeuten, daß Hering (1878) einigen Einfluß auf Freuds Ansichten über das Unbewußte gehabt hat. Im Jahre 1880 hatte Samuel Butler ein Buch mit dem Titel *Unconscious Memory* veröffentlicht und darin die Übersetzung eines von Hering im Jahre 1870 gehaltenen Vortrags ›Über das Gedächtnis als eine allgemeine Funktion der organisierten Materie‹ aufgenommen, mit dessen Inhalt Butler sich in den Grundzügen einverstanden erklärte. Dann kam im Jahre 1923 in England ein Buch von Israel Levine mit dem Titel *The Unconscious* heraus; eine von Anna Freud besorgte deutsche Übersetzung dieses Werks erschien 1926. Den Abschnitt jedoch, der sich mit Samuel Butler befaßt (Teil I, § 13), hat Freud selbst übersetzt (1926 g). Der Autor, Levine, erwähnt zwar Herings Vortrag, interessierte sich aber mehr für Butler als für Hering, und an dieser Stelle (S. 34 f. der deutschen Übersetzung) fügte Freud die oben abgedruckte Anmerkung hinzu. (Vgl. auch Hering, 1878, S. 77 ff.)]

Lebens zu entwirren, wenn er seinen Fäden nur nachgehen wollte, soweit sie im Bewußtsein verlaufen? – [...] Man hat solche Ketten unbewußter materieller Nervenprozesse, an welche sich schließlich ein von bewußter Wahrnehmung begleitetes Glied anreiht, als unbewußte Vorstellungsreihen und unbewußte Schlüsse bezeichnet, und vom Standpunkt der Psychologie läßt sich dies auch rechtfertigen. Denn der Psychologie verschwände oft genug die Seele unter den Händen, wenn sie nicht an ihren unbewußten Zuständen festhalten wollte.« [Hering (1870), S. 11 und S. 13.][1]

---

[1] [In *Jenseits des Lustprinzips* (1920 g) deutet ein weiterer Verweis auf Ewald Hering darauf hin, daß dessen Vorstellungen auch auf Freuds Theorie der dualistischen Triebeinteilung eingewirkt haben (*G. W.*, Bd. 13, S. 53; *Studienausgabe*, Bd. 3, S. 258 f.).]

XIV. Teil

Gedanken im Exil
(1938)

Brief an Israel Cohen[1]
(1954 [1938])

Sehr geehrter Herr,

Dem Dank für Ihren Willkommensgruß in England füge ich die Bitte an, mich nicht wie einen »Leader in Israel« behandeln zu wollen. Ich möchte nur als bescheidener Wissenschaftler betrachtet werden und in keiner anderen Weise hervortreten. Obgleich ein guter Jude, der das Judentum nie verleugnet hat, kann ich doch nicht übersehen, daß meine absolut negative Einstellung zu jeder Religion, auch der jüdischen, mich von der Mehrzahl unserer Genossen absondert und mich für die Rolle, die Sie mir zuweisen wollen, ungeeignet macht.

Ihr sehr ergebener

14. 6. 1938   Freud

---

[1] [Dieser Brief erschien in englischer Übersetzung im *Jewish Observer and Middle East Review*, Bd. 3 (1954), Nr. 23 (4. Juni), S. 10. Er wurde unter der Überschrift ›A letter from Freud‹ in der Spalte ›Hamazkir writes‹ abgedruckt und durch folgende Notiz eingeführt (Hamazkir war das Pseudonym, unter dem Israel Cohen eine regelmäßige Kolumne veröffentlichte): »The publication of a volume of letters from Sigmund Freud to Wilhelm Fließ [gemeint ist die 1954 erschienene englische Ausgabe von 1950*a*] covering the period from 1887 to 1902, reminds me of a letter that the founder of psychoanalysis wrote to me shortly before the outbreak of the last war, when he arrived in England as a refugee. There was an appeal campaign for the Keren Hayesod at the time, and it occurred to me that a message from this international celebrity would serve as an inspiring incentive.« Cohen schrieb also an Freud und bat um die Unterzeichnung eines unterstützenden Grußworts. Der Text lautete folgendermaßen: »I have learned with much interest of the public-spirited effort now being made by the Jews of the Argentine to raise a

large fund in aid of the Jewish refugees from Germany and also on behalf of the Jewish resettlement in Palestine. This work of humanity has my warmest sympathy and best wishes, and I earnestly trust all Jews in the Argentine will do their utmost to contribute towards its success.« – Israel Cohen war der frühere Generalsekretär der Zionistischen Weltorganisation, daher sein Pseudonym »Hamazkir«, das hebräische Wort für Sekretär. Er war Autor etlicher Bücher über Juden und jüdische Gemeinden; den Stoff dafür hatte er auf ausgedehnten Dienstreisen gesammelt. – Bezüglich des oben abgedruckten Briefs kursiert ein hartnäckiger bibliographischer Irrtum. Das Schreiben wurde von Grinstein (Bd. 5, *Additions and Corrections to Author Index*) als Nr. 10522 c rubriziert, jedoch irrtümlich auf 1924 datiert. In der *Standard Edition* wurde der Brief, Grinstein folgend, in der Freud-Bibliographie unter 1924 i angeführt, eine Eintragung, die dann auch in der *Sigmund-Freud-Konkordanz und -Gesamtbibliographie* (1975) erschien. Die englische Übersetzung des Briefs ist bislang nicht nachgedruckt worden, und der Datierungsirrtum blieb anscheinend unentdeckt, bis, im Zuge der Vorbereitung des vorliegenden Bandes, jene Veröffentlichung eingesehen wurde. Die bibliographische Zuschreibung (1924 i) wurde berichtigt, durch (1954 e [1938]) ersetzt. Dank der großzügigen Hilfe von Jon Kimche, seinerzeit Herausgeber des *Jewish Observer*, und Dr. S. Levenberg von der Jewish Agency for Israel, London, sowie durch die Freundlichkeit von Dr. M. Heymann, Direktor der Central Zionist Archives, Jerusalem, gelang es, das deutsche Original von Freuds Brief ausfindig zu machen. Es wird hier nun erstmals veröffentlicht.]

Ein Wort zum Antisemitismus
(1938)

Editorische Vorbemerkung

1938 In *Die Zukunft. Ein neues Deutschland: Ein neues Europa!* (Paris), Nr. 7 (25. November), ›Sondernummer England–Deutschland‹, S. 2.

1987 In *Forum*, Internationale Zeitschrift für kulturelle Freiheit, politische Gleichheit und solidarische Arbeit (Wien), 34. Jahr, Nr. 397/398, Heft März/ April, 15. März, S. 17.

Arthur Koestler (1955, S. 433 ff.) hat einige Einzelheiten über die Zeitschrift mitgeteilt, in welcher ›Ein Wort zum Antisemitismus‹ erschienen ist und die seinerzeit in Paris als »Organ der Deutsch-Französischen Union« von Willi Münzenberg herausgegeben wurde. Koestler beschreibt sie als eine deutsche Emigranten-Wochenschrift. Sie wurde erstmals im Oktober 1938 publiziert und stellte ihr Erscheinen im Mai 1940 wieder ein. Zu den Autoren, die Beiträge lieferten, gehörten neben Freud Thomas Mann, E. M. Forster und Aldous Huxley. Die Nummer, in der Freuds Artikel veröffentlicht wurde, war eine zweisprachige englisch-deutsche Ausgabe, zu der Arthur Koestler eine längere Einleitung schrieb. Koestler berichtet (1955, S. 435–37), wie er nach London kam, um Freud für einen Beitrag zu gewinnen. Freuds Text wird durch folgenden Satz des Herausgebers eingeleitet: »Der nachstehende Aufsatz ist die erste Veröffentlichung aus der Feder Sigmund[1] Freuds seit seiner Verbannung aus Wien.« – Als Textvorlage diente uns eine Photokopie des Zeitschriftartikels.

Wie der Leser sehen wird, besteht der Artikel fast zur Gänze aus einem Zitat, von dessen Quelle Freud behauptet, sie nicht mehr auffinden zu können. Es ist (vgl.

---

[1] [Im Original steht »Siegmund«.]

Ernest Jones, 1962*b*, S. 283) mit einiger Plausibilität vermutet worden, daß das Zitat in Wirklichkeit von Freud selbst stamme, der auf diese indirekte Weise einige recht unpopuläre Ansichten äußern wollte. Jedenfalls besteht eine deutliche Verwandtschaft zwischen vielem, was in diesem Zitat enthalten ist, und Auffassungen, die Freud andernorts vorgetragen hat, besonders in *Der Mann Moses und die monotheistische Religion* (1939*a* [1934–38]), einer Arbeit, die er kurz zuvor abgeschlossen hatte. (S. beispielsweise die Erörterung des jüdischen Charakters in Teil I(D) und Teil II(A) des dritten Essays; *G. W.*, Bd. 16, S. 191 ff.: ›Anwendung‹, und S. 211 ff.: ›Das Volk Israel‹; *Studienausgabe*, Bd. 9, S. 533 ff. und S. 551 ff.) Ferner findet sich das hier so eindringlich vorgetragene Plädoyer, daß Proteste gegen die Judenverfolgung von Nicht-Juden erhoben werden sollten, auch in Freuds Brief an *Time and Tide* (1938*c*), der nur einen Tag nach dem vorliegenden Artikel veröffentlicht wurde (S. 782 f., unten).

Während ich die Äußerungen in Presse und Literatur studierte, zu denen
die letzten Judenverfolgungen Anlaß gegeben haben, fiel mir ein Aufsatz
in die Hand, der mir so außergewöhnlich schien, daß ich ihn zu meinem
Gebrauch exzerpierte. Der Verfasser sagte darin ungefähr folgendes:
»Ich stelle voran, daß ich Nichtjude bin, es ist also nicht egoistische
Beteiligung, die mich zu meinen Äußerungen drängt. Doch habe ich
mich für die antisemitischen Ausbrüche unserer Zeit lebhaft interessiert
und besonders den Protesten gegen sie meine Aufmerksamkeit geschenkt. Diese Proteste kamen von zwei Seiten, von kirchlicher und von
weltlicher, die einen im Namen der Religion, die anderen mit Berufung
auf die Forderungen der Humanität, die ersteren waren spärlich und
kamen spät, aber sie sind endlich doch gekommen, selbst seine Heilig-
keit der Papst hat seine Stimme erhoben. Ich gestehe, daß ich in den
Kundgebungen von beiden Seiten etwas vermißt habe, etwas an deren
Anfang und etwas anderes zu ihrem Schluß. Ich will jetzt versuchen, es
hinzuzufügen!

Ich meine, man könnte all diesen Protesten eine bestimmte Einleitung
voranschicken, und die würde lauten: ›Ja es ist wahr, auch ich mag die
Juden nicht. Sie sind mir irgendwie fremdartig und antipathisch. Sie
haben viele unangenehme Eigenschaften und große Defekte. Ich glaube
auch, daß der Einfluß, den sie auf uns und unsere Angelegenheiten nahmen, ein vorwiegend schädlicher ist. Ihre Rasse ist, mit unserer eigenen
verglichen, offenbar eine minderwertige, alle ihre Betätigungen sprechen dafür.‹ Und nun könnte *widerspruchsfrei* folgen, was in diesen

779

Protesten wirklich steht. ›*Aber* wir bekennen uns zu einer Religion der Liebe. Wir sollen selbst unsere Feinde lieben wie uns selbst. Wir wissen, daß Gottes Sohn sein irdisches Leben dahingegeben hat, um *alle* Menschen von der Last der Sünde zu erlösen. Er ist unser Vorbild, und darum heißt es sündigen gegen seine Absicht und gegen das Gebot der christlichen Religion, wenn wir zustimmen, daß die Juden verhöhnt, mißhandelt, beraubt und ins Elend vertrieben werden. Wir müßten dagegen protestieren, ganz abgesehen davon, wie sehr oder wie wenig die Juden solche Behandlung verdienen.‹ Ähnlich äußern sich die Weltlichen, die an das Evangelium der Humanität glauben!

Ich gestehe, daß mich alle diese Kundgebungen nicht befriedigt haben. Außer der Religion der Liebe und der Humanität gibt es auch eine Religion der Wahrheit, und die ist in diesen Protesten zu kurz gekommen, die Wahrheit aber ist, daß wir das Volk der Juden durch lange Jahrhunderte ungerecht behandelt haben und daß wir darin fortfahren, indem wir sie ungerecht beurteilen. Wer von uns nicht damit beginnt, unsere Schuld zu bekennen, der hat seine Pflicht nicht getan in dieser Sache. Die Juden sind nicht schlechter als wir, sie haben etwas andere Eigenschaften und andere Fehler, aber im ganzen haben wir kein Recht, auf sie herabzusehen. Sie sind uns sogar in manchen Hinsichten überlegen. Sie brauchen nicht soviel Alkohol wie wir, um das Leben erträglich zu finden, die Verbrechen der Brutalität, Mord, Raub und sexuelle Gewalttat sind große Seltenheiten bei ihnen, sie haben geistige Leistung und Interessen immer hoch eingeschätzt, ihr Familienleben ist inniger, sie sorgen besser für ihre Armen, Mildtätigkeit ist ihnen eine heilige Pflicht. Auch minderwertig darf man sie in keiner Weise nennen. Seitdem wir sie zur Mitarbeit an unseren kulturellen Aufgaben zulassen, haben sie sich durch wertvolle Beiträge in allen Gebieten der Wissenschaft, Kunst und Technik verdient gemacht, haben unsere Toleranz reichlich vergolten. Hören wir also endlich auf, ihnen Gnaden hinzuwerfen, wo sie auf Gerechtigkeit Anspruch haben.«

Eine so entschiedene Parteinahme von seiten eines Nichtjuden hat auf mich natürlich einen tiefen Eindruck gemacht. Aber nun habe ich etwas Merkwürdiges zu bekennen. Ich bin ein sehr alter Mann, mein Gedächtnis ist nicht mehr, wie es früher war. Ich kann mich nicht mehr erinnern, wo ich den Aufsatz gelesen, den ich exzerpiert habe, und wer ihn als Verfasser gezeichnet hat. Vielleicht kann einer der Leser dieser Zeitung mir zu Hilfe kommen?

Es wird mir eben zugeflüstert, ich hätte wahrscheinlich das Buch des Grafen Heinrich Coudenhove-Kalergi im Sinn, *Das Wesen des Antisemitismus,* in dem gerade das enthalten ist, was der von mir gesuchte Autor an den neuerlichen Protesten vermißt hat, und sogar noch mehr. Ich kenne dieses Buch, es ist 1901 erschienen und 1929 von seinem Sohn[1] mit einer rühmlichen Einleitung neu veröffentlicht worden. Aber das kann es nicht sein, mir schwebt eine kürzere Äußerung vor und aus jüngster Zeit. Oder irre ich mich überhaupt, gibt es etwas dergleichen nicht und ist das Werk der beiden Coudenhove[2] *wirklich* ohne jeden Einfluß auf die Zeitgenossen geblieben?

Sigmund Freud.

---

[1] [Dem Grafen Richard Nikolaus Coudenhove-Kalergi.]

[2] [Der jüngere, R. N. Coudenhove-Kalergi, hatte u. a. zwei Bücher, *Judenhaß* und *Judenhaß–Antisemitismus* verfaßt; beide waren 1937 im Druck (Paneuropa-Verlag A. G. Glarus, Wien), scheinen jedoch nicht auf den Markt gekommen zu sein. Vgl. dazu R. N. Coudenhove-Kalergi (1929) und (1935).]

Brief an die Herausgeberin von *Time and Tide*[1]
(1938)

To the Editor of *Time and Tide*

I came to Vienna as a child of four years from a small town in Moravia. After seventy-eight years, including more than half a century of strenuous work I had to leave my home, saw the Scientific Society I had founded dissolved, our institutions destroyed, our Printing Press (Verlag) taken

---

[1] [Dieser Brief wurde unter der Überschrift ›A letter from Freud‹ am 26. November 1938 in einer Beilage zur englischen Zeitschrift *Time and Tide* veröffentlicht. Die Herausgeberin von *Time and Tide*, Lady Rhondda, führte ihn mit folgender Vorbemerkung ein: »When it was decided to issue a *Time and Tide* Supplement on the persecution of the Jews I wrote to Professor Freud and asked him to contribute. He sent in reply a personal letter explaining why he did not feel able to write. In view of the terrible situation in Germany I most earnestly begged him to allow me to publish that reply, and finally secured his permission. It is printed on this page.« Es folgen ein Faksimile der ersten Seite des in englisch handgeschriebenen Briefs von Freud sowie der gedruckte Wortlaut des ganzen Briefs. Als Textvorlage diente uns eine getippte Abschrift der Veröffentlichung. – Es sei angemerkt, daß der in *Time and Tide* publizierte Text leicht von jener in Freud, 1960a (3. Aufl. 1980, S. 471f.) und danach in der *Standard Edition* (Bd. 23, S. 301) abgedruckten Fassung abweicht. Die dortige Version war von einem im Besitz Ernst Freuds befindlichen, auf den 16. November 1938 datierten Autographen übernommen worden. Den endgültigen Text, der das Datum des 17. November trägt, hat Freud vermutlich noch vor Absendung revidiert. Sein Briefregister aus der entsprechenden Zeitspanne – ein Faksimile einer Seite aus diesem Register ist in Freud 1960a wiedergegeben – zeigt, daß er im Monat November mindestens dreimal an Lady Rhondda geschrieben hat. – Die deutsche Übersetzung des Briefes, für den vorliegenden Band von Ilse Grubrich-Simitis hergestellt, lautet:

over by the invaders, the books I had published confiscated and reduced to pulp, my children expelled from their professions. Don't you think the columns of your special number might rather be reserved for the utterances of non-Jewish people less personally involved than myself?

In this connection my mind gets hold of an old French saying:
Le bruit est pour le fat,
la plainte est pour le sot;
l'honnête homme trompé
s'en va et ne dit mot.[1]

Nov 17th, 1938   Sigm. Freud

»An die Herausgeberin von *Time and Tide*
Als vierjähriges Kind kam ich aus einer kleinen mährischen Stadt nach Wien. Nach achtundsiebzig Jahren, mehr als einem halben Jahrhundert angestrengter Arbeit, mußte ich meinen Heimatsort verlassen, sah die von mir gegründete wissenschaftliche Vereinigung aufgelöst, unsere Institutionen zerstört, unseren Verlag von den Invasoren übernommen, die von mir veröffentlichten Bücher konfisziert und eingestampft, meine Kinder aus ihren Berufen vertrieben.

Meinen Sie nicht, die Spalten Ihrer Beilage sollten eher den Stellungnahmen nichtjüdischer Personen vorbehalten sein, die nicht derart persönlich betroffen sind wie ich?

Es kommt mir ein alter französischer Spruch in den Sinn:
Le bruit est pour le fat,
la plainte est pour le sot;
l'honnête homme trompé
s'en va et ne dit mot.

17. November 1938   Sigm. Freud«]

[1] [Aus dem aus dem achtzehnten Jahrhundert stammenden Theaterstück *La Coquette Corrigée* von Jean Sauvé de la Noue (1701–1761), I. Akt, 3. Szene. Dem Sinne nach: Lärmen ist für den Dünkelhaften, Klagen für den Dummen; der betrogene Ehrenmann geht wortlos von dannen.]

783

Sendungen an Yisrael Doryon

(1938)

Einführung zu Yisrael Doryon, *Lynkeus' New State*[1]

(1940 [1938])

Der Jude Josef Popper-Lynkeus, Forscher, Denker und Menschenfreund,
wird von kommenden Geschlechtern sicherlich als einer der ganz großen
Männer seiner Zeit erkannt und geehrt werden. Während der kurzen
Periode ihrer Herrschaft in Wien hatte die sozialistische Stadtverwaltung
seinem Andenken eine Büste im Wiener Rathauspark geweiht. Als die
Deutschen in Wien einfielen, wurde dies Denkmal entfernt, wahrscheinlich zerstört. Das Buch des Herrn Doryon ist ein erster Versuch, es wieder
aufzurichten.

Sigm. Freud

London, November 1938

[1] [Der Brief, mit dem Freud am 28. November 1938 den Text seiner Einführung an
Doryon schickte, hatte folgenden Wortlaut: »Lieber Herr Doryon, Anbei einige Worte
zur Einführung Ihres Buches. Mit meinen besten Wünschen Ihr ergebener Sigm. Freud.«
– Die Einführung wurde 1940 (in deutsch mit hebräischer Übersetzung) in Yisrael
Doryons *Lynkeus' New State: A Plan for the Establishment of a New Social Order on an
Improved and Humane Basis* (Jerusalem, Rubin Mass) veröffentlicht. Das Buch enthält
eine zweite, von Albert Einstein stammende Einführung. Ein Nachdruck (mit einem
Faksimile von Freuds handgeschriebenem Text) erschien in Yisrael Doryons *Ha-isch
Mosche* (Der Mann Moses), Jerusalem, Massada Publishing Co., 1945–46. Dieser letztere Band enthält ferner den kurzen Brief an Doryon, welcher die Einführung begleitete,
und Auszüge aus zwei weiteren Briefen Freuds an Doryon (1945–46 [1938–39]; s. den
anschließenden Abdruck). Als Textvorlagen stellte uns Herr Doryon dankenswerterweise von allen hier abgedruckten Teilen Photokopien der Handschriften zur Verfügung. – »Lynkeus« war das Pseudonym Josef Poppers (1838–1921), der, von Hause aus
Ingenieur, in Österreich insbesondere auf Grund seiner philosophischen und soziologi-
schen Schriften weithin bekannt war. Wie aus seiner Einführung zu Doryons Buch klar

28 Nov. 1938

PROF. SIGM. FREUD

20 MARESFIELD GARDENS,
LONDON N.W.3.
TEL.: HAMPSTEAD 2002.

Lieber Herr Doryon

dabei einige Worte
zur Einführung Ihres
Buches. Mit meinen
besten Wünschen
Ihr ergebener

Sigm. Freud

Der Jude Josef Popper-Lynkeus
Forscher Denker und Menschen=
freund, wird von kommenden
Geschlechtern schwerlich als einer
der ganz großen Männer seiner
Zeit erkannt und geehrt werden
[...] der [...] Person ihre
[...] in Wien hat die [...]
[...] einmal an
[...] Wiener Rat-
haus [...]
in Wien [...] das [...]
[...] Herrn Doryon
ist ein [...] Versuch es wieder
aufzurichten. Sigm. Freud

London, November 1938

Auszüge aus zwei Briefen an Yisrael Doryon[1]
(1945–46 [1938])

[...]

Ihr Schreiben hat mich lebhaft interessiert. Sie kennen wahrscheinlich meine große Verehrung für Popper-Lynkeus. Es würde mich gar nicht stören, wenn meine Behauptung, Moses sei ein Ägypter gewesen, auf seine Anregung zurückginge. Phänomene von sogenannter Kryptomnesie sind bei mir sehr häufig vorgefallen und haben die Herkunft von scheinbar originellen Ideen geklärt.

---

hervorgeht, hegte Freud große Wertschätzung für ihn. Nach Poppers Tod im Jahre 1921 schrieb er eine kurze Arbeit (1922f), in welcher er die Übereinstimmung der Auffassungen zwischen wichtigen Teilen seiner eigenen Traumtheorie und den Ideen kommentiert, die »Lynkeus« in seinen *Phantasien eines Realisten* (1899) formuliert hat. Freud hatte darauf schon früher in einem 1909 zur *Traumdeutung* (1900a) hinzugefügten Nachtrag verwiesen. Er kam auf das Thema nochmals in einer längeren Arbeit (1932c) zurück, die er für eine Sondernummer der *Allgemeinen Nährpflicht* (Wien), Bd. 15, schrieb, welche anläßlich von Poppers zehntem Todestag herausgegeben wurde. S. auch E. S. Wolf und H. Trosman, ›Freud and Popper-Lynkeus‹ (1974).]

[1] [Erstmals veröffentlicht (mit Faksimile der deutschen Originale) in Yisrael Doryon, *Ha-isch Mosche* (Der Mann Moses), Jerusalem, Massada Publishing Co., 1945–46. Der kurze Brief (s. die vorherige Anm. 1), der Freuds Einführung zu Yisrael Doryons Buch *Lynkeus' New State* begleitete, wurde gleichfalls in jenem Buch erstmals publiziert; die Einführung selbst erschien dort im Nachdruck. Beide wurden von Faksimiles der deutschen Originale flankiert. Der deutsche Text der Briefe ist anscheinend bislang noch nie erschienen. – Die Briefe, aus denen Doryon die vorliegenden Auszüge auswählte, wurden als Antwort auf eine Anfrage Doryons verfaßt, ob Freud von einer Kurzgeschichte Poppers (in *Phantasien eines Realisten*, 1899) beeinflußt worden sei, als er seine Theorie aufstellte, daß Moses ein Ägypter war (›Moses, ein Ägypter‹, 1937b; *G. W.,* Bd. 16, S. 103; *Studienausgabe*, Bd. 9, S. 459).]

Ich nehme an, das Stück bei Popper-Lynkeus, ›Der Sohn des Königs von Ägypten‹, bezieht sich wirklich auf Moses. Ich kann es nicht konstatieren, denn die *Phantasien eines Realisten* haben irgendwie die Übersiedlung meiner Bibliothek nach London nicht gut vertragen. Ich kann sie nicht finden und muß sie mir erst wieder verschaffen.

Kein Zweifel, daß ich den Aufsatz seinerzeit gelesen habe, vielleicht sogar mehrmals. Ob mir von ihm ein Eindruck geblieben ist, kann ich nicht sagen. Ich war damals, als ich das Buch las, nicht an der Frage interessiert. Mit der Behauptung, Moses sei ein Ägypter gewesen, hat es ja eine besondere Bewandtnis. Man kann nicht sagen, es sei ein »Einfall« von mir. Im Gegenteil, sie ist oftmals ausgesprochen worden, jedesmal ohne den Schatten eines Beweises. Ich habe darum in meiner kleinen Abhandlung alle diese Fälle übergangen. Voriges Jahr, als sie bereits gedruckt vorlag, fand ich zu meiner Überraschung dieselbe Aufstellung in den berüchtigten *Grundlagen des XIX. Jahrhunderts* von Houston Chamberlain.[1] Ich erinnerte mich dabei, daß ich noch vor meiner Arbeit einen historischen Roman in die Hände bekommen, in dem Moses direkt als Schüler des Pharao, dessen Vetter er ist, dargestellt wird. Ich konnte diesen Roman, der mich vielleicht wirklich beeinflußt hat, aber nicht mehr auffinden.

Sie sehen, daß ich die Frage, ob Popper-Lynkeus' Phantasie einen Anteil an meiner kleinen Arbeit gehabt, nicht mit Sicherheit beantworten kann. Bewußterweise kam ich natürlich zu meinem Problem auf einem bestimmten anderen Weg. Das Neue an meiner Arbeit ist nicht das Ergebnis, sondern das Stückchen psychoanalytischer Bekräftigung desselben, das freilich nur auf eine Minderzahl Eindruck machen wird.

[...]

25. Okt. 1938

[...]

Die Lektüre des Stückes hat kein Erinnerungsgefühl bei mir geweckt, aber das ist natürlich kein Beweis. Ich ersehe, daß Popper-Lynkeus den Mythus von Moses nach dem Vorbild des Typus modifiziert hat: der Vater, der durch Traum, Orakel, Ahnung vor der Geburt des Sohnes gewarnt wird, darum seine Geburt zu verhindern sucht oder (und) das Kind nach

---

[1] [Houston Stewart Chamberlain (1855–1926), ein gelehrter politischer Theoretiker, berüchtigt für seine rassistischen Auffassungen, gilt als ein intellektueller Vorläufer der nationalsozialistischen Ideologie. Seine *Grundlagen des Neunzehnten Jahrhunderts* wurden im gleichen Jahr, 1899, veröffentlicht wie Poppers *Phantasien eines Realisten*.

seiner Geburt aussetzen läßt. Damit hat er sich weit von mir entfernt. Bei mir ist das Wesentliche die Negation. Moses ist sowenig das Kind seiner jüdischen Eltern wie Cyrus der Enkel des Mederkönigs oder Romulus der des Königs von Alba Longa. In all solchen Fällen ist die erste Familie des Mythus die fiktive. Also ist Moses nicht ein halber, sondern ein ganzer Ägypter.

Mit Ihrem Urteil über Popper-Lynkeus stimme ich ohne Rückhalt überein. Ich bin nicht in der Lage, seine Vielseitigkeit zu würdigen, aber auch ich halte ihn für einen der größten Männer seiner Zeit und freue mich Ihres Unternehmens zu seiner Huldigung.

[...]

Anhang

Liste der Abkürzungen

Anfänge
Sigmund Freud, *Aus den Anfängen der Psychoanalyse. Briefe an Wilhelm Fließ, Abhandlungen und Notizen aus den Jahren 1887–1902*, London, Imago Publishing Co., Ltd., 1950. Unveränderte Paperback-Ausgabe: Frankfurt am Main, S. Fischer, 1962. Korrigierter Nachdruck der Paperback-Ausgabe: Frankfurt am Main, S. Fischer, 1975.

›Entwurf‹
Sigmund Freud, ›Entwurf einer Psychologie‹ (1895), enthalten in: *Anfänge* (in völlig überarbeiteter Fassung enthalten im vorliegenden Band, IV. Teil).

G. S.
Sigmund Freud, *Gesammelte Schriften* (12 Bände), Wien, Internationaler Psychoanalytischer Verlag, 1924–1934.

G. W.
Sigmund Freud, *Gesammelte Werke* (18 Bände und ein nicht-numerierter Nachtragsband), Bände 1–17, London, Imago Publishing Co., 1940–1952; Band 18, Frankfurt am Main, S. Fischer, 1968; Nachtragsband, Frankfurt am Main, S. Fischer, 1987. Die gesamte Edition seit 1960 bei S. Fischer, Frankfurt am Main.

Standard Edition
The Standard Edition of the Complete Psychological Works of Sigmund Freud (24 Bände), London, The Institute of Psycho-Analysis, Hogarth Press, 1953–1974.

Studien
Josef Breuer und Sigmund Freud, *Studien über Hysterie*, Leipzig und Wien, Franz Deuticke, 1895 (2. Aufl., mit neuem Vorwort, 1909).

Studienausgabe
Sigmund Freud, *Studienausgabe* (10 Bände und ein nicht-numerierter Ergänzungsband), Frankfurt am Main, S. Fischer, 1969–1975.

Bibliographie

Vorbemerkung: Titel von Büchern und Zeitschriften sind kursiv, Titel von Beiträgen zu Zeitschriften oder Büchern sind in einfache Anführungszeichen gesetzt. Die kursivierten Kleinbuchstaben hinter den Jahreszahlen der unten aufgeführten Freud-Schriften beziehen sich auf die Gesamtbibliographie, die im letzten Band der englischen Gesamtausgabe, der *Standard Edition of the Complete Psychological Works of Sigmund Freud,* enthalten ist. Eine deutsche Fassung dieser Gesamtbibliographie liegt in der Broschüre *Sigmund Freud-Konkordanz und -Gesamtbibliographie,* S. Fischer, Frankfurt am Main 1975, korr. Taschenbuchausgabe 1982, vor. Diese Zusammenstellung wird hier um inzwischen aufgefundene, weitere Arbeiten Freuds ergänzt. – Für nicht-wissenschaftliche Autoren und für wissenschaftliche Autoren, von denen kein spezielles Werk zitiert wird, siehe das Namen- und Sachregister.

ABRAHAM, K. (1909) *Traum und Mythus. Eine Studie zur Völkerpsychologie,* Leipzig und Wien. Neuausgabe in: K. Abraham, *Gesammelte Schriften in zwei Bänden,* hrsg. u. eingel. von Johannes Cremerius, Frankfurt am Main 1982, Bd. II, S. 163–225.

ADLER, A., und C. FURTMÜLLER (1914) *Heilen und Bilden,* München.

Almanach. Das achtzigste Jahr. Aus der Werkstatt des S. Fischer Verlags. Frankfurt am Main 1966.

ANDERSSON, O. (1962) *Studies in the Prehistory of Psychoanalysis: The Etiology of Psychoneuroses and Some Related Themes in Sigmund Freud's Scientific Writings and Letters, 1886–1896,* ›Studia Scientiae paedagogicae Upsaliensia III‹, Stockholm.

ANDERSSON, O.
(FORTS.)

(1979 [1965]) ›A Supplement to Freud's Case History of »Frau Emmy v. N.« in Studies on Hysteria 1895‹ (Vortrag, gehalten auf dem Intern. Psychoanal. Kongreß in Amsterdam 1965), *Scandinavian Psychoanalytic Review*, Bd. 2 (Nr. 1), S. 5–16.

ANDREAS-SALOMÉ, L.

siehe FREUD, S. (1966*a* [1912–36]).

Anthropophyteia, Jahrbücher für folkloristische Erhebungen und Forschungen zur Entwicklunggeschichte der geschlechtlichen Moral, hrsg. von Friedrich S. Krauss, Bände 1 bis 10, 1904–1913, Leipzig, Deutsche Verlags-AG (Privatdruck. Nur für Gelehrte, nicht für den Buchhandel bestimmt).

ARISTOTELES

Lehre vom Schluß oder erste Analytik (Analytica priora) (= 3. Bd. des *Organon*), Leipzig 1922.

ARNDT, R.

(1887) ›Hysterie‹, in: *Real-Enzyklopädie der gesamten Heilkunde,* hrsg. von Albert Eulenburg, 2., umgearb. u. verm. Aufl., Wien und Leipzig, Bd. 10, S. 180–213.

ATKINSON, J. J.

(1903) *Primal Law,* London. Enthalten in: A. Lang, *Social Origins,* London 1903, S. 209–94.

AVERBECK, J. H.

(1886) ›Die akute Neurasthenie, die plötzliche Erschöpfung der nervösen Energie. Ein ärztliches Kulturbild‹, *Deutsche Medizinal-Zeitung,* Bd. 7, S. 293–96, 301–05, 313–15, 325–28, 337–40. (Auch als Sonderdruck: Berlin 1886.)

BAGINSKY, A.

(1883) *Lehrbuch der Kinderkrankheiten für Ärzte und Studierende* (= Wredens Sammlung medizinischer Lehrbücher, Bd. 6), Berlin.

BAUMGARTEN, A.

(1903) *Neurasthenie. Wesen, Heilung, Vorbeugung.* Für Ärzte und Nichtärzte, nach eigenen Erfahrungen bearbeitet von Alfred Baumgarten. Wörishofen (Buchdruckerei und Verlagsanstalt).

BEARD, G. M.

(1881) *American Nervousness, its Causes and Consequences,* New York.

(1884) *Sexual Neurasthenia (Nervous Exhaustion), its Hygiene, Causes, Symptoms and Treatment,* New York.

BEBEL, A.

(1883) *Die Frau und der Sozialismus* (›Die Frau in der Vergangenheit, Gegenwart und Zukunft‹), 10. Aufl. 1891, Stuttgart.

BELL, Q.　　　　(1973) *Virginia Woolf. A Biography,* Vol. I: Virginia Stephen 1882–1912, London.

BENEDIKT, M.　　(1889) ›Aus der Pariser Kongreßzeit. Erinnerungen und Betrachtungen‹, *Internationale klinische Rundschau,* Bd. 3, Sp. 1531–33, 1573–76, 1611–14, 1657–59, 1699–1703, 1739–42, 1858–60.

(1894) *Hypnotismus und Suggestion. Eine klinisch-psychologische Studie,* Leipzig und Wien.

BERGER, A. von　(1896) Besprechung von: Breuer und Freud, *Studien über Hysterie, Neue Freie Presse,* 2. Februar.

BERKHAN, O.　　(1887) ›Versuche, die Taubstummheit zu bessern und die Erfolge dieser Versuche‹, *Berliner klinische Wochenschrift,* Bd. 24, S. 96 f.

BERNFELD, S.　　(Siehe auch BERNFELD, S., und S. CASSIRER BERNFELD.)

(1946) ›An Unknown Autobiographical Fragment by Freud‹, *American Imago,* Bd. 4, S. 3–19. Deutsch unter dem Titel ›Ein unbekanntes autobiographisches Fragment von Freud‹, in: Siegfried Bernfeld/Suzanne Cassirer Bernfeld, *Bausteine der Freud-Biographik,* eingel., hrsg. und übers. von Ilse Grubrich-Simitis, Frankfurt am Main 1981, S. 93–111.

(1951) ›Sigmund Freud, M. D., 1882–1885‹, *International Journal of Psycho-Analysis,* Bd. 32, S. 204–17. Deutsch unter dem Titel ›Freuds Vorbereitung auf den Arztberuf, 1882–1885‹, in: Siegfried Bernfeld/Suzanne Cassirer Bernfeld, *Bausteine der Freud-Biographik,* eingel., hrsg. und übers. von Ilse Grubrich-Simitis, Frankfurt am Main 1981, S. 148–80.

(1953) ›Freud's Studies on Cocaine, 1884–1887‹, *Journal of the American Psychoanalytic Association,* Bd. 1, S. 581–613. Deutsch unter dem Titel ›Freuds Kokainstudien, 1884–1887‹, in: Siegfried Bernfeld/Suzanne Cassirer Bernfeld, *Bausteine der Freud-Biographik,* eingel., hrgs. und übers. von Ilse Grubrich-Simitis, Frankfurt am Main 1981, S. 198–236.

BERNFELD, S., und　(1952) ›Freud's First Year in Practice, 1886–1887‹, *Bulletin of*
S. CASSIRER BERN-　*the Menninger Clinic,* Bd. 16, S. 37–49. Deutsch unter dem
FELD　　　　　　Titel ›Freuds erstes Praxisjahr, 1886–1887‹, in: Siegfried Bernfeld/Suzanne Cassirer Bernfeld, *Bausteine der Freud-*

BERNFELD (Forts.)   *Biographik*, eingel., hrsg. und übers. von Ilse Grubrich-Simitis, Frankfurt am Main 1981, S. 181–97.

BERNHEIM, H.   (1886) *De la suggestion et de ses applications à la thérapeutique*, Paris (2. Aufl. Paris 1887). Deutsch unter dem Titel *Die Suggestion und ihre Heilwirkung*, I. Teil, übers. und mit einer Vorrede von S. Freud [1888–89], Wien 1888; II. Teil übers. von O. v. Springer, Wien 1889 (2. Aufl., revid. von M. Kahane, Wien 1896).

(1891) *Hypnotisme, suggestion et psychothérapie: études nouvelles*, Paris. Deutsch unter dem Titel *Neue Studien über Hypnotismus, Suggestion und Psychotherapie*, übers. von S. Freud [1892 a], Leipzig und Wien.

BIEDENKAPP, G.   (1902) *Im Kampfe gegen Hirnbacillen. Eine Philosophie der kleinen Worte*, Berlin.

BIGELOW, J.   (1897) *The Mystery of Sleep*, London (3. Aufl. London 1903). Deutsch unter dem Titel *Das Geheimnis des Schlafes*, autoris. Übers. nach der 3., verm. und verb. Aufl. von Ludwig Holthof, Stuttgart – Leipzig 1904.

BINET, A.   (1886) *La psychologie du raisonnement. Recherches expérimentales par l'hypnotisme*, Paris.

(1892) *Les altérations de la personnalité*, Paris.

BINET, A., und   (1884) ›Les paralysies par suggestion‹, *La revue scientifique*,
CH. FÉRÉ   Bd. 2, S. 45 ff.

(1885) ›L'hypnotisme et le transfert psychique‹, *La revue philosophique*, Bd. 19, S. 1 ff.

(1887) *Le magnetisme animal*, Paris.

BINSWANGER, O.   siehe PREYER, W., und O. BINSWANGER

Biographisches   siehe PAGEL, J. L.
Lexikon

Bloomsbury/Freud   siehe MEISEL, P., und W. KENDRICK.

BOURKE, J. G.   (1891) *Scatalogic Rites of All Nations*, Washington (Neuausg. New York 1934). Deutsch unter dem Titel *Der Unrat in Sitte, Brauch, Glauben und Gewohnheitrecht der Völker*, übers. von F. S. Krauss und H. Ihm, Leipzig 1913 (mit Geleitwort von S. Freud, 1913 k).

BOUTONIER, J.   siehe FAVEZ-BOUTONIER, J.

BRAID, J.

(1843) *Neurypnology; or The Rationale of Nervous Sleep, Considered in Relation with Animal Magnetism*, London.

BREUER, J.

(1978 [1893]) Bericht über »Nina R.«, in: A. HIRSCHMÜLLER (1978*a*), S. 161 f. Auch in: *G. W.*, Nachtragsband, S. 320.

BREUER, J.,
und S. FREUD

(Siehe auch FREUD, S., 1893*a* und 1940*d* [1892].)

(1895) *Studien über Hysterie*, Wien. (Siehe auch S. Freud, 1895*d*.)

BRIQUET, P. [P.]

(1859) *Traité clinique et thérapeutique de l'hystérie*, Paris.

BRISSAUD, E.

(1893) ›Sur le mécanism psychique des phénomènes hystériques, par J. Breuer et Sigm. Freud (Vienne)‹ [Besprechung der ›Vorläufigen Mitteilung‹, S. Freud (1893*a*)], *Revue neurologique*, S. 36.

BULLITT, W. C.

siehe FREUD, S. (1966*b* [1938]).

BUM, A. (Hrsg.)

(1891) *Therapeutisches Lexikon für praktische Ärzte*, Wien und Leipzig (2. Aufl. 1893; 3. Aufl. 1900).

BUTLER, S.

(1880) *Unconscious Memory*, London.

CABANIS, P. J. G.

(1802) *Rapports du physique et du moral de l'homme*, 2 Bde., Paris. Deutsch unter dem Titel *Über die Verbindung des Physischen und Moralischen in den Menschen*. Aus dem Französischen und mit einer Abhandlung vermehrt von L. H. von Jakob, 2 Bde., Halle 1804.

(1824) *Œuvres complètes*, Bd. 3, Paris.

CHAMBERLAIN,
H. ST.

(1899) *Grundlagen des neunzehnten Jahrhunderts*, München.

CHARCOT, J. M.

(1887) *Leçons sur les maladies du système nerveux, faites à la Salpêtrière*, Bd. 3, Paris. Deutsch unter dem Titel *Neue Vorlesungen über die Krankheiten des Nervensystems, insbesondere über Hysterie*, übers., mit Vorrede und zusätzlichen Fußnoten von S. Freud [1886*f*], Leipzig und Wien 1886.

(1888) *Leçons du mardi à la Salpêtrière 1887–8*, Bd. I, Paris (revid. Neuauflage Paris 1892). Deutsch unter dem Titel *Poliklinische Vorträge*, Bd. 1, übers., mit Vorwort und zusätzlichen Fußnoten von S. Freud [1892–94], Wien 1892–94.

(1889) *Leçons du mardi à la Salpêtrière 1888–9*, Bd. II, Paris. Deutsch unter dem Titel *Poliklinische Vorträge*, Bd. 2, übers. von Max Kahane, Wien 1895.

CLARK, R. W. (1981) *Sigmund Freud. Leben und Werk*, aus dem Englischen von Joachim A. Frank, Frankfurt am Main (jetzt als Fischer-Taschenbuch Nr. 5647, Frankfurt am Main 1985). (Englisches Original: *Freud, The Man and the Cause*, London 1980.)

CLARKE, J. M. (1894) Besprechung von: Breuer und Freud, ›Über den psychischen Mechanismus hysterischer Phänomene‹, *Brain*, Bd. 17, S. 125.

(1896) Besprechung von: Breuer und Freud, *Studien über Hysterie, Brain*, Bd. 19, S. 401.

Comptes rendus des Internationalen Kongresses für Hypnotismus in Paris (August 1889), Paris 1890.

COUDENHOVE-KALERGI, H. Graf (1901) *Das Wesen des Antisemitismus*, Berlin (2. Aufl. Leipzig 1923). Neuauflage, eingel. durch ›Antisemitismus nach dem Weltkrieg‹ von R. N. Graf Coudenhove-Kalergi, Wien 1929. 15.–18. Tsd. mit ›Judenhaß von heute‹, hrsg. und eingel. von R. N. Coudenhove-Kalergi, Wien – Zürich 1935.

COUDENHOVE-KALERGI, R. N. Graf (1929) ›Antisemitismus nach dem Weltkrieg‹ (= Einleitung zu: H. Graf Coudenhove-Kalergi, *Das Wesen des Antisemitismus*, Neuauflage), Wien.

(1935) ›Judenhaß von heute‹, in: H. Graf Coudenhove-Kalergi, *Das Wesen des Antisemitismus*, 15.–18. Tsd., Wien – Zürich.

CREMERIUS, J. (Hrsg.) (1971) *Neurose und Genialität*, Psychoanalytische Biographien, hrsg. und eingel. von Johannes Cremerius, Frankfurt am Main.

DARKSCHEWITSCH, L. O. von siehe FREUD, S. (1886*b*).

DARWIN, CH. (1871) *The Descent of Man*, 2 Bde., London. Deutsch unter dem Titel *Die Abstammung des Menschen und die geschlechtliche Zuchtwahl*, 2. Aufl. (2 Bde.), übers. v. J. Victor Carus, Stuttgart 1872.

DELBŒUF, J. R. L. (1886) ›De l'influence de l'éducation et de l'imitation dans le somnambulisme provoqué‹, *Revue philosophique*, Bd. 22, S. 146–71.

(1888) *L'hypnotisme et la liberté des représentations publiques*, Liège.

Deutsche Exil-   siehe STERNFELD, W., und E. TIEDEMANN.
Literatur

DORYON, Y.   (1940) *Lynkeus' New State: A Plan for the Establishment of a New Social Order on an Improved and Humane Basis,* Jerusalem (mit einer Einführung von S. Freud, 1940g [1938]).

(1945–46) *Ha-isch Mosche (Der Mann Moses),* Jerusalem.

DUBOIS, P.   (1904) *Les psychonévroses et leur traitement moral; leçons faites à l'Université de Berne,* Paris. Deutsch unter dem Titel *Die Psychoneurosen und ihre psychische Behandlung,* übers. von Ringier, Bern 1905.

DULAURE, J. A.   (1909) *Die Zeugung in Glauben, Sitten und Bräuchen der Völker,* verdeutscht und ergänzt von F. S. Krauss und K. Reiskel, mit Nachträgen von H. Ihm, einem Nachwort von F. Kind (Privatdruck. Nur für Gelehrte, nicht für den Buchhandel bestimmt), = I. Band der ›Beiwerke zum Studium der Anthropophyteia‹, hrsg. von F. S. Krauss, Leipzig.

EISSLER, K. R.   (Siehe auch EISSLER, R. S., und K. R. EISSLER.)

(1961) ›A Hitherto Unnoticed Letter by Sigmund Freud‹, *International Journal of Psycho-Analysis,* Bd. 42, S. 197–204.

(1966) *Sigmund Freud und die Wiener Universität; Über die Pseudo-Wissenschaftlichkeit der jüngsten Wiener Freud-Biographik,* Bern und Stuttgart.

(1971) *Talent and Genius; The Fictitious Case of Tausk contra Freud,* New York.

(1979) *Freud und Wagner-Jauregg vor der Kommission zur Erhebung militärischer Pflichtverletzungen,* Wien.

EISSLER, R. S., und   (1983) ›A letter by Freud to Professor Tandler (1931)‹, *International Review of Psycho-Analysis,* Bd. 10, S. 1–11.
K. R. EISSLER

ELLENBERGER,   (1972) ›The Story of »Anna O.«: A Critical Review with New Data‹, *Journal of the History of the Behavioural Sciences,* Bd. 8, S. 267–79.
H. F.

(1973) *Die Entdeckung des Unbewußten,* 2 Bde., ins Deutsche übertr. von Gudrun Theusner-Stampa, Bern, Stuttgart, Wien. (Englisches Original, einbändig: *The Discovery of the Unconscious; The History and Evolution of Dynamic Psychiatry,* New York 1970.)

(1977) ›L'histoire d'»Emmy von N.«‹, *L'évolution psychiatrique,* Bd. 42, S. 519–40.

EULENBURG, A. (Hrsg.)
(1880–83) *Real-Enzyklopädie der gesamten Heilkunde; Medizinisch-chirurgisches Handwörterbuch für praktische Ärzte,* Bde. 1–15, Wien und Leipzig; 2. Aufl., Bde. 1–31, Wien und Leipzig (Bde. 30 + 31: Berlin und Wien) 1885–1900 (Bd. 10: 1887).

EXNER, S.
(1894) *Entwurf zu einer physiologischen Erklärung der psychischen Erscheinungen.* Wien.

FAVEZ-BOUTO-NIER, J.
(1955) ›Psychanalyse et philosophie‹, *Bulletin de la société française de philosophie,* Bd. 49, Nr. 1 (Januar–März), S. 1 ff., S. 3 f.: ›Compte rendu de la Séance du 29 Janvier 1955‹.

FECHNER, G. T.
(1873) *Einige Ideen zur Schöpfungs- und Entwicklungsgeschichte der Organismen,* Leipzig.

FEDERN, E.
siehe NUNBERG, H., und E. FEDERN.

FERENCZI, S.
(1913) ›Entwicklungsstufen des Wirklichkeitssinnes‹, *Internationale Zeitschrift für (ärztliche) Psychoanalyse,* Bd. 1, S. 124–38. Neuausgabe in: S. Ferenczi, *Schriften zur Psychoanalyse I,* hrsg. von Michael Balint, Reihe ›Conditio humana‹, Frankfurt am Main 1970 (jetzt als Fischer Taschenbuch Nr. 7316, Frankfurt am Main 1982), S. 148–63.

(1924) *Versuch einer Genitaltheorie,* Leipzig und Wien. Neuausgabe in: S. Ferenczi, *Schriften zur Psychoanalyse II,* hrsg. von Michael Balint, Reihe ›Conditio humana‹, Frankfurt am Main 1972 (jetzt als Fischer Taschenbuch Nr. 7317, Frankfurt am Main 1982), S. 317–400.

FÉRÉ, CH.
siehe BINET, A., und CH. FÉRÉ.

FICHTNER, G., und A. HIRSCHMÜLLER
(1985) ›Freuds »Katharina« – Hintergrund, Entstehungsgeschichte und Bedeutung einer frühen psychoanalytischen Krankengeschichte‹, *Psyche,* Bd. 39, H. 3 (März), S. 220–40.

FLIESS, W.
(1893) *Neue Beiträge zur Therapie der nasalen Reflexneurose,* Leipzig – Wien.

(1893) ›Die nasale Reflexneurose‹, *Verhandlungen des Kongresses für innere Medizin,* 12. Kongreß, S. 384–94.

(1895) ›Magenschmerz und Dysmenorrhoe in neuem Zusammenhang‹, *Wiener klinische Rundschau,* Bd. 9, S. 4–6, 20–22, 37–39, 65–67, 115–17, 131–33, 150–52.

FOREL, A.
(1889a) ›Der Hypnotismus und seine strafrechtliche Bedeu-

FOREL, A. (Forts.)   tung‹, *Zeitschrift für die gesamte Strafrechts-Wissenschaft,* Bd. 9, S. 131 ff.

(1889 *b*) *Der Hypnotismus, seine Bedeutung und seine Hand-habung in kurzgefaßter Darstellung,* Stuttgart.

FOSTER, M., und   (1897) ›The Central Nervous System‹, in: *A Textbook of Phy-*
CH. S. SHERRING-   *siology* (1. Aufl. 1877), Teil III, 7. Aufl., London.
TON

FREUD, S.   (1877 *a*) ›Über den Ursprung der hinteren Nervenwurzeln im Rückenmarke von Ammocoetes (Petromyzon Planeri)‹, *Sit-zungsberichte der Kaiserlichen Akademie der Wissenschaften Wien,* Math.-Naturwiss. Klasse, III. Abt., Bd. 75, S. 15–27.

(1877 *b*) ›Beobachtungen über Gestaltung und feineren Bau der als Hoden beschriebenen Lappenorgane des Aals‹, *Sit-zungsberichte der Kaiserlichen Akademie der Wissenschaften Wien,* Math.-Naturwiss. Klasse, I. Abt., Bd. 75, S. 419–31.

(1878 *a*) ›Über Spinalganglien und Rückenmark des Petromy-zon‹, *Sitzungsberichte der Kaiserlichen Akademie der Wis-senschaften Wien,* Math.-Naturwiss. Klasse, III. Abt., Bd. 78, S. 81–167.

(1879 *a*) ›Notiz über eine Methode zur anatomischen Präpa-ration des Nervensystems‹, *Zentralblatt für die medizini-schen Wissenschaften,* Bd. 17, S. 468 f.

(1882 *a*) ›Über den Bau der Nervenfasern und Nervenzellen beim Flußkrebs‹, *Sitzungsberichte der Kaiserlichen Akade-mie der Wissenschaften Wien,* Math.-Naturwiss. Klasse, III. Abt., Bd. 85, S. 9–46.

(1884 *a*) ›Ein Fall von Hirnblutung mit indirekten basalen Herdsymptomen bei Scorbut‹, *Wiener medizinische Wochen-schrift,* Bd. 34, S. 244–46 und S. 276–79.

(1884 *d*) ›Eine neue Methode zum Studium des Faserverlaufes im Zentralnervensystem‹, *Archiv für Anatomie und Physiolo-gie,* Leipzig, Anat. Abt., S. 453–60.

(1884 *e*) ›Über Coca‹, *Zentralblatt für die gesamte Therapie,* Bd. 2, S. 289–314.

(1884 *f*) ›Die Struktur der Elemente des Nervensystems‹, *Jahrbücher für Psychiatrie und Neurologie,* Bd. 5, S. 221–29.

(1885 *a*) ›Beitrag zur Kenntnis der Cocawirkung‹, *Wiener me-dizinische Wochenschrift,* Bd. 35, Sp. 129–33.

FREUD, S. (Forts.)   (1885c) ›Ein Fall von Muskelatrophie mit ausgebreiteten Sensibilitätsstörungen (Syringomyelie)‹, *Wiener medizinische Wochenschrift*, Bd. 35, Sp. 389–92 und Sp. 425–29.

(1886b) (mit Darkschewitsch, L. O. von) ›Über die Beziehung des Strickkörpers zum Hinterstrang und Hinterstrangskern, nebst Bemerkungen über zwei Felder der Oblongata‹, *Neurologisches Zentralblatt*, Bd. 5, S. 121–29.

(1886d) ›Beobachtung einer hochgradigen Hemianästhesie bei einem hysterischen Manne (Beiträge zur Kasuistik der Hysterie I)‹, *G. W.*, Nachtragsband, S. 57–64.

(1886e) Übersetzung von J. M. Charcot, ›Sur un cas de coxalgie hystérique de cause traumatique chez l'homme‹, unter dem Titel ›Über einen Fall von hysterischer Coxalgie aus traumatischer Ursache bei einem Manne‹, *Wiener medizinische Wochenschrift*, Bd. 36, Sp. 711–15 und Sp. 756–59 (enthalten in 1886f).

(1886f) Übersetzung (mit Vorwort und zusätzlichen Fußnoten) von J. M. Charcot, *Leçons sur les maladies du système nerveux*, Bd. III, Paris 1887, unter dem Titel *Neue Vorlesungen über die Krankheiten des Nervensystems, insbesondere über Hysterie*, Leipzig und Wien (enthält 1886e); das Vorwort in *G. W.*, Nachtragsband, S. 52 f.

(1887a) Besprechung von Averbeck, *Die akute Neurasthenie*, Berlin 1886; *G. W.*, Nachtragsband, S. 65 f.

(1887b) Besprechung von S. Weir Mitchell, *Die Behandlung gewisser Formen von Neurasthenie und Hysterie*, Berlin 1887; *G. W.*, Nachtragsband, S. 67 f.

(1887n) Besprechung von O. Berkhan, ›Versuche, die Taubstummheit zu bessern, und die Erfolge dieser Versuche‹, *G. W.*, Nachtragsband, S. 103 f.

(1888b) ›Aphasie‹, ›Gehirn (I. Anatomie des Gehirns)‹, ›Hysterie‹ und ›Hysteroepilepsie‹ in A. Villaret, *Handwörterbuch der gesamten Medizin*, Bd. 1, Stuttgart. (Die Autorschaft beruht auf Vermutung, da die Artikel nicht gezeichnet sind.) Die beiden letztgenannten Artikel in *G. W.*, Nachtragsband, S. 72–92.

(1888c) ›Corpus (Abschnitte q), r), t))‹ in A. Villaret, *Handwörterbuch der gesamten Medizin*, Bd. 1, Stuttgart. (Die Autorschaft beruht auf Vermutung, da die Artikel nicht gezeich-

FREUD, S. (Forts.)   net sind.) (Nachdruck: Paul Vogel, ›Drei bisher unbekannt gebliebene Beiträge Freuds zum Handwörterbuch von Villaret‹, in: *Jahrbuch der Psychoanalyse*, Bd. 7, Bern – Stuttgart – Wien 1974, S. 117–25.)

(1888*u*) Besprechung von H. Obersteiner, *Der Hypnotismus mit besonderer Berücksichtigung seiner klinischen und forensischen Bedeutung*, Wien 1887; *G. W.*, Nachtragsband, S. 105 f.

(1888–89) Übersetzung (mit Vorrede des Übersetzers) von H. Bernheim, *De la suggestion et de ses applications à la thérapeutique*, Paris 1886, unter dem Titel *Die Suggestion und ihre Heilwirkung*, I. Teil, Wien 1888; die Vorrede in *G. W.*, Nachtragsband, S. 109–20.

(1889*a*) Besprechung von A. Forel, *Der Hypnotismus, seine Bedeutung und seine Handhabung in kurzgefaßter Darstellung*, Stuttgart 1888; *G. W.*, Nachtragsband, S. 125–39.

(1889*d*) ›Nachwort des Übersetzers‹ von H. Bernheim, *Die Suggestion und ihre Heilwirkung*, Wien 1888–89. *G. W.*, Nachtragsband, S. 108.

(1890*a*) (früher 1905*b*) ›Psychische Behandlung (Seelenbehandlung)‹, *G. W.*, Bd. 5, S. 287; *Studienausgabe*, Ergänzungsband, S. 13–35.

(1891*a*) (mit Rie, O.) *Klinische Studie über die halbseitige Zerebrallähmung der Kinder*, Heft III der *Beiträge zur Kinderheilkunde*, hrsg. von Kassowitz, Wien.

(1891*b*) *Zur Auffassung der Aphasien*. Eine kritische Studie. Mit 10 Holzschnitten im Texte. Leipzig und Wien.

(1891*d*) ›Hypnose‹, in A. Bum, *Therapeutisches Lexikon für praktische Ärzte*, Wien und Leipzig; *G. W.*, Nachtragsband, S. 141–50.

(1892*a*) Übersetzung von H. Bernheim, *Hypnotisme, suggestion et psychothérapie: études nouvelles*, Paris 1891, unter dem Titel *Neue Studien über Hypnotismus, Suggestion und Psychotherapie*, Leipzig und Wien.

(1892*b*) ›Über Hypnose und Suggestion‹, Vortrag, gehalten im Wiener medizinischen Klub am 27. April und 4. Mai 1892 (Nachschrift aus zweiter Hand); *G. W.*, Nachtragsband, S. 166–78.

Freud, S. (Forts.)   (1892–93) ›Ein Fall von hypnotischer Heilung, nebst Bemerkungen über die Entstehung hysterischer Symptome durch den »Gegenwillen«‹, *G. W.*, Bd. 1, S. 3.

(1892–94) Übersetzung (mit Vorrede und zusätzlichen Fußnoten) von J. M. Charcot, *Leçons du mardi à la Salpêtrière (1887–8)*, Paris 1888, unter dem Titel *Poliklinische Vorträge*, Bd. 1, Wien; Vorwort und Auszüge aus Fußnoten in *G. W.*, Nachtragsband, S. 153–64.

(1893a) (mit Breuer, J.) ›Über den psychischen Mechanismus hysterischer Phänomene: Vorläufige Mitteilung‹, *G. W.*, Bd. 1, S. 81 (auch in: S. Freud und J. Breuer, *Studien über Hysterie*, Fischer-Taschenbuch Nr. 6001).

(1893b) *Zur Kenntnis der zerebralen Diplegien des Kindesalters (im Anschluß an die Littlesche Krankheit)*, Heft III, Neue Folge der *Beiträge zur Kinderheilkunde*, hrsg. von Kassowitz, Wien.

(1893c) ›Quelques considérations pour une étude comparative des paralysies motrices organiques et hystériques‹ [in Französisch], *Archives de Neurologie*, Bd. 26, S. 29–43; *G. W.*, Bd. 1, S. 37–55.

(1893f) ›Charcot‹ (Nachruf), *G. W.*, Bd. 1, S. 19–25.

(1893h) Vortrag: ›Über den psychischen Mechanismus hysterischer Phänomene‹ [vom Vortragenden revidiertes Stenogramm]; *G. W.*, Nachtragsband, S. 183–95; *Studienausgabe*, Bd. 6, S. 9–24.

(1894a) ›Die Abwehr-Neuropsychosen‹, *G. W.*, Bd. 1, S. 57–74.

(1895a) Besprechung von Edinger, ›Eine neue Theorie über die Ursachen einiger Nervenkrankheiten, insbesondere der Neuritis und Tabes‹, *Wiener klinische Rundschau*, Bd. 9, S. 27 f.

(1895b [1894]) ›Über die Berechtigung, von der Neurasthenie einen bestimmten Symptomenkomplex als »Angstneurose« abzutrennen‹, *G. W.*, Bd. 1, S. 313–42; *Studienausgabe*, Bd. 6, S. 25–49.

(1895c [1894]) ›Obsession et phobies‹ [in Französisch], *Revue de Neurologie*, Bd. 3, S. 33 [deutsche Übers. von A. Schiff in *Wiener klinische Rundschau*, April und Mai 1895]; *G. W.*, Bd. 1, S. 343–53.

FREUD, S. (Forts.) (1895 *d*) (mit Breuer, J.) *Studien über Hysterie,* Wien; Taschenbuchausgabe Frankfurt am Main 1970 (Fischer Taschenbuch Nr. 6001). Ohne die Beiträge von Breuer in *G. W.,* Bd. 1, S. 75–312; Teil IV, ›Zur Psychotherapie der Hysterie‹ (Freud), in *Studienausgabe,* Ergänzungsband, S. 37–97; die beiden Vorworte und die Breuer-Beiträge in *G. W.,* Nachtragsband, S. 217–310.

(1895 *f*) ›Zur Kritik der Angstneurose‹, *G. W.,* Bd. 1, S. 355–76.

(1895 *g*) ›Über Hysterie‹, zwei zeitgenössische Berichte über einen dreiteiligen Vortrag, gehalten am 14., 21. und 28. Oktober 1895 im Wiener medizinischen Doktorenkollegium; *G. W.,* Nachtragsband, S. 328–51.

(1895 *h*) ›Mechanismus der Zwangsvorstellungen und Phobien‹, vom Autor stammende Zusammenfassung eines Vortrags am 15. Januar 1895 im Verein für Psychiatrie und Neurologie, Wien; *G. W.,* Nachtragsband, S. 354–57.

(1895 *i*) Besprechung von Alfred Hegar, *Der Geschlechtstrieb. Eine social-medicinische Studie* (Stuttgart 1894), *G. W.,* Nachtragsband, S. 489 f.

(1895 *j*) Besprechung von P. J. Möbius, *Die Migräne* (Wien 1894), *G. W.,* Nachtragsband, S. 364–69.

(1896 *a*) ›L'hérédité et l'étiologie des névroses‹, *G. W.,* Bd. 1, S. 405–22.

(1896 *b*) ›Weitere Bemerkungen über die Abwehr-Neuropsychosen‹, *G. W.,* Bd. 1, S. 377–403.

(1896 *c*) ›Zur Ätiologie der Hysterie‹, *G. W.,* Bd. 1, S. 423–59; *Studienausgabe,* Bd. 6, S. 51–81.

(1896 *d*) ›Vorwort zur zweiten deutschen Auflage‹ [von H. Bernheim, *Die Suggestion und ihre Heilwirkung* (Wien 1888), revid. von M. Kahane], Wien. *G. W.,* Nachtragsband, S. 121 f.

(1897 *a*) *Die infantile Cerebrallähmung* (= Teil II, Abt. II von Nothnagel, Hrsg., *Spezielle Pathologie und Therapie,* Bd. 9), Wien.

(1897 *b*) *Inhaltsangaben der wissenschaftlichen Arbeiten des Privatdozenten Dr. Sigm. Freud (1877–1897),* Wien. *G. W.,* Bd. 1, S. 461–88.

FREUD, S. (Forts.) (1898*a*) ›Die Sexualität in der Ätiologie der Neurosen‹, *G. W.*, Bd. 1, S. 491–516; *Studienausgabe*, Bd. 5, S. 11–35.

(1899*a*) ›Über Deckerinnerungen‹, *G. W.*, Bd. 1, S. 529–54.

(1900*a*) *Die Traumdeutung*, Wien. *G. W.*, Bd. 2/3; *Studienausgabe*, Bd. 2.

(1901*b*) *Zur Psychopathologie des Alltagslebens* (in Buchform: Berlin 1904). *G. W.*, Bd. 4.

(1901*c* [1899]) Autobiographische Notiz in J. L. Pagel, *Biographisches Lexikon hervorragender Ärzte des neunzehnten Jahrhunderts*, Berlin und Wien 1901. *G. W.*, Nachtragsband, S. 371.

(1903*a*) Besprechung von Georg Biedenkapp, *Im Kampfe gegen Hirnbacillen* (Berlin 1902), *G. W.*, Nachtragsband, S. 491 f.

(1904*a* [1903]) ›Die Freudsche psychoanalytische Methode‹, *G. W.*, Bd. 5, S. 3–10; *Studienausgabe*, Ergänzungsband, S. 99–106.

(1904*b*) Besprechung von John Bigelow, *The Mystery of Sleep* (London 1903), *G. W.*, Nachtragsband, S. 493.

(1904*c*) Besprechung von A. Baumgarten, *Neurasthenie. Wesen, Heilung, Vorbeugung* (Wörishofen 1903), *G. W.*, Nachtragsband, S. 494.

(1904*d*) Notiz über ›Magnetische Menschen‹, *G. W.*, Nachtragsband, S. 133, Anm. 2.

(1904*e*) Nachruf auf Prof. S. Hammerschlag, *G. W.*, Nachtragsband, S. 733 f.

(1904*f*) Besprechung von L. Löwenfeld, *Die psychischen Zwangserscheinungen* (Wiesbaden 1904), *G. W.*, Nachtragsband, S. 496–99.

(1905*a* [1904]) ›Über Psychotherapie‹, *G. W.*, Bd. 5, S. 13 bis 26; *Studienausgabe*, Ergänzungsband, S. 107–119.

(1905*c*) *Der Witz und seine Beziehung zum Unbewußten*, Wien. *G. W.*, Bd. 6; *Studienausgabe*, Bd. 4, S. 9–219.

(1905*d*) *Drei Abhandlungen zur Sexualtheorie*, Wien. *G. W.*, Bd. 5, S. 29–145; *Studienausgabe*, Bd. 5, S. 37–145.

(1905*e* [1901]) ›Bruchstück einer Hysterie-Analyse‹, *G. W.*, Bd. 5, S. 163–286; *Studienausgabe*, Bd. 6, S. 83–186.

FREUD, S. (Forts.) (1905*f*) Besprechung von R. Wichmann, *Lebensregeln für Neurastheniker* (Berlin 1903), *G. W.*, Nachtragsband, S. 495.

(1906*f*) Antwort auf eine Rundfrage *Vom Lesen und von guten Büchern, G. W.*, Nachtragsband, S. 662–64.

(1907*a* [1906]) *Der Wahn und die Träume in W. Jensens ›Gradiva‹,* Wien. *G. W.*, Bd. 7, S. 31–125; *Studienausgabe*, Bd. 10, S. 9–85.

(1907*c*) ›Zur sexuellen Aufklärung der Kinder‹, *G. W.*, Bd. 7, S. 19–27; *Studienausgabe*, Bd. 5, S. 159–68.

(1907*e*) ›Anzeige‹ [der *Schriften zur angewandten Seelenkunde*], *G. W.*, Nachtragsband, S. 695 f.

(1908*b*) ›Charakter und Analerotik‹, *G. W.*, Bd. 7, S. 203–09; *Studienausgabe*, Bd. 7, S. 23–30.

(1908*c*) ›Über infantile Sexualtheorien‹, *G. W.*, Bd. 7, S. 171 bis 188; *Studienausgabe*, Bd. 5, S. 169–84.

(1908*e* [1907]) ›Der Dichter und das Phantasieren‹, *G. W.*, Bd. 7, S. 213–23; *Studienausgabe*, Bd. 10, S. 169–79.

(1908*g*) ›Anzeige‹ [der *Schriften zur angewandten Seelenkunde*], veränderte Fassung, *G. W.*, Nachtragsband, S. 696.

(1909*a* [1908]) ›Allgemeines über den hysterischen Anfall‹, *G. W.*, Bd. 7, S. 235–40; *Studienausgabe*, Bd. 6, S. 197–203.

(1909*b*) ›Analyse der Phobie eines fünfjährigen Knaben‹, *G. W.*, Bd. 7, S. 243–377; *Studienausgabe*, Bd. 8, S. 9–122.

(1909*c*) ›Der Familienroman der Neurotiker‹, *G. W.*, Bd. 7, S. 227–31; *Studienausgabe*, Bd. 4, S. 222–26.

(1909*d*) ›Bemerkungen über einen Fall von Zwangsneurose‹, *G. W.*, Bd. 7, S. 381–463; *Studienausgabe*, Bd. 7, S. 31–103.

(1909*e* [1908]) (mit Breuer, J.) ›Vorwort zur zweiten Auflage‹ [der *Studien über Hysterie*], *G. W.*, Nachtragsband, S. 219 f.

(1910*a* [1909]) *Über Psychoanalyse.* Fünf Vorlesungen, gehalten an der Clark University, Worcester, Mass. (USA). Wien. *G. W.*, Bd. 8, S. 1–60.

(1910*c*) *Eine Kindheitserinnerung des Leonardo da Vinci,* Wien. *G. W.*, Bd. 8, S. 128–211; *Studienausgabe*, Bd. 10, S. 87–159.

(1910*d*) ›Die zukünftigen Chancen der psychoanalytischen Therapie‹, *G. W.*, Bd. 8, S. 104–15; *Studienausgabe*, Ergänzungsband, S. 121–32.

FREUD, S. (Forts.)   (1910*f*) Brief an Dr. Friedrich S. Krauss über *Anthropophyteia*, Bd. 7, S. 472 f., *G. W.*, Bd. 8, S. 224 f.

(1910*g*) ›Zur Einleitung der Selbstmord-Diskussion‹ und ›Schlußwort der Selbstmord-Diskussion‹, *G. W.*, Bd. 8, S. 62–64.

(1910*h*) ›Über einen besonderen Typus der Objektwahl beim Manne‹, *G. W.*, Bd. 8, S. 66–77; *Studienausgabe*, Bd. 5, S. 185–95.

(1910*i*) ›Die psychogene Sehstörung in psychoanalytischer Auffassung‹, *G. W.*, Bd. 8, S. 94–102; *Studienausgabe*, Bd. 6, S. 205–13.

(1910*k*) ›Über »wilde« Psychoanalyse‹, *G. W.*, Bd. 8, S. 118 bis 125; *Studienausgabe*, Ergänzungsband, S. 133–41.

(1910*m*) Besprechung von Dr. Wilh. Neutra, *Briefe an nervöse Frauen* (Dresden und Leipzig 1909), *G. W.*, Nachtragsband, S. 500.

(1910*n* [1909]) ›Vorwort zur zweiten Auflage‹ [der *Drei Abhandlungen zur Sexualtheorie*], *G. W.*, Nachtragsband, S. 739; *Studienausgabe*, Bd. 5, S. 43.

(1911*a*) ›Nachträge zur Traumdeutung‹, *G. W.*, Nachtragsband, S. 604–11; *Studienausgabe*, Bd. 2, S. 354 f. und Anm., S. 356–59, S. 397 f.

(1911*b*) ›Formulierungen über die zwei Prinzipien des psychischen Geschehens‹, *G. W.*, Bd. 8, S. 230–38; *Studienausgabe*, Bd. 3, S. 13–24.

(1911*e* [1910]) ›Psychoanalytische Bemerkungen über einen autobiographisch beschriebenen Fall von Paranoia (Dementia paranoides)‹, *G. W.*, Bd. 8, S. 240–316; *Studienausgabe*, Bd. 7, S. 133–200.

(1911*g*) Besprechung von G. Greve, ›Sobre psicologia y psicoterapia de ciertos estados angustiosos‹, *G. W.*, Nachtragsband, S. 501 f.

(1911*h*) Fußnote zu Wilhelm Stekel, ›Zur Psychologie des Exhibitionismus‹, *G. W.*, Nachtragsband, S. 765.

(1911*i*) ›Ein Beitrag zum Vergessen von Eigennamen‹ [enthalten in 1901*b*, von der 4. Aufl. an], *G. W.*, Bd. 4, S. 37–39.

(1911*j* [1910]) Übersetzung (mit zusätzlicher Fußnote) von James J. Putnam, ›On the Etiology and Treatment of the Psy-

FREUD, S. (Forts.) choneuroses‹, unter dem Titel ›Über Ätiologie und Behandlung der Psychoneurosen‹, *Zentralblatt für Psychoanalyse und Psychotherapie,* Bd. 1, S. 137–54; nur die Fußnote in *G. W.,* Nachtragsband, S. 766.

(1912*a* [1911]) ›Nachtrag zu dem autobiographisch beschriebenen Fall von Paranoia (Dementia paranoides)‹, *G. W.,* Bd. 8, S. 317–20; *Studienausgabe,* Bd. 7, S. 201–03.

(1912*c*) ›Über neurotische Erkrankungstypen‹, *G. W.,* Bd. 8, S. 322–30; *Studienausgabe,* Bd. 6, S. 215–26.

(1912*f*) ›Zur Onanie-Diskussion‹, *G. W.,* Bd. 8, S. 332–45.

(1912*h*) ›Nachfrage des Herausgebers über Kindheitsträume‹, *G. W.,* Nachtragsband, S. 612.

(1912*i*) Einleitungspassagen zu ›Über einige Übereinstimmungen im Seelenleben der Wilden und der Neurotiker‹, *G. W.,* Nachtragsband, S. 743–45.

(1912*j*) Fußnote zu Ernest Jones, ›Psycho-Analyse Roosevelts‹, *G. W.,* Nachtragsband, S. 767.

(1912–13) *Totem und Tabu,* Wien 1913. *G. W.,* Bd. 9; *Studienausgabe,* Bd. 9, S. 287–444.

(1913*c*) ›Weitere Ratschläge zur Technik der Psychoanalyse: I. Zur Einleitung der Behandlung‹, *G. W.,* Bd. 8, S. 454–78; *Studienausgabe,* Ergänzungsband, S. 181–203.

(1913*h*) ›Erfahrungen und Beispiele aus der analytischen Praxis‹, *G. W.,* Nachtragsband, S. 615–19.

(1913*i*) ›Die Disposition zur Zwangsneurose‹, *G. W.,* Bd. 8, S. 442–52; *Studienausgabe,* Bd. 7, S. 105–17.

(1913*j*) ›Das Interesse an der Psychoanalyse‹, *G. W.,* Bd. 8, S. 389–420.

(1913*k*) Geleitwort zu J. G. Bourke, *Der Unrat in Sitte, Brauch, Glauben und Gewohnheitrecht der Völker,* Leipzig. *G. W.,* Bd. 10, S. 453–55.

(1913*l*) ›Kindheitsträume mit spezieller Bedeutung‹, *G. W.,* Nachtragsband, S. 613.

(1913*m* [1911]) ›Über Grundprinzipien und Absichten der Psychoanalyse‹, *G. W.,* Nachtragsband, S. 724–29. (Erstveröffentlichung in Englisch: ›On Psycho-Analysis‹, *Standard Edition,* Bd. 12, S. 205).

(1914*c*) ›Zur Einführung des Narzißmus‹, *G. W.,* Bd. 10, S. 138–70; *Studienausgabe,* Bd. 3, S. 37–68.

FREUD, S. (Forts.)   (1914*d*) ›Zur Geschichte der psychoanalytischen Bewegung‹, *G. W.*, Bd. 10, S. 43–113.

(1914*e*) ›Darstellung der »großen Leistung« im Traum‹, *G. W.*, Nachtragsband, S. 620f.

(1914*g*) ›Weitere Ratschläge zur Technik der Psychoanalyse: II. Erinnern, Wiederholen und Durcharbeiten‹, *G. W.*, Bd. 10, S. 126–36; *Studienausgabe*, Ergänzungsband, S. 205 bis 215.

(1915*b*) ›Zeitgemäßes über Krieg und Tod‹, *G. W.*, Bd. 10, S. 324–55; *Studienausgabe*, Bd. 9, S. 33–60.

(1915*c*) ›Triebe und Triebschicksale‹, *G. W.*, Bd. 10, S. 210 bis 232; *Studienausgabe*, Bd. 3, S. 75–102.

(1915*d*) ›Die Verdrängung‹, *G. W.*, Bd. 10, S. 248–61; *Studienausgabe*, Bd. 3, S. 103–18.

(1915*e*) ›Das Unbewußte‹, *G. W.*, Bd. 10, S. 264–303; *Studienausgabe*, Bd. 3, S. 119–62.

(1915*g* [1914]) Brief an Dr. Frederik van Eeden, *G. W.*, Nachtragsband, S. 697f.

(1915*h* [1914]) ›Vorwort zur dritten Auflage‹ [der *Drei Abhandlungen zur Sexualtheorie*], Leipzig und Wien. *G. W.*, Bd. 5, S. 29f.; *Studienausgabe*, Bd. 5, S. 43–45.

(1916*c*) ›Eine Beziehung zwischen einem Symbol und einem Symptom‹, *G. W.*, Bd. 10, S. 394f.

(1916*d*) ›Einige Charaktertypen aus der psychoanalytischen Arbeit‹, *G. W.*, Bd. 10, S. 364–91; *Studienausgabe*, Bd. 10, S. 229–53.

(1916*e*) Fußnote zu Ernest Jones, ›Professor Janet über Psychoanalyse‹, *G. W.*, Nachtragsband, S. 768.

(1916–17 [1915–17]) *Vorlesungen zur Einführung in die Psychoanalyse*. Wien. *G. W.*, Bd. 11; *Studienausgabe*, Bd. 1, S. 33–445.

(1917*d* [1915]) ›Metapsychologische Ergänzung zur Traumlehre‹, *G. W.*, Bd. 10, S. 412–26; *Studienausgabe*, Bd. 3, S. 175–91.

(1917*e* [1915]) ›Trauer und Melancholie‹, *G. W.*, Bd. 10, S. 428–46; *Studienausgabe*, Bd. 3, S. 193–212.

(1918*b* [1914]) ›Aus der Geschichte einer infantilen Neurose‹, *G. W.*, Bd. 12, S. 27–157; *Studienausgabe*, Bd. 8, S. 125 bis 231.

FREUD, S. (Forts.)   (1919*b*) ›James J. Putnam‹ (Nachruf), *G. W.*, Bd. 12, S. 315.

(1919*c*) ›Internationaler psychoanalytischer Verlag und Preiszuteilungen für psychoanalytische Arbeiten‹, *G. W.*, Bd. 12, S. 333–36.

(1919*g*) Vorrede zu Theodor Reik, *Probleme der Religionspsychologie. 1. Das Ritual*, Leipzig, Wien und Zürich. *G. W.*, Bd. 12, S. 325–29.

(1919*h*) ›Das Unheimliche‹, *G. W.*, Bd. 12, S. 229–68; *Studienausgabe*, Bd. 4, S. 241–74.

(1919*j* [1918]) ›Kell-e az egyetemen a psychoanalysist tanitani?‹ (Soll die Psychoanalyse an den Universitäten gelehrt werden?), *G. W.*, Nachtragsband, S. 700–03.

(1919*k*) ›E. T. A. Hoffmann über die Bewußtseinsfunktion‹, *G. W.*, Nachtragsband, S. 769.

(1920*f*) ›Ergänzungen zur Traumlehre‹, *G. W.*, Nachtragsband, S. 622 f.

(1920*g*) *Jenseits des Lustprinzips*, Wien. *G. W.*, Bd. 13, S. 1 bis 69; *Studienausgabe*, Bd. 3, S. 213–72.

(1921*a*) Vorwort zu James J. Putnam, *Addresses on Psycho-Analysis*, London und New York. *G. W.*, Bd. 13, S. 437 f.

(1921*b*) Introduction [auf englisch] zu J. Varendonck, *The Psychology of Day-Dreams*, London. (Deutsche Fassung [unvollständig]: *G. W.*, Bd. 13, S. 439 f.)

(1921*c*) *Massenpsychologie und Ich-Analyse,* Wien. *G. W.*, Bd. 13, S. 71–161; *Studienausgabe*, Bd. 9, S. 61–134.

(1921*d*) ›Preiszuteilungen‹, *G. W.*, Nachtragsband, S. 711.

(1921*e*) Auszug eines Briefs an Claparède [in Französisch], in Freud, *La Psychanalyse* [= Freud, 1910*a*, französische Übersetzung], Genf. Rückübersetzung ins Deutsche in: *G. W.*, Nachtragsband, S. 750 f.

(1922*a*) ›Traum und Telepathie‹, *G. W.*, Bd. 13, S. 165–91.

(1922*b* [1921]) ›Über einige neurotische Mechanismen bei Eifersucht, Paranoia und Homosexualität‹, *G. W.*, Bd. 13, S. 195–207; *Studienausgabe*, Bd. 7, S. 217–28.

(1922*d*) ›Preisausschreibung‹, *G. W.*, Nachtragsband, S. 712.

(1922*e*) Geleitwort [in Französisch] zu Raymond de Saussure, *La méthode psychanalytique*, Lausanne und Genf. Deutsche Originalfassung in: *G. W.*, Nachtragsband, S. 752 f.

FREUD, S. (Forts.)   (1922*f*) ›Etwas vom Unbewußten‹ (eigene Zusammenfassung eines Kongreß-Vortrags), *G. W.*, Nachtragsband, S. 730.

(1923*a* [1922]) ›»Psychoanalyse« und »Libidotheorie«‹, *G. W.*, Bd. 13, S. 211–33.

(1923*b*) *Das Ich und das Es*, Wien. *G. W.*, Bd. 13, S. 237–89; *Studienausgabe*, Bd. 3, S. 273–330.

(1923*d* [1922]) ›Eine Teufelsneurose im siebzehnten Jahrhundert‹, *G. W.*, Bd. 13, S. 317–53; *Studienausgabe*, Bd. 7, S. 283–319.

(1923*f*) ›Josef Popper-Lynkeus und die Theorie des Traumes‹, *G. W.*, Bd. 13, S. 357–59.

(1924*a*) Brief [in Französisch] an *Le Disque Vert* (Paris und Brüssel), *G. W.*, Bd. 13, S. 446.

(1924*c*) ›Das ökonomische Problem des Masochismus‹, *G. W.*, Bd. 13, S. 371–83; *Studienausgabe*, Bd. 3, S. 339–54.

(1924*f* [1923]) ›Kurzer Abriß der Psychoanalyse‹, *G. W.*, Bd. 13, S. 405–27. [Die Arbeit erschien zunächst in Englisch: ›A Short Account of Psycho-Analysis‹ (veröffentlicht unter dem Titel ›Psychoanalysis: Exploring the Hidden Recesses of the Mind‹), Kap. 73, Bd. 2 von *These Eventful Years*, London und New York 1924. Das deutsche Original wurde erstmals 1928 publiziert.]

(1924*g* [1923]) Brief an Fritz Wittels, in englischer Übersetzung veröffentlicht in F. Wittels, *Sigmund Freud, his Personality, his Teaching and his School*, London und New York; deutsches Original (ohne die im Brief erwähnte Berichtigungsliste) in Freud, 1960*a* [1873–1939]; vollständig und mit der Liste (vgl. S. Freud, 1987*a* [1923]) in *G. W.*, Nachtragsband, S. 754–58.

(1924*h*) ›Mitteilung des Herausgebers‹ [der *Internationalen Zeitschrift für Psychoanalyse*], *G. W.*, Nachtragsband, S. 713f.

(1924*i*) nun unter (1954*e* [1938])

(1925*a* [1924]) ›Notiz über den »Wunderblock«‹, *G. W.*, Bd. 14, S. 3–8; *Studienausgabe*, Bd. 3, S. 363–69.

(1925*d* [1924]) *Selbstdarstellung*, *G. W.*, Bd. 14, S. 31–96 (in Buchform: Wien 1934; 2. Aufl. Wien 1936, enthält Freud, 1935*a* und 1935*d*). Mit den Ergänzungen und der Nachschrift von 1935 auch in: Sigmund Freud, »*Selbstdarstel-*

FREUD, S. (Forts.) *lung«. Schriften zur Geschichte der Psychoanalyse,* hrsg. und eingel. von Ilse Grubrich-Simitis, Frankfurt am Main 1971 (Fischer Taschenbuch Nr. 6096), S. 37–100.

(1925 e [1924]) ›Die Widerstände gegen die Psychoanalyse‹, *G. W.,* Bd. 14, S. 99–110.

(1925 g) ›Josef Breuer‹ (Nachruf), *G. W.,* Bd. 14, S. 562 f.

(1925 h) ›Die Verneinung‹, *G. W.,* Bd. 14, S. 11–15; *Studienausgabe,* Bd. 3, S. 371–77.

(1925 j) ›Einige psychische Folgen des anatomischen Geschlechtsunterschieds‹, *G. W.,* Bd. 14, S. 19–30; *Studienausgabe,* Bd. 5, S. 253–66.

(1926 d [1925]) *Hemmung, Symptom und Angst,* Wien. *G. W.,* Bd. 14, S. 111–205; *Studienausgabe,* Bd. 6, S. 227 bis 308.

(1926 e) *Die Frage der Laienanalyse,* Wien. *G. W.,* Bd. 14, S. 207–86; *Studienausgabe,* Ergänzungsband, S. 271–341.

(1926 g) Übersetzung mit Fußnote von Teil I, § 13: ›Samuel Butler‹, in I. Levine, *The Unconscious,* London 1923 (übers. von Anna Freud unter dem Titel *Das Unbewußte,* Wien 1926). Deutsche Fassung: ›Anmerkung über Ewald Hering‹, *G. W.,* Nachtragsband, S. 770 f.; *Studienausgabe,* Bd. 3, S. 163 f. (in Freud 1915 e).

(1926 i) ›Dr. Reik und die Kurpfuschereifrage‹, *G. W.,* Nachtragsband, S. 715–17.

(1927 a) ›Nachwort zur *Frage der Laienanalyse*‹, *G. W.,* Bd. 14, S. 287–96; *Studienausgabe,* Ergänzungsband, S. 342 bis 349.

(1927 c) *Die Zukunft einer Illusion,* Wien. *G. W.,* Bd. 14, S. 325–80; *Studienausgabe,* Bd. 9, S. 135–89.

(1928 b [1927]) ›Dostojewski und die Vatertötung‹, *G. W.,* Bd. 14, S. 399–418; *Studienausgabe,* Bd. 10, S. 267–86.

(1930 a [1929]) *Das Unbehagen in der Kultur,* Wien. *G. W.,* Bd. 14, S. 419–506; *Studienausgabe,* Bd. 9, S. 191–270.

(1930 e) Ansprache im Frankfurter Goethe-Haus, *G. W.,* Bd. 14, S. 547–50; *Studienausgabe,* Bd. 10, S. 292–96.

(1930 f [1929]) Auszug eines Briefs an Theodor Reik, in Th. Reik, *Freud als Kulturkritiker,* Wien. *G. W.,* Nachtragsband, S. 668 f.

811

FREUD, S. (Forts.) (1931*b*) ›Über die weibliche Sexualität‹, *G. W.*, Bd. 14, S. 517–37; *Studienausgabe*, Bd. 5, S. 273–92.

(1931*f*) Auszug eines Briefs an Georg Fuchs, in G. Fuchs, *Wir Zuchthäusler*, München, S. X. *G. W.*, Nachtragsband, S. 759 f.

(1931*g*) Brief an Prof. Julius Tandler, *G. W.*, Nachtragsband, S. 719.

(1932*c*) ›Meine Berührung mit Josef Popper-Lynkeus‹, *G. W.*, Bd. 16, S. 261–66.

(1932*e* [1931]) Vorwort zur dritten (revidierten) Auflage der englischen Ausgabe der *Traumdeutung*, *G. W.*, Nachtragsband, S. 746 f. Zuerst in Englisch erschienen in *The Interpretation of Dreams*, London und New York; *Studienausgabe*, Bd. 2, S. 28.

(1933*a* [1932]) *Neue Folge der Vorlesungen zur Einführung in die Psychoanalyse*, Wien. *G. W.*, Bd. 15; *Studienausgabe*, Bd. 1, S. 447–608.

(1933*c*) ›Sándor Ferenczi‹ (Nachruf), *G. W.*, Bd. 16, S. 267 bis 269.

(1933*f* [1932]) Brief an Siegfried Hessing, in S. Hessing (Hrsg.), *Spinoza Festschrift*, Heidelberg 1933. *G. W.*, Nachtragsband, S. 670.

(1935*a*) ›Nachschrift 1935‹ [zur *Selbstdarstellung* (1925*d* [1924]), *G. W.*, Bd. 16, S. 31–34.

(1935*d*) Ergänzungen zur *Selbstdarstellung* (1925*d* [1924]), *G. W.*, Nachtragsband, S. 763 f.

(1936*b* [1932]) Vorwort zu Richard Sterba, *Handwörterbuch der Psychoanalyse*, Wien. *G. W.*, Nachtragsband, S. 761.

(1936*c* [1935]) Vorwort [in tschechischer Übersetzung] zur tschechischen Ausgabe der *Vorlesungen zur Einführung in die Psychoanalyse*, Prag. Rückübersetzung ins Deutsche in: *G. W.*, Nachtragsband, S. 748.

(1936*d*) ›Zum Ableben Professor Brauns‹, *G. W.*, Nachtragsband, S. 735.

(1937*b*) ›Moses, ein Ägypter‹, *G. W.*, Bd. 16, S. 103–13; *Studienausgabe*, Bd. 9, S. 459–67 (enthalten als Kapitel I in Freud, 1939*a* [1934–38]).

(1937*c*) ›Die endliche und die unendliche Analyse‹, *G. W.*, Bd. 16, S. 59; *Studienausgabe*, Ergänzungsband, S. 351.

FREUD, S. (Forts.) (1938*a*) ›Ein Wort zum Antisemitismus‹, *G. W.*, Nachtragsband, S. 779–81.

(1938*c*) Brief an die Herausgeberin von *Time and Tide* (in Englisch), mit Übersetzung ins Deutsche in: *G. W.*, Nachtragsband, S. 782 f.

(1939*a* [1934–38]) *Der Mann Moses und die monotheistische Religion*, Amsterdam. (Enthält als Kapitel I: 1937*b*, als Kapitel II: 1937*e*.) *G. W.*, Bd. 16, S. 103–246; *Studienausgabe*, Bd. 3, S. 455–581.

(1940*a* [1938]) ›Abriß der Psychoanalyse‹, ohne das Vorwort in: *G. W.*, Bd. 17, S. 63–138. Kapitel IV, ›Die psychoanalytische Technik‹, in: *Studienausgabe*, Ergänzungsband, S. 407 bis 421. Das Vorwort in: *G. W.*, Nachtragsband, S. 749.

(1940*b* [1938]) ›Some Elementary Lessons in Psycho-Analysis‹ (Titel in Englisch; Text in Deutsch), *G. W.*, Bd. 17, S. 139–47.

(1940*d* [1892]) (mit Breuer, J.) ›Zur Theorie des hysterischen Anfalls‹, *G. W.*, Bd. 17, S. 7–13.

(1940*g* [1938]) Einführung zu Yisrael Doryon, *Lynkeus’ New State*, Jerusalem. *G. W.*, Nachtragsband, S. 784.

(1941*a* [1892]) Brief an Josef Breuer, *G. W.*, Bd. 17, S. 5 f.

(1941*b* [1892]) ›Notiz »III«‹, *G. W.*, Bd. 17, S. 15–18.

(1941*d* [1921]) ›Psychoanalyse und Telepathie‹, *G. W.*, Bd. 17, S. 25–44.

(1941*e* [1926]) Ansprache an die Mitglieder des Vereins *B’nai B’rith*, *G. W.*, Bd. 17, S. 49–53.

(1941*g* [1936]) Brief an Thomas Mann, *G. W.*, Nachtragsband, S. 679–82.

(1942*a* [1905–06]) ›Psychopathische Personen auf der Bühne‹, *G. W.*, Nachtragsband, S. 656–61; *Studienausgabe*, Bd. 10, S. 161–68.

(1945–46 [1938]) Auszüge aus zwei Briefen an Yisrael Doryon, in Y. Doryon, *Der Mann Moses*, Jerusalem. *G. W.*, Nachtragsband, S. 786–88.

(1950*a* [1887–1902]) *Aus den Anfängen der Psychoanalyse. Briefe an Wilhelm Fließ; Abhandlungen und Notizen aus den Jahren 1887–1902*, hrsg. von Marie Bonaparte, Anna Freud und Ernst Kris, London. Wiederauflage Frankfurt am Main

FREUD, S. (Forts.)   1962 als Paperback; korrigierter Nachdruck Frankfurt am Main 1975. (Der darin enthaltene ›Entwurf einer Psychologie‹ von 1895 nun in völlig überarbeiteter Neufassung unter S. Freud, 1950 c.)

(1950 c [1895]) ›Entwurf einer Psychologie‹ (frühere Fassung in: S. Freud, 1950 a), völlig überarbeiteter Neuabdruck in: *G. W.*, Nachtragsband, S. 387–477.

(1954 e [1938]) (früher 1924 i) Brief an Israel Cohen, in englischer Übersetzung in *Jewish Observer and Middle East Review*, Bd. 3 (1954), Nr. 23 (4. Juni); deutsche Originalfassung in: *G. W.*, Nachtragsband, S. 775.

(1955 a [1907–08]) Originalnotizen zu einem Fall von Zwangsneurose (»Rattenmann«), *G. W.*, Nachtragsband, S. 509–69.

(1955 c [1920]) ›Gutachten über die elektrische Behandlung der Kriegsneurotiker‹, *G. W.*, Nachtragsband, S. 706–10.

(1955 e [1930]) Brief an Juliette Boutonier, *G. W.*, Nachtragsband, S. 671 f.

(1956 a [1886]) ›Bericht über meine mit Universitäts-Jubiläums-Reisestipendium unternommene Studienreise nach Paris und Berlin‹, *G. W.*, Nachtragsband, S. 34–44.

(1957 a [1911]) nun unter (1958 a [1911])

(1958 a [1911]) (früher 1957 a [1911]) (mit Oppenheim, D. E.) ›Träume im Folklore‹, *G. W.*, Nachtragsband, S. 576–600.

(1958 b [1909]) Brief an D. E. Oppenheim, *G. W.*, Nachtragsband, S. 601–03.

(1960 a [1873–1939]) *Briefe 1873–1939*, hrsg. von E. L. Freud, Frankfurt am Main (2., erweit. Aufl. 1968; 3., korrig. Aufl. 1980).

(1960 b [1885]) Curriculum vitae, *G. W.*, Nachtragsband, S. 46 f.

(1960 c [1885]) Habilitationsgesuch, *G. W.*, Nachtragsband, S. 45 f.

(1960 d [1885]) ›Lehrplan‹ [über beabsichtigte Vorlesungen als Dozent für Nervenkrankheiten], *G. W.*, Nachtragsband, S. 48.

(1960 e [1885]) ›Gesuch um Verleihung des Universitäts-Jubiläums-Reisestipendiums der Wiener medizinischen Fakultät für das Jahr 1885/86‹, *G. W.*, Nachtragsband, S. 48 f.

FREUD, S. (Forts.)   (1966*a*[1912–36]) *Sigmund Freud/Lou Andreas-Salomé. Briefwechsel*, hrsg. von E. Pfeiffer, Frankfurt am Main (2., überarb. Aufl. 1980).

(1966*b*[1938]) ›Einleitung‹ zu S. Freud und W.C. Bullitt, *Thomas Woodrow Wilson, Twenty-eighth President of the United States; A Psychological Study*, Boston und London 1967. *G. W.*, Nachtragsband, S. 686–92.

(1967*a*[1928]) Brief an Lytton Strachey, *G. W.*, Nachtragsband, S. 665–67.

(1968*a*[1927–39]) *Sigmund Freud/Arnold Zweig. Briefwechsel*, hrsg. von E. L. Freud, Frankfurt am Main.

(1974*a*[1906–23]) *Sigmund Freud/C. G. Jung. Briefwechsel*, hrsg. von William McGuire und Wolfgang Sauerländer, Frankfurt am Main.

(1978*a*[1891]) ›Anamnese »Nina R.«‹, *G. W.*, Nachtragsband, S. 313–15.

(1978*b*[1893]) Krankengeschichte »Nina R.«, *G. W.*, Nachtragsband, S. 316–19.

(1978*c*[1894]) Brief an Robert Binswanger vom 7. Jan. 1894, *G. W.*, Nachtragsband, S. 321.

(1985*a*[1915]) *Übersicht der Übertragungsneurosen* [Entwurf der 12. metapsychologischen Abhandlung von 1915], ediert und mit einem Essay versehen von Ilse Grubrich-Simitis, Frankfurt am Main (Faksimile-Ausgabe). Nur die edierte Fassung des Textes in: *G. W.*, Nachtragsband, S. 634–51.

(1985*b*[1915]) Brief an Sándor Ferenczi vom 28. Juli 1915, *G. W.*, Nachtragsband, S. 628f.

(1985*c*[1887–1904]) *Briefe an Wilhelm Fließ 1887–1904*, Ungekürzte Ausgabe (jedoch ohne den ›Entwurf einer Psychologie‹, 1950*c*[1895]), hrsg. von Jeffrey Moussaieff Masson, Bearb. der deutschen Fassung von Michael Schröter, Transkription von Gerhard Fichtner, Frankfurt am Main 1986.

(1987*a*[1923]) Korrekturliste als Beilage zum Brief an Fritz Wittels (1924*g*[1923]), *G. W.*, Nachtragsband, S. 756–58.

(1987*b*[1936]) Fünf Briefe an Georg Hermann, in: Gert Mattenklott (1987). Drei dieser Briefe in *G. W.*, Nachtragsband, S. 673–78.

Sigmund Freud-Konkordanz und -Gesamtbibliographie, zu-

FREUD, S. (Forts.)   sammengestellt von Ingeborg Meyer-Palmedo, Frankfurt am Main 1975, 3. Aufl. 1980. In korrigierter Fassung als Fischer Taschenbuch Nr. 7312, Frankfurt am Main 1982.

FREY, L.   (1889) ›Über die praktische Bedeutung des Hypnotismus‹, *Wiener klinische Wochenschrift*, Bd. 2, S. 470–72. (Vortrag, gehalten am 31. Mai 1889 in der k.k. Gesellschaft der Ärzte in Wien. – Die Diskussion über diesen Vortrag fand am 6. Juni 1889 statt: *Wiener klinische Wochenschrift*, Bd. 2, S. 488–90.)

FRISCH, M.   (1985) ›Der Arzt und der Tod – der Patient und der Tod. Rede an Ärztinnen und Ärzte‹. *Frankfurter Allgemeine Zeitung*, Samstag, 5. 1. 1985, Nr. 4.

FUCHS, G.   (1931) *Wir Zuchthäusler: Erinnerungen des Zellengefangenen Nr. 2911*, München.

FURTMÜLLER, C.   siehe ADLER, A., und C. FURTMÜLLER.

Gesundheit, Die   siehe KOSSMANN, R., und J. WEISS.

GICKLHORN, J., und R. GICKLHORN   (1960) *Sigmund Freuds akademische Laufbahn im Lichte der Dokumente*, Wien – Innsbruck.

GILL, M. M.   siehe PRIBRAM, K. H., und M. M. GILL.

GOMPERZ, TH.   (1896–1909) *Griechische Denker*, 3 Bde., Leipzig (Bd. 1: 1896; Bd. 2: 1902; Bd. 3: 1909).

GREVE, G.   (1910) ›Sobre psicologia y psicoterapia de ciertos estados angustiosos‹ [= Über Psychologie und Psychotherapie gewisser Angstzustände] (Vortrag vor der neurologischen Sektion des internationalen Kongresses für Medizin und Hygiene in Buenos Aires, Mai 1910).

GRUBRICH-SIMITIS, I.   (1985) ›Metapsychologie und Metabiologie. Zu Sigmund Freuds Entwurf einer »Übersicht der Übertragungsneurosen«‹, in: S. Freud, *Übersicht der Übertragungsneurosen* (1985*a* [1915]), S. 83–128.

    (1987) ›Trauma oder Trieb – Trieb und Trauma; Lektionen aus Sigmund Freuds phylogenetischer Phantasie von 1915‹ (Thirty-seventh Freud Anniversary Lecture, New York, April 1987), *Psyche*, Bd. 41 (Druck in Vorbereitung).

Handwörterbuch der gesamten Medizin   siehe VILLARET, A.

Handwörterbuch der Sexualwissenschaft   siehe MARCUSE, M.

HARTMANN, E. von   (1869) *Philosophie des Unbewußten*, 3 Bde., Leipzig (10. Aufl. 1890).

HECKER, E.   (1893) ›Über larvierte und abortive Angstzustände bei Neurasthenie‹, *Zentralblatt für Nervenheilkunde und Psychiatrie*, Bd. 16, S. 565.

HEGAR, A.   (1894) *Der Geschlechtstrieb. Eine social-medizinische Studie*, Stuttgart.

HELLER, H. (Hrsg.)   (1906) ›Vom Lesen und von guten Büchern. Eine Rundfrage‹, in: *Neue Blätter für Literatur und Kunst*, hrsg. von Hugo Heller, 1. Heft, Dezember 1906. Nachgedruckt als Broschüre: *Vom Lesen und von guten Büchern. Eine Rundfrage*, veranst. von der Redaktion der *Neuen Blätter für Literatur und Kunst*, Wien 1907.

HERBART, J. F.   (1824–25) *Psychologie als Wissenschaft neu gegründet auf Erfahrung, Metaphysik und Mathematik*, 2 Bde., Königsberg.

HERING, E.   (1870) ›Über das Gedächtnis als eine allgemeine Funktion der organisierten Materie‹ (Vortrag vor der k.k. Akademie der Wissenschaften, Wien, am 30. Mai 1870); in Broschüreform: Wien 1870.

(1878) *Zur Lehre vom Lichtsinne*, Wien.

HERZ, M.   (1894) ›Über einige vernachlässigte Hilfswissenschaften der Medizin‹, *Wiener medizinische Wochenschrift*, Bd. 44, Sp. 714f. und Sp. 762f.

HESSING, S. (Hrsg.)   (1933) *Spinoza-Festschrift*. Zum 300. Geburtstage Benedict Spinozas (1632–1932), Heidelberg.

HIRSCHMÜLLER, A.   (Siehe auch FICHTNER, G., und A. HIRSCHMÜLLER)

(1978a) ›Eine bisher unbekannte Krankengeschichte Sigmund Freuds und Josef Breuers aus der Entstehungszeit der *Studien über Hysterie*‹, *Jahrbuch der Psychoanalyse*, Bd. 10, S. 136–68.

(1978b) *Physiologie und Psychoanalyse in Leben und Werk Josef Breuers*, Beiheft 4 zum *Jahrbuch der Psychoanalyse*, Bern.

817

HITSCHMANN, E.   (1911) *Freuds Neurosenlehre*, Wien.

(1913) ›Weitere Mitteilung von Kindheitsträumen mit spezieller Bedeutung‹, *Internationale Zeitschrift für (ärztliche) Psychoanalyse*, Bd. 1, S. 476–78.

HONEGGER, J. J.   (1910) ›Über paranoide Wahnbildung‹, *Jahrbuch für psychoanalytische und psychopathologische Forschungen*, Bd. 2, S. 734 f. (= Autoreferat eines Vortrags auf dem Psychoanalytischen Kongreß in Nürnberg.)

HORAZ   *Ars poetica.*

HÜCKEL, A.   (1888) *Die Rolle der Suggestion bei gewissen Erscheinungen der Hysterie und des Hypnotismus*, Jena.

HUGHLINGS-JACKSON, J.   (1878–80) ›On affections of speech from disease of the brain‹, *Brain. A Journal of Neurology*, Bd. I (1878–79), S. 304–30, und *Brain*, Bd. II (1879–80), S. 203–22 und S. 323–56.

JANET, P.   (1889) *L'automatisme psychologique. Essai de psychologie expérimentale sur les formes inférieures de l'activité humaine*, Paris.

(1892) *État mental des hystériques*, Bd. 1: *Les stigmates mentaux*, Paris. Deutsch unter dem Titel *Der Geisteszustand der Hysterischen ⟨Die psychischen Stigmata⟩*, übers. von Max Kahane, Leipzig und Wien 1894.

(1893) ›Quelques définitions récentes de l'hystérie‹, *Archives de neurologie*, Heft 25, S. 417, und Heft 26, S. 1. (Als Schlußkapitel wiederabgedruckt in P. Janet, 1894.)

(1894) *État mental des hystériques*, Bd. 2: *Les accidents mentaux*, Paris.

(1913) ›Psycho-Analysis. Rapport par M. le Dr. Pierre Janet‹, *Transactions of the International Congress of Medicine*, Bd. 17, Abschnitt XII (Psychiatrie) (1), S. 13–64.

JENDRÁSSIK, E.   (1886) ›De l'hypnotisme‹, *Archives de neurologie*, Bd. 11, S. 362.

JEREMIAS, A.   (1905) *Babylonisches im Neuen Testament*, Leipzig.

JERUSALEM, W.   (1895) *Die Urteilsfunktion. Eine psychologische Studie*, Wien.

JONES, E.   (1912) ›Psycho-Analyse Roosevelts‹, *Zentralblatt für Psychoanalyse und Psychotherapie*, Bd. 2, S. 675–77 (mit einer zusätzlichen Fußnote von S. Freud, 1912*j*).

JONES, E. (Forts.)   (1915) ›Professor Janet on Psycho-Analysis; a Rejoinder‹, *Journal of Abnormal (and Social) Psychology*, Bd. 9, S. 400 bis 410. Deutsch unter dem Titel ›Professor Janet über Psychoanalyse. Eine Erwiderung‹, *Internationale Zeitschrift für (ärztliche) Psychoanalyse*, Bd. 4 (1916), S. 34–43 (mit einer Fußnote von S. Freud, 1916e).

(1919) ›Professor Dr. James Jackson Putnam‹ (Nachruf), *Internationale Zeitschrift für (ärztliche) Psychoanalyse*, Bd. 5, S. 233–43.

(1960) *Das Leben und Werk von Sigmund Freud*, Bd. 1, Bern und Stuttgart. (Englisches Original: *The Life and Work of Sigmund Freud*, Vol. 1, New York 1953.)

(1962a) *Das Leben und Werk von Sigmund Freud*, Bd. 2, Bern und Stuttgart. (Englisches Original: *The Life and Work of Sigmund Freud*, Vol. 2, New York 1955.)

(1962b) *Das Leben und Werk von Sigmund Freud*, Bd. 3, Bern und Stuttgart. (Englisches Original: *The Life and Work of Sigmund Freud*, Vol. 3, New York 1957.)

JUNG, C. G.   (Siehe auch FREUD, S., 1974a [1906–23].)

(1906, 1909) *Diagnostische Assoziationsstudien* (2 Bde.), Leipzig.

(1907) *Über die Psychologie der Dementia praecox*, Halle.

(1911) ›Wandlungen und Symbole der Libido‹, Teil I, *Jahrbuch für psychoanalytische und psychopathologische Forschungen*, Bd. 3, S. 120–227. Wiederabgedruckt in: C. G. Jung, *Wandlungen und Symbole der Libido*, Leipzig und Wien 1912.

(1912) ›Wandlungen und Symbole der Libido‹, Teil II, *Jahrbuch für psychoanalytische und psychopathologische Forschungen*, Bd. 4, S. 162–464. Wiederabgedruckt in: C. G. Jung, *Wandlungen und Symbole der Libido*, Leipzig und Wien.

KAAN, H.   (1892) *Der neurasthenische Angsteffekt bei Zwangsvorstellungen und der primordiale Grübelzwang*, Leipzig und Wien.

KÄSTLE, O. U.   (1983) ›Zwei wiederentdeckte Rezensionen Sigmund Freuds von 1895. Wissenschaftlicher Kontext und biographischer Hintergrund‹, *Psyche*, Bd. 37, S. 805–27.

KENDRICK, W.   siehe MEISEL, P., und W. KENDRICK.

KOESTLER, A.   (1955) *Die Geheimschrift. Bericht eines Lebens. 1932 bis 1940*, Wien – München – Basel. (Englisches Original: *The Invisible Writing*, New York, London 1954.)

KOSSMANN, R.,   (1890) *Die Gesundheit: Ihre Erhaltung, ihre Störungen, ihre*
und J. WEISS   *Wiederherstellung*, Stuttgart, Berlin, Leipzig. (2. Aufl. 1900;
(Hrsg.)   3. Aufl. 1905.)

KRAFFT-EBING, R.   (1879–80) *Lehrbuch der Psychiatrie auf klinischer Grundlage*
Freiherr von   *für praktische Ärzte und Studierende*, 3 Bde., Stuttgart.

KRIS, E.   (1950) ›Einleitung‹ zu S. Freud, *Aus den Anfängen der Psychoanalyse*, London (1950*a* [1887–1902]). Wiederabgedruckt in: S. Freud (1985*c* [1887–1904]), S. 519–61.

                     (1956) ›Freud in the History of Science‹, *The Listener*, Bd. 55, Nr. 1416 (17. Mai), S. 631.

Kryptadia, Recueil de documents pour servir à l'étude des traditions populaires, Bd. 1: Heilbronn 1883; Bd. 4: Paris 1888; Bd. 5: Paris 1898; Bd. 6: Paris 1899.

LANG, A.   (1903) *Social Origins*, London. (Enthält J. J. Atkinson, *Primal Law*.)

LANGE, C. G.   (1885) *Om Sindsbevaegelser, et Psyko-Fysiologisk Studie*, Kopenhagen. Deutsch unter dem Titel *Über Gemütsbewegungen. Eine psycho-physiologische Studie*, autoris. Übers. von Hans Kurella, Leipzig 1887.

LEIDESDORF, M.   (1865) *Lehrbuch der psychischen Krankheiten*, Erlangen. (= 2., umgearb. u. wesentl. verm. Aufl. der *Pathologie und Therapie der psychischen Krankheiten für Ärzte und Studierende*, Erlangen 1860.)

LESKY, E.   (1965) *Die Wiener medizinische Schule im 19. Jahrhundert*, Graz und Köln.

LEVINE, I.   (1923) *The Unconscious*, London. Deutsch unter dem Titel *Das Unbewußte*, übers. von Anna Freud, Leipzig – Wien – Zürich 1926 [Übers. des Abschnitts Teil I, § 13 (Samuel Butler) von S. Freud (1926g) mit zusätzlicher Fußnote].

LIÉBEAULT, A. A.   (1866) *Du sommeil et des états analogues, considérés surtout au point de vue de l'action du moral sur le physique*, Paris, Nancy.

LIÉBEAULT (Forts.)   (1889) *Le sommeil provoqué et les états analogues*, Paris.

LIÉGEOIS, J.   (1884) ›De la suggestion hypnotique dans ses rapports avec le droit civil et le droit criminel‹, *Séances et travaux de l'Académie des sciences morales et politiques*, Paris, Bd. 122, S. 155.

(1889) *De la suggestion et du somnambulisme dans leurs rapports avec la jurisprudence et la médecine légale*, Paris.

LOONEY, J. TH.   (1920) ›Shakespeare‹ *Identified in Edward de Vere, the 17th Earl of Oxford*, London.

LÖWENFELD, L.   (1904) *Die psychischen Zwangserscheinungen*, Wiesbaden. (Enthält S. Freuds Aufsatz ›Die Freudsche psychoanalytische Methode‹, 1904*a* [1903].)

LYNKEUS   (1899) *Phantasien eines Realisten*, Dresden.
[J. POPPER]

MACAULAY, TH. B.   (1843) *Critical and Historical Essays*, 3 Bde. (Div. Deutsche
Lord M. of Rothley   Ausgaben, u. a.: *Essays*, in Ausw. hrsg. von E. Friedell, Wien 1924.)

MACH, E.   (1875) *Grundlinien der Lehre von den Bewegungsempfindungen*, Leipzig.

MANN, TH.   (1936*a*) ›Sigmund Freud und die Zukunft‹, Festrede auf der Feier von Freuds 80. Geburtstag in Wien am 8. Mai 1936, *Imago*, Bd. 22, S. 257–74.

(1936*b*) *Josef in Ägypten*, Wien.

MARCUSE, M.   (1923) *Handwörterbuch der Sexualwissenschaft*, Bonn.
(Hrsg.)

MATTENKLOTT, G.   (1987) ›»... daß wir nicht auch gestorben sind«. Unveröffentlichte Briefe Sigmund Freuds an Georg Hermann‹, *Neue Rundschau*, Bd. 98, Heft 3, S. 5–21.

MEISEL, P., und   (1985) *Bloomsbury/Freud. The Letters of James and Alix
W. KENDRICK   Strachey 1924–1925*, New York.
(Hrsg.)

MERESCHKOWSKI,   (1902) *Voskresenie Bogi*, Petersburg. Deutsch unter dem Titel
D. S.   *Leonardo da Vinci: Biographischer Roman aus der Wende des XV. Jahrhunderts*, übers. von C. von Gütschow, Leipzig 1903.

MESMER, F. A.   (1779) *Mémoire sur la découverte du magnétisme animal*. Genf. Deutsch unter dem Titel *Abhandlung über die Entdeckung des tierischen Magnetismus*, Karlsruhe 1781.

MEYNERT, TH. (1888*a*) ›Über Hypnotismus‹ (Referat eines Vortrags vor der k.k. Gesellschaft der Ärzte in Wien am 2. Juni 1888), *Wiener medizinische Blätter,* Bd. 11, Heft 23, Sp. 718–20 (siehe auch den Bericht über denselben Vortrag unter Meynert, 1888*b*).

(1888*b*) ›Über hypnotische Erscheinungen‹ (Vortrag, gehalten in der Versammlung der k.k. Gesellschaft der Ärzte in Wien am 2. Juni 1888), *Wiener klinische Wochenschrift,* Bd. 1, S. 451–53, 473–76, 495–98 (siehe auch den Bericht über denselben Vortrag unter Meynert, 1888*a*).

(1889) ›Beitrag zum Verständnis der traumatischen Neurose‹ (Vortrag vor der k.k. Gesellschaft der Ärzte in Wien), *Wiener klinische Wochenschrift,* Bd. 2, S. 475f., 498–503, 522–24.

MITCHELL, S. W. (1877) *Fat and Blood and How to Make Them* (Untertitel in einigen späteren Auflagen: *The Treatment of Certain Forms of Neurasthenia and Hysteria*). Deutsch unter dem Titel *Die Behandlung gewisser Formen von Neurasthenie und Hysterie,* übers. von G. Klemperer, Berlin 1887.

MÖBIUS, P. J. (1888) ›Über den Begriff der Hysterie‹, *Zentralblatt für Nervenheilkunde,* Bd. 11, Heft 3. Wiederabgedruckt in: P. J. Möbius (1894*a*), S. 1–7.

(1890) ›Über Astasie – Abasie‹, *Schmidt's Jahrbücher der gesamten in- und ausländischen Medizin,* Bd. 227, Heft 1. Wiederabgedruckt in: P. J. Möbius (1894*a*), S. 8–19.

(1891) ›Über die Basedowsche Krankheit‹, *Deutsche Zeitschrift für Nervenheilkunde,* Bd. 1, S. 400.

(1894*a*) *Neurologische Beiträge,* Bd. 1, Leipzig.

(1894*b*) *Die Migräne* (= Bd. 12, II. Hälfte, Teil 3, Abt. 1 der *Speziellen Pathologie und Therapie,* hrsg. von H. Nothnagel, 1894–1908), Wien.

(1895) ›Über die gegenwärtige Auffassung der Hysterie‹, *Monatsschrift für Geburtshilfe und Gynäkologie,* Bd. 1, S. 12.

MYERS, F. W. H. (1893) ›The Mechanism of Hysteria (The Subliminal Consciousness, VI)‹, *Proceedings of the Society for Psychical Research, London,* Bd. 9, S. 3.

(1903) *Human Personality and its Survival of Bodily Death,* London und New York.

NEUTRA, W. (1909) *Briefe an nervöse Frauen,* zweites Tausend, Verlag Heinrich Minden, Dresden und Leipzig.

NOTHNAGEL, H. (Hrsg.) (1894–1908) *Spezielle Pathologie und Therapie,* 24 Bde., Wien.

NUNBERG, H., und E. FEDERN (Hrsg.) (1976) *Protokolle der Wiener Psychoanalytischen Vereinigung,* Bd. I (1906–1908), Frankfurt am Main.

(1977) *Protokolle der Wiener Psychoanalytischen Vereinigung,* Bd. II (1908–1910), Frankfurt am Main.

(1979) *Protokolle der Wiener Psychoanalytischen Vereinigung,* Bd. III (1910–1911), Frankfurt am Main.

OBERSTEINER, H. (1887) *Der Hypnotismus mit besonderer Berücksichtigung seiner klinischen und forensischen Bedeutung* (Reihe ›Klinische Zeit- und Streitfragen‹, hrsg. unter Mitwirkung hervorragender Fachmänner von J. Schnitzler, 1. Bd., 2. Heft, S. 49–80), Wien.

(1893) *Die Lehre vom Hypnotismus.* Eine kurzgefaßte Darstellung, Leipzig und Wien.

OPPENHEIM, D. E. (Siehe auch FREUD, S., 1958 a [1911].)

(1910) Beitrag zur Diskussion über Selbstmord [unter dem Pseudonym »Unus Multorum«], in: ›Über den Selbstmord, insbesondere den Schülerselbstmord‹, *Diskussionen des Wiener psychoanalytischen Vereins,* Bd. 1, Wiesbaden.

OPPENHEIM, H. (1890) ›Tatsächliches und Hypothetisches über das Wesen der Hysterie‹ (Vortrag, gehalten in einem Ferienkurs für praktische Ärzte im Oktober 1889), *Berliner klinische Wochenschrift,* Bd. 27, S. 553–56.

(1906) *Psychotherapeutische Briefe,* Berlin.

PAGEL, J. L. (Hrsg.) (1901) *Biographisches Lexikon hervorragender Ärzte des neunzehnten Jahrhunderts.* Mit einer historischen Einleitung. Hrsg. von J[ulius] [Leopold] Pagel, Berlin und Wien.

PEYER, A. (1893) ›Die nervösen Affektionen des Darmes bei der Neurasthenie des männlichen Geschlechtes (Darmneurasthenie)‹, *Vorträge aus der gesamten praktischen Heilkunde,* Bd. 1, Wien.

PIDOUX, H. siehe TROUSSEAU, A., und H. PIDOUX.

POGGIO [BRACCIOLINI], G.-F. (1905) *Die Schwänke und Schnurren des Florentiners Gian-Francesco Poggio Bracciolini,* Übers., Einl. u. Anmerk. von Alfred Semerau (= IV. Bd. der Reihe ›Romanische Meisterer-

POGGIO (Forts.) zähler‹, hrsg. von Friedrich S. Krauss); Privatdruck (Nur für Gelehrte, nicht für den Buchhandel bestimmt), Leipzig.

POPPER, J. siehe LYNKEUS.

PREYER, W., und O. BINSWANGER (1887) ›Hypnotismus‹, in: *Real-Enzyklopädie der gesamten Heilkunde*, hrsg. von Albert Eulenburg, 2., umgearb. und verm. Aufl., Wien und Leipzig, Bd. 10, S. 61–90 (= Preyer), S. 90–124 (= Binswanger).

PRIBRAM, K. H. (1962) ›The Neuropsychology of Sigmund Freud‹, in: A. J. Bachrach (Hrsg.), *Experimental Foundations of Clinical Psychology*, New York, Kap. XIII, S. 442–68.

(1965) ›Freud's Project: An Open, Biologically Based Model for Psychoanalysis‹, in: Norman S. Greenfield und William C. Lewis (Hrsg.), *Psychoanalysis and Current Biological Thought*, Madison und Milwaukee, S. 81–92.

PRIBRAM, K. H., und M. M. GILL (1976) *Freud's ›Project‹ Re-Assessed: Preface to Contemporary Cognitive Theory and Neuropsychology*, New York und London.

Protokolle der Wiener Psychoanalytischen Vereinigung siehe NUNBERG, H., und E. FEDERN.

PUTNAM, J. J. (1910) ›On the Etiology and Treatment of the Psychoneuroses‹, *Boston Medical and Surgical Journal*, Bd. 163, S. 75. Deutsch unter dem Titel ›Über Ätiologie und Behandlung der Psychoneurosen‹, übers. von S. Freud (1911 *j* [1910]).

(1921) *Addresses on Psycho-Analysis*, London, Wien und New York.

RABELAIS, F. (1951 [1532]) *Gargantua und Pantagruel*, verdeutscht von Engelbert Hegauer und Dr. Owlglass, mit ausgew. Illustrationen von Gustave Doré. München. (Ausgabe der Büchergilde Gutenberg: Frankfurt am Main 1961.) [Originalausgabe: *Gargantua et Pantagruel*, Paris 1532.]

RANK, O. (1909) *Der Mythus von der Geburt des Helden*, Leipzig und Wien.

Real-Enzyklopädie der gesamten Heilkunde siehe EULENBURG, A.

REIK, TH.   (1919) *Probleme der Religionspsychologie, 1. Das Ritual,* Leipzig, Wien und Zürich (= Bd. 5 der Reihe ›Internationale Psychoanalytische Bibliothek‹).
(1930) *Freud als Kulturkritiker,* Wien.

RICHER, P.   (1881) *Études cliniques sur l'hystéro-épilepsie ou hystérie,* Paris. (2. Aufl. 1885.)

RICHTER, K.   (1896) ›Der deutsche St. Christoph‹, *Acta Germanica* (Berlin), V, 1.

RIE, O.   siehe FREUD, S. (1891*a*).

RÓHEIM, G.   (1920) ›Central Australian Totemism‹ [Über australischen Totemismus] (Vortrag auf dem 6. Internationalen Psychoanalytischen Kongreß, Den Haag, 8.–11. September 1920), autoris. Referat in: *Internationale Zeitschrift für (ärztliche) Psychoanalyse,* Bd. 6, S. 396.
(1921) ›Das Selbst‹, *Imago,* Bd. 7, S. 1–29, 142–79, 310–48, 453–504.

ROMBERG, M. H.   (1840) *Lehrbuch der Nervenkrankheiten des Menschen,* Berlin.

ROPS, F.   (1905) *Das erotische Werk des Felicien Rops;* 42 Radierungen, Privatdruck, Berlin.

SABLIK, K.   (1968) ›Sigmund Freud und die Gesellschaft der Ärzte in Wien‹, *Wiener klinische Wochenschrift,* Bd. 80, S. 107–10.

SAUSSURE, R. de   (1922) *La méthode psychanalytique,* Lausanne und Genf.

SCHOPENHAUER, A.   (1819) *Die Welt als Wille und Vorstellung,* Leipzig. (2. Aufl., Leipzig 1844.) In: A. Schopenhauer, *Sämtliche Werke,* hrsg. von Hübscher (2. Aufl.), Bde. 2/3, Wiesbaden 1949.

SCHUR, M.   (1973) *Sigmund Freud – Leben und Sterben,* Frankfurt am Main. (Amerikanisches Original: *Freud: Living and Dying,* New York 1972.)

SEMON, F.   (1900) ›A Lecture on Nasal Reflex-Neuroses‹, *The Clinical Journal,* Bd. 15, S. 241–47.

SHERRINGTON, CH. S.   siehe FOSTER, M., und Ch. S. SHERRINGTON.

825

*Sigmund Freud-
Konkordanz und
-Gesamt-
bibliographie*

siehe FREUD, S., letzter Eintrag.

SILBERER, H.

(1909) ›Bericht über eine Methode, gewisse symbolische Hal-
luzinations-Erscheinungen hervorzurufen und zu beobachten‹, *Jahrbuch für psychoanalytische und psychopathologische
Forschungen*, Bd. 1, S. 513–25.

(1910) ›Phantasie und Mythos‹, *Jahrbuch für psychoanalytische und psychopathologische Forschungen*, Bd. 2, S. 541–622.

(1912) ›Symbolik des Erwachens und Schwellensymbolik
überhaupt‹, *Jahrbuch für psychoanalytische und psychopathologische Forschungen*, Bd. 3, S. 621–60.

*Spezielle Pathologie
und Therapie*

siehe NOTHNAGEL, H.

SIMMEL, E.

(1918) *Kriegs-Neurosen und »psychisches Trauma«. Ihre gegenseitigen Beziehungen*, dargestellt auf Grund psychoanalytischer, hypnotischer Studien. München, Leipzig.

Spinoza-Festschrift

siehe HESSING, S.

STÄRCKE, A.

(1921 a) ›Der Kastrationskomplex‹, *Internationale Zeitschrift
für Psychoanalyse*, Bd. 7, S. 9–32.

(1921 b) *Psychoanalyse und Psychiatrie*, Leipzig und Wien (=
Beihefte zur *Internationalen Zeitschrift für Psychoanalyse*,
Bd. 4).

STEKEL, W.

(1909) ›Beiträge zur Traumdeutung‹, *Jahrbuch für psychoanalytische und psychopathologische Forschungen*, Bd. 1,
S. 458–512.

(1911 a) *Die Sprache des Traumes*, Wiesbaden.

(1911 b) ›Zur Psychologie des Exhibitionismus‹, *Zentralblatt
für Psychoanalyse*, Bd. 1, S. 494 f.

STERBA, R.

(1936) *Handwörterbuch der Psychoanalyse*, Wien (in Lieferungen: 1. Lief. ›Abasie‹ bis ›Angst‹: 1932). (Mit Vorwort von
S. Freud, 1936 b [1932].)

STERNFELD, W.,
und E. TIEDEMANN

(1970) *Deutsche Exil-Literatur 1933–1945*. Eine Bio-Biblio-
graphie. Zweite, verb. und stark erw. Auflage. Mit einem
Vorwort von Hanns W. Eppelsheimer, Heidelberg.

STRACHEY, J.   (1957*a*) ›Editor's Introduction‹ zu ›Papers on Metapsychologie‹, in: *Standard Edition*, Bd. 14, S. 105. (Deutsch in: Sigmund Freud, *Studienausgabe*, Bd. 3, S. 71–73.)

(1966) ›The Nature of Q‹, = Appendix C zu Freuds ›Entwurf einer Psychologie‹ von 1895 (siehe Freud, 1950*a*), *Standard Edition*, Bd. 1, S. 392–97. Deutsch von Ilse Grubrich-Simitis unter dem Titel ›Die Natur von Q‹ in *G. W.*, Nachtragsband, S. 480–86.

(1985) *Letters* siehe MEISEL, P., und W. KENDRICK.

STRÜMPELL, A. VON   (1892) *Über die Entstehung und die Heilung von Krankheiten durch Vorstellungen*, Erlangen.

(1896) Besprechung von Breuer und Freud, *Studien über Hysterie* [1895], *Deutsches Zentralblatt für Nervenheilkunde*, Bd. 8, S. 159.

SULLOWAY, F. J.   (1982) *Freud, Biologe der Seele. Jenseits der psychoanalytischen Legende*, Köln–Lövenich. (Amerikanisches Original: *Freud, Biologist of the Mind. Beyond the Psychoanalytic Legend*, New York 1979.)

TARASEVSKYI, P.   (1909) *Das Geschlechtleben des ukrainischen Bauernvolkes*, Folkloristische Erhebungen aus der russischen Ukraina. Einl. und Parallelennachweise von Volodymyr Hnatjuk, Vorw. und Erläut. von Friedrich S. Krauss (= III. Bd. der ›Beiwerke zum Studium der Anthropophyteia‹, hrsg. von F. S. Krauss). Leipzig.

Therapeutisches Lexikon für praktische Ärzte   siehe BUM, A.

THOMAS, TH.   (1904) ›Magnetische Menschen‹, *Neue Freie Presse*, 6. November (Sonntag), Morgenblatt, S. 10. (Enthält S. Freud, 1904*d*.)

TIEDEMANN, E.   siehe STERNFELD, W., und E. TIEDEMANN.

TODD, R. B.   (1856) *Clinical Lectures on Paralysis, Certain Diseases of the Brain, and Other Affections of the Nervous System*, 2. Aufl., London (1. Aufl. 1854).

TROSMAN, H.   (Siehe auch WOLF, E. S., und H. TROSMAN.)

(1965) ›Freud and the Controversy over Shakespearean Authorship‹, *Journal of the American Psycho-Analytic Association*, Bd. 13, S. 475–98.

TROUSSEAU, A. (1861–62) *Clinique médicale de l'Hôtel-Dieu de Paris*, Bd. 1/2, Paris. Deutsch unter dem Titel *Medizinische Klinik des Hôtel-Dieu in Paris*, nach der 2. Aufl. bearb. von L. Culmann, Würzburg 1866–68.

TROUSSEAU, A., und H. PIDOUX (1836, 1839) *Traité de thérapeutique*, 2 Bde., Paris.

TUKE, D. H. (1872) *Illustrations of the Influence of the Mind upon the Body in Health and Disease, designed to illucidate the Action of the Imagination*, London. Deutsch unter dem Titel *Geist und Körper, Studien über die Wirkung der Einbildungskraft*, autoris. Übers. der 2. Aufl. von Dr. H. Kornfeld, Jena 1888.

VARENDONCK, J. (1921) *The Psychology of Day-Dreams*, London und New York. Deutsch unter dem Titel *Über das vorbewußte phantasierende Denken*, autoris. Übers. von Anna Freud, Wien 1922 (= Bd. 12 der ›Internationalen psychoanalytischen Bibliothek‹).

VILLARET, A. (Hrsg.) (1888) *Handwörterbuch der gesamten Medizin* (2 Bde.), Bd. 1, Stuttgart.

(1891) *Handwörterbuch der gesamten Medizin*, Bd. 2, Stuttgart.

VOGEL, P. (1953) ›Eine erste, unbekannt gebliebene Darstellung der Hysterie von Sigmund Freud‹, *Psyche*, Bd. 7, S. 481–85 (daran anschließend, S. 486–500, Abdruck des Handbuch-Artikels ›Hysterie‹, S. Freud, 1888*b*).

(1954) ›Zur Aphasielehre Sigmund Freuds‹, *Monatsschrift für Psychiatrie und Neurologie*, Bd. 128, S. 256–64.

(1974) ›Drei bisher unbekannt gebliebene Beiträge Freuds zum Handwörterbuch von Villaret‹, *Jahrbuch der Psychoanalyse*, Bd. 7, S. 117–25 (darin S. 121–24 Abdruck der Abschnitte q), r), t) des Artikels ›Corpus‹ von S. Freud, 1888*c*).

Vom Lesen und von guten Büchern siehe HELLER, H.

WAGNER-JAUREGG, J. (1950) *Lebenserinnerungen*, hrsg. von L. Schönbauer und M. Jantsch, Wien.

WALDEYER, H. W. G. (1891) ›Über einige neuere Forschungen im Gebiete der Anatomie des Centralnervensystems‹, *Berliner klinische Wochenschrift*, Bd. 28, S. 691.

WEIER, J.   (1563) *De praestigiis daemonum et incantationibus ac venefi-*
                         ciis [Von Teufelsgespenstern, Zauberei und Giftmischerei],
                         Basel.

WEISS, J.   siehe KOSSMANN, R., und J. WEISS.

WERNICKE, C.   (1900) *Grundriß der Psychiatrie*, Leipzig.

WESTPHAL,   (1877) ›Über Zwangsvorstellungen‹, *Berliner klinische Wo-*
C. F. O.   *chenschrift*, Bd. 14, S. 669–72 und S. 687–89.

WICHMANN, R.   (1898) *Lebensregeln für Neurastheniker*, Berlin (4. Aufl.
                         1903).

WINNICOTT, D. W.   (1967) ›The Location of Cultural Experience‹, *International*
                         Journal of Psycho-Analysis, Bd. 48, Teil 3, S. 368–72; abge-
                         druckt in: D. W. Winnicott, *Playing and Reality*, London
                         1971, S. 95–103.

                         (1969) ›James Strachey 1887–1967‹ (unter der Rubrik ›Obi-
                         tuaries‹), *International Journal of Psycho-Analysis*, Bd. 50,
                         S. 129–131.

WITTELS, F.   (1912) *Alles um Liebe; Eine Urweltdichtung*, Berlin.

                         (1924) *Sigmund Freud. Der Mann, die Lehre, die Schule*,
                         Leipzig – Wien – Zürich. (Englische Übersetzung von Edm.
                         und Cedar Paul, *Sigmund Freud, his Personality, his Tea-*
                         ching, and his School, London und New York 1924.)

WOLF, E. S., und   (1974) ›Freud and Popper-Lynkeus‹, *Journal of the American*
H. TROSMAN   *Psycho-Analytic Association*, Bd. 22, S. 123–41.

ZWEIG, A.   siehe FREUD, S. (1968a [1927 39]).

Namenregister

Zusammengestellt von Barbara Bürger-Hager

Dieses Register enthält die Namen aller in diesem Band aufgeführten Personen einschließlich solcher aus Dichtung und Mythologie, ferner einige wichtige Länder und Ortschaften, Institutionen, Kongresse und Zeitschriften.

Abraham, Karl 601, 602 Anm., 695, 712, 715 f. Anm., 729
Adler, Alfred 574, 729, 755, 758
Ägypten / Ägypter 680 Anm. 1 u. 2, 681, 786 u. Anm. 1, 787 f.
Akademischer Verein für Medizinische Psychologie 679 Anm. 2
Alba Longa, König von 788
Altenberg, Peter 662 Anm.
Amerika 327, 385, 702, 724, 746, 758, 766 u. Anm., 767
Andersen, Hans Christian 228
Andersson, Ola 54, 70, 90 Anm. 1, 97 Anm. 2, 98 Anm. 2, 100 Anm. 2, 192 Anm. 3, 198, 200, 210 Anm. 2, 323 f., 444 Anm.
Andreas-Salomé, Lou 632
»Anna O.« (Patientin) 22, 185, 186 Anm. 1, 187, 189 u. Anm. 1, 191, 196, 198 f., 204 f., 215 f., 221–43, 266, 269, 274 Anm. 1, 275 Anm. 2, 276–78, 288 Anm. 1, 293 f., 295 u. Anm., 296, 308,

311, 349 Anm., 615 Anm., 715, 757
jüngerer Bruder 234
Mutter 236
Vater 222, 225–28, 231–38
Anthropophyteia 575
Antonius (in Shakespeares *Julius Cäsar*) 691
Archiv für Kinderheilkunde 44 Anm. 1
Archives de neurologie 41
Argentinien 775 f. Anm.
Aristoteles 444 Anm., 656
Arndt, Rudolf 319 Anm.
Astyages (Mederkönig) 788
Atkinson, James Jasper 648
Averbeck, J. Heinrich 65 u. Anm. 1

Babinski, Joseph-François Félix 106, 153
Bacon, Francis 667
Bad Laubbach a. Rh. 65 Anm. 2
Bad Wörishofen 494 u. Anm. 1 u. 2

Baginsky, Adolf 43
Baginsky, Benno 44
Bahr, Hermann 655, 661 u. Anm.,
    662 Anm.
Balint, Enid 629 Anm. 3
Balint, Michael 628, 699
Balzac, Honoré de 681
Barth, J. A. 496 Anm. 1
Basedow, [Karl von] 73, 161
Baumgarten, Alfred 494 u. Anm. 2
Beard, George Miller 332 Anm. 1
Beauharnais, Joséphine s. Joséphine
Beaunis, [Henri-Étienne] 134
Bebel, August 489
Becker, Carl Heinrich 678
Bell, Clive 665 Anm.
Bell, Quentin 18
Bell, Vanessa 18f., 665 Anm.
Bellevue (Kreuzlingen/Schweiz) 198,
    311f., 318, 321
Benedikt, Moriz 269 Anm. 1
Beregszászy, Julius v. 57
Berger, Alfred von 203
Bergmann, J. 729
Bérillon, [Edgar] 136
Berkhan, Oswald 103 u. Anm. 2, 104
Berlin 31f., 40, 42 u. Anm., 43, 44
    Anm. 2, 58, 377, 677f., 758
Berliner, Friedrich W. 582 Anm. 1
Berliner Psychoanalytische Poli-
    klinik 711
Bern 500f. Anm. 3
Bernays, Martha s. Freud, Martha
Bernfeld, Siegfried 32, 55, 209 Anm.,
    542 Anm. 1, 757 Anm. 3, 764
    Anm. 3
Bernheim, Hippolyte 80 Anm., 82
    Anm. 1, 90, 95, 96 Anm., 97, 98
    u. Anm. 2, 99, 100 u. Anm. 1
    u. 2, 101, 107–109, 111–113,
    115–118, 119 Anm., 120–124,
    125 Anm. 3, 130 Anm., 131,

    134–138, 144, 147, 165, 166 u.
    Anm. 1, 167, 168 Anm. 2, 173 u.
    Anm., 175–78, 211, 287 Anm. 2,
    371, 435 Anm. 3, 481 Anm., 724
Bibel 493, 515, 748 u. Anm. 2
Bibring, Edward 505
Biedenkapp, Georg 491f.
Bigelow, John 493 u. Anm. 2
Bileam (Prophet) 527
Binet, Alfred 113, 249, 281 Anm. 1,
    287f., 309
Binswanger, Ludwig 679 Anm. 2
Binswanger, Robert 311
Bismarck, Otto Fürst von 261
Bleuler, Eugen 729
Blin, [Emmery-Édouard-Eugène] 153
Bloch, Iwan 594 Anm. 2
»Bloomsbury group« 18f., 665 Anm.
B'nai B'rith (Orden) 735 Anm. 2
Bonaparte, Jérome 682
Bonaparte, Josef 680 Anm. 2
Bonaparte, Marie Prinzessin Georg
    von Griechenland 361f., 375f.,
    382, 427 Anm. 1, 505
Bonaparte, Napoleon s. Napoleon I.
    Bonaparte
Borchardt, Georg Hermann s. Her-
    mann, Georg
Borchardt, Ludwig 673 Anm.
Born, Bertrand de 297
Bourke, John Gregory 37 Anm. 2,
    575
Boutonier, Juliette 671f.
Braid, James 103, 125, 133 Anm. 1,
    145
Brain 203
Braun, Heinrich 735 u. Anm. 3, 763
    Anm. 1
Braun, Ludwig 735 u. Anm. 2
Braun-Vogelstein, Julie 763
Breuer, Josef 22f., 40 Anm. 2, 67
    Anm. 1, 70f., 85 Anm. 1, 89, 90

Anm. 1, 97, 105 Anm., 119
Anm., 125 Anm. 3, 137 Anm. 2,
148 Anm., 152, 159 u. Anm. 3,
163, 171 Anm. 1, 179, 181–83,
185–87, 189, 190 Anm. 1, 191,
192 Anm. 1, 193 Anm. 2, 194
Anm. 1, 2 u. 3, 196–99, 200f.
Anm. 4, 202, 203 u. Anm. 1,
204f., 207–11, 212 u. Anm.,
213–19, 221, 230, 233 Anm., 242
Anm. 2, 244, 247f. Anm., 249
Anm. 1, 253 Anm., 261 Anm.,
264 Anm. 3, 267 Anm. 1, 269f.
Anm. 4, 273 Anm., 280 Anm. 2
u. 4, 281 Anm. 1, 283 Anm., 284
Anm. 1 u. 2, 286 Anm., 289
Anm., 290 Anm. 1, 296 Anm.,
305 Anm. 1, 308 Anm. 1, 311–13,
317f., 323–27, 328f. Anm. 3, 333
Anm., 334, 335 Anm. 1 u. 2, 338
Anm. 2, 339 u. Anm. 3, 340
Anm. 2, 346 u. Anm. 2, 347,
349f., 355, 356 Anm. 1, 361,
371, 387 Anm. 1, 392 Anm. 1,
412 Anm., 434 Anm. 3, 439
Anm. 1, 440f. Anm. 2, 447
Anm. 2, 451 Anm. 2, 483
Anm. 2, 615 Anm., 724, 728,
757, 768
Brill, A. A. 728, 746 u. Anm., 747
Briquet, Paul 36
Brissaud, E. 202 Anm. 2
British Psychoanalytical Society 18
Brooke, Rupert 18f.
Brouardel, P. C. H. 37
Brücke, Ernst Wilhelm von 35 u.
Anm. 4, 47, 105 Anm., 210, 371,
757, 764, 770 Anm.
Brühl, Carl 763
Brutus, Marcus Iunius (in Shake-
speares *Julius Cäsar*) 522, 691
Budapest 699

Bulletin of the New York Academy of
Medicine 96, 140
Bullitt, W. C. 683 u. Anm., 684f.
Bum, Anton 96, 98, 140, 149, 177
Anm. 2
Bunker, H. A. 655
Burgtheater (Wien) 203
Burkart, Rudolph 67
Burleigh, Lady 667
Butler, Samuel 770 u. Anm.

Cabanis, Pierre Jean George 254
Anm. 2, 387 Anm. 1
»Cäcilie M.« (Patientin) 85 Anm. 2,
190, 199 Anm. 2, 200, 232
Anm. 1, 267 Anm. 1, 291, 297
Caesar, Gaius Julius (in Shakespeares
Julius Cäsar) 522
Canadian Medical Association
(Toronto) 766
Cassier Bernfeld, Suzanne 55
Central Zionist Archives 775f. Anm.
Cervantes Saavedra, Miguel de
Don Quijote 688
Chamberlain, Houston 787
Charcot, Jean-Martin 29, 32–35, 36
u. Anm. 2, 37 u. Anm. 1, 38 u.
Anm. 2, 39 u. Anm., 40 u.
Anm. 2 u. 3, 41 u. Anm. 1, 42, 43
u. Anm. 1, 49–51, 52 u. Anm. 1,
53, 56f., 63 Anm. 1 u. 2, 70f., 72
u. Anm. 2, 82 Anm. 2, 83f., 91
Anm. 2, 95, 97f., 100f., 104, 106
u. Anm. 1, 108, 110, 112 u.
Anm., 113, 117, 130 Anm., 134,
139 Anm., 151, 152 u. Anm. 1
u. 2, 153, 155 u. Anm. 2,
156–59, 160 u. Anm. 2, 161–63,
164 u. Anm. 2, 166, 170, 174
Anm., 175f., 182–87, 193
Anm. 2, 195 Anm. 1, 199, 201,
210, 239f., 272 u. Anm. 1, 281

Charcot (Forts.)
Anm. 1, 296, 301 Anm. 2, 309
Anm., 328 Anm. 3, 332 Anm. 2,
342, 346 u. Anm. 1, 371, 724,
757
Arbeitsweise 38f., 42, 154f. u.
Anm. 2, 155f., 184
Aussprüche 155, 160, 162
Charité (Berlin) 42 u. Anm.
Chile 501f.
Christian Science 688
Christophorus (Heiliger) 138
Claparède, Eduard 750f.
Clark, Ronald W. 209 Anm.
Clarke, J. Mitchell 203
Claus, C. 47
Cohen, Israel 775f.
Colin, [Henri] 153
Coudenhove-Kalergi, Heinrich
Graf 781
Coudenhove-Kalergi, Richard Niko-
laus Graf 781 u. Anm. 1 u. 2
Cranefield, Paul F. 96, 140
Cremerius, Johannes 683
Cyrus II. d. Große 788

Dänemark / Dänen 96 Anm., 133
Anm. 1
Darkschewitsch, L. O. von 38
Darwin, Charles Robert 396, 641
Anm. 2, 663
Daudet, Alphonse 680
David (in Wagners *Meistersinger*) 550
Davidson, Andrew 723f.
Dekker, E. S. s. Multatuli
Delbœuf, Josef R. L. 124, 139 u.
Anm., 168 u. Anm. 2, 172, 175
Deutschland / Deutsche (*s. a.* Ber-
lin) 34f., 42, 67, 110, 113f., 128,
133 Anm. 1, 155, 202f., 708f.,
733, 752, 760, 782 Anm., 783f.
Dickson, Albert 27

Disque Vert, Le 39 Anm.
Döblin, Alfred 673 Anm., 759 Anm.
Doktoren-Kollegium s. Wiener medi-
zinisches Doktoren-Kollegium
Don Juan 336 Anm.
Donovan, J. F. 699
Don Quijote (in Cervantes Ro-
man) 688
»Dora« (Patientin) 95, 160 Anm. 2,
213, 306 Anm. 2, 439 Anm. 1,
441 Anm.
Doryon, Yisrael 784–88
Dostojewski, Fjodor Michailowitsch
91 Anm. 2, 668 u. Anm. 1, 669
Dubois, Paul 500 u. Anm. 3
Dulaure, [Jacques Antoine] 579
Anm. 1
Dumas, Alexander
Graf von Montecristo 531
Dupont, Judith 629 Anm. 3
Durig, Arnold 715f. Anm.

Eckstein, Emma 445f.
Edward de Vere, Earl of Oxford 667
seine Frau 667
Eeden, Frederik van 697f.
Einstein, Albert 670 Anm., 784 Anm.
Eisenlohr, C. 35
Eissler, K. R. 26f., 55 Anm. 2, 96,
490 Anm. 1, 507, 573, 704f.,
718f., 759 Anm.
Eissler, Ruth 718
Eitingon, Max 668 Anm. 2, 711–13
Elisabeth I., Königin von Eng-
land 665–67
»Elisabeth von R.« (Patientin) 99, 198,
200f. Anm. 4, 203 Anm., 211,
213, 267 Anm. 1, 442f. Anm. 2
Ellenberger, Henri F. 36 Anm. 2, 55
Anm. 2, 100 Anm. 2, 106
Anm. 1, 198, 200 Anm. 1, 202f.
Anm. 2, 311, 323

Ellis, Havelock 723
»Emmy von N.« (Patientin) 85
    Anm. 2, 97, 98 Anm. 2, 100
    Anm. 2, 168 Anm. 2, 187 f., 198,
    199 u. Anm. 2, 200 f. Anm. 4,
    205, 211, 264 Anm. 3, 275
    Anm. 2, 290 Anm. 1, 292
    Anm. 2, 365 Anm. 5, 367
    Anm. 2, 439 Anm. 1, 447 Anm. 1
    eine der Töchter 98 Anm. 2
England (s. a. London) 133 Anm. 1,
    203
Erichsen, Sir John 41 Anm. 2
Esmarch, Friedrich von 79
Essex, Robert Devereux Earl of
    665–67
Eulenburg, Albert 43, 44 Anm. 1
Europa 724
Exner, Sigmund 47 u. Anm. 1, 133
    Anm. 2, 252, 254, 300 Anm.,
    387 f. Anm. 3, 451 Anm. 2, 764

Fabian Society 19
Fackel, Die 541 Anm. 3
Favez-Boutonier, Juliette 671 f.
Fechner, Gustav Theodor 208 Anm.,
    210 Anm. 2, 388 Anm. 2, 405
    Anm. 1, 408
Federn, Ernst 695 Anm.
Feigl, H. 662 Anm.
Felder, Heinrich 582 Anm. 1
Féré, Charles 113
Ferenczi, Sándor 28, 614, 628 u.
    Anm. 5, 629, 630 u. Anm. 1 u. 3,
    632 u. Anm. 2, 633, 641 Anm. 5,
    642 f., 647 u. Anm. 1, 650 Anm.,
    699, 713
Fichtner, Gerhard 102, 103 Anm. 2,
    105 Anm., 200 Anm. 3, 491
    Anm. 3
Fleischl-Marxow, Ernst von 47, 764
Fleischmann, Carl 317 f.

Fließ, Wilhelm 22, 45 Anm. 2, 69, 97,
    100 u. Anm. 2, 151, 193 Anm. 2,
    200 u. Anm. 3, 201 f., 203 u.
    Anm. 1, 207, 211, 213 u. Anm. 2,
    214, 247 f. Anm., 249 Anm. 1,
    323 u. Anm., 324, 327, 335
    Anm. 3, 336 Anm. 1, 361–63,
    365 Anm. 3, 368 u. Anm. 1, 2
    u. 3, 369 Anm., 375 Anm., 376
    u. Anm. 1, 2 u. 3, 377 f., 379 u.
    Anm. 1, 383 u. Anm. 2, 386,
    387 f. Anm. 3, 389 Anm. 3, 399
    Anm. 1, 402 Anm. 2, 403 Anm.,
    411 Anm. 2, 414 Anm. 3, 425
    Anm. 2, 435 Anm. 2, 437, 444
    Anm., 445 Anm. 1, 454 Anm. 1,
    471 f. Anm. 3, 478 u. Anm. 1
    u. 2, 479–80, 482, 484, 486
    Anm., 491 Anm. 3, 741, 775
    Anm.
Fluss, Gisela 542
Fontane, Georg 673 Anm.
Forel, Auguste 23, 95, 97 f., 100,
    109 f., 122–125, 126 u. Anm. 2
    u. 3, 131, 134–138, 141 Anm.,
    166 Anm. 1, 171 Anm. 2, 177
    Anm. 2, 496 Anm. 1, 662 Anm.
Forster, E. M. 777
Forum 777
Foster, Michael 391 Anm.
France, Anatole 663
Frankreich / Franzosen 34–37, 114,
    133 Anm. 1, 183, 202, 684
    Anm., 752 f.
Freiberg 49, 748 Anm. 2, 756, 782 f.
Freud, Alexander 546
Freud, Amalie (Freuds Mutter) 544,
    756
Freud, Anna 26, 361 f., 375, 382, 427
    Anm. 1, 505, 562, 677, 682, 684,
    699, 716, 723, 733 Anm. 2, 770
    Anm.

Freud, Ernst 16, 20f., 379, 656
  Anm. 1, 657 Anm. 1, 658
  Anm. 1, 677, 782 Anm.
  seine Kinder 677
Freud, Jakob (Freuds Vater) 756
Freud, Leopold 546
Freud, Martha geb. Bernays 33, 35
  Anm. 2, 51, 312, 551, 562, 678,
  733 Anm. 2, 756
Freud, Oliver 677
  Tochter 677
Freud, Sigmund
  Persönliches 33, 39, 43, 44 Anm. 6,
    46f., 47 Anm. 2, 368 u. Anm. 1,
    370f., 449, 490, 505–07, 518,
    529f., 542 Anm. 1, 573–75, 601,
    629, 632f., 665f., 668–72, 677 u.
    Anm. 3–7, 678f. u. Anm. 2, 680
    u. Anm. u. Anm. 2, 682, 684 u.
    Anm., 686–89, 697 Anm., 704,
    715–17, 730 Anm. 1, 733f. u.
    Anm. 1 u. 2, 735 u. Anm. 1 u. 2,
    739, 741, 744, 748, 749 Anm.,
    752, 754 u. Anm., 755–60,
    763f., 775 u. Anm., 777, 780,
    782f., 786f.
  seine Kinder 543–45, 547, 551,
    758, 783
  Selbstanalyse 206, 384
  wissenschaftliche Entwicklung (s. a.
    Sachregister: Psychoanalyse,
    Entwicklung d.) 32f., 37–39, 44
    u. Anm. 1 u. 4 u. 6, 45 Anm. 1
    u. 2, 45–51, 54f., 65 Anm. 1, 67
    Anm. 1, 69–71, 90 Anm. 2, 95,
    96 u. Anm., 97, 98 u. Anm. 2,
    99–101, 103 Anm. 2, 105 Anm.,
    108, 122–24, 130 Anm., 131 u.
    Anm., 136 Anm., 138, 152, 155
    Anm. 2, 156, 158, 159 Anm. 2,
    162 Anm. 2, 163, 165, 172 u.
    Anm. 2, 181f., 186 u. Anm. 2,
    194 Anm. 2, 199, 200 u. Anm. u.
    Anm. 2 u. 4, 201, 202 u. Anm. 1,
    203 u. Anm. 1, 204–09, 210 u.
    Anm. 2, 211–15, 219f., 264
    Anm. 3, 311f., 322–27, 329
    Anm. 1, 330 Anm. 2 u. 3, 331
    Anm. 1, 332 Anm. 1, 339
    Anm. 2, 346 Anm. 2, 352,
    360–62, 370f., 375–79, 383–85,
    387 Anm. 2, 390 Anm. 4, 391
    Anm., 397 Anm. 3, 402 Anm. 2,
    405 Anm. 1, 411 Anm. 2, 414
    Anm. 3 u. 4, 420 Anm. 4, 429
    Anm. 2, 431 Anm. 2, 434 Anm. 2
    u. 3, 435 Anm. 2, 444 Anm., 447
    Anm. 2, 447f. Anm. 4, 454
    Anm. 1, 455 Anm. 3, 463
    Anm. 4, 466 Anm. 1, 471
    Anm. 3, 478 Anm. 1, 479 Anm.,
    481 Anm., 482–86, 489 Anm. 1,
    507, 573, 502 Anm., 627–33, 639
    Anm. 4, 641 Anm. 4 u. 5, 715f.,
    740f., 744f., 746f., 751, 756f.,
    762, 768, 770 Anm.
Freud, Sophie 758
Frey, Ludwig 126 Anm. 1
Friedjung, Josef 734
Frisch, Max 15
Fuchs, Georg 759f.
Furtmüller, Carl 574

Gaceta médica de Granada 203
Gainfahrn (Wasserheilanstalt bei
  Wien) 500
Galen, Galenus 365 Anm. 4
Gaulle, Charles de 683f. Anm.
Gesundheit, Die 95f.
Gicklhorn, Josef 31f., 704
Gicklhorn, Renée 31f.
Gill, Merton M. 385 Anm., 476
  Anm., 482 Anm. 1
Gilles de la Tourette, Georges 43

Gincburg, Mira 613 u. Anm.
Goethe, Johann Wolfgang von 265,
    361, 528 u. Anm. 2, 598 Anm. 1
    Faust 251, 288 Anm. 2, 662, 688
    Anm. 1
    Dichtung und Wahrheit 528, 532,
    541
Goethe-Haus 667 Anm. 2
Goethe-Preis 677
Goltz, Friedrich 44
Gomperz, Theodor 663
Graaf, Reinier de 317
Graf, Max 655, 729
Grant, Duncan 665 Anm.
Greve, G. 501 u. Anm.
Grinstein, Alexander 775 f. Anm.
Großmann, M. 325
Gruber, Joseph 61
Grubrich-Simitis, Ilse 15, 26, 31, 370,
    627, 629 Anm. 2, 631 Anm. 3,
    633, 647 Anm. 2, 673 Anm., 746
    Anm. 1, 750 Anm., 762, 782
    Anm.
Grünhut, [Max] 539

Hack, Wilhelm August Heinrich 368
Haizmann, Christoph 309 Anm.
Hall, G. Stanley 745 u. Anm. 1
Hamazkir s. Cohen, Israel
Hamburg 35, 756
Hamburger Allgemeines Kranken-
    haus 35 Anm. 2
Hamlet (in Shakespeares *Hamlet*) 660
Hammerschlag, S. 491 Anm. 1, 733 u.
    Anm. 2, 734
Handbuch der internen Medizin 364,
    371
Hansen, Carl 96
Harden, Maximilian 563 f.
Harris, Anthony D. 21, 27
Hartmann, Eduard von 85 Anm. 1
Harvard Medical School (Boston) 766

Harvard University 766 Anm.
Hauptmann, Gerhard 673 Anm.
Hawelka, Elza Ribeiro 505 f., 507
    Anm.
Hecker, Ewald 330, 344
Hegar, Alfred 489 u. Anm. 2, 490 u.
    Anm. 1
Heidenhain, Rudolf Peter Hein-
    rich 110
Heine, Heinrich 552 Anm. 3, 663,
    755 Anm.
    ›Lazarus‹ 663
Heinespital (Hamburg) 35
Heller, Hugo 662 Anm., 695 Anm.
Helmholtz, Hermann 160 Anm. 2,
    210
Herbart, Johann Friedrich 209
Hering, Ewald 770 f.
Hermann, Georg 673–78
    Die Träume der Ellen Stein 673
    Hatte Prof. Johnstone falsch dosiert
    (Manuskript) 675 Anm., 676
    Jettchen Gebert 673
    Die Nacht des Dr. Herzfeld 673
    Rosenemil 676 Anm. 2, 677
Herz, Max 444 Anm.
Herzog von Athen (in Shakespeares
    Sommernachtstraum) 310 Anm. 1
Hesse, Hermann 662 Anm.
Hessing, Siegfried 670
Heymann, M. 775 f. Anm.
Hirschmüller, Albrecht 197 f., 200
    Anm. 3, 202 f. Anm. 2, 209
    Anm., 311 f., 319 Anm.
Hitler, Adolf 16
Hitschmann, Eduard 613 Anm., 729
Hoffer, Wilhelm 505
Hoffmann, E. T. A. 769
Hofmannsthal, Hugo von 662 Anm.
Hölder, Alfred 360
Holland / Holländer 133 Anm. 1
Holroyd, Michael 16

Holst, Otto von 321
Homer 662
Honegger, C. 745 Anm. 2
Honegger, Johann Jakob jr. 742
Horaz 293 Anm., 576 Anm.
Hôtel-Dieu (Paris) 36
Huch, Ricarda 759 Anm.
Hückel, Armand 113
Hughlings-Jackson, John 192
    Anm. 3, 210 Anm. 2, 404 Anm. 1
Humboldt, Wilhelm von 677
Hutson, James H. 27
Hutten, Ulrich von 663 f.
Huxley, Aldous 777

Ibsen, Henrik 659
Ingres, Jean Auguste Dominique 758
Internationale Psychoanalytische
    Kongresse s. Kongresse
*Internationale Zeitschrift für Psycho-
    analyse* 713 f.
Internationaler Psychoanalytischer
    Verlag 714, 782 f.
»Irma« (Patientin) 435 Anm. 2, 436 u.
    Anm. 2, 437
Irrenanstalt Klein-Friedrichsberg
    (Hamburg) 35
Isakower, Otto 505
Italien (*s. a.* Pompeji; Verona) 133
    Anm. 1

*Jahrbuch für psychoanalytische und
    psychopathologische Forschun-
    gen* 729
Janet, Jules 281 Anm. 1
Janet, Pierre 70, 85 Anm. 2, 163,
    200 f. Anm. 4, 202, 249, 254
    Anm. 2, 281 Anm. 1, 287 f., 289
    u. Anm., 290 u. Anm. 2, 291,
    292 u. Anm. 1, 296 f., 299, 309,
    328 Anm. 2, 724 f., 757, 764, 768
Jean Paul 534

Jekels, Ludwig 666 Anm.
Jensen, Wilhelm 695 Anm.
Jeremias, Alfred 587
Jerusalem 775 f. Anm.
Jerusalem, Wilhelm 425 Anm. 2
Jesus 780
Jewish Agency of Israel (Lon-
    don) 775 f. Anm.
*Jewish Observer and Middle East Re-
    view* 775 f. Anm.
Jodl, Friedrich 564
Jones, Ernest 28, 32, 37 Anm. 3, 38
    Anm. 1, 41 Anm. 1, 44 Anm. 6,
    51, 54, 55 u. Anm. 2, 97 Anm. 1,
    199 Anm. 1, 200 f. Anm. 4, 202 f.
    Anm. 2, 209, 210 Anm. 2, 376 f.,
    383 Anm. 1, 387 Anm. 2, 505,
    542 Anm. 1, 573, 628 Anm. 1,
    667 Anm. 2, 668 Anm. 2, 679
    Anm. 1 u. 2, 680 Anm. 2, 682
    Anm., 683 f. Anm., 684, 695
    Anm., 715 f. Anm., 716 Anm.,
    729, 733 Anm. 2, 735 Anm. 2,
    749 Anm., 753 Anm., 757
    Anm. 3, 766 Anm. 2, 767 u.
    Anm., 768 u. Anm., 770 Anm.,
    778
Jonson, Ben 379
Josef (bibl. Gestalt) 680 u. Anm. 2,
    681 f.
Joséphine, Kaiserin v. Frankreich 680
    Anm. 2, 681 f.
*Journal für Psychologie und Neurolo-
    gie* 496 Anm. 1
Jülich-Kleve-Berg, Herzog von 663
    Anm. 1
Jung, Carl Gustav 290 Anm. 1, 500 f.
    Anm. 3, 676, 695, 723, 729,
    740–41, 742 u. Anm. 2, 751, 758
seine Schüler (*s. a.* Züricher
    Schule) 745 u. Anm. 2, 758

Kaan, Hanns 358
Kahanes, Max 108, 121, 152 Anm. 2
Karplus, Paul 271 Anm. 2
Kästle, Oswald Ulrich 360 Anm., 489
  Anm. 1
»Katharina« (Patientin) 198, 200, 213,
  272 Anm. 1
Kautsky, Karl 763 Anm. 1
Keller, Gottfried 663
Kendrick, Walter 16 Anm.
Keren Hayesod (Spendenfonds) 775
  Anm.
Keynes, John Maynard 665 Anm.
Keyserling, Hermann 759 Anm.
Kimche, Jon 775 f. Anm.
Kipling, Joseph Rudyard 663 f.
»Kleiner Hans« (Patient) 101, 353,
  601 f. Anm. 2
Klemperer, G. 67 Anm. 1
Kneipp, Sebastian 169, 173, 494 u.
  Anm. 1
Knossos (Kreta) 741
Koch, Robert 246
Koestler, Arthur 777
Koller, Karl 757
Kollwitz, Käthe 673 Anm.
Kongresse
  Australasiatischer Ärztekongreß
    (September 1911) 723 f.
  Internationale Psychoanalytische
    Kongresse:
  1908 (Salzburg) 496 Anm. 2, 505
  1910 (Nürnberg) 496 Anm. 2,
    742, 745 Anm. 2
  1911 (Weimar) 742
  1913 (München) 758
  1918 (Budapest) 699, 709
  1922 (Berlin) 712, 730 Anm. 1
  1923 (Salzburg) 712 Anm. 1
  Internationaler Kongreß für Hyp-
    notismus (1889 in Paris) 124, 139
    Anm.
Internationaler medizinischer Kon-
  greß (1913 in London) 200 f.
  Anm. 4
Kongreß der Society for Psychical
  Research (1893 in London) 203
Kongreß für Medizin und Hygiene
  (Mai 1910 in Buenos Aires) 501
  u. Anm.
Königstein, Leopold 55, 60, 757
Kopernikus, Nikolaus 662
Krafft-Ebing, Richard Freiherr
  von 110, 130, 311 f., 318, 319
  Anm., 320, 335 f. Anm. 3, 352,
  357–59, 367 Anm. 3
Kranken- und Heilanstalten *s.*
  Bellevue
  Charité
  Gainfahrn
  Heinespital
  Hôtel-Dieu
  Irrenanstalt Klein-Friedrichsberg
  Krankenhaus
  Mariagrün
  Morgue
  Nervenpoliklinik des Albert-Ver-
    eins
  Psychoanalytische Poliklinik
  Salpêtrière
  Sanatorium Tegel
  Zellers
Krankenhaus, Allgemeines (Ham-
  burg) 35 Anm. 2
Krankenhaus, Allgemeines (Wien) 35,
  47 f., 55, 757 u. Anm. 2
Kraus, Karl 541
Krauss, Friedrich S. 575, 577 Anm. 1
  u. 2, 579 Anm. 1, 580 Anm. 2,
  585 Anm. 2, 586 Anm. 2 u. 3, 594
  Anm. 2, 596 Anm. 1
Kris, Ernst 69, 361–63, 375 f., 382,
  425 Anm. 1, 478 Anm. 1, 505,
  770 Anm.

Kryptadia 575 Anm.
Kučera, Otokar 748 Anm. 1

Lafontaine (Magnetiseur) 103 Anm. 3
Laible, Eva 32, 45 Anm. 1
Lamarck, Jean Baptiste 630 f.
Lange, Carl G. 259
Lasky, Melvin 684
Lederer, Dr. 677
Leidesdorf, Maximilian 335
Le Lay, Yves 750 Anm.
Leo Baeck Institut 673 Anm.
Leonardo da Vinci 663, 670 f. Anm.,
    695 Anm.
Lesky, Erna 105 Anm.
Lessing, Gotthold Ephraim 660
    Anm. 2
    Emilia Galotti 660
Levenberg, S. 775 f. Anm.
Levico 315
Levine, Israel 770 Anm.
Levy, Arthur (in Hermanns *Rosen-
    emil*) 677
Leyden, Ernst Victor von 67 f.
Library of Congress 507
Liébeault, Ambroise Auguste 98, 100,
    124, 125 u. Anm. 3, 134–137,
    144, 166, 171, 173 f., 724
Liebknecht, Karl 763 Anm. 1
Liégeois, Jules 107, 124, 134, 139
Liffmann, Mrs. 573
Loeb, Jacques 44
London 749 Anm., 775 f. Anm., 777
Looney, J. Thomas 667 u. Anm. 2
Löwenfeld, Leopold 99, 496 u.
    Anm. 1 u. 2, 497–99
Lourdes 168 f., 173
»Lucy R.« (Patientin) 98 f., 198, 200,
    334 Anm. 1, 335 Anm. 1, 338,
    347, 349
Ludwig XIII., König der Franzo-
    sen 35 Anm. 4

Ludwig XIV., König der Franzö-
    sen 578
Ludwig, E. 47
Lukretia 544
Lynkeus 784 u. Anm., 785 f., 787 u.
    Anm., 788

Macaulay, Thomas Babington Lord
    M. of Rothley 663
Macbeth (in Shakespeares *Mac-
    beth*) 304 f. Anm. 4, 662, 666
Macbeth, Lady (in Shakespeares *Mac-
    beth*) 304 f. Anm. 4, 666
Mach, Ernst 269, 662 Anm.
Mandl, Em. 181
Mann, Thomas 679 u. Anm. 2, 680,
    682, 777
    Josef in Ägypten 680 Anm. 1
Marcuse, Max 215
Mariagrün (Sanatorium) 312, 318 f.
Marie, Pierre 42
Mary Stuart 666
Masaryk, Thomas 662 Anm.
Masson, J. M. 360
Mattenklott, Gert 673 Anm., 675
    Anm., 676 Anm. 3
Matthäus (Evangelist) 748 Anm. 2
McCombs, William 686 Anm.
McGuire, William 740
Medarus (in E.T.A. Hoffmanns *Die
    Elixiere des Teufels*) 769
Mederkönig Astyages 788
Meisel, Perry 16 Anm. 1
Mendel, Emanuel 43, 44 Anm. 1
Menière, Prosper 43
Mephistopheles (in Goethes
    Faust) 688 Anm. 1
Merck, Louis M. 756
Mereschkowsky, Dimitri Sergeje-
    witsch 663
Mesmer, Franz Anton 96 Anm., 133
    u. Anm. 1

Metzger, [Johann Daniel] 170
Meyer, Conrad Ferdinand 663 f.
Meyer-Palmedo, Ingeborg 27, 375,
    507, 575
Meynert, Theodor 34, 47, 55, 57, 97,
    109, 111 Anm., 126 u. Anm. 1,
    127 u. Anm., 128, 129 Anm. 2,
    130, 131 u. Anm., 141 Anm.,
    209, 247 f. Anm., 361
Midas (phryg. König) 269
Milton, John 663
Minos 741
Mitchell, Silas Weir 67 u. Anm. 1, 2
    u. 4, 68, 88 u. Anm., 367 Anm. 1
Mitrović 594 Anm. 2
Mitscherlich, Alexander 16, 19
Mittler, Paul 325
Möbius, Paul Julius 161, 245–47,
    249 f., 274, 275 u. Anm. 1, 279,
    302, 307 Anm. 1, 308, 360–66,
    368 f., 478 Anm. 1, 489 Anm. 1
Morgue (Krankenhaus) 37
Moses 784 Anm., 786 u. Anm. 1,
    787 f.
Multatuli 663 f.
Munk, Hermann 44
Münzenberg, Willi 777
Myers, Frederick W. H. 203

Nancy 90, 96, 98 u. Anm. 2, 100,
    108 f., 121, 123, 125, 131, 136,
    138, 139 Anm., 144, 178
    Schule von 100, 109, 134, 165–68,
    172 Anm. 2
Napoleon I. Bonaparte, Kaiser 578,
    680 u. Anm. 2, 681 f.
Nelken, Jan 745 Anm. 2
Nervenpoliklinik des Albert-Vereins
    in Leipzig 361
Neue Freie Presse 491, 718 f.
Neurologisches Zentralblatt 44
    Anm. 1, 202

Neutra, Wilhelm 500
Nietzsche, Friedrich 361 u. Anm. 3
»Nina R.« (Patientin) 311–21, 366
    Anm., 367 Anm. 3
Nothnagel, Hermann 34, 47, 360,
    364, 371
Noue, Jean Sauvé de la 783 Anm.
Nunberg, Herman 695 Anm.

Obersteiner, Heinrich 102, 105 u.
    Anm., 106, 130
Odier, Charles 753 u. Anm.
Ödipus 650 Anm., 758
Olivier, Noel 19
Olivier, Sidney, Lord of Ramsden 19
Oppenheim, Hermann 42 u. Anm.,
    171 Anm. 1, 250 Anm., 261, 301
    Anm. 1, 304, 500, 573–75, 576
    Anm., 579 Anm. 1, 580 Anm. 3,
    582 Anm. 1 u. 3, 584 Anm. 3
    u. 4, 585 Anm. 2, 586 Anm. 2,
    590 Anm., 593 Anm. 1 u. 3, 594
    Anm. 1, 595 Anm., 599 Anm. 1,
    601 f. Anm. 2, 603
    seine Frau 574
Österreich (*s. a.* Wien) 34 f., 133
    Anm. 1, 684 Anm., 704, 718

Pacella, Bernhard L. 573
Pagel, Julius Leopold 370
Palästina 775 f. Anm.
Pappenheim, Bertha *s.* »Anna O.«
Papst *s.* Pius XI.
Parinaud, Henri 38
Paris 31–35, 39, 42 f., 45 Anm. 1, 49,
    51, 54, 56, 70, 95, 97, 124, 131,
    133 Anm. 1, 153 Anm., 199, 301
    Anm. 2, 309 Anm., 346 Anm. 1,
    756 f., 777
Pascal, Blaise 354, 664
Paschkis, [Heinrich] 361
Paul, Cedar 754 Anm.

Paul, Eden 754 Anm.
Patienten (unbekannte) 270, 271, 285, 302, 335, 336f., 366f., 368, 605–11
Persius, Aules P. Flaccus 576
Peyer, Alexander 344 Anm.
Pfister, Oskar 695 Anm., 729
Pharao, ägyptischer 787
Pidoux, H. 154 Anm.
Pius XI., Papst 799
Playfair, William Smoult 88 u. Anm., 367 Anm. 1
Poggio [Bracciolini], Gian-Francesco 584 u. Anm. 4, 586 Anm. 2, 597
Pompeji 520
Popper, Josef s. Lynkeus
Pribram, Karl H. 385 Anm., 482 Anm. 1
Prince, Morton 767 Anm.
Professorenkollegium (der medizinischen Fakultät in Wien) 32, 34f., 44f., 48f
Prometheus 658
Psychoanalytische Poliklinik (Berlin) 711
Psychoanalytische Vereinigungen (s. a. British Psychoanalytical Society; Wiener Psychoanalytische Vereinigung) 700
Putnam, James J. 766 u. Anm. 1

Rabelais, François 597 u. Anm. 2 u. 3
Radó, Sándor 713f.
Rank, Otto 601, 602 Anm., 695, 713, 729
Ranvier, Louis-Antoine 43
»Rattenmann« (Patient Dr. Paul Lorenz) 22, 24, 505, 506 u. Anm., 508–69, 601f. Anm. 2, 633
    Adela 539
    Bob St. 558, 566

»Rattenmann« (Forts.)
    Braun 536, 539
    Bruder des 510f., 524f., 530f., 539, 545f., 547, 555, 565, 567
    Constanze (Schwester) 561f.
    Dame/Gisa Hertz 509, 513, 515, 522f., 525–28, 530–32, 534–36, 538–44, 546–49, 551–62, 564f., 567–69
        ihr Stiefvater 542, 547f.
        ihr Vater 538
        ihre Großmutter 526, 528, 538, 544, 564
    Friedrich (Vater) 511, 515, 518f., 521–26, 529–31, 535, 538f., 541, 545, 547–61, 565f., 569
    Frl. Lina 510f., 525, 541
    Frl. Peter 510f., 563
    Geschwister des 526 Anm. 3, 555
    Hans (Bruder) 566
    Hauptmann Novak 512, 515f., 531, 540, 542, 547f., 550, 554
    Dr. Herz 540, 548
    Hilde (Schwester) 532–34, 561, 568f.
    Julie (Schwester) 536 Anm. 3, 541, 543, 546f., 557, 561, 566
    Julie 536
    Katherine (Schwester) 529f., 539, 541, 545, 556, 563
    Kellner Adolf 569
    Köchin Resi 511
    Lise O. 536
    Loewy 510
    Marie Steiner 533f.
    Mizzi Q. 563
    Mutter des 509, 511, 518, 521, 523, 528f., 531, 538, 540f., 544–47, 549–55, 557, 560–65
    Näherin 550f., 556, 562, 568f.
    Oberleutnant David 513–18, 550 Anm. 2
    Oberleutnant Engel 516

Onkel Alfred 565
Dr. Pr. 555f., 561, 566
Reserl 531
Rubensky 549–51, 554, 558, 566
Dr. Schmidt 556
Schwestern des 510, 518, 536,
    538f., 540f., 547f., 551, 566
Dr. Springer (Freund) 510, 517,
    519, 523, 526, 531, 550, 557,
    567, 569
Tante Laura 565
Verwandte des 519, 545f., 550,
    556–58
Reik, Theodor 601f. Anm. 2, 668,
    669 Anm., 715f. u. Anm.
Revue neurologique 43 Anm. 1
Rhondda, Lady 782f.
Richards, Angela M.O. 15–17,
    19–27, 360 Anm., 361, 719
    ihre Mutter/Töchter 21
Richards, Arthur 19
Richer, Paul 53
Richter, Konrad 138 Anm.
Riedl, A. 593 Anm. 4
Rieger, C. 111 Anm.
Riklin, Franz 695 Anm., 729
Roback, A. A. 101
Róheim, Géza 711
Rollenhagen (Feinkostladen) 677
Rollett, Hermann 578
Romberg, Moritz Heinrich 279, 280
    Anm. 1
Romulus 788
Roosevelt, Theodore 683f. Anm.,
    767
Rops, Felicien 578, 579 Anm. 1
Rosenthal, Ludovico 699
Rosenzweig, Saul 96, 496 Anm. 1
Rossegger, Peter 662 Anm.
Rousseau, Jean-Jacques 361
Rußland/Russen 133 Anm. 1, 683
    Anm.

Sablik, K. 55 Anm. 2
Sachs, Hanns 713
Sadger, Isidor 695 Anm., 729
Salpêtrière (Paris) 32–34, 35 u.
    Anm. 4, 36 u. Anm. 3, 37 u.
    Anm. 1, 38f., 43 u. Anm. 1,
    49–51, 52 u. Anm., 63, 72, 97,
    100, 104, 112–114, 151, 153, 156,
    161, 186 Anm. 2
    Schule der 100, 113f.
Sanatorium Tegel (Berlin) 677f.
Sargant-Florence, Mary 16
Saussure, Raymond de 752f.
Schiff, A. 352 Anm.
Schiller, Friedrich von
    Die Braut von Messina 264 Anm. 2
Schlegel, August Wilhelm von 676
    Anm. 5
Schnitzler, Arthur 54, 323, 662 Anm.
Scholz, F. 47f.
Schönemann, Anna Elisabeth (Lil-
    li) 528
Schönfeld (in E.T.A. Hoffmanns *Die
    Elixiere des Teufels*) 769
Schönthan, Franz von 563f. Anm. 4,
    564
    Raub der Sabinerinnen 650 Anm.
Schopenhauer, Arthur 209, 361
Schreber, Daniel Paul 742
*Schriften zur angewandten Seelenkun-
    de* 695 u. Anm., 696, 729
Schröder, Hermann 677f.
Schröter, Michael 27, 249 Anm. 1,
    376 Anm. 3, 379 Anm. 1, 425
    Anm. 2, 478 Anm. 2
Schur, Max 203 Anm., 209 Anm.,
    362, 445 Anm. 1, 679f. Anm. 2,
    683f. Anm., 684, 735 Anm. 2
Schweiz (s. a. Bern; Züricher Schu-
    le) 133 Anm. 1
Schweninger, Ernst 563f.
Seligmiller 130 Anm.

843

Sextus, Tarquinius 544 Anm. 1
Shakespeare, William 226, 379, 667
 Macbeth 304 f. Anm. 4, 662, 666
 Hamlet 660–62, 676 Anm. 5
 Julius Cäsar 522 u. Anm. 3, 691
 Sommernachtstraum 310 u. Anm. 1
Shaw, George Bernhard 19, 675
 Back to Methusalem 675
Sherington, Charles Scott 391 Anm.
Sigmund Freud Archiv 27, 96, 573
Sigmund Freud Copyrights 629
 Anm. 3
Signorelli, Luca 757
Silberer, Herbert 620 Anm., 621
Silberstein, Eduard 28, 542 Anm. 1
Simmel, Ernst 709
Simonetta (in Hermanns *Rosen-
 emil*) 677
Society for Psychical Research 203
Sophokles 658, 662
 Ajax 658
 Ödipus 650 Anm.
 Philoktet 658
Southampton, Henry Wriothesley
 Earl of 667
Sozialdemokratische Partei Deutsch-
 lands 763 Anm. 1
Specielle Pathologie und Therapie 360
Spengler, Oswald 759 Anm.
Sphinx 758
Spielrein, Sabina 745 Anm. 2
Spinoza, Benedictus de 670 u. Anm.,
 671
Springer, Otto von 108, 121 Anm. 2
Stacher, Alois 719
Stärke, August 711
Stekel, Wilhelm 574, 591 Anm. 1, 607
 u. Anm. 2, 729, 754 Anm.,
 755 f., 758, 765
Sterba, Richard 761
Sternfeld, Wilhelm 673 Anm.
Stockholm 96 Anm.

Storfer, Albert Josef 695 Anm., 714
Strachey, Alix 16 u. Anm. 1, 20 f.,
 505
Strachey, James 16 u. Anm. 1, 18–21,
 25 f., 31, 238 Anm., 375, 405
 Anm. 2, 476 Anm., 505, 508,
 628 u. Anm. 1, 655, 665 Anm.,
 699, 704 f., 752 Anm., 762
Strachey, Lytton 16–18, 665–67
 Elisabeth and Essex 665–67
 seine Schwestern 18
Stricker, Salomon 47
Strümpell, Adolf von 130 Anm., 203,
 304 Anm. 1
Sudermann, Hermann 524
Sulloway, Frank J. 55 Anm. 2, 323

Tandler, Julius 715 f. Anm., 718 f.
Tarasevśkyi, Pavlo 581 Anm., 585,
 589 Anm., 599 Anm. 2
Tarquinius Superbus 544 Anm. 1
Tausk, Victor 614
Teleky, Dora 325 f.
Theresa (Heilige) 292
Thesus (in Shakespeares *Sommer-
 nachtstraum*) 310
Thomas, Th. 133 Anm. 2
Thomsen, Robert 42 u. Anm.
Tiedemann, Eva 673 Anm.
Time and Tide 782 f. u. Anm.
Titanen 288, 309 f. Anm.
Todd, Robert Bentley 63 Anm. 2
Triest 47
Trosman, Harry 667 Anm. 2, 784 f.
 Anm.
Trousseau, Armand 154
Tschechoslowakei (*s. a.* Freiberg)
 748
Tuke, Daniel Hack 170 Anm.
Twain, Mark 663

Uhland, Ludwig 297

Universität Wien
  Medizinische Fakultät 32, 34f.,
    44f., 47–49, 371
  Neurologisches Institut 105 Anm.
  Physiologisches Institut 35 Anm. 1
    u. 4, 770 Anm.
Urbantschitsch, Viktor von 114

Varendonck, Julian 623 u. Anm. 2
Verein für Psychiatrie und Neurologie
    (Wien) 352
Verona 530
Villaret, Albert 69f., 91 Anm. 1, 97
    Anm. 2, 164 Anm. 1, 319 Anm.
Vogel, Paul 70
Vogt, Oskar 496 Anm. 1
Voigtländer, Else 640 Anm. 1

Wagner, Richard
  Meistersinger 550
Wagner-Jauregg, Julius 55, 513f.,
    704, 708
Waldeyer, Heinrich Wilhelm Gott-
    fried 387 Anm. 2
Waldheim, von 579 Anm. 2, 588
    Anm.
Wassermann, Jakob 662 Anm., 670
    Anm., 759 Anm.
Webb, Sidney 19
Weier, Johannes 663
Weiß, Heinrich 325, 327
Weltausstellung (Paris 1889) 124
Wernert, F. 586 Anm. 1, 592 Anm.,
    594 Anm. 2
Wernicke, Carl 306 Anm. 2, 439
    Anm. 1
Westphal, Carl Friedrich Otto 42
    Anm., 329f. u. Anm. 2, 358
Wetterstrand, Otto Georg 176
Wichmann, Ralf 495 u. Anm. 2
Wien (*s. a.* Universität Wien) 32, 34f.,
    44f., 47, 95–97, 128, 133

Anm. 1, 202f., 500f. Anm. 3,
    501 Anm., 678, 704, 708f.,
    717–19, 749, 756, 777, 782f., 784
Wiener Allgemeines Krankenhaus 35,
    47f., 55, 757 u. Anm. 2
Wiener Burgtheater 203
Wiener »k.k. Gesellschaft der Ärz-
    te« 54–57, 126 Anm. 1, 127
    Anm.
Wiener medizinische Fakultät 32,
    34f., 44f., 47–49, 371
Wiener medizinische Presse 140
Wiener medizinische Rundschau 361
Wiener medizinischer Klub 96, 98,
    165, 181, 183 Anm., 202
Wiener medizinisches Doktoren-Kol-
    legium 214, 322f., 327f., 342
Wiener Neurologisches Institut 105
    Anm.
Wiener Physiologischer Klub 97
    Anm. 1
Wiener Physiologisches Institut 35
    Anm. 1 u. 4, 770 Anm.
Wiener Psychiatrische Gesellschaft 97
    Anm. 1
Wiener Psychoanalytische Vereini-
    gung 505, 574, 715 Anm., 754
    Anm., 782f.
Wilhelm I., Kaiser 261
Wilkinson, Ronald S. 27
Wilson, Thomas Woodrow 683f. u.
    Anm., 684, 686–90, 692, 767
    Anm.
  seine zweite Frau 684
Winnicott, D. W. 18
Wittels, Fritz 643, 754–56
Wolf, E. S. 784f. Anm.
»Wolfsmann« (Patient) 353, 447f.
    Anm. 4, 612 Anm.
Woolf, Leonard 18f., 665 Anm.
Woolf, Virginia 18f., 665 Anm.
Wundt, Wilhelm 740

Young, [Thomas Y.] 160 Anm. 2

Zeitschrift für Hypnotismus 176
    Anm., 496 Anm. 1
Zellers am Zürichsee (Gebetan-
    stalt) 169 f.
Zentralblatt für Kinderheilkunde 103
    Anm. 2
Zentralblatt für Psychoanalyse 729
Zeus 741
Zille, Heinrich 673 Anm.

Zionistische Weltorganisation 775 f.
    Anm.
Zola, Émile 561, 663 f.
Zukunft, Die 777
Zuntz, Nathan 44
Züricher Schule 447 Anm. 2, 500 f.
    Anm. 3, 501 Anm. 741 f., 745 u.
    Anm. 2, 758
Zweig, Arnold 679 Anm. 2, 680
    Anm. 2, 685
Zweig, Stefan 668 Anm. 1, 669

Sachregister

Zusammengestellt von Ingeborg Meyer-Palmedo

Dieses Register berücksichtigt außer den Freud-Texten auch jene von Breuer sowie sämtliche editorischen Zusätze. Die Angaben »f.« oder »bis« verweisen nicht unbedingt auf eine zusammenhängende Behandlung des Themas; vielmehr kann ein Begriff auch auf den folgenden Seiten erneut anzutreffen sein. Der Zusatz »u. Anm.« zu einer Seitenzahl findet sich nur dort, wo der Leser nicht automatisch durch den Text auf die Anmerkung hingelenkt wird.

Abasie 79
Aberglaube 309, 340 Anm. 2, 527f., 533f., 538, 558
Abfuhr (*s. a.* Abreagieren; Erregung, Abströmen d.; Motorische Abfuhr; Quantität, Abgabe d.) 260–62, 271, 388–91, 394f., 397–402, 404, 406, 409–13, 420f., 423, 425, 427, 432f., 435, 449, 451f., 455f., 458–61, 470f., 476, 479, 485, 639, 656
Abfuhrnachricht [Rückkopplung] 385, 411, 421, 451, 455–57, 460–63, 476
Abnormitäten/Anomalitäten 262
s. a.:
  Affektreaktion, abnorme
  Bewußtseinszustände, abnorme
  Erregbarkeit, abnorme/anomale
  Gemütsbewegung, anomaler Ausdruck d.
  Nervensystem, anomale Erregbarkeit d.
  Normalität, Verhältnis zum Krankhaften
  Psychische Abnormitäten
  Reaktion, anomale
  Reflex, abnormer
  Seelenleben, abnormes
  Sexuelle Abnormitäten
  Übermaß/Übertreibung
Abreagieren/Abreaktion (*s. a.* Abfuhr; Reaktion; Reflex) 89f., 90 Anm. 1, 97 u. Anm. 2, 182, 193f., 201f., 206–08, 210 u. Anm. 2, 251, 264, 283
Absence(n) (*s. a.* Bewußtseinsspaltung) 223–37, 239f., 276f., 297

Absicht(en) 212
  bewußte/unbewußte 112, 708
  Hochschätzung d. 687f.
Abstinenz (*s. a.* Sexuelle Abstinenz) 258
Abulie (*s. a.* Willenshemmung) 334,
  347
Abwehr (*s. a.* Hemmung; Verdrängung; Widerstand) 194 Anm. 2,
  206, 209, 212–14, 217, 270
  Anm., 272f., 273 Anm., 275,
  293–95, 304–06, 308f., 333,
  347, 355, 357, 377f., 384, 386,
  415, 417, 420, 422, 428, 442f.,
  444, 449, 461f., 470, 472, 479,
  552, 632, 635 u. Anm. 1 u. 2,
  636, 638f., 676
Abwehrkampf 520–22, 526f., 636
Abwehrmaßregel/Schutzmaßregel
  357f., 513f., 527, 542f., 550,
  552f.
Abwehrneurose 212
Abwehrzauber 765
Achromatopsie 60, 77
Adel 335
Affekt(e)/Affektleben (*s. a.* Angst;
  Gefühl; Gemütsbewegung;
  Schreien; Toben; Wut; Zorn)
  188, 206, 251, 257–64, 275f.,
  283 Anm., 284, 291, 297, 304,
  334, 336, 386, 413f., 430, 439,
  443, 447–50, 471, 541, 545, 602
  Anm., 656f., 675, 686, 689, 725
  akute/chronische 259f.
  als ätiologisches Moment 82, 87,
  186f., 189, 191, 195, 207f., 237,
  240, 242, 247, 261–67, 269–72,
  274, 276–79, 295 Anm., 304,
  306f., 309, 325, 332, 349, 445,
  448, 499, 707, 725
  u. Denken *s.* Denken u. Affekt
  eingeklemmter 195, 206, 208

  u. Erinnerung *s.* Erinnerung u.
  Affekt
  Erledigung d. (*s. a.* Abreagieren;
  Reaktion) 191–95, 206–08, 239,
  260f., 263–65, 267, 272, 280,
  283, 414, 520
  peinlicher (*s. a.* Peinlichkeit) 240,
  354f., 442–44
  sexualer (*s. a.* Sexuelle Erregung)
  258f., 293, 306f.
  Stärke d. 191, 194, 206, 260,
  263–65, 284, 290f., 293, 297,
  443, 470
  u. Suggestion/Hypnose 167f., 185,
  195, 276–78, 307, 309
  u. Vorstellung *s.* Vorstellung u.
  Affekt
  Wiederholung d. *s.* Wiederholung
Affektbesetzung 465
Affekthemmung (*s. a.* Hemmung) 635
Affektinteresse 431
Affektkonversion (*s. a.* Konversion)
  276, 304, 306f., 725
Affektlosigkeit 435
Affektquellen 257f., 262, 297, 447f.,
  471, 707
Affektreaktion (*s. a.* Reaktion)
  abnorme (*s. a.* Gemütsbewegung,
  anomaler Ausdruck d.; Reaktion,
  anomale) 263, 297
Affektverschiebung (*s. a.* Verschiebung) 447 Anm. 1
Affektwert (*s. a.* Besetzung) 211,
  272f., 283
Aggression(en) (*s. a.* Sexuelle Aggression) 259, 305, 336, 674, 681f.
Agoraphobie 161, 336 Anm., 356,
  445, 605f.
Aktion, spezifische (*s. a.* Reaktion,
  adäquate) 389f., 396, 410f.,
  421f., 424, 456–58, 460, 468,
  473, 475f.

Aktualneurose(n) 212, 331 Anm. 1, 353, 440 Anm. 1
somatische (physiologische) Bedingungen/Charaktere d. 324, 332, 346, 353 f.
Akzidentelle Ursachen/Erwerbungen/ Faktoren (*s. a.* Erlebnis; Kindheitserlebnis; Psychische Eindrücke; Trauma) 84, 86, 161, 164, 331 Anm. 1, 332, 336–38, 345, 424, 644 f., 658, 725, 727, 764
Verhältnis zu hereditären *s.* Heredität
Alkohol(ismus) 82, 84, 318 f., 780
Alleingehen 606 f.
Allmacht d. Wünsche/Affekte/Gedanken 527, 541, 556, 646
Alphalgesie 75
Alter *s.* Lebensalter
Altruismus (*s. a.* Soziale Rücksichten) 81
Amaurose 76
Ambivalenz (*s. a.* Gegensätzliche Regungen; Liebe u. Haß) 636, 639
Amblyopie 76, 233
Amnesie (*s. a.* Vergessen) 146 f., 168, 170, 174 f., 204, 225, 231, 239 f., 242, 274 f., 279, 294 f., 297, 336, 340, 441
Analerotik 539 f., 547, 562, 564, 566, 596
Analgesie 75, 249, 366
Analyse (*s. a.* Laienanalyse; Lehranalyse; Psychoanalyse; Traumanalyse) 200, 211, 233 u. Anm. 1, 235 f., 242, 280, 356, 431, 438, 440 f., 444, 448, 454
Anämie 224, 325
Anamnese 241, 278, 295, 311–15, 327, 329
Ananke 390 Anm. 1, 663 Anm. 2

Anästhesie (*s. a.* Hemianästhesie; Hysterische Anästhesie) 76, 149, 236, 277
Anatomie (*s. a.* Gehirnanatomie; Nervenanatomie) 701
Anatomische Untersuchungstechnik 72, 702, 706
Andersdenkende, Ablehnung d. 335
Anekdoten (bestimmte) 433, 541, 608
Anfälle (*s. a.* Angstanfall; Epileptischer Anfall; Hysterischer Anfall; Krampfanfälle) 58, 365 f. u. Anm. 5, 367–69, 520, 556 f.
Angeborene Faktoren (*s. a.* Disposition; Heredität; Konstitutionelle Faktoren) 262, 271, 274, 289 f., 297–99, 302 f., 306, 307 u. Anm. 1, 328, u. Anm. 3, 640, 645, 724 f.
Angst (*s. a.* Gewissensangst; Infantile Angst; Kastrationsangst; Realangst; Todesangst; Versuchungsangst) 223–29, 231, 237–40, 260 f., 269, 275–79, 294, 305 f., 314, 330, 334, 338, 344, 354, 356–58, 446, 495, 497 f., 522, 548 f., 560, 587, 590, 619, 629, 632 Anm. 1, 638, 709, 728
Fortbestehen d. (*s. a.* Fortbestehen) 286
vor Fremden/vor Neuem 305, 644, 779
als Signal 421 Anm. 1, 632 Anm. 1
vor Strafe 530, 545, 565
als verwandelte Libido 306, 498 f., 644
Angstanfall (*s. a.* Anfälle) 330, 344, 497
Angstdiarrhöe 344
Angsthysterie 353, 629, 634 u. Anm. 1, 635–38, 642 f., 645
Ängstlichkeit(en) 283, 356 f., 644 f.

Angstneurose(n) 195 Anm. 2, 212,
    305, 324, 329 f., 331 u. Anm. 1,
    343–46, 353, 356, 359, 440
    Anm. 1, 498 f., 501
Angsttheorie(n) 632 u. Anm. 1
Angsttraum 582, 590 f., 622
Animismus 646
Anomalitäten *s.* Abnormitäten
Anorexie 270 f.
Anpassung 646
Anregung 118, 257, 320, 479, 761
Antike Völker 765
Antipathien 728
Antisemitismus (*s. a.* Rassismus) 777,
    779–83 u. Anm., 784
Aphasie (*s. a.* Hysterische Aphasie;
    Paraphasie) 50 f., 69, 161, 404,
    455 Anm. 3
Aphonie 78
Apparat (*s. a.* Nervenendapparat; Psy-
    chischer Apparat; Wahrneh-
    mungsapparat)
    aus Neuronensystemen 405
Archaische Erbschaft (*s. a.* Disposi-
    tion) 101, 630 f., 640, 641 u.
    Anm. 2, 643–45, 647–51
Archäologie 741
Arthralgie(n), hysterische 41, 86
Arthritismus 161
Arzt-Patient-Verhältnis 86–88, 98 f.,
    112, 114 f., 117–19, 129, 134–37,
    141–50, 170–73, 186, 217, 229 f.,
    232, 317–19, 338, 340, 349 f.,
    495, 512–15, 689, 701, 708, 725
Askese (*s. a.* Abstinenz; Verzicht)
    540, 543 f.
Assoziation(en) (*s. a.* Freie Assozia-
    tion; Traum/Träume, Assoziatio-
    nen d.) 81, 168, 193, 195, 206,
    236, 240, 252, 255, 257, 260 f.,
    263, 266 f., 272, 275 f., 284, 290,
    293, 296, 298, 309, 333, 336,

348, 402, 420, 424–26, 428 f.,
    431, 441, 445–47, 453–58, 460,
    462–64, 469 f., 474 f., 477, 605
Assoziationsbahnen 212
Assoziationsgesetze 118, 266 Anm. 1,
    267, 411, 433 u. Anm. 1, 453
Assoziationshemmung 268
Assoziationskette 268
Assoziationszwang 433
Astasie 79
Ästhesiogene Behandlungsweise 80
Ästhetischer Genuß 664 f.
Asthma, nervöses 301
Atem 389
Atheismus 492
Ätiologie/Ätiologische Momente 164,
    246, 301, 331 u. Anm. 1, 332,
    367 f., 449, 497–99, 690, 702,
    706, 725, 745
s. a.:
Akzidentelle Ursachen
Angeborene Faktoren
Disposition
Heredität
Hysterie, Ätiologie d.
Infantile Ätiologie
Kindheitserlebnisse, ätiologische
    Bedeutung d.
Krankenpflege als ätiologisches
    Moment
Kultur, ätiologische Rolle d.
Neurosenätiologie
Organische Erkrankungen als ätio-
    logisches Moment
Psycho-physische Ätiologie
Reizung als Krankheitsursache
Spezifische Ätiologie
Stadtleben als ätiologischer Faktor
Toxische Ätiologie
Trauma als ätiologisches Moment
Triebe, ätiologische Bedeutung d.
Überarbeitung

Atrophien 37, 41, 78
Aufregung 257f., 260f., 265
Aufmerksamkeit 118, 378, 417, 421,
    431 u. Anm. 1, 432f., 449–55,
    457–67, 470, 472, 475–77,
    479–83, 621, 636
    Ablenkung d. 62 u. Anm., 63, 145,
    148, 474, 483 Anm. 1, 660f.
    Beziehung zum Gehirn 120 Anm.
    Einziehung d. 431f., 476
    Konzentration d. 205, 249, 254,
    273, 277f., 283, 289, 291, 300,
    339f., 349f.
Aufwand/Aufwandersparnis (s. a.
    Ersparnis) 424, 429f., 458,
    462, 473f., 660
Auge(n)/Augenerkrankungen (s. a.
    Hysterische Sehstörung) 60, 76,
    368
Auraempfindungen 73–75, 184
Außenwelt (s. a. Äußere Vorgänge;
    Realität; Welt) 384f., 389, 395f.,
    397 u. Anm. 3, 398–402, 406 u.
    Anm. 1, 411, 420, 451, 456,
    462–64, 477, 644, 687, 692
    Veränderung d. 278, 410, 633
    Anm., 646
Äußere Vorgänge (s. a. Akzidentelle
    Ursachen; Außenwelt; Erregung,
    periphere; Quantität, äußere;
    Reiz, äußerer; Wahrnehmung,
    äußere) 262, 278, 298, 300, 348,
    384f., 441, 456, 463 u. Anm. 4,
    645, 761
    u. innere 112, 117f., 167, 274
    Anm. 1, 286, 300, 384 u. Anm.,
    520, 687, 741, 755, 761
Aussprechen (sich) (s. a. Kathartische
    Methode) 224–26, 228–36, 238,
    240f., 280, 283–85
Austoben (s. a. Toben) 656f.
Autistisches Denken 623

Autoerotismus 602 Anm., 611, 641,
    643, 647
Autohypnose (s. a. Autosuggestion)
    132, 144f., 195, 226–35, 237,
    240–42, 275–79, 294f., 307
Automatische Vorgänge 81f., 292,
    398 Anm. 1, 431f., 451, 453,
    464, 466
Autorität 87, 129, 147
Autoritätsglaube 127, 130f.
Autosuggestion (s. a. Autohypnose)
    117f., 135, 172, 245, 276, 298,
    302, 306
    als Heilmittel 88, 171

Bahnung (s. a. Denkbahnung; Ichbah-
    nungen; Nervensystem, Lei-
    tungswege im) 254–56, 261,
    263, 265–67, 272, 300, 392–94,
    396, 400, 402, 409–17, 422,
    424f., 427–30, 434f., 449, 451
    Anm. 2, 452–56, 460–62, 465,
    467–69, 471, 474
Banale Schädlichkeiten (s. a. Akziden-
    telle Ursachen/Erwerbungen)
    332 Anm. 1, 345
Bändigung 194 Anm. 1, 470f. u.
    Anm. 3, 472 u. Anm., 689
Basedowsche Krankheit 73, 161
Beachtungswahn 337 u. Anm. 1, 348
Bedürfnisbefriedigung (s. a. Befriedi-
    gung; Selbstbestrafung) 255–58,
    431, 574, 576, 600
Bedürfnisse (s. a. Krankheitsbedürfnis;
    Strafbedürfnis)
    physiologische (s. a. Hunger) 208,
    255–58, 389
Befriedigung (s. a. Bedürfnisbefriedi-
    gung; Sexuelle Befriedigung;
    Triebbefriedigung) 386, 410–12,
    414, 416, 427, 435, 442, 452,
    459–61, 475f., 644, 658, 661

Befriedigung (Forts.)
  Ausbleiben d. (*s. a.* Sexuelle Unbe-
    friedigung) 420, 475
  masochistische 657f., 669
  zielgehemmte 727
Befriedigungsobjekt 420, 426
Behandlung *s.* Therapie
Behaviorismus 385
Beichte 192, 269f.
Beleidigung 192–94, 264
Beobachtung (*s. a.* Denken, beobachtendes; Selbstbeobachtung; Wissenschaftstheoretische Bemerkungen) 217, 291, 358
Berührung (als Behandlungsmethode)
  (*s. a.* »Druck«-Technik) 147f.
Berührungsfurcht 304f. Anm. 4
Besessenheit (*s. a.* Wahn) 40, 72, 309,
  340 Anm. 2, 691
Besetzte(s) Neuron(en) 390, 402,
  411f., 416f., 424f., 427, 434f.,
  451, 462f., 465, 481
Besetzung(en) (*s. a.* Energie; Gegenbesetzung; Ichbesetzung; Objektbesetzung; Quantität; Seitenbesetzung; Triebbesetzung; Überbesetzung; Vorbesetzung; Wahrnehmungsbesetzung; Wunschbesetzung; Zielbesetzung) 211f.,
  300, 390, 393f., 404f., 406
  Anm. 1, 407f., 411–17, 420–32,
  434–37, 441–43, 450–68, 470–72,
  474, 476, 478, 481f., 636
  Einzug/Verweigerung d. 431f., 434,
    476, 635
  gebundene (*s. a.* Bindung) 253 Anm.
  gleichzeitige 411f., 433, 436f., 462,
    465, 473f.
  rückläufige (*s. a.* Erregung, rückläu-
    fige) 434f., 437f.
  Unerregbarkeit unbesetzter Syste-
    me 412 u. Anm., 432f., 462, 465

Besetzungsenergie (*s. a.* Energie) 348
  Anm. 1
Beten 236–38
Bettnässen 137
Bewegung(en) (*s. a.* Motilität; Moto-
  risch-; Neuronenbewegung) 115,
  250–52, 255, 263, 276, 388, 397,
  401f., 411, 424, 426, 428, 455,
  457f., 460, 473, 475f.
Bewegungsbild 411, 424, 428, 457f.,
  460f., 468, 474–77
Bewegungsgesetz 387, 401f., 481
Bewegungsstörungen (*s. a.* Lähmung;
  Motilitätslähmung) 62f., 707
Bewußt/Das Bewußte 385, 519, 522,
  635, 730
Bewußte Empfindung(en) 401–04,
  479
Bewußte Erinnerungen (*s. a.* Erinne-
  rungen) 457
Bewußte Regungen 659f., 674, 707
  Verhältnis zu unbewußten *s.* Be-
    wußtmachen; Bewußtwerden;
    Unbewußte Vorgänge, Verhältnis
    zu bewußten
Bewußte Vorstellungen 264, 281,
  283f., 287–89, 297f., 309, 436,
  447, 554, 635
Bewußtes Denken 276, 285–89,
  291f., 294–98, 309, 447, 456f.,
  463f., 466, 469, 515, 787
Bewußtmachen 206, 280, 284, 289,
  334, 338–40, 349, 351, 355, 440,
  442f., 457, 464f., 470, 477, 561
Bewußtsein (*s. a.* Selbstbewußtsein;
  Schuldbewußtsein; Traumbewußtsein) 115, 119, 120 Anm.,
  284, 287, 378, 385f., 400–03, 404
  u. Anm. 1, 411, 435–38, 456,
  465f., 469, 477f., 480, 629, 769
  Abhaltung vom (*s. a.* Unbewußte
    Vorgänge) 195, 206, 443, 725

doppeltes (*s. a.* Bewußtseinsspaltung; Bewußtseinszustände; double conscience) 195, 288, 292–94
Einengung d. 290, 307
Inhalt d. 400f., 404, 674 Anm. 2
Leere d. 274f.
Lokalisation d. (*s. a.* Lokalisation; Unterbewußtsein) 119 u. Anm., 287, 401–04
u. Wahrnehmung 378, 401–04, 411 Anm. 3, 451, 479, 674 Anm. 2, 771
Bewußtseinsspaltung (*s. a.* Absence; Bewußtsein, doppeltes; Bewußtseinszustände; Persönlichkeit, Spaltung d.; Psyche, Spaltung d.; Spaltung) 239, 284 u. Anm. 2, 286 Anm., 288, 290, 323f., 339 Anm. 3, 350, 725f.
Bewußtseinsstörungen 176
Bewußtseinsunfähige Vorstellungen 281, 284, 288, 293f., 309
Bewußtseinsverlust/-wegfall (*s. a.* Unbewußte –; Unbewußtes –) 74, 404
Bewußtseinszustände (*s. a.* Bewußtseinsspaltung; Seelenzustände) 168, 725
abnorme (*s. a.* Hypnoide Zustände; Psychische Abnormitäten) 195
Wechsel zweier (*s. a.* condition seconde) 223f., 227, 229–32, 236, 239, 241–43, 297, 307
Bewußtwerden 259, 264 Anm. 2, 282, 437, 442f., 446f., 463, 466, 479, 523, 660
Bildung
allgemeine 291, 364, 733f., 760
fachliche (*s. a.* Medizinische Ausbildung; Psychoanalyse, Erlernen d.) 364

Bindung (von Energie/Quantität) 210, 215, 253 Anm., 259, 378, 430 u. Anm. 2, 459, 467f., 471, 476, 479–83
Biographik 665–69, 680–82, 686–90, 692, 754–56, 758, 767 u. Anm., 786–88
Biologische Gesichtspunkte/Erklärungen (*s. a.* Genetische Betrachtungsweise) 378, 386, 393–96, 398f., 404, 415, 420–23, 425, 431, 434, 451–53, 456, 461–63, 466, 468, 472, 474, 476, 629–31
Bisexualität 650 Anm., 651
Böse (*s. a.* Schlechte Taten) 132, 242f., 302f., 697
u. gut 674 Anm. 2, 690
Brautnacht 305
Buße 560

Charakter (*s. a.* Nationalcharakter) 525, 686–88, 690–92
Charakterbildung 618, 630, 666, 690
Charaktertragödie 659
[Charisma] 692
Chemische Betrachtungsweise (*s. a.* Sekretion; Sexualchemie; Toxische Ätiologie) 210–12, 251, 258, 413 u. Anm. 4, 414 u. Anm. 3, 482 Anm. 1, 701
Chemische Therapie (*s. a.* Medikation) 80, 129, 171
Chirurg(ie) 83, 111, 326, 703
Chorea 43
Chronische Affekte 259f.
Chronische Nervenkrankheiten/Hysterie 35f., 67, 84, 88, 295 Anm., 308, 330
Coitus interruptus 305, 331, 345, 367
condition seconde (*s. a.* Bewußtseinszustände, Wechsel zweier) 230–32, 236, 240–43, 296 Anm., 297

Dämon(nenglaube) 309, 310 Anm.,
  340, 493, 680, 682
Darmtätigkeit 330
Defäkationsträume 584–97, 599
Degeneration 37, 84, 142, 328f., 343,
  369, 724
Delirium (s. a. Hysterische Delirien)
  184, 539, 554, 565f.
Dementia praecox 642f., 647, 650 u.
  Anm., 741, 745
Denkabwehr 472
Denkbahnung(en) 456, 469–71, 475
Denken/Denkvorgänge (s. a. Geistige
  Arbeit; Intellekt; Logik; Vorstellungen) 287, 386, 422 Anm. 3,
  423, 425–29, 431, 434, 442f.,
  449f., 452, 454, 456, 458f., 464,
  466–70, 472–76, 481, 646
  u. Affekt 275 Anm. 1, 278, 285,
  297, 386, 431, 449f., 465, 470,
  472, 656, 697, 728
  autistisches 623
  beobachtendes 422 Anm. 3,
  454–56, 458, 462, 464
  bewußtes 276, 285–89, 291f.,
  294–98, 309, 447, 456f., 463f.,
  466, 469, 515
  erkennendes/theoretisches (s. a.
  Erkennen) 457f., 462, 464,
  466–70, 472, 475
  kritisches/prüfendes (s. a. Kritik;
  Urteil) 469f., 472, 475f.
  Leistungen d. 272f., 276, 439
  Nach-/Überdenken 427, 430, 450
  Anm. 1, 469
  praktisches (s. a. Praktisch-) 422
  Anm. 3, 466–70, 472–76
  u. Primärvorgang 206, 427, 429
  reproduzierendes (s. a. Erinnern,
  reproduzierendes; Reproduktion) 386, 422, 424f., 427f., 430,
  463, 469

unbewußtes 493
unwillkürliches (s. a. Zwangsgedan-
  ken;Zwangsvorstellung) 515,520
Denkfälschung/Denkfehler (s. a.
  Denkstörung; Irrtum) 464,
  475f., 492
Denkgedächtnis 430, 456, 468f.
Denkidentität 427 Anm. 5
Denkillusionen (s. a. Illusionen) 741
Denkinhalt 621
Denkinteresse 431
Denkrealität 463f.
Denkreihe 475
Denkschwierigkeit(en) 467f.
Denkstörung(en) (s. a. Denken u. Af-
  fekt; Denkfälschung; Geistige
  Schwäche; Irrtum; Logik, Aus-
  schalten d.) 297, 386, 449f., 465,
  470, 472
Denkzeichen 378, 430, 464–66
Depression(en) 83, 176, 649, 666
Deskriptive Betrachtungsweise 635
  Anm. 3, 724, 730
Destruktivität (s. a. Aggression) 674,
  682
Deutung (s. a. Traumdeutung) 665
  psychoanalytische 206, 383, 682,
  725
Diagnostik (s. a. Differentialdiagnose;
  Hypnose als Diagnose-Instru-
  ment) 76, 79, 81, 154, 162, 312,
  338, 344 u. Anm., 362f., 366,
  367 Anm. 3, 368, 688, 690
Diarrhöe 262, 344 u. Anm.
Diathese s. Nervöse Diathese
Dichtkunst (s. a. Kunst; Literatur)
  265, 277, 310, 655–66, 669,
  673–82, 688, 691
Differentialdiagnose 83, 143, 154,
  163, 325
Ding(e) 423, 426, 429, 441, 456
  Anm., 457, 473

Diplopie/Doppeltsehen 223, 233
Disposition (*s. a.* Hypnotische Disposition; Hysterische Disposition;
Konstitutionelle Faktoren; Neuropathische Disposition; Neurotische Disposition; Psychische
Disposition) 190, 262 f., 271,
307, 358, 629, 631, 634, 638–40,
643–45, 648–51, 727
Dissoziation (*s. a.* Bewußtseinsspaltung) 195, 206, 239, 286, 310,
725
Disziplin (als Heilmittel) 320
Doppel-Ich/Doppeltes Bewußtsein
(*s. a.* Bewußtseinsspaltung;
double conscience) 195, 288,
292–94
double conscience (*s. a.* Bewußt-
seinsspaltung; Doppel-Ich) 195,
239, 286, 288, 295 Anm.
Drama 655–62
Drang 410, 412
Druck-Anwendung 114
»Druck«Technik 99, 209, 323 f., 339
u. Anm. 2, 349 f.
Dualistische Triebtheorie 632, 641
Anm. 4, 771 Anm.
Durst 258
Dynamische Auffassung (*s. a.* Erre-
gung, Abströmen d.; Quantität,
Abgabe d.; Strömung) 208, 388,
725 f., 730
Dyspepsie 330
Dyspnoe 258, 330, 344

Egoismus 320
Ehe/Eheleben/Heirat 84, 194, 213,
217, 305, 532, 535 f., 544, 547,
550, 583, 587–92, 597–99, 681
Ehrgeiz 58, 657, 707
Eifersucht 525, 534 f., 539, 597 f.,
607, 631, 680 Anm. 2

Einfall/Einfälle 242, 339, 350, 464,
466, 605–07, 632, 676, 787
Einheitlichkeitsstreben 522
Einreden (*s. a.* Suggestion; Überre-
den) 325 f., 523
Einseitigkeit 691, 701
Einstellung *s.* Erwartung; Psychische
Einstellung
Einzelkind(er) 82
Eisenbahnfahren 606
Eisenbahnunfall 83, 85, 272, 706
Eiszeit 643–46, 649, 651
Eiterung (psychische Verursachung
d.) 171
Ejaculatio praecox 305, 550
Ekel 188 f., 224, 233, 237, 269 u.
Anm. 2, 271, 334, 347, 543, 549,
554
Elektrotherapie 67, 80, 87–89, 97,
148 f., 171, 177, 704, 708 f.
Eltern-Kind-Beziehung (*s. a.* Mutter-
brust; Ödipuskomplex; Tod;
Vatermord) 313, 316, 318, 321,
511, 521–25, 529–31, 536,
538–41, 545, 547–61, 565 f.,
569, 582 f., 602 Anm., 606–10,
631, 647–51, 681, 787 f.
Embryologie 239
Emotionale Erregung (*s. a.* Affekt;
Erregung) 367 Anm. 3, 728
Empfängnisverhütung 490, 645
Empfindung(en)/Sinnesempfindun-
g(en) (*s. a.* Gefühl; Lust-Unlustempfindungen; Qualität; Sinnesorgane; Tastempfindungen;
Wahrnehmung) 86, 277, 401–04,
406, 408 Anm. 1, 478 f., 497,
657
Bestreben nach einheitlicher 522
peinliche (*s. a.* Peinlichkeit) 317
Endogene Faktoren *s.* Innere Vorgänge

Energie (s. a. Besetzungsenergie; Nervöse Energie; Psychische Energie; Sexuelle Energie; Triebenergie) 253 u. Anm., 254 u. Anm. 2, 255–57, 387 Anm. 1, 397, 479 f., 481 Anm., 482 f., 484 u. Anm., 646, 690, 751
spezifische 403
Entblößung 765
entité morbide 154 f.
Entstellung 540, 728
Entwicklung (s. a. Genetische Betrachtungsweise; Ichentwicklung; Infantile Entwicklung; Kulturentwicklung; Nervensystem, Entwicklung d.; Ontogenese; Persönlichkeitsentwicklung; Phylogenese; Psychische Entwicklung; Sexuelle Entwicklung) 439, 525, 630, 638–40, 660, 687, 691
Verfrühung/Verspätung d. (s. a. Hysterisches Proton pseudos; Pubertätsverzögerung) 84, 690
Entwicklungshemmung 639 u. Anm. 3, 647, 726
Entwicklungslehre 492, 615, 643
Entziehungskur 308
Enzephalopathie 83
Epidemien 72
Epilepsie (s. a. Hysteroepilepsie) 43, 74, 82, 91 Anm. 2, 163 f., 336
Epileptischer Anfall 74, 91 f. u. Anm. 2, 263, 303
Erbfaktoren s. Heredität
Erbrechen (s. a. Hysterisches Erbrechen) 269–71, 301, 313, 366
Erektion(en) 246, 511, 558, 563, 590 f.
Erinnern (s. a. Erinnerung)
reproduzierendes (s. a. Denken, reproduzierendes; Reproduktion) 411, 440

Erinnerung(en) (s. a. Gedächtnis; Objekterinnerung; Vorstellungen) 191, 194, 202, 210, 241, 245, 247 f., 263, 273 f., 274 Anm. 1, 275, 280, 288, 297 f., 317, 325 f., 333 f., 348, 359, 377, 385 f., 401, 403, 413, 415, 422 Anm. 3, 425 f., 440, 443, 445–51, 454, 456 f., 469–71, 472 Anm., 475, 725
u. Affekt (s. a. Erinnerung, peinliche) 191, 193–95, 206, 233, 235 f., 263 f., 266 f., 272, 274, 279 f., 283, 285, 296 f., 413, 447 f., 450 f., 457, 470 f., 725
bewußte 457
Fortwirken d. (s. a. Fortbestehen) 191, 194, 208, 230–32, 264 u. Anm. 2, 280 f., 339 f., 355, 443
Hemmung/Verdrängung d. (s. a. Abwehr; Hemmung) 235 f., 273 f., 333–37, 347, 350
als Kern d. Hysterie/Neurose 158 f., 191, 194, 202, 206, 208, 263, 272, 279 f., 283, 291, 294, 325 f., 340 f., 347, 349, 351, 354, 440 f., 445 f., 448, 725
peinliche (s. a. Peinlichkeit) 268, 333–37, 339, 347, 443
Stärke d. 191, 193 f.
therapeutische Rolle d. 137, 191, 226–36, 243, 280, 296 f., 334, 338 f.
ungebändigte (affektfähige)/gebändigte (affektlose) 194 u. Anm. 1, 470–72, 475
Unvollständigkeit d. (s. a. Amnesie) 340
Verhältnis zur Wahrnehmung 420–28, 434, 442 f., 446, 450, 454, 458, 468, 470

Erinnerungsarbeit 296, 334, 338–40, 349, 426, 445
Erinnerungsbild(er) 247 f. u. Anm., 298, 339, 412–15, 421–26, 428, 442, 454–56, 468, 470
feindliches 414 f., 417, 420, 442
Erinnerungsrest(e) 349, 354
Erinnerungsspur 448, 630 f.
Erlöschen d. 339, 442
Erinnerungssymbole (*s. a.* Symbolische Symptome) 206, 335 Anm. 1, 440
Erinnerungszellen 392
Erkennen/Erkenntnis (*s. a.* Denken, erkennendes; Wissenschaftstheoretische Bemerkungen) 386, 422, 426–28, 455–58, 462, 464, 466
Erkrankung *s.* Krankheit
Erlebnis/Ereignis/Eindruck (*s. a.* Akzidentelle Ursachen; Außenwelt; Infantile Traumen; Infantilszene; Kindheitserlebnisse; Lebens-; Psychische Eindrücke; Trauma) 336–38, 340, 385, 393, 435, 440, 445, 447–49, 470, 521, 600, 651, 725
Ernährungstherapie 67 f., 88, 137, 150, 347, 367
Eros 305
Erotismen 159, 194, 659
Erregbarkeit
abnorme/anomale (*s. a.* Abnormitäten) 247, 248 u. Anm., 249 f., 261 Anm., 262, 299–304, 307 u. Anm. 1, 412
gegenseitige Beeinflussung d. (*s. a.* Nervensystem, gegenseitige Beeinflussung d.) 106, 116, 118 f., 451
Unerregbarkeit unbesetzter Systeme 412 u. Anm., 432 f., 462, 465

Erregbarkeitssteigerung/-veränderung (*s. a.* Erregbarkeit, abnorme; Erregungssteigerung) 81, 104, 112, 114–16, 118 f., 211, 249, 257, 297 f., 481 Anm.
Erregung(en) (*s. a.* Emotionale Erregung; Nervensystem, Erregungsverhältnisse im; Psychische Erregung; Reiz; Sexuelle Erregung) 244, 348 Anm. 1, 388, 391, 481, 484 Anm., 485
Abströmen/Entladung d. (*s. a.* Abreagieren; Affekt, Erledigung d.; Motorische Reaktion; Quantität, Abgabe d.; Strömung) 159, 208, 251, 255–69, 271, 277, 283, 285, 299, 303, 331, 333, 338, 345, 347, 388 f., 395, 406, 410, 451, 456
u. Affekt 262 f., 275, 304, 306, 344
endogene (*s. a.* Reize, endogene; Quantität, endogene) 258 f., 300, 384, 395, 408 f., 484
Entstehung d. 258 f., 268 f., 299–302, 421
intrazerebrale/tonische 211, 252, 253 u. Anm., 254–57, 260–62, 265, 277 f., 300, 451 Anm. 2
motorische (*s. a.* Motorische Innervation) 433
peinliche (*s. a.* Peinlichkeit) 265, 268
periphere (*s. a.* Quantität, äußere; Reiz, äußerer) 265, 300
rückläufige (*s. a.* Besetzung, rückläufige; Halluzination, rückläufige) 210, 248, 471, 476 f., 479
durch Vorstellungen 210, 246–51, 259, 262, 264–66
Erregungskonversion (*s. a.* Hysterische Konversion) 276

Erregungsquantität/Erregungsstärke
(*s. a.* Erregungssteigerung; Quantität; Reizquantität) 191–94,
207f., 211, 256, 259, 262–64,
267–69,272,277f.,297,299–301,
303, 389, 399, 405, 408, 410
Konstanthalten d. *s.* Konstanzprinzip
Erregungssteigerung (*s. a.* Erregbarkeitssteigerung; Erregungsüberschuß; Erregungszuwachs) 192,
208, 254–61, 265, 268, 299f.,
303, 390, 399, 404, 412–15, 422,
453, 458, 480
Erregungssumme 192, 211, 272, 301,
481 Anm.
Erregungsüberschuß 82 u. Anm. 1,
90, 255f., 261, 299–301, 303,
425, 452, 480
Erregungsverschiebung/-verteilung
(*s. a.* Verschiebung) 81f., 90,
112, 211, 254f., 257, 259f.,
261f., 265, 283, 300, 387
Anm. 1, 407f., 451 Anm. 2
Erregungszuwachs (*s. a.* Erregungssteigerung; Reizzuwachs) 159,
193 Anm. 2, 208, 213, 259
Erröten 250, 337
Ersatzbildung(en) (*s. a.* Wort als Ersatz) 336, 338, 348, 355–58,
388, 440–44, 519, 558, 582, 594,
596, 619, 634–37, 646, 726f.
Erschöpfung (*s. a.* Überarbeitung) 67,
262, 274, 309, 317, 325f., 498
Ersparnis (von Aufwand/Quantität)
393, 429f., 462, 473f., 587, 594,
657, 660
Erwachen 254f., 617
Erwartung (*s. a.* Aufmerksamkeit) 89,
116, 239, 253f., 257, 337, 450,
452, 460–62, 466, 468, 473,
475f., 656f., 687

Erwerben (*s. a.* Akzidentelle Ursachen) 161, 644f.
biologisches 461
psychisches 394
Erwerbsstreben (als Krankheitsursache) 345
Erythem 247–49
Erziehung 439, 460f., 545, 554, 583,
733f.
schulische 103 Anm. 2, 332, 345
soziale 129, 733f.
verweichlichende 82, 86
wohlerzogene Knaben 159 u.
Anm. 3, 195 Anm. 1, 308
Es (Das) 384
Eßstörungen (*s. a.* Hysterische Anorexie) 226f., 230, 313, 319,
334, 347, 554
Ethik (*s. a.*Moral; Sittengesetze) 525,
669, 688, 766
Ethnologie/ethnologische Gesichtspunkte 573–79, 582–84, 596,
600, 631, 646–49, 740–45, 765
Exhibitionismus 541, 765
Experimente (mit Menschen) 135,
138f., 240, 702
Experimentelle Psychologie 135, 226,
701
Experimentelle Psychose 111, 132

Fachbildung (*s. a.* Bildung) 364
Familie (*s. a.* Hysteriker, Familienverhältnisse d.) 553, 602 Anm.,
647, 780
Familienroman 602 Anm. 1, 788
Familiensitten 680f.
famille neuropath(olog)ique 164
Farbensehen
Störungen d. 60, 77
Theorie d. 77, 160 Anm. 2
Fechnersches Gesetz 408
Fehlhandlung(en) 697, 727

Fehlleistung 757
Feigheit 525, 528
Feinde (*s. a.* Objekt, feindliches) 698
Feindselige Regungen *s.* Gegensätz-
    liche Regungen; Haß; Wut
Fieber 86, 317
Fixieren (als Hypnosetechnik) 115,
    132 f., 144 f.
Fixierung(en) 188 Anm. 2, 637, 639 f.,
    643, 649, 650 u. Anm., 726
Fluch 528 f.
Flucht 757
    in d. Krankheit 524,551,635 f.,707 f.
Fluor 317
Folie de doute 357, 359
Folklore 573–602
Forensische Gesichtspunkte (*s. a.*
    Rechtswesen) 105, 125, 138 f.
formes frustes 155
Forscher/Forschen (*s. a.* Wissen-
    schaft) 127, 277, 464 f., 632 f.,
    646, 669, 744, 784
Fortbestehen (psychischer Inhalte/
    Tendenzen) (*s. a.* Archaische
    Erbschaft; Chronisch-; Erinne-
    rungen, Fortwirken d.; Erinne-
    rungen als Kern d. Neurose;
    Inkubationszeit; Latenzzeit;
    Vorstellungen, Fortdauer d.)
    101, 191, 286, 308, 355, 390,
    440, 448 Anm., 519, 523 f., 584,
    697
Fortpflanzung 645, 650 u. Anm., 651
Fortschritt, wissenschaftlicher 675
    Anm. 2, 676, 687, 702
Fraisen (*s. a.* Krampfanfälle) 58
Frau(en) (*s. a.* Genitale, weibliches;
    Genitalsymbole, weibliche; Hy-
    sterie bei Frauen; Mann u. Weib;
    Neurose bei Frauen; Weibliche
    Sexualität) 292, 308, 317, 320,
    500, 511, 651

Frauenkrankheiten 176 f., 489 Anm. 2
Freie Assoziation 205, 206 Anm.,
    383, 466 Anm. 1, 725
Freiheitsbedürfnis 657
Fremdenangst 644, 779
Frühreife (*s. a.* Entwicklung, Verfrü-
    hung d.) 84
Funktion/Funktionen (*s. a.* Nerven-
    system, Funktion d.; Psychische
    Funktionen) 83, 335, 701
    intellektuelle (*s. a.* Intellekt; Intel-
    lektuell-) 702
    Lokalisation d. (*s. a.* Lokalisa-
    tion) 44 Anm. 4, 119, 132,
    395–97
    pathologische (*s. a.* Funktionelle
    Erkrankungen) 690
Funktionales Phänomen 620 f.
Funktionelle Betrachtungsweise 83,
    119, 706
Funktionelle Erkrankungen/Störun-
    gen 43, 79, 143, 164, 176, 362,
    690, 701, 706–08
Funktionelle Verhältnisse (als ätiolo-
    gisches Moment) 83
Funktionsentwicklung (*s. a.* Entwick-
    lung) 411
Funktionslehre d. Psychischen (*s. a.*
    Psychische Funktionen) 377,
    384 Anm.

Gebet(e) 527
Gedächtnis (*s. a.* Denkgedächtnis;
    Erinnerung; Traumgedächtnis)
    59, 247 Anm., 248 u. Anm., 263,
    385, 391, 392 u. Anm. 1, 393 f.,
    402, 406, 456, 468 f., 524 u.
    Anm. 3, 770 Anm., 780
Gedächtnisbahnung 468
Gedächtnisschwäche 358 f.
Gedankenerraten (*s. a.* Beachtungs-
    wahn) 511, 521, 523

Gedankenübertragung 127, 458
Geduld 37
  Erschöpfen d. 669, 755
Gefahr(en) 354, 356, 439, 638, 644f.,
  706–09
Gefäßkrampf 81
Gefühl(e) (*s. a.* Affekt; Angst; Empfindung) 81, 497, 631, 660, 686,
  688, 707
Gegenbesetzung 634 u. Anm. 2,
  635–37
Gegensätzliche Regungen (*s. a.* Ambivalenz; Kräftespiel; Liebe u.
  Haß) 522–25, 554, 561, 563f.,
  591, 594, 602 Anm., 644, 646,
  659, 674, 725
Gegensätzlichkeiten 691
Gegenteil (Verkehrung ins) 159f.,
  522, 527, 544, 552, 609–11, 617,
  621, 648, 680 Anm. 2, 681
Gehirn/Gehirntätigkeit (*s. a.* Ner-
  ven-) 81f., 119 u. Anm., 132,
  138, 167, 244, 252, 287, 395f.,
  408 u. Anm. 2, 451 Anm. 2
Gehirnanatomie (*s. a.* Nervenanatomie) 44, 63 Anm. 2, 69f., 80f.,
  131, 138, 253 Anm., 287, 371,
  395, 757
Gehirnkrankheiten (*s. a.* Nerven-
  krankheiten) 37, 70, 75, 80,
  160, 184, 295
Gehirnleistung 297
Gehirnphysiologie 119, 252, 253 u.
  Anm., 254 u. Anm. 2, 255–58,
  263, 265, 283, 387 Anm. 1, 451
  Anm. 2, 675 Anm.
Gehorsam 707
Gehörshalluzinationen 92, 250
Gehörstörungen (*s. a.* Hysterische
  Gehörstörungen; Taubstumm-
  heit) 58, 60f., 330
Geister/Gespenster 586f.

Geisteskranke (*s. a.* Dementia praecox;
  Paranoia; Psychose; Schwach-
  sinn; Wahn) 691, 745
Geisteswissenschaften (*s. a.* Ge-
  schichtswissenschaft; Philoso-
  phie; Wissenschaft) 702, 760
Geistige Arbeit/Regsamkeit (*s. a.*
  Denk-; Intellekt; Intellektuell-;
  Logik) 86, 129, 263, 291f., 299,
  493, 780
Geistige Schwäche (*s. a.* Schwach-
  sinn) 58, 289–92, 297f.
Geistiger Führer 760
Geiz 531, 554
Geld/Gold 531, 548, 550f., 554, 561,
  565, 567f., 581f. u. Anm. 3,
  584f., 586 Anm. 2, 587, 593
Gelenkentzündung 190
Gelenkrheumatismus 176
Gelenksneurose 249, 300f.
Gemütsbewegung(en) (*s. a.* Affekt)
  anomaler Ausdruck d. (*s. a.* Abnor-
  mitäten) 170f. u. Anm. 1,
  261–63, 266, 304
  als ätiologisches Moment (*s. a.*
  Affekt als ätiologisches Mo-
  ment) 82, 87, 332
  Ausdruck d. 170f., 410
Gemütszustand (*s. a.* Hypnoide Zu-
  stände) 274
Genetische Betrachtungsweise (*s.a.*
  Biologische Gesichtspunkte;
  Entwicklung) 395, 398 Anm. 1,
  439, 451f., 459, 461, 466, 471,
  522–25, 631 Anm. 3, 640, 741
Genickkrämpfe 365f. Anm. 5, 367
Genie 292
Genitalapparat/-system
  Beziehung zur Hysterie 40, 72, 76,
  83, 89, 249, 306 u. Anm. 1, 335
Genitale (*s. a.* Penis) 76
  weibliches 72, 83

Genitalerotik 596
Genitalprimat 643, 645
Genitalsymbole (*s. a.* Sexualsymbolik)
    männliche (*s. a.* Penissymbolik)
    591, 605–10
    weibliche 578f., 579 Anm. 1, 596f.,
    598 u. Anm., 599, 606–10, 617
Genuß 656–60, 663–65
Geologische Gesichtspunkte (*s. a.* Eis-
    zeit) 630, 643
Gerechtigkeit 780
Geruchsempfindungen 60, 77, 553
Geruchshalluzination(en) 314, 334f.,
    338, 347
Geschichtswissenschaft (*s. a.* Kultur-
    geschichte; Literaturgeschichte;
    Religionsgeschichte) 665f., 680
Geschlechtsdrüsen 258f., 299f.
Geschlechtsunterschied(e) 258, 305,
    325f., 331, 490, 607f., 645f.
Geschmacksstörungen 60
Geschwisterbeziehungen 524f.,
    529–31, 536, 539–41, 543, 545,
    547, 551, 555, 565f., 568f., 602
    Anm., 607, 616, 618, 647–51,
    680 u. Anm. 2, 681f.
Gesellschaft (*s. a.* Kultur; Nation;
    Sozial-; Zivilisation) 107, 760
Gesetz(e) *s.* Rechtswesen; Sitten-
    gesetze
Gesichtsfeldeinengung 190, 225, 233,
    301
Gesichtssinn *s.* Sehsinn; Sehstörun-
    gen
Gesund(e) *s.* Normal
Gewissen 445, 622, 674, 759
Gewissensangst 269, 302, 356
Gewissensqual 268, 666
Glaube/Gläubigkeit (*s. a.* Autoritäts-
    glaube; Jenseitsglaube; Religiöse
    Gläubigkeit) 89, 167, 172, 428,
    434, 492

Gleichnisse
    Abgespaltene Psyche; vgl. mit Dä-
    mon/Titanen 288, 309, 310
    Anm., 340 Anm. 2
    Abgespaltene Psyche; vgl. mit Re-
    sonator 297
    Addition hysterischer und neur-
    asthenischer Symptome; vgl. mit
    Symbiose von Infektionsträ-
    gern 329
    Ambivalenz gegenüber d. Vater;
    vgl. mit Brutus' Ambivalenz ge-
    genüber Cäsar 522
    Analogieschluß von Möbius; vgl.
    mit anderen Analogieschlüs-
    sen 246
    Aufdeckung d. Unbewußten; vgl.
    mit Aufdeckung verschütteter
    Altertümer 519f.
    Ausbildung zum Psychoanalytiker;
    vgl. mit Ausbildung zum Chirur-
    gen 703
    Bahnung; vgl. mit Durchschlagen d.
    Blitzes 400
    Bedeutung d. Krankengeschichte d.
    Anna O. für d. Hysteriefor-
    schung; vgl. mit Bedeutsamkeit
    d. Echinodermeneier für d. Em-
    bryologie 238f., 615
    Beobachtendes Denken; vgl. mit
    wahrnehmendem Forscher 454
    Bewältigung d. Fülle ethnologischer
    Daten; vgl. mit Bewältigung d.
    Fülle von Waldfrüchten 745
    Bewußtes u. Unbewußtes; vgl. mit
    sichtbaren u. unsichtbaren Teilen
    eines Baumes 287
    Bewußtseinstätigkeit; vgl. mit Tä-
    tigkeit d. Toreinnehmers/Kon-
    trolleurs 769
    Bezeichnung d. Hypnose als
    »künstlicher Wahnsinn«; vgl. mit

Gleichnisse (Forts.)
Bezeichnung von Fleisch als
»Aas« 128
Deutung vergangener Zeiten; vgl.
mit Traumdeutung 666
Einsinnige Erklärung d. Hysterie;
vgl. mit Darstellung mehrerer
Stockwerke eines Hauses auf ei-
nem einzigen Grundriß 304
Elliptische Konstruktion einer
Zwangsbefürchtung; vgl. mit el-
liptischer Konstruktion einer An-
ekdote über Karl Kraus 541
Falsche Verknüpfung von Affekt u.
Vorstellungsinhalt; vgl. mit d.
Festnahme d. falschen Mörders
519
Gefährlichkeit d. Hypnose; vgl. mit
Gefährlichkeit d. Chloroform-
narkose 111
Gegenseitige Beeinflussung von
Menschen; vgl. mit gegenseitiger
Beeinflussung von Magneten 106
Gehirn; vgl. mit elektrischer Anla-
ge 254, 257, 261 f., 265 f. Anm.,
482
Hypnotisieren; vgl. mit Tierbändi-
gen 174
Hypnotisierter; vgl. mit dressiertem
Hund 129 Anm. 2
Hysteriker; vgl. mit schönen Blü-
ten 299
Langzeitwirkung d. psychischen
Traumas; vgl. mit Langzeitwir-
kung eines Fremdkörpers 280
Nervensystem; vgl. mit Kompu-
ter 385
Nervensystem als Basis d. Hysterie;
vgl. mit Fundament als Basis ei-
nes Gebäudes 303 f.
Neuronenbewegung; vgl. mit In-
duktionsvorgang 402

Neuronensysteme ω und ψ; vgl. mit
kommunizierenden Gefäßen
404, 431 f.
Präsident Wilson; vgl. mit Wohltä-
ter ohne methodische Kenntnisse 687
Prüfung d. hypnotischen Therapie;
vgl. mit Prüfung eines neuen Me-
dikaments 127
Psychischer Reiz; vgl. mit Fremd-
körperreiz 191
Quantität Q; vgl. mit Elektrizität
482
Reiz eines Deutungsversuchs; vgl.
mit Reiz d. Peitschenknallens
680
Symbolik im hysterischen Symptom; vgl. mit Symbolik im nor-
malen Leben 441
Unfertigkeit d. psychoanalytischen
Theorie; vgl. mit Unfertigkeit d.
Fötus 377
Verdrängte Vorstellungen; vgl. mit
lauerndem Dämon 310 Anm.,
340
Verlauf d. Psychoanalyse; vgl. mit
Verlauf d. Etsch in Verona 530
Wahrnehmungs- und Gedächtnisap-
parat; vgl. mit Reflexionsteleskop
und photographischer Platte 248
Anm.
Wortlaut einer Wunschvorstellung;
vgl. mit Wortlaut einer Majestäts-
beleidigung 521
Zerebrale Leitungsbahnen; vgl. mit
Telephonleitungen 211, 252, 253
Anm.
Gleichzeitigkeit 266 f., 411, 433
Globus hyptericus 73, 86
Glottiskrampf 237, 241, 269
Glück 84, 556
Glücksbedrohung 268, 272 f.

Gott/d. Göttliche 493, 647, 649, 651,
   657–59, 663 Anm. 2, 686–88,
   741, 780
Gotteslästerung(en) 159, 194
Grausamkeit/Brutalität 512, 515 u.
   Anm., 549f., 698, 708, 759, 780
Größe/Große Männer (*s. a.* Genie;
   Leistung) 127, 156, 620, 663,
   692, 733–35, 755, 766, 784, 788
Größenwunsch 657f., 681
Grübelsucht 313f., 357
Gut 221, 662–64
   u. böse 674 Anm. 2, 688, 690
Gynäkologie 176f., 489 Anm. 2

Halluzination(en) (*s. a.* Gehörshallu-
   zination; Geruchshalluzination; Schlangenhalluzination;
   Schmerzhalluzination; Totenkopf-Halluzination) 74, 158,
   187, 210, 222–30, 235, 238–40,
   242, 247f. u. Anm., 251, 262,
   267, 276, 291, 295f., 299, 309,
   333, 347, 412, 420 Anm. 3,
   421f., 434–37, 460, 471, 479,
   481, 647f.
   negative 226
   rückläufige/rückwirkende (*s. a.* Besetzung, rückläufige; Erregung,
   rückläufige) 107, 437
Halluzinatorische Verworrenheit 308
Handauflegen (*s. a.* »Druck«-Tech-
   nik) 205
Handeln/Handlung (*s. a.* Fehlhand-
   lung; Tätigkeit; Traumhandlung) 159, 449, 468, 473, 476,
   480, 658–60, 665, 688
Haß (*s. a.* Liebe u. Haß) 540, 555, 561
   Unzerstörbarkeit d. (*s. a.* Fortbestehen) 523f.
   verdrängter 522–24
Hebephrenie 647

Heilanstalten (*s. a.* Namenregister:
   Kranken- u. Heilanstalten) 66,
   87f., 169f.
Heilkünstler (*s. a.* Kurpfuscherei)
   169
Heilkuren (*s. a.* Therapie; Wasserkur)
   103 Anm. 2, 169, 173
   Kneipp-Kur 169, 173, 494
   Massagekur 67, 87f., 170
   Playfairsche Kur 88, 367
   Ruhe-/Mastkur (Weir Mitchell)
   67f., 88, 97, 367
Heilung/Heilerfolg(e) (*s. a.* Hysteri-
   sche Symptome, Beseitigung d.;
   Therapie) 68, 85, 87–90, 107f.,
   136f., 141, 147–50, 171, 173–78,
   182, 195, 206, 229–34, 238, 241,
   243, 286, 332, 336, 340, 343,
   349–51, 366, 494f., 519f., 701,
   709, 725
   durch allgemeine Wehrpflicht 66
   spontane 85
   durch Wunder 162, 168f., 173
   Ziel d. 502
Heilungsversuch (durch d. Krank-
   heit) 159, 648
Heirat *s.* Ehe
Held 520, 657–60, 686
Hellsehen 132
Helmholtz-Schule 210
Hemianästhesie (*s. a.* Hysterische
   Hemianästhesie) 160
Hemianopsie 76, 160
Hemikranie 365 Anm. 5, 368
Hemikranische Äquivalente d. Migrä-
   ne 362, 365–68
Hemiplegie 77f., 163
Hemmung (*s. a.* Entwicklungshem-
   mung; Erinnerung, Hemmung
   d.; Ichhemmung; Verdrängung;
   Vorstellungen, Hemmung d.;
   Willenshemmung) 135, 224, 238,

Hemmung (Forts.)
268, 384, 416 f., 420 f., 427, 434,
459, 471 f., 608 f., 635
durch Erregung/Besetzung (*s. a.*
Bindung) 82 u. Anm. 1, 459
geistige (*s. a.* Geistige Schwäche) 58
Hemmungslosigkeit (*s. a.* Übermaß)
242, 692
Hereditäre Muskelatrophie 43
Heredität (*s. a.* Angeborene Faktoren;
Archaische Erbschaft; Disposition; Konstitutionelle Faktoren) 343, 631 u. Anm. 3, 648,
651, 764
als ätiologischer Faktor 82, 156,
161, 164, 184, 316, 320, 328 u.
Anm. 3, 329, 331, 338, 345, 355,
358, 369, 629, 640, 644 f., 648,
726
gleichartige Vererbung 355
Verhältnis zu akzidentellen Faktoren 82 f., 161, 164, 338, 343,
631, 640 u. Anm., 644 f., 647,
649–51, 726 f., 764
Herrschaft 646, 687
Herzklopfen/Herzbeschleunigung
58 f., 314, 330, 344
Herzmigräne 366, 368 u. Anm. 1
Heuchelei (*s. a.* Unaufrichtigkeit) 591,
593 f.
Hexen/Hexenwesen 40 u. Anm. 1, 72,
76, 309, 663
Hilflosigkeit 410 f., 420, 645 f.
Hirnrinde *s.* Gehirn
Historiker 665 f.
Homizide Befürchtungen/Vorstellun-
gen 336 u. Anm., 338, 358
Homöopathie 169 f.
Homosexualität 511, 513, 536, 563,
565, 611, 619, 643, 648, 650 u.
Anm.
Humanität 708, 733, 776, 779 f.

Hunger 258, 274, 330, 389, 424
Anm. 3, 431
Husten, hysterischer 89, 223, 238,
241, 269
Hydrophobie 189, 233
Hydrotherapie *s.* Wasserkur
Hyperalgesie 249, 300
Hyperästhesie 75–77, 86, 257, 335 f.
Hypnoide Momente 324, 338
Anm. 1, 339 u. Anm. 1, 349
Hypnoide Zustände 194 Anm. 2, 195,
202, 206, 209, 212–14, 274–79,
293–95 u. Anm., 307–09, 349
Anm. 1
Hypnoidhysterie 212, 270 Anm.
Hypnose/Hypnotismus (*s. a.* Auto-
hypnose; Suggerieren; Sugge-
stion) 35, 41 f., 89 f., 95, 96 u.
Anm., 97 u. Anm. 1, 98–111,
116 f., 119–27, 130–32, 133
Anm. 1, 134 f., 138, 140, 146 f.,
149, 165, 168, 175, 205, 239,
274–78, 289, 298, 307 u.
Anm. 1, 349, 432, 724
Amnesie d. 146 f., 168, 170, 174 f.,
294
mit Begleitpersonen 143 f.
Begriff/Definition d. 103 Anm. 3,
131, 134, 147, 165 f., 168, 172
Charcots Auffassung d./»grand hypnotisme« (*s. a.* Physiologische
Betrachtungsweise d. Hypnose) 42, 100, 112 u. Anm., 114 f.,
116 Anm., 117, 134, 166, 184 f.
Dauer d. 146, 149
als Diagnose-Instrument 89,
186–91, 205, 241 f., 285, 289,
334, 338 f., 347, 349 f.
Erster Internationaler Kongreß d.
(Paris 1889) 124, 139 Anm.
forensische Bedeutung d. 105, 107,
125, 138 f.

Gefahren d. (*s. a.* Hypnose, forensische Bedeutung d.) 111, 127–29, 136, 142–44, 150, 172 f., 176
Gegnerschaft d. 96 Anm., 97, 109–11, 121, 126–32, 133 Anm. 1, 141–43, 171–73, 175–77
Grade d. 135, 145–49
Heilerfolge d. (*s. a.* Hypnotische Therapie) 89, 107 f., 136 f., 141, 147–50, 171, 173–78
u. Hysterie *s.* Hypnose, Charcots Auffassung d.; Hysterie, Beziehungen zur Hypnose
Indikation d. 68, 143, 175 f.
von Kindern/von Tieren 116
u. Medizin *s.* Medizin, Verhältnis zur Hypnose
posthypnotische Wirkungen d. 132, 135, 139 Anm., 148, 308
spontane (*s. a.* Autohypnose) 145, 150, 278
u. Suggestion *s.* Hypnotische Suggestion; Suggestion, Verhältnis zur Hypnose
Technik(en) d. 98 f., 104 f., 115–18, 132 f., 136, 141–49, 162, 168, 173–75, 205, 278, 349
Theorien d. (physiologische/somatische; psychologische/Suggestionstheorie) 42, 100 f., 105, 107, 109, 111–20, 122, 125 Anm. 3, 132–34, 138, 166–68, 172, 175
als therapeutisches Instrument *s.* Hypnotische Therapie; Kathartische Methode
Verhältnis zum normalen Leben 109 f., 112, 122, 134 f., 138, 167 f., 176, 277
Verhinderung d. 134 f., 142–146
Vgl. mit Wahnsinn 111 u. Anm., 132

Hypnotische Disposition 101, 278, 307
Hypnotische Suggestion 98 f., 128 f., 132, 135, 143, 145–50, 162, 167 f., 171 f., 184 f., 205, 249, 276 als therapeutisches Mittel *s.* Hypnotische Therapie; Suggestive Therapie
Hypnotische Therapie (*s. a.* Kathartische Methode) 80, 89 f., 95, 97, 98 u. Anm. 2, 99, 100 u. Anm. 1, 101, 103 f., 105 u. Anm., 107 f., 110, 125 Anm. 3, 126–31, 136 f., 141–44, 147–50, 165 f., 169–78, 191, 195, 199 f., 205, 209, 228–36, 240, 243, 283–85, 291, 296 f., 318, 324, 334 Anm. 3, 338 f., 349, 701, 725
Hypnotischer Schlaf/Einschlafen 115, 118, 128 f., 131, 134 f., 144–46, 148, 226–28, 278
Hypnotisierbarkeit 134, 136, 142, 144–47, 150, 176, 278
Hypochondrie 302, 331, 344, 356 f.
Hysterie/Hysterische Phänomene (*s. a.* Angsthysterie; Hysterisch-; Konversionshysterie; Neurosen) 69–90, 322–51, 361, 386, 388, 438, 440 Anm. 1, 443, 638, 645, 724
akute 82, 84, 86–88, 294 f. u. Anm., 307 f.
Ätiologie d. (*s. a.* Hysterische Symptome, Genese d.; Neurosenätiologie) 81–84, 86 f., 89, 137, 161, 163, 182, 185–88, 194 f., 206–08, 212 f., 217, 233 f., 238–42, 245–49, 263, 267–69, 271, 274 f., 278–80, 288–95, 299–309, 317, 324–27, 329, 334–38, 347–49, 351, 367, 442, 444, 446 f. u. Anm. 4, 499, 724

Hysterie (Forts.)
  Beziehung zum Genitalsystem 40,
    72, 83, 89, 249, 306 u. Anm. 1,
    335
  Beziehung zur Nervenanatomie 63
    Anm. 2, 72, 77, 80f., 81 Anm. 1
  Beziehungen zur Hypnose/Sugge-
    stion 112–15, 116 u. Anm., 118,
    128, 130 Anm., 133f., 137, 142,
    175–77, 184f., 205, 226, 239,
    249, 274–76, 308, 318
  Charcots Auffassung d. 35, 36
    Anm. 2, 39–42, 52f., 56f., 70,
    72f., 82 Anm. 2, 83f., 91
    Anm. 2, 106 Anm. 1, 112–14,
    116 Anm., 134, 152–56, 158–64,
    182–85, 187, 239f., 332 Anm. 2,
    342, 346, 724
  chronische (*s. a.* Chronische Ner-
    venkrankheiten) 84, 88, 295
    Anm., 308
  Definition/Begriff/Charakteristik
    d. 40f., 68, 72f., 76, 79, 81,
    83f., 90, 118, 158f., 186f., 190,
    194, 242, 245–47, 249, 263,
    274f., 286f., 289f., 292, 296,
    303, 304 Anm. 1, 306 u. Anm. 1,
    308f., 309 Anm., 310, 325–28,
    332f., 338f., 342f., 346
  bei Frauen/Mädchen (*s. a.* Neurose
    bei Frauen) 40, 83f., 295, 304f.,
    645
  große (»grande hysterie«) 73, 91
    Anm. 2, 134, 183, 275, 286, 295
    Anm., 307f.
  »Hypnoidhysterie« (*s. a.* Hypnoide
    Momente; Hypnoide Zustände)
    212, 270 Anm.
  Ideogenität d. (*s. a.* Hysterie, psy-
    chischer Mechanismus d.; Vor-
    stellungen, pathogene) 245–50,
    266–69, 275, 279f., 288, 303f.

  bei Kindern/Jugendlichen (*s. a.* Kin-
    derneurosen) 82–84, 87, 159f.,
    195 Anm. 1, 299, 304f., 329,
    343
  Kombination mit anderen Krank-
    heiten 83, 85f., 89, 91 Anm. 2,
    163f., 328–30, 332, 338,
    342–44, 346, 366
  kulturhistorische Rolle d. 40, 72,
    691
  Latenz-/Inkubationszeit d. 85, 184,
    222, 232, 236, 272, 276, 279, 295
    Anm.
  lokale 86, 88f.
  männliche (*s. a.* Neurose bei Män-
    nern) 39–41, 50, 54–64, 78
    Anm., 82–84, 86, 130 Anm.,
    159f., 163, 195 Anm. 1, 295
  u. Normal(ität)/Gesund(heit) *s.*
    Normalität, Verhältnis zum
    Krankhaften
  organische (somatische) Grundlagen
    d. 72, 81, 89, 242, 249, 266, 280,
    301, 317
  psychischer Mechanismus/psycholo-
    gische Theorie d. (*s. a.* Erinne-
    rungen als Kern d. Hysterie;
    Vorstellungen bei Hysterie; Vor-
    stellungen, pathogene) 81, 83f.,
    90, 114, 116, 150, 158f., 163,
    181–83, 186–93, 212, 224, 234,
    242, 245–50, 264, 266–71,
    274f., 279f., 288f., 296, 301,
    303f., 307f., 309f. Anm., 324,
    327, 332–35, 346f.
  Reflextheorie d. 301, 308, 310
  Schutzheilige d. 292
  u. Sexualität (*s. a.* Neurosenätio-
    logie, sexuelle) 83, 213, 217,
    220–22, 268f., 271, 277f., 293,
    303–07, 324–27, 335, 349, 351,
    442, 444, 446f., 638

somatische Phänomene d. (*s. a.* Hysterische Konversion) 40f., 56–63, 73, 81, 84, 264, 266f., 269–72, 275f., 279f., 283–86, 294, 296, 301, 303–06, 309 Anm., 480, 725

Symptomatologie d. (*s. a.* Hysterie, somatische Phänomene d.; Hysterische Symptome) 40f., 56, 58–60, 72–85, 112–14, 116, 187f., 239, 263, 275, 286, 289, 295, 301, 303, 332, 497

Therapie d. (*s. a.* Heilung; Hysterische Symptome, Beseitigung d.; Neurose, Therapie d.; Therapie) 75, 80, 86–90, 97–100, 137, 195, 199f., 203, 206, 217, 314f., 317–20, 323–26, 328f., 337–40, 343, 349, 371, 440, 725

toxische Ätiologie d. (*s. a.* Toxische Ätiologie) 82, 84, 163, 324, 332, 345

traumatische 40–42, 50, 84, 158, 184f., 187, 190, 239, 267, 272, 279, 306, 724

Typus d. 40 u. Anm. 3, 41f., 73, 113, 154f., 158, 346 u. Anm. 1

Ubiquität d. 42, 72, 113

Vgl. mit Traum (*s. a.* Traum, Vgl. mit pathologischen Mechanismen) 242, 337, 441, 444

Vgl. mit/Verhältnis zu anderen Krankheiten 73–76, 77 u. Anm. 1, 78–81, 83, 91f. u. Anm. 2, 152, 161–63, 164 u. Anm. 2, 190f., 246, 263, 302f., 328, 342

Vgl. mit/Verhältnis zu anderen Neurosen 73, 82f., 86, 195, 328f., 332, 335–38, 342–44, 346, 348f., 353f., 359, 445, 499, 622, 643

wissenschaftliche Erforschung d. 35, 42, 56, 72f., 81, 183–87, 190, 195, 200–03, 217, 244, 246f., 280f., 289, 295f., 304, 306f., 310, 325–29, 337, 342, 371, 724f.

Hysteriker/Hysterika 81f., 85, 187, 204f., 221f., 242f., 279, 289–92, 295, 297–303, 306, 313f., 317–20, 325f., 340, 439, 441, 448, 666
bösartige 242f., 302f.
Familien/Verwandtschaftsverhältnisse (Lebensgeschichte) d. 57–59, 82, 87, 221f., 270, 285, 299, 316, 320, 334
Vgl. mit Hexe 40

Hysterisch 68, 73, 245–47, 249f., 263, 286

Hysterische Algien 247, 304

Hysterische Analgesie 366

Hysterische Anästhesie (*s. a.* Hysterische Hemianästhesie) 41, 75–80, 84, 86, 113, 223, 225, 233, 236, 239

Hysterische Anorexie 188, 226f., 230, 314, 316–19

Hysterische Aphasie/Stummheit 78, 161, 224f.

Hysterische Arthralgie(n) 41, 86

Hysterische Atrophien 41, 78

Hysterische Delirien 159, 184, 194f., 275, 308f.

Hysterische Disposition (*s. a.* Disposition) 82f., 86, 159, 195, 239, 274, 286, 289–93, 299, 302–04, 306, 307 u. Anm. 1, 336–38, 340, 350, 448

Hysterische Dissoziation (*s. a.* Dissoziation) 195, 202, 239, 286, 310

Hysterische Gehörstörungen 77, 233–35

Hysterische Gehörsverfeinerung 77
Hysterische Geruchsstörungen 60
Hysterische Geruchsverfeinerung 77
Hysterische Geschmacksstörungen 60
Hysterische Hemianästhesie 54, 57, 60–64, 75 f., 78, 86, 113 f., 160, 190, 249, 289, 294, 296 f.
Hysterische Hemiplegie 77 f., 163
Hysterische Hypnose s. Hysterie, Beziehungen zur Hypnose
Hysterische Kehlkopfstörungen 325
Hysterische Kette 337
Hysterische Kontraktur(en) 79 f., 83–85, 90, 113, 148, 163, 185–87, 222–25, 229 f., 233 f., 237, 239–41, 274 Anm. 1, 276, 285 f., 294, 300
Hysterische Konversion (s. a. Konversion; Konversionshysterie) 261, 264–72, 275–77, 279, 304–07, 309, 333, 338, 725
Hysterische Krämpfe 58 f., 73–75, 78–80, 84, 89 f., 190, 237, 241, 263, 303 f., 333 f., 347
Hysterische Lähmung(en) 41, 63 Anm. 2, 77–80, 84 f., 89, 113, 115, 118, 148, 152, 161–63, 184 f., 187, 222, 236, 240 f., 245, 266, 276
Hysterische Monoplegie 63 Anm. 1, 76, 163
Hysterische Psychose 242 f., 295, 308
Hysterische Retentionsphänomene 269 u. Anm. 4
Hysterische Schlafstörung(en) 189, 227, 229, 240, 314, 318 f.
Hysterische Sehstörung(en) 41, 59 f., 64, 76 f., 186, 190, 222 f., 225, 232 f., 236 f., 266, 301
Hysterische Sensibilitäts-/Sinnesstörungen 60 f., 75–77, 114, 240

Hysterische Sprachstörung(en) (s. a. Hysterische Aphasie) 186, 189, 222, 224–27, 233, 237–39, 294
Hysterische Stigmen (s. a. Hysterie, somatische Phänomene d.) 40 u. Anm. 2, 57, 81, 84, 301, 303 f., 309 Anm.
Hysterische Stummheit 78
Hysterische Symptome (s. a. Hysterie, Symptomatologie d.; Neurotische Symptome; Symptome) 79 f., 112 f., 186–88, 190, 246, 249, 276, 279 f., 285 f., 291, 294 f., 301 f., 308, 310 Anm., 317, 325 f., 329, 332–34, 338 f., 343, 346 f., 354, 365 Anm. 5, 622, 637, 639, 725
Anknüpfen d., an frühere Erinnerungen/Verdrängungen (s. a. Erinnerungen als Kern d. Hysterie) 340 f., 351, 440 f., 725
Beseitigung d. (s. a. Heilung; Hysterie, Therapie d.) 80, 88, 186, 191, 195, 206, 226–33, 236, 238, 240–43, 280, 283–85, 291 f., 340, 343, 349 f.
Fortdauer d. (s. a. Fortbestehen; Hysterie, chronische) 308, 355
Genese d. (s. a. Hysterie, Ätiologie d.) 89, 97, 158, 183, 185–91, 194 f., 206, 212, 217, 232, 234–42, 245–47, 249 f., 267–72, 274–76, 279, 283, 288, 294, 296, 303–09, 324, 334–41, 348 f., 351, 442
symbolische 189 f., 206, 267, 275, 335 Anm. 1, 440–44, 447
traumatischen Ursprungs 267–69, 291
Verhütung d. 75, 86
Wiederholung d. 188, 233, 235, 237, 240, 276, 279, 340

Hysterische Taubheit 77, 234f.
Hysterische Verdrängung (s. a. Verdrängung) 333–38, 347, 443f., 448, 635 Anm. 1
Hysterischer Anfall 41, 73f. u. Anm. 2, 75, 82, 84, 87, 90, 91f. u. Anm. 2, 113, 116 Anm., 158–60, 163, 184, 202, 226, 263, 271, 276, 279, 287f., 296, 303f., 307–09, 314, 318, 334, 338
Hysterischer Gegenwille 160, 188
Hysterischer Husten 89, 223, 233, 238, 241, 269
Hysterischer Schlaf/Somnolenz 74f., 223f., 226f.
Hysterischer Schmerz (s. a. Ovarie) 79, 185, 190f., 223, 248f., 300, 319, 333
Hysterischer Schwindel 161
Hysterischer Zwang (s. a. Zwang; Zwangs-) 296, 334, 336–39, 347, 349, 386, 438–45
Hysterisches Erbrechen 86, 188, 283, 316, 320, 334
Hysterisches Irresein 308
Hysterisches Proton pseudos (s. a. Nachträglichkeit) 386, 444–51
Hysterisches Symbol s. Hysterische Symptome, symbolische
Hysterisches Temperament (s. a. Hysteriker) 81, 297–99, 302, 313f.
Hysteroepilepsie 69 Anm. 1, 73, 91f. u. Anm. 2, 163f.
Hysterogene Punkte 41
Hysterogene Zonen 64, 74–76, 113, 190

Ich 206, 384, 386, 416f., 420–31, 435, 439, 442–44, 449–53, 455f., 458–64, 467, 470f., 473f., 476, 481f., 622, 637, 639, 646, 680, 730

doppeltes (doppeltes Bewußtsein) (s. a. Bewußtseinsspaltung; double conscience) 195, 288, 292–94
u. Objekt 641, 643f., 647f.
Icharbeit 424
Ichbahnungen 450
Ichbesetzung 421f., 424f., 428, 434, 443, 449, 451, 459, 461f., 464, 470f.
Ichentladung 431, 434
Ichentwicklung (s. a. Entwicklung) 639, 641f., 647 Anm. 1
Ichgerechte Triebregung 637
Ichhemmung 421–23, 434, 450, 460, 471, 481
Ichideal 622, 637
Ichpsychologie 632
Ichregression 638f.
Ichstrebungen, verdrängte 637f., 730
Ichtriebe 641 u. Anm. 4, 751, 758
Ichvorgänge 444, 450
Ideenflucht 58
Identifizierung 429, 607, 618, 643, 649, 657, 680 Anm. 2, 681, 690
Identität (von Besetzungen) (s. a. Wahrnehmung, Verhältnis zur Vorstellung/Erinnerung) 423–25, 427 u. Anm. 5, 452, 468, 472–74, 476
Ideogene Phänomene (s. a. Hysterie, Ideogenität d.; Psychische Vorgänge, Einfluß auf physische; Vorstellungen, pathogene) 259, 279, 307 Anm. 1
Illusion(en) 657, 687, 741
Imitation/Nachahmung 428, 457
Immobilität 497
Impotenzträume 596f.
Individualpsychologie 741, 743f.
Infantile Angst 644f.

Infantile Ätiologie (*s. a.* Kindheitserlebnisse, ätiologische Bedeutung
d.) 337, 551, 726, 745
Infantile Entwicklung (*s. a.* Entwicklung) 58, 258, 263, 299, 303,
332, 411, 448, 520, 525, 726
Infantile Gehirnaffektionen 37
Infantile Phantasien 208
Infantile Sexualität (*s. a.* Pubertät)
206, 258, 270f., 299f., 303, 313,
326, 332, 384, 428, 445, 447, 448
Anm., 502, 510f., 521, 523, 529,
536, 540–42, 567, 602 Anm.,
644, 726f.
Infantile Sexualtheorien 553, 564f.,
568, 607–09, 617
Infantile Traumen (*s. a.* Kindheitserlebnisse; Trauma; Traumatisch-)
208, 270f., 530, 617, 623
Infantile Wünsche (*s. a.* Wunsch/Wün-
sche) 521–25, 530, 591, 681
Infantiles Seelenleben 745
Infantilismus 220, 515, 520, 523, 583,
591, 726f.
Infantilszene(n) 529f., 541, 543, 545,
561, 563
Infektion(en) (*s. a.* Psychische Infektion) 329
Informationstheorie 385
Inkubationszeit (*s. a.* Hysterie, Latenzzeit d.; Latenzzeit) 149, 744
Innere Krankheiten 329
Innere Vorgänge/endogene Faktoren
(*s. a.* Äußere Vorgänge u. innere;
Erregung, endogene; Psychisch-;
Quantität, endogene; Reize,
endogene/innere; Wahrnehmung,
innere) 275, 298, 300, 687, 697,
761
Innervation(en) (*s. a.* Motorische In-
nervation) 118f., 266, 384
Anm., 410, 725

Intellekt (*s. a.* Denk-; Geistige Arbeit;
Logik) 298, 697
Intellektuelle 760, 763 Anm. 1
Intellektuelle Funktionen 476, 702
Intellektuelle Größe 127
Intelligenz 221, 266, 279, 288–92,
299, 318, 320, 340, 646, 656
Intensität(en) (*s. a.* Quantität; Über-
maß) 75, 135, 161f., 194, 249,
264, 284, 293, 337, 354, 408
Anm. 1, 421, 437, 443f., 450,
453, 458, 474, 522f., 526, 630,
640, 657, 669, 725
psychische 348
Interesse (*s. a.* Aufmerksamkeit) 156,
268, 293, 299, 425–27, 431, 435,
447, 451, 457, 688, 701, 780
Intoxikation(en) (*s. a.* Toxische Ätio-
logie) 82, 84, 163, 346
Intuition 282
Inzestscheu 741, 743, 745 Anm. 3
Irrationalität (von Impulsen) 264
Anm. 2, 295
Irrtum (*s. a.* Denkfälschung) 473–75,
674
Isolierung 162
als therapeutisches Mittel 67, 87f.

Jähzorn 168
Jenseitsglaube 515, 519f., 539, 541,
554, 557, 563, 565, 676f., 741
Josef-Komplex 680 Anm. 2
Juden (*s. a.* Antisemitismus) 320,
557f., 560, 673 Anm., 676, 733
u. Anm. 1, 775 u. Anm., 776–88
Junggesellen/Jungfern 336

Kampf ums Dasein 327
Kardialgie(n) (*s. a.* Magenleiden) 266,
301, 344
Kastration 569, 607, 621, 647f., 650
u. Anm., 651

Kastrationsangst 650 Anm., 651
Kastrationsdrohung 529f., 607f., 621
Kastrationskomplex 711
Katalepsie 116f., 145, 149
Kathartische Methode/Katharsis (*s. a.*
    Aussprechen; Hypnotische The-
    rapie) 67 Anm. 1, 70, 88 Anm.,
    89f., 90 Anm. 1, 96f., 99, 137
    Anm. 2, 148 u. Anm., 152, 182,
    191, 199, 200f. Anm. 4, 206,
    210, 214f., 218, 220
Katastrophen (als Krankheitsursa-
    che) 345
Kausale Behandlung 137, 150, 177
Kernkomplex d. Neurose (*s. a.* Ödi-
    puskomplex) 601 u. Anm. 2,
    602 Anm.
Kinder (*s. a.* Eltern-Kind-Beziehung;
    Infantil-; Säugling)
    einzige 82
    Hypnose d. 116
    Hysterie d. 82–84, 87, 159f., 195
    Anm. 1, 304
    wohlerzogene 159 u. Anm. 3, 195
    Anm. 1, 308
Kinderanalyse 716
Kindergeschichten 553f., 608
Kinderlähmung 69f., 371
Kinderneurologie 43, 44 Anm. 1
Kinderneurosen (*s. a.* Hysterie bei
    Kindern) 353, 502, 638, 642,
    647, 649
Kinderspiel 656
Kindheitserlebnis(se) (*s. a.* Erlebnis;
    Infantile Traumen; Infantil-
    szene) 324, 445–47, 610, 764
    ätiologische Bedeutung d. (*s. a.*
    Akzidentelle Ursachen; Infan-
    tile Ätiologie) 324, 445–47,
    525, 640, 666, 764
Kindheitsträume 612f.
Klang/Klänge 267, 455–57

Klassik 574, 733
Klinik/Klinische Erfahrung(en) 154f.,
    329, 438, 442, 444f., 451, 631
Kneipp-Kur 169, 173, 494
Koitus (*s. a.* Coitus interruptus;
    Sexualakt; Sexualverkehr) 490,
    509, 529f., 532, 544, 550, 554,
    565, 596, 609
Koitustraum 596
Kokain 46, 362f., 368, 371, 756f.
Koma 74
Komik (*s. a.* Witz) 656
Kompensation *s.* Überkompensation
Komplex(e) (*s. a.* Josef-Komplex; Ka-
    strationskomplex; Ödipuskom-
    plex; Subjektkomplex; Vater-
    komplex; Vorstellungskomplex;
    Wahrnehmungskomplex) 290
    Anm. 1, 447 u. Anm. 2, 457, 459,
    468, 473f., 530
Komplikation (als Ausdruck von
    Quantität) 407f., 453
Kompromißbildung 554, 636, 644,
    726
Konflikt (*s. a.* Libidinöser Konflikt;
    Psychischer Konflikt) 658–61,
    667, 708f.
Konstanzprinzip 82 Anm. 1, 182, 192
    u. Anm. 2, 202, 207f., 210 u.
    Anm. 2, 211, 251, 256 u. Anm.,
    257f., 260, 388 u. Anm. 2, 390,
    393, 398, 405 Anm. 1, 479
Konstitutionelle Faktoren (*s. a.* Dispo-
    sition; Heredität) 358, 639f.,
    651, 690f., 724, 727, 764
Kontaktschranken(theorie) 385f.,
    391–96, 398–400, 402, 409–12,
    416, 422 Anm. 2, 454, 465
Kontinuität, psychische (*s. a.* Archa-
    ische Erbschaft) 631
Kontrakturen *s.* Hysterische Kontrak-
    turen

Konvention(en) 691
Konversion (*s. a.* Affektkonversion;
Hysterische Konversion) 210,
264 u. Anm. 3, 276, 283, 295,
388, 725
Konversionshysterie (*s. a.* Hysterische
Konversion) 629, 634 u. Anm. 1,
636–38, 640, 642 f., 645
Konvulsionen 330
Konzentration (*s. a.* Aufmerksamkeit)
als Behandlungstechnik 205
Kopfschmerz (*s. a.* Migräne) 248, 270,
314, 330, 362, 365, Anm. 1,
366–68
Koprophile Triebe 583–85
Körpererfahrung, eigene 426–29
Körperliche Vorgänge (*s. a.* Orga-
nisch-; Physiologisch-; Phy-
sisch-; Somatisch-) 170
Körperliches Leiden (*s. a.* Krankheit;
Organische Erkrankungen) 658
Kot (*s. a.* Defäkationsträume) 583–91
Kraft *s.* Energie; Nervenkraft; Psy-
chische Kraft; Willenskraft
Kräftespiel (*s. a.* Gegensätzliche
Regungen) 212, 725 f.
Krampfanfälle (*s. a.* Hysterische
Krämpfe) 58, 81, 91, 365 f. u.
Anm. 5, 367, 480
Kranke Menschen (*s. a.* Arzt-Patient-
Verhältnis; Geisteskranke; Hy-
steriker; Neurastheniker; Neuro-
tiker; Normalität, Verhältnis zum
Kranken; Pathologische Mecha-
nismen; Psychopathen) 176, 658,
669, 701, 706
Krankengeschichten (wie Novellen zu
lesen) 211
Krankenpflege 221–23, 227 f., 230,
235–38, 293
als ätiologisches Moment 185,
187–89, 277 f., 293, 307, 498

Krankheit(en) (*s. a.* Frauenkrankheiten; Funktionelle Erkrankungen;
Gehirnkrankheiten; Innere
Krankheiten; Kultur u. Krankheit; Leiden; Nervenkrankheiten;
Normal/Gesund, Verhältnis zum
Krankhaften; Organische Erkrankungen; Seelische Krankheiten; Soziale Schichten u. Krankheit; *s. ferner* d. einzelnen
Krankheitsbezeichnungen) 171,
658, 688, 691, 706
Flucht in d. 524, 551, 635 f., 707 f.
als Heilungsversuch 159, 648
Krankheitsbedürfnis (*s. a.* Flucht in d.
Krankheit) 302
Krankheitsbetrachtung (*s. a.* Neuro-
pathologie)
deutsche/österreichische Art d. 34,
42, 55, 73, 109–11, 113, 128–31,
133 Anm. 1, 155, 210, 706–09
ganzheitliche 154–56
Krankheitsfurcht (*s. a.* Hypochon-
drie) 302, 331
Krankheitsgewinn 709
Krankheitsverleugnung 162
Kränkung 188, 193, 224, 238, 525,
760
Krieg(e) (*s. a.* Weltkrieg) 697 f.,
707–10, 713
Kriegsneurosen 707–10
Kriegsneurotiker 704–10
Kritik/Kritikfähigkeit (*s. a.* Denken,
kritisches; Logik; Selbstkritik;
Urteil) 148, 167 f., 276, 292, 298,
364, 633, 641, 728, 751
Kritiklosigkeit (*s. a.* Geistige Schwä-
che; Logik, Ausschalten d.) 117,
127, 167 f., 276, 298, 641, 692
Kritische Instanz im Ich 622
Kryptomnesie 786
Kult 657

Kultur (*s. a.* Gesellschaft; Sozial- ;
Zivilisation) 264 Anm. 2, 690,
759 f., 780
ätiologische Rolle d. (*s. a.* Kultur
u. Sexualität) 332, 644, 650
u. Krankheit (*s. a.* Soziale Schichten
u. Krankheit) 40, 65 f., 72, 327,
332, 345, 494
u. Sexualität/Triebunterdrückung
489 f., 649, 659, 727, 741
Kulturanthropologie 631
Kulturelle Regression 674
Kulturentwicklung(en) 192, 630,
643 f., 646–50, 674, 691, 726,
741
Kulturgeschichte (*s. a.* Urgeschichte)
40, 72, 691, 696, 702
Kulturkrankheit 494
Kulturmenschheit (*s. a.* Menschheit) 759 f.
Kunst (*s. a.* Dichtkunst; Literatur)
578, 658, 660, 661 u. Anm. 2,
669, 696, 702, 727, 780
Kurpfuscherei (*s. a.* Laienmedizin)
701, 715–17 u. Anm.
Kybernetik 385

Lachkrämpfe 333 f., 347
Lähmung(en) (*s. a.* Bewegungsstörun-
gen; Hysterische Lähmung;
Kinderlähmung; Motorische
Willenslähmung; Parese; Sugge-
stive Lähmung; Traumatische
Lähmung) 62, 69 f., 77 f., 117 f.,
152, 161 f., 707
Laien 127, 519, 666, 744, 753
Laienanalyse (*s. a.* »Wilde« Analyse)
715–17 u. Anm.
Laienmedizin (*s. a.* Kurpfuscherei)
133 Anm. 1, 169 f.
Langeweile 255, 299, 302, 313
Latente (Das) 730

Latenzzeit (*s. a.* Hysterie, Latenzzeit
d.; Inkubationszeit) 542
Launen (*s. a.* Stimmungen; Stim-
mungswechsel) 221, 297
Leben/Lebenskenntnis 657, 663, 669,
680, 691, 695, 746 Anm. 1, 747
Lebensalter (*s. a.* Infantil- ; Kind- ;
Pubertät; Zeitliche Faktoren) 58,
84, 617, 642 f., 648 f., 670 Anm.
Lebenseinflüsse (*s. a.* Akzidentelle
Ursachen; Außenwelt; Erlebnis;
Realität) 129, 293, 600, 631, 680
Lebensnot (*s. a.* Eiszeit) 390, 393,
395, 645 f., 649
Lebenstriebe 632, 641 Anm. 4
Lehranalyse 700, 752
Leichenbegängnis 526, 533, 561
Leichenschändung 540
Leiden (*s. a.* Krankheit) 187, 657–59
Leugnung d. 162
Leidenschaft 293, 674, 733
Leistung(en) (*s. a.* Denken, Leistungen
d.; Fehlleistung; Gehirnleistung;
Geistige Arbeit; Größe; Persön-
lichkeit) 85, 291, 293, 620 f.,
691 f., 780
psychische 292, 440
Lethargie 114
Libidinöser Konflikt (*s. a.* Konflikt)
637, 645–47
Libido (*s. a.* Liebe; Objektlibido;
Sexual-; Sexuell-) 472 Anm.,
637–39, 643–45, 750–52
Angst als verwandelte 306, 498 f.,
644
Stärke d. (*s. a.* Sexualtrieb, Stärke
d.) 345, 499, 637 f., 644 f., 727
Libidoentwicklung s. Sexuelle Ent-
wicklung
Libidophase 639, 643, 645 f., 726
Libidoregression 639, 643
Libidotheorie (*s. a.* Sexualtheorie) 741

Liebe (*s. a.* Libido; Objektliebe; Verlieben) 529, 645, 669, 780
  u. Haß (*s. a.* Gegensätzliche Regungen) 522–25, 680 Anm. 2, 681 f.
  u. Pflicht 659
Liebesunfähigkeit 320
Linguistik 744
Literarische Zitate 138 u. Anm., 251, 264 Anm. 2, 288, 293, 297, 310, 522 Anm. 3, 552, 576, 598 Anm., 660, 666, 676, 688, 691, 748 u. Anm. 2, 755, 769, 783
Literarischer Charakter psychologischer Analysen 211
Literatur (*s. a.* Biographik; Dichtkunst; Schriftsteller) 293, 662–66, 669, 673 u. Anm., 675 Anm., 683–85, 688–90, 696, 697 Anm., 758, 759 Anm., 769, 779, 786 u. Anm. u. Anm. 1, 787 f.
Literaturgeschichte 702
Logik/Logische Faktoren (*s. a.* Denk-; Urteil; Vernunft) 348, 476, 519 f., 636
  Ausschalten d. (*s. a.* Denkstörung; Kritiklosigkeit) 174, 449, 475 f.
Lokalisation 287
  d. Funktionen im Gehirn (*s. a.* Topische Gesichtspunkte) 44 u. Anm. 4, 119 u. Anm., 132, 138, 287, 395 f., 401–04, 408 u. Anm. 1
  zeitliche *s.* Zeit
Lokomotorische Phobien (*s. a.* Agoraphobie) 356
Lotterieträume 581–83, 599
Lügen (*s. a.* Unaufrichtigkeit) 698
Lues (*s. a.* Syphilis) 58
Lungenphthise 246
Lust (*s. a.* Vorlust; Wollust) 404 f., 435, 461, 513, 543, 577, 584, 596, 600, 645, 656, 658–60

Lustprinzip 208, 210 Anm. 2, 384, 405 Anm. 1
Lust-Unlustempfindungen 210 Anm. 2, 283 u. Anm., 404

Macht 305, 555 f., 658, 687, 691 f.
Magenleiden (*s. a.* Kardialgie) 366 f.
Magie 646
Magnetismus 80, 90, 96 u. Anm., 103 Anm. 3, 106, 132, 133 u. Anm. 1 u. 2, 491 Anm. 1
Makropsie 233, 237
Maladie de Gilles de la Tourette 43
Manie 295, 642 f., 649
Mann/Männer (*s. a.* Genitalsymbole, männliche; Hysterie, männliche; Neurose bei Männern) 305, 325 f., 606, 692
  große *s.* Größe
  u. Weib (*s. a.* Ehe; Geschlechtsunterschied) 268, 344 f., 498, 582 f., 587, 591–99, 605–07, 617, 620 f., 645 f., 650 f.
Männliche Symbole *s.* Genitalsymbole, männliche; Sexualsymbolik
Märchen 540, 648, 743
Masochistische Befriedigung 657 f., 669
Massage 67, 87 f., 170
Mastkur *s.* Heilkuren
Masturbation (*s. a.* Onanie) 268, 313, 317, 326, 331, 344 f., 358, 448
Materialistische Betrachtungsweise 387, 391, 481, 483, 771
Mechanische Tätigkeit(en) 292
Mechan[ist]ische Erklärungsweise 395, 398, 402 f., 415, 429 f., 451, 453, 459, 461 f., 465, 707
Medikation
  bei Hysterie 80, 88 f., 137, 227, 229, 308, 314 f., 318 f., 325 f.
  in d. Psychiatrie 129

Medizin (*s. a.* Chirurgie; Gynäkologie; Psychiatrie) 169f., 203, 325, 335, 347, 354, 357f., 364, 494, 695f., 701f., 706–08, 715 u. Anm., 716f., 723f., 728
Verhältnis zur Hypnose/Suggestion 90, 96 Anm., 97, 105, 109–11, 121, 126–30, 133 Anm. 1, 136f., 141, 166, 169–72, 176, 178
»wilde« (Laienmedizin) 169f.
Medizinische Ausbildung 65f., 154, 170, 364, 699–703, 708
Medizinische Psychologie 701
Mehrfache Determinierung (*s. a.* Heredität, Verhältnis zu akzidentellen Faktoren) 118f., 246–50, 270f., 274, 290, 332, 345, 499
Melancholie 83, 286, 642f., 649f.
Menièresche Krankheit 43, 136, 175
Menschen (*s. a.* Kranke Menschen; Naturmenschen)
experimentieren mit (*s. a.* Experimentelle Psychologie) 135, 138f., 240, 702
Nebenmensch 426
Menschenbild, Ideal d. 262
Menschenleben (*s. a.* Leben) 680, 746 Anm. 1
Menschheit 691, 697, 726f.
»heutige« 669, 674, 759f.
Wünsche d. 195, 268, 656f., 687
Urgeschichte d. (*s. a.* Phylogenese) 101, 643–51
Zustandsphasen d. 633 Anm.
Menschliche Beschaffenheit(en)/Eigenschaft(en)/Probleme 101, 127, 133 Anm. 2, 174, 256, 262, 264, 281, 289, 297–99, 326, 410f., 426, 492, 522, 630f., 633 Anm., 641–48, 658f., 665, 674 u. Anm. 2, 675, 680f., 690, 697, 701, 728, 780

Menschliche Leistungen (*s. a.* Leistung) 293, 688, 691f., 746 Anm. 1, 747
Menschliche Ordnung(en)/Institutionen (*s. a.* Gesellschaft) 269, 659, 719
Menstruation 313f., 317, 320, 580 u. Anm. 1
Metaphorik (*s. a.* Gleichnisse) 191, 287, 530
Metapsychologie 627–29, 631, 632 u. Anm. 1, 633, 634 Anm. 1, 639 Anm. 2, 641 Anm. 5, 742 Anm.
Migräne 137, 360–62, 364–66 u. Anm. 5, 367–69, 478 u. Anm. 1, 480, 489 Anm. 1
Migräneäquivalente 362, 365–68
Militärdienst (als Heilmittel) 66
Mißbrauch
ärztlicher (*s. a.* Hypnose, Gefahren d.) 129f., 138f., 150, 172
sexueller *s.* Sexuelle Verführung; Sexuelles Attentat
Mitgebrachte Faktoren (*s. a.* Heredität) 640, 645
Mitleid 221, 428, 656, 658, 669, 688f.
Mittelalter 40, 72, 76, 309 Anm., 340 Anm. 2
Moleküle, Labilität d. 250 Anm., 301 Anm. 1
Monoplegie 162f.
hysterische 63 Anm. 1, 76, 163
Moral (*s. a.* Ethik; Sittengesetze) 268f., 304, 306, 356, 492, 592, 668 Anm. 1, 674 u. Anm. 2
Moralische Minderwertigkeit/Perversion 84, 87, 242, 302, 320
Moralische Motive 89, 411, 501 Anm. 1
Morbus Brightii 58
Mord (*s. a.* Selbstmord; Tötung; Vatermord; Verbrechen) 645, 666, 681, 780

Motilität (*s. a.* Bewegung; Moto-
    risch-) 76, 404, 406, 421, 429,
    434, 460
Motilitätslähmung (*s. a.* Bewegungs-
    störungen; Lähmung; Lokomo-
    torische Phobien) 77f., 432, 435
Motiv(e)/Motivation(en) (*s. a.* Mora-
    lische Motive) 172, 217, 296f.,
    388, 393, 411, 415, 437, 439,
    526, 543, 545, 585, 637, 665f.,
    680, 687, 707f., 754, 765
Motorische Abfuhr (*s. a.* Abfuhr) 404,
    406, 421, 429, 432–35, 455, 458,
    461, 480, 725
Motorische Innervation(en) (*s. a.* Be-
    wegung; Motilität) 62, 261, 309,
    406f., 410, 413 Anm. 4, 428f.,
    432, 439, 457f., 468, 474, 476
Motorische Neurone 388, 413, 429,
    455, 458, 476
Motorische Reaktion(en) (*s. a.* Abrea-
    gieren; Affekt, Erledigung d.;
    Reaktion; Reflex) 159, 192–95,
    256, 258–63, 265, 303f., 333,
    338, 347
Motorische Ruhe (*s. a.* Ruhe) 255
Motorische Willenslähmung 432, 435
Motorische Wort-/Sprachbilder
    455–57
Multiple Sklerose 42f.
Muskel/Muskeltätigkeit 72, 114–16,
    254f., 263, 389
Muskelatrophie 42f.
Mutterbrust 424, 431
Mythen, endopsychische 741
Mythologie/Mythos 287, 574, 584,
    601f., 643, 648, 680, 682, 702,
    727, 741–45, 787f.

Nachahmung/Imitation 428, 457
Nachdenken (*s. a.* Überdenken) 427,
    450 Anm. 1

Nachträglichkeit (*s. a.* Hysterisches
    Proton pseudos) 447, 448 u.
    Anm., 451, 454, 469f., 479, 557
Nahrungbedürfnis (*s. a.* Bedürfnisse;
    Hunger) 389
Nahrungszufuhr (*s. a.* Ernährungs-
    therapie; Eßstörungen) 410
Name(n), Bedeutsamkeit d. 510 u.
    Anm., 511, 525, 535f., 540, 542
    u. Anm. 1, 543, 545, 548, 569
Namenszwang (Onomatomanie)
    357
Namenvergessen 268
Narkotika 80, 88, 129, 137, 227, 229,
    258, 308, 314f., 318f.
Narren (kulturhistorische Rolle d.)
    691
Narzißmus 643, 645, 650 Anm., 758,
    765
Narzißtische Neurosen 629, 640–43,
    647, 649
Nasale Reflexneurose 362, 368
    Anm. 3
Nase (Fließ' Theorie d.) 249, 362f.,
    368, 376, 478 Anm. 1, 480
Nation/Nationen (*s. a.* Gesell-
    schaft) 364, 698
Nationalcharakter 37, 709, 778
Nationale Gesinnung 335
Nationalsozialismus 783, 787 Anm.
Naturbeherrschung 687
Naturheilkunde (*s. a.* Kurpfusche-
    rei) 169
Naturmenschen (*s. a.* Primitive Völ-
    ker; Völkerpsychologie; Wilde
    Völker) 264 Anm. 2
Naturwissenschaft(en) (*s. a.* Wissen-
    schaft) 42, 169, 210, 387, 400f.,
    764
Negation (*s. a.* Verleugnung) 788
Nerven (*s. a.* Gehirn; Neuron) 114,
    388 u. Anm. 3, 391

Nervenanatomie (*s. a.* Gehirnanatomie; Nervensystem; Neuron)
32f., 37–39, 43–49, 199, 212,
388, 390, 392f., 395, 397–401,
405–07, 408 u. Anm. 1 u.
Anm. 2, 409, 421, 478, 706
u. Hysterie 63 Anm. 2, 72, 77,
80f., 81 Anm. 1
Nervenendapparat(e)/-schirme
398–401, 403, 405, 406 u.
Anm. 1, 409, 478
Nervenerregung *s.* Erregung
Nervengifte (*s. a.* Toxische Ätiologie) 332, 345
Nervenkraft (*s. a.* Energie; Psychische
Kraft) 377
Nervenkrankheiten (*s. a.* Gehirnkrankheiten; Nervenschwäche;
Nervensystem, organische Erkrankungen d.; Nervös-; Nervosismus; Neuralgie; Neurasthenie;
Neurose) 156, 161, 164 u.
Anm. 2, 706
chronische (*s. a.* Hysterie, chronische) 35f., 67, 330
erworbene (*s. a.* Akzidentelle Ursachen) 161, 644f.
funktionelle (*s. a.* Funktionelle Erkrankungen) 143, 164, 176
Nervenprozesse (*s. a.* Erregung) 404,
771
Nervenschwäche (*s. a.* Nervös-; Nervosismus; Neurasthenie) 194,
327, 357, 367 Anm. 3
Nervenspannung (*s. a.* Spannung) 253
Anm.
Nervensystem 212 Anm., 251f., 262,
300, 385, 387 Anm. 2, 389–91,
395, 417, 484, 690, 771
anomale/abnorme Erregbarkeit d.
(*s. a.* Erregbarkeitssteigerung)
90, 247, 248 u. Anm., 249f., 261

Anm., 262, 299–304, 307 u.
Anm. 1, 412
Anatomie d. *s.* Nervenanatomie
Beschaffenheit/Eigenschaft(en) d.
80, 118f., 133f., 256, 300, 303,
306, 357f., 391, 394f., 397, 399,
459–61
Degeneration d. (*s. a.* Nervenschwäche) 84, 328f.
Entwicklung d. (*s. a.* Biologische
Gesichtspunkte; Genetische
Betrachtungsweise) 395, 431,
460f.
Erkrankungen d. *s.* Nervenkrankheiten; Nervensystem, funktionelle Erkrankungen d.; Nervensystem, organische Erkrankungen d.
Erregungsverhältnisse im (*s. a.*
Erregung; Erregungs-; Nervensystem, anomale Erregbarkeit
d.; Quantität, Abgabe d.) 72f.,
81f., 90, 112, 116, 118f., 159,
191f., 208, 244, 247–49, 252,
253 u. Anm., 254 u. Anm. 2,
255–58, 262, 265, 300, 388–93,
396–413, 421, 422 Anm. 1, 432,
451, 456, 471, 478f.
Funktion d. (*s. a.* Funktion; Nervensystem, Primärfunktion d.;
Nervensystem, Sekundärfunktion d.) 119, 135, 395–97, 399,
690
funktionelle Erkrankungen/Störun-
gen d. (*s. a.* Nervenkrankheiten)
43, 143, 164, 176, 690, 706
gegenseitige Beeinflussung d. (*s. a.*
Psychische Beeinflussung) 106,
116, 118f., 135, 167, 451
Leitungswege im (*s. a.* Bahnung;
Quantität, Abgabe d.) 255, 262,
385f., 391, 393f., 397, 407–13,

Nervensystem (Forts.)
421, 424, 429, 434f., 438, 449f.,
452–55, 458–69, 471–80
organische Erkrankungen/Verände-
rungen d. (*s. a.* Gehirnkrankheiten) 39, 43, 52, 72f., 143, 161,
164, 280, 345, 706, 757
physikalische Analogien d. 211,
252–54, 257, 261f., 265f. Anm.
physiologische Veränderungen d.
(*s. a.* Gehirnphysiologie) 72f.,
133
Primärfunktion d. 389f., 393, 415,
417, 442, 450, 461f., 469, 471f.
Schwäche d. *s.* Nervenschwäche
Sekundärfunktion d. 389–91,
410f., 416, 457, 479
als Sitz d. Bewußtsein 119 u.
Anm., 287, 401–04
Tendenzen d. (*s. a.* Konstanzprinzip; Nerventrägheit) 378, 420
Nerventrägheit, Prinzip/Tendenz
d. 211, 256 Anm., 378, 388–90,
393, 398f., 401, 404, 406, 420,
431, 461
Fortdauer d. (*s. a.* Fortbestehen)
390
Nervöse Degeneration (*s. a.* Nervenschwäche) 84, 328f.
Nervöse Diathese (*s. a.* Neuropathische Disposition) 82, 137, 262
Nervöse Energie (*s. a.* Energie) 483f.
Nervöse Erschöpfung (*s. a.* Erschöpfung) 67
Nervosismus/Nervosität (*s. a.* Nervenschwäche) 73, 143, 170f., 176,
247, 257, 262, 300–02, 343, 500,
707
Neuerwerbung(en)/Neue Ereignisse *s.*
Akzidentelle Ursachen; Erwerben
Neues/Unbekanntes, Angst vor
d. 305, 644, 779

Neugier *s.* Sexuelle Neugier
Neuralgie(n) 177, 190, 233, 247–49,
267, 291, 362, 480
Neurasthenie 65–68, 73, 82, 86, 88,
164, 171, 176, 195 Anm. 2, 212,
317, 319 Anm., 324, 326,
328–30, 331 u. Anm. 1, 332
Anm. 1, 342–46, 356–59, 366,
367 u. Anm. 3, 440 Anm. 1, 494,
495 u. Anm. 2
Vgl. mit/Verhältnis zur Hysterie
73, 83, 86, 328f., 342f., 346,
359
Neurastheniker 142, 176, 330, 358,
495
Neurologische Betrachtungsweise
211f. u. Anm., 218f., 375 Anm.,
376f., 384 Anm., 387, 390,
400f., 403, 473, 483f.
Neuron(en)/Neuronenvorgänge
211f., 385–88 u. Anm. 3,
390–413, 415–17, 420f.,
423–26, 429–35, 442, 444,
451–56, 459–63, 465, 467f.,
471, 473f., 477–82
Neuronenbewegung 388 Anm. 3,
402f., 405f., 462, 469, 477f.,
482 u. Anm. 1
Neuronensystem(e) 377f., 381, 399,
403 Anm., 405, 478
System φ 382, 392, 394–401,
403–05, 406 u. Anm. 1, 407–12,
417, 429, 431–35, 438, 451, 463,
467f., 471, 478f.
System ψ 382, 392–404, 406 u.
Anm. 1, 407–17, 420–23, 427,
429–36, 438, 442f., 446, 451–58,
462, 464, 478–80, 482, 484
System ω (Wahrnehmungssystem)
381f., 401–05, 406 u. Anm. 1,
411, 413, 420–22, 432, 451,
453f., 456, 461, 471, 478–80

Neuropathische Disposition (*s. a.* Disposition; Nervöse Diathese; Nervosismus; Neurotische Disposition) 161, 221
Neuropathologie (*s. a.* Nervenkrankheiten)
französische Schule d. (*s. a.* Hysterie, Charcots Auffassung d.) 34–37, 42f., 52, 72, 97, 100f., 109, 112–15, 122f., 125 Anm. 3, 126 Anm., 130 Anm., 133 Anm. 1, 134–39, 144, 153–57, 163–68, 173–78, 183, 328 Anm. 3, 342
Neurose(n) 72f., 82, 170, 195 Anm. 2, 251, 309 Anm., 328, 332, 343, 359, 371, 377f., 383, 431, 479, 498, 502, 601, 630, 632f., Anm. 3, 633, 636–38, 640, 641 u. Anm. 2, 642–44, 646f., 649f., 661, 669, 690, 724–27, 746 Anm. 1, 747
Abwehrneurose 212
Aktualneurose *s.* dort
Angstneurose *s.* dort
einfache 331 Anm. 1, 439f.
Einteilung d. 329, 331 Anm. 1, 343, 353, 356, 358f., 440 Anm. 1, 634, 642, 650
bei Frauen (*s. a.* Hysterie bei Frauen) 213, 305, 331, 344f., 498, 605f., 650f.
Gelenksneurose 249, 300f.
gemischte (*s. a.* Hysterie, Kombination mit anderen Krankheiten; Hysterie, Verhältnis zu anderen Neurosen) 344, 356–59, 366
Hysterie *s.* Hysterie; Hysterisch-Kernkomplex d. (*s. a.* Ödipuskomplex) 601 u. Anm. 2, 602 Anm.
Kinderneurosen *s.* dort
Kriegsneurosen 704–10

bei Männern (*s. a.* Hysterie, männliche) 40, 331, 344f., 498
narzißtische *s.* Narzißtische Neurosen
Nasale Reflexneurose 362, 368 Anm. 3
als Negativ d. Perversionen 726
Neurasthenie *s.* dort
Phobien *s.* dort
Psychoneurosen *s.* dort
u. Sexualität (*s. a.* Hysterie u. Sexualität; Neurosenätiologie, sexuelle) 479, 499, 634, 637f., 727
Therapie d. (*s. a.* Heilung; Hysterie, Therapie d.; Therapie) 97, 105, 329, 332, 343, 346, 355f., 358, 500, 501 Anm., 502, 661, 707f., 724f., 766
traumatische *s.* Traumatische Neurosen
Übertragungsneurosen *s.* dort
Vgl. mit organischen Krankheiten (*s. a.* Hysterie, vgl. mit anderen Krankheiten) 161, 164 u. Anm. 2, 346
Vgl. mit Traum (*s. a.* Hysterie, Vgl. mit Traum) 431, 436, 622f., 727
Vgl. verschiedener (*s. a.* Hysterie, Vgl. mit anderen Neurosen) 343f., 497–99, 629, 634 u. Anm. 2, 635–43, 645–47, 649f.
Neurosenätiologie (*s. a.* Ätiologie; Hysterie, Ätiologie d.) 82f., 161, 164, 182, 208, 212f., 249, 324, 328f., 331f., 335–37, 343–45, 353, 355, 357–59, 367, 442, 485, 498f., 629, 633 Anm. 1, 650f., 706f., 710, 725, 766
sexuelle 83, 161, 164, 208, 213–15, 217, 259, 268f., 271, 293, 303–07, 324–27, 331f., 335–37,

Neurosenätiologie (Forts.)
344 f., 348 f., 351, 355, 358, 367,
371, 383, 442, 444, 446 f., 479,
498 f., 501, 638, 726 f.
spezifische 161, 329 u. Anm. 1,
332, 343–45
toxische 82, 84, 143, 163, 170, 324,
332, 345, 499, 690
Unterscheidung vom Mechanismus
d. Neurose 499
Neurosenwahl 639
Neurotiker (*s. a.* Hysteriker; Kriegsneurotiker; Neurastheniker) 354,
602 Anm., 618, 623, 659–61,
667, 669, 691, 702, 706–08, 727,
740, 743, 745
Neurotische Angst (*s. a.* Angst-) 497 f.
Neurotische Disposition (*s. a.* Disposition; Neuropathische Disposition) 161, 638, 643, 647, 650,
726 f.
Neurotische Symptome (*s. a.* Hysterische Symptome; Symptome)
332 f., 343 f., 356, 690, 697, 726
Neurotischer Zwang (*s. a.* Hysterischer Zwang) 439 f.
Nichtwissen/Unwissenheit 287, 400,
484 f.
Nießreflex 265
Nonnen 159, 194 f., 308, 540
Normal(ität)/Normale Vorgänge/Ge-
sund(heit) 115, 159, 192–95,
206, 207 Anm., 246–50, 256,
258, 261–63, 266, 268 f., 278,
286, 289, 291, 293, 295, 298,
300, 305, 333 f., 336, 345, 347,
350, 377, 386, 422, 438, 441,
449–51, 495, 497, 514, 674
Anm. 2, 681, 690–92, 697, 701,
707, 725–27
Erschließung aus d. Pathologischen 81, 135, 377, 438, 674

u. Traum 433, 435–37, 449
Verhältnis zum Hypnotismus
109 f., 112, 122, 134 f., 138,
167 f., 176, 277
Verhältnis zum Krank(haft)en 73,
112, 114, 212, 222, 231 f., 239 f.,
242 f., 248–50, 258, 261, 270 f.,
278, 282, 284, 286, 289, 291,
293 f., 298, 300, 302 f., 306,
308 f., 333–35, 337 f., 347, 350,
356, 377, 388, 399, 431, 436,
439–41, 443 f., 448 f., 515, 526,
540, 633 Anm., 638, 659–61,
674, 690 f., 727
als Wurzel/Vorbild für d. Pathologische 114, 212, 399, 449, 674
Nosographie 73, 100, 155, 346
Anm. 1
Not d. Lebens (*s. a.* Eiszeit; Sexuelle
Not) 390, 393, 395, 645 f., 649
Notwendigkeit 663 Anm. 2, 680, 690
Nürnberger Trichter 535

Objekt (*s. a.* Befriedigungsobjekt;
Sexualobjekt; Wunschobjekt)
415, 420, 426, 429, 453, 457,
475, 641 u. Anm. 1, 643 f., 648,
691, 755
feindliches 413–15, 426, 442, 457
Objektbesetzung 644
Objekterinnerung 412, 415, 420
Objektivität 669
Objektlibido 644
Objektliebe 602 Anm.
Objektwahrnehmung 411–13, 426,
428, 453, 455, 457, 474
Obsessionen 354, 356 f.
Obszöne Reden 159
Ödipuskomplex (*s. a.* Kernkom-
plex) 206, 602 Anm., 753
Ökonomische Gesichtspunkte (*s. a.*
Quantität) 377, 429 Anm. 2, 486

Onanie (*s. a.* Masturbation) 313, 332,
    509, 528–30, 532f., 541–43, 558,
    563, 567f., 593, 607, 609, 618,
    669
Onomatomanie 357
Ontogenese (*s. a.* Entwicklung) 629f.,
    640, 742, 745
Opfer 657, 727
Organ(e) (*s. a.* Seelenorgan; Sinnesorgane) 79, 262, 335, 479f.
Organische Bedingungen/Grundlagen
    s. Körper-; Organische Erkrankungen als ätiologisches Moment; Physiologisch-; Physisch-;
    Somatische Bedingungen
Organische Erkrankungen (*s. a.* Augenerkrankungen; Gehirnkrankheiten; Körperliches Leiden;
    Krankheit; Lähmung; Nervensystem, organische Erkrankungen
    d.; *s. ferner* d. einzelnen Krankheitsnamen) 58, 61, 76–81,
    162f., 262f., 266, 365f. u.
    Anm. 5, 367 Anm. 3, 702, 706
    als ätiologisches Moment (*s. a.* Somatische Bedingungen) 81, 259,
    263, 498, 690
    u. Hypnose 143, 171, 175f.
    Vgl. mit anderen Krankheiten (*s. a.*
    Hysterie, Vgl. mit anderen
    Krankheiten) 81, 161, 164
    Anm. 2, 346, 499
Organleitungen 479
Orgasmus 259, 307
Ovarie (hysterischer Schmerz) 249,
    285, 295, 300
Ovariektomie 326
Ovarien (Eierstöcke) 74f., 285, 300f.

Pansexualismus 751f., 764
Paradies 643
Paralyse 282

Paranoia 642f., 648, 650, 742
Paraphasie 222, 224f., 227, 239
Paraphrenie 649
Paraplegie 78
Parästhesien 77, 325, 330, 344
Parenchymzellen 365
Parese 162, 222f., 230, 233f., 236,
    239, 241, 302
Partialtriebe 726
Parvenütum 555
Pathogenität seelischer Vorgänge *s.*
    Hysterie, psychischer Mechanismus d.; Konversion; Psychische
    Vorgänge, Einfluß auf physische;
    Psycho-physische Ätiologie; Seelische Krankheiten; Vorstellungen, pathogene
Pathologische Mechanismen (*s. a.*
    Krank-; Normalität, Verhältnis
    zum Krankhaften; Persönlichkeit, pathologische Anteile d.;
    Traum, Vgl. mit pathologischen
    Mechanismen)
    Erschließung d. Normalen aus
    d. 81, 135, 377, 438, 674
    d. Normale als Vorbild für d. 114,
    212, 399, 449, 674
Patriarchat 649f.
Pavor nocturnus 270
Pedanterie 356
Peinlichkeit/Unverträglichkeit (von
    Gedanken, Erlebnissen u. Regungen)
    s.:
    Affekt, peinlicher
    Empfindungen, peinliche
    Erinnerungen, peinliche
    Psychische Eindrücke, unverträgliche
    Triebe, unverträgliche
    Verstellungen, unverträgliche
Penis 564, 569

Penisneid 618

Penissymbolik (*s. a.* Genitalsymbole; Sexualsymbolik) 577–80, 582, 596f., 598 u. Anm., 608, 621

Periode (Zeitfaktor) 402f., 403 Anm., 404f., 406 u. Anm. 1, 408

Periodische Erholung 66

Periostitis 267

Peritonitis 285, 295, 311, 317, 320

Persönlichkeit 37, 156, 243, 690–92, 707, 726

Grenzen d. 106

pathologische Anteile d. 686–88, 690–92

Spaltung d. (*s. a.* Bewußtseinsspaltung) 242f., 289, 310, 520, 540, 666

Persönlichkeitsentwicklung 727

Perversität/Perversion(en)

moralische (*s. a.* Moralische Minderwertigkeit) 84

sexuelle (*s. a.* Sexuelle Schädlichkeiten) 304f., 331 u. Anm. 2, 539f., 544, 638, 645, 726

Pessimismus 669

Pflicht(en) (*s. a.* Soziale Rücksichten) 293, 659

Phantasie(n)/Phantasten 208, 228–32, 239, 242, 277, 294, 333, 420, 513, 525f., 529, 531, 539, 543f., 546f., 549, 554, 559, 562–64, 566, 605, 607, 623, 630–33, 641, 651, 658, 680 u. Anm. 2, 681, 691, 745

Philosophie(n) 491 u. Anm. 3, 670f. u. Anm., 671 u. Anm. 1, 695f., 702, 715, 742, 784 Anm.

Phobien (*s. a.* Agoraphobie; Hydrophobie) 161, 352–54, 356–58, 497, 582, 635f.

Phylogenese 628 Anm. 5, 629–32, 633 Anm., 639 Anm. 2 u. 4, 640,

641 u. Anm. 2 u. 5, 642–49, 650 u. Anm., 742 u. Anm., 745

Physikalische Betrachtungsweise (*s. a.* Materialistische Betrachtungsweise; Mechanistische Erklärungsweise) 210f., 252–54, 257, 261f., 265f. Anm., 391, 397, 402, 406, 482, 701

Physiologische Bedürfnisse (*s. a.* Hunger; Sexualität) 208, 255–58, 389

Physiologische Veränderungen d. Nervensystems 72f., 133

Physiologische Betrachtungsweise 155, 211f., 258f., 269 Anm. 2, 310, 332, 346, 354, 365, 384, 390, 397 Anm. 3, 403, 484

d. Hypnose (somatische Theorie) 42, 100f., 105, 111–20, 125 Anm. 3, 132–34, 166, 172, 175

Physiologische Vorgänge (*s. a.* Gehirnphysiologie; Organisch-; Physisch-; Somatisch-) 246, 249, 252–58, 262f., 400 Anm. 3, 403

Verhältnis zu psychischen (*s. a.* Psychische Vorgänge, Beziehungen zum Physischen) 118f.

Physische Ereignisse/Vorgänge (*s. a.* Körper-; Organisch-; Physiologisch-; Somatisch-) 398 Anm. 1

Beziehung zu psychischen *s.* Psychische Vorgänge, Beziehungen zum Physischen; Psychische Vorgänge, Einfluß auf physische im Nervensystem (*s. a.* Nerven-) 404

Physische Phänomene d. Hysterie *s.* Hysterie, somatische Phänomene d.; Konversion

Physische Therapie (*s. a.* Chirurgie; Therapie) 90, 326

Playfairsche Kur *s.* Heilkuren

Poliomyelitis 70

Politik 657, 683f. Anm., 685–88, 718f., 735 Anm. 3, 759 Anm., 763 u. Anm. 1, 767 Anm., 784, 787 Anm.

Pollution(en) 326, 331f., 345

Prädikat (Eigenschaft/Tätigkeit d. Dinges) 423, 427, 457, 473

Praktische Kriterien d. Normalität 691

Praktischer Zweck d. Denkens/Urteils 425, 427

Praktisches Wissen (*s. a.* Denken, praktisches) 468

Präokkupation (*s. a.* Erwartung) 291, 293, 376

Primärfunktion *s.* Nervensystem, Primärfunktion d.

Primärvorgang 206, 210, 215, 253 Anm., 378, 386, 415, 417, 420, 422, 424, 427–35, 441–44, 449–51, 471, 481, 483

Primitive Impulse (*s. a.* Trieb-) Fortbestehen d. (*s. a.* Fortbestehen) 448 Anm., 697

Primitive Völker (*s. a.* Naturmenschen; Völkerpsychologie; Wilde Völker) 677, 742, 745

Prinzipien/Tendenzen (*s. a.* Lustprinzip)
d. Bösen 132
d. geringsten Widerstands 266
d. Tendenz zur Stabilität (*s. a.* Konstanzprinzip; Nerventrägheit) 210 Anm. 2
d. Unerregbarkeit unbesetzter Systeme 412 u. Anm., 432f., 462, 465

Privattheater (Anna O.s) 222, 239, 277, 292

Probeweises Verschieben (von Quantitäten) 424

Prognose 329

Projektion 539, 741

Prophetie (*s. a.* Träume, prophetische) 534

Prophylaxe 86, 329, 343, 494

Prostitution 509, 528, 565

Protoplasma 389, 391

Protozoen 758

Psyche/Psychische Tätigkeit (*s. a.* Psychisch-; Seele; Seelenleben) Funktion(slehre) d. *s.* Psychische Funktionen

Spaltung d. (*s. a.* Spaltung) 249, 275, 277, 279, 281, 284, 286–99, 309, 323, 339, 340 Anm. 2, 350

Psychiatrie 81, 103 Anm. 2, 129, 259, 691, 701–03, 707, 716, 724, 728, 744

Psychische Abnormität(en) (*s. a.* Abnormitäten) 669, 691f., 727

Psychische Aufmerksamkeit (*s. a.* Aufmerksamkeit) 451–53

Psychische Beeinflussung (*s. a.* Nervensystem, gegenseitige Beeinflussung d.; Psychische Behandlung; Psychische Infektion; Psychische Vorgänge, Einfluß auf physische; Suggerieren; Suggestion) 106, 117f., 122, 132, 135, 138, 167, 169, 171f.

Psychische Behandlung (*s. a.* »Druck«-Technik; Erinnerungen, therapeutische Rolle d.; Hypnotische Therapie; Kathartische Methode; Psychische Erregung als therapeutisches Mittel; Psychoanalytische Therapie; Suggestive Therapie; Therapie) 80, 89f., 95f., 108, 169, 326, 356, 371, 500f., 701, 709

Psychische Disposition (*s. a.* Disposition) 355, 631

Psychische Dissoziation (*s. a.* Dissoziation) 206, 725

Psychische Eindrücke/Erlebnisse (*s. a.* Erlebnis) 192f., 208, 231f., 285, 428, 433, 600

affektbeladene (*s. a.* Psychisches Trauma) 186f., 206, 208, 267, 327

geringfügige 195

Inkubationszeit d. (*s. a.* Hysterie, Latenzzeit d.) 149, 184, 232, 272

unverträgliche/peinliche (*s. a.* Peinlichkeit) 159, 194, 206, 335

Psychische Einstellung 452, 686–89, 697, 701

Psychische Energie (*s. a.* Besetzung; Energie; Psychische Kraft) 211, 297f., 348 Anm. 1, 479 Anm., 483f., 725

gebundene (tonische)/ungebundene (frei bewegliche) (*s. a.* Bindung) 210, 215, 253 Anm., 259

Psychische Entwicklung (*s. a.* Entwicklung) 452, 641 u. Anm. 2, 690, 726, 745

Psychische Erregung (*s. a.* Erregung; Psychische Eindrücke; Psychischer Reiz) 81, 215, 268, 297, 344, 725

als therapeutisches Mittel 80, 89f., 191

Psychische Fähigkeit, Verdoppelung d. (*s. a.* Doppel-Ich) 293

Psychische Faktoren, Bedeutsamkeit d. 364, 701

Psychische Funktionen 377, 384 Anm.

Lokalisation d. (*s. a.* Bewußtsein, Lokalisation d.; Lokalisation) 119 u. Anm., 395f.

somatische Bedingungen d. (*s. a.* Somatische Bedingungen) 170f., 395f.

Psychische Geltung 337

Psychische Infektion/Kontagion (*s. a.* Psychische Beeinflussung) 72, 167, 173

Psychische Intensität (*s. a.* Intensität) 348

Psychische Konstellation, besondere (*s. a.* Hysterisches Proton pseudos; Nachträglichkeit; Pubertätsverzögerung) 444f.

Psychische Kontinuität (*s. a.* Archaische Erbschaft) 631

Psychische Kraft (*s. a.* Psychische Energie) 206, 212, 340, 442, 444, 725f., 727

Psychische Leistung/Anstrengung 159, 292, 440

Psychische Quantität (*s. a.* Quantität, endogene) 453, 462

Psychische Realität (*s. a.* Denkrealität) 463 Anm. 4

Psychische Schwäche (*s. a.* Schwachsinn; Willenshemmung/Willensschwäche) 289–92, 297–99, 725

Psychische Spannung (*s. a.* Spannung) 480

Psychische Systeme (*s. a.* Neuronensysteme) 485

Psychische Vorbesetzung (*s. a.* Vorbesetzung) 474

Psychische Vorgänge (*s. a.* Normalität; Primärvorgang; Seelenleben; Sekundärvorgang) 167, 212, 284, 287f., 292, 310, 384 u. Anm., 386f., 394, 400 u. Anm. 3, 401, 403f., 417, 422, 433, 437, 600, 615, 658, 725, 727

vom Bewußtsein unabhängig (*s. a.* Unbewußte Vorgänge) 400

Beziehung(en) zum Physischen
118 f., 170 f., 212, 484, 672
s. a.:
Hysterie, somatische Phänomene
d.
Organische Erkrankungen als
ätiologisches Moment
Organische Erkrankungen u.
Hypnose
Physiologische Betrachtungsweise
Psychische Vorgänge, Einfluß auf
physische
Psychologie, Verhältnis zur Neurologie
Psycho-physische Ätiologie
Somatische Bedingungen
dynamische Auffassung d. 208, 725
Einfluß auf physische (*s. a.* Affekt
als ätiologisches Moment; Ge-
mütsbewegung als ätiologisches
Moment; Hysterie, psychischer
Mechanismus d.; Ideogene Phä-
nomene; Konversion; Psychische
Beeinflussung; Suggestion; Vor-
stellungen, Erregung durch; Vor-
stellungen, pathogene) 82, 89 f.,
135, 170 f., 238, 307 Anm. 1,
701, 725
Erschließung d. (*s. a.* Normalität,
Erschließung aus d. Pathologischen) 135, 702
Funktionslehre d. (*s. a.* Psychische
Funktionen) 377, 384 Anm.
Träger d. 392
Triebfeder d. 408, 410, 750–52
Psychische Wirkung(en) (*s. a.* Psychische Beeinflussung) 265, 407 f.,
451, 479, 674, 725
Psychische Zustände (*s. a.* Bewußtseinszustände; Hypnoide Zustände; Seelenzustände; Zustandsphasen) 621

Vererbung d. (*s. a.* Archaische Erb-
schaft) 631
Psychischer Apparat (*s. a.* Apparat) 90
Anm. 2, 207 f., 210 Anm. 2, 211,
384 u. Anm., 385, 397 Anm. 3,
690, 741
Psychischer Konflikt (*s. a.* Konflikt) 208, 268 f., 485, 523, 527,
551, 651, 659, 707, 725 f.
Psychischer Reflex (*s. a.* Reflex) 264
u. Anm. 2, 265 f.
Psychischer Reiz (*s. a.* Psychische
Erregung; Reiz) 228, 230–32,
242 f., 283, 344, 408
Psychischer Schmerz 260, 267 f., 280,
399 Anm. 1
Psychischer Zwang (*s. a.* Zwang;
Zwangs-) 497
Psychisches Erwerben (*s. a.* Erwerben) 394
Psychisches Gleichgewicht 128, 259 f.
Psychisches Trauma (*s. a.* Trauma)
158 f., 161, 186–88, 190–95,
208, 217, 222, 225, 267–72, 280,
291, 510, 623
Fortwirken d. (*s. a.* Fortbestehen)
191
Psychoanalyse 123, 204, 209, 443
Anm., 480, 500–02, 564, 583,
619, 640, 642, 665 f., 674 u.
Anm. 2, 689 f., 696, 698, 700–02,
707, 715–17, 723, 725–30,
743–46, 749, 752, 755, 757, 761,
764, 767 f., 787
Entwicklung d. (*s. a.* Namenregister: Freud, Sigmund, wissenschaftliche Entwicklung) 100 f.,
182, 200, 201 Anm., 204–06,
209, 214–16, 219 f., 325–27, 376,
379, 383 f., 628, 707, 724 f., 730,
741, 743–48, 753, 762, 766 u.
Anm. 1, 768

Psychoanalyse (Forts.)
  Erlernen d. (*s. a.* Lehranalyse)
    699f., 702f., 725, 761
  Gegnerschaft gegen d. 42 Anm. 1,
    123, 201 Anm. 4, 202, 325–27,
    350, 496 Anm. 2, 498f., 604, 671
    Anm., 689, 697, 715f. Anm.,
    724, 728, 741, 751, 753, 764,
    766, 768, 782f.
  an Kindern u. Jugendlichen 716
  Laienanalyse (*s. a.* »Wilde« Analy-
    se) 715–17 u. Anm.
  u. Lamarckismus 630f.
  Preisverleihungen d. 711f.
  Regeln d. 523
  Stellung zu anderen Wissenschaften/
    Verfahren 90 Anm. 2, 204, 214f.,
    220, 325, 327, 574, 576, 582f.,
    588, 590, 600–03, 642, 647,
    665f., 671 Anm. u. Anm. 1, 689,
    695f., 698, 700–04, 711, 715–17,
    723–25, 727f., 741–44, 760,
    764
  Technik(en)/Methoden d. (*s. a.*
    Deutung; »Druck«-Technik;
    Freie Assoziation; Psychoanaly-
    tische Therapie) 99f., 205f., 209,
    214, 326f., 350, 355, 383, 466
    Anm. 1, 507, 602, 605, 609, 676,
    689, 700–03, 712, 715, 725,
    727f., 752f.
  Terminus 234 Anm.
  Theorie d. 211, 325f., 376, 379,
    383f., 522, 627f., 632, 641
    Anm. 4, 644, 647, 650, 674, 689,
    697f., 700, 712, 724, 727f., 749,
    750 u. Anm., 751, 764, 771
    Anm.
  »wilde« (*s. a.* Laienanalyse) 169
    Anm. 1
Psychoanalytische Situation 99f., 146
    Anm., 618

Psychoanalytische Therapie 98
    Anm. 2, 137 Anm. 1, 205f., 214,
    350, 485, 500, 502, 525, 527,
    604, 608, 615, 619–21, 623, 660,
    689, 700f., 709, 724f., 728, 753
  Widerstand in d. *s.* dort
  Ziel d. 502
Psychologie (*s. a.* Ichpsychologie; In-
    dividualpsychologie; Metapsy-
    chologie; Religionspsychologie;
    Tiefenpsychologie; Völkerpsy-
    chologie) 135, 244, 377, 385,
    387, 391, 400f., 689, 695f., 701,
    715f., 723, 728, 745 Anm. 3, 746
    Anm. 1, 747, 770f.
  experimentelle 135, 226, 701
  Verhältnis zur Neurologie 211f. u.
    Anm., 218f., 375 Anm., 376f.,
    384 Anm., 387, 400f., 403, 473,
    483f.
Psychologische Betrachtungsweise
    211f., 244, 326, 337, 364, 377,
    391, 400, 403, 431, 451, 459,
    473, 669, 707, 710, 723
  d. Hypnose (Suggestionstheorie)
    100f., 105, 107, 109, 111–20,
    122, 125 Anm. 3, 132, 134, 138,
    166–68, 172, 175
  d. Hysterie *s.* Hysterie, psychischer
    Mechanismus d.
Psychologische Studien (*s. a.* Biogra-
    phik) 665f., 686, 689, 692, 758,
    767 u. Anm., 786–88
Psychologische Theorie (*s. a.* Psycho-
    logische Betrachtungsweise;
    Theorien) 400
Psychologische Traumdeutung 576f.
Psychoneurosen (*s. a.* Neurosen) 431,
    440 Anm. 1, 498, 642f., 649
    Anm. 2, 766
Psychopathen (*s. a.* Hysteriker; Neur-
    astheniker; Neurotiker; Norma-

lität, Verhältnis zum Kranken)
655, 659–61
Psychopathologie (*s. a.* Seelische
Krankheiten) 377, 727
Psycho-physische Ätiologie (*s. a.*
Mehrfache Determinierung; Psychische Vorgänge, Beziehung
zum Physischen; Psychische Vorgänge, Einfluß auf physische)
257, 269, 690
Psychose(n) (*s. a.* Geisteskranke;
Hysterische Psychose) 81, 111,
132, 221f., 358, 632f. Anm. 3,
727
Psychosexuale Gruppe 378
Psychotherapie (*s. a.* Psychische Behandlung) 108, 356, 371, 500f.,
701, 709
Pubertät 84, 258, 262, 299, 303f.,
324, 326, 340, 349, 351, 366,
428, 445–47, 501, 523, 534, 563,
642, 647
Pubertätsverzögerung (*s. a.* Hysterisches Proton pseudos) 448, 451,
690

Qualität (*s. a.* Quantität u. Qualität) 377, 386, 400–05, 406 u.
Anm. 1, 408, 413, 421, 434f.,
437, 451, 477–79
Qualitätszeichen (*s. a.* Realitätszeichen) 378, 421, 432, 451–53,
455–58, 461–64, 466, 468–70,
472, 475
Quantität/Quantitative Momente (*s. a.*
Energie; Erregungsquantität; Intensität; Reizquantität; Stärke;
Übermaß) 254 Anm. 2, 278, 298,
331, 334, 338, 340, 345, 347, 348
Anm. 1, 381f., 386f., 393f.,
396–416, 421f., 428–30, 435,
437, 441–44, 448–50, 452–54,

458–61, 464f., 467, 469, 471,
478–86, 490, 522f., 635, 637f.,
640, 690f.
Abgabe/Abhaltung/Ablauf d. (*s. a.*
Abfuhr; Erregung, Abströmen
d.; Strömung) 388–91, 394,
397–99, 401f., 407, 409f., 412f.,
415–17, 429–32, 434, 437f., 444,
449f., 453–56, 458–60, 462–71,
473, 475f., 481
Ausdruck d., durch Komplikation
407f., 453
äußere/externe (*s. a.* Erregung, periphere) 399, 401, 413, 427, 429f.,
453, 459, 462
endogene (*s. a.* Erregung, endogene;
Quantität Qἠ) 410, 413, 416,
427–31, 453, 459, 484
freier/gebundener Zustand d. *s.* Bindung
Q 381f., 387, 389, 394, 396–400,
402, 407, 409f., 412f., 429f.,
435, 437, 441, 453–55, 458f.,
462f., 465, 467–69, 471, 479–86
Qἠ 381f., 387–94, 396–99, 402,
404, 407, 409f., 412–17, 424f.,
427, 429–32, 434, 437f., 444,
449f., 453f., 456, 458–64, 467,
472, 481
Qἠ-Theorie 211, 378, 390, 412
Q-Schirme (*s. a.* Quantität, Abgabe
d.) 398, 403, 408
u. Qualität 401f., 404, 406 u.
Anm. 1, 478f., 485
Quantitative Betrachtungsweise 377,
386–88, 393f., 396–400, 403,
415

Rache 264 Anm. 2, 265, 525, 530f.,
535, 543f., 555, 569
Radikalismus 335
railway-brain 41 Anm. 2, 83

Rassismus (*s. a.* Antisemitismus) 675
    Anm., 779, 787 Anm.
Rationalisierung 681, 728
Rätsel 268
Rattenlösung 564 f., 567
Rattenstrafe 512 f., 515, 540, 551,
    555
Rattenvorstellung 92, 547–51, 554,
    556, 561 f., 564 f.
Räumliche Metaphorik (*s. a.* Lokalisa-
    tion) 287, 295
Reaktion (*s. a.* Motorische Reaktion;
    Reflex) 193, 263, 384 f., 470,
    600, 758
    adäquate (*s. a.* Aktion, spezifi-
    sche) 192, 195, 260 f., 264 u.
    Anm. 2, 265, 269, 285, 389
    Anm. 3, 633 Anm.
    anomale (*s. a.* Abnormitäten; Re-
    flex, abnormer) 261–65, 266 u.
    Anm., 267, 277, 297, 300
    Fehlen d. 159, 193aä95, 207, 237 f.,
    260–62, 264 u. Anm. 2, 265,
    269, 271, 277, 283, 297, 345
    durch Worte 192 f., 260, 264, 269,
    280, 283 f., 291
Reaktionsbildung 622, 636, 646, 680
    Anm. 2, 681, 690, 726
Realangst 644 f.
Reale Wurzel d. Schuldbewußtseins/
    d. Affekts/d. Symbols 336, 338,
    355, 440 f., 674
Realität (*s. a.* Außenwelt; Denkreali-
    tät; Tatsache; Welt) 278, 386,
    420, 427, 430, 453, 456, 463 u.
    Anm. 4, 468, 474, 641, 647, 672,
    687
Realitätsgedächtnis 468
Realitätsprüfung 397 Anm. 3, 420
    Anm. 4, 483
Realitätsverleugnung 162, 557,
    687

Realitätszeichen 378, 420 f., 422 u.
    Anm. 1, 423, 425, 428, 452,
    462–64, 472
Realkritik 633
Rechtswesen/Rechtsverletzungen
    (*s. a.* Forensische Gesichtspunkte;
    Mord; Sittengesetze; Verbre-
    chen) 698, 715 f. Anm., 717,
    753 Anm., 759 u. Anm., 760,
    780
Rede (*s. a.* Sprach-; Wort-)
    obszöne 159
    im Traum 538
Redekur (talking cure) (*s. a.* Kathar-
    tische Methode) 229 f., 236, 238,
    240 f., 243
Redezwang 560
Reflex(e) (*s. a.* Reaktion) 60, 63,
    76–78, 133, 135, 206, 256 f., 261,
    265, 268, 388, 411 f., 415, 421,
    442, 460, 479
    abnormer (*s. a.* Reaktion, anoma-
    le) 264–67, 272, 289, 303
    psychischer 264 u. Anm. 2, 265 f.
Reflextheorie (d. Hysterie) 301, 303,
    310
Regression 434 Anm. 2 u. 3, 551, 591,
    634, 637–39, 643–48, 674
Reihenbildung(en) 74, 109, 116, 119,
    135, 154 f., 267 f., 292 f., 401,
    404, 406, 475, 630, 632, 641
    Anm. 5, 642 f., 771
Reinlichkeit 534 f., 539, 547, 554
Reiz/Reize/Reizung (*s. a.* Erregung;
    Psychischer Reiz) 82, 247,
    254–56, 269 Anm. 2, 317, 403,
    405, 406 u. Anm. 1, 413, 479 f.
    äußerer/exogener/peripherer (*s. a.*
    Außenwelt) 135, 246–48, 250,
    254–56, 262, 268, 300, 384 u.
    Anm., 385, 389, 395 f., 398 f.,
    405 f., 431

endogene/innere (*s. a.* Erregungen, endogene; Psychischer Reiz) 384 Anm., 389, 395–98, 408–14, 461
als Krankheitsursache 191, 246, 248, 250, 268, 300f., 690
Reizaufhebung 410f.
Reizaufnahme 398
Reizbarkeit 389
Reizempfindlichkeit 257
Reizflucht 389
Reizlosigkeit 389
Reizmangel 255
Reizquantität(en)/Reizstärke (*s. a.* Erregungsquantität) 90, 301, 396–98, 400, 406f., 408 Anm. 1, 479, 690
Reizüberschuß (*s. a.* Erregungsüberschuß) 90
Reizzuwachs (*s. a.* Erregungszuwachs) 193 u. Anm. 2, 400, 408f.
Religion/Religiöse Gläubigkeit 167–70, 269, 335f., 358, 492f., 515, 527, 538, 540, 557, 657, 659, 686, 688, 702, 733 u. Anm. 1 u. 2, 775, 779f.
Religionsgeschichte 696, 763, 786 u. Anm. 1, 787
Religionsphilosophie 702
Religionspsychologie 744
Religiöser Zweifel 268
Religiöses Zeremoniell 649
Reminiszenz (*s. a.* Erinnerung) 202, 280, 317
Reproduktion(en) (*s. a.* Denken, reproduzierendes; Erinnern, reproduzierendes) 401, 403, 413, 415, 424f., 428f., 440, 456, 463
Retentionshysterie 269 u. Anm. 4
Rettungsphantasie 531, 535
Reue 443, 549, 556, 560, 666
Riechen (*s. a.* Geruchs-) 553

Rückenmigräne 366f.
Rückkopplung (*s. a.* Abfuhrnachrichten) 385
Ruhe 255f., 263, 275, 278, 320, 387, 437
Ruhekuren *s.* Heilkuren

Sammelleidenschaft 336
Säugling 263, 424 u. Anm. 3, 431, 457
Scham 250
Schatztraum 584–86, 593f., 599
Schauspiel 655–62
Scherz 611
Schicksal 305, 663 Anm. 2, 680, 682, 735
Schilddrüse 161
Schimpfen 159, 192f., 223, 264, 591
Schlaf (*s. a.* Hypnotischer Schlaf; Hysterischer Schlaf) 109, 111, 116, 118f., 128f., 134, 248, 251–55, 277f., 298, 347, 377, 386, 430–34, 493, 574, 576, 621
Halbschlaf 623
Liébeaults Theorie d. 126 Anm., 134
Vgl. mit Wahnsinn 128
Schlaflosigkeit 129, 137, 189, 274
Schlafstörung(en) (*s. a.* Hysterische Schlafstörungen) 189, 330, 344, 432
Schlangen-Halluzination 92, 224, 236–38, 245, 266, 274 Anm. 1, 276
Schlechte Taten (*s. a.* Böse) 443
Schlingbeschwerden 270f.
Schlüsselneurone 413f., 417, 429
Schmerz (*s. a.* Hysterischer Schmerz; Kopfschmerz; Psychischer Schmerz; Weltschmerz; Zahnschmerz) 248f., 261, 267, 300, 366 Anm., 386, 399 u. Anm. 1 u.

Schmerz (Forts.)
    Anm. 2, 400, 406, 409, 412f.,
    414 u. Anm. 2, 415f., 425f., 428,
    430, 442, 449f., 457, 470f., 480,
    657
    als Therapie 708f.
Schmerzflucht 399
Schmerzhalluzinationen (s. a. Hyste-
    rischer Schmerz) 247–49
Schmerzhemmung 176
Schmutztrieb 569
Schreck 187, 195, 226, 228f., 235,
    240, 257, 260f., 266, 270–72,
    274f., 279, 285, 294, 306, 325,
    327, 445, 499, 562f., 706
Schreien 263, 338, 410 u. Anm. 3,
    426, 457
Schriftsteller (s. a. Literatur) 364, 492
Schulanforderungen 332, 345
Schuldbewußtsein/Schuldgefühl (s. a.
    Selbstvorwürfe) 302, 325,
    336–38, 348, 519, 582, 631 u.
    Anm. 3, 669, 674, 730, 780
Schutzmaßregel s. Abwehrmaßregel
Schutzzwang 560f.
Schwachsinn (s. a. Geisteskranke) 103
    Anm. 2, 289–92, 297–99, 433,
    697, 725
Schwänke 574, 576f., 585, 590, 597
Seele (s. a. Psyche) 771
    Volksseele 709
Seelenbehandlung (s. a. Psychische
    Behandlung) 95f.
Seelenleben (s. a. Psyche; Psychisch-)
    212 Anm., 404, 433, 484, 687,
    689–91, 727f., 745
    abnormes (s. a. Abnormitäten) 669,
    691f., 727
    infantiles (s. a. Infantil-) 745
    Störungen d. (s. a. Seelische Krank-
    heiten) 706f.
    d. Wilden s. Völkerpsychologie

Seelenorgan (s. a. Psychischer Appa-
    rat) 90
Seelentätigkeit, Spaltung d. s. Psyche,
    Spaltung d.
Seelenzustände (s. a. Bewußtseinszu-
    stände; Hypnoide Zustände;
    Psychische Zustände; Zustands-
    phasen) 278
Seelische Konstitution, Elemente
    d. 691
Seelische Krankheiten/Seelisches Lei-
    den (s. a. Hysterie, psychischer
    Mechanismus d.; Nervosismus;
    Neurosen; Pathogenität seeli-
    scher Vorgänge) 143, 337, 377,
    658, 690, 702, 706f., 745
Seelischer Apparat s. Psychischer Ap-
    parat
Seelisches u. Somatisches s. Psychische
    Vorgänge, Beziehungen zum
    Physischen
Sehnsuchtangst 644
Sehsinn (s. a. Farbensehen)
    Lokalisation d. 44
Sehstörung(en) (s. a. Hysterische Seh-
    störung) 76
Seitenbesetzung 417, 420, 422, 424,
    429f., 449f., 467, 469, 481f.
Sekretion(en) 171, 246, 249, 280, 307
    Anm. 1, 407, 413f., 553, 690
Sekretorische Neurone 413 u. Anm. 4
Sekundärfunktion s. Nervensystem,
    Sekundärfunktion d.
Sekundärvorgang 210, 215, 253
    Anm., 378, 386, 420, 422, 424,
    428–31, 438, 451, 481, 483
Selbst (Das) 711
Selbstachtung 268, 273, 707
Selbstanalyse (s. a. Lehranalyse) 728
    Freuds 206, 384
Selbstbeobachtung 279, 281, 293,
    621f., 687

Selbstbestrafung (*s. a.* Straf-) 545, 561, 683

Selbstbewußtsein 281–83, 287 f.

Selbstdestruktion 682

Selbsterhaltung 641 f., 645

Selbsterkenntnis 728

Selbstkastration 647

Selbstkritik 618, 687, 755

Selbstmord/Selbstmordideen/Selbstmordversuche 59, 227, 526, 529, 556 f., 559–61, 574, 709

Selbstschädigung 302, 535

Selbsttäuschung 728

Selbstvorwürfe (*s. a.* Schuldbewußtsein) 238, 243, 288, 302, 336, 355, 519–21, 523 f., 529, 556 f., 618

Sensibilitätsstörungen *s.* Anästhesie; Hysterische Sensibilitätsstörungen; Parästhesien

Sexualakt (*s. a.* Koitus) 259, 307, 583, 596

Sexualchemie 414 u. Anm. 3, 437

Sexualentbindung 331, 414, 446–49

Sexualer Affekt 258 f., 293, 306 f.

Sexualität/Sexualleben (*s. a.* Analerotik; Autoerotismus; Bisexualität; Erotismen; Genitalerotik; Homosexualität; Infantile Sexualität; Libido; Weibliche Sexualität) 258, 326, 347 f., 361, 383 f., 389, 428, 442–44, 499, 520, 523, 529, 644–47, 657, 726

u. Gesellschaft/Kultur 489 f., 649, 659, 727, 741

u. Hysterie *s.* Hysterie u. Sexualität

u. Neurose *s.* Neurose u. Sexualität; Neurosenätiologie, sexuelle

Pathogenität d. *s.* Neurosenätiologie, sexuelle

psychosexuale Gruppe 378

d. »Rattenmannes« 509–11, 521, 523, 527–30, 533, 536, 538–43, 547, 550, 553 f., 558, 563–65, 568

Sexualitätsbedingung d. Verdrängung 347, 378, 637 f., 726 f.

Sexualneurosen 479

Sexualobjekt (*s. a.* Objekt; Objekt-) 410, 591 f., 596 f., 644, 647

Sexualstoff, Ausgabe/Zurückhaltung d. 331, 345

Sexualsymbolik (*s. a.* Genitalsymbole) 582 u. Anm. 3, 583, 588–91, 593, 597, 598 u. Anm., 599, 606, 607 u. Anm. 2, 608–10, 617, 619–21

Sexualtheorie(n) (*s. a.* Libidotheorie) 739

infantile 553, 564 f., 568, 607–09, 617

Sexualtrieb(e) (*s. a.* Trieb-) 305, 345, 384, 414 Anm. 3, 489 f., 637 f., 641 Anm. 4, 726 f., 750 f., 758

als Quelle d. Neurosen *s.* Neurosenätiologie, sexuelle

Stärke d. (*s. a.* Libido, Stärke d.) 306, 448, 490

Sexualverkehr (*s. a.* Koitus) 509, 529, 535, 544, 564 f., 608, 645

Beobachtung d. 612 f., 617

Sexualziel(e) 727

Sexuelle (Das) (*s. a.* Pansexualismus)

Vorbildlichkeit d., für Charakterbildung 618

Sexuelle Abnormitäten (*s. a.* Perversität; Sexuelle Schädlichkeiten)

als Krankheitsursache (*s. a.* Neurosenätiologie, sexuelle) 83, 161, 305, 331 f., 345

Sexuelle Abstinenz (*s. a.* Askese; Sexuelle Verbote) 308, 331 u. Anm. 3, 345, 535 f., 582, 645 u. Anm. 1, 646, 726 f.

Sexuelle Aggression (*s. a.* Sexuelle Attentate; Sexuelle Verführung) 582 f., 595
Sexuelle Ätiologie *s.* Neurosenätiologie, sexuelle
Sexuelle Attentate (*s. a.* Sexuelle Aggression; Sexuelle Verführung) 445–47, 527 f., 542, 780
Sexuelle Aufklärung 609
Sexuelle Befriedigung (*s. a.* Autoerotismus; Befriedigung; Sexuelle Unbefriedigung) 331, 345, 490, 641, 645, 726
Sexuelle Energie 478
Sexuelle Enttäuschung 583, 591, 595 f.
Sexuelle Entwicklung 258, 299, 303–05, 313, 332, 448, 596, 639, 641–45, 726
Sexuelle Erregung(en) 258 f., 271, 293, 304–07, 313, 315, 331, 345, 448, 645, 656
Sexuelle Exzesse 367 Anm. 3
Sexuelle Impotenz 596 f., 607 Anm. 2
Sexuelle Miterregung 656
Sexuelle Neugier 304, 510 f., 528, 539, 544, 559, 602 Anm.
Sexuelle Not 582 f., 591
Sexuelle Perversion(en) 304 f., 331 u. Anm. 2, 539 f., 544, 638, 645, 726
Sexuelle Schädlichkeiten 490, 499, 618
  als Krankheitsursache (*s. a.* Sexuelle Abnormitäten) 164, 305, 331 f., 344 f., 498 f., 727
Sexuelle Traumen 305, 445–48
Sexuelle Übertragung *s.* Übertragung
Sexuelle Unbefriedigung (*s. a.* Sexuelle Abstinenz; Sexuelle Enttäuschung; Sexuelle Not) 305, 331, 345, 644 f., 727
Sexuelle Verbote (*s. a.* Sexuelle Abstinenz) 529, 535 f., 645

Sexuelle Verführung (*s. a.* Sexuelle Attentate) 270 f., 511, 538
Sexuelle Vorstellungen 442, 444, 448
Sexuelle Wünsche 727, 751
Sicherheitsgefühl 646, 657
Signal 415, 421, 423, 449 f., 472, 632 Anm. 1
Simulation 40, 72, 110, 183, 243, 288, 302, 319, 707 f.
Sinnesempfindungen *s.* Empfindungen
Sinnesorgane (*s. a.* Auge; Farbensinn; Gehör-; Geruch-; Nase; Nervenendapparate) 60, 75 f., 255, 400, 403, 408, 421, 432, 462, 477
  Überanstrengung d. (als Ursache d. Nervosität) 345
Sinnesreize *s.* Reize
Sinnesstörungen *s.* Anästhesie; Hysterische Sensibilitätsstörungen; Parästhesien
Sinneswahrnehmung (*s. a.* Empfindung; Wahrnehmung) 60, 77, 106, 266 f., 470
Sittengesetze (*s. a.* Ethik; Moral) 520, 680 f.
Sittliche Reinheit 268 f., 304
Sklerose, multiple 42 f.
Skorbut 46
Somatische/physiologische Bedingungen/Charaktere (*s. a.* Organisch-; Physiologisch-; Physisch-)
  d. Aktualneurosen 324, 332, 346, 353 f.
  d. Angst 498
  d. Hysterie 72, 81, 89, 242, 249, 266, 280, 301, 317
  d. psychischen Funktion (*s. a.* Physiologische Betrachtungsweise; Psychische Vorgänge, Beziehung zum Physischen) 170 f., 395 f.
Somatische Innervation (*s. a.* Innervation) 725

Somatische Kennzeichen d. Hysterie
s. Hysterie, somatische Phäno-
mene d.; Konversion
Somatische Theorie d. Hypnose s.
Physiologische Betrachtungswei-
se d. Hypnose
Somnambulismus 100 Anm. 2, 138,
139 Anm., 146–49, 170, 173,
222, 228 f., 294
Somnolenz 223 f., 226 f.
Sorge 285 f., 291, 293, 657
Soziale Einschätzung d. Ethik 669
Soziale Erziehung 129, 733 f.
Soziale Faktoren 170, 332, 345, 489,
686–88, 718 f., 727
Soziale Fürsorge 66
Soziale Gemeinschaft/Kulturstufe (*s. a.*
Gesellschaft; Kultur; Zivilisa-
tion) 649 f., 659, 691
Soziale Rücksichten/Gefühle/Betäti-
gungen 81, 194, 293, 317–19,
333, 645, 648 f., 657, 659, 708,
719, 763, 780
Soziale Schichten 335
u. Krankheit 65 f., 86, 144, 217,
333 f.
u. Sexualentwicklung 304
Soziales Drama 659
Sozialismus 489, 735 Anm. 3, 763
Anm. 1
Spaltung (*s. a.* Bewußtseinsspaltung;
Persönlichkeit, Spaltung d.;
Psyche, Spaltung d.) 635
Spannung(szustand) (*s. a.* Erregung)
253 u. Anm., 256 f., 261, 414,
432, 452, 480, 482, 656
Spezifische Aktion (*s. a.* Reaktion,
adäquate) 389 f., 396, 410 f.,
421 f., 424, 456–58, 460, 468,
473, 475 f.
Spezifische Ätiologie 161, 300, 329
u. Anm. 1, 332, 343–45

Spezifische Energie 403
Spiel (*s. a.* Kräftespiel; Schauspiel;
Wortspiele) 656 f.
Spielsucht 669
Spinale Kinderlähmung 70
Spinalneurasthenie 367
Spiritismus 126
Sprache (*s. a.* Rede; Wort-) 257, 260,
364 f., 455 u. Anm. 3, 456–58,
463–65, 617, 639, 645 f., 647
Sprachassoziation (*s. a.* Assozia-
tion) 455 f., 479
Sprachgebrauch 190, 193, 257, 607
Sprachheilkurse 103 Anm. 2
Sprachmißbrauch 491 f., 674
Sprachstörungen s. Aphasie; Hyste-
rische Sprachstörungen
Sprachwissenschaft 744
Sprichwörter
D. Gans träumt vom Kuku-
ruz… 577 Anm. 2
Unter d. Haube kommen 605
Nach d. Hochzeit wird eingebro-
chen 582 Anm. 1
Ein Prophet gilt nichts in seinem
Lande 748
D. Ratten verlassen d. sinkende
Schiff 556
Staatliche Fürsorge 66, 718 f.
Stadtleben (als ätiologischer Fak-
tor) 345
Stärke (*s. a.* Quantität; Übermaß)
d. Affekts s. Affekt, Stärke d.
d. Erinnerung 191, 193 f.
d. Erregung s. Erregungsquantität
d. Libido s. Libido, Stärke d.
d. Reize s. Reizquantität
d. Sexualität s. Sexualtrieb, Stärke d.
d. Triebe 637 f., 690
d. Vorstellungen s. Vorstellungen,
überstarke
d. Willens s. Willenskraft

Steinzwang 561
Sterbevorstellungen (s. a. Todesgedan-
    ken) 313 f.
Stigmata
    diaboli 76, 309 Anm.
    hysterische (s. a. Hysterie, somati-
    sche Phänomene d.) 40 u.
    Anm. 2, 57, 81, 84, 301, 303 f.,
    309 Anm.
Stimmung(en) (s. a. Verstimmung)
    282, 296 f., 319, 649, 671
Stimmungswechsel 81, 223 f.,
    229–32, 283, 297
Stottern 103 Anm. 2
Strabismus convergens 222 f., 225,
    233, 237, 266
Strafbedürfnis (s. a. Selbstbestra-
    fung) 674
Strafe (s. a. Rattenstrafe; Selbstbestra-
    fung; Züchtigung) 543, 565, 594,
    607
    Angst vor 530, 545, 565
Strafträume 607, 622
Strömung (s. a. Abfuhr; Erregung,
    Abströmen d.; Quantität, Abga-
    be d.) 390, 407, 412, 416, 424 f.,
    429–31, 434, 437 f., 442, 454,
    456, 458–60, 465, 467, 469,
    471 f., 481 f.
Stuhlgang (s. a. Defäkationsträume)
    562 f.
Stuhlverstopfung 330
Stummheit (s. a. Aphasie; Taub-
    stummheit) 78
Subjektivität 403 f., 669
Subjektkomplex 427
Sublimierung 647–49, 727, 741
Substitut(ion) s. Ersatzbildung
Sucht, pathologische 357, 359, 669
Suggerierbarkeit/Suggestibilität 115 f.,
    119, 145, 166–70, 172, 221,
    298 f., 306

Suggerieren 112, 118, 122, 129, 145,
    171 f., 205, 325 f.
Suggestion (s. a. Autosuggestion; Ein-
    reden; Hypnose) 90 u. Anm. 1,
    95, 97–101, 105, 107 f., 111–13,
    115–19, 122, 125, 129, 132, 134,
    147 f., 162, 165, 167–71, 174,
    178, 245, 278, 306 f., 309
    Begriff/Wesen d. 117–19, 122,
    134 f., 138, 165–68, 172
    u. Hysterie s. Hysterie, Beziehun-
    gen zur Hypnose/Suggestion
    indirekte 118 f., 171
    u. Medizin s. a. Medizin, Verhältnis
    zur Hypnose/Suggestion
    posthypnotische 132, 135, 139
    Anm., 148, 308
    »suggestion mentale« 132
    traumatische 114, 117 f., 184 f.
    unabsichtliche 112, 115
    Übertragen d. 106, 116, 167
    Verhältnis zur Hypnose (s. a. Hyp-
    notische Suggestion) 100 f., 105,
    108 f., 111–13, 115–17, 120,
    134 f., 138, 167 f., 172, 175,
    184 f., 199, 278
    im Wachen 135, 147, 162
Suggestionstheorie d. Hypnose s. Psy-
    chologische Betrachtungsweise d.
    Hypnose
Suggestive Lähmung (s. a. Suggestion,
    traumatische) 245, 250
Suggestive Therapie (s. a. Hypnotische
    Therapie) 87–90, 99, 107 f.,
    128 f., 148, 170–77, 205, 240, 701
Summation 303, 362, 409 f., 415, 478,
    480
Sündenbock 657
Surrogatbildung(en) (s. a. Ersatzbil-
    dung) 336, 338, 348, 355
Symbolik (s. a. Genitalsymbole; Penis-
    symbolik; Sexualsymbolik;

Traumsymbolik) 220, 267, 578, 583 f., 587–89, 604
Symbolische Symptome (Symbolisierung durch Symptome) 189 f., 206, 267, 275, 335 Anm. 1, 440–44, 447
Symptom/Symptome (*s. a.* Hysterische Symptome; Neurotische Symptome; Symbolische Symptome; Zwangssymptome) 81, 364 f., 366 Anm., 480, 688, 706 f., 716, 725, 727
im Traum 619, 727
Wechselwirkung d. 171, 177
Parallellaufen d., mit Ätiologie *s.* Spezifische Ätiologie
Symptomatische Behandlung (*s. a.* Hysterische Symptome, Beseitigung d.) 137, 150, 177, 195, 502
Symptombildung (*s. a.* Hysterische Symptome, Genese d.) 634 u. Anm. 2, 637, 639, 727
Synapse 391 Anm.
Synthese 289, 291, 666
Syphilis (*s. a.* Lues) 84, 548 f.
Systematische Betrachtungtsweise (*s. a.* Neuronensysteme) 635 u. Anm. 3, 645, 730

Tabes 43, 82, 164 Anm. 2, 303
Tagträume (*s. a.* Wachträumen) 659
Tanz 657
Tastempfindungen 75
Tat 192, 260, 264 Anm. 2
Tätigkeit(en) (*s. a.* Handeln) 423, 427
Tatsache(n) (*s. a.* Realität) 687 f., 728
Taubstummheit (*s. a.* Hysterische Taubheit; Stummheit) 103 f.
Technik 780
Telepathie 102, 123

Temperament 256, 298
hysterisches (*s. a.* Hysteriker) 81, 297–99, 302, 313 f.
Tendenzen (*s. a.* Prinzipien) 584
als hysterisches Symptom 212, 334, 347
Teufel 584 f., 587, 598 f.
Theater 293
Theorien
s.:
Angsttheorie
Dualistische Triebtheorie
Farbensehen, Theorie d.
Hypnose, Theorien d.
Hysterie, psychologische Theorie d.
Informationstheorie
Kontaktschrankentheorie
Libidotheorie
Nase (Fließ' Theorie d.)
Psychoanalyse, Theorie d.
Psychologische Theorie
Quantität, Qή-Theorie
Reflextheorie
Schlaf, Liébeaults Theorie d.
Sexualtheorien
Wissenschaftstheoretische Bemerkungen
Therapie (*s. a.* Heilung; Homöopathie; Hysterie, Therapie d.; Hysterische Symptome, Beseitigung d.; Neurosen, Therapie d.) 137, 150, 175–78, 312, 326, 347, 350, 364, 367 f., 688, 701, 708, 725
chemische (*s. a.* Medikation) 80, 129, 171
Hypnose als *s.* Hypnotische Therapie
kausale 137, 150, 177
mechanische 150
physikalische (*s. a.* Elektrotherapie; Ernährungstherapie; Heilkuren; Wasserkur) 171

Therapie (Forts.)
physische (*s. a.* Chirurgie) 90, 326
psychische *s.* Psychische Behandlung
rationelle 169–71
Schmerz als 708 f.
symptomatische (*s. a.* Heilung; Hysterische Symptome, Beseitigung d.) 137, 150, 177, 195, 502
durch Wiederholung 90, 146 f., 149, 174, 177, 278
»wilde« (Laientherapie) (*s. a.* Kurpfuscherei) 133 Anm. 1, 169 f.
Tic 43, 160, 188, 303, 320
Tiefenpsychologie 385, 689, 701 f.
Tier(e) 116, 256, 258 f.
Tierliebe 336
Toben 159, 192, 223 f., 260, 338, 656 f.
Tod 619, 675–77
eines Elternteils (*s. a.* Vatermord) 222, 225–28, 231, 511, 515, 518 f., 521 f., 524–26, 528, 530, 538 f., 541, 544, 555, 557, 559, 565
einer geliebten Person 521 f., 529 f., 545, 555 f., 561, 563, 582 f., 591 f., 677
Todesangst 560, 587 f., 591, 594, 707
Todesdrohung 563
Todesgedanken 313 f., 511, 554 f., 557, 561 Anm. 1
Todestrieb(e) 472 Anm., 632, 641 Anm. 4
Todeswunsch 521–25, 555, 561, 582, 591–95, 599, 681
Topische Gesichtspunkte (*s. a.* Lokalisation) 394, 396, 408, 635
Totemismus 711
Totenbuch, ägyptisches 677
Totenkopf-Halluzination 226, 233, 235 f.
Tötung (*s. a.* Mord) 645, 709

Tötungshemmung 707
Toxikologische Angsttheorie 532 Anm. 1
Toxische Ätiologie 259, 346
d. Neurosen 82, 84, 143, 163, 170, 324, 332, 345, 499, 690
Trägheitsprinzip/-tendenz d. Nervensystems *s.* Nerventrägheit
Tragödie 657, 659, 662
Transfert (bei Hysterie) 76, 80, 90, 113 f.
Trauer 283, 334 f., 347, 526, 600, 649
Traum/Träume (*s. a.* Traum-) 206 Anm., 220, 242, 250–52, 337, 383, 386, 430, 433 u. Anm. 1, 434–37, 441, 444, 449, 493, 515, 531 f., 534, 541, 569, 574, 576 f., 579, 604 f., 610, 616 f., 619–23, 676 f., 682, 697, 727, 751–53, 786 Anm.
Angsttraum *s.* dort
Assoziationen d. 159, 168, 252, 267, 298, 433, 436–38, 605, 666, 753
biographische 609 f.
Darstellung im (*s. a.* Traumsymbolik) 610 f., 616, 619–21
Defäkationsträume 584–97, 599
in Folklore 573–600
in Fortsetzungen 168
Impotenzträume 596 f.
Kindheitsträume 612 f.
Koitustraum 596
Lotterieträume 581–83, 599
prophetische 527, 532 f., 538 f., 574, 576 f., 622, 787
Reden im 538
Schatztraum *s.* dort
Strafträume 607, 622
Tagträume 659
traumatische 623

Verhältnis zu normalen Vorgängen 433, 435–37, 449
Vgl. mit pathologischen Mechanismen 242, 337, 431, 436, 441,
444, 622 f., 727
Wachträumen *s.* dort
sind Wunscherfüllungen 435–37,
539, 544, 574, 576, 600, 621–23,
728, 751
Zahntraum 567 f.
Trauma/Traumatisches Ereignis (*s. a.*
Erlebnis; Infantile Traumen; Sexuelle Traumen; Traumatische –)
158 f., 184 f., 187, 191, 208, 268,
448 u. Anm., 450, 633 Anm. u.
Anm. 1
als ätiologisches Moment (*s. a.*
Kindheitserlebnisse, ätiologische
Bedeutung d.) 82–85, 182, 187,
208, 239, 267 f., 271, 300 f., 305,
633 Anm. 1, 706 f., 725
Traumanalyse (*s. a.* Traumdeutung)
205 f., 386, 433, 606, 608, 611 f.,
753 u. Anm.
Traumarbeit 583, 623
Traumatische Hysterie (*s. a.* Traumatische Neurosen) 40–42, 50,
84, 158, 184 f., 187, 190, 239,
267, 272, 279, 306, 724
Traumatische Lähmung 184 f., 187,
240
Traumatische Neurose(n) (*s. a.* Traumatische Hysterie) 41 f., 149,
240, 249, 268, 294, 300
Traumatische Suggestion 114, 117 f.,
184 f.
Traumatische Träume 623
Traumatische Zwangsvorstellungen
354
Traumbeispiele 435 Anm. 2, 436 f.,
531–33, 535 f., 539, 541 f., 544,
546 f., 550, 552 f., 555, 562–64,

567–69, 577–90, 592–99, 605 f.,
607 Anm. 2, 608, 610 f., 612
Anm., 613 Anm., 616–20, 676
u. Anm. 3, 677, 682, 753
Traumbewußtsein 386, 435–38
Traumdeutung (*s. a.* Traumanalyse;
Traumbeispiele; Traumsymbo-
lik) 576–78, 582 f., 583 Anm. 2,
587, 590, 592–97, 600, 604–13,
617–21, 666, 676 Anm. 3, 728
Träumerei *s.* Wachträumen
Traumforscher 744
Traumgedächtnis 435 f.
Traumhandlung 582 f., 588, 591,
596
Traumsymbolik 574, 576–94,
596–600, 604–10, 617, 619–21
Trieb/Triebe (*s. a.* Drang; Ichtriebe;
Lebenstriebe; Partialtriebe;
Schmutztrieb; Sexualtrieb;
Todestrieb) 135, 208, 256, 258,
264 Anm. 2, 384, 414 Anm. 3,
472 Anm., 484, 585, 669, 690,
697
ambivalente (*s. a.* Gegensätzliche
Regungen) 636, 639
ätiologische Bedeutung d. (*s. a.*
Neurosenätiologie, sexuelle)
182, 208, 690, 725
Fortbestehen d. (*s. a.* Fortbestehen) 448 Anm., 584, 697
hypnotische Beeinflussung d. 135
ichgerechte 637
konservative Natur d. 208
koprophile 583–85
Repräsentanten d. 587, 635 f.
überstarke (*s. a.* Stärke; Übermaß) 637 f., 690
unbewußte 384, 448 Anm., 585,
697
unverträgliche (*s. a.* Peinlichkeit) 637

Trieb/Triebe (Forts.)
  verdrängte s. Verdrängte Ichstre-
  bungen; Verdrängte Triebe
  Vorläufer d. 389 Anm. 2
  Wille als Abkömmling d. 264
  Anm. 2, 410
Triebbefriedigung (*s. a.* Befriedi-
  gung) 221, 583–88, 727
Triebbeherrschung (*s. a.* Unterdrük-
  kung) 687, 741
Triebbesetzung (*s. a.* Besetzung)
  636
Triebdualismus 632, 641 Anm. 4,
  771 Anm.
Triebenergie (*s. a.* Energie) 348
  Anm. 1, 637, 690
Triebfeder d. psychischen Vorgän-
  ge 408, 410, 750–52
Triebschicksale 638, 726
Tuberkulose 58, 136, 189 f., 246
Tussis nervosa/hysterica 89, 223,
  238, 241, 269
Typus
  hystericus 290–92
  eines Krankheitsbildes 40 u.
  Anm. 3, 41 f., 73, 113, 154 f.,
  158, 346 u. Anm. 1

Überarbeitung/Überanstrengung
  (als Krankheitsursache) (*s. a.*
  Erschöpfung) 164, 299, 332,
  345, 367 Anm. 3, 498
Überbesetzung (*s. a.* Erregungsüber-
  schuß) 426 f., 452–54, 458, 460,
  462, 480, 482
Überdeterminierung (*s. a.* Mehrfache
  Determinierung) 270 f.
Überdenken (*s. a.* Nachdenken) 430,
  469
Über-Erlernen 392
Überernährung s. Ernährungstherapie
Überich 644 Anm., 645 Anm. 2

Überkompensation (*s. a.* Reaktionsbildung) 681
Überlegen 450
Übermaß/Übertreibung (*s. a.* Erregbarkeit, abnorme; Erregungsüberschuß; Gemütsbewegung,
  anomaler Ausdruck d.; Hemmungslosigkeit; Stärke; Triebe,
  überstarke; Vorstellungen, überstarke) 194, 255 f., 400, 412, 421,
  441, 449, 460, 519, 534, 645,
  674, 681, 691 f.
  als hysterisches/neurotisches Kennzeichen 72, 79 f., 82, 90, 170 f.,
  290, 292, 299 f., 319, 331, 334,
  336–39, 349, 356, 502
Überreden (*s. a.* Einreden; Suggerieren; Suggestion) 500, 501 Anm.
Übertragung 206, 215, 383, 542–49,
  551, 553, 555, 562–64, 566, 618,
  680 Anm. 2
Übertragungsneurosen 627, 629–31,
  632 u. Anm. 1, 633, 634 u.
  Anm. 2, 635, 638, 639 Anm. 2,
  640, 642 f., 649 u. Anm. 2, 750
Umkehrung (*s. a.* Gegenteil) 609, 611,
  649
Umwelt (*s. a.* Akzidentelle Ursachen;
  Außenwelt; Äußere Vorgänge)
  384 f.
Unaufrichtigkeit (*s. a.* Heuchelei;
  Lügen) 41, 687
Unbekanntes s. Neues
Unbewußte (Das)/Unbewußt 81, 85
  u. Anm. 1, 288, 297 f., 385, 435,
  519 f., 522, 635, 645, 672, 728,
  730, 753, 770 Anm.
  Fortbestehen d. (*s. a.* Fortbestehen)
  101, 448 Anm., 519, 584, 697
  Symbolik d. (*s. a.* Symbolik; Sym-
  bolische Symptome) 220, 604
Verstärkung aus d. 296

Unbewußte Absichten 112, 708
Unbewußte Gehirntätigkeit 81 f., 400
Unbewußte Mittelglieder 437, 447,
   464, 469
Unbewußte (seelische) Vorgänge 101,
   205, 281, 290, 293, 295, 297f.,
   435–37, 445f., 465, 479, 493,
   553, 623, 632, 674 u. Anm. 2,
   707, 724f., 765, 770f.
   Verhältnis zu bewußten/vorbewuß-
   ten (s. a. Bewußtmachen; Bewußtwerden) 90, 119 Anm.,
   168, 204f., 274 Anm. 1, 279,
   281, 283–89, 291, 296f., 309f.,
   446 u. Anm. 3, 447, 455 Anm. 3,
   464f., 515, 519f., 522f., 540,
   635, 639, 659, 707f., 725, 771
Unbewußte Triebimpulse 384, 448
   Anm., 585, 697
Unbewußte Vorstellungen 81f., 89f.,
   242, 273, 274 Anm. 1, 280–91,
   294–97, 305, 436, 771
Unbewußte Wünsche 540, 591, 707
Unbewußtes Denken 493
Unbewußtes Schuldgefühl 674 u.
   Anm. 2, 730
Unfall (s. a. Trauma; Traumatisch-)
   58, 61, 83, 85, 187, 294, 623,
   706
Unglück 657
Unheilabwehrzauber 765
Universitas litterarum 702
Universität 699–703
Unlust (s. a. Lust) 208, 255, 268,
   283, 325, 333f., 337–40, 350,
   404f., 411, 413f., 417, 420, 422
   u. Anm. 1, 425, 428, 442–45,
   449–52, 457, 461, 463f.,
   470–72, 475f., 479f., 635f.
Unlustprinzip 384
Unlustvermeidung 404
Unsterblichkeit 741, 758

Unterbewußt(sein) 85 Anm. 1, 281f.,
   285, 287f., 290, 294
Unterdrückung (s. a. Hemmung;
   Triebbeherrschung; Verdrän-
   gung) 194, 206, 237f., 264 u.
   Anm. 2, 272, 295, 309, 333, 657,
   659, 727
Unverträglichkeit (von Regungen/Vor-
   stellungen) s. Peinlichkeit
Unwissenheit s. Nichtwissen
Unzerstörbarkeit (psychischer Inhalte)
   s. Fortbestehen
Unzufriedenheit (s. a. Sexuelle Unbe-
   friedigung) 313, 316
Urgeschichte/Urmenschen (s. a. Phylo-
   genese) 101, 643–51
Urphantasien 641 Anm. 2
Ursache und Wirkung (s. a. Kausale
   Behandlung) 191 u. Anm., 280
   u. Anm. 3
Urteil(en) (s. a. Denk-; Kritik-) 148,
   297f., 335, 365, 386, 422
   Anm. 3, 423 u. Anm. 2, 424–29,
   453, 457, 473f., 482, 491f., 668,
   691, 698, 749, 752, 755, 780
   selbständiges 127, 130, 299, 494,
   497
Urvater 631 u. Anm. 3, 646 u.
   Anm. 1, 647–51
Usur (s. a. Vergessen) 191f., 194, 206,
   264, 272f., 279, 297, 470f., 472
   u. Anm., 519

Vasomotorische Phänomene 81,
   246–48, 251, 300, 304, 365
Vater (s. a. Eltern-Kind-Beziehung;
   Urvater) 619, 787
Vateridentifizierung 680 Anm. 2
Vaterkomplex 608
Vaterlandsliebe 707
Vatermord 631 u. Anm. 3, 648
   Anm. 2, 649–51

Verantwortlichkeit 525, 688
Verbot(e) (*s. a.* Zwangsgebote) 509,
    529, 534–36, 645
Verbrecher/Verbrechen (*s. a.* Mord;
    Rechtswesen) 509 f., 519, 524,
    526, 529 f., 533, 545 f., 554 f.,
    676, 780
Verdrängende (Das) 637, 726
Verdrängt (Terminus) 194 Anm. 3,
    273 u. Anm.
Verdrängte (Das) 527, 660, 730
    u. d. Verdrängende 637, 726
    Wiederkehr d. *s.* dort
Verdrängte Ichstrebungen 637 f., 730
Verdrängte Regung(en) 659 f., 697,
    726
Verdrängte Triebe 585, 611, 637, 725
Verdrängte Vorstellung(en) 304 f.,
    308 f., 310 Anm., 338–40, 347,
    349 f., 355 f., 441 f., 447 Anm. 2
Verdrängte Wünsche 522, 524, 728
Verdrängter Haß 522–24
Verdrängung(en) (*s. a.* Hemmung;
    Unterdrückung) 208 f., 212, 217,
    273 Anm., 294 f., 304 f., 308 f.,
    323–25, 333–40, 347–49, 351,
    378, 415 f., 441–44, 447 f., 479,
    497, 501, 520, 531, 584, 596,
    630, 634 u. Anm. 2, 635–39,
    660 f., 725–27, 730
    Anzahl/Zeitpunkt/Dauer d. 340,
    349–51, 630, 635 f.
    hysterische 333–38, 347, 443 f.,
    448, 635 Anm. 1
    Rückgängigmachen/Aufheben d.
    (*s. a.* Bewußtmachen) 338–41,
    351, 725
    Sexualitätsbedingung d. (*s. a.* Neu-
    rosenätiologie, sexuelle) 347,
    378, 637 f., 726 f.
    Wesen d. 339, 350
Vererbung *s.* Heredität

Verführung *s.* Sexuelle Verführung
Vergangenheit (Verstehen d.) 665 f.
Vergessen (*s. a.* Amnesie; Usur) 191,
    194, 265, 268, 281, 347, 358 f.,
    433 f., 442 f., 449, 471, 526,
    529 f., 623
Verhütung d. Konzeption 490, 645
Verknüpfungen, falsche 447 u.
    Anm. 1, 519
Verleugnung (*s. a.* Krankheitsverleug-
    nung; Negation; Realitätsver-
    leugnung) 688, 755
Verlieben/Verliebtheit (*s. a.* Liebe)
    258, 277 f., 293, 523, 568, 681
Vernunft (*s. a.* Logik) 514 f., 663
    Anm. 2
Verrücktwerden (Angst vor d.) 357
Verschiebung 441, 444, 447 Anm. 1,
    458–60, 485, 647, 681, 725
    von Quantität/Besetzung (*s. a.*
    Erregungsverschiebung) 424,
    437, 450, 458, 461 f., 464, 468 f.,
    475, 481 Anm.
    psychischer Intensität 348
Verstärkung (aus dem Unbewuß-
    ten) 296
Verstehen 426–28, 439, 448, 457, 665,
    702
Verstehzwang 560
Verstimmung (*s. a.* Stimmungen;
    Stimmungswechsel) 269
Versuchungsangst 605
Verweichlichung 82, 86
Verzicht (*s. a.* Askese; Sexuelle Absti-
    nenz) 635 f., 651, 659, 687
Visionen 92, 314
Volk/Völker (*s. a.* Antike Völker; Na-
    turmenschen; Primitive Völ-
    ker) 760, 780
Völkerpsychologie 646, 649, 709,
    740–45, 765
Volkskrieg 709

Volkskunde 573–602, 680f.
Volksseele 709
Vorbesetzung 432f., 452f., 456, 462,
  465f., 474, 476, 482
Vorbewußte (Das) 635f., 645, 730,
  753
Vorbewußte Gedankentätigkeit 454
  Anm. 1, 623, 635f.
Vorlust 661
Vorstellung(en)/Vorstellungsabläufe
  (s. a. Denk-; Rattenvorstellung;
  Wahnvorstellung; Wortvorstellung; Wunschvorstellung;
  Zwangsvorstellung) 244, 247,
  252, 256f., 259, 262f., 274
  Anm. 1, 277f., 282, 289–94, 298,
  333–39, 347, 452, 458, 468, 513
  u. Affekt (s. a. Denken u. Affekt)
  193–95, 259f., 262–68, 272f.,
  275 Anm. 1, 277, 279, 283–85,
  291, 293f., 297, 304–06, 309,
  335, 338f., 348, 354–56, 449,
  519, 635
  bewußte 264, 281, 283f., 287–89,
  297f., 309, 436, 447, 554, 635
  bewußtseinsunfähige 281, 284, 288,
  293f., 309
  Erregung durch 210, 246–51, 259,
  262, 264–66
  Fortdauer/Aktualität d. (s. a. Fortbestehen) 259, 280, 286, 294, 355
  Hemmung/Verdrängung d. (s. a.
  Abwehr; Hemmung; Verdrängte
  Vorstellungen; Verdrängung)
  159, 194, 252, 268, 275 Anm. 1,
  277–79, 333, 347, 635
  bei Hypnose 118f., 132, 134,
  167f., 171f., 195, 278
  bei Hysterie/Neurose 81, 137,
  194f., 230, 245f., 264–67,
  274–76, 279–98, 304–06, 308f.,
  333–39, 347–51, 354–57
  kontrastierende 193, 272
  pathogene (s. a. Erinnerungen als
  Kern d. Neurose; Hysterie,
  Ideogenität d.; Vorstellungen,
  unverträgliche) 137, 171, 185,
  190, 194, 230, 245–47, 269
  Anm. 2, 274, 276, 279, 282–86,
  288f., 294, 296, 304f.
  sexuelle 442, 444, 448
  überstarke (s. a. Stärke; Übermaß) 306 Anm. 2, 334, 347f.,
  388, 439–42
  überwertige 306, 439 Anm. 1
  unbewußte 81f., 89f., 242, 273,
  274 Anm. 1, 280–91, 294–97,
  305, 436, 771
  unerträgliche/peinliche (s. a. Peinlichkeit) 159, 194, 208, 252, 268,
  269 u. Anm. 2, 272, 286, 294,
  298, 304, 333, 347, 355, 357,
  443, 635
  Verhältnis zur Wahrnehmung
  (s. a. Erinnerung, Verhältnis
  zur Wahrnehmung) 420f.,
  442, 446, 452
Vorstellungskomplex(e) 268, 274
  Anm. 1, 275, 281, 284, 286,
  289f., 294–98, 309, 334, 468, 497
Vorstellungsmimik 427 Anm. 1
Vorurteil 755
Vorzeitigkeit d. Sexualentbindung/
  -entwicklung (s. a. Hysterisches
  Proton pseudos) 331, 448f., 690
Voyeurtum 331, 510f., 540f., 543f.,
  558f., 563

Wachen/Wachzustand (s. a. Erwachen) 195, 251–55, 262, 274–78,
  287, 294–98, 309, 433–37, 610f.
Wachsamkeit 636
Wachträumen (s. a. Tagträume) 222,
  236, 239, 277–79, 293f., 307

Waffenübung (d. »Rattenmannes«)
506, 512
Wahlmöglichkeit (Wegbevorzugung)
(*s. a.* Nervensystem, Leitungswege im) 385, 393 f., 407, 449 f.,
465
Wahn/Wahnsinn (*s. a.* Beachtungswahn; Besessenheit; Paranoia;
Paraphrenie) 305 Anm., 691, 742
Vgl. mit Hypnose 111 u. Anm.,
132
Vgl. mit Schlaf 128
Wahnvorstellung(en) 275, 314, 742
Wahrheit 492, 494, 688, 755, 758, 780
wissenschaftliche 174, 493, 728
Wahrnehmung(en) (ω Empfindung)
251 f., 259, 262, 266 f., 287, 289,
297, 299, 385, 401, 404 f., 412 f.,
420–28, 432, 435, 442 f., 446,
449–64, 466–70, 473–77, 479,
481, 672
äußere 118, 340, 420 f., 432, 435,
451
u. Bewußtsein 378, 401–04, 411
Anm. 3, 451, 479, 674 Anm. 2,
771
innere 118, 340, 741
eines Objektes 411–13, 426, 428,
453, 455, 457, 474
Trennung von Gedächtnis 210,
247 f. Anm., 391 f., 394, 402, 468
Verhältnis zur Vorstellung/Erinne-
rung 420–28, 434, 442 f., 446,
450, 452, 454, 458, 468, 470
Wahrnehmungsapparat/-organe 210,
247 f. u. Anm., 299, 402
Wahrnehmungsbesetzung(en) 404,
412 f., 422 f., 431, 434, 449,
452–54, 462, 466, 473
Wahrnehmungsbild 425 f., 434, 468
Wahrnehmungsidentität 427 Anm. 5,
452

Wahrnehmungskomplex 423, 426 f.
Wahrnehmungsmangel 255, 277,
296 f.
Wahrnehmungsquantität 454
Wahrnehmungsreste 333–35
Wahrnehmungssystem (ω) 381 f.,
401–05, 406 u. Anm. 1, 411,
413, 420–22, 432, 451, 453 f.,
456, 461, 471, 478–80
Wahrnehmungszellen 392
Wahrscheinlichkeit 758
Wallfahrtsort (Heilung im) 90,
168–70, 173
Waschzwang 304 f. Anm. 4
Wasserkur (*s. a.* Kneipp-Kur) 87–89,
97, 137, 149, 314 f., 495 Anm. 2,
500, 509, 527 Anm. 3
Wehrpflicht, allgemeine (als Heilmit-
tel) 66
Weib/Weibliche Faktoren *s.* Frau(en);
Mann u. Weib
Weibliche Sexualität 304 f., 317,
325 f., 489 f., 582 f., 645
Weinen 192, 260, 280, 313 f., 333,
338, 347, 440 f., 547
Welt (*s. a.* Außenwelt; Umwelt) 669,
746 Anm. 1, 747
Relation d. physischen zur psychi-
schen 672
Weltanschauung 106, 492, 646, 663,
672
Weltgewissen 759
Weltkrieg
Erster 629 f., 632, 687, 697 u.
Anm., 704, 706
Zweiter 684 u. Anm., 775
Anm.
Weltordnung 657
Weltschmerz 313
Wertung(en) (*s. a.* Affektwert) 691,
727
Widerspruch 470, 476

Widerstand 135, 205, 209, 223 f.,
235 f., 298, 334, 339 f., 349 f.,
442 f., 645 f., 658, 660 f., 692,
697, 725, 728
Aufheben d., in d. Hypnose 172,
349
im Nervensystem 262, 303,
391–94, 396, 398–400, 402,
409–11, 416, 453 f., 460, 471
in d. Psychoanalyse 146 Anm.,
325, 512, 514, 524, 527, 543,
545, 551, 608, 618, 660, 728, 730
Prinzip d. geringsten 266
Wiederholung
d. Affektes 188, 191, 193, 263 f.,
271 f., 283, 294, 304, 309, 336,
416, 450, 470 f.
d. Befriedigungserlebnisses 452,
460
d. Bindung 471
von Entwicklungsvorgängen 642
von Ereignissen 336–38, 340, 393,
416, 471, 682
d. Erinnerung 272, 279, 333, 336,
450, 470–72
d. hypnoiden Zustands 278, 294
von Quantitäts-/Besetzungsvorgän-
gen 416, 429, 450, 453 f., 458,
463, 468, 471, 474 f.
d. Reflexes 265, 428
d. Symptoms 188, 233, 235, 237,
240, 276, 279, 340
therapeutische 90, 146 f., 149, 174,
177, 278
von Vorstellungen 440
Wiederholungszwang 208
Wiederkehr d. Verdrängten 569,
637, 639, 644, 646–48, 650 f.,
697, 726
»Wilde« Analyse/Medizin (s. a.
Laien-) 169 u. Anm. 1
Wilde Impulse 697

Wilde Völker (s. a. Naturmenschen;
Primitive Völker; Völkerpsycho-
logie) 740, 743, 745 Anm. 3
Wille/Willenstätigkeit 135, 194, 263,
268, 288, 309, 339, 350, 497,
658
ist Abfuhr von ψ Qή 432
als Abkömmling d. Triebe 264
Anm. 2, 410
Willensfreiheit 129, 243
Willenshemmung/Willensschwäche
(s. a. Motorische Willensläh-
mung) 81, 87, 194, 292, 309,
334, 339, 347, 497
Willenskraft/-stärke 221, 292, 299,
302, 479
Willkürliche Aktionen 118, 476, 480
Willkürliche Amnesie 275
Willkürliche Assoziationen 457
Willkürliche Bewegungen 236,
250–52, 263, 266, 480
Willkürliche Konstruktion(en) 241,
395 f.
Willkürliche Verdrängung 272 f., 273
Anm., 294, 333, 347, 497
Winterhilfe 718 f.
Wissen (s. a. Nichtwissen) 674
Anm. 2, 675
praktisches (s. a. Denken, prakti-
sches) 468
Übertragung d. 675 Anm.
Wissenschaft(en) (s. a. Ethnologie;
Geisteswissenschaften; Ge-
schichtswissenschaft; Hysterie,
wissenschaftliche Erforschung d.;
Naturwissenschaft; Psychoanaly-
se, Stellung zu anderen Wissen-
schaften) 34, 564, 566, 662 f.,
696, 702, 724, 728, 744, 748,
755, 763 u. Anm. 2, 775, 780
Wissenschaftliche Weltanschauung 106, 492

Wissenschaftlicher Fortschritt 675
Anm., 676, 687, 702
Wissenschaftstheoretische Bemerkungen (*s. a.* Theorien) 105 f., 110 f.,
113–15, 119 f., 122, 125–27, 130,
133, 156, 160, 174, 186, 210–12,
217, 244–47, 251, 267, 277, 287,
291, 301, 303 f., 309 Anm., 310,
325–27, 329, 337, 343, 346
Anm. 2, 358 f., 364, 377, 385,
387 f., 394–96, 398, 400 f., 403,
415, 438, 444 u. Anm., 451, 493,
498, 500, 502, 592, 604–06, 612,
615 f., 629, 632, 637 f., 640–43,
651, 666, 668 f., 672, 686–91,
696 f., 724 f., 743, 745, 749, 764
Witwenschaft 331 Anm. 3, 345
Witz 580, 584, 656, 727
Wochenbett 367 Anm. 3
Wollust 358
Wort (*s. a.* Rede; Sprach-) 456 Anm.,
491 f., 521
als Ersatz für Tat (*s. a.* Reaktion
durch Worte) 192 f., 260 f., 264
Wortbild(er)/Sprachbilder 455–57
Wortbrücke(n) 190, 276, 569 u.
Anm. 2, 617
Wortspiele 267
Wortvorstellung 473, 477, 635
Wunderheilung(en) 162, 168 f., 173
Wunsch/Wünsche (*s. a.* Größenwunsch; Infantile Wünsche; Todeswunsch; Verdrängte Wün-
sche) 386, 411 f., 414 f., 420 f.,
422 u. Anm. 1 u. 3, 424 f., 427,
452, 460 f., 513, 521, 523, 527,
540, 564, 591, 609, 621, 687, 692
d. Menschheit 195, 268, 656 f., 687
sexuelle 727, 751
unbewußte 540, 591, 707
Wunschanziehung 415 f.
Wunschbelebung 412, 420 Anm. 3

Wunschbesetzung(en) 420–25, 435,
452, 462, 464, 466–68, 472, 474 f.
Wunscherfüllung(en) 435–37, 539,
544, 549, 574, 576, 600, 622 f.,
728, 751
Wunschobjekt (*s. a.* Objekt; Objekt-)
415, 421 f., 424, 452, 457, 460
Wunschvorstellung 425 f., 437, 452,
460, 466 f., 521
Wut (*s. a.* Schreien; Toben; Zorn) 338,
530, 535, 541, 543, 546 f., 557,
559, 561 f., 564, 569

Zahl(en) (im Traum) 583, 599
Zählzwang 526, 560
Zahn 569
Zahnschmerz 261, 267, 533, 567
Zahntraum 567 f.
Zauber (zur Unheilabwehr) 765
Zeit/Zeitliche Faktoren (*s. a.* Fortbestehen; Inkubationszeit; Latenzzeit;
Lebensalter; Wiederholung; Wiederkehr) 81, 84, 231 f., 308, 440,
444, 450, 470 f., 526, 567, 630,
632, 640, 642 f., 649, 690
Ersparnis d. 473
bei Hypnose 146, 149
bei Nervenvorgängen (*s. a.* Periode)
262, 402
bei Sexualentbindung/-entwicklung
(*s. a.* Hysterisches Proton pseudos; Nachträglichkeit; Pubertätsverzögerung) 331, 448–51, 690
im Traum 616 f.
bei d. Verdrängung 340, 349–51,
630, 635 f.
Zensur 513, 540, 592, 622, 639
Zeremoniell, religiöses 649
Ziel/Ziele
d. Heilung 502
von Quantitäts-/Denkvorgängen
424–28, 466, 468, 472 f.

Zielbesetzung 464f., 467f., 470, 475
Zielgehemmte Triebbefriedigung 727
Zielloses Denken/Urteilen 426, 427
  Anm. 4, 466, 469, 475
Zirkulationsstörung(en) 365
Zitate *s*. Literarische Zitate
Zivilisation (*s. a.* Kultur) 192, 327,
  345, 490, 698
Zorn (*s. a.* Wut) 192, 223, 226, 260f.,
  264, 274f., 283, 295, 306, 338
Zote(n) 580
Züchtigung (*s. a.* Straf-) 530, 541,
  545, 547
Zuckungen 334, 347
Zufall 240, 691
  u. Notwendigkeit 680
Zukunft 741
Zungenschnalzen 187f.
Zustandsphasen (*s. a.* Bewußtseins-
  zustände; Hypnoide Zustände;
  Psychische Zustände; Seelen-
  zustände)
  d. Menschheit 633 Anm.
Zwang (*s. a.* Assoziationszwang; Namenszwang; Waschzwang; Wiederholungszwang; Zählzwang)
  296, 355, 388, 415, 441f.,
  495–99, 514f., 536, 540,
  560–62, 646, 680 Anm. 2, 688
  Fortdauer d. (*s. a.* Fortbestehen)
  440
  innerer 761
  neurotischer (*s. a.* Hysterischer
  Zwang) 439f.

Zwangsbefürchtung(en) 509–11, 515,
  520f., 526, 530–33, 539, 541f.,
  567
Zwangserröten 337
Zwangsgebot(e) 509, 511, 513–17,
  526, 528f., 534–36, 557,
  559–61, 646
Zwangsgedanken/-ideen 512–15,
  517, 519–23, 534f., 540
Zwangsimpulse 509f., 514
Zwangsneurose 324, 329, 343, 348,
  353, 359, 440 Anm. 1, 444, 497,
  502, 505, 622, 629, 634 u.
  Anm. 1, 635–40, 642–44, 646
Zwangssymptom(e) 338, 622, 637
Zwangsvorstellung(en) 111, 160, 314,
  329f., 332, 335–38, 343f.,
  346–49, 352–59, 367, 441, 497,
  636
  reale Wurzeln d. 336, 338, 355,
  440f.
  traumatische/eigentliche 354
  d.»Rattenmannes« (*s. a.* Zwangs-
  befürchtungen; Zwangsgebote;
  Zwangsgedanken) 509, 513f.,
  517, 526f., 535, 539, 554, 556,
  558f.
Zwangsvorwürfe (*s. a.* Selbstvorwürfe) 355
Zwangswut 338
Zweifel 364, 529f.
  religiöser 268
Zweifelsucht (Folie de doute) 357,
  359